JN403514

EXCEL
엑셀 2016
바이블
회사에서 필요한 기능은 모두 있다!

엑셀의 거의 모든 기능

BIBLE
한빛미디어

지은이 **최준선**

현재 마이크로소프트사의 엑셀 MVP로, 엑셀 강의 및 기업 업무 컨설팅과 집필 활동을 활발히 하고 있습니다. 네이버 엑셀 대표 카페인 '엑셀.. 하루에 하나씩(http://cafe.naver.com/excelmaster)'에서 체계적인 교육 프로그램인 '엑셀 마스터 과정'을 운영하고 있습니다. 주요 저서로는 《엑셀 2016 매크로&VBA 바이블》(한빛미디어, 2016), 《엑셀 함수&수식 바이블》(한빛미디어, 2015), 《엑셀 2013 바이블》(한빛미디어, 2013), 《회사에서 바로 통하는 엑셀 실무 데이터 분석》(한빛미디어, 2012), 《회사에서 바로 통하는 엑셀 2010 함수 이해&활용》(한빛미디어, 2012), 《엑셀 매크로&VBA 바이블》(한빛미디어, 2012), 《엑셀 2010 바이블》(한빛미디어, 2011) 등이 있습니다.

엑셀 2016 바이블

초판 1쇄 발행 2016년 9월 30일
초판 4쇄 발행 2019년 5월 31일

지은이 최준선 / **펴낸이** 김태헌
펴낸곳 한빛미디어(주) / **주소** 서울시 서대문구 연희로2길 62 한빛미디어(주) IT출판사업부
전화 02-325-5544 / **팩스** 02-336-7124
등록 1999년 6월 24일 제25100-2017-000058호 / **ISBN** 978-89-6848-482-7 13000

총괄 전태호 / **책임편집** 배윤미 / **기획** 배윤미 / **편집** 신꽃다미 / **진행** 유희현
디자인 김미현 / **전산편집** 오정화
영업 김형진, 김진불, 조유미 / **마케팅** 송경석, 김나예, 이행은 / **제작** 박성우, 김정우

이 책에 대한 의견이나 오탈자 및 잘못된 내용에 대한 수정 정보는 한빛미디어(주)의 홈페이지나 아래 이메일로 알려주십시오. 잘못된 책은 구입하신 서점에서 교환해 드립니다. 책값은 뒤표지에 표시되어 있습니다.
한빛미디어 홈페이지 www.hanbit.co.kr / **이메일** ask@hanbit.co.kr / **자료실** www.hanbit.co.kr/src/2482

Published by HANBIT Media, Inc. Printed in Korea
Copyright © 2016 최준선 & HANBIT Media, Inc.
이 책의 저작권은 최준선과 한빛미디어(주)에 있습니다.
저작권법에 의해 보호를 받는 저작물이므로 무단 복제 및 무단 전재를 금합니다.

지금 하지 않으면 할 수 없는 일이 있습니다.
책으로 펴내고 싶은 아이디어나 원고를 메일(writer@hanbit.co.kr)로 보내주세요.
한빛미디어(주)는 여러분의 소중한 경험과 지식을 기다리고 있습니다.

머리말

엑셀 2016은 어떤 점이 달라졌을까?

엑셀 2016 버전은 화면 구성만 보면 엑셀 2013 버전과 크게 다른 점을 발견하기가 어렵습니다. 하지만 내부적으로는 프로그램에 많은 변화가 있습니다. 엑셀 2016 버전은 이전 버전에 비해 더 많은 데이터를 효과적으로 다룰 수 있도록 추가 함수와 파워 쿼리 기능을 [데이터] 탭에 내장하고 있으며, 과거 데이터로 미래 값을 쉽게 예측할 수 있는 예측 시트와 폭포 차트, 히스토그램 등 다양한 차트를 추가로 제공합니다. 세부적으로 달라진 부분은 이 책의 37쪽 '엑셀 2016에서 추가된 기능'에 정리해두었습니다. 해당 부분을 참고하면 도움을 얻을 수 있을 것입니다.

어떻게 공부해야 하나?

책으로 공부할 때는 빠르게 일독하는 것을 권장하며, 필요한 부분이나 이해가 되지 않는 부분은 따로 표시해놓는 것이 좋습니다. 이렇게 몇 번 정도 반복해서 학습하다 보면 책에 어떤 내용이 담겨 있는지 대략적으로 이해할 수 있게 되고, 업무를 하다가 필요한 부분은 책에서 빠르게 찾아 적용할 수 있게 될 것입니다.

책만으로 독학할 수 있을까?

이 책은 '바이블'이란 제목이 부끄럽지 않도록 실무에서 엑셀을 활용할 때 필요한 거의 모든 방법을 학습할 수 있도록 구성했습니다. 그러나 아무리 잘 구성된 책이라도 쉽게 이해되지 않는 부분이 있거나 문제 해결 방법을 찾지 못할 수 있습니다. 이런 경우에는 '엑셀..하루에 하나씩(http://cafe.naver.com/excelmaster)'을 방문해 궁금한 점을 문의해봅니다. 이 커뮤니티는 필자가 운영하는 곳으로, 엑셀을 사용하다가 막히는 부분에 대한 조언을 전하고 있습니다. 엑셀을 공부할 때 편하게 방문해주길 바랍니다. 커뮤니티에서는 책에 없는 다양한 정보를 제공하고 '엑셀 마스터' 주말 강의 과정도 운영하고 있습니다. 끈기 있게 공부하는 것이 쉽지 않은 분들을 위해 엑셀을 체계적으로 학습하고 쉽게 익힐 수 있도록 도와줍니다.

감사합니다.

엑셀 바이블을 사랑해주시는 독자 분들에게 진심으로 감사드리며, 이 책으로 업무 시간을 효과적으로 줄일 수 있길 바라겠습니다. 또한 책을 출간하기까지 많은 수고를 아끼지 않은 한빛미디어 출판사 관계자 분들에게도 고생하셨다는 인사를 전하고 싶습니다. 마지막으로 이제는 대가족이 된 저의 가족, 늦둥이 아들 하운이를 포함해 두 딸 하나, 하얀과 아내에게 고맙고 사랑한다는 말을 전합니다.

2016년 9월 최준선

이 책의 구성

SECTION
엑셀을 다룰 때 꼭 알고 있어야 할 기능을 모아 521개의 섹션으로 구성했습니다. 엑셀의 기본 기능과 활용 방법을 소개합니다. 본문에서 표시한 숫자 'No.'는 섹션 번호를 나타냅니다.

새로 나온 함수
엑셀 실무에서 가장 많이 다뤄지는 함수에 대한 설명 및 구문, 사용 형식 등을 꼼꼼하게 알려줍니다.

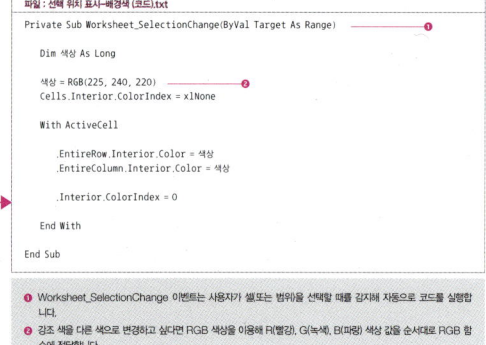

엑셀 매크로&VBA 코드
예제로 다룬 코드를 수록했습니다. 코드를 이해하는 데 필요한 상세한 설명까지 함께 담았습니다.

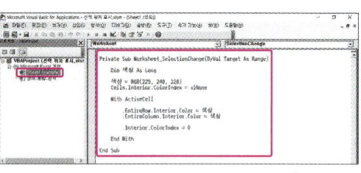

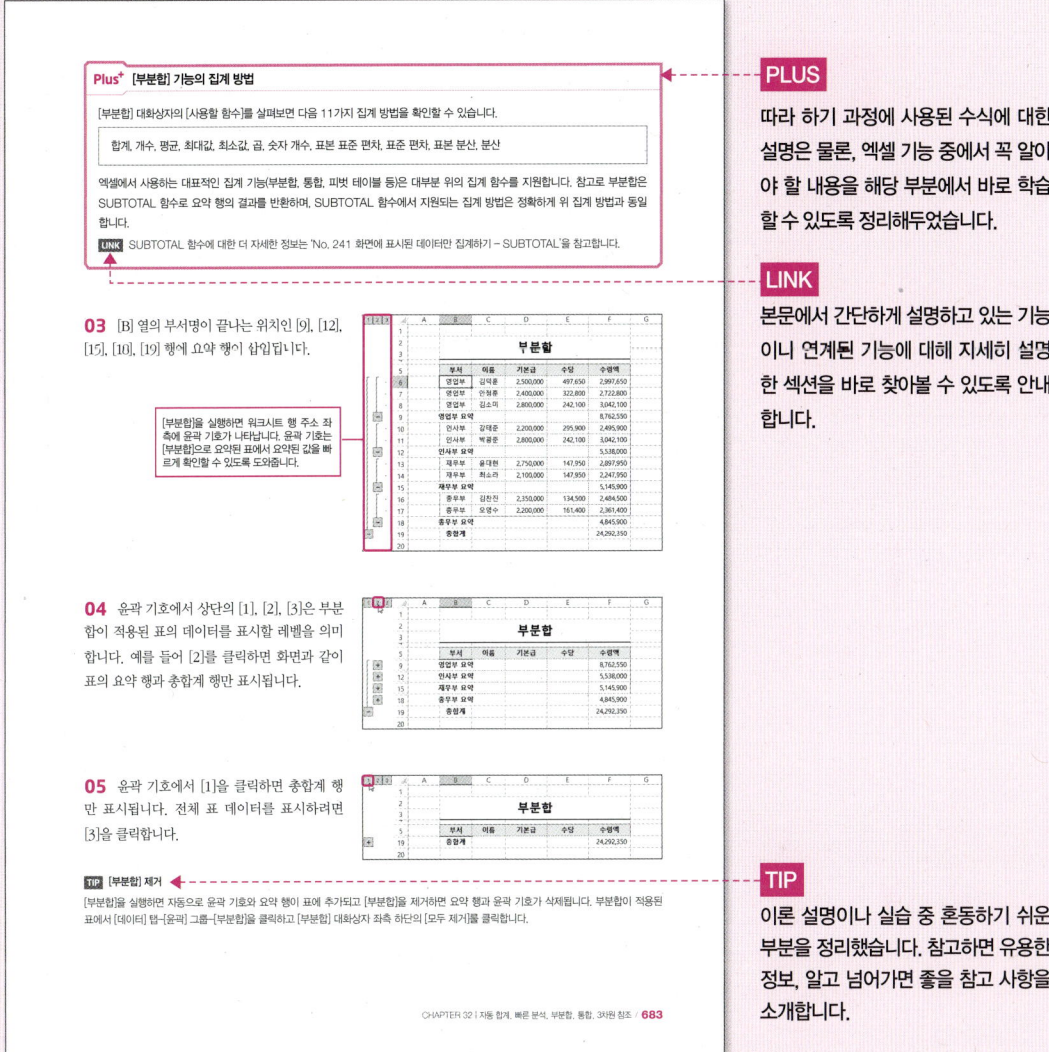

실습 예제

이 책에 사용된 모든 실습 예제는 한빛미디어 홈페이지(www.hanbit.co.kr/media)에서 다운로드할 수 있습니다. 홈페이지 메인 화면에서 로그인 후 [자료실] 버튼을 클릭하고 도서명으로 검색합니다. 도서명을 클릭한 후 [다운로드] 버튼을 클릭하여 예제 파일을 다운로드합니다. 예제 파일은 따라 하기를 진행할 때마다 사용되므로 컴퓨터에 복사해두고 활용합니다.

PART 01 엑셀의 기초

CHAPTER 01 설치, 화면, 리본 메뉴

- 001 오피스 365와 오피스 2016 어떤 것을 선택해야 하나? … 030
- 002 32비트와 64비트 버전 중 어떤 것을 설치해야 하나? … 032
- 003 엑셀 2016 화면 구성 요소 이해하기 … 034
- 004 엑셀 2007, 2010, 2013, 2016에서 새로 추가된 기능 … 036
- 005 오피스 테마 및 배경 변경하기 … 038
- 006 리본 메뉴 이해하기 … 040
- 007 도움말이 어디로 갔을까? … 042
- 008 리본 메뉴 축소/확장하기 … 043
- 009 단축키로 리본 메뉴 컨트롤하기 … 045
- 010 리본 메뉴를 입맛에 맞게 편집하기 … 046
- 011 빠른 실행 도구 모음에 필요한 명령 등록하기 … 049
- 012 빠른 실행 도구 모음의 위치 변경하기 … 051
- 013 수정한 리본 메뉴나 빠른 실행 도구 모음을 다른 PC에서 사용하거나 초기화하는 방법 … 052
- 014 미니 도구 모음 이해하기 … 054
- 015 미니 도구 모음 숨기고 표시하기 … 055

CHAPTER 02 통합 문서

- 016 엑셀 실행 시 빈 통합 문서가 바로 나타나게 하기 … 058
- 017 최근 항목을 이용해 빠르게 파일 열기 … 060
- 018 파일 열 때 나타나는 보안 경고 메시지 표시줄 이해하기 … 063
- 019 탐색기에서 파일을 더블클릭할 때 파일이 열리지 않는 문제 해결하기 … 065
- 020 OneDrive에 파일을 저장해 사용하기 … 067
- 021 OneDrive에 저장된 파일을 쉽게 공유해 작업하기 … 069
- 022 [열기], [저장] 대화상자 바로 호출해 작업하기 … 073
- 023 엑셀 파일을 PDF 파일로 저장하기 … 075
- 024 파일을 열고 닫기만 해도 저장 여부를 묻는 이유 … 076

025 열려 있는 모든 파일을 한 번에 닫기	077
026 저장하지 않고 닫은 파일 쉽게 복구하기	079
027 손상된 엑셀 파일 복구하기	081

CHAPTER 03 워크시트

028 워크시트 추가하고 삭제하기	084
029 워크시트의 행 높이와 열 너비의 단위 이해하기	086
030 워크시트에 배경 이미지 삽입하기	088
031 워크시트의 특정 위치로 빠르게 이동하거나 셀을 선택하는 방법	090
032 원하는 워크시트로 빠르게 이동하기	092
033 워크시트 복사해 사용하기	094
034 워크시트에서 사용하지 않는 영역 찾아 삭제하기	096
035 워크시트 이름 변경하지 못하게 보호하기	097
036 특정 워크시트를 숨기기/표시하기	098
037 워크시트를 보다 안전하게 숨기기	099
038 작업 워크시트를 E-Mail로 발송하기	101

CHAPTER 04 보기, 창

039 화면 확대하고 축소하기	104
040 방향키로 화면 이동하기	105
041 여러 워크시트를 한 화면에 비교하면서 작업하기	106
042 시트 내 떨어져 있는 범위를 한 화면에 파악하면서 작업하기	108
043 표의 특정 행(또는 열)을 고정하면서 작업하기	110
044 마우스로 틀 고정 구분선의 위치를 조정하는 방법	111
045 나란히 보기로 두 파일을 비교하면서 작업하기	112

CHAPTER 05 파일 보호, 시트 보호

046 파일을 암호로 보호하기	114
047 값을 고치지 못하도록 워크시트를 보호하는 방법	116
048 보호된 워크시트의 일부만 편집 허용하기	118

CONTENTS

　　049 수식이 입력된 셀 보호하기　　120
　　050 Tab 을 눌렀을 때, 값을 입력할 셀로만 이동하게 설정하기　　122
　　051 워크시트 이름을 수정하지 못하도록 설정하기　　124

PART 02　입력, 편집

CHAPTER 06　데이터 입력/병합
　　052 계산할 수 있는 값과 없는 값 구분하기　　128
　　053 셀에 값(또는 수식)을 입력하는 다양한 Enter 사용법　　130
　　054 입력 폼을 이용해 데이터 입력하기　　132
　　055 세로로 문자 입력하기　　134
　　056 셀에 여러 줄로 입력하기　　135
　　057 셀 병합하기　　136
　　058 병합할 때 모든 셀의 값을 보존하기　　137
　　059 실수를 최소화해주는 실행 취소와 다시 실행하기　　139

CHAPTER 07　숫자와 날짜
　　060 단위가 큰 숫자를 간단하게 입력하기　　142
　　061 15자리를 초과하는 숫자 값 입력하기　　144
　　062 숫자 앞에 0 입력하기　　146
　　063 분수 쉽게 입력하기　　148
　　064 표의 빈 셀에 0 한 번에 입력하기　　149
　　065 텍스트형 숫자를 올바른 숫자로 변환하기　　150
　　066 왜 날짜나 시간을 입력하면 숫자로 표시될까?　　152

CHAPTER 08　외국어, 특수문자, 자동 고침
　　067 한자 손쉽게 입력하기　　156

068 특수문자 입력하기 157
069 일본어 쉽게 입력하기 161
070 유로, 엔 등의 통화 기호 쉽게 입력하기 162
071 16~99 사이의 원 문자 입력하기 164
072 한/영 자동 고침 기능 끄기 165
073 자동 고침 목록을 다른 PC와 동기화하기 166

CHAPTER 09 자동 채우기, 빠른 채우기

074 자동 채우기 기능 이해하기 168
075 사용자 지정 목록에 등록된 값으로 자동 채우기 사용하기 170
076 채우기 핸들을 드래그할 수 없을 때 해결 방법 172
077 빠른 채우기 기능을 이용해 일정한 규칙에 맞게 셀 값 분리하기 173
078 빠른 채우기로 입력된 데이터 수정하기 174
079 빠른 채우기 기능이 동작하지 않을 때 해결 방법 175

CHAPTER 10 찾기, 바꾸기, 이동, 복사, 붙여넣기

080 찾기와 바꾸기 178
081 셀에 입력된 값 일부를 찾아 변경하기 180
082 표에 적용된 색상을 한 번에 다른 색으로 변경하기 182
083 셀, 범위를 선택하는 다양한 방법 이해하기 184
084 특정 조건에 맞는 셀(또는 범위)만 빠르게 선택하기 186
085 복사하여 붙여넣기 188
086 선택하여 붙여넣기 190
087 수식을 값으로 변환하기 192
088 금액 단위를 천, 만, 백만, 억 단위로 변경하기 194
089 표의 행/열을 바꿔 복사하기 195
090 원본 표를 연결하여 붙여넣기 196
091 그림 복사와 그림 붙여넣기 197
092 그림 연결하여 붙여넣기 199
093 표의 행 높이와 열 너비까지 복사하기 201

PART 03 셀 서식

CHAPTER 11 표시 형식

- 094 셀에 저장된 값 제대로 이해하기 — 204
- 095 서식 코드 이해하기 — 206
- 096 서식 코드를 이용해 값 변환하기 — 209
- 097 소수점 자릿수를 일정하게 표시하기 — 211
- 098 지수 표시 형식으로 표시된 숫자 이해하기 — 213
- 099 원 단위 금액을 천, 백만, 십억 등의 단위로 조정하기 — 214
- 100 금액을 한글 또는 한자로 표시하기 — 216
- 101 통화 기호를 셀 왼쪽에 맞춰 표시하기 — 218
- 102 사용자 지정 숫자 서식 I — 219
- 103 사용자 지정 숫자 서식 II — 221
- 104 사용자 지정 숫자 서식에 글꼴 색 지정하기 — 223
- 105 만 단위 구분 기호 표시하기 — 224
- 106 숫자 값을 A,B,C 등급으로 변환해 표시하기 — 225
- 107 글머리 기호를 편리하게 사용하기 — 226
- 108 요일을 한글 또는 한자로 표시하기 — 227

CHAPTER 12 글꼴 서식, 맞춤, 테두리, 스타일

- 109 엑셀 기본 글꼴 변경하기 — 230
- 110 셀 크기에 맞게 글꼴 크기 자동 조정하기 — 231
- 111 위 첨자(X^2)와 아래 첨자(X_2), 취소선 입력하기 — 232
- 112 셀을 병합하지 않고 셀 값을 여러 셀의 가운데에 표시하기 — 234
- 113 긴 문장의 양쪽 끝을 깔끔하게 맞추기 — 235
- 114 눈금선을 가로 또는 세로 방향으로만 표시하기 — 237
- 115 쉼표 스타일(,)을 적용한 후 셀 가운데 맞춰 표시하기 — 239
- 116 다른 파일의 셀 스타일 적용하기 — 241
- 117 셀 스타일 초기화하기 — 243

CHAPTER 13 조건부 서식

- 118 중복 데이터 표시하기 — 246
- 119 두 표를 비교해 중복 표시하기 — 247
- 120 조건부 서식으로 수식 오류 값 숨기기 — 248
- 121 데이터 막대로 숫자를 가로 막대 그래프로 표시하기 — 250
- 122 셀에 숫자 없이 데이터 막대만 표시하기 — 252
- 123 색조를 이용해 숫자 표시하기 — 253
- 124 아이콘 집합을 이용해 증감률 표시하기 — 254
- 125 원하는 값에 체크 아이콘 표시하기 — 256
- 126 표의 조건이 맞는 행에 원하는 서식 표시하기 — 258
- 127 반복해서 입력된 값을 하나만 표시하기 — 260
- 128 행을 교차하면서 표 서식 지정하기 — 262
- 129 자동 필터가 적용된 표에 일정 간격으로 서식 지정하기 — 263
- 130 둘 이상의 값이 모두 같을 때 중복 표시하기 — 265
- 131 일정표, 달력 등에서 주말만 서식을 다르게 설정하는 방법 — 267
- 132 조건부 서식이 적용된 범위 확인하고 삭제하기 — 271

PART 04 표

CHAPTER 14 표 만들기

- 133 행(또는 열) 삽입하기 — 274
- 134 표의 행 데이터를 복사해 삽입하기 — 276
- 135 사용하지 않은 열(또는 행) 숨기기 — 278
- 136 표를 접어 필요한 부분만 확인하기 — 280
- 137 표 좌측 상단에 사선 넣어 제목 입력하기 — 282
- 138 들여쓰기를 이용해 표를 보기 좋게 구성하는 방법 — 284

CHAPTER 15 이름 정의

- 139 이름 정의해 사용하기 — 286
- 140 이름 정의 규칙 이해하기 — 287
- 141 표의 열(또는 행) 머리글로 빠르게 이름 정의하기 — 288
- 142 상대 참조로 이름 정의해 사용하기 — 290
- 143 수식에서 자주 사용하는 숫자를 이름으로 정의하기 — 292
- 144 수식에서 참조한 셀을 정의된 이름으로 변경하기 — 294
- 145 정의된 이름을 한 번에 삭제하기 — 296
- 146 오류가 발생한 이름만 골라 삭제하기 — 297

CHAPTER 16 엑셀 표

- 147 표를 등록해 사용하기 — 300
- 148 엑셀 표 등록 해제하기 — 302
- 149 슬라이서 창을 이용해 엑셀 표 필터하기 — 304
- 150 엑셀 표에서 요약 행 사용하기 — 306
- 151 계산된 열 만들기 — 308
- 152 엑셀 표의 구조적 참조 활용하기 — 310
- 153 다양한 구조적 참조 구문 이용하기 — 314
- 154 구조적 참조 위치가 변경되는 문제 해결하기 — 318
- 155 엑셀 표 범위가 확장되지 않는 문제 해결하기 — 320

CHAPTER 17 유효성 검사

- 156 숫자를 잘못 입력하지 않도록 설정하기 — 322
- 157 셀에 지정된 날짜만 입력 허용하기 — 324
- 158 사업자등록번호와 같이 자릿수가 고정된 값 입력하기 — 325
- 159 유효성 검사가 설정된 범위에 안내 메시지 표시하기 — 327
- 160 잘못된 값을 입력했을 때 표시되는 오류 메시지 설정하기 — 328
- 161 유효성 검사의 설정 범위를 동적으로 설정하기 — 329
- 162 입력할 값을 목록에서 선택해 입력하기 — 332
- 163 목록에 항목을 자동으로 추가하는 방법 — 333

164 대분류, 소분류와 같은 연결 목록 만들기　335
165 상위 목록을 수정할 때 하위 목록 초기화하기　337
166 필수로 입력해야 하는 열 지정하기　339
167 특정 범위의 값을 고치지 못하도록 설정하기　341
168 중복 데이터 입력 제한하기　343
169 여러 열의 값이 모두 같은 중복 조건 적용하기　345
170 유효성 검사 조건을 만족하지 않는 셀 표시하기　347
171 유효성 검사 삭제하기　348

PART 05　수식

CHAPTER 18　기본 이해

172 함수 작성에 대한 정보를 이해하고 빠르게 작성하기　352
173 수식 입력줄로 이동하는 단축키 사용하기　354
174 수식을 여러 줄로 나눠 입력하기　355
175 시트 내 모든 수식을 한 번에 빠르게 확인하기　357
176 수식 계산 과정 살펴보기　358

CHAPTER 19　참조

177 다른 위치의 값 참조하기　362
178 수식에서 참조하는 셀 위치를 빠르게 확인하기　364
179 수식으로 연결된 파일 관리하기　366
180 상대 참조, 절대 참조, 혼합 참조　368

CHAPTER 20　연산자

181 참조 연산자를 이용해 참조하기　374
182 산술 연산자를 이용한 사칙연산 계산하기　376

183 텍스트 형식의 숫자를 올바른 숫자로 변환하기 … 377
184 비교 연산자를 이용해 값 비교하기 … 379
185 연산자 우선순위 이해하기 … 380

CHAPTER 21 수식 오류

186 수식 오류 값 이해하기 … 382
187 오류 추적 기능으로 오류 원인 파악하기 … 387
188 워크시트의 모든 수식 오류를 빠르게 확인하기 … 388
189 오류 표식 없애기 … 389
190 순환 참조 발생 원인을 파악하고 문제 해결하기 … 390
191 순환 참조를 이용한 누계 기록하기 … 392
192 병합 셀을 포함한 집계 결과가 틀릴 경우 해결하기 … 395

CHAPTER 22 유용한 수식

193 원금에서 부가세 계산하기 … 398
194 계약금과 수령 금액을 통해 세율 계산하기 … 399
195 할인율과 할인된 금액 계산하기 … 401
196 달성률(비율) 계산하기 … 402
197 성장률(증감률) 계산하기 … 403
198 연평균 성장률 계산하기 … 404
199 계량 단위 변환하기 (평, 근, 돈, 인치) … 406

CHAPTER 23 판단 함수

200 판단 결과에 따라 서로 다른 값 반환하기 – IF … 408
201 수식 오류를 0 또는 빈 문자("")로 대체하기 – IFERROR … 410
202 한 번에 여러 개의 판단을 처리해 반환하기 – IFS … 412
203 여러 조건을 한 번에 처리하는 수식 작성 방법 – AND, OR … 414
204 일련번호를 원하는 값으로 대체하기 – CHOOSE … 417
205 수식의 결과 값을 원하는 값으로 대체하기 – SWITCH … 419

CHAPTER 24 편집 함수

- 206 주민등록번호 뒤 여섯 자리 감추기 – LEFT, MID, RIGHT … 422
- 207 자릿수가 일정하지 않은 문자열 잘라내기 – FIND, SEARCH … 425
- 208 금액을 여러 셀에 나눠 기록하기 – MID, TEXT, COLUMN … 427
- 209 텍스트가 포함된 숫자 계산하기 – SUBSTITUTE … 431
- 210 셀에 동일한 문자가 여러 개 있을 때 두 번째 위치 찾아 잘라내기 … 433
- 211 셀에 입력된 특정 단어 개수 세기 – LEN, SUBSTITUTE … 436
- 212 금액을 한글, 한자로 표시하기 – NUMBERSTRING, TEXT … 438
- 213 수식을 셀에 표시하기 – FORMULATEXT … 440
- 214 파일의 경로, 파일 이름, 워크시트 이름 알아내기 – CELL … 441
- 215 여러 셀에 나뉘어 있는 값을 연결해 사용하기 – CONCAT, TEXTJOIN … 444

CHAPTER 25 집계/통계 함수

- 216 숫자 변환하기 – VALUE, NUMBERVALUE … 448
- 217 데이터 형식에 맞는 건수 세기 – COUNT, COUNTA, COUNTBLANK … 450
- 218 일련번호 부여하기 – ROW, COUNTA … 452
- 219 병합된 셀에 일련번호 부여하기 – COUNTA … 454
- 220 COUNTIF 함수를 이용해 다양한 건수 계산하기 … 455
- 221 중복 데이터에서 고유 항목 개수 계산하기 – COUNTIF … 458
- 222 다중 조건을 처리하는 개수 계산하기 – COUNTIFS … 459
- 223 합계와 누계 구하기 – SUM … 461
- 224 조건 확인해 합계와 누계 구하기 – SUMIF … 463
- 225 다중 조건의 합계 구하기 – SUMIFS … 465
- 226 배경색을 조건으로 합계 구하기 … 467
- 227 0을 제외한 평균 구하기 – AVERAGE, AVERAGEIF … 469
- 228 제한 값이 존재하는 합계와 평균 구하기 – MAX, MIN … 471
- 229 조건에 맞는 최대/최소값 구하기 – MAXIFS, MINIFS 함수 … 473
- 230 가장 큰(또는 작은) n개 값 평균 구하기 – LARGE, SMALL … 476
- 231 순위 구하기 – RANK … 479
- 232 여러 표에서 하나의 순위 구하기 – RANK … 481

233 여러 워크시트로 분산된 표에서 순위 구하기 - RANK ... 483

234 조건에 맞는 순위 구하기 - COUNTIFS ... 485

235 동점자 순위 구하기 - RANK,AVG, COUNTIFS ... 486

236 나눗셈의 몫과 나머지 구하기 - QUOTIENT, MOD ... 488

237 MOD 함수의 버그 해결하기 ... 490

238 반올림, 올림, 내림 처리하기 - ROUND ... 491

239 가장 빈번하게 나오는 값(최빈값) 확인하기 - MODE ... 493

240 텍스트 값 중에서 최빈값 구하기 - COUNTIF ... 495

241 화면에 표시된 데이터만 집계하기 - SUBTOTAL ... 496

242 오류 값을 제외하고 집계하기 - AGGREGATE ... 499

CHAPTER 26 날짜/시간 함수

243 오늘 날짜와 현재 시각 표시하기 - TODAY, NOW ... 502

244 데이터 입력 날짜와 시간 기록하기 - LEN, NOW ... 503

245 날짜와 시간 데이터 변환하기 - TEXT, SUBSTITUTE ... 505

246 날짜에서 반기/분기 구분하기 ... 508

247 회계 연도와 회계 분기 표시하기 - EDATE ... 511

248 날짜에서 요일과 월 주차 표시하기 - WEEKNUM ... 513

249 월의 시작일/종료일 계산하기 - DATE, EOMONTH ... 516

250 이번 주 주간 시작일/종료일 계산하기 - WEEKDAY ... 519

251 입사일에서 근속기간 계산하기 - DATEDIF ... 521

252 근속기간의 합계와 평균 구하기 ... 523

253 나이와 만 나이 계산하기 - YEAR, TODAY ... 525

254 연차 계산하기 ... 526

255 주말과 휴일을 제외한 근무일 구하기 - NETWORKDAYS ... 528

256 일용직 사원 급여 계산하기 ... 531

257 주말, 휴일을 제외한 종료일 계산하기 - WORKDAY ... 533

258 계산된 날짜가 주말인 경우 금요일 날짜 반환하기 ... 535

259 종료시간이 시작시간보다 작을 경우의 시간 차이 계산 방법 ... 537

260 점심시간을 제외하고 근무시간 계산하기 - TIME ... 539

261 시간의 합이 24시간을 초과할 때 계산 처리 방법	541
262 시간 계산을 위해 시, 분, 초 값을 정수로 변환하기	544
263 초과근무시간 계산하기	547

CHAPTER 27 참조 함수

264 VLOOKUP 함수로 다른 표의 값 참조하기	552
265 오름차순으로 정렬된 구간별 표의 값 참조하기	554
266 IF 함수를 VLOOKUP 함수로 대체하기	556
267 데이터 형식 변환해 값 참조하기	558
268 찾을 값의 일부만 알고 있을 때 참조하는 방법	560
269 와일드카드 문자(*, ?)가 포함된 값을 찾아 참조하기	562
270 여러 개의 표에서 원하는 값 참조하기	563
271 표의 행과 열 위치를 모두 찾아 원하는 값 참조하기 – INDEX, MATCH	565
272 내림차순으로 정렬된 구간별 표에서 값 참조하기 – INDEX, MATCH	568
273 다양한 동적 범위 참조하기 – OFFSET	570
274 참조한 위치가 절대로 변경되지 않게 고정하기 – INDIRECT	573
275 연, 월, 일을 선택하는 연결 목록 만들기 – OFFSET	575
276 다중 조건을 처리해 참조하기 – INDEX, MATCH	578
277 찾을 값의 일부 단어가 입력된 위치를 찾아 값 참조하기	581
278 조건에 맞는 모든 값 참조하기	583
279 중복되지 않는 고유 항목만 참조하기	585

CHAPTER 28 재무 함수

280 적금 만기 금액 계산해 금융 상품 비교하기 – FV	588
281 단리 이자로 만기원금과 이자 계산하기	590
282 복리 이자로 만기원금과 이자 계산하기	592
283 대출금 상환하기 (1) – 원금 일시 상환	594
284 대출금 상환하기 (2) – 원금 균등 상환	596
285 대출금 상환하기 (3) – 원리금 균등 상환	598

CHAPTER 29 배열수식

286 배열수식 이해하기 — 602
287 1차원 행렬 연산 이해하기 — 605
288 2차원 행렬 연산 이해하기 — 608
289 논리 값 연산 이해하기 — 609
290 배열수식으로 로또 번호 일치 개수 계산하기 — 612

PART 06 데이터

CHAPTER 30 정렬

291 여러 개의 열을 기준으로 정렬하기 — 616
292 색상별로 정렬하기 — 618
293 텍스트 값을 사용자가 원하는 순서로 정렬하기 — 620
294 오른쪽(열) 방향으로 정렬하기 — 623
295 표의 열 순서를 손쉽게 변경하기 — 625
296 정렬한 표를 원래 순서로 복원하기 — 627
297 표 일부 범위만 선택 정렬하기 — 628
298 병합된 셀이 포함된 표 정렬하기 — 629
299 특정 문자를 제외하고 정렬하기 — 631
300 텍스트 값의 숫자를 인식해 정렬하기 — 633

CHAPTER 31 자동 필터, 고급 필터, 중복 제거

301 키워드 검색을 이용해 데이터 추출하기 — 636
302 필터한 조건과 맞지 않는 데이터가 화면에 표시되는 문제 — 638
303 상위(또는 하위) n개 데이터 추출하기 — 640
304 날짜 값이 입력된 열에서 데이터 추출하기 — 642
305 셀에 적용된 색상을 이용해 추출하기 — 644
306 빈 셀이 포함된 행만 삭제하기 — 645

307	병합된 열에서 데이터 추출하기	647
308	자동 필터로 추출된 데이터에 일련번호 표시하기	649
309	전체 데이터에서 임의의 n개 데이터 추출하기	651
310	입력된 텍스트 값을 가나다 순으로 데이터 추출하기	653
311	자동 필터로 추출된 표에 값 복사해 넣기	655
312	그림이 포함된 표에서 자동 필터 사용하기	656
313	고급 필터로 데이터 추출하기	658
314	특정 구간(날짜나 숫자)에 속하는 데이터 추출하기	660
315	추출된 데이터를 다른 위치로 복사하기	662
316	조건에 맞는 데이터를 다른 워크시트로 복사하기	664
317	빈 셀이나 값이 입력된 데이터만 추출하기	667
318	조건 표에 입력된 값과 정확하게 일치하는 데이터만 추출하기	669
319	두 표를 비교해 어느 한쪽에 있는 데이터만 추출하기	671
320	중복 데이터에서 고유 항목 추출하기	673
321	중복된 항목 제거 기능을 이용하기	674
322	날짜 값이 포함된 중복된 항목 제거하기	675

CHAPTER 32 자동 합계, 빠른 분석, 부분합, 통합, 3차원 참조

323	자동 합계가 집계할 범위를 인식하는 방법	678
324	빠른 분석을 이용해 합계 구하기	680
325	부분합을 이용해 표 요약하기	682
326	여러 열을 기준으로 부분합 실행하기	684
327	부분합으로 요약된 결과를 집계표로 구성하기	686
328	부분합 윤곽 기호 숨기기	688
329	동일한 구조의 집계표를 하나로 합치기	689
330	통합 결과를 미리 준비된 표에 바로 넣기	691
331	여러 열에 나눠 입력된 머리글을 인식해 표 통합하기	693
332	3차원 참조 이용해 표 통합하기	696
333	3차원 참조로 통합할 때 표 추가/삭제하기	698
334	와일드카드 문자를 사용해 3차원 참조 쉽게 하기	700

CHAPTER 33 피벗 테이블

335 피벗 테이블 보고서 만들기 — 702
336 피벗 테이블 레이아웃 이해하기 — 704
337 클래식 피벗 테이블 사용하기 — 705
338 다른 엑셀 파일에 연결해 피벗 테이블 보고서 구성하기 — 706
339 여러 개의 표로 피벗 테이블 보고서 만들기 — 708
340 추천 피벗 테이블 기능을 이용해 피벗 보고서 구성하기 — 711
341 피벗 테이블 필드 창 표시하거나 숨기기 — 713
342 피벗 테이블 필드 작업 창 레이아웃 변경하기 — 714
343 필드 부분합을 항목 하단에 표시하기 — 716
344 필드 부분합 방법을 합계에서 평균으로 변경하기 — 718
345 필드의 모든 항목 표시하기 — 720
346 필드 내 항목을 원하는 순서로 정렬하기 — 722
347 조건에 맞는 상위(또는 하위) n개만 표시하기 — 725
348 '(비어 있음)' 항목 제거하기 — 727
349 원본 표에서 삭제했는데 피벗 테이블 보고서에 나타난 항목 삭제하기 — 729
350 피벗 테이블 보고서의 필드명 수정하기 — 731
351 값 영역 필드의 집계 함수 변경하기 — 733
352 값 영역의 오류 값 숨기기 — 735
353 값 영역의 금액 단위 조정하기 — 736
354 값 영역에 텍스트 값 표시하기 — 738
355 피벗 테이블로 고유 항목 개수 세기 — 740
356 보고서 필터 영역의 필드를 가로 방향으로 표시하기 — 742
357 필터 영역에 추가된 필드의 항목별 새 보고서 만들기 — 743
358 보고서 필터 영역 필드 항목별로 보고서 인쇄하기 — 745
359 슬라이서를 이용해 피벗 보고서 컨트롤하기 — 747
360 다중 슬라이서 창을 이용해 피벗 보고서 컨트롤하기 — 749
361 시간 표시 막대를 이용해 피벗 테이블 보고서 컨트롤하기 — 752
362 날짜 값을 갖는 필드로 연, 분기, 월 그룹 필드 만들기 — 754

363 그룹 필드로 주(週) 필드 생성하기	756
364 텍스트 값을 개별로 묶어 그룹 필드 생성하기	757
365 숫자 값을 일정 간격으로 묶는 그룹 필드 생성하기	759
366 숫자 값을 저가, 중가, 고가로 묶어 분석하기	761
367 계산 필드로 부가세 계산하기	763
368 함수를 사용하는 계산 필드 만들기	765
369 계산 항목을 이용해 재고 계산하기	767
370 총합계 열을 값 영역 제일 처음에 표시하기	769
371 피벗 테이블 보고서에 전체 대비 비율 표시하기	771
372 상위 필드의 합계를 기준으로 비율 표시하기	773
373 피벗 테이블 보고서에 누계 표시하기	775
374 피벗 테이블 보고서로 증감률 표시하기	777
375 피벗 테이블 보고서에서 순위 표시하기	779
376 피벗 테이블 보고서에서 GETPIVOTDATA 함수 사용하기	781
377 피벗 차트 만들기	783
378 피벗 테이블 보고서 자동 갱신하기	786
379 여러 개의 표를 관계로 연결해 피벗 테이블로 분석하기	789
380 액세스 데이터베이스와 엑셀 표를 연결해 피벗 구성하기	792
381 빠른 탐색을 이용해 피벗 테이블 조작하기	795

CHAPTER 34 외부 데이터, 파워 쿼리

382 엑셀 파일을 텍스트 파일로 저장하기	798
383 텍스트 파일의 데이터를 엑셀로 가져오기	800
384 MS 워드의 편지 병합을 이용해 라벨 인쇄하기	802
385 한컴 훈글의 메일 머지를 이용해 라벨 인쇄하기	806
386 엑셀 표를 액세스 테이블로 저장하기	809
387 엑셀 표를 액세스에서 연결해 사용하기	812
388 액세스 데이터베이스에서 필요한 데이터를 엑셀로 가져오기	814
389 다른 엑셀 파일 내 데이터 가져오기	818

390 표의 열 데이터를 행 방향으로 전환하기 ... 821
391 특정 폴더의 파일 목록을 엑셀로 가져오기 ... 823
392 웹 데이터를 엑셀로 가져오기 ... 826

PART 07 개체

CHAPTER 35 도형

393 도형 삽입하고 크기 조절하기 ... 830
394 도형에 셀 값 참조해 표시하기 ... 832
395 도형 크기를 입력된 텍스트에 맞추는 방법 ... 834
396 도형 회전하기 ... 835
397 도형 정렬하기 ... 836
398 도형에 입체 효과 주기 ... 838
399 여러 도형을 하나의 도형으로 묶기 ... 839
400 전체 도형을 한 번에 삭제하기 ... 841

CHAPTER 36 그림, 워드아트, SmartArt

401 그림 삽입하고 효과 적용하기 ... 844
402 그림 배경 투명하게 설정하기 ... 846
403 다른 위치에 삽입된 그림을 조건에 맞게 참조하기 ... 847
404 그림이 많은 파일 크기 줄이기 ... 849
405 클립아트 사용하기 ... 850
406 워드아트를 사용해 보고서 제목 구성하기 ... 851
407 SmartArt를 이용한 다이어그램 만들기 ... 852
408 SmartArt를 이용해 비상연락망 만들기 ... 854

CHAPTER 37 메모

409 메모 모양 변경하기 ... 858

410 투명 메모 만들기	860
411 메모에 그림 넣기	862
412 메모 글꼴 변경하기	864
413 메모 크기 일괄 조정하기	866
414 메모 내용을 셀에서 참조하기	868

CHAPTER 38 하이퍼링크

415 하이퍼링크 설정하기	872
416 하이퍼링크로 변경된 위치 자동 인식하기	873
417 HYPERLINK 함수로 하이퍼링크 쉽게 설정하기	875
418 하이퍼링크 참조하기	876
419 표에서 검색 항목 위치로 바로 이동하기	878
420 하이퍼링크로 이동한 셀 위치를 화면 상단에 표시하기	880
421 하이퍼링크를 이용해 각 시트로 이동하는 인덱스 만들기	883
422 다양한 하이퍼링크 만들기	885
423 하이퍼링크 한 번에 삭제하기	887

PART 08 시각화

CHAPTER 39 차트

424 차트 구성 요소 이해하기	890
425 차트 만들고 구성하기	891
426 추천 차트를 이용해 차트 만들기	895
427 행/열 바꿔 차트 표시하기	897
428 차트에 데이터 범위 추가하기	898
429 불필요한 계열이나 항목 표시하지 않기	899
430 차트 제목에 효과적으로 메시지 전달하기	901

CONTENTS

- 431 숫자 값 범위를 X축 항목으로 인식시키는 방법 — 902
- 432 X축에 불필요하게 표시되는 날짜 값 삭제하기 — 904
- 433 데이터 레이블의 금액 단위 변경하기 — 905
- 434 콤보 차트를 이용해 이중 축 혼합형 차트 만들기 — 906
- 435 콤보 차트를 세로 막대로만 구성할 때 막대그래프가 겹치지 않도록 설정하기 — 908
- 436 그림을 이용한 차트 만들기 — 911
- 437 People Graph로 그림 차트 만들기 — 915
- 438 막대그래프를 잘라 물결 차트로 표시하기 — 918
- 439 막대그래프에 평균선 넣기 — 921
- 440 누적형 막대 차트의 막대별 합계 표시하기 — 923
- 441 누적 막대 차트의 데이터 레이블에 비율 표시하기 — 925
- 442 폭포 차트 만들기 — 927
- 443 제대로 된 가로 막대 차트 만들기 — 929
- 444 꺾은선형 차트에서 빈 셀(또는 0값) 무시하고 그리기 — 933
- 445 꺾은선그래프 아래로 그라데이션 효과 적용하기 — 934
- 446 특정 시점을 기준으로 선 그래프 색상 다르게 적용하기 — 936
- 447 최고, 최저점을 표시하는 꺾은선형 차트 만들기 — 937
- 448 꺾은선의 특정 구간에 하강선을 이용해 강조하기 — 939
- 449 선 그래프 배경에 교차 서식 적용하기 — 941
- 450 예측 시트를 이용해 데이터 예측하기 — 943
- 451 원형 차트를 원형 대 원형 차트로 변환하기 — 945
- 452 여러 개 표를 하나의 원형 대 원형 차트로 표시하기 — 946
- 453 원형 차트에서 여러 개의 계열 표시하기 — 948
- 454 게이지 앱을 이용한 차트 구성하기 — 949
- 455 분산형(또는 거품형) 차트에 데이터 레이블 표시하기 — 951
- 456 화면에서 숨긴 데이터를 차트에 표시하기 — 953
- 457 표와 차트의 연결 끊기 — 954
- 458 완성된 차트를 저장하고 다시 사용하기 — 956
- 459 차트를 이미지 파일로 저장하기 — 958

CHAPTER 40 스파크라인

460 스파크라인을 이용한 셀 차트 구성하기 … 962
461 스파크라인을 이용해 목표 달성 여부 표시하기 … 964
462 스파크라인 지우기 … 967

PART 09 인쇄

CHAPTER 41 페이지 설정

463 워크시트 내 일부 범위만 인쇄하기 … 970
464 사용자가 원하는 범위를 원하는 페이지에 인쇄하기 … 971
465 설정된 페이지 영역을 다시 원래대로 초기화하는 방법 … 973
466 페이지 구분선 숨기기 … 974
467 A4 한 장에 딱 맞게 인쇄하기 … 976
468 특정 행(또는 열)을 페이지마다 인쇄하기 … 978
469 표를 페이지 가운데에 맞춰 인쇄하기 … 980
470 첫 페이지만 머리글/바닥글 다르게 지정하기 … 981
471 짝수와 홀수 페이지에 머리글/바닥글 다르게 지정하기 … 984
472 페이지 번호를 원하는 번호로 시작하기 … 986
473 워크시트를 여러 개 인쇄할 때 페이지 번호를 연속으로 표시하는 방법 … 988
474 머리글/바닥글의 날짜 형식 변경하기 … 990
475 회사 로고 삽입해 인쇄하기 … 992
476 보고서에 배경(또는 워터마크) 삽입해 인쇄하기 … 995

CHAPTER 42 인쇄

477 한 번에 여러 부를 동시에 인쇄하기 … 998
478 차트(또는 도형, 이미지)만 제외하고 인쇄하기 … 999
479 원하는 시트만 골라 인쇄하기 … 1000

480 인쇄할 페이지를 골라 인쇄하기	1002
481 홀수/짝수 페이지만 골라 인쇄하기	1005
482 특정 폴더 내 파일을 한 번에 인쇄하기	1007
483 특정 파일을 인쇄하지 못하도록 막는 방법	1009

PART 10 매크로

CHAPTER 43 매크로

484 리본 메뉴에 [개발 도구] 탭 추가하기	1014
485 매크로 사용 통합 문서(XLSM)로 저장하기	1015
486 신뢰할 수 있는 문서와 보안 경고 메시지줄	1016
487 업무 폴더를 신뢰할 수 있는 위치로 등록하기	1017
488 매크로 기록기로 매크로 기록하고 실행하기	1018
489 매크로를 버튼이나 도형에 연결해 사용하기	1022
490 기록된 매크로를 수정해 효율을 높이는 방법	1024
491 여러 개의 기록된 매크로를 한 번에 실행하기	1028
492 자동으로 실행되는 매크로 기록하기	1030
493 상대 참조 방식으로 매크로 기록하기	1032
494 단축키를 이용해 매크로 실행하기	1035
495 엑셀의 내장 단축키를 사용하지 못하도록 설정하기	1036
496 수식을 값으로 변환하는 단축키 만들기	1037
497 여러 파일에서 사용할 수 있는 매크로 기록하기	1039
498 개인용 매크로 통합 문서 삭제하기	1040
499 빠른 실행 도구 모음에 매크로 등록하기	1041
500 리본 메뉴에 매크로 등록하기	1042
501 공개된 매크로 등록하고 사용하기	1044

CHAPTER 44 매크로와 사용자 정의 함수

- 502 매크로에서 워크시트 함수 사용하기 — 1046
- 503 매크로 실행을 중간에 취소하기 — 1048
- 504 매크로 실행 과정을 화면에 표시하지 않기 — 1050
- 505 매크로 실행 속도를 높이는 방법 — 1052
- 506 매크로를 수정할 수 없게 보호하기 — 1054
- 507 MsgBox와 InputBox 함수 사용 방법 — 1055
- 508 MsgBox 또는 InputBox의 창 크기 조정하기 — 1058
- 509 엑셀 기본 설정으로 초기화하는 매크로 사용하기 — 1060
- 510 Function 프로시저로 함수 만들기 — 1061
- 511 VBA 함수를 워크시트에서 사용하기 — 1064
- 512 셀 값에서 숫자, 영어, 한글, 한자, 특수문자를 구분하는 사용자 정의 함수 – SPLITTEXT — 1066
- 513 사용자 정의 함수를 모든 파일에서 공유하는 방법 — 1069

CHAPTER 45 이벤트

- 514 셀 선택 위치를 강조해 표시하기 — 1072
- 515 마우스 오른쪽 버튼을 클릭할 때 단축 메뉴 표시되지 않게 하기 — 1075
- 516 사진대지 만들기 — 1077
- 517 파일을 닫을 때 자동으로 저장하기 — 1079
- 518 새 시트를 추가하면 자동으로 특정 시트의 복사본 만들기 — 1081
- 519 이전 시트의 특정 값을 지정한 위치로 읽어오기 — 1083
- 520 파일의 사용 기간을 정해, 기간을 초과하면 파일을 삭제하는 매크로 — 1085
- 521 다른 사람의 작업에서 내 파일을 보호하는 몇 가지 방법 — 1087

PART

01

엑셀 2016 바이블

엑셀의 기초

CHAPTER

01

설치, 화면, 리본 메뉴

오피스 365와 오피스 2016 어떤 것을 선택해야 하나?

001

오피스 2013부터 현재까지 오피스 365라는 별도의 제품이 함께 판매되고 있습니다. 이 두 제품의 차이점을 정확히 알지 못하면 무엇을 선택해야 할지 고민스러울 수 있습니다. 두 제품은 설치되는 프로그램이나 구입 방법, 업그레이드 방법 등이 전혀 다르므로 그 차이를 잘 이해하고 상황에 맞는 제품을 구입해 사용해야 합니다.

예제 파일 없음

구입 방법의 차이

오피스 365는 매월(또는 매년) 사용료를 지급하는 갱신형 제품이며, 오피스 2016은 한 번 구입하면 소유권이 인정됩니다. 즉, 큰 부담 없이 정기적으로 비용을 지급하면서 사용하려면 오피스 365를, 한 번 구입해서 계속 사용하려면 오피스 2016을 구입하면 됩니다.

오피스 365는 비교적 적은 비용을 일정 기간 동안 사용료로 지급하면 되므로, 불법 사용자를 정품 사용자로 유도하는 데 효과적입니다. 오피스 365에는 다음과 같은 제품이 있습니다.

항목	가정용		비즈니스용	
	Home	Personal	Business Essentials	Business
월	11,900원	8,900원	5,500원	8,900원
프로그램	워드, 엑셀, 파워포인트, 아웃룩, 퍼블리셔, 원노트, 액세스		워드, 엑셀, 파워포인트, 아웃룩, 퍼블리셔, 원노트	

TIP 이 정보는 2016년 1월 4일 기준으로 작성된 것이며, 상세한 내용은 마이크로소프트사의 정책에 따라 변경될 수 있습니다.

위 표에 정리된 것보다 더 다양한 제품이 있으며, 비즈니스용 오피스 365에서 액세스(Access) 프로그램을 사용하려면 ProPlus 제품을 구입해야 합니다. 또한 엑셀의 경우 2010 이후 버전부터 파워 피벗, 파워 쿼리와 같은 추가 기능을 사용하려면 ProPlus 이상 버전을 사용해야 합니다. 더 자세한 정보를 얻으려면 마이크로소프트사의 홈페이지를 참고합니다.

설치 차이

오피스 365 Home 버전이나 Business 버전은 PC, 노트북, 태블릿 등 기기 상관 없이 다섯 대까지 설치해 사용할 수 있으므로 여러 기기를 사용하는 사람에게 최선의 선택이 될 수 있습니다. 그 외 제품과 오피스 2016은 기본적으로 PC 하나에만 설치할 수 있습니다.

업그레이드 차이

오피스 365는 새 버전이 나올 경우 사용료를 지불하는 동안은 자동으로 업그레이드가 됩니다. 이와 달리 오피스 2016은 해당 제품만 구입한 것이기 때문에 업그레이드 버전은 따로 구입해야 합니다. 그러므로 오피스 버전이 바뀔 때마다 새 버전을 사용한다면 오피스 365를, 그렇지 않으면 오피스 2016을 구입하는 것이 좋습니다.

이런 기준으로 보면 개인에게는 오피스 365가 좀 더 유리하며, 기업에서는 오피스 2016을 구입해 사용하는 것이 더 나은 선택일 것입니다.

32비트와 64비트 버전 중 어떤 것을 설치해야 하나?

002

오피스 2010부터 64비트 버전을 설치할 수 있습니다. 최근 대용량 데이터를 엑셀에서 처리하는 경우가 많아지면서 64비트 버전을 쓰는 사용자가 많이 늘었습니다. 다만 64비트 버전은 32비트 버전에 비해 호환성 측면에서 취약한 부분이 있습니다. 어떤 버전의 오피스를 설치하는 것이 좋을지 알아보겠습니다.

예제 파일 없음

64비트 버전을 사용하려면 윈도우 7 이상의 64비트 운영체제가 설치되어 있어야 합니다.

64비트 버전 오피스를 사용하려면 반드시 64비트 버전 운영체제가 설치되어 있어야 합니다. 또한 오피스 2016은 윈도우 7 이상에서만 사용할 수 있으므로 윈도우 7, 8, 8.1, 10의 64비트 버전이 설치되어 있어야 합니다.

64비트 버전은 대용량 데이터를 다루는 사용자를 위한 버전입니다.

64비트 버전은 32비트 버전에 비해 메모리를 더 많이 사용할 수 있게 설계되어 있습니다. 따라서 엑셀로 대용량 데이터를 관리하고 분석해야 한다면 64비트 버전 사용을 고려하는 것이 좋습니다.

64비트 버전은 호환성에 문제가 있을 수 있습니다.

64비트 버전은 32비트 버전에 비해 호환성에 문제가 발생할 소지가 있습니다. 오피스 프로그램은 기본적으로 여러 가지 추가 기능(Add-in)이나 VBA를 이용해 기능을 확장할 수 있는데, 이런 기능들은 환경에 따라 제대로 동작하지 않을 수 있습니다. 특히 VBA로 만든 매크로를 사용한다면 64비트 버전보다는 32비트 버전을 사용하는 것이 안전합니다.

간단히 정리하면, 다른 사용자와 협업이 많고 별도의 추가 기능을 쓰는 사용자라면 32비트 버전을 선택하는 것이 좋고, 단일 작업이 많고 특히 대량의 데이터를 다루는 사용자라면 64비트 버전을 선택하는 것이 좋습니다.

참고로 내 PC에 설치된 오피스 버전을 확인하려면 [파일] 탭-[계정]을 클릭하고 백스테이지(BackStage) 화면에서 [Excel 정보]를 클릭합니다. [Microsoft Excel 2016 정보] 창이 표시되면 첫 번째 줄에서 사용하고 있는 엑셀의 버전 정보를 확인할 수 있습니다.

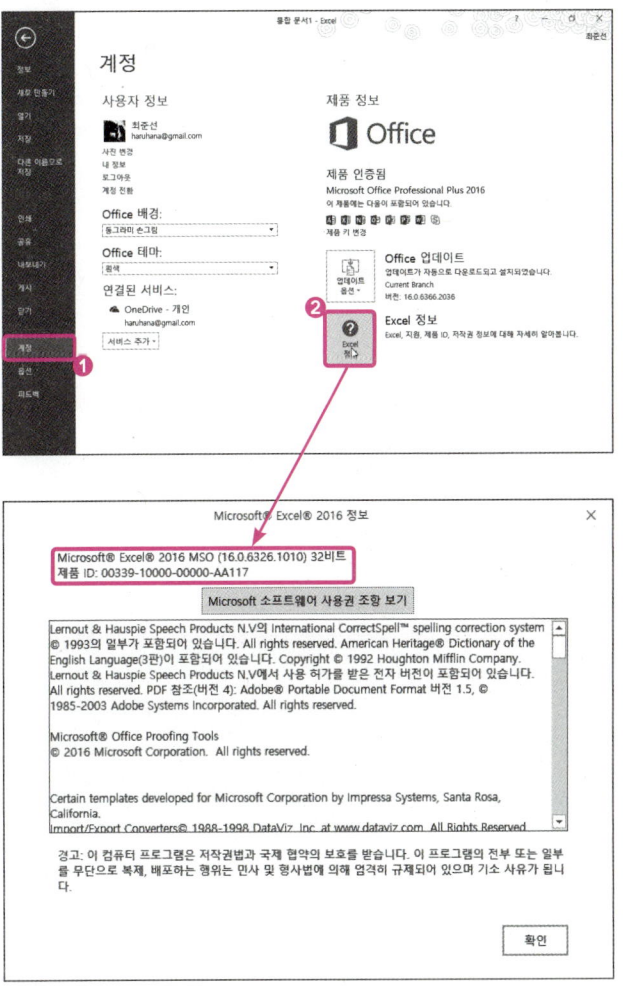

엑셀 2016 화면 구성 요소 이해하기

003

엑셀 2016은 엑셀 2013과 크게 달라진 부분이 없으며 인터페이스 역시 엑셀 2007부터 채택된 리본 메뉴를 그대로 사용하고 있으므로 2007 이후 버전 사용자라면 어렵지 않게 적응할 수 있습니다. 엑셀을 잘 다루려면 각 부분의 명칭과 사용 방법에 대해 잘 이해하고 있어야 합니다. 엑셀 화면 각 영역의 명칭과 역할에 대해 알아보겠습니다.

예제 파일 없음

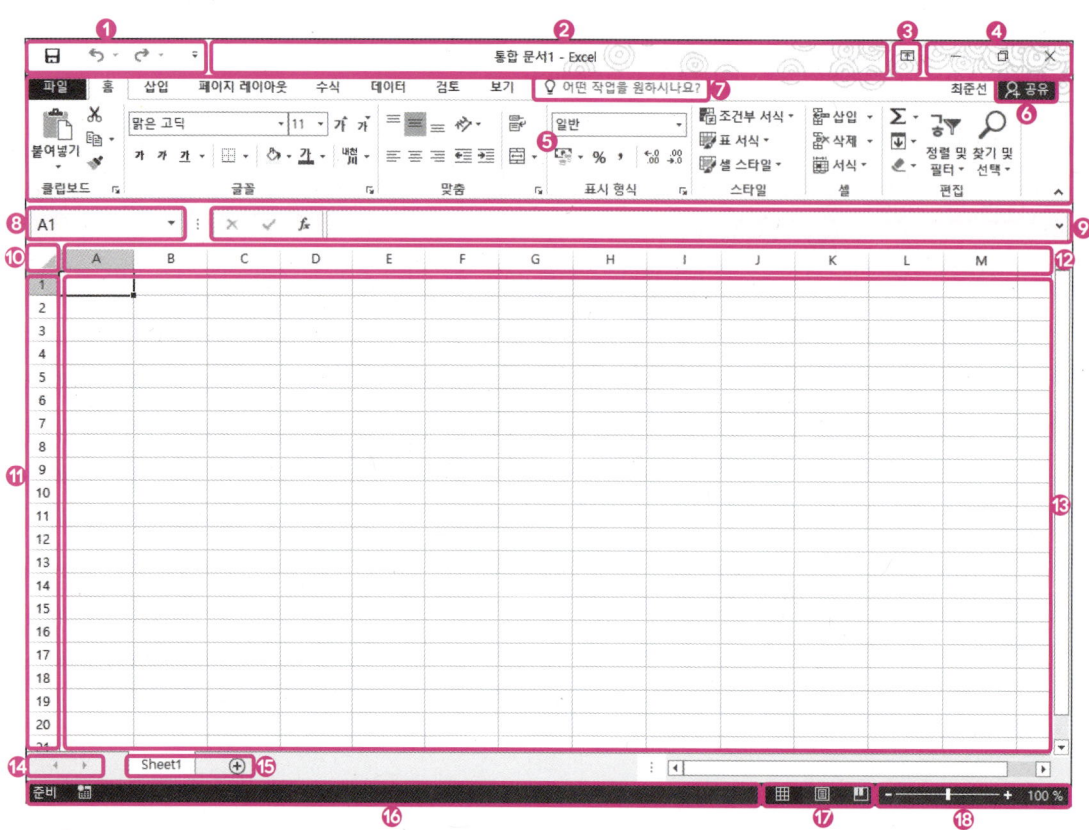

❶ **빠른 실행 도구 모음** : 자주 사용하는 명령을 등록하여 빠르게 사용할 수 있습니다.

❷ **제목 표시줄** : 현재 열려 있는 파일 이름을 표시합니다.

❸ **리본 메뉴 표시 옵션** : 리본 메뉴의 표시 여부를 설정할 수 있습니다.

❹ **창 조정** : 엑셀 프로그램 창을 작업 표시줄로 최소화하거나 최대화하고, 닫을 때 사용합니다.

❺ **리본 메뉴** : 엑셀 2007부터 제공되는 명령 인터페이스로, [홈], [삽입], [페이지 레이아웃] 등의 탭을 클릭하면 해당 탭에서 사용할 수 있는 명령이 아이콘 방식으로 표시됩니다. 엑셀 2013부터는 마이크로소프트사의 OneDrive에 바로 연

결해 사용할 수 있으며, 연결된 경우 리본 메뉴 우측 상단에 사용자의 이름이 표시됩니다. (엑셀 2016부터는 사용자 이미지가 표시되지 않습니다.)

❻ **공유** : 엑셀 2016부터 제공되며, SharePoint나 OneDrive에 저장된 파일을 다른 사용자와 빠르게 공유할 수 있습니다.

❼ **설명** : 엑셀 2016부터 제공되며, 엑셀의 모든 명령이나 도움말을 키워드로 검색할 수 있습니다.

❽ **이름 상자** : 활성 셀의 주소를 표시하며, 선택 범위를 이름으로 지정할 수 있습니다.

❾ **수식 입력줄** : 선택된 셀(또는 범위)에 수식을 입력하거나 입력된 수식을 확인할 수 있습니다.

❿ **모두 선택** : 워크시트의 모든 셀을 한 번에 선택할 때 사용합니다.

⓫ **행 머리글** : 워크시트의 행 주소를 표시하는 영역으로, 1 ~ 1,048,576행으로 구성됩니다.

⓬ **열 머리글** : 워크시트의 열 주소를 표시하는 영역으로, A ~ XFD열로 구성됩니다.

⓭ **워크시트** : 실제 작업이 이뤄지는 영역으로, 워크시트 내의 직사각형 영역을 '셀'이라고 합니다. 셀은 워크시트의 열 주소(A, B, C, …)와 행 주소(1, 2, 3, …)를 연결해 셀 주소로 사용합니다.

⓮ **시트 탭 이동 버튼** : 원하는 시트로 이동할 때 사용합니다.

⓯ **시트 탭** : 현재 엑셀 파일 내에서 시트를 이동하는 탭입니다. 엑셀 2013부터는 한 개의 워크시트만 제공되며, 추가로 워크시트가 필요하다면 [⊕ 새 시트]를 클릭하면 됩니다.

⓰ **상태 표시줄** : 현재 파일의 작업 상태와 [🔲 매크로 기록]을 표시합니다.

⓱ **보기 바로 가기** : 표시되는 아이콘 순서대로 다음 세 가지 화면 모드를 선택할 수 있습니다.

아이콘	이름	설명
🔲	기본	기본 작업 화면 모드입니다.
🔲	페이지 레이아웃	워드 프로세서처럼 페이지 단위로 엑셀 화면을 표시합니다.
🔲	페이지 나누기 미리 보기	화면을 60%로 축소하며, 기본 모드에 페이지를 구분해 표시합니다.

⓲ **확대/축소 슬라이드** : 화면을 확대하거나 축소할 때 사용하는 슬라이드로, 화면 배율을 10~400% 사이에서 선택해 설정할 수 있습니다.

엑셀 2007, 2010, 2013, 2016에서 새로 추가된 기능

004

엑셀 2007 이후 버전부터 새롭게 추가된 기능을 정리해놓았습니다. 추가된 기능을 사용하면 하위 버전과의 호환성에 문제가 생길 수 있으므로 버전별로 달라진 부분을 미리 확인하고 사용하는 것이 좋습니다.

예제 파일 없음

엑셀 2007에서 새로 추가된 기능

분류	추가된 기능	설명	바로가기 쪽수
함수	IFERROR	에러가 발생하는 수식의 대체 값을 지정할 수 있는 함수	410
	COUNTIFS, SUMIFS, AVERAGEIF, AVERAGEIFS	다중 조건을 처리해 집계할 수 있는 함수	459 465 469
기능	리본 메뉴	새로운 명령 인터페이스	40
	XML 형식으로 저장	파일 저장 형식이 변경되면서 파일 확장자가 XLSX, XLSM으로 변경	1015
	중복된 항목 제거	표에서 중복 데이터 삭제	674
	레이블 인쇄 마법사 추가 기능	라벨 인쇄 작업에 사용할 수 있는 추가 기능으로, 2013 버전부터는 제공되지 않음	
	조건부 서식의 데이터 막대, 색조, 아이콘 집합	새로운 조건부 서식 효과	250~257

엑셀 2010에서 새로 추가된 기능

분류	추가된 기능	설명	바로가기 쪽수
함수	RANK.EQ RANK.AVG	순위를 구하는 함수 중 RANK.AVG 함수는 동점자가 있을 때 평균 값으로 순위를 반환하는 함수	479
	NETWORKDAYS.INTL WORKDAY.INTL	주말과 휴일을 제외한 날짜 차이를 구할 때 사용하며, 주말을 사용자가 직접 정할 수 있는 함수	528, 533
기능	64비트 버전 제공	64비트 버전을 제공하는 최초의 오피스 버전	32
	스크린샷	백그라운드의 오피스 프로그램 화면 갈무리 기능	
	스파크라인	셀 안에 차트 생성	962
	슬라이서	피벗 테이블 보고서의 새로운 필터 기능	747

엑셀 2013에서 새로 추가된 기능

분류	추가된 기능	설명	바로가기 쪽수
함수	XOR	True를 반환하는 조건의 개수가 홀수일 때는 True, 그렇지 않으면 False를 반환하는 함수	
	FORMULATEXT	특정 셀의 수식을 그대로 반환하는 함수	440
	NUMBERVALUE	텍스트 형식의 숫자를 숫자 형식으로 변환하는 함수	448
기능	빠른 분석	선택된 범위의 빠른 데이터 분석을 위해 추가된 기능으로, 조건부 서식, 차트, 합계, 표, 스파크라인 등을 빠르게 지정할 수 있는 기능	680
	추천 피벗 테이블	데이터에 가장 적합한 피벗 테이블 보고서 유형을 추천하는 기능	711
	추천 차트	데이터에 가장 적합한 차트 유형을 추천하는 기능	895
	시간 표시 막대	슬라이서와 유사한 기능으로 날짜 값에 적용 가능한 필터 기능	752
	빠른 채우기	입력된 값의 패턴을 분석해 나머지 값을 빠르게 채워주는 기능	173~176
	관계	표 간의 관계를 설정할 수 있는 기능	789
	파워 뷰	Professional Plus 버전에서 사용할 수 있는 추가 기능으로, 차트, 슬라이서 등을 이용해 데이터를 시각화하는 별도의 시트를 구성할 수 있는 기능	
	파워 피벗	Professional Plus 버전에서 사용할 수 있는 추가 기능으로, 보다 강력한 피벗 테이블 보고서를 구성할 수 있는 기능	

엑셀 2016에서 새로 추가된 기능

분류	추가된 기능	설명	바로가기 쪽수
함수	IFS	한 번에 여러 조건식을 판단하고 그에 맞는 반환 값을 돌려줄 수 있는 함수	412
	SWITCH	특정 계산식의 결과 값을 필요한 값으로 대체할 수 있는 함수	421
	CONCAT, TEXTJOIN	문자열을 연결해주는 함수	444
	MAXIFS, MINIFS	사용자가 지정한 조건에 맞는 최대값과 최소값을 반환하는 함수	473
기능	설명	도움말과 엑셀 명령을 키워드로 검색하는 기능	42
	폭포 차트	세로 막대 차트를 기본으로, 숫자 값이 증가/감소하는 부분을 별도의 막대로 시각화하는 차트	927
	트리맵, 선버스트 차트	계층 구조를 표시할 수 있는 차트	
	히스토그램, 파레토, 상자 수염 그림 차트	통계 차트	
	깔대기형 차트	점차적으로 감소하는 부분을 표시해주는 차트	
	예측 시트	과거 데이터로 미래 값을 예측해주는 기능	943
	잉크 수식	수학 방정식을 직접 입력할 수 있는 기능	
	공유	OneDrive에 저장된 파일을 다른 사용자와 손쉽게 공유해 작업할 수 있도록 지원하는 기능	69

* 일부 기능은 오피스 2016 최신 버전으로 업데이트를 해야 사용할 수 있습니다.

오피스 테마 및 배경 변경하기

오피스 2013부터는 오피스 테마와 프로그램 상단의 배경을 설정할 수 있습니다. 단, 프로그램 상단의 배경을 사용하려면 오피스에 Microsoft 계정이나 조직 계정으로 로그인을 해야 합니다.

예제 파일 없음

오피스 테마 선택

Office 테마는 세 가지 중 하나를 선택해 사용할 수 있습니다. [파일] 탭-[계정]을 클릭한 후 백스테이지 화면에서 [Office 테마] 콤보 상자를 클릭해 원하는 테마를 선택합니다. 기본 값은 [흰색]이며, [색상형]과 [어두운 회색] 중에서 선택할 수 있습니다.

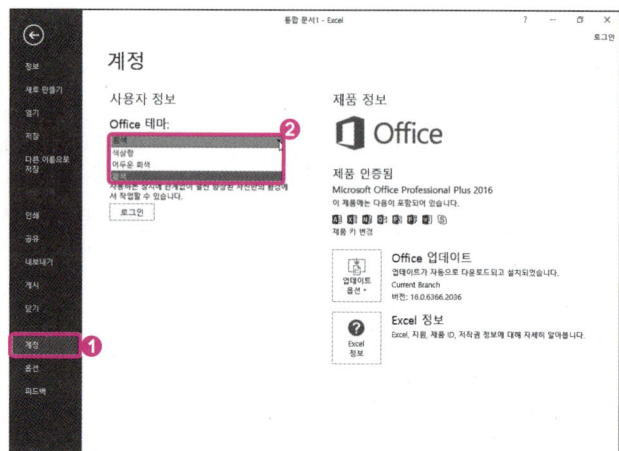

다음은 각 테마를 선택했을 때의 화면입니다. 기본 값인 [흰색] 테마를 선택한 경우는 다음과 같습니다. 이 책에서는 [흰색] 테마를 사용합니다.

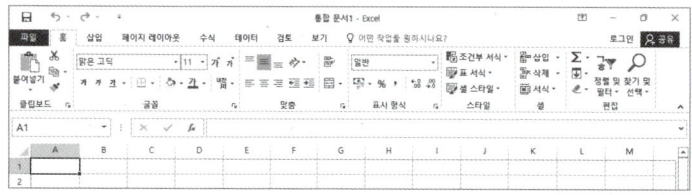

[색상형] 테마를 선택한 화면은 다음과 같습니다.

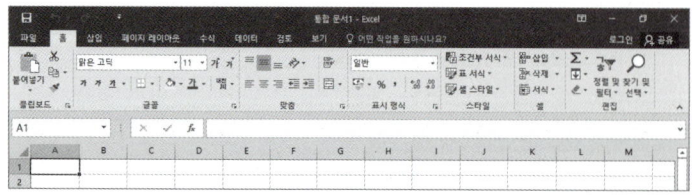

TIP 엑셀 2013의 [연한 회색] 테마가 [색상형] 테마로 변경되었습니다.

[어두운 회색] 테마를 선택한 화면은 다음과 같습니다.

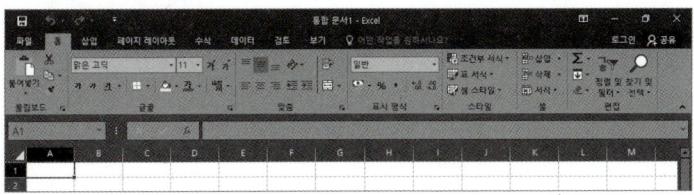

TIP 오피스 2016 업데이트를 하면 [검정] 테마를 추가로 사용할 수 있습니다.

오피스 배경 선택

이번에는 오피스에 로그인해 배경을 변경해보겠습니다. 오피스 배경을 지정하려면 [파일] 탭-[계정]을 클릭하고 백스테이지 화면에서 [로그인]을 클릭합니다. [로그인] 창이 나타나면 이메일 주소나 전화번호를 입력하고 [다음]을 클릭합니다.

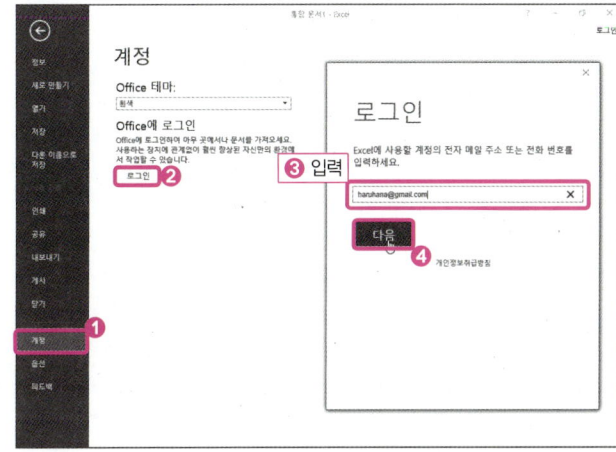

[암호] 입력 상자에 암호를 입력하고 [로그인]을 클릭합니다. 계정이 없는 경우에는 하단의 [지금 등록] 하이퍼링크를 클릭해 회원으로 가입할 수 있습니다. 로그인이 완료되면 오른쪽 화면과 같이 다양한 Office 배경 중 하나를 선택할 수 있습니다.

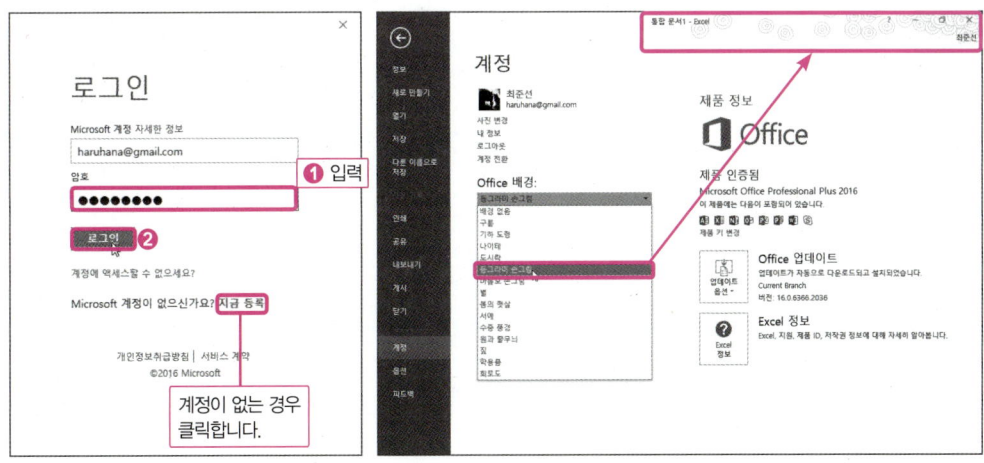

리본 메뉴 이해하기 006

리본 메뉴는 엑셀 2007부터 제공되고 있으며, 버전이 높아질 때마다 약간의 수정 사항이 있었지만 기본적인 구성 자체는 거의 변화하지 않았습니다. 엑셀 2010부터는 리본 메뉴를 편집해서 사용할 수 있기 때문에 리본 메뉴가 어떻게 구성되어 있는지 이해하는 것이 중요합니다. 리본 메뉴의 기본적인 구성 및 표시 방식에 대해 알아보겠습니다.

\ 예제 파일 없음

리본 메뉴는 다음과 같이 크게 탭, 그룹, 명령 아이콘으로 나눌 수 있습니다.

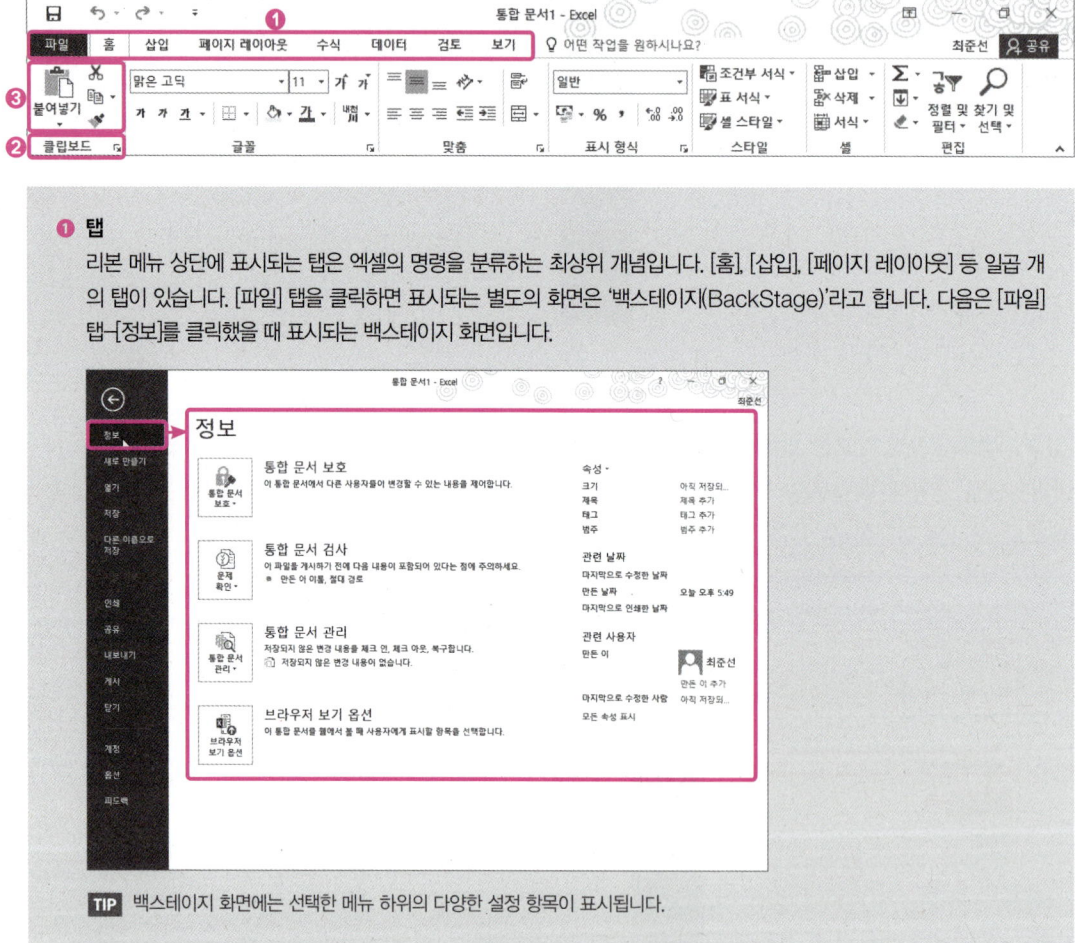

① 탭
리본 메뉴 상단에 표시되는 탭은 엑셀의 명령을 분류하는 최상위 개념입니다. [홈], [삽입], [페이지 레이아웃] 등 일곱 개의 탭이 있습니다. [파일] 탭을 클릭하면 표시되는 별도의 화면은 '백스테이지(BackStage)'라고 합니다. 다음은 [파일] 탭-[정보]를 클릭했을 때 표시되는 백스테이지 화면입니다.

TIP 백스테이지 화면에는 선택한 메뉴 하위의 다양한 설정 항목이 표시됩니다.

TIP 백스테이지 화면에서 벗어나려면 좌측 상단의 [⬅ 뒤로]를 클릭합니다.

또한 엑셀에는 일곱 가지 기본 탭 외에도 특정 기능을 사용하면 나타나는 확장 탭이 있습니다. 예를 들어 차트를 추가하면 차트에서 사용할 수 있는 명령을 표시하는 [차트 도구]의 [디자인], [서식] 탭이 추가로 나타납니다. 이런 탭을 '확장 탭'이라고 합니다.

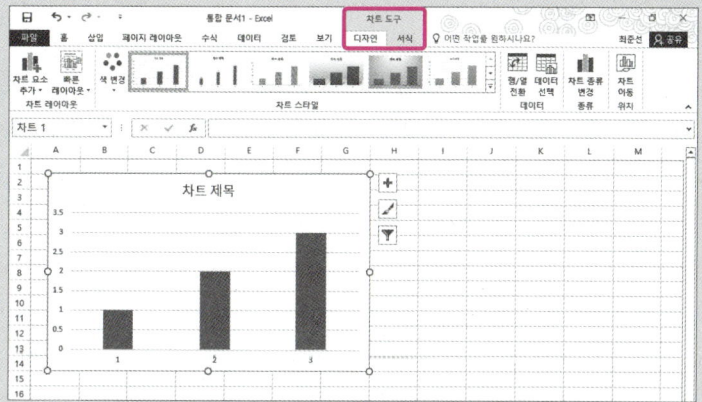

❷ **그룹**
리본 메뉴의 각 탭에 있는 명령은 몇 개의 구분선으로 분류되어 있으며, 이렇게 분류된 각 영역을 '그룹'이라고 합니다. 예를 들어 [홈] 탭에서는 [클립보드], [글꼴], [맞춤] 등의 그룹 이름을 확인할 수 있습니다. 그룹에는 그룹 이름 오른쪽에 ⬚ 대화상자 표시 아이콘이 있는 경우와 그렇지 않은 경우가 있습니다. ⬚ 대화상자 표시 아이콘이 있으면 해당 그룹에 속하는 명령의 상세 옵션을 설정할 수 있는 대화상자(또는 창)가 있다는 의미이며, 클릭하면 대화상자가 표시됩니다. 예를 들어 [홈] 탭-[글꼴] 그룹의 ⬚ 대화상자 표시 아이콘을 클릭하면 [셀 서식] 대화상자가 [글꼴] 탭이 표시된 상태로 열립니다.

❸ **명령 아이콘**
엑셀에서 제공하는 기능을 실행하는 명령 아이콘을 클릭하면 해당 기능이 동작합니다. 리본 메뉴의 명령 아이콘은 사용자의 사용 빈도를 분석해 자주 사용하는 명령 순으로 왼쪽부터 배치되어 있습니다.

> **Plus⁺ 리본 메뉴와 해상도**
>
> 리본 메뉴는 기본적으로 1024×768 해상도에 맞춰 설계되어 있습니다. 창을 줄이거나 해상도가 낮은 화면에서 실행하면 명령 아이콘이 더 작게 표시되거나 그룹으로 묶여 표시됩니다.
>
>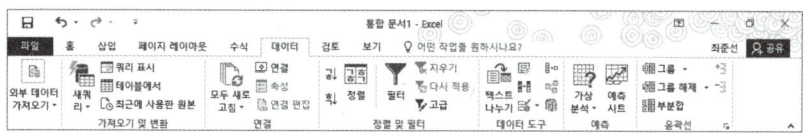
> ▲ 기본 해상도(1024×768)에서 리본 메뉴의 [데이터] 탭
>
>
> ▲ 저해상도에서 리본 메뉴의 [데이터] 탭

도움말이 어디로 갔을까? 007

엑셀 2013까지는 리본 메뉴에서 [? Microsoft Excel 도움말] 아이콘을 클릭해 도움말을 바로 호출할 수 있었지만 엑셀 2016부터는 리본 메뉴에 도움말 아이콘이 없습니다. 도움말이 [♀ 설명]이라는 검색 기능과 통합되었기 때문입니다. [♀ 설명] 기능을 이용하면 엑셀의 모든 명령과 도움말을 검색할 수 있습니다. 또한 엑셀 2016부터 지원되는 [🔎 스마트 조회] 기능도 통합되어 있습니다.

\ 예제 파일 없음

엑셀을 실행하고 [설명] 텍스트 상자를 클릭하면 현재 위치에서 사용할 수 있는 명령어의 목록이 표시됩니다.

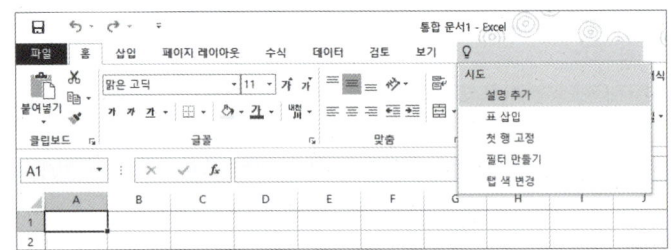

[설명] 텍스트 상자에 '자동 필터'를 입력하면 다음과 같이 3단 구성으로 키워드 조회 결과가 표시됩니다.

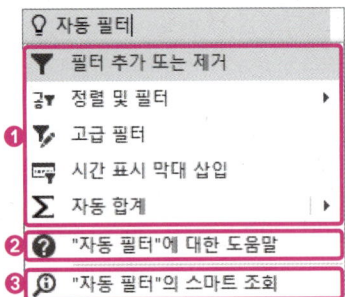

❶ **검색된 명령**
'자동 필터'로 검색된 명령이 모두 표시됩니다. '자동'과 '필터' 두 단어로 검색했기 때문에 '자동 합계' 명령도 표시됩니다. 목록 내 메뉴를 클릭하면 해당 명령이 바로 실행됩니다.

❷ **도움말**
'자동 필터' 키워드를 도움말에서 검색합니다.

❸ **스마트 조회**
'자동 필터' 키워드를 빙(Bing)이나 위키에서 검색합니다.

[설명] 기능은 리본 메뉴에서 찾기 어려운 명령을 찾거나 도움말을 검색하는 용도로 유용하며, 단축키는 Alt + Q 입니다. 명령 이름을 정확하게 입력하지 않아도 해당 키워드로 검색된 결과가 모두 표시되므로 유용하지만 함수 검색 기능이 지원되지 않는 점은 아쉽습니다. 다음은 [설명] 기능을 이용해 검색한 몇 가지 결과 화면입니다.

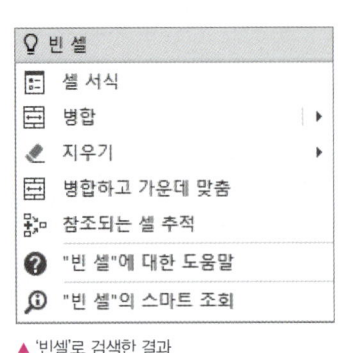

▲ '빈 셀'로 검색한 결과

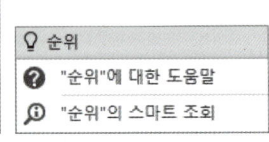

▲ '순위'로 검색한 결과

리본 메뉴 축소/확장하기

리본 메뉴는 엑셀의 기능을 명령 아이콘으로 큼직하게 표시하는 장점은 있지만, 엑셀 2003의 메뉴+도구 모음 방식에 비해 화면을 많이 차지하는 단점이 있습니다. 필요한 경우에는 리본 메뉴를 축소해 리본 메뉴가 공간을 적게 차지하도록 만들 수 있습니다.

예제 파일 없음

리본 메뉴를 축소하는 방법에는 다음 세 가지가 있습니다.

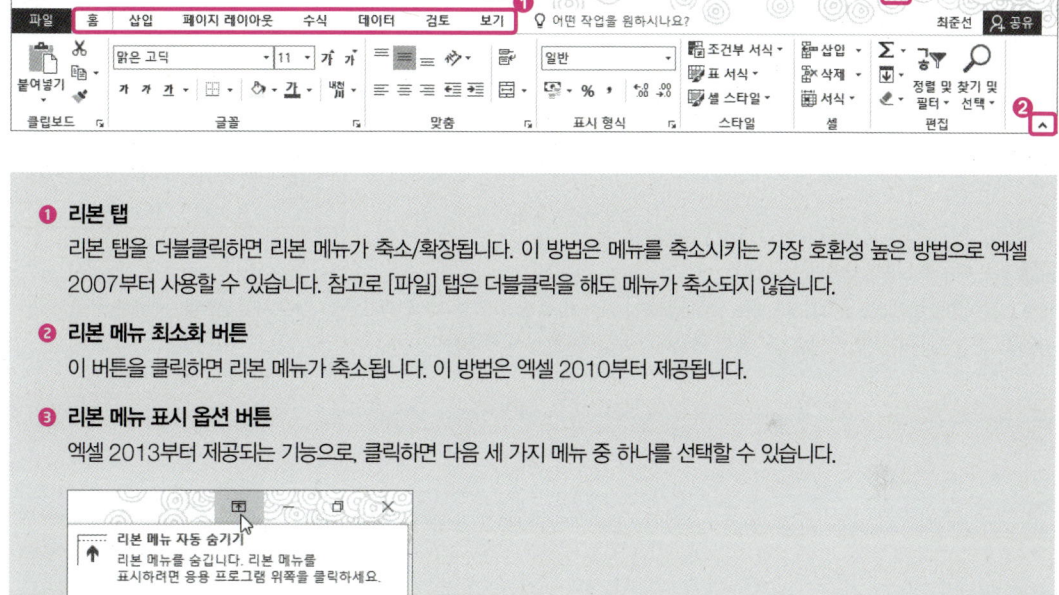

❶ **리본 탭**
리본 탭을 더블클릭하면 리본 메뉴가 축소/확장됩니다. 이 방법은 메뉴를 축소시키는 가장 호환성 높은 방법으로 엑셀 2007부터 사용할 수 있습니다. 참고로 [파일] 탭은 더블클릭을 해도 메뉴가 축소되지 않습니다.

❷ **리본 메뉴 최소화 버튼**
이 버튼을 클릭하면 리본 메뉴가 축소됩니다. 이 방법은 엑셀 2010부터 제공됩니다.

❸ **리본 메뉴 표시 옵션 버튼**
엑셀 2013부터 제공되는 기능으로, 클릭하면 다음 세 가지 메뉴 중 하나를 선택할 수 있습니다.

❶, ❷번 방법을 사용하거나 ❸번에서 [탭 표시]를 선택하면 다음 화면과 같이 리본 메뉴가 축소됩니다.

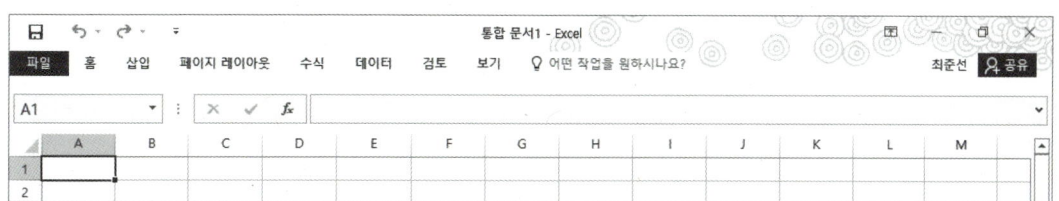

위 상태에서 각 리본 메뉴 탭을 선택하면 해당 탭의 명령 아이콘이 다음과 같이 표시됩니다.

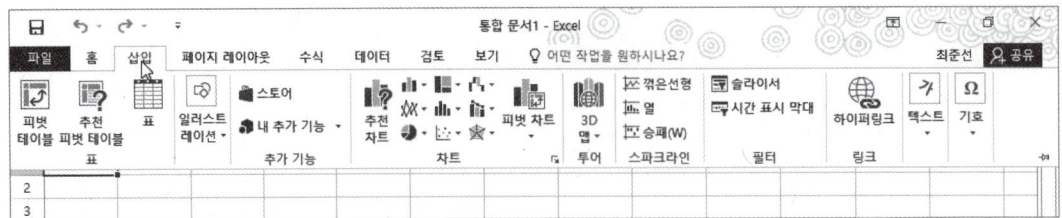

위 화면을 자세히 살펴보면 리본 메뉴가 워크시트의 1행 부분을 덮고 있는 것을 알 수 있습니다. 리본 메뉴가 확장(고정)된 것이 아니라 펼쳐진 상태이기 때문입니다. 이 상태에서 특정 명령 아이콘을 클릭하면 다시 리본 메뉴가 축소됩니다. 다시 이전과 같이 완전하게 돌아가려면 ❶번 방법을 사용하거나 ❸번에서 [탭 및 명령 표시]를 선택합니다.

엑셀 2013에서 추가된 ❸번의 [리본 메뉴 자동 숨기기]를 선택하면 다음과 같은 화면이 나타납니다.

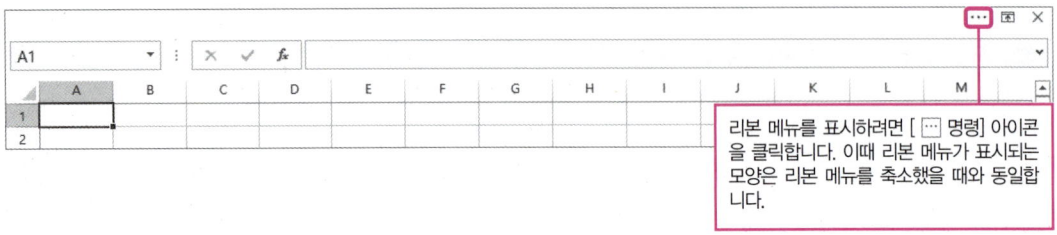

리본 메뉴를 표시하려면 [⋯ 명령] 아이콘을 클릭합니다. 이때 리본 메뉴가 표시되는 모양은 리본 메뉴를 축소했을 때와 동일합니다.

TIP 리본 메뉴 축소/확장 단축키(Ctrl + F1)

리본 메뉴의 명령 아이콘을 숨기고 표시하는 작업은 단축키 Ctrl + F1로 할 수 있습니다. 단축키 Ctrl + F1은 특정 명령을 순환하는 토글(Toggle) 키로, 한 번 누르면 리본 메뉴가 축소되고 한 번 더 누르면 리본 메뉴가 다시 확장됩니다.

단축키로 리본 메뉴 컨트롤하기

리본 메뉴에 표시되는 모든 명령은 키보드로도 제어할 수 있습니다. 이 방법을 잘 이용하면 단축키를 사용해 원하는 리본 탭을 표시하거나 명령 실행을 보다 빠르게 할 수 있습니다. 또한 단축키가 따로 제공되지 않는 [병합]과 같은 명령도 키보드로 빠르게 실행할 수 있습니다. 리본 메뉴의 명령을 키보드로 제어하는 방법에 대해 알아보겠습니다.

예제 파일 없음

Alt 를 누르면 리본 메뉴의 탭을 이동하거나 빠른 실행 도구 모음의 명령을 실행할 수 있는 각종 단축키가 풍선 도움말로 표시됩니다.

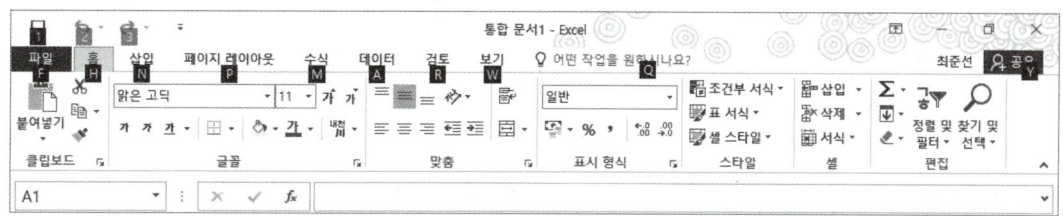

Alt 를 누른 상태로 이동하려는 탭에 할당된 단축키를 누릅니다. 예를 들어 A 를 누르면 다음 화면과 같이 [데이터] 탭이 표시되면서 해당 탭에서 실행할 수 있는 명령의 단축키가 풍선 도움말로 표시됩니다.

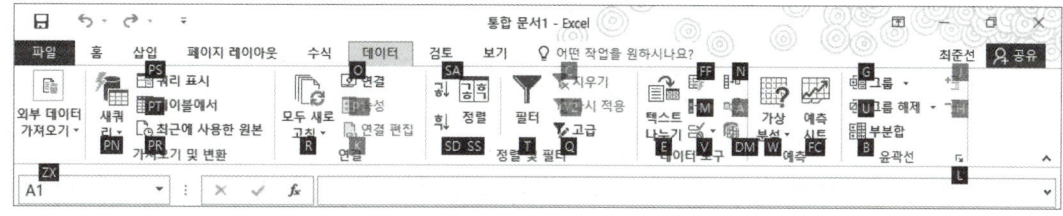

다음은 리본 메뉴를 키보드로 제어하는 몇 가지 예입니다. 명령 키를 조합해 한 번에 실행할 수 있습니다.

리본 단축키	설명	엑셀 내장 단축키
Alt + 1	빠른 실행 도구 모음의 첫 번째 명령인 [저장]을 실행합니다.	Ctrl + S
Alt + H + M	[홈] 탭의 [병합하고 가운데 맞춤] 명령을 실행합니다.	없음
Alt + A + T	[데이터] 탭의 [필터] 명령을 실행합니다.	Ctrl + Shift + L

위 표에서 확인할 수 있는 것처럼 리본 메뉴의 단축키를 사용하거나 엑셀의 내장 단축키를 이용해 엑셀의 기능을 실행할 수 있습니다. 이 방법은 마우스를 사용할 수 없거나 단축키가 배정되지 않은 명령을 빠르게 실행할 때 유용합니다.

리본 메뉴를 입맛에 맞게 편집하기 010

엑셀 2010부터 리본 메뉴를 사용자가 원하는 방법으로 편집해서 사용할 수 있습니다. 리본 메뉴의 탭이 너무 많아 불편했다면 필요한 탭을 별도로 하나 더 만들어 자주 사용하는 명령만 따로 등록한 후 기존 탭은 숨길 수 있습니다. 리본 메뉴를 편집하는 방법에 대해 알아보겠습니다.

예제 파일 없음

01 [파일] 탭-[옵션]을 클릭해 [Excel 옵션] 대화상자가 표시되면 [리본 사용자 지정] 범주를 선택합니다. 이제 자주 사용하는 명령을 모은 새로운 탭을 리본 메뉴의 맨 우측에 추가해보겠습니다. [리본 메뉴 사용자 지정] 리스트에서 [보기]에 체크 표시를 하고 [새 탭]을 클릭합니다.

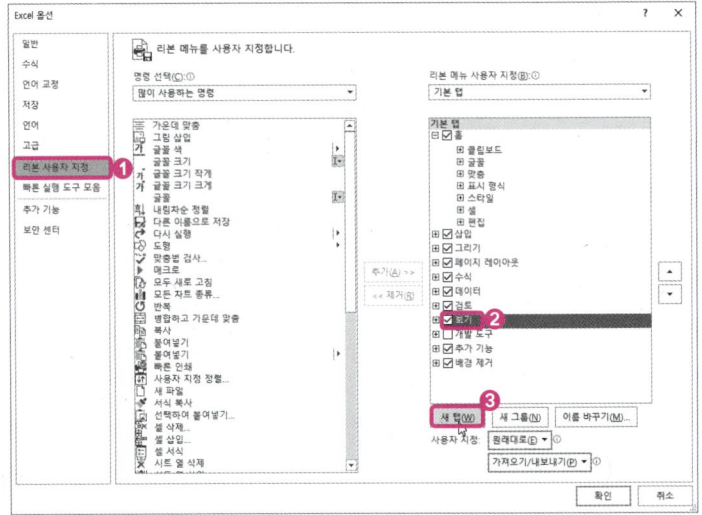

02 화면과 같이 [새 탭(사용자 지정)]-[새 그룹(사용자 지정)]이 하나씩 추가됩니다. [새 탭(사용자 지정)]을 선택하고 [이름 바꾸기]를 클릭합니다. [이름 바꾸기] 대화상자가 표시되면 원하는 이름으로 수정하고 [확인]을 클릭합니다.

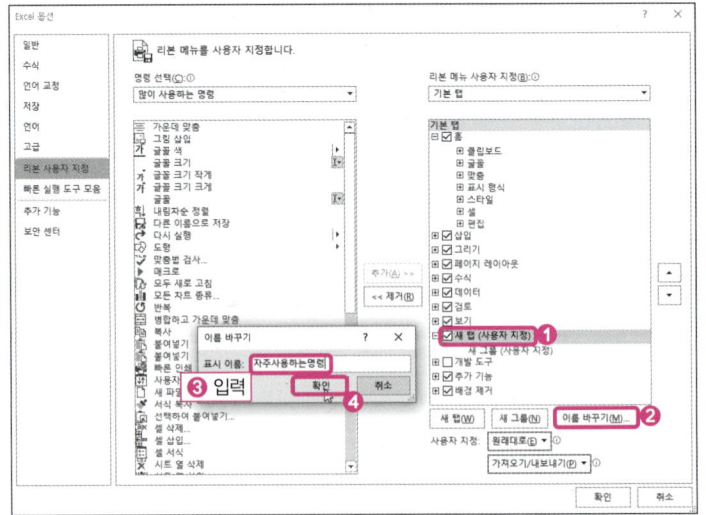

03 [새 그룹(사용자 지정)]도 선택하고 [이름 바꾸기]를 클릭해 원하는 이름으로 수정합니다.

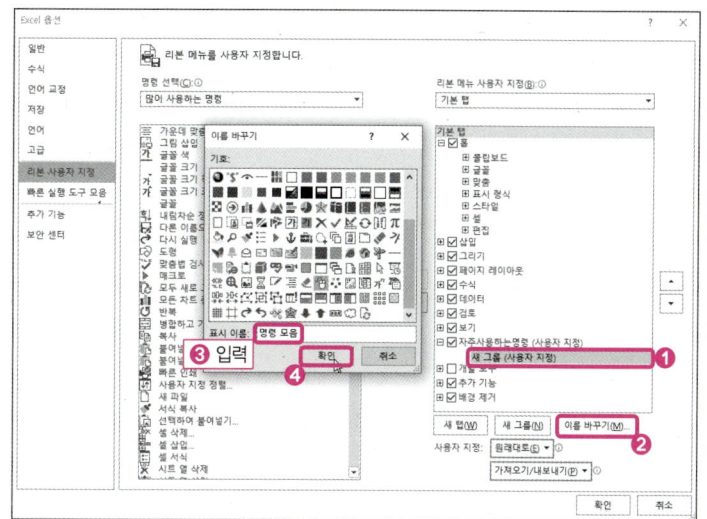

Plus⁺ 그룹의 아이콘 이해하기

그룹의 이름을 변경할 때는 아이콘을 선택할 수 있습니다. 여기에서 선택한 아이콘은 리본 메뉴가 저해상도에서 표시될 때 그룹 이름 대신 표시되는 용도로 사용됩니다. 41쪽 [Plus : 리본 메뉴와 해상도]의 그림에서 [윤곽선] 그룹을 확인해보면 리본 메뉴가 저해상도에서 표시될 때의 아이콘 모양을 확인할 수 있습니다.

04 이제 **03** 과정에서 이름을 변경한 그룹을 선택하고 왼쪽의 [명령 선택] 리스트에서 추가할 명령을 선택한 후 [추가]를 클릭합니다. 필요한 모든 명령을 등록할 때까지 반복해서 진행합니다. 모든 명령을 추가했다면 [확인]을 클릭해 대화상자를 닫습니다.

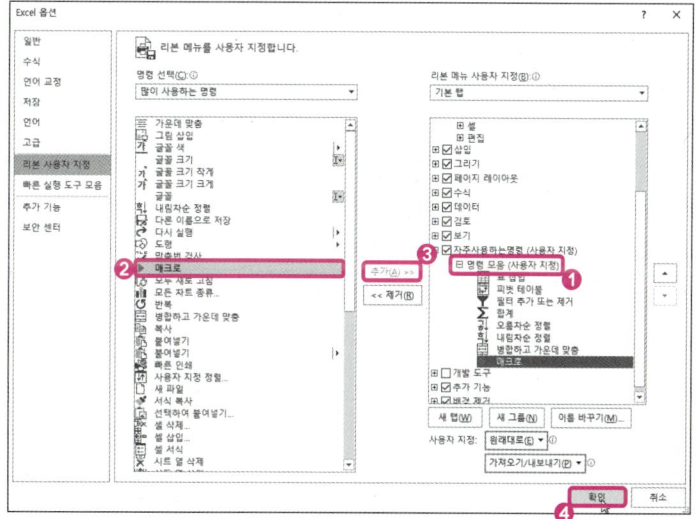

> **Plus⁺ 리본 메뉴를 편집할 때 유용한 팁**
>
> - **더 많은 명령 등록하기**
>   [명령 선택] 리스트에는 리본 메뉴의 전체 명령이 나타나지 않습니다. 더 많은 명령을 확인하려면 상단의 콤보 상자에서 [모든 명령]을 선택합니다.
>
> - **명령을 그룹으로 분류해 등록하기**
>   리본 메뉴는 [탭]-[그룹]-[명령 아이콘] 순으로 관리되므로 등록하는 명령을 새 그룹에 넣고 싶다면 [새 그룹]을 클릭하고 삽입된 그룹을 선택한 후 [이름 바꾸기]를 클릭합니다. 이름을 변경한 후 해당 그룹에 명령을 추가합니다.
>
> - **리본 메뉴에 표시하지 않을 탭 숨기기**
>   리본 메뉴에 표시하고 싶지 않은 탭이 있다면 [리본 메뉴 사용자 지정] 리스트에서 해당 리본 탭 확인란의 체크 표시를 해제합니다. 특정 그룹의 명령을 표시하지 않을 수도 있습니다. 이 방법 역시 해당 리본 탭의 확장 버튼을 클릭한 후 그룹 이름 확인란의 체크 표시를 해제하면 됩니다.

05 추가된 리본 탭을 클릭하면 새로 추가된 명령 아이콘을 확인할 수 있습니다. 참고로 이렇게 추가된 리본 탭은 모든 엑셀 파일에서 사용할 수 있으며, 언제든지 사용자가 원하는 설정으로 변경할 수 있습니다.

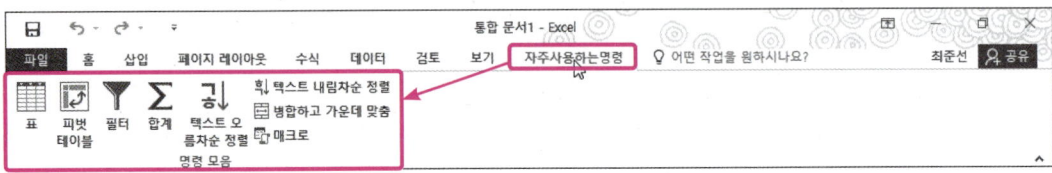

011 빠른 실행 도구 모음에 필요한 명령 등록하기

엑셀의 리본 메뉴는 여러 명령이 탭으로 나뉘어 제공되므로 원하는 명령이 어느 탭에 속해 있는지 이해하고 있어야 메뉴를 효율적으로 사용할 수 있습니다. 반면, 빠른 실행 도구 모음은 항상 화면 상단에 노출되어 있으므로 한 번에 명령을 찾아 사용하기 편리합니다. 리본 탭을 새로 생성하지 않고 빠른 실행 도구 모음에 자주 사용하는 명령을 등록하는 방법에 대해 알아보겠습니다.

\ 예제 파일 없음

01 [파일] 탭-[옵션]을 클릭합니다. [Excel 옵션] 대화상자에서 [빠른 실행 도구 모음] 범주를 선택하고 [명령 선택] 리스트에서 원하는 명령을 선택합니다. [추가]를 클릭해 명령을 [빠른 실행 도구 모음 사용자 지정] 리스트에 등록합니다.

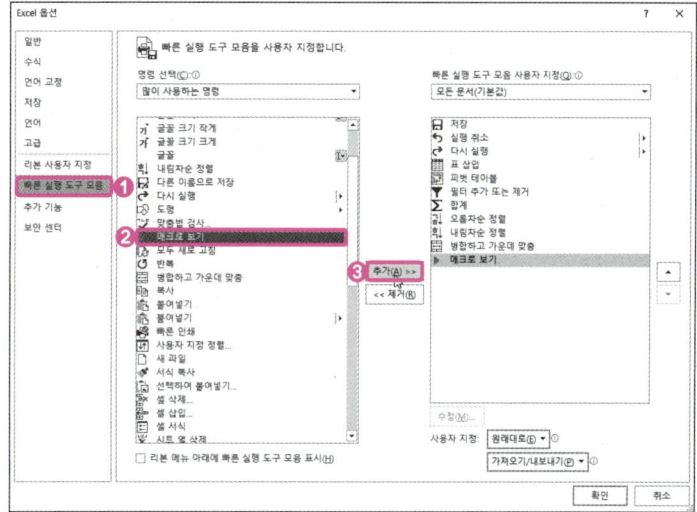

TIP 원하는 명령이 리스트에 없다면 [명령 선택] 콤보 상자의 [▼아래 화살표]를 클릭한 후 [모든 명령]이나 [리본 메뉴에 없는 명령]을 선택하고 원하는 명령을 찾습니다.

02 명령을 모두 등록했다면 [확인]을 클릭해 [Excel 옵션] 대화상자를 닫습니다. 빠른 실행 도구 모음에 등록된 명령이 나타납니다.

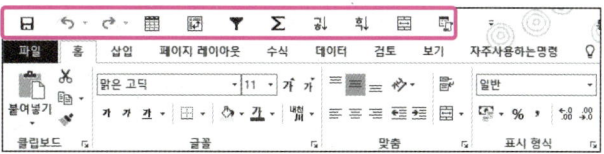

03 등록된 명령 중에 더 이상 사용하지 않는 명령이 있다면 해당 명령 아이콘을 마우스 오른쪽 버튼으로 클릭하고 [빠른 실행 도구 모음에서 제거]를 선택해 제거합니다.

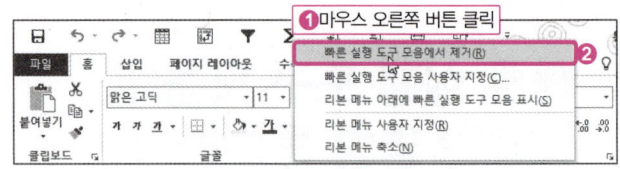

04 빠른 실행 도구 모음에 등록된 명령은 모두 Alt+[등록번호] 단축키를 눌러 사용할 수 있으므로 단축키가 제공되지 않는 [📄 병합하고 가운데 맞춤] 명령 등을 등록해 사용하면 편리합니다. Alt를 누르면 단축키를 확인할 수 있습니다.

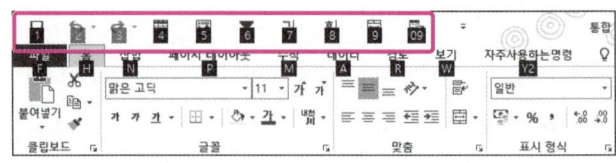

TIP 화면을 보면 단축키가 1~9까지 진행되고 그 다음은 09인 것을 확인할 수 있습니다. 10을 사용한다면 1을 먼저 눌러야 하므로 사용할 수가 없어 9 다음에는 09, 08, 07, … 순으로 할당됩니다.

빠른 실행 도구 모음의 위치 변경하기

012

빠른 실행 도구 모음은 기본적으로 엑셀 창의 제목 표시줄 왼쪽에 표시됩니다. 따라서 빠른 실행 도구 모음에 많은 명령을 등록하면 제목 표시줄이 복잡해 보이는 단점이 있습니다. 많은 명령을 등록해 사용할 때 빠른 실행 도구 모음을 리본 메뉴 하단에 표시하는 방법에 대해 알아보겠습니다.

예제 파일 없음

01 빠른 실행 도구 모음 옆의 [▼ 사용자 지정]을 클릭하고 [리본 메뉴 아래에 표시]를 선택합니다.

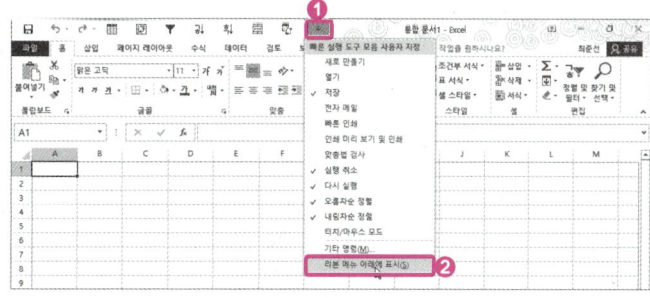

02 리본 메뉴 하단에 빠른 실행 도구 모음이 표시됩니다. 이렇게 위치를 옮기면 더 많은 명령을 한 줄의 도구 모음에 등록해 사용할 수 있어 편리합니다.

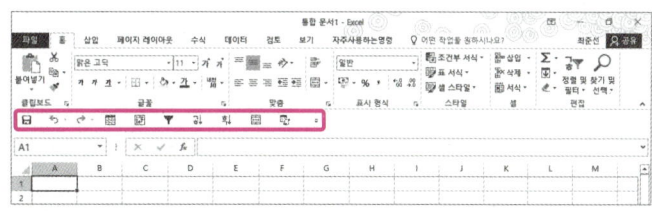

03 이 상태에서 리본 메뉴 탭을 더블클릭하거나 단축키 Ctrl + F1을 눌러 리본 메뉴를 축소하면 다음과 같이 사용할 수 있습니다.

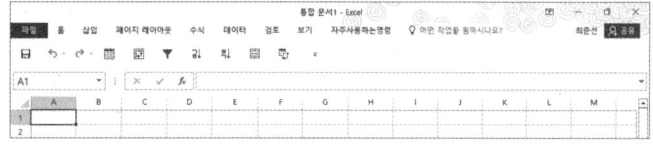

04 다시 원래 위치로 복귀하려면 빠른 실행 도구 모음의 [▼ 사용자 지정]을 클릭한 후 [리본 메뉴 위에 표시]를 선택합니다.

013 수정한 리본 메뉴나 빠른 실행 도구 모음을 다른 PC에서 사용하거나 초기화하는 방법

리본 메뉴나 빠른 실행 도구 모음을 수정한 경우 해당 PC에서는 편집된 리본 메뉴와 빠른 실행 도구 모음을 볼 수 있지만 다른 PC에서는 사용할 수 없습니다. 변경한 리본 메뉴 설정을 다른 PC에서도 사용하고 싶다면 변경된 설정을 파일로 내보낸 후 필요한 PC에서 다운로드하면 됩니다.

예제 파일 없음

01 변경한 리본 메뉴 설정을 파일로 내보내겠습니다. [파일] 탭-[옵션]을 클릭해 [Excel 옵션] 대화상자가 표시되면 [리본 사용자 지정] 범주를 선택합니다. [가져오기/내보내기]를 클릭한 후 [모든 사용자 지정 항목 내보내기]를 선택합니다.

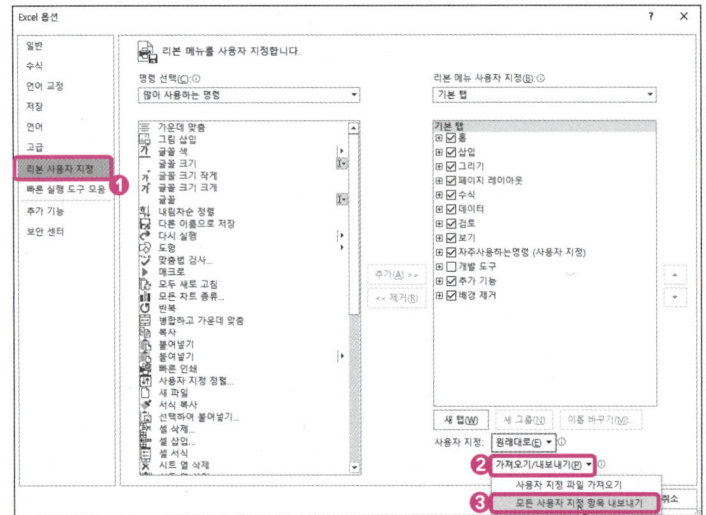

> **Plus⁺ 빠른 실행 도구 모음 내보내기**
>
> 빠른 실행 도구 모음을 내보내려면 [Excel 옵션] 대화상자에서 [빠른 실행 도구 모음] 범주를 선택하고 [가져오기/내보내기]를 클릭한 후 [모든 사용자 지정 항목 내보내기]를 클릭합니다.

02 [파일 저장] 대화상자가 표시되면 원하는 경로를 선택하고 파일 이름을 수정한 후 [저장]을 클릭합니다.

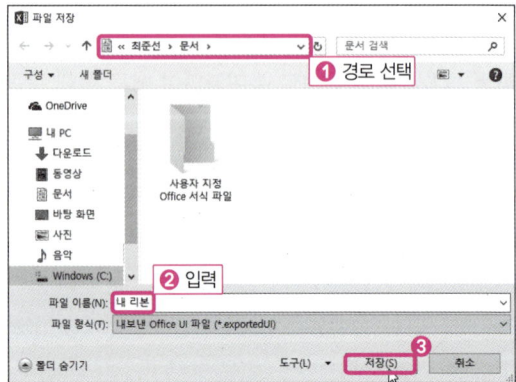

03 저장된 파일을 메일, 웹하드, USB 등으로 옮겨 원하는 PC에서 **01-02** 과정을 진행합니다. 이때 [가져오기/내보내기]를 클릭하고 [사용자 지정 파일 가져오기]를 클릭한 후 [파일 열기] 대화상자에서 저장된 파일을 선택하고 [열기]를 클릭합니다.

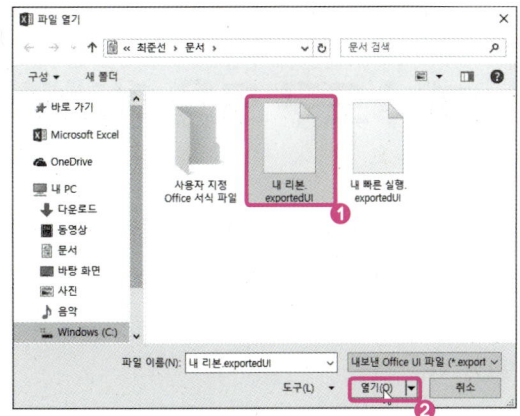

Plus⁺ 리본 메뉴와 빠른 실행 도구 모음 초기화하기

리본 메뉴나 빠른 실행 도구 모음을 원래대로 복원하려면 [Excel 옵션] 대화상자의 [리본 사용자 지정]이나 [빠른 실행 도구 모음] 범주에서 [사용자 지정] 옵션의 [모든 사용자 지정 다시 설정]을 선택합니다.

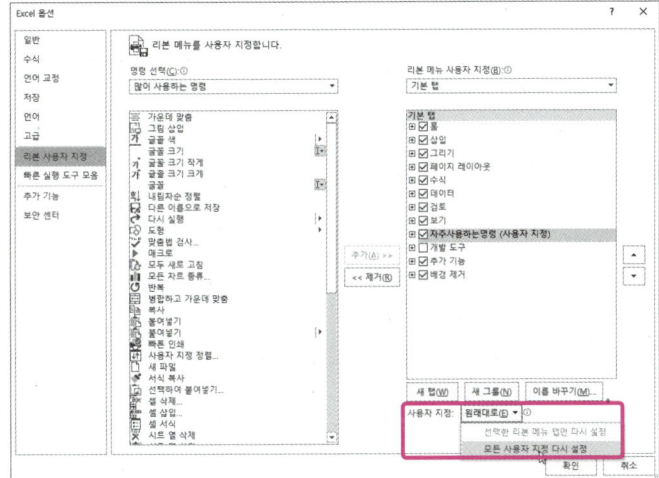

이 작업을 [리본 사용자 지정]이나 [빠른 실행 도구 모음] 범주 중 하나에서 진행하면 리본 메뉴와 빠른 실행 도구 모음을 모두 초기화할 수 있습니다.

미니 도구 모음 이해하기

014

셀에서 마우스 오른쪽 버튼을 클릭하면 해당 셀에서 사용할 수 있는 명령을 모은 단축 메뉴가 표시되며, 엑셀 2007부터는 단축 메뉴 상단이나 하단에 미니 도구 모음이 표시됩니다. 이 도구 모음에는 선택한 셀 또는 범위의 서식을 지정할 수 있는 서식 명령이 제공되므로 빠르게 원하는 서식을 지정할 수 있습니다.

예제 파일 없음

다음과 같이 특정 셀에서 마우스 오른쪽 버튼을 클릭하면 선택된 셀의 위치에 따라 미니 도구 모음이 단축 메뉴 상단 또는 하단에 나타납니다.

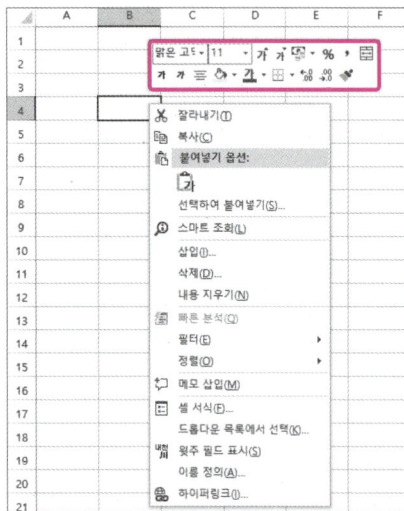 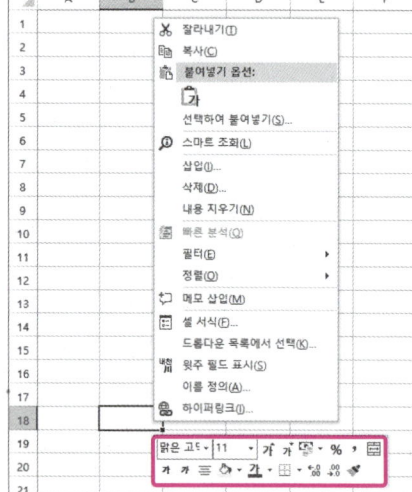

Plus⁺ 미니 도구 모음 표시 위치 규칙 이해하기

워크시트 상단의 셀을 선택하면 단축 메뉴 상단에, 워크시트 하단의 셀을 선택하면 단축 메뉴 하단에 미니 도구 모음이 나타납니다. 좀 더 정확히 표현하자면, 모니터 해상도에 따라 마우스 오른쪽 버튼을 클릭한 위치부터 모니터 하단까지 단축 메뉴가 모두 표시될 공간이 있는 경우 미니 도구 모음이 상단에 표시되고 단축 메뉴를 표시할 영역이 부족한 경우 하단에 표시됩니다.

또한 셀 안에서 일부 문자열을 마우스로 드래그해 선택하는 경우에도 미니 도구 모음이 나타납니다. 이 경우 해당 문자에 지정할 수 있는 서식 명령만 표시되므로 좀 더 작은 크기로 나타납니다.

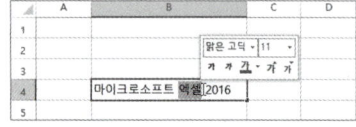

미니 도구 모음 숨기고 표시하기

단축 메뉴와 함께 표시되는 미니 도구 모음은 잘 사용하지 않는다면 숨길 수 있습니다. 다만, 엑셀에는 이런 옵션이 제공되지 않으므로 윈도우 레지스트리 설정을 변경해야 합니다. 미니 도구 모음을 숨기고 필요한 경우에 다시 표시하는 방법에 대해 알아보겠습니다.

\ 예제 파일 없음

TIP 윈도우 레지스트리를 수정할 때 잘못된 위치 값을 수정하면 윈도우 사용에 문제가 발생할 수 있으므로 이번에 설명한 부분 이외에는 내용을 수정하거나 삭제하지 않도록 조심합니다.

01 윈도우 바탕화면에서 단축키 ⊞+R을 눌러 [실행] 대화상자를 엽니다. [열기]에 'Regedit'를 입력하고 [확인]을 클릭해 레지스트리 편집기 프로그램을 실행합니다.

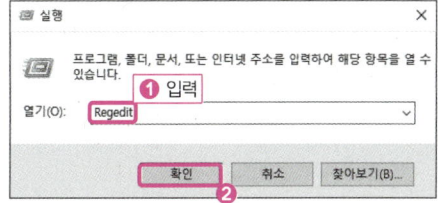

Plus⁺ [사용자 계정 컨트롤] 대화상자

윈도우 Vista부터는 윈도우 보안 정책이 강화되어 [사용자 계정 컨트롤] 대화상자가 표시될 수 있습니다. [예]를 클릭하면 레지스트리 편집기 프로그램이 실행됩니다.

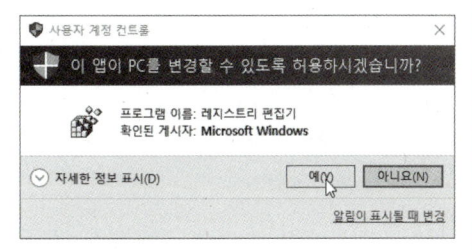

02 레지스트리 편집기 프로그램이 실행되면 'HKEY_CURRENT_USER\Software\Microsoft\Office\16.0\Common\Toolbars\Excel' 폴더를 선택합니다. 'Excel' 폴더를 마우스 오른쪽 버튼으로 클릭하고 [새로 만들기]-[DWORD(32비트) 값]을 선택합니다.

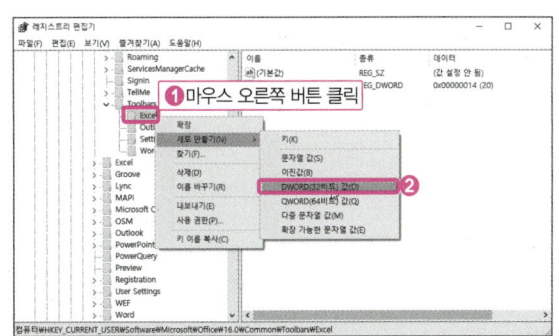

03 오른쪽 창에 추가된 항목의 이름을 'AllowMenuFloaties'라고 수정하고 Enter 를 눌러 입력합니다. 이 항목의 기본 값은 '0'으로 미니 도구 모음을 숨기는 역할을 합니다. 레지스트리 편집기 프로그램을 닫습니다.

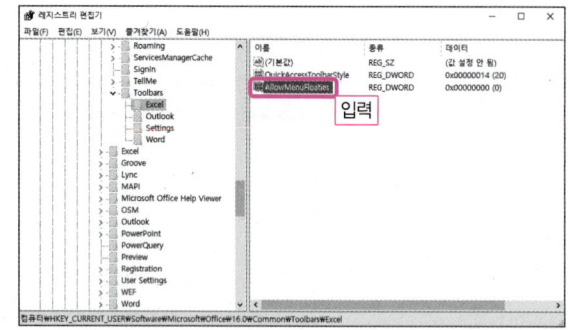

> **TIP** 미니 도구 모음을 다시 표시하려면 레지스트리 편집기 프로그램에서 추가한 'AllowMenuFloaties' 항목을 선택하고 DEL 을 눌러 삭제하거나, 더블클릭하고 값을 '1'로 변경합니다.

04 엑셀을 실행하고 빈 셀에서 마우스 오른쪽 버튼을 클릭해봅니다. 더 이상 미니 도구 모음이 나타나지 않는 것을 확인할 수 있습니다.

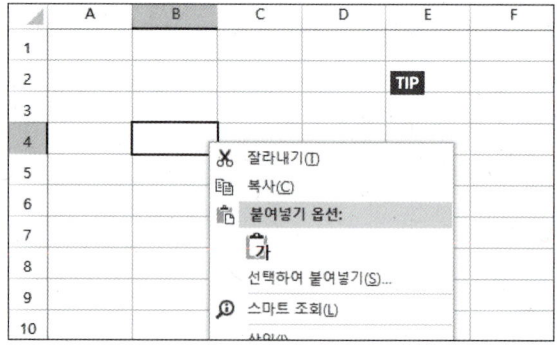

CHAPTER 02

통합 문서

엑셀 실행 시 빈 통합 문서가 바로 나타나게 하기

016

엑셀 2010까지는 엑셀을 실행하면 빈 통합 문서 파일이 바로 열렸는데, 엑셀 2013부터는 Office. com의 여러 가지 서식 파일이 나타나 원하는 파일 서식을 선택해 작업을 시작할 수 있도록 변경되었습니다. 이전 버전과 마찬가지로 엑셀 실행 시 빈 통합 문서가 바로 나타나도록 설정을 변경하는 방법에 대해 알아보겠습니다.

\ 예제 파일 없음

엑셀 2016을 실행하면 다음과 같은 화면이 나타납니다.

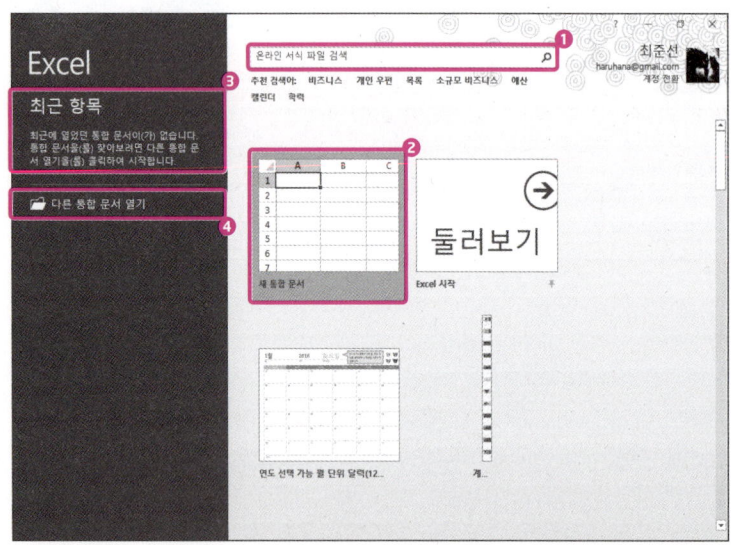

① 검색란
마이크로소프트사가 제공하는 여러 서식 중 하나에서 시작하려면 이곳에 검색 키워드를 입력하고 검색합니다. 이 작업을 하려면 인터넷에 연결되어 있어야 합니다.

② 새 통합 문서
빈 통합 문서를 열고 작업하려면 이곳을 클릭합니다.

③ 최근 항목
최근에 열어본 파일이 목록으로 표시됩니다.

④ 다른 통합 문서 열기
[파일] 탭-[열기]를 클릭한 위치로 이동합니다.

이전 버전과 같이 빈 통합 문서가 바로 열리도록 하려면 Excel 옵션을 변경해야 합니다.

01 [파일] 탭-[옵션]을 클릭합니다. [Excel 옵션] 대화상자가 열리면 [일반] 범주의 [시작 옵션] 항목에서 [이 응용 프로그램을 시작할 때 시작 화면 표시]의 체크 표시를 해제한 후 [확인]을 클릭합니다.

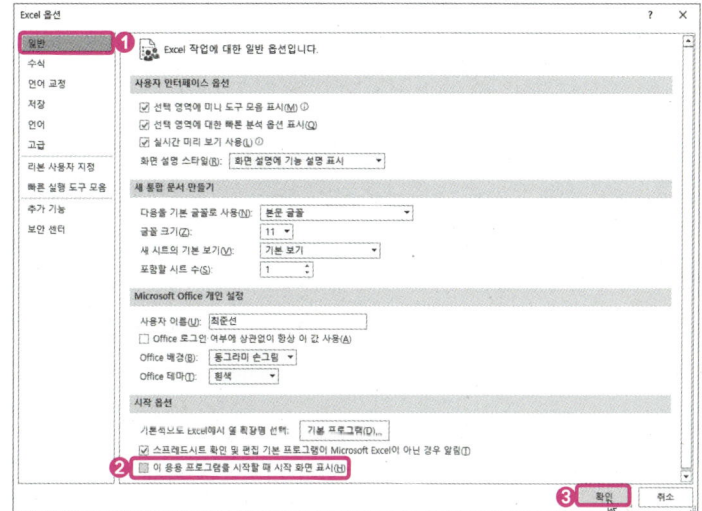

02 옵션을 변경한 후 엑셀 프로그램을 닫고 다시 실행하면 빈 통합 문서가 바로 열립니다.

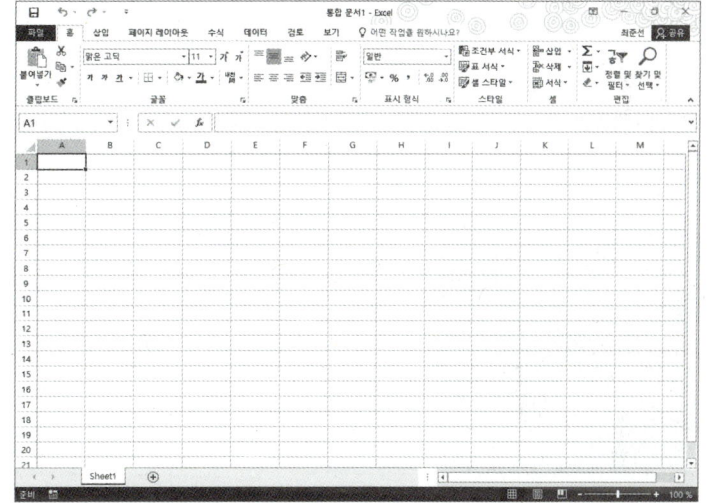

최근 항목을 이용해 빠르게 파일 열기 017

직장인들은 업무에 따라 각자 유사 파일로 작업하는 경우가 많으므로 같은 파일을 여는 일이 자주 있습니다. 이를 위해 자주 쓰는 폴더를 라이브러리에 등록해놓고 작업하는 방법을 주로 사용하는데, [최근 항목] 기능을 이용하면 자주 사용하는 파일을 더 빠르게 열 수 있습니다. 엑셀 2016에서 달라진 [최근 항목] 기능에 대해 알아보겠습니다.

예제 파일 없음

엑셀 2016에서는 최근에 이용한 항목의 리스트를 시작 화면과 [파일] 탭-[열기]의 백스테이지 화면에서 확인할 수 있습니다.

시작 화면에서 최근 항목을 이용하는 방법

엑셀 프로그램을 시작하면 시작 화면 왼쪽에 최근 항목이 표시됩니다.

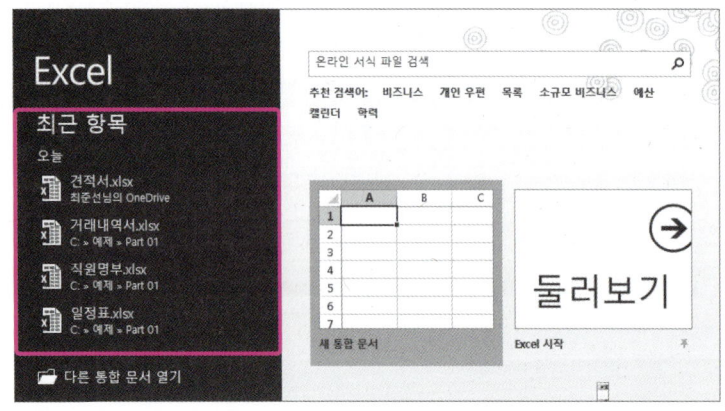

TIP 저장된 파일이 최근에 사용한 순서대로 표시되며, 파일 이름 아래에서 저장 위치를 확인할 수 있습니다. 컴퓨터에 저장된 파일이나 OneDrive에 저장된 파일이 모두 표시됩니다.

최근에 사용한 항목은 최대 25개(기본 설정 값)까지 표시되며 그 이상 추가되면 과거에 사용한 파일부터 목록에서 삭제됩니다. 그러므로 자주 사용하는 파일이라면 [최근 항목]에 고정해두는 것이 좋습니다.

[최근 항목] 리스트에 표시된 파일에 마우스 포인터를 위치시키면 해당 파일이 반전되면서 오른쪽 끝에 핀 모양 아이콘이 나타납니다.

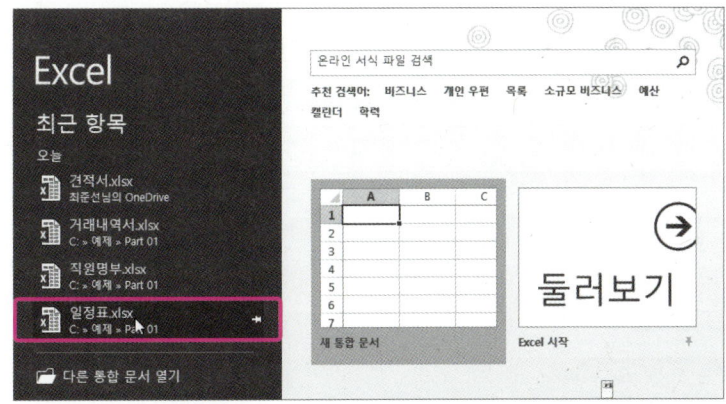

 핀 모양 아이콘을 클릭하면 해당 파일이 [최근 항목] 리스트의 최상단에 고정되며, 다른 파일과 구분선으로 나뉘어 표시됩니다. 이렇게 하면 파일 이름 오른쪽의 고정된 핀 모양 아이콘을 다시 클릭해 해제할 때까지 [최근 항목] 리스트에 계속 나타납니다.

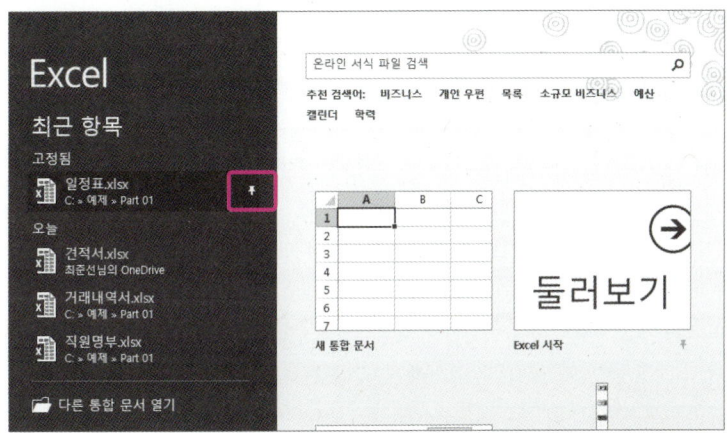

[열기] 백스테이지 화면에서 최근 항목을 확인하는 방법

[파일] 탭–[열기]를 클릭하면 다음과 같이 [최근에 사용한 항목] 리스트를 확인할 수 있습니다. 시작 화면과 동일한 구성으로 표시됩니다.

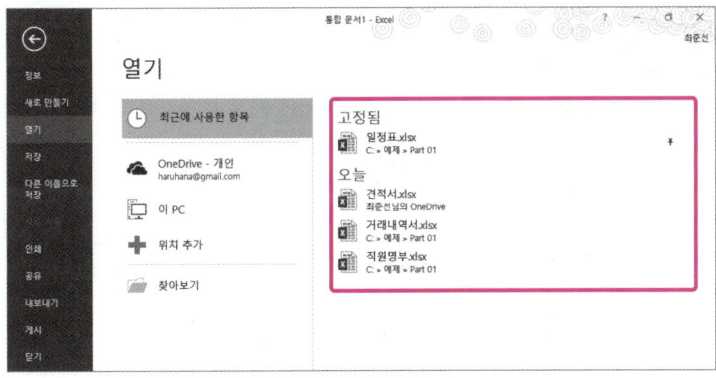

항목이 더 이상 리스트에 표시되지 않게 하려면 [최근에 사용한 항목] 리스트에서 원하는 파일을 마우스 오른쪽 버튼으로 클릭한 후 단축 메뉴에서 [목록에서 제거]를 선택합니다.

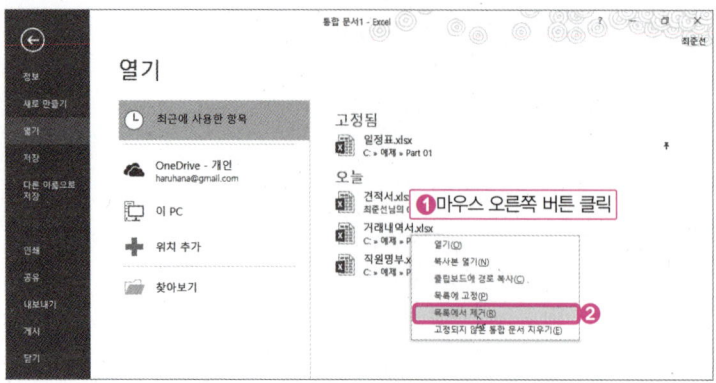

참고로 단축 메뉴의 [고정되지 않은 통합 문서 지우기]를 선택하면 핀 아이콘으로 고정하지 않은 모든 파일이 리스트에서 삭제됩니다.

Plus⁺ 최근에 사용한 항목 리스트에 표시되는 파일 개수 변경하기

최근 항목에 표시되는 파일 개수는 25개(엑셀 2010에서는 24개)이며, 이 개수를 조정하는 방법은 다음과 같습니다.

❶ [파일] 탭-[옵션]을 클릭합니다.
❷ [Excel 옵션] 대화상자가 열리면 [고급] 범주의 [표시] 항목에서 [표시할 최근 통합 문서 수]의 옵션 개수를 조정하고 [확인]을 클릭합니다.

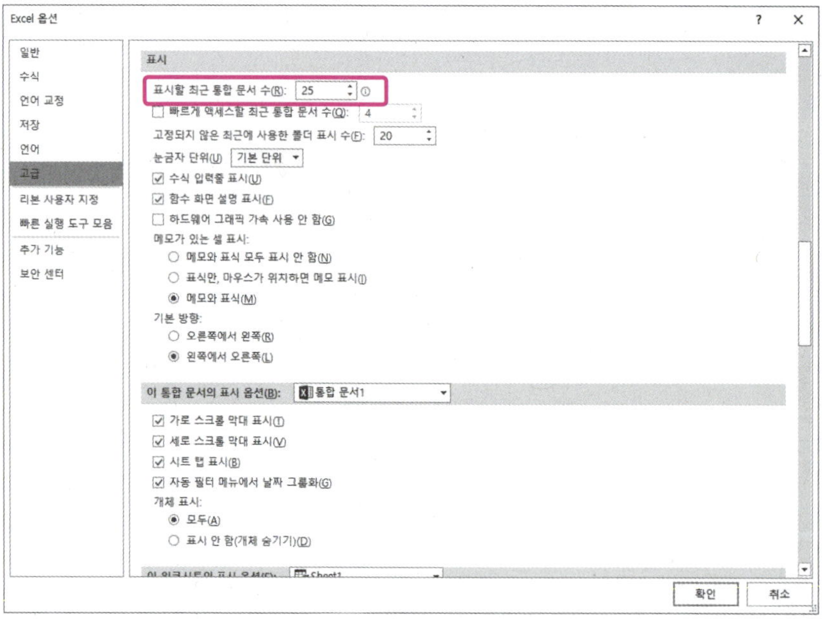

파일 열 때 나타나는
보안 경고 메시지 표시줄 이해하기

018

엑셀 2007부터는 매크로가 포함되어 있거나 외부 데이터와 연결된 파일을 열면 수식 입력줄 상단에 보안 경고 메시지가 나타납니다. 이 메시지를 제대로 이해하고 있어야 파일에 포함된 매크로를 사용하거나 외부 데이터를 업데이트할 수 있습니다. 파일을 열 때 나타나는 보안 경고 메시지 표시줄을 어떻게 다뤄야 하는지 알아보겠습니다.

\ 예제 파일   PART 01 \ CHAPTER 02 \ 보안 경고 I.xlsm, 보안 경고 II.xlsx

매크로가 포함된 파일을 연 경우

01 '보안 경고 I.xlsx' 파일을 열면 수식 입력줄 상단에 노란색으로 보안 경고 메시지 표시줄이 나타납니다. 이 줄은 매크로가 포함된 파일을 열었을 때 해당 매크로를 사용할 것인지 여부를 묻기 위한 것으로, 매크로를 사용하려면 [콘텐츠 사용]을 클릭합니다.

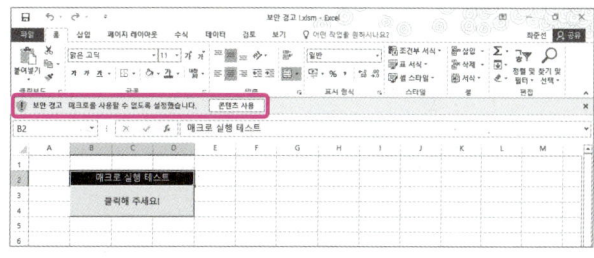

02 만약 보안 경고 메시지 표시줄에서 [콘텐츠 사용]을 클릭하지 않고 예제 파일에 있는 〈클릭해 주세요!〉 버튼을 클릭하면 다음과 같은 경고 메시지가 나타납니다. 보안 경고 메시지 표시줄에서 매크로를 사용할 수 있도록 허용하지 않았기 때문에 매크로를 실행할 수 없다는 의미입니다.

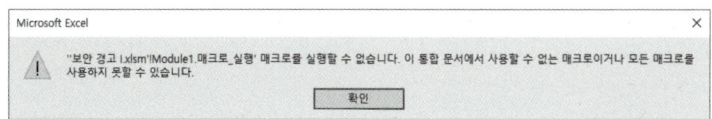

03 02 과정과 같은 에러 메시지 창이 나타난다면 파일을 닫은 후 다시 열어 보안 경고 메시지 표시줄의 [콘텐츠 사용]을 클릭합니다. 또는 [파일] 탭-[정보]를 클릭하고 백스테이지 화면에서 [콘텐츠 사용]-[모든 콘텐츠 사용]을 선택한 후 매크로를 실행합니다.

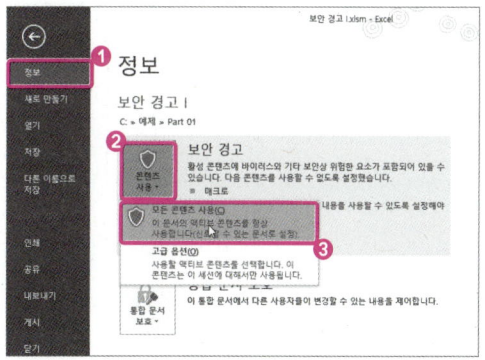

04 매크로가 실행되면 '첫 번째 매크로'라는 메시지 창이 표시됩니다.

외부 데이터와 연결된 파일을 연 경우

이번에는 외부 파일과 연결된 경우를 확인해보겠습니다. '보안 경고 II.xlsx' 파일을 열면 다음과 같이 보안 경고 메시지 표시줄이 표시됩니다. 매크로를 포함하고 있는 파일과 마찬가지로 외부에 연결된 데이터를 업데이트하려면 [콘텐츠 사용]을 클릭합니다.

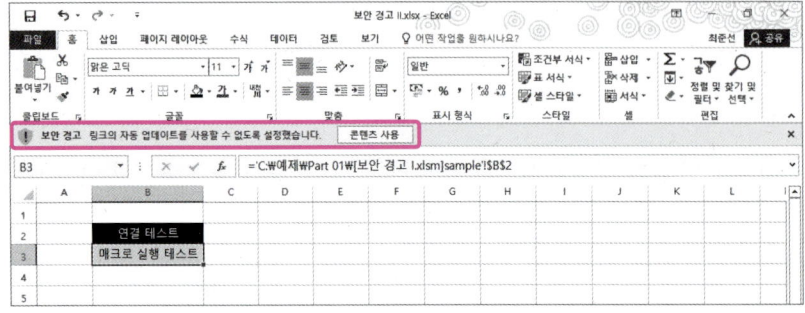

> **Plus⁺ 연결 파일의 위치**
>
> 예제 파일이 'C:₩예제₩' 폴더 아래에 있는 경우에는 연결된 파일의 값을 제대로 업데이트하지만, 그렇지 않은 경우에는 연결할 파일의 위치를 다시 지정해야 합니다. 연결된 파일의 위치를 변경하려면 [데이터] 탭-[연결] 그룹-[연결 편집]을 클릭한 후 [원본 변경]을 선택하고 '보안 경고 I.xlsm' 파일을 다시 선택합니다.

019 탐색기에서 파일을 더블클릭할 때 파일이 열리지 않는 문제 해결하기

윈도우 탐색기에서 엑셀 파일을 더블클릭하면 파일이 열리는데, 프로그램 설정에 문제가 있는 경우에는 엑셀 프로그램만 실행되고 파일은 열리지 않을 수 있습니다. 이는 PC에 설치된 프로그램과 충돌이 발생했거나 엑셀 프로그램의 옵션이 변경되었기 때문에 일어나는 현상으로, 옵션을 수정해야 정상적으로 파일이 열립니다.

예제 파일 없음

문제 발생 원인을 이해하고 해결하는 방법

윈도우 탐색기에서 엑셀 파일을 더블클릭하면 파일이 열리도록 DDE(동적 데이터 교환) 메시지가 엑셀 프로그램에 전송됩니다. 이때 이 메시지가 무시되면 엑셀 프로그램만 실행되고 파일은 열리지 않습니다. 이런 문제는 다음 방법을 참고해 해결합니다.

01 [파일] 탭-[옵션]을 클릭합니다. [Excel 옵션] 대화상자가 열리면 [고급] 범주를 선택하고 [일반] 항목의 [DDE(동적 데이터 교환)를 사용하는 다른 응용 프로그램 무시]에 체크 표시가 되어 있는지 확인한 후 이를 해제합니다.

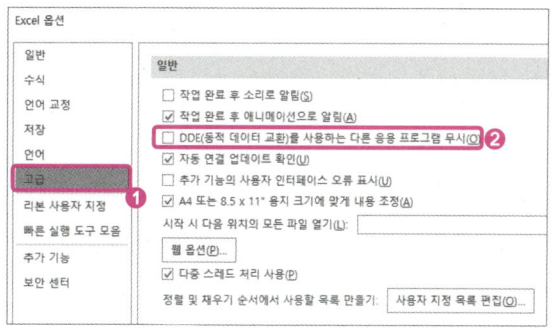

02 [Excel 옵션] 대화상자에서 [확인]을 클릭하고 엑셀 프로그램을 종료한 후 윈도우 탐색기에서 엑셀 파일을 더블클릭하여 해당 파일이 열리는지 확인합니다.

프로그램과 파일을 연결해 해결하는 방법

윈도우 탐색기에서 파일을 더블클릭했을 때 엑셀 프로그램이 실행되지 않는다면 프로그램과 파일의 연결이 끊어진 것이므로 파일과 프로그램의 연결 상태를 복원해야 합니다. 다음과 같이 작업을 진행합니다.

01 [파일] 탭-[옵션]을 클릭하여 [Excel 옵션] 대화상자가 열리면 [일반] 범주의 [시작 옵션] 항목에서 [기본 프로그램]을 클릭합니다.

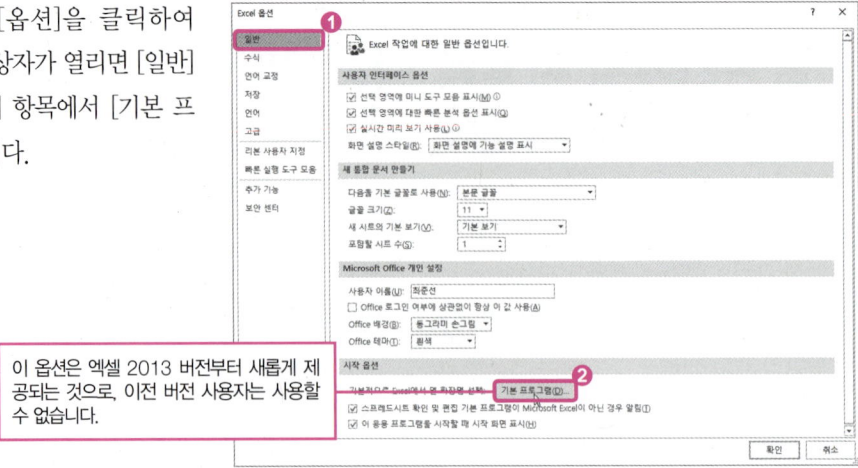

이 옵션은 엑셀 2013 버전부터 새롭게 제공되는 것으로, 이전 버전 사용자는 사용할 수 없습니다.

02 다음과 같은 메시지 창이 나타나면 [확인]을 클릭합니다. 이 화면은 윈도우 10을 사용하는 경우에 표시됩니다.

03 [설정] 대화상자가 표시되면 [기본 앱] 범주를 선택합니다. 오른쪽 창에서 [앱별 기본값 설정] 하이퍼링크를 클릭합니다.

04 [기본 프로그램 설정] 대화상자가 열리면 [이 프로그램을 기본 프로그램으로 설정]을 클릭하고 [확인]을 클릭합니다. 엑셀 프로그램을 종료하고 윈도우 탐색기에서 파일을 더블클릭해 엽니다.

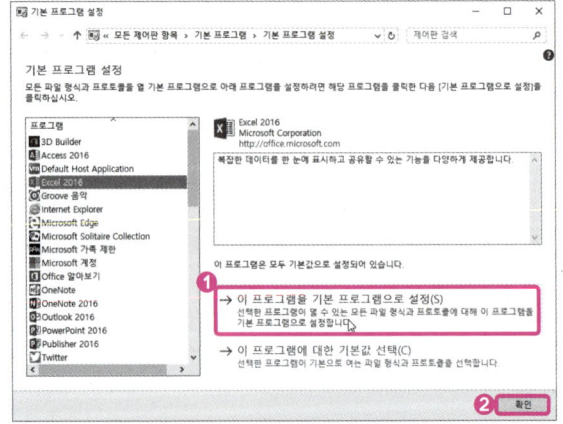

OneDrive에 파일을 저장해 사용하기

020

오피스 2013 버전부터는 Microsoft Live 서비스 계정만 있으면 OneDrive에 바로 파일을 저장하고 불러와서 작업할 수 있습니다. OneDrive에 파일을 저장하면 다른 사용자와 파일을 공유하기 쉽고 언제 어디서든 파일에 접근해 작업할 수 있습니다. OneDrive에 파일을 저장하는 방법에 대해 알아보겠습니다.

예제 파일 PART 01 \ CHAPTER 02 \ 견적서.xlsx

TIP OneDrive 서비스

OneDrive 서비스는 마이크로소프트사에서 제공하는 웹하드와 웹앱스(오피스) 서비스로, Microsoft Live 계정만 있으면 누구든지 무료로 사용할 수 있습니다. OneDrive 서비스를 이용하려면 Vista 이상의 운영체제와 Office 2010 이상 버전을 사용해야 합니다.

01 예제 파일을 열면 '견적서' 서식을 확인할 수 있습니다.

02 이 견적서 서식을 OneDrive에 저장해보 겠습니다. [파일] 탭-[다른 이름으로 저장]을 클릭하고 백스테이지 화면에서 [OneDrive - 개인]을 클릭한 후 'OneDrive - 개인' 폴더를 선택합니다.

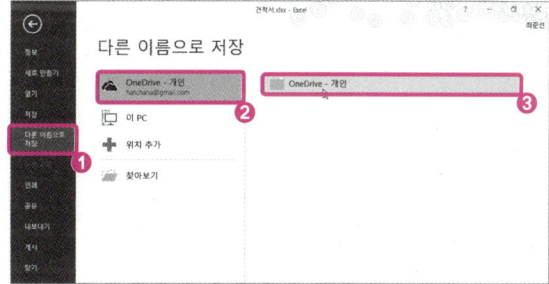

Plus+ [ONEDRIVE - 개인] 아래에 이메일 주소가 나타나지 않는다면

이메일 주소가 나타나지 않으면 오피스 계정에 로그인이 되어 있지 않다는 의미이므로 먼저 계정에 로그인을 합니다.

LINK 로그인하는 방법은 'No. 005 오피스 테마 및 배경 변경하기'를 참고합니다.

03 [다른 이름으로 저장] 대화상자가 나타납니다. 저장할 폴더와 이름을 변경하고 [저장]을 클릭해 파일을 저장합니다. 'OneDrive' 폴더에 파일이 저장됩니다.

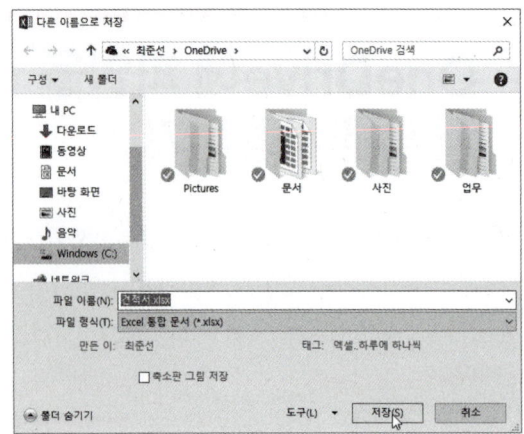

OneDrive에 저장된 파일을 쉽게 공유해 작업하기

021

엑셀 2016에서 달라진 점 하나는 리본 메뉴 우측에 [공유] 버튼이 추가된 것입니다. [공유] 버튼은 OneDrive에 저장된 파일을 다른 사람과 쉽게 공유해 작업할 수 있도록 지원합니다. OneDrive를 사용하면서 다른 사람과의 협업이 필요하다면 이 방법을 잘 이해하고 사용할 수 있어야 합니다.

예제 파일 없음

다른 사용자와 파일 공유

'OneDrive' 폴더에 공유한 파일을 다른 사용자가 함께 작업할 수 있도록 하려면 화면 우측 상단의 [공유]를 클릭합니다. 그러면 화면 우측에 [공유] 작업 창이 표시됩니다.

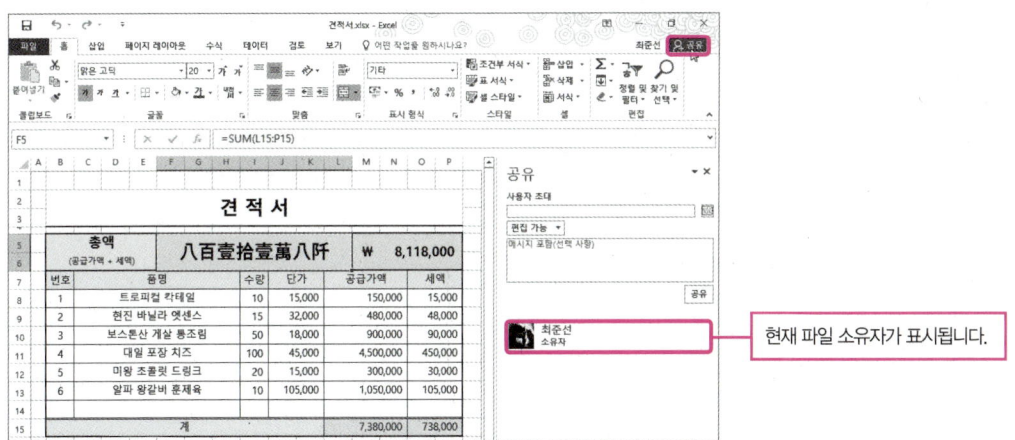

공유할 사용자의 이메일 주소와 간단한 메시지를 작성하고 [공유]를 클릭합니다.

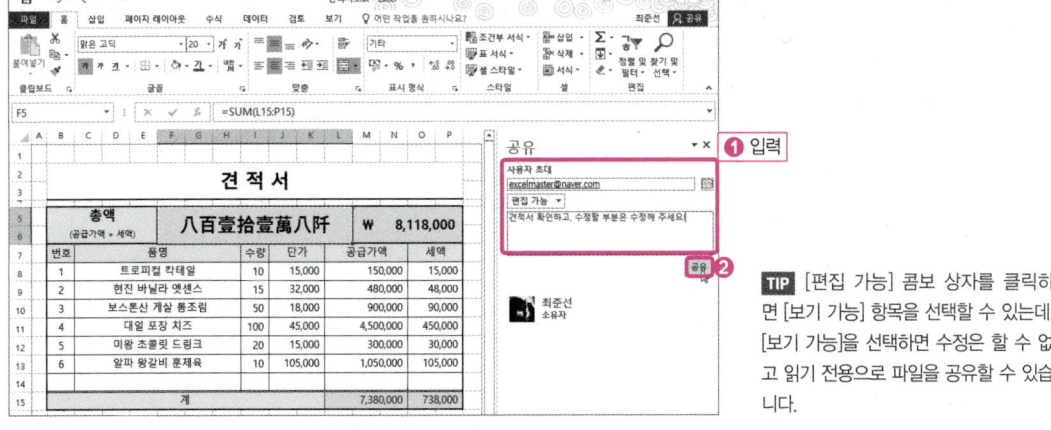

TIP [편집 가능] 콤보 상자를 클릭하면 [보기 가능] 항목을 선택할 수 있는데, [보기 가능]을 선택하면 수정은 할 수 없고 읽기 전용으로 파일을 공유할 수 있습니다.

공유하려는 사용자가 아웃룩 주소록에 등록되어 있다면 [공유] 작업 창에 해당 사용자 정보가 함께 표시됩니다.

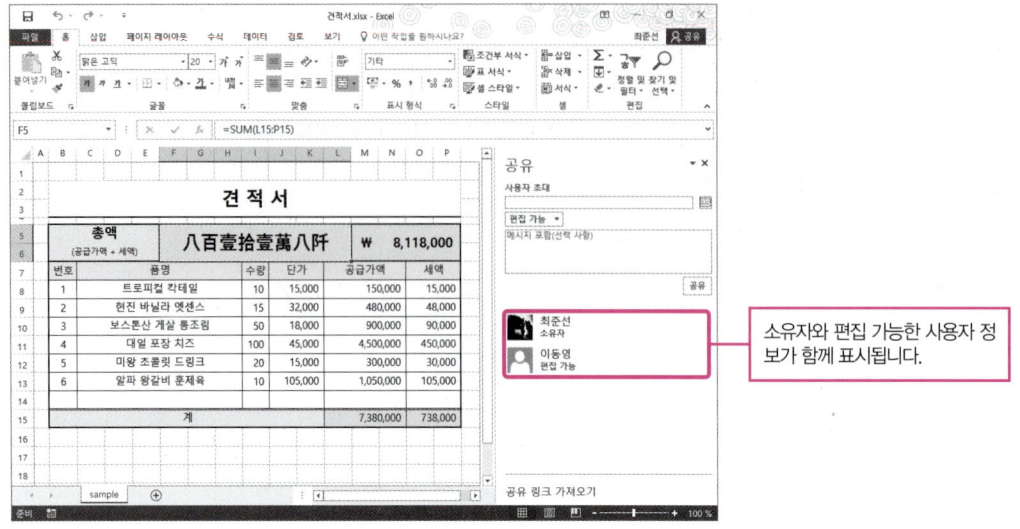

공유된 파일 편집

소유자로부터 파일을 공유 받은 사용자는 다음과 같은 메일을 받게 됩니다. 메일 내용을 확인하고 [OneDrive에서 보기]를 클릭합니다.

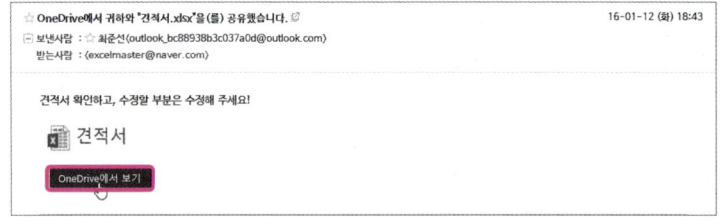

기본 웹 브라우저를 통해 웹 앱스에 연결되면서 공유된 파일을 다음과 같이 확인할 수 있습니다. 마이크로소프트 계정이 없거나 로그인이 되어 있지 않다면 화면 우측 상단에 [로그인] 버튼이 보이는데, 이 상태에서는 편집할 수 없습니다. 파일을 편집하기 위해 [로그인]을 클릭해 로그인을 합니다.

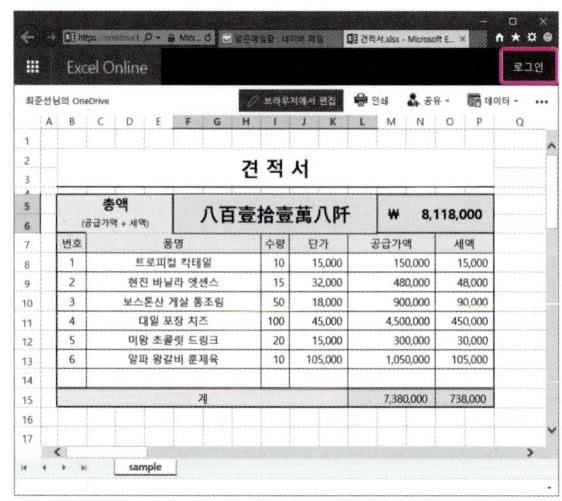

로그인을 하고 [통합 문서 편집]을 클릭하면 다음 화면과 같이 두 개의 편집 메뉴 중에서 선택할 수 있습니다.

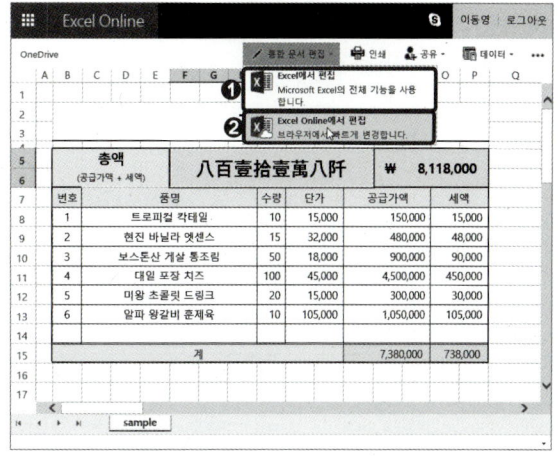

❶ **Excel에서 편집**
　PC에 설치된 엑셀 프로그램에서 해당 파일을 열고 편집합니다.

❷ **Excel Online에서 편집**
　브라우저에서 파일을 편집합니다.

파일 링크 생성

파일을 함께 작업할 사용자가 불특정 다수라면 파일 링크를 생성해 보낼 수 있습니다. 파일 링크를 생성하려면 공유할 파일에서 리본 메뉴 우측 상단의 [공유]를 클릭하고 [공유] 작업 창 하단의 [공유 링크 가져오기] 하이퍼링크를 클릭합니다.

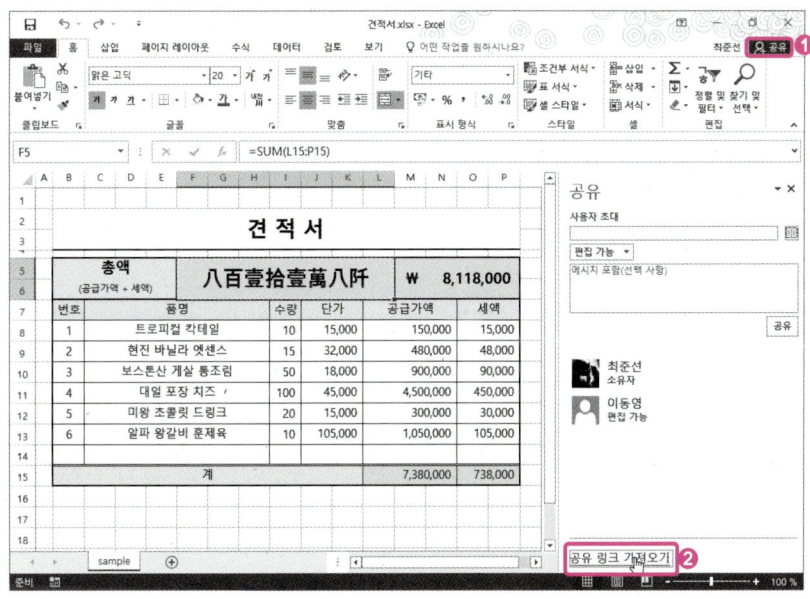

[공유] 작업 창의 구성이 변경되면 [편집 링크] 하단의 [편집 링크 만들기]나 [보기 전용 링크] 하단의 [보기 전용 링크 만들기]를 클릭합니다.

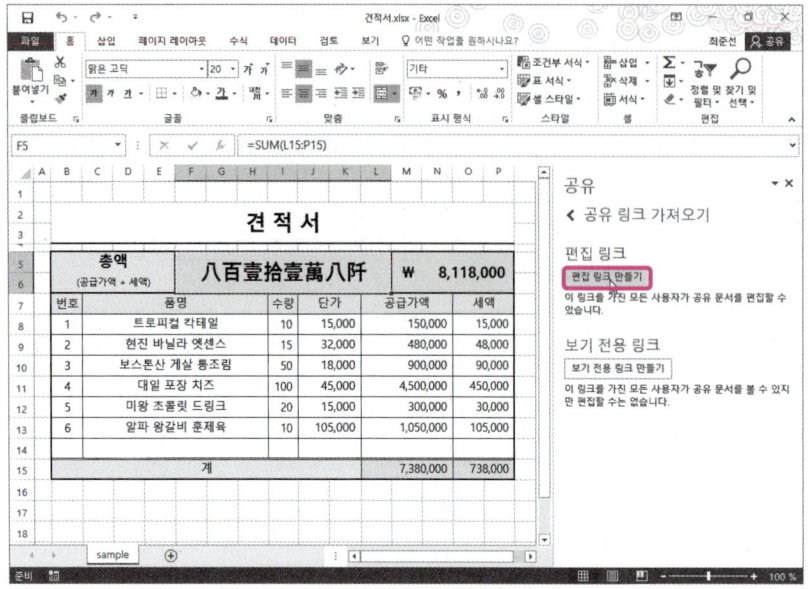

버튼을 클릭해 해당 링크가 만들어지면 [복사]를 클릭해 생성된 링크를 클립보드로 복사합니다. 이제 게시판이나 이메일에 복사된 링크를 붙여넣어 파일을 공유할 수 있습니다.

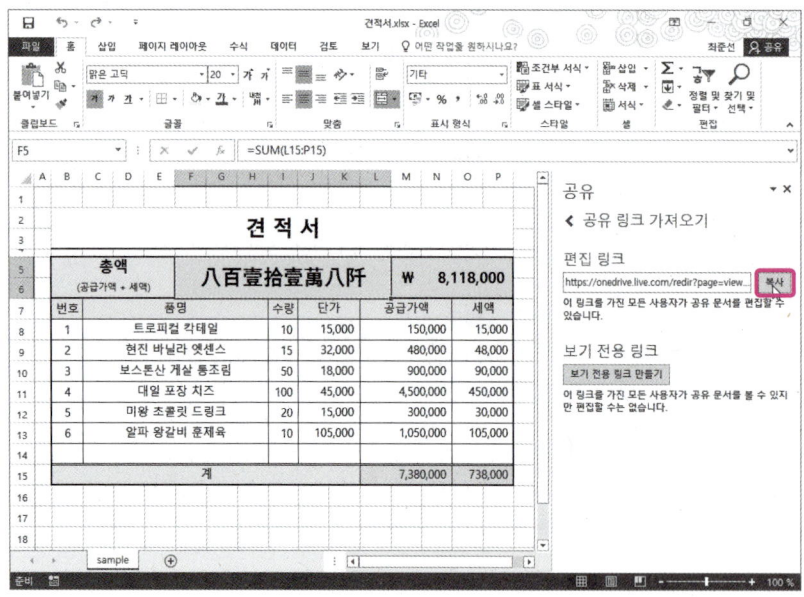

[열기], [저장] 대화상자 바로 호출해 작업하기

022

오피스 2013부터는 OneDrive를 통해 클라우드 서비스와 연동하는 기능이 강화되었습니다. 그래서 파일을 열거나 저장하면 바로 대화상자가 표시되지 않고 [파일] 탭의 [열기]나 [저장] 메뉴의 백스테이지 화면이 표시되어 OneDrive와 PC 중에서 저장 위치를 선택하도록 되어 있습니다. 만약 OneDrive에 저장하지 않고 PC에만 파일을 저장하려면 바로 [열기]나 [저장] 대화상자를 호출해 작업하는 것이 편리합니다.

\ 예제 파일 없음

01 엑셀을 실행해 빈 통합 문서를 하나 열고 빠른 실행 도구 모음에서 [💾 저장]을 클릭하면 [다른 이름으로 저장] 백스테이지 화면이 표시됩니다. 파일을 컴퓨터에 저장하려면 [이 PC]-[찾아보기]를 클릭합니다. [다른 이름으로 저장] 대화상자가 표시됩니다.

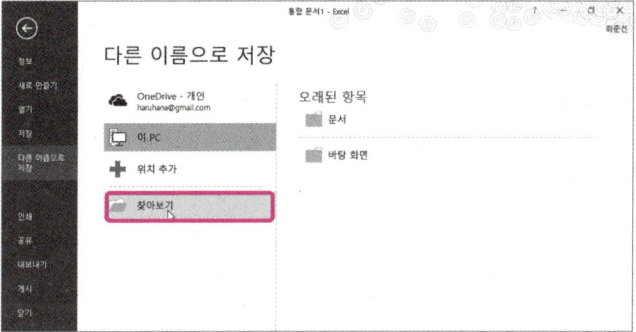

> **Plus⁺** [저장]과 [다른 이름으로 저장] 명령 구분하기
>
> 파일을 처음 저장할 때는 [저장]이 아니라 [다른 이름으로 저장] 대화상자가 표시됩니다. 이런 동작을 정확하게 이해하려면 [저장]과 [다른 이름으로 저장] 명령의 차이를 이해해야 합니다.
>
> - 저장(💾)
>   한 번이라도 저장된 파일에서 수정된 부분을 기존 파일에 덮어 씌우는 명령입니다.
>
> - 다른 이름으로 저장(🖫)
>   처음 파일을 저장하거나 복사본을 만들 때 사용하는 명령입니다.
>
> 그러므로 [저장]을 실행해도 파일이 한 번도 저장된 적이 없다면 [다른 이름으로 저장] 기능이 동작합니다.

02 2010 버전처럼 [🗎 저장]을 클릭했을 때 바로 [다른 이름으로 저장] 대화상자가 표시되도록 하려면 옵션을 변경해야 합니다. [파일] 탭-[옵션]을 클릭하고 [Excel 옵션] 대화상자에서 [저장] 범주를 선택합니다. [통합 문서 저장] 항목의 [파일을 열거나 저장할 때 Backstage 표시 안 함] 확인란에 체크 표시를 하고 [확인]을 클릭합니다.

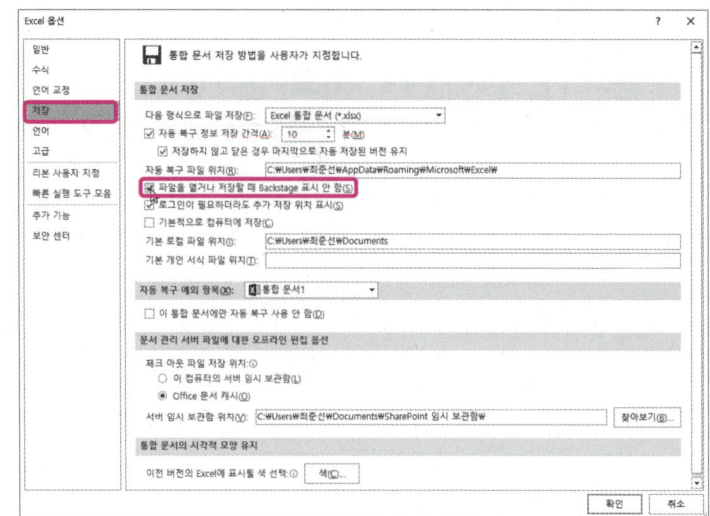

03 옵션을 변경하면 빠른 실행 도구 모음의 [🗎 저장]을 클릭했을 때 [다른 이름으로 저장] 대화상자가 바로 표시됩니다.

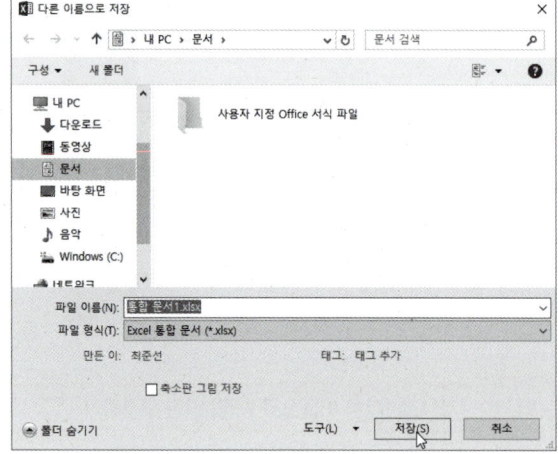

엑셀 파일을 PDF 파일로 저장하기 023

엑셀 2007 버전부터는 파일을 PDF 파일로 저장하는 기능이 있어 별도의 추가 기능을 사용하지 않고도 손쉽게 엑셀 파일을 PDF로 변환할 수 있습니다. 엑셀 파일을 PDF 파일로 저장하는 방법에 대해 알아보겠습니다.

예제 파일 없음

01 PDF로 저장할 파일을 열고 [파일] 탭-[내보내기]를 클릭합니다. [PDF/XPS 문서 만들기]를 클릭해 [PDF/XPS 문서 만들기] 버튼이 나타나면 클릭합니다.

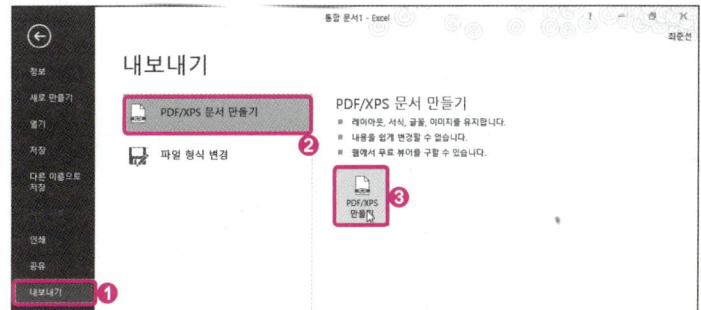

Plus⁺ XPS 파일

XPS(XML Paper Specification)은 마이크로소프트에서 PDF 형식을 대체하기 위해 제공하는 파일 형식으로, PDF 파일과 유사한 전자 문서 포맷입니다. PDF나 XPS는 모두 원본 파일의 서식을 그대로 유지하지만 파일을 편집할 수는 없습니다. XPS 파일은 Windows Vista 이상의 운영체제에서는 기본 뷰어로 바로 확인이 가능하지만 XP 등의 운영체제에서는 별도의 프로그램을 설치해야 합니다.

02 [PDF 또는 XPS로 게시] 대화상자가 나타나면 원하는 경로를 선택하고 파일 이름을 지정합니다. [게시]를 클릭해 파일을 저장합니다.

TIP [최적화] 옵션 이해하기
PDF 파일로 저장할 때 [최적화] 옵션은 다음과 같이 선택할 수 있습니다.
- 표준(온라인 게시 및 인쇄) : 현재 시트를 선명하게 인쇄할 필요가 있을 때 선택합니다.
- 최소 크기(온라인 게시) : 인쇄 품질은 좀 낮지만 파일 크기를 줄일 필요가 있을 때 선택합니다.

TIP [다른 이름으로 저장] 대화상자에서 [파일 형식]을 PDF, XPS 문서로 설정해 파일을 저장할 수도 있습니다.

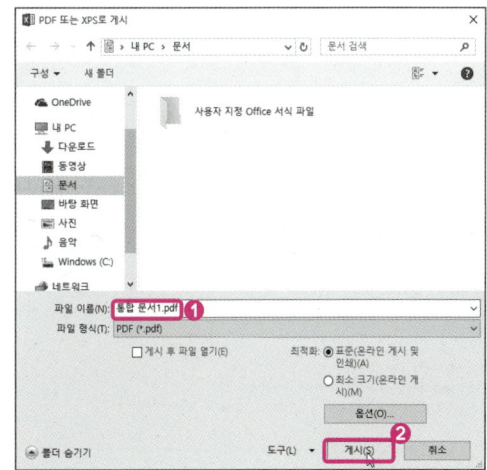

파일을 열고 닫기만 해도 저장 여부를 묻는 이유 024

파일을 열어 아무 작업도 하지 않고 닫는데도 파일을 저장할 것인지 묻는 대화상자가 나타날 때가 있습니다. 이러한 현상이 나타나는 이유에 대해 알아보겠습니다.

예제 파일 \ PART 01 \ CHAPTER 02 \ 저장.xlsx

엑셀 파일을 열면 파일에 작성된 수식과 일부 기능이 자동으로 동작합니다. 이때 기존의 값과 다른 결과가 반환되면 아무 작업도 하지 않은 경우에도 저장 여부를 묻는 메시지 창이 나타납니다.

파일을 열 때 동작하는 기능은 다음과 같습니다.

분류	원인 설명
수식 재계산	Today, Now, Rand, RandBetween 함수를 사용한 수식
기능	반복 계산, 자동 소수점 입력 기능 사용
매크로	Auto_Open, Auto_Close 매크로 또는 Workbook_Open, Workbook_BeforeClose 이벤트 사용

예제 파일을 열었다가 닫으면 다음과 같이 저장 여부를 묻는 메시지 창이 나타납니다.

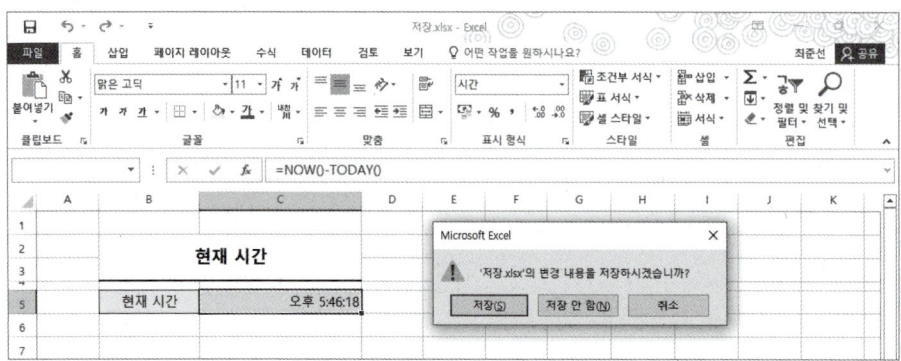

이러한 현상은 에러가 아니라 엑셀 기능으로 인해 자연스럽게 나타나는 것입니다. 저장 여부를 매번 묻는 것이 불편하다면 파일을 자동으로 저장하는 이벤트를 사용하면 됩니다.

LINK 더 자세한 정보는 'No. 517 파일을 닫을 때 자동으로 저장하기'를 참고합니다.

025 열려 있는 모든 파일을 한 번에 닫기

엑셀 2013부터는 파일을 여러 개 열면 각각 별도의 창에 열립니다. 열려 있는 모든 파일을 한 번에 닫고 싶을 때 엑셀 2010에서는 [파일] 탭-[끝내기]를 클릭했지만 엑셀 2013부터는 [끝내기] 명령이 파일을 닫을 때 사용하는 [닫기] 명령과 혼동된다는 이유로 제공되지 않습니다. 열려 있는 모든 파일을 한 번에 닫는 방법에 대해 알아보겠습니다.

예제 파일 없음

빠른 실행 도구 모음에 [끝내기] 명령 등록/사용

리본 메뉴에는 없지만 엑셀에는 [끝내기] 명령이 여전히 존재합니다. 다만 [파일] 탭을 클릭했을 때 표시되는 백스테이지 화면에서만 제공되지 않는 것입니다. 이 명령을 사용하려면 빠른 실행 도구 모음에 등록하면 됩니다.

01 빠른 실행 도구 모음에서 [사용자 지정]을 클릭하고 [기타 명령]을 클릭합니다.

02 [Excel 옵션] 대화상자가 표시되면 [명령 선택] 콤보 상자에서 [파일 탭] 항목을 선택하고 명령 목록에서 [끝내기]를 선택한 후 [추가]를 클릭해 빠른 실행 도구 모음에 등록합니다.

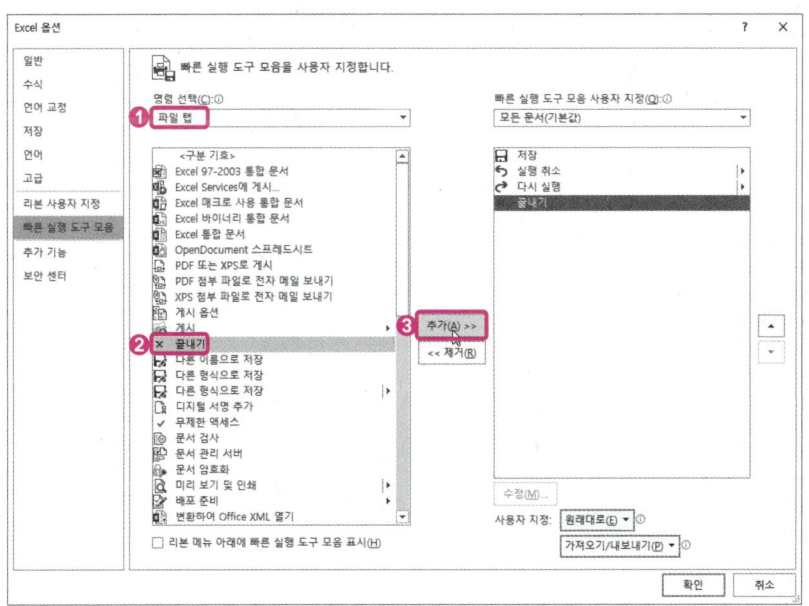

03 이제 파일이 여러 개 열려 있을 때 빠른 실행 도구 모음에서 [끝내기]를 클릭하면 엑셀 프로그램이 종료되면서 열려 있는 모든 파일이 닫힙니다.

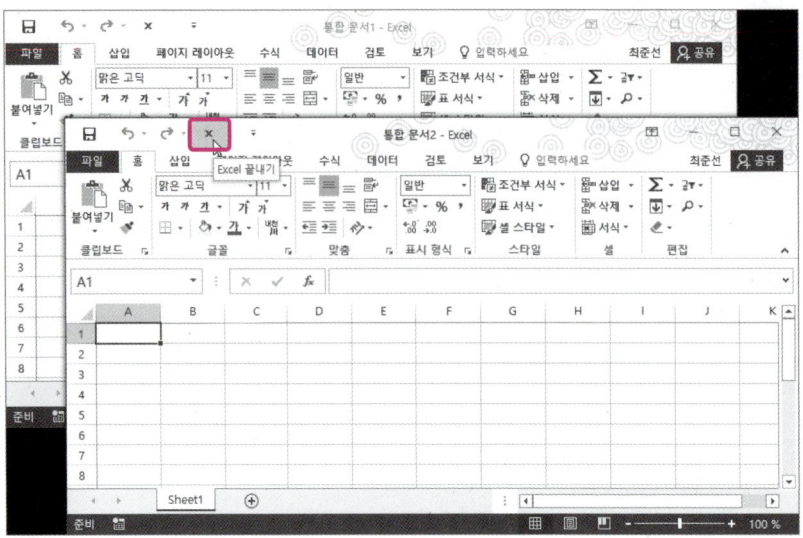

윈도우 작업 표시줄의 [모든 창 닫기] 명령 사용

윈도우 작업 표시줄에서도 열려 있는 모든 파일을 닫을 수 있습니다. 작업 표시줄에서 엑셀 아이콘을 마우스 오른쪽 버튼으로 클릭하고 [모든 창 닫기]를 선택합니다.

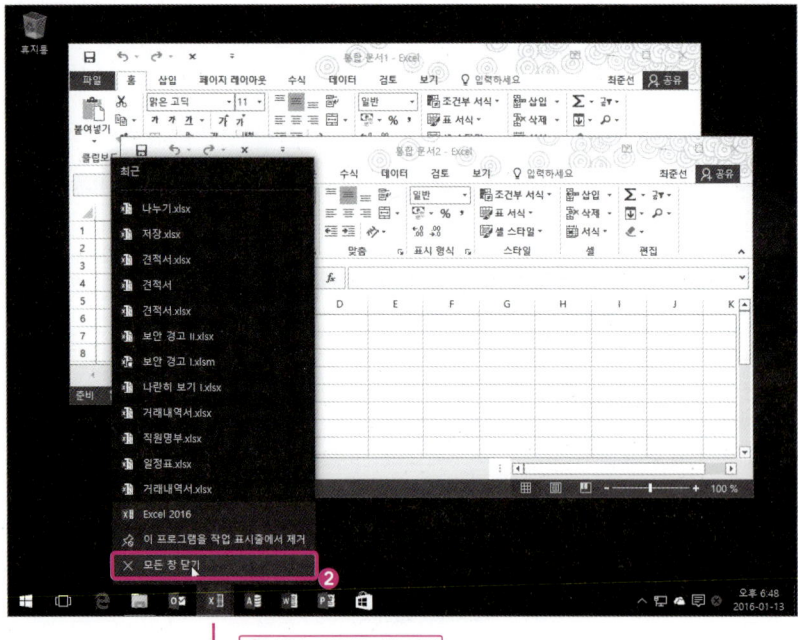

026 저장하지 않고 닫은 파일 쉽게 복구하기

실수로 파일을 저장하지 않고 닫아서 작업한 데이터를 잃어버린 적이 있다면 일정 간격으로 파일을 저장하는 자동 저장 기능을 이용하는 것이 좋습니다. 이 기능을 사용하면 저장하지 않고 닫은 파일을 마지막 자동 저장 위치로 복원할 수 있습니다. 엑셀 2010부터는 자동 저장 기능으로 저장된 파일이 버전별로 관리되므로 원하는 시점으로 손쉽게 파일을 복구할 수 있습니다.

> 예제 파일 없음

자동 저장 기능 설정

01 [파일] 탭-[옵션]을 클릭하여 [Excel 옵션] 대화상자가 표시되면 [저장] 범주를 선택합니다. [통합 문서 저장] 항목의 [자동 복구 정보 저장 간격] 옵션과 [저장하지 않고 닫은 경우 마지막으로 자동 저장한 버전을 유지] 옵션을 다음과 같이 설정합니다.

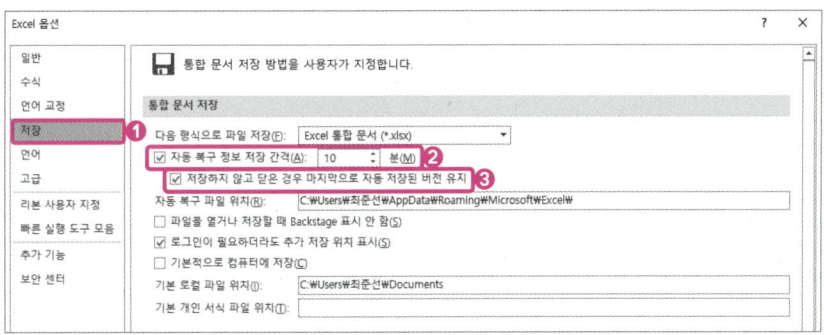

Plus⁺ 문서 저장 옵션 이해하기

- **자동 복구 정보 저장 간격**
  [자동 복구 정보 저장 간격]은 10분 간격으로 설정되어 있는 것이 기본입니다. 수정이 잦은 파일의 경우 이 간격을 줄이면 더 자주 저장되므로 손실을 최소화할 수 있습니다.

- **저장하지 않고 닫은 경우 마지막으로 자동 저장된 버전 유지**
  [저장하지 않고 닫은 경우 마지막으로 자동 저장된 버전 유지]는 엑셀 2010부터 제공되는 옵션으로, 반드시 여기에 체크 표시를 해야 저장하지 않고 닫은 파일을 이전에 마지막으로 저장된 상태로 복구할 수 있습니다.

저장하지 않고 닫은 파일을 자동 저장된 버전으로 복구

파일을 저장하지 않고 닫은 경우 다음 순서로 작업하면 복구할 수 있습니다.

01 저장하지 않고 닫은 파일을 다시 엽니다.

02 [파일] 탭-[정보]를 클릭합니다. [통합 문서 관리] 옆에 자동 저장된 파일이 나타나면 가장 최근에 저장된 파일을 선택해 클릭합니다.

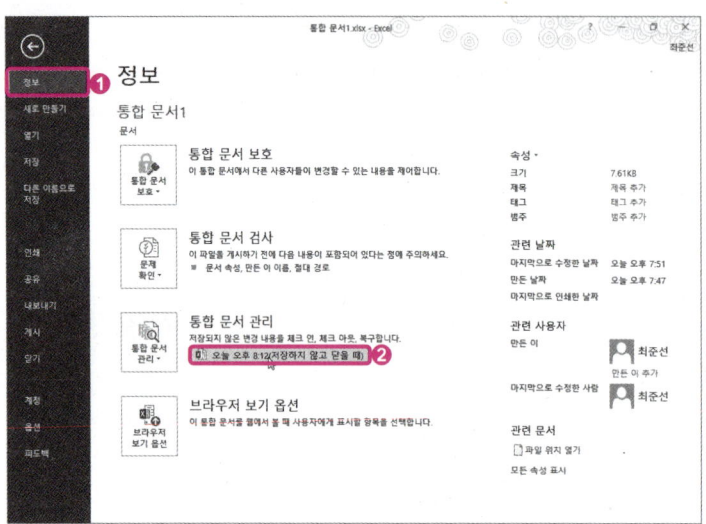

03 엑셀 창으로 화면이 전환되면서 수식 입력줄 상단에 '저장되지 않은 복구된 파일' 메시지 줄이 나타납니다. [복원]을 클릭합니다.

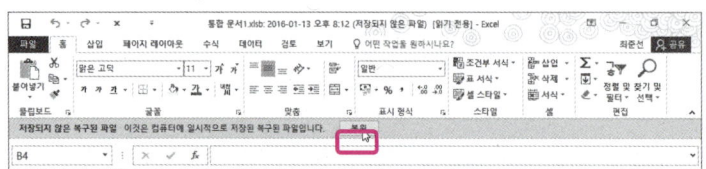

04 마지막으로 자동 저장된 파일로 복구된다는 것을 알리는 메시지 창이 표시되면 [확인]을 클릭합니다.

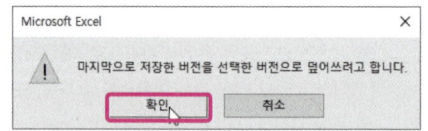

TIP 만약 중요한 파일이라면 파일을 닫을 때 자동으로 파일이 저장되도록 하는 것이 좋은데, 이런 작업은 매크로를 이용해서 해야 합니다.

LINK 더 자세한 정보는 'No. 517 파일을 닫을 때 자동으로 저장하기'를 참고합니다.

손상된 엑셀 파일 복구하기 027

엑셀에서는 손상된 파일을 복구할 수 있는 기능이 제공됩니다. 이 기능은 완벽하진 않지만 문제가 생긴 파일을 개인이 쉽게 복구할 수 있다는 점에서 편리합니다. 참고로 복구 과정에서 파일에 추가 손상이 발생할 수 있으므로 파일을 복구하려고 할 때는 반드시 복사본을 만들어 작업하는 것이 좋습니다. 복구가 제대로 되지 않는다면 전문 복구 업체에 원본 파일을 의뢰합니다.

예제 파일 PART 01 \ CHAPTER 02 \ 직원명부.xlsx

01 엑셀 프로그램을 실행하고 빈 통합 문서를 엽니다. [파일] 탭-[열기]를 클릭하고 백스테이지 화면에서 [찾아보기]를 클릭합니다.

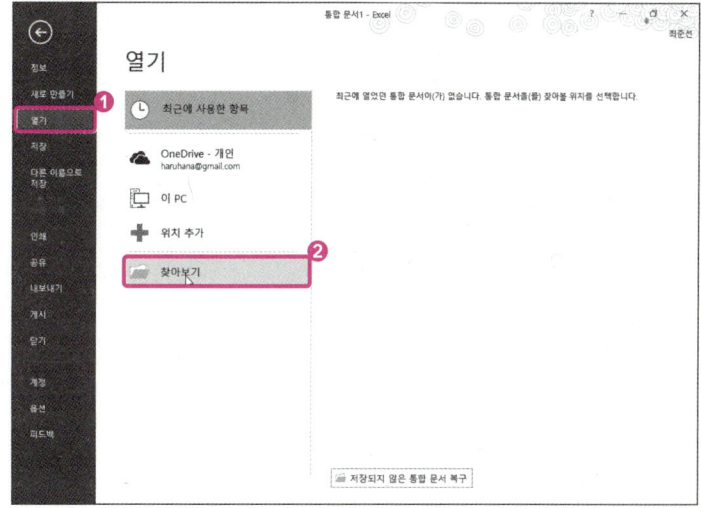

02 손상된 파일을 선택하고, [열기▼]를 클릭한 후 [열기 및 복구]를 선택합니다.

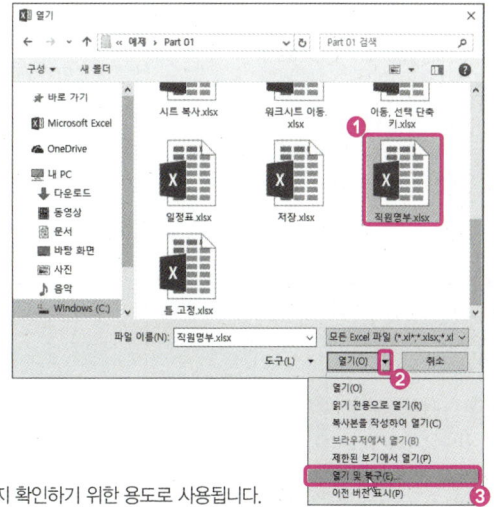

TIP 제공된 예제는 손상된 파일이 아니며, 복구 작업이 어떻게 진행되는지 확인하기 위한 용도로 사용됩니다.

03 다음과 같은 메시지 창이 나타나면 필요에 따라 [복구] 또는 [데이터 추출]을 클릭합니다.

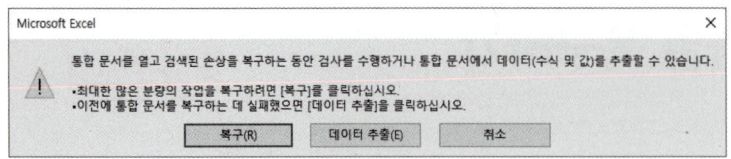

> **Plus⁺ 메시지 창의 기능 버튼 이해하기**
>
> 처음 복구할 때는 [복구]를 클릭하여 문서를 복원하는 것이 좋으며, 이 명령으로 문서가 복원되지 않으면 [데이터 추출]을 클릭하여 복원합니다.
>
> - **복구** : 기본 값으로, 최대한 원본에 가까운 상태로 복원합니다.
> - **데이터 추출** : 손상된 파일의 데이터를 먼저 복원합니다.

04 만약 [데이터 추출]을 클릭했다면 화면과 같은 메시지 창이 나타납니다. [값으로 변환] 또는 [수식 복구]를 클릭합니다.

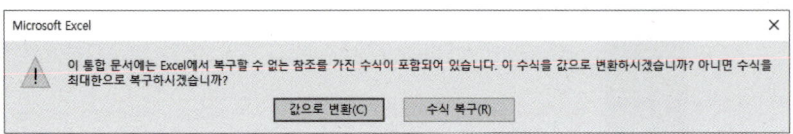

> **Plus⁺ 메시지 창의 기능 버튼 이해하기**
>
> - **값으로 변환** : 기본 설정으로, 모든 데이터를 값으로 복원합니다.
> - **수식 복구** : 값은 값대로, 수식은 수식으로 복원합니다.

05 04 과정 진행 후 복구된 파일이 열리면서 어떤 문제에 대해 복구 작업이 이루어졌는지 안내하는 메시지 창이 열립니다. [닫기]를 클릭해 데이터를 확인합니다.

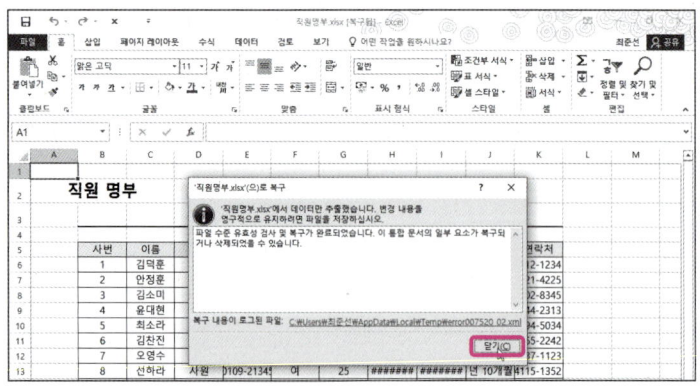

TIP 이 파일은 복구되었으므로, 이 파일로 작업하려면 [다른 이름으로 저장]을 이용해 저장해야 합니다.

CHAPTER

03

워크시트

워크시트 추가하고 삭제하기 028

엑셀 2013부터는 빈 통합 문서에 워크시트가 한 개만 제공됩니다. 2010 이하 버전처럼 워크시트 세 개가 기본 제공되도록 하고 싶거나 제공되는 시트 수를 변경하려면 Excel 옵션을 변경하면 됩니다. 워크시트를 추가하고 삭제하는 방법에 대해 알아보겠습니다.

예제 파일 없음

워크시트 추가

엑셀 2013부터는 시트 탭에 [⊕ 새 시트] 버튼이 제공됩니다. 2007, 2010 버전에 있던 워크시트 삽입 탭 (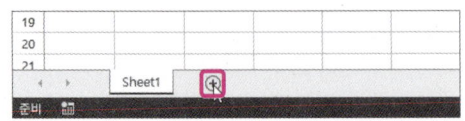)의 역할을 대신하는 버튼입니다. 워크시트를 추가하려면 [⊕ 새 시트]를 클릭합니다.

워크시트는 매우 큰 작업 용지와 같습니다. 사용의 편의를 위해 열과 행으로 구분되어 있으며 열과 행이 교차하는 위치를 셀이라고 합니다. 워크시트 개수는 메모리가 허용되는 만큼 추가할 수 있지만 너무 많이 추가하면 파일을 관리하기 쉽지 않으므로 권장하지 않습니다. 참고로 데이터를 편리하고 안전하게 관리하기 위해 가급적 한 개의 워크시트에 한 개의 표를 만들어 작업하는 것이 좋습니다.

워크시트 기본 개수 변경

기본으로 제공되는 워크시트의 개수를 변경하려면 Excel 옵션을 변경해야 합니다.

[파일] 탭-[옵션]을 클릭해 [Excel 옵션] 대화상자를 열고 [일반] 범주에서 [새 통합 문서 만들기] 항목의 [포함할 시트 수]를 원하는 개수로 조정한 후 [확인]을 클릭합니다.

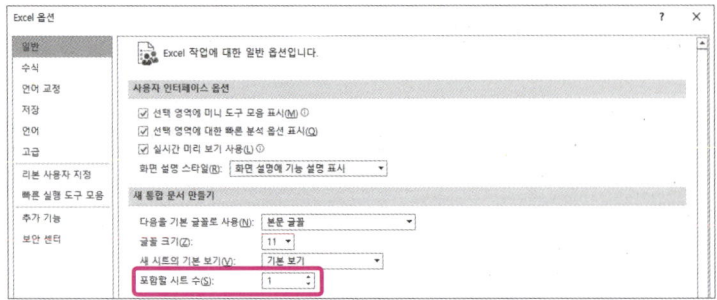

워크시트 삭제

추가된 워크시트 중 사용하지 않는 워크시트는 삭제할 수 있습니다. 시트 탭에서 마우스 오른쪽 버튼을 클릭하고 단축 메뉴에서 [삭제]를 선택합니다.

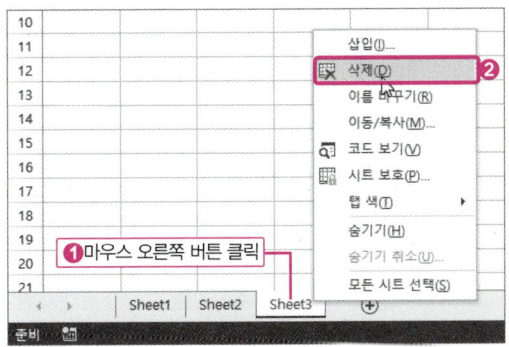

워크시트를 삭제하면 해당 워크시트를 참조해 계산된 수식에는 모두 #REF! 오류가 발생하므로 워크시트를 삭제하기 전에 먼저 해당 워크시트를 참조하는 수식이 있는지 확인해야 합니다.

삭제할 워크시트를 참조하고 있는지 여부를 확인하려면 단축키 Ctrl + F 를 눌러 [찾기 및 바꾸기] 대화상자를 열고 [찾기] 탭에서 [옵션]을 클릭해 대화상자를 확장합니다. [범위] 옵션을 [통합 문서]로 변경하고 [찾을 내용]에서 삭제할 워크시트 이름을 선택한 후 [모두 찾기]를 클릭합니다.

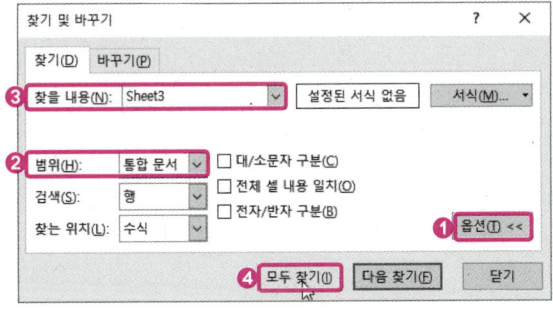

만약 찾아진 셀이 있으면 해당 셀의 수식을 고치는 작업을 해야 합니다. 다음과 같은 메시지 창이 표시되면 참조한 셀이 없는 것이니 워크시트를 삭제해도 됩니다.

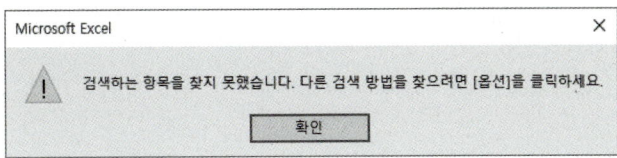

워크시트의 행 높이와 열 너비의 단위 이해하기 029

워크시트의 행 높이와 열 너비를 알리는 풍선 도움말의 단위는 픽셀입니다. 픽셀이 무엇인지, 어떻게 cm로 변경할 수 있는지 등을 궁금해하는 사용자들이 꽤 있습니다. 엑셀의 화면 모드 중 [일반] 모드와 [페이지 나누기 미리 보기] 모드에서는 픽셀을, [페이지 레이아웃] 모드에서는 cm를 단위로 이용해 행 높이와 열 너비가 표시됩니다. 만약 행 높이와 열 너비를 cm 단위로 조정해야 한다면 [페이지 레이아웃] 모드를 이용하면 됩니다.

예제 파일 없음

단위 확인

행 높이와 열 너비를 확인하려면 행 구분선이나 열 구분선을 마우스로 클릭해봅니다. 왼쪽 화면은 1행과 2행의 행 구분선을 마우스로 클릭한 모습이며, 오른쪽 화면은 A열과 B열의 열 구분선을 마우스로 클릭한 모습입니다.

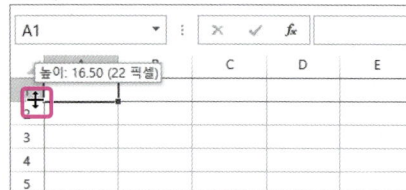 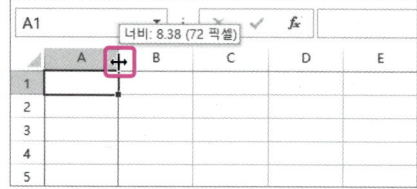

> **Plus⁺ 행 높이와 열 너비 조정하기**
>
> 행 구분선과 열 구분선을 클릭해 상하, 또는 좌우로 드래그하면 행 높이와 열 너비를 조정할 수 있습니다. 이때 풍선 도움말에 표시되는 단위를 참고해 행 높이와 열 너비를 조정할 수 있습니다.

위 화면을 통해 다음 두 가지 사실을 이해할 수 있습니다.

- 워크시트의 기본 행 높이 : 16.50 (22픽셀)
- 워크시트의 기본 열 너비 : 8.38 (72픽셀)

괄호 안의 숫자는 픽셀을 단위로 사용하지만, 괄호 밖의 숫자는 행 높이와 열 너비를 서로 다른 단위로 표시합니다.

행 높이 단위 이해

행 높이인 16.50은 포인트를 단위로 사용합니다. 우리에게 친숙한 단위인 cm로 변경하면 다음과 같습니다.

    1포인트 = 0.03528cm

열 너비 단위 이해

열 너비 8.38은 조금 독특한 단위입니다. 정확히 말하면 '기본 글꼴의 문자 너비'를 의미합니다. '기본 글꼴의 문자 너비' 단위는 엑셀의 기본 글꼴, 즉 엑셀 2010 버전부터 사용된 '맑은 고딕'으로 셀 안에 넣을 수 있는 문자 개수를 단위로 사용하며, 이때 입력 기준 문자는 숫자 0입니다. 따라서 8.38은 현재 열 너비에 '0'을 8번 넣고 약간의 여유가 있는 정도를 의미합니다.

cm 단위 사용

행 높이나 열 너비를 cm 단위로 조정하고 싶다면 엑셀 2007부터 제공되는 [페이지 레이아웃] 모드를 사용합니다. [보기] 탭-[통합 문서 보기] 그룹-[페이지 레이아웃]을 클릭하거나 상태 표시줄에서 [페이지 레이아웃] 아이콘을 클릭합니다.

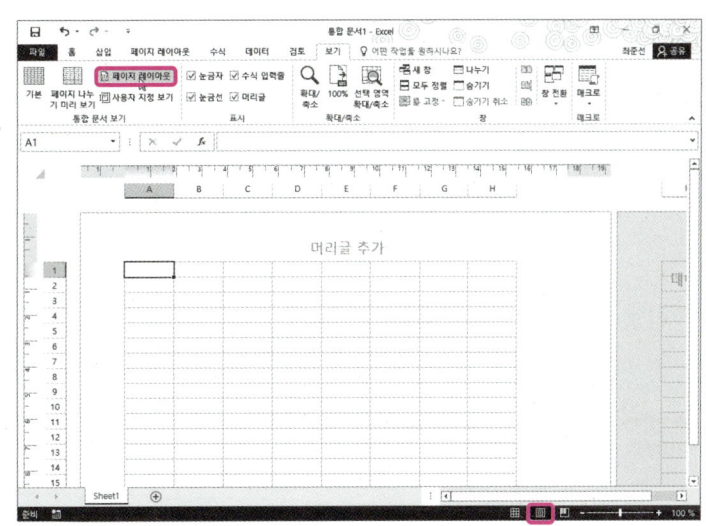

> **Plus⁺ 페이지 레이아웃 모드**
>
> 워크시트는 구조상 한 페이지를 정확하게 표시하기가 어렵지만 [페이지 레이아웃] 모드를 사용하면 워드 프로세서와 같이 한 페이지씩 화면이 표시됩니다.

[페이지 레이아웃] 모드에서 행 높이 또는 열 너비를 조정하면 다음과 같이 cm 단위로 높이와 너비가 표시됩니다.

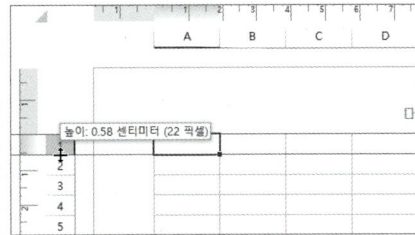

워크시트에 배경 이미지 삽입하기

워크시트에 윈도우의 배경 화면처럼 원하는 그림을 배경으로 지정해 사용할 수 있습니다. 다만 워크시트 배경은 화면에만 표시되며 인쇄는 되지 않습니다. 원하는 그림을 워크시트 배경으로 삽입하는 방법에 대해 알아보겠습니다.

예제 파일 PART 01 \ CHAPTER 03 \ wallpaper.png

01 [페이지 레이아웃] 탭-[페이지 설정] 그룹-[🖼 배경]을 클릭합니다.

02 [그림 삽입] 창이 표시되면 [파일에서]의 [찾아보기]를 클릭합니다.

Plus⁺ [그림 삽입] 창 표시

엑셀은 2013 버전부터 클라우드 서비스와 유기적으로 결합되어 있어 이전 버전처럼 [열기] 대화상자가 바로 표시되지 않습니다. 대신 어디서 파일을 가져올지 선택하는 [그림 삽입] 창이 추가되었습니다.

LINK 이 과정을 생략하고 바로 [열기] 대화상자를 표시하고 싶다면 'No. 022 열기, 저장 대화상자 바로 호출해 작업하기'를 참고합니다.

03 [시트 배경] 대화상자가 표시되면 예제로 제공되는 'Wallpaper' 이미지를 선택하고 [삽입]을 클릭합니다.

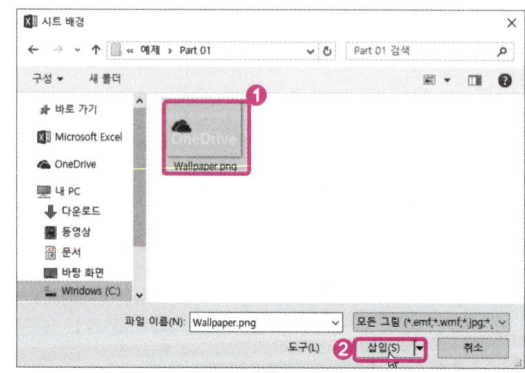

04 선택한 그림이 워크시트 배경으로 표시됩니다.

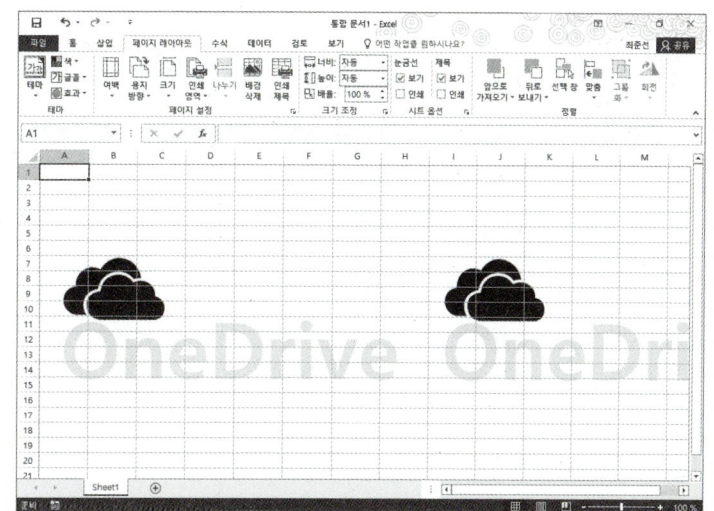

05 배경 이미지를 좀 더 깔끔하게 표시하려면 눈금선을 보이지 않게 하면 됩니다. 눈금선을 표시하지 않으려면 다음 방법을 사용합니다.

- [페이지 레이아웃] 탭-[시트 옵션] 그룹에서 [눈금선]의 [보기] 확인란 체크 표시 해제
- [보기] 탭-[표시] 그룹에서 [눈금선] 확인란 체크 표시 해제

06 배경 이미지를 수정하거나 삭제하려면 먼저 기존 배경을 삭제해야 합니다. [페이지 레이아웃] 탭-[페이지 설정] 그룹-[🖼 배경 삭제]를 클릭합니다. 인쇄할 때는 워크시트 배경이 나타나지 않습니다.

LINK 인쇄할 때 배경까지 나타나도록 하려면 'No. 476 보고서에 배경(또는 워터마크) 삽입해 인쇄하기'를 참고합니다.

031 워크시트의 특정 위치로 빠르게 이동하거나 셀을 선택하는 방법

워크시트에서 원하는 셀을 선택하려면 마우스로 해당 셀을 클릭하면 됩니다. 이 방법은 직관적이지만, 표가 복잡하게 구성되어 있으면 원하는 위치를 바로 선택하기 어려울 수 있습니다. 워크시트에는 여러 개의 표가 존재할 수 있으며 매우 복잡하게 만들어진 표가 있을 수도 있습니다. 이런 경우에는 단축키를 적절하게 이용하는 것이 좋습니다. 이동과 선택 작업에 사용할 수 있는 단축키에 대해 알아보겠습니다.

예제 파일 PART 01 \ CHAPTER 03 \ 이동, 선택 단축키.xlsx

먼저 다음 두 가지 타입의 단축키를 확인합니다.

이동 단축키

단축키	설명
Ctrl + Home	[A1] 셀로 이동합니다.
Home	현재 행의 [A] 열로 이동합니다.
Ctrl + End	워크시트에서 사용된 마지막 셀로 이동합니다.
Ctrl + ↑	선택된 셀에서 위 방향으로 데이터가 입력된 마지막 셀로 이동합니다.
Ctrl + ↓	선택된 셀에서 아래 방향으로 데이터가 입력된 마지막 셀로 이동합니다.
Ctrl + ←	선택된 셀에서 왼쪽 방향으로 데이터가 입력된 마지막 셀로 이동합니다.
Ctrl + →	선택된 셀에서 오른쪽 방향으로 데이터가 입력된 마지막 셀로 이동합니다.

선택 단축키

단축키	설명
Shift + ↑, ↓, ←, →	시작 위치부터 이동 위치까지의 범위를 선택합니다.
Ctrl + A	현재 셀에서 상하좌우 연속된 데이터 범위를 선택합니다.

이동 및 선택 단축키의 역할을 제대로 이해하기 위해 예제 파일을 열고 다음 작업을 순서대로 진행합니다.

	A	B	C	D	E	F	G
1	품번	품명	공급업체	분류	단가	재고량	
2	1	태양 100% 오렌지 주스	서울 무역 ㈜	유제품	10,300	39	
3	2	태양 100% 레몬 주스	태양 식품 ㈜	음료	11,900	17	
4	3	태양 체리 시럽	태양 식품 ㈜	조미료	5,800	13	
5	4	신한 100% 복숭아 시럽	신한 식품 ㈜	조미료	13,400	53	
6	5	신한 100% 파인애플 시럽	신한 식품 ㈜	조미료	13,700	-	
7	6	대양 특선 블루베리 잼	대양 농산 ㈜	조미료	14,600	120	
8	7	대양 특선 건과(배)	대양 농산 ㈜	가공 식품	18,100	15	
9	8	대양 특선 딸기 소스	대양 농산 ㈜	조미료	24,400	6	
10	9	북미산 상등육 쇠고기	서울 무역 ㈜	육류	54,200	29	
11	10	노르웨이산 연어알 조림	서울 무역 ㈜	해산물	19,400	31	
12							
13							

❶ [A2] 셀에서 Ctrl + ↓ 를 누르면 [A11] 셀로 이동합니다.

❷ [A11] 셀에서 Ctrl + → 를 누르면 [F11] 셀로 이동합니다.

❸ [F11] 셀에서 Home 을 누르면 [A11] 셀로 이동합니다.

❹ [A11] 셀에서 Ctrl + Home 을 누르면 [A1] 셀로 이동합니다.

❺ [A1] 셀에서 Ctrl + A 를 누르면 [A1:F11] 범위(전체 표 범위)가 선택됩니다.

❻ [A1:F11] 범위가 선택된 상태에서 ↓ 를 누르면 [A2] 셀로 이동합니다.

❼ [A2] 셀에서 Ctrl + Shift + ↓ 를 누르면 [A2:A11] 범위가 선택됩니다.

❽ [A2:A11] 범위에서 Ctrl + Shift + → 를 누르면 [A2:F11] 범위가 선택됩니다.

원하는 워크시트로 빠르게 이동하기

파일 내에 워크시트가 많은 경우, 원하는 워크시트로 이동하는 것이 쉽지 않아 불편할 때가 있습니다. 파일 내 워크시트가 많을 때 필요한 워크시트로 빠르게 이동하는 방법에 대해 알아보겠습니다.

예제 파일 PART 01 \ CHAPTER 03 \ 워크시트 이동.xlsx

단축키 이용 방법

단축키	설명
Ctrl + Page Down	현재 시트의 오른쪽 시트로 이동합니다.
Ctrl + Page Up	현재 시트의 왼쪽 시트로 이동합니다.

예제 파일을 열면 다음 화면과 같은 구조를 확인할 수 있습니다.

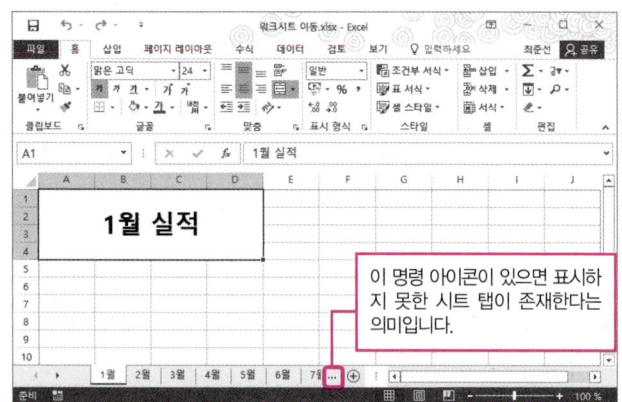

'1월'~'12월' 시트와 '종합실적' 시트까지 총 13개의 시트가 존재합니다. 그런데 엑셀 창이 작아서 시트 탭에 전체 시트가 표시되지 못하고 '6월'까지만 표시되어 있습니다. 단축키 Ctrl + Page Down 을 계속 누르면 '2월', '3월', ⋯, '종합실적' 시트가 순서대로 표시됩니다. 또한 단축키 Ctrl + Page Up 을 계속 누르면 반대로 '12월', '11월', ⋯, '1월' 시트 순으로 표시됩니다.

시트 목록 이용 방법

시트 탭 영역에는 다른 워크시트로 빠르게 이동할 수 있는 기능이 제공됩니다. '1월' 시트의 왼쪽에 있는 오른쪽 화살표 아이콘은 오른쪽 시트 탭을 화면에 표시할 때 사용하는 [다음] 버튼입니다. [▶ 다음]을 클릭하면 오른쪽 시트 탭이 하나씩 화면에 표시되며, Ctrl 를 누른 상태에서 [▶ 다음]을 클릭하면 마지막 시트 탭 위치가 화면에 표시됩니다.

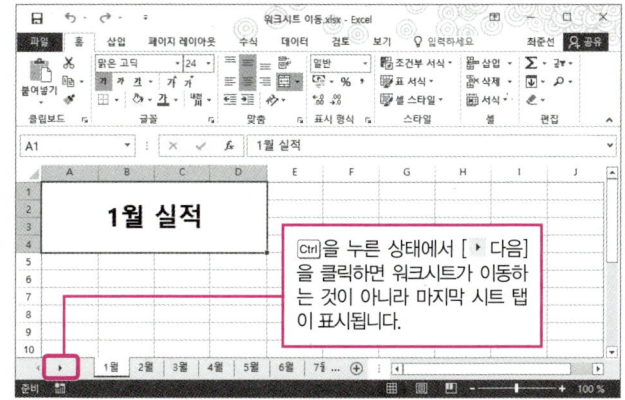

[▶ 다음] 버튼이나 [◀ 이전] 버튼이 있는 위치에서 마우스 오른쪽 버튼을 클릭하면 화면과 같은 [활성화] 대화상자가 표시됩니다. 이동할 시트를 선택하고 [확인]을 클릭하면 해당 시트로 바로 이동됩니다.

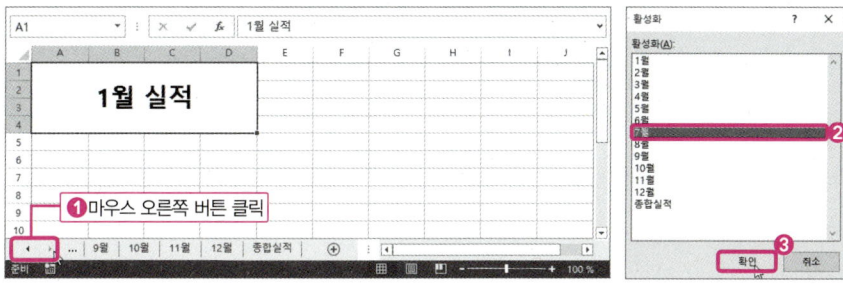

이름 상자 이용 방법

이동하려는 워크시트의 이름을 알고 있다면 워크시트 상단에 있는 이름 상자를 이용해 보다 빠르게 이동할 수 있습니다. 이름 상자에 다음과 같은 규칙으로 입력하면 원하는 시트로 바로 이동됩니다.

```
시트명!A1
```

다음은 이름 상자에 '10월' 시트로 이동하는 명령어를 입력한 화면입니다.

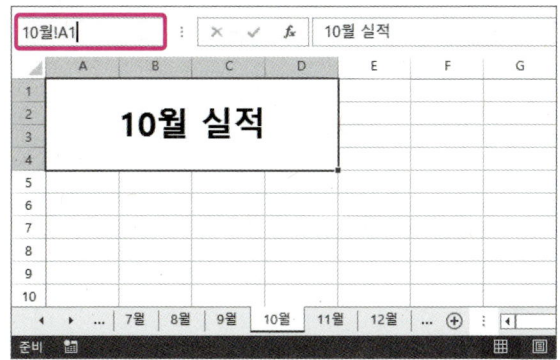

워크시트 복사해 사용하기 033

구성이 동일한 워크시트를 하나 더 만들고 싶다면 [시트 복사] 기능을 이용할 수 있습니다. [시트 복사] 기능을 이용하면 같은 파일 내 혹은 다른 파일에 워크시트를 복사할 수 있습니다. 단, 이 기능을 사용하려면 주의할 점이 있으므로 이번에 설명하는 내용을 잘 이해하고 사용하도록 합니다.

예제 파일 PART 01 \ CHAPTER 03 \ 시트 복사.xlsx

같은 파일 내로 워크시트 복사

구성이 동일한 시트를 같은 파일 내에 하나 더 생성하려면 기존 워크시트를 복사해 사용하면 편리합니다. 복사하는 방법에는 리본 메뉴를 이용하는 방법과 마우스를 이용하는 방법이 있는데, 마우스를 이용하는 것이 더 간단합니다.

복사할 시트의 시트 탭을 Ctrl을 누른 채 원하는 위치로 드래그하면 워크시트가 복사됩니다.

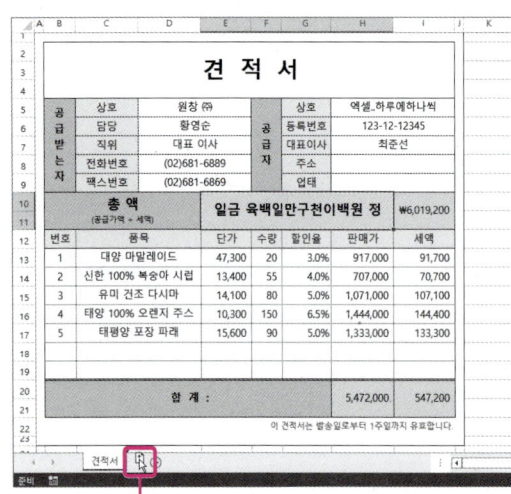

Ctrl을 누른 채로 시트 탭을 오른쪽 또는 왼쪽으로 드래그하면 마우스 포인터가 🔩 모양으로 바뀝니다. 이때 마우스에서 손을 떼면 시트가 복사됩니다.

복사된 시트는 기존 시트 이름 뒤에 (2), (3)과 같은 번호가 붙습니다. 이름을 변경하려면 시트 탭을 더블클릭한 후 원하는 이름을 입력합니다.

같은 파일 내에 시트를 복사하면 원본 시트의 셀 스타일과 이름이 중복될 수 있습니다. 그러므로 복잡한 서식을 사용했거나 이름 정의를 사용한 경우에는 시트 복사를 사용하는 것보다 새 시트를 추가하고 원본 시트를 복사해 붙여넣는 방법이 좋습니다.

TIP Ctrl을 누르지 않고 시트 탭을 드래그하면 시트 위치가 이동됩니다.

다른 파일로 워크시트 복사하기

다른 파일로 워크시트를 복사하려면 리본 메뉴를 이용합니다. 다음 과정을 참고합니다.

01 예제 파일과 시트를 복사할 파일을 모두 엽니다. 새 파일로 복사하려면 원본 파일만 엽니다.

02 복사할 시트에서 [홈] 탭-[셀] 그룹-[▦ 서식]을 클릭하고 [시트 이동/복사]를 선택합니다. 또는 복사할 시트의 시트 탭을 마우스 오른쪽 버튼으로 클릭하고 [이동/복사]를 선택합니다.

03 [이동/복사] 대화상자가 열리면 [대상 통합 문서] 콤보 상자에서 시트를 복사할 파일 또는 [(새 통합 문서)]를 선택합니다.

[대상 통합 문서] 콤보 상자를 선택하면 현재 열려 있는 모든 파일이 모두 표시됩니다. [(새 통합 문서)]를 선택하면 새로운 파일이 생성됩니다.

04 시트를 복사하려면 대화상자 하단의 [복사본 만들기] 옵션 확인란에 체크 표시를 하고 [확인]을 클릭합니다.

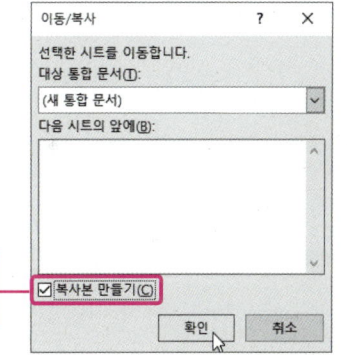

[복사본 만들기] 옵션에 체크 표시를 하지 않으면 시트가 선택한 파일로 이동하므로 주의합니다.

TIP [대상 통합 문서] 콤보 상자에서 [(새 통합 문서)]를 선택하지 않고 다른 파일을 선택한 경우에는 [다음 시트의 앞에] 리스트에 시트 목록이 표시됩니다. 원하는 시트를 선택하면 선택한 시트 앞에 복사한 시트가 생성됩니다.

워크시트에서 사용하지 않는 영역 찾아 삭제하기

034

워크시트는 사용자가 입력한 마지막 열 마지막 행까지의 데이터 범위를 전체 사용 범위로 인식합니다. 다만 실제로 사용하고 있지 않은 부분을 사용 범위로 인식할 수는 있습니다. 이런 현상은 이전에 사용했던 부분이 제대로 지워지지 않았거나 아래한글 또는 인터넷 등의 외부 데이터를 엑셀로 가져왔을 때 주로 발생합니다. 파일을 효과적으로 관리하려면 불필요한 영역이 존재하는지 확인하고 이를 삭제하는 방법에 대해 알고 있어야 합니다.

예제 파일 PART 01 \ CHAPTER 03 \ 사용하지 않는 영역 삭제.xlsx

01 예제 파일을 열고 워크시트에서 [Ctrl] +[End]를 누르면 워크시트에서 사용하고 있는 맨 마지막 위치(여기서는 [I18] 셀)로 커서가 이동합니다.

02 커서가 이동한 위치로 보아 [H:I] 열과 [15:18] 행은 불필요하게 사용된 영역입니다. 불필요한 열과 행을 선택하고 [홈] 탭-[셀] 그룹-[🗑 삭제]를 클릭해 삭제합니다. 삭제한 후에는 파일을 저장해야 작업이 완료됩니다. 빠른 실행 도구 모음의 [💾 저장]을 클릭해 파일을 저장합니다.

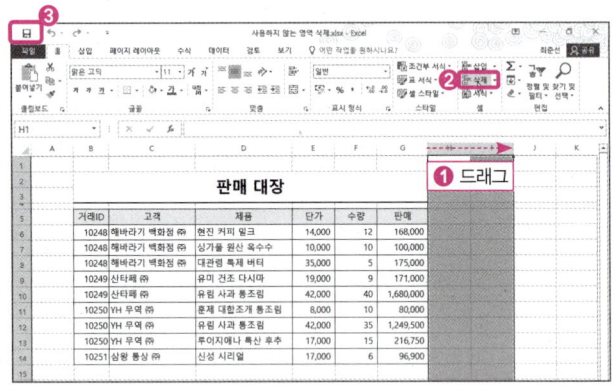

Plus⁺ 워크시트에 불필요한 영역이 존재할 때의 문제점

- 파일의 크기가 커집니다.
- 워크시트의 재계산 속도가 떨어집니다.
- 불필요한 서식이 많아져 파일 사용에 제약이 발생할 수 있습니다.
- 문서를 인쇄할 때 사용하지 않는 빈 페이지가 인쇄됩니다.

035 워크시트 이름 변경하지 못하게 보호하기

엑셀로 작업을 하다 보면 여러 개의 워크시트를 사용할 때가 많습니다. 또한 다른 사람과 파일을 공유해 작업하는 경우도 있는데, 그러다 보면 자신이 설정해놓은 기능이나 이름 등이 변경되어 작업을 제대로 진행하지 못하는 일이 발생할 수 있습니다. 여기서는 엑셀 파일의 모든 워크시트 이름을 다른 사용자가 변경하지 못하도록 보호하는 방법에 대해 알아보겠습니다.

예제 파일 없음

01 워크시트 이름을 보호할 파일을 열고 [검토] 탭-[변경 내용] 그룹-[🔒 통합 문서 보호]를 클릭합니다. [구조 및 창 보호] 대화상자가 열리면 [구조] 확인란에 체크 표시를 하고 암호를 입력한 후 [확인]을 클릭합니다.

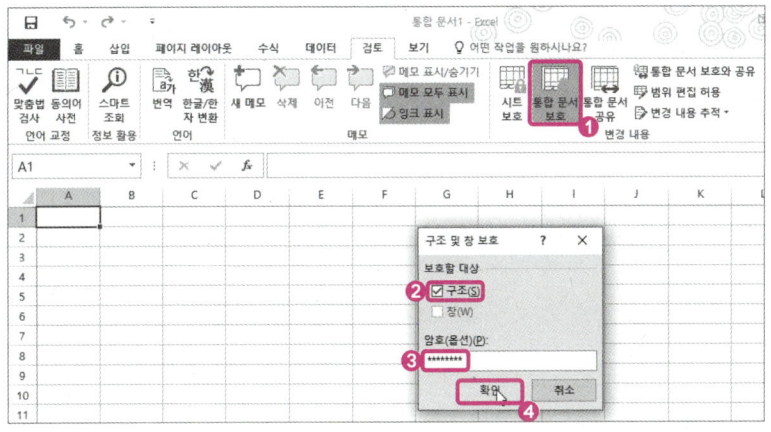

02 [암호 확인] 대화상자가 나타나면 앞에서 입력한 암호를 한 번 더 입력하고 [확인]을 클릭합니다.

03 작업을 마친 후 워크시트 이름을 변경하려고 시트 탭을 더블클릭하면 다음과 같은 메시지 창이 나타납니다.

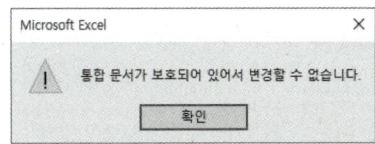

> **Plus⁺ 워크시트 이름을 다시 수정할 수 있도록 보호 해제하기**
>
> 다시 워크시트 이름을 수정할 수 있게 하려면 [검토] 탭-[변경 내용] 그룹-[🔒 통합 문서 보호]를 클릭하고 지정해놓은 암호를 입력해 통합 문서 보호를 해제합니다.

특정 워크시트를 숨기기/표시하기

특정 워크시트를 다른 사람이 보지 못하게 하려면 해당 워크시트를 숨기면 됩니다. 그런데 엑셀에서 제공하는 [숨기기] 기능은 [숨기기 취소] 기능으로 해제할 수 있어 보안에는 취약합니다. [숨기기] 기능은 보안이 중요한 워크시트보다는 깔끔한 구성을 위해 워크시트를 숨길 때 사용하는 것이 적합합니다.

예제 파일 없음

01 숨기려는 워크시트의 시트 탭을 마우스 오른쪽 버튼으로 클릭하고 [숨기기]를 선택합니다.

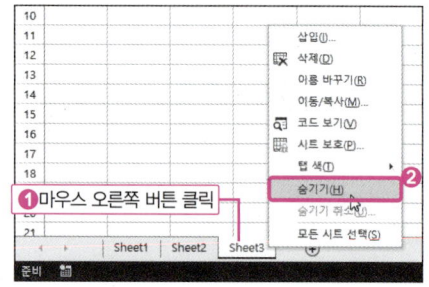

TIP [홈] 탭-[셀] 그룹-[서식]을 클릭하고 [숨기기 및 숨기기 취소]-[시트 숨기기]를 선택해도 됩니다.

02 시트 탭에서 해당 워크시트가 숨겨집니다. 숨긴 워크시트를 다시 나타나게 하려면 시트 탭에서 마우스 오른쪽 버튼을 클릭한 후 [숨기기 취소]를 선택합니다. [시트 숨기기] 대화상자가 표시되면 숨기기를 취소할 워크시트를 선택하고 [확인]을 클릭합니다.

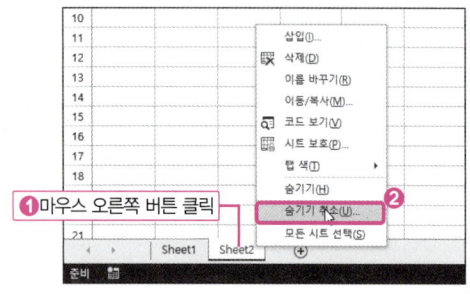 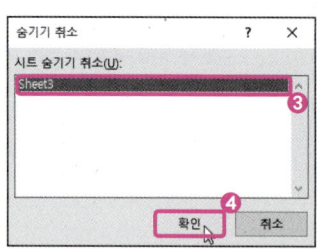

TIP [홈] 탭-[셀] 그룹-[서식]을 클릭한 후 [숨기기 및 숨기기 취소]-[시트 숨기기 취소]를 선택해도 됩니다.

Plus⁺ 워크시트 숨김 여부 확인하기

아무 시트 탭이든 마우스 오른쪽 버튼을 클릭했을 때 단축 메뉴에서 [숨기기 취소]를 선택할 수 있다면 숨긴 시트가 있다는 의미입니다.

워크시트를 보다 안전하게 숨기기 037

[숨기기] 기능은 워크시트를 숨긴 사용자 외에도 아무나 쉽게 해제할 수 있기 때문에 보안이 중요한 시트에서 사용하기에는 적합하지 않습니다. 이번에 소개하는 방법은 사용하기에 불편하기는 하지만 [숨기기] 기능에 비해 안정성이 높습니다. 다른 사용자에게 시트가 숨겨져 있다는 사실을 감추고 싶은 경우에는 이 방법을 사용하면 됩니다.

\ 예제 파일 없음 /

01 감추고 싶은 시트의 시트 탭을 마우스 오른쪽 버튼으로 클릭하고 [코드 보기]를 선택합니다.

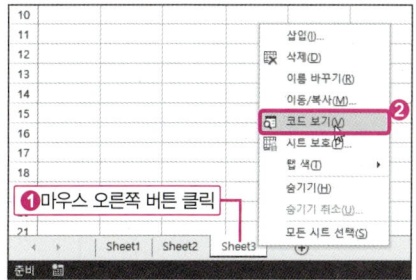

02 VB 편집기 창이 열리면 화면 좌측 하단에 있는 [속성] 창의 [Visible] 속성에서 'xlSheetVery Hidden'을 선택하고 창을 닫습니다.

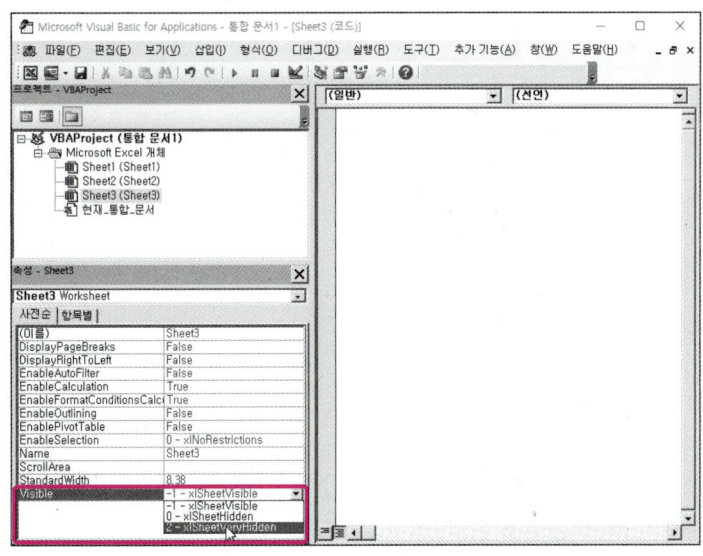

> **TIP** [속성] 창 표시 방법
> 만약 [속성] 창이 표시되지 않으면 F4 를 누르거나 [보기]-[속성 창]을 선택합니다.

03 워크시트가 숨겨져 보이지 않습니다. 확인을 위해 시트 탭을 마우스 오른쪽 버튼으로 클릭해보면 [숨기기 취소] 명령이 비활성화되어 있습니다. [홈] 탭-[셀] 그룹-[서식]을 클릭해봐도 [숨기기 및 숨기기 취소]-[시트 숨기기 취소] 명령은 선택할 수 없습니다.

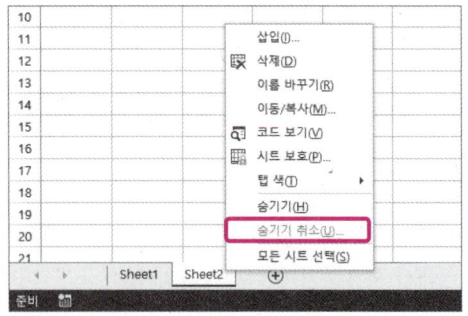

02 숨겨진 시트를 다시 표시하려면 시트 탭을 마우스 오른쪽 버튼으로 클릭하고 [코드 보기]를 선택한 후 VBA 편집기의 프로젝트 탐색기 창에서 숨긴 시트를 선택합니다. [속성] 창의 [Visible] 속성을 다시 'xlSheetVisible'로 변경합니다.

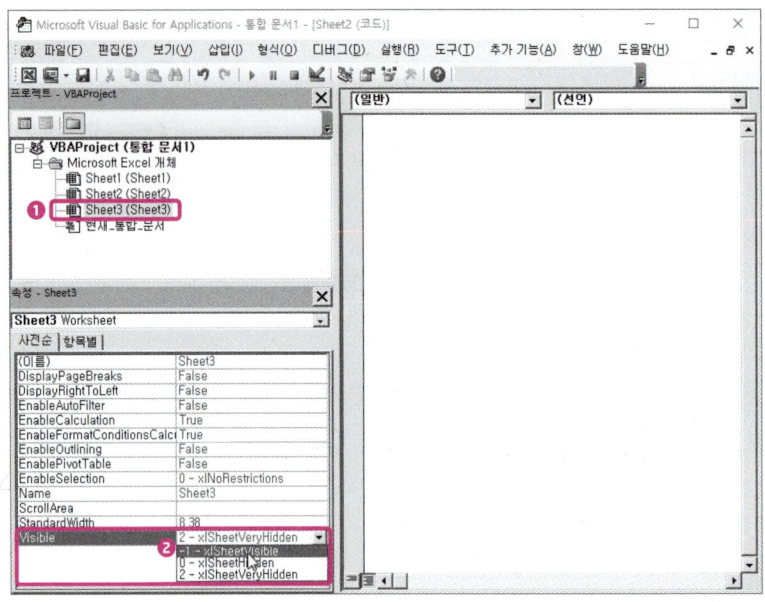

작업 워크시트를 E-Mail로 발송하기

038

필요하다면 현재 워크시트를 다른 사용자에게 E-mail로 전송할 수 있습니다. 여기서는 작업 중인 워크시트의 내용을 E-mail 본문에 추가하는 방법에 대해 알아보겠습니다. 이 작업은 [전자 메일로 보내기] 명령을 사용해서 해야 하는데, 이 명령은 리본 메뉴에 숨겨져 있기 때문에 빠른 실행 도구 모음에 해당 명령을 추가한 후에 작업을 해야 합니다.

예제 파일 PART 01 \ CHAPTER 03 \ 일정표.xlsx

01 빠른 실행 도구 모음 옆의 [▼] 빠른 실행 도구 모음 사용자 지정을 클릭한 후 [기타 명령]을 선택합니다.

TIP [전자 메일] 명령

[빠른 실행 도구 모음 사용자 지정]을 클릭했을 때 표시되는 메뉴 중에 [전자 메일]은 현재 파일을 첨부 파일로 하여 이메일을 발송할 때 사용하는 명령입니다.

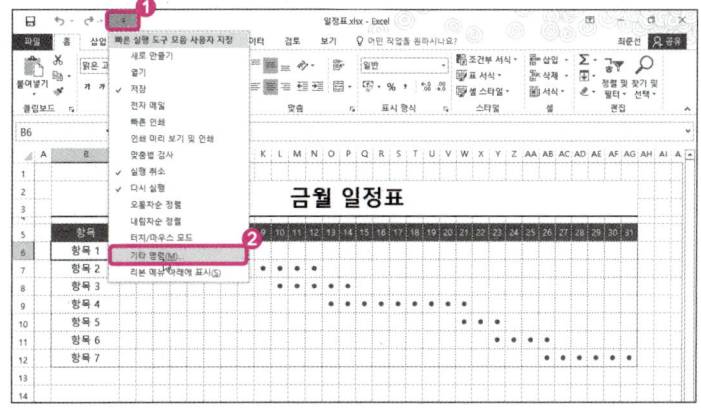

02 [Excel 옵션] 대화상자가 열리면 [빠른 실행 도구 모음] 범주의 [명령 선택] 콤보 상자에서 [리본 메뉴에 없는 명령]을 선택합니다. 명령 리스트에서 [전자 메일로 보내기]를 선택하고 [추가]를 클릭한 후 [확인]을 클릭합니다.

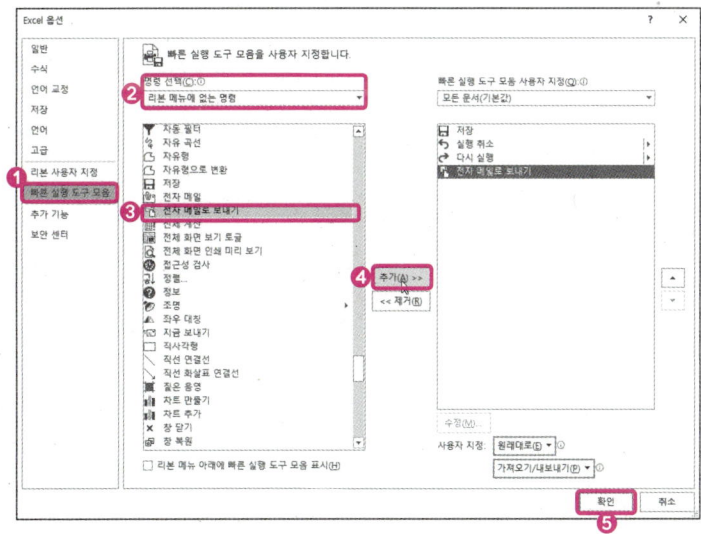

03 빠른 실행 도구 모음에 [[🖃] 전자 메일로 보내기] 아이콘이 표시되면 클릭합니다.

04 [전자 메일] 대화상자가 열리면 [메시지 본문으로 현재 시트 보내기]를 선택하고 [확인]을 클릭합니다.

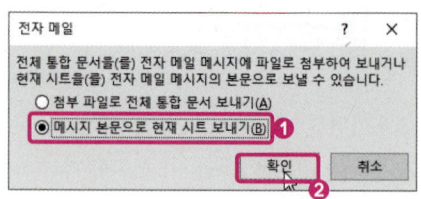

05 리본 메뉴 아래에 메일 발송 영역이 추가됩니다. [받는 사람]에 메일을 받을 사람의 E-mail 주소를 입력하고 [제목]에 간단한 메일 제목을 입력한 후 [현재 시트 보내기]를 클릭합니다. 그러면 현재 워크시트가 HTML 서식으로 변경되어 메일 본문에 포함된 채로 발송됩니다.

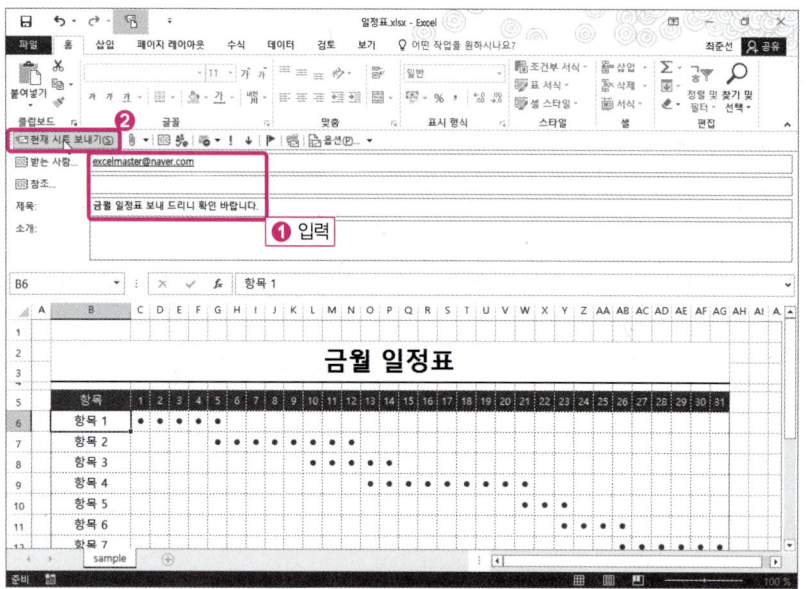

> **Plus⁺ 아웃룩 설정**
>
> 이 방법을 사용해 워크시트를 E-mail로 발송하려면 아웃룩에 메일 계정이 설정되어 있어야 합니다. 메일 계정이 설정되어 있지 않으면 메일 발송 작업이 이루어지지 않습니다.

CHAPTER
04

보기, 창

화면 확대하고 축소하기

039

엑셀에는 데이터를 빠르게 혹은 자세하게 확인할 수 있도록 워크시트 화면을 최소 10%까지 축소하거나 최대 400%까지 확대하는 기능이 있습니다. 많은 데이터를 한눈에 보거나 특정 부분을 확대해 보려고 할 때 유용한 기능으로, 엑셀 2007 버전부터는 화면 확대/축소 작업을 빠르게 할 수 있는 확대/축소 슬라이드가 상태 표시줄에 제공됩니다. 워크시트를 확대/축소하는 방법에 대해 알아보겠습니다.

예제 파일 PART 01 \ CHAPTER 04 \ 거래내역서.xlsx

화면을 확대/축소한 경우를 확인하면 다음과 같습니다.

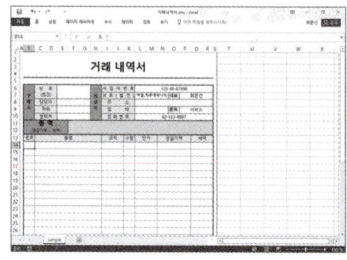 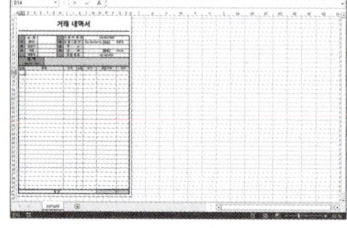 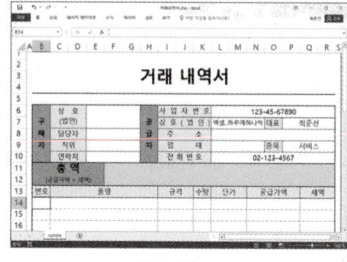

▲ 화면 배율 100%　　　　▲ 화면 배율 60%　　　　▲ 화면 배율 160%

이렇게 화면을 확대하거나 축소하면 전체 화면을 한눈에 파악하거나 특정 위치만 확대해서 볼 수 있습니다. 확대/축소 작업을 빠르게 진행하려면 Ctrl을 누른 상태에서 휠 마우스를 위로 스크롤합니다. 위로 스크롤하면 확대되고 아래로 스크롤하면 축소됩니다. 이때는 확대/축소 비율이 15%씩 변경됩니다.

화면 배율을 보다 정밀하게 조정하려면 확대/축소 슬라이드나 [확대/축소] 대화상자를 이용합니다. [확대/축소] 대화상자를 호출하려면 상태 표시줄의 확대/축소 슬라이드에서 화면 배율이 숫자로 표시된 부분을 클릭합니다.

[확대/축소] 대화상자가 나타나면 [200%]~[25%] 중 원하는 배율을 선택하거나 [사용자 지정]을 선택하고 원하는 배율을 직접 입력합니다.

TIP [선택 영역에 맞춤] 옵션 이해하기

[확대/축소] 대화상자의 옵션 중 [선택 영역에 맞춤]은 워크시트의 사용 영역을 화면에 꽉 차게 표시합니다. 처음에 소개한 화면 중 160% 화면 배율에 가까운 모습으로 표시됩니다.

방향키로 화면 이동하기 040

셀이 선택된 상태에서 방향키를 누르면 해당 방향으로 선택 셀이 이동합니다. 셀은 이동하지 않고 화면만 이동시키려면 Scroll Lock 을 누른 후 방향키를 누르면 됩니다. Scroll Lock 은 방향키 기능을 확장하는 역할을 하여 방향키로 화면 스크롤을 가능하게 합니다. 작업을 끝낸 후에는 반드시 Scroll Lock 을 다시 눌러 기능을 해제해야 합니다.

예제 파일 없음

01 키보드의 Scroll Lock 을 누릅니다. 상태 표시줄에 Scroll Lock 이 눌려 있다는 정보가 표시됩니다.

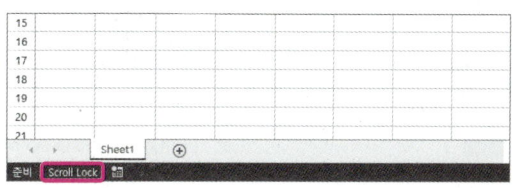

02 이제 방향키를 누르면 셀은 이동되지 않고 화면만 이동합니다.

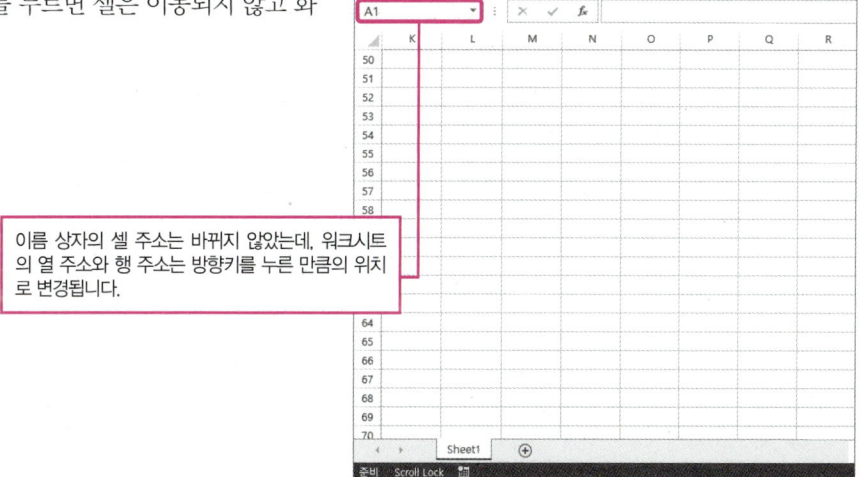

이름 상자의 셀 주소는 바뀌지 않았는데, 워크시트의 열 주소와 행 주소는 방향키를 누른 만큼의 위치로 변경됩니다.

다시 처음에 선택한 셀 위치로 빠르게 이동하려면 Ctrl + Back Space 를 누릅니다. 다시 방향키로 셀을 이동하려면 Scroll Lock 을 눌러 기능을 해제합니다.

041 여러 워크시트를 한 화면에 비교하면서 작업하기

엑셀로 작업을 하다 보면 여러 워크시트의 데이터를 한눈에 보면서 작업해야 하는 경우가 있습니다. 이때는 엑셀의 [새 창] 기능을 이용하면 됩니다. [새 창] 기능은 현재 파일의 복사본 창을 띄우는 기능으로, 한 파일을 두 개의 창으로 분리해 확인할 수 있으므로 여러 시트를 비교하면서 작업할 때 사용하면 편리합니다. [새 창] 기능을 이용하는 방법에 대해 알아보겠습니다.

예제 파일 PART 01 \ CHAPTER 04 \ 새 창.xlsx

01 예제 파일을 열면 '전년', '금년' 두 개의 시트가 있는 것을 확인할 수 있습니다. 현재 화면은 '금년' 시트인데, '전년' 시트의 실적을 함께 보면서 작업할 수 있도록 설정해보겠습니다.

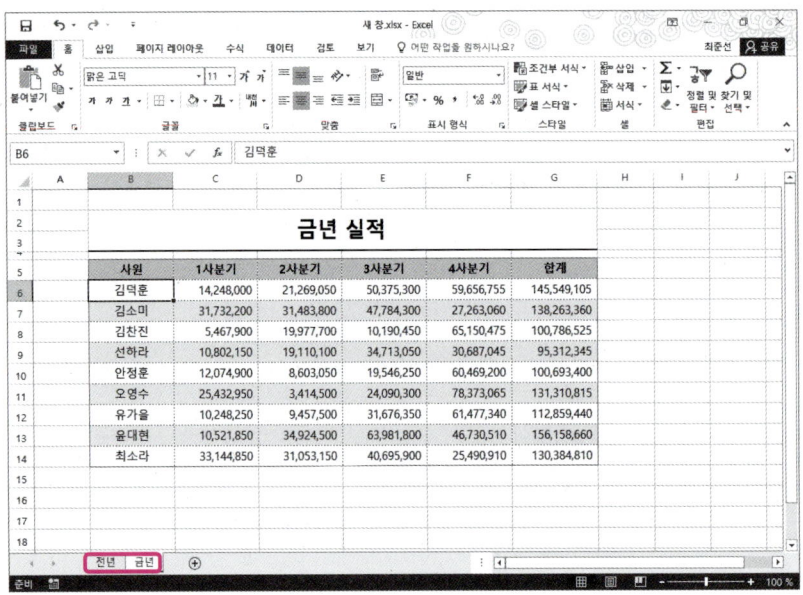

02 [보기] 탭-[창] 그룹-[새 창]을 클릭해 새 창을 엽니다.

> **Plus⁺ 엑셀 2013, 2016 버전의 창 이해하기**
>
> 엑셀 2010까지는 창 하나에 여러 파일이 열리는 구조였지만, 엑셀 2013부터는 멀티 디스플레이 환경에 맞게 파일별로 창이 열립니다.

03 두 개의 창을 보기 좋게 정렬하기 위해 [보기] 탭-[창] 그룹-[⊞ 모두 정렬]을 클릭합니다. [창 정렬] 대화상자가 나타나면 [바둑판식]을 선택하고 [확인]을 클릭합니다.

> **TIP** 정렬 옵션 선택 방법
> 표가 열 방향(오른쪽)으로 긴 경우는 [가로] 방향을, 행 방향(아래쪽)으로 긴 경우는 [세로] 방향을 선택하여 정렬하는 것이 편리합니다.

04 오른쪽 엑셀 창에서 '전년' 시트를 선택하면 다음 화면과 같이 두 시트를 동시에 보면서 작업할 수 있습니다.

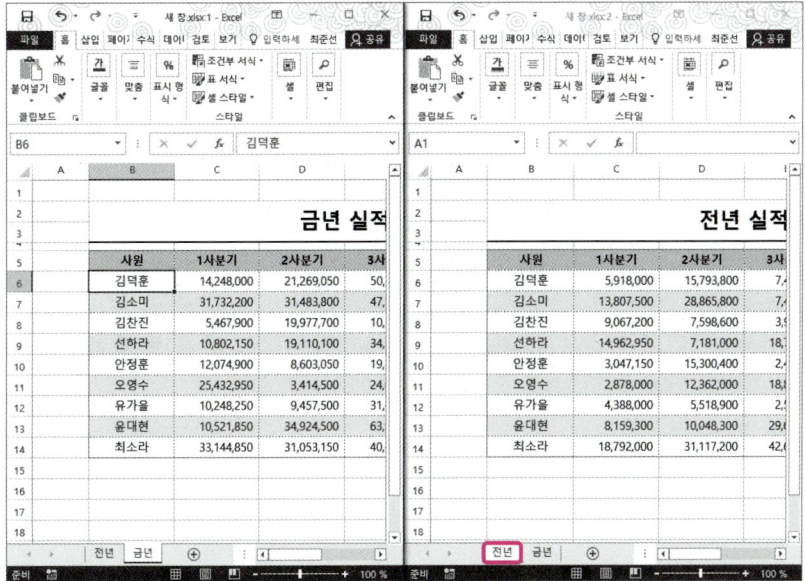

위 화면은 별도의 파일 두 개를 열어놓은 것처럼 보이지만, 제목 표시줄을 보면 '새 창.xlsx:1'과 '새 창.xlsx:2'로 '새 창' 파일을 다른 창에 나눠 표시한 것에 불과합니다. 두 창에서 수정한 사항은 모두 '새 창' 파일에 적용되며 어느 한 쪽 창을 닫으면 [새 창] 기능이 해제됩니다.

시트 내 떨어져 있는 범위를
한 화면에 파악하면서 작업하기

042

표를 여러 개 만들어 작업하거나 하나의 표가 너무 긴 경우에는 한눈에 모든 데이터가 보이지 않습니다. 이때 필요한 부분만 한 화면에 표시해놓고 작업하려면 [나누기] 기능을 이용합니다. [나누기] 기능은 구분선을 이용해 워크시트의 영역을 나눠주므로 떨어진 범위를 한눈에 확인하면서 작업할 때 유용합니다.

예제 파일 PART 01 \ CHAPTER 04 \ 나누기.xlsx

01 예제 파일을 열면 화면과 같은 표 구성을 확인할 수 있습니다. 창이 작아 차트가 한눈에 들어오지 않으므로 집계 표에는 상반기 실적만 표시하고 차트를 함께 확인할 수 있도록 화면을 구성해보겠습니다.

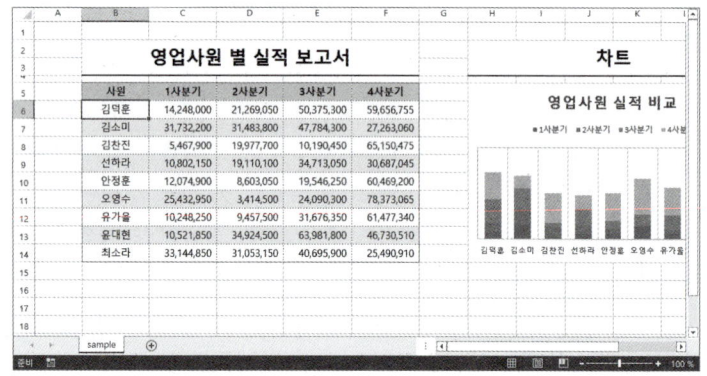

02 상반기 실적만 표시하기 위해 하반기 첫 번째 셀인 [E6] 셀을 선택하고 [보기] 탭-[창] 그룹-[□ 나누기]를 클릭합니다.

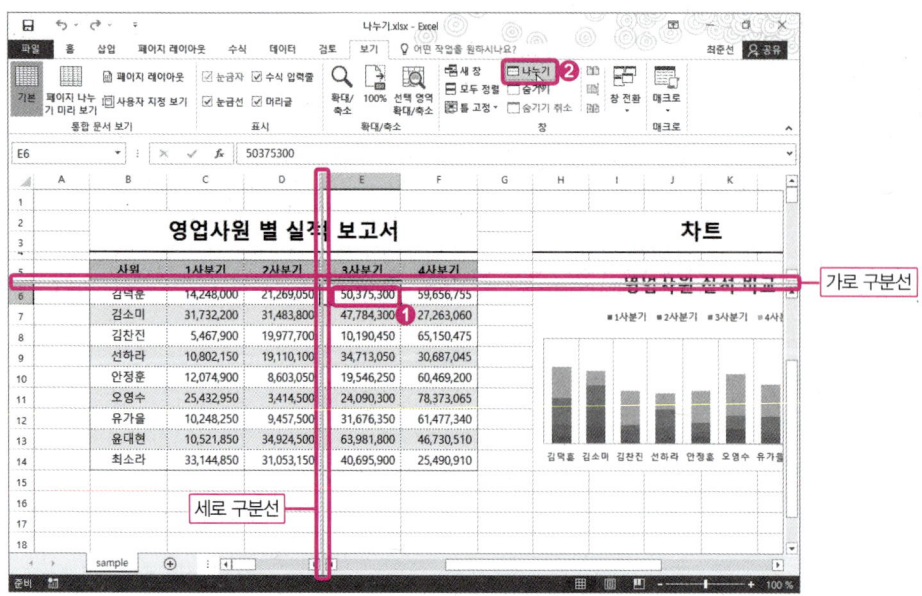

Plus⁺ 나누기 구분선 이해하기

나누기 구분선은 선택된 셀의 왼쪽과 상단 테두리를 중심으로 표시됩니다. 그러므로 나누기 구분선을 표시하기 전에 어디를 기준으로 구분할 것인지 먼저 결정하고 작업하는 것이 좋습니다. 만약 잘못된 위치를 선택했다면 구분선을 드래그해 위치를 조정할 수 있습니다. 이번과 같이 열만 구분해도 되는 경우에는 [E] 열을 선택하고 [나누기]를 클릭하면 가로 구분선 없이 세로 구분선만 나타나도록 할 수 있습니다.

03 불필요한 가로 구분선은 마우스로 더블클릭해 삭제합니다.

04 세로 구분선 오른쪽의 가로 스크롤 막대를 오른쪽으로 옮겨 차트가 화면 중심에 표시되도록 조정합니다.

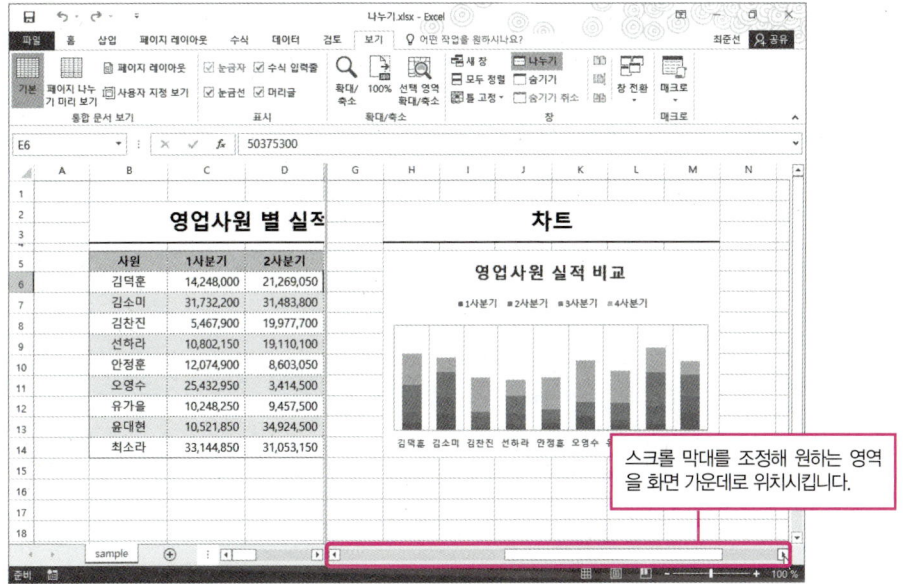

스크롤 막대를 조정해 원하는 영역을 화면 가운데로 위치시킵니다.

Plus⁺ 엑셀 2010에서 지원되던 분할 상자는 어디로 갔을까?

엑셀 2010까지 스크롤 막대 끝에 제공되던 분할 상자는 엑셀 2013부터는 제공되지 않습니다. 리본 메뉴의 [🔲 나누기]를 사용해 같은 작업을 할 수 있습니다.

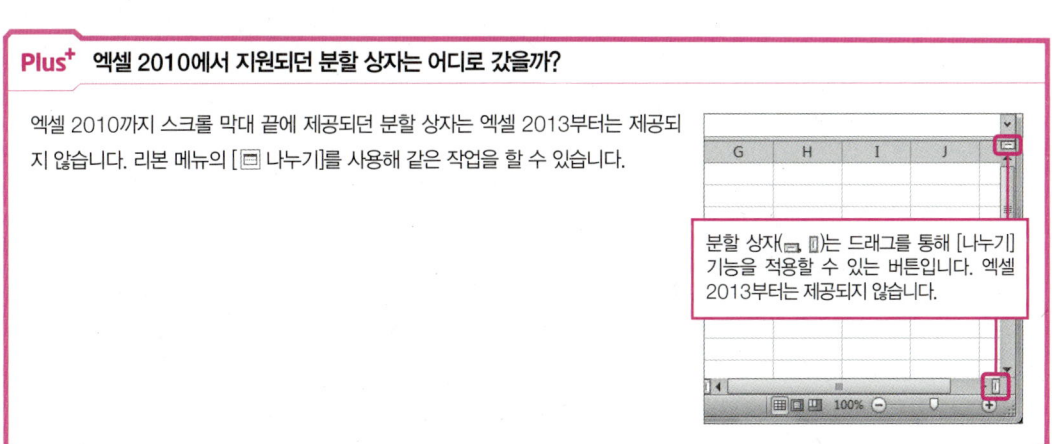

분할 상자(🔲, 🔲)는 드래그를 통해 [나누기] 기능을 적용할 수 있는 버튼입니다. 엑셀 2013부터는 제공되지 않습니다.

043

표의 특정 행(또는 열)을 고정하면서 작업하기

표가 세로로 길거나 가로로 긴 경우에는 표를 스크롤하면서 보게 되는데, 이 경우 표의 머리글이 확인되지 않아 불편한 경우가 많습니다. 이때는 [틀 고정] 기능을 이용하는 것이 좋습니다. [틀 고정] 기능은 표의 특정 행 또는 열을 고정할 때 사용하며 주로 표의 제목 행이나 첫 번째 열을 고정할 때 사용합니다.

\ 예제 파일 PART 01 \ CHAPTER 04 \ 틀 고정.xlsx

01 화면을 스크롤해도 제목과 머리글이 있는 [1:5] 행이 고정되도록 [틀 고정] 기능을 적용해보겠습니다. [틀 고정] 기능을 적용하면 선택된 셀의 왼쪽과 상단 테두리에 구분선이 나타나므로 [5] 행만 고정하려면 [A6] 셀이나 [6] 행을 선택하고 작업해야 합니다. [A6] 셀을 선택하고 [보기] 탭-[창] 그룹-[틀 고정]을 클릭한 후 [틀 고정]를 선택합니다.

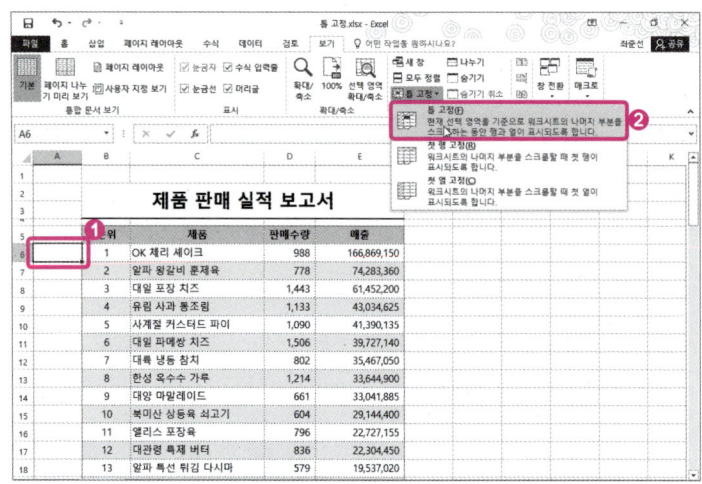

02 [틀 고정] 기능이 제대로 동작하는지 확인하기 위해 마우스 휠을 스크롤해 화면을 아래로 내려봅니다.

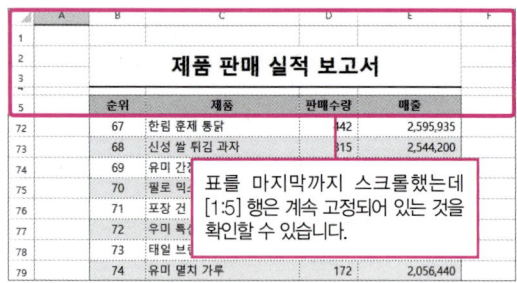

표를 마지막까지 스크롤했는데 [1:5] 행은 계속 고정되어 있는 것을 확인할 수 있습니다.

Plus⁺ [틀 고정] 명령의 하위 메뉴 이해하기

선택된 셀의 좌측과 상단 테두리에 구분선을 표시해 바로 위 행과 왼쪽 열을 고정합니다.

- **첫 행 고정**
  선택된 위치와 상관 없이 [1] 행을 고정합니다.

- **첫 열 고정**
  선택된 위치와 상관 없이 [A] 열을 고정합니다.

마우스로 틀 고정 구분선의 위치를 조정하는 방법 044

[나누기] 기능의 구분선은 드래그해 위치를 옮길 수 있지만 [틀 고정] 기능의 구분선은 일단 나타나면 옮길 수 없으므로 위치를 잘못 지정한 경우에는 틀 고정을 취소하고 다시 지정해야 합니다. 하지만 방법이 없는 것은 아닙니다. 틀 고정 구분선의 위치를 드래그해 조정하는 방법에 대해 알아보겠습니다.

\ 예제 파일 없음

01 왼쪽은 [틀 고정] 기능을 사용한 화면입니다. [보기] 탭-[창] 그룹-[나누기]를 클릭하면 틀 고정 구분선이 오른쪽 화면과 같이 나누기 구분선으로 변경됩니다.

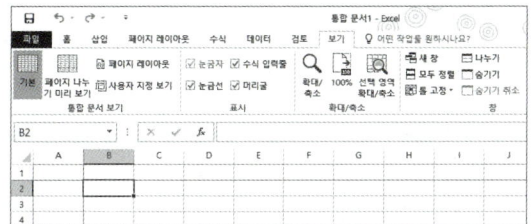 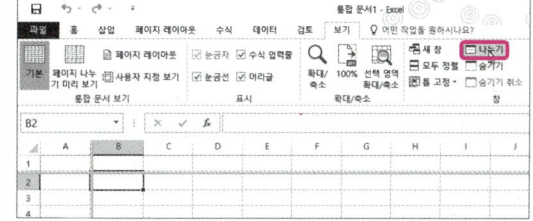

02 이제 나누기 구분선을 드래그해 원하는 위치로 옮깁니다.

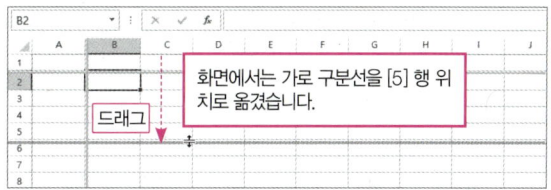

화면에서는 가로 구분선을 [5] 행 위치로 옮겼습니다.

03 다시 [보기] 탭-[창] 그룹-[틀 고정]을 클릭하고 [틀 고정]를 선택합니다.

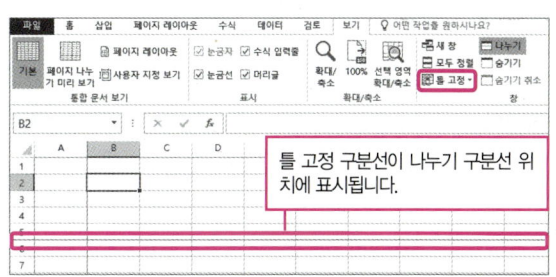

틀 고정 구분선이 나누기 구분선 위치에 표시됩니다.

> **Plus⁺ 틀 고정 취소하기**
>
> 이 방법을 사용하면 [나누기] 명령과 [틀 고정] 명령이 함께 실행된 상태이기 때문에 취소 방법도 달라집니다. [보기] 탭-[창] 그룹-[나누기]를 클릭하면 [나누기]와 [틀 고정] 명령이 함께 취소되지만 [보기] 탭-[창] 그룹-[틀 고정]을 클릭하고 [틀 고정 취소]를 선택하면 [틀 고정] 명령은 취소되지만 나누기 상태는 유지됩니다.

나란히 보기로 두 파일을 비교하면서 작업하기

045

동일한 구조의 표가 있는 여러 파일을 서로 비교하면서 작업해야 하는 경우라면 [나란히 보기]를 사용하면 편리합니다. 이 명령을 실행하면 창이 분리되어 두 개의 파일이 한 화면에 표시되며 양쪽 창을 동시에 스크롤할 수도 있으므로 두 파일을 비교할 때 사용하면 좋습니다.

예제 파일 PART 01 \ CHAPTER 04 \ 나란히 보기 I.xlsx, 나란히 보기 II.xlsx

01 예제 파일을 모두 연 후 [보기] 탭-[창] 그룹-[나란히 보기]를 클릭합니다. 화면과 같이 두 개의 파일 창이 전체 화면에 정렬되어 표시됩니다.

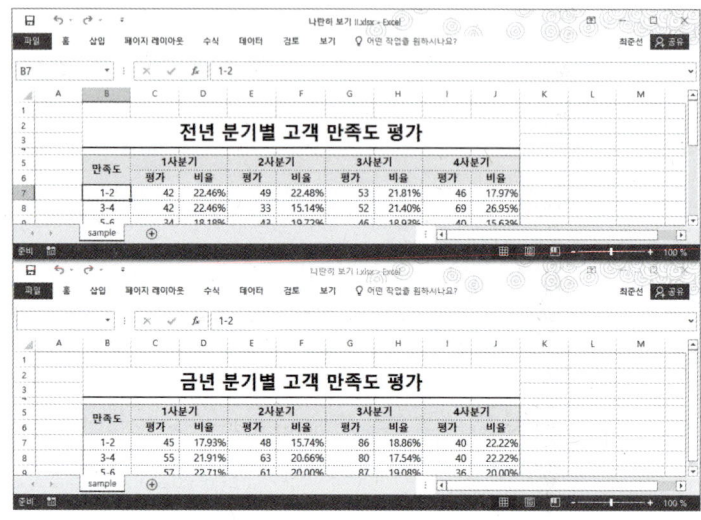

TIP 화면의 리본 메뉴가 축소되어 있는 이유
화면을 캡처할 때 표의 모습을 좀 더 정확하게 나타내기 위해 [나란히 보기]를 적용한 후 임의로 리본 메뉴를 축소한 것입니다. [나란히 보기]를 적용해 리본 메뉴가 축소된 것은 아닙니다.

02 방향키를 누르거나 마우스 휠을 스크롤해 아래쪽으로 이동하면 아래쪽 파일 창 역시 스크롤되면서 같은 위치가 화면에 표시됩니다.

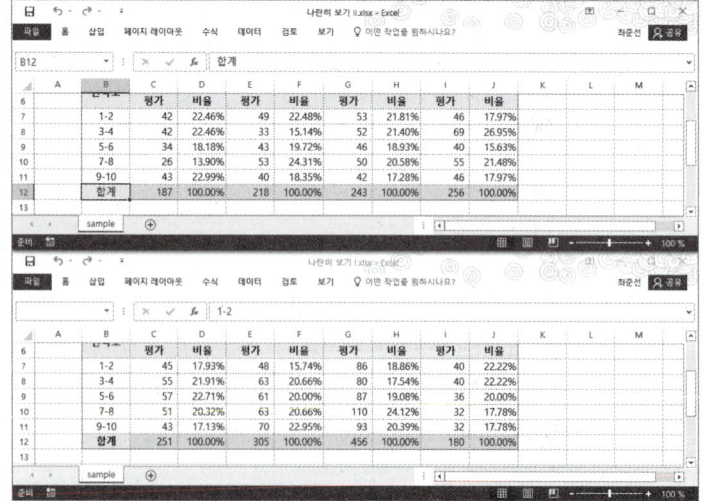

CHAPTER
05

파일 보호, 시트 보호

파일을 암호로 보호하기 046

보안이 필요한 파일에는 암호를 설정해 다른 사용자의 접근을 제한할 수 있습니다. 엑셀 파일은 읽기와 쓰기 암호를 다르게 지정할 수 있으며, 이 방법을 이용해 읽기 전용 사용자와 읽기/쓰기가 모두 가능한 사용자를 구분할 수 있습니다. 암호를 설정해 파일을 보호하는 방법에 대해 알아보겠습니다.

예제 파일 PART 01 \ CHAPTER 05 \ 급여대장.xlsx

01 예제 파일을 열고 암호로 파일을 보호하기 위해 다시 저장하겠습니다. [파일] 탭–[다른 이름으로 저장]을 클릭한 후 [이 PC]를 선택하고 [찾아보기]를 클릭하거나 F12를 누릅니다. [다른 이름으로 저장] 대화상자가 열리면 하단의 [도구]–[일반 옵션]을 선택합니다.

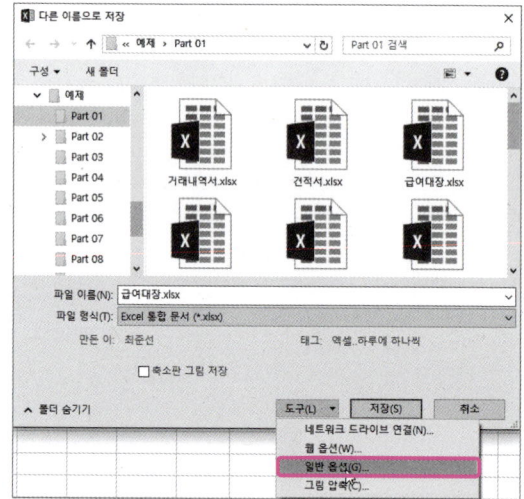

02 [일반 옵션] 대화상자가 열리면 다음과 같이 입력한 후 [확인]을 클릭합니다.

열기 암호 : 1234

쓰기 암호 : abcd

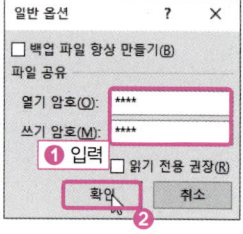

> **TIP** 암호 설정
> 열기 암호와 쓰기 암호를 반드시 모두 지정해야 하는 것은 아닙니다. 파일이 읽기 모드로 열리고 수정은 할 수 없도록 하려면 쓰기 암호만 지정합니다.

03 [암호 확인] 대화상자가 나타나면 열기 암호와 쓰기 암호를 다시 정확하게 입력하고 [확인]을 클릭합니다.

04 [다른 이름으로 저장] 대화상자에서 [저장]을 클릭해 파일을 저장합니다.

05 파일을 닫고 다시 열면 [암호] 대화상자가 나타납니다. **02** 과정에서 설정한 열기 암호를 입력하고 [확인]을 클릭합니다.

암호 : 1234

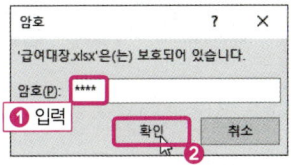

06 **02** 과정에서 쓰기 암호도 설정했다면 쓰기 암호를 묻는 대화상자가 나타납니다. 암호를 입력하고 [확인]을 클릭합니다. 만약 쓰기 암호를 모른다면 [읽기 전용]을 클릭해 읽기 모드로 파일을 열 수 있습니다.

암호 : abcd

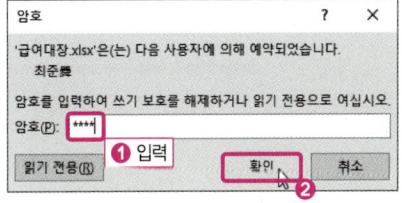

07 암호를 제대로 입력하면 파일을 정상적으로 사용할 수 있습니다. 만약 **06** 과정에서 읽기 전용으로 파일을 열었다면 제목 표시줄에 [읽기 전용] 표시가 나타납니다.

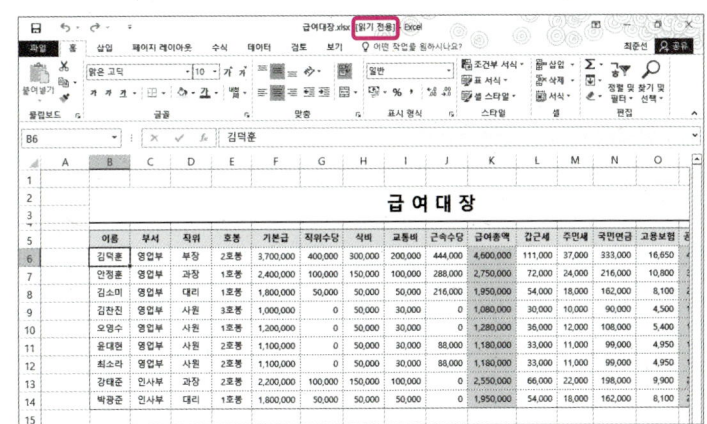

> **Plus⁺ 설정된 파일 암호 삭제하기**
>
> 설정된 파일 암호를 삭제하려면 파일을 다시 저장해야 합니다. 다음과 같이 작업합니다.
>
> ❶ [파일] 탭-[다른 이름으로 저장]을 클릭하거나 F12를 누릅니다.
> ❷ [다른 이름으로 저장] 대화상자가 나타나면 하단의 [도구]-[일반 옵션]을 선택합니다.
> ❸ [일반 옵션] 대화상자에 입력된 암호를 모두 삭제하고 [확인]을 클릭합니다.
> ❹ [다른 이름으로 저장] 대화상자에서 [저장]을 클릭해 파일을 다시 저장합니다.

값을 고치지 못하도록 워크시트를 보호하는 방법 047

엑셀 파일을 암호로 보호하면 다른 사람이 파일을 사용하지 못하도록 할 수 있지만 매번 파일을 열 때마다 암호를 입력해야 하므로 번거로울 수 있습니다. 이런 경우 값을 고치면 안 되는 시트만 보호하는 방법을 통해 데이터를 안전하게 관리할 수 있습니다. 시트 보호 기능을 이용해 특정 워크시트를 암호로 보호하는 방법에 대해 알아보겠습니다.

\ 예제 파일 없음

워크시트 보호

01 보호할 워크시트로 이동한 후 [검토] 탭-[변경 내용] 그룹-[🗐 시트 보호]를 클릭합니다.

02 [시트 보호] 대화상자가 열리면 [시트 보호 해제 암호]에 원하는 암호를 입력한 후 [확인]을 클릭합니다.

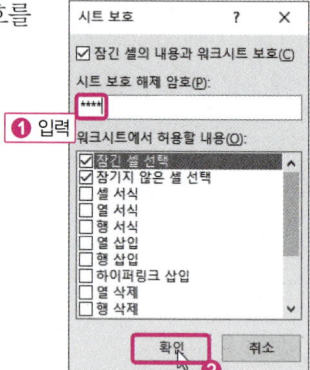

Plus⁺ 워크시트에서 허용할 내용 옵션 이해하기

[시트 보호] 대화상자에는 [워크시트에서 허용할 내용] 항목 중 다음 두 개의 옵션에만 체크 표시가 되어 있습니다.

- 잠긴 셀 선택
- 잠기지 않은 셀 선택

즉, 워크시트를 보호해도 모든 셀을 선택할 수 있다는 의미로, 체크 표시가 되어 있지 않은 옵션은 허용되지 않습니다. 필요한 옵션이 있다면 확인란에 체크 표시를 하고 시트 보호 작업을 하면 됩니다. 보호된 워크시트에서도 설정된 작업을 할 수 있습니다.

03 [암호 확인] 대화상자가 나타나면 입력된 암호를 다시 한 번 입력하고 [확인]을 클릭합니다.

04 이제 워크시트의 값을 수정하거나 입력하려고 하면 다음과 같은 메시지 창이 나타납니다. 내용을 잘 읽어보고 [확인]을 클릭해 창을 닫습니다.

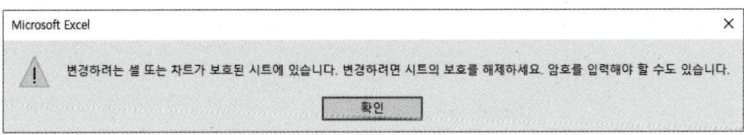

워크시트 보호 해제

01 암호로 보호되는 워크시트로 이동한 후 [검토] 탭-[변경 내용] 그룹-[🔲 시트 보호 해제]를 클릭합니다.

02 [시트 보호 해제] 대화상자가 열리면 [암호]에 설정해놓은 암호를 입력하고 [확인]을 클릭합니다.

TIP 시트 보호는 암호 해제 프로그램을 사용하면 비교적 쉽게 해제됩니다. 그러므로 보안이 절대적으로 필요한 파일이라면 [시트 보호] 기능을 사용하는 것보다는 열기/쓰기 암호를 설정해 사용하는 것이 좋습니다.

LINK 열기/쓰기 암호를 설정해 사용하는 방법은 'No. 046 파일을 암호로 보호하기'를 참고합니다.

보호된 워크시트의 일부만 편집 허용하기

048

시트를 보호하면 시트 보호를 해제하기 전까지 해당 시트를 수정할 수 없습니다. 만약 보호된 시트의 특정 범위를 자주 편집한다면 시트를 보호할 때 해당 범위만 편집할 수 있도록 설정할 수 있습니다. 보호된 시트 중 일부 범위를 자유롭게 편집할 수 있도록 설정하는 방법에 대해 알아보겠습니다.

예제 파일 PART 01 \ CHAPTER 05 \ 시트 보호-편집.xlsx

01 예제 파일의 워크시트를 보호하면서 [D6:D14], [F6:G14] 범위의 값은 자유롭게 수정할 수 있도록 설정해 보겠습니다.

02 [검토] 탭-[변경 내용] 그룹-[📝 범위 편집 허용]을 클릭합니다. [범위 편집 허용] 대화상자가 열리면 수정할 범위를 등록하기 위해 [새로 만들기]를 클릭합니다.

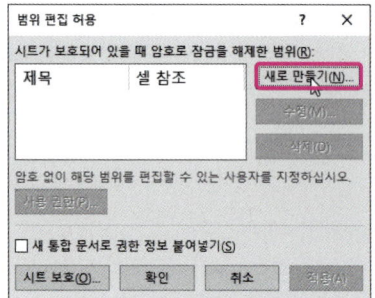

03 [새 범위] 대화상자가 열리면 [제목]과 [셀 참조]에 다음과 같이 입력하고 [확인]을 클릭합니다.

제목 : 편집허용
셀 참조 : =D6:D14, F6:G14

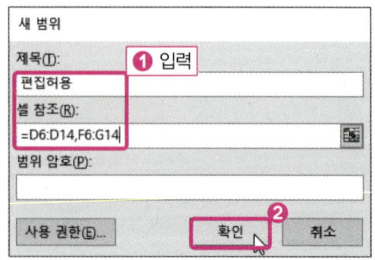

> **Plus⁺ [범위 암호] 옵션**
>
> [범위 암호] 옵션을 설정하면 등록된 범위를 수정할 때 암호를 입력해야 합니다. 시트 보호는 해제하지 않고 특정 범위의 수정 작업을 권한이 있는 사용자만 할 수 있도록 제한하려면 [범위 암호]를 설정합니다.

04 [범위 편집 허용] 대화상자에서 [시트 보호]를 클릭합니다.

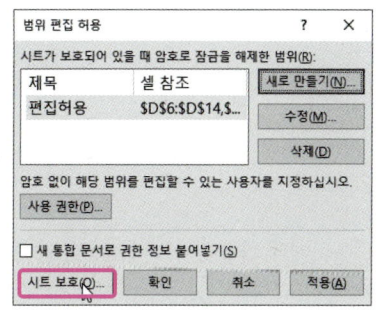

05 [시트 보호] 대화상자가 열리면 [시트 보호 해제 암호]를 설정한 후 [확인]을 클릭합니다. [암호 확인] 대화상자가 나타나면 동일한 암호를 한 번 더 입력하고 [확인]을 클릭합니다.

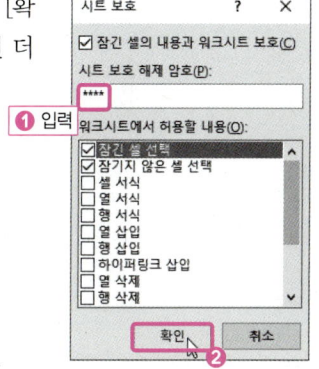

06 03 과정에서 설정한 범위 내 셀 값을 수정해보겠습니다. [D8] 셀 값을 '과장'에서 '대리'로 수정할 수 있습니다. 하지만 설정한 범위 외에 다른 범위의 셀 값을 수정하려고 하면 시트가 보호되어 있다는 메시지 창이 표시됩니다.

수식이 입력된 셀 보호하기 049

여러 사람이 함께 사용하는 파일에서 시트 내 수식을 다른 사용자가 수정하거나 확인할 수 없도록 설정할 수 있습니다. 이렇게 수식을 보호하면 항상 안전하게 수식 결과만 화면에 표시되므로 편리합니다. [시트 보호] 기능을 이용해 시트에 입력된 수식을 보호하는 방법에 대해 알아보겠습니다.

\ 예제 파일 PART 01 \ CHAPTER 05 \ 수식 보호.xlsx

01 예제 파일을 열면 [F6:G14] 범위에 수식이 입력되어 있는 것을 확인할 수 있습니다. 수식이 입력된 범위를 보호해 다른 사용자가 고치지 못하도록 설정해보겠습니다.

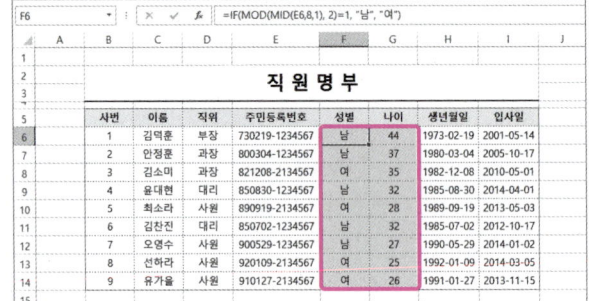

02 우선 보호할 시트 전체 셀의 [잠금] 속성을 해제하겠습니다. 시트 전체를 선택하기 위해 행 주소와 열 주소가 교차하는 위치의 [◢ 모두 선택]을 클릭합니다.

> **Plus⁺** [잠금] 속성을 해제해야 하는 이유
>
> 시트 보호 기능은 [잠금] 속성이 설정되어 있는 셀만 보호하며 시트 내 셀의 [잠금] 속성은 모두 기본 값으로 설정되어 있습니다. 그러므로 수식이 입력된 범위만 보호하려면 먼저 다른 모든 셀의 [잠금] 속성을 해제하고 수식이 입력된 범위에만 [잠금] 속성을 설정해야 합니다.

03 단축키 Ctrl+1을 눌러 [셀 서식] 대화상자를 불러옵니다. [보호] 탭에서 [잠금]의 체크 표시를 해제하고 [확인]을 클릭합니다.

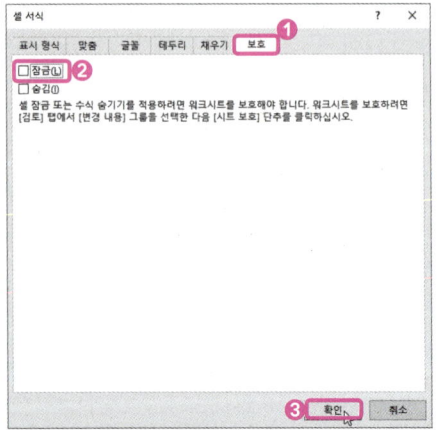

04 수식이 입력된 범위만 보호하기 위해 수식이 입력된 범위를 선택하겠습니다. [홈] 탭-[편집] 그룹-[찾기 및 선택]을 클릭하고 [수식]을 선택합니다.

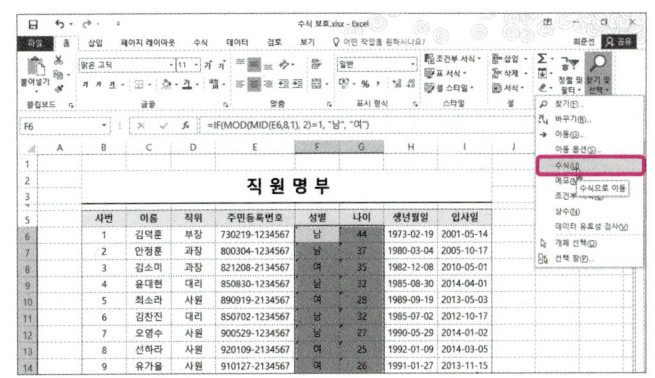

> **Plus⁺ 수식이 입력된 범위를 선택할 때 리본 메뉴를 이용하는 방법**
>
> 이 예제와 같이 연속된 범위에 수식이 입력되어 있다면 굳이 이런 기능을 이용하지 않고 마우스로 드래그해 범위를 선택하면 됩니다. 하지만 표 여러 범위에 수식이 입력된 경우라면 [찾기 및 선택]의 하위 메뉴에서 [수식]을 선택해 수식이 입력된 범위만 선택하는 방법이 정확하고 편리합니다.

05 선택된 범위에서 Ctrl+1을 눌러 [셀 서식] 대화상자를 엽니다. [보호] 탭의 [잠금]과 [숨김]에 모두 체크 표시를 한 후 [확인]을 클릭합니다.

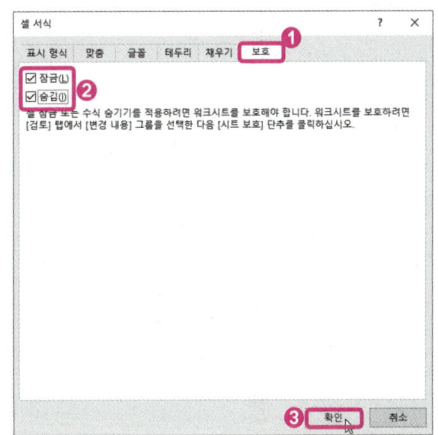

06 [검토] 탭-[변경 내용] 그룹-[시트 보호]를 클릭해 시트를 보호합니다. 암호를 따로 설정할 필요가 없으므로 [시트 보호] 대화상자에서 바로 [확인]을 클릭합니다.

07 수식이 입력된 셀, 예를 들어 화면의 [F6] 셀을 선택해도 수식 입력줄에는 수식이 표시되지 않습니다. 셀을 삭제하려고 하면 오류 메시지 창이 나타납니다.

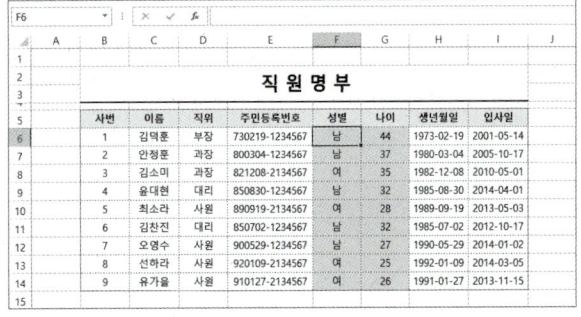

Tab 을 눌렀을 때, 값을 입력할 셀로만 이동하게 설정하기 050

폼이나 웹 사이트에서 데이터를 입력할 때 Tab 이나 Enter 를 누르면 다음 입력란으로 이동하는 것을 본 적이 있을 겁니다. 엑셀에서는 기본적으로 셀에서 Tab 을 누르면 오른쪽, Enter 를 누르면 아래쪽으로 이동합니다. 만약 지정된 양식에서 값을 입력할 셀만 Tab 이나 Enter 로 이동하고 싶다면 셀 보호와 시트 보호 기능을 이용하면 됩니다.

예제 파일 PART 01 \ CHAPTER 05 \ 탭 순서.xlsx

01 예제 파일의 표에서 Enter 나 Tab 을 눌렀을 때 값을 입력할 다음 셀로 이동하도록 설정해보겠습니다.

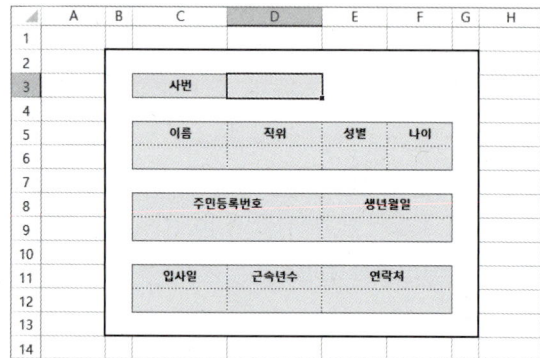

02 먼저 값을 입력할 범위 내 셀의 [잠금] 속성을 해제하겠습니다. 다음 설명을 참고해 떨어진 범위를 선택합니다.

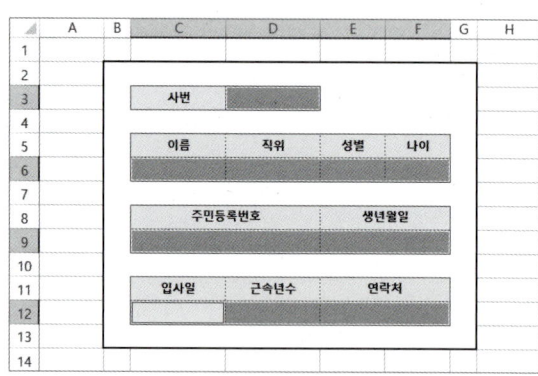

- [D3] 셀 선택
- Ctrl 을 누른 채로 [C6:F6] 범위 선택
- Ctrl 을 누른 채로 [C9:F9] 범위 선택
- Ctrl 을 누른 채로 [C12:F12] 범위 선택

03 단축키 Ctrl + 1 을 눌러 [셀 서식] 대화상자를 불러옵니다. [보호] 탭에서 [잠금]의 체크 표시를 해제하고 [확인]을 클릭합니다.

04 시트를 보호하기 위해 [검토] 탭-[변경 내용] 그룹-[🔲 시트 보호]를 클릭합니다.

05 [시트 보호] 대화상자가 열리면 [잠긴 셀 선택]의 체크 표시를 해제하고 [확인]을 클릭합니다. 참고로 이 작업에서 시트 보호 암호는 설정해도 되고 설정하지 않아도 상관없습니다.

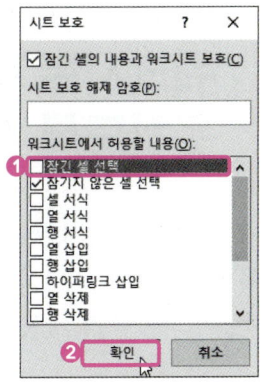

> **Plus⁺ [잠긴 셀 선택] 옵션을 해제하는 이유**
>
> **02~03** 과정에서 값을 입력할 셀의 [잠금] 속성 체크 표시를 해제했으므로, 시트 보호를 할 때 [잠긴 셀 선택]의 체크 표시를 해제하면 해당 셀 범위만 선택이 가능해집니다.

06 제대로 동작하는지 확인하기 위해 [D3] 셀(값을 입력할 첫 번째 셀)을 선택하고 Tab을 누르면 값을 입력할 다음 셀인 [D6] 셀로 이동합니다. Tab을 계속 눌러 확인합니다.

07 만약 Enter로 같은 결과를 얻으려면 엑셀 옵션을 변경합니다. [파일] 탭-[옵션]을 클릭하고 [Excel 옵션] 대화상자에서 [고급] 범주를 선택합니다. [〈Enter〉키를 누를 때 다음 셀로 이동]의 [방향]을 [오른쪽]으로 변경하고 [확인]을 클릭하면 Enter를 눌렀을 때도 정확하게 값을 입력할 셀 위치로만 이동할 수 있습니다.

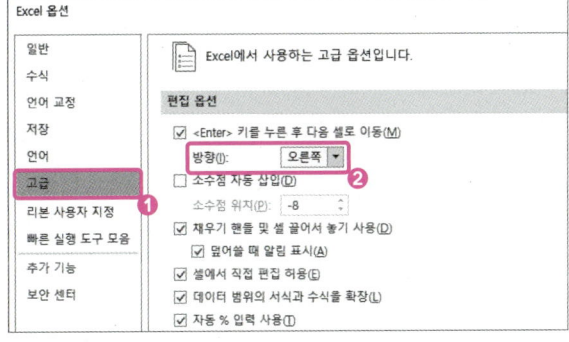

워크시트 이름을 수정하지 못하도록 설정하기

051

시트 보호 기능을 사용해도 워크시트 이름은 변경할 수 있습니다. 워크시트의 이름을 변경하지 못하도록 하려면 [시트 보호] 기능이 아니라 [통합 문서 보호] 기능을 사용해야 합니다. 사용자가 워크시트 이름을 임의로 수정하지 못하도록 설정하는 방법에 대해 알아보겠습니다.

예제 파일 PART 01 \ CHAPTER 05 \ 시트 이름 보호.xlsx

01 예제 파일의 'sample' 시트에는 시트 보호가 설정되어 있습니다. [검토] 탭-[변경 내용] 그룹에서 [시트 보호 해제] 명령이 활성화되어 있는 것을 확인할 수 있습니다.

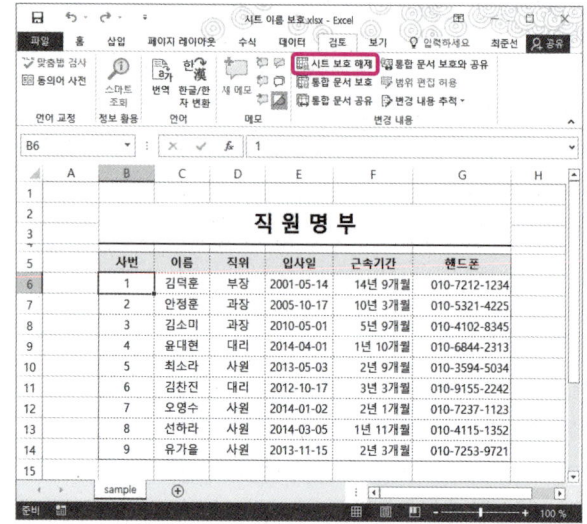

02 시트 탭에서 시트 이름을 'sample'에서 '예제'로 변경해보면 시트 이름이 바뀝니다.

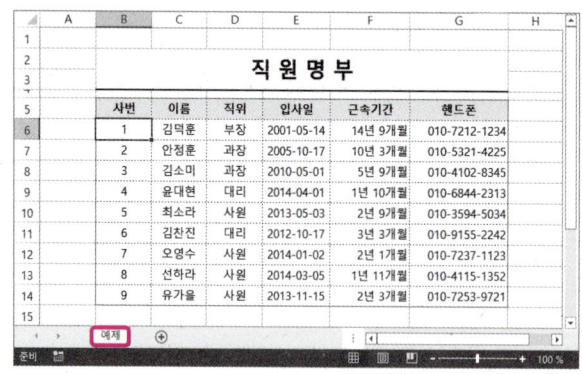

03 시트 이름을 변경하지 못하게 하기 위해 [검토] 탭-[변경 내용] 그룹-[통합 문서 보호]를 클릭합니다.

04 [구조 및 창 보호] 대화상자가 나타나면 [암호(옵션)]에 원하는 암호를 입력하고 [확인]을 클릭합니다. [암호 확인] 대화상자가 열리면 동일한 암호를 한 번 더 입력하고 [확인]을 클릭합니다.

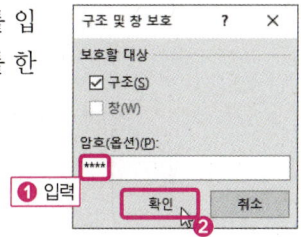

05 시트 탭에서 시트 이름을 수정하려고 하면 화면과 같은 오류 메시지 창이 나타납니다.

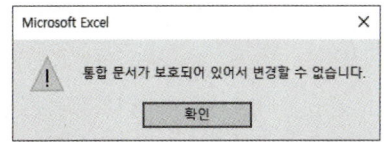

06 시트 이름을 수정하려면 [검토] 탭-[변경 내용] 그룹-[통합 문서 보호]를 클릭하고 **04** 과정에서 설정한 암호를 입력합니다.

PART 02

엑셀 2016 바이블

입력, 편집

CHAPTER
06

데이터 입력/병합

계산할 수 있는 값과 없는 값 구분하기 052

엑셀은 워드와는 달리 값을 몇 가지 데이터 형식으로 구분합니다. 엑셀은 표 계산 프로그램(SpreadSheet)이므로 사용자가 입력한 값에서 계산할 수 있는 값과 없는 값을 반드시 구별해야 합니다. 그러므로 엑셀이 값을 어떻게 구분하는지 제대로 이해하여 적절한 값을 입력하고 활용할 수 있어야 합니다. 엑셀에서 인식하는 데이터의 종류와 특성에 대해 알아보겠습니다.

예제 파일 PART 02 \ CHAPTER 06 \ 데이터 형식.xlsx

엑셀은 사용자가 입력한 값을 계산할 수 있는 값인지 아닌지에 따라 다음 그림과 같이 네 가지 형식으로 구분합니다.

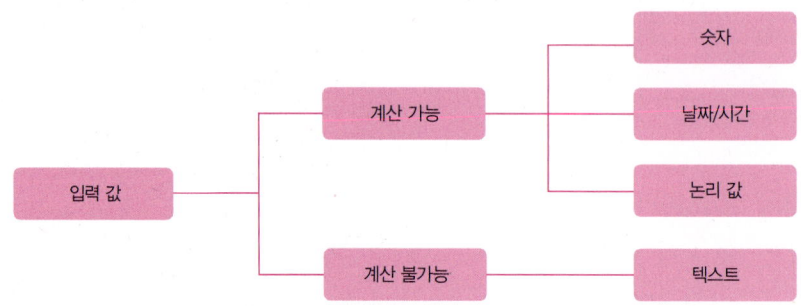

데이터 형식은 다음과 같으며 셀에 표시되는 위치로 엑셀에서 데이터를 어떻게 구분했는지 확인할 수 있습니다.

데이터 형식	문자	셀 표시 위치
숫자	0~9, ₩, $, %	오른쪽
날짜/시간	날짜 값 형식 : YYYY-MM-DD 시간 값 형식 : HH:MM:SS	
논리값	TRUE, FALSE	가운데
텍스트	전체 문자	왼쪽

01 예제 파일을 열고 [B6:G6] 범위에 다음 값을 입력하면 화면과 같은 결과가 얻어집니다.

사번 : EX-001 　　　입사일 : 2016-01-02
이름 : 최준선 　　　근무시작시간 : 9:00 AM
급여 : 3,000,000 　퇴사여부 : FALSE

TIP 입력 값이 셀의 오른쪽, 가운데, 왼쪽에 각각 표시됩니다. 계산할 수 있는 값(숫자, 날짜/시간)은 오른쪽에, 계산할 수 있지만 논리 값은 가운데에, 계산할 수 없는 값인 텍스트는 왼쪽에 표시됩니다.

02 [B6:G6] 범위를 선택하고 [홈] 탭-[맞춤] 그룹-[≡ 가운데 맞춤]을 클릭합니다. 모든 값이 가운데에 표시됩니다.

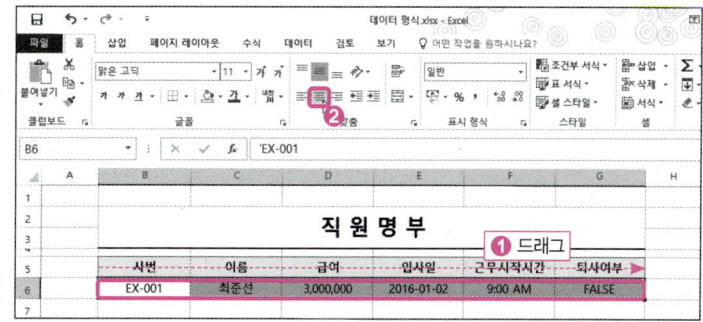

TIP 가운데 맞춤이 되었다고 모두 논리 값으로 바꾼 것은 아닙니다. 리본 메뉴에서 [≡ 가운데 맞춤]을 보면 아이콘 색상이 녹색으로 바뀌어 있는데, 이는 명령이 적용되고 있다는 뜻입니다. 다시 한 번 클릭하면 맞춤 설정을 해제할 수 있습니다. [B6:G6] 범위를 선택하고 다시 [≡ 가운데 맞춤]을 클릭하면 데이터가 셀의 오른쪽, 가운데, 왼쪽에 데이터 형식에 맞게 각각 표시됩니다.

Plus⁺ 표의 데이터 형식 이해하기

엑셀을 잘 사용하려면 셀에 입력된 데이터 형식을 반드시 올바로 이해해야 합니다. 표의 데이터 형식을 이해하려면 맞춤 설정이 적용되어 있는지 명령 아이콘을 확인하고 필요한 경우 맞춤 설정을 해제해 원 데이터 형식을 확인합니다.

LINK 더 자세한 정보를 얻으려면 'No. 183 텍스트 형식의 숫자를 올바른 숫자로 변환하기'와 'No. 245 날짜와 시간 데이터 변환하기'를 참고합니다.

셀에 값(또는 수식)을 입력하는 다양한 Enter 사용법 053

셀에 값을 입력하면 일반적으로 Enter를 눌러 이를 완료합니다. Enter는 다양한 키와 조합해 사용할 수 있는데, 어떤 키와 함께 누르느냐에 따라 값이 입력되는 방법이 달라집니다. 여기서는 Enter의 다양한 사용법을 알아보겠습니다.

예제 파일 PART 02 \ CHAPTER 06 \ 값 입력.xlsx

Enter는 다음 세 가지 방법으로 누를 수 있습니다.

방법	설명
Enter	셀에 값(또는 수식)을 저장합니다. 수식은 계산된 결과가 표시됩니다.
Ctrl + Enter	범위에 값(또는 수식)을 한 번에 저장합니다. 이때, 첫 번째 셀에 작성된 값(또는 수식)이 다른 셀로 복사됩니다.
Ctrl + Shift + Enter	수식을 배열수식으로 입력합니다.

01 예제 파일을 열면 '시간대별 제품 생산 현황' 표가 있습니다. 이 표의 [C5] 셀, [C8:C12] 범위, [F5] 셀에 Enter를 이용해 다양한 값과 수식을 작성해보겠습니다.

02 간단하게 셀에 값(또는 수식)을 입력하려면 Enter를 사용합니다. [C5] 셀에 이름을 입력하고 Enter를 눌러 저장합니다.

[C5] 셀 : 최준선

03 특정 범위에 값(또는 수식)을 복사하려면 해당 범위를 선택하고 값(또는 수식)을 입력한 후 Ctrl+Enter를 누릅니다. [C8:C12] 범위에 다음 값을 입력하고 Ctrl+Enter를 눌러 값을 저장합니다.

[C8:C12] 범위 : 완료

04 셀(또는 범위)에 배열수식을 입력하려면 셀(또는 범위)을 선택하고 Ctrl+Shift+Enter를 눌러 수식 입력을 완료합니다. [F5] 셀에 수식을 입력하고 Ctrl+Shift+Enter를 누릅니다.

[F5] 셀 : =AVERAGE(F8:F12/E8:E12)

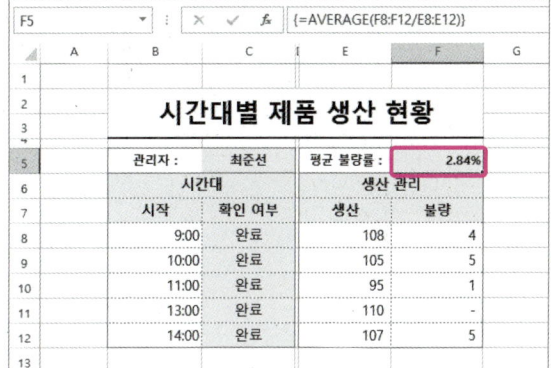

> **Plus⁺ 수식 이해하기**
>
> 불량률은 '=불량/생산' 수식으로 계산할 수 있습니다. 표에는 시간대별로 생산 개수와 불량 개수가 여러 개 있으므로 평균 불량률을 계산하려면 [F8:F12], [E8:E12]처럼 범위를 참조해 연산해야 합니다. 하지만 엑셀의 수식은 범위를 연산하는 방법을 지원하지 않으므로 배열을 이용해 계산하는 수식을 작성해야 합니다.
>
> [F5] 셀의 계산 결과가 맞는지 확인하려면 [G8] 셀에 수식을 작성한 후 [G12] 셀까지 수식을 복사하고 [G8:G12] 범위의 평균을 계산합니다.
>
> 수식: =F8/E8
>
> 정리하면 배열수식은 배열을 이용한 수식인데, 이런 수식 작성 방법을 이해하려면 먼저 배열이라는 공간에 대해 이해해야 합니다. 배열수식에 대해서는 뒷부분에서 자세하게 설명하니 여기서는 이런 수식 작성 방법이 있다는 것만 알아둡니다.
>
> **LINK** 더 자세한 정보는 'No. 286 배열수식 이해하기'를 참고합니다.

입력 폼을 이용해 데이터 입력하기   054

표에 새 데이터를 입력할 때 입력 폼을 이용하고 싶다면 [레코드 관리] 기능을 사용합니다. 단, [레코드 관리]는 리본 메뉴에 없으므로 따로 등록해 사용해야 합니다. 빠른 실행 도구 모음에 [레코드 관리] 명령을 등록하고 이를 실행해 데이터를 입력하는 방법에 대해 알아보겠습니다.

예제 파일 PART 02 \ CHAPTER 06 \ 레코드 관리.xlsx

01 예제 파일을 불러옵니다. 빠른 실행 도구 모음에서 [▼ 빠른 실행 도구 모음 사용자 지정]을 클릭한 후 [기타 명령]을 선택합니다.

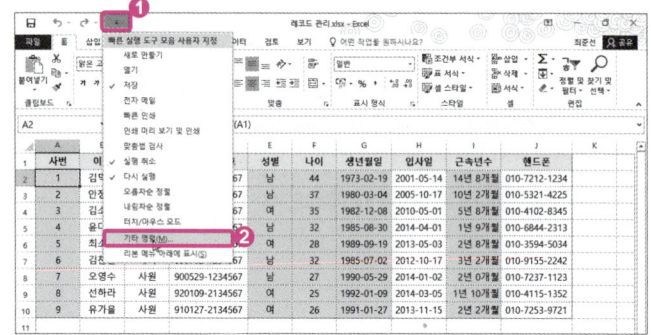

02 [Excel 옵션] 대화상자가 열리면 [명령 선택] 콤보 상자에서 [리본 메뉴에 없는 명령]을 선택합니다. 왼쪽 목록에서 [레코드 관리]를 선택하고 [추가]를 클릭해 등록한 후 [확인]을 클릭합니다.

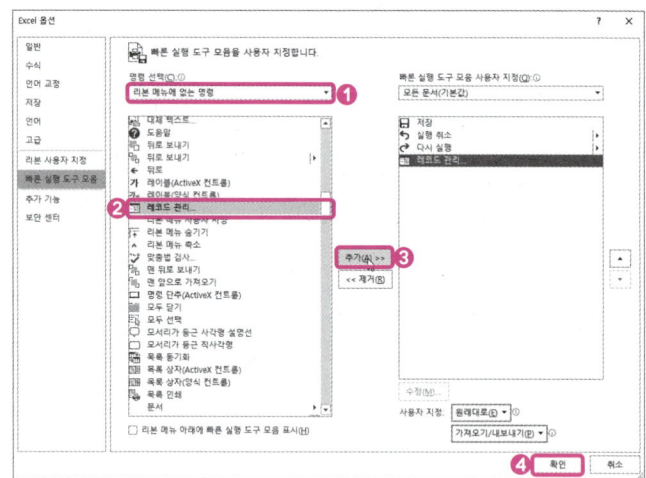

03 표 내부의 셀(여기서는 [A2] 셀)을 선택하고 빠른 실행 도구 모음에서 [레코드 관리]를 클릭합니다.

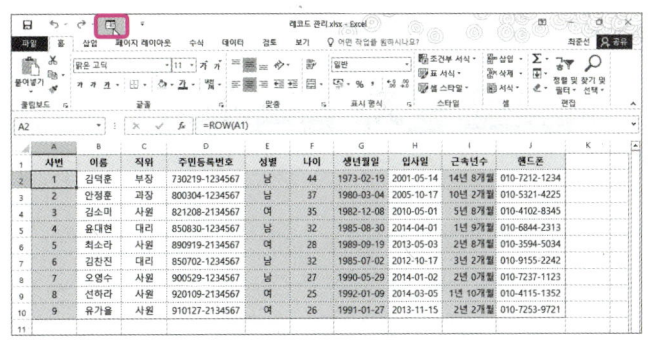

04 [레코드 관리] 폼이 나타나면서 **03** 과정에서 선택한 데이터가 폼에 나타납니다. 새로운 데이터를 추가하려면 [새로 만들기]를 클릭합니다.

워크시트 이름이 폼 제목으로 표시됩니다.

수식을 사용해 얻은 수식 결과만 표시됩니다.

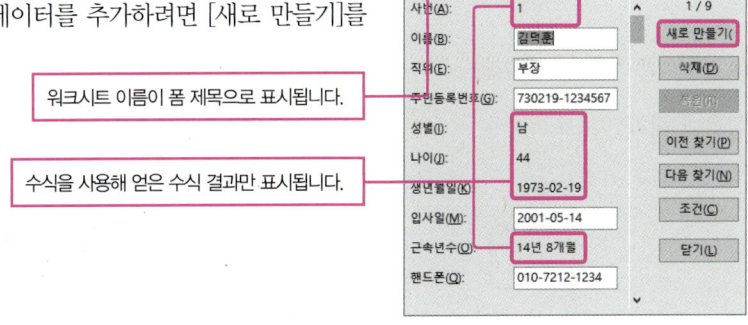

05 폼의 빈 입력란에 다음 정보를 입력하고 [닫기]를 클릭합니다.

이름 : 최준선
직위 : 과장
주민등록번호 : 800705-1234567
입사일 : 2016-1-2
핸드폰 : 010-1234-5678

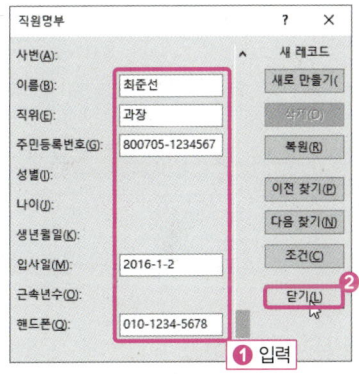

06 폼에서 입력한 데이터가 [11] 행에 저장됩니다. 이처럼 [레코드 관리]를 이용해 데이터를 입력하면 표의 서식(배경색 테두리 등)과 수식이 자동으로 복사됩니다.

	A	B	C	D	E	F	G	H	I	J	K
1	사번	이름	직위	주민등록번호	성별	나이	생년월일	입사일	근속년수	핸드폰	
2	1	김덕훈	부장	730219-1234567	남	44	1973-02-19	2001-05-14	14년 8개월	010-7212-1234	
3	2	안정훈	과장	800304-1234567	남	37	1980-03-04	2005-10-17	10년 2개월	010-5321-4225	
4	3	김소미	사원	821208-2134567	여	35	1982-12-08	2010-05-01	5년 8개월	010-4102-8345	
5	4	윤대현	대리	850830-1234567	남	32	1985-08-30	2014-04-01	1년 9개월	010-6844-2313	
6	5	최소라	사원	890919-2134567	여	28	1989-09-19	2013-05-03	2년 8개월	010-3594-5034	
7	6	김찬진	대리	850702-1234567	남	32	1985-07-02	2012-10-17	3년 2개월	010-9155-2242	
8	7	오영수	사원	900529-1234567	남	27	1990-05-29	2014-01-02	2년 0개월	010-7237-1123	
9	8	선하라	사원	920109-2134567	여	25	1992-01-09	2014-03-05	1년 10개월	010-4115-1352	
10	9	유가을	사원	910127-2134567	여	26	1991-01-27	2013-11-15	2년 2개월	010-7253-9721	
11	10	최준선	과장	800705-1234567	남	37	1980-07-05	2016-01-02	0년 0개월	010-1234-5678	
12											

세로로 문자 입력하기 055

표를 만들다 보면 문자를 세로로 입력해야 하는 경우가 종종 있습니다. 이때는 셀의 서식을 변경해야 문자를 세로 방향으로 쓰거나 이전 값을 세로 방향으로 표시할 수 있습니다. 문자를 세로 방향으로 입력하기 위해 [셀 서식] 대화상자와 리본 메뉴를 이용하는 방법에 대해 알아보겠습니다.

예제 파일 없음

[셀 서식] 대화상자 이용

글을 입력하고 세로 쓰기로 표시할 셀을 선택합니다. Ctrl+1을 눌러 [셀 서식] 대화상자가 열리면 [맞춤] 탭에서 다음 화면을 참고해 [방향]을 원하는 방식으로 설정합니다.

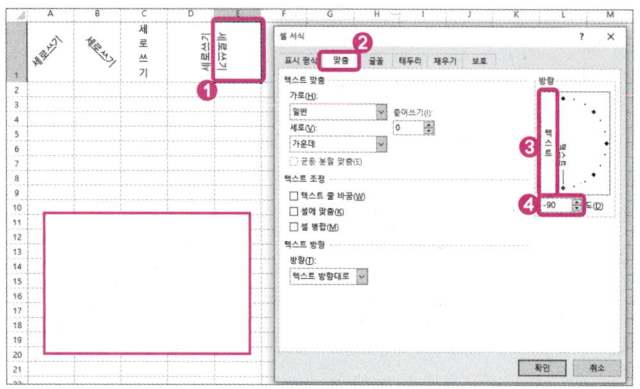

- [A1] 셀 : 45도
- [B1] 셀 : -45도
- [C1] 셀 : 세로 쓰기
- [D1] 셀 : 90도
- [E1] 셀 : -90도

리본 메뉴 이용

글을 입력하고 세로 쓰기로 표시할 셀을 선택합니다. [홈] 탭-[맞춤] 그룹-[방향]을 클릭한 후 다음 화면을 참고해 원하는 방식으로 설정합니다.

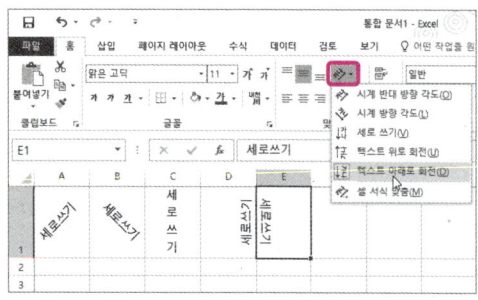

- [A1] 셀 : 시계 반대 방향 각도
- [B1] 셀 : 시계 방향 각도
- [C1] 셀 : 세로 쓰기
- [D1] 셀 : 텍스트 위로 회전
- [E1] 셀 : 텍스트 아래로 회전

셀에 여러 줄로 입력하기

하나의 셀에 여러 줄을 입력해야 할 때가 있습니다. 엑셀에는 자동으로 줄을 바꾸는 방법과 수동으로 줄을 바꾸는 방법이 동시에 제공되므로 상황에 맞게 선택해 사용하면 됩니다.

예제 파일 없음

수동 줄 바꿈

셀에 값을 입력할 때, 행을 나눌 위치에서 Alt + Enter 를 누르고 계속해서 입력합니다.

[B3] 셀 : 셀에 Alt + Enter **여러 줄로** Alt + Enter **나눠** Alt + Enter **입력하기**

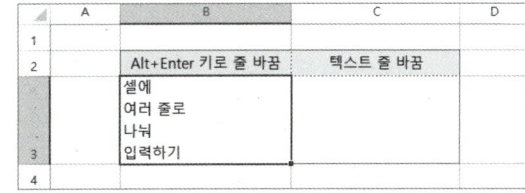

> **Plus⁺ 셀의 행 높이 조정**
>
> 셀의 행 높이 때문에 전체 값이 표시되지 않으면 행 구분선을 더블클릭합니다. 자동으로 행 높이가 조정됩니다.

자동 줄 바꿈

자동으로 줄을 나누려면 값을 입력한 후 [홈] 탭–[맞춤] 그룹–[📑 텍스트 줄 바꿈]을 클릭합니다. [텍스트 줄 바꿈] 명령을 이용할 경우, 열 너비를 조정하면 줄 바꿈 위치가 달라집니다.

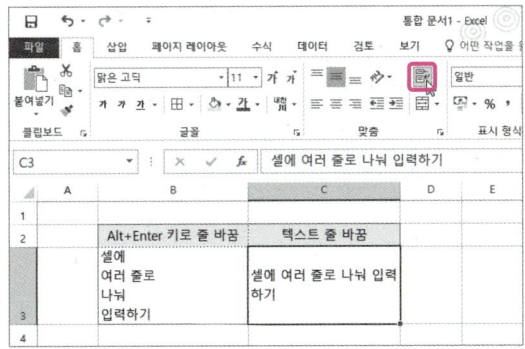

셀 병합하기 057

연속된 셀 범위를 하나로 합쳐 표를 깔끔하게 정돈하려면 병합 기능을 이용합니다. 병합은 표를 보기 좋게 구성하기 위해 자주 사용되는 기능인데, 병합해야 할 셀이 많다면 일일이 병합할 셀을 선택해야 하므로 귀찮은 작업이기도 합니다. 여기서는 셀을 쉽게 병합하는 몇 가지 방법에 대해 알아보겠습니다.

예제 파일 PART 02 \ CHAPTER 06 \ 병합.xlsx

리본 메뉴 이용

일정한 개수의 셀을 연속으로 병합하는 것이 아니라면 일일이 수작업으로 셀을 병합해야 합니다. 다음 범위를 선택하고 [홈] 탭-[맞춤] 그룹-[🔘 병합하고 가운데 맞춤]을 클릭해 각각 병합합니다.

병합할 범위
- [B5:B6] 범위
- [J5:L6] 범위
- [C5:F6] 범위
- [M5:O5] 범위
- [G5:I6] 범위

자동 채우기 기능 이용

연속된 범위의 셀은 자동 채우기 기능으로 손쉽게 병합할 수 있습니다. [C7:F7] 범위를 선택하고, [홈] 탭-[맞춤] 그룹-[🔘 병합하고 가운데 맞춤]을 클릭합니다. 병합된 [C7:F7] 셀을 선택하고 ➕ 채우기 핸들을 [11] 행까지 드래그해 자동 채우기 기능으로 병합합니다. [G7:I11]과 [J7:L11] 범위도 같은 방법으로 병합합니다.

> **TIP** 자동 채우기 기능으로 셀을 병합할 때 아래쪽 범위에 값이 입력되어 있다면 ➕ 채우기 핸들을 드래그한 다음, [🔘 자동 채우기] 옵션을 클릭하고 [서식만 채우기]를 선택합니다.

병합할 때 모든 셀의 값을 보존하기

병합의 단점 중 하나는 병합될 셀의 값 중 왼쪽 상단 첫 번째 셀의 값만 남고 나머지 셀 값은 모두 삭제된다는 점입니다. 따라서 값이 모두 입력된 셀들을 병합할 때는 셀 값을 모두 보존할 수가 없습니다. 병합될 셀의 값을 모두 보존하는 방법에 대해 알아보겠습니다.

예제 파일 PART 02 \ CHAPTER 06 \ 병합-값 보존.xlsx

01 [M7:N9] 범위 내 셀을 행 별로 병합해보겠습니다. 병합 기능 자체에는 값을 보존하는 방법이 없으므로 편법을 이용해야 합니다. 병합될 셀들의 값을 원하는 형식으로 먼저 연결하기 위해 [O7] 셀에 다음 수식을 입력하고 채우기 핸들을 [O9] 셀까지 드래그해 복사합니다.

[O7] 셀 : =M7 & " " & N7

TIP & 연결 연산자를 사용하면 연산자 좌, 우의 값을 하나로 연결해 표시할 수 있습니다. 이때 연결한 값을 띄어 쓰려면 공백 문자(Space Bar)로 입력되는 문자를 큰따옴표(") 안에 넣어 좌, 우의 값을 연결합니다.

02 [O7:O9] 범위의 수식을 값으로 변경하겠습니다. [O7:O9] 범위를 선택한 상태에서 [홈] 탭-[클립보드] 그룹-[복사]를 클릭하고, 다시 [홈] 탭-[클립보드] 그룹-[붙여넣기▼]를 클릭한 후 [값]을 선택합니다.

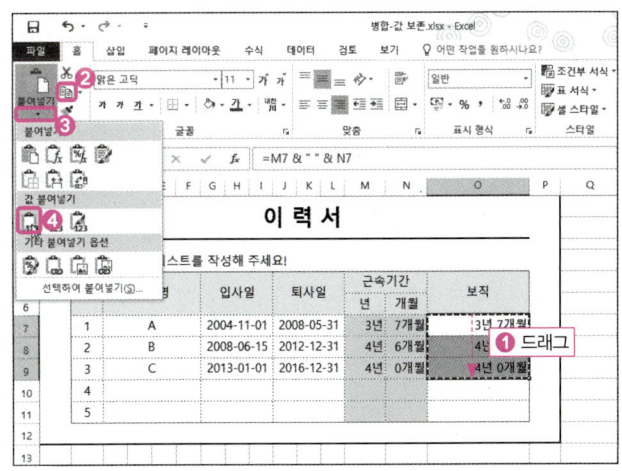

TIP 모든 이름을 선택하는 방법

[이름 관리자] 대화상자에서 첫 번째 이름을 선택하고 Shift 를 누른 상태에서 마지막 이름을 선택하면 전체 이름을 빠르게 선택할 수 있습니다.

03 [M7:N7] 범위를 선택하고 [홈] 탭-[맞춤] 그룹-[병합하고 가운데 맞춤]을 클릭합니다.

> **Plus⁺ 여러 셀에 값이 있을 경우의 병합**
>
> 선택한 셀을 병합할 때 여러 셀에 값이 있으면 오류 메시지 대화상자가 나타납니다. 여기서는 [O7] 셀에 값을 연결해뒀으므로 [확인]을 클릭하고 계속 진행합니다.

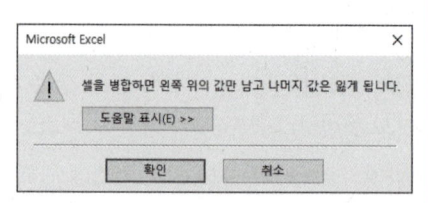

04 [M7:N7] 병합 셀의 채우기 핸들을 [11] 행까지 드래그한 후 [자동 채우기] 옵션을 클릭하고 [서식만 채우기]를 선택합니다.

TIP [M7:N7] 병합 셀을 자동 채우기 기능으로 복사하면 값도 함께 복사됩니다. [M7:N11] 범위 전체에 같은 값을 넣을 필요가 없으므로 병합 작업만 이뤄지도록 [서식만 채우기]를 선택합니다. 그러면 값이 있는 셀인 [M8:N9] 범위는 값이 보존되고 그렇지 않은 셀인 [M10:N11] 범위는 병합만 이뤄집니다.

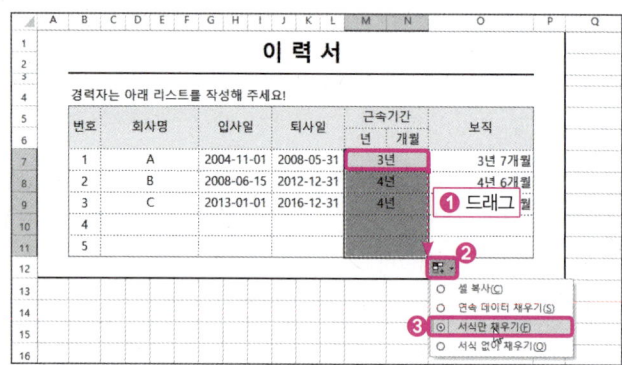

05 병합이 끝나면 보관해둔 [O] 열의 값을 가져옵니다. [M7:N7] 병합 셀에 다음 수식을 입력하고 [M7:N7] 병합 셀의 채우기 핸들을 [9] 행까지 드래그해 수식을 복사합니다.

[M7:N7] 셀 : =O7

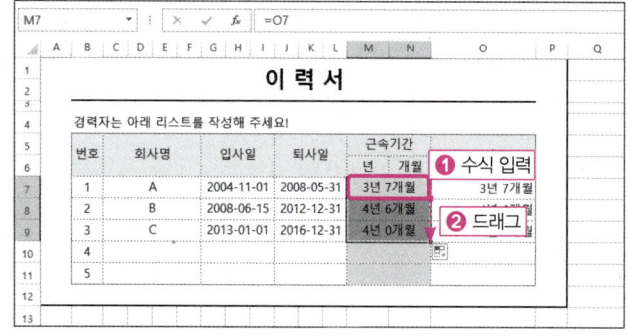

06 02 과정을 참고해 [M7:N9] 범위의 수식을 값으로 변환합니다. 더 이상 필요 없는 [O7:O9] 범위를 선택하고 DEL 을 눌러 값을 지웁니다.

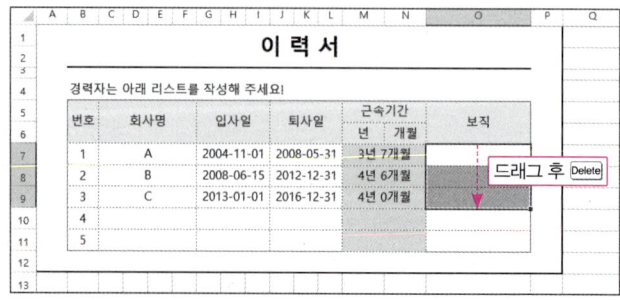

059 실수를 최소화해주는 실행 취소와 다시 실행하기

[실행 취소(Ctrl+Z)]는 사용자가 진행한 작업을 기억해두었다가 이전 상태로 되돌리는 명령이며, [다시 실행(Ctrl+Y)]은 사용자가 실행 취소한 작업을 기억해두었다가 다시 실행하는 명령입니다. [실행 취소]와 [다시 실행]은 매크로를 제외한 대부분의 동작을 기록하기 때문에 잘못된 동작을 취소하는 데 아주 유용합니다.

> 예제 파일 없음

01 빈 통합 문서의 [D1:D10] 범위에 1~10까지 순서대로 입력합니다. 빠른 실행 도구 모음에서 [↶ 실행 취소]의 오른쪽 화살표를 클릭하면 파일을 열고 작업한 모든 입력 작업이 목록에 표시됩니다.

TIP 작업한 내용이 단계별로 기억되므로 [↶ 실행 취소]를 한 번 클릭할 때마다 한 단계씩 작업이 취소됩니다. **03** 과정처럼 작업 목록을 표시해 특정 시점을 선택하면 빠르게 그 시점으로 이동할 수 있습니다. 엑셀 2003은 16단계까지, 2007 이상 버전은 100단계까지 기억합니다.

02 파일을 저장해도 실행 취소 목록은 그대로 보존됩니다. 빠른 실행 도구 모음의 [💾 저장]을 클릭해 파일을 저장한 후, 다시 빠른 실행 도구 모음에서 [↶ 실행 취소]의 오른쪽 화살표를 클릭합니다. 앞에서 실행한 작업 과정이 계속 기억되어 있는 것을 확인할 수 있습니다.

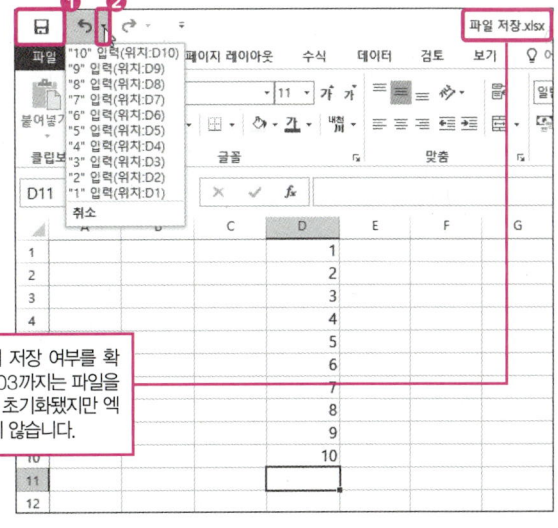

제목 표시줄을 보면 파일의 저장 여부를 확인할 수 있습니다. 엑셀 2003까지는 파일을 저장하면 실행 취소 목록이 초기화됐지만 엑셀 2007부터는 초기화되지 않습니다.

03 작업을 취소하기 위해 빠른 실행 도구 모음에서 [🔙 실행 취소]의 오른쪽 화살표를 클릭한 후 ["6" 입력(위치:D6)]을 선택합니다.

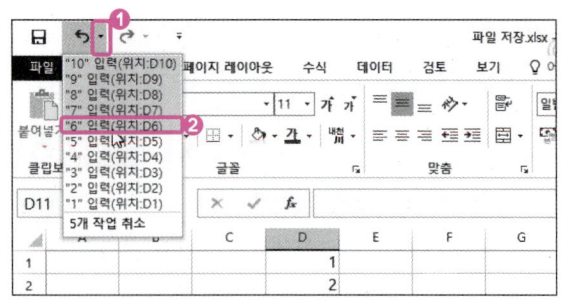

04 취소된 명령은 [다시 실행]에 전달됩니다. 빠른 실행 도구 모음에서 [🔄 다시 실행]의 오른쪽 화살표를 클릭하면 취소된 명령이 목록에 나타납니다.

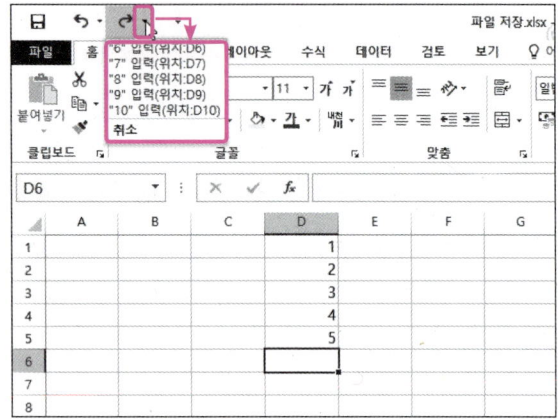

05 [다시 실행]의 사용 방법은 [실행 취소]와 동일합니다. [🔄 다시 실행]의 오른쪽 화살표를 클릭하고, ["8" 입력(위치:D8)]을 선택하면, [D8] 셀까지의 작업이 복원됩니다.

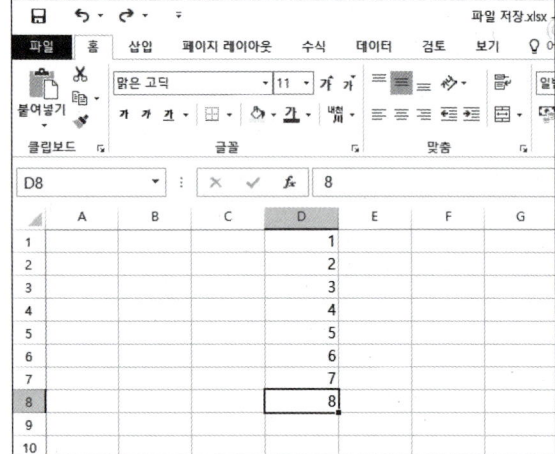

CHAPTER

07

숫자와 날짜

단위가 큰 숫자를 간단하게 입력하기

060

단위가 큰 숫자를 입력할 때 0의 개수를 잘못 입력한 경험이 있다면 엑셀의 지수 표현식이나 고정 소수점 기능을 사용하는 방법을 알아두면 좋습니다. 지수 표현식이나 고정 소수점 기능을 사용하면 단위가 큰 숫자를 간편하게 입력할 수 있습니다. 단위가 큰 숫자를 간단하게 입력하는 방법에 대해 알아보겠습니다.

예제 파일 PART 02 \ CHAPTER 07 \ 단위 큰 숫자.xlsx

지수 표현식 이용

지수 표현식은 10의 제곱으로 숫자를 표시하는 방법입니다. 예를 들어 1억은 10의 8승(제곱)이므로 지수 표현식으로는 1E+08로 나타낼 수 있습니다. 지수 표현식을 쉽게 사용하려면 숫자 자리에서 세 자리씩 표기되는 천 단위 구분 기호를 기준으로 생각하면 됩니다. 천(1,000)은 1E+03이고, 백만(1,000,000)은 1E+06입니다. 또는 국내 단위인 만, 억 단위는 4자리씩 구분되므로 만(10,000)은 1E+04이고, 1억(100,000,000)은 1E+08입니다. 참고로 E는 지수를 의미하는 영어 Exponent의 약어입니다.

01 [C3:C7] 범위에 지수 표현식으로 값을 입력합니다.

[C3] 셀 : **1E+8**
[C4] 셀 : **12E+8** 또는 **1.2E+9**
[C5] 셀 : **123E+8** 또는 **1.23E+10**
[C6] 셀 : **1234E+8** 또는 **1.234E+11**
[C7] 셀 : **12345E+8** 또는 **1.2345E+12**

셀에는 E 앞의 숫자가 소수점 둘째 자리까지만 표시되지만, 수식 입력줄에서는 셀 값을 제대로 확인할 수 있습니다.

02 셀에 입력된 숫자 값을 그대로 확인하려면 [C3:C7] 범위를 선택하고 [홈] 탭-[표시 형식] 그룹-[🖱 쉼표 스타일]을 클릭합니다.

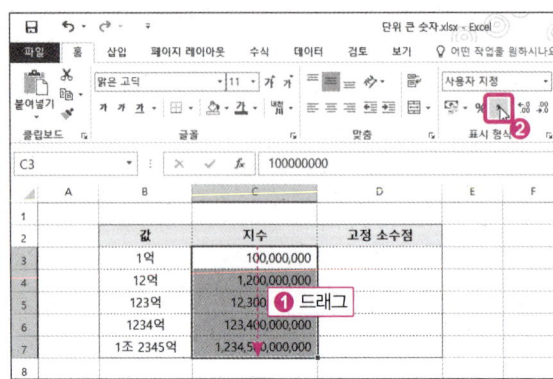

고정 소수점 기능 이용

엑셀에는 입력할 숫자의 단위를 미리 지정할 수 있는 고정 소수점 기능이 있습니다.

01 [파일] 탭-[옵션]을 클릭합니다. [Excel 옵션] 대화상자에서 [고급] 범주를 선택하고 [편집 옵션] 항목의 [소수점 자동 삽입]에 체크 표시를 합니다. 다음 표를 참고해 [소수점 위치] 값을 입력하고 [확인]을 클릭합니다.

소수점 위치 : -8

TIP 입력할 숫자 단위에 맞춰 [소수점 위치]의 값을 조정합니다.

단위	소수점 위치
천	-3
만	-4
십만	-5
백만	-6
천만	-7
억	-8
십억	-9
백억	-10

02 [D3:D7] 범위에 순서대로 값을 입력합니다. [소수점 위치]에 지정한 단위만큼의 0이 자동으로 입력된 결과가 반환됩니다.

[D3] 셀 : 1
[D4] 셀 : 12
[D5] 셀 : 123
[D6] 셀 : 1234
[D7] 셀 : 12345

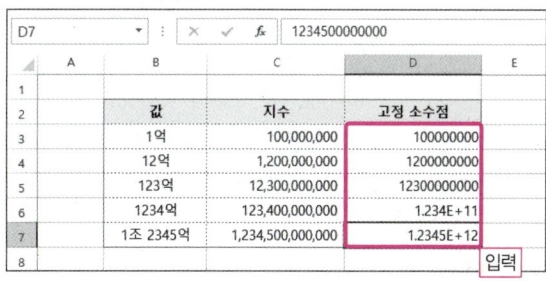

큰 숫자는 자동으로 지수로 표시됩니다. 모든 값을 보기 좋게 표시하려면 [D3:D7] 범위를 선택하고 [홈] 탭-[표시 형식] 그룹-[, 쉼표 스타일]을 클릭합니다.

> **Plus⁺ 고정 소수점 적용**
>
> 고정 소수점 기능은 한 번 설정하면 다른 모든 파일에도 동일하게 적용되며, 상태 표시줄에 '고정 소수점'이라는 표시가 나타납니다. 입력 작업을 마친 후에는 [Excel 옵션] 대화상자에서 [소수점 자동 삽입]의 체크 표시를 해제합니다.
>
>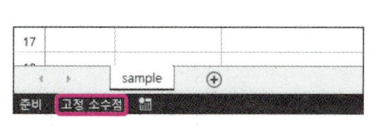

15자리를 초과하는 숫자 값 입력하기

061

엑셀은 최대 15자리까지의 숫자만 정확하게 인식할 수 있으므로 이를 초과하면 16자리부터는 0이 반환됩니다. 그러므로 15자리를 초과하는 숫자는 텍스트로 입력해야 하며, 15자리를 초과하는 숫자를 연산하려면 큰 단위 숫자를 지원하는 다른 프로그램을 이용해야 합니다. 참고로 15자리의 최대값은 999조입니다. 엑셀에서 이 정도의 큰 숫자를 사용하는 일은 거의 없으므로 걱정할 필요는 없습니다.

예제 파일 PART 02 \ CHAPTER 07 \ 15자리 초과 숫자.xlsx

01 예제 파일을 불러옵니다. [C3] 셀과 [C4] 셀에 주민등록번호(13자리 숫자)를 두 가지 방법으로 입력합니다.

[C3] 셀 : 850101-1234567
[C4] 셀 : 8501011234567

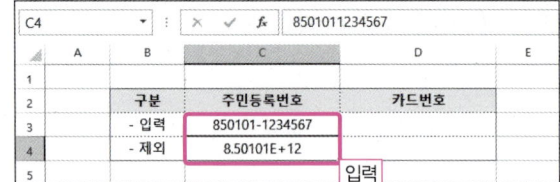

02 [C4] 셀을 선택하고 Ctrl+1을 눌러 [셀 서식] 대화상자를 불러옵니다. [표시 형식] 탭의 [범주]에서 [기타]를 선택하고 [형식]에서 [주민등록번호]를 선택한 후 [확인]을 클릭합니다.

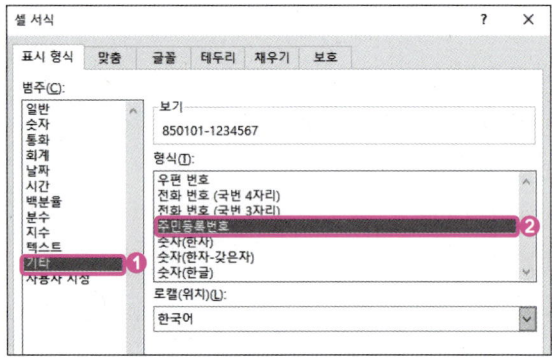

03 [C4] 셀의 값이 주민등록번호 형식에 맞게 표시됩니다. 이것으로 13자리 정도의 숫자는 제대로 입력되고 처리되는 것을 확인할 수 있습니다.

04 같은 방법으로 [C3] 셀과 [C4] 셀에 카드 번호(16자리 숫자)를 두 가지 방법으로 입력합니다.

[C3] 셀 : 1234-5678-1234-5678
[C4] 셀 : 1234567812345678

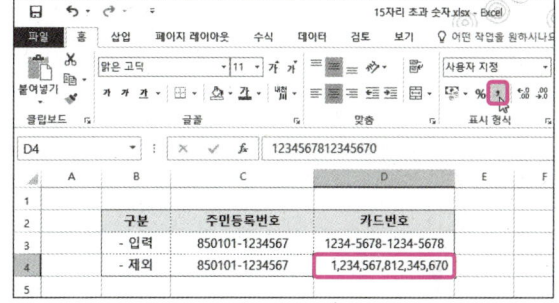

TIP [D4] 셀에는 큰 값을 입력했기 때문에 지수로 표시됩니다. 따라서 입력된 값을 확인하려면 수식 입력줄을 보아야 합니다. [D4] 셀을 클릭하고 수식 입력줄을 보면 1234567812345670으로 마지막 자리의 숫자 값이 8이 아니라 0으로 나타나 있습니다. 숫자가 15자리를 초과하는 경우에는 모두 0으로 표시됩니다.

05 [D4] 셀을 선택한 상태에서 [홈] 탭-[표시 형식] 그룹-[, 쉼표 스타일]을 클릭합니다. 지수는 일반 숫자로 변경되지만 마지막 값은 0으로 나타납니다.

TIP 15자리를 초과하는 숫자를 입력하려면 하이픈(-)처럼 구분 문자를 함께 사용하거나 숫자를 입력하기 전에 작은따옴표(')를 먼저 입력합니다. 그러면 텍스트 형식으로 값이 입력되므로 16자리 숫자를 셀에 입력할 수는 있습니다.

숫자 앞에 0 입력하기   062

숫자 값에서 01이나 001은 모두 1입니다. 01, 001 등은 1을 표시하는 다른 방법이지만 셀에 숫자를 입력할 때는 0을 먼저 입력해도 항상 1이 입력됩니다. 이것은 엑셀에서 숫자와 텍스트를 구분하면서 숫자 값은 항상 정확한 형식으로만 입력되기 때문입니다. 그러므로 숫자 앞에 0을 표시해야 한다면 셀 서식을 이용하거나 숫자를 텍스트로 입력해야 합니다. 숫자 앞에 0을 입력하는 방법에 대해 알아보겠습니다.

예제 파일 PART 02 \ CHAPTER 07 \ 직원명부.xlsx

셀 서식을 이용

가장 권장하는 방법으로, 숫자 데이터 형식을 지키면서 숫자 앞에 0이 표시되도록 합니다.

예제 파일을 열고, 다음 화면과 같이 작업합니다.

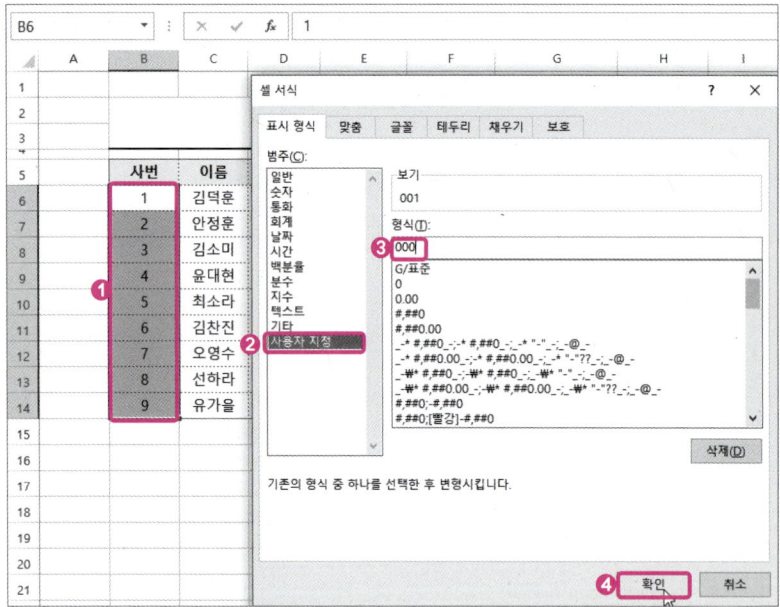

❶ 0을 추가로 표시할 데이터가 입력된 [B6:B14] 범위를 선택합니다.
❷ Ctrl + 1 을 눌러 [셀 서식] 대화상자를 불러옵니다. [표시 형식] 탭의 [범주]에서 [사용자 지정]을 선택합니다.
❸ [형식]에 0을 원하는 자릿수만큼 입력합니다(예를 들어 4자리 숫자로 표시해야 한다면 0을 4회 입력합니다).
❹ [확인]을 클릭해 대화상자를 닫습니다.

데이터 형식을 이용

셀에 입력될 데이터 형식을 미리 텍스트로 지정해 0 값이 그대로 입력되도록 하는 방법입니다. 동일한 파일에서 다음과 같이 작업합니다.

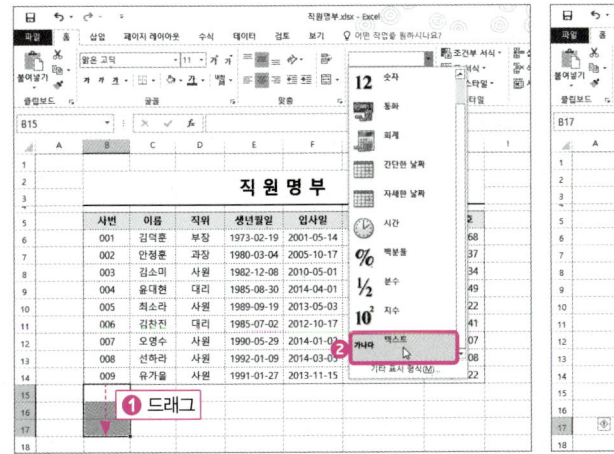 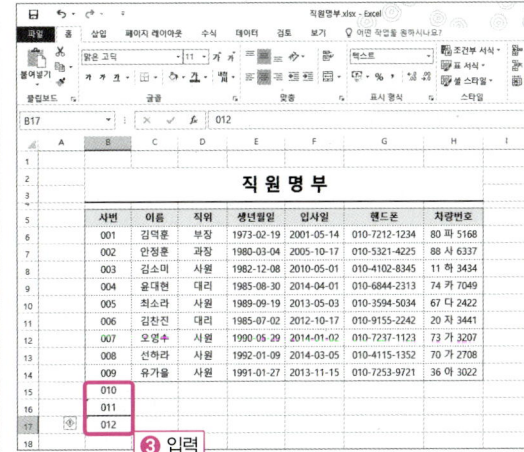

① 값을 입력할 [B15:B18] 범위를 선택합니다.
② [홈] 탭-[표시 형식] 그룹-[표시 형식]에서 [텍스트]를 선택합니다.
③ 010, 011, 012와 같은 값을 입력해봅니다. 숫자 앞의 0이 사라지지 않는 것을 확인할 수 있습니다.

Plus⁺ 오류 검사 아이콘 이해하기

데이터 형식을 텍스트로 지정하고 숫자 값을 입력하면 셀 왼쪽에 [오류 검사] 아이콘이 표시됩니다. 이 아이콘을 클릭하면 다음과 같은 단축 메뉴가 나타나며 현재 셀의 문제점과 해결 방안이 제공됩니다.

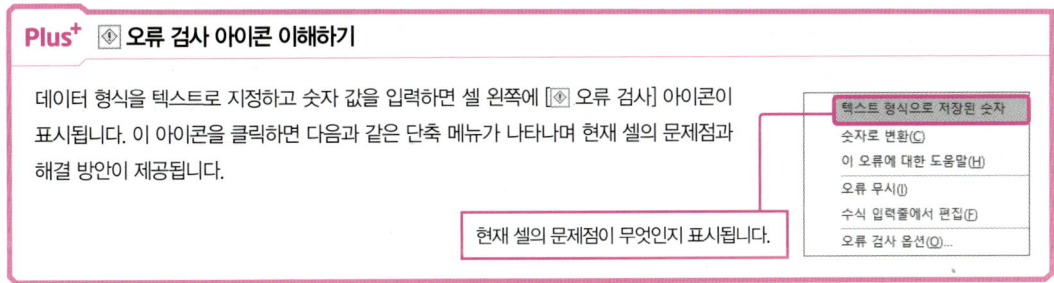

텍스트형 숫자로 입력

값을 입력할 때 작은따옴표(')를 먼저 입력하면, [표시 형식]을 변경하지 않고 값을 텍스트 형식으로 입력할 수 있습니다. 이렇게 하면 입력된 값이 모두 텍스트로 인식됩니다.

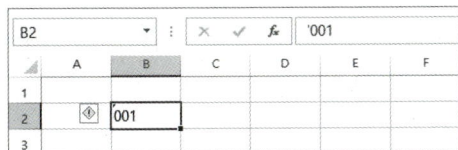

분수 쉽게 입력하기

063

셀에 분수를 입력하면 날짜 값으로 변경이 됩니다. 분수를 입력할 때 사용하는 슬래시(/)가 날짜를 구분할 때 사용하는 구분 문자로 인식되기 때문에 나타나는 현상입니다. 엑셀에서 분수를 입력하려면 대분수로 입력하는 방법을 사용해야 합니다. 분수를 쉽게 입력하는 몇 가지 방법을 알아보겠습니다.

예제 파일 PART 02 \ CHAPTER 07 \ 분수.xlsx

[B4] 셀에 '1/4'을 입력하면 날짜 값인 '01월 04일'로 저장됩니다. 날짜의 연도 부분에는 값을 입력하는 현재 연도가 반영됩니다.

분수 '1/4'을 입력하려면 대분수인 '0 1/4'을 입력합니다. 대분수는 자연수와 분수의 합으로 나타내는데 '0 1/4'은 '0+1/4'이란 의미입니다. [C4] 셀에 '0 1/4'을 입력하면 정확하게 분수 값이 나타납니다.

분수는 소수점 이하 값이 존재하므로 소수 값을 입력하고 분수로 표현할 수도 있습니다. [D4] 셀에 '0.25'를 입력하고, [홈] 탭-[표시 형식] 그룹-[표시 형식]에서 [분수]를 선택합니다.

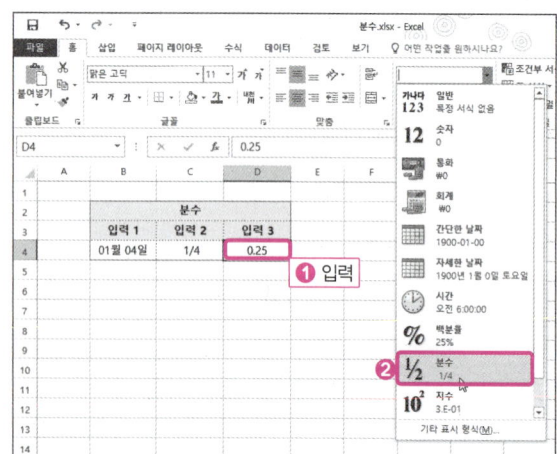

표의 빈 셀에 0 한 번에 입력하기 064

표 작성을 하면서 입력할 값이 없는 셀은 빈 셀로 두는 경우가 있습니다. 그런데 표에 빈 셀이 있으면 엑셀의 여러 기능을 사용할 때 기능이 적용될 대상 범위를 제대로 인식하지 못하는 문제가 발생할 수 있습니다. 따라서 빈 셀에는 0을 채워두는 것이 좋습니다. 떨어져 있는 빈 셀에 한 번에 0을 입력하는 방법에 대해 알아보겠습니다.

예제 파일 PART 02 \ CHAPTER 07 \ 0값 채우기.xlsx

01 [C7:H15] 범위를 살펴보면 중간중간에 빈 셀이 있습니다. [C16:H16] 범위에 자동 합계 기능을 실행하면 결과가 제대로 반환되지 않을 수 있으므로 빈 셀에 '0'을 입력해 채워보겠습니다. [C7:H15] 범위를 선택하고 [홈] 탭-[편집] 그룹-[찾기 및 선택]을 클릭하고 [바꾸기]를 선택합니다.

TIP [바꾸기] 대화상자를 바로 호출하려면 단축키 Ctrl + H 를 누릅니다.

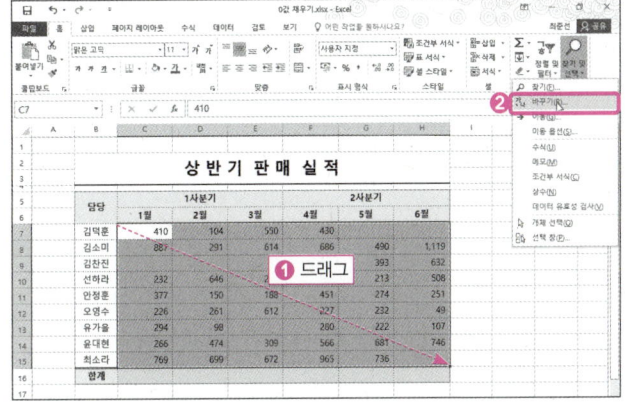

02 [찾기 및 바꾸기] 대화상자가 표시되면 [찾을 내용]은 비워두고 [바꿀 내용]에 '0' 값을 입력한 후 [모두 바꾸기]를 클릭합니다.

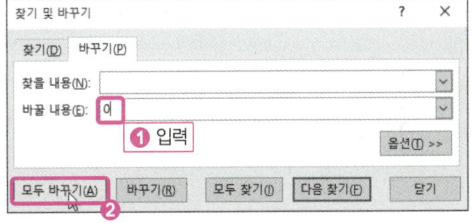

03 그러면 화면과 같이 선택된 범위 내 빈 셀에 '0'이 한 번에 채워집니다.

TIP 0이 하이픈(-)으로 표시되는 이유

숫자를 입력하고 천 단위 구분 기호(,)를 표시하기 위해 리본 메뉴의 [,] 쉼표 스타일]을 자주 이용합니다. 이 스타일은 0을 하이픈(-)으로 표시하는 특징도 있습니다. 따라서 하이픈(-) 대신 0이 나타나도록 하려면, [C7:H15] 범위를 선택하고 [홈] 탭-[표시 형식] 그룹-[표시 형식]에서 [숫자]를 선택합니다.

텍스트형 숫자를 올바른 숫자로 변환하기

065

숫자 계산이 제대로 되지 않는다면 입력된 숫자에 텍스트 형식이 적용되었을 수 있습니다. 셀에 있는 숫자가 숫자 형식이 아니라면 눈에 보이지 않는 문자(유령문자)가 포함된 경우이거나 텍스트 형식으로 인식된 숫자 값인 경우입니다. 후자의 경우를 텍스트형 숫자라고 하는데, 여기서는 이 값을 올바른 숫자 형식으로 변환하는 방법에 대해 알아보겠습니다.

\ 예제 파일 PART 02 \ CHAPTER 07 \ 숫자 변환.xlsx

예제 파일을 열면 '매출 집계표'가 있습니다. 합계를 살펴보면 같은 수식이 입력되어 있는데 [C10] 셀은 제대로 계산이 된 반면 [D10] 셀과 [E10] 셀은 계산이 되지 않았습니다.

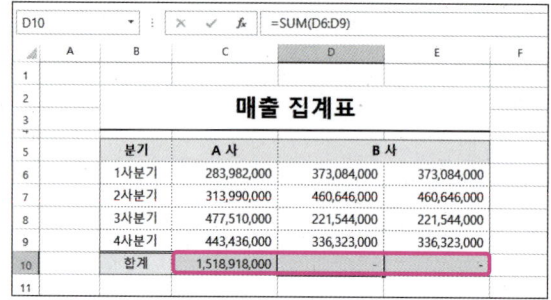

텍스트 나누기 기능 이용

01 [D6:D9] 범위를 선택하고 [데이터] 탭-[데이터 도구] 그룹-[텍스트 나누기]를 클릭합니다.

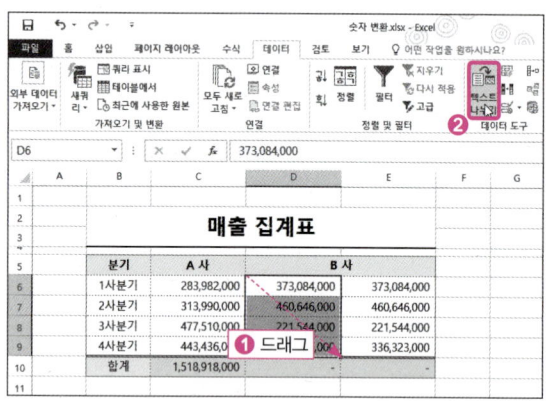

02 [텍스트 마법사] 대화상자가 나타나면 [마침]을 클릭합니다. 이렇게 하면 [D6:D9] 범위 내 값을 다시 입력하는 효과가 생기며 이 과정에서 텍스트형 숫자가 숫자로 변환되어 [D10] 셀이 제대로 계산됩니다.

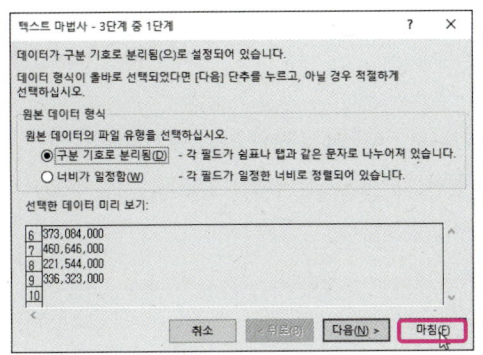

TIP 만약 이 방법으로 계산되지 않는다면 셀에 다른 문자가 포함되어 있는 경우입니다.

숫자 연산을 이용

01 [E12] 셀에 '1'을 입력합니다. Ctrl + C 를 눌러 [E12] 셀을 복사한 후 텍스트형 숫자가 있는 [E6:E9] 범위를 선택합니다. [홈] 탭-[클립보드] 그룹-[붙여넣기▼]를 클릭하고 [선택하여 붙여넣기]를 선택합니다.

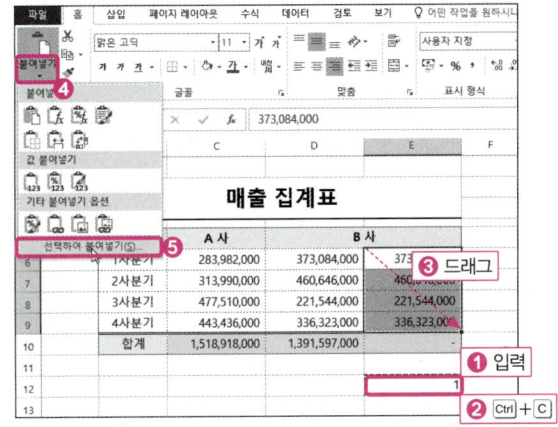

TIP [선택하여 붙여넣기]의 단축키는 Ctrl + Alt + V 입니다.

02 [선택하여 붙여넣기] 대화상자가 나타나면 [값]과 [곱하기]를 선택하고 [확인]을 클릭합니다. [E10] 셀도 제대로 계산되었습니다. [E12] 셀에 입력한 값은 DEL 을 눌러 지웁니다. 이 방법은 숫자 연산을 할 때 텍스트형 숫자가 숫자 형식으로 자동 변환되는 특징을 이용한 것입니다.

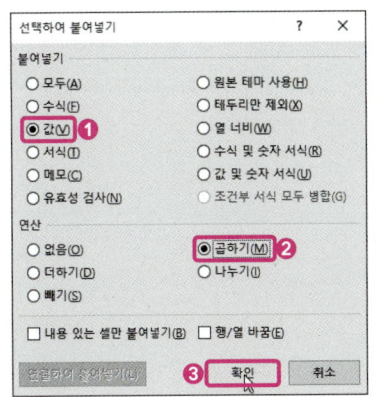

왜 날짜나 시간을 입력하면 숫자로 표시될까?

066

엑셀은 우리가 생각하는 방식과 다르게 날짜와 시간을 관리합니다. 따라서 날짜와 시간 데이터(근속기간, 연차, 시간당 급여 등)를 사용할 경우 정확하게 올바른 형식으로 값을 입력해야 합니다. 엑셀에서 날짜와 시간을 관리하는 방법과 올바른 입력 방법에 대해 알아보겠습니다.

예제 파일 PART 02 \ CHAPTER 07 \ 날짜와 시간.xlsx

01 예제 파일을 불러옵니다. [C3] 셀에는 '43101' 값이, [C4] 셀에는 '0.5' 값이 입력되어 있습니다. 날짜와 시간을 입력할 때 이런 값들이 나타날 수 있습니다.

02 [C3:C4] 범위의 숫자 값이 잘못 입력된 것처럼 보이지만 올바른 날짜와 시간 값이 입력되어 있습니다. [C3] 셀을 선택하고 [홈] 탭-[표시 형식] 그룹-[표시 형식]에서 [간단한 날짜]를 선택합니다.

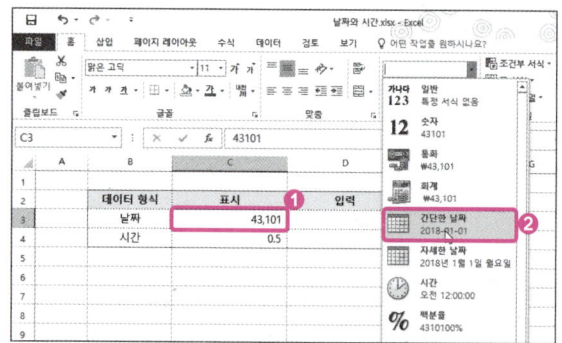

03 같은 방법으로 [C4] 셀을 선택하고 [홈] 탭-[표시 형식] 그룹-[표시 형식]에서 [시간]을 선택합니다. 데이터 형식이 바르게 표시됩니다.

Plus⁺ 엑셀에서 날짜와 시간을 관리하는 방법

엑셀에서 날짜는 '날짜 일련번호'라고 표현합니다. 엑셀이 인식할 수 있는 날짜는 1900년 1월 1일부터 9999년 12월 31일까지입니다. 최초로 인식할 수 있는 1900년 1월 1일을 1로 지정하고, 하루가 지날 때마다 1씩 증가시키는 방법으로 날짜를 관리하기 때문에 날짜 일련번호라고 하는 것입니다. [C3] 셀에 입력된 43101 값은 날짜 일련번호로 1900년 1월 1일부터 4만 3천 1백 1번째 일을 의미하며 이를 우리가 이해하는 날짜로 표현하면 2018년 1월 1일이 됩니다.

날짜는 하루가 지날 때마다 1씩 증가하므로 시간은 1(하루)을 24시간으로 나눈 소수 값으로 관리합니다. 예를 들어 오후 12시는 정확하게 하루의 절반이므로 12/24 값이 됩니다.

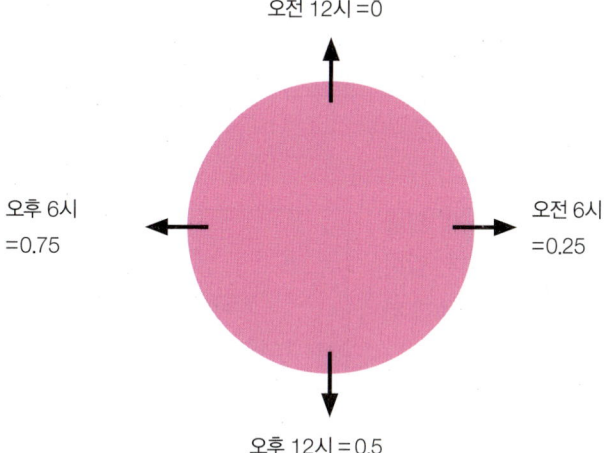

그러므로 날짜와 시간은 기본적으로 숫자 값입니다. 엑셀은 사용자가 입력한 날짜 형식(yyyy-mm-dd)의 값과 시간 형식(hh:mm:ss)의 값을 자동으로 날짜 일련번호와 시간 값으로 변환합니다. 단, 형식에 맞지 않게 입력하면 올바른 날짜/시간 형식으로 변환되지 않아 날짜와 시간 계산 작업을 할 수 없으니 주의합니다.

04 올바른 날짜와 시간 값을 입력하는 방법을 이해하기 위해 [D3], [D4] 셀에 각각 [C3], [C4] 셀의 값을 입력합니다.

[D3] 셀 : 2018-01-01
[D4] 셀 : 오후 12:00:00

Plus⁺ [D3:D4] 범위의 입력 값 이해하기

[D3] 셀은 하이픈(-)을 이용해 연, 월, 일 숫자 값을 연결해 입력했으므로 올바른 날짜 형식으로 인식되었습니다. [D3] 셀의 날짜 값이 셀 오른쪽에 표시된 것을 보면 알 수 있습니다. 이와 달리 [D4] 셀은 [C4] 셀과 동일한 값을 입력했지만 값이 셀 왼쪽에 표시된 것으로 보아 텍스트로 인식되었습니다. 12시간제 단위인 오전/오후를 시간 형식으로 입력하려면 AM/PM을 시간 뒤에 입력해야만 합니다.

[D3:D4] 범위의 값이 올바른 날짜와 시간인지 확인하려면 [D3:D4] 범위를 선택하고 [홈] 탭-[표시 형식] 그룹-[표시 형식]에서 [일반]을 선택합니다. [D3] 셀은 날짜 일련번호를 제대로 반환하지만 [D4] 셀은 입력된 값 그대로 표시됩니다.

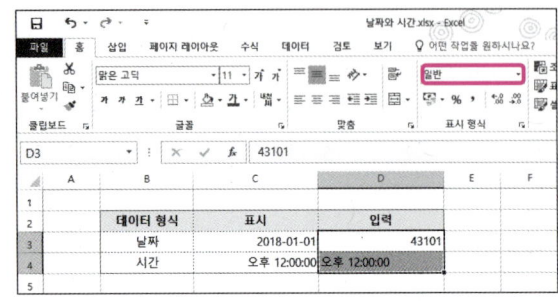

05 올바른 시간 형식으로 입력하기 위해 [D4] 셀의 값을 다음과 같이 수정합니다. 값이 셀의 오른쪽에 표시된 것으로 보아 올바르게 인식되었습니다.

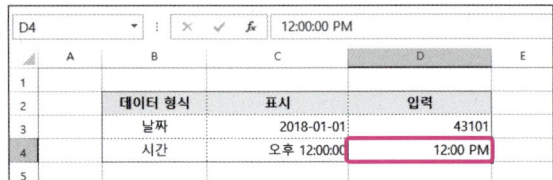

[D4] 셀 : 12:00 PM

Plus⁺ 날짜/시간 데이터 표시 형식 단축키

숫자로 표시되는 날짜 일련번호와 소수 값을 날짜와 시간 형식으로 변환하려면 다음 단축키를 사용합니다.

단축키	동작	표시 형식
Ctrl + Shift + #	날짜 일련번호를 날짜 형식으로 변환	yyyy-mm-dd
Ctrl + Shift + Q	소수 값을 시간 형식으로 변환	hh:mm am/pm

CHAPTER

08

외국어, 특수문자, 자동 고침

한자 손쉽게 입력하기 067

표를 만들다 보면 한자가 많이 들어가는 서식이 있습니다. 이때 [한자]를 눌러 일일이 글자를 변환하려면 매우 불편합니다. 이런 경우에는 전체 글을 모두 작성하고 [한글/한자 변환] 기능을 사용해 한 번에 한글을 한자로 변환하는 방법이 편리합니다.

예제 파일 PART 02 \ CHAPTER 08 \ 한자 변환.xlsx

01 한자로 변환할 한글이 입력된 [B3:B6] 범위를 선택하고 [검토] 탭-[언어] 그룹-[한글/한자 변환]을 클릭합니다.

TIP [한글/한자 변환] 기능의 단축키는 Ctrl + Alt + F7 입니다.

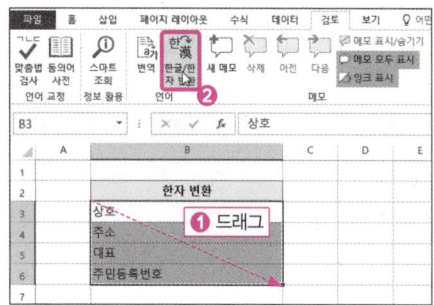

02 [한글/한자 변환] 대화상자가 나타나면 입력된 한글에 맞는 한자를 선택하고 [변환]을 클릭합니다. [B3] 셀의 변환이 끝나면 [B4], [B5], [B6] 셀의 작업이 이어지므로 계속 진행합니다.

❶ **한자 선택** : 리스트에서 변환하려는 한자를 선택합니다.
❷ **입력 형태** : 선택한 방법으로 한자를 입력합니다. [한글(漢字)]를 선택하면 입력된 한글 뒤 괄호 안에 한자가 입력됩니다.
❸ **변환** : [변환]을 클릭하면 변환 작업이 이루어지며 자동으로 다음 단어를 찾습니다.

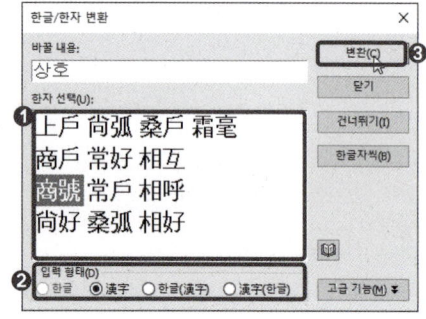

TIP 없는 단어 찾아 등록하기
한자 선택 리스트에 원하는 한자가 없다면 [고급 기능]을 클릭하고 [새 단어 등록]을 클릭한 후 단어에 맞는 한자를 찾아 사전에 등록합니다. 등록된 한자는 다음부터 자동으로 나타납니다.

03 모든 단어가 한자로 변환됩니다.

특수문자 입력하기

068

문서를 작성할 때 여러 가지 특수문자를 입력해야 하는 경우가 있습니다. 엑셀에서 특수문자를 입력하는 방법에는 엑셀의 기호 기능을 이용하는 방법과 윈도우 자체 기능인 한글 자음에 연결된 특수문자를 사용하는 방법이 있습니다. 이 두 가지 방법을 이용해 특수문자를 입력해보겠습니다.

예제 파일 없음

엑셀 기호 기능 이용하기

01 [삽입] 탭-[기호] 그룹-[Ω 기호]를 클릭합니다. [기호] 대화상자가 나타나면 [글꼴]을 [Wingdings]로 변경합니다. 원하는 특수문자를 선택하고 [삽입]을 클릭합니다.

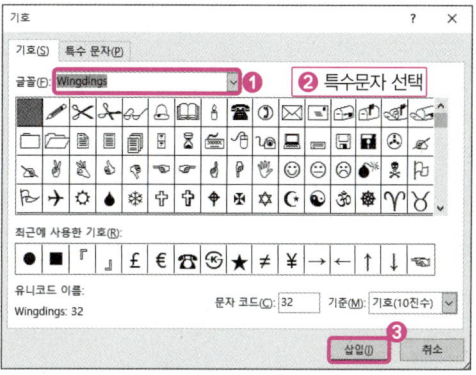

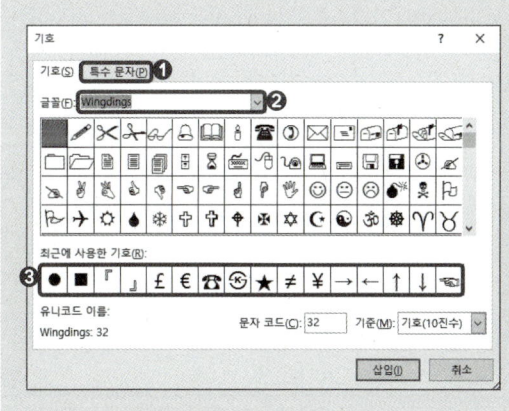

❶ **[특수문자] 탭** : 저작권(ⓒ), 상표(™) 등의 특수문자를 입력할 수 있습니다.

❷ **글꼴** : Webdings, Windings, Windings 2, Windings 3과 같은 글꼴을 선택하면 좀 더 다양한 특수문자를 입력할 수 있습니다.

❸ **최근에 사용한 기호** : 최근에 사용한 특수문자가 표시되어 자주 사용하는 특수문자를 좀 더 빨리 선택할 수 있습니다.

윈도우 기본 기능 이용하기

윈도우에서 자체 제공하는 특수문자 입력 기능은 대부분의 윈도우 호환 프로그램에서 사용할 수 있습니다. 한글 자음 하나를 입력하고 [한자]를 누르면 특수문자표가 나타납니다. [Tab]을 누르면 전체 목록이 나타납니다.

다음은 각 자음과 연결되어 있는 특수문자표입니다.

한글 자음	설명	특수문자표
ㄱ	문장 부호	1 ^ … ~ ¿ 2 ! ˇ ˉ ˘ ˙ : 3 ˝ ¸ ˛ " · 4 , ˇ │ — ‥ 5 . ˉ — ∙ 6 / ˘ ‖ · 7 : ° \ · 8 ; ¨ ~ · 9 ? .. ¡ «
ㄲ	라틴어	1 Æ Ŧ ŀ 2 Đ Ŋ ł 3 Ħ æ ø 4 IJ đ œ 5 Ŀ ð ß 6 Ł ħ þ 7 Ø ı ŧ 8 Œ ij ŋ 9 Þ ĸ 'n «
ㄴ	괄호	1 " " ⌐ 2 (" ⌐ 3) 〔 ⌐ 4 [〕 【 5] 〈 】 6 { 〉 7 } 《 8 ' 》 9 ' 「 «
ㄷ	수학 기호	1 + ≤ ∂ ∵ ∪ ∮ 2 − ≥ ∇ ∫ ∩ ∑ 3 < ∞ ≡ ∬ ∧ ∏ 4 = ∴ ≒ ∈ ∨ 5 > ♂ ≪ ∋ ¬ 6 ± ♀ ≫ ⊆ ⇒ 7 × ∠ √ ⊇ ⇔ 8 ÷ ⊥ ∽ ⊂ ∀ 9 ≠ ⌒ ∝ ⊃ ∃ «
ㄸ	일본어 (히라가나)	1 あ お こ ぜ づ の ぷ む ら を 2 ぁ か ご そ て は へ め り ん 3 い が さ ぞ で ば べ も る 4 ぃ き ざ た と ぱ ペ ゃ れ 5 ぅ ぎ し だ ど ひ ほ や ろ 6 う く じ ち な び ぼ ゅ わ 7 え ぐ す ぢ に ぴ ぽ ゆ ゐ 8 ぇ け ず っ ぬ ふ ま よ ゑ 9 お げ せ つ ね ぶ み ょ を «
ㄹ	단위	1 $ £ ℓ μm μg ps MV mW kΩ rad㎠ Bq 2 % ¥ ㎘ ㎜ ㎎ ns pA kW MΩ sr Gy 3 ₩ ¤ ㏄ ㎝ ㎏ μs nA MW pF Pa Sv 4 F °F ㎟ ㎞ kt ms μA Hz nF kPa C/㎏ 5 ´ ‰ ㎠ ㎟ cal pV mA kHz μF MPa 6 ″ € ㎡ ㎠ kcal nV kA MHz mol GPa 7 ℃ μℓ ㎦ ㎡ dB μV pW GHz cd Wb 8 Å mℓ fm ㎞² ㎧ mV nW THz rad lm 9 ¢ dℓ nm ha ㎨ kV μW Ω rad㎠ lx «

문자 구분	내용									
ㅁ	그림 문자	1 # ● ▼ ▷ ◆ ▤ † ♬ ®								
		2 & ◎ → ▶ ■ ▨ ‡ ☎ a								
		3 * ◇ ← ♤ ◐ ♨ ↗ ㈜ º								
		4 @ ◆ ↑ ♠ ◑ ☏ ↙ № ®								
		5 § □ ↓ ♡ ▦ ☎ ↖ ㏇								
		6 ※ ■ ↔ ♥ ▤ ☜ ↘ ™								
		7 ☆ △ = ♧ ▥ ☞ ♭ ㎎								
		8 ★ ▲ ◁ ♣ ▨ ¶ ♪ ㎖								
		9 ○ ▽ ◀ ◉ ▧ † ♪ ㎕ «								
ㅂ	연결선	(연결선 기호들)								
ㅃ	일본어 (가타카나)	(가타카나 표)								
ㅅ	원, 괄호 문자 (한글)	(한글 원문자/괄호문자 표)								
ㅆ	러시아어	А И С Ъ Г Л ф э …								
ㅇ	원, 괄호 문자 (알파벳, 숫자)	(알파벳/숫자 원문자 표)								

키	종류	문자표
ㅈ	숫자 (숫자, 로마자)	1:0, 2:1, 3:2, 4:3, 5:4, 6:5, 7:6, 8:7, 9:8 / 9, i, ii, iii, iv, v, vi, vii, viii / ix, x, I, II, III, IV, V, VI, VII / VIII, IX, X
ㅊ	숫자 (분수, 첨자)	1:½, 2:⅓, 3:⅔, 4:¼, 5:¾, 6:⅛, 7:⅜, 8:⅝, 9:⅞ / 1, 2, 3, 4, n, 1, 2, 3, 4
ㅋ	한글	1:ㄱ, 2:ㄲ, 3:ㄳ, 4:ㄴ, 5:ㄵ, 6:ㄶ, 7:ㄷ, 8:ㄸ, 9:ㄹ / ㄺ, ㄻ, ㄼ, ㄽ, ㄾ, ㄿ, ㅀ, ㅁ, ㅂ / ㅃ, ㅄ, ㅅ, ㅆ, ㅇ, ㅈ, ㅉ, ㅊ, ㅋ / ㅌ, ㅍ, ㅎ, ㅏ, ㅐ, ㅑ, ㅒ, ㅓ, ㅔ / ㅕ, ㅖ, ㅗ, ㅘ, ㅙ, ㅚ, ㅛ, ㅜ, ㅝ
ㅌ	한글 (옛문자)	옛한글 문자표
ㅍ	알파벳	1:A, 2:B, 3:C, 4:D, 5:E, 6:F, 7:G, 8:H, 9:I / J, K, L, M, N, O, P, Q, R / S, T, U, V, W, X, Y, Z, a / b, c, d, e, f, g, h, i, j / k, l, m, n, o, p, q, r, s / t, u, v, w, x, y, z
ㅎ	그리스어	1:Α, 2:Β, 3:Γ, 4:Δ, 5:Ε, 6:Ζ, 7:Η, 8:Θ, 9:Ι / Κ, Λ, Μ, Ν, Ξ, Ο, Π, Ρ, Σ / Τ, Υ, Φ, Χ, Ψ, Ω, α, β, γ / δ, ε, ζ, η, θ, ι, κ, λ, μ / ν, ξ, ο, π, ρ, σ, τ, υ, φ / χ, ψ, ω

일본어 쉽게 입력하기

한국어 버전의 엑셀에서 일본어를 입력하려면 일본어 Language Pack을 설치하거나 윈도우 제어판에서 일본어를 추가해야 합니다. 하지만 간단하게 몇 자만 입력하려는 경우 언어를 추가하는 것은 번거롭고 특수문자를 이용해 입력하는 방법이 편리합니다. 여기서는 엑셀의 기호 기능과 윈도우의 특수문자 기능을 이용해 일본어를 입력하는 방법에 대해 알아보겠습니다.

> 예제 파일 없음

엑셀의 기호 기능 이용

일본어를 입력할 셀을 선택하고 [삽입] 탭-[기호] 그룹-[Ω 기호]를 클릭합니다. [기호] 대화상자의 [기호] 탭에서 [하위 집합]을 [히라가나]로 선택합니다. 원하는 일본어 글자를 하나씩 선택하고 [삽입]을 클릭합니다. 모두 삽입했으면 [취소]를 클릭해 [기호] 대화상자를 닫습니다.

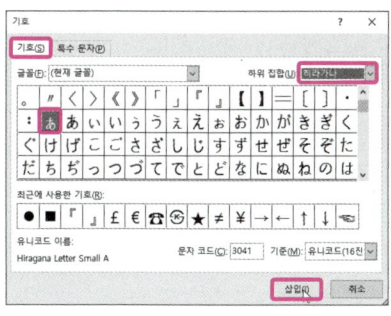 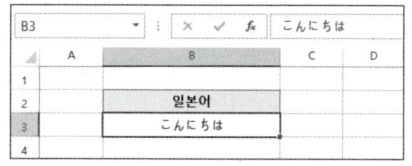

TIP [기호] 탭에서 [하위 집합]이 나타나지 않는다면 사용 중인 글꼴에서 해당 언어를 지원하지 않기 때문입니다. 이때는 [글꼴]을 [맑은 고딕]이나 [굴림], [고딕] 등으로 변경합니다.

윈도우 특수문자 이용하기

윈도우 기본 기능으로, 한글 자음에 연결된 특수문자를 사용해 일본어를 입력할 수 있습니다. 일본어 히라가나와 연결된 자음은 'ㄸ'입니다. 빈 셀에 'ㄸ'을 입력하고 [한자]를 누르면 특수문자표가 나타납니다. 이 상태에서 [Tab]을 누르면 특수문자표가 다음과 같이 확장됩니다. 여기서 방향키나 마우스를 이용해 원하는 일본어 글자를 하나 선택하고 [Enter]를 누릅니다. 이 과정을 반복해 입력합니다.

 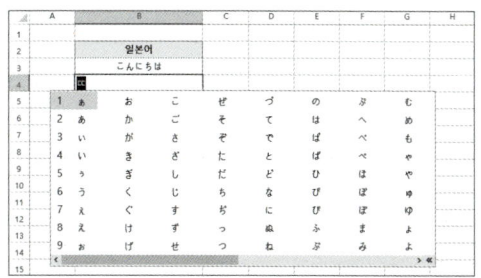

유로, 엔 등의 통화 기호 쉽게 입력하기

070

특수문자는 기호 기능을 이용하거나 한글 자음에 연결된 특수문자표에서 선택하여 입력할 수 있습니다. 이 방법은 여러 단계를 거쳐야 해 불편하므로 자주 사용하는 통화 기호와 같은 특수문자를 자동 고침 목록에 등록해 편리하게 입력하는 방법에 대해 알아보겠습니다.

예제 파일 없음

01 빈 엑셀 파일을 열고 [B2] 셀에 '(e)'를 입력합니다. 다음과 같이 유로 통화 기호에 해당하는 특수문자가 표시됩니다. '(e)'를 입력하면 '€'가 나타나도록 [자동 고침] 기능이 설정되어 있기 때문입니다.

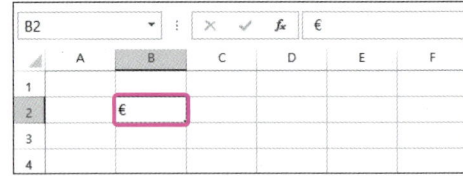

[B2] 셀 : (e)

02 [자동 고침] 기능에 등록된 특수문자를 확인하고 필요한 단어를 추가하기 위해 [파일] 탭-[옵션]을 클릭합니다.

03 [Excel 옵션] 대화상자가 나타나면 [언어 교정] 범주를 선택하고 [자동 고침 옵션]을 클릭합니다.

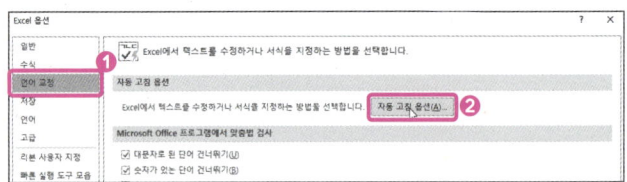

04 [자동 고침] 대화상자의 [자동 고침] 탭에서 자동 고침 목록을 확인할 수 있습니다. 이 목록에 등록된 입력 값은 자동으로 결과 값으로 변환됩니다. 목록에서 (e) 값을 찾아보면 결과가 €로 반환되도록 등록되어 있는 것을 확인할 수 있습니다.

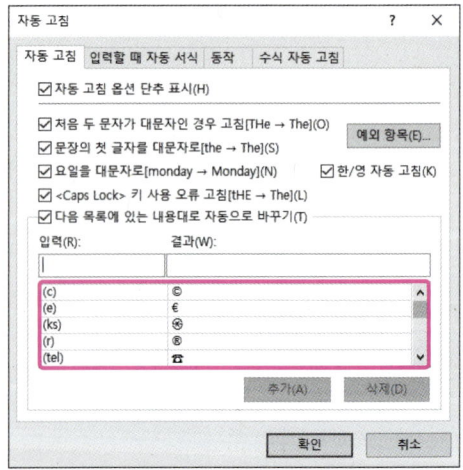

05 [입력]에 입력 값을, [결과]에 특수문자를 입력한 후 [추가]를 클릭해 새 변환 값을 등록합니다. 이제부터 아무 셀에나 '(y)'를 입력하면 '¥'이 나타납니다.

[입력] : (y)

[결과] : ¥

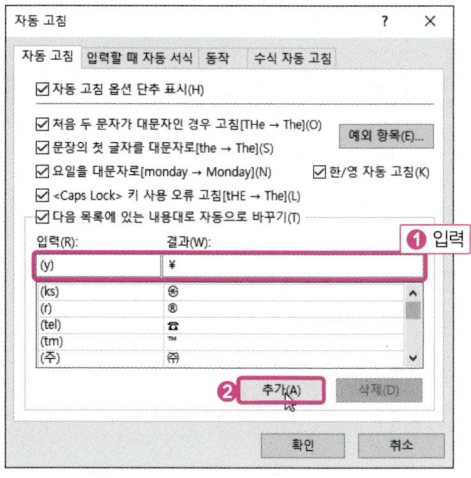

> **Plus⁺** 대화상자에서 특수문자 입력하기
>
> ¥는 특수문자이므로 [결과]에 입력하기가 쉽지 않습니다. 이때는 한글 자음에 연결된 특수문자를 입력하는 방법을 사용하면 됩니다. ¥는 한글 ㄹ에 연결되어 있습니다. [결과]에 'ㄹ'을 입력하고 한자를 누른 후 선택하면 됩니다.

이처럼 자주 사용하는 특수문자를 자동 고침 목록에 등록해두면 빠르게 입력할 수 있습니다. 다만 이렇게 등록된 특수문자는 현재 PC에서만 사용할 수 있습니다. 다른 PC에서도 같은 작업을 하려면 동기화 작업을 해야 합니다.

LINK 동기화 작업에 대한 자세한 정보는 'NO. 073 자동 고침 목록을 다른 PC와 동기화하기'를 참고합니다.

16~99 사이의 원 문자 입력하기　071

서식을 작성할 때 원 문자를 사용하는 경우가 많습니다. 한글 같은 워드 프로세서에서 원 문자를 사용하는 것은 어렵지 않지만, 엑셀은 1~15까지만 원 문자가 제공되므로 16 이상의 원 문자를 자주 사용한다면 별도의 글꼴을 추가하는 것이 좋습니다. 16 이상의 원 문자를 지원하는 CombiNumerals 글꼴을 사용하는 방법에 대해 알아보겠습니다.

예제 파일　PART 02 \ CHAPTER 08 \ cnfree_tt.zip

01 예제로 제공되는 'cnfree_tt.zip' 파일을 압축 해제한 후 두 개의 글꼴 파일을 윈도우 하위 폴더인 'Fonts' 폴더(C:\Windows\Fonts)에 복사합니다.

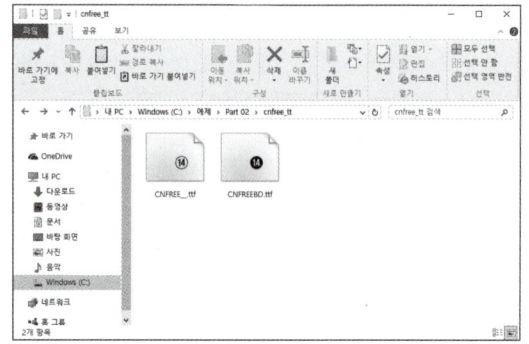

TIP　CombiNumerals 글꼴은 무료이므로 개인 사용자는 자유롭게 이용할 수 있습니다.

02 엑셀이 실행된 상태라면 프로그램을 종료하고 다시 실행합니다. 셀을 선택하고 [홈] 탭-[글꼴] 그룹-[글꼴 상자]에서 [CombiNumerals]를 선택한 후 다음을 참고해 원 문자를 추가합니다.

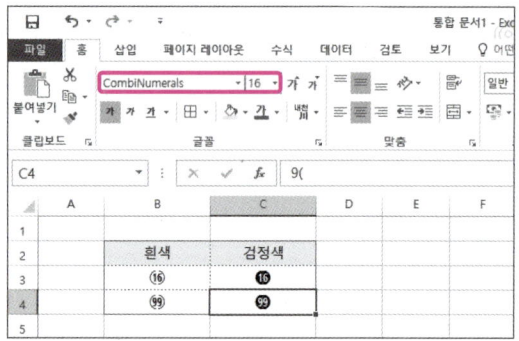

TIP　16 이상의 원 문자 입력 방법
❶ 16을 입력하려면 '1'을 입력한 후 Shift를 누르고 '6'을 입력합니다.
❷ 검정 음영을 표시하려면 숫자를 입력하고 [홈] 탭-[글꼴] 그룹-[가 굵게]를 클릭합니다.

Plus⁺　CombiNumerals 글꼴을 사용할 때 원 문자 입력 방법

참고	방법
한 자리 원 문자	영문자 q, w, e, r, t, y, u, i, o를 입력합니다.
두 자리 원 문자	첫 번째 숫자는 그냥 입력하고, 두 번째 숫자는 Shift를 누르고 입력합니다.

한/영 자동 고침 기능 끄기 072

[자동 고침] 기능에는 [한/영 자동 고침] 기능이 활성화되어 있습니다. 매우 편리한 기능이지만 영문 아이디나 영어 단어를 입력할 때 한글로 자동 변환되거나 그 반대의 상황이 자주 발생한다면 이 기능을 해제하는 것이 좋습니다. 여기서는 [한/영 자동 고침] 기능을 해제하고 사용하는 방법에 대해 알아보겠습니다.

예제 파일 없음

01 빈 셀에 엑셀의 확장자 중 하나인 'xlsm'을 입력하면 화면과 같이 '티느'라는 한글로 자동 변경됩니다. 이것은 [한/영 자동 고침] 기능이 활성화되어 있기 때문입니다. 그러므로 자주 입력하는 한글(또는 영어)이 다른 언어로 변경되는 것을 막으려면 옵션을 변경해 기능을 해제해야 합니다.

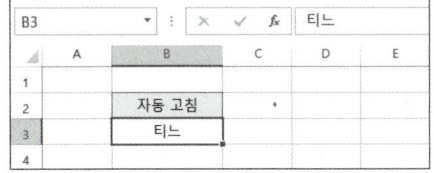

02 [파일] 탭-[옵션]을 클릭합니다. [Excel 옵션] 대화상자의 [언어 교정] 범주에서 [자동 고침 옵션]을 클릭합니다.

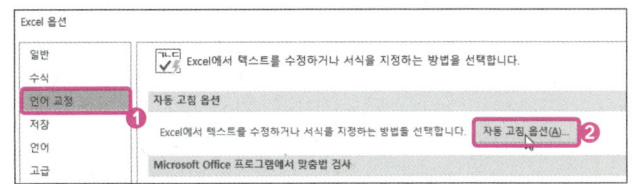

03 [자동 고침] 대화상자가 표시되면 [자동 고침] 탭에 있는 [한/영 자동 고침]의 체크 표시를 해제하고 [확인]을 클릭합니다. 아까 입력했던 'xlsm'을 다시 입력하면 이제 한글로 자동 변경되지 않는 것을 확인할 수 있습니다.

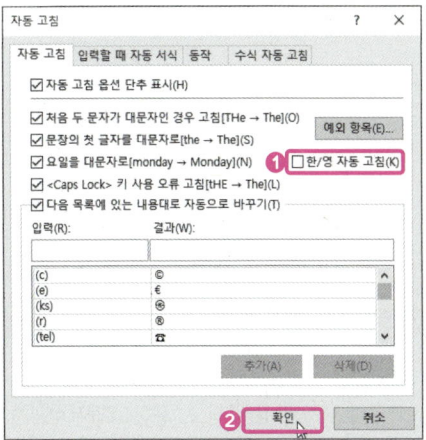

TIP [한/영 자동 고침]을 해제해도 [자동 고침] 기능은 제대로 동작합니다.

자동 고침 목록을 다른 PC와 동기화하기 073

특정 단어나 특수문자 등을 입력하기 쉽게 하기 위해 자동 고침 목록에 등록해서 사용하기도 합니다. 여러 대의 PC를 사용하고 있으며 PC마다 원하는 단어나 특수문자를 변경하는 방법을 반복하고 싶지 않다면 여기서 소개하는 예제를 사용해 목록을 동기화하면 됩니다.

예제 파일 PART 02 \ CHAPTER 08 \ 자동 고침 목록 동기화.xlsx

01 자동 고침 목록을 추가한 PC에서 예제 파일을 불러옵니다. 수식 입력줄 상단에 노란색 보안 경고 메시지가 표시되면 [콘텐츠 사용]을 클릭합니다. 이 파일에는 목록을 동기화하는 매크로가 들어 있습니다. 〈현재 PC 목록 기억〉 버튼을 클릭합니다.

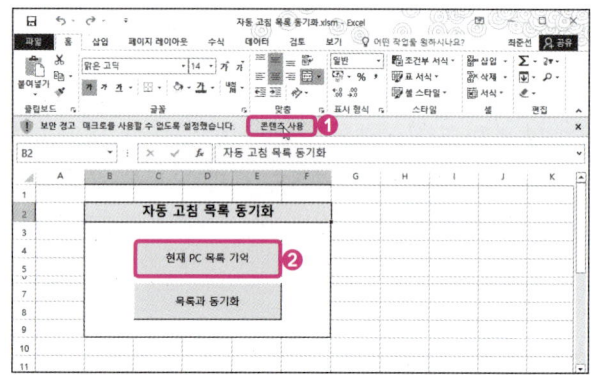

02 '자동고침목록' 시트가 새롭게 생성되고 현재 PC에 등록된 자동 고침 목록이 모두 [A:B] 열에 입력됩니다.

03 이 파일을 저장한 후 동기화할 PC에 전송합니다. 해당 PC에서 **01** 과정을 참고해 파일을 열고 〈목록과 동기화〉 버튼을 클릭합니다. 다음과 같은 안내 메시지가 표시되고 '자동고침목록' 시트가 삭제됩니다.

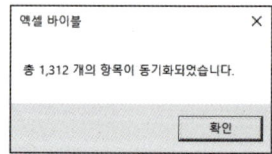

TIP 이 방법으로 한 PC의 자동 고침 목록을 여러 PC로 옮길 수 있습니다. 참고로 이 파일의 매크로를 수정해 사용하려면 VBA(Visual Basic for Applications) 언어를 배워야 합니다. 매크로에 대해 보다 자세하게 학습하고자 한다면 《엑셀 매크로&VBA 바이블》 책을 참고합니다.

CHAPTER 09

자동 채우기, 빠른 채우기

자동 채우기 기능 이해하기 074

셀에 값을 입력할 때 일정한 패턴(1, 2, 3, … 등)으로 입력하거나 동일한 값을 반복해서 입력해야 하는 경우가 있습니다. 자동 채우기는 이러한 입력 작업을 효과적으로 도와주는 기능입니다.

예제 파일 PART 02 \ CHAPTER 09 \ 자동 채우기.xlsx

01 예제 파일을 불러옵니다. [B:E] 열에 각각의 데이터 형식에 맞는 데이터가 입력되어 있습니다.

02 [B3] 셀의 채우기 핸들을 [B10] 셀까지 드래그합니다. [B3] 셀의 '1'과 배경색(서식)이 복사됩니다.

TIP 셀을 하나만 선택해 채우면 셀 값과 서식이 그대로 복사됩니다. Ctrl 을 누른 채로 채우면 [연속 데이터 채우기] 옵션이 적용되어 1씩 증가하는 결과가 반환됩니다.

03 Ctrl + Z 를 누르거나 빠른 실행 도구 모음의 [↶ 실행 취소]를 클릭해 이전 작업을 취소합니다. [B3:B4] 범위를 선택하고 채우기 핸들을 [B10] 셀까지 드래그합니다.

TIP 숫자가 입력된 셀을 여러 개 선택하고 자동 채우기를 하면 선택된 범위 내 셀 값의 패턴을 인식해 일정하게 증가하거나 감소하며 채워집니다. Ctrl 을 누른 채로 채우면 [A3:A4] 범위의 값이 복사됩니다.

04 03 과정에서 서식(배경색)이 적용되지 않고 값만 증가되도록 하려면 [🔲 자동 채우기] 옵션을 클릭하고 [서식 없이 채우기]를 선택합니다.

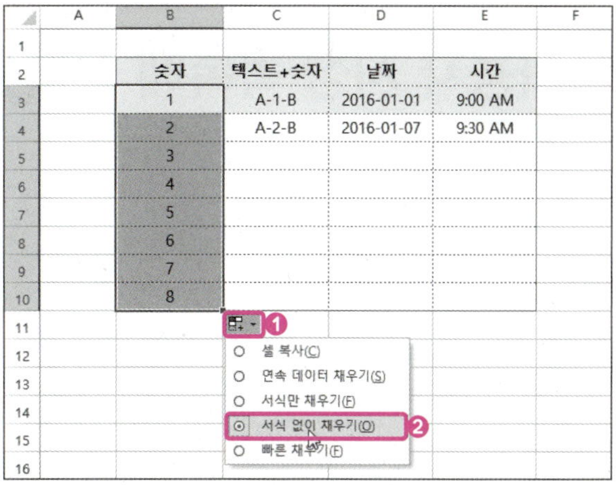

Plus⁺ [자동 채우기] 옵션의 메뉴 이해하기

옵션	설명
셀 복사	선택한 셀(또는 범위)의 값과 서식을 복사합니다. 이 옵션이 기본 적용되는 상태에서 Ctrl을 누르고 드래그하면 연속 데이터 채우기 옵션이 적용됩니다.
연속 데이터 채우기	선택한 범위 내 숫자 패턴을 인식해 해당 패턴에 맞게 값이 증가하거나 감소합니다. 참고로 서식도 함께 복사됩니다. 이 옵션이 기본 적용되는 상태에서 Ctrl을 누르고 드래그하면 셀 복사 옵션이 적용됩니다.
서식만 채우기	선택한 셀(또는 범위)의 값은 제외하고 서식만 복사합니다.
서식 없이 채우기	선택한 셀(또는 범위)의 값만 복사합니다.
빠른 채우기	엑셀 2013부터 새롭게 추가된 기능입니다. **LINK** 빠른 채우기에 대한 자세한 정보는 'No. 077 빠른 채우기 기능을 이용해 일정한 규칙에 맞게 셀 값 분리하기'를 참고합니다.

05 텍스트 값에 숫자가 포함된 [C] 열이나 [D:E] 열의 날짜와 시간 값도 입력된 숫자 값 패턴을 인식해 값을 증가(또는 감소)시킬 수 있습니다. [C3:E4] 범위를 선택하고 ➕ 채우기 핸들을 [E10] 셀까지 드래그하면 셀에 다음 그림과 같은 값이 채워집니다.

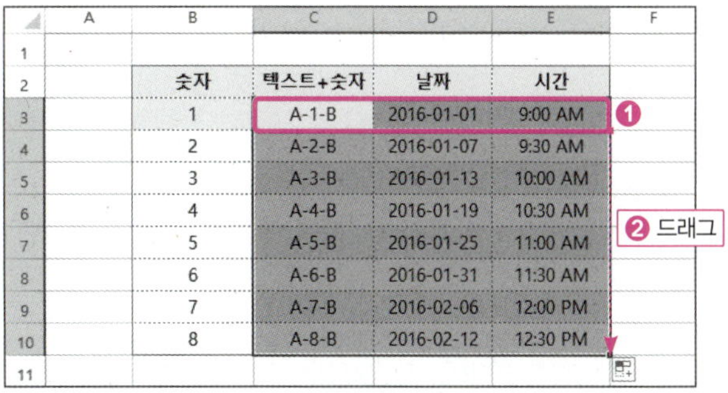

사용자 지정 목록에 등록된 값으로 자동 채우기 사용하기

075

텍스트 값은 패턴을 인식할 수 없기 때문에 [자동 채우기] 기능을 이용하기 어렵지만 엑셀에는 자주 사용하는 값을 등록해놓고 사용할 수 있는 [사용자 지정 목록] 기능이 있습니다. 이 목록에 추가된 값은 텍스트 값이라고 해도 [자동 채우기] 기능을 이용해 추가할 수 있습니다. 필요한 값을 사용자 지정 목록에 등록하고 이를 이용해 손쉽게 입력하는 방법에 대해 알아보겠습니다.

예제 파일 없음

01 [파일] 탭-[옵션]을 클릭해 [Excel 옵션] 대화상자가 열리면 [고급] 범주를 선택하고 [일반] 항목에서 [사용자 지정 목록 편집]을 클릭합니다.

TIP 엑셀 2007에는 [사용자 지정 목록 편집]이 [Excel 옵션] 대화상자의 [기본 설정]에 있습니다.

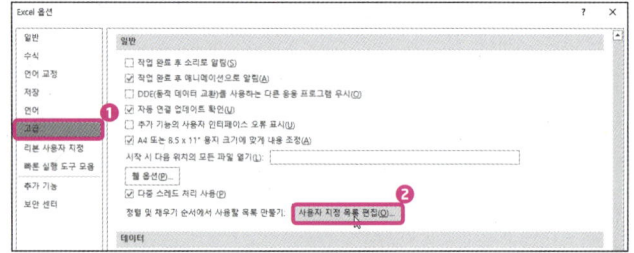

02 [사용자 지정 목록] 대화상자가 열리면 [사용자 지정 목록]에 등록된 텍스트 값을 확인하고 [확인]을 클릭해 대화상자를 닫습니다.

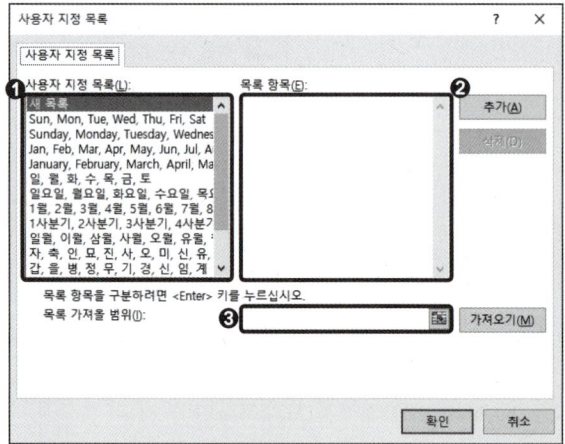

[사용자 지정 목록] 대화상자는 등록된 목록을 표시하거나 새 목록을 등록할 때 사용합니다.

❶ **사용자 지정 목록** : [자동 채우기] 기능을 이용해 채워넣을 수 있는 텍스트 값입니다.

❷ **목록 항목** : 사용자 지정 목록에 등록할 값을 직접 입력합니다. 등록할 단어를 하나씩 입력하고 Enter를 눌러 구분한 후 [추가]를 클릭하면 등록됩니다.

❸ **목록 가져올 범위** : 사용자 지정 목록에 등록할 값이 입력된 범위를 선택한 후 [가져오기]를 클릭하면 등록됩니다.

03 [B3] 셀에 다음 값을 입력하고 [B3] 셀의 ⊞ 채우기 핸들을 [B15] 셀까지 드래그합니다. 사용자 지정 목록에 등록된 요일 값이 드래그한 범위에 채워집니다.

[B3] 셀 : 월

TIP 사용자 지정 목록에 자주 사용하는 텍스트 값(예를 들면 직위, 부서 등)을 등록하고 [자동 채우기] 기능을 사용해 입력하면 편리합니다.

채우기 핸들을 드래그할 수 없을 때 해결 방법 076

[자동 채우기] 기능은 보통 마우스를 이용하기 때문에 채우기 핸들을 드래그할 수 없으면 기능을 사용하기에 불편합니다. 보통 이런 문제가 발생하면 Excel 옵션이 변경되었을 가능성이 높습니다. 여기서는 자동 채우기 핸들과 관련한 Excel 옵션을 살펴보고 다시 정상으로 복원하는 방법에 대해 알아보겠습니다.

> 예제 파일 없음

01 ⊞ 채우기 핸들을 드래그할 수 있는지 여부는 마우스 포인터 모양으로 확인할 수 있습니다. 왼쪽 화면의 모양이 정상적으로 드래그할 수 있는 경우이고 오른쪽 화면의 모양일 때는 채우기 핸들이 드래그되지 않습니다.

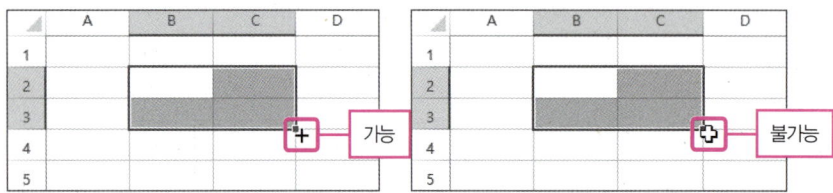

02 [파일] 탭-[옵션]을 클릭합니다. [Excel 옵션] 대화상자가 열리면 [고급] 범주를 선택하고 [편집 옵션] 항목의 [채우기 핸들 및 셀 끌어서 놓기 사용]에 체크 표시가 해제되어 있는지 확인합니다. 해제되어 있다면 다시 체크 표시를 하고 [확인]을 클릭합니다.

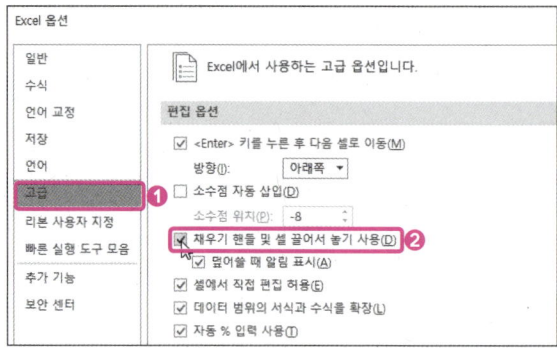

03 ⊞ 채우기 핸들을 드래그해 정상적으로 자동 채우기 기능을 이용할 수 있는지 확인합니다.

> **Plus⁺ 자동 채우기 기능을 키보드로 이용하는 방법**
>
> 자동 채우기는 보통 셀을 선택하고 드래그하는 방법을 사용하는데, 이를 키보드로 이용하려면 먼저 입력된 값과 채워 넣을 범위를 모두 선택한 다음 행 방향인 경우에는 단축키 Ctrl+D, 열 방향인 경우에는 단축키 Ctrl+R을 눌러 처리할 수 있습니다. 단, 이렇게 하면 입력된 값의 패턴을 분석할 수는 없고 첫 번째 셀의 값(또는 수식)만 복사됩니다.

077 빠른 채우기 기능을 이용해 일정한 규칙에 맞게 셀 값 분리하기

셀 값을 일정한 규칙에 맞게 잘라낼 필요가 있을 때는 LEFT, MID, RIGHT, FIND, SEARCH, LEN 등의 함수를 사용하거나 상황에 따라 텍스트 나누기 명령을 사용합니다. 그런데 엑셀 2013부터는 [빠른 채우기]라는 강력한 편집 기능이 추가되어 사용자들이 좀 더 쉽게 원하는 데이터를 얻을 수 있게 되었습니다. [빠른 채우기] 기능을 이용해 셀 값에서 원하는 값을 분리하는 방법을 알아보겠습니다.

예제 파일 PART 02\CHAPTER 09\빠른 채우기.xlsx

01 예제 파일을 열면 화면과 같은 데이터를 확인할 수 있습니다. [D] 열에서 [C] 열의 값 중 시/도 명을 얻기 위해 [빠른 채우기] 기능을 이용해보겠습니다.

02 [D3] 셀에 [C3] 셀의 시/도 명에 해당하는 '경상북도'를 입력한 후 [D4] 셀을 선택하고 [데이터] 탭-[데이터 도구] 그룹-[빠른 채우기]를 클릭합니다.

TIP [빠른 채우기] 명령의 단축키는 Ctrl + E 입니다.

03 [D4:D11] 범위에 [C4:C11] 범위의 시/도 명이 정확하게 반환됩니다.

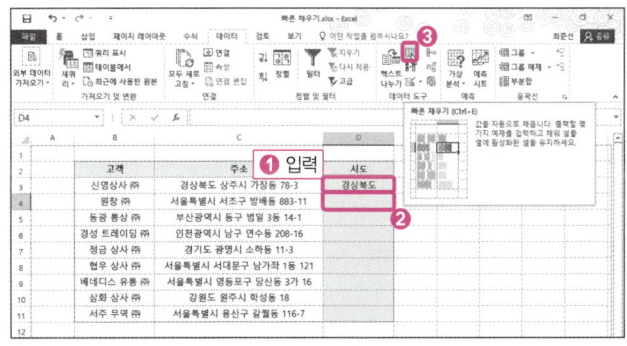

빠른 채우기로 입력된 데이터 수정하기

078

[빠른 채우기] 기능은 셀 값을 잘라낼 때뿐 아니라 셀 값을 원하는 형식으로 변경할 때도 유용합니다. 기본적으로 [빠른 채우기] 기능은 사용자가 입력한 패턴을 분석해 연속된 범위에 해당 패턴을 그대로 적용합니다. 그러므로 패턴만 일정하다면 셀 값을 분리하거나 원하는 형식으로 변경할 수 있습니다. 입력된 데이터의 형식을 [빠른 채우기] 기능을 이용해 변경하는 방법에 대해 알아보겠습니다.

예제 파일 PART 02 \ CHAPTER 09 \ 빠른 채우기-편집.xlsx, 빠른 채우기-오류2.xlsx

01 예제 파일을 열면 화면과 같은 표를 확인할 수 있습니다. [C] 열에 입력된 이메일 주소의 메일 서버를 'outlook.com'에서 'excel.com'으로 변경해보겠습니다.

02 [C3:C11] 범위에 입력된 이메일 주소의 패턴을 보면 마침표(.)가 있는 것이 있고 없는 것이 있습니다. [D3] 셀과 [D4] 셀에 수정할 값을 각각 입력합니다.

D3 : dh.kim@excel.com
D4 : ahn@excel.com

03 [D5] 셀에서 단축키 Ctrl + E 를 눌러 [빠른 채우기]를 실행하면 화면과 같은 결과를 얻을 수 있습니다.

> **TIP** [바꾸기](Ctrl + H) 기능을 이용해 이메일 주소를 변경할 수도 있지만, 그렇게 하면 하이퍼링크로 연결된 주소는 변경되지 않습니다. 하지만 [빠른 채우기] 기능은 변경된 패턴에 맞춰 입력을 고쳐주므로 이번과 같이 값을 고치고 하이퍼링크 주소도 함께 변경해야 하는 경우에 유용합니다.

빠른 채우기 기능이 동작하지 않을 때 해결 방법

079

[빠른 채우기] 기능은 데이터에 일정한 규칙성이 존재하지 않거나 셀 병합이 된 경우, 그리고 Excel 옵션에서 [빠른 자동 채우기] 옵션이 체크 해제된 경우에는 동작하지 않습니다. [빠른 채우기] 기능이 동작하지 않을 때 이를 해결하는 방법에 대해 알아보겠습니다.

예제 파일 PART 02 \ CHAPTER 09 \ 빠른 채우기-오류.xlsx, 빠른 채우기-오류2.xlsx

병합된 셀이 포함된 경우

01 예제 파일을 열고 [D3:D4] 병합 셀에 [C3:C4] 병합 셀의 값을 원하는 형식으로 수정해 입력합니다.

02 [D5] 셀에서 단축키 Ctrl + E 를 누르면 [빠른 채우기] 기능이 동작하는데, 이 경우에는 병합된 셀이 포함되어 있으므로 다음과 같은 오류 메시지가 나타납니다.

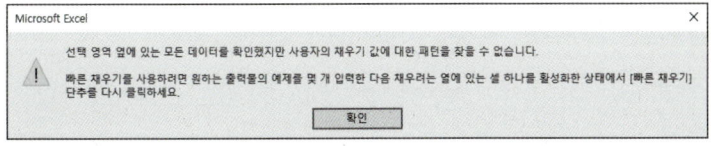

03 병합을 해제하면 원하는 결과를 얻을 수 있습니다. [D3:D11] 범위를 선택하고 [홈] 탭-[맞춤] 그룹-[병합하고 가운데 맞춤]을 클릭해 병합을 모두 해제합니다.

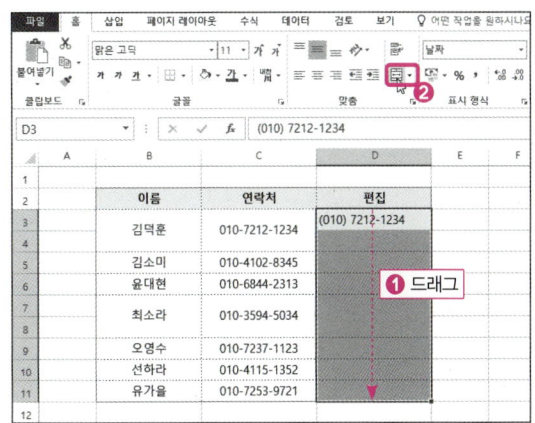

04 단축키 Ctrl+E를 눌러 [빠른 채우기]를 실행하면 화면과 같은 결과를 얻을 수 있습니다.

엑셀 옵션 확인

[빠른 채우기]를 직접 실행하지 않아도 값이 목록에 표시되는 경우가 있습니다. 화면과 같은 표에서 [D3:D4] 범위에 값을 입력한 후 [D5] 셀의 값을 입력하려고 하면 화면과 같이 편집될 값이 목록에 표시됩니다.

만약 위와 같은 목록이 표시되지 않는다면 빠른 채우기 관련 옵션이 해제되어 있을 가능성이 높습니다. [파일] 탭-[옵션]을 클릭해 [Excel 옵션] 대화상자가 열리면 [고급] 범주의 [편집 옵션] 항목을 확인합니다. [빠른 자동 채우기] 옵션의 체크 표시가 해제되어 있다면 다시 체크하고 [확인]을 클릭합니다.

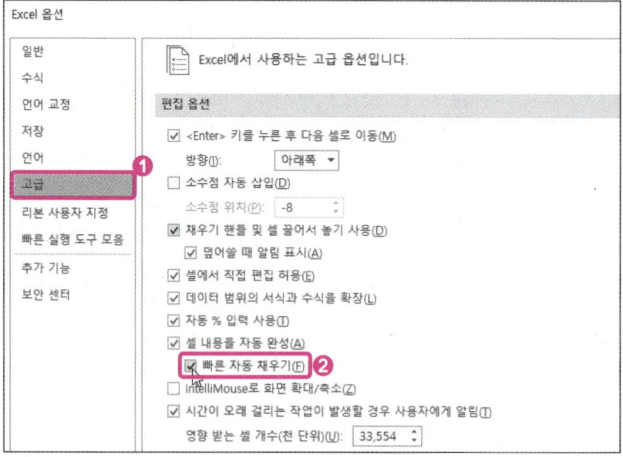

CHAPTER
10

찾기, 바꾸기, 이동, 복사, 붙여넣기

찾기와 바꾸기

파일이 복잡해질수록 특정 값(또는 서식)이 입력된 셀 위치를 찾거나 값을 고치는 일이 쉽지 않습니다. 이런 경우 원하는 값이 입력된 위치를 찾아주는 [찾기] 기능과 찾은 내용을 원하는 값으로 변경해주는 [바꾸기] 기능을 제대로 이해하고 사용할 수 있다면 편리하게 작업할 수 있습니다. [찾기]와 [바꾸기] 기능에 대해 알아보겠습니다.

예제 파일 없음

찾기

[찾기]와 [바꾸기]는 [홈] 탭-[편집] 그룹-[🔍 찾기 및 선택▼]에 있습니다.

[찾기] 단축키 : Ctrl + F
[바꾸기] 단축키 : Ctrl + H

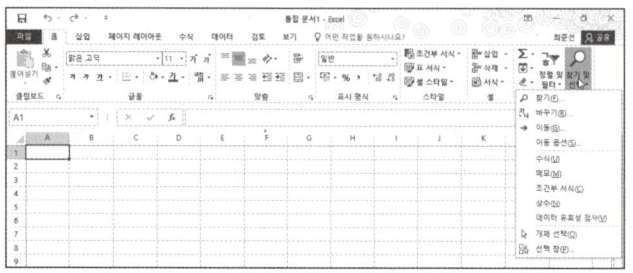

[홈] 탭-[편집] 그룹-[🔍 찾기 및 선택▼]을 클릭하고 [찾기]를 선택하거나 Ctrl + F 를 누르면 [찾기 및 바꾸기] 대화상자가 [찾기] 탭이 표시된 채로 열립니다.

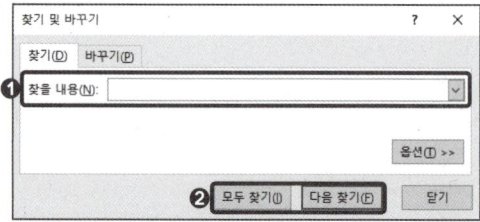

❶ **찾을 내용**
찾을 문자(또는 열)를 입력합니다.
찾을 내용에는 와일드 카드 문자를 사용할 수 있습니다. 일부 문자만 알고 있는 경우 '*엑셀*'이라고 입력해 '엑셀'을 포함하는 모든 값을 찾을 수 있습니다. 문자 하나만 모를 때는 '?준선'이라고 입력해 박준선, 김준선, 최준선 등의 값을 찾을 수 있습니다.

❷ **찾는 방법**
• 모두 찾기 : 찾을 내용의 값을 갖는 모든 위치를 대화상자에 표시합니다.
• 다음 찾기 : 찾은 셀을 하나씩 선택합니다.

바꾸기

[홈] 탭-[편집] 그룹-[찾기 및 선택▼]을 클릭하고 [바꾸기]를 선택하거나 Ctrl+H를 누르면 [찾기 및 바꾸기] 대화상자가 [바꾸기] 탭이 표시된 채로 열립니다. 단축키 Ctrl+F를 눌러 [찾기] 탭이 표시된 상태로 대화상자를 열고 [바꾸기] 탭을 클릭해도 됩니다.

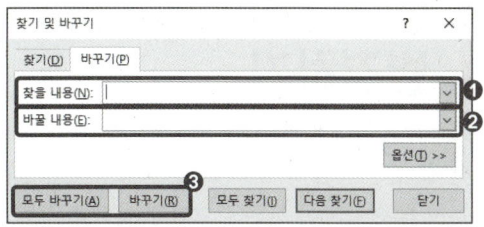

> ❶ **찾을 내용**
> [찾기] 탭의 찾을 내용과 동일합니다. 찾을 문자(또는 열)를 입력합니다.
>
> ❷ **바꿀 내용**
> 바꿀 문자(또는 열)를 입력합니다. 아무 것도 입력하지 않으면 [찾을 내용]에 입력한 값을 찾아 삭제하는 작업이 진행됩니다.
>
> ❸ **바꾸는 방법**
> • 모두 바꾸기 : [찾을 내용]에 입력한 값을 모두 찾아 [바꿀 내용]에 입력한 값으로 수정합니다.
> • 바꾸기 : [찾을 내용]에 입력한 값을 하나씩 찾아 [바꿀 내용]에 입력한 값으로 수정합니다.

옵션 설정

[찾기]와 [바꾸기]는 모두 대화상자에서 옵션을 따로 설정할 수 있으며, 옵션을 변경하면 다양한 방식으로 값을 찾거나 변경할 수 있습니다. [찾기 및 바꾸기] 대화상자에서 [옵션]을 클릭합니다.

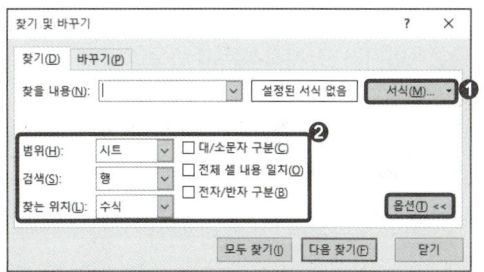

> ❶ **서식**
> 셀을 찾는 조건을 값이 아니라 서식으로 설정해 찾거나 바꿀 때 사용합니다. 클릭하면 나타나는 [셀 서식] 대화상자에서 찾으려는 서식을 선택할 수 있습니다.
>
> ❷ **옵션**
> • 범위 : 현재 워크시트에서만 찾으려면 [시트]를, 현재 파일에서 찾으려면 [통합문서]를 선택합니다.
> • 검색 : 우선해서 찾을 방향을 선택합니다. [행]을 선택하면 아래쪽을, [열]을 선택하면 오른쪽을 먼저 찾습니다.
> • 찾는 위치 : 셀에 표시되는 값을 찾으려면 [값]을, 수식에서 찾으려면 [수식]을 선택합니다.
> • 대/소문자 구분 : 영어 대/소문자를 구분해서 찾아야 할 때 체크 표시를 합니다.
> • 전체 셀 내용 일치 : 찾을 내용에 입력한 값과 셀 전체 내용이 일치하는 셀을 찾을 때 체크 표시를 합니다.
> • 전자/반자 구분 : 전자와 반자를 구분해서 찾아야 할 때 체크 표시를 합니다.

셀에 입력된 값 일부를 찾아 변경하기

081

셀 값 중 일부를 수정하거나 삭제할 때는 [바꾸기] 기능을 사용하는 것이 가장 효과적입니다. 와일드 카드 문자(?, *)를 사용해 고칠 값의 규칙을 작성해 전체 데이터를 한 번에 편집하는 것도 가능합니다. [바꾸기] 기능을 이용해 데이터를 효율적으로 변경하는 방법에 대해 알아보겠습니다.

예제 파일 PART 02 \ CHAPTER 10 \ 바꾸기.xlsx

01 예제 파일을 열고 [B] 열에 입력되어 있는 주민등록번호의 뒤 여섯 자리 값을 숨기기 위해 '******'로 변경하고 [C] 열의 전화번호에서 괄호 안의 지역번호를 삭제해보겠습니다.

02 먼저 '1'로 시작하는 주민등록번호를 수정합니다. [B6:B11] 범위를 선택하고 단축키 Ctrl + H 를 누릅니다. [찾기 및 바꾸기] 대화상자가 열리면 [찾을 내용]과 [바꿀 내용]을 입력한 후 [모두 바꾸기]를 클릭합니다.

찾을 내용 : -1*

바꿀 내용 : -1******

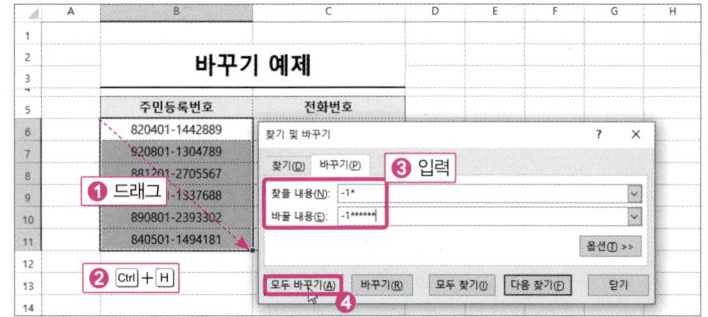

> **Plus⁺ 찾을 내용과 바꿀 내용 이해하기**
>
> 주민등록번호의 뒷자리를 바꾸려면 값이 어떤 패턴으로 입력되어 있는지 이해해야 합니다. [B6:B11] 범위의 값을 보면 모두 1 또는 2로 시작하는 일곱 자리 값이라는 것을 알 수 있습니다. 그러므로 1로 시작하는 번호와 2로 시작하는 번호를 각각 정리하면 됩니다. 우선 [찾을 내용]에 '-1*'을 입력해서 -1로 시작하는 모든 번호를 수정합니다. [바꿀 내용]에는 '-1******'을 입력해 뒤의 여섯 자리를 * 문자로 바꿉니다. 이때 [찾을 내용]에 입력한 *와 [바꿀 내용]에 입력한 *는 서로 다른 역할을 수행합니다. [찾을 내용]에는 와일드 카드 문자를 사용할 수 있으므로 -1로 시작하는 모든 번호를 의미하지만, [바꿀 내용]에는 와일드 카드 문자를 사용할 수 없으므로 *는 입력한 그대로 * 문자를 의미합니다.

03 '2'로 시작하는 주민등록번호도 변경하기 위해 다음과 같이 입력하고 [모두 바꾸기]를 클릭합니다. [닫기]를 클릭해 대화상자를 닫습니다.

찾을 내용 : –2*

바꿀 내용 : –2****

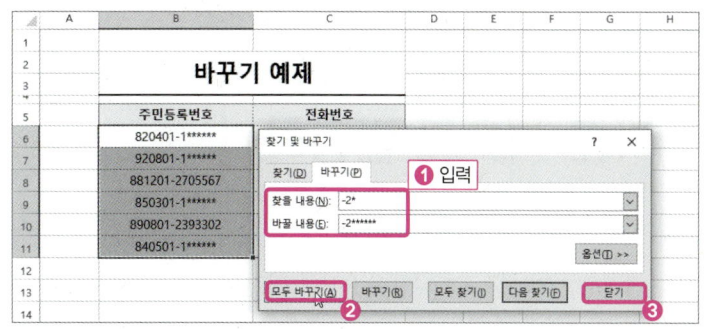

TIP 여기서는 2로 시작하는 문자를 변경하기 위해 [찾을 내용]과 [바꿀 내용]을 **02** 단계와 동일한 방식으로 수정했습니다.

04 이번에는 전화번호의 앞에 있는 지역번호를 삭제하겠습니다. [C6:C11] 범위를 선택하고 단축키 Ctrl + H 를 누릅니다. [찾기 및 바꾸기] 대화상자가 열리면 다음과 같이 입력하고 [모두 바꾸기]를 클릭합니다.

찾을 내용 : (*)

바꿀 내용 :

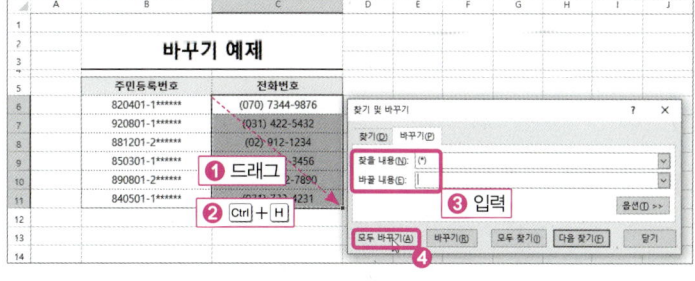

> **Plus⁺ 찾을 내용과 바꿀 내용 이해하기**
>
> [C6:C11] 범위에 입력된 전화번호의 지역번호는 모두 괄호 안에 있으므로 [찾을 내용]에 괄호 안의 값을 입력합니다. 괄호 안의 숫자는 02, 031, 051처럼 자릿수와 숫자가 모두 다르므로 와일드 카드 문자를 사용해 '(*)'로 입력했습니다. [바꿀 내용]에는 아무것도 입력하지 않고 비워놓아 [찾을 내용]의 값을 모두 찾아 지우도록 설정했습니다.

05 다음과 같은 결과가 얻어집니다.

	주민등록번호	전화번호
6	820401-1******	7344-9876
7	920801-1******	422-5432
8	881201-2******	912-1234
9	850301-1******	322-3456
10	890801-2******	7542-7890
11	840501-1******	733-4231

표에 적용된 색상을 한 번에 다른 색으로 변경하기

082

표에 적용된 여러 색 중에서 특정 색을 다른 색으로 변경해야 할 때가 있습니다. [바꾸기] 기능에는 서식을 변경하는 기능도 포함되어 있으므로 이런 작업 역시 [바꾸기] 기능을 이용하는 것이 편리합니다.

예제 파일 PART 02 \ CHAPTER 10 \ 견적서.xlsx

01 예제 파일을 열면 '견적서' 표가 있습니다. 표 서식에 적용된 연한 회색 배경색을 좀 더 진한 회색으로 변경해보겠습니다.

02 단축키 Ctrl+H를 누르거나 [홈] 탭-[편집] 그룹-[찾기 및 선택]을 클릭하고 [바꾸기]를 선택합니다. [찾기 및 바꾸기] 대화상자의 [바꾸기] 탭에서 [옵션]을 클릭해 대화상자를 확장하고 [찾을 내용]의 [서식]을 클릭합니다.

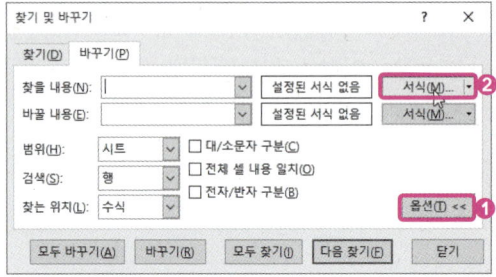

03 [서식 찾기] 대화상자가 열리면 [채우기] 탭의 색상표에서 1열의 2행에 있는 색(흰색, 배경1, 5% 더 어둡게)을 선택하고 [확인]을 클릭합니다.

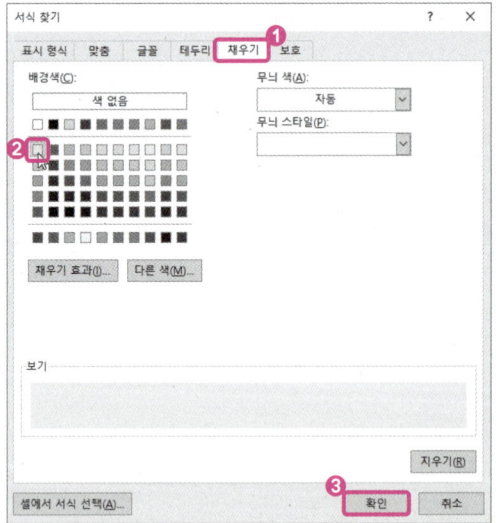

TIP 미리 보기 영역에서 선택한 서식을 확인할 수 있습니다.

04 이제 [바꿀 내용]의 [서식]을 클릭해 바꿀 색상을 선택합니다.

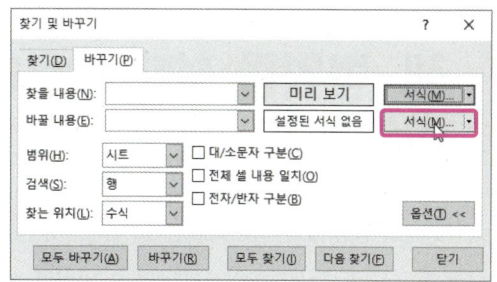

05 모두 설정했다면 [모두 바꾸기]를 클릭합니다. [찾을 내용]에서 지정한 서식(배경색)이 모두 [바꿀 내용]에 지정한 서식으로 변경됩니다.

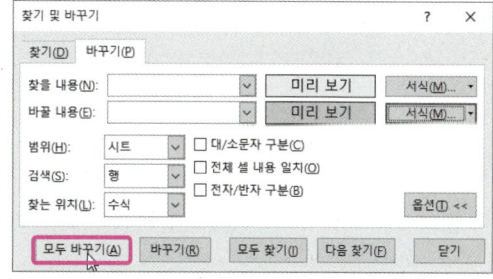

06 표의 배경색이 다음과 같이 변경됩니다.

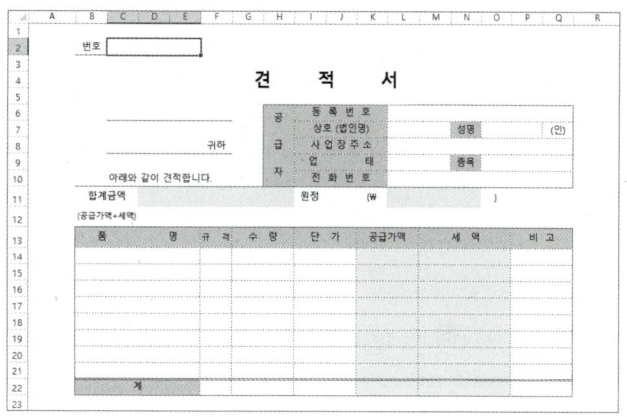

Plus⁺ 지정한 서식 조건 삭제하기

[찾기 및 바꾸기] 대화상자에서 설정한 서식 조건은 다시 해제하기 전까지 그대로 유지됩니다. 이 설정 때문에 다음에 [찾기]나 [바꾸기] 작업을 수행하려고 할 때 제대로 동작하지 않을 수 있으므로 작업이 끝나면 기존 서식 조건을 삭제해야 합니다. [찾기 및 바꾸기] 대화상자를 다시 열고 [찾을 내용]의 [서식▼]을 클릭해 [서식 찾기 지우기]를 선택합니다. [바꿀 내용]의 서식 조건도 같은 방법으로 삭제합니다. [바꿀 내용]의 [서식▼]에는 [서식 바꾸기 지우기]로 표시됩니다.

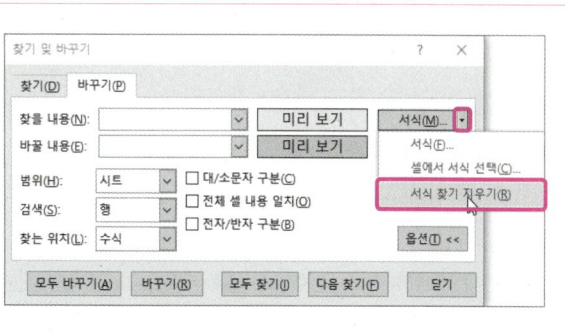

셀, 범위를 선택하는 다양한 방법 이해하기

083

워크시트에 데이터를 입력하거나 편집하려면 대상 범위를 정확하게 선택해야 합니다. 엑셀을 사용한 경험이 많다면 셀이나 범위를 선택하는 방법은 기본적으로 이해하고 있겠지만, 의외로 잘 모르는 방법이 있을 수도 있습니다. 셀, 범위를 선택하는 가장 기본적인 방법에 대해 알아보겠습니다.

예제 파일 PART 02 \ CHAPTER 10 \ 범위 선택.xlsx

연속된 범위를 선택

예제 파일을 열고 표 전체인 [B2:I11] 범위를 선택해보겠습니다.

사번	이름	직위	주민등록번호	나이	생년월일	입사일	근속기간
1	김덕훈	부장	730219-1234567	44	1973-02-19	2001-05-14	14년 8개월
2	안정훈	과장	800304-1234567	37	1980-03-04	2005-10-17	10년 3개월
3	김소미	과장	821208-2134567	35	1982-12-08	2010-05-01	5년 8개월
4	윤대현	대리	850830-1234567	32	1985-08-30	2014-04-01	1년 9개월
5	최소라	사원	890919-2134567	28	1989-09-19	2013-05-03	2년 8개월
6	김찬진	대리	850702-1234567	32	1985-07-02	2012-10-17	3년 3개월
7	오영수	사원	900529-1234567	27	1990-05-29	2014-01-02	2년 0개월
8	선하라	사원	920109-2134567	25	1992-01-09	2014-03-05	1년 10개월
9	유가을	사원	910127-2134567	26	1991-01-27	2013-11-15	2년 2개월

연속된 범위를 선택하는 방법

❶ 데이터가 적은 경우
- [B2] 셀을 선택하고 [I11] 셀 방향으로 드래그합니다.
- [B2] 셀을 선택한 상태에서 F8 을 누르고 방향키를 눌러 [I11] 셀로 이동합니다.

❷ 데이터가 많은 경우
- [B2:I11] 범위 내 아무 셀이나 선택하고 Ctrl + A 를 누릅니다. 단, 이 방법은 표에 빈 행(또는 열)이 없어야 합니다.
- [B2] 셀을 클릭하고, Shift 를 누른 상태에서 [I11] 셀을 클릭합니다.

Plus⁺ F8 의 역할 이해하기

F8 은 선택 영역을 확장하는 단축키로, 처음 누르면 상태 표시줄에 '선택 영역 확장' 문구가 나타납니다. 이 상태에서 방향키를 이동하면 선택 영역이 계속 확장됩니다. 범위 선택이 끝나면 F8 을 다시 눌러 선택 영역 확장 기능을 해제해야 합니다.

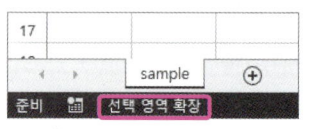

연속된 범위를 선택

떨어진 범위를 선택하려면 마우스와 키보드를 함께 사용하는 것이 좋습니다. 다음과 같이 떨어져 있는 [C2:C11] 범위와 [F2:F11] 범위를 선택해보겠습니다.

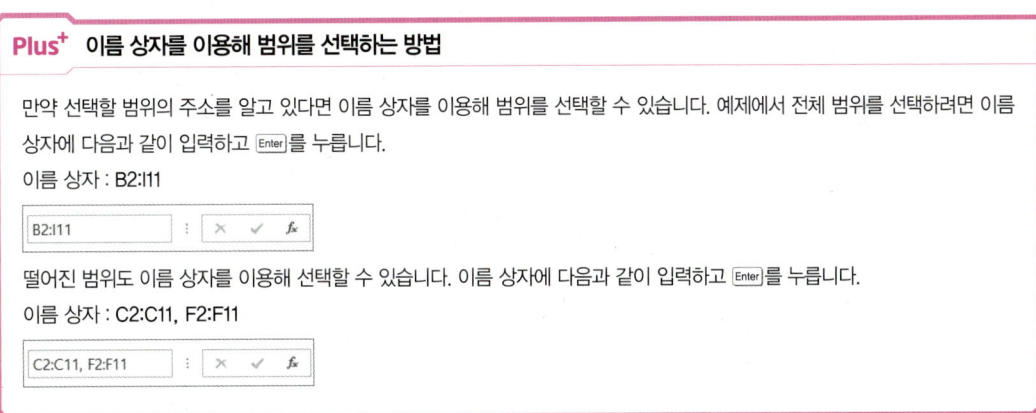

떨어진 범위를 선택하는 방법

❶ 데이터가 적은 경우
- [C2] 셀부터 [C11] 셀까지 드래그해 선택한 후 Ctrl을 누르고 [F2] 셀부터 [F11] 셀까지 드래그합니다.

❷ 데이터가 많은 경우
- [C2] 셀을 선택하고 Ctrl+Shift+↓를 누릅니다. Ctrl을 누른 상태에서 마우스로 [F2] 셀을 클릭하고 다시 Ctrl+Shift+↓를 누릅니다. 이 방법을 제대로 사용하려면 Ctrl+↑/↓/←/→가 어떤 동작을 하는지 이해해야 합니다.

LINK 더 자세한 정보를 얻으려면 'No. 031 워크시트의 특정 위치로 빠르게 이동하거나 셀을 선택하는 방법'을 참고합니다.

Plus⁺ 이름 상자를 이용해 범위를 선택하는 방법

만약 선택할 범위의 주소를 알고 있다면 이름 상자를 이용해 범위를 선택할 수 있습니다. 예제에서 전체 범위를 선택하려면 이름 상자에 다음과 같이 입력하고 Enter를 누릅니다.

이름 상자 : B2:I11

떨어진 범위도 이름 상자를 이용해 선택할 수 있습니다. 이름 상자에 다음과 같이 입력하고 Enter를 누릅니다.

이름 상자 : C2:C11, F2:F11

특정 조건에 맞는 셀(또는 범위)만 빠르게 선택하기 084

빈 셀이나 수식이 입력된 셀 등을 선택해야 할 때가 있습니다. 이 경우 마우스나 키보드를 이용해 작업을 하려면 일일이 선택할 수밖에 없습니다. 하지만 엑셀의 [이동] 기능을 사용하면 이동 옵션에서 선택할 수 있는 다양한 조건에 맞는 셀만 빠르게 선택할 수 있어 편리합니다.

예제 파일 PART 02 \ CHAPTER 10 \ 이동.xlsx

[홈] 탭-[편집] 그룹-[찾기 및 선택]을 클릭하면 [찾기]와 [바꾸기] 아래에 있는 [이동] 명령을 확인할 수 있습니다. 그 밑에 있는 [이동 옵션]과 하위 메뉴 다섯 개는 [이동] 명령의 상세 옵션입니다.

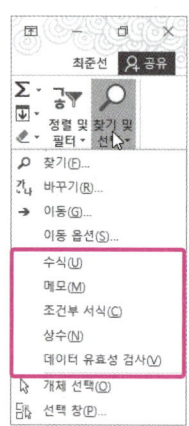

[찾기 및 선택]의 하위 메뉴 중에서 다음 다섯 가지는 [이동] 명령의 상세 옵션입니다.

- 수식 : 수식이 입력된 셀만 선택합니다.
- 메모 : 메모가 입력된 셀만 선택합니다.
- 조건부 서식 : 조건부 서식이 적용된 셀만 선택합니다.
- 상수 : 값이 입력된 셀만 선택합니다.
- 데이터 유효성 검사 : 유효성 검사가 적용된 셀만 선택합니다.

메뉴를 선택하기 전에 [A1:A100]처럼 범위를 선택했다면 선택된 범위에서만 동작하며, 셀을 하나만 선택했다면 워크시트 전체 범위를 대상으로 동작합니다.

[이동] 명령의 상세 옵션을 알고 싶다면 위 메뉴에서 [이동 옵션]을 선택해 [이동 옵션] 대화상자를 불러옵니다. [이동 옵션] 대화상자에서 다양한 옵션을 확인할 수 있습니다.

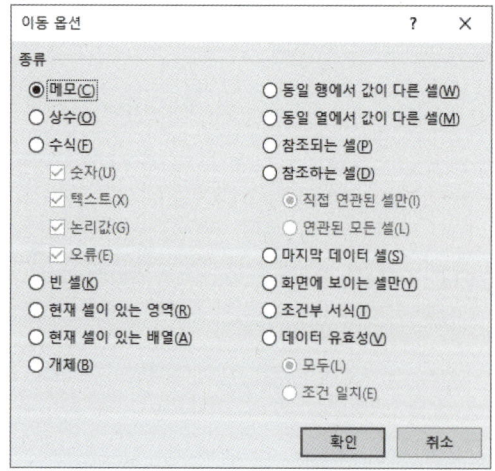

Plus⁺ [이동 옵션] 대화상자 이해하기

종류	설명
메모	[찾기 및 선택] 명령의 하위 메뉴 설명과 동일합니다.
상수	
수식	
빈 셀	빈 셀만 선택합니다.
현재 셀이 있는 영역	현재 셀이 포함된 연속된 범위를 선택합니다.
현재 셀이 있는 배열	현재 셀이 포함된 배열 범위를 선택합니다.
개체	도형, 그림, 차트, 컨트롤 등의 개체만 선택합니다.
동일 행에서 값이 다른 셀	같은 행에서 값이 다른 첫 번째 셀을 선택합니다.
동일 열에서 값이 다른 셀	같은 열에서 값이 다른 첫 번째 셀을 선택합니다.
참조되는 셀	현재 셀에서 참조하는 셀을 선택합니다.
참조하는 셀	현재 셀을 참조하는 셀을 선택합니다.
마지막 데이터 셀	워크시트에서 사용된 마지막 셀을 선택합니다. 단축키 Ctrl + End를 누른 것과 동일한 결과를 반환합니다.
화면에 보이는 셀만	자동 필터 등의 기능으로 감춰진 부분을 제외하고 화면에 표시된 셀만 선택합니다.
조건부 서식	[찾기 및 선택]의 하위 메뉴 설명과 동일합니다.
데이터 유효성	

정확한 사용 방법을 이해하기 위해 예제 파일을 열고 표 안의 셀(여기서는 [B3] 셀)을 선택한 상태에서 다음 작업을 따라해봅니다.

	A	B	C	D	E	F	G	H	I	J
1										
2		사번	이름	직위	주민등록번호	나이	생년월일	입사일	근속기간	
3		1	김덕훈	부장	730219-1234567	44	1973-02-19	2001-05-14	14년 8개월	
4		2	안정훈	과장	800304-1234567	37	1980-03-04	2005-10-17	10년 3개월	
5		3	김소미	과장	821208-2134567	35	1982-12-08	2010-05-01	5년 8개월	
6		4	윤대현	대리	850830-1234567	32	1985-08-30	2014-04-01	1년 9개월	
7		5	최소라	사원	890919-2134567	28	1989-09-19	2013-05-03	2년 8개월	
8		6	김찬진	대리	850702-1234567	32	1985-07-02	2012-10-17	3년 3개월	
9		7	오영수	사원	900529-1234567	27	1990-05-29	2014-01-02	2년 0개월	
10		8	선하라	사원	920109-2134567	25	1992-01-09	2014-03-05	1년 10개월	
11		9	유가을	사원	910127-2134567	26	1991-01-27	2013-11-15	2년 2개월	
12										

❶ [홈] 탭-[편집] 그룹-[🔍 찾기 및 선택]을 클릭하고 [수식]을 선택합니다. 수식이 사용된 [F3:F11] 범위가 선택됩니다.

❷ [홈] 탭-[편집] 그룹-[🔍 찾기 및 선택]을 클릭하고 [이동 옵션]을 선택합니다. [이동 옵션] 대화상자에서 [참조되는 셀]을 선택하고 [확인]을 클릭합니다. [F3:F11] 범위의 수식에서 참조하는 [G3:G11] 범위가 선택됩니다.

❸ [홈] 탭-[편집] 그룹-[🔍 찾기 및 선택]을 클릭하고 [메모]를 선택합니다. 메모가 입력되어 있는 [C4], [C7] 셀이 선택됩니다.

복사하여 붙여넣기

데이터를 편집할 때 가장 자주 하는 작업 중 하나가 값을 복사해 다른 위치에 붙여넣는 것입니다. [복사]와 [붙여넣기]는 [홈] 탭-[클립보드] 그룹에서 찾을 수 있으며, 단축키 Ctrl+C, Ctrl+V로도 실행할 수 있습니다. 필요한 값을 복사해 원하는 위치에 붙여넣는 방법에 대해 알아보겠습니다.

예제 파일 없음

[복사]와 [붙여넣기] 기능의 명령과 단축키는 다음과 같습니다.

리본 메뉴	단축키	설명
	Ctrl+V	[붙여넣기] 명령으로, 복사한 셀(또는 개체)을 선택한 위치에 붙여넣습니다.
	Ctrl+X	[잘라내기] 명령으로, 선택한 셀(또는 개체)을 복사한 후 삭제합니다.
	Ctrl+C	[복사하기] 명령으로, 선택한 셀(또는 개체)을 복사합니다.
		[서식 복사] 명령으로, 선택한 셀의 서식을 복사합니다.

01 빈 엑셀 파일을 열고 [B2] 셀에 '엑셀 2016'을 입력합니다. [B2] 셀이 선택된 상태에서 [홈] 탭-[클립보드] 그룹-[📋 복사]를 클릭하거나 단축키 Ctrl+C를 누릅니다.

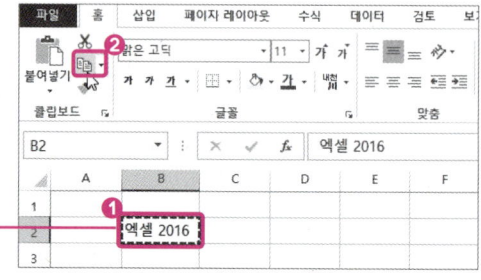

> 셀을 선택하고 복사하면 복사된 셀의 테두리가 점선으로 깜빡입니다. 이 상태가 복사를 할 수 있는 상태로, 복사 모드라고 합니다. 취소하려면 Esc를 누릅니다.

02 붙여넣을 [D2] 셀을 선택하고 [홈] 탭-[클립보드] 그룹-[📋 붙여넣기]를 클릭합니다.

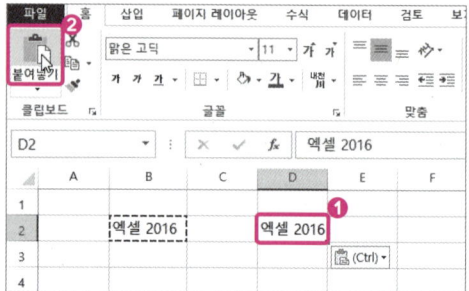

TIP 붙여넣은 셀의 우측 하단에 [붙여넣기 옵션] 아이콘이 표시되지 않는다면 [파일] 탭-[옵션]을 클릭합니다. [Excel 옵션] 대화상자의 [고급] 범주에서 [잘라내기/복사/붙여넣기] 항목의 [콘텐츠를 붙여넣을 때 붙여넣기 옵션 단추 표시]에 체크 표시를 합니다.

Plus⁺ [붙여넣기 옵션] 이해하기 1

붙여넣은 셀 우측 하단에 나타나는 [🅲(Ctrl)▾] 붙여넣기 옵션]을 클릭하면 다음과 같은 옵션 항목을 확인할 수 있습니다.

아이콘	동작	설명
	모두	복사한 값이나 숫자, 셀 서식을 모두 붙여넣습니다.
	수식	복사한 수식만 붙여넣습니다.
	수식 및 숫자 서식	복사한 수식과 숫자 서식만 붙여넣습니다.
	원본 서식 유지	원본에 적용된 테마를 사용해 값과 셀 서식을 붙여넣습니다.
	테두리 없음	복사한 셀의 테두리 서식을 제외한 나머지를 붙여넣습니다.
	원본 열 너비 유지	복사한 셀의 열 너비를 붙여넣습니다.
	바꾸기	복사한 범위의 행/열을 바꿔 붙여넣습니다.
	값	복사한 값만 붙여넣습니다.
	값 및 숫자 서식	복사한 값 및 숫자 서식을 붙여넣습니다.
	값 및 원본 서식	복사한 값 및 셀 서식을 붙여넣습니다.
	서식	복사한 숫자 서식 및 셀 서식을 붙여넣습니다.
	연결하여 붙여넣기	복사한 범위와 연결되도록 참조 수식으로 붙여넣습니다.
	그림	복사한 범위를 그림으로 붙여넣습니다.
	연결된 그림	복사한 범위를 참조 수식을 이용해 그림으로 붙여넣습니다.

03 셀 내부의 일부만 복사할 수도 있습니다. [B2] 셀에서 F2 를 누르거나 더블클릭하면 셀이 편집 모드로 설정됩니다. 입력한 값 중 '2016'을 드래그해 선택하고 [홈] 탭-[클립보드] 그룹-[📋 복사]를 클릭합니다. [E2] 셀을 선택하고 [홈] 탭-[클립보드] 그룹-[📋 붙여넣기]를 클릭합니다.

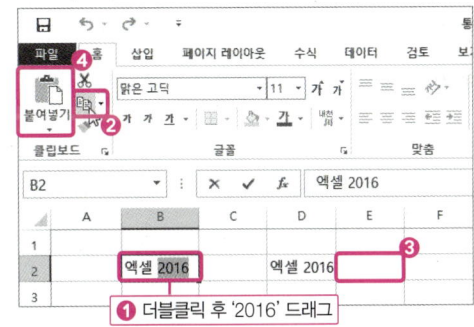

Plus⁺ [붙여넣기 옵션] 이해하기 2

셀 값의 일부만 복사했을 때는 [🅲(Ctrl)▾] 붙여넣기 옵션]에 해당 부분만 복사하는 방법이 나타납니다.

아이콘	동작	설명
	텍스트만 유지	복사한 텍스트 값만 붙여넣습니다.
	텍스트 마법사 사용	사용하면 특정 조건에 맞춰 열을 구분해 붙여넣습니다.

LINK 더 자세한 정보를 얻으려면 'No. 331 여러 열에 나눠 입력된 머리글을 인식해 표 통합하기'를 참고합니다.

선택하여 붙여넣기   086

셀을 복사해 붙여넣을 때, 셀 구성 요소(값, 수식, 서식) 중 일부만 붙여넣을 수 있습니다. 이런 기능을 [선택하여 붙여넣기]라고 합니다. 이 기능을 이용하면 셀 구성 요소 중 일부만 붙여넣거나 그림으로 붙여넣을 수 있고, 필요하다면 복사한 값을 연산할 수도 있습니다. [선택하여 붙여넣기] 기능을 이용해 다양한 방법으로 붙여넣는 방법에 대해 알아보겠습니다.

▶ 예제 파일 없음

[선택하여 붙여넣기] 기능을 사용하려면, 먼저 [📋 복사] 명령으로 특정 데이터를 클립보드로 복사한 상태여야 합니다. 그런 다음 단축키 Ctrl + Alt + V 를 누르거나 [홈] 탭-[클립보드] 그룹-[붙여넣기▼]를 클릭하고 [선택하여 붙여넣기]를 선택합니다.

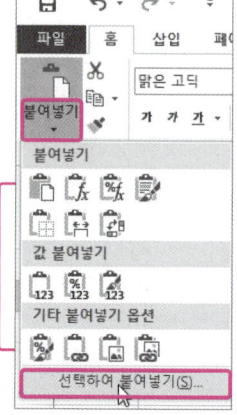

[선택하여 붙여넣기] 기능 중에서 자주 사용하는 붙여넣기 방법이 아이콘으로 나타납니다. 이 아이콘 중 하나를 선택하면 원하는 부분만 붙여넣을 수 있는데, 각각의 아이콘에 마우스 포인터를 놓으면 셀에서 붙여넣은 결과를 미리 볼 수 있습니다.

[선택하여 붙여넣기] 대화상자가 나타납니다. 크게 [붙여넣기]와 [연산] 그룹으로 나뉘며, 하단의 체크 박스 두 개에서 컨트롤을 이용한 옵션을 설정할 수 있습니다.

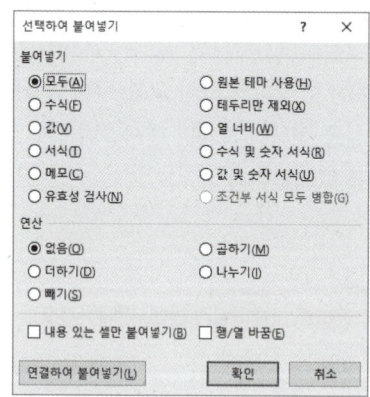

Plus⁺ [선택하여 붙여넣기] 대화상자의 옵션 이해하기

[선택하여 붙여넣기]를 잘 활용하려면 다음 옵션을 잘 알고 있어야 합니다.

구분	항목	설명
붙여넣기	모두	값과 서식을 모두 붙여넣습니다.
	수식	복사한 셀의 수식만 붙여넣습니다.
	값	복사한 셀의 값만 붙여넣습니다.
	서식	복사한 셀의 서식만 붙여넣습니다.
	메모	복사한 셀의 메모만 붙여넣습니다.
	유효성 검사	복사한 셀의 유효성 검사만 붙여넣습니다.
	원본 테마 사용	복사한 셀의 원본 테마를 사용하여 붙여넣습니다.
	테두리만 제외	복사한 셀의 테두리 설정을 제외한 나머지 값을 붙여넣습니다.
	열 너비	복사한 셀의 열 너비만 붙여넣습니다.
	수식 및 숫자 서식	복사한 셀의 수식과 숫자 서식만 붙여넣습니다.
	값 및 숫자 서식	복사한 셀의 값과 숫자 서식만 붙여넣습니다.
연산	없음	값만 붙여넣습니다.
	더하기	복사한 값을 붙여넣을 범위에 모두 더합니다.
	빼기	복사한 값을 붙여넣을 범위에 모두 뺍니다.
	곱하기	복사한 값을 붙여넣을 범위에 모두 곱합니다.
	나누기	복사한 값을 붙여넣을 범위에 모두 나눕니다.
옵션	내용 있는 셀만 붙여넣기	복사한 범위의 값이 있는 셀만 붙여넣습니다.
	행/열 바꿈	복사한 데이터의 행/열을 바꿔 붙여넣습니다.
	[연결하여 붙여넣기]	복사한 범위를 참조하는 수식으로 붙여넣습니다.

수식을 값으로 변환하기 087

수식으로 얻은 결과가 변하지 않는다면 값만 남기고 수식은 삭제하는 것이 좋습니다. 수식이 많이 사용된 워크시트는 재계산이 빈번하게 발생하여 속도를 떨어뜨리는 주요한 원인이 되기 때문입니다. 수식을 값으로 변환할 때 사용할 수 있는 [선택하여 붙여넣기] 명령과 마우스 오른쪽 버튼으로 드래그&드롭하는 방법에 대해 알아보겠습니다.

예제 파일 PART 02 \ CHAPTER 10 \ 선택하여 붙여넣기-수식변환.xlsx

선택하여 붙여넣기

01 예제 파일을 열고 [F3:F11] 범위를 보면 성별을 계산하는 수식이 입력되어 있습니다. 이를 값으로 변환해보겠습니다. [F3:F11] 범위를 선택하고, [홈] 탭-[클립보드] 그룹-[복사]를 클릭합니다.

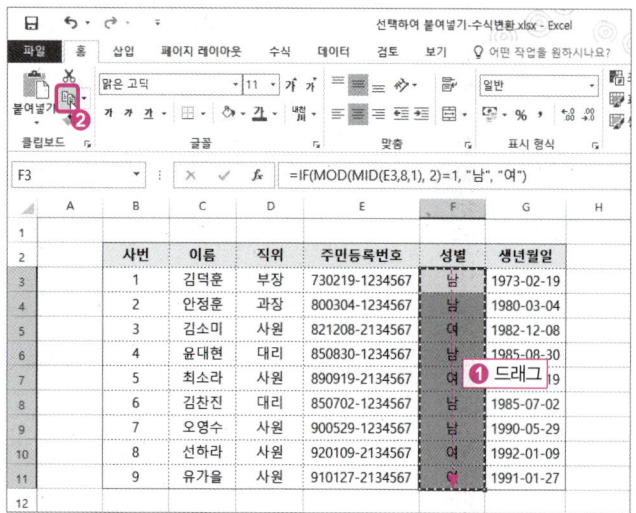

02 [홈] 탭-[클립보드] 그룹-[붙여넣기▼]를 클릭한 후 [값 붙여넣기] 항목의 [값]을 선택합니다.

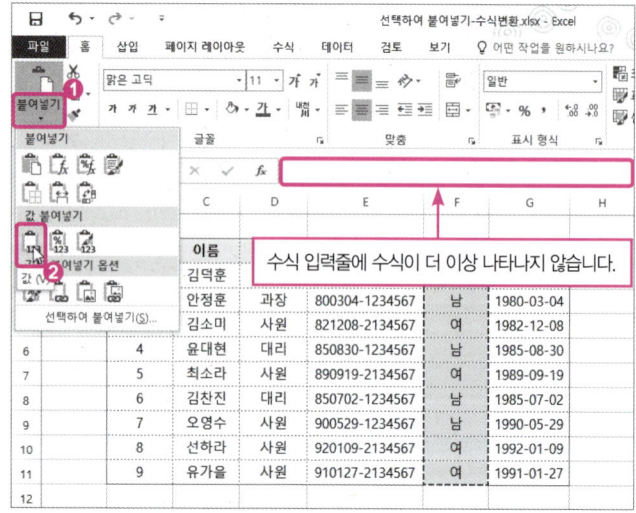

마우스 오른쪽 버튼으로 드래그&드롭

[선택하여 붙여넣기] 기능을 이용하려면 여러 명령을 차례로 클릭해야 합니다. 마우스 오른쪽 버튼으로 드래그하면 이 기능을 좀 더 간단하게 사용할 수 있습니다.

TIP 동일한 예제로 진행하려면 단축키 Ctrl + Z 를 누르거나 빠른 실행 도구 모음에서 [↶ 실행 취소]를 클릭해 수식을 복원한 후 다음 과정을 진행합니다.

01 복사 모드(복사한 범위가 깜빡이는 상태)인 경우에는 드래그 작업이 되지 않으므로 Esc 를 눌러 복사 모드를 해제합니다.

02 [F3:F11] 범위를 선택하고 선택된 테두리 위치에 마우스 포인터를 놓으면 마우스 포인터가 십자 (✥) 모양으로 바뀝니다.

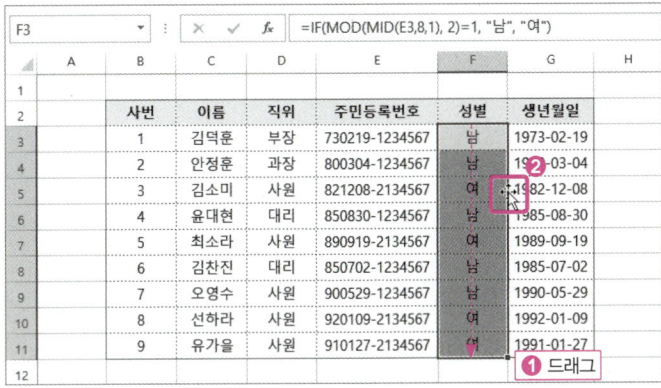

03 이때 마우스 오른쪽 버튼을 클릭한 채 [G] 열 방향으로 드래그했다가 다시 [F3:F11] 범위에서 드롭합니다. 단축 메뉴가 나타나면 [값으로 여기에 복사]를 선택합니다. 수식이 값으로 복사됩니다.

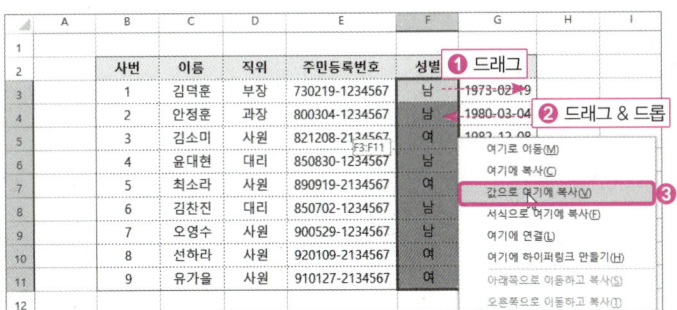

금액 단위를 천, 만, 백만, 억 단위로 변경하기

표에 입력(또는 집계)된 숫자의 단위가 너무 크면 한눈에 잘 들어오지 않으므로 필요에 따라 '천', '만', '백만', '억' 등으로 단위를 조정하는 것이 좋습니다. [선택하여 붙여넣기] 기능을 이용해 단위를 변환하는 방법에 대해 알아보겠습니다.

예제 파일 PART 02\CHAPTER 10\선택하여 붙여넣기-단위변환.xlsx

01 예제 파일을 열면 상반기 실적 표를 확인할 수 있습니다. [C6:C11] 범위 내 숫자의 단위를 '원'에서 '만 원'으로 조정해보겠습니다. [E2] 셀에 변환할 단위 값을 입력하고 단축키 Ctrl + C 를 눌러 복사합니다.

변환할 단위 값: 10000

02 [C6:C11] 범위를 선택하고 단축키 Ctrl + Alt + V 를 누르거나 [홈] 탭-[클립보드] 그룹-[붙여넣기▼]를 클릭하고 [선택하여 붙여넣기]를 선택합니다. [선택하여 붙여넣기] 대화상자가 나타나면 [값]과 [나누기]를 선택하고 [확인]을 클릭합니다.

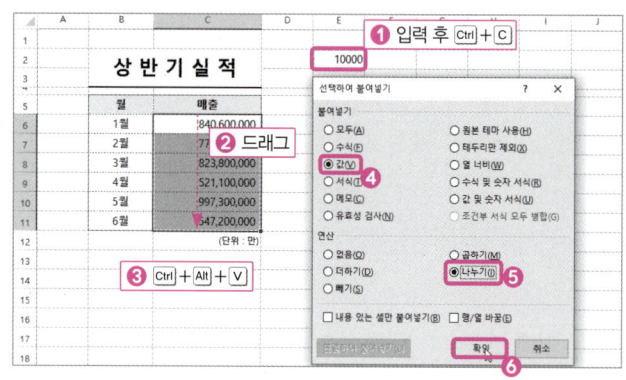

> **Plus⁺ [선택하여 붙여넣기] 대화상자 이해하기**
>
> [선택하여 붙여넣기] 대화상자에서 [값]과 [나누기]를 선택하면 복사한 값(예제에서는 [E2] 셀)을, 붙여넣을 범위(예제에서는 [C6:C11] 범위)에서 나누기하라는 의미가 됩니다. 이렇게 하면 붙여넣을 범위의 단위가 복사한 값 단위로 조정됩니다. 거꾸로 만 단위를 원 단위로 변경하려면 [값]과 [곱하기]를 선택합니다.

03 [E2] 셀을 선택하고 Delete 를 눌러 필요 없어진 값을 지웁니다.

	A	B	C	D	E
1					
2		상 반 기 실 적			
3					
4					
5		월	매출		
6		1월	84,060		
7		2월	77,420		
8		3월	82,380		
9		4월	52,110		
10		5월	99,730		
11		6월	54,720		
12			(단위 : 만)		
13					

TIP [선택하여 붙여넣기]는 실제로 연산해서 셀 값을 변경하지만, 셀 값은 그대로 두고 표시되는 단위만 변경할 수도 있습니다.

LINK 더 자세한 정보는 'No. 099 원 단위 금액을 천, 백만, 십억 등의 단위로 조정하기'를 참고합니다.

표의 행/열을 바꿔 복사하기

표의 행과 열을 바꿔서 구성해야 경우 표를 다시 작성하려면 시간이 많이 걸릴 것입니다. 이때는 [선택하여 붙여넣기] 기능을 이용하는 것이 편리합니다. [선택하여 붙여넣기]의 [행/열 바꾸기] 옵션을 사용해 표의 행과 열을 바꾸는 방법에 대해 알아보겠습니다.

예제 파일 PART 02 \ CHAPTER 10 \ 선택하여 붙여넣기-행,열 바꿈.xlsx

01 예제 파일을 열면 '영업부 분기별 실적'표가 있습니다. '부서'를 열 머리글로, '분기'를 행 머리글로 사용하는 표로 변경해보겠습니다. [B5:F8] 범위를 선택하고 [홈] 탭-[클립보드] 그룹-[복사]를 클릭하거나 단축키 Ctrl + C 를 눌러 복사합니다.

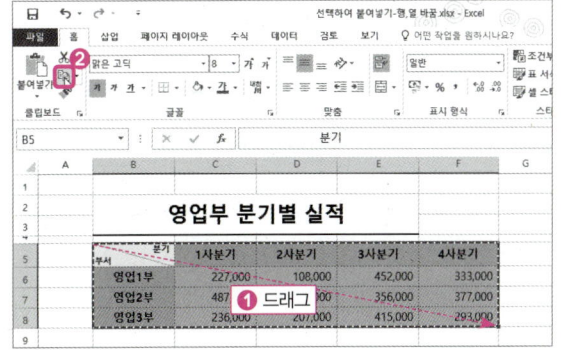

02 [B10] 셀을 선택하고 [홈] 탭-[클립보드] 그룹-[붙여넣기▼]를 클릭한 후 [바꾸기]를 선택합니다.

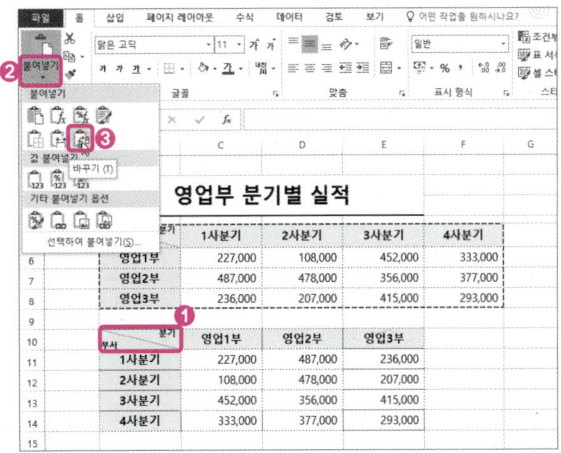

03 [B10] 셀에 입력된 '분기'와 '부서' 값을 서로 바꾸어 입력하고, [5:8] 행과 [F] 열을 삭제한 후 서식을 깔끔하게 정리하면 화면과 같은 표를 얻을 수 있습니다.

원본 표를 연결하여 붙여넣기

표를 복사해서 사용할 때 원본 표를 수정하면 복사한 표도 함께 수정해야 하는 경우가 있습니다. [선택하여 붙여넣기]에는 표를 연결해 붙여넣는 옵션이 지원되는데, 이 옵션을 사용하면 값이 아니라 복사한 셀을 참조하는 방법으로 붙여넣어집니다. [선택하여 붙여넣기]의 옵션 중 하나인 [연결하여 붙여넣기]를 사용하는 방법에 대해 알아보겠습니다.

예제 파일 PART 02 \ CHAPTER 10 \ 선택하여 붙여넣기-연결.xlsx

01 예제 파일을 열고 상단의 부서별 매출 목표를 하단 표에 연결해 붙여넣어 보겠습니다. 먼저 영업1부의 목표인 [C7:C10] 범위를 선택하고 [홈] 탭-[클립보드] 그룹-[📋 복사]를 클릭하거나 단축키 Ctrl + C 를 누릅니다. [C15] 셀을 선택하고 [홈] 탭-[클립보드] 그룹-[붙여넣기▼]를 클릭하고 [📋 연결하여 붙여넣기]를 선택합니다.

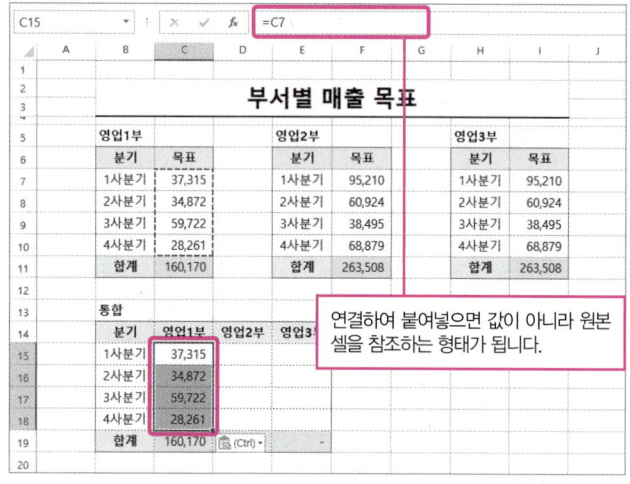

02 같은 방법으로 [F7:F10] 범위와 [I7:I10] 범위도 각각 선택해서 [D15:D18] 범위와 [E15:E18] 범위에 복사합니다. 이제 상단의 부서 목표를 수정하면 하단의 표에도 수정된 결과가 반영됩니다.

그림 복사와 그림 붙여넣기 091

워크시트는 행과 열로 구성되어 있어 열 너비 또는 행 높이가 다른 표를 하나의 워크시트에 넣기가 쉽지 않습니다. 이런 작업이 필요한 경우에는 병합을 사용하거나 그림으로 붙여넣는 방법을 사용해야 하는데, 전자보다는 후자가 훨씬 효율적입니다. 여기서는 서로 다른 크기의 표를 한 워크시트에 표시하는 방법에 대해 알아보겠습니다.

예제 파일 PART 02\CHAPTER 10\선택하여 붙여넣기-그림.xlsx

복사 후 그림으로 붙여넣는 방법

옵션 설정 없이 필요한 범위를 그림으로 복사할 때 사용합니다.

01 예제 파일을 열고 [L5:N9] 범위에 있는 결재란을 [G5:H9] 범위에 그림으로 복사해보겠습니다.

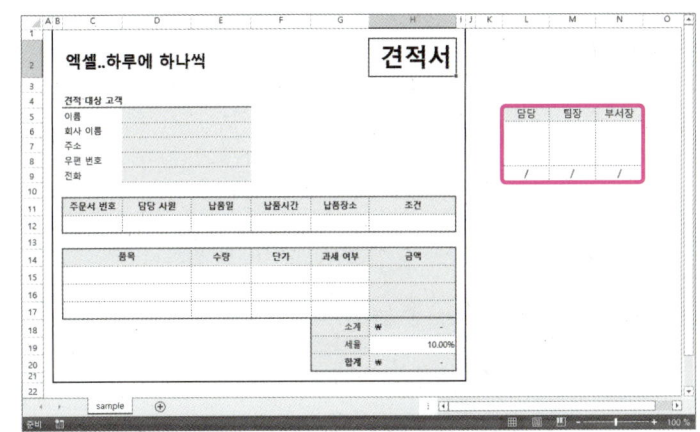

02 [L5:N9] 범위를 선택하고 [홈] 탭-[클립보드] 그룹-[🗐 복사]를 클릭해 복사합니다. [G5] 셀을 선택하고 [홈] 탭-[클립보드] 그룹-[붙여넣기▼]를 클릭하고 [🗐 그림]을 선택합니다.

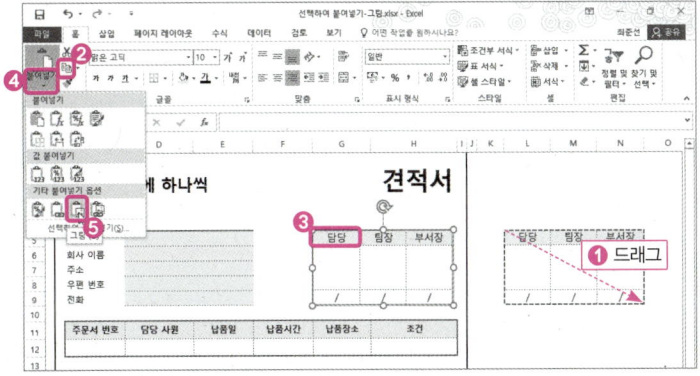

TIP 붙여넣은 그림의 위치를 세밀하게 조정하려면 그림을 선택한 상태에서 키보드의 방향키를 이용합니다.

그림으로 복사 후 붙여넣는 방법

복사할 그림의 옵션을 설정하고 싶을 때 사용합니다.

01 [L5:N9] 범위를 선택하고 [홈] 탭-[클립보드] 그룹-[복사 ▼]를 클릭한 후 [그림으로 복사]를 선택합니다.

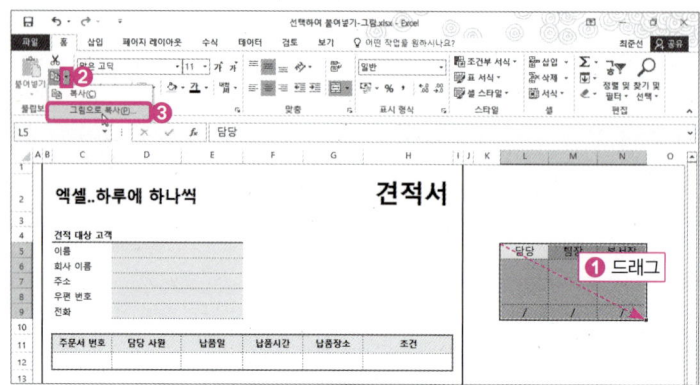

02 [그림 복사] 대화상자가 나타나면 아래의 설명을 참고해 옵션을 변경하고 [확인]을 클릭합니다. [G5] 셀을 선택하고 [홈] 탭-[클립보드] 그룹-[붙여넣기]를 클릭합니다.

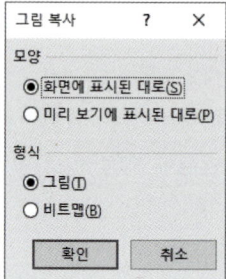

Plus⁺ [그림 복사] 대화상자 이해하기

그룹	옵션	설명
모양	화면에 표시된 대로	기본 값으로, 화면에 표시된 모양과 최대한 비슷하게 복사합니다.
	미리 보기에 표시된 대로	인쇄된 모양과 최대한 비슷하게 복사합니다.
형식	그림	기본 값으로, 선과 색상 값으로 이미지를 표현하는 벡터 방식을 이용합니다. 그림을 복사하거나 확대/축소해도 비트맵 방식에 비해 그림의 질이 떨어지지 않습니다.
	비트맵	점으로 이미지를 표현하는 비트맵 방식을 이용합니다. 벡터 방식보다 사실적인 이미지 표현이 가능하지만 확대/축소했을 때 그림의 질이 떨어질 수 있습니다.

구체적인 설정 값을 알지 못한다면 기본 값인 [화면에 표시된 대로], [그림] 옵션을 유지하는 것이 좋습니다. [선택하여 붙여넣기]의 [그림] 옵션은 이 대화상자의 기본 값을 사용해 붙여넣습니다.

그림 연결하여 붙여넣기 092

그림으로 복사된 표는 원본 표를 수정해도 수정된 데이터가 반영되지 않습니다. 그러므로 원본 데이터를 수정할 때마다 그림으로 다시 복사하는 번거로운 과정을 반복해야 합니다. 엑셀에는 그림으로 복사할 때 원본 표와 연결하는 방법이 있는데, 이 방법을 이용하면 원본 표를 수정했을 때 곧바로 표에 수정된 값이 표시되어 편리합니다. 그림을 원본과 연결하여 붙여넣는 방법에 대해 알아보겠습니다.

\ 예제 파일 PART 02 \ CHAPTER 10 \ 선택하여 붙여넣기-그림 연결.xlsx

01 예제 파일을 열면 '견적서' 표가 있습니다. [L5:N9] 범위의 결재란을 그림으로 붙여넣고 원본 표와 연결되도록 해보겠습니다. [L5:N9] 범위를 선택하고 [홈] 탭-[클립보드] 그룹-[📋 복사]를 클릭합니다.

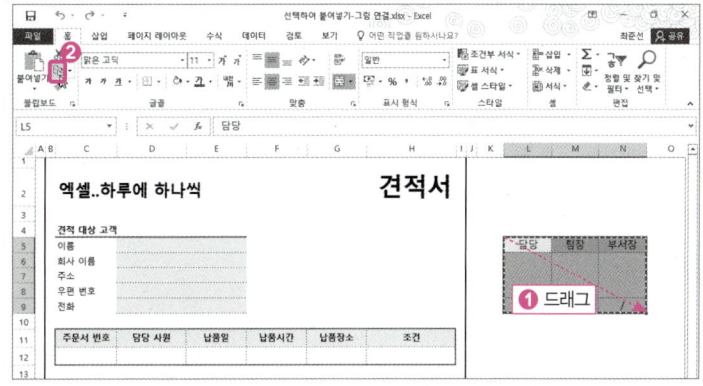

02 [G5] 셀을 선택하고 [홈] 탭-[클립보드] 그룹-[붙여넣기 ▼]를 클릭한 후 [🔗 연결된 그림]을 선택해 붙여넣습니다.

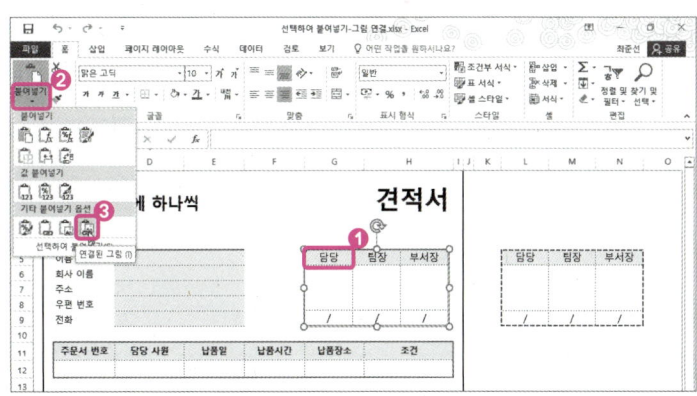

03 결재란 그림을 선택한 상태에서 수식 입력줄을 보면 **=$L$5:$N$9**라는 수식을 확인할 수 있습니다. 붙여넣은 그림과 [L5:N9] 범위가 연결되어 있다는 의미입니다.

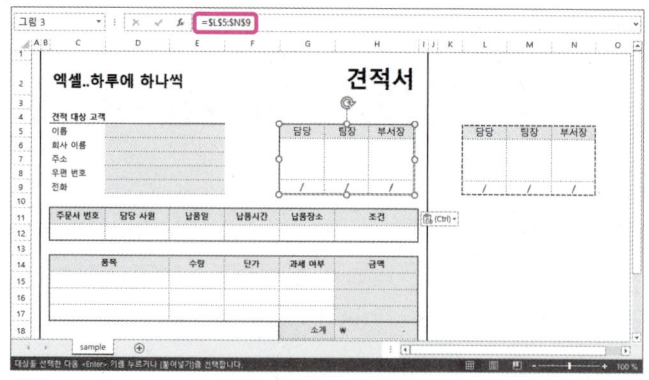

04 [N5] 셀의 값을 '부서장'에서 '사장'으로 변경해보면 견적서에 붙여넣은 그림의 직위도 변경됩니다.

[N5] 셀: 사장

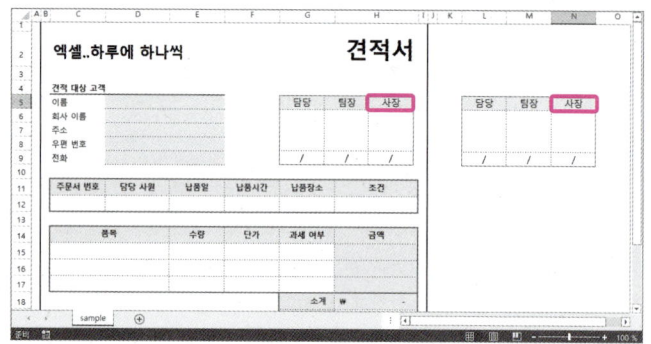

Plus⁺ 연결된 그림 해제하기

그림으로 연결해 붙여넣은 후 더 이상 연결되지 않게 하려면 연결을 끊을 수 있습니다. 연결된 그림을 선택했을 때 수식 입력줄에 표시되는 수식을 삭제하고 Enter를 누르면 됩니다.

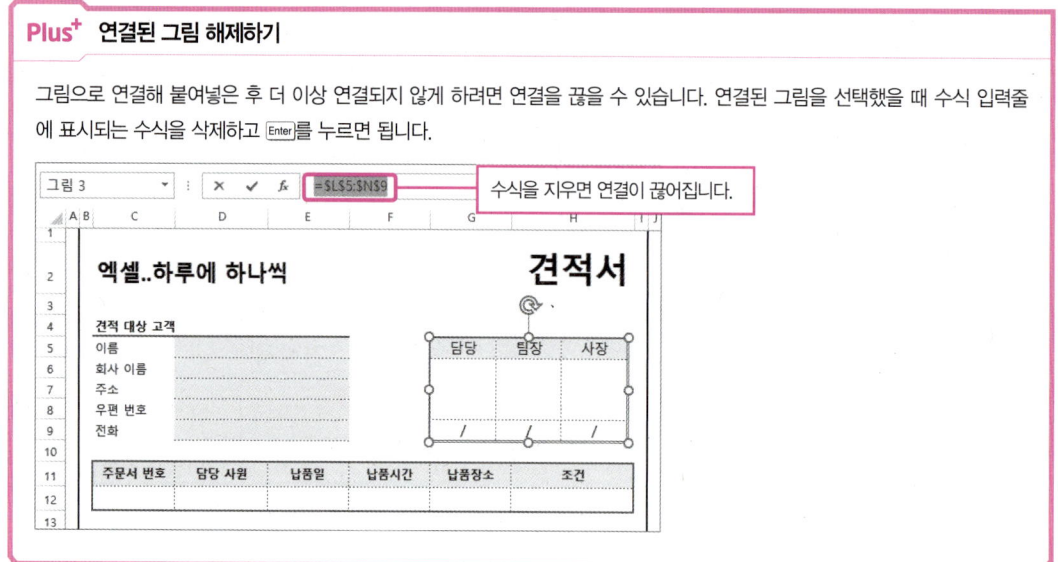

수식을 지우면 연결이 끊어집니다.

093 표의 행 높이와 열 너비까지 복사하기

표를 다른 위치로 복사해보면 데이터와 서식은 제대로 복사가 되지만 표의 행 높이와 열 너비는 복사되지 않습니다. 다른 위치로 표를 복사할 때 표의 행 높이와 열 너비를 유지해야 한다면 행(또는 열) 전체를 복사하는 방법을 사용해야 합니다. 또한 표를 다른 시트로 복사한다면 깔끔하게 워크시트 전체를 복사해 붙여넣는 것이 좋습니다.

예제 파일 PART 02\CHAPTER 10\선택하여 붙여넣기-열 너비.xlsx

01 예제 파일의 'sample' 시트에는 화면과 같은 표가 있습니다. 이 표의 행 높이와 열 너비를 유지한 채 'paste' 시트에 복사해보겠습니다.

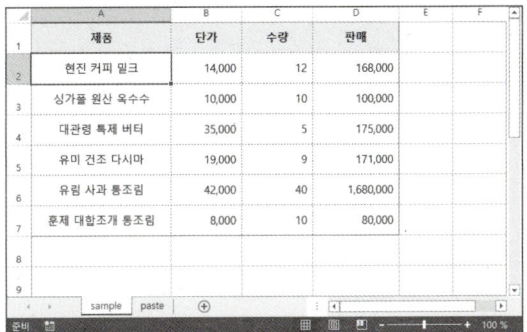 

02 [◢ 모두 선택]을 클릭해 워크시트 전체 범위를 선택하고 [홈] 탭-[클립보드] 그룹-[📋 복사]를 클릭합니다. 'paste' 시트로 이동해 [A1] 셀을 선택하고 [홈] 탭-[클립보드] 그룹-[📋 붙여넣기]를 클릭해 워크시트 전체를 붙여넣습니다.

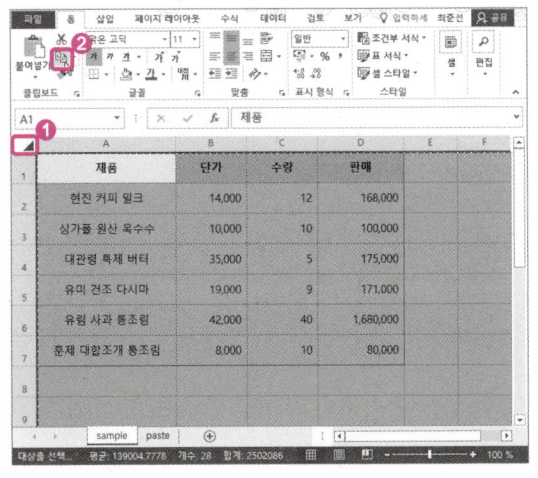 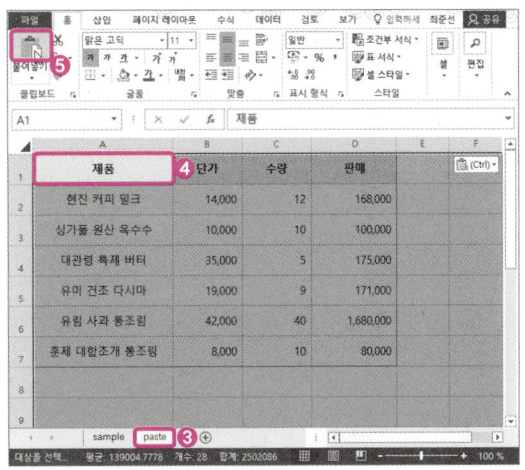

PART 03

엑셀 2016 바이블

셀 서식

CHAPTER
11

표시 형식

셀에 저장된 값 제대로 이해하기 094

셀에 저장된 값과 표시된 값이 항상 같은 것은 아닙니다. 셀에 표시되는 값은 셀 서식이나 열 너비, 데이터 형식에 따라 셀 값과 다르게 표시될 수 있으므로 눈에 보이는 값이 모두 셀에 저장된 값이라고 생각하면 안 됩니다. 이번에는 셀에 저장된 값을 확인하는 방법과 셀 값을 원하는 방식으로 표시하는 방법에 대해 알아보겠습니다.

예제 파일 PART 03 \ CHAPTER 11 \ 셀 값.xlsx

01 예제 파일을 열면 '직원 명부' 표가 있고, 각 셀에는 데이터가 입력되어 있습니다. 눈에 보이는 값과 실제로 셀에 저장된 값의 차이를 확인해보겠습니다.

02 셀에 저장된 값을 확인하는 가장 쉬운 방법은 수식 입력줄의 값을 보는 것입니다. 화면과 같이 [G6] 셀을 선택하고 셀에 표시된 값과 수식 입력줄에 표시된 값의 차이를 확인합니다.

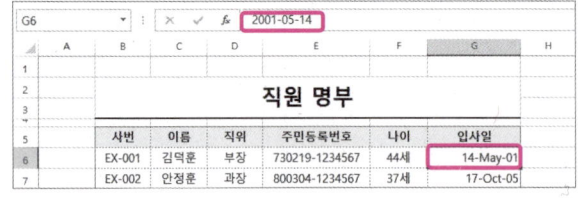

03 02 과정보다 더 확실하게 셀에 저장된 값을 확인하려면 표시 형식을 변경합니다. [B6:G14] 범위를 선택하고 [홈] 탭-[표시 형식] 그룹-[표시 형식]에서 [일반]을 선택합니다. 이렇게 하면 실제 셀에 저장된 값이 그대로 표시됩니다.

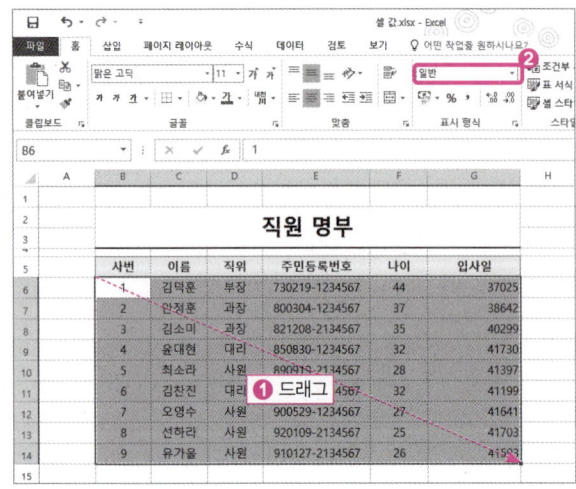

04 [G6:G14] 범위 내 날짜 일련번호를 사용자가 이해하기 쉽게 날짜 값 형식으로 표시해보겠습니다. [G6:G14] 범위를 선택하고 [홈] 탭-[표시 형식] 그룹의 🔳 대화상자 표시 아이콘을 클릭합니다.

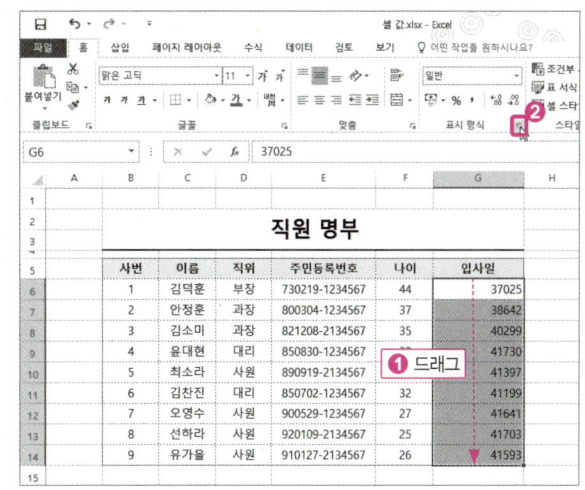

05 [표시 형식] 탭이 열린 상태로 [셀 서식] 대화상자가 표시되면 [범주]에서 [날짜]를 선택하고 [형식]에서 [2012-03-14]를 선택합니다. [확인]을 클릭하여 [셀 서식] 대화상자를 닫으면 [G] 열의 입사일이 날짜 값 형식으로 표시됩니다.

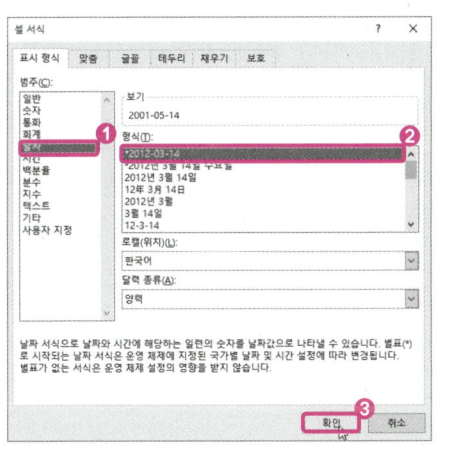

06 [셀 서식] 대화상자의 [표시 형식] 탭은 셀 값을 원하는 방식으로 표시하고자 할 때 사용합니다. 선택된 모든 표시 형식은 서식 코드에 의해 변경됩니다. 서식 코드를 확인하기 위해 [홈] 탭-[표시 형식] 그룹의 🔳 대화상자 표시 아이콘을 클릭합니다. [셀 서식] 대화상자의 [범주]에서 [사용자 지정]을 선택해보면, [형식]에 05 과정에서 선택한 형식의 서식 코드인 [yyyy-mm-dd]가 선택된 것을 확인할 수 있습니다.

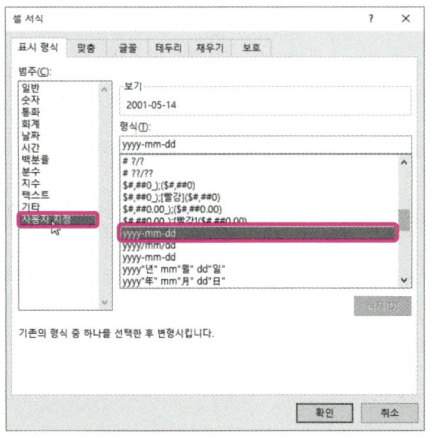

서식 코드 이해하기

[셀 서식] 대화상자에서 사용하는 서식 코드는 엑셀의 데이터 형식에 따라 다양한 종류가 있습니다. 서식 코드를 활용하면 기존에 [셀 서식] 대화상자에서 제공되는 형식 외에도 다양한 형식으로 셀 값을 표시할 수 있습니다. 이번에는 엑셀에서 사용하는 다양한 서식 코드에 대해 알아보겠습니다.

예제 파일 PART 03 \ CHAPTER 11 \ 서식 코드.xlsx

서식 코드

서식 코드는 다음과 같습니다.

데이터 형식	서식 코드	설명
숫자	#	숫자 한 자리 또는 입력된 숫자 전체를 의미합니다. 서식 코드 #를 셀에 입력된 숫자의 자릿수보다 더 많이 입력해도 입력된 숫자 자릿수만큼만 표시됩니다.
	0	숫자 한 자리 또는 입력된 숫자 전체를 의미합니다. 서식 코드 0을 입력된 숫자 자릿수보다 많이 입력한 경우에는 자릿수가 맞지 않는 큰 단위 자리에 숫자 '0'이 표시됩니다. 예를 들어 '1'을 입력하고 서식 코드를 000으로 지정하면 셀 값은 '001'로 표시됩니다.
	?	숫자 한 자리 또는 입력된 숫자 전체를 의미합니다. 서식 코드 ?를 입력된 숫자 자릿수보다 많이 입력한 경우에는 자릿수가 맞지 않는 큰 단위 자리에 공백 문자가 표시됩니다. 예를 들어 '1'을 입력하고 서식 코드를 ???로 지정하면 셀 값은 ' 1'로 표시됩니다.
	–	마이너스 기호를 표시합니다.
	,	천 단위 구분 기호(음수 값)를 표시합니다.
	.	소수점 기호를 표시합니다.
	%	숫자를 백분율로 표시합니다.
	₩, $	통화 기호를 표시합니다.
날짜/시간	yyyy	네 자리 연도를 표시합니다. 두 자리 연도를 표시하려면 서식 코드 yy를 사용합니다.
	mm	두 자리 월을 표시합니다.
	dd	두 자리 일을 표시합니다.
	hh	두 자리 시간을 표시합니다.
	mm	두 자리 분을 표시합니다. m은 월과 분을 표시하는 코드로 사용되는데, h, s 등과 같은 시간을 표시하는 서식 코드와 함께 사용되면 분이 표시됩니다.
	ss	두 자리 초를 표시합니다.
	AM/PM	12시간제로 표시합니다.
텍스트	@	텍스트 값을 그대로 표시합니다.
	*	* 뒤에 따라오는 문자를 셀 크기에 맞게 반복해서 표시합니다.

서식 코드 활용

01 예제 파일을 열고 데이터 형식의 서식 코드를 사용해 다양한 결과를 표시해보겠습니다.

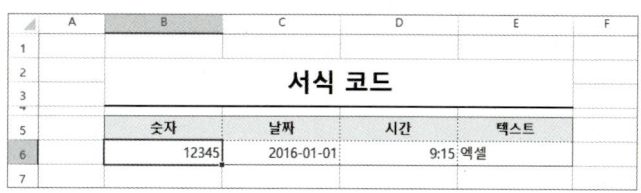

02 먼저 숫자 서식 코드를 사용하기 위해 [B6] 셀을 선택하고 [홈] 탭-[표시 형식] 그룹의 대화상자 표시 아이콘을 클릭합니다.

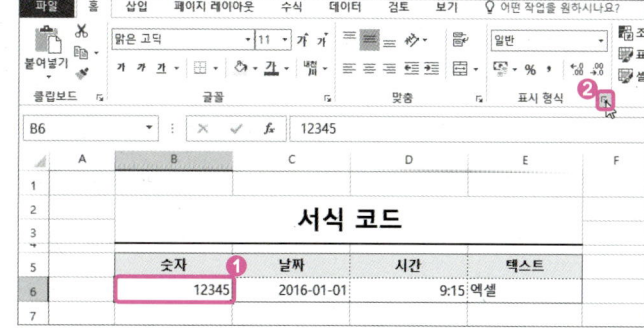

TIP 단축키 Ctrl + 1 을 눌러 [셀 서식] 대화상자를 열어도 됩니다.

03 [셀 서식] 대화상자가 열리면 [표시 형식] 탭의 [범주]에서 [사용자 지정]을 선택합니다. [형식]에 다음 서식 코드를 입력하고 [확인]을 클릭합니다.

형식 : ₩ #,###

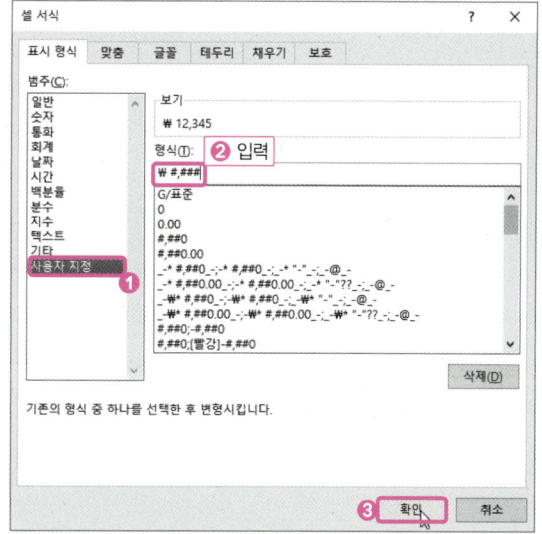

Plus⁺ 다양한 숫자 서식 코드

다음과 같은 서식 코드를 추가로 입력한 후 결과를 확인합니다.

서식 코드	설명	결과
#,###	천 단위 구분 기호(,)를 표시합니다.	12,345
#,###.00	천 단위 구분 기호(,)와 소수점 둘째 자리까지 값을 표시하는데, 소수점 이하 값이 없으면 0을 반환합니다.	12,345.00
0%	숫자를 백분율로 표시합니다.	1234500%

04 날짜를 원하는 형식으로 변경하기 위해 [C6] 셀을 선택하고 단축키 Ctrl+1을 눌러 [셀 서식] 대화상자를 엽니다. [범주]에서 [사용자 지정]을 선택하고 [형식]에 다음 서식 코드를 입력한 후 결과를 확인합니다.

서식 코드	설명	결과
yy-mm-dd	연도를 두 자리로 표시합니다.	16-01-01
m"월"/d"일"	월과 일을 슬래시(/)로 구분하며, 날짜 단위를 표시합니다.	1월 1일

05 시간을 원하는 형식으로 변경하기 위해 [D6] 셀을 선택하고 단축키 Ctrl+1을 눌러 [셀 서식] 대화상자를 엽니다. [범주]에서 [사용자 지정]을 선택하고 [형식]에 다음 서식 코드를 입력한 후 결과를 확인합니다.

서식 코드	설명	결과
h:mm AM/PM	12시간제 방식으로 시간을 표시하며 AM, PM 기호를 사용합니다.	9:15 AM
[$-ko-KR]AM/PM h:mm	12시간제 방식으로 시간을 표시하며 오전/오후 기호를 사용합니다. 여기서 [$-ko-KR] 코드는 한국을 의미하는 지역 코드입니다. 2013 버전까지는 [$-412] 코드로 사용되었는데 좀 더 사용하기 쉽게 변경되었습니다. 간단하게 [$-ko]로 사용해도 되며 [$-412] 코드를 사용해도 동일한 결과가 반환됩니다.	오전 9:15

06 텍스트를 원하는 형식으로 변경하기 위해 [E6] 셀을 선택하고 단축키 Ctrl+1을 눌러 [셀 서식] 대화상자를 엽니다. [범주]에서 [사용자 지정]을 선택하고 [형식]에 다음 서식 코드를 입력한 후 결과를 확인합니다.

서식 코드	설명	결과
@@	셀에 입력된 값을 두 번 연속으로 표시합니다.	엑셀엑셀
"마이크로소프트 "@	셀에 입력되지 않은 문자열인 '마이크로소프트'를 앞에 표시합니다.	마이크로소프트 엑셀

서식 코드를 이용해 값 변환하기

셀 서식을 이용해 값이 표시되는 방법을 바꾼 경우 실제 저장된 값이 바뀌지는 않습니다. 셀 값을 실제로 변환하려면 서식 코드를 사용하는 TEXT 함수를 사용해야 합니다. 여기서는 TEXT 함수를 이용해 셀 값을 변환하는 방법에 대해 알아보겠습니다.

예제 파일 PART 03 \ CHAPTER 11 \ TEXT 함수.xlsx

TEXT 함수는 다음과 같은 구문을 사용합니다.

> **TEXT 함수**
> TEXT 함수는 셀 값을 지정된 서식 코드를 이용해 변환합니다. 구문은 다음과 같습니다.
>
> **TEXT(❶ 값, ❷ 서식 코드)**
> ❶ 값 : 변환하려는 값 또는 값이 저장된 셀
> ❷ 서식 코드 : [셀 서식] 대화상자에서 사용하는 서식 코드로, 큰 따옴표(")로 묶어 사용합니다.

01 예제 파일을 열고 [E] 열에 입력된 입사일의 연도를 [F] 열에 반환하는 수식을 작성해보겠습니다.

02 [E] 열의 입사일에서 연도는 4자리 문자이므로 셀 값 중 일부를 잘라낼 수 있는 LEFT 함수를 사용합니다. [F6] 셀에 다음 수식을 입력하고 [F6] 셀의 채우기 핸들을 [F14] 셀까지 드래그해 복사합니다.

[F6] 셀 : =LEFT(E6, 4)

> **Plus⁺ 수식 이해하기**
>
> LEFT 함수는 셀 값의 왼쪽부터 지정한 문자 개수만큼 잘라내는 함수입니다. 그러므로 이 수식은 연도만 잘라내기 위해 [E6] 셀의 값 중 왼쪽부터 네 개의 문자를 잘라내라는 의미입니다. 하지만 결과 값은 2001, 2005가 아니라 3702, 3864입니다.

LINK 표시 값이 다른 이유에 대한 더 자세한 정보를 확인하려면 'No. 666 왜 날짜나 시간을 입력하면 숫자로 표시될까?'를 참고합니다.

03 날짜 값이 실제 어떻게 저장되는지 확인하기 위해 [E6:E14] 범위를 선택하고 [홈] 탭-[표시 형식] 그룹-[표시 형식]에서 [일반]을 선택합니다.

TIP 날짜 일련번호

엑셀에서 날짜 값은 날짜 일련번호로 관리되므로 눈에 보이는 yyyy-mm-dd 형식의 값은 실제 값이 아니라 셀 서식에 의해 표시된 결과입니다. 그렇기 때문에 LEFT 함수를 사용하면 연도 대신 날짜 일련번호의 앞 네 자리 값이 반환됩니다.

04 TEXT 함수를 사용해 [E] 열의 날짜 값을 yyyy-mm-dd 형식으로 바꿔보겠습니다. [G6] 셀에 다음 수식을 입력하고 [G6] 셀의 채우기 핸들을 [G14] 셀까지 드래그해 복사합니다.

[G6] 셀 : =TEXT(E6, "yyyy-mm-dd")

05 TEXT 함수로 변환된 [G] 열의 날짜 값에서 연도를 잘라낼 수 있는지 확인합니다. [H6] 셀에 다음 수식을 입력하고 채우기 핸들을 [H14] 셀까지 드래그해 복사합니다.

[H6] 셀 : =LEFT(G6, 4)

> **Plus⁺ 수식 결과 이해하기**
>
> TEXT 함수로 변환한 값을 LEFT 함수로 잘라내면 정확하게 연도 값만 반환되는 것을 확인할 수 있습니다. 이것으로 셀 서식은 표시 형식만 변경하고 TEXT 함수는 값 자체를 변환한다는 것을 알 수 있습니다.

소수점 자릿수를 일정하게 표시하기

097

표에 소수점 이하 자리가 있는 실수가 많고 자릿수가 일정하지 않다면 숫자를 한눈에 파악하기 어렵습니다. 그런 경우에는 소수점 자릿수를 일정하게 맞추는 것이 좋습니다. 여기서는 셀 서식과 [자릿수 늘림/줄임] 기능을 이용해 자릿수를 맞추는 방법에 대해 알아보겠습니다.

예제 파일 PART 03 \ CHAPTER 11 \ 소수점 이하 자리 맞춤.xlsx

예제 파일을 열고 [C:D] 열의 숫자 값을 소수점 두 자리까지 표시해보겠습니다.

자릿수 줄임, 자릿수 늘림

[자릿수 줄임] 기능과 [자릿수 늘림] 기능은 [홈] 탭-[표시 형식] 그룹에 속한 명령으로, 선택한 범위 숫자 값의 소수점 이하 자릿수를 일정하게 조정하는 데 사용합니다.

01 [C6:C12] 범위를 선택하고 [홈] 탭-[표시 형식] 그룹-[자릿수 줄임]을 클릭합니다.

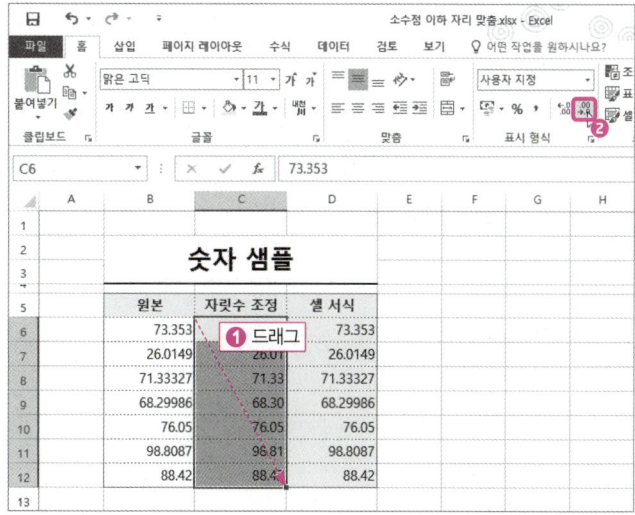

> **Plus⁺ 자릿수 줄임, 자릿수 늘림**
>
> [자릿수 줄임]을 클릭하면 선택한 범위의 숫자 값에서 소수점 이하 자리가 가장 적은 자릿수로 모두 맞춰집니다. 그러므로 예제와 같이 소수점 이하 자릿수가 일정하지 않은 경우에는 가장 작은 소수점 자릿수로 맞춘 후 조정하는 것이 편리합니다. 참고로 소수점 이하 자릿수를 늘리려면 [자릿수 늘림]을 클릭합니다. 이 명령을 클릭하면 선택 범위의 숫자 값에서 소수점 이하 자리가 가장 많은 자릿수로 모두 맞춰집니다. 자릿수를 줄였을 때 화면에 표시되지 않는 소수점 이하의 자릿수 값이 삭제된 것은 아니며 해당 자릿수에서 반올림된 결과 값이 화면에 표시됩니다. 예를 들어 [C9] 셀의 값과 [B9] 셀의 값은 동일한데 소수점 둘째 자리까지만 표시하자 값이 반올림되어 68.30이 표시되었습니다. 하지만 저장된 값은 [B9] 셀과 동일합니다. 빈 셀에 =B9=C9 수식을 입력해 TRUE가 반환되는 것을 확인합니다.

셀 서식의 사용자 지정 숫자 서식 이용하기

셀 서식을 이용하면 보다 다양하게 소수점 이하 값을 표시할 수 있습니다.

01 [D6:D12] 범위를 선택하고 단축키 Ctrl+1을 눌러 [셀 서식] 대화상자를 엽니다.

02 [표시 형식] 탭의 [범주]에서 [사용자 지정]을 선택하고 [형식]에 다음과 같이 입력한 후 [확인]을 클릭합니다.

형식 : 0.00 또는 0.0?

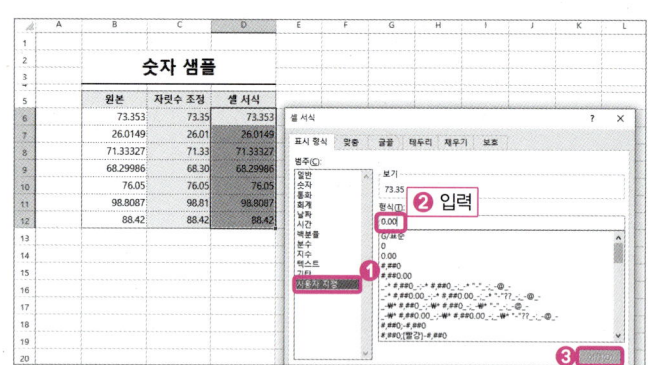

▲ 서식 코드 0.00 입력   ▲ 서식 코드 0.0? 입력

> **Plus⁺ 서식 코드 이해하기**
>
> 서식 코드를 0.00으로 지정하면 0의 자릿수에 맞게 값이 소수점 둘째 자리까지 표시됩니다. 서식 코드를 0.0?으로 지정하는 방법 역시 소수점 둘째 자리까지 표시하는 것은 맞지만, [D9] 셀처럼 표시할 마지막 자리가 0인 경우에는 0을 표시하지 않습니다.

098 지수 표시 형식으로 표시된 숫자 이해하기

엑셀에서는 셀에 입력된 숫자 값이 크면 지수 형식(1E+11)으로 표시됩니다. 정확하게는 10^11승이 넘는 값이 모두 지수 형식으로 표시됩니다. 지수 형식으로 표시된 숫자는 처음에는 이해하기 어렵지만, 표시되는 규칙을 알면 쉽게 이해할 수 있습니다. 또한 지수 형식을 사용해 값을 입력할 수도 있어 큰 단위의 값을 편리하게 입력할 수 있는 편리함도 있습니다. 숫자의 지수 표시 형식에 대해 알아보겠습니다.

> 예제 파일 없음

01 빈 엑셀 파일에서 '1', '10', '100' 순으로 입력해보면 11번째 값(100000000000)을 입력할 때 숫자가 지수 형식으로 표시되는 것을 알 수 있습니다. 같은 방법을 사용해 숫자 값을 보다 간편하게 입력해보겠습니다. [B15] 셀에 1조를 입력하기 위해 '1E+12'를 입력합니다.

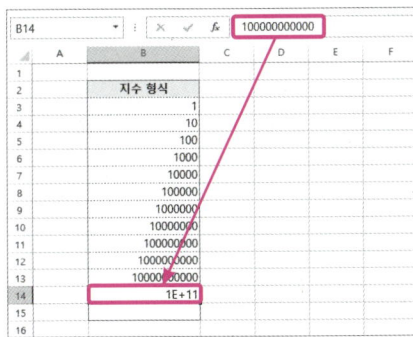 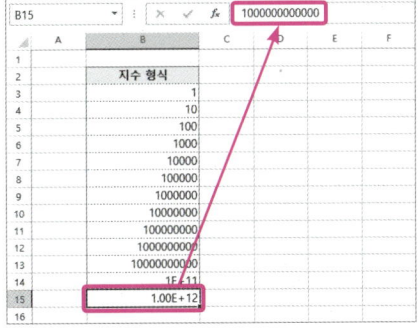

Plus⁺ 지수 표시 형식 이해하기

'1E+11'과 같은 숫자 표기법을 '지수 표시 형식(줄여서 지수 형식)'이라고 합니다. 이 표시는 '1*(10^11)'로 이해할 수 있습니다. 지수 형식에 표시되는 영문자 'E'는 숫자 '10'을 나타내는 기호로 'E' 앞의 수를 '가수'라고 하고 'E' 뒤에 표시되는 '11'을 '지수'라고 합니다. 숫자가 너무 크면 한눈에 해당 숫자를 이해하기 어렵기 때문에 입력된 숫자를 압축해서 지수 형식으로 나타내는 것입니다. 참고로 지수 형식은 셀에 표시되는 방식이고, 셀에 저장된 값은 수식 입력줄에서 확인할 수 있습니다.

02 지수 형식의 값을 다시 숫자로 표시하려면 지수 형식이 입력된 범위를 선택하고 [홈] 탭-[표시 형식] 그룹-[, 쉼표 스타일]을 클릭합니다.

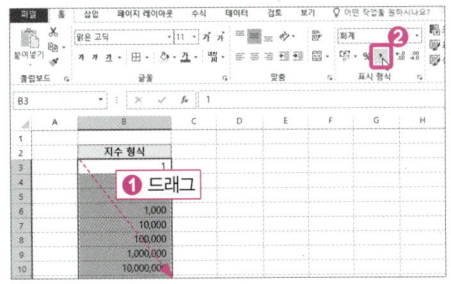

원 단위 금액을 천, 백만, 십억 등의 단위로 조정하기

099

숫자 값이 너무 크면 읽기 어려우므로 단위를 조정할 필요가 있습니다. 특정 단위(원, 천, 백만, 십억) 간의 변환 작업을 하는 데는 셀 서식을 이용하는 방법이 가장 빠르고 효율적입니다. 셀 서식을 이용해 단위를 조정하는 방법에 대해 알아보겠습니다.

예제 파일 PART 03\CHAPTER 11\단위 조정.xlsx

01 예제 파일을 열고 [C6:G15] 범위의 숫자를 '원' 단위에서 '천' 단위로 조정해보겠습니다.

	A	B	C	D	E	F	G	H
1								
2				영업 사원 실적표				
3								
4								
5		사원	1사분기	2사분기	3사분기	4사분기	합계	
6		김덕훈	23,302,000	37,062,850	48,914,100	55,531,500	164,810,450	
7		김소미	45,067,200	53,935,100	58,589,800	28,316,400	185,908,500	
8		김찬진	14,535,100	27,576,300	12,901,200	19,098,600	74,111,200	
9		선하라	25,765,100	26,291,100	50,831,450	21,278,900	124,166,550	
10		안정훈	15,122,050	23,903,450	22,040,250	7,844,150	68,909,900	
11		오영수	27,138,950	16,948,500	38,049,050	41,454,250	123,590,750	
12		유가을	14,636,250	14,976,400	34,176,450	13,716,250	77,505,350	
13		윤대현	18,681,150	44,533,300	93,741,250	46,078,000	203,033,700	
14		최소라	48,754,650	65,334,550	79,428,750	34,454,650	227,972,600	
15		합계	233,002,450	310,561,550	438,672,300	267,772,700	1,250,009,000	
16								

02 [C6:G15] 범위를 선택한 후 단축키 Ctrl + 1을 눌러 [셀 서식] 대화상자를 엽니다. [표시 형식] 탭의 [범주]에서 [사용자 지정]을 선택하고 [형식]에 다음 서식 코드를 입력한 후 [확인]을 클릭합니다.

형식 : #,###,

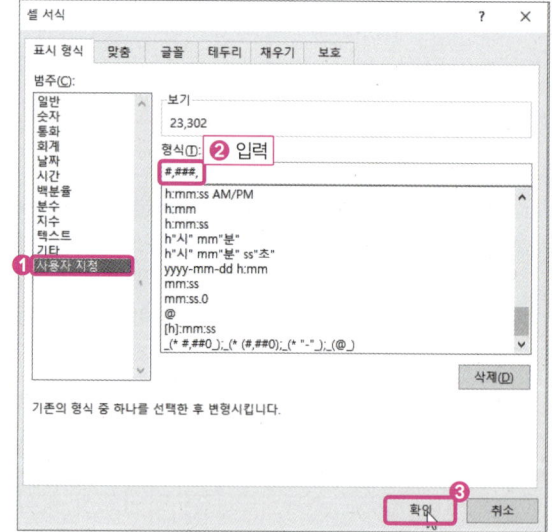

> **Plus⁺ 서식 코드 #,###, 이해하기**
>
> 서식 코드 마지막에 천 단위 구분 기호(,)를 사용하면 천 단위 아래 숫자는 표시되지 않습니다. 이때 표시되는 값은 '천' 단위를 기준으로 반올림된 결과입니다.

03 숫자 값의 단위가 '원' 단위에서 '천' 단위로 변경됩니다.

	A	B	C	D	E	F	G	H
1								
2				영업 사원 실적표				
3								
4								
5		사원	1사분기	2사분기	3사분기	4사분기	합계	
6		김덕훈	23,302	37,063	48,914	55,532	164,810	
7		김소미	45,067	53,935	58,590	28,316	185,909	
8		김찬진	14,535	27,576	12,901	19,099	74,111	
9		선하라	25,765	26,291	50,831	21,279	124,167	
10		안정훈	15,122	23,903	22,040	7,844	68,910	
11		오영수	27,139	16,949	38,049	41,454	123,591	
12		유가을	14,636	14,976	34,177	13,716	77,505	
13		윤대현	18,681	44,533	93,741	46,078	203,034	
14		최소라	48,755	65,335	79,429	34,455	227,973	
15		합계	233,002	310,562	438,672	267,773	1,250,009	
16								

04 숫자 단위를 '백만' 단위로 조정해보겠습니다. [C6:G15] 범위를 선택하고 단축키 Ctrl+1 을 눌러 [셀 서식] 대화상자를 엽니다. [표시 형식] 탭의 [범주]에서 [사용자 지정]을 선택한 후 [형식]에 다음 서식 코드를 입력하고 [확인]을 클릭합니다.

형식 : #,###,,

> **Plus⁺ 서식 코드 #,###,, 이해하기**
>
> 숫자 서식 코드 뒤에 천 단위 구분 기호를 두 번 사용하면 '백만' 단위 아래 값은 표시되지 않습니다. 만약 십억 단위로 조정하려면 천 단위 구분 기호를 세 번 입력해 #,###,,,과 같이 설정합니다.

05 숫자 값의 단위가 '백만' 단위로 변경됩니다.

	A	B	C	D	E	F	G	H
1								
2				영업 사원 실적표				
3								
4								
5		사원	1사분기	2사분기	3사분기	4사분기	합계	
6		김덕훈	23	37	49	56	165	
7		김소미	45	54	59	28	186	
8		김찬진	15	28	13	19	74	
9		선하라	26	26	51	21	124	
10		안정훈	15	24	22	8	69	
11		오영수	27	17	38	41	124	
12		유가을	15	15	34	14	78	
13		윤대현	19	45	94	46	203	
14		최소라	49	65	79	34	228	
15		합계	233	311	439	268	1,250	
16								

금액을 한글 또는 한자로 표시하기 100

표시 형식을 이용하면 숫자를 한글이나 한자로 표시할 수 있습니다. 숫자를 한글이나 한자로 표시하는 작업은 견적서나 세금 계산서와 같은 양식에서 금액을 표시할 때 자주 사용하므로 사용 방법을 잘 알아두는 것이 좋습니다.

예제 파일 PART 03 \ CHAPTER 11 \ 견적서.xlsx

01 예제 파일의 '견적서' 양식에서 총액([F5:P6] 범위의 병합 셀)의 숫자를 한글 또는 한자로 표시해보겠습니다.

02 [F5:P6] 병합 셀을 선택하고 단축키 Ctrl + 1을 눌러 [셀 서식] 대화상자를 엽니다. [표시 형식] 탭의 [범주]에서 [기타]를 선택하고 [형식]에서 [숫자(한글)]을 선택한 후 [확인]을 클릭합니다.

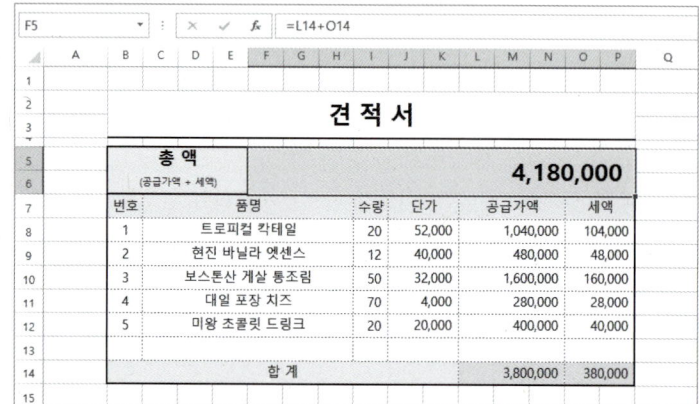

TIP 한자로 숫자 표시하기

숫자를 한자로 표시하고 싶은 경우에는 [숫자(한자-갖은자)]를 선택합니다. 이 형식을 선택하면 금액이 '伍百六拾參萬參百伍拾'로 표시됩니다.

03 숫자 값이 한글로 표시됩니다.

Plus+ 한글 앞뒤에 필요한 문자열 추가하기

숫자를 한글로 표시한 경우 '일금'이나 '원' 등의 문자열을 앞뒤로 표시하고 싶다면 **02** 과정을 참고해 [형식]에서 [숫자(한글)]을 선택하고 [범주]에서 [사용자 지정]을 선택합니다. [형식]에서 **[DBNum4][$-ko-KR]G/표준** 서식 코드를 **[DBNum4][$-ko-KR]"일금 " G/표준"원"**으로 수정하고 [확인]을 클릭합니다.

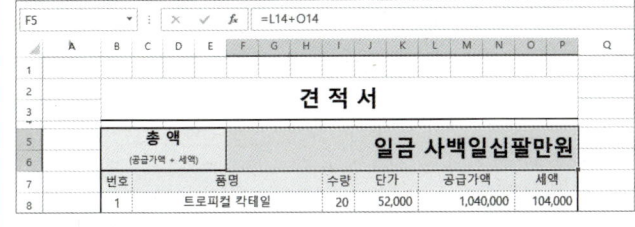

통화 기호를 셀 왼쪽에 맞춰 표시하기

101

숫자에 통화 기호(₩)를 추가하면 숫자 자릿수에 따라 통화 기호의 위치가 다르게 표시됩니다. 통화 기호가 포함된 숫자를 보기 좋게 표시하려면 통화 기호를 셀 왼쪽에 일괄 표시하는 것이 좋습니다. 여기서는 서식 코드를 사용해 통화 기호를 셀 왼쪽에 맞춰 표시하는 방법에 대해 알아보겠습니다.

예제 파일 PART 03 \ CHAPTER 11 \ 통화기호.xlsx

01 예제 파일의 '제품 관리 대장' 표에서 [E6:E15] 범위를 선택하고 단축키 Ctrl + 1 을 눌러 [셀 서식] 대화상자를 엽니다. [표시 형식] 탭의 [범주]에서 [사용자 지정]을 선택하고 [형식]에 다음 서식 코드를 입력한 후 [확인]을 클릭합니다.

형식 : ₩* #,###

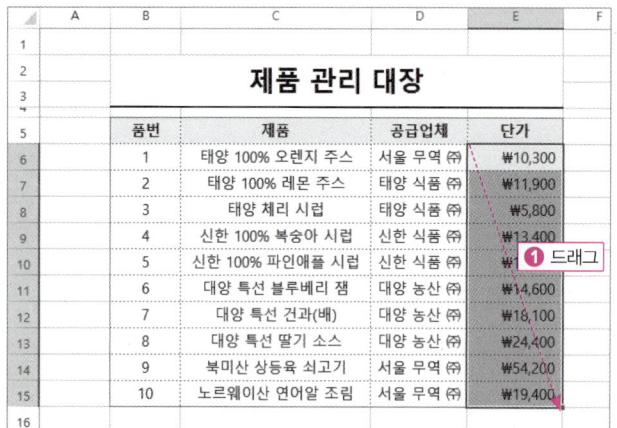 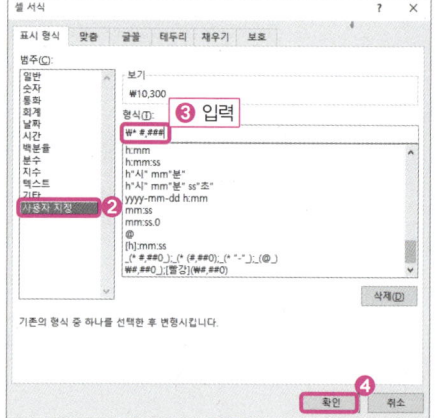

TIP 서식 코드 * #,### 이해하기

이 서식 코드에서는 *의 역할이 중요합니다. *는 바로 뒤에 나오는 문자를 셀 크기에 맞춰 반복해서 표시하는 역할을 합니다. * 뒤에는 Space Bar 를 눌러 입력한 공백 문자가 존재하므로 통화 기호(₩)와 숫자를 표시하는 서식 코드인 #,### 사이에 공백 문자를 반복해서 표시해 통화 기호(₩)를 셀 왼쪽에 맞춥니다.

02 [E6:E15] 범위의 셀 왼쪽에 통화 기호(₩)가 표시됩니다.

사용자 지정 숫자 서식 I

102

셀 서식의 사용자 지정 형식에는 특별한 문법을 사용해 원하는 서식을 조건에 따라 지정할 수 있는 기능이 지원됩니다. 이런 서식을 사용자 지정 숫자 서식이라고 하며 가장 대표적인 사용자 지정 숫자 서식으로는 숫자와 텍스트 값을 구분해 지정하는 서식이 있습니다. 이 서식을 이용해 업무를 처리하는 사례가 많으므로 잘 기억해두는 것이 좋습니다.

예제 파일 PART 03 \ CHAPTER 11 \ 사용자 지정 I .xlsx

01 예제 파일의 '제품 관리 대장' 표에서 [E6:E15] 범위를 선택하고 단축키 Ctrl + 1 을 눌러 [셀 서식] 대화상자를 엽니다. [표시 형식] 탭의 [범주]에서 [사용자 지정]을 선택하고 [형식]에 다음 서식 코드를 입력한 후 [확인]을 클릭합니다.

형식 : ₩* #,###

사용자 지정 숫자 서식 I

사용자 지정 숫자 서식의 구문은 다음과 같습니다.

> 양수 서식 ; 음수 서식 ; 0 서식 ; 텍스트 서식

- 세미콜론(;)으로 구분된 코드 부분을 코드 섹션이라고 합니다.
- 코드 섹션의 서식 코드는 생략할 수 있으며, 이 경우 해당 값을 화면에 표시하지 않습니다.

두 개의 코드 섹션만 사용하면 첫 번째 코드 섹션은 양수와 0에만 적용됩니다.

> 양수, 0 서식 ; 음수 서식

---

02 예제 파일의 [B6:F16] 범위에 셀 서식을 적용해 오른쪽 화면과 같이 [B] 열의 제품은 오른쪽 맞춤으로 표시하고, [C:F] 열의 실적 중 '0'은 'x'로 표시하고 나머지 숫자에는 천 단위 구분 기호를 표시해보겠습니다.

	A	B	C	D	E	F	G
1							
2			제품 판매 실적표				
3							
4							
5		제품	1사분기	2사분기	3사분기	4사분기	
6		대관령 바닐라 아이스크림	0	369000	573000	0	
7		대일 파메쌍 치즈	116000	254000	120000	165000	
8		한성 옥수수 가루	26000	140000	198000	254000	
9		대일 포장 치즈	161000	0	313000	73000	
10		파블로바 피넛 스프레드	175000	77000	159000	146000	
11		한림 특선 양념 칠면조	41000	187000	222000	0	
12		태일 적포도주	124000	185000	68000	99000	
13		사계절 커스터드 파이	192000	58000	110000	98000	
14		보스톤산 게살 통조림	0	200000	133000	117000	
15		한라 멜론 아이스크림	0	189000	151000	103000	
16		앨리스 포장육	(108000)	(126000)	(107000)	(107000)	
17							

	A	B	C	D	E	F	G
1							
2			제품 판매 실적표				
3							
4							
5		제품	1사분기	2사분기	3사분기	4사분기	
6		대관령 바닐라 아이스크림	x	369,000	573,000	x	
7		대일 파메쌍 치즈	116,000	254,000	120,000	165,000	
8		한성 옥수수 가루	26,000	140,000	198,000	254,000	
9		대일 포장 치즈	161,000	x	313,000	73,000	
10		파블로바 피넛 스프레드	175,000	77,000	159,000	146,000	
11		한림 특선 양념 칠면조	41,000	187,000	222,000	x	
12		태일 적포도주	124,000	185,000	68,000	99,000	
13		사계절 커스터드 파이	192,000	58,000	110,000	98,000	
14		보스톤산 게살 통조림	x	200,000	133,000	117,000	
15		한라 멜론 아이스크림	x	189,000	151,000	103,000	
16		앨리스 포장육	-108,000	-126,000	-107,000	-107,000	

03 [B6:F16] 범위를 선택하고 단축키 Ctrl+1을 눌러 [셀 서식] 대화상자를 엽니다. [표시 형식] 탭의 [범주]에서 [사용자 지정]을 선택하고 [형식]에 다음 서식 코드를 입력한 후 [확인]을 클릭합니다.

형식 : #,### ; -#,### ; "x" ; * @

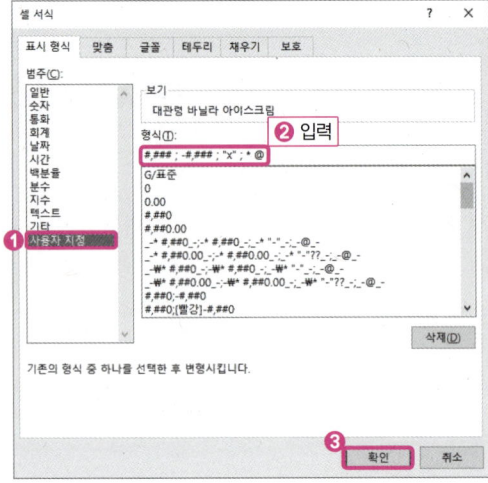

Plus⁺ 사용자 지정 숫자 서식 코드 이해하기

세미콜론(;)으로 구분된 서식 코드가 각각 양수, 음수, 0, 텍스트 값에 적용될 서식입니다.

- 양수, 음수는 천 단위 구분 기호(,)를 표시하도록 설정합니다.
- 0 값 대신 텍스트 값인 x가 표시되도록 설정합니다.
- 텍스트는 * 뒤에 공백 문자를 하나 넣어 셀 크기에 맞게 공백 문자를 반복하도록 설정하는 기능을 합니다. 뒤에 나오는 @는 텍스트 값 전체를 의미하므로 이렇게 하면 셀을 오른쪽으로 맞춘 결과와 동일한 효과를 얻을 수 있습니다.

Plus⁺ 자주 사용되는 사용자 지정 숫자 서식 유형

사용자 지정 숫자 서식	설명
#,### ; (#,###) ; * "–" ; @	• 양수는 천 단위 구분 기호(,)를 넣어 표시 • 음수는 괄호 안에 숫자 표시 • 0은 하이픈(–) 문자로 표시 • 텍스트는 그대로 표시
#,### ; -#,### ; ; @	• 위와 동일하나 음수는 마이너스 기호(–)로 표시 • 0은 표시하지 않음
; ; ;	• 모든 데이터 표시하지 않음

두 번째 사용자 지정 숫자 서식에서 적용한 [0 값 숨기기]는 엑셀 옵션을 이용해 적용할 수도 있습니다. 엑셀 옵션을 이용해 0 값을 숨기려면 다음 과정을 참고합니다.

01 [파일] 탭-[옵션]을 클릭합니다.

02 [Excel 옵션] 대화상자에서 [고급] 범주를 선택하고 [이 워크시트의 표시 옵션] 항목에서 [0 값이 있는 셀에 0 표시]의 체크 표시를 해제한 후 [확인]을 클릭합니다.

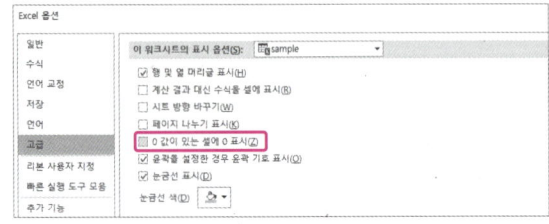

사용자 지정 숫자 서식 II

103

사용자 지정 숫자 서식을 사용하면 사용자가 지정한 조건에 맞는 값을 찾아 원하는 서식 코드를 적용할 수 있습니다. 서식에는 두 가지 조건을 적용할 수 있으며, 두 조건을 모두 만족하지 않는 경우까지 포함하여 데이터에 서식 코드를 적용할 수 있습니다.

예제 파일 PART 03 \ CHAPTER 11 \ 사용자 지정 II.xlsx

사용자 지정 숫자 서식 II
조건에 맞는 값에 서식 코드를 지정하는 구문은 다음과 같습니다.

> [조건 1] 숫자 서식 1 ; [조건 2] 숫자 서식 2 ; 숫자 서식 3

- 세미콜론(;)을 사용해 코드 섹션별로 조건에 맞는 값에 서식 코드를 지정할 수 있습니다.
- 조건은 대괄호([ ]) 안에 입력합니다.
- 조건은 비교 연산자와 값을 사용해 설정합니다. 예를 들어 100보다 큰 값은 '>100'이라는 조건을 입력합니다.
- 마지막 코드 섹션에 적용된 숫자 서식 3은 조건 1, 2를 모두 만족하지 않는 값에 적용됩니다.
- 조건 1은 조건 2에 우선 적용됩니다. 예를 들어 조건 1과 조건 2를 모두 만족하는 경우에는 조건 1에서 지정한 서식이 적용됩니다.

조건을 하나만 판단해 두 개의 서로 다른 서식만 적용하려면 다음과 같이 구성할 수 있습니다.

> [조건] 숫자 서식 1 ; 숫자 서식 2

---

01 예제의 [C7:H16] 범위에 셀 서식을 적용해 오른쪽 화면과 같이 정수와 소수 값의 서식을 한 번에 적용해보겠습니다. 매출은 천 단위 구분 기호(,)로 표시하고 증감률은 소수점 첫째 자리를 포함하는 백분율 스타일로 표시하겠습니다.

02 [C7:H16] 범위를 선택하고 단축키 Ctrl
+1을 눌러 [셀 서식] 대화상자를 엽니다. [표시
형식] 탭의 [범주]에서 [사용자 지정]을 선택하고
[형식]에 다음 서식 코드를 입력한 후 [확인]을 클
릭합니다.

형식 : [<=10]0.0% ; #,###

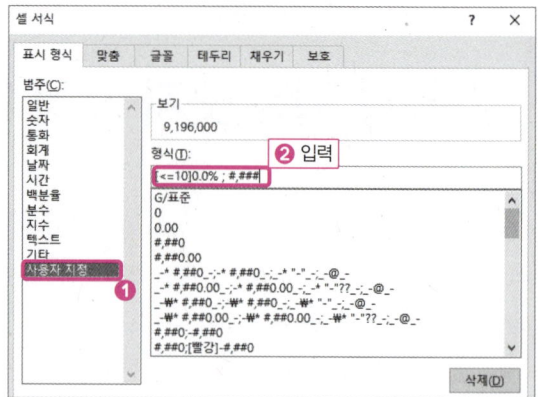

Plus⁺ 사용자 지정 숫자 서식 코드 이해하기

선택된 범위의 값이 10 이하인 경우와 아닌 경우를 구분해 백분율 스타일과 천 단위 구분 기호(,)를 표시하도록 설정합니다. 이때 조건은 대괄호([]) 안에 비교 연산자와 값을 사용해 10보다 작은 조건(<=10)으로 지정합니다. 만약 셀에 0 값은 표시되지 않도록 하려면 다음과 같은 사용자 지정 숫자 서식을 적용합니다.

[=0] ; [<=10] 0.0% ; #,###

사용자 지정 숫자 서식에 글꼴 색 지정하기

104

사용자 지정 숫자 서식의 각 코드 섹션별로 글꼴 색을 다르게 지정할 수 있습니다. 글꼴 색을 지정하면 서식 간의 구분이 좀 더 명확해지고, 깔끔한 문서를 만들 수 있습니다. 글꼴 색을 한글로 지정하면 기본 여덟 가지 색상을 사용할 수 있으며, 색 번호를 이용하면 56가지 색을 지정할 수 있습니다.

예제 파일 PART 03 \ CHAPTER 11 \ 색상표.xlsx

사용자 지정 숫자 서식에서 글꼴 색을 지정할 때는 대괄호([ ]) 안에 원하는 색의 이름을 다음과 같이 입력합니다.

```
[검정], [파랑], [녹청], [녹색], [자홍], [빨강], [흰색], [노랑]
```

좀 더 다양한 색상을 적용하고 싶다면 다음과 같은 색 번호를 사용할 수 있습니다.

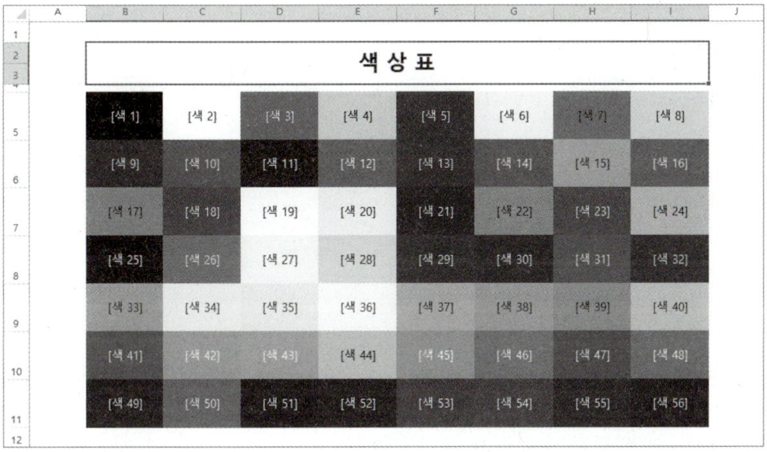

TIP 예제 파일을 열어 색을 확인할 수 있습니다.

글꼴 색을 지정하려면 서식 코드 앞이나 조건 앞에 색상 이름, 혹은 색 번호를 지정합니다.

```
[파랑] #,### ; [빨강] #,### ; "-" ; @@
```

또는

```
[색 3][>=10000] #,### ; [색 5][>=1000] #,### ; "-"
```

만 단위 구분 기호 표시하기

숫자를 표시할 때 자주 사용하는 천 단위 구분 기호(,)는 우리나라에서 사용하는 화폐 단위(만, 억, 조)와 맞지 않아 값을 읽기가 쉽지 않습니다. 숫자에 천 단위 구분 기호보다 만 단위 구분 기호를 표시하면 큰 숫자를 볼 때 더 편리합니다. 숫자 값에 만 단위 구분 기호를 표시하는 방법에 대해 알아보겠습니다.

예제 파일 PART 03 \ CHAPTER 11 \ 만 단위 구분 기호.xlsx

01 예제 파일을 열고 [C6:E15] 범위의 셀 값에 만 단위 구분 기호(,)를 표시해보겠습니다. [C6:E15] 범위를 선택한 후 단축키 Ctrl + 1 을 눌러 [셀 서식] 대화상자를 불러옵니다. [표시 형식] 탭의 [범주]에서 [사용자 지정]을 선택하고 [형식]에 다음 서식 코드를 입력한 후 [확인]을 클릭합니다.

형식 : [)=100000000]#","####","#### ; [)=10000]#","####

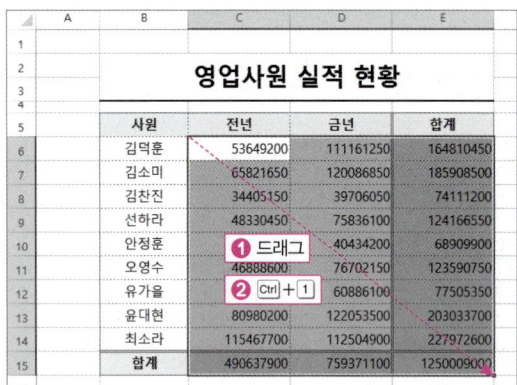
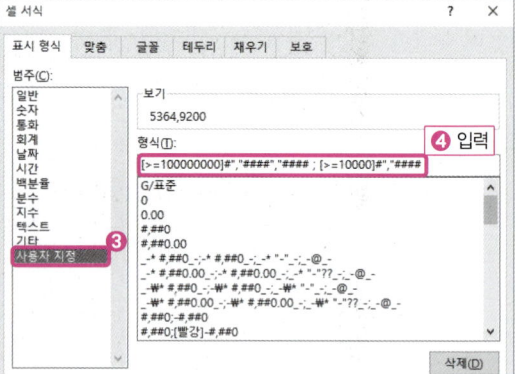

TIP 서식 코드 이해하기

엑셀에는 만 단위 구분 기호(,)를 설정하는 방법이 제공되지 않으므로 [사용자 지정 숫자 서식]의 조건 지정 방법을 이용해 서식을 지정합니다. 여기서 사용한 서식 코드의 조건을 보면 1억 이상인 경우([)=100000000]) 입력된 숫자의 네 자리(정확하게 만, 억 자리의 위치)마다 쉼표(,)를 하나씩 표시하고, 1만 이상인 경우([)=10000]) 입력된 숫자의 만 자리에 쉼표(,)를 하나 표시합니다.

02 금액의 네 번째 위치마다 쉼표(,) 문자가 나타납니다. 첫 번째 쉼표(,) 위치는 단위가 '만'이고 두 번째 쉼표(,) 위치는 단위가 '억'이므로 숫자를 빠르게 이해할 수 있습니다.

영업사원 실적 현황

사원	전년	금년	합계
김덕훈	5364,9200	1,1116,1250	1,6481,0450
김소미	6582,1650	1,2008,6850	1,8590,8500
김찬진	3440,5150	3970,6050	7411,1200
선하라	4833,0450	7583,6100	1,2416,6550
안정훈	2847,5700	4043,4200	6890,9900
오영수	4688,8600	7670,2150	1,2359,0750
유가을	1661,9250	6088,6100	7750,5350
윤대현	8098,0200	1,2205,3500	2,0303,3700
최소라	1,1546,7700	1,1250,4900	2,2797,2600
합계	4,9063,7900	7,5937,1100	12,5000,9000

숫자 값을 A,B,C 등급으로 변환해 표시하기

106

셀 값을 기준으로 등급을 구분해 표시해야 하는 경우가 있습니다. 등급이 세 가지 이하로 구분된다면 셀 서식의 사용자 지정 숫자 서식을 이용해 조건에 맞게 등급이 표시되도록 할 수 있습니다. 이 방법을 이용하면 간편하고 효율적으로 등급 표시를 할 수 있습니다.

예제 파일 PART 03 \ CHAPTER 11 \ ABC 분석.xlsx

01 예제 파일을 열고 [D] 열의 비율누계 값을 [G] 열의 기준에 맞게 오른쪽 화면과 같이 A, B, C 등급으로 표시해보겠습니다.

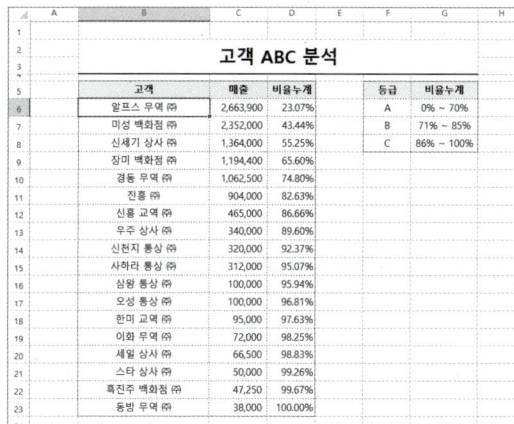

02 [D6:D23] 범위를 선택하고 단축키 Ctrl + 1 을 눌러 [셀 서식] 대화상자를 엽니다. [표시 형식] 탭의 [범주]에서 [사용자 지정]을 선택하고 [형식]에 다음 서식 코드를 입력한 후 [확인]을 클릭합니다.

형식 : [<=0.7]"A";[<=0.85]"B";"C"

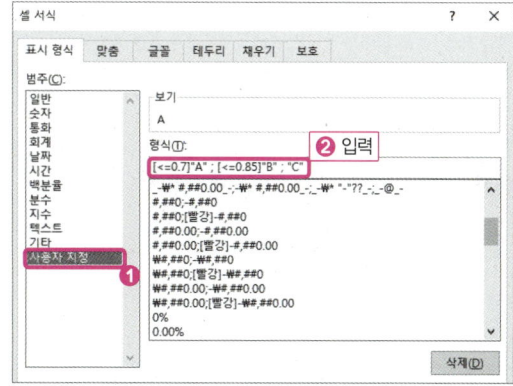

TIP 서식 코드 이해하기

오른쪽의 ABC 등급 기준표를 확인하면 등급별 비율 누계 값의 구간을 확인할 수 있습니다. 각 구간의 최대값보다 작은 값에 대한 숫자 서식을 지정하기 위해 [<=0.7]과 [<=0.85] 조건 두 개를 지정하여 비율 누계 값을 A, B, C등급으로 표시한 것입니다. 이때 70% 이하라고 해서 %를 그대로 사용해 [<=70%]라고 조건을 지정하면 안 됩니다. 사용자 지정 숫자 서식은 백분율을 조건으로 인식하지 못하기 때문에 [<=70%]라고 조건을 지정하면 [<=70]으로 인식합니다. 따라서 여기에서 작성한 조건 [<=0.7]과 같이 소수점 이하 값으로 구성해야 합니다.

글머리 기호를 편리하게 사용하기 107

엑셀에서 워드와 같이 다양한 서식을 적용해 작성해야 하는 경우가 종종 있습니다. 하지만 엑셀은 워드와 달리 글을 작성할 때 많이 입력하는 ■나 ●와 같은 글머리 기호를 사용하는 것이 불편합니다. 글머리 기호를 손쉽게 입력할 수 있는 방법에 대해 알아보겠습니다.

예제 파일 PART 03 \ CHAPTER 11 \ 기안서.xlsx

01 [C13:C15] 범위에 입력된 값 앞에 글머리 기호를 입력해보겠습니다. [C13:C15] 범위를 선택하고 단축키 Ctrl + 1 을 눌러 [셀 서식] 대화상자를 엽니다. [표시 형식] 탭의 [범주]에서 [사용자 지정]을 선택하고 [형식]에 다음 서식 코드를 입력한 후 [확인]을 클릭합니다.

형식 : "■" @

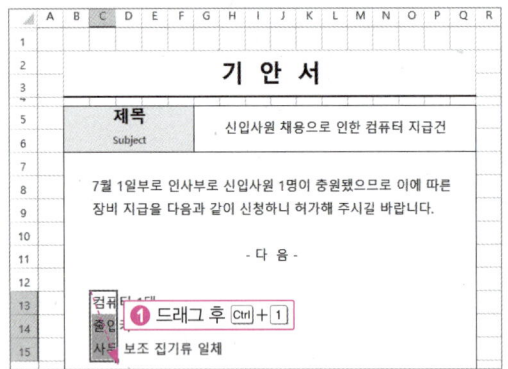 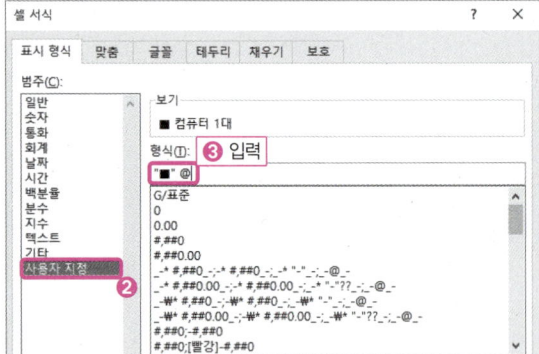

TIP [형식]에 머리글 쉽게 입력하기

한글 자음 'ㅁ'을 입력한 후 키보드에서 한자 를 누르면 특수문자 목록이 표시됩니다. Tab 을 눌러 목록을 확장한 후 필요한 열 머리글 문자를 선택합니다. 참고로 서식 코드 @는 셀에 입력된 텍스트 값을 의미합니다.

02 다음과 같이 열 머리글이 적용됩니다.

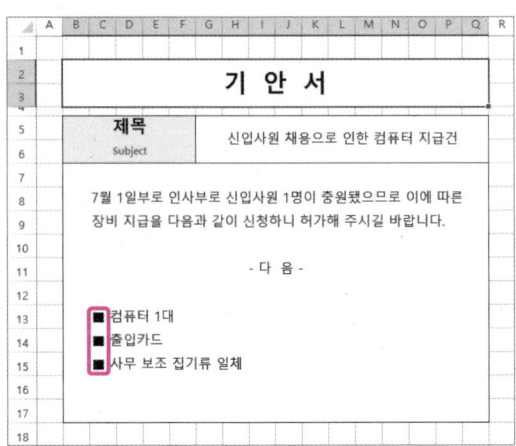

요일을 한글 또는 한자로 표시하기

입력된 날짜 값의 요일을 확인하려면 Weekday와 같은 함수를 사용해야 합니다. 하지만 간단하게 요일 정보를 확인하고 싶다면 셀 서식을 이용하는 것이 간편합니다. 셀 서식을 이용하면 한글뿐만 아니라 한자로도 요일을 표시할 수 있습니다. 셀 서식을 이용해 요일을 표시하는 방법에 대해 알아보겠습니다.

예제 파일 PART 03 \ CHAPTER 11 \ 한글,한자 요일.xlsx

01 [C] 열이 날짜 값에 한글과 한자 요일을 추가로 표시해보겠습니다.

02 [C6:C14] 범위를 선택하고 단축키 Ctrl + 1 을 눌러 [셀 서식] 대화상자를 불러옵니다. [표시 형식] 탭의 [범주]에서 [날짜]를 선택하고 [형식]에서 다음 서식 코드를 선택합니다. [확인]을 클릭하면 날짜 옆에 요일이 추가로 표시됩니다.

[형식] : *2012년 3월 14일 수요일

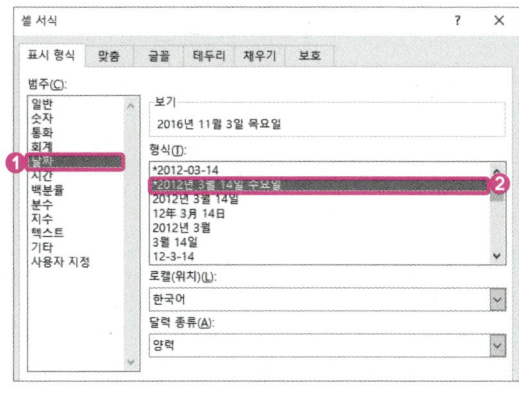

Plus⁺ 요일을 표시하는 여러 가지 방법

이 작업을 [셀 서식] 대화상자 없이 진행하려면 [C6:C14] 범위를 선택하고 [홈] 탭-[표시 형식] 그룹-[표시 형식]에서 [자세한 날짜]를 선택합니다. 좀 더 다양한 요일 표시 방법을 확인하려면 [셀 서식] 대화상자의 [범주]에서 [사용자 지정]을 선택하고 [형식]에 다음 서식 코드를 입력합니다.

서식 코드	[C6] 셀 표시 형식
yyyy-mm-dd aaa	2016-11-03 목
m/d/yy aaaa	11/3/16 목요일
aaa	목

03 이번에는 요일을 한자로 표시해보겠습니다. [C6:C14] 범위를 선택하고 단축키 Ctrl + 1 을 눌러 [셀 서식] 대화상자를 엽니다. [표시 형식] 탭의 [범주]에서 [사용자 지정]을 선택하고 [형식]에 다음 서식 코드를 입력한 후 [확인]을 클릭합니다.

형식 : [$-ja-JP] yyyy"年" m"月" d"日" dddd

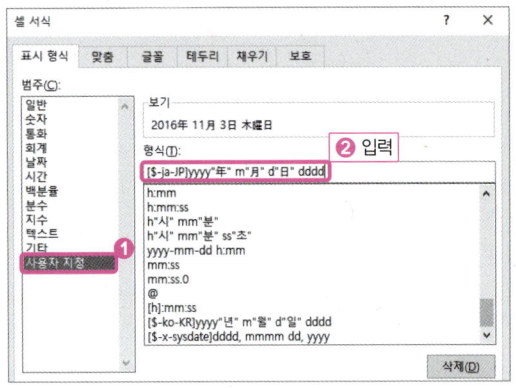

TIP 서식 코드의 [$-ja-JP]의 의미

[$-ja-JP]는 국가 지정 코드로, 일본을 의미하는 서식 코드입니다. **dddd**는 일본에서 사용하는 한자 표기 방법으로, 요일을 표시합니다.

CHAPTER
12

글꼴 서식, 맞춤, 테두리, 스타일

엑셀 기본 글꼴 변경하기

109

엑셀은 2007 버전부터 '맑은 고딕'을 기본 글꼴로 사용하고 있습니다. 하지만 문서를 작성할 때 '맑은 고딕'보다 '굴림'이나 '돋움', 혹은 'Arial'을 사용하는 경우도 많습니다. 여기서는 기본 글꼴을 변경하는 방법에 대해 알아보겠습니다. 다만 기본 글꼴을 변경하면 열 너비나 행 높이에도 영향을 끼치므로 기존 문서의 셀 너비와 높이를 조정해야 할 수도 있습니다.

예제 파일 없음

01 엑셀을 실행하고 빈 문서를 하나 생성합니다. [홈] 탭-[글꼴] 그룹-[글꼴] 상자에서 기본 글꼴을 확인할 수 있습니다.

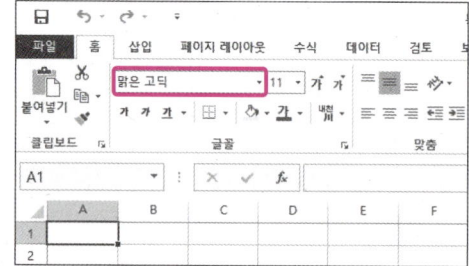

02 기본 글꼴을 변경하려면 [파일] 탭-[옵션]을 클릭해 [Excel 옵션] 대화상자를 엽니다. [일반] 범주를 선택하고 [새 통합 문서 만들기] 항목의 [다음을 기본 글꼴로 사용] 옵션에서 원하는 글꼴을 선택한 후 [확인]을 클릭합니다. 간단한 안내 메시지가 표시되면 [확인]을 클릭해 창을 닫습니다.

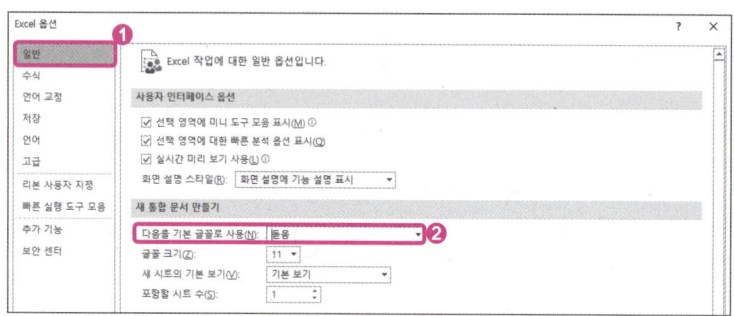

03 엑셀을 닫고 다시 실행하면 **02** 과정에서 선택한 글꼴이 기본 글꼴로 적용된 것을 확인할 수 있습니다.

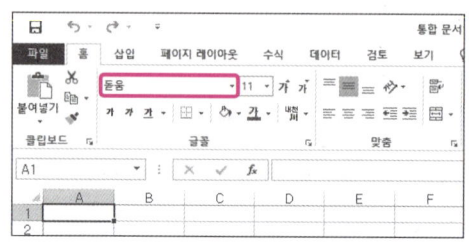

셀 크기에 맞게
글꼴 크기 자동 조정하기

110

작업을 하다 보면 셀 값이 열 너비를 초과하는 경우가 있습니다. 이때는 열 너비를 넓히거나 열 너비에 맞춰 글꼴 크기를 줄여야 하는데, 열 너비에 맞게 글꼴 크기를 일일이 조정하는 작업은 약간 불편합니다. 여기서는 엑셀 기능을 이용해 지정한 셀의 글꼴 크기가 열 너비에 맞춰 자동으로 조정되도록 하는 방법에 대해 알아보겠습니다.

예제 파일 PART 03\CHAPTER 12\단가 산출표.xlsx

01 예제 파일을 열면 [G9:H9] 범위의 병합된 셀 값이 열 너비보다 커서 전체 값이 제대로 표시되지 않는 것을 확인할 수 있습니다. 오른쪽 화면처럼 열 너비에 맞게 글꼴 크기를 자동 조정해보겠습니다.

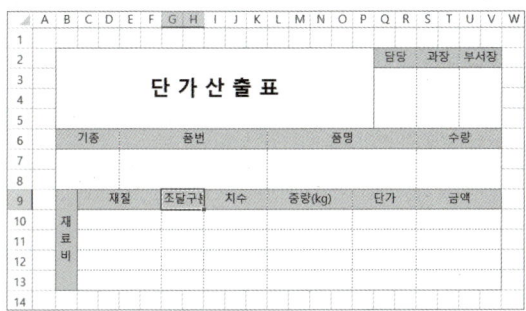 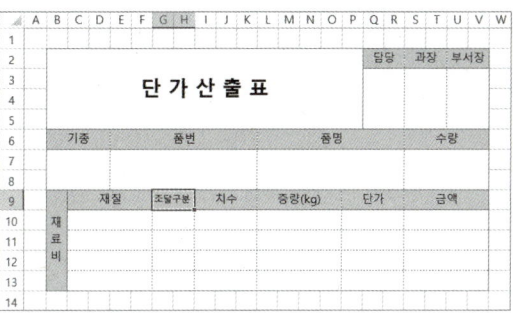

02 [G9:H9] 범위를 선택한 후 [홈] 탭-[맞춤] 그룹의 대화상자 표시 아이콘을 클릭하거나 단축키 Ctrl+1을 눌러 [셀 서식] 대화상자를 엽니다. [셀 서식] 대화 상자의 [맞춤] 탭에서 [셀에 맞춤]에 체크 표시를 하고 [확인]을 클릭합니다.

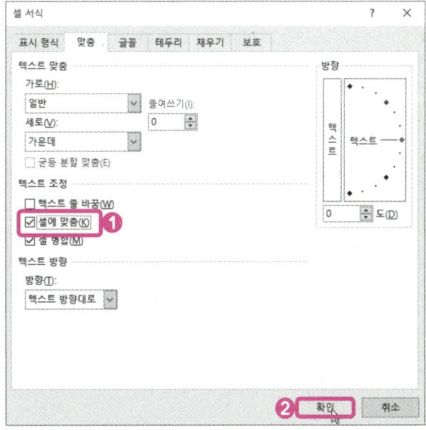

03 셀 값이 자동으로 조정되어 열 너비에 맞게 표시됩니다.

TIP 범위 선택 방법

예제 파일에서는 [G9:H9] 범위의 머리글만 열 너비를 초과했지만, 여러 범위의 열 너비가 충분하지 않을 수 있습니다. 이때는 Ctrl을 누른 상태에서 여러 범위를 선택하고 **02** 과정을 진행합니다. 이렇게 하면 한 번에 여러 범위의 글꼴 크기가 자동으로 열 너비에 맞춰 조정됩니다.

위 첨자(X^2)와 아래 첨자(X_2), 취소선 입력하기

111

첨자(添字)는 제곱근이나 변수 등을 표시하기 위해 일부 문자를 다른 문자의 위나 아래에 덧붙이는 것이고, 취소선은 글 중앙을 가로로 긋는 직선입니다. 엑셀에서도 셀에 입력된 값 전체 또는 일부분에 셀 서식 기능을 이용하여 첨자와 취소선을 표시할 수 있습니다. 간단하게 첨자와 취소선을 표시하는 방법에 대해 알아보겠습니다.

\ 예제 파일 없음

01 엑셀을 실행하고 [B2:B4] 범위에 'X2'를 입력한 후 [B2] 셀을 선택하고 F2를 눌러 편집 모드로 변환합니다. 숫자 '2'만 드래그해 선택하고 [홈] 탭-[글꼴] 그룹의 🔽 대화상자 표시 아이콘을 클릭합니다.

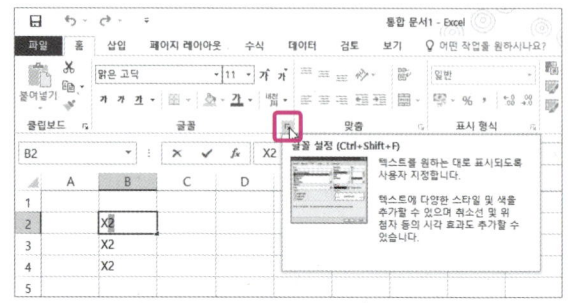

02 [셀 서식] 대화상자가 열리면 [위 첨자]에 체크 표시를 하고 [확인]을 클릭합니다.

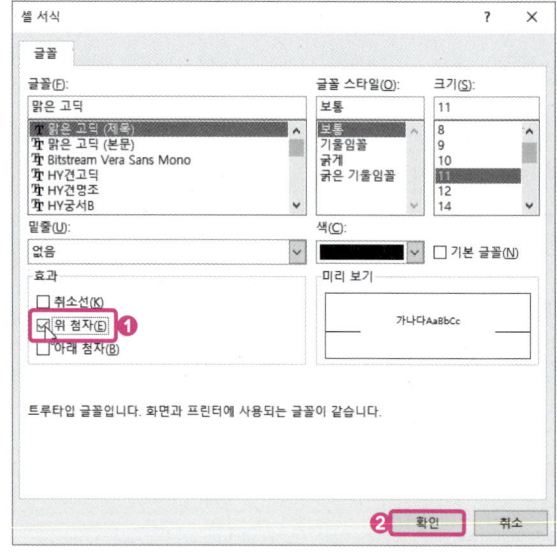

03 [B3] 셀에서 숫자 '2'만 드래그해 선택하고 [홈] 탭-[글꼴] 그룹의 🔽 대화상자 표시 아이콘을 클릭합니다. [셀 서식] 대화상자가 열리면 [아래 첨자]에 체크 표시를 하고 [확인]을 클릭합니다.

04 [B4] 셀의 숫자 '2' 부분만 선택하고 [홈] 탭-[글꼴] 그룹의 대화상자 표시 아이콘을 클릭합니다. [셀 서식] 대화상자가 열리면 [취소선]에 체크 표시를 하고 [확인]을 클릭합니다.

Plus⁺ 위 첨자, 아래 첨자, 취소선 단축키

엑셀에는 위 첨자, 아래 첨자 설정 작업에 대한 단축키가 없으므로 불편하더라도 이번에 설명한 방법대로 해야 합니다. 다만 취소선은 단축키가 할당되어 있으므로 취소할 문자(또는 셀)를 선택하고 단축키 Ctrl + 5 를 누르면 됩니다. 단축키 Ctrl + 5 를 한 번 누르면 취소선이 설정되고 다시 한 번 누르면 해제됩니다.

또는 [취소선] 명령을 빠른 실행 도구 모음에 등록해 놓고 사용할 수 있습니다. 다음은 [Excel 옵션] 대화상자의 [빠른 실행 도구 모음] 범주에서 [취소선] 명령을 등록하는 화면입니다.

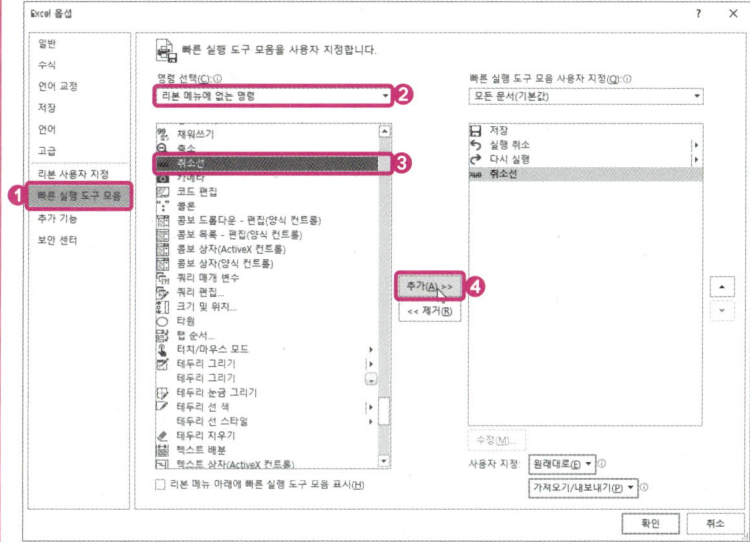

LINK 빠른 실행 도구 모음에 명령을 등록하는 방법은 'No. 011. 빠른 실행 도구 모음에 필요한 명령 등록하기'를 참고합니다.

셀을 병합하지 않고
셀 값을 여러 셀의 가운데에 표시하기

112

셀을 병합하면 첫 번째 셀의 값만 병합된 셀의 가운데에 표시됩니다. 그 외에도 셀 병합은 엑셀의 표, 정렬, 필터, 피벗 등 다양한 기능을 사용하는 데 제약이 되는 부분이 많으므로 주의해서 사용해야 합니다. 단순하게 값을 깔끔하게 표시하기 위한 목적이라면 [셀 병합] 기능 대신 [텍스트 맞춤] 기능을 이용하는 것이 좋습니다.

예제 파일 PART 03 \ CHAPTER 12 \ 선택 영역 가운데.xlsx

01 예제 파일을 열고 [C5:F5] 범위에서 셀을 병합하지 않고 입력 값이 셀 가운데에 위치하도록 해보겠습니다.

02 [C5:F5] 범위를 선택하고 단축키 Ctrl+1을 눌러 [셀 서식] 대화상자를 불러옵니다. [맞춤] 탭에서 [가로] 옵션 값을 [선택 영역의 가운데로]로 변경하고 [확인]을 클릭합니다.

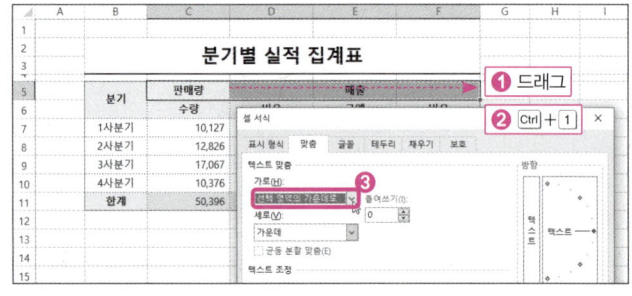

TIP [선택 영역의 가운데로]는 가로 방향으로만 지원되는 옵션으로, 세로 방향의 셀에는 적용할 수 없습니다.

03 빈 셀을 자동으로 인식해 선택 영역의 값들이 두 셀의 가운데에 표시됩니다. 이처럼 셀 병합을 하지 않고도 동일한 효과를 얻을 수 있습니다.

긴 문장의 양쪽 끝을 깔끔하게 맞추기

113

워크시트에 긴 글을 입력할 때 불편한 점 중 하나는 문장의 양쪽 끝을 일정하게 맞추기 어렵다는 점입니다. 워드에서와 같이 문장을 깔끔하게 표시하기 위해 일일이 줄을 바꾸는 방법을 사용하기도 하는데, 엑셀에는 [양쪽 맞춤] 기능이 있어 긴 문장을 정리하는 데 유용하게 사용할 수 있습니다.

예제 파일 PART 03 \ CHAPTER 12 \ 양쪽 맞춤.xlsx

01 예제 파일의 [C8:C15] 범위에 입력된 문장을 [D8:T16] 범위(배경색이 칠해진 범위)에 맞춰 오른쪽 화면과 같이 깔끔하게 정렬해보겠습니다.

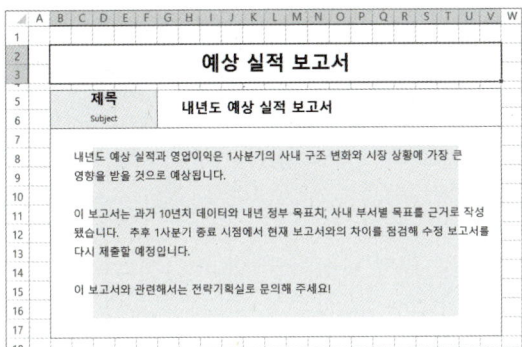 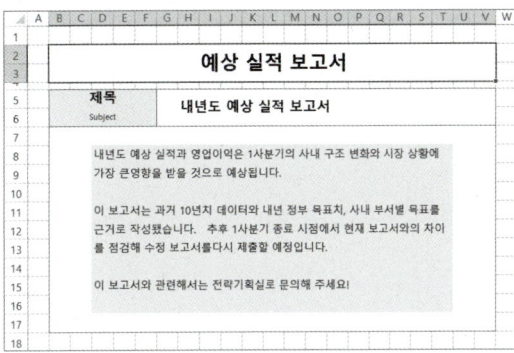

02 먼저 문장의 왼쪽 끝을 맞춥니다. 문장의 왼쪽 끝은 복사하여 붙여넣는 방식으로 맞추면 됩니다. 먼저 [C8:C16] 범위를 복사(Ctrl+C)합니다. [D8] 셀을 선택한 후 [홈] 탭-[클립보드] 그룹-[붙여넣기]를 클릭하고 [값]을 선택해 값만 복사합니다. [C8:C16] 범위를 선택하고 Delete 를 눌러 삭제합니다.

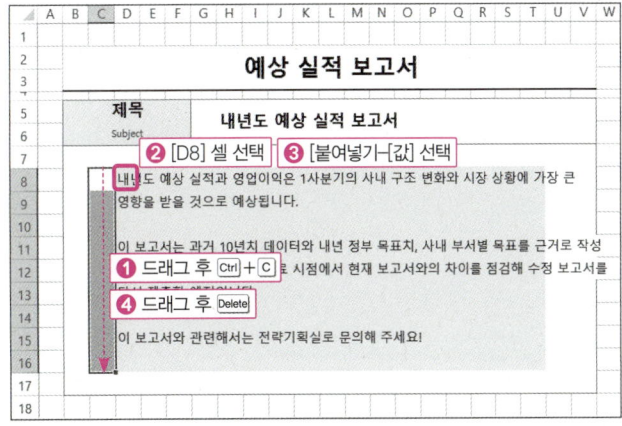

TIP 서식이 동일하다면 잘라내기(Ctrl+X)와 붙여넣기(Ctrl+V) 작업으로 좀 더 빠르게 진행할 수 있습니다.

03 오른쪽 끝을 맞추기 위해 [양쪽 맞춤]을 적용합니다. 정렬할 [D8:T16] 범위를 선택한 후 [홈] 탭-[편집] 그룹-[채우기]를 클릭하고 [양쪽 맞춤]을 선택합니다. 선택한 [D8:T16] 범위의 문장 양쪽 끝이 자동으로 맞춰집니다.

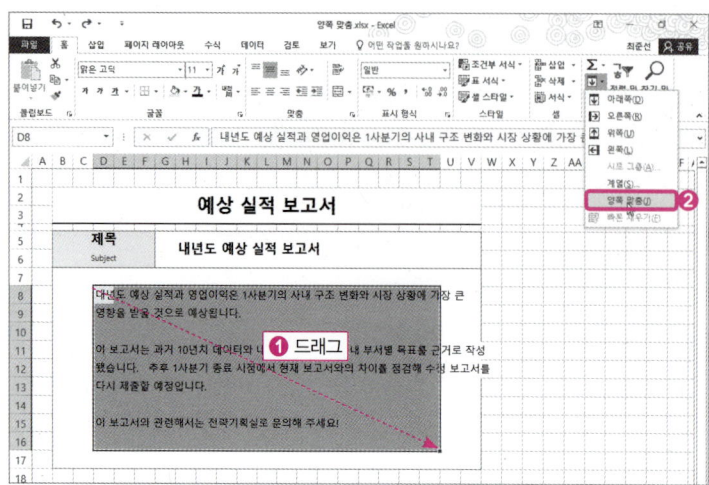

114 눈금선을 가로 또는 세로 방향으로만 표시하기

워크시트의 열과 행을 구분하는 눈금선은 가로와 세로 방향으로 모두 표시되어 있습니다. 이 눈금선은 필요에 따라 표시하거나 표시하지 않을 수 있지만, 한 쪽 방향으로만 표시할 수는 없습니다. 하지만 사용하는 표에 따라 한 쪽 방향만 표시하는 것이 더 깔끔할 수도 있습니다. 눈금선을 가로 또는 세로 방향으로만 표시하는 방법에 대해 알아보겠습니다.

예제 파일 PART 03 \ CHAPTER 12 \ 눈금선.xlsx

눈금선 없애기

예제 파일을 열고 '가로' 시트를 선택합니다. 눈금선을 가로 또는 세로 한 방향으로만 표시하려면 먼저 기존의 눈금선이 표시되지 않도록 설정해야 합니다. [보기] 탭-[표시] 그룹에서 [눈금선]의 체크 표시를 해제합니다.

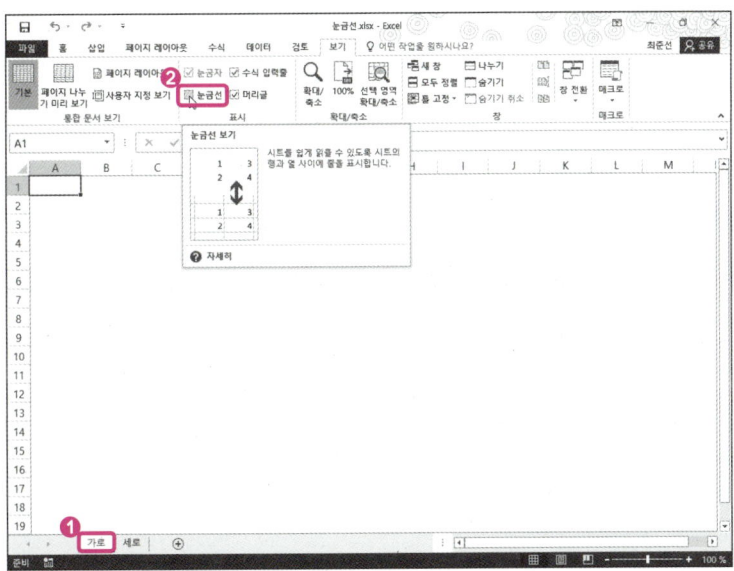

눈금선을 한 방향으로만 표시하기

01 눈금선을 한 방향으로만 표시하려면 테두리 설정을 변경하는 방법을 이용하면 됩니다. 전체 셀을 선택하기 위해 [A] 열 머리글과 [1] 행 머리글이 만나는 지점의 [ ] 모두 선택]을 클릭한 후 단축키 Ctrl + 1 을 눌러 [셀 서식] 대화상자를 엽니다.

02 [셀 서식] 대화상자의 [테두리] 탭에서 [색] 콤보 상자의 [⌄ 아래 화살표]를 클릭합니다. 색상표에서 1열 3행에 위치한 색상(흰색, 배경 1, 15% 더 어둡게)을 선택합니다.

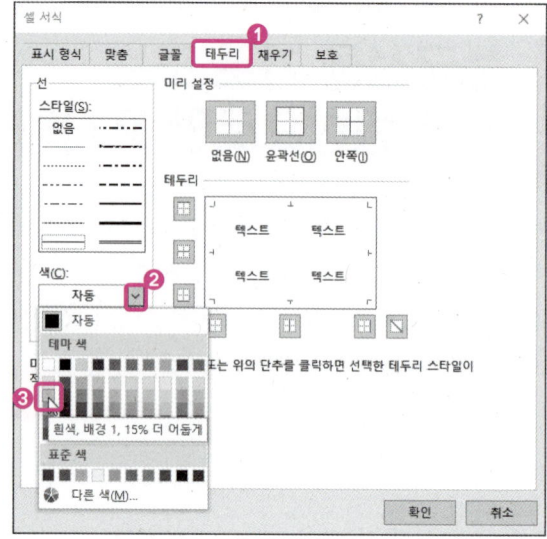

TIP 여기서 선택한 색상이 눈금에 가장 가까운 색이지만, 다른 색을 선택해도 됩니다.

03 이제 테두리를 설정하겠습니다. 다음과 같이 [테두리] 그룹의 가로 방향 테두리를 의미하는 세 아이콘을 각각 클릭하고 [확인]을 클릭하면 오른쪽 화면과 같이 가로 방향 눈금선(테두리 선)만 표시됩니다.

04 세로 방향 테두리를 의미하는 다음 세 아이콘을 클릭하면 오른쪽 화면과 같이 세로 방향 눈금선(테두리 선)만 표시됩니다.

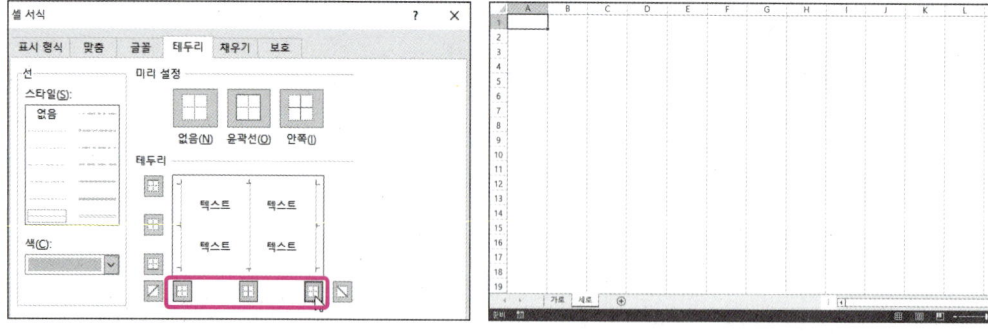

쉼표 스타일(,)을 적용한 후 셀 가운데 맞춰 표시하기

115

엑셀의 쉼표 스타일은 천 단위 구분 기호(,)를 손쉽게 표시할 수 있어 자주 사용하지만 쉼표 스타일이 적용된 셀은 가운데 맞춤이 적용되지 않습니다. 이는 쉼표 스타일이 통화 형식으로 분류되기 때문에 나타나는 현상입니다. 쉼표 스타일을 숫자로 수정해 가운데 맞춤을 적용할 수 있도록 변경해보겠습니다. 참고로 수정된 스타일은 해당 파일에서만 적용됩니다.

예제 파일 PART 03 \ CHAPTER 12 \ 쉼표 스타일.xlsx

01 예제 파일의 [C6:D11] 범위 숫자 값에는 가운데 맞춤이 적용되어 있습니다. 이 범위에 쉼표 스타일을 적용하고 가운데 맞춤을 적용해보겠습니다.

	분류	판매수량	매출
	분류별 실적		
	분류	판매수량	매출
	가공 식품	1304	37650600
	곡류	1856	37073000
	과자류	3483	70561450
	유제품	4455	93338050
	육류	2010	60977200
	총합계	13108	299600300

02 [C6:D11] 범위를 선택하고 [홈] 탭-[표시 형식] 그룹-[쉼표 스타일]을 클릭합니다. 그러면 [C6:D11] 범위 내 숫자에 천 단위 구분 기호가 표시되면서 숫자 값이 모두 오른쪽으로 맞춰 표시됩니다.

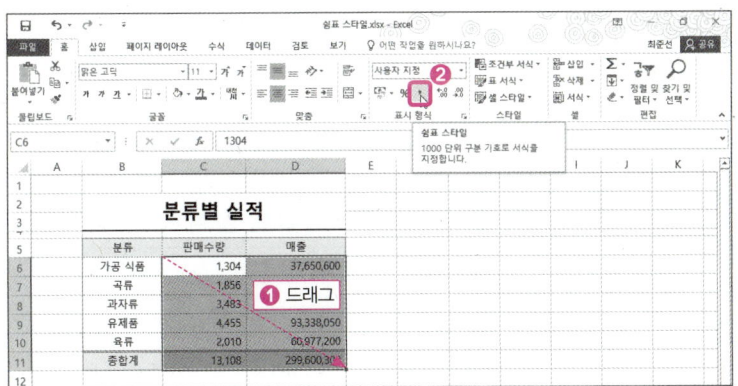

TIP 리본 메뉴를 보면 [홈] 탭-[맞춤] 그룹-[가운데 맞춤] 명령이 활성화되어 있는데 [C6:D11] 범위 내 숫자는 모두 오른쪽 맞춤으로 표시되어 있습니다. 쉼표 스타일의 효과로 인해 [가운데 맞춤] 명령이 작동하지 않은 것입니다.

03 쉼표 스타일을 수정해 가운데 맞춤을 적용해보겠습니다. [홈] 탭-[스타일] 그룹-[셀 스타일]을 클릭하고 [숫자 서식] 그룹의 [쉼표 [0]]을 마우스 오른쪽 버튼으로 클릭한 후 단축 메뉴에서 [수정]을 선택합니다.

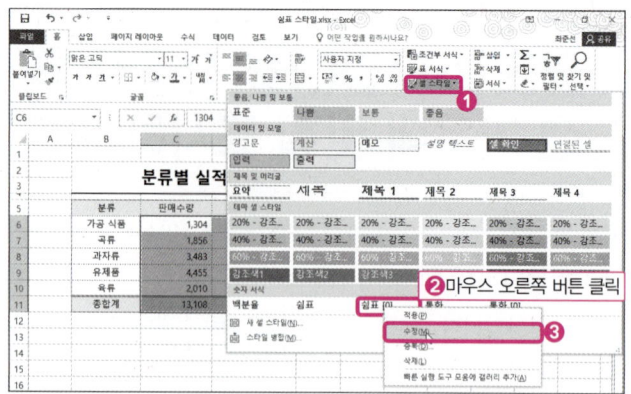

04 [스타일] 대화상자가 열리면 [서식]을 클릭합니다. [셀 서식] 대화상자가 열리면 [범주]에서 [통화]를 [숫자]로 변경하고 [확인]을 클릭합니다.

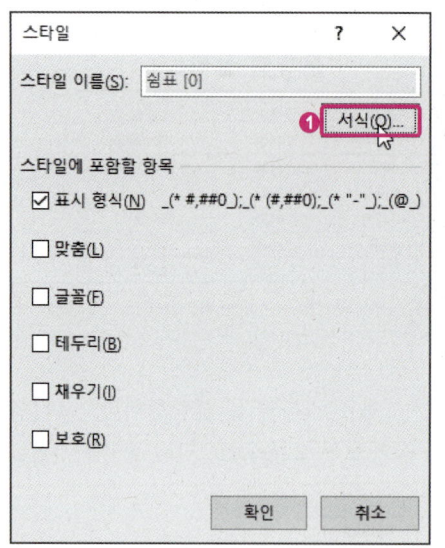
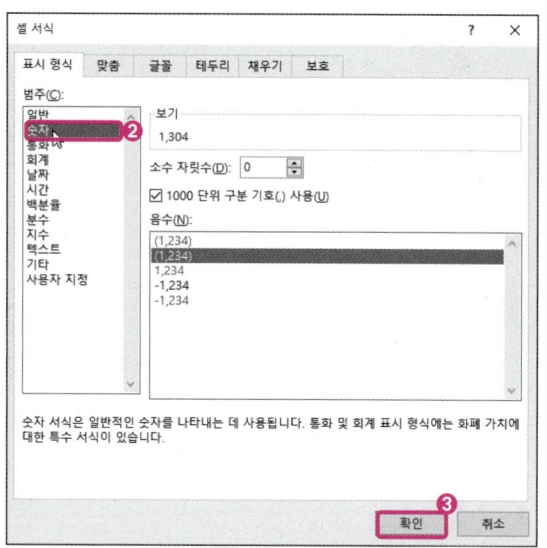

05 [스타일] 대화상자도 [확인]을 클릭해 닫습니다. 이제 쉼표 스타일이 적용된 [C6:D11] 범위 내 숫자가 모두 가운데 맞춤으로 표시됩니다.

다른 파일의 셀 스타일 적용하기

116

셀 스타일은 파일 단위로 지정되므로 수정하거나 새로 만든 셀 스타일은 해당 파일에서만 사용할 수 있습니다. 만약 다른 파일에서 사용하려면 원본 파일의 셀 스타일을 다른 파일에 병합해야 합니다. 다른 파일의 셀 스타일을 가져와 사용하는 방법에 대해 알아보겠습니다.

예제 파일 PART 03 \ CHAPTER 12 \ 셀 스타일 병합.xlsx

TIP 이 작업을 하기 전에 'No. 115. 쉼표 스타일(,)을 적용한 후 셀 가운데 맞춰 표시하기'를 먼저 진행합니다.

01 예제 파일을 열고 [B2] 셀을 선택한 후 [홈] 탭-[맞춤] 그룹-[가운데 맞춤]을 클릭해봅니다. [B2] 셀 값에 가운데 맞춤이 적용되지 않고 그대로 오른쪽에 맞춰 표시되는 것을 확인할 수 있습니다.

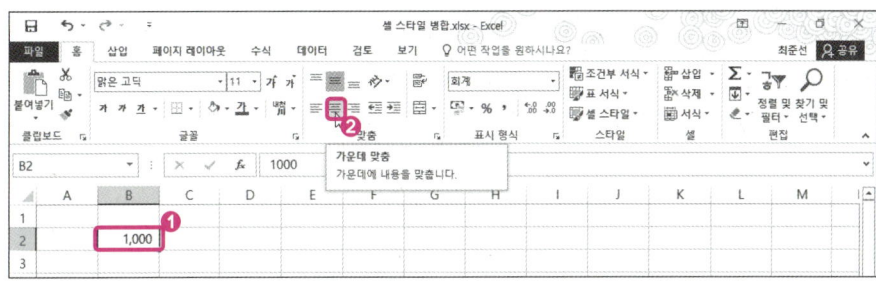

02 No. 115의 예제에서 작업한 쉼표 스타일을 이 파일에도 적용해보겠습니다. 먼저 No. 115의 예제인 '쉼표 스타일.xlsx' 파일을 열어놓습니다. 다시 '셀 스타일 병합.xlsx' 파일에서 [홈] 탭-[스타일] 그룹-[셀 스타일]을 클릭하고 [스타일 병합]을 선택합니다.

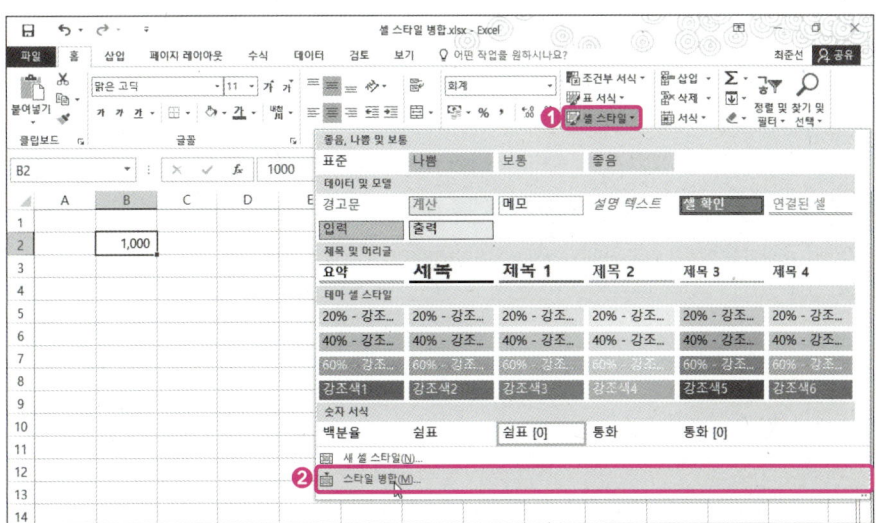

03 [스타일 병합] 대화상자가 나타나면서 다음과 같이 현재 열려 있는 모든 파일이 항목에 표시됩니다. 셀 스타일을 가져오려는 '쉼표 스타일.xlsx' 파일을 선택하고 [확인]을 클릭합니다.

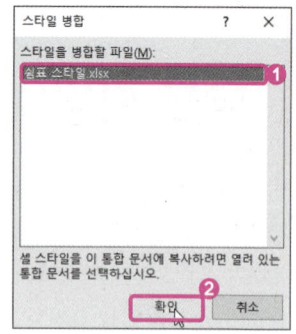

04 다음과 같은 메시지 창이 나타나면 [예]를 클릭해 병합 작업을 완료합니다.

05 셀 스타일이 병합되면 다음과 같이 [B2] 셀의 숫자에 가운데 맞춤이 적용됩니다.

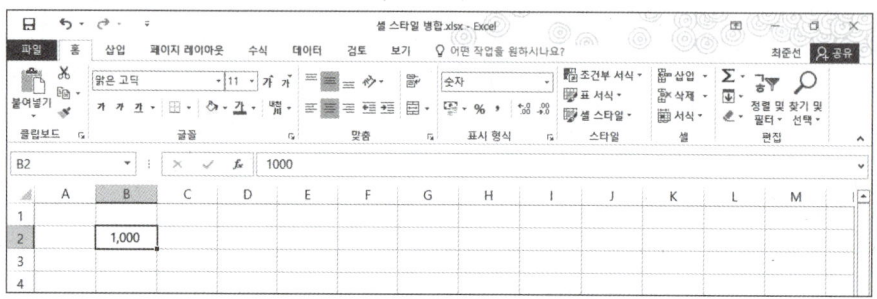

Plus⁺ 다른 버전에서 만든 파일을 2016 버전 스타일로 변경하기

엑셀 2007, 2010에서 만든 파일을 엑셀 2016 버전에서 불러오면 적용되는 색상이 미묘하게 다릅니다. 이것은 엑셀 2016, 2013과 엑셀 2007, 2010의 기본 스타일이 다르기 때문입니다. 만약 엑셀 2010 이하 버전에서 만든 파일을 엑셀 2016의 스타일에 맞게 수정하려면 [🗐 스타일 병합]을 이용합니다. 편의상 기존 파일을 'A.xlsx'라 하고, 다음 과정을 따라 합니다.

❶ 'A.xlsx' 파일을 먼저 열고 단축키 Ctrl+N을 눌러 새 파일을 생성합니다.
❷ Ctrl+Tab을 눌러 이전 파일로 되돌아갑니다.
❸ [홈] 탭-[스타일] 그룹-[셀 스타일]을 클릭하고 [스타일 병합]을 선택합니다.
❹ ❶ 과정에서 새로 연 파일(보통 '통합 문서1' 파일)을 선택하고 [확인]을 클릭합니다.

이 방법을 사용하면 엑셀 2010 이하 버전에서 만든 파일을 엑셀 2016의 스타일로 변경할 수 있습니다.

셀 스타일 초기화하기

117

시트를 복사해서 사용하면 불필요한 셀 스타일이 많이 생성됩니다. 파일에 셀 스타일이 계속 생성되면 파일이 느려지고 엑셀 프로그램이 불안정해집니다. 상황이 악화되면 '셀 서식이 너무 많습니다'와 같은 에러 메시지가 나타나기도 합니다. [시트 복사] 등의 명령을 자주 사용한다면 한 달에 한 번쯤은 셀 스타일을 초기화하는 것이 좋습니다.

예제 파일 PART 03 \ CHAPTER 12 \ 셀 스타일 초기화.xlsx, 셀 스타일 초기화(매크로).txt

01 예제 파일을 열고 [홈] 탭-[스타일] 그룹- [셀 스타일]을 클릭합니다.

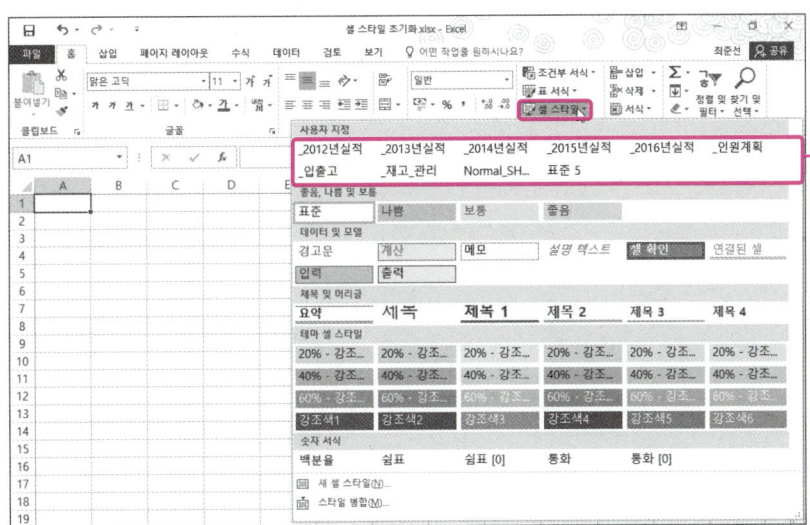

[사용자 지정] 그룹의 하위에 있는 스타일이 별도로 생성된 셀 스타일입니다. 이 셀 스타일이 많이 쌓이면 파일이 느려지는 등의 문제가 발생할 수 있으므로 사용하지 않는 셀 스타일은 정리하는 것이 좋습니다.

02 셀 스타일을 갤러리에서 지우려면 삭제할 셀 스타일을 마우스 오른쪽 버튼으로 클릭하고 [삭제]를 선택합니다.

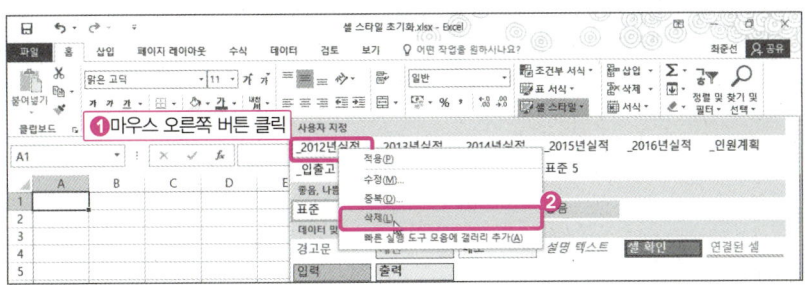

03 이렇게 셀 스타일을 하나씩 삭제하는 방법도 있지만 지워야 할 셀 스타일이 많다면 다음과 같은 매크로를 사용하는 것이 빠릅니다.

```
Sub 셀스타일초기화()

    Dim oSty as Style
    Dim i as Integer

    On Error Resume Next

    For Each oSty In ThisWorkbook.Styles
        If Not oSty.Builtin Then
            oSty.Delete
            i=i+1
        End If
    Next

    If i > 0 Then
        Msgbox i & "개의 셀 스타일을 삭제했습니다."
    End If

End Sub
```

> **LINK** 첨부된 매크로를 파일에 등록하고 실행하는 방법은 'No. 501 공개된 매크로 등록하고 사용하기'를 참고합니다.

04 **03** 과정의 매크로를 사용한 후 [홈] 탭-[스타일] 그룹-[셀 스타일]을 클릭하면 다음과 같이 [사용자 지정] 셀 스타일이 모두 삭제된 것을 확인할 수 있습니다.

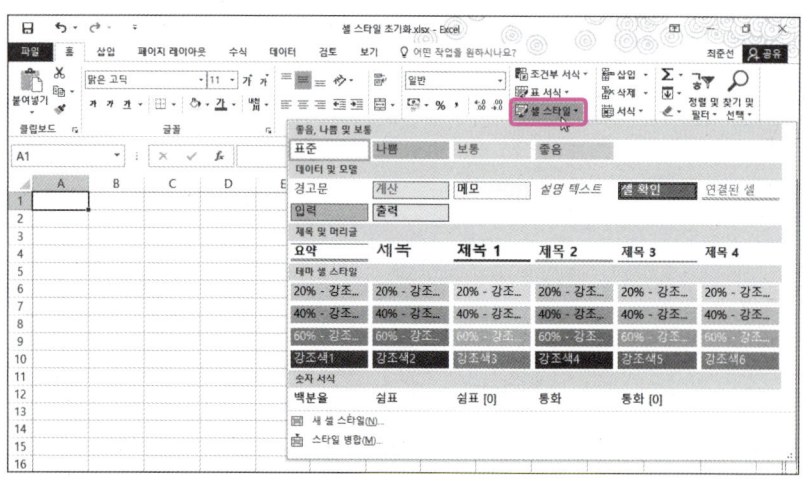

> **Plus⁺ 매크로 기능으로도 삭제되지 않는 셀 스타일이 존재하는 경우**
>
> 매크로를 실행해도 삭제되지 않은 셀 스타일이 남아 있을 수 있습니다. 이 셀 스타일은 손상된 것으로 정상적인 방법으로는 삭제하기 어려우므로 새 파일로 데이터만 옮겨 깔끔하게 다시 작업하는 것이 좋습니다.

CHAPTER

13

조건부 서식

중복 데이터 표시하기

118

엑셀에서 중복 데이터를 가장 쉽게 확인하는 방법은 조건부 서식을 이용하는 것입니다. 조건부 서식에는 중복 조건이 제공되므로 언제든지 사용자가 원하는 서식으로 중복 데이터를 표시할 수 있습니다. 이 기능은 엑셀 2007부터 제공되며, 엑셀 2003 이하 버전에서는 수식 조건을 사용해 중복 데이터를 표시할 수 있습니다.

\ 예제 파일 PART 03 \ CHAPTER 13 \ 중복 표시.xlsx

01 예제 파일의 [D] 열에 입력된 전화번호에서 중복된 전화번호를 찾아 표시해보겠습니다. 전화번호가 입력된 [D6:D15] 범위를 선택한 후 [홈] 탭-[스타일] 그룹-[조건부 서식]을 클릭하고 [셀 강조 규칙]-[중복 값]을 선택합니다.

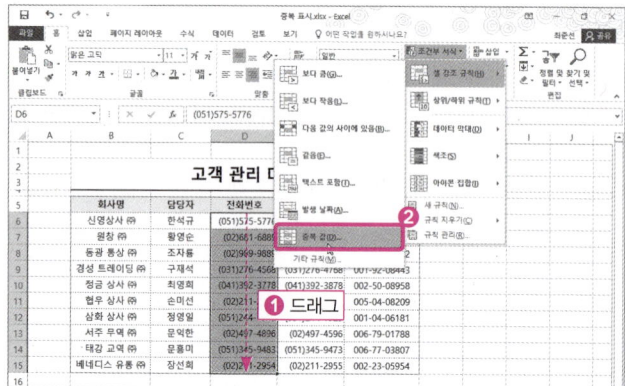

02 [중복 값] 대화상자가 열리면 [적용할 서식]에서 몇 가지 기본 스타일을 선택할 수 있습니다. 여기서는 기본 값을 유지하고 [확인]을 클릭합니다.

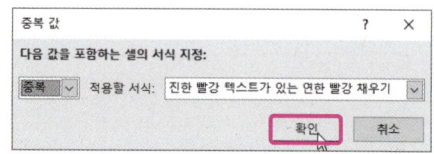

> **TIP** 원하는 서식을 직접 설정하려면
> 중복 데이터를 표시할 때 서식이 중요한 것은 아니지만, 원하는 서식을 직접 설정할 수 있습니다. [적용할 서식]에서 [사용자 지정 서식]을 선택하고 [셀 서식] 대화상자에서 원하는 서식을 지정합니다.

03 중복 값이 입력된 위치를 바로 확인할 수 있습니다.

	회사명	담당자	전화번호	팩스번호	사업자등록번호
6	신영상사 ㈜	한석규	(051)575-5776	(051)575-5876	005-62-08515
7	원창 ㈜	황영순	(02)681-6889	(02)681-6869	002-22-08595
8	동광 통상 ㈜	조자룡	(02)989-9889	(02)989-9489	004-37-02912
9	경성 트레이딩	구재석	(031)276-4568	(031)276-4768	001-92-08443
10	정금 상사 ㈜	최영희	(041)392-3778	(041)392-3878	002-50-08958
11	협우 상사 ㈜	손미선	(02)211-2954	(02)211-2955	005-04-08209
12	삼화 상사 ㈜	정영일	(02)244-1945	(051)244-1925	001-04-06181
13	서주 무역 ㈜	문익한	(02)497-4896	(02)497-4596	006-79-01788
14	태강 교역 ㈜	문흥기	(051)345-9483	(051)345-9473	006-77-03807
15	베네디스 유통 ㈜	장선희	(02)211-2954	(02)211-2955	002-23-05954

두 표를 비교해 중복 표시하기 119

두 표에 모두 입력된 데이터를 중복으로 표시하고 싶은 경우가 있습니다. 중복으로 표시하기 위해서는 떨어진 범위만 Ctrl 을 사용해 선택하면 되며, 이후 과정은 No. 118과 동일합니다. 단 이 방법은 시트가 분리되면 적용되지 않으므로 비교할 표를 반드시 같은 시트에 놓아야 합니다.

예제 파일 PART 03\CHAPTER 13\중복 표시-두 표.xlsx

01 예제 파일을 열고 표에서 중복 값을 찾아 오른쪽 화면과 같이 표시해보겠습니다.

02 [C6:C15] 범위를 선택하고 Ctrl 을 누른 채 [F6:F15] 범위를 선택합니다. [홈] 탭-[스타일] 그룹-[조건부 서식]을 클릭하고 [셀 강조 규칙]-[중복 값]을 선택합니다.

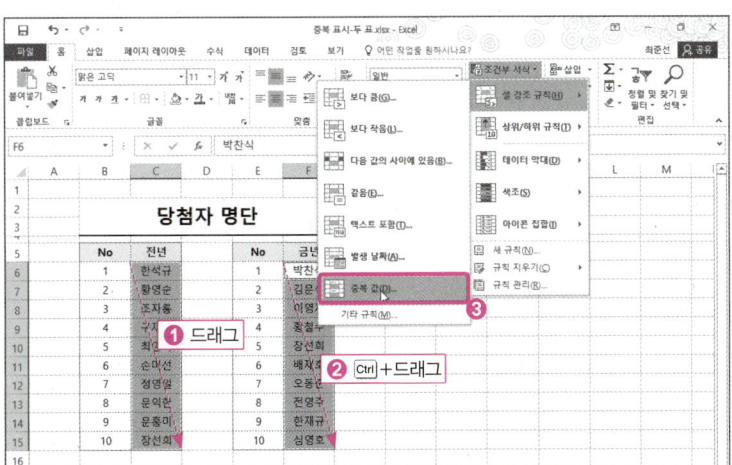

조건부 서식으로
수식 오류 값 숨기기

120

수식을 사용하다 보면 #DIV/0!과 같은 다양한 오류(에러) 값이 반환됩니다. 조건부 서식을 이용하면 이러한 오류 값을 간편하게 표시되지 않도록 할 수 있습니다. 오류 값이 셀에 표시되지 않도록 숨기는 방법에 대해 알아보겠습니다.

예제 파일 PART 03 \ CHAPTER 13 \ 수식 오류 숨기기.xlsx

01 예제 파일의 [E6:E14] 범위에 항상 오류 값이 반환될 수 있는 수식이 있다고 가정하고, 오류 값이 표시되지 않도록 조건부 서식을 설정해보겠습니다.

02 [E6:E14] 범위를 선택하고 [홈] 탭-[스타일] 그룹-[📋 조건부 서식]을 클릭한 후 [셀 강조 규칙]-[기타 규칙]을 선택합니다.

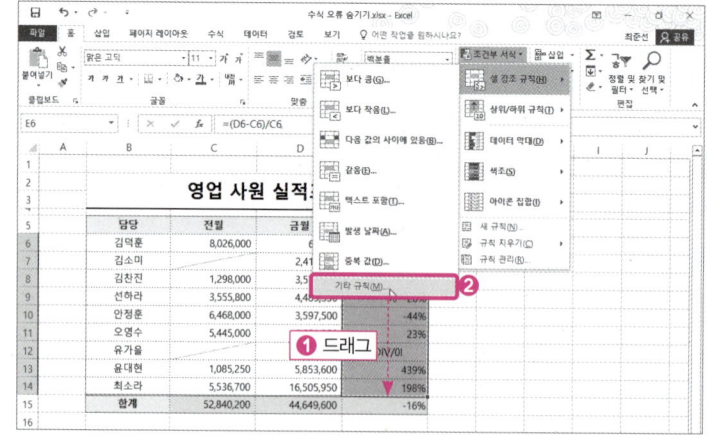

03 [새 서식 규칙] 대화상자가 나타나면 [다음을 포함하는 셀만 서식 지정] 콤보 상자에서 [오류]를 선택하고 [서식]을 클릭합니다.

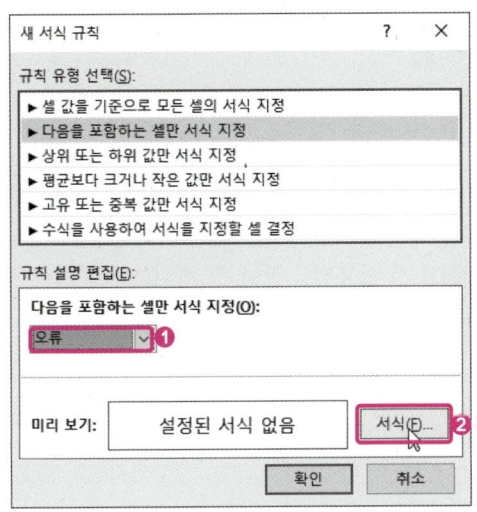

[다음을 포함하는 셀만 서식 지정] 옵션

다음과 같은 항목을 선택할 수 있습니다.

선택 항목	대상
셀 값	지정한 조건에 맞는 값을 갖는 셀
특정 텍스트	특정 문자(열)로 시작하거나 포함된 셀
발생 날짜	특정 날짜 조건에 해당하는 셀
빈 셀	빈 셀
내용 있는 셀	값이 입력된 셀
오류	에러가 발생된 셀
오류 없음	에러가 발생되지 않은 셀

04 [셀 서식] 대화상자의 [글꼴] 탭에서 [색] 콤보 상자의 [▼] 아래 화살표를 클릭해 색상표에서 [흰색]을 선택하고 [확인]을 클릭합니다. [새 서식 규칙] 대화상자도 [확인]을 클릭해 닫습니다.

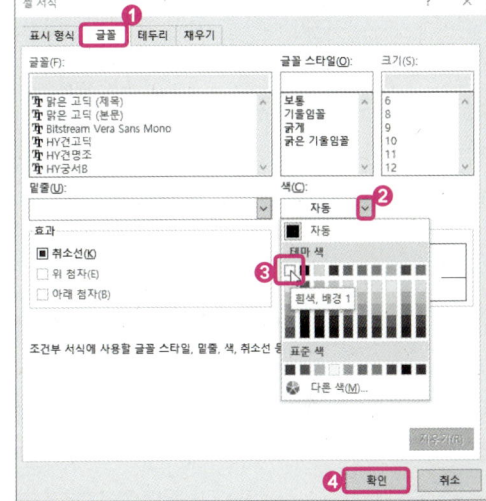

TIP 흰색을 사용하는 이유

조건부 서식을 이용해 오류 값을 숨기려면 글꼴 색과 배경색이 같아야 합니다. 그러므로 [글꼴] 탭에서 선택하는 색상은 항상 **02** 과정에서 선택한 범위의 배경색과 동일해야 합니다.

05 다음과 같이 오류 값이 보이지 않습니다.

	A	B	C	D	E	F
1						
2			영업 사원 실적표			
3						
4						
5		담당	전월	금월	증감률	
6		김덕훈	8,026,000	60,000	-99%	
7		김소미		2,419,600		
8		김찬진	1,298,000	3,575,000	175%	
9		선하라	3,555,800	4,489,350	26%	
10		안정훈	6,468,000	3,597,500	-44%	
11		오영수	5,445,000	6,691,350	23%	
12		유가을		1,457,250		
13		윤대현	1,085,250	5,853,600	439%	
14		최소라	5,536,700	16,505,950	198%	
15		합계	52,840,200	44,649,600	-16%	
16						

LINK [E7] 셀과 [E12] 셀의 오류 표식을 처리하는 방법은 'No. 189 오류 표식 없애기'를 참고합니다.

121 데이터 막대로 숫자를 가로 막대 그래프로 표시하기

조건부 서식의 데이터 막대 서식은 선택된 범위의 숫자 값을 자동으로 인식해 가로 막대 그래프로 표시합니다. 데이터 범위가 하나라면 별 문제가 없지만 두 개 이상의 표에 적용하면 막대 그래프의 크기가 일정하지 않을 수 있습니다. 그러므로 여러 표에 동일한 기준을 설정해 데이터 막대를 표시하려면 설정을 변경해야 합니다. 데이터 막대 서식에 대해 정확하게 이해하고 그 사용법을 알아보겠습니다.

예제 파일 PART 03\CHAPTER 13\데이터 막대-여러 표.xlsx

데이터 막대 효과 설정

예제 파일의 [C7:C12] 범위에 데이터 막대 서식을 적용해보겠습니다. [C7:C12] 범위를 선택하고 [홈] 탭-[스타일] 그룹-[조건부 서식]을 클릭한 후 [데이터 막대]의 하위 메뉴에서 원하는 막대 서식을 선택합니다.

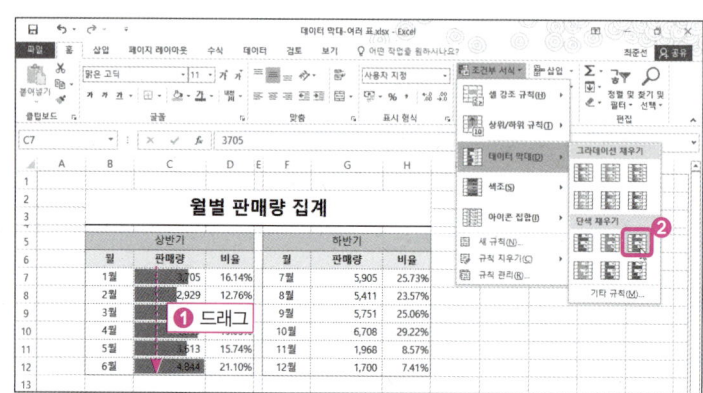

두 표에 적용된 데이터 막대 효과 비교하기

01 [G7:G12] 범위에도 동일한 방법으로 데이터 막대 서식을 적용합니다. 두 범위의 막대 그래프 크기가 일정하지 않은 것을 확인할 수 있습니다.

TIP 데이터 막대 서식은 선택된 범위의 0 값부터 최대 값 크기로 막대 그래프를 표시하므로 데이터 막대 크기가 일정하지 않을 수 있습니다.

02 두 범위의 데이터 막대 서식을 동일하게 적용하려면 두 범위의 가장 큰 값을 비교해 값이 작은 데이터 범위의 막대 서식을 수정합니다. [C7:C12] 범위의 최대값은 [C12] 셀에 있고, [G7:G12] 범위의 최대값은 [G10] 셀에 있는데, [G10] 셀의 값이 더 크므로 [C7:C12] 범위의 [조건부 서식]을 변경합니다. [C7:C12] 범위를 선택하고 [홈] 탭-[스타일] 그룹-[📊 조건부 서식]을 클릭한 후 [📋 규칙 관리]를 선택합니다.

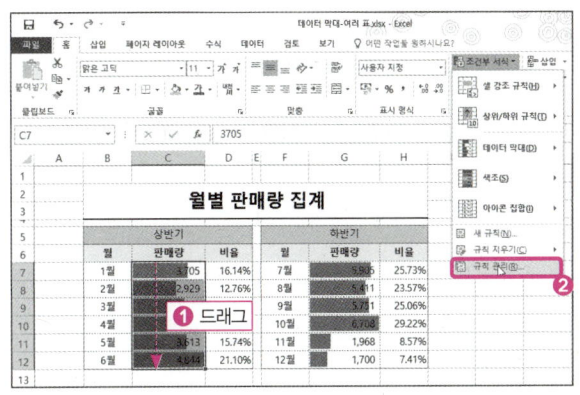

03 [조건부 서식 규칙 관리자] 대화상자가 나타나면 [규칙 편집]을 클릭합니다.

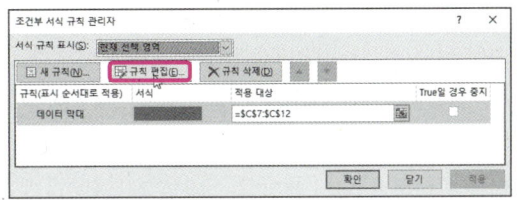

04 [서식 규칙 편집] 대화상자가 나타나면 [최대값] 영역의 [종류]를 [숫자]로 변경하고 [값]에 다음 수식을 입력한 후 [확인]을 클릭합니다.

값 : =MAX($C$7:$C$12, $G$7:$G$12)

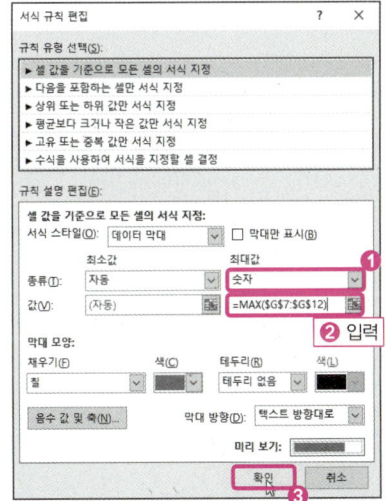

TIP 수식 이해하기

조건부 서식의 데이터 막대 서식은 선택 범위의 숫자를 0~최대값 사이의 데이터 막대로 표시합니다. 여러 표를 동일한 기준으로 설정하려면 항상 [최대값] 설정을 동일하게 만들어야 합니다. 이 예제에 사용한 MAX 함수는 범위 내 숫자의 최대값을 반환하는 함수이므로 [C7:C12], [G7:G12] 범위에서 가장 큰 숫자 값을 반환하여 두 표의 데이터 막대 크기를 일정하게 표시합니다.

05 두 표의 데이터 막대 크기가 최대값에 맞춰 일정하게 조정됩니다.

셀에 숫자 없이 데이터 막대만 표시하기

122

데이터 막대 서식은 숫자 값이 입력된 위치에만 적용할 수 있기 때문에 항상 숫자와 함께 표시됩니다. 깔끔하게 데이터 막대 서식만 표시하고 싶다면 데이터 막대의 규칙 옵션을 수정하면 됩니다. 숫자 없이 데이터 막대를 표시하는 방법에 대해 알아보겠습니다.

예제 파일 PART 03 \ CHAPTER 13 \ 데이터 막대–막대만.xlsx

01 [C6:C11] 범위의 판매량 값을 이용해 조건부 서식의 데이터 막대 서식을 [D6:D11] 범위에 표시해보겠습니다. 조건부 서식은 값이 있어야 표시할 수 있으므로 먼저 [C6:C11] 범위의 값을 [D6:D11] 범위에 참조합니다. [D6] 셀에 다음 수식을 입력하고 [D6] 셀의 ⊞ 채우기 핸들을 [D11] 셀까지 드래그해 복사합니다.

[D6] 셀 : =C6

02 [D6:D11] 범위를 선택하고 [홈] 탭-[스타일] 그룹-[📰 조건부 서식]을 클릭한 후 [데이터 막대]-[기타 규칙]을 선택합니다.

03 [새 서식 규칙] 대화상자가 나타나면 [막대만 표시] 옵션에 체크 표시를 하고 [막대 모양] 그룹의 서식을 화면과 같이 설정한 후 [확인]을 클릭합니다. [D6:D11] 범위에 숫자 없이 데이터 막대 서식만 나타납니다.

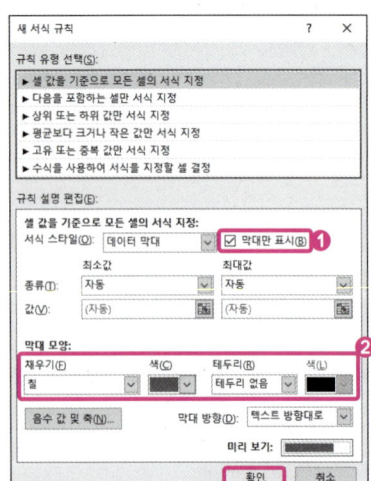

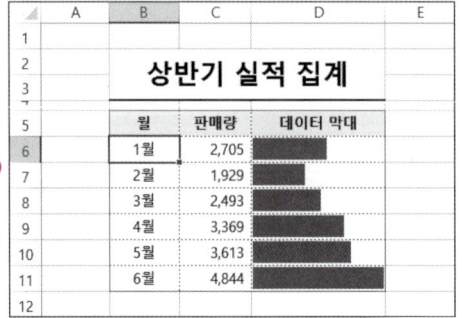

색조를 이용해 숫자 표시하기 123

집계표의 구성이 복잡할수록 숫자를 한눈에 파악하기 어렵습니다. 이때 조건부 서식의 색조 서식을 사용하면 지도의 등고선과 같이 숫자 값의 높낮이가 색으로 구분되므로 좀 더 효과적으로 데이터를 표현할 수 있습니다. 색조 서식을 지정해 복잡한 표의 숫자를 쉽게 파악할 수 있도록 하는 방법에 대해 알아보겠습니다.

예제 파일 PART 03 \ CHAPTER 13 \ 색조.xlsx

01 예제 파일의 집계표는 깔끔해 보이지만 숫자가 많아 내용을 한눈에 파악하기 어렵습니다. 조건부 서식을 이용해 표에 시각적인 효과를 지정해보겠습니다.

담당	1월	2월	3월	4월	5월	6월	7월	8월	9월	10월	11월	12월
김덕훈	410	104	550	430	372	494	482	394	641	1,594	221	223
김소미	887	291	614	686	490	1,119	701	734	742	738	205	306
김찬진	244	206	239	246	393	632	161	246	363	560	64	173
선하라	232	646	216	518	213	508	848	430	1,200	609	238	117
안정훈	377	150	188	451	274	251	344	276	345	10	247	123
오영수	226	261	612	227	232	49	513	473	498	1,216	155	98
유가을	294	98	93	280	222	107	311	297	454	341	8	165
윤대현	266	474	309	566	681	746	1,146	1,321	771	778	508	286
최소라	769	699	672	965	736	938	1,399	1,240	737	862	322	209

02 [C6:N14] 범위를 선택합니다. [홈] 탭-[스타일] 그룹-[🔲 조건부 서식]을 클릭한 후 [색조]-[녹색-흰색 색조]를 선택합니다. 색조 서식이 설정된 표를 보면 색이 진할수록 실적이 높고 색이 옅을수록 실적이 저조한 시기라는 것을 쉽게 파악할 수 있습니다.

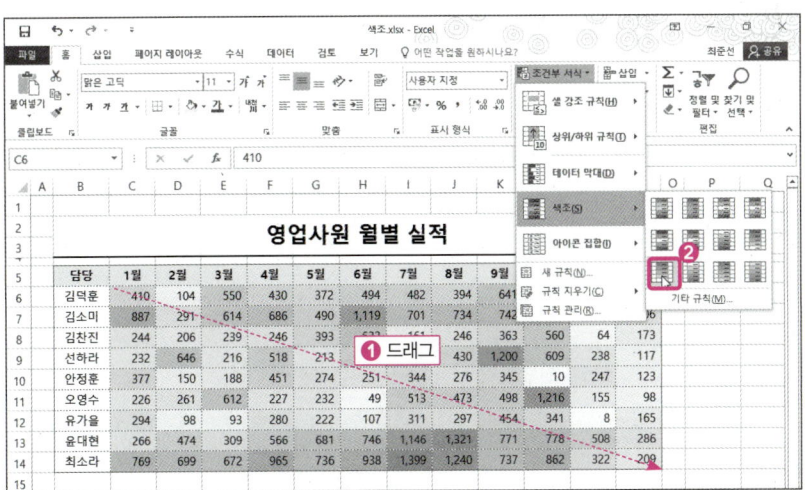

아이콘 집합을 이용해 증감률 표시하기

124

조건부 서식에는 숫자 값을 아이콘으로 표시할 수 있는 아이콘 집합 서식이 제공됩니다. 아이콘 집합을 이용하면 숫자를 시각화하여 그 의미를 보다 분명하게 전달할 수 있습니다. 아이콘 집합을 이용해 데이터 증감을 표시하는 방법에 대해 알아보겠습니다.

예제 파일 PART 03 \ CHAPTER 13 \ 아이콘 집합.xlsx

01 예제 파일을 열면 '사원 실적 증감 현황' 표가 있습니다. [E7:E15] 범위의 증감률에 상승, 보합, 하락을 의미하는 아이콘을 오른쪽 화면과 같이 표시해보겠습니다.

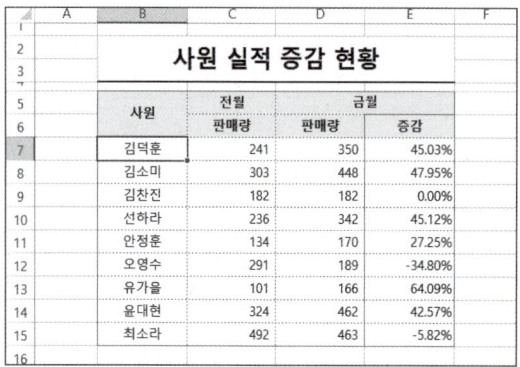

02 [E7:E15] 범위를 선택합니다. [홈] 탭-[스타일] 그룹-[🔳 조건부 서식]을 클릭하고 [아이콘 집합]-[삼각형 3개]를 선택합니다.

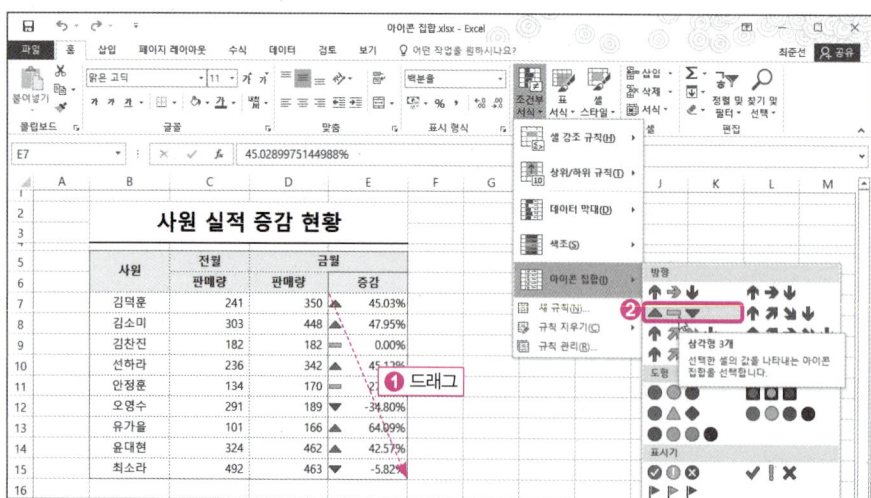

03 [E7:E15] 범위에 적용된 아이콘 집합 서식을 보면 값과 아이콘이 일치하지 않는 셀이 있습니다 ([E11] 셀 참고). 아이콘 집합이 올바로 표시되도록 하기 위해 [홈] 탭-[스타일] 그룹-[조건부 서식]을 클릭한 후 [규칙 관리]를 선택합니다.

04 [조건부 서식 규칙 관리자] 대화상자에서 [규칙 편집]을 클릭하면 [서식 규칙 편집] 대화상자가 열립니다. [다음 규칙에 따라 각 아이콘 표시] 그룹의 옵션을 화면과 같이 변경하고 [확인]을 클릭합니다.

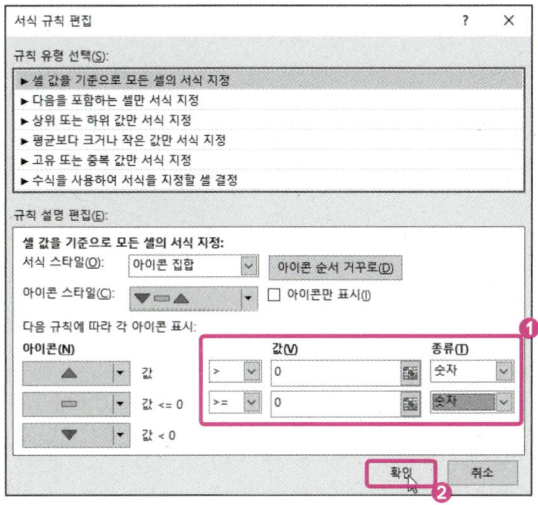

Plus⁺ 아이콘 집합의 표시 방법

옵션을 수정하기 전 아이콘 집합의 설정은 다음과 같습니다.

>=	67	백분율
>=	33	백분율

이것은 [E7:E15] 범위 내 숫자 값의 비율을 구해 상위 67% 이상인 경우에는 첫 번째 아이콘을, 33~66%까지는 두 번째 아이콘을, 0~32%는 세 번째 아이콘을 표시한다는 의미입니다. 따라서 이를 증가, 감소, 0을 나타내는 방식으로 표시하려면 백분율이 아닌 숫자 값에 맞춰 아이콘이 표시되도록 설정해야 합니다. 변경한 설정은 다음과 같습니다.

>	0	숫자
>=	0	숫자

위 설정은 숫자 0보다 큰 경우(양수=증가된 값)에는 첫 번째 아이콘, 숫자 0인 경우(앞에서 0을 초과하는 경우를 이미 지정했으므로 >=0의 조건은 =0인 조건과 같습니다)에는 두 번째 아이콘, 나머지(음수=감소된 값) 값은 세 번째 아이콘을 표시하는 것입니다.

원하는 값에 체크 아이콘 표시하기 125

아이콘 집합 서식은 사용자가 원하는 아이콘 집합을 등록해 사용할 수는 없지만, 엑셀 2010부터는 여러 아이콘 집합 내에서 필요한 아이콘만 골라서 사용하거나 전체 아이콘 집합 중에서 필요한 아이콘만 사용할 수 있습니다. 여기서는 조건에 맞는 값에 특정 아이콘을 표시하는 방법에 대해 알아보겠습니다.

예제 파일 PART 03\CHAPTER 13\아이콘 집합-체크.xlsx

01 예제 파일을 열면 '제품 관리 대장'이 있습니다. [E6:E15] 범위에 입력되어 있는 재고량이 0인 경우 한눈에 파악할 수 있도록 체크 아이콘을 표시해보겠습니다.

품번	제품	단가	재고량
1	태양 100% 오렌지 주스	10,300	39
2	태양 100% 레몬 주스	11,900	17
3	태양 체리 시럽	5,800	13
4	신한 100% 복숭아 시럽	13,400	53
5	신한 100% 파인애플 시럽	13,700	-
6	대양 특선 블루베리 잼	14,600	120
7	대양 특선 건과(배)	18,100	15
8	대양 특선 딸기 소스	24,400	6
9	북미산 상등육 쇠고기	54,200	
10	노르웨이산 연어알 조림	19,400	31

02 [E6:E15] 범위를 선택하고 [홈] 탭-[스타일] 그룹-[조건부 서식]을 클릭한 후 [아이콘 집합]-[기타 규칙]을 선택합니다.

03 다음 설명을 참고해 [새 서식 규칙] 대화상자를 설정하고 [확인]을 클릭합니다.

❶ 아이콘 콤보 상자 우측의 아래 화살표를 순서대로 클릭한 후 [셀 아이콘 없음], [셀 아이콘 없음], [체크 아이콘]을 선택합니다.
❷ [값]은 다음과 같이 설정합니다.

〉	100	숫자
〉=	1	숫자

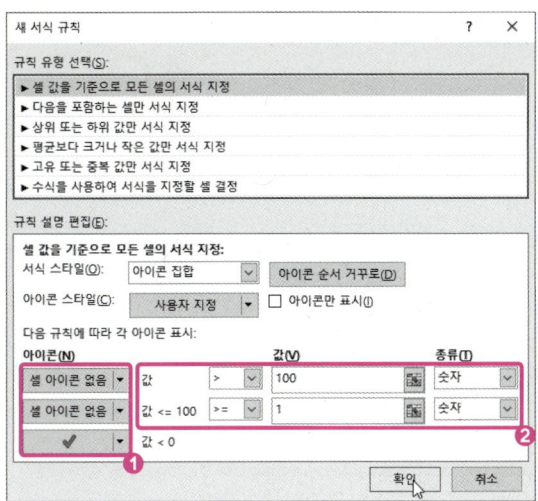

> **Plus⁺ 조건부 서식 조건 이해하기**
>
> 조건부 서식의 경우 ❷ 조건이 잘 이해되지 않을 수 있습니다. 이는 재고량이 0인 제품에 체크 아이콘을 표시하기 위한 것으로, >100, >=1 조건은 각각 0보다 큰 값을 지정하기 위한 조건입니다. >100에서 100은 1보다 큰 값이면 아무 값이나 입력해도 됩니다. 이와 같은 조건을 지정하면 100을 초과(>100)하는 값은 [셀 아이콘 없음], 1 이상(1~99)인 값은 [셀 아이콘 없음]으로 지정되어 아이콘이 나타나지 않으며, 나머지 값(0 이하)인 경우에만 체크 아이콘이 표시됩니다.

04 화면과 같이 재고량이 0인 부분에만 체크 아이콘이 표시됩니다.

	A	B	C	D	E	F
1						
2			제품 관리 대장			
3						
4						
5		품번	제품	단가	재고량	
6		1	태양 100% 오렌지 주스	10,300	39	
7		2	태양 100% 레몬 주스	11,900	17	
8		3	태양 체리 시럽	5,800	13	
9		4	신한 100% 복숭아 시럽	13,400	53	
10		5	신한 100% 파인애플 시럽	13,700	✔ -	
11		6	대양 특선 블루베리 잼	14,600	120	
12		7	대양 특선 건과(배)	18,100	15	
13		8	대양 특선 딸기 소스	24,400	6	
14		9	북미산 상등육 쇠고기	54,200	✔ -	
15		10	노르웨이산 연어알 조림	19,400	31	
16						

표의 조건이 맞는 행에 원하는 서식 표시하기

126

조건부 서식은 선택한 범위에만 서식을 적용할 수 있기 때문에 특정 열의 조건에 따라 같은 행에 동일한 서식을 적용하고 싶다면 전체 표 범위를 선택하고 설정해야 합니다. 하지만 조건을 적용할 열은 대개 표의 일부이므로 수식 조건을 설정해 해당 열의 조건이 전체 표 범위에 적용되도록 해야 합니다. 수식 조건을 설정해 조건에 맞는 행에 원하는 서식을 조건부 서식으로 설정하는 방법에 대해 알아보겠습니다.

예제 파일 PART 03 \ CHAPTER 13 \ 행 서식.xlsx

01 예제 파일의 [C2] 셀을 보면 유효성 검사의 [목록] 기능이 설정되어 직원의 직위를 선택할 수 있습니다. [C2] 셀에서 선택한 직위에 해당하는 행에 오른쪽 화면과 같이 서식이 적용되도록 조건부 서식을 설정해보겠습니다.

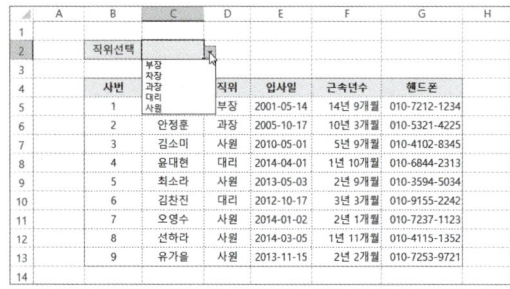

LINK 유효성 검사의 [목록] 기능에 대해서는 'No. 162 입력할 값을 목록에서 선택해 입력하기'를 참고합니다.

02 조건부 서식이 적용될 표 전체 범위인 [B5:G13] 범위를 선택하고 [홈] 탭-[스타일] 그룹-[조건부 서식]을 클릭한 후 [새 규칙]을 선택합니다.

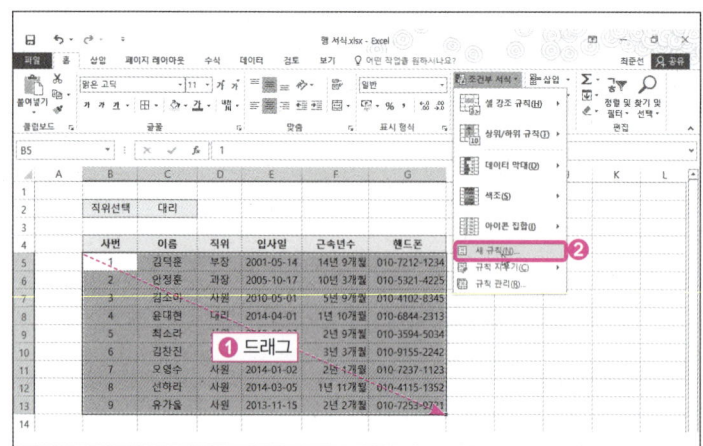

03 [새 서식 규칙] 대화상자가 나타나면 [규칙 유형 선택] 항목에서 [수식을 사용하여 서식을 지정할 셀 결정]을 선택하고 [규칙 설명 편집]에 다음 수식을 입력한 후 [서식]을 클릭합니다.

규칙 설명 편집 : =$D5=$C$2

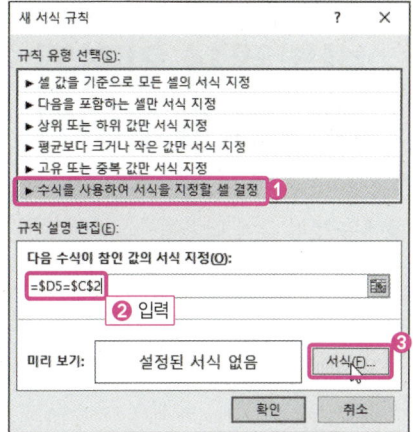

> **Plus⁺ 수식 이해하기**
>
> 이 예제에 사용된 조건 수식은 [D5] 셀과 [C2] 셀이 같은지 확인하기 위한 것입니다. 조건부 서식의 수식 조건을 설정하려면 다음 두 가지를 이해해야 합니다.
>
> - 수식 조건은 반드시 TRUE, FALSE를 반환해야 하며 TRUE인 위치에 지정한 서식이 표시됩니다.
> - 선택된 범위(B5:G13)의 첫 번째 셀(B5)에서 작성한 수식 조건이 적용되며 나머지 셀에는 수식을 복사해 적용합니다.
>
> 그러므로 이 수식 조건은 [B5] 셀에 적용되며 나머지 셀에는 수식 조건이 복사됩니다. 참조 방식은 다음과 같이 적용됩니다.
>
> - D5
>   [D5] 셀은 [B5] 셀에서 수식 조건을 설정할 때 같은 행에 입력된 직위 위치입니다. 이 위치는 열 방향(좌우)으로 복사할 때는 위치가 변경되지 않아야 하고, 행 방향(상하)으로 복사할 때는 위치가 변경되어야 하므로 열 주소만 고정하도록 혼합참조 방식을 사용해 '$D5'로 입력합니다.
>
> - C2
>   [C2] 셀은 '목록'에서 값을 선택하는 위치이므로 수식을 복사해도 위치가 변경되지 않아야 합니다. 그러므로 절대참조 방식을 사용해 '$C$2'로 입력합니다.

04 [셀 서식] 대화상자가 나타나면 해당 행에 적용할 서식을 선택합니다. 여기서는 [채우기] 탭의 색상표에서 8열 2행에 위치한 색상을 선택하고 [확인]을 클릭합니다.

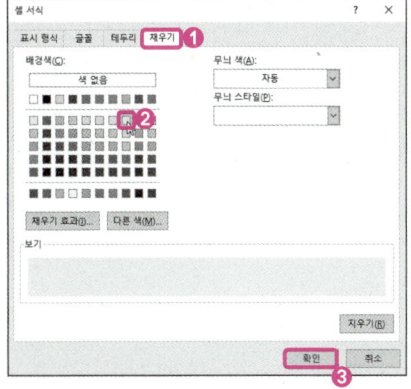

05 [C2] 셀의 값과 동일한 직위의 직원 데이터 행에 **04** 과정에서 선택한 서식이 나타납니다. 조건부 서식이 제대로 적용됐는지 확인하기 위해 [C2] 셀의 값을 다른 값으로 변경해 서식을 확인합니다.

반복해서 입력된 값을 하나만 표시하기

127

표에는 특정 값이 반복해서 입력된 경우가 많습니다. 데이터 관리를 위해서는 중복 값도 그대로 두는 것이 좋지만, 같은 값이 계속 반복되는 것보다는 첫 번째 값만 표시하고 나머지 값은 표시하지 않는 것이 보기에는 더 좋습니다. 조건부 서식을 이용해 반복되는 값 중 첫 번째 값만 표시하고 나머지는 숨기는 방법에 대해 알아보겠습니다.

예제 파일 PART 03 \ CHAPTER 13 \ 병합 효과.xlsx

01 예제 파일을 열고 [B6:B15] 범위에 반복되는 값을 오른쪽 화면과 같이 첫 번째 값만 표시하도록 조건부 서식을 설정해보겠습니다.

02 [B6:B15] 범위를 선택하고 [홈] 탭-[스타일] 그룹-[📋 조건부 서식]을 클릭한 후 [🔲 새 규칙]을 선택합니다. [새 서식 규칙] 대화상자가 나타나면 [규칙 유형 선택] 항목에서 [수식을 사용하여 서식을 지정할 셀 결정]을 선택합니다. [규칙 설명 편집]에 다음 수식을 입력하고 [서식]을 클릭합니다.

규칙 설명 편집 : =B5=B6

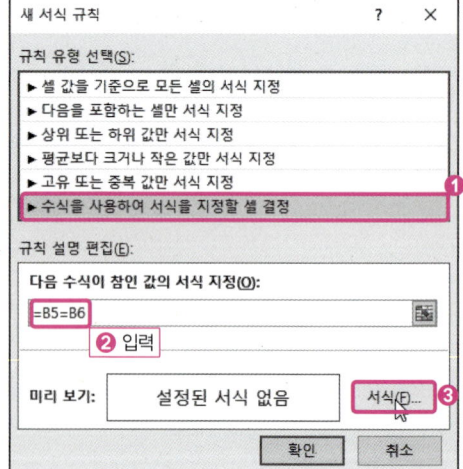

> **Plus⁺ 수식 이해하기**
>
> 수식 =B5=B6은 상대 참조로 셀을 참조하고 있으므로 아래 쪽으로 복사하면 **=B6=B7,=B7=B8,** … 과 같이 참조 위치가 변경됩니다. 그러므로 [B6] 셀은 현재 셀, [B5] 셀은 현재 셀의 바로 위 셀로 보면 이 수식을 이해하기 쉽습니다. 수식의 결과가 TRUE면 현재 셀과 위 셀의 값이 같다는 의미입니다.

03 [셀 서식] 대화상자가 열리면 [글꼴] 탭의 색상표에서 배경색과 동일한 [흰색]을 선택합니다. [테두리] 탭에서는 위쪽 테두리 선이 표시되지 않도록 [▥ 위쪽 테두리] 아이콘을 두 번 클릭해 해제하고 [확인]을 클릭합니다.

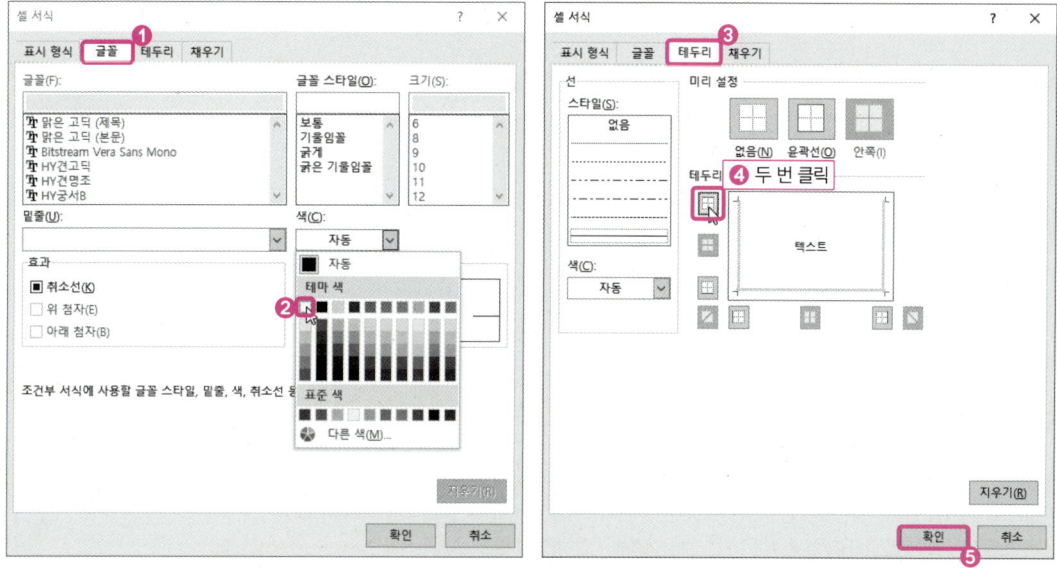

TIP 테두리 아이콘을 한 번 클릭하면 테두리가 표시되고 두 번 클릭하면 테두리가 해제되므로 반드시 두 번 클릭해야 합니다.

04 [새 서식 규칙] 대화상자도 [확인]을 클릭해 닫으면 [B6:B15] 범위에서 중복된 값이 하나만 표시됩니다. 값이 표시되지 않은 [B7] 셀을 선택하고 수식 입력줄을 보면 값이 입력되어 있는 것을 확인할 수 있습니다.

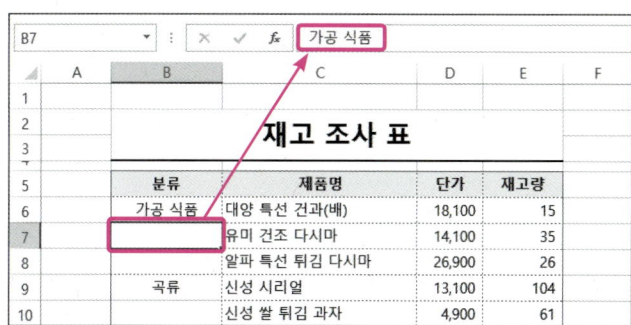

행을 교차하면서 표 서식 지정하기 128

표를 작성한 후 가독성을 높이기 위해 일정 간격으로 행 서식을 지정하고 싶은 경우가 있습니다. 이런 경우 서식을 일일이 하나씩 지정하면 불편하므로 조건부 서식을 이용하는 것이 편리합니다. 조건부 서식으로 행 서식을 교차시키는 방법에 대해 알아보겠습니다.

예제 파일 PART 03\CHAPTER 13\교차 서식.xlsx

01 예제 파일을 열고 '월별 실적 보고서' 표의 3행마다 한 번씩 행 서식을 지정해보겠습니다. [B6:F17] 범위를 선택하고 [홈] 탭-[스타일] 그룹-[조건부 서식]을 클릭한 후 [새 규칙]을 선택합니다.

02 [새 서식 규칙] 대화상자가 나타나면 [규칙 유형 선택]에서 [수식을 사용하여 서식을 지정할 셀 결정]을 선택하고 [규칙 설명 편집]에 다음과 같은 조건 수식을 입력한 후 [서식]을 클릭합니다.

규칙 설명 편집 : MOD(ROW(A1), 3)=0

> **TIP** 수식 이해하기
>
> ROW 함수는 행 번호를 반환하는 함수이고 MOD 함수는 나눗셈의 나머지 값을 반환하는 함수입니다. ROW 함수에 [A1] 셀을 참조해 사용하면 행 방향(아래쪽)으로 복사할 때 1, 2, 3…과 같은 일련번호가 반환됩니다. 그러므로 이번 수식은 1, 2, 3,…과 같은 일련번호를 3으로 나눈 나머지가 0이면 서식을 적용하라는 의미입니다. 이렇게 하면 정확하게 선택된 범위의 3의 배수에 해당하는 행 위치에 서식이 적용됩니다.

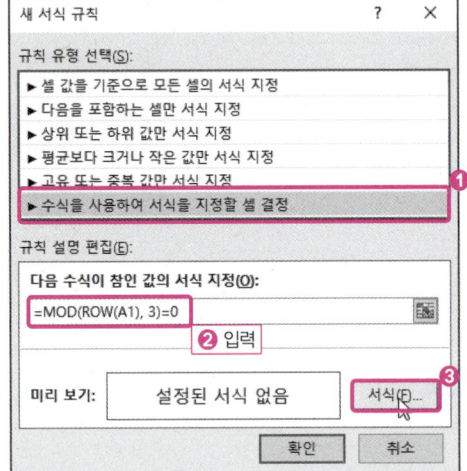

03 [셀 서식] 대화상자가 나타나면 [채우기] 탭을 선택합니다. 행 서식을 적용할 색을 하나 선택하고 [확인]을 클릭하면 선택한 배경색이 화면과 같이 3행 간격으로 적용됩니다.

자동 필터가 적용된 표에 일정 간격으로 서식 지정하기

129

No. 128에서 설명한 서식 지정 방법은 편리하지만 행 번호를 인식해 서식을 지정하기 때문에 표에 자동 필터와 같은 기능이 적용되면 서식이 제대로 유지되지 않습니다. 표에서 자동 필터를 적용해 사용할 때는 화면에 표시된 데이터만 인식해 처리할 수 있어야 하므로 SUBTOTAL이나 AGGREGATE와 같은 함수를 사용해 수식 조건을 작성해야 합니다. 자동 필터가 적용된 표에 일정 간격으로 서식을 지정하는 방법에 대해 알아보겠습니다.

예제 파일 PART 03 \ CHAPTER 13 \ 교차 서식-필터.xlsx

01 예제 파일을 열어보면 '고객 관리 대장' 표에 No. 128에서 설정한 수식 조건이 적용되어 있습니다. 왼쪽 화면을 보면 서울 지역 데이터만 필터링한 경우 서식이 제대로 적용되지 않는 것을 확인할 수 있습니다. 오른쪽 화면과 같이 어떤 필터 조건을 적용해도 항상 일정 간격으로 서식이 교차해 나타나도록 설정해 보겠습니다.

LINK 자동 필터에 대해서는 No. 301 ~ No. 312를 참고합니다.

02 적용된 조건을 수정하기 위해 먼저 필터 조건을 해제합니다. [데이터] 탭-[정렬 및 필터] 그룹-[지우기]를 클릭해 필터 조건을 해제합니다.

03 [B6:E34] 범위를 선택하고 [홈] 탭-[스타일] 그룹-[조건부 서식]을 클릭한 후 [규칙 관리]를 선택합니다.

04 [조건부 서식 규칙 관리자] 대화상자가 나타나면 [규칙 편집]을 클릭합니다.

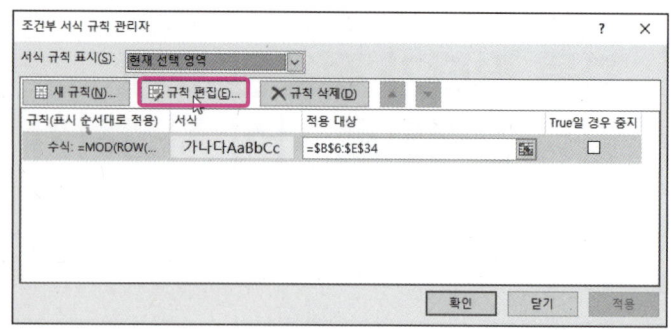

05 [서식 규칙 편집] 대화상자가 나타나면 [규칙 설명 편집]에서 수식 조건을 다음과 같이 변경한 후 [확인]을 클릭합니다. [조건부 서식 규칙 관리자] 대화상자도 [확인]을 클릭해 닫습니다.

규칙 설명 편집 : =MOD(SUBTOTAL(103, $B$6:$B6), 3)=0

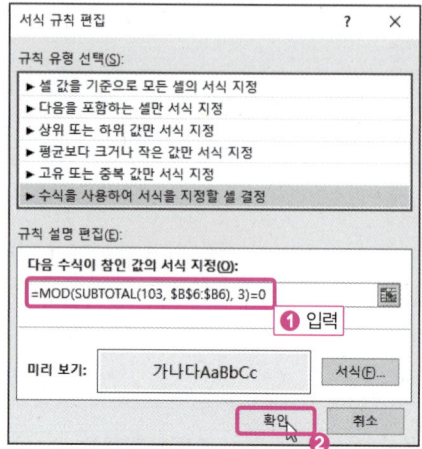

> **Plus⁺ 수식 이해하기**
>
> 수정된 수식은 기존 ROW 함수 대신 SUBTOTAL 함수를 사용합니다. SUBTOTAL 함수는 화면에 표시된 데이터만 집계할 때 사용하는 함수입니다.
>
> **LINK** 더 자세한 정보를 확인하려면 'No. 241 화면에 표시된 데이터만 집계하기 – SUBTOTAL'을 참고합니다.
>
> SUBTOTAL 함수의 첫 번째 인수가 '103'인 것은 COUNTA 함수의 역할을 하라는 것으로 [$B$6:$B6] 범위에서 데이터가 입력된 셀 개수가 몇 개인지를 세라는 의미입니다. 이때 중요한 것이 참조 방식인데, '$B$6:$B6'과 같이 참조했으므로 이 수식을 아래쪽으로 복사하면 다음과 같이 참조 위치가 변경됩니다.
>
> $B$6:$B6 → 개수는 1개
> $B$6:$B7 → 개수는 2개
> $B$6:$B8 → 개수는 3개
> …
> $B$6:$B34 → 개수는 29개
>
> 이렇게 SUBTOTAL 함수를 사용하면 자동 필터가 적용된 표에서 1, 2, 3,… 과 같은 일련번호를 반환 받을 수 있습니다. 이 값을 이전과 동일하게 MOD 함수를 사용해 3으로 나눈 나머지 값 중에서 0이 되는 위치에 지정된 서식을 적용하도록 했으므로 자동 필터가 적용된 표에서도 항상 3행 간격으로 서식이 나타납니다.

06 이제 필터를 적용해도 3행에 한 번씩 지정된 서식이 나타납니다.

둘 이상의 값이 모두 같을 때 중복 표시하기

130

No. 118-119에서 조건부 서식을 이용해 중복 조건을 지정하는 방법에 대해 확인해보았습니다. 하지만 중복 조건이 한 개가 아니라 여러 개이거나 표가 여러 시트나 여러 파일에 분리되어 있다면 수식 조건을 사용해야 합니다. 중복은 동일한 데이터가 몇 건인지 세면 확인할 수 있으므로 COUNT 계열 함수를 사용할 수 있어야 합니다. 여기서는 여러 값이 모두 같을 때 중복으로 표시할 수 있는 조건부 서식 설정 방법에 대해 알아보겠습니다.

예제 파일 PART 03 \ CHAPTER 13 \ 중복 표시-다중 조건.xlsx

01 예제 파일의 '판매 대장' 표에서 중복 주문을 확인해 표시하겠습니다. [C] 열의 '고객'과 [D] 열의 '제품'이 동일하면 중복이라고 가정합니다. 중복 데이터는 오른쪽 화면과 같이 빨간색 취소선을 추가해 표시하겠습니다.

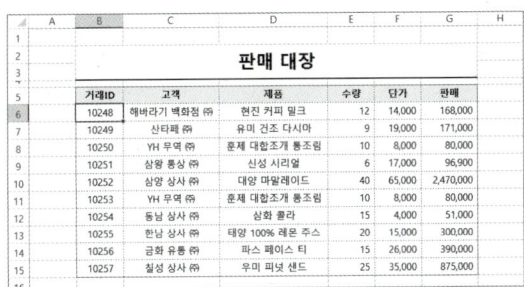

02 수식 조건을 사용하기 위해 [B6:G15] 범위를 선택하고 [홈] 탭-[스타일] 그룹-[📋 조건부 서식]을 클릭한 후 [📋 새 규칙]을 선택합니다.

03 [새 서식 규칙] 대화상자의 [규칙 유형 선택] 항목에서 [수식을 사용하여 서식을 지정할 셀 결정]을 선택합니다. [규칙 설명 편집]에 다음 수식을 입력하고 [서식]을 클릭합니다.

규칙 설명 편집 : =COUNTIFS($C$6:$C$15, $C6, $D$6:$D$15, $D6)>1

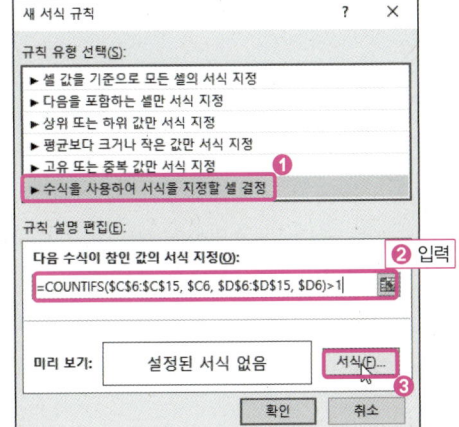

> **Plus⁺ 수식의 조건 이해하기**
>
> 중복은 건수를 세어 확인하는 작업이라고 했는데 여기서는 여러 열(고객, 제품)의 값이 모두 같은 건수를 세어야 하므로 여러 개의 조건을 사용할 수 있는 COUNTIFS 함수를 사용해야 합니다. 이 수식은 다음과 같이 두 가지 조건을 모두 일치하는 셀의 개수를 셉니다.
>
> ❶ 고객 이름이 같고 =COUNTIFS($C$6:$C$15, $C6, $D$6:$D$15, $D6)
>
> ❷ 제품명이 같은 =COUNTIFS($C$6:$C$15, $C6, $D$6:$D$15, $D6)
>
> 이렇게 세었을 때 결과가 둘 이상이면 중복이라고 할 수 있으므로 COUNTIFS 함수로 센 개수가 두 개 이상 (>1 또는 >=2)인 경우를 확인하도록 수식 조건을 구성한 것입니다.

04 [셀 서식] 대화상자가 열리면 [글꼴] 탭의 [색] 항목에서 [빨강]을 선택하고 [효과] 항목의 [취소선]에 체크 표시를 한 후 [확인]을 클릭합니다. 이렇게 하면 중복 데이터는 빨간 글꼴 색으로 취소선과 함께 표시됩니다.

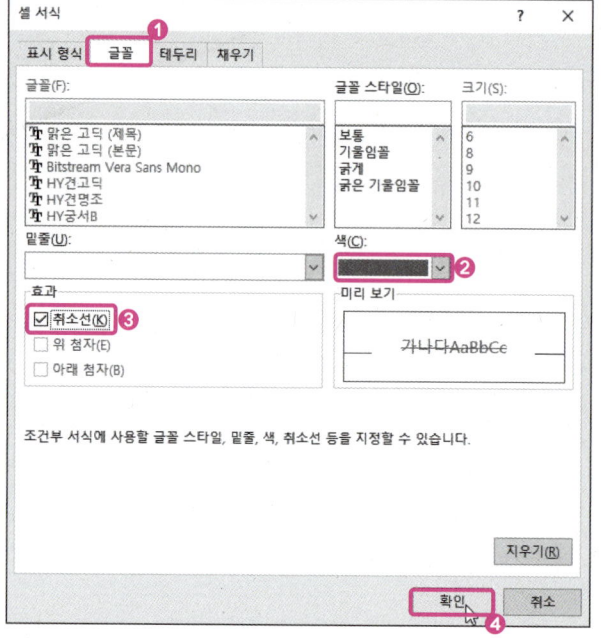

131 일정표, 달력 등에서 주말만 서식을 다르게 설정하는 방법

일정표나 달력을 만들 때 주말(토, 일)의 서식을 다르게 지정해 구분하고 싶은 경우가 있습니다. 입력된 날짜의 요일을 확인할 수 있으면 수식 조건을 사용해 서식을 지정할 수 있습니다. 따로 입력된 연, 월, 일 값으로 날짜를 계산해 자동으로 주말을 표시하는 조건부 서식 설정 방법에 대해 알아보겠습니다.

예제 파일 PART 03 \ CHAPTER 13 \ 일정표.xlsx

01 예제 파일의 '일정관리' 표를 보면 [AC3:AE3] 병합 셀에는 연도가, [AF3:AH3] 병합 셀에는 월이, [D6:AH6] 범위에는 일이 입력되어 있습니다. 각각 따로 입력된 날짜 값을 인식해 [D6:AH15] 범위에 주말을 나타내는 서식을 설정해보겠습니다.

TIP 연도와 월의 선택

[AC3:AE3] 병합 셀과 [AF3:AH3] 병합 셀에는 유효성 검사의 [목록] 기능이 설정되어 있습니다. 연도는 2016~2020 중 하나를 선택할 수 있고, 월은 1~12 중 하나를 선택할 수 있습니다.

LINK 유효성 검사의 [목록] 기능을 설정하는 방법은 'No. 162 입력할 값을 목록에서 선택해 입력하기'를 참고합니다.

02 주말 서식을 설정하기 위해 [D6:AH15] 범위를 선택하고 [홈] 탭-[스타일] 그룹-[조건부 서식]을 클릭한 후 [새 규칙]을 선택합니다.

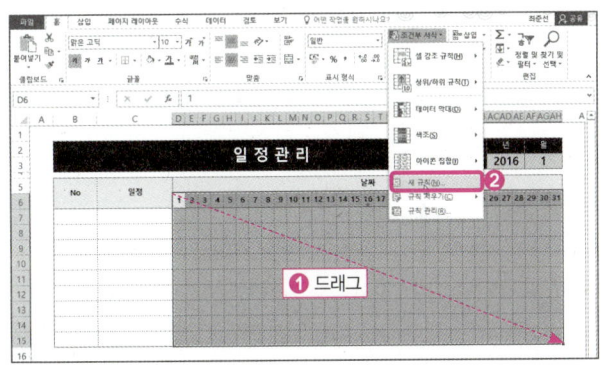

03 [새 서식 규칙] 대화상자가 나타나면 [규칙 유형 선택]에서 [수식을 사용하여 서식을 지정할 셀 결정]을 선택합니다. [규칙 설명 편집]에 다음 수식 조건을 입력하고 [서식]을 클릭합니다.

규칙 설명 편집 : =TEXT(DATE($AC$3, $AF$3, D$6), "AAA")="토"

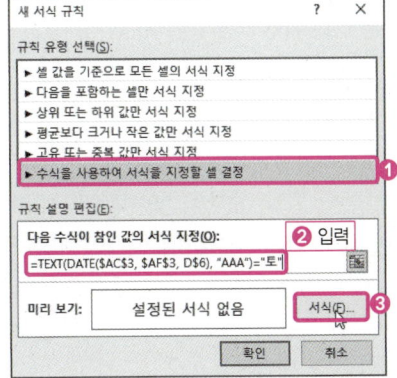

> **Plus⁺ 수식 이해하기**
>
> [AC3] 셀, [AF3] 셀, [D6] 셀에는 각각 연, 월, 일 값이 입력되어 있습니다. 이 값을 DATE 함수에 전달하면 날짜 일련번호가 반환됩니다. 이 수식에 TEXT 함수를 이용해 서식 코드 AAA의 결과 값을 반환 받으면 요일 문자열(일~토)을 확인할 수 있습니다. 그러므로 이 수식 조건은 지정된 위치의 요일 값이 토요일인지를 확인하는 것입니다. 이 수식에서는 DATE 함수의 인수 세 개의 참조 방식에 주의해야 합니다. [AC3] 셀, [AF3] 셀에는 연, 월 값이 입력되어 있고 위치가 고정되어 있으므로 절대참조 방식을 적용합니다. [D6] 셀의 일 값은 같은 열에 있는 셀에 동일한 서식을 지정하기 위해 행 주소만 고정해야 하므로 혼합참조 방식을 적용합니다.

04 [셀 서식] 대화상자가 열리면 [채우기] 탭을 클릭하고 [배경색]의 색상표에서 5열 2행 위치에 있는 [파랑, 강조 1, 80% 더 밝게]를 선택한 후 [확인]을 클릭합니다.

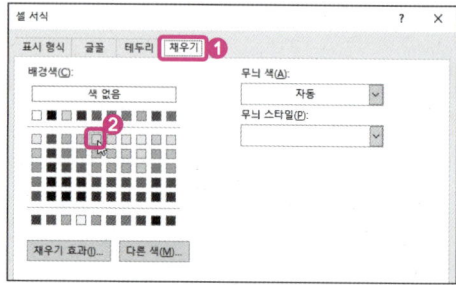

05 [새 서식 규칙] 대화상자도 [확인]을 클릭해 닫으면 2016년 1월 중 토요일 위치에 지정한 서식이 나타납니다.

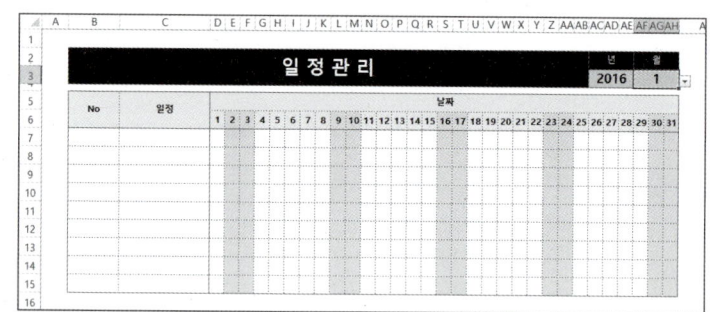

06 02-05 과정을 참고해 일요일 날짜에 해당하는 위치에 서식을 지정하면 다음과 같은 결과가 나타납니다. 각 과정에서 다른 점은 다음을 참고합니다.

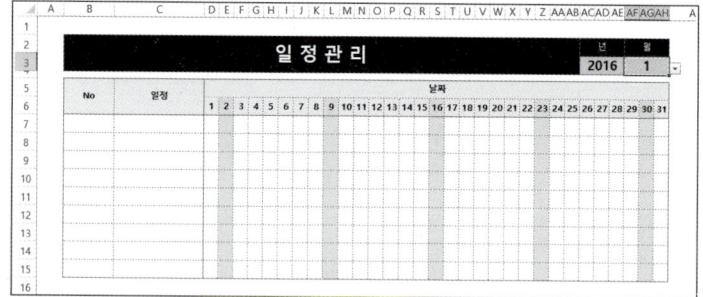

- 03 과정의 수식 조건은 =TEXT(DATE($AC$3, $AF$3, D$6), "AAA")="일"입니다.
- 04 과정에서 색상표의 6열 2행 위치에 있는 [주황, 강조 2, 80% 더 밝게]를 선택합니다.

07 모든 월의 주말이 제대로 표시되는지 확인하기 위해 [AF3:AH3] 병합 셀을 선택하고 [월] 목록에서 [4]를 선택합니다. 주말은 제대로 표시되었는데, 4월에 없는 31일 날짜가 표시되고 일요일에 해당하는 서식이 나타납니다.

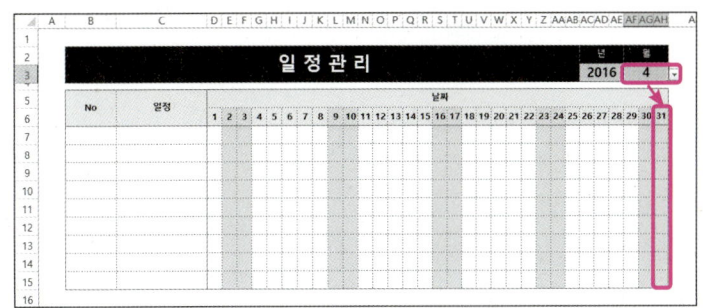

08 해당 월에 없는 일 값을 표시하지 않으려면 조건부 서식의 조건을 추가해야 합니다. [E6:AH15] 범위를 선택하고 [홈] 탭-[스타일] 그룹-[조건부 서식]을 클릭한 후 [새 규칙]을 선택합니다.

09 [새 서식 규칙] 대화상자가 나타나면 [규칙 유형 선택] 항목에서 [수식을 사용하여 서식을 지정할 셀 결정]을 선택합니다. [규칙 설명 편집]에 다음 수식을 입력하고 [서식]을 클릭합니다.

[규칙 설명 편집] : =MONTH(DATE($AC$3, $AF$3, D$6)) <> $AF$3

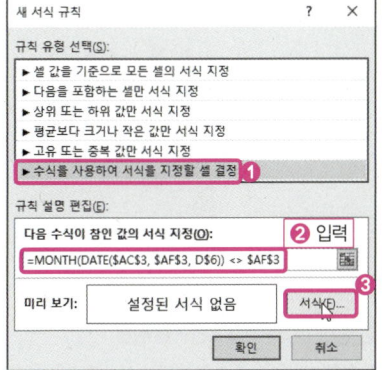

> **Plus⁺ 수식 이해하기**
>
> MONTH 함수는 날짜 일련번호에서 월(月) 값을 반환하는 함수이므로 이 수식은 'DATE 함수에서 반환하는 날짜의 월(月) 값이 [AF3] 셀에 입력된 월(月) 값과 맞지 않으면?'이란 조건이 됩니다. DATE 함수에 2016, 4, 31과 같은 연, 월, 일 값이 전달되면 2016-4-31이라는 날짜가 없기 때문에 자동으로 해당 위치의 날짜 값인 2016-5-1의 날짜가 반환됩니다. 이 수식은 DATE 함수의 특성을 이용한 것으로 DATE 함수에서 반환되는 날짜 값의 월이 일정표의 월과 같지 않으면 달력에서 해당 날짜가 존재하지 않는 것으로 판단할 수 있습니다.

10 [셀 서식] 대화상자가 열리면 [글꼴] 탭을 클릭합니다. [색] 항목의 [색상표]에서 1열 2행에 있는 [흰색, 배경 1, 5% 더 어둡게]를 선택하고 [확인]을 클릭합니다.

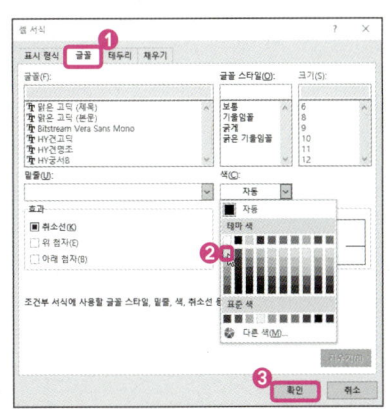

TIP 글꼴 색 선택

[글꼴] 탭에서 선택하는 색상은 날짜의 일 값이 입력된 [D6:AH6] 범위의 배경색입니다. 여기서는 [D6:AH15] 범위를 선택했으므로 배경색은 [연한 회색]과 [흰색] 두 가지입니다. 서식을 제대로 적용하기 위해서는 [D6:AH6] 범위와 [D7:AH15] 범위로 나눠 조건부 서식을 설정하는 작업을 해야 하지만, 설명을 줄이기 위해 전체 범위를 선택하고 [D6:AH6] 범위의 색상으로 색을 변경합니다. 추후 이 서식을 직접 구성할 때는 이 점에 유의해야 합니다.

11 [새 서식 규칙] 대화상자에서 [확인]을 클릭해 조건부 서식을 적용하면 [AH6] 셀에서 확인할 수 있듯 해당 월에 없는 날짜는 표시되지 않습니다. 하지만 [AH6:AH15] 범위에 나타난 주말 서식은 여전히 표시됩니다.

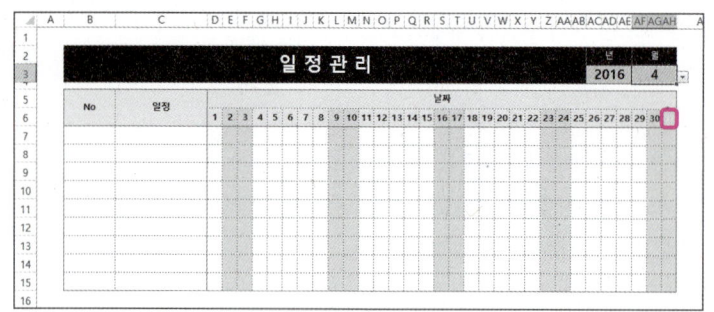

12 해당 월의 주말 서식만 나타나도록 조건부 서식을 수정하겠습니다. [D6:AH15] 범위를 선택하고 [홈] 탭-[스타일] 그룹-[🔲 조건부 서식]을 클릭한 후 [🔲 규칙 관리]를 선택합니다.

13 [조건부 서식 규칙 관리자] 대화상자가 나타나면 첫 번째 조건의 [True일 경우 중지] 항목에 체크 표시를 하고 [확인]을 클릭합니다.

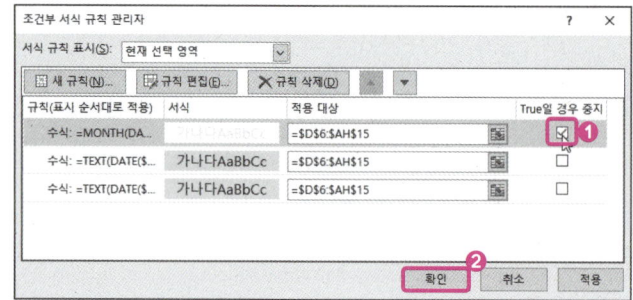

TIP 조건부 서식의 조건 적용 방법

동일한 범위에 여러 개의 조건부 서식 조건을 설정하면 나중에 설정한 조건이 우선적으로 적용됩니다. 첫 번째 조건이 적용된 경우라도 두 번째, 세 번째 조건이 만족되면 서식이 적용됩니다. 여기에서 설정한 [True일 경우 중지]는 체크한 조건에 만족하면 그 이하의 서식은 적용하지 말라는 의미이므로 이 예제와 같이 여러 개의 서식 조건을 모두 만족하는 경우를 처리할 때 사용합니다.

14 이제 월에 속하지 않는 날짜에는 주말 서식이 나타나지 않습니다. [AF3:AH3] 병합 셀의 월 값을 변경해 다른 달의 날짜도 살펴보고 주말 서식과 일이 제대로 표시되는지 확인합니다.

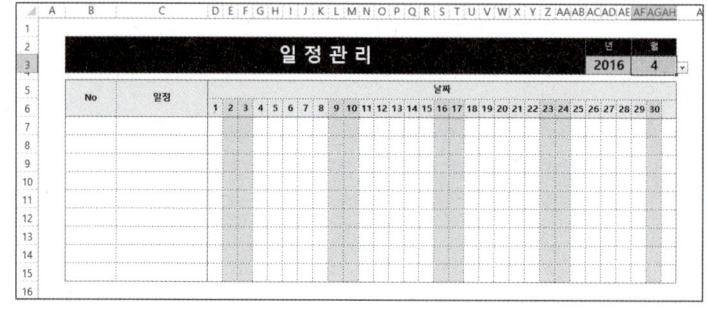

조건부 서식이 적용된 범위 확인하고 삭제하기 132

조건부 서식은 유효성 검사와 마찬가지로 기능이 적용된 범위를 눈으로 확인할 수 없기 때문에 관리하기가 쉽지 않습니다. 조건부 서식이 적용된 범위를 확인하거나 지정된 조건부 서식을 삭제하려면 [이동]이나 [규칙 지우기] 기능을 이용하면 편리합니다. 조건부 서식을 관리하는 방법에 대해 알아보겠습니다.

예제 파일 없음

조건부 서식이 적용된 범위

조건부 서식이 적용된 범위를 확인하려면 [홈] 탭-[편집] 그룹-[찾기 및 선택]을 클릭하고 [조건부 서식]을 선택합니다. 현재 워크시트에서 조건부 서식이 적용된 범위가 선택됩니다.

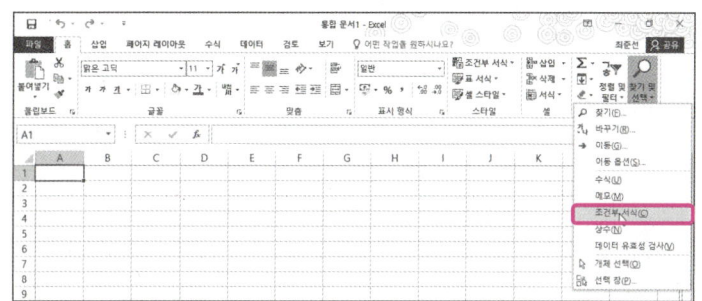

조건부 서식 삭제

특정 범위에 적용된 조건부 서식이나 현재 워크시트의 모든 조건부 서식을 삭제하려면 [홈] 탭-[스타일] 그룹-[🔲 조건부 서식]을 클릭한 후 [🔲 규칙 지우기]의 하위 메뉴 중에서 하나를 선택합니다.

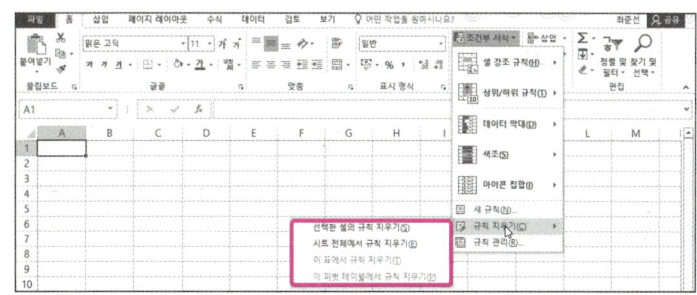

> **Plus+** [규칙 지우기]의 하위 메뉴
>
> - **선택한 셀의 규칙 지우기** : 선택한 범위의 조건부 서식 설정을 모두 삭제합니다.
> - **시트 전체에서 규칙 지우기** : 현재 워크시트의 모든 조건부 서식 설정을 삭제합니다.
> - **이 표에서 규칙 지우기** : 엑셀 표에 적용된 조건부 서식 설정을 삭제합니다. 엑셀 표 내부의 셀(또는 범위)를 선택해야 이 명령을 사용할 수 있습니다.
> - **이 피벗 테이블에서 규칙 지우기** : 피벗 테이블에 적용된 조건부 서식 설정을 삭제합니다. 피벗 테이블 보고서 범위를 선택해야 이 명령을 사용할 수 있습니다.

PART 04

엑셀 2016 바이블

표

CHAPTER

14

표 만들기

행(또는 열) 삽입하기

133

표에 새로운 데이터를 추가하기 위해 행(또는 열)을 삽입해야 하는 경우가 있습니다. 행을 삽입할 때 워크시트의 행 전체를 추가하거나 표 내부에 추가하는 방법이 있는데, 이렇게 새로운 행을 삽입하면 나머지 행들이 한 칸씩 아래로 밀려 마지막 행은 삭제됩니다. 그러므로 워크시트 마지막 행에 데이터가 존재하면 행을 삽입할 수 없으니 주의해야 합니다. 표에 행을 추가하는 방법에 대해 알아보겠습니다.

예제 파일 PART 04 \ CHAPTER 14 \ 행 추가.xlsx

01 예제 파일을 열면 '재고 현황' 표가 있습니다. 표에 새로운 행을 삽입하기 위해 [B7] 셀을 선택하고 [홈] 탭-[셀] 그룹-[삽입▼]을 클릭한 후 [시트 행 삽입]을 선택합니다. 그러면 [7] 행 위에 빈 행이 하나 삽입되며 기존의 [7] 행은 [8] 행으로 이동합니다(색상이 표시된 [8] 행이 기존의 [7] 행입니다).

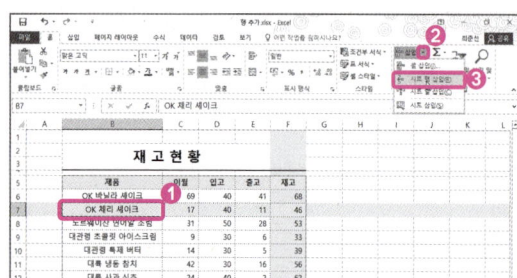

TIP 행이 삽입되는 위치는 선택한 행의 위쪽이며, 이 설정을 아래쪽으로 변경할 수는 없습니다. 또한 새로 삽입된 행에는 위 행(여기서는 [6] 행)의 표시 형식이 적용됩니다.

Plus⁺ 워크시트가 아니라 표 영역에만 행을 삽입하려면?

만약 워크시트에 또 다른 표가 있고 그 표에 영향을 미치지 않기 위해 [B5:F14] 범위에만 [7] 행을 추가하려면 [B7:F7] 범위를 선택하고 [홈] 탭-[셀] 그룹-[삽입]을 클릭합니다.

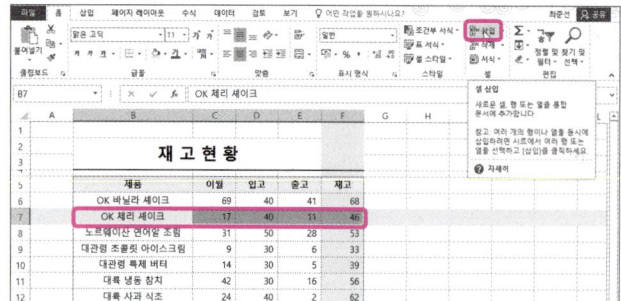

행(또는 열)을 삽입하는 단축키는 Ctrl+Shift++이며, 추가된 행(또는 열)을 삭제하려면 삭제할 행을 선택하고 단축키 Ctrl+-를 누릅니다.

02 단축 메뉴를 사용해 [F] 열에 빈 열을 추가해보겠습니다. [F] 열 머리글을 클릭해 [F] 열 전체를 선택하고 [홈] 탭-[셀] 그룹-[삽입]을 클릭하거나 단축키 Ctrl + Shift + + 를 누릅니다.

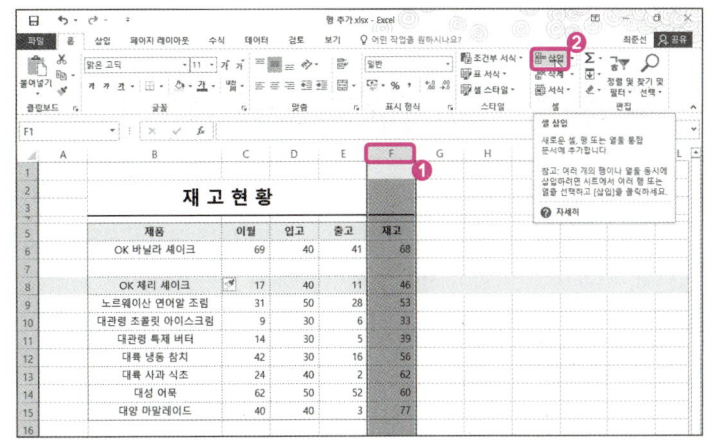

TIP [F] 열 머리글에서 마우스 오른쪽 버튼을 클릭해 단축 메뉴에서 [삽입]을 선택해도 됩니다.

03 [F] 열 위치에 빈 열이 하나 삽입되며 기존의 [F] 열은 [G] 열로 이동합니다.

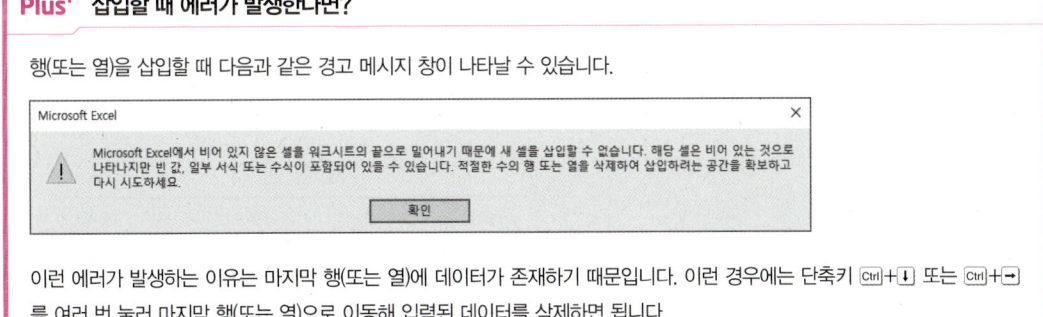

TIP 열이 삽입되는 위치는 선택한 열의 왼쪽이며, 삽입된 열에는 왼쪽 열(여기서는 [E] 열)의 표시 형식이 적용됩니다.

Plus⁺ 삽입할 때 에러가 발생한다면?

행(또는 열)을 삽입할 때 다음과 같은 경고 메시지 창이 나타날 수 있습니다.

> Microsoft Excel
> Microsoft Excel에서 비어 있지 않은 셀을 워크시트의 끝으로 밀어내기 때문에 새 셀을 삽입할 수 없습니다. 해당 셀은 비어 있는 것으로 나타나지만 빈 값, 일부 서식 또는 수식이 포함되어 있을 수 있습니다. 적절한 수의 행 또는 열을 삭제하여 삽입하려는 공간을 확보하고 다시 시도하세요.
> 확인

이런 에러가 발생하는 이유는 마지막 행(또는 열)에 데이터가 존재하기 때문입니다. 이런 경우에는 단축키 Ctrl + ↓ 또는 Ctrl + → 를 여러 번 눌러 마지막 행(또는 열)으로 이동해 입력된 데이터를 삭제하면 됩니다.

표의 행 데이터를 복사해 삽입하기

134

만들고자 하는 표 양식에 따라 입력된 행 데이터를 그대로 복사해 새로운 행을 추가해야 하는 경우가 있는데, 이런 경우 일일이 작업을 하려면 매우 번거롭습니다. 이런 작업을 좀 더 쉽게 하려면 데이터를 복사하여 붙여넣은 후에 정렬 기능을 사용하면 됩니다. 새로운 행을 복사해 삽입하는 방법에 대해 알아보겠습니다.

예제 파일 PART 04 \ CHAPTER 14 \ 복사 행.xlsx

01 예제 파일의 '제품 관리' 표에 오른쪽 화면과 같이 중간 중간 행을 삽입하고, 삽입한 행에는 위 행의 데이터를 복사해보겠습니다.

02 [B6:F10] 범위를 선택하고 단축키 Ctrl+C를 눌러 복사한 후 [B11] 셀을 선택하고 단축키 Ctrl+V를 눌러 붙여넣습니다.

03 새로 붙여넣은 데이터를 구분하기 위해 글꼴 색을 지정합니다. [B11:F15] 범위를 선택하고 [홈] 탭-[글꼴] 그룹-[글꼴색]을 클릭해 빨간색을 선택합니다.

04 [G] 열에 일련번호 값을 갖는 열을 추가하겠습니다. [G5] 셀에는 '정렬', [G6] 셀에는 '1', [G7] 셀에는 '2'를 입력한 후 [G6:G7] 범위를 선택하고 채우기 핸들을 이용해 [G10] 셀까지 드래그해 일련번호를 입력합니다.

05 [G6:G10] 범위의 일련번호 값을 단축키 Ctrl + C 를 눌러 복사한 후 [G11] 셀을 선택하고 단축키 Ctrl + V 를 눌러 붙여넣습니다.

06 [G6] 셀을 선택하고 [데이터] 탭-[정렬 및 필터] 그룹-[오름차순 정렬]을 클릭합니다. [G] 열을 기준으로 표가 정렬되면서 복사해놓은 데이터가 기존 표의 중간 중간에 삽입됩니다.

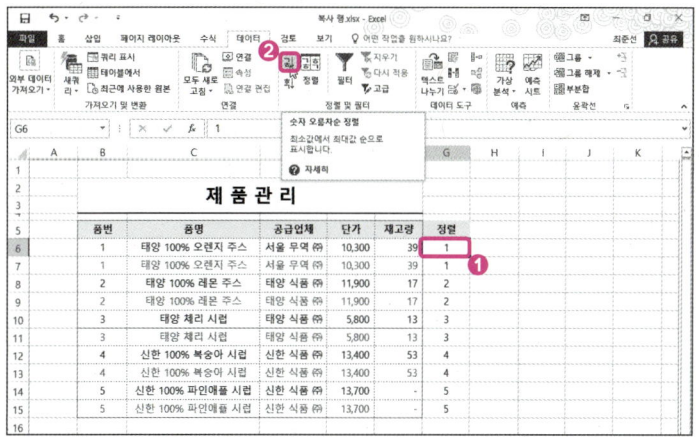

사용하지 않은 열(또는 행) 숨기기 135

워크시트는 사용되는 부분이든 사용되지 않는 부분이든 모두 표시가 됩니다. 데이터를 깔끔하게 정리하기 위해 사용하지 않는 열(또는 행)은 숨길 수 있는데, 숨겨진 열은 열 주소가 표시되지 않으므로 열이 숨겨져 있다는 사실을 쉽게 알 수 있습니다. 특정 열을 숨기는 방법에 대해 알아보겠습니다.

예제 파일 PART 04 \ CHAPTER 14 \ 숨기기.xlsx

01 예제 파일을 열면 '견적서' 표가 있습니다. 왼쪽 화면을 보면 워크시트 전체에서 사용되는 부분은 매우 적다는 것을 알 수 있습니다. 사용되지 않는 열과 행을 오른쪽 화면과 같이 숨겨보겠습니다.

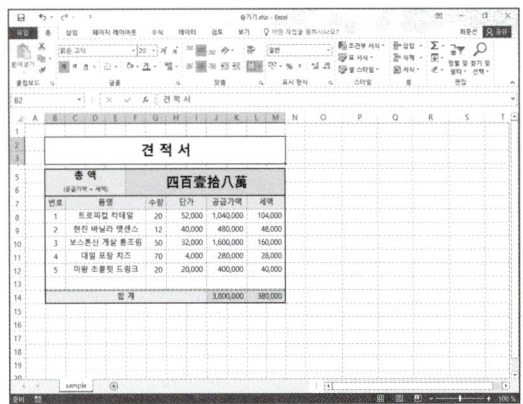 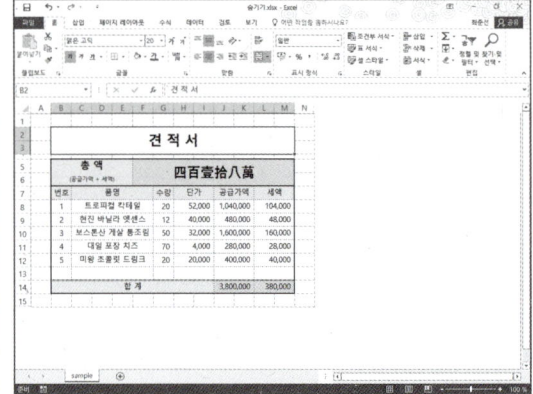

02 숨길 열을 모두 선택하기 위해 [O] 열을 선택하고 Ctrl+Shift+→를 눌러 오른쪽 빈 열을 모두 선택합니다. 선택된 범위에서 마우스 오른쪽 버튼을 클릭하고 [숨기기]를 선택합니다.

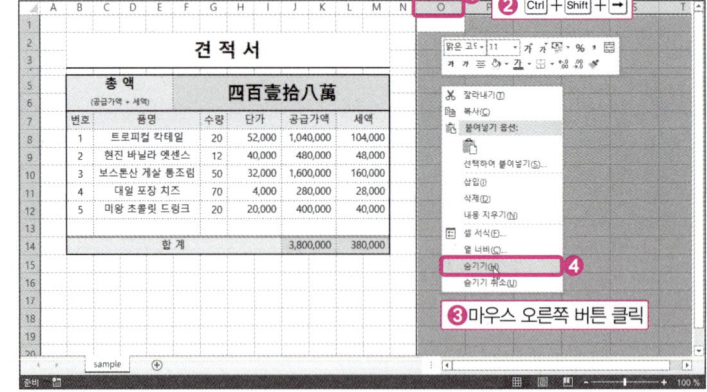

03 이제 [O] 열을 포함한 오른쪽 열이 화면에 표시되지 않습니다. 숨겨진 열을 다시 표시하려면 먼저 [N] 열을 선택하고 오른쪽 방향으로 드래그합니다. 그런 다음, 선택 범위에서 마우스 오른쪽 버튼을 클릭하고 단축 메뉴에서 [숨기기 취소]를 선택합니다.

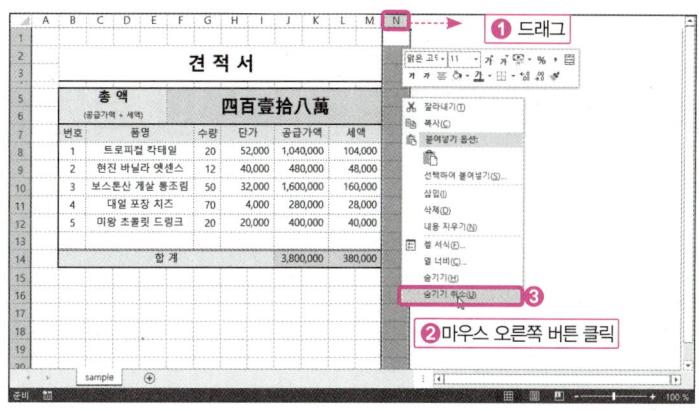

04 단축키 Ctrl+Z를 눌러 [숨기기 취소] 명령을 취소해 열을 다시 숨깁니다.

05 같은 방법으로 사용하지 않는 행도 숨깁니다. [16] 행을 선택하고 Ctrl+Shift+↓키를 눌러 사용하지 않는 범위를 모두 선택한 후 선택된 범위에서 마우스 오른쪽 버튼을 클릭하고 [숨기기]를 선택합니다.

표를 접어 필요한 부분만 확인하기

136

표가 큰 경우에는 한 화면에 다 보이지 않는 경우가 많습니다. 이런 경우 자주 보지 않아도 되는 열(또는 행)을 숨길 수도 있지만, 이러면 데이터를 확인할 때 다시 [숨기기] 명령을 취소해야 하므로 번거롭습니다. 이런 경우에는 [그룹] 기능을 이용해 자주 확인하는 열만 표시할 수 있습니다. 선택한 열을 그룹으로 묶어주는 [그룹] 기능을 이용하면 복잡한 표를 좀 더 간결하게 표시할 수 있습니다.

예제 파일 PART 04 \ CHAPTER 14 \ 그룹.xlsx

01 예제 파일의 '급여대장' 표는 오른쪽으로 길어 한 화면에서 전체 데이터를 보기 어렵습니다. [그룹] 기능을 이용해 표에서 주로 확인할 부분만 화면에 표시해보겠습니다.

02 '급여대장' 표는 [K] 열, [P] 열, [Q] 열, [13] 행, [16] 행에서 수식을 사용하고 있습니다. 수식이 입력된 위치를 자동으로 인식해 열과 행을 그룹으로 묶어보겠습니다. 표 안의 셀을 하나 선택하고 단축키 Ctrl + A 를 누르면 전체 표 범위가 선택됩니다. 이 상태에서 [데이터] 탭-[윤곽선] 그룹-[▦ 그룹▼]을 클릭한 후 [자동 윤곽]을 선택합니다.

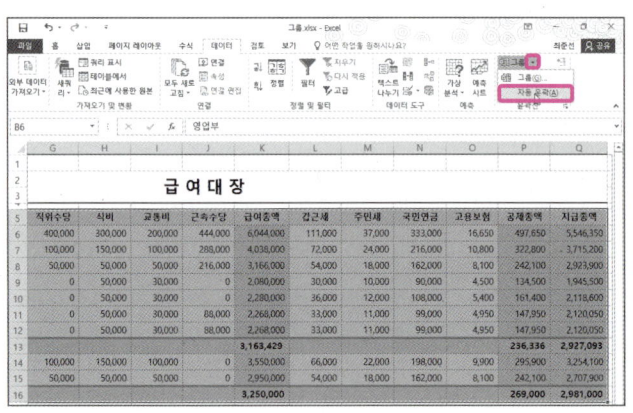

03 화면과 같이 행 주소 좌측과 열 주소 상단에 윤곽 기호가 나타납니다.

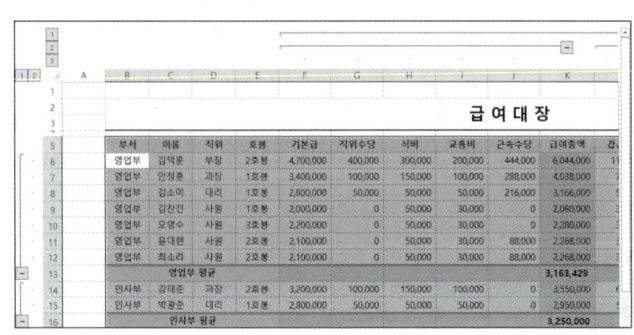

> **Plus+** [자동 윤곽]은 어떻게 열이나 행을 그룹으로 묶는 것일까?
>
> [자동 윤곽]은 표에 수식을 사용해 계산한 셀이 포함된 열이나 행을 인식합니다. 이번 예제에서는 [K] 열, [P] 열, [Q] 열, [13] 행, [16] 행 위치에 수식이 있습니다. [윤곽 기호]의 [축소(-)] 위치가 나타난 부분을 잘 확인합니다.

04 열 주소 상단의 윤곽 기호 중에서 [2]를 클릭하면 수식이 입력된 [K], [P], [Q] 열만 빠르게 확인할 수 있습니다.

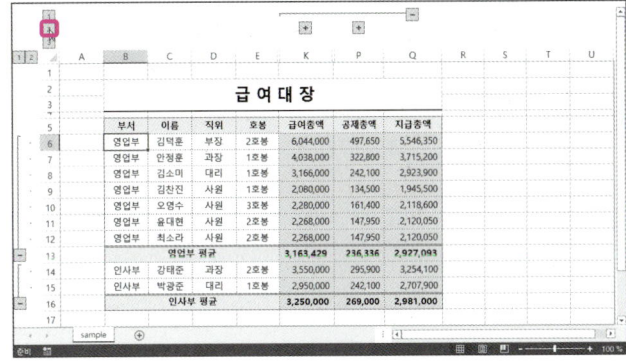

05 같은 방법으로 행 주소 좌측의 윤곽 기호에서 [1]을 클릭하면 수식이 입력된 [13], [16] 행만 확인할 수 있습니다.

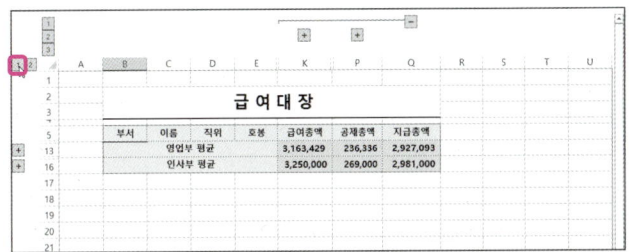

06 윤곽 기호는 편리하지만 보기 좋지는 않습니다. 윤곽 기호를 숨겨 화면에 표시된 부분만 표시할 수 있습니다. 워크시트의 행 주소와 열 주소가 만나는 위치에 있는 [◢모두 선택]을 클릭해 워크시트 전체 범위를 선택하고 [데이터]-[윤곽선] 그룹-[그룹 해제]를 클릭합니다.

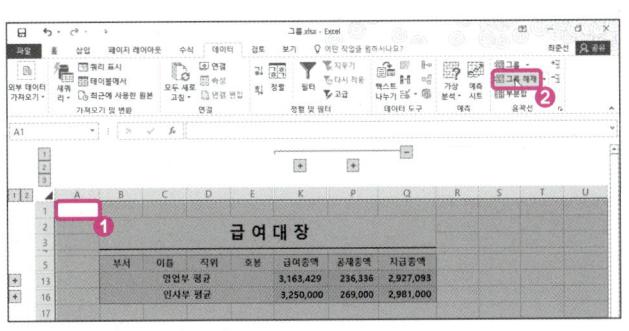

07 그러면 화면과 같이 윤곽 기호는 모두 사라지고 화면에 표시되지 않는 부분은 숨겨집니다.

TIP 숨겨진 열과 행을 화면에 다시 표시하려면 숨겨진 열(또는 행)을 모두 포함하도록 열(또는 행) 머리글을 선택하고 마우스 오른쪽 버튼을 클릭해 [숨기기 취소]를 선택합니다.

표 좌측 상단에 사선 넣어 제목 입력하기 137

워드에서는 표를 만들 때 좌측 상단 첫 번째 칸에 사선을 넣고 열과 행 머리글의 제목을 입력하는 경우가 많습니다. 그런데 엑셀에서는 이런 작업이 쉽지 않으므로 열 머리글만 입력하고 넘어가는 경우가 많습니다. 엑셀에서 표 좌측 상단에 열과 행 머리글 제목을 두 줄로 입력하는 방법에 대해 알아보겠습니다.

예제 파일 PART 04 \ CHAPTER 14 \ 표 제목.xlsx

01 예제 파일을 열면 '연간 영업사원 실적' 표가 있습니다. [B5] 셀에 행과 열 머리글 제목을 사선으로 구분해 입력해보겠습니다.

02 [B5] 셀을 선택하고 단축키 Ctrl+1을 눌러 [셀 서식] 대화상자를 엽니다. [테두리] 탭에서 [사선] 아이콘을 클릭하고 [확인]을 클릭합니다.

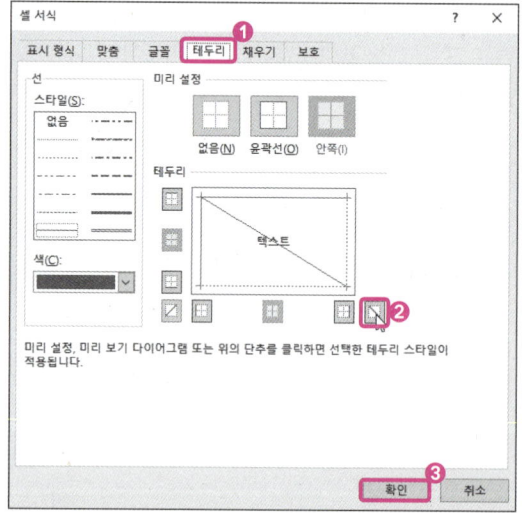

03 [B5] 셀이 선택된 상태에서 [홈] 탭-[글꼴] 그룹-[글꼴 크기]를 [8]로 조정합니다.

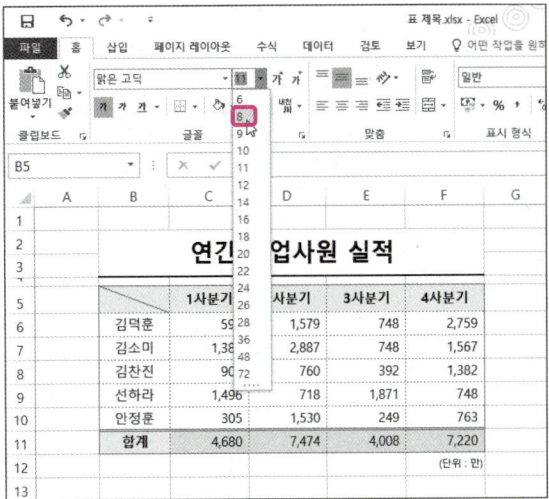

04 [B5] 셀에 열 머리글 제목을 입력하기 위해 Space Bar를 여러 번 눌러 셀 오른쪽 근처까지 이동한 후 '분기'를 입력합니다. Alt + Enter를 눌러 줄을 바꾸고 행 머리글 제목인 '영업사원'을 입력한 후 Enter를 누릅니다.

들여쓰기를 이용해 표를 보기 좋게 구성하는 방법

138

피벗 테이블과 같이 서로 다른 항목을 하나의 열에서 표시할 때는 하위 레벨의 항목을 들여쓰는 것이 보기 좋습니다. 우리가 워드 등에서 들여쓰기를 할 때 주로 사용하는 Tab 은 엑셀에서는 오른쪽 방향으로 셀을 이동하는 키이기 때문에 엑셀에는 들여쓰기가 지원되지 않는다고 생각하기 쉽습니다. 그래서 Space Bar 로 공백 문자를 입력해 들여쓰기 효과를 내는 경우가 있는데, 이렇게 하면 셀에 불필요한 공백 문자가 삽입되므로 값을 참조하는 등의 작업에서 올바른 결과를 얻지 못할 수 있습니다. 들여쓰기 기능으로 표를 보기 좋게 구성하는 방법에 대해 알아보겠습니다.

예제 파일 PART 04 \ CHAPTER 14 \ 들여쓰기.xlsx

01 예제 파일을 열면 왼쪽 화면과 같은 '계정 과목' 표를 확인할 수 있습니다. 이 표의 [B6:B9], [B11:B14], [B16:B19] 범위의 값에 오른쪽 화면과 같이 들여쓰기를 적용해 보기 좋게 정리해보겠습니다.

02 먼저 [B6:B9] 범위를 선택하고 [홈] 탭-[맞춤] 그룹-[들여쓰기]를 클릭합니다. [B11:B14] 범위를 선택하고 Ctrl 을 누른 상태에서 [B16:B19] 범위를 추가로 선택한 후 [홈] 탭-[맞춤] 그룹-[들여쓰기]를 클릭합니다. 선택한 범위의 값이 한 번에 들여쓰기가 되어 보기 좋게 표시됩니다.

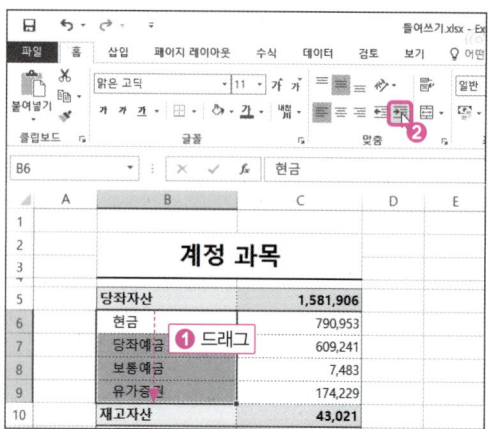

TIP 들여쓰기를 해제하려면 해제할 범위를 모두 선택하고 [홈] 탭-[맞춤] 그룹-[내어쓰기]를 클릭합니다.

CHAPTER
15

이름 정의

이름 정의해 사용하기

139

엑셀에서 다른 위치의 값을 참조할 때는 [A1] 또는 [A1:A10]처럼 셀 주소를 이용합니다. 그런데 셀 주소만 가지고는 해당 위치의 데이터가 어떤 것인지는 알기 어렵습니다. 이런 점이 수식을 이해하기 어렵게 만드는 주요한 원인이기도 합니다. [이름 정의] 기능을 사용하면 특정 셀(또는 범위)을 원하는 별칭으로 지정해 해당 위치의 데이터를 이해하기 쉽게 참조할 수 있습니다. 간단하게 이름을 정의하고 그 위치로 빠르게 이동하는 방법에 대해 알아보겠습니다.

예제 파일 PART 04 \ CHAPTER 15 \ 이름 정의.xlsx

01 예제 파일을 열면 '직원 명부' 표가 있습니다. [G6:G14] 범위를 선택하고 이름 상자에 다음 별칭을 입력한 후 Enter 를 눌러 이름을 정의합니다.

이름 상자 : 나이

02 [K5] 셀에 직원들의 평균 나이를 구하기 위해 다음 수식을 입력합니다.

[K5] 셀 : =AVERAGE(나이)

TIP =AVERAGE(G6:G14)보다는 =AVERAGE(나이)가 더 이해하기 쉽습니다. 자주 참조하는 범위는 이처럼 이름으로 정의해 사용하는 것이 편리합니다.

03 정의된 이름에서 참조하는 범위(또는 셀)로 빠르게 이동할 수 있습니다. 이름 상자의 [▼ 아래 화살표]를 클릭하면 정의된 이름을 확인할 수 있으며, 여기서 [나이]를 선택하면 [G6:G14] 범위가 선택됩니다.

이름 정의 규칙 이해하기

140

이름 정의를 할 때는 몇 가지 규칙을 따라야 합니다. 이름 정의를 할 때 잘못된 별칭을 사용하면 오류 메시지가 나타나면서 이름이 정의되지 않습니다. 이름 정의를 할 때의 명명 규칙은 표, 피벗 테이블, 차트 등에서 이름을 명명할 때도 공통적으로 적용되므로 제대로 이해해두는 것이 좋습니다.

예제 파일 없음

규칙에 벗어난 이름을 사용해 정의하려고 하면 다음과 같은 오류 메시지가 나타납니다.

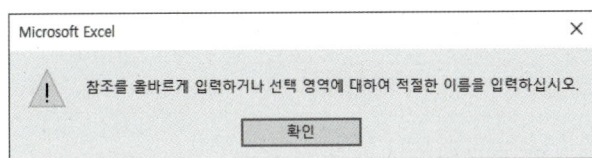

이름을 명명할 때 지켜야 하는 규칙은 다음과 같습니다.

첫째, 이름은 영어 또는 한글로 시작해야 하며, 숫자나 특수문자를 첫 번째 문자로 사용할 수 없습니다.
'2016년매출', '#비고#'와 같은 이름은 사용할 수 없습니다. '#'와 같은 특수문자는 이름에 사용할 수 없으며 숫자로 시작하는 이름을 정의하려면 먼저 밑줄(_)을 입력해야 합니다(예 : '_2016년매출').

둘째, 영어는 대/소문자를 구분하지 않습니다.
'Sale'과 'sale'은 같은 이름으로 인식합니다.

셋째, 이름은 띄어쓰기를 할 수 없습니다.
'영업 1부'와 같은 이름은 사용할 수 없습니다. 이런 경우 마침표(.)나 밑줄(_)을 사용해 단어를 구분합니다 (예 : '영업.1부' 또는 '영업_1부').

넷째, 이름은 최대 255자까지 사용할 수 있습니다.
이름은 255자까지 사용할 수 있지만 가능하면 이해하기 쉽게 정의할 필요가 있습니다. 부득이한 경우 세 번째 규칙을 참고해 두 개 정도의 단어를 마침표나 밑줄로 구분해 사용하는 것이 좋습니다.

다섯째, 셀 주소와 같이 엑셀에서 사용하는 예약된 문자열은 이름으로 사용할 수 없습니다.
'A1'과 같은 이름은 사용할 수 없습니다. 특히 영문자 세 개 정도가 앞에 나오고 뒤에 숫자가 나오는 'MSD301'와 같은 코드를 이름으로 정의할 때는 셀 주소와 겹치는 경우가 많으니 주의해야 합니다. 참고로 워크시트의 마지막 열은 [XFD] 열이며, 마지막 행은 [1,048,576] 행입니다.

표의 열(또는 행) 머리글로 빠르게 이름 정의하기

141

표의 특정 열이 아니라 많은 열 데이터 범위를 이름으로 정의해야 하는 경우라면 동일한 작업을 반복해야 하므로 불편합니다. 이런 경우 표의 열 머리글(첫 번째 행)이나 행 머리글(첫 번째 열)을 이용해 데이터 범위를 빠르게 이름으로 정의할 수 있습니다. [선택 영역에서 이름 만들기] 기능을 이용해 이름을 정의하는 방법에 대해 알아보겠습니다.

예제 파일 PART 04 \ CHAPTER 15 \ 이름 정의-머리글.xlsx

01 예제 파일을 열면 '판매 대장' 표와 '집계' 표가 있습니다. '판매 대장' 표의 머리글([B5:G5])을 표 데이터 범위의 이름으로 정의해보겠습니다. [B5:G19] 범위를 선택하고 [수식] 탭-[정의된 이름] 그룹-[선택 영역에서 만들기]를 클릭합니다.

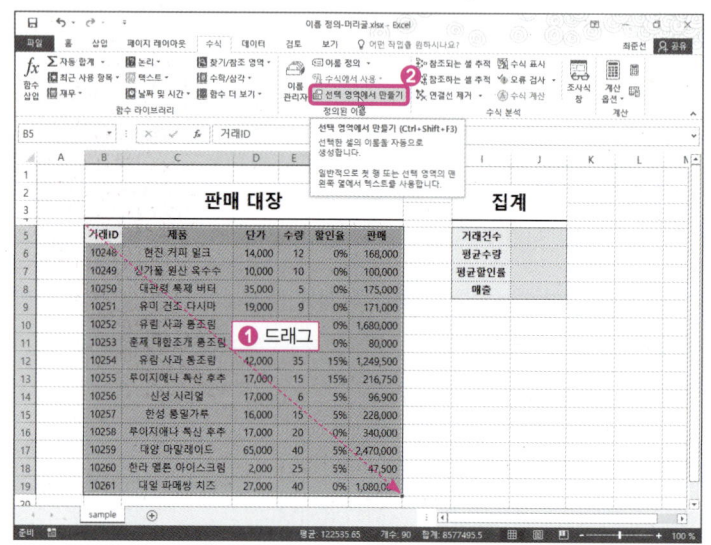

02 [선택 영역에서 이름 만들기] 대화상자가 열리면 열 머리글을 아래쪽 데이터 범위의 이름으로 정의하기 위해 [첫 행]에 체크 표시를 하고 [확인]을 클릭합니다.

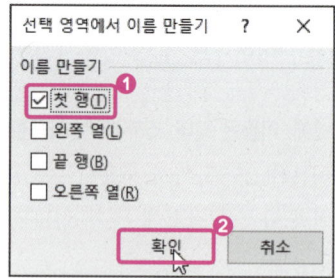

Plus+ [선택 영역에서 이름 만들기] 대화상자의 옵션 이해하기

[선택 영역에서 만들기] 명령을 사용하면 표의 머리글을 이용해 이름을 한 번에 정의할 수 있습니다. 참고로 머리글이 이름 정의 규칙에서 벗어난 경우 Space Bar로 입력된 공백 문자는 밑줄(_) 문자로 대체되며, 첫 번째 문자가 영어나 한글 또는 밑줄로 시작되지 않는 경우에도 밑줄(_) 문자가 앞에 추가됩니다.

옵션	설명
첫 행	선택한 범위의 첫 번째 행 값을 이름으로 아래쪽 데이터 범위를 참조하도록 정의합니다.
왼쪽 열	선택한 범위의 첫 번째 열 값을 이름으로 오른쪽 데이터 범위를 참조하도록 정의합니다.
끝 행	선택한 범위의 마지막 행 값을 이름으로 위쪽 데이터 범위를 참조하도록 정의합니다.
오른쪽 열	선택한 범위의 마지막 열 값을 이름으로 왼쪽 데이터 범위를 참조하도록 정의합니다.

03 이름 상자의 [▼ 아래 화살표]를 클릭하면 이름이 제대로 정의됐는지 확인할 수 있습니다. 표의 첫 번째 행의 열 머리글이 이름 목록에 표시되며, 이름을 클릭하면 해당 열의 데이터 범위가 선택됩니다.

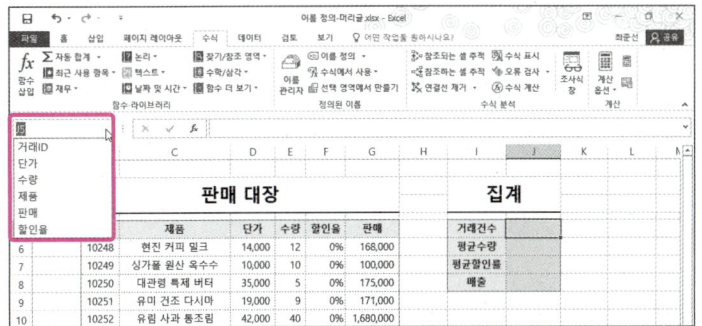

04 이제 정의된 이름을 이용해 집계 작업을 진행합니다. 각 셀에 다음 수식을 입력합니다.

[J5] 셀 : **=COUNT(거래ID)**
[J6] 셀 : **=AVERAGE(수량)**
[J7] 셀 : **=AVERAGE(할인율)**
[J8] 셀 : **=SUM(판매)**

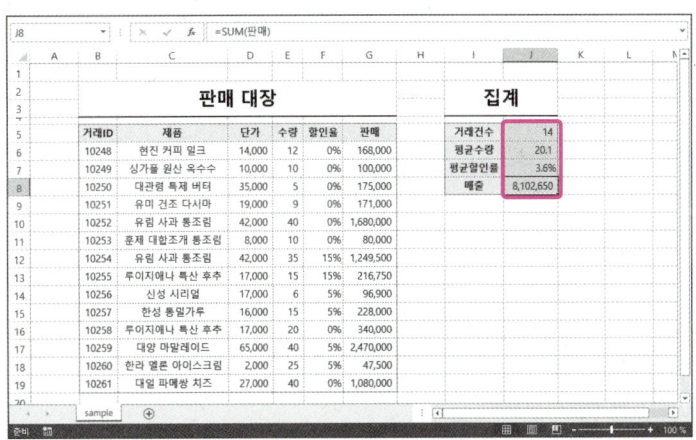

상대 참조로 이름 정의해 사용하기 142

이름 정의를 한 데이터 범위는 절대 참조 방식으로 정의되므로 수식을 복사해도 참조 위치가 변경되지 않습니다. 하지만 상황에 따라 상대 참조 방식으로 이름 정의를 할 수 있다면 좀 더 다양하게 활용할 수 있습니다. 참고로 이름을 상대 참조 방식으로 선언할 때는 현재 선택 위치를 기준으로 상대 위치를 파악하므로 주의해야 합니다. 상대 참조 방식으로 이름을 정의하고 활용하는 방법에 대해 알아보겠습니다.

예제 파일 PART 04 \ CHAPTER 15 \ 이름 정의–상대 참조.xlsx

01 예제 파일을 열면 '보너스 지급 대장' 표가 있습니다. [E] 열의 '급여' 데이터 범위를 상대 참조 방식으로 이름 정의해 보너스 계산을 해보겠습니다. [F6] 셀을 선택하고 [수식] 탭–[정의된 이름] 그룹–[이름 정의]를 클릭합니다.

TIP 이름을 상대 참조 방식으로 정의할 때는 이름 상자를 사용할 수 없으며 반드시 [이름 정의]를 이용해 정의해야 합니다.

02 [새 이름] 대화상자가 표시되면 [이름]과 [참조 대상]을 다음과 같이 설정하고 [확인]을 클릭합니다.

이름 : 왼쪽셀

참조 대상 : =sample!E6

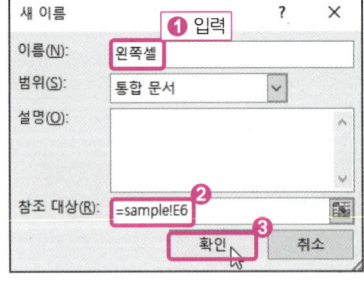

> **Plus⁺** [참조 대상] 정확하게 이해하기
>
> [새 이름] 대화상자의 [참조 대상]에서 참조한 'sample' 시트의 [E6] 셀은 **01** 과정의 화면에서 확인할 수 있듯이 [F6] 셀을 선택한 상태에서 이름이 정의되므로, [F6] 셀의 왼쪽 셀이 맞습니다. 그렇기 때문에 이름을 '급여'라고 명명하지 않고 '왼쪽셀'로 정의한 것입니다. 이렇게 상대 참조 방식으로 이름을 정의하면 항상 수식을 입력하는 위치에서의 상대 좌표를 셀을 참조할 수 있습니다.
>
> 단, [A] 열에는 왼쪽 셀이 없으므로, 정의된 이름을 [A] 열에서 사용하면 어떤 결과가 반환되는지 알고 있어야 합니다. 이 경우에는 오른쪽 마지막 열의 셀이 참조됩니다. 즉, [A1] 셀에서 '=왼쪽셀'과 같은 수식을 사용하면 [XFD1] 셀을 참조하는 것과 동일합니다.
>
> 이렇게 상대 참조 방식으로 현재 위치에서 자주 참조하는 셀을 이름으로 정의해두면 수식을 이해하기 쉽게 작성할 수 있습니다.

03 정의된 이름을 사용해 보너스를 계산해봅니다. [F6] 셀에 다음 수식을 입력하고 [F6] 셀의 채우기 핸들을 [F14] 셀까지 드래그해 복사합니다.

[F6] 셀 : =왼쪽셀*30%

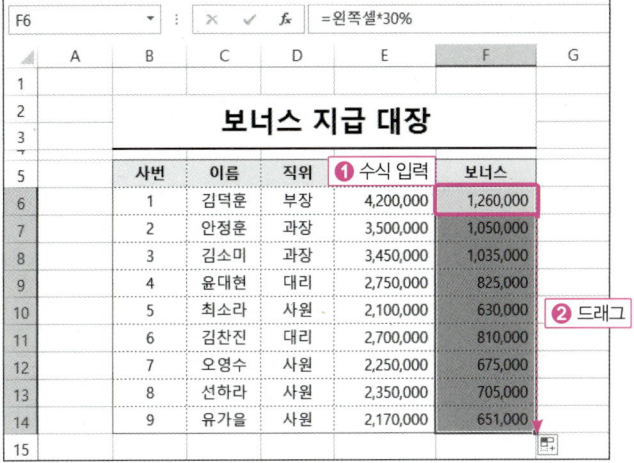

수식에서 자주 사용하는 숫자를 이름으로 정의하기

143

셀(또는 범위)뿐만 아니라 사용자가 계산에 자주 사용하는 숫자도 이름으로 정의해 사용할 수 있습니다. 자주 사용하는 숫자는 보통 셀에 입력해두고 사용하는데, 이렇게 하면 수식에서 셀을 계속해서 참조해야 하므로 수식을 이해하기 어렵습니다. 그러므로 수식에서 사용되는 숫자를 이름으로 정의하면 관리하기가 쉽습니다. 참고로 숫자뿐만 아니라 날짜, 텍스트 값도 모두 이름으로 정의할 수 있습니다. 숫자를 이름으로 정의하고 사용하는 방법에 대해 알아보겠습니다.

예제 파일 PART 04 \ CHAPTER 15 \ 이름 정의-상수.xlsx

01 예제 파일을 열면 '보너스 지급 대장' 표가 있습니다. 보너스 계산에 사용되는 지급 비율 값을 이름으로 정의해 계산해보겠습니다. 참고로 예제의 [E6:E14] 범위는 '급여'라는 이름으로 정의되어 있습니다. 이름 상자의 [▼ 아래 화살표]를 클릭하고 정의된 이름을 선택해 해당 이름으로 정의된 범위를 확인합니다.

02 숫자를 이름으로 정의하기 위해 [수식] 탭-[정의된 이름] 그룹-[🔲 이름 정의]를 클릭합니다.

03 [새 이름] 대화상자가 표시되면 [이름]과 [참조 대상]에 다음과 같이 입력하고 [확인]을 클릭합니다.

이름 : 보너스지급비율

참조 대상 : =150%

> **TIP** [참조 대상]의 숫자는 반드시 등호(=)부터 입력해야 합니다.

> **TIP** 대화상자에서는 '150%'보다는 '1.5'라고 입력하는 것이 좋습니다. [새 이름] 대화상자의 경우는 백분율 스타일로 입력해도 값을 인식하지만, 다른 대화상자에서는 백분율을 인식하지 못하는 경우가 있으므로 대화상자에서는 가급적 올바른 숫자 값으로 입력합니다.

04 [F6] 셀에 다음 수식을 입력하고 [F6] 셀의 채우기 핸들을 [F14] 셀까지 드래그해 복사합니다.

[F6] 셀 : =급여*보너스지급비율

TIP '급여' 이름은 [E6:E14] 범위를 참조하는데, [F6] 셀에서 '급여'라는 이름을 사용해 범위를 참조하면 [E6:E14] 범위를 한 번에 참조할 수 없으므로 같은 행에 있는 셀 하나만 참조됩니다.

05 성과급 비율이 변경됐다고 가정해보겠습니다. [수식] 탭-[정의된 이름] 그룹-[이름 관리자]를 클릭합니다. [이름 관리자] 대화상자가 표시되면 '보너스지급비율' 이름을 선택하고 [참조 대상]의 값을 수정한 후 Enter를 눌러 변경합니다. [닫기]를 클릭합니다.

참조 대상 : =200%

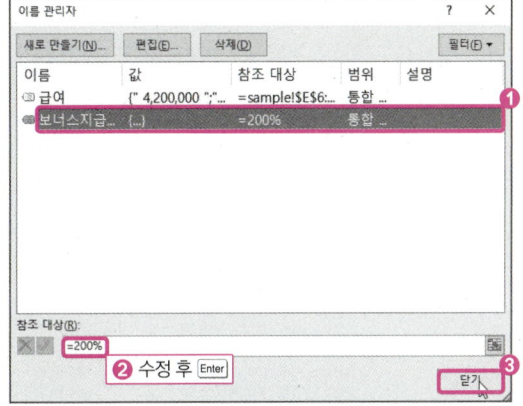

TIP [참조 대상]의 값을 변경하고 Enter를 누르지 않으면 저장 여부를 묻는 대화상자가 표시됩니다. 그러면 [예]를 클릭해 저장해야 합니다.

06 이름을 변경하면 파일 내의 모든 수식이 재계산되면서 화면과 같이 결과가 한 번에 변경됩니다. [F6:F14] 범위를 확인합니다.

수식에서 참조한 셀을 정의된 이름으로 변경하기

144

이름을 먼저 정의한 경우에는 정의된 이름을 수식이나 다른 기능에서 사용하면 됩니다. 그러나 먼저 수식을 작성하고 나중에 이름을 정의했다면 기존 수식에서 참조한 셀(또는 범위) 주소를 정의된 이름으로 변경해야 하기 때문에 불편합니다. 이런 경우를 위해 엑셀에서는 [이름 적용] 기능을 제공합니다. [이름 적용] 기능을 사용해 수식의 셀 주소를 정의된 이름으로 변경하는 방법에 대해 알아보겠습니다.

예제 파일 PART 04 \ CHAPTER 15 \ 이름 적용.xlsx

01 예제 파일을 열면 '직원 명부' 표가 있습니다. [K5] 셀을 선택하고 수식 입력줄을 보면 [G6:G14] 범위의 평균을 구하는 수식인 **=AVERAGE(G6:G14)**를 확인할 수 있습니다.

02 이 파일에는 미리 정의된 이름이 존재합니다. 이름 상자의 [▼ 아래 화살표]를 클릭해 이름 목록을 확인합니다. 이름을 하나씩 선택해보면 직원 명부 표의 열별 데이터 범위가 하나씩 선택됩니다.

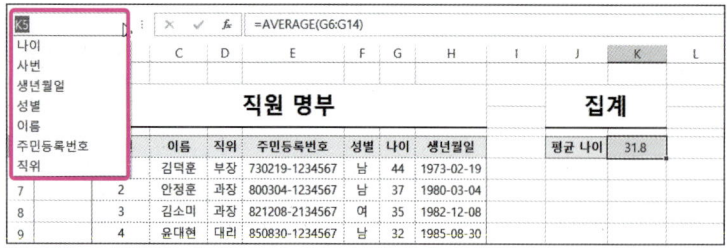

LINK 표의 열 머리글을 사용해 이름을 정의하는 방법은 'No. 141 표의 열(또는 행) 머리글로 빠르게 이름 정의하기'에서 자세하게 설명합니다.

03 [K5] 셀의 수식에서 참조하는 [G6:G14] 범위를 정의된 이름으로 변경해보겠습니다. [수식] 탭-[정의된 이름] 그룹-[이름 정의▼]를 클릭하고 [이름 적용]을 선택합니다.

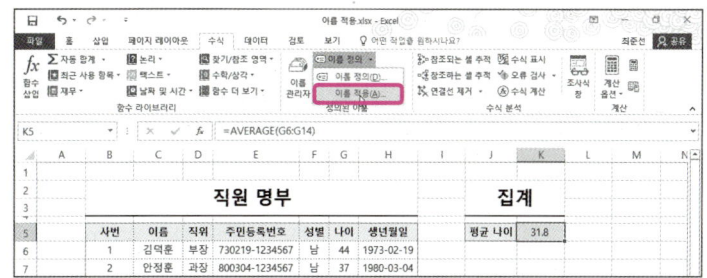

TIP [이름 적용] 기능을 실행할 때 셀 하나(여기서는 [K5] 셀)만 선택한 상태라면 해당 워크시트의 전체 수식을 대상으로 기능이 동작합니다. 범위(예를 들면 [A1:A10] 범위)를 선택했다면 그 범위의 수식을 대상으로 이름 적용 기능이 실행됩니다.

04 [이름 적용] 대화상자가 표시되면 [나이]를 선택하고 [확인]을 클릭합니다.

이 예제처럼 수식에 적용할 이름을 정확히 아는 경우에는 해당 이름(여기서는 [나이])만 선택합니다. 만약 전체 워크시트의 수식에서 참조한 범위를 정의된 이름으로 모두 변경하려면 리스트의 모든 이름을 선택합니다.

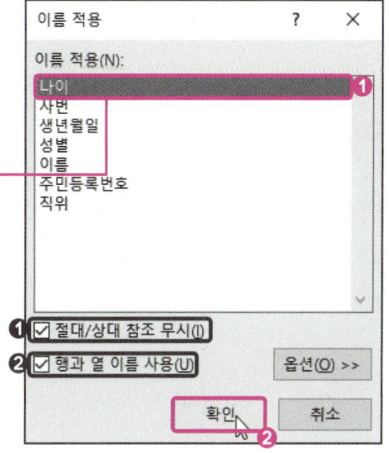

Plus⁺ [이름 적용] 대화상자의 옵션 이해하기

다음과 같은 두 가지 기본 옵션을 설정할 수 있습니다.

❶ **절대/상대 참조 무시** : 기본적으로 절대 참조로 대상 범위를 참조합니다. 만약 수식에서 상대 참조로 대상 범위를 참조하고 있더라도 참조한 주소가 같으면 이름으로 변경하는 옵션입니다.

❷ **행과 열 이름 사용** : 수식에서 참조한 범위와 일치하는 이름이 없더라도 정의된 이름의 교집합 범위로 참조 범위를 대체할 수 있는 옵션으로, 항상 정확하게 정의된 이름만 적용하려면 이 옵션의 체크 표시를 해제합니다.

---

05 [K5] 셀을 선택하고 수식 입력줄을 확인하면 수식이 **=AVERAGE(나이)**로 변경된 것을 확인할 수 있습니다.

정의된 이름을 한 번에 삭제하기 145

이름을 정의해 사용하는 것도 좋지만, 너무 많으면 관리하기가 쉽지 않습니다. 그러므로 더 이상 사용하지 않는 이름은 [이름 관리자]에서 삭제하는 것이 좋습니다. [이름 관리자]는 정의된 이름을 관리하기 위한 도구로 엑셀 2007부터 제공됩니다. 불필요한 이름을 삭제하는 방법에 대해 알아보겠습니다.

예제 파일 PART 04 \ CHAPTER 15 \ 이름 삭제.xlsx

01 예제 파일을 열면 '제품 대장' 표가 있습니다. [I5] 셀을 선택하고 수식 입력줄을 보면 '재고량' 이름을 사용하는 수식이 입력되어 있습니다.

02 사용되지 않는 이름이 있는지 확인한 후 이를 삭제하기 위해 [수식] 탭-[정의된 이름] 그룹-[이름 관리자]를 클릭합니다.

03 [이름 관리자] 대화상자가 열리면 현재 파일에 정의된 모든 이름을 확인할 수 있습니다. '재고량'을 제외한 모든 이름을 삭제하려면 Ctrl을 누른 상태에서 삭제할 이름을 모두 클릭해 선택하고 [삭제]를 클릭합니다.

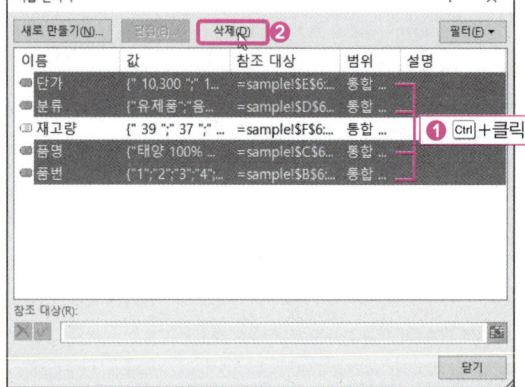

> **TIP** 모든 이름을 선택하는 방법
> [이름 관리자] 대화상자에서 첫 번째 이름을 선택하고 Shift를 누른 상태에서 마지막 이름을 선택하면 전체 이름을 선택할 수 있습니다.

> **TIP** 이름을 삭제할 때 주의할 점
> 삭제한 이름을 사용하는 수식은 #NAME! 오류를 반환하므로 이름을 삭제하기 전에 이를 사용하는 수식이 있는지 확인해야 합니다.

> **TIP** 정의된 이름을 사용하고 있는 셀 위치 찾기
> 이름이 사용된 위치를 찾는 가장 빠른 방법은 [찾기](Ctrl + F)를 사용하는 것입니다. [찾기] 대화상자에서 [찾을 내용]에 확인할 이름을 입력하고 [옵션]을 클릭해 [범위]를 통합 문서로 변경한 후 [모두 찾기]를 클릭하면 해당 이름을 사용하는 모든 수식의 위치가 검색됩니다.

오류가 발생한 이름만 골라 삭제하기 146

이름을 정의했는데 이름에서 참조하는 셀(또는 범위)을 삭제하는 경우가 종종 있습니다. 이 경우 이름은 삭제되지 않고 참조하는 범위만 삭제되어, 정의된 이름은 #REF! 오류 값을 갖습니다. 이런 이름은 사용할 수 없으므로 삭제하거나 참조 위치를 다시 지정해야 하는데, #REF! 오류가 발생하면 이전 참조 위치를 알 수 없는 경우가 많으므로 삭제하는 것이 좋습니다. 오류가 발생한 이름만 골라 삭제하는 방법에 대해 알아보겠습니다.

예제 파일 PART 04 \ CHAPTER 15 \ 이름 삭제–에러.xlsx

01 예제 파일을 열고 [수식] 탭-[정의된 이름] 그룹-[이름 관리자]를 클릭합니다.

02 [이름 관리자] 대화상자가 표시되면 [필터]를 클릭하고 [오류가 있는 이름]을 선택합니다. 오류가 발생한 이름이 표시되면 전체 이름을 선택하고 [삭제]를 클릭합니다.

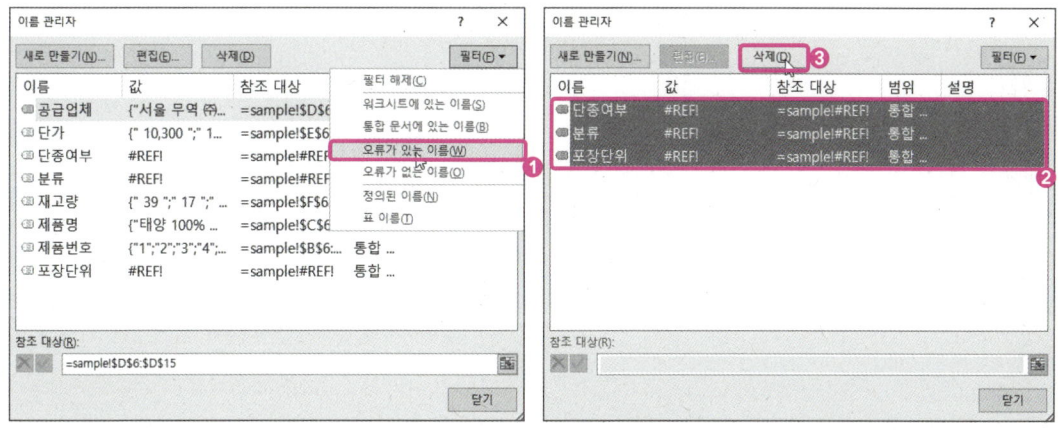

03 삭제 여부를 확인하는 메시지에서 [예]를 클릭하면 오류가 발생한 이름이 모두 삭제됩니다. 필터 조건을 해제하기 위해 [필터]를 클릭하고 [필터 해제]를 선택합니다. 삭제되고 남은 이름이 오른쪽 화면과 같이 표시됩니다.

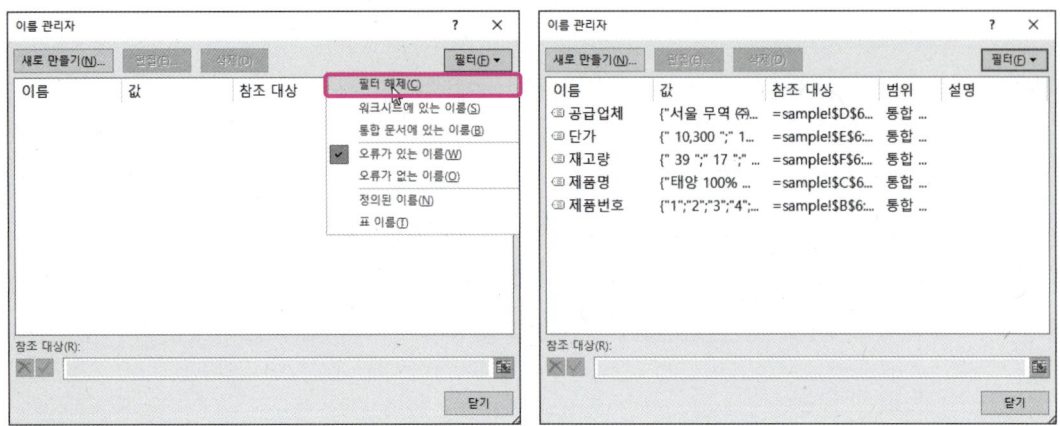

CHAPTER 16

엑셀 표

표를 등록해 사용하기

147

엑셀에는 데이터를 효과적으로 관리할 수 있는 엑셀 표 기능이 제공됩니다. 이 기능은 워크시트에 만든 표를 별도의 데이터 저장 영역으로 변경합니다. 또한 자동 필터와 슬라이서를 적용해 원하는 조건에 맞는 데이터만 빠르게 검색하고, 표를 요약하거나 참조한 경우 추가된 데이터도 동적으로 참조할 수 있게 하는 등 강력한 표 관리 방법을 제공합니다. 표를 엑셀 표로 등록하는 방법에 대해 알아보겠습니다.

예제 파일 PART 04 \ CHAPTER 16 \ 엑셀 표.xlsx

표 등록

01 예제 파일의 '판매 대장' 표를 엑셀 표로 등록해보겠습니다. 표 안의 셀(여기서는 [B6] 셀)을 선택하고 [삽입] 탭-[표] 그룹-[표]를 클릭합니다.

TIP 엑셀 표로 등록하려면 표가 반드시 테이블 형식이어야 합니다. 테이블 형식이란 첫 번째 행에 머리글(열의 제목)이 입력되고, 두 번째 행부터 데이터가 입력된 표를 의미합니다. 참고로 표에 병합한 셀이 있으면 엑셀 표로 등록할 수 없습니다.

02 [표 만들기] 대화상자가 표시되면 등록할 표 범위($B$5:$G$14)가 맞는지, 그리고 [머리글 포함] 옵션에 체크 표시가 되어 있는지 확인하고 [확인]을 클릭합니다.

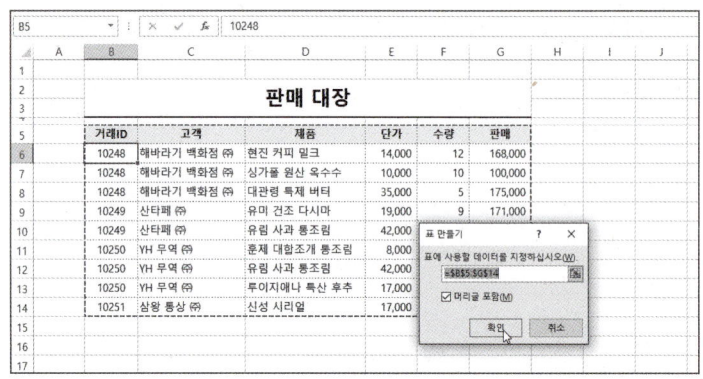

Plus⁺ [머리글 포함] 옵션 이해하기

[머리글 포함]은 등록할 표 범위에 머리글(열의 제목)의 존재 여부를 결정하는 옵션입니다. 예제 표의 [B5:G14] 범위에서 첫 번째 행에 해당하는 [B5:G5] 범위 값은 열의 제목(머리글)을 의미하므로 반드시 체크 표시를 해야 합니다. 만약 체크 표시를 하지 않고 [확인]을 클릭하면 다음 화면과 같이 '열1', '열2', '열3',… 과 같은 열 제목이 강제로 삽입됩니다.

03 표가 엑셀 표로 등록되면 기본 엑셀 표 스타일이 적용되고 리본 메뉴에 [표 도구]-[디자인] 탭이 추가로 나타납니다.

> **TIP** 표 스타일 변경하기
> 엑셀 표의 기본 스타일이 마음에 들지 않으면 [표 도구]-[디자인] 탭-[표 스타일] 그룹-[빠른 스타일]에서 원하는 스타일을 선택해 변경합니다.

> **Plus⁺ 확장 탭**
> 엑셀에서 엑셀 표, 차트, 피벗 테이블과 같은 기능을 이용할 때 해당 기능에서만 추가로 사용할 수 있는 명령이 리본 메뉴에 제공되는데, 이때 표시되는 [디자인]과 같은 탭을 '확장 탭'이라고 합니다.

표 스타일 깔끔하게 적용하기

01 엑셀 표에 적용된 표 스타일이 사용자가 적용한 서식과 함께 표시되므로 깔끔해 보이지 않습니다. 엑셀 표로 등록했으면 이전 서식을 삭제해 엑셀 표 스타일만 표시되도록 하는 것이 좋습니다. [B5:G14] 범위를 선택한 후 [홈] 탭-[스타일] 그룹-[셀 스타일]을 클릭하고 [표준]을 선택합니다.

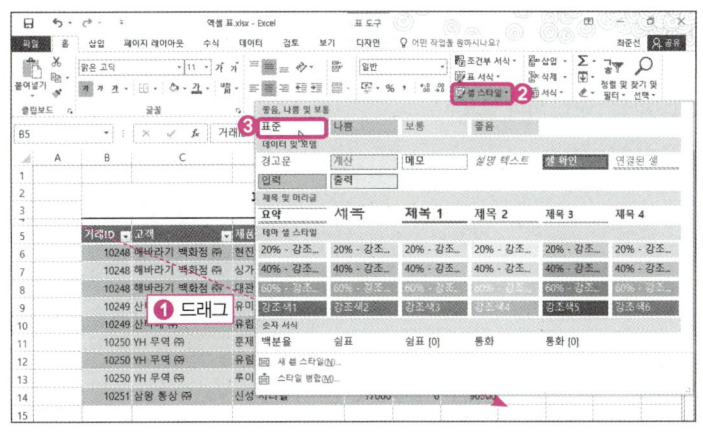

> **TIP** 셀 스타일을 [표준]으로 변경하면 사용자가 셀에 적용된 서식이 모두 지워집니다.

02 사용자 서식은 모두 삭제되고 엑셀 표 스타일만 표시됩니다. [표준] 스타일을 적용하면 천 단위 구분 기호나 셀 가운데 맞춤 등의 모든 서식이 제거됩니다. 전체 표 범위를 선택하고 [홈] 탭-[맞춤] 그룹-[가운데 맞춤]을 클릭해 정렬한 후 숫자가 입력된 [E6:G14] 범위에 쉼표 스타일을 적용하면 화면과 같은 결과를 얻을 수 있습니다.

엑셀 표 등록 해제하기

148

등록된 엑셀 표 아래나 우측 빈 열에 데이터를 추가하면 엑셀 표의 데이터로 자동 인식됩니다. 이런 특징 때문에 엑셀 표는 데이터 범위를 동적으로 인식시키고자 할 때 주로 사용됩니다. 참고로 엑셀 표로 등록한 후 차트나 피벗 테이블 등을 만들면 엑셀 표에 추가된 데이터도 차트나 피벗 테이블 보고서에 반영됩니다. 이런 점이 불편하다면 엑셀 표 등록을 해제해 이전처럼 지정된 범위의 데이터만 반영되도록 할 수 있습니다. 엑셀 표 등록을 해제하는 방법에 대해 알아보겠습니다.

예제 파일 PART 04 \ CHAPTER 16 \ 엑셀 표-해제.xlsx

01 예제 파일을 열면 등록된 엑셀 표와 이 표를 참조해 생성한 차트를 확인할 수 있습니다. 엑셀 표 하단에 다음과 같은 새 데이터를 추가하면, 추가된 데이터가 차트에 바로 적용됩니다.

[B10] 셀 : 현진 커피 밀크
[C10] 셀 : 50

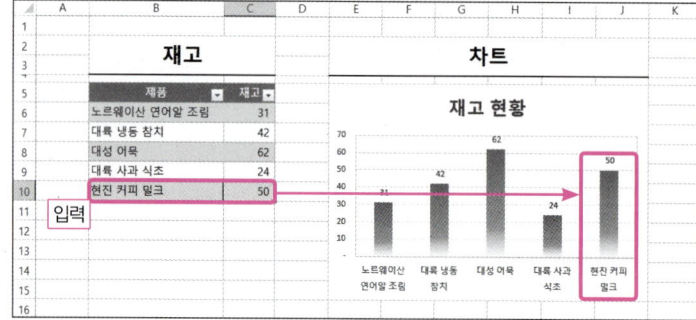

LINK 차트에 추가된 데이터가 나타나지 않는다면 'No. 155 엑셀 표 범위가 확장되지 않는 문제 해결하기'를 참고해 작업합니다.

02 빠른 실행 도구 모음에서 [↶ 실행 취소]를 클릭하거나 단축키 Ctrl + Z 를 눌러 입력한 데이터를 취소합니다.

03 엑셀 표 등록을 해제하기 위해 엑셀 표 안의 셀(여기서는 [B6] 셀)을 선택하고 [표 도구]-[디자인] 탭-[도구] 그룹-[범위로 변환]을 클릭합니다. 메시지가 나타나면 [예]를 클릭합니다.

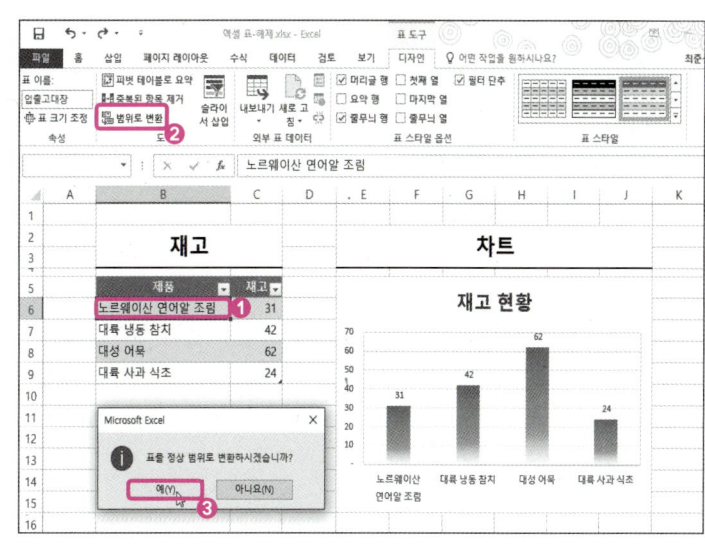

TIP 엑셀 표 등록을 해제해도 표에 적용된 엑셀 표 스타일은 삭제되지 않습니다.

04 등록이 해제되면 **01** 과정과 동일하게 새 데이터를 추가합니다. 이제 추가된 데이터가 차트에 적용되지 않습니다.

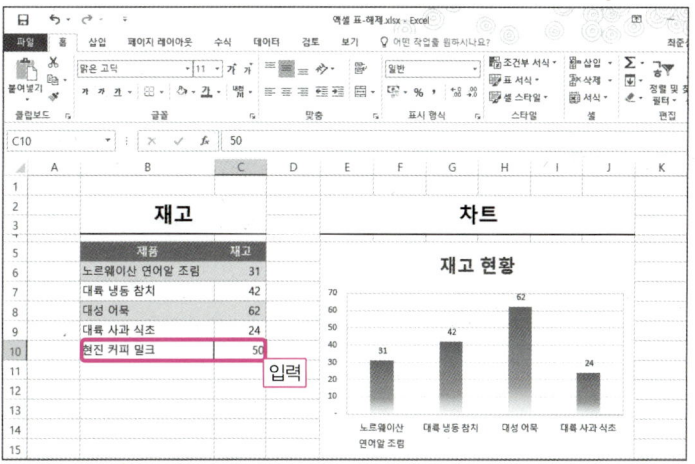

Plus⁺ 엑셀 표를 확인하는 가장 쉬운 방법

워크시트의 표가 엑셀 표인지 아닌지를 표에 적용된 스타일이나 자동 필터만으로 구분하기는 쉽지 않습니다. 표 내부의 셀을 선택했을 때 [표 도구]의 확장 탭인 [디자인] 탭이 나타나면 엑셀 표이고, 그렇지 않으면 일반 표입니다.

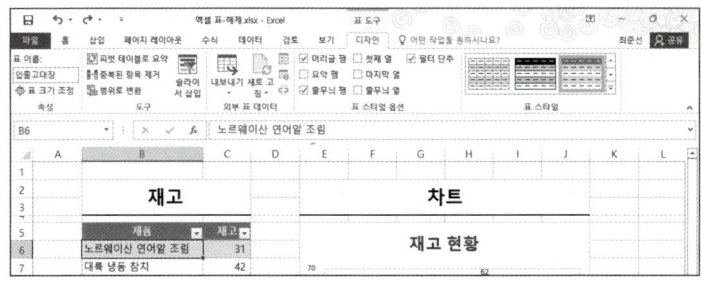

슬라이서 창을 이용해 엑셀 표 필터하기

149

슬라이서는 엑셀 2010의 피벗 테이블에 추가된 필터 기능으로, 사용자가 지정한 필터 조건을 시각적으로 확인할 수 있어 편리합니다. 엑셀 2013부터는 슬라이서 기능을 엑셀 표에서도 사용할 수 있으므로 엑셀 표로 등록된 표에서는 슬라이서 기능을 이용해 필터링을 할 수 있습니다. 참고로 워크시트 내 일반 표에서는 슬라이서 기능을 사용할 수 없습니다. 엑셀 표에서 슬라이서 기능을 이용하는 방법에 대해 알아보겠습니다.

예제 파일 PART 04 \ CHAPTER 16 \ 엑셀 표-슬라이서.xlsx

01 예제 파일을 열면 엑셀 표로 등록된 '판매 대장' 표가 있습니다. [C] 열의 '고객' 열에 필터 조건을 지정해 원하는 고객 데이터만 확인할 수 있도록 슬라이서 창을 삽입해보겠습니다. 엑셀 표 내부의 셀(여기서는 [B6] 셀)을 선택하고 [표 도구]-[디자인] 탭-[도구] 그룹-[슬라이서 삽입]을 클릭합니다.

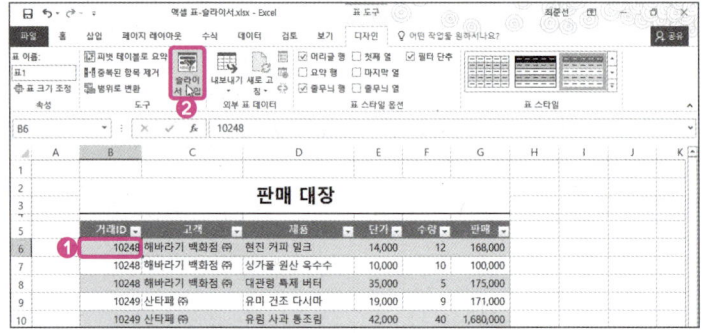

TIP [삽입] 탭-[필터] 그룹-[슬라이서]를 클릭해도 됩니다.

02 [슬라이서 삽입] 대화상자가 표시되면 [고객] 확인란에 체크 표시를 하고 [확인]을 클릭합니다.

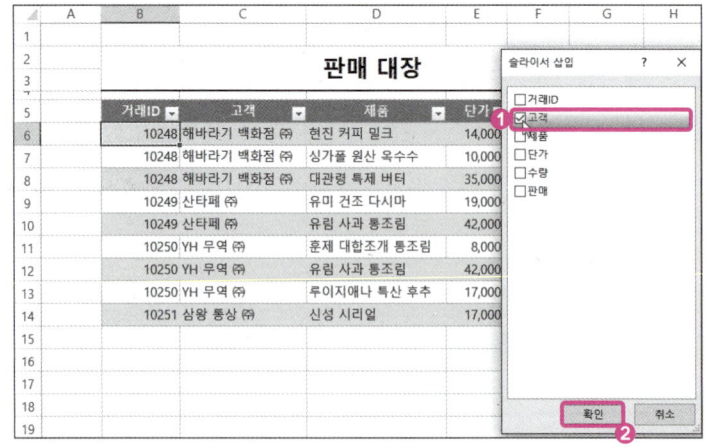

TIP [슬라이서 삽입] 창에 표시되는 항목은 모두 표의 열 머리글입니다.

03 [고객] 슬라이서 창이 표시되며, 창에는 [C6:C14] 범위의 고유 항목 리스트가 나타납니다. 또한 리본 메뉴에는 [슬라이서 도구]-[옵션] 확장 탭이 표시됩니다.

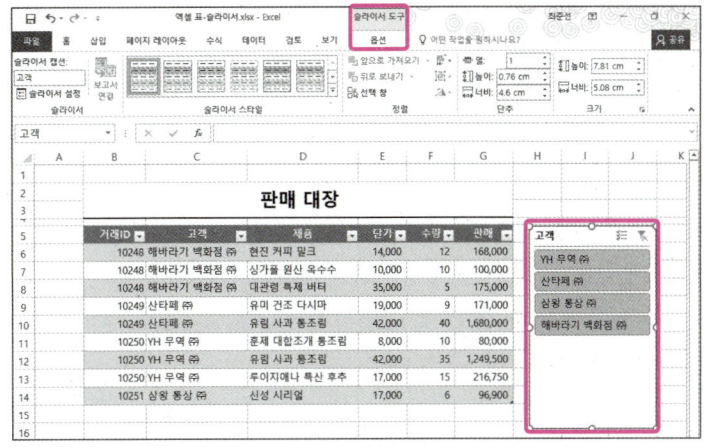

04 [고객] 슬라이서 창에서 [해바라기 백화점 ㈜]를 선택하면 엑셀 표에 지정된 고객 데이터만 표시됩니다.

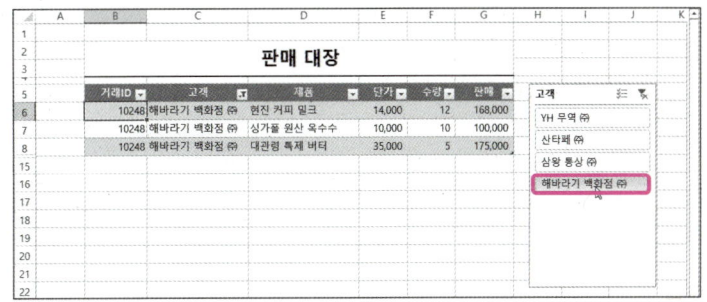

> **Plus⁺ 슬라이서 기능 제대로 이해하기**
>
> 엑셀 표의 슬라이서는 기본적으로 피벗 테이블에서 슬라이서를 활용하는 방법과 동일합니다.
>
> **LINK** 슬라이서 창에 대한 자세한 설명은 'No. 359 슬라이서를 이용해 피벗 보고서 컨트롤하기'를 참고합니다.

CHAPTER 16 | 엑셀 표 / **305**

엑셀 표에서 요약 행 사용하기

150

엑셀 표에는 각 열의 값을 빠르게 요약할 수 있는 [요약 행] 기능이 제공됩니다. 수식을 직접 작성할 필요 없이 기본으로 제공되는 여덟 개의 함수 중에 원하는 함수를 고르기만 하면 열 데이터가 자동으로 집계되므로 매우 편리합니다. 엑셀 표에 요약 행을 추가하고 각 열의 값을 집계하는 방법에 대해 알아보겠습니다.

예제 파일 PART 04 \ CHAPTER 16 \ 요약 행.xlsx

01 예제 파일을 열면 엑셀 표로 등록된 '판매 대장' 표가 있습니다. 이 표에 요약 행을 추가하고 원하는 열의 값을 집계해보겠습니다.

02 엑셀 표 내부의 셀(여기서는 [B6] 셀)을 선택하고 [표 도구]-[디자인] 탭-[표 스타일 옵션] 그룹-[요약 행]에 체크 표시를 합니다.

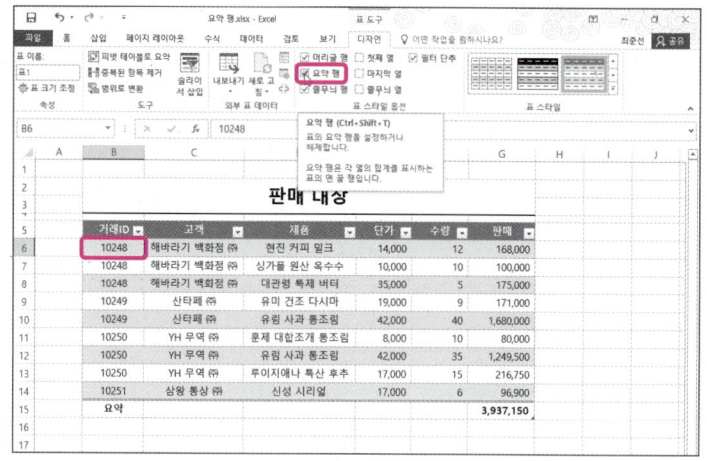

TIP 표 하단에 요약 행이 나타나며 마지막 열에 숫자 값의 합계가 나타납니다. 만약 마지막 열의 값이 숫자가 아니면 건수가 집계됩니다.

03 [G15] 셀을 선택하면 셀 우측에 [▼아래 화살표]가 나타납니다. 이를 클릭하면 요약 행에서 집계할 수 있는 함수 목록이 표시됩니다. 평균, 개수, 숫자 개수, 최대, 최소, 합계, 표본 표준 편차, 표본 분산 함수가 표시되었습니다.

Plus⁺ 요약 행 이해하기

요약 행의 셀을 선택하고 수식 입력줄을 보면 SUBTOTAL 함수가 사용되고 있음을 알 수 있습니다. SUBTOTAL 함수는 화면에 표시된 데이터만 집계하는 함수이므로, 엑셀 표에 적용된 필터 기능을 이용하면 자동으로 집계 결과가 변경됩니다. 참고로 집계 값이 표시되지 않은 다른 범위([B15:F15]) 내 셀도 선택하면 **03** 과정의 화면과 같이 열의 값을 집계할 수 있는 함수를 선택할 수 있습니다.

LINK SUBTOTAL 함수에 대한 더 자세한 정보는 'No. 241 화면에 표시된 데이터만 집계하기 - SUBTOTAL'을 참고합니다.

---

04 엑셀 표에 적용된 자동 필터를 이용해 데이터를 제한해 요약 행의 집계 값이 어떻게 변화하는지 확인해보겠습니다. [C5] 셀의 [▼아래 화살표]를 클릭합니다. [(모두 선택)]의 체크 표시를 해제하고 [YH 무역 ㈜]에 체크 표시를 한 후 [확인]을 클릭합니다.

05 자동 필터로 화면에 표시된 데이터가 제한되면서 [G15] 셀의 값이 '3,937,150'에서 '1,546,250'으로 변경됩니다. 이 값은 'YH 무역 ㈜' 회사의 판매액 합계입니다.

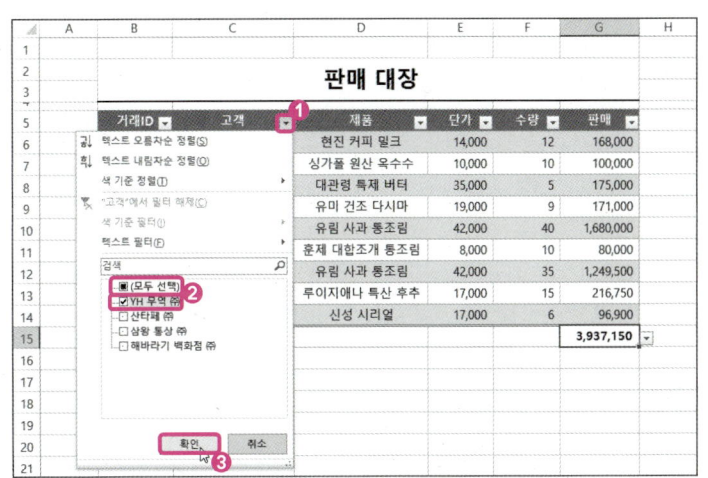

계산된 열 만들기

151

엑셀 표에서는 수식을 사용하는 열을 '계산된 열'이라고 부릅니다. 열의 첫 번째 데이터 셀에 수식을 입력하면 열 전체에 자동으로 수식이 복사되며, 하단 행에 데이터를 추가하면 계산된 열의 수식이 자동으로 복사됩니다. 따라서 수식을 한 번만 입력하면 이후에는 따로 관리할 필요가 없어 매우 편리합니다. 엑셀 표에 계산된 열을 추가하고 사용하는 방법에 대해 알아보겠습니다.

예제 파일 PART 04 \ CHAPTER 16 \ 계산된 열.xlsx

01 예제 파일을 열면 엑셀 표로 등록된 '판매 대장' 표가 있습니다. [E] 열의 '단가'와 [F] 열의 '수량'을 곱해 새로운 판매열을 계산된 열로 추가해보겠습니다.

02 [G5] 셀에 머리글 값을 입력하면 엑셀 표에 열이 자동으로 추가됩니다.

[G5] 셀 : 판매

Plus⁺ 엑셀 표의 확장 이해하기

엑셀 표는 표 우측과 하단에 데이터를 추가하면 자동으로 표 범위가 확장되는 특징이 있습니다. 따라서 표를 엑셀 표로 등록한 후에 차트나 피벗 테이블 등의 기능을 사용하면 엑셀 표에 등록된 새로운 데이터가 차트나 피벗 테이블에도 바로 적용되어 업무가 매우 손쉽게 자동화됩니다.

LINK 만약 표가 자동으로 확장되지 않는다면 'No. 155 엑셀 표 범위가 확장되지 않는 문제 해결하기'를 참고합니다.

03 [G6] 셀에 수식을 입력하고 Enter 를 누르면 전체 열에 수식이 자동으로 복사됩니다.

[G6] 셀 : =E6*F6

> **Plus⁺ 엑셀 표의 구조적 참고 구문**
>
> 엑셀 표 내부의 셀을 마우스로 클릭하면 셀 주소 대신 낯선 표현식이 사용됩니다. 만약 03 과정에서 수식을 직접 입력하지 않고 마우스로 셀을 클릭하면 다음 화면과 같은 수식이 작성됩니다.
>
> =[@단가]*[@수량]
>
> [@단가]와 같은 셀 참조 방법은 엑셀 표에서만 사용할 수 있는데, 이를 '구조적 참조 구문'이라고 합니다.
>
> **LINK** 구조적 참조에 대해서는 'No. 152 엑셀 표의 구조적 참조 활용하기'와 'No. 153 다양한 구조적 참조 구문 이용하기'에서 자세하게 설명합니다.

---

04 계산된 결과를 이해하기 쉽도록 천 단위 구분 기호를 삽입합니다. [G6:G14] 범위를 선택하고 [홈] 탭-[표시 형식] 그룹-[쉼표 스타일]을 클릭합니다.

05 새 데이터를 추가해 수식이 자동으로 복사되는지 확인합니다. [B15] 셀에 '10252', [E15] 셀에 '20000', [F15] 셀에 '5'를 입력하고 [G15] 셀의 결과를 확인합니다.

[B15] 셀 : 10252
[E15] 셀 : 20000
[F15] 셀 : 5

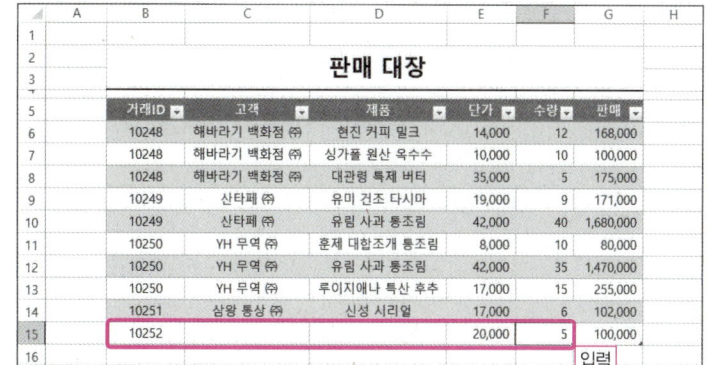

TIP 엑셀 표의 확장과 계산된 열의 수식 복사
엑셀 표는 하단과 우측에 새 데이터를 입력하면 자동으로 엑셀 표 범위가 확장되며 계산된 열의 수식도 자동으로 복사되므로 따로 복사 작업을 진행하지 않아도 됩니다. 05 과정에서도 [B15] 셀에 새로운 거래ID를 입력하면 바로 엑셀 표가 확장되면서 [G15] 셀에 수식이 복사됩니다.

엑셀 표의 구조적 참조 활용하기 152

엑셀 표로 등록하면 구조적 참조라고 불리는 참조 방식을 사용할 수 있습니다. 구조적 참조란 엑셀 표의 범위를 참조할 때 표 이름과 열 머리글(첫 번째 행의 제목)을 이용하는 방법입니다. 구조적 참조를 이용하면 별도로 이름을 정의할 필요 없이 친숙한 명칭으로 원하는 데이터 범위를 손쉽게 참조할 수 있습니다. 구조적 참조를 활용해 엑셀 표의 데이터 범위를 참조하는 방법에 대해 알아보겠습니다.

예제 파일 PART 04 \ CHAPTER 16 \ 구조적 참조.xlsx

엑셀 표 내부에서 다른 열 참조

엑셀 표로 등록된 표에서 다른 열을 참조하고 싶을 때는 다음과 같은 구문을 사용할 수 있습니다.

구문	설명
[열 머리글]	해당 열 머리글을 사용하는 데이터 범위를 참조합니다.
[@열 머리글]	해당 열 머리글을 사용하는 데이터 범위에서 같은 행에 있는 셀 하나를 참조합니다. 이 구문은 2010 버전부터 사용할 수 있습니다.

01 예제 파일을 열면 엑셀 표로 등록된 '판매 대장' 표가 있습니다. [F] 열인 '판매' 열에서 [D] 열과 [E] 열을 참조해 판매 금액을 계산하는 작업을 해보겠습니다.

02 [F6] 셀을 선택하고 수식을 작성하기 위해 등호(=)를 입력한 후 대괄호 열기([) 문자를 입력하면 화면과 같이 다른 열의 열 머리글이 목록에 표시됩니다. 원하는 열을 선택하고 Tab 을 누르면 수식에 열 머리글 이름이 입력됩니다. 대괄호 닫기(]) 문자를 입력하면 해당 열의 데이터 범위를 참조할 수 있습니다. 이 동작을 반복해 다음과 같은 수식을 완성합니다.

[F6] 셀 : [단가]*[수량]

03 왼쪽 화면과 같은 결과가 얻어집니다. [F6] 셀의 수식에서 열 머리글 앞에 '@' 기호를 입력해 오른쪽 화면과 같이 수식을 변경해도 동일한 결과가 얻어집니다.

[F6] 셀 : =[@단가]*[@수량]

> **Plus⁺ [단가]와 [@단가]는 무엇이 다를까?**
>
> **[단가]**는 구문 그대로 단가 열 전체 데이터 범위([D6:D14])를 참조하며, **[@단가]**는 단가 열에서 수식을 입력한 셀과 동일한 행에 있는 셀([D6])을 참조합니다. 두 구문의 실행 결과가 동일한 것은 **[단가]** 구문이 [D6:D14] 범위를 참조하긴 하지만 [F6] 셀에서 참조했으므로, [D6:D14] 범위 내 값을 모두 사용하지 않고 같은 행에 있는 셀([D6]) 하나만 참조했기 때문입니다.
>
> 언뜻 보면 같은 참조 방식인 것 같지만, **[단가]**와 같은 구문을 사용하면 엑셀에서 [D6] 셀을 참조하도록 하는 것이고, **[@단가]**와 같은 구문을 사용하면 [D6] 셀을 참조하도록 사용자가 특정한 것입니다. 그러므로 데이터가 많은 경우에는 후자의 방식이 더 유용합니다.

다른 표에서 엑셀 표의 범위 참조

다른 표에서 엑셀 표 범위를 참조할 때는 표 이름을 사용해 다음과 같은 구문을 사용할 수 있습니다.

구문	설명
표이름	해당 표 이름을 사용하는 데이터 범위 전체를 참조합니다.
표이름[열 머리글]	해당 표의 특정 열 데이터 범위를 참조합니다.

01 엑셀 표로 등록된 표에는 별도의 이름이 부여됩니다. 엑셀 표의 이름은 [디자인] 확장 탭 맨 왼쪽의 [표 이름] 상자에서 확인할 수 있습니다. 사용자가 별도의 이름을 부여하기 전까지는 등록된 순서로 표1, 표2, 표3,…과 같은 이름이 사용됩니다.

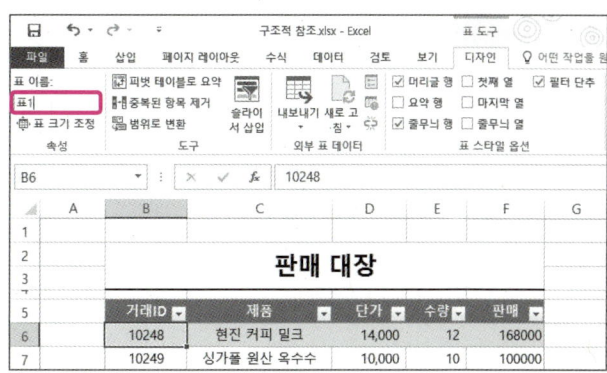

02 표 이름을 변경하려면 엑셀 표 내부의 셀(여기서는 [B6] 셀)을 선택하고, [표 도구]-[디자인] 탭-[속성] 그룹-[표 이름]을 수정한 후 Enter를 누릅니다.

표 이름 : 판매대장

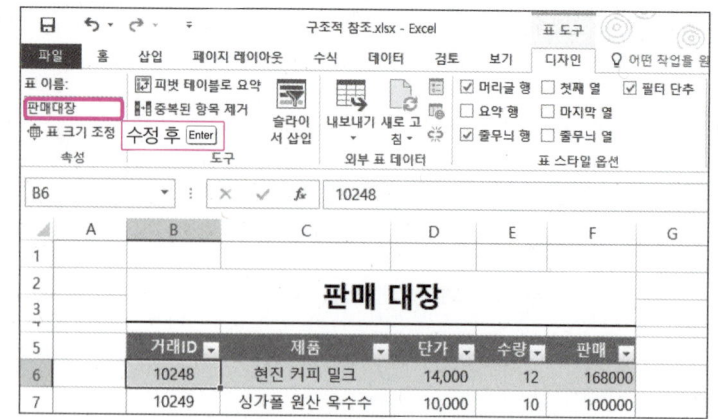

TIP 엑셀 표 이름을 이해하기 쉽게 변경해두면 구조적 참조를 활용할 때 훨씬 편리합니다. 엑셀 표 이름은 중복해 사용할 수 없으며 이름 정의와 동일한 규칙이 적용됩니다.

LINK 더 자세한 정보는 'No. 140 이름 정의 규칙 이해하기'를 참고합니다.

03 [I5] 셀에서 왼쪽 엑셀 표 데이터 범위의 '판매' 열을 참조하기 위해 다음 수식을 입력하면 화면과 같이 참조할 엑셀 표의 머리글이 목록에 표시됩니다. 목록에서 [판매] 열을 선택하고 Tab을 눌러 입력합니다.

[I5] 셀 : =SUM(판매대장[

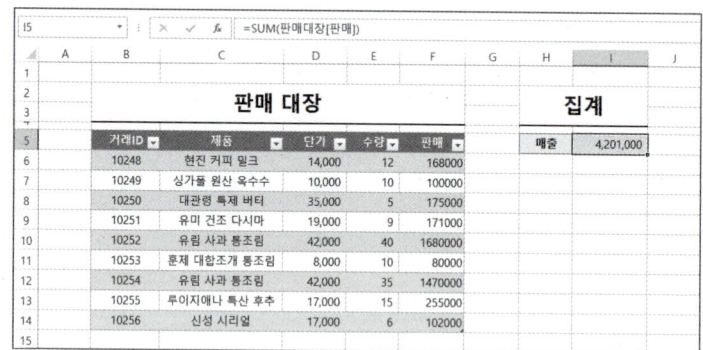

04 [I5] 셀의 수식을 다음과 같이 완성하고 Enter를 누르면 [F] 열의 집계 결과가 화면에 표시됩니다.

[I5] 셀 : =SUM(판매대장[판매])

05 새로운 데이터를 입력해 새 데이터가 집계에 포함되는지 확인해보겠습니다. [B15] 셀, [D15] 셀, [E15] 셀에 다음 값을 각각 입력합니다. [I5] 셀의 집계 결과가 '4,201,000'에서 '5,201,000'으로 변경됩니다.

[B15] 셀 : 10257
[D15] 셀 : 200000
[E15] 셀 : 5

	A	B	C	D	E	F	G	H	I	J
1										
2			판매 대장					집계		
3										
4										
5		거래ID	제품	단가	수량	판매		매출	5,201,000	
6		10248	현진 커피 밀크	14,000	12	168000				
7		10249	싱가풀 원산 옥수수	10,000	10	100000				
8		10250	대관령 특제 버터	35,000	5	175000				
9		10251	유미 건조 다시마	19,000	9	171000				
10		10252	유림 사과 통조림	42,000	40	1680000				
11		10253	훈제 대합조개 통조림	8,000	10	80000				
12		10254	유림 사과 통조림	42,000	35	1470000				
13		10255	루이지애나 특산 후추	17,000	15	255000				
14		10256	신성 시리얼	17,000	6	102000				
15		10257		200,000	5	1000000				
16					입력					

Plus⁺ 구조적 참조 구문을 사용하는 것과, 수식 =SUM(F:F)를 사용하는 것은 무슨 차이가 있을까?

=SUM(F:F)와 같이 열 전체를 참조하는 수식을 자주 작성하는 분들이 많습니다. 이 수식과 **06** 과정에서 구조적 참조 구문을 사용해 작성한 수식은 동일한 결과를 반환합니다. 다만 =SUM(F:F)와 같은 수식이 어떻게 동작하는지 이해해두는 것이 좋습니다.
수식 =SUM(F:F)는 [F] 열 전체 범위를 참조하는데, 2007 이상 버전이라면 [F1:F1048576] 범위를 참조하는 것과 같습니다. 다만 [F1:F1048576] 범위 전체에 데이터가 입력되어 있지는 않을 것이므로 엑셀 프로그램이 자체적으로 데이터가 입력된 범위(이번 예제에서는 [F5:F15] 범위)로 제한한 후 해당 범위 내 숫자만 집계합니다.

이렇게 열 전체를 참조하는 방법은 언뜻 보면 효율적인 것 같지만 파일의 계산 속도를 떨어뜨리므로 바람직하지 않습니다. 눈에 보이지 않는 범위를 엑셀에서 사용 중이라고 잘못 인식하는 경우가 종종 있어 계산에 사용하지 않아도 되는 셀까지 계산하기 때문입니다.

그러므로 효율적으로 엑셀 프로그램을 사용하고 싶다면 표를 엑셀 표로 등록한 후에 구조적 참조 구문을 통해 데이터가 있는 범위를 특정 짓는 방법을 사용할 것을 권장합니다.

다양한 구조적 참조 구문 이용하기 153

구조적 참조에는 [열 머리글]이나 [@열 머리글]과 같은 구문 외에도 엑셀 표의 데이터 범위를 다양한 방식으로 참조할 수 있는 여러 구문이 이용됩니다. 여기서는 엑셀 표의 구조적 참조 구문을 올바로 이해하는 데 필요한 정보를 살펴보고, 내부의 데이터를 정확하게 참조할 수 있는 다양한 구조적 참조 구문을 작성하는 방법에 대해 알아보겠습니다.

예제 파일 PART 04 \ CHAPTER 16 \ 구조적 참조-구문.xlsx

엑셀 표는 크게 다음과 같은 세 개의 영역으로 나누어 이해할 수 있으며, 각 영역을 참조하는 구조적 참조 구문이 제공됩니다.

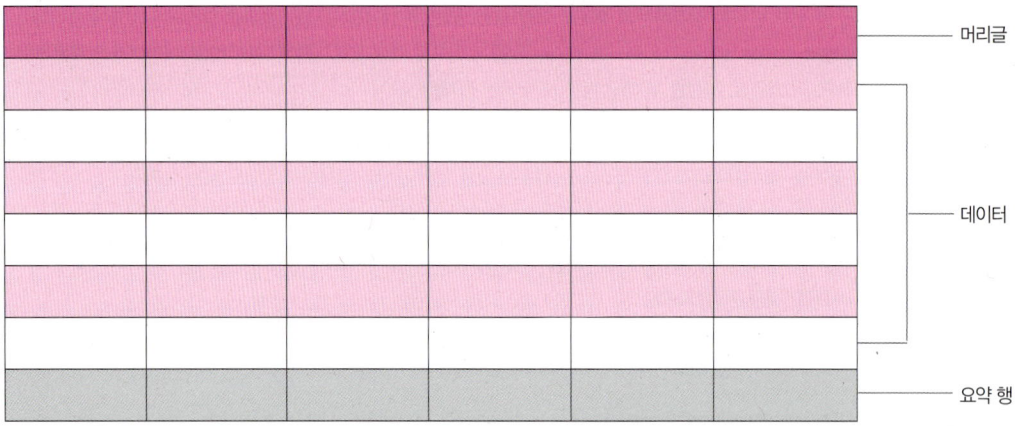

먼저 기본 구문으로 표 이름과 열 머리글을 이용해 데이터 범위를 참조하는 방법은 다음과 같습니다.

구문	설명
[열 머리글]	표 내부에서 다른 열 데이터 범위를 참조합니다.
[@열 머리글]	[열 머리글] 구문과 달리 열 머리글의 열에서 같은 행에 있는 셀 하나를 참조합니다. @를 사용하는 구문은 엑셀 2010부터 제공하므로 엑셀 2007에서는 표 이름[[#이 행], [열 머리글]] 구문을 사용합니다.
표 이름[열 머리글]	표 외부에서 열 데이터 범위를 참조합니다.

기타 범위를 참조할 때는 다음과 같은 구문을 사용합니다.

구문	설명
표 이름	표의 데이터 범위만 참조합니다.
표 이름[#모두]	표의 열 머리글과 데이터, 요약 행 범위를 모두 포함하는 전체 범위를 참조합니다.
표 이름[#머리글]	표의 머리글 범위를 참조합니다.
표 이름[[#머리글], [열 머리글]]	표의 머리글 중에서 열 머리글에 해당하는 셀을 참조합니다.
표 이름[#데이터]	표의 데이터 범위만 참조하는데, 표 이름 구문을 사용하는 것과 동일합니다.
표 이름[#요약]	표의 요약 행 범위를 참조합니다.
표 이름[[#요약], [열 머리글]]	표의 요약 행 중에서 열 머리글에 해당하는 셀을 참조합니다.
[열 머리글]:[열 머리글]	열 머리글 위치에서 다음 번 열 머리글 위치의 데이터 범위를 모두 참조합니다.
[@열 머리글]:[@ 열 머리글]	[열 머리글]:[열 머리글] 구문에서 참조한 데이터 범위에서 같은 행의 데이터 범위만 참조합니다.

TIP [#머리글], [#요약], [#모두], [#데이터] 구문은 표 내부에서든 외부에서든 항상 표 이름과 함께 사용해야 합니다.

01 엑셀 표의 구조적 참조를 다양하게 활용해보겠습니다. [표 도구]-[디자인] 탭-[속성] 그룹-[표 이름]에서 표 이름이 '계약대장'인 것을 확인합니다.

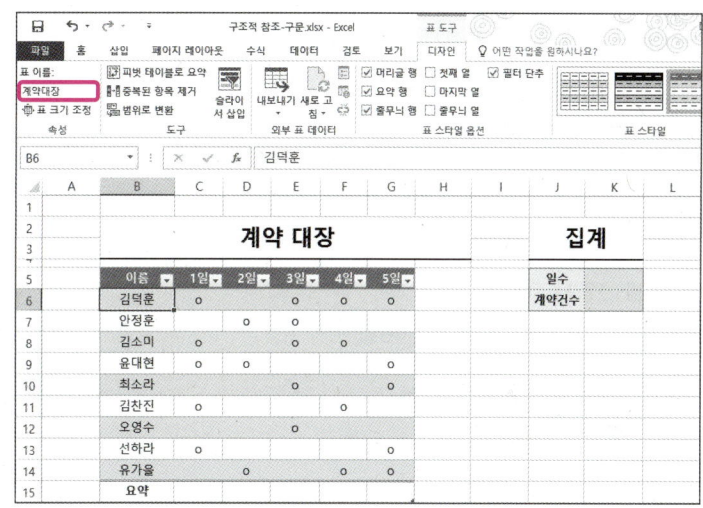

02 [C15] 셀을 선택하고 [▼ 아래 화살표]를 클릭한 후 [개수]를 선택합니다. 요약 행에 일별 계약 건수가 집계됩니다.

> **Plus⁺ 요약 행의 수식 이해하기**
>
> [C15] 셀을 선택한 상태에서 수식 입력줄을 보면 =SUBTOTAL(103, [1일]) 수식을 확인할 수 있습니다. SUBTOTAL 함수 안에 [1일]이라는 구조적 참조 구문이 나오는데, 이는 [C6:C14] 범위를 의미합니다.

03 요약 행은 수식으로 구성되므로 2일부터 5일까지 같은 방법으로 집계하려면 자동 채우기 기능을 이용합니다. [C15] 셀의 채우기 핸들을 드래그해 [G15] 셀까지 드래그하면 한 번에 요약 행의 결과를 얻을 수 있습니다.

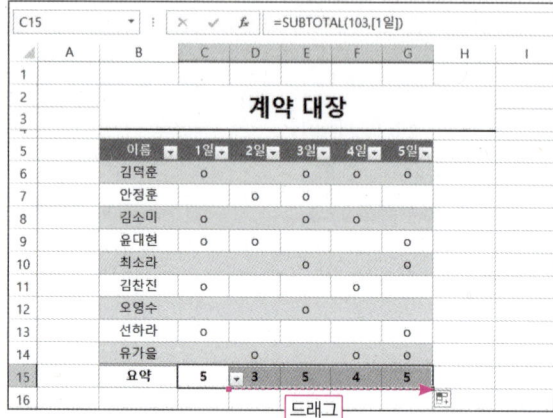

TIP 구조적 참조 구문은 절대 참조가 아니라 행만 고정되는 혼합 참조 방식으로 데이터 범위를 참조합니다.

04 계산된 열을 추가해 직원별 계약 현황을 집계합니다. [H5] 셀에 값을 입력하고 [H6] 셀에 다음 수식을 입력합니다.

[H5] 셀 : 계약

[H6] 셀 : =COUNTA([@1일]:[@5일])

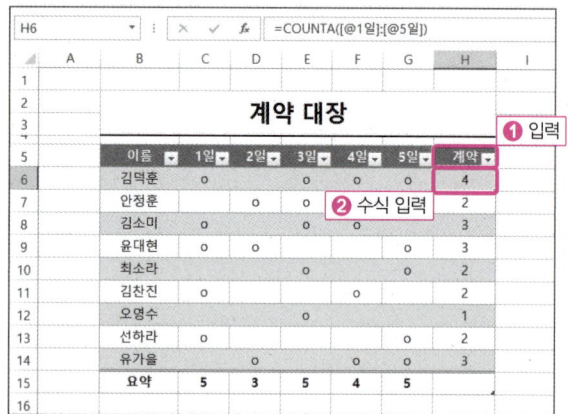

> **Plus⁺ 수식 이해하기**
>
> 1일부터 5일까지 범위에서 문자가 입력된 개수를 세기 위해 COUNTA 함수를 사용합니다. COUNTA 함수에 사용된 구조적 참조 구문은 [@1일]:[@5일]로 [C6:G6] 범위를 가리킵니다. 만약 [1일]:[5일]로 구문을 작성하면 [C6:G14] 범위를 참조하게 되어 잘못된 값이 반환됩니다. @ 키워드는 엑셀 2010부터 사용할 수 있으므로 엑셀 2007 버전이라면 =COUNTA(계약대장[[#이 행], [1일]:[5일]])과 같은 수식을 사용합니다.

05 계약된 전체 건수를 구하려면 [H15] 셀을 선택하고 [▼아래 화살표]를 클릭한 후 [합계]를 선택합니다.

> **Plus⁺ 구조적 참조 구문 쉽게 작성하는 방법**
>
> 구조적 참조 구문을 작성하기 어렵다면 마우스를 이용합니다. 참조하고 싶은 엑셀 표 범위를 드래그하면 구조적 참조 구문이 자동으로 참조됩니다.

06 계약을 진행한 일 수와 계약 건수를 계산합니다. 다음 각 셀에 수식을 입력합니다.

[K5] 셀 : =COUNTA(계약대장[#머리글])-2
[K6] 셀 : =계약대장[[#요약], [계약]]

> **Plus⁺ 수식 이해하기**
>
> [K5] 셀에 입력된 수식에서 구조적 참조 구문은 **계약대장[#머리글]**입니다. '계약대장'은 엑셀 표의 머리글 범위를 의미하므로 [B5:H2] 범위가 됩니다. 이 건수를 센 후에 '이름', '계약' 열을 빼야 정확한 일 수가 반환되므로 '2'를 뺀 것입니다. [K6] 셀에 작성된 수식은 **=계약대장[[#요약], [계약]]**입니다. 계약대장 엑셀 표의 요약 행 중에서 계약 열의 셀에 해당하므로 [H15] 셀입니다.

구조적 참조 위치가 변경되는 문제 해결하기 154

구조적 참조 구문은 셀 주소로 참조하는 방법보다 효율적입니다. 그러나 셀 주소를 사용할 때처럼 상대 참조, 절대 참조 등으로 구분해 사용할 수 없다는 단점이 있습니다. 이름은 항상 절대 참조 방식으로 정의되지만, 구조적 참조 구문은 행만 고정되는 혼합 참조 방식을 사용합니다. 이런 차이 때문에 수식에서 구조적 참조 구문을 사용할 때 반환된 결과를 이해하지 못하는 일이 발생하기도 합니다. 이번에는 절대 참조 방식으로 구조적 참조 구문을 사용하는 방법에 대해 알아보겠습니다.

예제 파일 PART 04 \ CHAPTER 16 \ 구조적 참조-절대.xlsx

01 예제 파일을 열고 왼쪽의 '입출고 대장' 표를 참고해 오른쪽의 '재고 계산' 표를 집계해보겠습니다. [B5:D17] 범위의 표는 엑셀 표로 미리 등록해 놓았습니다. [표 도구]-[디자인] 탭-[속성] 그룹-[표 이름]에서 표 이름이 '입출고대장'인 것을 확인합니다.

02 제품별로 이월된 수량을 집계합니다. [G6] 셀에 다음 수식을 입력합니다.

[G6] 셀 : **=SUMIFS(입출고대장[수량], 입출고대장[제품], $F6, 입출고대장[구분], G$5)**

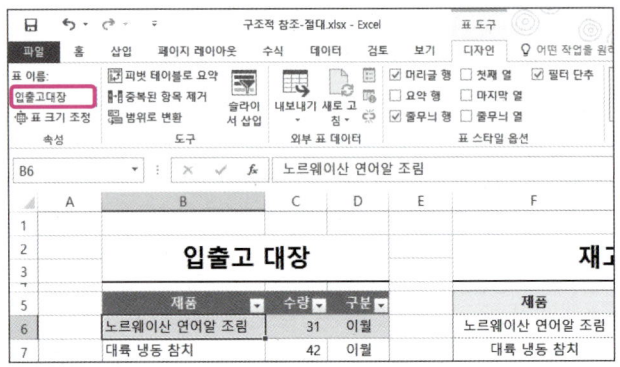

TIP 수식 이해하기

수식은 '입출고대장' 표 '제품' 열의 값이 [F6] 셀의 값과 같고 '구분' 열의 값이 [G5] 셀의 값과 같은 경우에 '수량' 열의 합계를 구하는 것으로, 조건이 두 개이므로 SUMIFS 함수를 사용합니다. SUMIFS 함수의 세 번째, 다섯 번째 인수에 $F6과 G$5처럼 혼합 참조를 사용한 이유는 [G6] 셀에 작성된 수식을 [G6:I9] 범위에 열 방향과 행 방향으로 모두 복사해 사용하기 위해서입니다.

LINK 혼합 참조에 대한 더 자세한 정보는 'No. 180 상대 참조, 절대 참조, 혼합 참조'를 참고합니다.

LINK SUMIFS 함수에 대한 더 자세한 정보는 'No. 225 다중 조건의 합계 구하기 – SUMIFS'를 참고합니다.

03 [G6] 셀의 채우기 핸들을 [G9] 셀까지 드래그한 후 이어서 [I9] 셀까지 드래그합니다. 수식이 복사되면 [H6:I9] 범위에 '0' 값이 반환됩니다.

Plus⁺ [H6:I9] 범위의 집계 결과가 잘못된 이유 이해하기

'이월'은 제대로 집계됐지만, '입고'와 '출고'에는 모두 0이 반환됩니다. 수식이 잘못 계산된 이유를 알기 위해 [H6] 셀의 수식을 확인하면 다음과 같습니다.
=SUMIFS(입출고대장[구분], 입출고대장[수량], $F6, 입출고대장[제품], H$5)

위 수식을 보면, 구조적 참조 위치가 변경된 것을 확인할 수 있습니다. SUMIFS 함수의 첫 번째 인수는 [G6] 셀에서는 **입출고대장[수량]**이었는데, [H6] 셀에 복사되어서는 **입출고대장[구분]**으로 변경됩니다. 이것으로 구조적 참조 구문은 행 방향(상하)으로 복사할 때는 참조한 위치가 변경되지 않지만 열 방향(좌우)으로 복사하면 참조 위치가 변경되는 혼합 참조 방식을 사용한다는 것을 알 수 있습니다.

---

04 수식을 복사해 사용할 전체 범위인 [G6:I9] 범위를 선택하고 [F2]를 누르면 수식 편집 모드로 바뀝니다. 이 상태에서 Ctrl+Enter를 누릅니다.

TIP 구조적 참조 구문을 이용하는 수식을 열 방향으로 복사할 때 지정한 참조 위치가 변경되지 않도록 하려면 이번과 같이 수식을 복사할 전체 범위를 선택하고 Ctrl+Enter를 이용해 수식을 입력해야 합니다.

---

05 전체 수식 결과가 제대로 반환됩니다. [H6:I9] 범위의 수식을 확인해보면 [G6] 셀에서 참조한 구조적 참조 구문이 변경되지 않았습니다.

엑셀 표 범위가 확장되지 않는 문제 해결하기 155

엑셀 표는 표 하단과 표 오른쪽 빈 열에 데이터를 추가하면 자동으로 표 범위가 확장됩니다. 자동으로 범위가 확장되지 않는 경우도 있는데, 이런 경우는 엑셀의 옵션이 변경되었기 때문입니다. 엑셀 표가 자동으로 확장되지 않는 문제를 해결하기 위해 [Excel 옵션]의 설정을 변경해보겠습니다.

예제 파일 없음

01 엑셀 표 범위가 자동으로 확장되지 않으면 [파일] 탭-[옵션]을 클릭해 [Excel 옵션] 대화상자를 열고 [언어 교정] 범주의 [자동 고침 옵션]을 클릭합니다.

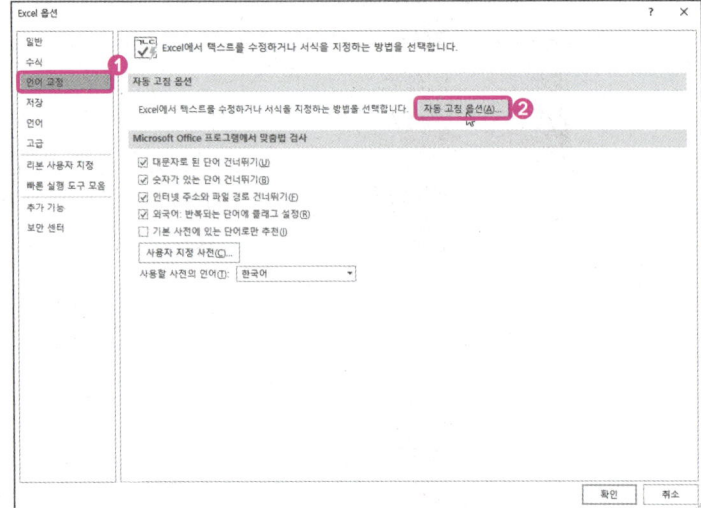

02 [자동 고침] 대화상자의 [입력할 때 자동 서식] 탭에서 [표에 새 행 및 열 포함]에 체크 표시를 하고 [확인]을 클릭합니다. [Excel 옵션] 대화상자도 [확인]을 클릭해 닫습니다. 이제 엑셀 표에 데이터를 입력하면 표 범위가 자동으로 확장됩니다.

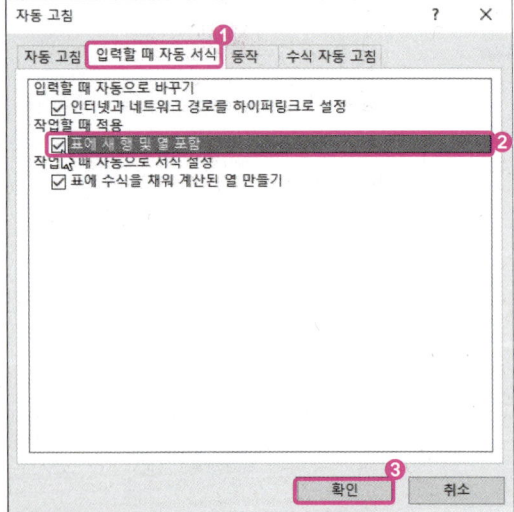

CHAPTER 17

유효성 검사

숫자를 잘못 입력하지 않도록 설정하기

156

표에 숫자를 입력할 때 0을 하나 덜 입력하거나 더 입력하는 상황이 발생할 수 있습니다. 사소한 실수이긴 하지만 금액과 같이 중요한 데이터라면 이러한 실수를 미연에 방지하도록 조치하는 것이 좋습니다. 엑셀에는 잘못된 데이터가 입력되지 않도록 제한하는 유효성 검사 기능이 있습니다. 여기서는 셀에 입력될 숫자 데이터의 범위를 지정해 잘못된 데이터가 입력되지 않도록 설정하는 방법에 대해 알아보겠습니다.

예제 파일 PART 04 \ CHAPTER 17 \ 유효성 검사-숫자.xlsx

01 예제 파일을 열면 '제품 대장' 표가 있습니다. [E11:E15] 범위에 단가를 입력할 때, 1~10만 원 사이의 금액만 입력할 수 있도록 유효성 검사 기능을 적용해보겠습니다.

02 단가를 입력할 [E11:E15] 범위를 선택하고, [데이터] 탭-[데이터 도구] 그룹-[📋 데이터 유효성 검사]를 클릭합니다.

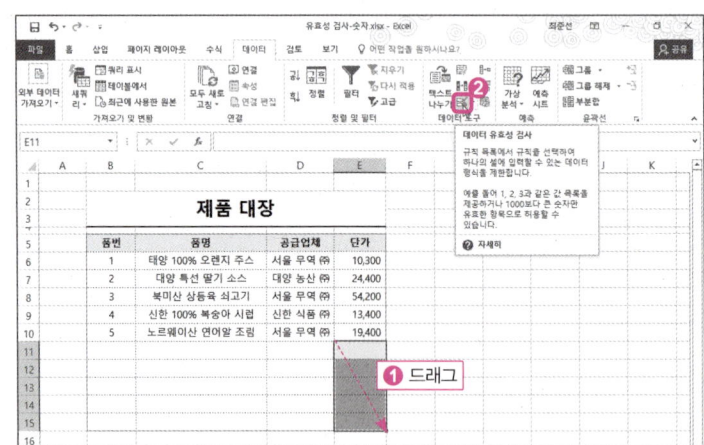

TIP 범위를 선택하는 방법과 유효성 검사

유효성 검사는 선택된 범위에 저장할 수 있는 값 조건을 지정해 해당 조건에 맞는 값만 입력하려고 할 때 사용합니다. 이번과 같이 [E11:E15] 범위를 선택하면 그 범위에서만 동작합니다. 그런데 만약 [E8:E15] 범위를 선택해 유효성 검사를 설정했는데 [E8:E10] 범위에 잘못된 데이터가 이미 입력되어 있다면 아무런 경고 메시지도 나타나지 않습니다. 이유는 유효성 검사는 값을 입력 또는 수정할 때만 동작하는 기능이기 때문입니다. [E8:E10] 범위를 함께 선택할 것인지는 [E8:E10] 범위의 값을 수정할 것인지 그 경우 입력할 값을 제한할 필요가 있는지 여부에 달려 있습니다.

03 [데이터 유효성] 대화상자의 [설정] 탭에서 다음과 같이 설정하고 [확인]을 클릭합니다.

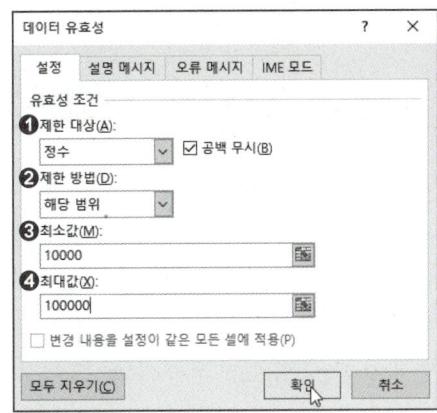

Plus⁺ [설정] 탭의 [유효성 조건] 옵션 설정 방법 이해하기

❶ 제한 대상 : 금액은 소수 값이 없는 숫자 값이므로 [정수]를 선택합니다.
❷ 제한 방법 : [해당 범위]는 최소~최대값 사이의 값만 입력을 허용합니다. 그 외에도 다음과 같은 조건을 선택할 수 있습니다.

제한 방법	설명
제외 범위	최소~최대값 사이를 제외한 값만 입력할 수 있습니다.
=	특정 값만 입력할 수 있습니다.
〈〉	특정 값을 제외한 나머지 값만 입력할 수 있습니다.
〉	특정 값(최소값)보다 큰 값만 입력할 수 있습니다.
〈	특정 값(최대값)보다 작은 값만 입력할 수 있습니다.
〉=	특정 값(최소값)보다 크거나 같은 값만 입력할 수 있습니다.
〈=	특정 값(최대값)보다 작거나 같은 값만 입력할 수 있습니다.

❸ 최소값 : 입력을 허용할 가장 작은 값을 입력합니다.
❹ 최대값 : 입력을 허용할 가장 큰 값을 입력합니다.

04 [E11] 셀에 다음 값을 입력하면 오류 메시지가 표시되면서 데이터 입력이 제한됩니다. [취소]를 클릭하고 다시 알맞은 금액을 입력합니다.

[E11] 셀 : 300,000

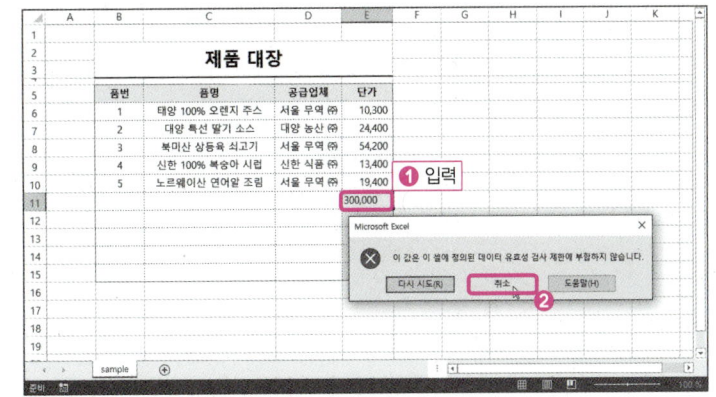

TIP 오류 메시지는 유효성 검사의 기본 메시지가 표시되며, 상황에 맞게 사용자가 설정할 수 있습니다.

LINK 더 자세한 정보는 'No. 160 잘못된 값을 입력했을 때 표시되는 오류 메시지 설정하기'를 참고합니다.

셀에 지정된 날짜만 입력 허용하기 157

표에는 다양한 날짜가 기록되는데, 날짜를 잘못 기록하는 것을 방지할 때도 유효성 검사 기능을 사용하는 것이 좋습니다. 날짜의 경우 다양한 입력 조건이 존재하므로 유효성 조건을 설정할 때도 함수를 이용하는 경우가 많습니다. 여기서는 셀에 입력하는 날짜 값을 원하는 조건으로 제한할 때 자주 사용하는 몇 가지 패턴을 유효성 검사 기능으로 설정하는 방법에 대해 알아보겠습니다.

예제 파일 없음

01 날짜를 입력할 대상 범위를 선택한 후 [데이터] 탭-[데이터 도구] 그룹-[데이터 유효성 검사]를 클릭합니다. [데이터 유효성] 대화상자의 [설정] 탭에서 [제한 대상]을 [날짜]로 선택하고 [시작 날짜]와 [끝 날짜]를 예제에 따라 적절하게 설정한 후 [확인]을 클릭합니다.

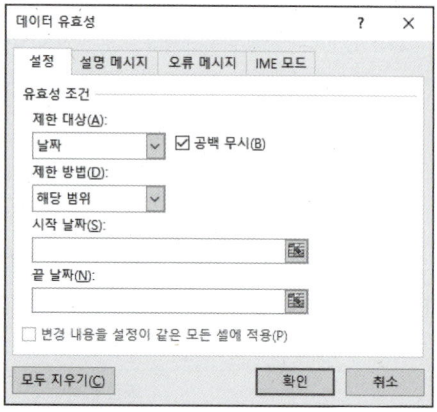

데이터 유효성 설정의 예

설정 예제 1 : 항상 오늘 날짜만 입력 허용
❶ 제한 방법 : =
❷ 날짜 : =Today( )

설정 예제 2 : 최근 3일 이내 날짜만 입력 허용
❶ 제한 방법 : 해당 범위
❷ 시작 날짜 : =Today( )-2
❸ 끝 날짜 : =Today( )

설정 예제 3 : 금주(월요일~일요일) 날짜만 입력 허용
❶ 제한 방법 : 해당 범위
❷ 시작 날짜 : =Today( )-Weekday(Today( ), 3)
❸ 끝 날짜 : =Today( )

설정 예제 4 : 이번 달 날짜만 입력 허용
❶ 제한 방법 : 해당 범위
❷ 시작 날짜 : =Today( )-Day(Today( ))+1
❸ 끝 날짜 : =Date(Year(Today( )), Month(Today( ))+1, 0)

설정 예제 5 : 원하는 날짜 범위의 값만 입력 허용
❶ 제한 방법 : 해당 범위
❷ 시작 날짜 : =Date(2016, 1, 1)
❸ 끝 날짜 : =Date(2016, 12, 31)

02 지정된 날짜 조건에서 벗어난 값을 입력하면 오류 메시지가 나타나면서 데이터 입력이 허용되지 않습니다.

사업자등록번호와 같이 자릿수가 고정된 값 입력하기

158

사업자등록번호나 주민등록번호처럼 자릿수가 고정된 값을 입력할 때 실수로 글자를 하나 덜 입력하거나 더 입력하는 경우가 있습니다. 이런 실수는 해당 셀에 정해진 문자 개수로만 데이터가 입력되도록 유효성 검사를 설정하면 쉽게 방지할 수 있습니다. 자릿수가 고정된 값을 입력할 때 유효성 검사를 설정하는 방법에 대해 알아보겠습니다.

예제 파일 PART 04 \ CHAPTER 17 \ 유효성 검사-텍스트.xlsx

01 예제 파일을 열고 '고객 대장' 표에 새 데이터를 추가하는 경우 [E11:E15] 범위의 사업자등록번호가 정확히 12자리에 맞게 입력되도록 설정해보겠습니다.

TIP 사업자 등록 번호는 xxx-xx-xxxxx 양식으로 - 구분 문자까지 모두 12개의 문자를 입력해야 합니다.

02 사업자등록번호를 입력할 [E11:E15] 범위를 선택합니다. [데이터] 탭-[데이터 도구] 그룹-[데이터 유효성 검사]를 클릭합니다. [데이터 유효성] 대화상자의 [설정] 탭에서 [제한 대상]을 [텍스트 길이]로 설정하고, [제한 방법]에는 '=', [길이]에는 '12'를 입력한 후 [확인]을 클릭합니다.

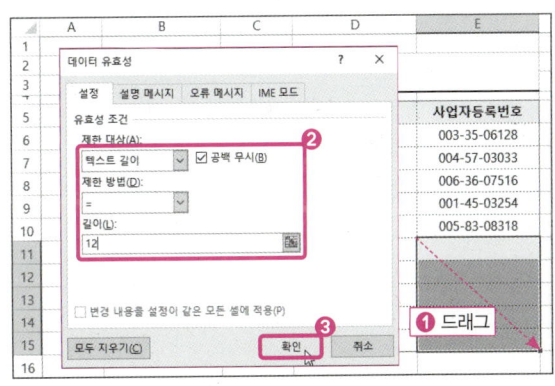

Plus+ [설정] 탭의 [유효성 조건] 설정 방법 이해하기

❶ 제한 대상 : 텍스트 길이
셀에 입력할 문자의 개수를 조건으로 설정할 때 사용합니다.

❷ 제한 방법 : =
문자 개수를 특정 자릿수로 제한하기 위해 같다(=) 비교 연산자를 선택합니다.

❸ 길이 : 12
허용할 문자 개수로, 사업자등록번호는 xxx-xx-xxxxx 형식이므로 총 12자리 문자만 입력할 수 있도록 제한합니다.

03 유효성 검사가 제대로 설정됐는지 확인하기 위해 [E11] 셀에 다음 값을 입력해봅니다. 입력된 값이 총 13자리이므로 오류 메시지가 나타납니다. [취소]를 클릭하고 다시 12자리 사업자등록번호를 입력하면 제대로 입력됩니다.

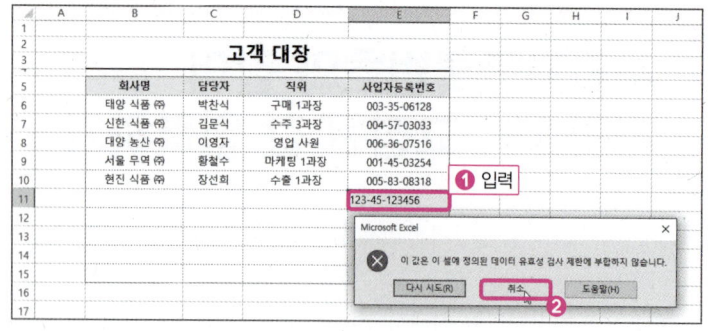

[E11] 셀 : 123-45-123456

Plus⁺ 다양한 텍스트 길이 조건 설정하기

텍스트 길이는 다양한 텍스트 값을 입력할 때 허용할 수 있습니다.

[설정 예제 1 : 한국어 이름 입력]
❶ **제한 방법** : 해당 범위
❷ **최소값** : 2 (이름이 한 글자인 경우)
❸ **최대값** : 4 (성이 두 글자인 경우)

[설정 예제 2 : 주민등록번호 입력]
❶ **제한 방법** : =
❷ **길이** : 14 (yymmdd-xxxxxxx 형식)

유효성 검사가 설정된 범위에 안내 메시지 표시하기 159

유효성 검사는 데이터를 새로 입력하거나 수정할 때 동작하기 때문에 오류 메시지가 나타나기 전까지는 셀에 어떤 조건이 설정되어 있는지 알 수 없습니다. 그러므로 필요하다면 셀에 설정된 조건을 사용자에게 안내하는 것이 좋습니다. 유효성 검사의 설정 중에 [설명 메시지] 탭을 이용하면 유효성 검사가 설정된 셀을 선택할 때 표시할 안내 메시지를 작성할 수 있습니다. 참고로 유효성 검사의 설명 메시지는 [설정] 탭에 조건을 따로 지정하지 않아도 사용할 수 있으므로, 유효성 검사 사용 여부와 무관하게 셀에 안내 메시지를 표시하는 용도로 사용할 수도 있습니다.

예제 파일 PART 04 \ CHAPTER 17 \ 유효성 검사-메모.xlsx

01 예제 파일을 열면 '고객 대장' 표가 있습니다. [E11:E15] 범위에 사업자등록번호를 입력할 때 간단한 안내 메시지를 표시해보겠습니다. 새로 데이터를 입력할 [E11:E15] 범위를 선택하고 [데이터] 탭-[데이터 도구] 그룹-[🖽 데이터 유효성 검사]를 클릭합니다.

02 [데이터 유효성] 대화상자가 열리면 [설명 메시지] 탭의 [제목]과 [설명 메시지]에 다음 내용을 입력하고 [확인]을 클릭합니다.

제목 : 사업자등록번호

설명 메시지 : 다음과 같은 양식으로 12자리로 입력합니다.
123-45-12345

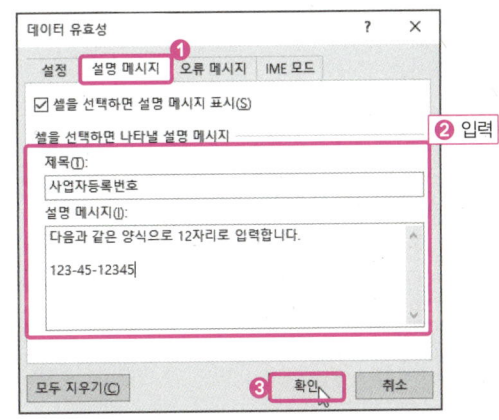

03 새 사업자등록번호를 입력하기 위해 [E11] 셀을 선택하면 다음과 같은 안내 메시지가 표시됩니다.

160 잘못된 값을 입력했을 때 표시되는 오류 메시지 설정하기

유효성 검사를 설정하면 지정한 조건에 맞지 않는 값이 입력될 때 오류 메시지 창이 나타납니다. 이 메시지의 내용을 좀 더 정확한 정보가 포함되도록 변경하면 구체적으로 값을 어떻게 수정해야 하는지 사용자가 잘 이해할 수 있습니다. 잘못된 값을 입력할 때 나타나는 오류 메시지를 원하는 내용으로 설정하는 방법에 대해 알아보겠습니다.

\ 예제 파일 PART 04 \ CHAPTER 17 \ 유효성 검사-에러 메시지.xlsx

01 예제 파일을 열면 '제품 대장' 표가 있습니다. 이 표의 [E11:E15] 범위에는 No. 155에서 진행한 유효성 검사가 설정되어 있습니다.

02 잘못된 단가를 입력할 때 표시할 오류 메시지 내용을 변경하기 위해, [E11:E15] 범위를 선택하고 [데이터] 탭-[데이터 도구] 그룹-[데이터 유효성 검사]를 클릭합니다. [데이터 유효성] 대화상자의 [오류 메시지] 탭에서 다음과 같이 메시지 내용을 작성하고 [확인]을 클릭합니다.

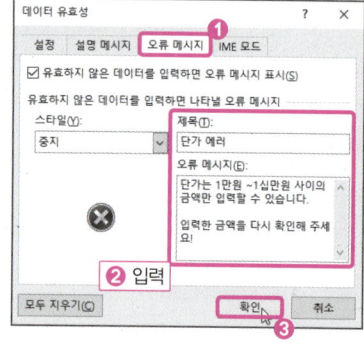

제목 : 단가 에러
오류 메시지 : 단가는 1만원~1십만원 사이의 금액만 입력할 수 있습니다.
입력한 금액을 다시 확인해 주세요!

Plus⁺ [오류 메시지] 탭의 스타일 이해하기

스타일 종류	설명
중지 ⊗	기본 값으로, 조건에 맞지 않는 값을 입력하면 오류 메시지를 표시하고 셀 값을 수정할 수 있습니다. 조건에 맞는 값을 입력할 때까지 메시지가 반복해서 나타납니다.
경고 ⚠	조건에 맞지 않는 값을 입력하면 해당 값을 셀에 저장할지 여부를 사용자에게 문의합니다. [예]를 클릭하면 조건에서 벗어난 값도 셀에 저장됩니다.
정보 ℹ	조건에 맞지 않는 값을 입력하면 오류 메시지만 표시하며, 셀 값이 그대로 저장됩니다. 이 스타일은 입력 값을 제한하기보다는 사용자가 입력한 값에 대한 안내 용도로 사용할 때 선택합니다.

---

03 표에 조건에서 벗어난 값을 입력하면, **02** 과정에서 작성한 내용이 오류 메시지로 나타납니다.

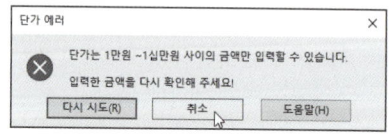

161 유효성 검사의 설정 범위를 동적으로 설정하기

유효성 검사 기능은 셀(또는 범위)을 선택해 적용하는 방식으로 동작합니다. 따라서 범위를 제대로 선택하고 기능을 적용하는 것이 중요한데, 데이터가 어디까지 입력될지 정확하게 알기 어려워 열 전체 범위에 적용하고 싶은 경우가 많습니다. 하지만 이렇게 하면 전체 열의 셀에 조건이 부여되어 워크시트의 재계산 속도가 떨어지는 문제가 발생합니다. 유효성 검사를 한 번만 설정하고 나머지 부분에는 자동으로 설정이 적용되도록 하는 방법에 대해 알아보겠습니다.

예제 파일 PART 04 \ CHAPTER 17 \ 유효성 검사-동적 범위.xlsx

유효성 검사의 확장 기능

특정 범위에 설정된 유효성 검사를 다른 범위에 적용하려면, 유효성 검사가 적용된 셀을 포함한 전체 적용 범위를 선택하고 [데이터 유효성 검사] 명령을 실행합니다.

01 예제 파일의 '유효성검사' 시트에는 '제품 대장' 표가 있습니다. 이 표의 [E11] 셀에는 1~10만 원 사이의 정수만 입력할 수 있도록 유효성 검사가 적용되어 있고 [E12] 셀 아래에는 아무런 설정도 적용되어 있지 않습니다. [E11] 셀의 유효성 검사 설정을 [E12:E15] 범위로 확장해보겠습니다.

TIP [E12] 셀을 선택하고 [데이터] 탭-[데이터 도구] 그룹-[🗐 데이터 유효성 검사] 명령을 클릭해 설정된 조건이 있는지 여부를 확인해봅니다.

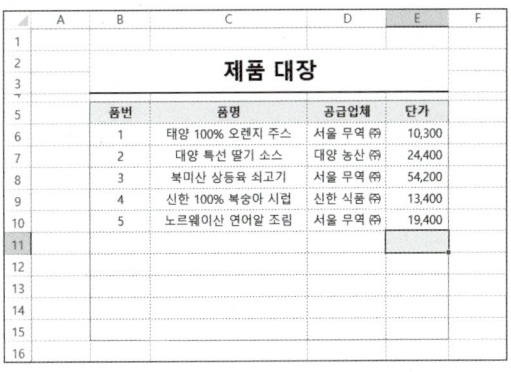

02 유효성 검사가 설정된 셀이 포함되도록 [E11:E15] 범위를 선택합니다. [데이터] 탭-[데이터 도구] 그룹-[🗐 데이터 유효성 검사]를 클릭합니다. 데이터 유효성이 설정되어 있지 않은 셀에 데이터 유효성을 적용할 것인지 묻는 메시지가 표시되면 [예]를 클릭합니다.

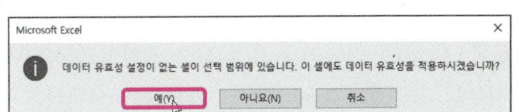

03 [데이터 유효성] 대화상자가 열리고 [E11] 셀에 적용된 유효성 검사 설정이 표시됩니다. [확인]을 클릭해 닫습니다. [E12:E15] 범위에도 1~10만 원 사이의 정수 값만 입력하도록 유효성 검사 설정이 적용됩니다.

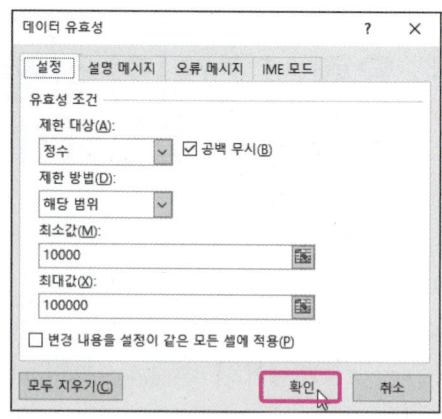

엑셀 표와 연동

유효성 검사를 설정하기 전이라면 표를 엑셀 표로 변환한 후 유효성 검사를 설정합니다. 그러면 새 데이터를 추가할 때 유효성 검사 설정이 자동으로 확장됩니다.

01 예제 파일의 '엑셀표' 시트에 있는 '제품 대장' 표의 [E6:E10] 범위에는 1~10만 원 사이의 값만 입력되도록 유효성 검사가 설정되어 있습니다

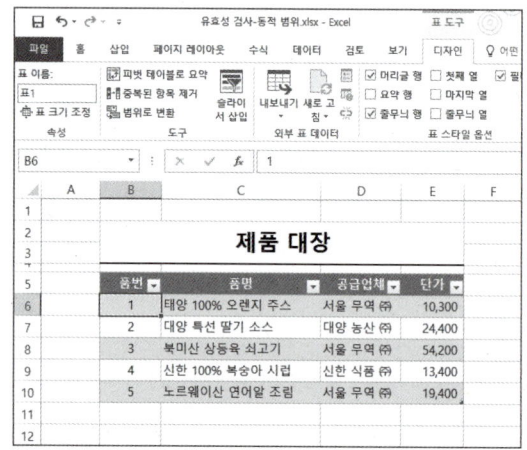

TIP 유효성 검사 설정을 확인하려면 [E6:E10] 범위 내 아무 셀이나 선택하고 [데이터] 탭-[데이터 도구] 그룹-[데이터 유효성 검사]를 클릭합니다.

02 엑셀 표 하단에 유효성 검사 조건이 설정되어 있는지 여부를 확인해보겠습니다. [E11] 셀을 선택하고 [데이터] 탭-[데이터 도구] 그룹-[데이터 유효성 검사]를 클릭해 보면 아무런 조건도 설정되어 있지 않은 것을 확인할 수 있습니다. [확인]을 클릭해 닫습니다.

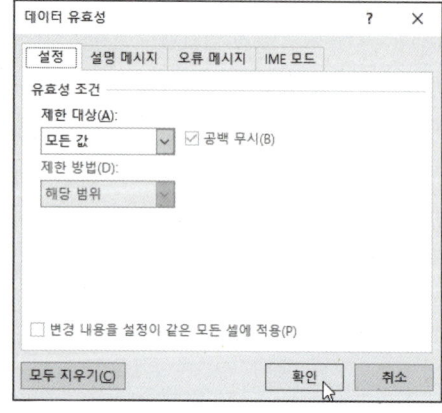

03 [B11] 셀에 값을 입력하면 엑셀 표 범위가 확장되면서 유효성 검사도 함께 복사됩니다. 이제 [E11] 셀에 다음 값을 입력하면 오류 메시지가 표시됩니다.

[B11] 셀 : 6
[E11] 셀 : 1,000

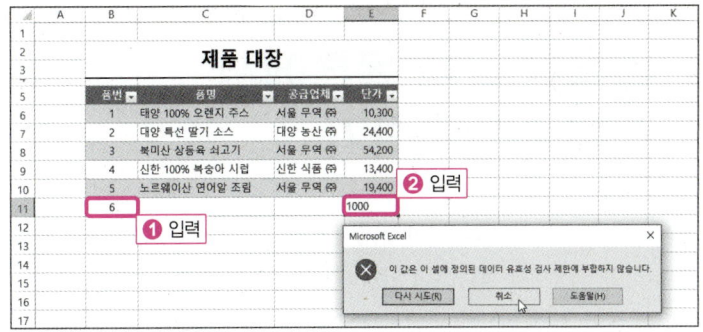

입력할 값을 목록에서 선택해 입력하기 162

셀을 선택했을 때 셀 오른쪽에 [▼아래 화살표]가 나타난다면, 그 셀에 유효성 검사의 목록 기능이 적용되어 있는 것으로 판단하면 됩니다. 셀에 입력할 값이 몇 가지로 제한되어 있고, 값을 직접 입력하는 것보다 콤보 상자 컨트롤처럼 목록에서 선택해 입력하고 싶다면 유효성 검사를 사용하면 됩니다. 유효성 검사의 목록 기능을 설정하는 방법에 대해 알아보겠습니다.

예제 파일 PART 04 \ CHAPTER 17 \ 유효성 검사-목록.xlsx

01 예제 파일을 열면 '직원 명부' 표와 '목록' 표가 있습니다. '직원 명부' 표에 새 데이터를 입력할 때, [D] 열의 직위는 '목록' 표 [F6:F11] 범위의 항목 중에서 선택해 입력할 수 있도록 유효성 검사 기능을 설정해보겠습니다. [D6:D10] 범위를 선택하고, [데이터] 탭-[데이터 도구] 그룹-[데이터 유효성 검사]를 클릭합니다.

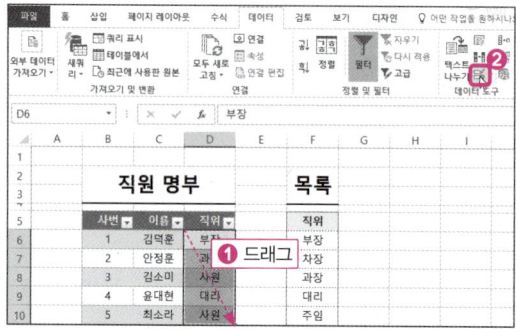

02 [데이터 유효성] 대화상자가 열리면 [설정] 탭의 [제한 대상]에서 [목록]을 선택하고 [원본]에서 [F6:F11] 범위를 드래그해 참조한 후 [확인]을 클릭합니다.

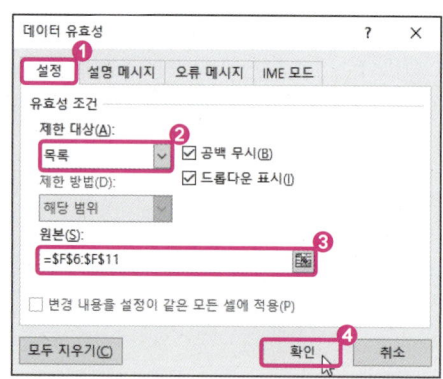

TIP 워크시트에 별도로 입력해 놓은 값이 없는 경우에는 [원본]에 직접 원하는 값을 입력할 수 있습니다. 입력할 값을 쉼표(,) 구분 문자를 이용해 입력합니다. 예제에서는 '부장,차장,과장,대리,주임,사원'을 입력합니다.

TIP 엑셀 2010부터는 다른 시트의 범위도 참조할 수 있습니다.

03 [B11:C11] 범위에 임의의 값을 입력하고, [D11] 셀을 클릭하면 [▼아래 화살표]가 표시됩니다. 이 버튼을 클릭하면 **02** 과정에서 지정한 범위의 값이 목록에 표시됩니다. 목록 중에서 값을 하나 선택하거나 셀에 직접 입력합니다.

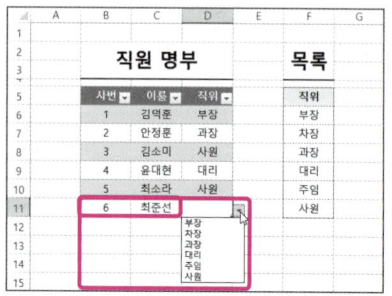

163
목록에 항목을 자동으로 추가하는 방법

유효성 검사의 목록 기능을 사용할 때 드롭 다운 목록에 항목을 추가하려면 [데이터 유효성 검사] 기능을 다시 실행하고 추가할 데이터 범위도 다시 지정해야 합니다. 드롭 다운 목록에 항목을 자주 추가해야 한다면 매우 불편한 작업일 수밖에 없습니다. 여기서는 엑셀 표와 이름 정의를 활용해 유효성 검사의 드롭 다운 목록에 항목을 자동 추가하는 방법에 대해 알아보겠습니다.

예제 파일 PART 04 \ CHAPTER 17 \ 유효성 검사-자동 목록.xlsx

예제 파일을 열고 [D6] 셀의 [▼ 아래 화살표]를 클릭하면 [F6:F11] 범위 내 항목이 드롭 다운 목록에 표시됩니다. 오른쪽 화면과 같이 [F12] 셀에 '인턴'을 입력하고 다시 [D6] 셀의 아래 화살표 단추를 클릭해보면 추가된 직위가 드롭 다운 목록에 표시되지 않은 것을 확인할 수 있습니다.

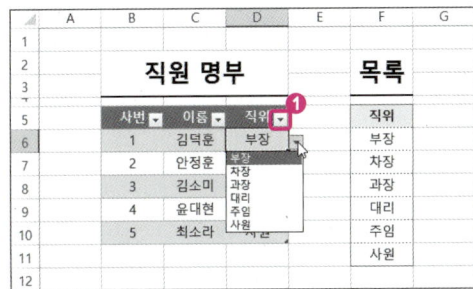 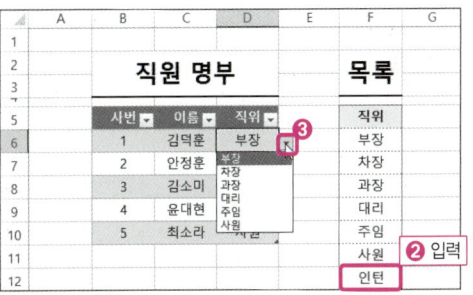

TIP [D6:D10] 범위에 유효성 검사의 목록 조건이 설정되어 있으며, 참조 범위는 [F6:F11] 범위입니다.

LINK 목록 조건을 설정하는 방법은 'No. 162 입력할 값을 목록에서 선택해 입력하기'에 자세하게 설명되어 있습니다.

엑셀 표를 등록하고 이름을 정의

단축키 Ctrl + Z를 눌러 [F12] 셀에 입력된 직위 항목(인턴)을 삭제합니다. [F5:F11] 범위에 있는 오른쪽 표를 엑셀 표로 등록하겠습니다. [F6] 셀을 선택하고 [삽입] 탭-[표] 그룹-[표]를 클릭한 후 [머리글 사용]에 체크 표시가 된 상태에서 [확인]을 클릭하면 됩니다.

등록된 표 이름을 [표 도구]-[디자인] 탭-[속성] 그룹-[표 이름]에서 확인하면 '표2'입니다.

표 이름은 수정하지 않고 그대로 사용합니다.

등록된 엑셀 표의 구조적 참조 구문을 사용해 유효성 검사 목록 조건의 원본 범위를 수정합니다. [D6:D10] 범위를 선택하고 [데이터] 탭-[데이터 도구] 그룹-[데이터 유효성 검사]를 클릭합니다. 왼쪽 화면과 같이 [원본]의 주소를 '=$F$6:$F$11'에서 '=표2[직위]'로 변경하고 [확인]을 클릭합니다. 오른쪽 화면과 같은 에러 메시지 창이 표시됩니다.

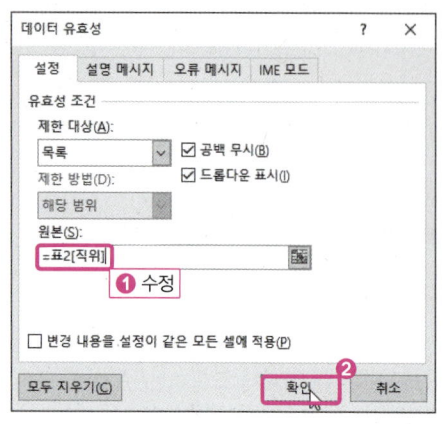
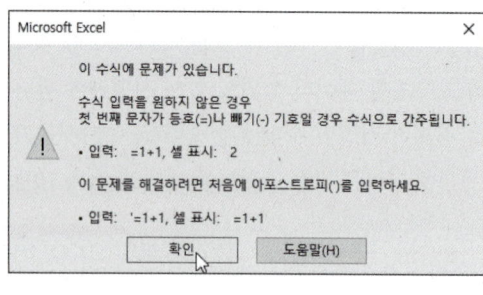

유효성 검사 목록 조건의 [원본]에는 구조적 참조 구문을 사용할 수가 없습니다. 이 문제를 해결하려면 엑셀 표 범위를 이름으로 정의해야 합니다. [F6:F11] 범위를 선택하고 이름 상자에 '직위'을 입력해 이름을 정의합니다. 다시 [D6:D10] 범위의 [데이터 유효성] 대화상자를 호출한 후, [원본]을 '=직위'로 수정하고 [확인]을 클릭합니다.

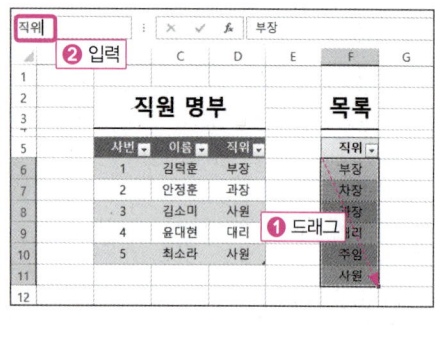
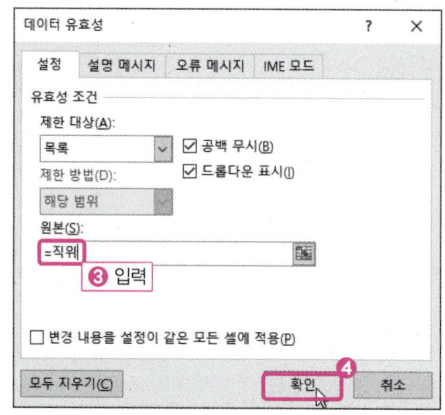

TIP 이름을 정의하고 [수식] 탭-[정의된 이름] 그룹-[이름 관리자]를 클릭해 정의된 이름의 참조 대상을 살펴보면 **=표2[직위]**와 같은 구조적 참조 구문이 사용된 것을 확인할 수 있습니다.

LINK 이름 정의에 대한 좀 더 상세한 설명은 'No. 139 이름 정의해 사용하기'를 참고합니다.

[F12] 셀에 새로운 직위를 추가하고 유효성 검사의 목록을 살펴보면 이제 추가된 직위가 제대로 표시됩니다.

대분류, 소분류와 같은 연결 목록 만들기

164

표 서식을 만들 때, 대분류와 소분류 등 서로 연동하여 기록해야 하는 값이 있습니다. 유효성 검사의 목록 기능으로 구현한 드롭 다운 목록이 서로 연결되어 항목을 설정할 수 있다면 이런 작업이 편리할 것입니다. 다만 유효성 검사 기능에는 드롭 다운 목록을 연결해주는 설정이 따로 없으므로, INDIRECT 함수와 이름 정의 방법을 이용해야 합니다. 목록을 서로 연결하는 이런 방법을 '이중 유효성 검사' 또는 '연결 목록'이라고 합니다.

예제 파일 PART 04 \ CHAPTER 17 \ 유효성 검사-연결 목록.xlsx

01 예제 파일을 불러옵니다. [C] 열의 대분류에는 '수입', '지출' 항목을 드롭 다운 목록에서 선택해 입력할 수 있고, [D] 열의 소분류에는 [G6:H10] 범위를 참고해 [C] 열에서 선택한 대분류의 하위 항목만 드롭 다운 목록에서 선택할 수 있도록 유효성 검사를 설정해보겠습니다.

02 유효성 검사에서 참조할 범위를 이름으로 정의합니다. 각 범위를 선택하고 이름 상자에 다음 이름을 입력합니다.

선택 범위	이름
G5:H5	대분류
G6:G8	수입
H6:H10	지출

TIP 소분류 항목(수입, 지출) 범위를 이름으로 정의할 때는 반드시 대분류 항목과 이름이 같아야 합니다. 만약 다른 이름을 사용하면 유효성 검사의 드롭 다운 목록을 연동시키기가 쉽지 않습니다.

03 이름을 정의했다면 유효성 검사를 설정합니다. [C6] 셀을 선택하고 [데이터] 탭-[데이터 도구] 그룹-[데이터 유효성 검사]를 클릭합니다. [데이터 유효성] 대화상자가 표시되면 [설정] 탭의 [제한 대상]에서 [목록]을 선택하고 [원본]에는 정의된 이름을 이용해 '=대분류'라고 입력한 후 [확인]을 클릭합니다.

TIP [원본]에서 정의된 이름을 사용하려면 반드시 등호(=)를 먼저 입력해야 합니다.

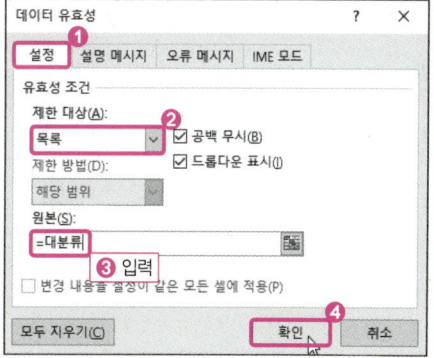

04 소분류 항목은 대분류와 연동되도록 유효성 검사를 설정합니다. 하위 분류를 설정할 때는 상위 항목이 선택되어 있어야 하므로 먼저 [C6] 셀에서 [수입] 항목을 선택합니다. 그 다음, [D6] 셀을 선택하고 [데이터] 탭-[데이터 도구] 그룹-[데이터 유효성 검사]를 클릭합니다. [데이터 유효성] 대화상자가 표시되면 [설정] 탭의 [제한 대상]에서 [목록]을 선택하고 [원본]에 다음 수식을 입력한 후 [확인]을 클릭합니다.

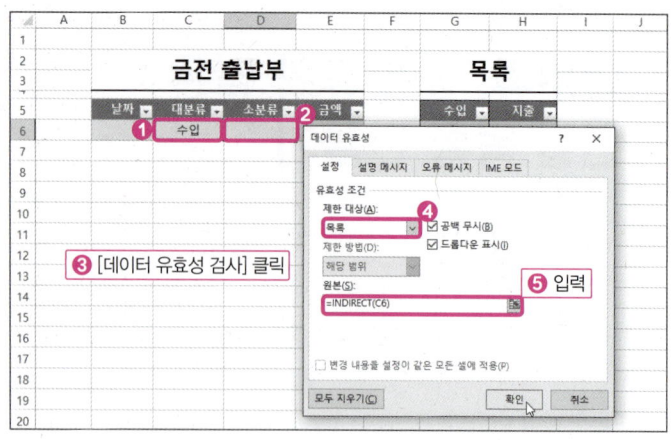

원본 : =INDIRECT(C6)

Plus⁺ 수식 이해하기

[C6] 셀은 대분류가 입력될 첫 번째 셀의 주소입니다. INDIRECT 함수는 전달된 텍스트 값(대분류)을 참조 형식으로 변환해주는 함수입니다. 여기서는 [C6] 셀에 입력된 대분류 항목(수입)을 동일한 이름이 참조하는 데이터 범위, 즉 **=수입**과 같은 수식으로 변환합니다.

---

05 [D6] 셀의 [▼ 아래 화살표]를 클릭하면 [G6:G8] 범위의 값만 목록에 표시됩니다.

TIP [C6] 셀의 항목을 [지출]로 변경하고 [D6] 셀의 드롭 다운 목록을 확인하면 [H6:H10] 범위의 항목이 표시됩니다.

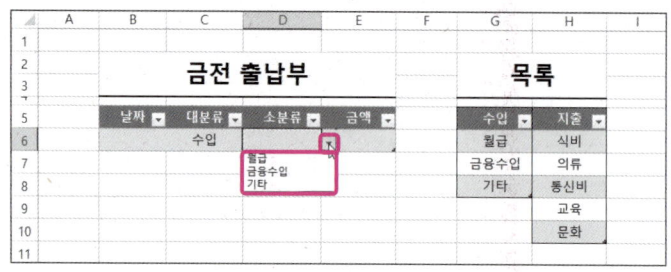

Plus⁺ 연결 목록 사용 시 주의 사항

❶ 이 예제처럼 두 개의 드롭 다운 목록을 연결할 경우 대분류 항목을 먼저 선택하지 않으면 소분류 항목을 선택할 수 없습니다.

❷ 대분류, 소분류 항목을 모두 선택하고 대분류 항목만 삭제하면 소분류는 그대로 유지됩니다. 따라서 선택된 항목을 변경하고자 한다면 대분류와 소분류 항목을 모두 지우고 다시 선택해야 합니다.

165
상위 목록을 수정할 때 하위 목록 초기화하기

유효성 검사를 사용해 두 개의 드롭 다운 목록을 연결해 사용하면 하나의 드롭 다운 목록에 너무 많은 항목이 나타나지 않도록 할 수 있어 편리합니다. 하지만 상위 목록의 항목을 변경해도 하위 목록은 초기화되지 않는 문제가 있으므로 완전한 연동이라고 할 수는 없습니다. 사실 No. 163에서 설명한 방법도 엑셀에서 자체적으로 지원되는 기능이 아니므로 이런 부분을 엑셀의 문제라고 보는 것은 무리가 있습니다. 여기서는 매크로를 이용해 이런 문제를 보완하는 방법에 대해 알아보겠습니다.

예제 파일 PART 04 \ CHAPTER 17 \ 유효성 검사-목록 초기화.xlsx, 유효성 검사-목록 초기화 (매크로).txt

01 예제 파일을 열고 [C6:D9] 범위의 셀을 선택하면 유효성 검사의 목록 기능이 설정되어 있는 것을 확인할 수 있습니다. 두 열의 드롭 다운 목록이 제대로 연동되는지 확인하기 위해 [C6] 셀의 값을 '수입'에서 '지출'로 변경합니다. 이렇게 상위 목록의 값을 변경해도 하위 목록인 [D6] 셀의 값은 초기화되지 않습니다. 단축키 Ctrl+Z를 눌러 변경 작업을 취소합니다.

TIP 엑셀 표의 이름은 '금전출납부'로, [디자인] 탭-[속성] 그룹-[표 이름]에서 확인할 수 있습니다.

02 대분류 값을 변경하면 소분류 값이 자동으로 지워져 초기화되도록 하려면 매크로를 이용해야 합니다. 시트 탭에서 마우스 오른쪽 버튼을 클릭하고 단축 메뉴에서 [코드 보기]를 선택합니다.

03 다음과 같은 창이 열리면 우측 편집기에 다음 코드를 입력하거나 예제로 제공되는 '유효성 검사–목록 초기화(매크로).txt' 파일의 코드를 복사해 붙여넣고 창을 닫습니다.

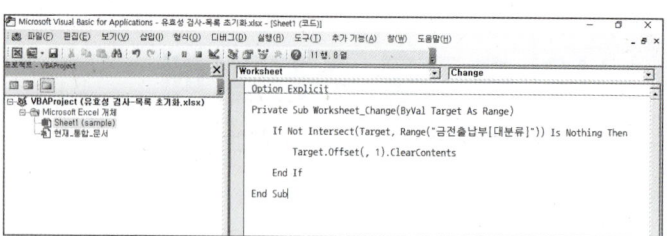

파일 : 유효성 검사–목록 초기화 (매크로).txt

```
Private Sub Worksheet_Change(ByVal Target As Range)           ①

    If Not Intersect(Target, Range("금전출납부[대분류]")) Is Nothing Then   ②

        Target.Offset(, 1).ClearContents         ③

    End If

End Sub
```

① 워크시트 내 셀 값이 수정되면 자동으로 실행되도록 합니다. 이 부분은 고칠 수 없습니다.

② 수정한 셀이 '금전출납부' 엑셀 표의 '대분류' 열에 속해 있는지 확인합니다. 이 부분은 엑셀 표의 구조적 참조 주소만 본인의 상황에 맞게 수정해 사용합니다.

③ 값을 수정한 셀의 오른쪽 셀 값을 지웁니다. 즉, [C] 열의 대분류 항목을 고쳤으면 [D] 열의 소분류 항목을 지웁니다. 만약 [E] 열에 소분류 항목이 있다면 이 코드를 다음과 같이 수정합니다.

```
Target.Offset(, 2).ClearContents
```

즉, Offset의 두 번째 인수가 오른쪽 방향의 n번째 칸을 의미합니다.

04 매크로가 제대로 동작하는지 확인하기 위해 [C9] 셀의 값을 지우면 [D9] 셀의 값도 자동으로 지워집니다.

> **Plus⁺ 매크로를 사용한 파일의 저장**
>
> 매크로를 사용한 파일은 반드시 [Excel 매크로 사용 통합 문서] 파일로 저장해야 합니다. F12를 눌러 [다른 이름으로 저장] 대화상자에서 [파일 형식]을 [Excel 매크로 사용 통합 문서]로 변경하고 저장합니다.
>
> **LINK** 매크로 사용 통합 문서 파일로 저장하는 자세한 방법은 'No. 485 매크로 사용 통합 문서(XLSM)로 저장하기'를 참고합니다.

필수로 입력해야 하는 열 지정하기 166

표에 새로운 데이터를 입력할 때 어떤 셀에는 값을 입력하지 않고 넘어가는 경우가 종종 있습니다. 대개는 셀이 비어 있어도 큰 문제가 되지 않지만 반드시 값을 입력해야 하는 열이라면 문제가 될 수 있습니다. 필수로 입력해야 하는 열을 지정할 수 있다면 값이 입력되지 않아 발생하는 문제를 방지할 수 있습니다. 여기서는 기본 조건 외에 수식을 사용해 별도의 조건을 지정할 수 있는 사용자 지정 조건으로 표의 특정 열에 데이터 입력을 강제하는 방법에 대해 알아보겠습니다.

예제 파일 PART 04 \ CHAPTER 17 \ 유효성 검사-필수 입력.xlsx

01 예제 파일을 열면 '입출고 대장' 표가 있습니다. 새 데이터를 입력할 때 [B] 열의 '제품' 값은 반드시 입력하도록 유효성 검사 기능을 설정해보겠습니다.

02 [B] 열의 데이터를 제외한 [C6:E10] 범위를 선택하고 [데이터] 탭-[데이터 도구] 그룹-[데이터 유효성 검사]를 클릭합니다.

03 [데이터 유효성] 대화상자가 나타나면 [설정] 탭의 [제한 대상]에서 [사용자 지정]을 선택하고 [공백 무시] 옵션의 체크 표시를 해제합니다. [수식]에 다음과 같이 입력하고 [확인]을 클릭합니다.

수식 : =LEN($B6)>0

CHAPTER 17 | 유효성 검사 / **339**

Plus+ [유효성 조건] 설정 이해하기

- **[공백 무시] 옵션**
  [공백 무시] 옵션은 데이터가 입력되지 않는 경우에는 유효성 검사 조건을 무시한다는 것이므로 이번과 같이 반드시 데이터를 입력해야 하는 경우에는 체크 표시를 해제해야 합니다.

- **[수식] 조건**
  [수식]에서 사용한 LEN 함수는 지정된 셀의 문자 개수를 반환하는 함수입니다. 즉, LEN($B6)>0 수식은 [B6] 셀의 문자가 0개보다 많다는 조건이므로 '[B6] 셀에 값이 입력되어 있으면'이라는 의미로 이해할 수 있습니다.

  주의할 점은 $B6과 같은 참조 방식입니다. 유효성 검사를 적용할 범위로 [C6:E10] 범위를 선택했으므로 세 개 열이 대상이 되는데, 이 수식은 정확하게는 선택된 범위의 첫 번째 셀인 [C6] 셀에만 적용되며, 나머지 셀에는 수식이 복사되면서 적용됩니다. 그러므로 행 방향으로 복사할 때는 LEN($B6)>0의 행 주소가 변경되고, 열 방향으로 복사할 때는 LEN($B6)>0의 열 주소가 고정되도록 혼합 참조 방식을 사용해야 합니다.

04 '제품' 값을 입력하지 않고 '수량', '구분', '날짜' 값 중 하나를 먼저 입력하면 오류 메시지가 나타나면서 데이터를 입력할 수 없도록 제한됩니다.

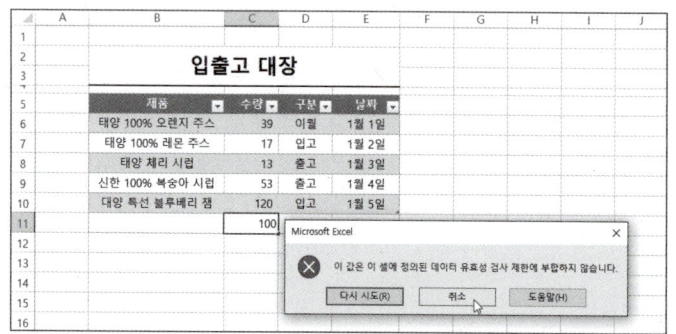

Plus+ 이해하기 쉬운 오류 메시지 입력

03 과정에서 유효성 검사 기능을 설정할 때 [오류 메시지] 탭에서 다음과 같이 설정하면 메시지 내용을 보다 이해하기 쉽게 만들 수 있습니다.

- **제목** : 관리자
- **오류 메시지** : 표에 데이터를 입력할 땐 반드시 [B] 열의 제품명을 먼저 입력해야 합니다.

그러면 다음과 같은 오류 메시지 창이 나타납니다.

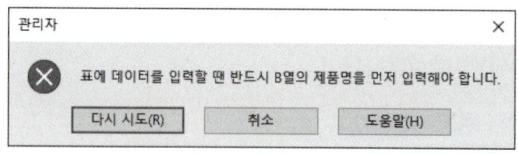

특정 범위의 값을 고치지 못하도록 설정하기 167

특정 범위의 값을 수정하지 못하도록 하려면 시트 보호를 하는 것이 가장 좋지만 유효성 검사를 이용해 간단한 보호 작업을 처리할 수도 있습니다. 유효성 검사를 이용해 특정 범위의 값을 고치지 못하도록 보호하는 방법에 대해 알아보겠습니다.

예제 파일 PART 04 \ CHAPTER 17 \ 유효성 검사-보호.xlsx

01 예제 파일을 열면 '급여 대장' 표가 있습니다. 유효성 검사 기능을 이용해 급여 대장의 모든 값을 수정하지 못하도록 설정해 보겠습니다.

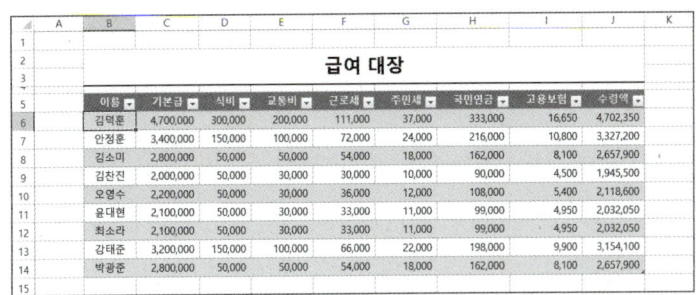

02 [B6:J14] 범위를 선택하고 [데이터] 탭-[데이터 도구] 그룹-[📋 데이터 유효성 검사]를 클릭합니다.

03 [데이터 유효성] 대화상자가 표시되면 [설정] 탭의 [제한 대상]에서 [사용자 지정]을 선택하고 [수식]에 다음과 같이 입력한 후 [확인]을 클릭합니다.

수식 : =" "

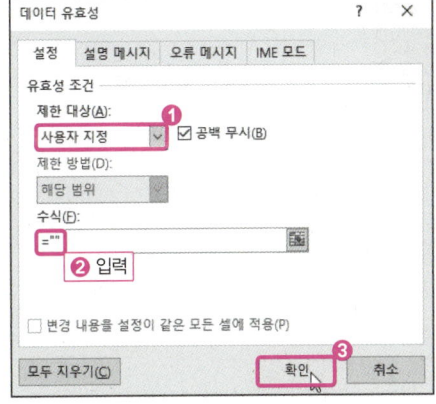

Plus⁺ 수식 조건 이해하기

="" 는 셀 값이 빈 문자("")와 같은지를 확인하는 조건으로, 선택된 범위에 빈 문자만 허용하겠다는 의미입니다. 따라서 값을 고치면 설정한 조건과 맞지 않으므로 오류 메시지가 표시됩니다. 다만 이 조건은 셀 값을 삭제하면 True가 되므로 삭제하는 동작 자체를 제한할 수는 없습니다. 셀 값을 지우지 못하도록 하려면 [유효성 검사] 기능보다는 [시트 보호] 기능을 사용해야 합니다.

04 유효성 검사가 설정되면 셀 좌측 상단에 오류 표식이 나타나며 [A6] 셀 위치에 [오류 검사] 옵션이 표시됩니다. 오류 표식을 나타내고 싶지 않으면 [오류 검사] 옵션을 클릭하고 [오류 무시]를 선택합니다.

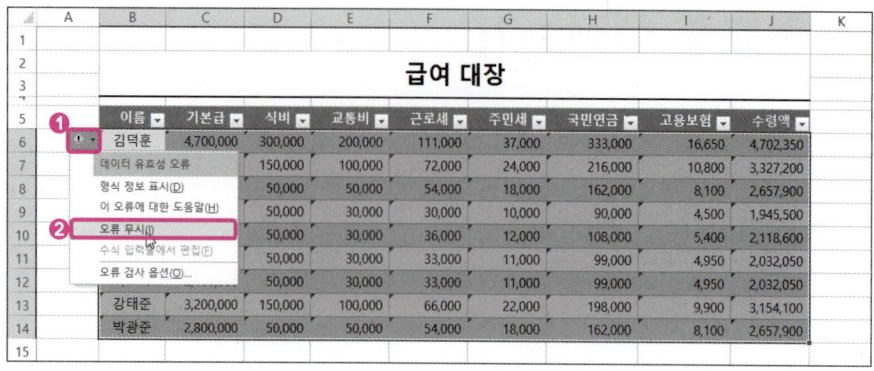

TIP 셀 값이 지정된 유효성 검사 조건에 부합하지 않으면 오류 표식이 나타납니다.

Plus⁺ 오류 표식이 나타나지 않도록 옵션 변경하기

오류 표식이 더 이상 나타나지 않도록 하려면 다음 과정을 참고해 엑셀 옵션을 변경합니다.

01 [파일] 탭-[옵션]을 클릭합니다.

02 [Excel 옵션] 대화상자가 열리면 [수식] 범주의 [오류 검사] 항목에서 [다른 작업을 수행하면서 오류 검사] 옵션의 체크 표시를 해제하고 [확인]을 클릭합니다.

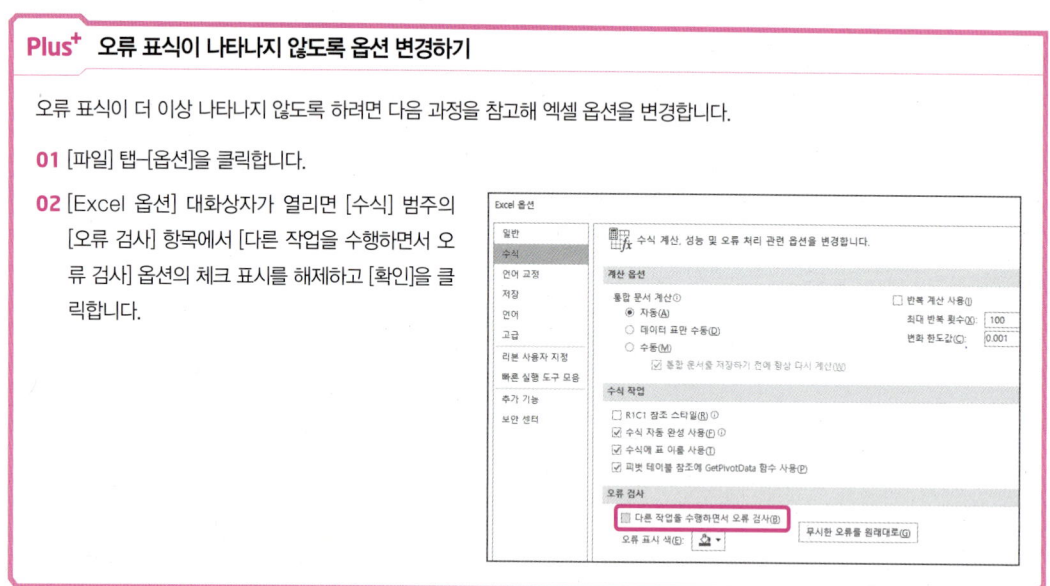

---

05 [C6] 셀에 다음 값을 입력하면 화면과 같은 오류 메시지가 표시되면서 값이 수정되지 않습니다.

[C6] 셀 : 3000000

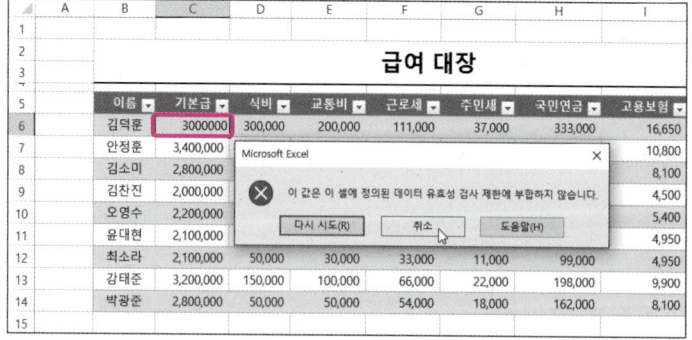

중복 데이터 입력 제한하기 168

유효성 검사를 사용해 셀에 중복 값이 입력되는 것을 방지할 수 있습니다. 그런데 기존 조건에는 중복 제한 조건이 없으므로 사용자 지정 조건을 이용해 중복 조건을 생성해야 합니다. 중복이란 같은 값이 두 개 이상인 경우를 의미하므로 입력된 값을 세어 하나인 경우에만 데이터가 입력되도록 하면 됩니다. 중복 데이터 입력을 제한하는 방법에 대해 알아보겠습니다.

예제 파일 PART 04 \ CHAPTER 17 \ 유효성 검사-중복 .xlsx

01 예제 파일을 열고 '고객 대장' 표의 [E] 열에 동일한 사업자등록번호를 입력하지 못하도록 설정해보겠습니다. 먼저 기존 데이터 범위인 [E6:E10] 범위를 선택하고 이름 상자에 다음 값을 입력해 이름을 정의합니다.

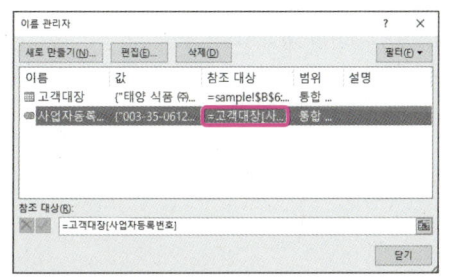

이름 상자 : 사업자등록번호

TIP 예제의 표는 엑셀 표로 등록되어 있으며, 표 이름은 '고객대장'입니다.

Plus⁺ 엑셀 표 범위를 이름으로 정의하는 이유

엑셀 표에 이름 정의를 하는 이유는 유효성 검사에서는 엑셀 표의 구조적 참조 구문을 사용하지 못하기 때문입니다. 정의된 이름을 확인하기 위해 [수식] 탭-[정의된 이름] 그룹-[이름 관리자]를 클릭합니다. 정의된 이름 중 '사업자등록번호'을 선택하면 [참조 대상]에 정의된 이름이 참조하는 대상 범위가 표시됩니다.

위와 같이 엑셀 표 범위를 이름으로 정의하면 구조적 참조 구문을 사용해 범위를 참조합니다. 이는 엑셀 표의 구조적 참조 구문을 인식하지 못하는 유효성 검사와 조건부 서식 등을 이용할 때 아주 유용합니다. 즉, 유효성 검사에서 수식 조건을 구성할 때는 엑셀 표의 구조적 참조 구문을 사용하지 못하므로 동적으로 변하는 데이터 범위를 인식시키기 어려운데, 이렇게 이름을 정의해 사용하면 엑셀 표의 구조적 참조 구문을 사용할 수 있는 것과 마찬가지가 됩니다.
만약 표를 엑셀 표로 등록하지 않은 경우라면, [수식] 탭-[정의된 이름] 그룹-[이름 정의]를 클릭하고 다음과 같이 이름을 정의해야 추가된 데이터 범위를 자동으로 인식하도록 만들 수 있습니다.

이름 : 사업자등록번호
참조 대상 : =OFFSET($E$6, 0, 0, COUNTA(E:E)-1)

02 [E6:E10] 범위를 선택한 상태에서 [데이터] 탭-[데이터 도구] 그룹-[데이터 유효성 검사]를 클릭합니다.

03 [데이터 유효성] 대화상자가 나타나면 [설정] 탭의 [제한 대상]에서 [사용자 지정]을 선택하고 [수식]에 다음과 같이 입력한 후 [확인]을 클릭합니다.

수식 : =COUNTIF(사업자등록번호, E6)=1

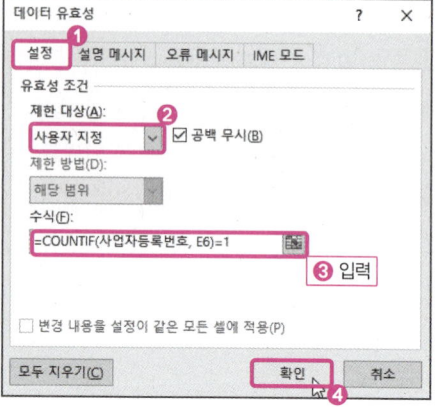

Plus⁺ 수식 이해하기

COUNTIF 함수는 사용자가 지정한 조건에 맞는 셀이 몇 개인지 세는 함수입니다.

LINK COUNTIF 함수에 대한 더 자세한 정보는 'No. 220 COUNTIF 함수를 이용해 다양한 건수 계산하기'를 참고합니다.

이번 수식은 이름으로 정의된 '사업자등록번호' 범위에서 [E6] 셀의 값이 몇 개 있는지 세어 그 개수가 1인 경우에만 입력을 허용한다는 의미입니다. 이렇게 하면 똑같은 값이 여러 개 있는 경우(중복)에는 입력하지 못합니다.

04 [E11] 셀에 [E6] 셀과 동일한 사업자 등록번호를 입력해보면 화면과 같이 오류 메시지가 나타나면서 입력이 제한됩니다.

[E11] 셀 : 003-35-06128

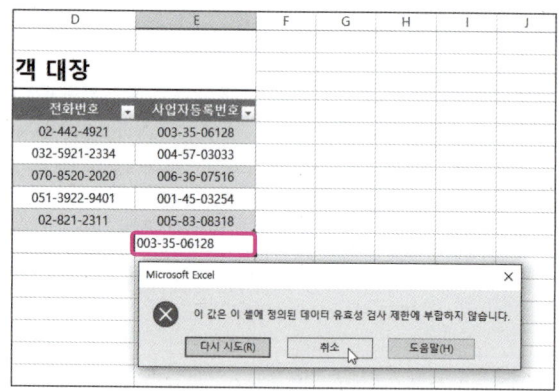

여러 열의 값이 모두 같은 중복 조건 적용하기

169

하나의 열이 아니라 여러 열에 나눠 입력된 데이터의 중복 조건을 동시에 판단해 중복 데이터가 입력되지 않도록 하려면 유효성 검사 설정 방법이 좀 더 복잡해집니다. 하지만 이 경우도 건수를 세어 하나인 경우만 처리하는 수식 조건을 작성하면 됩니다. 조건이 여러 열에 입력되어 있으므로 다중 조건을 처리할 수 있는 COUNTIFS 함수를 사용합니다. 여러 열의 값을 참고해 중복 값을 제한하는 방법에 대해 알아보겠습니다.

예제 파일 PART 04 \ CHAPTER 17 \ 유효성 검사-중복 II.xlsx

01 예제 파일의 '고객 대장' 표에서 [B] 열의 회사명과 [D] 열의 전화번호가 동일한 경우 중복이라고 가정하겠습니다. 먼저 중복 데이터가 입력될 범위를 선택하고 이름 상자에 다음 이름을 입력해 이름을 정의합니다.

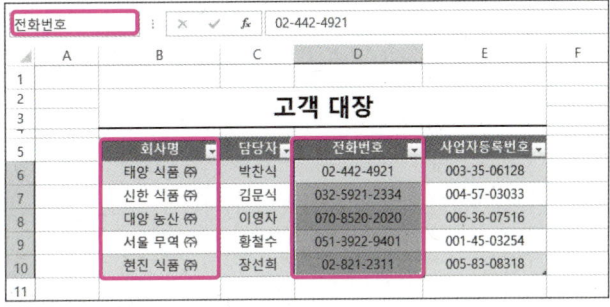

[B6:B10] 범위의 이름 상자 : 회사명
[D6:D10] 범위의 이름 상자 : 전화번호

02 먼저 표의 [B] 열에 중복 조건을 지정합니다. [B6:B10] 범위를 선택하고 [데이터] 탭-[데이터 도구] 그룹-[📋 데이터 유효성 검사]를 클릭합니다.

03 [데이터 유효성] 대화상자가 표시되면 [설정] 탭의 [제한 대상]에서 [사용자 지정]을 선택하고 [수식]에 다음과 같이 입력한 후 [확인]을 클릭합니다.

수식 : =COUNTIFS(회사명, B6, 전화번호, D6)=1

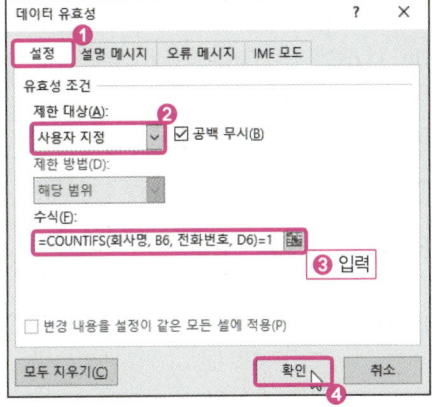

> **Plus⁺ 수식 이해하기**
>
> 이번 수식은 No. 168 예제와 유사하지만 조건이 여러 개이므로 COUNTIFS 함수를 사용한 부분만 다릅니다. 엑셀 2007부터 제공되는 COUNTIFS 함수는 여러 개의 조건을 처리해 조건을 모두 만족하는 건수를 셉니다. COUNTIFS 함수의 구문은 다음과 같습니다.
> =COUNTIFS(범위1, 조건1, 범위2, 조건2, 범위3, 조건3, …)
>
> 위 구문에서 범위1과 조건1, 그리고 범위2와 조건2, 범위3과 조건3이 각각 짝을 이룹니다. 그러므로 이번 수식은 다음과 같은 두 개의 조건을 사용한 것과 마찬가지입니다.
> · 회사명=B6
> · 전화번호=D6
>
> 즉, '회사명' 데이터 범위에서 [B6] 셀의 값과 같고 '전화번호' 데이터 범위에서 [D6] 셀의 값과 같은 건수를 세는 수식이 됩니다. 유효성 검사는 조건에 맞는 값만 입력할 수 있으므로 이 결과가 '1'인지 확인해 중복되지 않았는지를 판단합니다.

04 표의 [D] 열에 있는 전화번호 범위에도 동일한 중복 조건을 설정합니다. [D6:D10] 범위를 선택하고 [데이터] 탭-[데이터 도구] 그룹-[🗐 데이터 유효성 검사]를 클릭합니다. [데이터 유효성] 대화상자의 설정 방법은 **03** 과정과 동일합니다.

05 중복 데이터를 입력해 유효성 검사가 제대로 동작하는지 확인합니다. 먼저 [B11] 셀에 [B6] 셀과 동일한 값을 입력합니다. 하나의 열에 중복 값을 입력한 경우에는 오류 메시지가 표시되지 않습니다.

[B11] 셀 : 태양 식품 ㈜

06 [D11] 셀에 [D6] 셀과 동일한 값을 입력하면 [B11] 셀과 [D11] 셀에 입력한 값이 [B6] 셀과 [D6] 셀에 각각 존재하므로 오류 메시지가 나타나면서 [D11] 셀의 데이터 입력이 제한됩니다.

[D11] 셀 : 02-442-4921

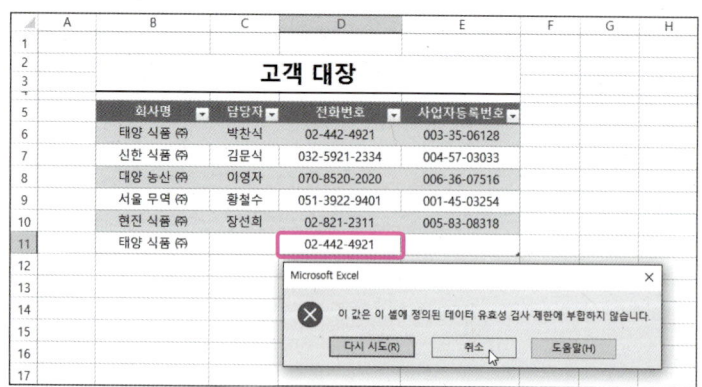

유효성 검사 조건을 만족하지 않는 셀 표시하기

170

기존에 입력된 데이터는 설정한 유효성 검사의 기준에 맞지 않아도 영향을 받지 않습니다. 기존 데이터 중에서 설정한 조건에 만족하지 않는 데이터를 확인할 필요가 있을 경우에는 유효성 검사의 [잘못된 데이터] 기능을 사용하면 됩니다. 유효성 검사 조건을 만족하지 않는 셀을 표시하는 방법에 대해 알아보겠습니다.

예제 파일 PART 04 \ CHAPTER 17 \ 유효성 검사-오류 데이터.xlsx

01 예제 파일을 열면 '제품 대장' 표가 있습니다. [C] 열인 '제품' 열에는 중복 데이터를 입력하지 못하도록 하는 조건이 설정되어 있습니다. 기존 데이터 중에 중복 데이터가 있는지 확인해 보겠습니다.

LINK 중복 데이터 입력을 예방하는 방법은 'No. 168 중복 데이터 입력 제한하기'를 참고합니다.

02 [데이터] 탭-[데이터 도구] 그룹-[데이터 유효성 검사▼]를 클릭하고 [잘못된 데이터]를 선택합니다. [C6], [C10] 셀에 중복된 데이터가 있다는 표시가 나타납니다.

TIP [잘못된 데이터] 명령을 사용할 때는 유효성 검사가 설정된 범위를 선택하지 않아도 됩니다. 워크시트 내에서 유효성 검사가 설정된 범위를 찾아 조건에 맞지 않는 셀에 자동 적용되기 때문입니다.

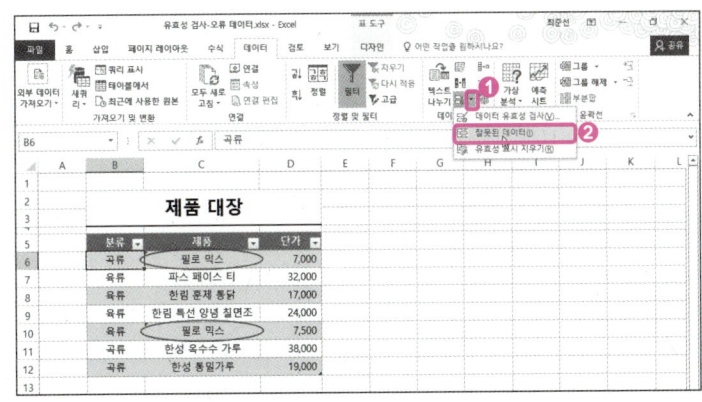

03 표시된 빨간색 타원형 도형을 없애려면 [데이터] 탭-[데이터 도구] 그룹-[데이터 유효성 검사▼]를 클릭하고 [유효성 표시 지우기]를 선택합니다.

유효성 검사 삭제하기

171

다른 사람이 만든 엑셀 파일에서는 어느 범위에 유효성 검사가 적용되어 있는지 확인하기가 쉽지 않습니다. 유효성 검사는 유용하지만 때에 따라서는 파일을 느리게 만들고, 설정된 조건을 명확하게 알지 못하는 경우에는 반복적으로 표시되는 오류 메시지 때문에 불편할 수 있습니다. 파일 내 유효성 검사 설정 범위를 확인하는 방법과 유효성 검사의 설정 조건을 확인해 필요하지 않은 경우에는 설정된 유효성 검사를 삭제하는 방법에 대해 알아보겠습니다.

\ 예제 파일 PART 04 \ CHAPTER 17 \ 유효성 검사-삭제.xlsx

유효성 검사 설정이 적용된 범위 확인하기

워크시트에서 유효성 검사가 설정된 범위를 확인하려면 [이동] 기능을 이용하는 것이 가장 편리합니다.

01 예제 파일의 '고객 대장' 표에 유효성 검사가 적용된 범위가 있는지 확인해보겠습니다.

02 [홈] 탭-[편집] 그룹-[찾기 및 선택]을 클릭하고 [이동 옵션]의 하위 명령인 [데이터 유효성 검사]를 선택합니다. 워크시트 내 유효성 검사가 적용된 범위가 선택됩니다.

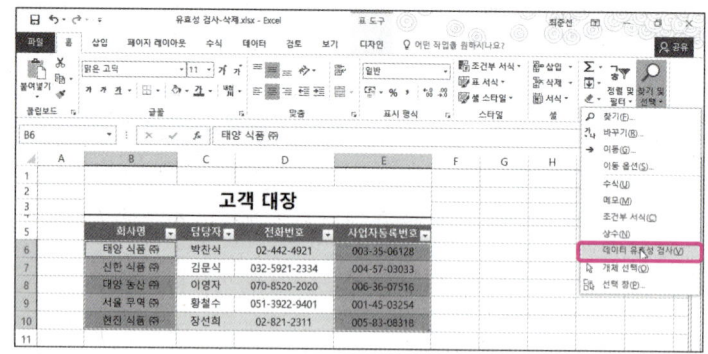

한 번에 모든 유효성 검사 삭제하기

유효성 검사 설정이 적용된 범위가 모두 선택된 상태에서 [데이터] 탭-[데이터 도구] 그룹-[데이터 유효성 검사]를 클릭합니다. 다음과 같은 메시지가 표시되면 [확인]을 클릭합니다. 모든 유효성 검사가 한 번에 삭제됩니다.

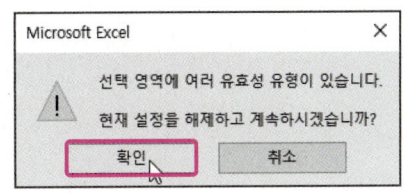

유효성 검사 설정을 확인하고 삭제하기

[이동] 명령을 이용해 확인된 범위를 하나씩 선택합니다. 여기서는 [B6:B10] 범위를 먼저 선택하고 [데이터] 탭-[데이터 도구] 그룹-[데이터 유효성 검사]를 클릭합니다. 그러면 설정된 조건을 확인할 수 있습니다. 이 조건을 더 이상 사용하지 않으려면 [모두 지우기]를 클릭합니다.

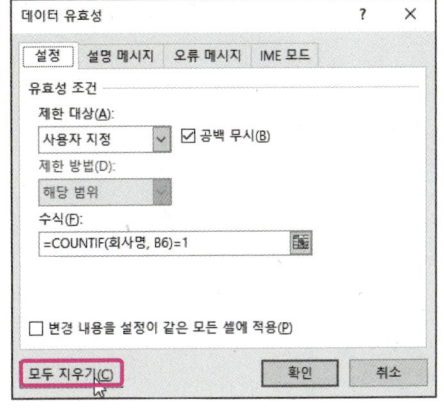

PART 05

수식

CHAPTER
18

기본 이해

함수 작성에 대한 정보를 이해하고 빠르게 작성하기 172

함수(Function)는 사용자가 자주 작성하는 계산식을 쉽게 사용할 수 있도록 프로그램에서 제공하는 수식으로, 사용자가 전달한 값을 이용해 계산하고 그 결과를 반환하는 구조로 만들어져 있습니다. 여기서 사용자가 함수에 전달해야 하는 값을 '인수'라고 합니다. 함수의 인수를 확인하고 이를 쉽게 구성하는 방법에 대해 알아보겠습니다.

> 예제 파일 없음

01 빈 셀에 등호(=)를 입력하고 함수 이름의 일부를 입력하면 다음과 같이 함수 목록이 나타납니다. 방향키로 함수를 하나씩 선택하면 해당 함수에 대한 풍선 도움말이 표시됩니다.

02 위 화면의 함수 목록에서 세 번째 함수인 RANK 함수를 선택하고 Tab 을 누릅니다. 선택한 함수가 셀에 입력되고 해당 함수의 인수가 풍선 도움말로 나타납니다.

> **Plus⁺ 함수 인수 풍선 도움말**
>
> 이번 예제에 사용한 RANK 함수를 선택하면 세 개의 인수 구성을 도와주는 풍선 도움말이 나타납니다. 세 개의 인수는 number, ref, [order]이며 대괄호([ ])로 묶여 표시되는 인수는 생략할 수 있습니다. 생략된 인수는 기본 값이 설정되는데 인수의 기본값은 함수마다 차이가 있으므로 하나씩 공부할 때마다 확인해두는 것이 좋습니다.

03 풍선 도움말만 보고 함수를 구성하기 어렵다면 **02** 과정의 화면에서 단축키 Ctrl+A를 누르거나 수식 입력줄 왼쪽의 [ƒx 함수 삽입]을 클릭합니다. 그러면 해당 함수의 [함수 인수] 대화상자가 나타납니다.

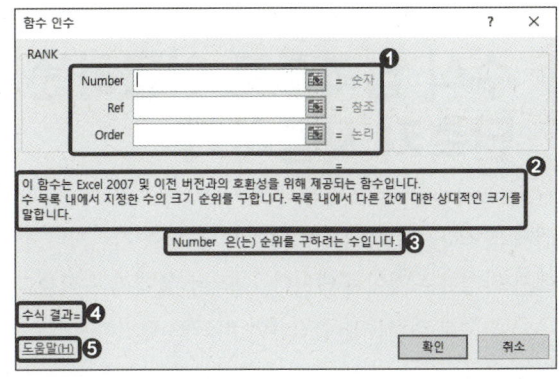

[함수 인수] 대화상자 이해하기

❶ 함수를 구성하는 인수가 보여지는 곳으로, 어떤 형식으로 입력해야 하는지 입력 상자 우측에 '숫자', '참조', '논리' 등으로 표시됩니다.

❷ 함수에 대한 전체 설명입니다.

❸ ❶에서 선택한 인수에 대한 간단한 도움말입니다.

❹ ❶의 인수를 구성하면 함수의 계산 결과가 표시됩니다.

❺ 클릭하면 함수에 대한 도움말 페이지로 이동합니다.

04 [함수 인수] 대화상자에서 좌측 하단의 [도움말] 링크를 클릭하면 [Excel 2016 도움말] 페이지로 연결됩니다. 페이지 아래에는 함수 사용 방법에 대한 예제도 소개되어 있으니 이 내용을 참고해 함수 구성 방법을 학습합니다.

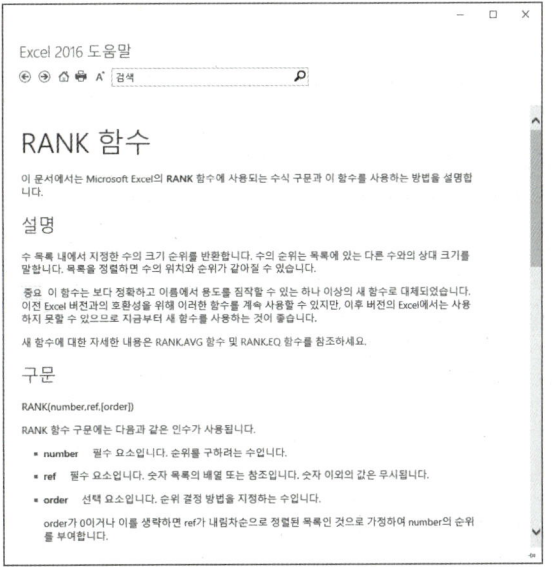

Plus⁺ 수식(FORMULA)과 함수(FUNCTION)의 차이

수식은 등호(=)로 시작하는 모든 계산식을 의미합니다. 셀에 작성하는 모든 계산식은 수식이며, 수식 내에서 필요에 따라 함수를 사용합니다. 예를 들어 =SUM(A1:A10)은 SUM 함수를 사용하는 수식입니다.

수식 입력줄로 이동하는 단축키 사용하기

173

셀에 입력하는 수식이 길어지면 다른 셀을 가리거나 줄이 바뀌어 불편하므로 이런 경우는 수식 입력줄에서 작성하는 것이 좋습니다. 그러나 셀에서 수식을 작성하다가 수식 입력줄로 이동하려면 반드시 마우스로 수식 입력줄을 클릭해야 하므로 편리하지만은 않습니다. 단축키를 사용해 셀에서 수식 입력줄로 바로 이동하는 방법에 대해 알아보겠습니다.

\ 예제 파일 없음

01 엑셀에서는 수식 입력줄로 바로 이동하는 단축키를 지원하지 않으므로 옵션을 변경해야 합니다. [파일] 탭-[옵션]을 클릭해 [Excel 옵션] 대화상자를 엽니다.

02 [고급] 범주의 [편집 옵션] 항목에서 [셀에서 직접 편집 허용]의 체크 표시를 해제하고 [확인]을 클릭합니다.

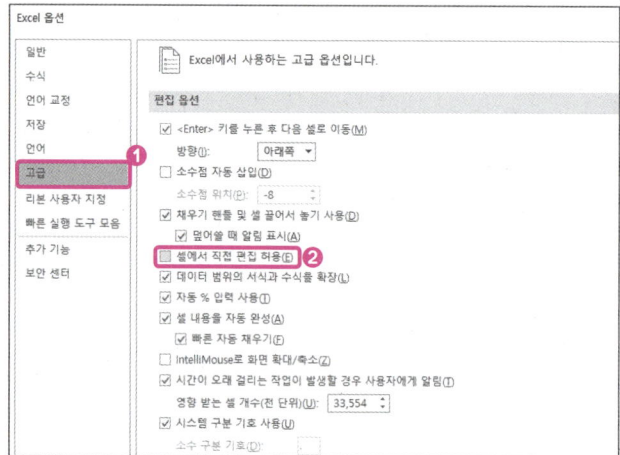

03 이제 셀에서 F2 를 누르면 바로 수식 입력줄로 이동합니다.

> **Plus+** [셀에서 직접 편집 허용] 옵션을 사용할 때 주의할 점
>
> [셀에서 직접 편집 허용]의 체크 표시를 해제하면 셀에서는 직접 값을 입력하거나 수정할 수 없고 항상 수식 입력줄에서 해야 합니다. 수식 입력줄을 자주 사용한다면 이 방법을 사용해도 불편한 점이 없겠지만, 이전과 같이 셀과 수식 입력줄을 모두 사용하려면 **02** 과정에서 해제한 [셀에서 직접 편집 허용]에 다시 체크 표시를 합니다.

수식을 여러 줄로 나눠 입력하기 174

수식이 너무 길어지면 이해하기 어려워집니다. 수식이 길면 보통 여러 개의 함수를 중첩해 사용하는 경우가 많습니다. 중첩된 함수를 각각의 줄에 나눠 입력하면 수식을 더 잘 이해할 수 있습니다. 수식을 여러 줄로 구분해 관리하려면 셀에서 직접 입력하는 것보다는 수식 입력줄을 사용하는 것이 편리합니다. 수식 입력줄을 사용해 수식을 여러 줄로 구분해 관리하는 방법에 대해 알아보겠습니다.

예제 파일 PART 05\CHAPTER 18\수식 줄 바꿈.xlsx

01 예제 파일을 열고 [E6] 셀을 선택해 수식 입력줄을 보면 성적에 따른 학점을 반환하는 수식이 입력되어 있는 것을 확인할 수 있습니다. IF 함수가 여러 번 중첩되어 수식이 복잡해 보입니다.

02 수식을 여러 줄로 나눠 입력하기 위해 수식 입력줄을 아래로 확장해보겠습니다. 열 주소와 수식 입력줄 사이에 마우스 포인터를 놓아 포인터 모양이 변경되면 아래로 드래그합니다.

03 수식에서 IF 함수가 입력된 부분을 클릭하고 Alt + Enter 를 눌러 줄 바꿈을 합니다. 화면과 같이 IF 함수가 각각의 줄로 구분됩니다.

04 이제 두 번째 줄의 IF 함수가 첫 번째 줄의 끝 위치에 오도록 Space Bar 를 여러 번 눌러 화면과 같이 위치를 조정한 후 Enter 를 눌러 수식을 입력합니다. [E6] 셀의 채우기 핸들을 드래그해 [E10] 셀까지 수식을 복사합니다.

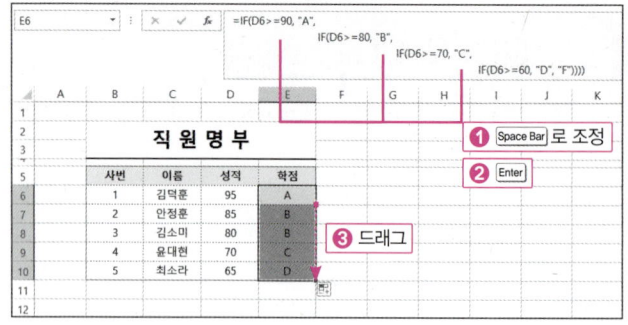

05 열 주소와 수식 입력줄 사이에 마우스 포인터를 놓고 위로 드래그해 수식 입력줄을 다시 한 줄로 만듭니다. 그러면 첫 번째 줄의 수식만 표시됩니다.

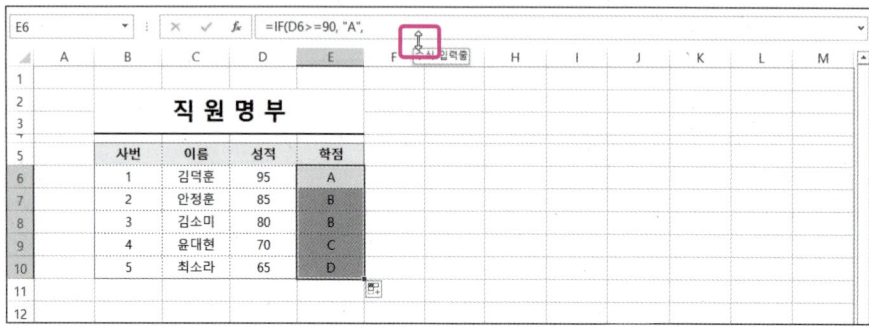

TIP 수식 입력줄에서 전체 수식을 빠르게 확인하는 방법

수식 입력줄을 확장하거나 축소하기 위해 매번 마우스를 이용하는 것보다는 단축키 Ctrl + Shift + U 를 사용하는 것이 편리합니다. 이 단축키를 한 번 누르면 수식 입력줄이 확장되고 다시 누르면 축소됩니다.

시트 내 모든 수식을 한 번에 빠르게 확인하기

175

수식을 사용해도 셀에는 값만 표시되기 때문에 셀에 사용된 수식을 알아보려면 수식 입력줄을 확인해야 합니다. 이 방법은 하나의 수식을 확인할 때는 간단하지만 여러 수식을 일일이 확인하려면 불편한 점이 있습니다. 시트 내 수식을 한 번에 모두 확인할 수 있는 수식 표시 기능에 대해 알아보겠습니다.

예제 파일 PART 05 \ CHAPTER 18 \ 수식 모드.xlsx

01 예제 파일을 열고 '분류별 실적 집계표'의 [C10:D10], [E6:E9] 범위에 사용된 수식을 한 번에 확인해보겠습니다.

02 [수식] 탭-[수식 분석] 그룹-[🔣 수식 표시]를 클릭하거나 단축키 Ctrl + `를 누릅니다. 화면과 같이 표에 입력된 수식이 모두 나타납니다.

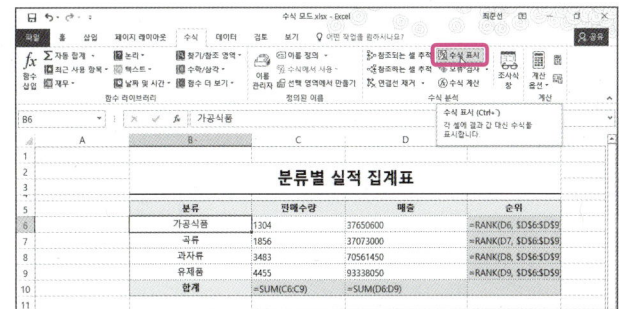

TIP 단축키 Ctrl + `

[수식 표시]의 단축키인 Ctrl + ` 에서 ` 는 키보드 숫자 1 의 왼쪽에 있는 키입니다. Enter 왼쪽에 있는 ` 를 누르면 제대로 동작하지 않습니다.

TIP 열 너비 자동 조정하기

수식 표시 기능을 이용하면 열 너비가 자동으로 확장됩니다. 다만, 전체 수식을 확인하기에 열 너비가 충분하지 않다면 단축키 Ctrl + A 를 눌러 워크시트 전체 범위를 선택하고 [A] 열 머리글과 [B] 열 머리글(다른 열도 가능)의 열 구분선을 더블클릭합니다.

03 [수식] 탭-[수식 분석] 그룹-[🔣 수식 표시]를 다시 클릭하면 수식 표시 기능이 해제되어 이전처럼 결과만 표시됩니다.

수식 계산 과정 살펴보기

176

엑셀을 사용하면서 항상 자신이 입력한 수식만 사용하는 것은 아닙니다. 다른 사람이 만든 수식을 사용하려면 수식이 어떻게 만들어졌는지 이해할 수 있어야 합니다. 하지만 복잡하게 구성된 수식의 경우 계산 과정을 이해하기가 쉽지 않습니다. 여기서는 수식이 계산되는 과정을 엑셀의 수식 계산 기능을 이용해 살펴보고, 이를 통해 수식을 보다 잘 이해하는 방법을 알아보겠습니다.

\ 예제 파일 PART 05 \ CHAPTER 18 \ 수식 계산.xlsx

01 예제 파일을 열고 '직원명부' 표의 [F6] 셀을 선택합니다. 수식 입력줄을 보면 성별을 계산하는 수식이 입력되어 있는 것을 확인할 수 있습니다. 이 수식이 어떻게 작성되었는지 이해하기 위해 수식의 계산 과정을 살펴보겠습니다.

02 [F6] 셀이 선택된 상태에서 [수식] 탭-[수식 분석] 그룹-[⓺ 수식 계산]을 클릭합니다. [수식 계산] 대화상자가 나타납니다.

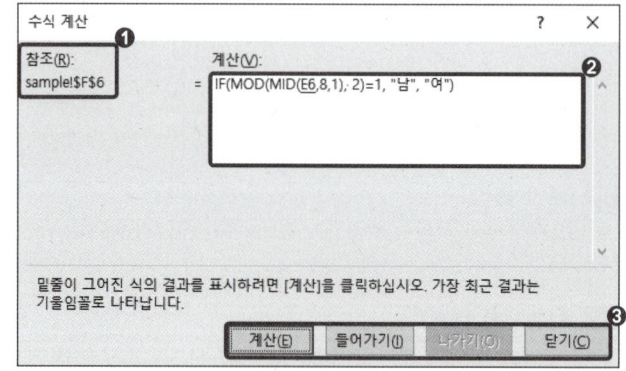

[수식 계산] 대화상자 이해하기

[수식 계산] 대화상자에는 수식의 계산 과정이 단계별로 표시됩니다.

❶ 참조

수식이 입력된 위치가 표시됩니다. [들어가기]를 클릭했을 때는 해당 셀 위치까지 표시됩니다.

❷ 계산

수식의 계산 과정이 보여집니다. 전체 수식 중 밑줄로 표시된 부분이 먼저 계산됩니다.

❸ 명령

다음과 같은 네 개의 버튼을 사용할 수 있습니다.

- 계산 : ❷ 위치의 수식에서 밑줄로 표시된 부분이 계산됩니다.
- 들어가기 : ❷ 위치의 수식에서 밑줄로 표시된 부분이 셀 참조인 경우에 사용할 수 있으며, 해당 셀 값이 하단에 표시됩니다.
- 나가기 : [들어가기]를 클릭했을 때 표시한 셀 값을 수식의 참조 수식에 대체시킵니다.
- 닫기 : 대화상자를 닫습니다.

03 [계산] 영역의 수식 중 **E6** 부분에 밑줄 표시가 되어 있을 때 [들어가기]를 클릭하면 [E6] 셀의 값이 무엇인지 하단에 나타나고 [나가기] 버튼이 활성화됩니다.

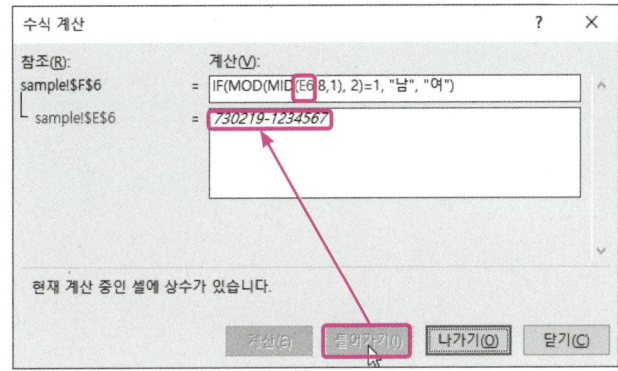

04 [나가기]를 클릭하면 [E6] 셀의 값이 수식에 표시되고 **MID("730219-1234567",8,1)**까지 밑줄이 확장됩니다. 이제 [계산]을 클릭해 수식의 밑줄 표시된 부분이 어떻게 계산되는지 확인합니다.

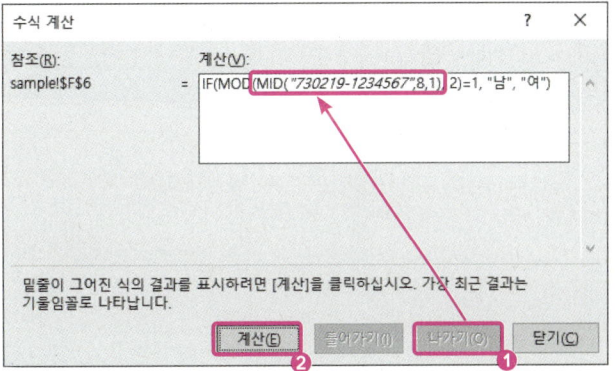

05 [계산]을 계속 클릭해 전체 수식 계산이 완료되면 [계산] 버튼이 [다시 시작] 버튼으로 바뀝니다. [다시 시작]을 클릭하면 계산 과정이 처음부터 다시 표시됩니다.

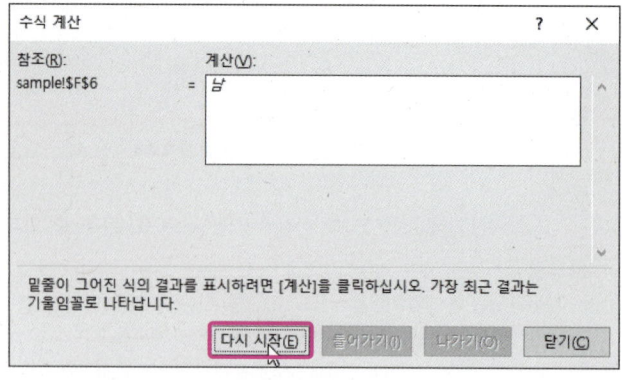

CHAPTER 19

참조

다른 위치의 값 참조하기

177

엑셀에서는 셀을 참조하는 방법으로 다른 곳에 입력된 값을 사용할 수 있습니다. 같은 워크시트에 있는 다른 셀, 다른 워크시트에 있는 셀, 다른 파일에 있는 셀 값 등을 참조할 수 있으며, 다른 파일의 셀을 참조하는 것은 두 파일이 연결된다고 하여 '참조' 대신 '연결'이라고 합니다. 다른 위치의 셀 값을 참조하는 방법에 대해 알아보겠습니다.

예제 파일 PART 05\CHAPTER 19\참조.xlsx

다음은 참조 위치에 따른 수식 구성을 나타낸 표입니다.

위치	참조 수식	수식 예
현재 시트	=셀 주소	=A1
다른 시트	=시트명!셀 주소	=Sheet2!A1
다른 파일	=[전체 경로\파일명.xlsx]시트명!셀 주소	=[C:\예제\Sample.xlsx]Sheet1!A1

TIP 값이 없는 셀을 참조

참조는 다른 위치의 값을 가져와 사용하는 방법인데, 만약 참조한 셀이 빈 셀이면 0이 반환됩니다. 즉, 엑셀에서 빈 셀은 0과 같습니다.

01 예제 파일의 'sample' 워크시트에서 다른 위치의 값을 참조해보겠습니다. [H6] 셀을 선택하고 등호(=)를 입력한 후 [F15] 셀을 클릭하고 Enter를 누릅니다. 그러면 [H6] 셀의 수식 입력줄에 **=F15**라는 수식이 표시되고 [H6] 셀에 [F15] 셀의 값이 나타납니다.

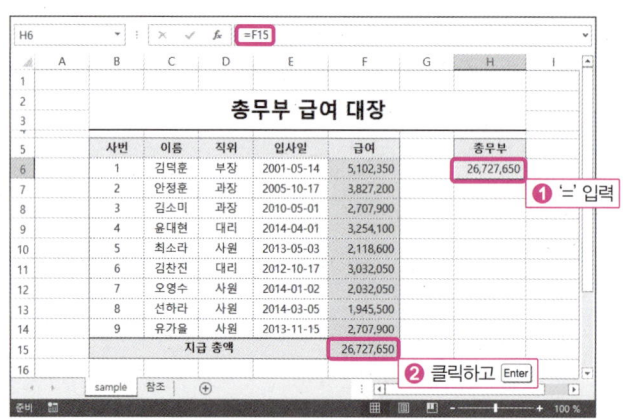

02 시트 탭에서 '참조' 시트를 선택해 열고 다른 워크시트의 값을 참조해보겠습니다. [C6] 셀을 선택하고 등호(=)를 입력한 후 시트 탭에서 'sample' 시트를 선택합니다. [F15] 셀을 클릭하고 Enter를 누릅니다. [C6] 셀의 수식 입력줄에서 **=sample!F15**라는 수식을 확인할 수 있습니다.

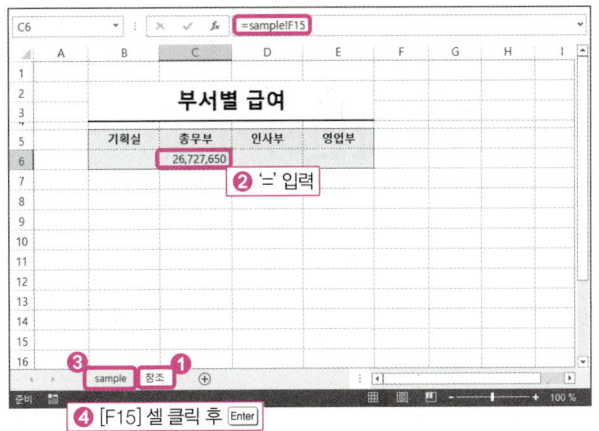

> **Plus⁺ 시트 이름이 작은따옴표(')로 묶여 표시되는 경우**
>
> 다른 워크시트를 참조한 경우 워크시트 이름이 작은따옴표(')로 묶이는 경우가 있습니다. 이유는 다음과 같습니다.
>
> • 워크시트 이름에 '부서 급여'와 같이 띄어쓰기가 되어 있는 경우
> • 워크시트 이름이 '1월'과 같이 숫자로 시작되는 경우
>
> 다른 워크시트를 참조할 때 나타나는 작은따옴표(')는 엑셀에 의해 자동 작성되므로 사용자는 이런 규칙을 이해하고 있지 않아도 됩니다. 하지만 직접 수식을 입력할 때는 해당 조건에 맞게 참조 수식을 작성할 수 있어야 합니다.

03 단축키 Ctrl + N을 눌러 빈 통합 문서를 열고 다른 파일의 값을 참조해보겠습니다. [B2] 셀에 등호(=)를 입력하고 Ctrl + Tab을 눌러 예제 파일을 화면에 표시합니다. 'sample' 시트를 선택하고 [H6] 셀을 클릭한 후 Enter를 누릅니다. [B2] 셀의 수식 입력줄을 보면 **=[참조.xlsx]sample!$H$6**라는 수식을 확인할 수 있습니다.

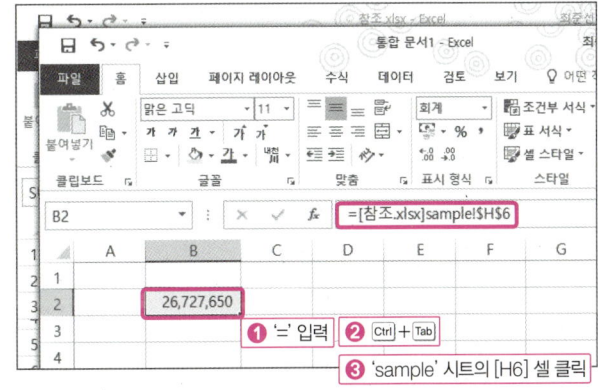

> **Plus⁺ 다른 파일을 참조할 경우의 수식**
>
> 다른 파일과 연결해 셀을 참조한 경우에는 기존 참조와 몇 가지 다른 점이 있습니다.
>
> • 다른 파일을 참조하면 파일이 열려 있을 때는 파일의 경로가 나타나지 않지만 파일을 닫으면 파일의 경로가 표시됩니다.
> • 다른 파일을 참조하면 셀 주소가 절대 참조로 참조됩니다.
>
> **LINK** 절대 참조 방식에 대한 더 자세한 정보는 'No. 180 상대 참조, 절대 참조, 혼합 참조'를 참고합니다.

수식에서 참조하는 셀 위치를 빠르게 확인하기

178

수식에서는 다양한 셀을 참조하게 되는데, 참조한 셀 위치를 시각적으로 확인할 수 있다면 수식을 이해하고 관리하는 데 도움이 됩니다. 엑셀에는 [참조되는 셀 추적] 기능이 있어 수식에서 참조하는 위치를 시각적으로 확인할 수 있습니다. 수식에서 참조한 셀 위치를 확인하는 방법에 대해 알아보겠습니다.

예제 파일 PART 05 \ CHAPTER 19 \ 참조 위치.xlsx

01 예제 파일을 열고 'sample' 시트의 [G5] 셀을 선택합니다. 수식 입력줄을 보면 [C6:C13] 범위를 참조하고 있는 것을 확인할 수 있습니다. 이렇게 위치가 명확한 경우에는 굳이 참조 위치를 확인할 필요가 없지만 여러 위치를 참조하여 수식이 복잡한 경우에는 참조한 셀 위치를 확인해보는 것이 좋습니다.

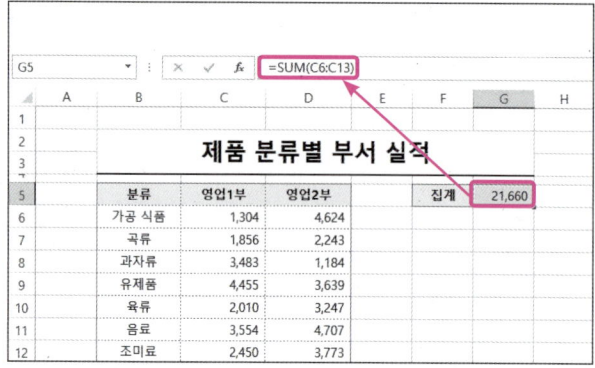

02 [G5] 셀이 선택된 상태에서 [수식] 탭-[수식 분석] 그룹-[참조되는 셀 추적]을 클릭합니다. 참조 위치가 파란색 실선 테두리로 표시되고 참조 방향이 화살표로 나타납니다.

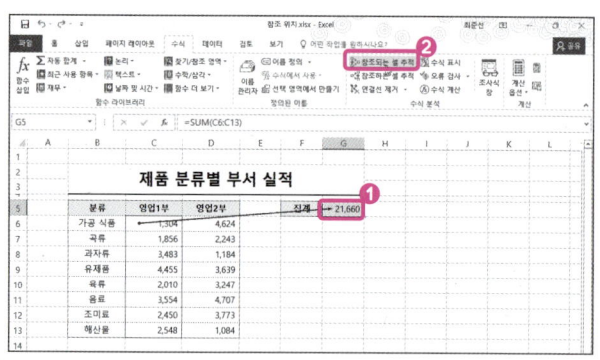

TIP 여러 위치를 참조하고 있다면 모든 참조 위치에 화살표가 나타납니다.

03 표시된 화살표(연결선)는 명령을 해제하기 전까지는 사라지지 않습니다. [수식] 탭-[수식 분석] 그룹-[연결선 제거]를 클릭하면 연결선이 제거됩니다.

04 이번에 참조 위치가 다른 워크시트인 경우를 확인해보겠습니다. 시트 탭에서 '참조' 시트를 선택하고 [B6] 셀을 선택합니다. [B6] 셀은 'sample' 시트의 [C6:C13] 범위를 참조하고 있습니다. [수식] 탭-[수식 분석] 그룹-[참조되는 셀 추적]을 클릭합니다. 이 경우는 다른 시트를 참조하고 있어 해당 위치로 연결선을 표시할 수 없으므로 참조 위치가 아이콘으로만 표시됩니다.

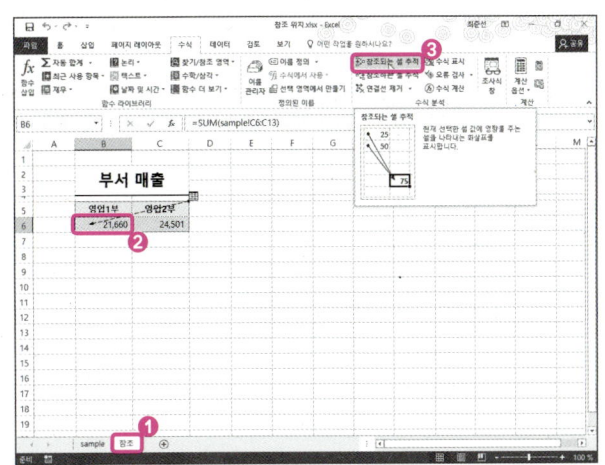

05 반대로 값이 입력된 셀을 참조하는 위치를 확인해볼 수도 있습니다. 'sample' 시트로 이동해 [C6] 셀을 선택하고 [수식] 탭-[수식 분석] 그룹-[참조하는 셀 추적]을 클릭합니다. 그러면 해당 셀을 수식에서 참조하는 셀 위치가 연결선으로 표시됩니다. 다른 시트에서도 참조가 되고 있으므로 표 아이콘 모양이 표시되고 연결선으로 [G6] 셀을 가리키는 것을 확인할 수 있습니다.

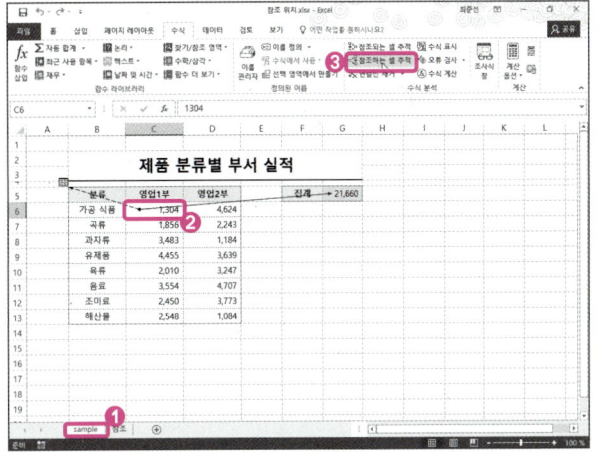

수식으로 연결된 파일 관리하기 179

수식에서 다른 파일의 셀을 참조하면 두 파일이 연결됩니다. 이때 연결된 파일의 이름, 위치를 변경하거나 다른 파일로 수정하려면 수식을 일일이 고칠 필요 없이 연결된 파일 정보만 수정하면 됩니다. 여기서는 연결된 파일 정보를 확인하고 파일의 위치를 수정하는 방법에 대해 알아보겠습니다.

\ 예제 파일 PART 05 \ CHAPTER 19 \ 파일 연결.xlsx, 대리점 (서울).xlsx, 대리점 (인천).xlsx, 대리점 (부산).xlsx

01 예제 파일을 열면 다음과 같은 보안 경고 메시지가 표시됩니다. 이 예제가 다른 파일과 연결되어 있기 때문에 나타나는 메시지로, 해당 파일에 접근해 데이터를 새로 고칠 것인지 여부를 확인하는 것입니다. [콘텐츠 사용]을 클릭합니다.

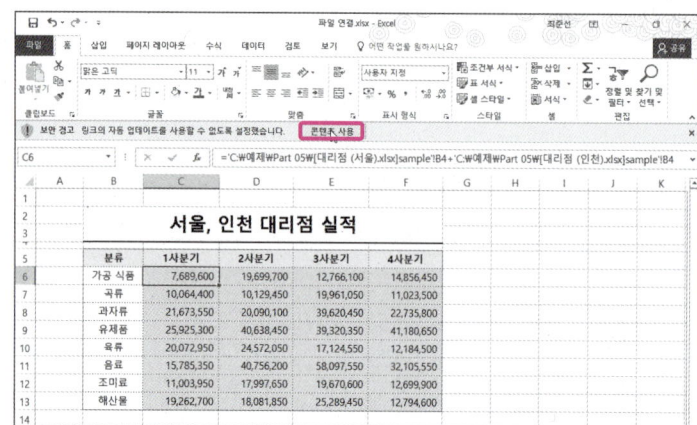

TIP 보안 경고 메시지와 신뢰할 수 있는 문서

2010 버전부터는 보안 경고 메시지 줄에서 [콘텐츠 사용]을 클릭하면 파일이 신뢰할 수 있는 문서로 구분되어 다음에 다시 열 때는 보안 경고 메시지가 표시되지 않습니다.

LINK 더 자세한 정보를 확인하려면 'No. 486 신뢰할 수 있는 문서와 보안 경고 메시지줄'을 참고합니다.

02 수식 입력줄에서 확인할 수 있듯이 표에 집계된 값은 모두 다른 파일에서 참조한 것입니다. '인천' 대신 '부산' 지역 대리점 실적을 집계해야 한다고 가정하고 파일의 연결 정보를 수정해보겠습니다. [데이터] 탭-[연결] 그룹-[연결 편집]을 클릭합니다.

03 [연결 편집] 대화상자가 열리고, 연결된 파일 정보를 확인할 수 있습니다. '대리점 (인천).xlsx' 파일을 선택하고 [원본 변경]을 클릭합니다.

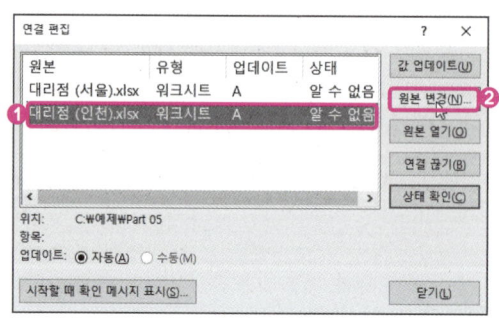

[연결 편집] 대화상자의 버튼 역할 이해하기

[연결 편집] 대화상자에 있는 버튼 다섯 개는 각각 다음 작업을 처리합니다.

❶ **값 업데이트** : 연결된 파일의 값을 새로 읽어 현재 파일에 반영합니다.
❷ **원본 변경** : 연결된 파일이 저장된 폴더나 파일 이름이 변경된 경우 위치를 다시 지정합니다.
❸ **원본 열기** : 연결된 파일을 엽니다.
❹ **연결 끊기** : 연결된 파일과의 연결을 끊습니다. 이 경우 수식이 값으로 변경됩니다.
❺ **상태 확인** : 연결된 파일과의 연결 상태를 확인해 왼쪽 리스트의 [상태] 열 값으로 반환합니다.

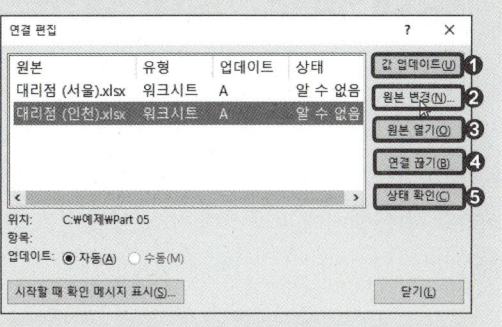

04 [원본 변경] 대화상자가 열리면 예제 파일이 있는 폴더에서 '대리점 (부산).xlsx' 파일을 선택하고 [확인]을 클릭합니다.

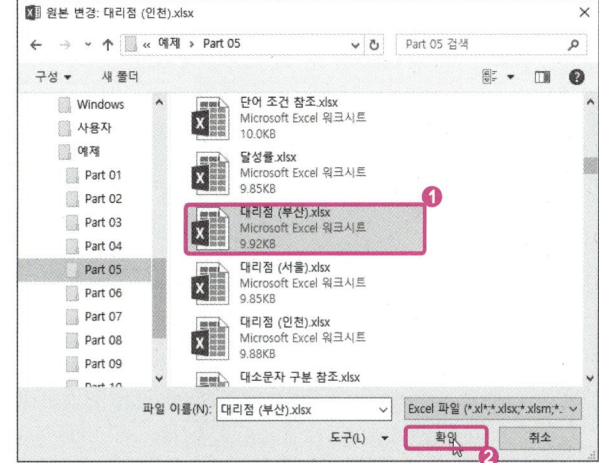

05 [연결 편집] 대화상자도 [닫기]를 클릭해 닫습니다. 다음과 같이 변경된 집계 결과가 나타납니다. [B2] 셀의 제목을 다음과 같이 변경합니다.

[B2] 셀 : 서울, 부산 대리점 실적

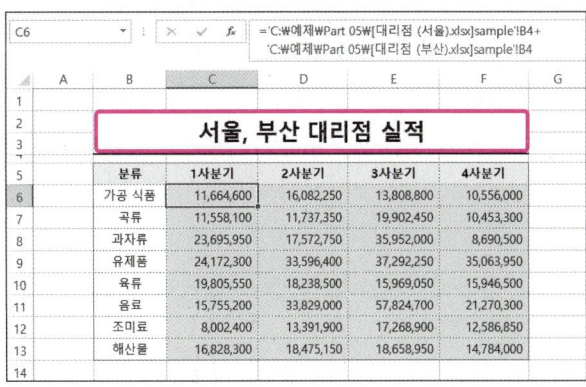

상대 참조, 절대 참조, 혼합 참조

셀(또는 범위)을 참조한 수식을 복사하면 참조한 셀 주소가 변경됩니다. 그러므로 사용자는 필요에 따라 셀 주소가 변경되거나 또는 변경되지 않도록 설정할 수 있어야 합니다. 이런 설정 방법을 참조 방식이라고 하며, 방식에 따라 상대 참조, 절대 참조, 혼합 참조로 구분합니다. 셀 참조 방식에 대해 알아보겠습니다.

예제 파일 PART 05\CHAPTER 19\참조 방식.xlsx

엑셀의 참조 방식에는 다음 세 가지가 있습니다.

> **Plus⁺ 엑셀의 참조 방식**
>
> 엑셀의 셀 주소는 열(A, B, C, …) 주소와 행(1, 2, 3, …) 주소가 결합된 형태입니다. [A1] 셀은 [A] 열과 [1] 행에 위치한 셀을 의미합니다.
>
> - **상대 참조**
>   상대 참조는 수식을 복사하는 방향의 주소가 변경되는 방식입니다. 예를 들어 [A1] 셀을 참조하는 수식을 행(아래쪽) 방향으로 복사하면 A2, A3, …과 같이 행 주소가 변경됩니다. 열(오른쪽) 방향으로 복사하면 B1, C1, …과 같이 열 주소가 변경됩니다.
> - **절대 참조**
>   절대 참조는 수식을 복사해도 참조한 셀 위치가 변경되지 않는 방식입니다. $ 기호를 열과 행 주소 앞에 입력하면 셀 주소가 변경되지 않습니다. 예를 들어 [A1] 셀을 참조할 때 $A$1과 같이 입력하면 수식을 복사해도 항상 [A1] 셀을 참조합니다. 이때 $ 기호를 절대 참조 기호라고 합니다.
> - **혼합 참조**
>   혼합 참조는 상대 참조와 절대 참조가 혼합된 방식입니다. 열 주소 또는 행 주소에만 절대 참조 기호($)를 사용해 $ 기호가 사용된 주소 부분만 변경되지 않도록 하는 방식입니다. 예를 들어 [A1] 셀을 참조할 때 A$1과 같이 행 주소만 고정하면 행(아래쪽) 방향으로 복사할 때는 셀 주소가 변경되지 않지만 열(오른쪽) 방향으로 복사하면 B$1, C$1, …과 같이 변경됩니다.

01 예제 파일을 열고 '상대참조' 시트의 [G6:G13] 범위에 1사분기~4사분기 실적을 집계해보겠습니다.

분류	1사분기	2사분기	3사분기	4사분기	합계
가공식품	210	339	349	406	
곡류	126	423	642	665	
과자류	663	694	1,373	753	
유제품	777	1,434	1,056	1,188	
육류	287	663	701	359	
음료	827	890	972	865	
조미료	403	559	814	674	
해산물	641	645	476	786	

02 [G6] 셀에 다음 수식을 입력하고 [G6] 셀의 채우기 핸들을 [G13] 셀까지 드래그해 복사합니다.

[G6] 셀 : =SUM(C6:F6)

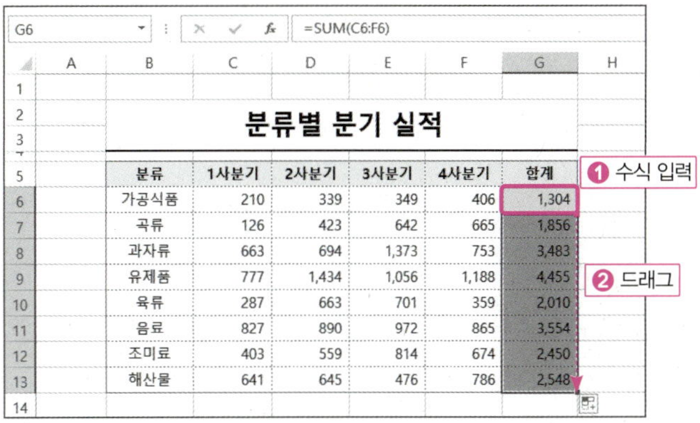

❶ 수식 입력
❷ 드래그

03 02 과정에서 [G6] 셀에 작성한 수식이 마지막 셀에서는 어떻게 변했는지 확인하기 위해 [G13] 셀을 더블클릭합니다. 참조 위치가 화면과 같이 동일한 색 테두리로 표시됩니다.

더블클릭

TIP [G6] 셀에서 참조한 셀의 행 주소가 모두 변경된 것을 확인할 수 있습니다. 이렇게 복사된 방향의 셀 주소가 변경되는 방식을 '상대 참조'라고 합니다.

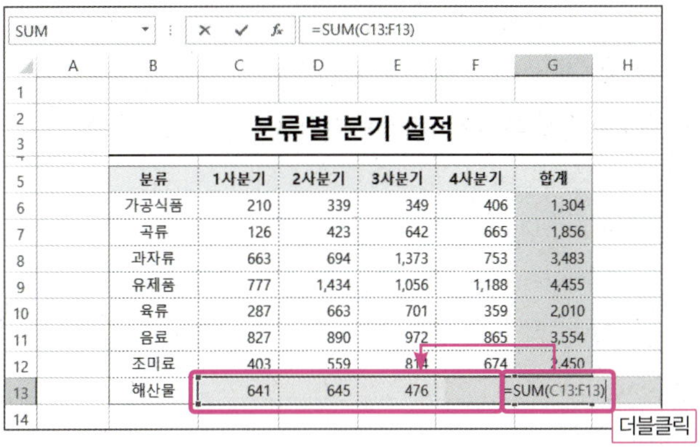

04 시트 탭에서 '절대참조' 시트를 선택하면 다음과 같은 표를 확인할 수 있습니다. [G6:G13] 범위의 집계 값에 [C15] 셀의 반품률을 적용한 값을 [H6:H13] 범위에 계산해보겠습니다.

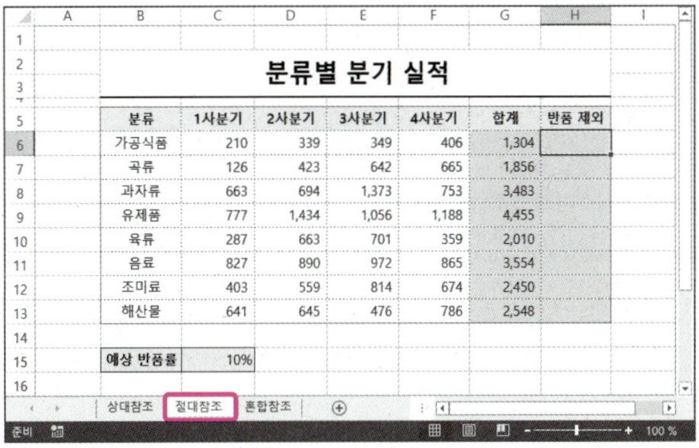

05 [H6] 셀에 다음 수식을 입력하고 [H6] 셀의 채우기 핸들을 [H13] 셀까지 드래그해 복사합니다. [H6] 셀을 제외한 나머지 [H7:H13] 범위 내 셀 값은 모두 [G] 열의 합계 값과 동일한 것을 확인할 수 있습니다.

[H6] 셀 : **=G6*(1−C15)**

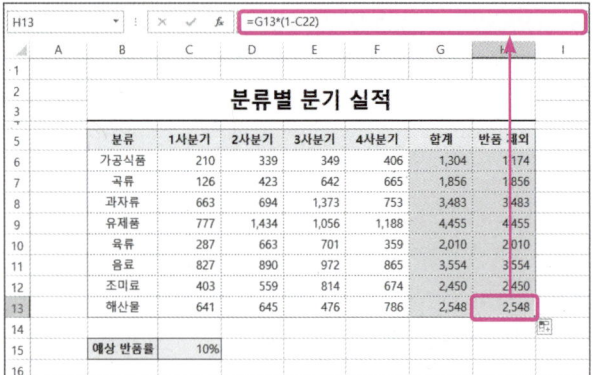

06 [H13] 셀을 선택하고 수식 입력줄을 확인합니다. 합계 값을 참조하는 [G13] 셀 위치는 올바르지만, 반품률은 [C15] 셀이 아니라 [C22] 셀을 참조하고 있습니다. 이 수식에서 반품률은 항상 [C15] 셀을 참조해야 하므로 수식을 복사해도 주소가 변경되지 않도록 해야 합니다.

07 [H6] 셀에 입력된 수식을 다음과 같이 수정하고 [H6] 셀의 채우기 핸들을 [H13] 셀까지 드래그해 복사합니다.

[H6] 셀 : **=G6*(1−$C$15)**

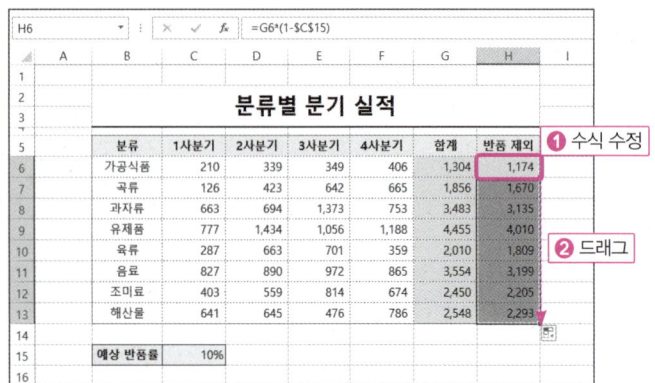

> **Plus⁺ 절대 참조 기호($) 쉽게 입력하기**
>
> 셀을 참조할 때 주소를 고정하기 위해 사용하는 절대 참조 기호($)는 직접 입력할 수도 있고 F4를 눌러 변경할 수도 있습니다. F4는 토글키로, 참조할 셀 주소를 입력하고 키를 누를 때마다 다음과 같이 참조 방식이 순환되면서 변경됩니다.
>
> 상대 참조 → 절대 참조 → 혼합 참조(행) → 혼합 참조(열) → 상대 참조

08 '혼합참조' 시트를 열고 [G7:G14] 범위의 값에 10%, 20%, 30% 증액한 값을 [H7:J14] 범위에 계산해보겠습니다.

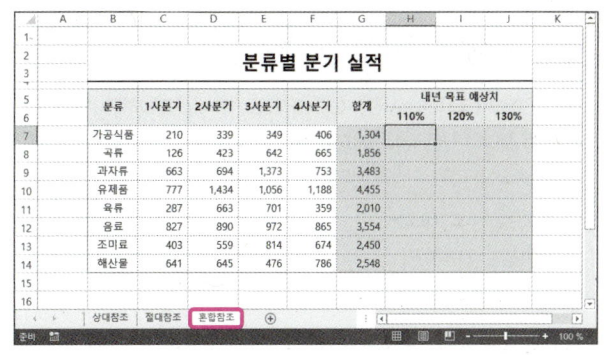

09 [H7] 셀에 다음 수식을 입력하고 [H7] 셀의 채우기 핸들을 [H14] 셀까지 드래그해 복사합니다. 수식 복사가 제대로 됐는지 확인하려면 [H14] 셀을 선택하고 수식 입력줄을 봅니다.

[H7] 셀 : =G7*$H$6

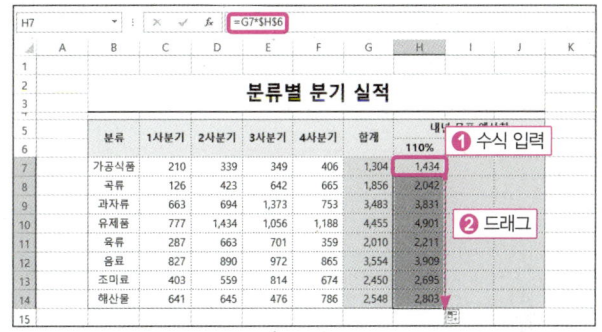

10 20%, 30% 증액도 같은 계산 방법으로 구할 수 있으므로 [H7:H14] 범위의 채우기 핸들을 [J] 열까지 드래그합니다.

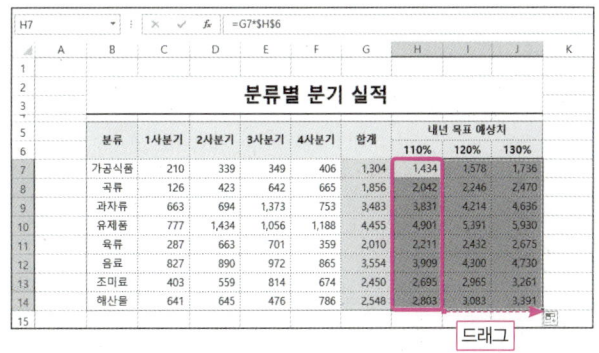

11 [J14] 셀을 선택하고 수식 입력줄을 확인합니다. 수식이 맞다면 **=G14*J6**이 입력되어 있어야 합니다. 그런데 **=I14*$H$6**으로 전혀 다른 위치가 참조되고 있습니다.

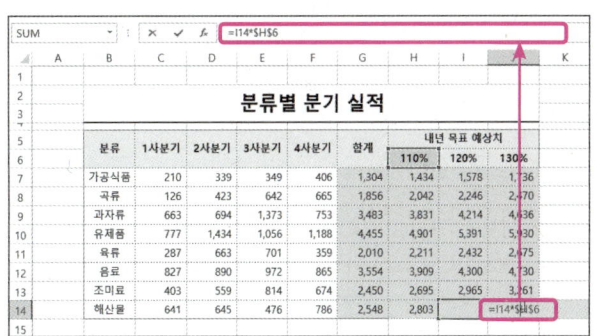

> **Plus⁺ 복사한 수식의 위치가 왜 잘못됐을까?**
>
> [H7] 셀에서 입력한 수식은 =G7*$H$6로, 수식을 복사하면 [G7] 셀의 위치는 변경되고 [H6] 셀의 위치는 고정됩니다. 따라서 [J14] 셀의 수식은 =I14*$H$6이 됩니다. 이런 종류의 표를 상대 참조와 절대 참조 방식으로만 계산하려면 [H7], [I7], [J7] 셀 세 곳에 각각 다음 수식을 입력합니다.
>
> - [H7] 셀 : =G7*$H$6
> - [I7] 셀 : =G7*$I$6
> - [J7] 셀 : =G7*$J$6
>
> 하지만 같은 패턴의 수식을 일일이 입력하는 것보다 [H7] 셀에 작성한 수식 =G7*H6을 열과 행 방향으로 복사할 때 주소가 상황에 따라 변경되도록 다음과 같은 혼합 참조 방식을 사용하는 것이 좋습니다.
>
>   =$G7*H$6
>
> 이렇게 하면 [$G7] 셀은 열 방향(좌우)으로 복사할 때는 주소가 변경되지 않지만 행 방향(상하)으로 복사할 때는 주소가 변경됩니다. [H$6] 셀의 경우는 반대로 열 방향으로 복사할 때는 주소가 변경되지만 행 방향으로 복사할 때는 주소가 변경되지 않습니다.

12 [H7] 셀의 수식을 다음과 같이 변경합니다. [H7] 셀의 채우기 핸들을 [H14] 셀까지 드래그해 복사한 후 [J] 열까지 드래그해 복사합니다.

[H7] 셀 : =$G7*H$6

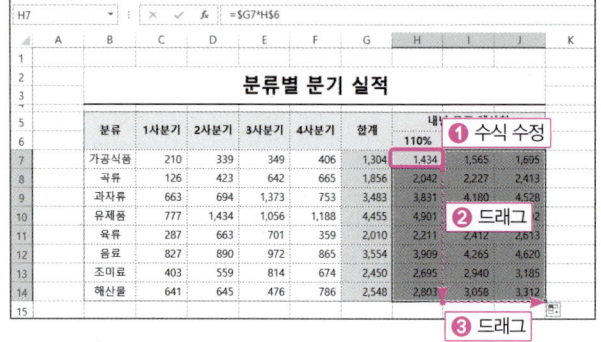

CHAPTER
20

연산자

참조 연산자를 이용해 참조하기 181

연산자란 수식에서 특별한 역할이 지정된 문자를 의미합니다. 그 중 참조 연산자는 수식에서 다른 위치의 값을 참조할 때 사용할 수 있는 문자로, 콜론(:), 쉼표(,), 공백( ), 세 가지를 사용할 수 있습니다. 엑셀에서는 셀을 자주 참조하므로 각 연산자의 역할을 잘 이해해두어야 대상 범위를 손쉽게 참조할 수 있습니다. 참조 연산자에 대해 알아보겠습니다.

예제 파일 PART 05 \ CHAPTER 20 \ 참조 연산자.xlsx

엑셀에서 사용할 수 있는 참조 연산자는 다음과 같습니다.

참조 연산자	설명	사용 예
콜론(:)	연속된 데이터 범위를 참조합니다.	[A1:A10]
쉼표(,)	떨어진 데이터 범위를 참조합니다.	[A1, C1]
공백( )	두 범위의 교차된 데이터 범위를 참조합니다.	[C1:C10 A5:E5]

콜론(:) 연산자

콜론 연산자는 가장 많이 사용하는 참조 연산자입니다. 예제 파일의 표에서 지역별로 가장 실적이 좋았던 3사분기 판매량 합계를 구하려면 [B4], [C4], [D4] 셀을 모두 더해야 합니다. 이처럼 연속된 데이터 범위를 참조할 경우에는 첫 번째 셀과 마지막 셀 사이에 콜론(:) 연산자를 사용하여 주소를 입력합니다.

쉼표(,) 연산자

서울과 경기 지역의 3사분기 실적 합계를 구하려면 [C8] 셀과 [E8] 셀을 더해야 합니다. 이처럼 서로 떨어진 위치를 참조하는 경우에는 각 셀 사이에 쉼표(,) 연산자를 사용하여 주소를 입력합니다.

공백( ) 연산자

두 데이터 범위가 교차하는 범위 또는 셀을 참조하는 경우에 사용합니다. 예를 들어 인천 지역의 3사분기 판매량을 표시하려면 3사분기 전체 범위([C8:E8])와 인천 전체 범위([D6:D9])를 공백 연산자로 참조합니다.

> **Plus⁺ 수식 이해하기**
>
> [C8:E8] 범위와 [D6:D9] 범위를 참조할 때 두 데이터 범위 사이에서 Space Bar 를 눌러 공백 문자를 입력하면 두 범위의 교집합이 반환됩니다. 두 범위의 교집합은 [D8] 셀이므로 SUM 함수는 [D8] 셀의 숫자를 반환합니다. 이 수식에서 교집합 범위는 셀 하나이므로 SUM 함수를 생략하고 **=C8:E8 D6:D9**와 같이 입력해도 같은 결과가 반환됩니다.

산술 연산자를 이용한 사칙연산 계산하기

182

산술 연산자는 더하기, 빼기, 곱하기, 나누기와 같이 숫자 계산에서 사용하는 연산자를 말합니다. 산술 연산자는 여러 수식에 가장 많이 이용되는 중요한 연산자이므로 그 역할과 연산 결과를 잘 이해해야 합니다. 산술 연산자를 이용하는 숫자 계산 방법에 대해 알아보겠습니다.

예제 파일 PART 05 \ CHAPTER 20 \ 산술 연산자.xlsx

엑셀에서 사용할 수 있는 산술 연산자는 다음과 같습니다.

산술 연산자	이름	설명
+	플러스	연산자 왼쪽과 오른쪽 숫자를 더합니다.
−	마이너스	연산자 왼쪽의 숫자에서 오른쪽 숫자를 뺍니다. 숫자 앞에 사용하면 −1을 곱하는 연산과 동일하며 음수를 표현합니다.
*	애스터리스크	연산자 왼쪽과 오른쪽 숫자를 곱합니다.
/	슬래시	연산자 왼쪽의 숫자를 오른쪽 숫자로 나눕니다.
^	캐럿	연산자 왼쪽의 숫자를 오른쪽 숫자만큼 거듭해 곱합니다(제곱).
%	퍼센트	연산자 왼쪽의 숫자를 백분율로 표시합니다.

01 연산자의 사용 방법을 익히기 위해 [F6:F11] 범위에 [E6:E11] 범위의 수식을 입력해 결과를 확인합니다.

02 모든 수식을 제대로 입력하면 화면과 같은 결과를 얻을 수 있습니다.

텍스트 형식의 숫자를 올바른 숫자로 변환하기 183

숫자에 '원'과 같은 단위나 안 보이는 문자가 함께 있으면 해당 값은 숫자 값이 아니라 텍스트 값이 됩니다. 표시 형식이 텍스트로 지정된 셀에 입력한 숫자 값이나 특정 함수의 반환 값은 숫자로 인식될 수 있는 문자로만 구성되어 있더라도 텍스트 형식의 값으로 인식됩니다. 이런 값을 '텍스트형 숫자'라고 하는데 이런 값은 SUM과 같은 함수로 집계해도 0이 반환됩니다. 그러므로 텍스트형 숫자를 계산하려면 먼저 올바른 숫자 형식으로 변환해야 합니다. 텍스트형 숫자를 계산하는 방법에 대해 알아보겠습니다.

예제 파일 PART 05 \ CHAPTER 20 \ 산술 연산자-숫자 변환.xlsx

01 예제 파일을 열고 [E10] 셀을 선택합니다. 수식 입력줄을 보면 올바른 수식이 입력되어 있는 것을 확인할 수 있습니다. 하지만 [E10] 셀의 계산 결과 값은 0입니다. 이것은 [E6:E9] 범위의 값이 텍스트 형식으로 인식되고 있기 때문입니다.

02 올바른 계산 결과를 얻기 위해 [E10] 셀의 수식을 다음과 같이 수정합니다.

[E10] 셀 : =E6+E7+E8+E9

> **Plus+ 수식 결과 이해하기**
>
> SUM 함수는 오직 숫자만 계산할 수 있지만 플러스 연산자(+)는 숫자뿐 아니라 텍스트 형식의 숫자도 숫자 형식으로 변환하여 계산합니다. 하지만 참조할 셀이 많은 경우에는 수식 구성이 복잡해지는 단점이 있으며 오직 텍스트 형식의 숫자만 계산할 수 있습니다. 예를 들면 '500원'이나 앞뒤에 공백 문자(" ")가 포함된 숫자는 계산하지 못합니다.

03 텍스트 형식의 숫자를 올바른 숫자 값으로 변환하기 위해 곱하기 연산자(*)를 이용하겠습니다. [F6] 셀에 다음 수식을 입력하고 [F9] 셀까지 채우기 핸들을 드래그해 복사합니다.

[F6] 셀 : =E6*1

> **Plus⁺ 수식 이해하기**
>
> [E6:E9] 범위 내 텍스트 형식의 숫자를 올바른 숫자 값으로 변환하기 위해 [E6] 셀의 값에 1을 곱하는 연산을 합니다. 올바로 변환됐는지 확인하려면 [F10] 셀에 =SUM(F6:F9)와 같은 수식을 입력해봅니다. 이 수식의 결과는 =E6+0과 동일합니다.

04 마이너스 연산자(-)를 이용해도 동일한 변환 작업을 할 수 있습니다. [F6] 셀의 수식을 다음과 같이 수정합니다.

[F6] 셀 : =--E6

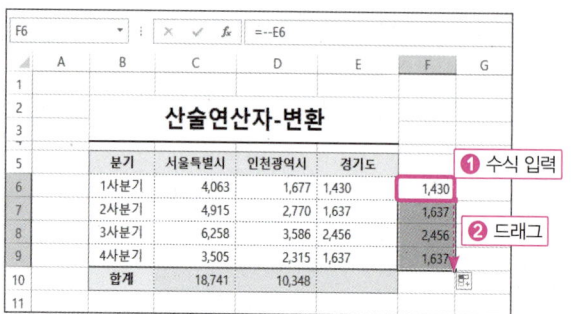

> **Plus⁺ 수식 이해하기**
>
> 이 수식은 **03** 과정에서 작성한 수식과 같지만 1을 곱하는 대신 마이너스(-)를 셀 앞에 두 번 사용합니다. 마이너스(-)를 숫자 앞에 붙이는 것은 -1을 곱하는 연산과 같습니다. 그러므로 마이너스(-)를 두 번 붙이는 것은 (-1)*(-1), 즉 1을 곱하는 것과 같은 연산입니다. **03** 과정의 1을 곱하는 연산과 마이너스(-)를 두 번 붙이는 것은 동일한 작업으로, 텍스트 형식의 숫자를 올바른 숫자 형식으로 변환할 때 편리하게 사용할 수 있습니다.

비교 연산자를 이용해 값 비교하기 184

비교 연산자는 '같다', '다르다', '크다', '작다' 등 두 값을 비교할 때 사용하는 연산자입니다. 엑셀은 비교 연산자를 사용해 얻어진 결과를 논리값(True, False)으로 반환합니다. 그러므로 사용자가 데이터를 보고 판단하는 방법을 비교 연산자로 대체할 수 있다면 IF 함수를 사용해 판단 결과에 따른 작업을 할 수 있습니다. 비교 연산자에 대해 알아보겠습니다.

예제 파일 PART 05 \ CHAPTER 20 \ 비교 연산자.xlsx

엑셀에서 사용할 수 있는 비교 연산자는 다음과 같습니다.

비교 연산자	이름	설명
=	같음	연산자 왼쪽과 오른쪽의 값이 같습니다.
<>	다름	연산자 왼쪽 값과 오른쪽 값이 다릅니다.
>	보다 큼	연산자 왼쪽 값이 오른쪽 값보다 큽니다.
>=	크거나 같음	연산자 왼쪽 값이 오른쪽 값보다 크거나 같습니다.
<	보다 작음	연산자 왼쪽 값이 오른쪽 값보다 작습니다.
<=	작거나 같음	연산자 왼쪽 값이 오른쪽 값보다 작거나 같습니다.

01 예제 파일을 열고 [F6:F11] 범위에 [E6:E11] 범위의 수식을 입력해 비교 연산자의 결과를 오른쪽 화면과 같이 확인합니다.

02 [B6:B11] 범위 내 값을 10에서 5로 모두 변경하면 [F6:F11] 범위의 결과가 자동으로 변경됩니다. 이렇게 반환된 논리값을 원하는 값으로 대체할 때 엑셀에서는 IF 함수를 사용할 수 있습니다.

LINK IF 함수에 대해서는 'No. 200 판단 결과에 따라 서로 다른 값 반환하기 – IF'를 참고합니다.

연산자 우선순위 이해하기 185

엑셀에서 쓰이는 연산자에는 앞에서 설명한 참조, 산술, 비교 연산자 외에도 값을 연결할 때 사용하는 & 연결 연산자가 있습니다. 연산자는 하나의 수식에서 여러 개를 동시에 사용할 수 있으며, 이 경우 우선 순위에 따라 먼저 계산되는 연산자와 나중에 계산되는 연산자로 구분됩니다. 어떤 연산자가 먼저 계산 되느냐에 따라 결과 값이 달라지므로 연산자의 우선순위에 대해 잘 알고 있어야 합니다.

예제 파일 PART 05 \ CHAPTER 20 \ 연산자 우선순위.xlsx

엑셀의 연산자 우선순위는 다음과 같습니다. 즉, 참조를 가장 먼저 한 후 산술 연산자를 통해 계산을 하고, 계산된 결과를 연결한 후 마지막 으로 비교를 한다고 생각하면 됩니다.

❶ 참조 연산자 〉 ❷ 산술 연산자 〉 ❸ 연결 연산자 〉 ❹ 비교 연산자

같은 연산자 그룹에서도 연산자 간의 우선순위 가 있습니다. 다음 표를 확인해 연산자의 우선 순위를 알아둡니다. 참고로 연산자 우선순위와 상관 없이 수식에서 가장 먼저 계산할 부분을 지정하려면 괄호(( ))를 이용해 해당 부분을 묶 습니다.

우선순위	소속	연산자	이름
1	참조	:	콜론
2		" "	공백
3		,	쉼표
4	산술	–	음수
5		%	백분율
6		^	제곱
7		*, /	곱셈, 나눗셈
8		+, –	덧셈, 뺄셈
9	연산	&	앰퍼샌드
10	비교	=, <, <=, >, >=, <>	비교

[F6:F11] 범위에 [E6:E11] 범위의 수식을 입력 해 연산자 우선순위에 따른 계산 결과를 확인합 니다. 수식을 올바로 입력하면 화면과 같은 결 과를 확인할 수 있습니다.

F11 : fx =(B11/D11)%+C11

	A	B	C	D	E	F	G
2					연산자 우선 순위		
5		값 1	값 2	값 3	수식	결과	
6		10	5	10	=B6+C6*D6	60	
7		10	5	10	=(B7+C7)*D7	150	
8		10	5	10	=B8=D8+C8	FALSE	
9		10	5	10	=(B9=D9)+C9	6	
10		10	5	10	=B10/D10%+C10	105	
11		10	5	10	=(B11/D11)%+C11	5.01	

TIP 연산자 우선순위에 의한 수식 계산
정확한 계산 순서를 확인하고 싶다면 엑셀의 수식 계산 기능을 이용해 계산 과정을 살펴보는 것을 추천합니다.

LINK 더 자세한 내용은 'No. 176 수식 계산 과정 살펴보기'를 참고합니다.

CHAPTER
21

수식 오류

수식 오류 값 이해하기 186

수식을 작성할 때 함수에 잘못된 값을 전달하거나 참조한 셀이 삭제된 경우, 또는 수식 작성 방법에 문제가 있는 경우에는 계산 결과 대신 #N/A와 같은 오류(에러)가 표시됩니다. 오류 값은 현재 수식에서 발생한 오류에 대한 구체적인 정보를 알려주는 일종의 메시지로, 총 일곱 가지가 있습니다. 문제를 스스로 해결하려면 해당 오류가 왜 발생하는지 알고 있어야 합니다. 여기서는 수식을 사용할 때 오류 값이 반환되는 원인과 해결 방법에 대해 알아보겠습니다.

예제 파일 PART 05 \ CHAPTER 21 \ 수식 오류.xlsx

#DIV/0! 오류

수식에서 나누기 연산을 하거나, 나눗셈 작업을 하는 함수인 AVERAGE, QUOTIENT, MOD 함수 등을 사용할 때 분모 값이 0이면 발생합니다. 예를 들어 예제 파일의 [I6] 셀에 급여의 평균을 구하기 위해 **=SUM(F6:F13)/COUNT(C6:C13)**과 같은 수식을 입력하면 발생합니다.

사번	이름	직위	입사일	급여	오류값	수식
1	김덕훈	부장	2001-05-14	4,850,000	#DIV	#DIV/0!
2	안정훈	차장	2005-10-17	3,500,000	#N/A	
3	김소미	사원	2005-05-01	2,000,000	#NAME?	
4	윤대현	대리	2009-04-01	2,800,000	#NULL!	
5	최소라	사원	2009-05-03	2,150,000	#NUM!	
6	김찬진	대리	2006-10-17	2,750,000	#VALUE!	
7	오영수	사원	2010-01-02	2,250,000	#REF!	
8	선하라	사원	2010-03-05	2,000,000	########	

Plus⁺ #DIV/0! 오류 발생 이유와 해결 방법

[I6] 셀에서 사용한 COUNT 함수는 범위 내에 있는 숫자 값의 개수를 세는 함수입니다. 예제의 [C6:C13] 범위에는 텍스트 값이 입력되어 있으므로 COUNT 함수의 결과로 0이 반환되어 #DIV/0! 오류가 발생한 것입니다. COUNT 함수를 COUNTA 함수로 변경하면 입력된 데이터 값을 세어 나눗셈 연산의 분모 값이 8이 되므로 급여 평균이 제대로 계산됩니다.

#N/A! 오류

VLOOKUP, MATCH, FIND, SEARCH 등 값을 찾는 함수를 사용할 때, 지정한 범위(또는 셀) 내에 찾는 값이 없으면 발생합니다. 예를 들어 예제 파일의 [I7] 셀에 **=MATCH("최준선",C6:C13,0)** 수식을 입력하면 발생합니다.

> **Plus⁺ #N/A! 오류 발생 이유와 해결 방법**
>
> [I7] 셀의 수식에서 사용한 MATCH 함수는 범위 내에 찾는 값이 몇 번째 나오는지 찾는 함수입니다. "최준선"이라는 값은 [C6:C13] 범위에 존재하지 않으므로 #N/A! 오류가 발생합니다. 이를 해결하려면 "최준선" 대신 [C6:C13] 범위에 입력된 값 중 하나를 MATCH 함수의 첫 번째 인수에 전달해 사용합니다.

#NAME? 오류

함수 이름을 잘못 입력했거나 텍스트 값을 큰따옴표(") 없이 입력한 경우에 발생합니다. 예를 들어 예제 파일의 [I8] 셀에 **=SUN(F6:F13)** 수식을 입력하면 발생합니다.

> **Plus⁺ #NAME? 오류 발생 이유와 해결 방법**
>
> [I8] 셀에서 사용한 SUN 함수는 SUM 함수의 오타로 존재하지 않는 함수입니다. 오류를 해결하려면 SUN을 SUM으로 수정합니다.

#NULL! 오류

자주 나타나지 않는 오류로, 수식 안에 공백(" ") 참조 연산자가 사용된 경우 지정한 두 범위의 교집합 범위가 존재하지 않으면 발생합니다. 예를 들어 예제 파일의 [I9] 셀에 **=SUM(F6 F11)** 수식을 입력하면 발생합니다.

> **Plus⁺ #NULL! 오류 발생 이유와 해결 방법**
>
> [I9] 셀의 수식에 사용한 공백 참조 연산자(" ")는 쉼표(,) 참조 연산자가 지워진 경우입니다. 오류를 없애려면 쉼표(,) 참조 연산자를 가운데에 삽입합니다.

#NUM! 오류

수식의 결과 값이 너무 작거나 커서 계산 결과를 반환하지 못하는 경우에 발생합니다. 예를 들어 예제 파일의 [I10] 셀에 **=F6^(112)** 수식을 입력하면 발생합니다.

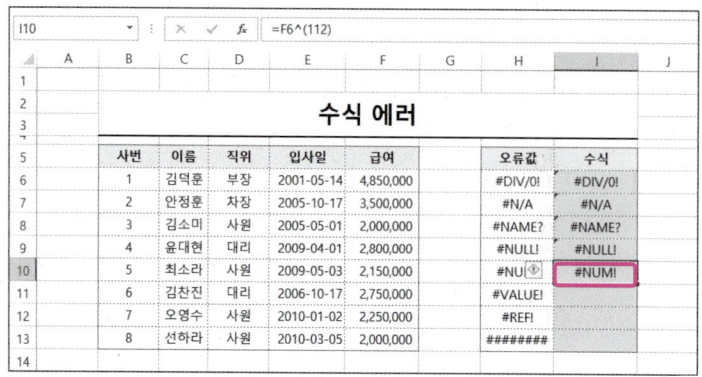

> **Plus⁺ #NUM! 오류 발생 이유와 해결 방법**
>
> #NUM! 오류가 발생했는데 수식 내에서 잘못된 숫자를 사용하지 않았다면 수식 내에 거듭제곱 연산자(^)가 사용되고 있으며 괄호를 잘못 열고 닫았을 가능성이 높습니다. 위 수식을 =F6^(1/12)와 같이 변경하면 올바른 계산 결과가 반환됩니다.

#VALUE! 오류

함수의 인수에 잘못된 데이터 형식을 전달했거나 숫자와 텍스트 값을 계산하는 등 수식을 잘못 구성한 경우에 발생합니다. 예를 들어 예제 파일의 [I11] 셀에 **=DATEDIF(E13, TODAY(), "Y")** 수식을 입력하면 발생합니다.

> **Plus⁺ #VALUE! 오류 발생 이유와 해결 방법**
>
> [I11] 셀의 수식에서 사용한 DATEDIF 함수는 근속 기간을 계산할 때 사용하는 함수입니다. 이번 예제와 같이 사용하면 [E13] 셀의 날짜로부터 오늘(=TODAY())까지의 일 차이를 계산합니다. 여기에서 #VALUE! 오류가 발생한 이유는 [E13] 셀 값이 정확한 날짜 값이 아니기 때문입니다. [E13] 셀을 선택하고 수식 입력줄을 보면 작은따옴표(')가 먼저 입력되어 있고 날짜 값 앞에 공백 문자(" ")가 삽입되어 있는 것을 확인할 수 있습니다. 이 오류는 이와 같이 잘못된 데이터 형식을 사용한 경우에 발생하므로, [E13] 셀에서 작은 따옴표(')와 공백 문자(" ")를 삭제하면 올바른 계산 결과가 나타납니다.

#REF! 오류

수식에서 참조한 셀이 삭제된 경우에 발생합니다. 예제 파일의 [I12] 셀에 **=C6** 수식을 입력한 후 [C6] 셀을 선택하고 [홈] 탭-[셀] 그룹-[삭제]를 클릭해 셀을 지우면 #REF! 오류가 발생합니다.

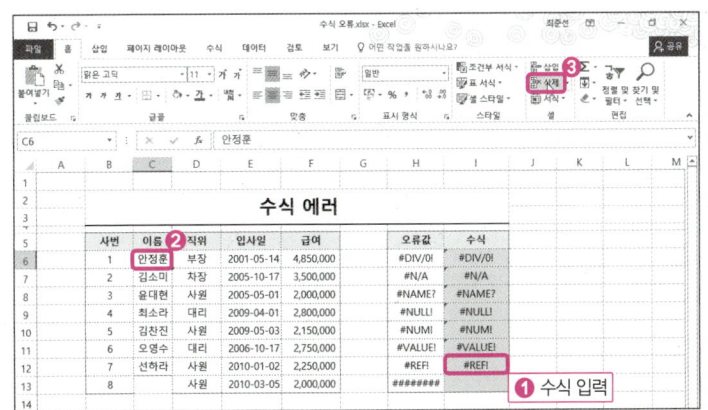

> **Plus⁺ #REF! 오류 발생 이유와 해결 방법**
>
> 셀 값을 지울 때는 Delete 를 누르거나 리본 메뉴에서 [삭제]를 클릭합니다. Delete 를 누르면 셀 값만 지워지지만 [삭제]를 클릭하면 셀 자체가 없어지고 그 자리에 다른 셀이 채워집니다. 이렇게 수식에서 참조한 셀이 [삭제] 명령으로 사라지면 참조할 위치가 없으므로 #REF! 오류가 발생합니다. 이 오류는 사용자가 다시 정확한 셀을 참조해야 해결됩니다.

오류

수식에서 반환된 값을 표시하지 못할 때 발생하는 오류입니다. 예제 파일에서 [F] 열의 열 너비를 줄이면 ###### 오류가 나타납니다.

> **Plus⁺ ###### 오류 발생 이유와 해결 방법 1**
>
> 열 너비가 충분하지 못해 발생한 오류는 열 너비를 넓히면 해결됩니다. [F] 열 머리글과 [G] 열 머리글의 구분선을 더블클릭하면 열 너비가 자동으로 조정되어 ###### 표시가 사라집니다.

예제 파일에서 표시 형식이 '날짜'로 설정되어 있는 [I13] 셀에 다음과 같이 입력하면 ###### 오류가 나타납니다.

[I13] 셀 : –1

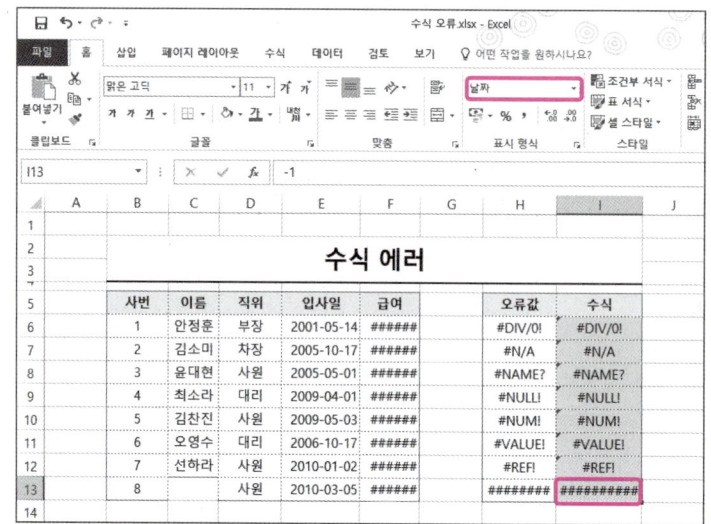

> **Plus⁺ ###### 오류 발생 이유와 해결 방법 2**
>
> [I13] 셀에 음수 값을 입력하거나 수식으로 계산된 값이 음수 값을 반환하면 ###### 오류가 나타납니다. 표시 형식이 날짜나 시간으로 설정된 셀 값이 음수이면 음수에 해당하는 날짜와 시간을 반환할 수 없기 때문에 나타나는 오류입니다. 이 문제를 해결하려면 [홈] 탭-[표시 형식] 그룹-[표시 형식]을 [일반]으로 변경합니다.

187 오류 추적 기능으로 오류 원인 파악하기

사용자가 작성한 수식에 문제가 있을 소지가 있으면 셀 왼쪽 위에 녹색 삼각형 모양 아이콘이 표시됩니다. 이 아이콘을 '오류 표식'이라고 합니다. 오류 표식이 나타난 셀을 선택하면 셀 왼쪽에 오류 추적 스마트 태그가 나타납니다. 이 태그를 클릭하면 엑셀이 파악한 문제와 해결 방법에 대한 도움을 얻을 수 있습니다. 여기서는 오류 추적 기능을 이용하여 오류 원인을 파악하는 방법에 대해 알아보겠습니다.

예제 파일 PART 05 \ CHAPTER 21 \ 오류 추적.xlsx

예제 파일을 열고 오류 표식이 있는 [B6] 셀과 [B7] 셀을 선택합니다. 오류 추적 스마트 태그를 클릭하면 다음과 같은 단축 메뉴를 확인할 수 있습니다.

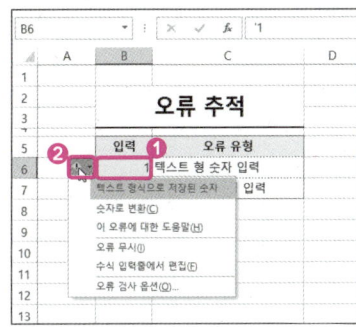 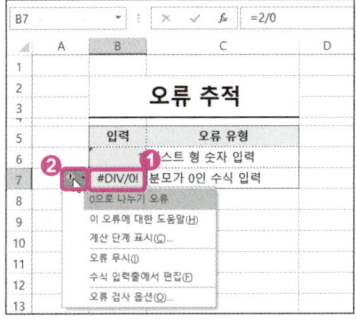

▲ [B6] 셀 선택 화면   ▲ [B7] 셀 선택 화면

위의 두 화면에서 표시되는 메뉴에 대한 설명은 다음 표를 참고합니다.

화면	메뉴	설명
왼쪽	텍스트 형식으로 저장된 숫자	오류 발생 원인입니다.
	숫자로 변환	텍스트 형식의 숫자를 숫자 형식으로 변환합니다.
오른쪽	0으로 나누기 오류	오류 발생 원인입니다.
	계산 단계 표시	[수식 계산] 대화상자를 불러옵니다.
공통	이 오류에 대한 도움말	오류에 대한 도움말을 표시합니다.
	오류 무시	오류 표식을 숨깁니다.
	수식 입력줄에서 편집	수식 입력줄에서 수식을 편집할 수 있도록 합니다.
	오류 검사 옵션	[Excel 옵션] 대화상자의 [수식] 범주를 표시합니다.

이처럼 오류 추적 스마트 태그를 사용하면 오류 발생 원인을 파악할 수 있으며, 제시된 오류 해결 명령을 통해 오류를 수정할 수 있습니다.

워크시트의 모든 수식 오류를 빠르게 확인하기

188

오류가 발생한 셀을 선택하면 오류 추적 스마트 태그를 이용해 오류의 원인을 파악할 수 있지만 표가 복잡할 경우에는 오류 추적 스마트 태그를 확인하기가 쉽지 않습니다. 이런 경우에는 [오류 검사] 기능으로 워크시트 내에서 발생하는 오류를 한 번에 검사할 수 있습니다.

예제 파일 PART 05 \ CHAPTER 21 \ 오류 검사.xlsx

01 예제 파일을 열고 [수식] 탭-[수식 분석] 그룹-[오류 검사]를 클릭합니다.

02 오류가 발생한 첫 번째 셀인 [B6] 셀이 자동으로 선택되면서 [오류 검사] 대화상자가 나타납니다. [오류 검사] 대화상자의 명령은 오류 추적 스마트 태그를 클릭했을 때 나타나는 단축 메뉴의 명령과 동일합니다. [숫자로 변환]을 클릭해 문제를 해결하고 [다음]을 클릭해 계속 진행합니다.

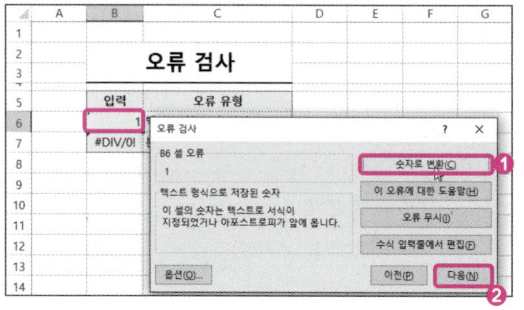

03 이번에는 오류가 발생한 [B7] 셀이 선택되면서 해당 셀의 오류 값 처리 방법을 선택할 수 있습니다. 문제를 바로 해결할 수 없을 때는 [수식 입력줄에서 편집]이나 [계산 단계 표시]를 클릭해 확인하면서 문제를 해결합니다. [다음]을 클릭하여 계속 진행합니다.

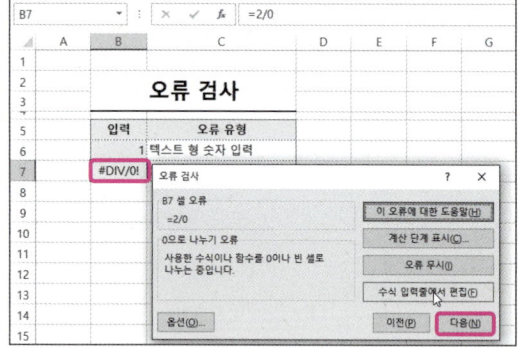

04 더 이상 오류가 발생한 셀이 없다면 다음과 같은 메시지 창이 나타납니다. [확인]을 클릭하여 종료합니다.

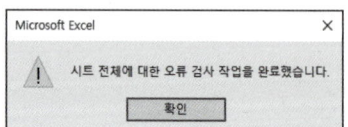

TIP 오류 추적 스마트 태그와 [오류 검사] 기능의 차이

오류 추적 스마트 태그는 사용자가 직접 오류가 발생한 셀을 선택하고 사용해야 합니다. 하지만 [오류 검사]는 워크시트의 모든 셀에 대해 오류를 검사하고 오류가 발생한 셀을 하나씩 표시하면서 문제 해결 방법을 제시합니다.

오류 표식 없애기

189

셀 좌측 상단의 오류 표식은 셀에 입력한 값 또는 수식이 지정된 규칙을 어긴 경우에 표시됩니다. 오류 표식이 나타나는 것이 불편하다면 옵션을 변경하여 표시되지 않도록 설정할 수 있습니다. 오류 표식이 나타나는 규칙을 확인하고 더 이상 표시되지 않도록 설정하는 방법에 대해 알아보겠습니다.

예제 파일 없음

01 [파일] 탭-[옵션]을 클릭해 [Excel 옵션] 대화상자를 열고 [수식] 범주를 선택합니다. [오류 검사 규칙] 항목을 확인해 언제 오류 표식이 나타나는지 확인합니다.

TIP 특정 상황에서 오류 표식이 나타나지 않도록 하는 방법

특정 상황에서 발생하는 오류 표식을 나타나지 않게 하려면 해당 옵션 확인란의 체크 표시를 해제합니다. 예를 들어 [앞에 아포스트로피가 있거나 텍스트로 서식이 지정된 숫자]의 체크 표시를 해제하면 숫자 앞에 작은따옴표(')을 입력해도 오류 표식이 나타나지 않습니다

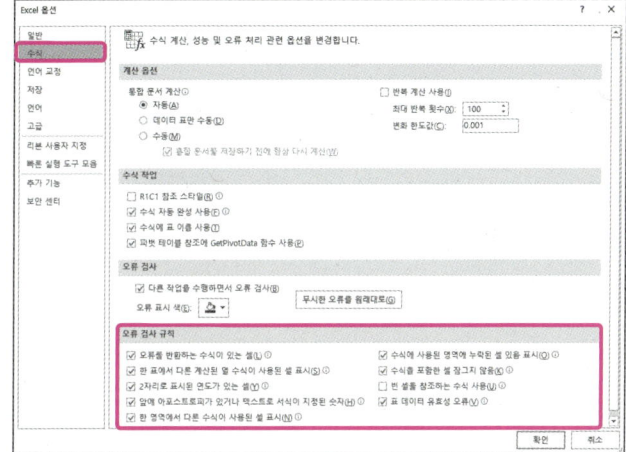

02 오류 표식이 모두 나타나지 않도록 하려면 [오류 검사] 항목에서 [다른 작업을 수행하면서 오류 검사]의 체크 표시를 해제하고 [확인]을 클릭합니다.

TIP 셀에서 개별적으로 오류 표식이 나타나지 않도록 설정하기

오류가 발생한 셀에서 오류 추적 스마트 태그를 클릭하고 [오류 무시]를 선택합니다.

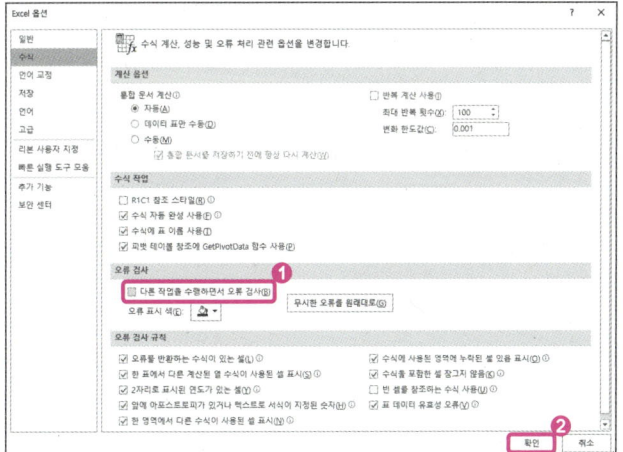

순환 참조 발생 원인을 파악하고 문제 해결하기

190

순환 참조는 수식에서 셀 자신을 참조하거나 자신을 참조하고 있는 다른 셀을 참조한 경우에 발생합니다. 예를 들면 [A1] 셀에 '=A1+1'과 같이 자신을 참조하는 수식을 작성하거나, [A1] 셀에는 '=B1+1'을 입력하고 [B1] 셀에는 '=A1+1'을 입력한 경우입니다. 이처럼 계산을 하기 위해 참조한 셀이 자신을 다시 참조하여 계산이 정상적으로 진행되지 못할 때 순환 참조가 발생합니다. 순환 참조가 발생한 경우 그 원인을 파악하고 해결하는 방법에 대해 알아보겠습니다.

예제 파일 PART 05 \ CHAPTER 21 \ 순환 참조.xlsx

01 예제 파일을 열면 순환 참조가 발생했음을 알리는 메시지 창이 나타납니다. 내용을 확인하고 [확인]을 클릭합니다.

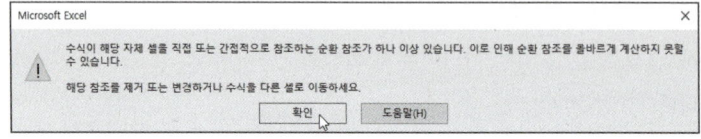

02 순환 참조가 발생한 셀 위치를 알기 위해 왼쪽 하단의 상태 표시줄 메시지를 확인합니다. 순환 참조가 발생한 [C9] 셀을 선택하고 수식 입력줄을 확인하면 **=B9+1**이 입력되어 있고, [C9] 셀에서 참조한 [B9] 셀을 확인하면 **=C9+1**이 입력되어 있습니다. 자신을 참조하고 있는 셀을 참조했으므로 순환 참조가 발생한 것입니다.

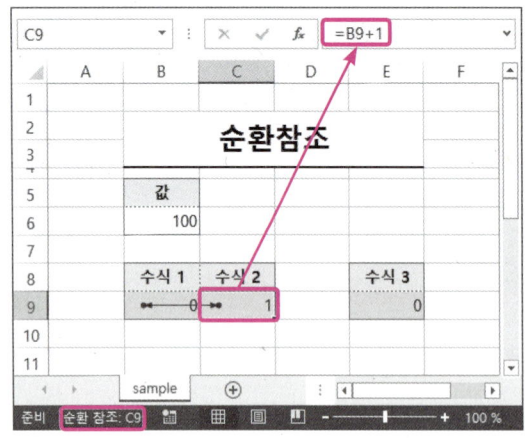
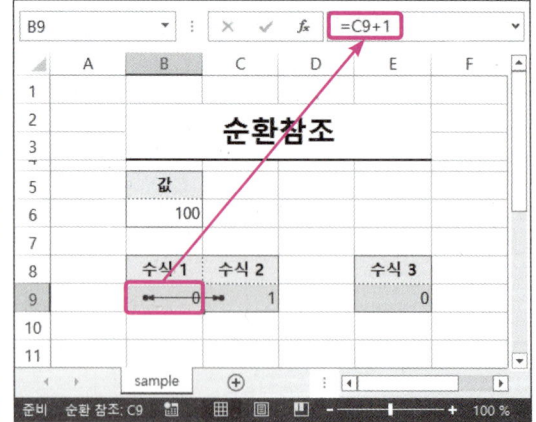

03 순환 참조를 해결하기 위해 [B9] 셀의 수식을 다음과 같이 수정합니다. [B9], [C9] 셀의 계산 결과가 올바로 반환됩니다.

[B9] 셀 : =B6+1

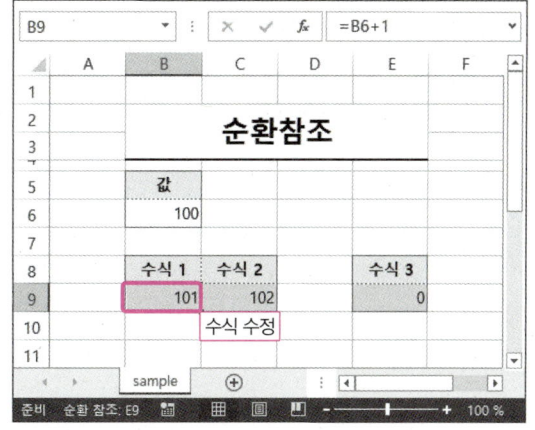

04 상태 표시줄을 다시 보면 새로운 순환 참조 위치인 [E9] 셀이 표시되어 있습니다. [E9] 셀에 입력된 수식을 확인하면 **=E9+1**입니다. 자신을 참조하도록 되어 있으므로 순환 참조가 발생한 것입니다.

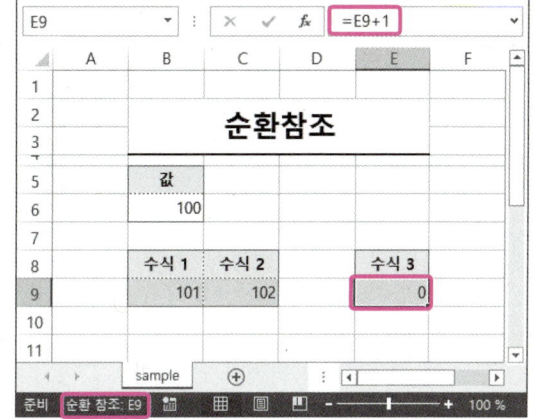

05 [E9] 셀의 수식을 **=C9+1**과 같은 방식으로 변경하면 순환 참조를 해결할 수 있습니다. 참고로 순환 참조가 여러 셀에 걸쳐 발생하더라도 상태 표시줄에 모든 셀이 한 번에 표시되지는 않습니다. 따라서 순환 참조 메시지를 상태 표시줄에서 확인하면서 한 셀씩 수정해야 합니다.

순환 참조를 이용한 누계 기록하기 191

순환 참조는 불편한 오류로 보이지만, 잘 이용하면 일반적인 방법으로 처리할 수 없는 특별한 수식을 작성할 수 있습니다. 예를 들어 제품을 관리할 때 입력한 수량 값을 특정 셀에 계속 누적해야 한다면 순환 참조를 이용하는 수식을 작성해 누계를 구할 수 있습니다. 순환 참조를 이용하려면 순환 참조의 단점을 정확하게 이해하고 있어야 하며, 필요에 따라서는 매크로를 이용하는 방법이 더 효율적일 수 있습니다.

예제 파일 PART 05 \ CHAPTER 21 \ 순환 참조-누계.xlsx, 순환 참조-누계 (매크로).txt

반복 계산 이용

01 예제 파일을 열고 [C6] 셀에 입력되는 숫자의 누계 값을 [D6] 셀에 구하는 작업을 순환 참조를 이용해서 해보겠습니다.

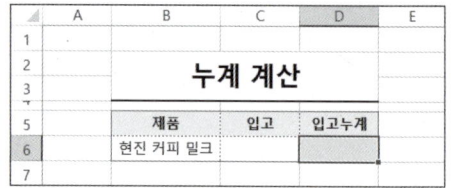

02 순환 참조를 이용하려면 먼저 [반복 계산 사용] 옵션을 활성화해야 합니다. [파일] 탭-[옵션]을 클릭해 [Excel 옵션] 대화상자를 열고 [수식] 범주를 선택합니다. [반복 계산 사용]에 체크 표시를 하고, [최대 반복 횟수]를 [1]로 변경한 후 [확인]을 클릭합니다.

TIP [최대 반복 횟수] 옵션을 '1'로 설정한 것은 순환 참조가 발생했을 때 한 번은 그대로 계산하라는 의미입니다.

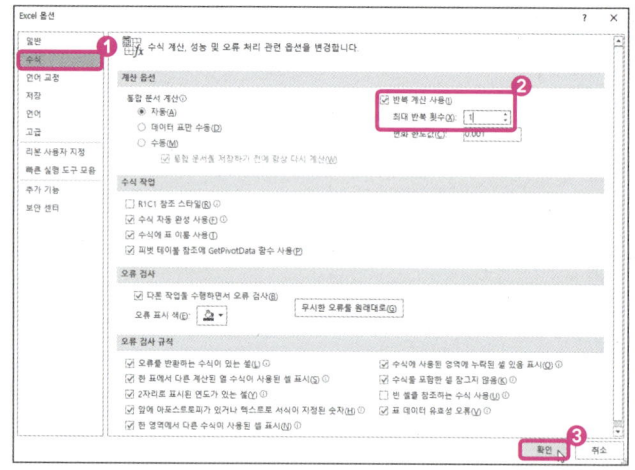

03 누계가 기록될 [D6] 셀에 다음 수식을 입력합니다. [D6] 셀에 [D6] 셀을 참조하는 수식을 작성해도 순환 참조가 발생하지 않습니다.

[D6] 셀 : =D6+C6

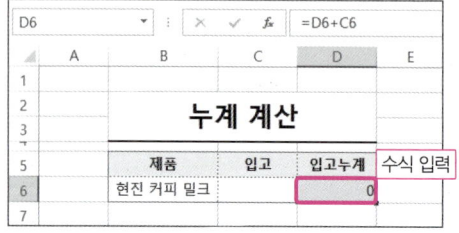

04 [C6] 셀에 수량을 입력할 때마다 [D6] 셀에 해당 값이 누적해서 더해집니다. 화면은 [C6] 셀에 100, 200, 300을 순서대로 입력한 결과입니다.

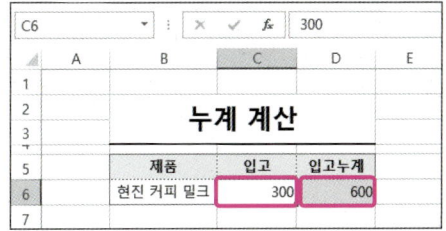

> **Plus⁺ 값을 잘못 입력할 경우**
>
> 순환 참조를 이용한 셀에 값을 잘못 입력한 경우 빠른 실행 도구 모음의 [⤺ 실행 취소]를 클릭하거나 단축키 Ctrl + Z를 눌러 작업을 취소하면 입력하기 전의 값으로 돌아가는 것이 아니라 취소된 값이 계속 더해집니다. 값을 잘못 입력했다면 입력한 값을 음수로 다시 입력해야 합니다. 예를 들어 '300'이 잘못 입력되었다면 '-300'을 입력하여 같은 수만큼 빼야 누계가 정확히 계산됩니다.

매크로 이용

언뜻 보기에는 누적 값을 구할 때 순환 참조를 이용하는 방법이 간편하고 좋아 보일 수 있지만, 다른 셀에 값을 입력해도 [C3] 셀 값이 입력된 상태라면 [D3] 셀에 계속 누적되는 문제가 있으므로 실무에서 사용하기에는 부적합합니다. 순환 참조는 간단한 누적 값을 확인할 때 유용하며 실무에서는 매크로를 이용하는 것이 좋습니다. 매크로를 통해 순환 참조를 이용하는 방법은 다음과 같습니다.

01 시트 탭에서 마우스 오른쪽 버튼을 클릭하고 [코드 보기]를 선택합니다.

02 VB 편집기 창이 열리면 우측 코드 창에 다음 코드를 입력하거나 예제로 제공되는 텍스트 파일의 코드를 복사해 붙여넣습니다.

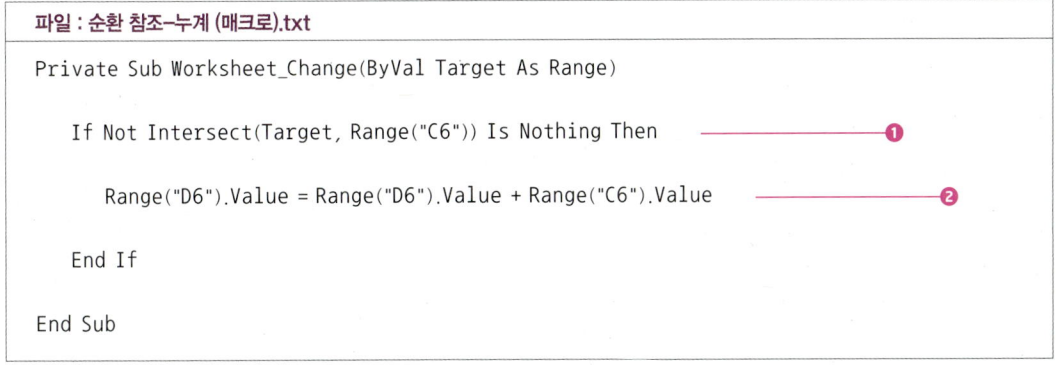

파일 : 순환 참조-누계 (매크로).txt

```
Private Sub Worksheet_Change(ByVal Target As Range)

    If Not Intersect(Target, Range("C6")) Is Nothing Then      ──①

        Range("D6").Value = Range("D6").Value + Range("C6").Value   ──②

    End If

End Sub
```

① '[C6] 셀의 값을 고치면'이라는 의미로 이해합니다. 나중에 위치가 달라지면 셀 주소만 [C6] 셀에서 다른 셀로 변경합니다.
② [D6] 셀에 [D6] 셀과 [C6] 셀의 값을 더한 값을 입력하라는 의미입니다. 역시 위치가 달라지면 셀 주소를 변경해 사용합니다.

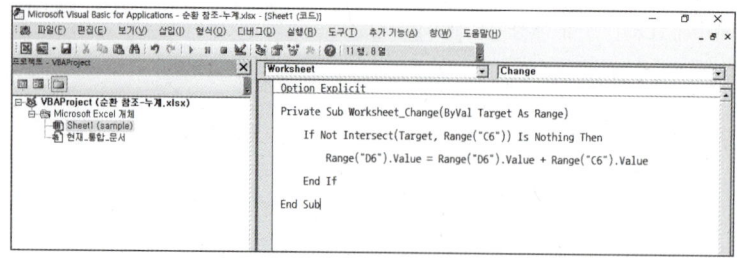

03 VB 편집기 창을 닫고 엑셀 창으로 돌아온 후 [D6] 셀의 수식을 Delete를 눌러 지웁니다. [C6] 셀에 다시 100, 200, 300을 순서대로 입력하면 동일한 결과가 얻어집니다.

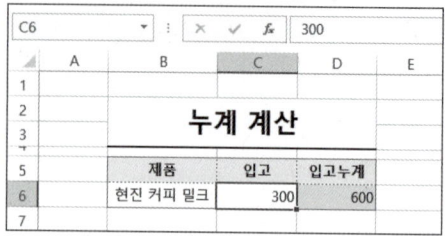

04 매크로 코드가 입력되어 있으므로 파일을 '매크로 사용 통합 문서'로 저장해야 합니다. F12를 눌러 [다른 이름으로 저장] 대화상자가 열리면 [파일 형식]을 [Excel 매크로 사용 통합 문서]로 변경하고 [저장]을 클릭합니다.

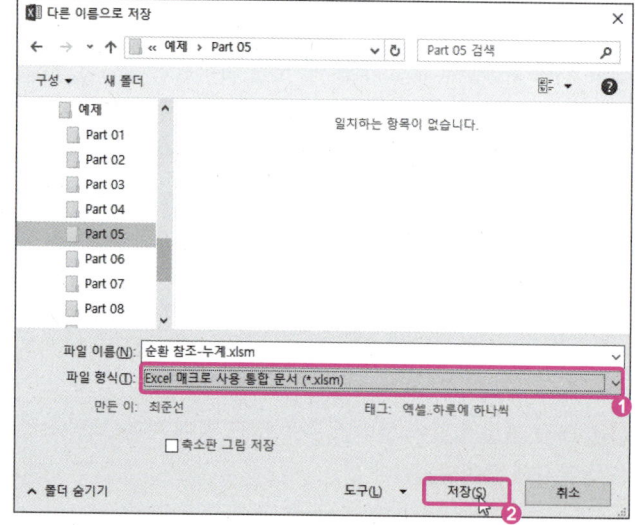

05 [C6] 셀에 값을 입력하면 입력된 값이 [D6] 셀에 누적됩니다. 실행을 취소하거나 다른 셀 값을 변경해도 [D6] 셀의 값이 바뀌지 않습니다. 매크로를 사용한다면 [Excel 옵션] 대화상자에서 [반복 계산]의 체크 표시를 해제하여 순환 참조를 이용한 계산 방법을 사용하지 않도록 합니다.

192 병합 셀을 포함한 집계 결과가 틀릴 경우 해결하기

병합된 셀이 포함된 범위를 참조해 계산할 때 계산 결과가 틀리게 나오는 경우가 있습니다. 이런 문제는 병합된 셀에 감춰진 값이 있을 때 발생합니다. 보통 병합을 하면 셀 값이 하나만 남지만, 방법에 따라 화면에 보이지 않는 셀에 값이 저장되어 있을 수 있습니다. 이 경우 병합을 해제하고 계산에 필요하지 않은 값을 모두 삭제한 후 다시 셀을 병합하면 문제를 해결할 수 있습니다.

예제 파일 PART 05 \ CHAPTER 21 \ 병합 셀 계산 오류.xlsx

01 예제 파일을 열고 [C12] 셀을 보면 [C6:C11] 범위의 합계를 구하는 수식이 입력되어 있습니다. 그런데 [C6:C11] 범위를 보면 1,000 값이 세 개 있으므로 결과가 3,000이어야 하는데, 3,015가 반환되었으니 계산이 잘못된 것을 알 수 있습니다. 계산이 바르게 되도록 문제를 해결해보겠습니다.

02 이런 문제가 발생할 때는 셀 병합을 해제하고 계산을 확인하는 것이 좋습니다. [C6:C11] 범위를 선택하고 [홈] 탭-[맞춤] 그룹-[📋 병합하고 가운데 맞춤]을 클릭합니다.

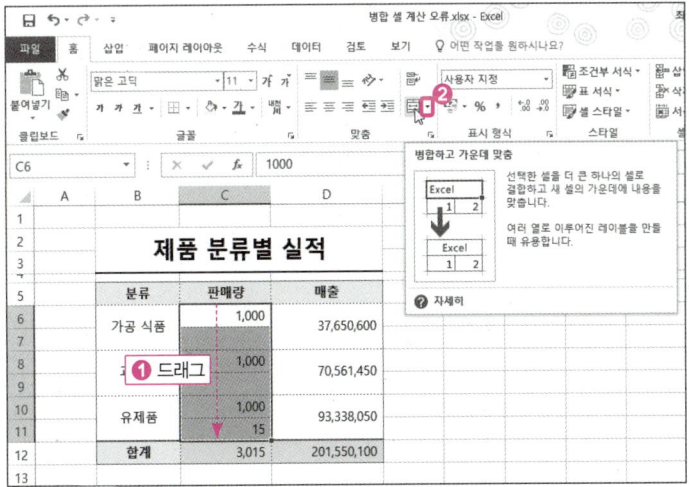

03 그러면 [C11] 셀에 불필요한 값이 들어 있는 것을 확인할 수 있습니다. [C11] 셀을 선택하고 Delete 를 눌러 값을 삭제합니다.

	A	B	C	D	E
1					
2		제품 분류별 실적			
3					
5		분류	판매량	매출	
6		가공 식품	1,000	37,650,600	
7					
8		과자류	1,000	70,561,450	
9					
10		유제품	1,000	93,338,050	
11					
12		합계	3,000	201,550,100	
13					

> **Plus⁺ 어떻게 병합된 셀 안에 값이 남아 있을 수 있을까**
>
> 일반적으로 병합 작업을 할 때는 리본 메뉴의 [📄 병합하고 가운데 맞춤]을 사용합니다. 이 경우 첫 번째 셀 값만 남고 나머지 셀 값은 모두 지워집니다. 하지만 자동 채우기를 이용해 병합 작업을 하면 값이 그대로 남습니다. 이번 계산 오류는 자동 채우기를 이용해 병합 작업을 진행한 경우에 나타난 것입니다.
>
> **LINK** 병합 작업에 대한 더 자세한 내용은 'No. 057 셀 병합하기'를 참고합니다.

CHAPTER 22

유용한 수식

원금에서 부가세 계산하기

193

원금에서 부가세를 계산하는 방법은 원금에 부가세가 포함되었는지 여부에 따라 달라집니다. 부가세 계산식 자체는 단순하지만, 막상 계산하려면 혼동이 생길 수 있습니다. 부가세를 계산하는 수식을 작성하는 방법에 대해 알아보겠습니다.

예제 파일 PART 05 \ CHAPTER 22 \ 부가세.xlsx

Plus⁺ 부가세 계산 방법

부가세를 구하는 계산식은 다음과 같습니다.

부가세 포함 여부	계산식
포함	=원금*(10/110) 또는 =원금/11
미포함	=원금*10%

원금에 곱하는 10/110 값은 부가세 포함일 때 금액을 110으로 보고 그 중 10%를 부가세로 계산하는 수식입니다. 10/110은 1/11로 표현할 수 있으므로 이번 계산식은 =D6*(1/11)로 변경하거나 좀 더 단순화해서 =D6/11로 변경할 수 있습니다.

01 예제 파일을 열고 위의 계산식을 참고해 부가세를 계산해보겠습니다. 먼저 부가세가 포함되어 있는 경우를 계산합니다. [D8] 셀에 다음 수식을 입력하면 [D6] 셀의 원금에 포함된 부가세 금액이 계산됩니다.

[D8] 셀 : =D6*(10/110)

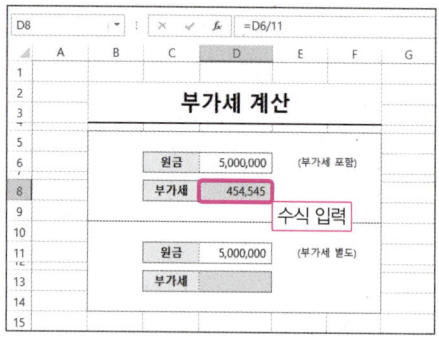

02 이번에는 부가세가 포함되어 있지 않은 경우의 부가세를 계산합니다. [D13] 셀에 다음 수식을 입력합니다.

[D13] 셀 : =D11*10%

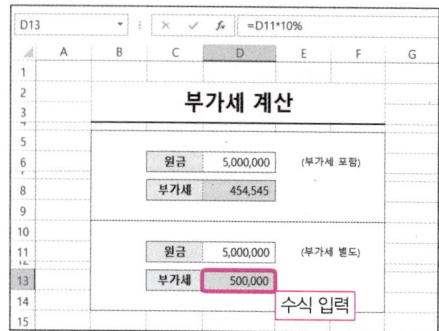

계약금과 수령 금액을 통해 세율 계산하기

194

계약금에 세금이 포함되었는지 여부에 따라 계약금과 수령액에 차이가 발생할 수 있습니다. 이 경우 몇 %의 세율이 적용됐는지 확인하려면 계약금과 수령액, 세율이 어떻게 계산되는지 알고 있어야 합니다. 여기서는 계약금과 수령액, 세율의 세 가지 항목 중 두 가지를 알고 있을 때 나머지 한 가지 항목을 계산하는 방법에 대해 알아보겠습니다.

예제 파일 PART 05 \ CHAPTER 22 \ 세율.xlsx

Plus⁺ 세율 계산하는 방법

세율, 수령액, 계약금을 구하는 계산식은 다음과 같습니다.

항목	계산식
세율	=1-(수령액/원금)
수령액	=원금*(1-세율)
계약금	=수령액/(1-세율)

01 예제 파일을 열고 위의 표를 참고해 세율, 수령액, 계약금을 계산해보겠습니다. 먼저 세율을 계산하기 위해 [D10] 셀에 다음 수식을 입력합니다.

[D10] 셀 : =1-(D7/D6)

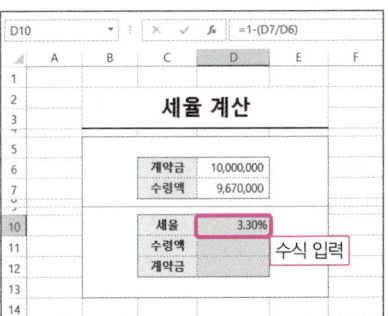

TIP 수령액을 계약금으로 나누면 비율이 계산되는데, 이 값을 1(100%)에서 빼면 세율이 계산됩니다.

02 계약금과 세율을 알 때 수령액을 계산하는 수식을 작성해보겠습니다. [D11] 셀에 다음 수식을 입력합니다. 수식 결과가 [D7] 셀의 값과 같은 것을 확인할 수 있습니다.

[D11] 셀 : =D6*(1-D10)

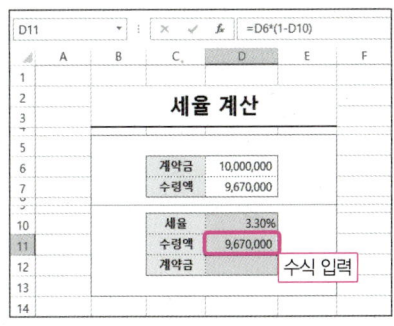

TIP 1(100%)에서 세율을 뺀 후, 계약금과 곱하면 수령액을 알 수 있습니다.

03 수령액과 세율을 알 때 계약금을 계산해보겠습니다. [D12] 셀에 다음 수식을 입력합니다. 수식 결과가 [D6] 셀의 값과 같은 것을 확인할 수 있습니다.

[D12] 셀 : D11/(1-D10)

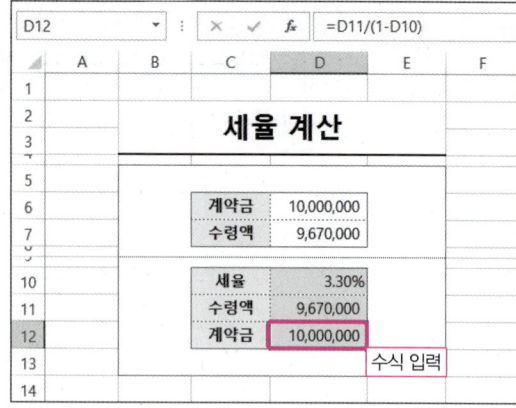

TIP 1(100%)에서 세율을 뺀 값으로 수령액을 나누면 계약금이 반환됩니다.

할인율과 할인된 금액 계산하기

제품을 판매하기 위해 구매자에게 적정 할인율을 적용해주어야 할 때는 할인율과 할인된 판매액을 계산할 수 있어야 합니다. 판매 금액을 확정한 경우 할인율을 계산하는 방법과 할인율이 지정되어 있을 때 판매 금액을 계산하는 방법을 각각 알아보겠습니다.

예제 파일 PART 05 \ CHAPTER 22 \ 할인율.xlsx

Plus⁺ 할인율과 판매 금액 계산 방법

할인율 및 할인율이 적용된 판매 금액을 구하는 계산식은 다음과 같습니다.

항목	계산식
할인율	=1-(판매/(단가*수량))
판매	=단가*수량*(1-할인율)

01 예제 파일을 열고 할인율 계산식을 이용해 할인율과 판매액을 계산해보겠습니다. [D11] 셀에 다음 수식을 입력합니다.

[D11] 셀 : =1-(D8/(D6*D7))

TIP 받은 돈(판매)을 받을 돈(단가*수량)으로 나눠 비율을 계산하고 1(100%)에서 빼면 할인된 비율이 구해집니다.

02 단가, 수량, 할인율을 알고 있을 때 판매액을 계산해보겠습니다. [D12] 셀에 다음 수식을 입력합니다. [D8] 셀의 판매액과 결과 값이 같은 것을 확인할 수 있습니다.

[D12] 셀 : =(D6*D7)*(1-D11)

TIP 1(100%)에서 세율을 뺀 후, 계약금과 곱하면 수령액을 알 수 있습니다.

달성률(비율) 계산하기

196

달성률은 보통 목표 실적을 얼마나 달성했는지 그 수치를 비율로 계산하는 것입니다. 달성률과 같은 비율은 보통 '=계산할 값/기준 값'으로 나눠 계산합니다. 이때 계산할 값은 달성한 값 즉 실적이고 기준 값은 목표 값이므로 달성률은 '=실적/목표'와 같은 계산식으로 구하면 됩니다. 이 계산에서 주의할 점은 목표 또는 실적에 마이너스가 존재할 경우입니다. 아래 표에 정리해둔 계산식을 이용하면 됩니다.

예제 파일 PART 05 \ CHAPTER 22 \ 달성률.xlsx

Plus⁺ 달성률 계산 방법

달성율을 구하는 계산식은 다음과 같습니다.

목표가 마이너스 값	계산식
예	=1+((실적−목표)/ABS(목표))
아니오	=실적/목표

* ABS 함수는 절댓값을 반환하는 함수입니다.

---

01 예제 파일을 열고 위의 계산식을 참고해 달성률을 구해보겠습니다. 마이너스 값이 없는 경우의 달성률을 계산하기 위해 [E7] 셀에 다음 수식을 입력하고 [E7] 셀의 채우기 핸들을 [E10] 셀까지 드래그해 복사합니다.

[E7] 셀 : =D7/C7

02 마이너스 값이 포함된 달성률을 계산하기 위해 [H7] 셀에 다음 수식을 입력하고 [H7] 셀의 채우기 핸들을 [H10] 셀까지 드래그해 복사합니다.

[H7] 셀 : =1+((G7−F7)/ABS(F7))

TIP ABS 함수
ABS 함수는 절댓값을 반환하는 함수로, 음수를 양수로 반환할 때 자주 사용합니다.

성장률(증감률) 계산하기

197

이전에 비해 올해 얼마나 더 성장(증감)했는지를 비율로 계산한 값을 성장률(증감률)이라고 합니다. 성장률은 얼마나 증가(또는 감소)했는지를 계산한 값을 기준 값(이전 값)으로 나눠 계산합니다. 이 항목 역시 달성률과 마찬가지로 마이너스 값이 있는 경우에는 분모에 해당하는 값을 절댓값으로 만들어 계산하면 됩니다.

예제 파일 PART 05 \ CHAPTER 22 \ 성장률.xlsx

Plus⁺ 성장률 계산 방법

성장률을 구하는 계산식은 다음과 같습니다.

과거 실적이 마이너스 값	계산식
아니오	=(현재 실적 − 과거 실적)/과거 실적
예	=(현재 실적 − 과거 실적)/ABS(과거 실적)

분모의 값은 양수이어야 하므로 과거 실적이 음수이면 ABS 함수를 사용해 처리합니다.

01 예제 파일을 열고 성장률을 구해보겠습니다. 마이너스 값이 없는 경우의 성장률을 계산하기 위해 [D7] 셀에 다음 수식을 입력하고 [D7] 셀의 채우기 핸들을 [D10] 셀까지 드래그해 복사합니다.

[D7] 셀 : =(C7−B7)/B7

02 마이너스 값이 포함된 성장률을 계산하기 위해 [G7] 셀에 다음 수식을 입력하고 [G7] 셀의 채우기 핸들을 [G10] 셀까지 드래그해 복사합니다.

[G7] 셀 : =(F7−E7)/ABS(E7)

연평균 성장률 계산하기 198

평균을 계산할 때 주로 사용하는 AVERAGE 함수로는 합계를 개수로 나눈 산술평균 값을 구할 수 있습니다. 하지만 연평균 성장률과 같이 누적된 값에 기초해 평균을 구할 때는 산술평균이 아닌 기하평균을 사용해야 더 정확한 결과를 얻을 수 있습니다. 여기서는 연평균 성장률을 구하는 방법에 대해 알아보겠습니다.

예제 파일 PART 05 \ CHAPTER 22 \ 연 평균 성장률.xlsx

연평균 성장률 계산 방법
연평균 성장률을 구하는 공식은 다음과 같습니다.

- 연평균 성장률 = (최종/최초)^(1/기간)-1
  * 최종 : 연평균 성장률을 구할 마지막 실적입니다.
  * 최초 : 연평균 성장률을 구할 처음 실적입니다.
  * 기간 : 연평균 성장률을 구할 기간입니다(최종 – 최초).
- n 기간 후의 실적 = 최초*((1+연평균 성장률)^n)

01 예제 파일을 열고 연평균 성장률을 구한 후 동일한 성장률로 성장했다고 가정하여 2017년 매출을 계산해보겠습니다.

02 연도별 성장률을 계산하기 위해 [D7] 셀에 다음 수식을 입력합니다. [D7] 셀의 채우기 핸들을 [D10] 셀까지 드래그해 매 연도의 성장률을 계산합니다.

[D7] 셀 : =(C7–C6)/C6

03 연평균 성장률을 구하기 위해 [F6:G6] 병합 셀에 다음 수식을 입력합니다.

[F6:G6] 셀 : =(C10/C6)^(1/(B10–B6))–1

> **Plus⁺ 수식 이해하기**
>
> 연평균 성장률은 공식을 이용해 계산했습니다. [C10] 셀은 2016년의 매출액이고 [C6] 셀은 2012년의 매출액입니다. 수식의 1/(B10–B6) 부분이 제대로 계산되려면 [B6:B10] 범위의 값이 모두 숫자여야 합니다. 만약 숫자가 아닌 경우에는 마지막 연도 (2016)에서 시작 연도(2012)를 뺀 4 값을 (B10–B6) 부분에 넣어 1/4과 같이 변경하면 됩니다.

04 계산된 연평균 성장률만큼 지속적으로 성장한다고 가정하고 2017년의 매출 실적을 예상해보겠습니다. [C13] 셀에 다음 수식을 입력합니다.

[C13] 셀 : =C6*(1+F6)^(B13–B6)

> **Plus⁺ 수식 이해하기**
>
> 이번 예제에서 사용한 수식은 앞서 설명한 'n 기간 후의 실적 계산식'에 필요한 값을 대입한 것입니다. [C6] 셀은 2012년의 매출이고, [F6] 셀은 연평균 성장률입니다. (B13–B6) 부분은 2012년에서 2017년까지의 기간 차이를 구하기 위한 것으로, [B6:B10] 범위의 값이 숫자가 아니면 5로 변경해 처리할 수 있습니다. 이 계산식을 사용해 2016년의 매출액도 2012년의 매출액으로 정확하게 계산할 수 있습니다. 다음 수식을 빈 셀에 입력해 결과 값을 확인합니다.
>
> =C6*(1+F6)^(B10–B6)

계량 단위 변환하기 (평, 근, 돈, 인치)

산업자원부가 2007년 7월부터 '법정 계량 단위 사용 의무화 조치'를 시행함에 따라 이전에 사용하던 평, 근, 돈 등의 단위는 제곱미터, 그램 등의 단위로 바꾸어 사용해야 합니다. 2007년이니 꽤 시간이 흘렀지만 평, 근, 돈 등의 단위는 여전히 통용되고 있습니다. 단위를 간단하게 변환하는 방법에 대해 알아보겠습니다.

예제 파일 PART 05 \ CHAPTER 22 \ 계량 단위.xlsx

자주 사용되는 단위는 각각 다음과 같이 환산할 수 있습니다.

1인치 = 2.54센티미터
1평 = 3.3058제곱미터
1근 = 600그램
1돈 = 3.75그램

예제 파일을 열고 위에 정리된 단위 환산 값을 참고해 단위를 변경합니다. 아래에 정리된 표의 계산식을 지정된 셀에 입력하면 변경된 계량 단위 값을 구할 수 있습니다.

셀	수식	설명
F6	=CONVERT(D6, "in", "cm")	인치를 센티미터로 변경
F7	=CONVERT(D7, "cm", "in")	센티미터를 인치로 변경
F10	=D10*3.3058	평을 제곱미터로 변경
F11	=D11/3.3058	제곱미터를 평으로 변경
F14	=D14*600	근을 그램으로 변경
F15	=D15/600	그램을 근으로 변경
F18	=D18*3.75	돈을 그램으로 변경
F19	=D19/3.75	그램을 돈으로 변경

Plus⁺ 냥 단위

금의 무게를 재는 단위 중에 '냥'이 있습니다. '냥'은 '돈'의 상위 개념으로, 1냥은 10돈입니다. 단위 변환 표를 이용하면 1냥이 몇 그램인지 쉽게 계산할 수 있습니다. [D18] 셀에 '10'을 입력하면 [F18] 셀에 10돈에 해당하는 그램 값이 나타납니다. 이 값이 바로 1냥의 그램 값입니다.

CHAPTER
23

판단 함수

판단 결과에 따라 서로 다른 값 반환하기 - IF

200

데이터에 따라 서로 다른 결과를 구해야 하는 경우, 데이터를 구분할 조건을 정확하게 설정할 수 있다면 IF 함수로 조건의 판단 결과에 따라 서로 다른 값이 반환되도록 할 수 있습니다. 이런 작업은 엑셀에서는 매우 빈번하게 발생하며 사람이 관여할 여지를 프로그램에게 이관할 수 있는 부분이므로 잘 이해하고 사용해야 합니다. IF 함수를 사용하는 방법에 대해 알아보겠습니다.

예제 파일 PART 05\CHAPTER 23\IF 함수.xlsx

새로 나온 함수

IF 함수
사용자가 지정한 조건을 판단해, TRUE인 경우에 반환할 값과 FALSE인 경우에 반환할 값을 다르게 지정할 수 있습니다.

IF(❶ 조건식, ❷ TRUE일 때 값, ❸ FALSE일 때 값)
❶ 조건식 : TRUE, FALSE 값을 반환하는 계산식
❷ TRUE일 때 값 : ❶ 조건식의 결과가 TRUE일 때 대체할 값 또는 계산식
❸ FALSE일 때 값 : ❶ 조건식의 결과가 FALSE일 때 대체할 값 또는 계산식

참고로 IF 함수의 조건은 한 번에 하나의 조건만 처리할 수 있으며, 여러 조건을 지정할 필요가 있다면 IF 함수를 여러 번 중첩해 처리해야 합니다.

01 예제 파일을 열고 [F6:F14] 범위에 [E6:E14] 범위의 점수가 75점이 넘는 경우에는 '통과', 그 외에는 '재시험'이라고 표시하는 수식을 작성해보겠습니다.

	A	B	C	D	E	F	G
1							
2			엑셀 실무 평가				
3							
5		사번	이름	직위	점수	통과여부	
6		1	김덕훈	부장	80		
7		2	안정훈	과장	92		
8		3	김소미	과장	88		
9		4	윤대현	대리	60		
10		5	최소라	사원	60		
11		6	김찬진	대리	88		
12		7	오영수	사원	68		
13		8	선하라	사원	84		
14		9	유가을	사원	76		
15							

02 [F6] 셀에 다음 수식을 입력하고 [F6] 셀의 ➕ 채우기 핸들을 [F14] 셀까지 드래그해 복사합니다.

[F6] 셀 : =IF(E6〉75, "통과", "재시험")

Plus⁺ 수식에서는 언제 큰따옴표(")를 사용할까?

수식에서 텍스트 값이나 날짜, 시간 값을 사용하는 경우에는 큰따옴표로 해당 값을 묶어야 합니다. 예제와 달리 통과한 사람에게 포인트로 10,000점을 주는 경우라면 수식을 =IF(E6〉75, 10000, 0)로 수정합니다. 이렇게 숫자를 수식 안에서 사용할 때는 큰따옴표를 사용하지 않습니다.

---

03 재시험 문구를 표시하지 않고 통과한 사람만 표시하려면 IF 함수의 세 번째 인수를 빈 문자("")로 설정합니다. [F6] 셀의 수식을 수정하고 [F6] 셀의 ➕ 채우기 핸들을 [F14] 셀까지 드래그해 복사합니다.

[F6] 셀 : =IF(E6〉75, "통과", "")

TIP 빈 문자("")는 말 그대로 비어 있는 문자를 의미합니다. 수식에서 사용된 큰따옴표(")는 셀에서는 표시되지 않으므로 빈 문자("")는 함수의 반환 값이 셀에 표시되지 않도록 할 때 많이 사용합니다.

수식 오류를 0 또는 빈 문자("")로 대체하기 - IFERROR

201

작성된 수식에 문제가 있다면 #N/A나 #DIV/0!와 같은 수식 오류 값이 반환됩니다. 오류 값이 반환되면 수식의 신뢰도가 떨어지고 오류 값이 포함된 범위를 계산하기도 쉽지 않습니다. 그러므로 수식 오류가 발생한 경우에는 수식을 수정해야 하며, 불가피한 경우에는 0이나 빈 문자("")로 대체하는 것이 좋습니다. 여기서는 IFERROR와 ISERROR 함수를 사용하여 수식 오류를 다른 값으로 대체하는 방법에 대해 알아보겠습니다.

예제 파일 PART 05 \ CHAPTER 23 \ IFERROR, ISERROR 함수.xlsx

새로 나온 함수

IFERROR 함수 [2007 버전 이상]
IFERROR 함수는 #DIV/0! 같은 오류가 발생한 경우 다른 값으로 대체할 수 있습니다.

> **IFERROR(① 식, ② 식이 오류일 때 값)**
> ① 식 : 원하는 결과를 반환하는 계산식
> ② 식이 오류일 때 값 : 식이 오류 값을 반환할 때 오류 값 대신 반환할 값 또는 계산식

ISERROR 함수
식에서 오류가 발생했는지 여부를 TRUE, FALSE로 반환합니다.

> **ISERROR(① 식)**
> ① 식 : 값 또는 계산식

IFERROR 함수는 엑셀 2007부터 지원되므로 엑셀 2003 이하 버전에서는 사용할 수 없습니다. 그런 경우에는 IF 함수와 ISERROR 함수를 사용하는 다음 수식으로 변경해 사용합니다.

=IF(ISERROR(식), 식이 오류인 경우 반환, 식)

ISERROR 함수와 같이 비교 연산자로 판단하기 어려운 경우를 대신 확인해 TRUE, FALSE 값을 반환하는 함수들이 있습니다. 함수명이 보통 IS로 시작해서 IS 계열 함수라고도 합니다. 다음 표에 정리해놓았습니다.

함수	설명
ISBLANK	빈 셀이면 TRUE, 아니면 FALSE
ISERR	#N/A 오류를 제외한 나머지 오류가 발생했다면 TRUE, 아니면 FALSE
ISERROR	오류가 발생하면 TRUE, 아니면 FALSE
ISEVEN	짝수면 TRUE, 아니면 FALSE
ISFORMULA(2013 버전 이상)	수식이면 TRUE, 아니면 FALSE
ISLOGICAL	논리 값이면 TRUE, 아니면 FALSE
ISNA	#N/A 오류가 발생했으면 TRUE, 아니면 FALSE
ISNONTEXT	텍스트 값이 아니면 TRUE, 맞으면 FALSE

ISNUMBER	숫자면 TRUE, 아니면 FALSE
ISODD	홀수면 TRUE, 아니면 FALSE
ISREF	참조면 TRUE, 아니면 FALSE
ISTEXT	텍스트 값이면 TRUE, 아니면 FALSE

01 예제 파일을 열고 증감률을 구하는 [E] 열과 [H] 열을 보면, [E9] 셀과 [H9] 셀에 각각 #DIV/0! 오류 값이 나타나 있습니다. 이렇게 계산에 문제가 생겨 오류가 발생한 경우 0 값이 반환되도록 수식을 수정해보겠습니다.

LINK #DIV/0! 오류에 대한 더 자세한 정보는 'No. 186 수식 오류 값 이해하기'를 참고합니다.

02 먼저 [E7:E9] 범위의 증감률 계산식을 수정하겠습니다. [E7] 셀의 수식을 다음과 같이 수정하고 [E7] 셀의 채우기 핸들을 [E9] 셀까지 드래그해 복사합니다.

[E7] 셀 : =IFERROR((D7-C7)/C7, 0)

TIP IFERROR 함수를 사용해 증감률 계산식에서 에러가 발생한 경우 0 값으로 대체합니다.

03 이번에는 ISERROR 함수를 사용해 [H] 열의 오류 값을 0으로 대체하겠습니다. [H7] 셀의 수식을 다음과 같이 수정하고 [H7] 셀의 채우기 핸들을 [H9] 셀까지 드래그해 복사합니다.

[H7] 셀 : =IF(ISERROR((G7-F7)/F7), 0, (G7-F7)/F7)

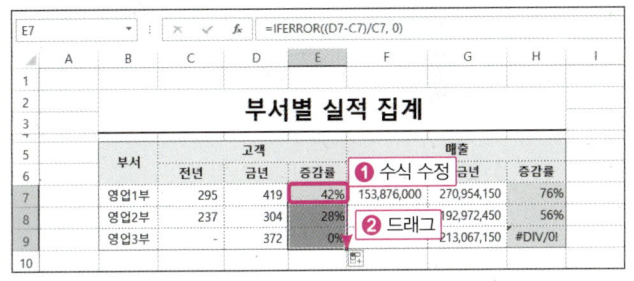

> **Plus+ 수식 이해하기**
>
> IF 함수와 ISERROR 함수를 함께 사용하면 수식이 약간 길어지지만 IFERROR 함수를 대신할 수 있습니다. IFERROR 함수는 엑셀 2007부터 사용 가능하므로 하위 버전과 호환이 필요한 경우라면 이번과 같은 수식을 사용해야 합니다.

한 번에 여러 개의 판단을 처리해 반환하기 - IFS

202

IF 함수는 한 번에 하나의 조건만 판단할 수 있으므로 여러 조건을 동시에 판단하려면 IF 함수 안에 IF 함수를 다시 사용하는 중첩 수식을 사용해야 합니다. 엑셀 2016에서는 이런 IF 함수의 단점을 보완하도록 하나의 함수에서 여러 개의 조건을 판단해 조건을 만족하는 경우를 대체할 수 있는 IFS 함수가 제공됩니다. 이 함수는 IF 함수를 중첩해 사용하는 수식의 복잡함을 다소 보완할 수 있으므로 상황에 맞게 활용하면 편리합니다.

예제 파일 PART 05 \ CHAPTER 23 \ IFS 함수.xlsx

새로 나온 함수

IFS 함수 `2016 버전 이상`

IF 함수의 확장 함수로, 2016 버전부터 사용할 수 있습니다. IF 함수를 중첩하지 않고도 여러 조건을 판단하고 판단된 결과와 일치하는 값을 원하는 값으로 대체할 수 있습니다.

IFS(❶ 조건식1, ❷ TRUE일 때 반환1, ❸ 조건식2, ❹ TRUE일 때 반환2, … **)**

❶ 조건식 : TRUE 또는 FALSE를 반환하는 판단식
❷ TRUE일 때 반환 : ❶ 조건식이 TRUE일 때 반환할 값

엑셀 2016 중에서도 16.0.6568.2025 이상 버전으로 업데이트한 경우에만 사용할 수 있습니다. 업데이트 여부는 [파일] 탭-[계정]을 클릭하고 [Office 업데이트] 부분에서 확인합니다.

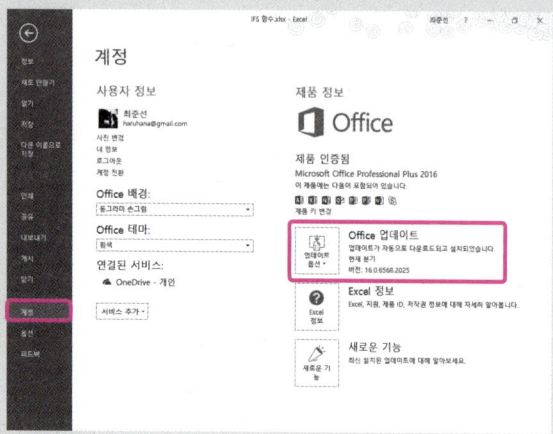

업데이트하지 않은 2016 버전이나 하위 버전에서 IFS 함수를 사용하면 #NAME? 오류가 발생합니다.

01 예제 파일을 열고 [C6:C14] 범위의 점수에 해당하는 학점을 오른쪽 표 범위의 조건으로 판단해 [D6:D14] 범위에 표시해보겠습니다.

02 먼저 IF 함수를 사용해 결과를 처리합니다. [D6] 셀에 다음 수식을 입력하고 [D6] 셀의 채우기 핸들을 [D14] 셀까지 드래그해 복사합니다.

[D6] 셀 : =IF(C6>=90, "A", IF(C6>=80, "B", IF(C6>=70, "C", IF(C6>=60, "D", "F"))))

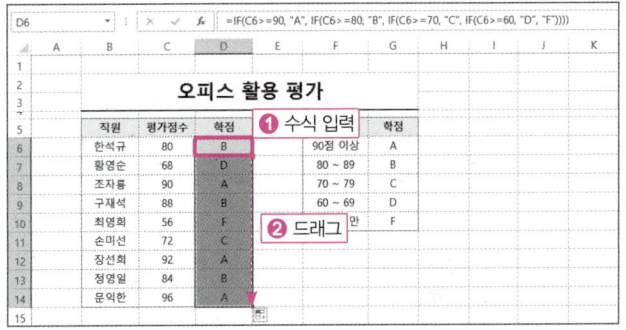

03 이번에는 IFS 함수를 사용해 동일한 학점이 반환되도록 합니다. [D6] 셀의 수식을 다음과 같이 수정하고 [D6] 셀의 채우기 핸들을 [D14] 셀까지 드래그해 복사합니다.

[D6] 셀 : =IFS(C6>=90, "A", C6>=80, "B", C6>=70, "C", C6>=60, "D", TRUE, "F")

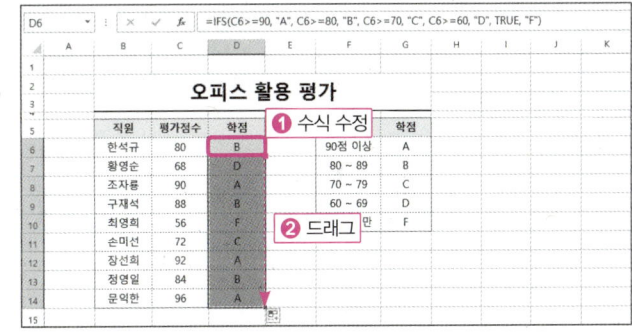

> **Plus⁺ 수식 이해하기**
>
> **02** 과정과 **03** 과정에서 작성한 수식은 거의 동일하지만 IFS 함수의 아홉 번째 인수인 TRUE는 잘 이해되지 않을 수 있습니다. IFS 함수는 조건식이 TRUE인 경우만 처리할 수 있으므로 IF 함수처럼 FALSE일 때의 조건(60점 이상이지 않은 경우)은 처리할 수 없습니다. 그렇기 때문에 IFS 함수의 마지막 조건으로 TRUE 값을 사용해 이후 모든 값에 적용할 값으로 'F' 학점을 설정한 것입니다. 이렇게 하면 IF 함수의 FALSE와 같은 조건을 처리할 수 있습니다.

여러 조건을 한 번에 처리하는 수식 작성 방법 - AND, OR

203

2016 버전부터 제공되는 IFS 함수도 한 번에 한 개의 조건만 판단할 수 있습니다. 하지만 업무를 하다 보면 여러 조건을 판단해 값을 반환해야 하는 경우가 종종 있습니다. 이런 경우에는 여러 개의 조건을 인수로 받아, 모두 만족하는 경우, 하나만 만족하는 경우, 그리고 모두 틀린 경우를 알려주는 AND, OR 함수를 사용하면 편리합니다. 여기서는 AND, OR 함수를 사용해 여러 개의 판단을 동시에 처리하는 방법에 대해 알아보겠습니다.

예제 파일 PART 05 \ CHAPTER 23 \ AND, OR 함수.xlsx

새로 나온 함수

AND, OR 함수

AND, OR 함수는 조건식을 인수로 255개까지 받을 수 있습니다. AND 함수는 모든 조건이 TRUE일 때만 TRUE를 반환하고 나머지 경우에는 FALSE를 반환합니다. OR 함수는 모든 조건 중에서 하나라도 TRUE가 존재하면 TRUE를 반환하고 모두 FALSE인 경우에만 FALSE를 반환합니다.

> AND(❶ 조건식1, ❷ 조건식2, ❸ 조건식3, …)
> ❶ 조건식 : TRUE, FALSE를 반환하는 판단식

AND 함수와 OR 함수는 인수 구성이 동일하므로 OR 함수의 구문은 AND 함수 구문을 참고합니다.

01 예제 파일을 열고 [E] 열의 재고량이 20개 미만인 경우를 확인해 [G] 열에 자동으로 '발주'가 표시되는 수식을 작성해보겠습니다. [G6] 셀에 다음 수식을 입력하고 [G6] 셀의 채우기 핸들을 [G15] 셀까지 드래그해 복사합니다.

[G6] 셀 : =IF(E6<20, "발주", "")

02 제품이 품절일 경우에 발주하는 조건을 추가로 작성하겠습니다. [G6] 셀의 수식을 다음과 같이 수정하고 [G6] 셀의 ⊞ 채우기 핸들을 [G15] 셀까지 드래그해 복사합니다.

[G6] 셀 : =IF(E6<20, "발주", IF(F6="품절", "발주", ""))

Plus⁺ 수식 이해하기

이 수식에서는 =IF(E6<20, ❶ , "") 부분을 이해해야 합니다.

01 과정에서 먼저 E6<20 조건식을 사용해 재고량이 20개 미만인 데이터를 확인해 '발주'를 표시하는 작업을 진행했습니다. 이번에는 '품절'일 경우도 포함해야 하므로 ❶ 부분에 추가로 품절 여부를 판단해야 하는 필요가 생겼습니다.

❶ 부분의 수식은 IF(F6="품절", "발주", "")입니다. 쉽게 풀어보면 [F6] 셀의 값이 '품절'이면 '발주' 문자열을 표시하고 그렇지 않으면 빈 문자("")를 표시하라는 의미입니다. 이 두 조건은 재고량([E6] 셀)이 20개 미만이거나 또는 '품절'이면 '발주'를 표시하라는 의미로 이해할 수 있습니다.

---

03 IF 함수를 중첩하여 수식이 복잡해졌으므로 두 조건을 동시에 처리할 수 있는 OR 함수를 사용해 수식을 수정하겠습니다. [G6] 셀의 수식을 다음과 같이 수정하고 [G6] 셀의 ⊞ 채우기 핸들을 [G15] 셀까지 드래그해 복사합니다.

[G6] 셀 : =IF(OR(E6<20, F6="품절"), "발주", "")

Plus⁺ 수식 이해하기

먼저 왜 OR 함수를 사용하는지 생각해야 합니다. 재고량이 20개 미만이거나 '품절'인 두 조건 중 하나만 TRUE여도 '발주'를 표시해야 하므로 OR 함수를 사용한 것입니다. 이번 수식과 **02** 과정의 수식을 비교해보면 OR 함수를 사용한 수식이 더 이해하기 쉽습니다.

04 마지막으로 [F] 열의 값이 '단종'이면 '발주' 표시가 되지 않도록 수식을 수정합니다. [G6] 셀의 수식을 다음과 같이 수정하고 [G6] 셀의 채우기 핸들을 [G15] 셀까지 드래그해 복사합니다.

[G6] 셀 : =IF(OR(AND(E6〈20, F6〈〉"단종"), F6="품절"), "발주", "")

> **Plus⁺ 수식 이해하기**
>
> 조건이 여러 개일 때는 수식을 작성하는 것보다 조건을 정리하는 것이 중요합니다. 먼저 [F] 열에는 '단종'과 '품절'이 한 번에 하나만 입력되는데, '단종'일 때는 '발주' 표시를 하지 않아야 하고 '품절'일 때는 '발주' 표시를 해야 합니다. 이 두 조건을 정리하기 쉽게 '발주' 표시를 해야 하는 경우로 바꾸면, '단종'이 아닐 때와 '품절'일 때입니다.
> OR(F6〈〉"단종", F6="품절")
> 그리고 재고량이 20개 미만인 조건은 '품절'인 경우에는 해당하지 않습니다. **02** 과정에서 '품절'이면 무조건 '발주'를 표시하도록 했으므로 20개 미만 조건은 '품절'과는 무관하지만, '단종'이면 '발주' 표시를 하지 않는다고 했으니 '단종'이 아니면서 재고량이 20개 미만인 경우가 '발주'를 표시해야 하는 조건입니다.
> AND(E6〈〉20, F6〈〉"단종")
> 이 두 가지 조건을 결합한 것이 **04** 과정에서 작성한 조건식입니다.

204

일련번호를 원하는 값으로 대체하기 – CHOOSE

여러 가지 숫자로 이뤄진 코드 값은 보통 코드 값 내의 숫자나 영문자에 어떤 의미가 부여된 경우가 많습니다. 이 중 숫자 값에 할당된 의미를 반환하는 코드를 개발하려면 IF 함수나 IFS 함수를 사용하면 되는데, 그보다는 이번에 소개하는 CHOOSE 함수를 사용하는 것이 더 효율적입니다. 여기서는 일련번호를 원하는 값으로 바꿔주는 CHOOSE 함수의 사용법에 대해 알아보겠습니다.

예제 파일 PART 05 \ CHAPTER 23 \ CHOOSE 함수.xlsx

새로 나온 함수

CHOOSE 함수
CHOOSE 함수는 일련번호를 다른 값으로 대체할 때 사용합니다. 구문은 다음과 같습니다.

> **CHOOSE(❶ 일련번호, ❷ 1일 때 반환, ❸ 2일 때 반환, …)**
> ❶ 일련번호 : 1, 2, 3, …과 같은 일련번호를 반환하는 값 또는 계산식
> ❷ 1일 때 반환 : 일련번호가 1일 때 반환할 값 또는 계산식
> ❸ 2일 때 반환 : 일련번호가 2일 때 반환할 값 또는 계산식
>   …

CHOOSE 함수의 인수는 255개이므로 일련번호가 1~254일 때까지 반환할 값을 지정할 수 있습니다.

01 예제 파일을 열면 '입사지원서' 표가 있습니다. 입력된 주민등록번호를 참고해 [AG5:AI5] 병합 셀에 성별을 자동으로 표시해보겠습니다.

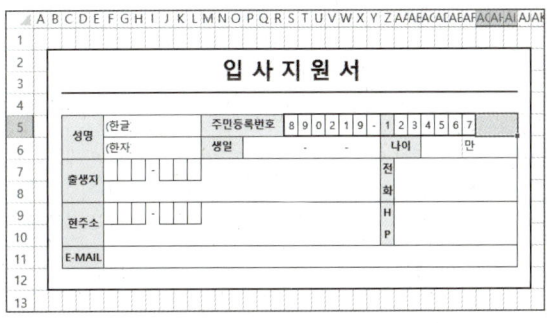

Plus⁺ 주민등록번호로 성별 확인하기

주민등록번호의 뒷자리 첫 번째 숫자를 보면 그 사람의 성별을 알 수 있습니다.

주민등록번호 뒤 첫 번째 숫자	의미	주민등록번호 뒤 첫 번째 숫자	의미	주민등록번호 뒤 첫 번째 숫자	의미
1	1900년대 출생한 남자	3	2000년대 출생한 남자	5	외국인 남자
2	1900년대 출생한 여자	4	2000년대 출생한 여자	6	외국인 여자

02 성별을 표시하기 위해 [AG5:AI5] 병합 셀에 다음 수식을 입력합니다.

[AG5:AI5] 병합 셀 : =IF(Z5=1, "남", IF(Z5=2, "여", IF(Z5=3, "남", IF(Z5=4, "여", IF(Z5=5, "남", "여")))))

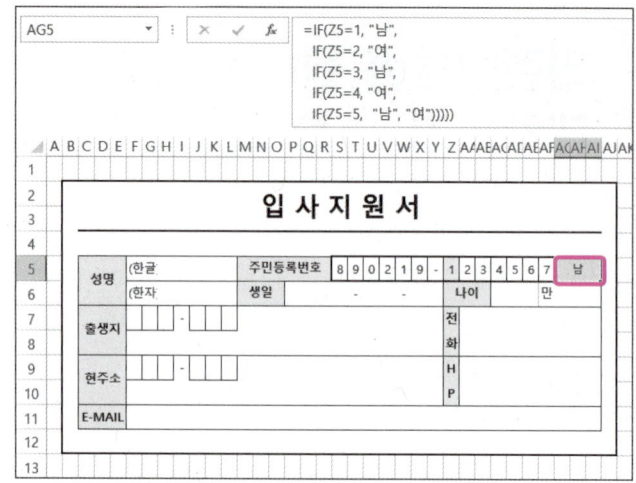

> **Plus⁺ 수식 이해하기**
>
> 일련번호가 증가함에 따라 IF 함수는 계속해서 중첩됩니다. 이 수식을 엑셀 2016부터 제공되는 IFS 함수로 처리하면 다음과 같습니다.
>
> =IFS(Z5=1, "남", Z5=2, "여", Z5=3, "남", Z5=4, "여", Z5=5, "남", TRUE, "여")
>
> 다만 이번과 같이 홀수는 남자, 짝수는 여자로 구분할 수 있는 경우에는 숫자 값이 홀수인지 여부를 확인해주는 ISODD 함수나 짝수인지 여부를 확인해주는 ISEVEN 함수를 사용하면 더욱 간결하게 수식을 작성할 수 있습니다.
>
>   =IF(ISODD(Z5), "남", "여")
>   또는
>   =IF(ISEVEN(Z5), "여", "남")

03 이번에는 CHOOSE 함수를 사용해보겠습니다. [AG5:AI5] 병합 셀의 수식을 다음과 같이 수정합니다.

[AG5:AI5] 병합 셀 : =CHOOSE(Z5, "남", "여", "남", "여", "남", "여")

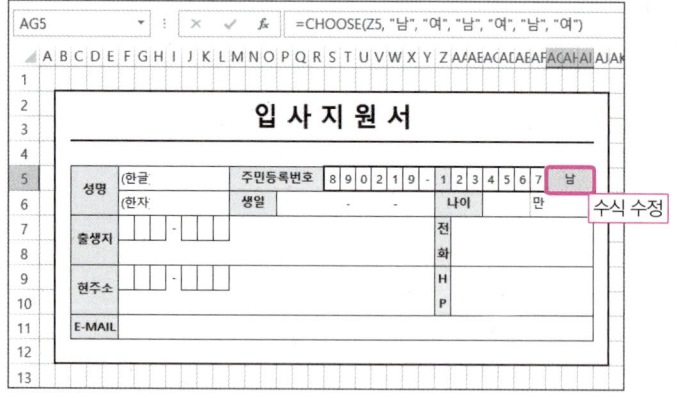

수식의 결과 값을 원하는 값으로 대체하기 - SWITCH

205

CHOOSE 함수는 사용 방법은 간편하지만 일련번호가 반환되는 경우에만 유용합니다. 하지만 엑셀 2016부터 제공되는 SWITCH 함수를 사용하면 코드 값 중 일부가 텍스트라도 원하는 다른 값으로 대체하도록 설정할 수 있습니다. SWITCH 함수는 엑셀 2016에서만 사용할 수 있으므로 하위 버전에서는 IF 함수나 표를 만들어 VLOOKUP 함수로 대체하는 방법을 사용해야 합니다.

예제 파일 PART 05 \ CHAPTER 23 \ SWITCH 함수.xlsx

새로 나온 함수

SWITCH 함수 [2016 버전 이상]
SWITCH 함수는 엑셀 2016부터 제공되며, 특정 계산식의 결과가 여러 개일 때 결과 값을 원하는 값으로 대체할 수 있습니다.

SWITCH(❶ 식, ❷ 결과1, ❸ 대체1, ❹ 결과2, ❺ 대체2, …)
❶ 식 : 특정 결과 값을 반환하는 계산식
❷ 결과1 : 식의 결과 값 중 하나
❸ 대체1 : 결과1을 대체할 반환할 값
❹ 결과2 : 식의 결과 값 중 하나(또는 기본값)
…

01 예제 파일을 열면 '제품 관리 대장' 표가 있습니다. [B6:B12] 범위의 품번에서 왼쪽 첫 번째 문자를 자르고 이에 해당하는 분류명을 오른쪽 표에서 찾아 [D6:D12] 범위에 입력해보겠습니다. 먼저 품번의 첫 번째 문자를 잘라내기 위해 [D6] 셀에 다음 수식을 입력하고 [D6] 셀의 ⊞ 채우기 핸들을 [D12] 셀까지 드래그해 복사합니다.

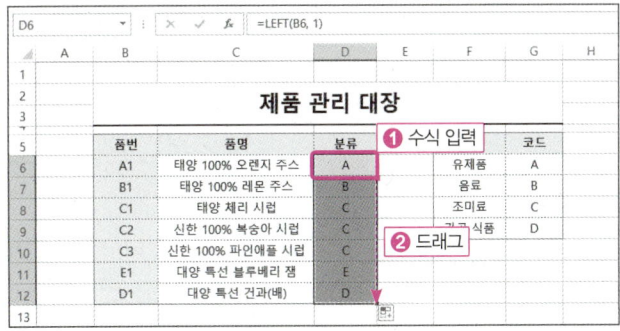

[D6] 셀 : =LEFT(B6, 1)

LINK 셀 왼쪽부터 문자를 잘라내는 LEFT 함수에 대한 자세한 설명은 'No. 206 주민등록번호 뒤 여섯 자리 감추기 - LEFT, MID, RIGHT'를 참고합니다.

02 [D6] 셀에 반환된 문자에 따라 분류를 표시하기 위해 [D6] 셀의 수식을 다음과 같이 수정하고 [D6] 셀의 채우기 핸들을 [D12] 셀까지 드래그해 복사합니다.

[D6] 셀 : =IF(LEFT(B6, 1)="A", "유제품",
IF(LEFT(B6, 1)="B", "음료",
IF(LEFT(B6, 1)="C", "조미료",
IF(LEFT(B6, 1)="D", "가공 식품", "미분류"))))

> **Plus⁺ 수식 이해하기**
>
> IF 함수를 중첩해 LEFT 함수로 반환된 값이 A, B, C, D에 따라 서로 다른 값이 되도록 합니다. 다만 이번 예제와 같이 [F6:G9] 범위에 이미 표가 만들어져 있다면 INDEX, MATCH 함수를 사용해 다음과 같은 수식으로 변경해도 됩니다.
> =INDEX($F$6:$F$9, MATCH(LEFT(B6, 1), $G$6:$G$9, 0))
>
> **LINK** INDEX, MATCH 함수에 대한 자세한 설명은 'No. 271 표의 행과 열 위치를 모두 찾아 원하는 값 참조하기 – INDEX, MATCH'를 참고합니다.

02 결과는 제대로 반환되지만 IF 함수가 중첩되어 수식을 이해하기 쉽지 않으므로 SWITCH 함수를 사용하겠습니다. [D6] 셀의 수식을 다음과 같이 수정하고 [D6] 셀의 채우기 핸들을 [D12] 셀까지 드래그해 복사합니다.

[D6] 셀 : =SWITCH(LEFT(B6), "A", "유제품",
"B", "음료",
"C", "조미료",
"D", "가공 식품", "미분류")

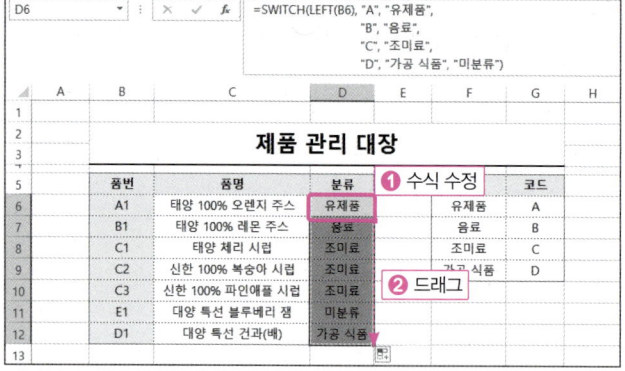

> **Plus⁺ 수식 이해하기**
>
> SWITCH 함수는 첫 번째 인수의 값이 2, 4, 6, 8번째 인수의 값일 때 각각 3, 5, 7, 9번째 인수의 값을 반환합니다. 마지막 10번째 인수의 값은 따로 11번째 값이 설정되지 않았으므로 기본 값으로 인식되며, 첫 번째 인수의 값이 2, 4, 6, 8번째 인수의 값과 매칭되지 않을 때 반환됩니다.

CHAPTER
24

편집 함수

주민등록번호 뒤 여섯 자리 감추기 – LEFT, MID, RIGHT

206

셀 값 전체가 아니라 일부만 사용해야 하는 경우에는 셀 값을 잘라내는 데 쓰이는 LEFT, MID, RIGHT 함수를 사용하면 됩니다. LEFT 함수는 셀 왼쪽부터 오른쪽 방향으로 잘라내며, MID 함수는 LEFT 함수와 방향은 동일하지만 왼쪽 몇 번째 문자 위치부터 잘라낼 것인지 지정할 수 있습니다. RIGHT 함수만 셀 오른쪽부터 왼쪽 방향으로 잘라낼 수 있습니다. 이 함수들은 사용 빈도가 높으므로 사용 방법을 잘 이해해두어야 합니다.

예제 파일 PART 05 \ CHAPTER 24 \ LEFT, MID, RIGHT 함수.xlsx

새로 나온 함수

LEFT, RIGHT 함수
LEFT 함수는 셀 왼쪽부터 오른쪽 방향으로 지정된 개수의 문자를 자릅니다.

LEFT(① 텍스트, ② 잘라낼 문자 개수)
① 텍스트 : 전체 문자열 또는 문자열이 입력된 셀
② 잘라낼 문자 개수 : 텍스트의 왼쪽 첫 번째 문자부터 잘라낼 전체 문자 개수로, 음수는 사용할 수 없으며, 생략하면 1로 처리합니다.

LEFT 함수와 유사한 함수로 RIGHT 함수가 있으며, LEFT 함수와 반대로 셀 오른쪽부터 왼쪽 방향으로 지정된 개수의 문자를 잘라냅니다. RIGHT 함수의 구문은 LEFT 함수와 동일합니다.

MID 함수
MID 함수는 셀의 왼쪽 n번째 문자부터 오른쪽 방향으로 지정된 개수만큼 문자를 자릅니다.

MID(① 텍스트, ② 시작 위치, ③ 잘라낼 문자 개수)
① 텍스트 : 전체 문자열 또는 문자열이 입력된 셀
② 시작 위치 : 잘라낼 첫 번째 문자의 위치(n번째 문자 위치)
③ 잘라낼 문자 개수 : 시작 위치부터 잘라낼 전체 문자 개수

01 예제 파일을 열면 '이벤트 당첨자 명단' 표가 있습니다. [D6:D14] 범위의 주민등록번호에서 뒤 여섯 자리 숫자를 감춰보겠습니다. [E6] 셀에 왼쪽 화면과 같이 입력하고 [E6] 셀의 채우기 핸들을 [E14] 셀까지 드래그해 복사합니다. 결과를 확인하고 [E6] 셀의 수식을 오른쪽 화면과 같이 수정한 후 [E14] 셀까지 복사합니다.

[E6] 셀 : =LEFT(D6, 8)   **[E6] 셀 : =LEFT(D6, 8) & "******"**

> **Plus⁺ 수식 이해하기**
>
> 왼쪽 화면은 숨기지 않을 부분만 LEFT 함수로 잘라낸 결과이고 오른쪽 화면은 뒤에 "*" 문자를 숨긴 개수만큼 연결한 결과입니다. 이렇게 하면 주민등록번호의 뒤 여섯 자리가 숨겨진 것과 같은 결과를 얻을 수 있습니다. 필요하다면 오른쪽 화면과 같이 작업한 후 [D] 열을 선택하고 [숨기기]를 실행합니다.

02 이번에는 성별을 반환하는 수식을 작성해보겠습니다. [F6] 셀에 왼쪽 화면과 같이 입력하고 [F6] 셀의 채우기 핸들을 [F14] 셀까지 드래그해 복사합니다. 결과를 확인한 후 [F6] 셀의 수식을 오른쪽 화면과 같이 수정하고 [F14] 셀까지 복사합니다.

[F6] 셀 : =MID(D6, 8, 1)   **[F6] 셀 : =ISODD(MID(D6, 8, 1))**

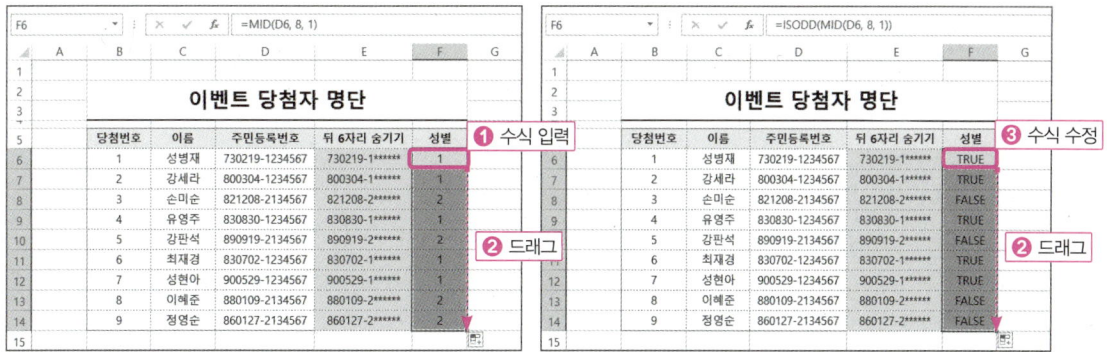

> **Plus⁺ 수식 이해하기**
>
> 주민등록번호 뒤 첫 번째 숫자를 잘라내기 위해 =MID(D6, 8, 1) 수식을 사용합니다. MID 함수 부분은 [D6] 셀의 왼쪽 여덟 번째 문자 위치에서 문자 한 개를 잘라내라는 의미이며, ISODD 함수는 홀수이면 TRUE, 짝수이면 FALSE 값을 반환합니다.

03 반환된 TRUE, FALSE 값을 성별로 표시하기 위해 IF 함수를 사용하겠습니다. [F6] 셀의 수식을 다음과 같이 수정하고 [F6] 셀의 채우기 핸들을 [F14] 셀까지 드래그해 복사합니다.

[F6] 셀 : =IF(ISODD(MID(D6, 8, 1)), "남", "여")

당첨번호	이름	주민등록번호	뒤 6자리 숨기기	성별
1	성병재	730219-1234567	730219-1******	남
2	강세라	800304-1234567	800304-1******	남
3	손미순	821208-2134567	821208-2******	여
4	유영주	830830-1234567	830830-1******	남
5	강판석	890919-2134567	890919-2******	여
6	최재경	830702-1234567	830702-1******	남
7	성현아	900529-1234567	900529-1******	남
8	이혜준	880109-2134567	880109-2******	여
9	정영순	860127-2134567	860127-2******	여

이벤트 당첨자 명단

❶ 수식 수정
❷ 드래그

207 자릿수가 일정하지 않은 문자열 잘라내기 – FIND, SEARCH

LEFT, MID, RIGHT 함수는 주민등록번호나 사업자등록번호처럼 자릿수가 일정한 경우에는 쉽게 원하는 값만 잘라낼 수 있습니다. 하지만 자릿수가 일정하지 않다면 LEFT, MID, RIGHT 함수만으로 원하는 값을 잘라내기는 쉽지 않습니다. 이런 경우에는 FIND 함수나 SEARCH 함수를 사용해 특정 문자의 위치를 찾아 그 위치를 기준으로 값을 잘라내면 됩니다. 자릿수가 일정하지 않은 값에서 원하는 부분만 잘라내는 방법에 대해 알아보겠습니다.

예제 파일 PART 05 \ CHAPTER 24 \ FIND, SEARCH 함수.xlsx

새로 나온 함수

FIND, SEARCH 함수

FIND 함수는 특정 문자(열)가 셀에서 몇 번째에 위치하고 있는지 반환하며, 찾는 문자가 없다면 #N/A 오류가 발생합니다.

FIND(❶ 찾을 문자(열), ❷ 텍스트, ❸ 시작 위치)

❶ 찾을 문자(열) : 텍스트에서 찾으려는 문자(열)

❷ 텍스트 : 찾을 문자(열)가 포함된 전체 문자열

❸ 시작 위치 : 찾을 문자(열)를 텍스트의 몇 번째 문자에서부터 찾을지 지정하는 옵션으로, 보통 생략하며 생략할 경우에는 처음부터 찾습니다.

SEARCH 함수는 FIND 함수 구문과 사용 방법이 동일합니다. 두 함수의 차이점은 다음과 같습니다.

- FIND 함수는 영어 대/소문자를 구별할 수 있습니다. 즉, 'A'와 'a'의 위치를 구분해 찾을 수 있습니다.
- SEARCH 함수는 와일드카드 문자(*, ?)를 사용해 위치를 찾을 수 있습니다.

01 예제 파일을 열고 [B] 열의 주소에서 시도와 세부 주소를 구분해보겠습니다. 먼저 [C6] 셀에 왼쪽 화면과 같이 입력하고 [C6] 셀의 채우기 핸들을 [C15] 셀까지 드래그해 복사합니다. 결과를 확인한 후 [C6] 셀의 수식을 오른쪽 화면과 같이 수정하고 [C15] 셀까지 복사합니다.

[C6] 셀 : =LEFT(B6, 4)

[C6] 셀 : =LEFT(B6, FIND(" ", B6)-1)

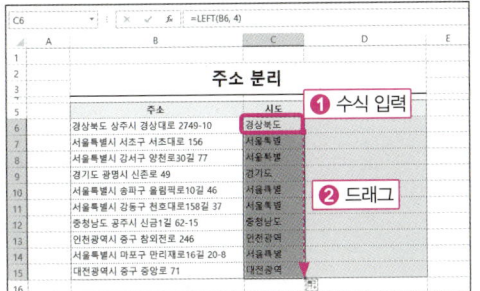

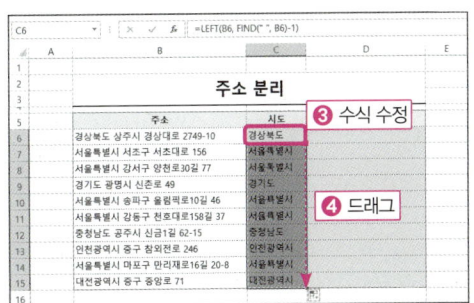

Plus⁺ 수식 이해하기

왼쪽 화면에서 [C6] 셀에 입력한 수식은 =LEFT(B6, 4)와 같습니다. [B6] 셀에서 시도 부분은 '경상북도'이므로 [C6] 셀의 수식은 올바릅니다. 다만 수식을 복사해보면 자릿수가 다른 '서울특별시'나 '인천광역시', '대전광역시'와 같은 시도 값이 제대로 반환되지 않은 것을 [C7], [C8], [C10], [C11], [C13], [C14], [C15] 셀에서 확인할 수 있습니다.

오른쪽 화면의 수식은 LEFT 함수의 두 번째 인수 부분을 FIND(" ", B6)-1로 수정했는데, 이는 첫 번째 단어(시도)가 끝나는 위치를 FIND 함수로 찾은 것입니다. [B6:B15] 범위를 살펴보면 항상 시도가 나온 다음에는 공백 문자("")가 사용되어 있으므로 이 위치를 찾아 바로 앞까지 잘라내면 된다는 것을 알 수 있습니다. 이렇게 수식을 구성하면 원하는 시도 값이 정확하게 반환됩니다.

참고로 이런 작업은 [빠른 채우기] 기능을 이용하면 더 쉽게 처리할 수 있습니다.

LINK [빠른 채우기]에 대한 자세한 설명은 No. 077 ~ No. 079를 참고합니다.

02 세부 주소는 주소 중간 부분부터 끝까지 잘라내야 하므로 MID 함수를 사용합니다. [D6] 셀에 왼쪽 화면과 같이 입력하고 [D6] 셀의 ➕ 채우기 핸들을 [D15] 셀까지 드래그해 복사합니다. 결과를 확인한 후 [D6] 셀의 수식을 오른쪽 화면과 같이 수정하고 [D15] 셀까지 복사합니다.

[D6] 셀 : =MID(B6, 6, 100)   [D6] 셀 : =MID(B6, FIND(" ", B6)+1, 100)

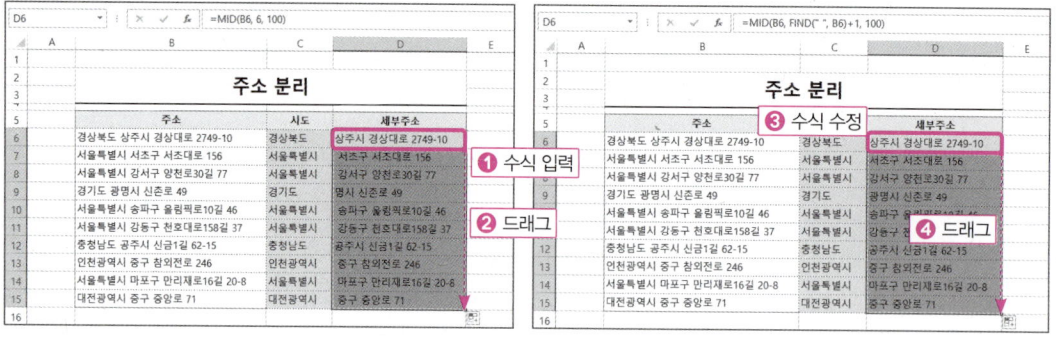

Plus⁺ 수식 이해하기

왼쪽 화면의 [D6] 셀에 입력된 수식은 =MID(B6, 6, 100)으로, [B6] 셀의 여섯 번째 문자 위치부터 뒤로 100개의 문자를 잘라내라는 의미입니다. [B6] 셀의 전체 주소에서 '상주시'의 '상'은 여섯 번째 문자 위치이므로 이 위치부터 끝까지 잘라내면 됩니다. 다만 잘라낼 문자의 개수가 일정하지 않으므로 잘라낼 문자의 최대 개수보다 큰 수(100)를 입력해 끝까지 잘라낸 것입니다.

다만 이 수식은 [D6] 셀에서는 올바른 결과를 반환하지만, [D7:D11], [D13:D15] 범위에서는 올바른 결과를 반환하지 못했습니다. 그렇기 때문에 잘라낼 위치를 FIND 함수로 계산해 얻기 위해 수식을 오른쪽 화면과 같이 수정한 것입니다. FIND 함수로 첫 번째 공백 문자("")의 위치를 찾고 그 다음 문자부터 끝까지 잘라내도록 구성했습니다.

수식의 계산 결과가 잘 이해되지 않는다면 [수식 계산] 기능을 이용해 수식의 계산 과정을 살펴보면 좋습니다.

LINK [수식 계산] 기능에 대해서는 'No. 176 수식 계산 과정 살펴보기'에서 자세하게 설명합니다.

금액을 여러 셀에 나눠 기록하기 – MID, TEXT, COLUMN

208

세금 계산서와 같은 양식을 보면 숫자를 지정된 단위 위치에 한 자씩 기록해야 합니다. 이런 경우라면 숫자를 한 자리씩 잘라내야 하는데, 이런 작업은 MID 함수를 이용해 처리할 수 있습니다. 다만 지정된 자리에 숫자를 넣으려면 양식과 내가 가진 숫자의 자릿수를 일치시킬 수 있어야 하고, 수식을 복사할 때 복사된 방향으로 값을 1씩 증가시키는 방법도 알아야 합니다. 여기서는 숫자 값을 여러 셀에 나눠 기록하는 방법에 대해 알아보겠습니다.

예제 파일 PART 05 \ CHAPTER 24 \ 세금계산서.xlsx

새로 나온 함수

REPT 함수
REPT 함수는 특정 문자를 지정한 횟수만큼 반복해 표시합니다.

> **REPT(❶ 문자열, ❷ 반복 횟수)**
> ❶ 문자열 : 반복해서 표시하고 싶은 문자(열)
> ❷ 반복 횟수 : 문자열을 반복할 횟수

COLUMN 함수
COLUMN 함수는 참조된 위치의 열 번호를 반환합니다.

> **COLUMN(❶ 참조)**
> ❶ 참조 : 열 번호를 알고 싶은 셀, 생략하면 현재 수식을 입력하는 셀의 열 번호를 반환합니다.

COLUMN 함수와 유사한 함수로 ROW 함수가 있습니다. ROW 함수는 참조된 위치의 행 번호를 반환하는 함수로, COLUMN 함수와 사용 방법이 동일합니다.

01 예제 파일을 열면 '세금계산서' 양식이 있습니다. [G5:X6] 병합 셀에 입력된 숫자 값을 [D9:N9] 범위의 각 단위 위치에 한 자리씩 잘라 표시해보겠습니다.

02 [G5:X6] 병합 셀의 값은 총 8자리 숫자이지만 [D9:N9] 범위는 11자리 숫자로 되어 있습니다. 자릿수가 일치하면 쉽게 한 자리씩 잘라낼 수 있으므로, 자릿수를 맞추는 방법을 먼저 알아보겠습니다. [G5:X6] 병합 셀을 선택하고 Ctrl+1을 눌러 [셀 서식] 대화상자를 불러옵니다. [표시 형식] 탭의 [범주]에서 [사용자 지정]을 선택하고 [형식]에 다음 서식 코드를 입력한 후 [확인]을 클릭합니다.

형식 : 00000000000

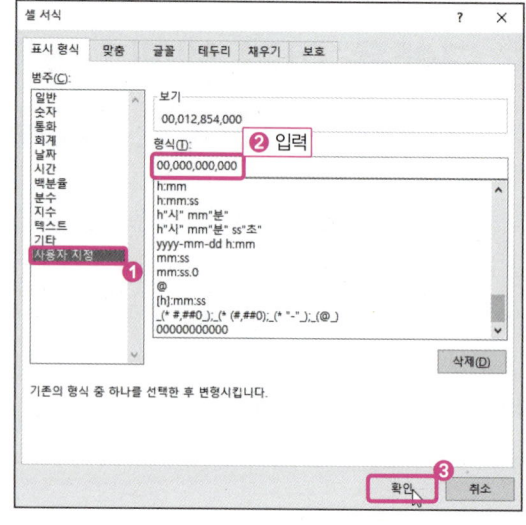

> **Plus⁺ 서식 코드 이해하기**
>
> 서식 코드 중에서 0은 숫자 값을 의미합니다. 0을 한 번 입력하면 셀의 숫자를 그대로 표시하지만, 여러 번 입력하면 입력한 횟수로 숫자 자릿수를 표시합니다. 이때 셀에 입력된 숫자 단위보다 0을 더 많이 입력하면 숫자 값 앞에 0 값이 나타납니다. 이번 예제처럼 셀 값은 8자리 숫자인데 0을 11번 입력하면 앞에 0이 세 개 더 나타납니다.

03 숫자 값 앞에 0 세 개가 더 붙어 [D9:N9] 범위의 셀 수와 자릿수가 일치했습니다. 하지만 셀 값이 아니라 표시 방법만 변경한 것이므로 함수를 사용해 셀 값을 변환하는 과정을 거쳐야 합니다.

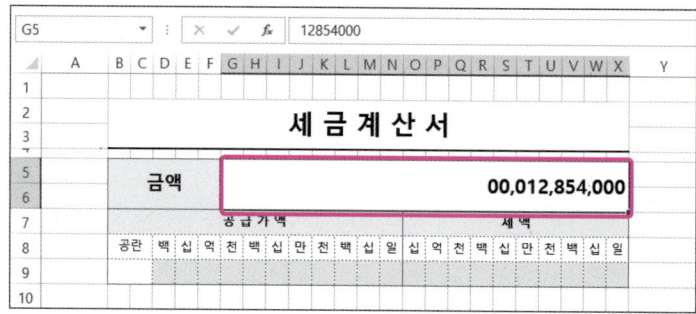

04 [D9] 셀에 다음 수식을 입력하고 [D9] 셀의 채우기 핸들을 [N9] 셀까지 드래그해 복사합니다.

[D9] 셀 : =MID(TEXT($G$5, "00000000000"), COLUMN(A1), 1)

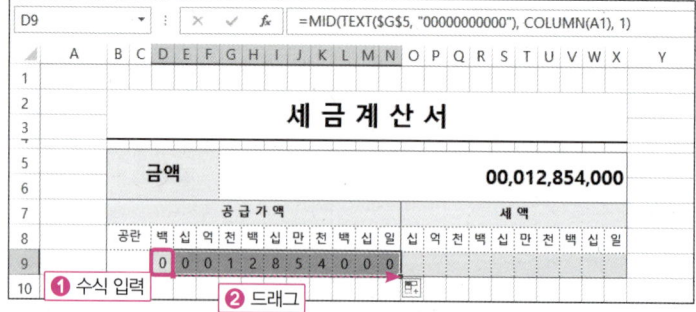

> **Plus⁺ 수식 이해하기**
>
> 이 수식은 TEXT 함수로 변환된 값을 MID 함수를 사용해 숫자 하나씩 잘라내는 역할을 합니다. 여러 함수가 중첩되어 있으므로 다음에 소개하는 단계별로 수식을 이해하는 것이 좋습니다.
>
> ❶ TEXT($G$5, "00000000000")
> : TEXT 함수는 서식 코드를 사용해 셀 값을 지정된 자릿수에 맞게 변환합니다..
>
> ❷ MID(❶, COLUMN(A1), 1)
> : ❶에서 변환된 값의 문자를 하나씩 잘라내기 위해 MID 함수를 사용합니다. MID 함수의 두 번째 인수로 COLUMN(A1) 함수가 사용됐는데, COLUMN 함수는 열 방향(오른쪽)으로 복사할 때 1, 2, 3, …과 같은 일련번호를 반환합니다. 이번 수식은 각 셀에서 다음과 같은 결과를 반환합니다.
>
> [D9] 셀 : MID(❶, 1, 1)
> [E9] 셀 : MID(❶, 2, 1)
> [F9] 셀 : MID(❶, 3, 1)
> …

05 **04** 과정에서 사용한 수식의 결과로 백, 십, 억 위치인 [D9:F9] 범위에 불필요한 0 값이 나타납니다. [D9] 셀의 수식을 다음과 같이 수정하고 [D9] 셀의 채우기 핸들을 [N9] 셀까지 드래그해 복사합니다.

[D9] 셀 : =MID(TEXT($G$5, REPT("?", 11)), COLUMN(A1), 1)

> **Plus⁺ 수식 이해하기**
>
> 이 수식은 **04** 과정의 수식과 TEXT 함수의 두 번째 인수 부분이 다른데, "00000000000"이 REPT 함수 부분으로 바뀌었습니다. REPT 함수는 단순하게 문자(열)를 지정한 횟수만큼 반복해서 반환하는 함수입니다. REPT("?", 11)는 "?"를 11번 반복하라는 의미이니 "???????????"와 같습니다. 그러므로 이번 변경은 서식 코드를 0에서 ?로 변경한 것에 불과합니다. 서식 코드인 ?는 0과 마찬가지로 숫자 값을 반환하는데, 자릿수가 다를 경우 앞에 0을 표시하지 않고 공백으로 표시한다는 점이 0과 다른 점입니다. 서식 코드 ?를 사용했으므로 [D9:F9] 범위에 아무 값도 표시되지 않습니다.

06 세액은 공급가액의 10%이므로 공급가액의 금액에서 한 자리씩 뒤에 표시합니다. [O9] 셀에 다음 수식을 입력하고 [O9] 셀의 채우기 핸들을 [X9] 셀까지 드래그해 복사합니다.

[O9] 셀 : =D9

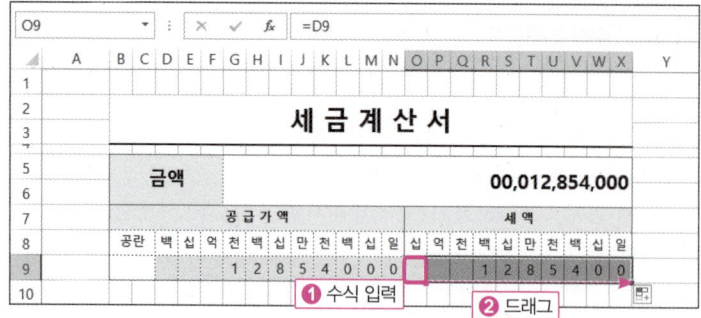

> **Plus⁺ 양식의 테두리 선을 유지하면서 수식 복사하기**
>
> 수식을 복사하다 보면 처음 서식에 지정해둔 테두리 선이 변경될 수 있습니다. 이런 경우에는 수식을 복사한 후 [자동 채우기] 옵션을 클릭하고 [서식 없이 채우기]를 선택해 붙여넣습니다.

텍스트가 포함된 숫자 계산하기 – SUBSTITUTE

209

셀에 'EA', '개', '원'과 같이 텍스트를 포함한 숫자를 입력하면 숫자가 아닌 텍스트로 인식되어 사칙연산이나 함수를 사용할 수 없습니다. 이런 경우에는 [바꾸기(Ctrl+H)] 기능이나 SUBSTITUTE 함수를 사용해 숫자 이외의 텍스트 값을 지우고 연산해야 합니다. 텍스트가 포함된 숫자를 계산하는 방법에 대해 알아보겠습니다.

예제 파일 PART 05 \ CHAPTER 24 \ SUBSTITUTE 함수.xlsx

새로 나온 함수

SUBSTITUTE 함수
SUBSTITUTE 함수는 셀에 입력된 값을 고치거나 삭제할 때 사용합니다.

> SUBSTITUTE(❶ 텍스트, ❷ 찾을 내용, ❸ 바꿀 내용, ❹ n번째 값)
> ❶ 텍스트 : 고치려는 값 또는 값이 입력된 셀
> ❷ 찾을 내용 : 텍스트에서 고치려는 문자(열)
> ❸ 바꿀 내용 : 찾을 내용에 입력한 문자(열)를 고칠 값. 이 인수를 빈 문자("")로 설정하면 찾을 내용에서 입력한 문자(열)를 삭제합니다.
> ❹ n번째 값 : 찾을 내용에서 입력한 문자(열)가 텍스트에 여러 개 있을 때 몇 번째 문자(열)를 고칠지 지정하는 인수로 보통 생략하며 모두 고칩니다.

01 예제 파일을 열고, [D] 열의 단가와 [E] 열의 재고량을 곱해 [F] 열에 재고 비용을 계산해보겠습니다. [F6] 셀에 왼쪽 화면과 같이 수식을 입력하면 #VALUE! 오류가 반환됩니다. [E6:E15] 범위의 숫자 값 뒤에 단위(EA)가 입력되어 있기 때문입니다. [F6] 셀의 수식을 오른쪽 화면과 같이 수정하면 재고 비용이 정상적으로 계산됩니다. [F6] 셀의 채우기 핸들을 [F15] 셀까지 드래그해 수식을 복사합니다.

[F6] 셀 : =D6*E6　　　　**[F6] 셀 : =D6*SUBSTITUTE(E6, " EA", "")**

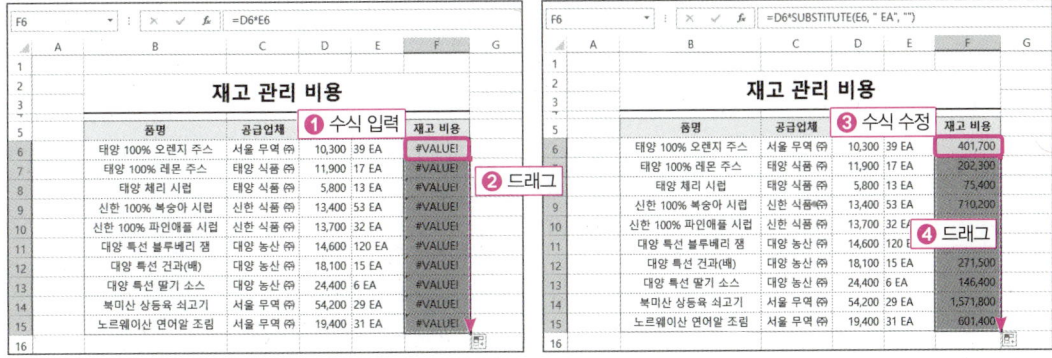

> **Plus⁺ 수식 이해하기**
>
> [E6] 셀의 값이 숫자가 아닌 이유는 숫자 값 뒤에 'EA'라는 숫자 단위가 함께 쓰였기 때문으로, 이 값만 SUBSTITUTE 함수로 지우면 단가와 곱셈 연산을 할 수 있습니다. 주의할 점은 SUBSTITUTE 함수의 두 번째 인수로 "EA"가 아니라 공백 문자(" ")를 하나 넣어 " EA"로 입력해야 한다는 것입니다. [E6] 셀의 값인 '39 EA'에서 숫자만 남기려면 공백 문자부터 지워야 하기 때문입니다.

02 [E] 열의 재고량에 함께 입력된 문자 'EA'를 삭제하겠습니다. [E6:E15] 범위를 선택하고, Ctrl+H를 눌러 [찾기 및 바꾸기] 대화상자를 엽니다. [찾을 내용]에 ' EA'를 입력(EA 앞에 공백 문자를 입력하는 것에 주의합니다)하고 [모두 바꾸기]를 클릭합니다.

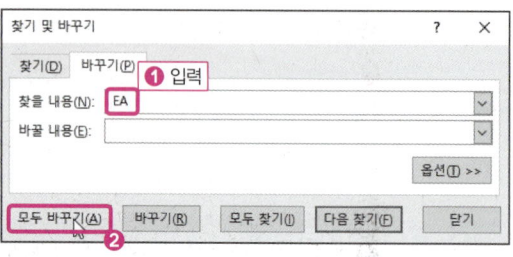

03 만약 재고량 뒤에 'EA'라는 단위가 항상 표시되어야 한다면 [셀 서식]을 이용합니다. [E6:E15] 위로 범위를 선택한 상태에서 Ctrl+1을 눌러 [셀 서식] 대화상자를 열고 [표시 형식] 탭의 [범주]에서 [사용자 지정]을 선택합니다. [형식]에 **0 "EA"**를 입력하고 [확인]을 클릭합니다.

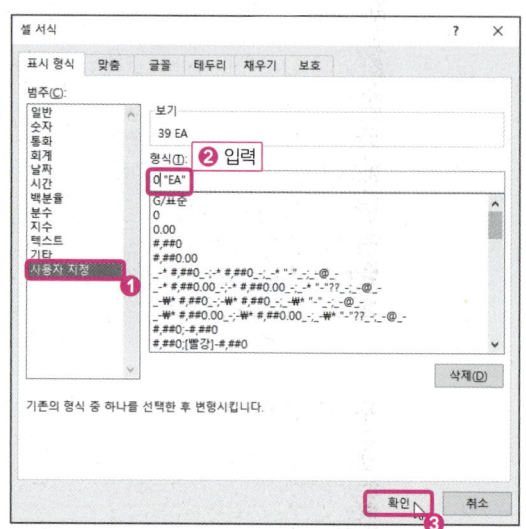

04 'EA'라는 단위가 모두 표시됩니다. 이 값은 실제 입력된 것이 아니라 셀 서식에 의해 표시된 것이므로 수식 입력줄을 보면 숫자만 나타납니다.

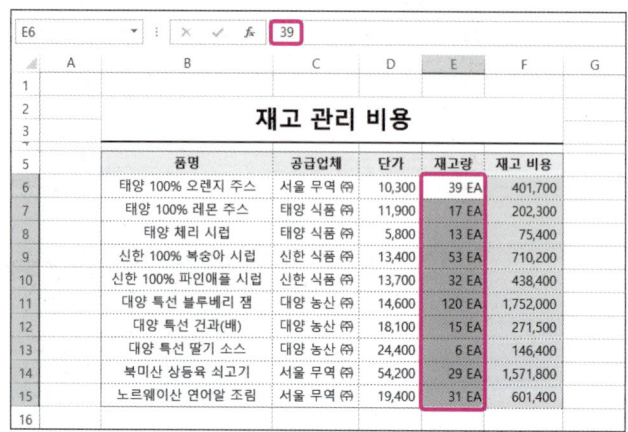

셀에 동일한 문자가 여러 개 있을 때 두 번째 위치 찾아 잘라내기

210

셀 값 중 특정 문자의 위치를 찾는 FIND(또는 SEARCH) 함수는 찾을 문자가 여러 개 있어도 항상 첫 번째 위치만 찾습니다. 만약 찾을 문자가 여러 개 있고 두 번째 이후의 위치를 찾아야 한다면 SUBSTITUTE 함수를 함께 사용하면 편리합니다. SUBSTITUTE 함수는 바꿀 값이 여러 개 있을 경우 n번째 값만 지정해 변경할 수 있으므로 SUBSTITUTE 함수로 수정된 부분을 FIND 함수로 찾으면 정확하게 원하는 위치를 찾을 수 있습니다.

예제 파일 PART 05 \ CHAPTER 24 \ FIND, SUBSTITUTE 함수.xlsx

FIND 함수를 중첩해 두 번째 위치 찾기

01 예제 파일을 열고 [B] 열의 주소에서 시도, 구군 부분을 제외한 세부 주소를 [C] 열에 분리해보겠습니다. 주소는 모두 공백 문자(" ")로 구분되어 있으므로 FIND 함수로 공백 문자(" ")의 위치를 파악하는 작업을 선행합니다. [C6] 셀에 왼쪽 화면과 같이 수식을 입력하고 [C6] 셀의 채우기 핸들을 [C15] 셀까지 드래그해 복사하면 첫 번째 공백 문자의 위치를 확인할 수 있습니다. 이 값을 이용해 두 번째 공백 문자 위치를 파악하기 위해 [C6] 셀의 수식을 오른쪽 화면과 같이 수정하고 [C6] 셀의 수식을 [C15] 셀까지 복사합니다.

[C6] 셀 : =FIND(" ", B6)　　　　　　**[C6] 셀 : =FIND(" ", B6, FIND(" ", B6)+1)**

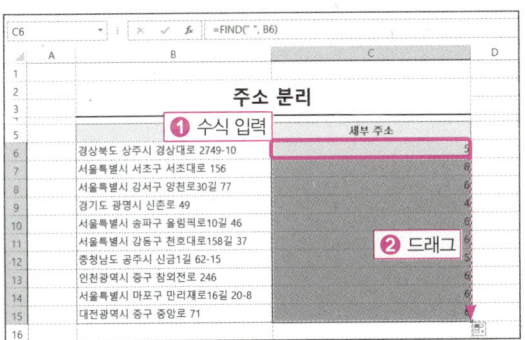 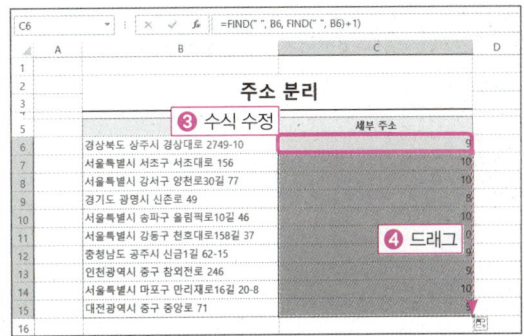

> **Plus⁺ 수식 이해하기**
>
> 왼쪽 화면의 수식인 =FIND(" ", B6)은 [B6] 셀에서 첫 번째 공백 문자의 위치를 찾습니다. 오른쪽 화면의 수정된 수식인 =FIND(" ", B6, FIND(" ", B6)+1)에서는 세 번째 인수가 FIND(" ", B6)+1와 같이 쓰였는데, FIND 함수의 세 번째 인수는 [B6] 셀에서 몇 번째 문자 위치부터 값을 찾을지 지정하는 인수입니다. 첫 번째 공백 위치를 찾는 FIND(" ", B6)에 1을 더했으므로 첫 번째 공백 문자의 다음 문자부터 찾으라는 의미입니다. 이렇게 FIND 함수의 세 번째 인수에 FIND 함수를 중첩해 사용하면 찾을 문자의 두 번째 위치를 찾을 수 있습니다.

02 이제 세부 주소 부분만 잘라내기 위해 [C6] 셀의 수식을 다음과 같이 수정하고 [C6] 셀의 채우기 핸들을 [C15] 셀까지 드래그해 복사합니다.

[C6] 셀 : =MID(B6, FIND(" ", B6, FIND(" ", B6)+1)+1, 100)

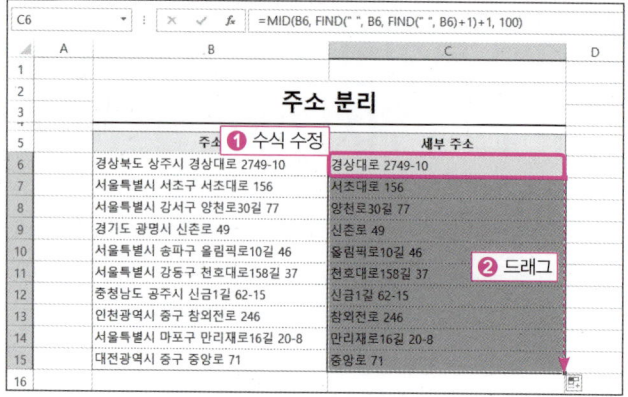

SUBSTITUTE 함수로 두 번째 위치 찾기

01 이번에는 세부 주소를 잘라내는 작업을 SUBSTITUTE 함수를 함께 사용해 처리해보겠습니다. [C6] 셀에 다음 수식을 입력하고 [C6] 셀의 채우기 핸들을 [C15] 셀까지 드래그해 복사하여 결과를 확인합니다. 이제 [C6] 셀의 수식을 오른쪽 화면과 같이 수정하고 [C15] 셀까지 복사하면 두 번째 공백 문자의 위치를 찾을 수 있습니다.

[C6] 셀 : =SUBSTITUTE(B6, " ", "/", 2)   **[C6] 셀 : =FIND("/", SUBSTITUTE(B6, " ", "/", 2))**

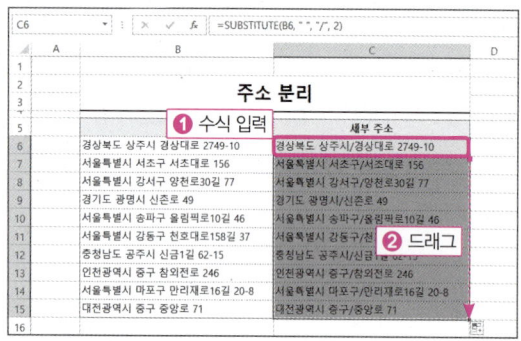 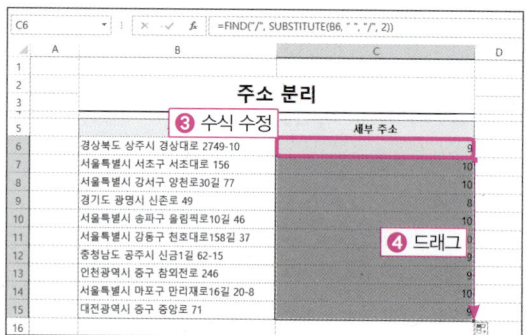

> **Plus⁺ 수식 이해하기**
>
> 왼쪽 화면의 수식은 두 번째 공백 문자(" ")를 슬래시(/) 문자로 대체하는 수식으로, 슬래시(/)는 [B] 열에 입력되지 않은 다른 문자로 대체해도 됩니다.
> =SUBSTITUTE(B6, " ", "/", 2)
>
> SUBSTITUTE 함수 구성에서 네 번째 인수를 2로 사용하면 [B6] 셀의 값에서 공백 문자(" ")를 찾아 "/"로 변경할 때 두 번째 공백 문자(" ")만 변경됩니다. 결과는 왼쪽 화면에서 확인할 수 있습니다.
>
> 이제 오른쪽 화면과 같이 FIND 함수를 사용해 고친 문자(/)의 위치를 찾으면 손쉽게 두 번째 공백 문자의 위치를 찾을 수 있습니다.
> =FIND("/", SUBSTITUTE(B6, " ", "/", 2))

02 두 번째 공백 문자의 위치를 찾았으니 세부 주소를 잘라냅니다. [C6] 셀의 수식을 다음과 같이 수정하고 [C6] 셀의 채우기 핸들을 [C15] 셀까지 드래그해 복사합니다.

[C6] 셀 : =MID(B6, FIND("/", SUBSTITUTE(B6, " ", "/", 2))+1, 100)

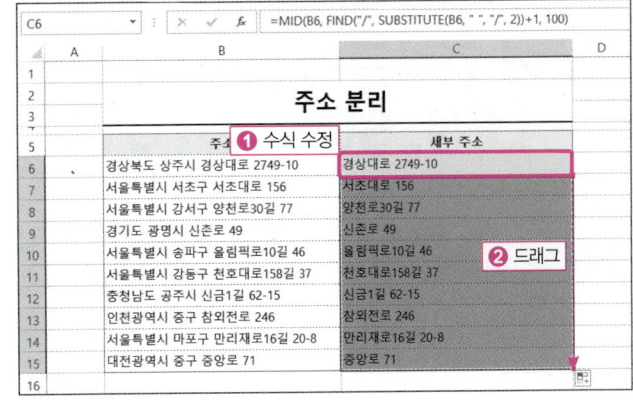

셀에 입력된 특정 단어 개수 세기 — LEN, SUBSTITUTE

211

범위 내 특정 조건에 맞는 셀이 몇 개인지 셀 때는 COUNT 계열 함수를 이용합니다. 이와 달리 셀에 입력된 값 중에서 특정 단어(또는 문자)의 수를 세어야 한다면 LEN 함수와 SUBSTITUTE 함수를 중첩해 사용하면 됩니다. LEN 함수는 셀에 입력된 문자 개수를 세는 함수로, 이런 경우뿐만 아니라 셀에 값이 입력됐는지 여부를 판단할 때도 많이 사용합니다.

예제 파일 PART 05 \ CHAPTER 24 \ LEN, SUBSTITUTE 함수.xlsx

새로 나온 함수

LEN 함수
LEN 함수는 텍스트에서 문자가 몇 개 있는지 셉니다.

LEN(❶ 텍스트)
❶ 텍스트 : 문자를 세려는 텍스트 또는 해당 값이 입력된 셀

SUMPRODUCT 함수
SUMPRODUCT 함수는 덧셈을 구하는 SUM 함수와 곱셈을 계산하는 PRODUCT 함수가 결합된 함수입니다. 인수로 전달된 범위 내 항목을 서로 곱한 후 곱한 결과를 모두 더한 값을 반환합니다.

SUMPRODUCT(❶ 배열1, ❷ 배열2, …)
❶ 배열 : 계산하려는 값을 가진 범위 또는 배열

---

01 예제 파일을 열고 [B5:I9] 병합 셀에서 '변화'라는 단어가 몇 번 나오는지 확인해보겠습니다. [J5:J9] 병합 셀에 다음 수식을 입력합니다.

[J5:J9] 병합 셀 : =(LEN(B5)−LEN(SUBSTITUTE(B5, "변화", "")))/2

> **Plus⁺ 수식 이해하기**
>
> =(LEN(B5)-LEN(SUBSTITUTE(B5, "변화", "")))/2 수식을 단계별로 살펴보면 다음과 같습니다.
>
> ❶ LEN(B5)
>   [B5] 셀의 문자 개수를 셉니다.
>
> ❷ LEN(SUBSTITUTE(B5, "변화", ""))
>   [B5] 셀에서 세려고 하는 '변화' 단어를 삭제한 후 문자 개수를 셉니다.
>
> ❸ ❶-❷
>   [B5] 셀의 전체 문자 개수에서 '변화'를 제외한 문자 개수를 빼면 지워진 문자의 개수를 알 수 있습니다.
>
> ❹ ❸/❷
>   '변화'는 두 개의 문자로 이루어져 있으므로 2로 나누면 '변화'라는 단어가 몇 번 나왔는지 알 수 있습니다.

03 여러 범위에 입력된 글에서 '변화'라는 단어의 개수를 확인해보겠습니다. [J11:J15] 병합 셀에 다음 수식을 입력합니다.

[J11:J15] 병합 셀 :
=(SUMPRODUCT(LEN(B11:B15))-SUMPRODUCT(LEN(SUBSTITUTE(B11:B15, "변화", ""))))/2

> **Plus⁺ 수식 이해하기**
>
> 이번 수식은 길지만 **02** 과정의 수식과 유사합니다. 다른 점은 앞에서는 [B5] 병합 셀 하나를 대상으로 했는데, 이번에는 병합되지 않은 [B11:B15] 범위가 대상이라는 점입니다. 이로 인해 [B11], [B12], [B13], [B14], [B15] 셀의 LEN 함수 결과를 모두 더해 처리해야 합니다. 이 작업을 좀 더 단순하게 처리하기 위해 배열을 사용할 수 있는 SUMPRODUCT 함수를 사용한 부분만 다르고 기본적인 수식 패턴은 **02** 과정의 수식과 동일합니다. 이번 수식은 기본적으로 배열을 이용하는 수식이지만 SUMPRODUCT 함수가 자체적으로 배열을 처리할 수 있으므로 Enter 를 눌러 입력하면 됩니다.
>
> **LINK** 배열수식에 대한 더 자세한 정보는 'No. 286 배열수식 이해하기'를 참고합니다.

금액을 한글, 한자로 표시하기 – NUMBERSTRING, TEXT 212

금액을 한글 또는 한자로 표시해야 하는 경우가 있습니다. 이런 작업에는 일반적으로 셀 서식의 표시 형식을 이용하는 방법을 많이 사용하지만, 함수를 이용해 결과를 얻을 수도 있습니다. 엑셀에 숨겨진 함수 중 하나인 NUMBERSTRING 함수를 사용해도 되고, 셀 값을 변환할 때 쓰는 TEXT 함수를 사용해도 됩니다. 여기서는 함수를 사용해 금액을 한글이나 한자로 표현하는 방법에 대해 알아보겠습니다.

예제 파일 PART 05 \ CHAPTER 24 \ NUMBERSTRING 함수.xlsx

새로 나온 함수

NUMBERSTRING 함수

NUMBERSTRING 함수는 숫자를 한글 또는 한자로 변환합니다.

NUMBERSTRING(❶ 숫자, ❷ 옵션)

❶ 숫자 : 변환할 숫자 값 또는 숫자 값이 있는 셀
❷ 옵션 : 금액을 변환할 방법을 지정하며, 다음 값을 사용할 수 있습니다.

옵션	설명
1	금액을 한글로 표시합니다. NUMBERSTRING(1234, 1)은 '일천이백삼십사'를 반환합니다.
2	금액을 한자로 표시합니다. NUMBERSTRING(1234, 2)는 '壹仟貳百參拾四'를 반환합니다.
3	금액을 한글로 표시합니다. NUMBERSTRING(1234, 3)은 '일이삼사'를 반환합니다.

*NUMBERSTRING 함수는 비공식적으로 제공되는 함수로, 함수 목록에 나타나지 않으며 도움말도 제공되지 않습니다.

---

01 예제 파일을 열고 [F5:P6] 병합 셀에 공급가액과 세액의 합계를 한글로 표시해보겠습니다. [F5:P6] 병합 셀에 다음 수식을 입력합니다.

[F5:P6] 병합 셀 :
=NUMBERSTRING(SUM(L15: O15), 1)

02 한글 금액 앞뒤로 '일금'과 '원 정'을 표시하려면 [F5:P6] 병합 셀의 수식을 다음과 같이 수정합니다.

[F5:P6] 병합 셀 : ="일금" & NUMBERSTRING(SUM(L15:O15), 1) & "원 정"

03 이번에는 [F5:P6] 병합 셀에 한자 금액을 표시해보겠습니다. 수식을 다음과 같이 수정합니다.

[F5:P6] 병합 셀 :
=TEXT(SUM(L15:O15),
"[DBNUM2]")

	A	B	C	D	E	F G H I J K L M N O P	Q
1							
2						견 적 서	
3							수식 수정
5		총 액				貳百八拾四萬參阡伍百	
6		(공급가액 + 세액)					
7		번호		품명		수량 단가 공급가액 세액	
8		1		태양 체리 시럽		30 9,500 285,000 28,500	
9		2		알파 콘 플레이크		10 25,000 250,000 25,000	
10		3		신한 100% 파인애플 시럽		20 20,000 400,000 40,000	
11		4		알파 왕갈비 훈제육		15 100,000 1,500,000 150,000	
12		5		미왕 계피 캔디		10 15,000 150,000 15,000	
13							
14							
15				계		2,585,000 258,500	
16							

Plus⁺ [자동 채우기] 옵션의 메뉴 이해하기

TEXT 함수는 지정한 서식 코드에 맞게 값을 변환하므로 두 번째 인수로 사용한 서식 코드만 이해하면 쉽습니다. TEXT 함수에서 사용할 수 있는 서식 코드 중 숫자를 한글이나 한자로 변환할 수 있는 것은 다음과 같습니다.

서식 코드	설명
[DBNUM1]	값을 한자로 표시합니다. TEXT(1234, "[DBNUM1]")은 '一千二百三十四'를 반환합니다.
[DBNUM2]	금액을 한자로 표시합니다. TEXT(1234, "[DBNUM2]")는 '壹阡貳百參拾四'를 반환합니다.
[DBNUM3]	금액을 숫자와 한자로 표시합니다. TEXT(1234, "[DBNUM3]")은 '千2百3十4'를 반환합니다.
[DBNUM4]	금액을 한글로 표시합니다. TEXT(1234, "[DBNUM4]")는 '일천이백삼십사'를 반환합니다.

이번 수식은 다음과 같이 NUMBERSTRING 함수를 사용해도 동일한 결과를 얻을 수 있습니다.
=NUMBERSTRING(SUM(L15:O15), 2)

LINK [셀 서식]의 표시 형식을 이용해 같은 결과를 얻는 방법은 'No. 100 금액을 한글 또는 한자로 표시하기'를 참고합니다.

수식을 셀에 표시하기 – FORMULATEXT

213

수식은 항상 계산 결과만 표시하는데, 어떤 계산식에 의해 결과가 반환된 것인지 따로 표시해야 하는 경우가 있습니다. 엑셀 2010까지는 계산식을 다른 셀에 표시하려면 일일이 수작업으로 처리해야 했지만, 엑셀 2013부터는 참조한 셀의 수식을 반환하는 FORMULATEXT 함수가 제공되어 편리합니다. FORMULATEXT 함수를 사용해 셀의 수식을 반환하는 방법에 대해 알아보겠습니다.

예제 파일 PART 05 \ CHAPTER 24 \ FORMULATEXT 함수.xlsx

새로 나온 함수

FORMULATEXT 함수 2013 버전 이상

FORMULATEXT 함수는 참조한 셀의 수식을 문자열로 반환합니다. 참조한 셀에 수식이 입력되어 있지 않거나 빈 셀인 경우에는 #N/A 오류가 발생합니다.

FORMULATEXT(❶ 셀)
❶ 셀 : 수식이 들어 있는 셀

---

01 예제 파일을 열면 '직원 정보' 표가 있고, [C9:C11] 범위에는 수식으로 계산된 결과가 표시되어 있습니다. [C9:C11] 범위에 사용된 계산식을 [D9:D11] 범위에 표시해보겠습니다.

02 [D9] 셀에 다음 수식을 입력하고 [D9] 셀의 채우기 핸들을 [D11] 셀까지 드래그해 복사합니다.

[D9] 셀 : =FORMULATEXT(C9)

214 파일의 경로, 파일 이름, 워크시트 이름 알아내기 - CELL

사용 중인 파일에 대한 다양한 정보를 얻으려면 CELL 함수를 사용하면 됩니다. CELL 함수는 함수명 때문에 셀에 대한 정보만 제공한다고 생각하기 쉬운데, 옵션을 지정해 현재 파일의 경로, 파일 이름, 워크시트 이름도 확인할 수 있습니다. 다만 정확하게 파일 이름이나 워크시트 이름이 반환되는 구조가 아니라 전체 경로와 파일 이름, 워크시트 이름이 섞여 반환되므로 필요한 부분을 잘라내야 합니다. 따라서 CELL 함수를 사용해 필요한 정보를 얻으려면 먼저 FIND, SEARCH 함수를 이해하고 있어야 합니다.

예제 파일 PART 05 \ CHAPTER 24 \ CELL 함수.xlsx

새로 나온 함수

CELL 함수
CELL 함수는 두 번째 인수로 설정한 셀에 대한 다양한 정보를 반환합니다.

CELL(❶ 옵션, ❷ 셀)

❶ 옵션 : 셀에서 얻고 싶은 정보를 의미하며 다음과 같은 값을 사용할 수 있습니다.

옵션	설명
address	셀 주소를 반환합니다.
col	셀의 열 주소를 반환합니다.
color	음수 값에 색상 서식이 지정된 경우는 1, 아니면 0을 반환합니다.
contents	셀의 값을 반환합니다.
filename	현재 파일의 전체 경로를 포함한 파일 이름을 반환합니다.
format	셀에 지정된 숫자 서식을 의미하는 코드 값을 반환합니다.
parentheses	셀에 지정된 숫자 서식에 괄호를 사용한 경우는 1, 아니면 0을 반환합니다.
prefix	셀에 적용된 맞춤 설정에 코드 값을 반환합니다.
protect	셀에 잠금 속성이 체크되어 있으면 1, 아니면 0을 반환합니다.
row	셀의 행 번호를 반환합니다.
type	셀에 값이 입력되었는지 여부에 따른 코드 값을 반환합니다.
width	셀의 열 너비를 반올림해 정수 값으로 반환합니다.

❷ 셀 : 정보를 파악하려는 셀입니다.

01 예제 파일을 열고 현재 파일의 전체 경로와 파일 이름, 워크시트 이름을 알아보겠습니다. 먼저 CELL 함수를 이용해 파일 정보를 반환합니다. [D6:F6] 병합 셀에 다음 수식을 입력합니다.

[D6:F6] 병합 셀 : =CELL("filename", A1)

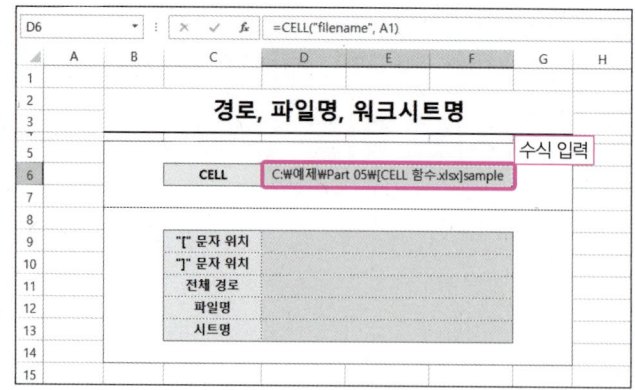

> **Plus⁺ 수식 이해하기**
>
> 첫 번째 인수를 "filename"으로 지정하면 전체 경로와 파일 이름, 워크시트 이름이 다음과 같은 형식으로 반환됩니다. 참고로 예제 파일의 위치에 따라 전체 경로는 달라질 수 있습니다.
>
> 전체경로[파일명]시트명

02 CELL 함수의 결과 값에서 전체 경로와 파일 이름, 워크시트 이름을 분리하려면 '[' 문자와 ']' 문자의 위치를 알아야 합니다. 다음 각 셀에 수식을 입력합니다.

[D9:F9] 병합 셀 : =FIND("[", D6)
[D10:F10] 병합 셀 : =FIND("]", D6)

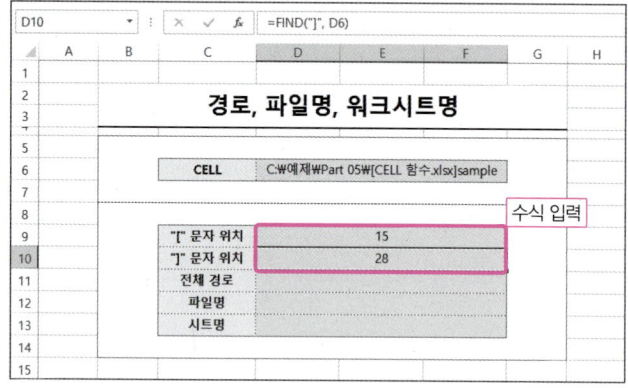

03 [D6:F6] 셀에서 전체 경로를 잘라내기 위해 [D11:F11] 병합 셀에 다음 수식을 입력합니다.

[D11:F11] 병합 셀 : =LEFT(D6, D9–1)

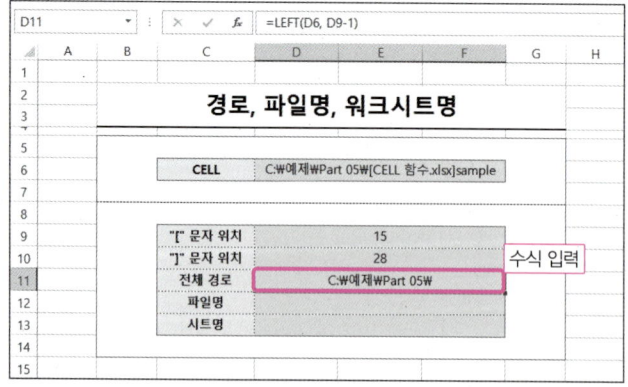

> **Plus⁺ 수식 이해하기**
>
> CELL 함수의 결과 값에서 전체 경로만 잘라내려면 처음부터 '[' 문자 전까지만 잘라내면 됩니다. 그러므로 FIND 함수를 사용해 얻은 [D9:F9] 병합 셀의 값을 참고해 LEFT 함수로 계산합니다. 이와 같이 수식을 여러 번 작성하지 않고 한 번에 원하는 결과를 얻으려면 다음과 같이 수식을 구성하면 됩니다.
>
> =LEFT(CELL("filename", A1), FIND("[", CELL("filename", A1))-1)

04 [D6:F6] 병합 셀에서 파일 이름만 얻기 위해 [D12:F12] 병합 셀에 다음 수식을 입력합니다.

[D12:F12] 병합 셀 : =MID(D6, D9+1, D10-D9-1)

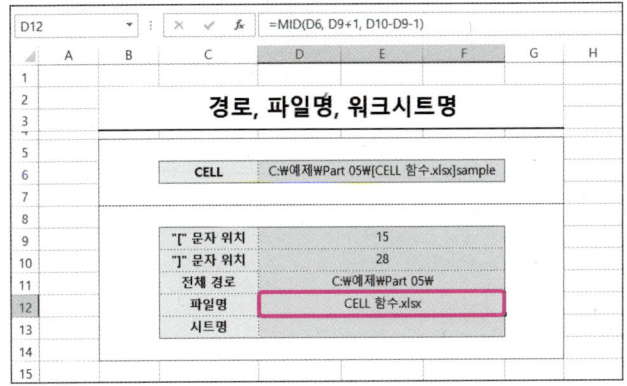

> **Plus⁺ 수식 이해하기**
>
> CELL 함수의 결과 값에서 파일 이름만 구하려면 '[' 문자 다음부터 ']' 문자 앞까지 잘라내면 됩니다. 텍스트의 가운데 부분이므로 MID 함수를 사용하면 원하는 결과를 얻을 수 있습니다.
>
> MID 함수에서는 세 번째 인수 부분을 잘 이해해야 합니다. '[' 문자 다음부터 잘라내므로 ']' 문자 부분까지 몇 개의 문자가 있는지 알려면 ']' 문자 위치에서 '[' 문자 위치를 빼고 1을 더 빼면 됩니다. 26에서 15를 빼면 11인데 실제로 [D6:F6] 병합 셀의 파일 이름은 총 10개의 문자로 구성되어 있습니다. 그러므로 1을 더 빼야 원하는 결과를 얻을 수 있습니다. 한 번에 원하는 결과를 얻으려면 다음과 같이 구성합니다.
>
> =MID(CELL("filename", A1), FIND("[", CELL("filename", A1))+1, FIND("]", CELL("filename", A1))- FIND("[", CELL("filename", A1))-1)

05 마지막으로 워크시트 이름만 얻기 위해 [D13:F13] 병합 셀에 다음 수식을 입력합니다.

[D13:F13] 병합 셀 : =MID(D6, D10+1, 100)

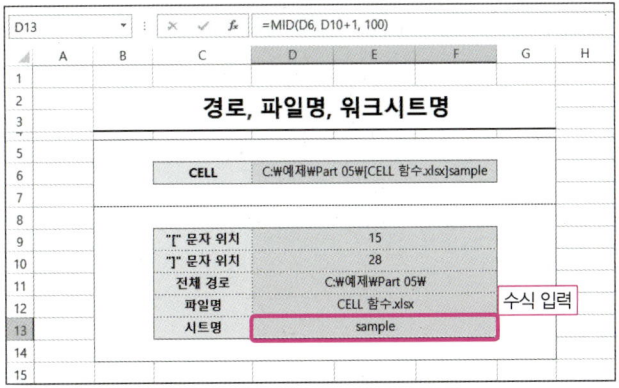

여러 셀에 나뉘어 있는 값을 연결해 사용하기 – CONCAT, TEXTJOIN 215

엑셀 2016에서 추가된 함수 중 CONCAT 함수는 CONCATENATE 함수를 대체할 목적으로 제공된 함수이고, TEXTJOIN 함수는 구분 문자를 사용해 값을 연결하는 함수입니다. 두 함수 모두 데이터 범위를 인수로 전달 받아 좀 더 쉽게 여러 값을 연결하도록 지원합니다. CONCAT 함수와 TEXTJOIN 함수를 사용해 필요한 값을 빠르게 연결하는 방법에 대해 알아보겠습니다.

예제 파일 PART 05 \ CHAPTER 24 \ CONCAT, TEXTJOIN 함수.xlsx

새로 나온 함수

CONCAT 함수 [2016 버전 이상]

CONCAT 함수는 인수로 전달된 값을 모두 연결해 반환합니다.

> **CONCAT(** ❶ 값1, ❷ 값2, … **)**
> ❶ 값 : 서로 연결할 값 또는 값을 갖고 있는 셀(또는 범위)

이 함수는 CONCATENATE 함수를 그대로 대체할 수 있으며, 데이터 범위를 인수로 전달해 한 번에 여러 개의 셀 값을 빠르게 연결할 수 있는 특징이 있습니다.

TEXTJOIN 함수 [2016 버전 이상]

TEXTJOIN 함수는 인수로 전달된 값을 구분 문자로 연결해 반환합니다.

> **TEXTJOIN(** ❶ 구분 문자, ❷ 빈 셀 포함 여부, ❸ 값1, ❹ 값2, … **)**
> ❶ 구분 문자 : 값을 연결할 때 사용할 문자로, 값과 값 사이에 포함됩니다.
> ❷ 빈 셀 무시 여부 : 범위 내 빈 셀이 포함되어 있을 때, 빈 셀을 제외할 것인지 여부를 선택하는 옵션
>
> | 옵션 | 설명 |
> | :---: | :--- |
> | TRUE | 빈 셀을 제외하고 연결합니다. |
> | FALSE | 빈 셀을 포함해 연결합니다. |
>
> ❸ 값 : 연결할 값 또는 값을 갖고 있는 셀(또는 범위)

01 예제 파일을 열고 여러 값을 동시에 연결해보겠습니다. 먼저 & 연산자를 사용해 연결합니다. [E6] 셀에 왼쪽 화면과 같이 수식을 입력해 [B6], [C6], [D6] 셀 값을 한 번에 연결합니다. 같은 작업을 CONCAT 함수를 사용해서 하려면 [E6] 셀의 수식을 오른쪽 화면과 같이 수정합니다.

[E6] 셀 : =B6 & C6 & D6   [E6] 셀 : =CONCAT(B6:D6)

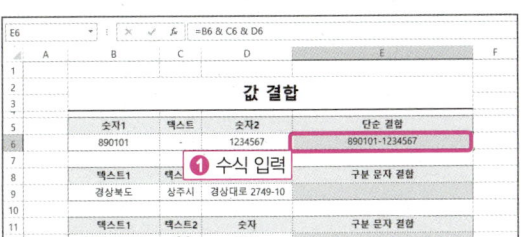

> **Plus⁺ 수식 이해하기**
>
> & 연산자나 CONCATENATE 함수는 셀을 한 번에 하나씩밖에 지정할 수 없으므로 왼쪽 화면과 같이 하나씩 연결해야 합니다. 이 작업을 CONCATENATE 함수로 처리하면 다음과 같습니다.
>
> =CONCATENATE(B6, C6, D6)
>
> 하지만 CONCATE 함수를 사용하면 범위를 인수로 사용할 수 있으므로 오른쪽 화면과 같이 좀 더 간단하게 연결 작업을 한 것입니다.

02 이번에는 값 사이에 공백 문자를 추가해 연결해보겠습니다. [E9] 셀에 [B9:D9] 범위 내 셀 값을 공백 문자로 구분해 연결하기 위해 왼쪽 화면과 같이 수식을 입력합니다. TEXTJOIN 함수를 사용해 이 작업을 보다 간단하게 처리하려면 [E9] 셀의 수식을 오른쪽 화면과 같이 수정합니다.

[E9] 셀 : =B9 & " " & C9 & " " & D9   [E9] 셀 : =TEXTJOIN(" ", TRUE, B9:D9)

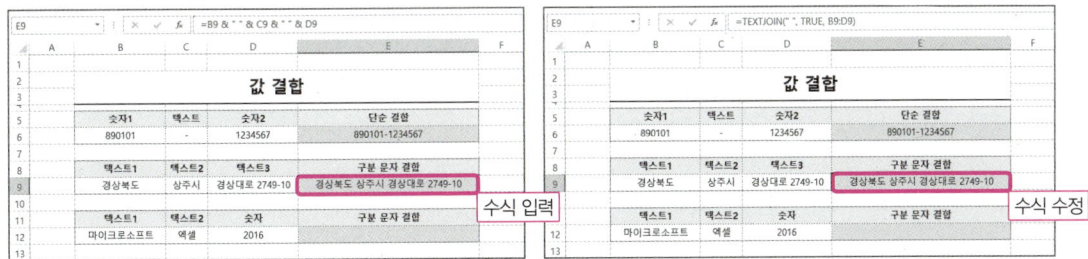

> **Plus⁺ TEXTJOIN 함수와 CONCAT 함수의 관련성**
>
> TEXTJOIN 함수는 CONCAT 함수와 유사하게 값을 연결할 수 있지만 값과 값 사이에 넣을 구분 문자를 지정할 수 있다는 차이가 있습니다. 또한 TEXTJOIN 함수는 범위 내 빈 셀이 존재할 때 이를 무시할지 여부를 선택할 수 있는데, CONCAT 함수는 기본적으로 빈 셀을 무시하고 값이 입력된 셀만 연결합니다. 그러므로 TEXTJOIN 함수와 CONCAT 함수는 다음과 같은 관계로 설명할 수 있습니다.
>
> CONCAT(A1:C1) = TEXTJOIN("", TRUE, A1:C1)

03 CONCAT 함수나 TEXTJOIN 함수 모두 셀을 하나씩 지정해 연결할 수 있습니다. [B12:D12] 범위 내 셀 값을 공백 문자로 구분해 연결하려면 [E12] 셀에 다음 수식을 입력합니다.

[E12] 셀 : =TEXTJOIN(" ", TRUE, B12, C12, D12)

CHAPTER
25

집계/통계 함수

숫자 변환하기 216
– VALUE, NUMBERVALUE

데이터를 요약할 때 사용하는 COUNT, SUM, AVERAGE, MAX, MIN 등의 집계 함수는 대부분 숫자 값만 처리할 수 있습니다. 그러므로 표에 입력된 값이 숫자가 아니라면 먼저 숫자 값으로 변환해야 합니다. 엑셀에는 텍스트로 인식된 값을 숫자 형식으로 변환하는 VALUE, NUMBERVALUE 함수가 있습니다. 이 두 함수를 사용해 텍스트 형식의 값을 숫자로 변환하는 방법에 대해 알아보겠습니다.

예제 파일 PART 05 \ CHAPTER 25 \ VALUE, NUMBERVALUE 함수.xlsx

새로 나온 함수

VALUE 함수
텍스트 형식의 값을 숫자로 변환합니다.

VALUE(❶ 텍스트)
❶ 텍스트 : 숫자로 변환할 텍스트 또는 해당 값이 입력된 셀

NUMBERVALUE 함수 `2013 버전 이상`
텍스트 형식의 값을 숫자로 변환합니다. VALUE 함수보다 뛰어난 점은 값에 포함된 공백 문자를 제공하며 다양한 국가에서 사용하는 소수점 기호나 천 단위 구분 기호를 따로 설정할 수 있다는 것입니다.

NUMBERVALUE(❶ 텍스트, ❷ 소수점 기호, ❸ 천 단위 구분 기호)
❶ 텍스트 : 숫자로 변환할 텍스트 또는 해당 값이 입력된 셀
❷ 소수점 기호 : 텍스트에 포함된 문자 중 소수점 기호를 지정할 수 있으며, 생략하면 제어판의 국가 설정에 설정된 내용으로 처리됩니다. 한글 윈도우에서는 마침표(.)가 소수점 기호입니다.
❸ 천 단위 구분 기호 : 텍스트에 포함된 문자 중 천 단위 구분 기호를 지정할 수 있으며, 생략하면 제어판의 국가 설정에 따라 처리됩니다. 한글 윈도우에서는 쉼표(,)가 천 단위 구분 기호입니다.

01 예제 파일을 열고 [B9] 셀을 선택하면 수식 입력줄에서 **=SUM(B6:B8)** 수식을 확인할 수 있습니다. 수식의 결과로 0이 반환된 이유는 [B6:B8] 범위에 제대로 된 숫자 데이터가 없기 때문입니다. VALUE 함수와 NUMBERVALUE 함수를 사용해 [B6:B8] 범위 내 값을 [C6:D8] 범위에 올바른 숫자 데이터로 변환해보겠습니다.

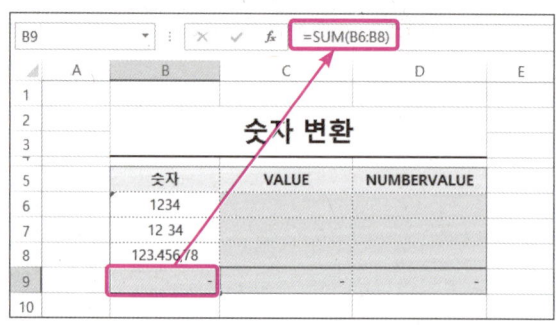

02 [C6] 셀에 다음 수식을 입력하고 [C6] 셀의 ➕ 채우기 핸들을 [C8] 셀까지 드래그해 복사합니다.

[C6] 셀 : =VALUE(B6)

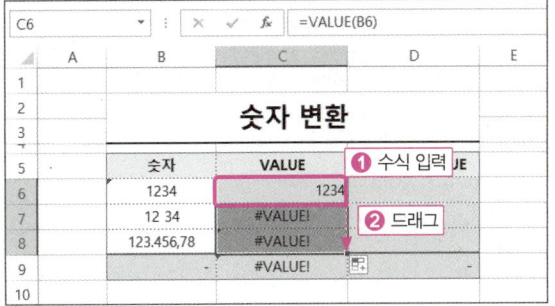

Plus⁺ 수식 이해하기

[B6:B8] 범위에 입력된 데이터에는 각각 다음과 같은 특성이 있습니다.

- [B6] 셀 : 숫자 값 앞에 작은따옴표(')가 입력되어 숫자가 텍스트로 인식됩니다.
- [B7] 셀 : 숫자 값 사이에 공백 문자(" ")가 입력되어 텍스트 값으로 인식됩니다.
- [B8] 셀 : 천 단위 구분 기호(.)와 소수점 기호(,)가 한글 윈도우의 국가 설정과 다르게 입력되어 있습니다. 이 방식은 독일에서 사용하는 방식으로, 한글 버전에서는 텍스트 값으로 인식됩니다.

위 세 가지 경우 중 VALUE 함수는 첫 번째 경우만 제대로 숫자로 변환합니다. 나머지는 #VALUE! 오류가 반환된 것으로 보아 [B7:B8] 범위 내 값을 숫자로 변환할 수 없다는 것을 알 수 있습니다.

03 [D6] 셀에 다음 수식을 입력하고 [D6] 셀의 ➕ 채우기 핸들을 [D8] 셀까지 드래그해 복사합니다.

[D6] 셀 : =NUMBERVALUE(B6, ",", ".")

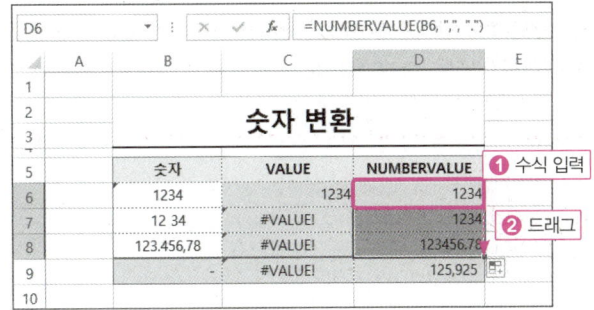

Plus⁺ 수식 이해하기

NUMBERVALUE 함수를 사용하면 모두 숫자로 변환되며 [D9] 셀에도 올바른 합계가 반환됩니다. NUMBERVALUE 함수는 숫자 값에 포함된 공백 문자(" ")를 제거해 변환하므로 [B7] 셀의 값을 숫자로 변환할 수 있으며, 천 단위 구분 기호와 소수점 기호를 지정해 처리할 수 있으므로 [B8] 셀의 값도 숫자로 변환할 수 있습니다. 이처럼 NUMBERVALUE 함수는 VALUE 함수보다 다양한 숫자 변환 작업을 처리합니다.

데이터 형식에 맞는 건수 세기
– COUNT, COUNTA, COUNTBLANK 217

전체 데이터에서 필요한 건수를 세는 작업은 생각보다 빈번하게 사용됩니다. 대부분의 작업에서는 건수를 세는 작업이 기본이라 해도 과언이 아닙니다. 예를 들어 내 데이터가 다른 표에 있는지 여부나 중복이 있는지 여부를 확인하는 작업, 순위를 구하는 작업 등이 모두 건수를 세는 방법에 기초합니다. 엑셀에는 건수를 셀 수 있는 다양한 함수가 제공되는데, 여기서는 가장 기본적인 함수인 COUNT, COUNTA, COUNTBLANK 함수의 사용 방법에 대해 알아보겠습니다.

예제 파일 PART 05\CHAPTER 25\COUNT, COUNTA, COUNTBLANK 함수.xlsx

새로 나온 함수

COUNT, COUNTA 함수
COUNT 함수는 지정된 범위에서 숫자 값이 있는 셀의 개수를 세는 함수이고, COUNTA 함수는 지정된 범위에서 값이 입력된 셀의 개수를 세는 함수입니다. 두 함수의 구문은 동일합니다.

COUNT(❶ 값1, ❷ 값2, ❸ 값3, …)
❶ 값 : 건수를 세려고 하는 값, 또는 값이 있는 범위

COUNTBLANK 함수
지정된 범위에서 빈 셀의 개수를 셉니다.

COUNTBLANK(❶ 범위)
❶ 범위 : 건수를 세려고 하는 데이터 범위

01 예제 파일을 열고 [C6:C14] 범위 내 데이터에서 데이터 형식에 맞는 건수를 세어 [F6:F8] 범위에 반환해보겠습니다. [C14] 셀이 빈 셀이 아님을 확인하기 위해 수식 입력줄을 보면 **=IF(1=2, "", "")** 수식이 입력되어 있습니다.

02 먼저 [C6:C14] 범위 내 숫자 데이터를 셉니다. [F6] 셀에 다음 수식을 입력하면 '4'라는 결과가 얻어집니다.

[F6] 셀 : =COUNT(C6:C14)

TIP COUNT 함수는 숫자와 날짜/시간 값이 입력된 셀의 수만 셉니다. 엑셀에서 날짜/시간은 숫자 값으로 인식되기 때문에 COUNT 함수에서도 해당 셀을 숫자가 입력된 셀로 판단합니다.

03 이번에는 데이터가 입력된 셀을 세기 위해 [F7] 셀에 다음 수식을 입력합니다. '8'이라는 결과가 반환됩니다.

[F7] 셀 : =COUNTA(C6:C14)

TIP COUNTA 함수는 [C13] 셀을 제외한 모든 셀에 값이 입력되어 있다고 판단합니다. [C14] 셀에는 수식이 입력되어 있으므로 COUNTA 함수는 해당 셀에 데이터가 입력되어 있다고 판단합니다.

04 마지막으로 빈 셀을 세기 위해 [F8] 셀에 다음 수식을 입력합니다. '2'라는 결과가 반환됩니다.

[F8] 셀 : =COUNTBLANK(C6:C14)

TIP COUNTBLANK 함수는 [C13] 셀과 [C14] 셀(수식이 입력되어 있지만 빈 문자("")가 반환된 셀)을 빈 셀로 판단합니다.

일련번호 부여하기 – ROW, COUNTA

218

표를 만들다 보면 1, 2, 3, …과 같은 일련번호가 필요한 경우가 많습니다. 일련번호는 자동 채우기 기능으로 쉽게 넣을 수 있지만 수식을 이용해 넣을 수도 있습니다. 수식을 이용하려면 ROW 함수나 COUNTA 함수를 사용하는 것이 좋습니다. 행 번호를 반환하는 ROW 함수는 [A1] 셀부터의 행 번호를 반환하면 일련번호 값과 동일한 결과를 얻을 수 있어 데이터와 무관하게 일련번호를 표시해야 할 때 유용하며, 값이 입력된 셀을 셀 수 있는 COUNTA 함수는 데이터가 입력된 경우를 판단해 일련번호를 부여해야 할 때 유용합니다.

예제 파일 PART 05 \ CHAPTER 25 \ 일련번호.xlsx

새로 나온 함수

ROW 함수
ROW 함수는 참조된 셀의 행 번호를 반환합니다.

ROW(❶ 셀)
❶ 셀 : 행 번호를 알고 싶은 셀로, 생략하면 현재 수식을 입력하는 셀의 행 번호를 반환합니다.

이 함수와 반대되는 함수로는 열 번호를 반환하는 COLUMN 함수가 있는데, ROW 함수와 사용 방법은 동일하지만 열 번호를 반환한다는 차이가 있습니다. 참고로 열 번호는 A, B, C, …와 같은 열 주소가 아니라 열의 순서대로 1, 2, 3, …과 같은 숫자로 반환됩니다.

01 예제 파일을 열고 '견적서' 표에서 [C6:G13] 범위에 입력된 제품의 일련번호를 [B6:B13] 범위에 표시해보겠습니다.

02 [B6] 셀에 다음 수식을 입력하고 [B6] 셀의 채우기 핸들을 [B13] 셀까지 드래그해 복사합니다.

[B6] 셀 : =IF(LEN(C6)>0, ROW(A1), "")

> **Plus⁺ 수식 이해하기**
>
> 이 수식을 이해하려면 먼저 LEN(C6)〉0 부분을 이해해야 합니다. 제품의 일련번호를 표시한다고 했으므로 [C6:G13] 범위에서 값이 입력됐는지 여부를 먼저 판단해야 합니다. LEN(C6)〉0은 값이 입력됐는지를 판단하는 대표적인 수식으로, 셀에 입력된 문자 개수를 세어 0보다 크면 입력된 것으로 판단합니다. 유사한 수식으로 C6〈〉"" 조건식을 사용하기도 합니다.
>
> 그러므로 이번 수식은 [C6] 셀에 값이 입력되어 있을 때 ROW(A1) 수식을 행 방향(상하)으로 복사하라는 의미로 이해하면 됩니다. ROW 함수는 행 번호를 반환하는 함수이고, [A1] 셀을 참조한 상태에서 사용하면 1, 2, 3, …과 같은 일련번호를 반환하므로 이와 같이 일련번호가 필요할 때 자주 사용됩니다.

03 만약 연속된 범위에 순서대로 값이 입력되지 않은 경우라면 COUNTA 함수를 사용합니다. [C12:G12] 병합 셀에 다음과 같이 입력해보면 일련번호로 '6'이 아니라 '7'이 나타납니다.

[C12:G12] 병합 셀 : 유미 돌김

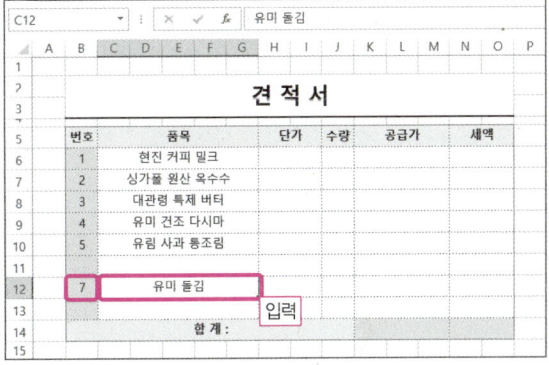

04 떨어진 위치에 값을 입력해도 일련번호가 이어지도록 [B6] 셀의 수식을 다음과 같이 수정하고, [B6] 셀의 채우기 핸들을 [B13] 셀까지 드래그해 복사합니다.

[B6] 셀 : =IF(LEN(C6)〉0, COUNTA($C$6:C6), "")

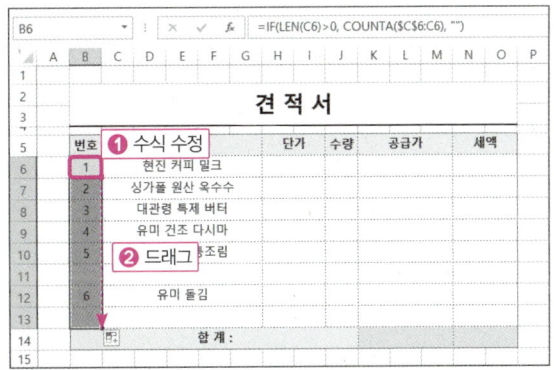

> **Plus⁺ 수식 이해하기**
>
> 이 수식은 기본적으로 **02** 과정에서 사용한 수식과 동일하지만 ROW(A1)이 COUNTA($C$6:C6)로 변경되었습니다. COUNTA($C$6:C6) 수식은 [C6] 셀부터 값이 입력된 셀을 세는 역할을 합니다. 이때 범위를 ($C$6:C6)과 같이 참조해 첫 번째 셀 주소에 절대 참조 방식을 사용했습니다. 이 수식을 복사하면 첫 번째 셀 주소는 고정되고, 두 번째 셀 주소는 변해 $C$6:C6, $C$6:C7, $C$6:C8, …와 같이 참조됩니다. 따라서 해당 범위에 입력된 셀 개수에 맞춰 1, 2, 3, …과 같은 일련번호가 나타납니다. 이 수식의 결과로 [C12] 셀에 7이 아닌 6이 반환되므로, COUNTA 함수를 사용하면 ROW 함수와는 달리 데이터가 입력됐는지 여부에 따라 일련번호가 부여된다는 사실을 이해할 수 있습니다.

병합된 셀에 일련번호 부여하기 – COUNTA

219

수식으로 일련번호를 넣을 때 병합된 셀이 있다면 수식 입력 방법을 다르게 해야 합니다. 병합 셀은 기본적으로 여러 셀을 하나처럼 사용하는 방법이므로 자동 채우기 핸들로는 수식을 복사하지 못합니다. 이런 경우에는 전체 범위를 선택하고 Ctrl+Enter를 눌러 수식을 복사하는 방법을 사용해야 합니다. 병합된 셀이 포함된 경우에 일련번호를 구하는 방법에 대해 알아보겠습니다.

예제 파일 PART 05 \ CHAPTER 25 \ 일련번호–병합.xlsx

01 예제 파일을 열고 표를 확인하면 [B6:D16] 범위에 병합된 셀이 네 개 있습니다. 수식을 이용해 [B6:B16] 범위에 일련번호를 입력해보겠습니다.

02 [B6:B16] 범위를 선택하고 수식을 작성한 후 Ctrl+Enter를 눌러 수식 입력을 완료합니다.

[B6:B16] 범위 : =COUNTA($C$6:C6)

TIP 병합된 셀이 포함되어 있는 경우에는 ROW 함수를 사용해 일련번호를 얻을 수 없으므로 항상 COUNTA와 같이 건수를 세는 함수를 사용해야 합니다.

Plus+ 수식 이해하기

이번 수식은 No. 218에서 사용한 수식과 동일하게 COUNTA 함수를 사용해 건수를 세는 방법으로 일련번호를 구합니다. 이번에는 수식 자체보다 수식을 입력하는 방법에 주의합니다. 이번 수식을 입력할 때 사용한 단축키 Ctrl+Enter는 선택한 범위에 입력된 수식(또는 값)을 복사하는 단축키로, 병합된 셀처럼 수식을 자동 채우기 기능으로 복사하지 못할 때 주로 사용합니다.

COUNTIF 함수를 이용해 다양한 건수 계산하기 220

원하는 조건에 맞는 건수를 계산하는 작업은 데이터를 집계할 때 가장 자주 하는 작업 중의 하나입니다. 앞에서 설명한 COUNT, COUNTA, COUNTBLANK 함수는 데이터 형식만 구분할 수 있고 조건을 따로 지정할 수는 없습니다. 원하는 조건을 설정하려면 COUNTIF 함수를 사용해야 합니다. COUNTIF 함수는 건수를 셀 때 가장 많이 사용되는 함수이므로 정확한 사용 방법을 익혀두어야 합니다.

예제 파일 PART 05\CHAPTER 25\COUNTIF 함수.xlsx

새로 나온 함수

COUNTIF 함수
COUNTIF 함수는 범위에서 조건에 맞는 셀의 개수를 셉니다.

> **COUNTIF(❶ 범위, ❷ 조건)**
> ❶ 범위 : 건수를 세려는 범위
> ❷ 조건 : 조건 문자열로 비교 연산자와 값으로 구성하며 조건은 큰따옴표(")로 묶어 사용합니다. 예를 들어 10보다 큰 조건은 ")10"과 같이 구성합니다.

이 함수는 두 번째 인수를 정확하게 지정하는 것이 가장 중요합니다. 규칙은 다음과 같습니다.

첫 번째, 비교 연산자와 값을 큰따옴표에 넣어 구성합니다.

두 번째, 비교 연산자 중에서 같다(=)는 생략할 수 있습니다.

세 번째, 값을 직접 입력하지 않고 셀에서 참조하려면 비교 연산자와 셀을 연결하는 방법을 사용합니다. 즉, [A1] 셀의 값보다 큰 조건을 지정하려면 ")" & A1과 같이 구성해야 합니다.

01 예제 파일을 열고 하단 표의 데이터를 참고해 상단 표 [C3:C6] 범위의 조건에 맞는 건수를 [D3:D6] 범위에 집계해보겠습니다.

	A	B	C	D	E	F	G	H	I
1									
2		번호	집계 항목	건수					
3		1	전체 제품						
4		2	판매중인 제품						
5		3	단종 및 품절 개수						
6		4	재고가 있는 제품						
7									
8		품번	품명	공급업체	분류	단가	재고량	단종여부	
9		1	태양 100% 오렌지 주스	서울 무역 ㈜	유제품	10,300	39		
10		2	태양 100% 레몬 주스	태양 식품 ㈜	음료	11,900	17		
11		3	태양 체리 시럽	태양 식품 ㈜	조미료	5,800	13		
12		4	신한 100% 복숭아 시럽	신한 식품 ㈜	조미료	13,400	53		
13		5	신한 100% 파인애플 시럽	신한 식품 ㈜	조미료	13,700	2	단종	
14		6	대양 특선 블루베리 잼	대양 농산 ㈜	조미료	14,600	120		
15		7	대양 특선 건과(배)	대양 농산 ㈜	가공 식품	18,100	15		
16		8	대양 특선 딸기 소스	대양 농산 ㈜	조미료	24,400	-	품절	
17		9	북미산 상등육 쇠고기	서울 무역 ㈜	육류	54,200	29	단종	
18		10	노르웨이산 연어알 조림	서울 무역 ㈜	해산물	19,400	31		
19									

TIP 데이터 건수를 세려면 표를 정확하게 이해하고 있어야 합니다. 즉, 어떤 열에 데이터가 어떻게 입력되어 있는지 등을 이해해야 수식을 올바르게 작성할 수 있습니다.

02 [C3] 셀에 쓰여져 있는 대로 전체 제품의 건수를 집계하기 위해 [D3] 셀에 다음 수식을 입력합니다.

[D3] 셀 : =COUNTIF(C9:C18, "*")

> **Plus⁺ 수식 이해하기**
>
> 건수를 세는 작업에 사용하는 함수는 어느 열을 대상으로 작업하느냐에 따라 달라집니다. 예를 들어 [B9:B18] 범위와 같이 숫자 값이 입력된 경우에는 COUNT(B9:B18) 또는 COUNTA(B9:B18)과 같은 수식을 사용합니다. 다만 COUNTIF 함수를 사용하려면 텍스트 값이 입력된 데이터 범위를 대상으로 작업하는 편이 조건을 지정하기 쉽습니다. 이번과 같이 제품명이 입력된 [C9:C18] 범위를 대상으로 하고 와일드카드 문자(*)를 조건으로 지정하면 입력된 값의 개수를 세는 COUNTA 함수와 동일한 결과를 얻을 수 있습니다. 하지만 숫자 값이 입력된 [B9:B18] 범위를 대상으로 한다면 이와 같이 조건을 지정할 수 없으며, 입력된 데이터에 맞게 =COUNTIF(B9:B18, ")0")과 같은 수식을 사용해야 합니다.

03 [D4] 셀에는 판매 중인 제품의 건수를 셉니다. [H9:H18] 범위에서 '단종'이나 '품절'이 입력되어 있지 않은 빈 셀을 세면 됩니다. [D4] 셀에 다음 수식을 입력합니다.

[D4] 셀 : =COUNTIF(H9:H18, "=")

> **Plus⁺ 수식 이해하기**
>
> 판매 중인 제품은 [H] 열에 '단종'이나 '품절'이라고 입력되어 있지 않은 제품입니다. 따라서 [H9:H18] 범위에서 빈 셀의 개수를 세면 되는데, 이때는 COUNTBLANK 함수를 사용해 =COUNTBLANK(H9:H18)과 같이 수식을 구성할 수 있습니다. 이와 같이 조건을 COUNTIF 함수를 사용하려면 두 번째 조건 인수를 "="로 구성합니다. 이는 =""와 같은 조건으로, 빈 셀이 몇 개인지 세므로 COUNTBLANK 함수와 동일한 결과를 얻을 수 있습니다.

04 [D5] 셀에는 단종 및 품절 개수를 셉니다. 하단의 표에서 [H9:H18] 범위를 대상으로 해야 하므로 [D5] 셀에 다음 수식을 입력합니다.

[D5] 셀 : =COUNTIF(H9:H18, "〈〉")

> **Plus⁺ 수식 이해하기**
>
> 단종이나 품절된 제품 수는 [H9:H18] 범위에서 '단종'이나 '품절'이 입력된 데이터 개수를 세어 구합니다. COUNTA 함수를 사용해 =COUNTA(H9:H18)과 같이 작성해도 됩니다. 또는 보다 직관적으로 =COUNTIF(H9:H18, "단종") + COUNTIF(H9:H18, "품절")과 같은 수식을 사용해도 됩니다. 하지만 '단종'과 '품절' 모두 값이 입력된 경우이므로 이번과 같이 두 번째 인수에 "〈〉"와 같은 조건을 지정할 수 있습니다. "〈〉" 조건은 〈〉""와 동일하며, 비어 있지 않다는 의미입니다. 이런 조건을 이용해 '단종'이나 '품절'이 입력된 제품 수를 알 수 있습니다.

07 마지막으로 [D6] 셀에는 재고가 있는 제품의 건수를 셉니다. 재고가 있는지 여부를 확인하려면 [G9:G18] 범위에서 건수를 세어야 합니다. [D6] 셀에 다음 수식을 입력합니다.

[D6] 셀 : =COUNTIF(G9:G18, "〉0")

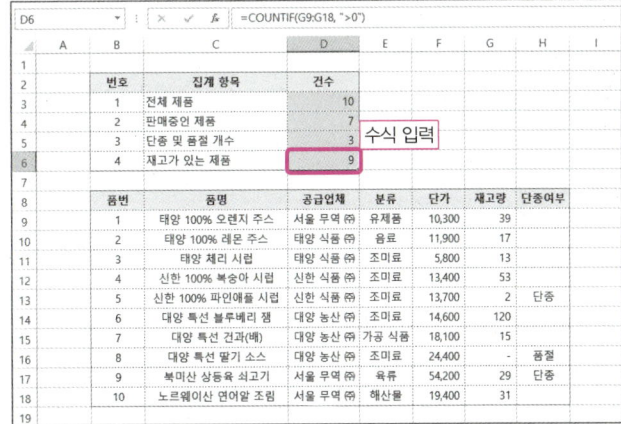

> **Plus⁺ 수식 이해하기**
>
> 하단 표에서 재고는 [G9:G18] 범위에서 확인할 수 있습니다. 이 작업에는 COUNT, COUNTA, COUNTBLANK와 같은 함수는 사용할 수 없으며 COUNTIF 함수를 사용해 따로 조건을 지정해야 합니다. 이번에 적용한 두 번째 인수인 "〉0"은 0보다 큰 값이 입력된 셀 개수를 계산하므로 재고가 있는 제품 수를 알 수 있습니다.

중복 데이터에서 고유 항목 개수 계산하기 - COUNTIF

221

특정 범위에 입력된 데이터에 중복이 있을 때 고유한 항목 개수를 계산하려면 COUNTIF 함수를 사용하면 됩니다. 다만 일반적인 방법으로는 고유한 항목 개수를 구할 수 없으므로 일정한 패턴의 수식을 작성할 수 있어야 합니다. 이번에 사용하는 수식은 처음부터 원리를 이해하고 사용하기는 어렵지만, 거의 정형화된 형태이므로 동일한 방식으로만 입력하면 언제든 정확한 결과를 반환합니다.

예제 파일 PART 05 \ CHAPTER 25 \ 고유 항목.xlsx

고유 항목을 세는 공식
=SUMPRODUCT(1/COUNTIF(중복범위, 중복범위))

예제 파일을 열고 [B6:B17] 범위 내에서 중복되지 않은 고객 수를 [H6] 셀에 구해보겠습니다. [H6] 셀에 다음 수식을 입력합니다.

[H6] 셀 : =SUMPRODUCT(1/ COUNTIF(B6:B19, B6:B19))

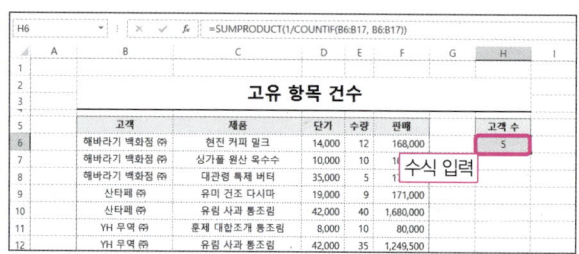

Plus⁺ 수식 이해하기

이 수식은 다음과 같은 계산 과정을 거쳐 결과를 반환합니다.

❶ COUNTIF(B6:B19, B6:B19)

두 번째 인수의 [B6:B19] 범위 내 각 셀의 값을 첫 번째 인수의 [B6:B19] 범위에서 세어 배열로 반환합니다.

❷ 1/❶

❶에서 반환된 값으로 1을 나눕니다. 이렇게 하면 배열 내 값이 {1/3, 1/3, 1/3, 1/2, 1/2, …}로 변합니다.

❸ SUMPRODUCT(❷)

❷의 값의 합계를 구합니다. 그러면 각 고객이 몇 번 출연하든 1/n이 됐다가 다시 합쳐지면서 모두 1이 되므로, 이 값의 합계가 고유 항목의 개수가 됩니다.

각 단계에서 계산되는 값은 다음과 같은 구조로 전체 계산이 됩니다.

다중 조건을 처리하는 개수 계산하기 – COUNTIFS

222

다중 조건이란 처리하는 조건이 둘 이상인 경우를 의미합니다. 다중 조건에 맞는 셀 개수를 세려면 엑셀 2007부터 제공되는 COUNTIFS 함수를 사용하면 됩니다. COUNTIFS 함수는 COUNTIF 함수와 사용 방법은 유사하지만 더 복잡한 조건의 건수를 셀 수 있으므로 건수를 세는 작업을 많이 해야 한다면 필수로 알아두어야 합니다.

예제 파일 PART 05 \ CHAPTER 25 \ COUNTIFS 함수.xlsx

새로 나온 함수

COUNTIFS 함수 `2007 버전 이상`
COUNTIFS 함수는 범위 내 조건을 모두 만족하는 셀의 개수를 셉니다.

COUNTIFS(❶ 범위, ❷ 조건, ❸ 범위, ❹ 조건, ❺ 범위, ❺ 조건, … **)**

❶ **범위** : 조건을 확인할 범위
❷ **조건** : 조건 문자열로, 비교 연산자와 값으로 구성됩니다. 조건은 큰따옴표(")로 묶어 전달합니다.

이 함수는 두 개의 인수가 서로 짝을 이뤄 범위 내 조건이 모두 맞는 경우를 셉니다. 1, 2번 인수만 사용하면 COUNTIF 함수를 대체할 수 있습니다.

01 예제 파일을 열고 왼쪽 표를 참고해 오른쪽 표에 값을 집계해보겠습니다.

	A	B	C	D	E	F	G	H	I	J	K
1											
2					다중 조건의 건수						
3											
4											
5		판매지역	제품	단가	수량	판매		지역	수량		
6		서울	현진 커피 밀크	14,000	8	112,000			10개 미만	10개 이상	
7		서울	싱가폴 원산 옥수수	10,000	10	100,000		서울			
8		서울	대관령 특제 버터	35,000	5	175,000		경기			
9		경기	유미 건조 다시마	19,000	9	171,000		인천			
10		경기	유림 사과 통조림	42,000	40	1,680,000					
11		경기	훈제 대합조개 통조림	8,000	8	64,000					
12		경기	유림 사과 통조림	42,000	35	1,470,000					
13		경기	루이지애나 특산 후추	17,000	5	85,000					
14		인천	신성 시리얼	17,000	6	102,000					
15		인천	한성 통밀가루	16,000	15	240,000					
16		인천	루이지애나 특산 후추	17,000	20	340,000					
17		서울	대양 마말레이드	65,000	40	2,600,000					
18		서울	한라 멜론 아이스크림	2,000	25	50,000					
19		서울	대일 파메쌍 치즈	27,000	40	1,080,000					
20											

02 판매 지역의 수량이 10건 미만인 데이터 건수를 계산합니다. [I7] 셀에 다음 수식을 입력하고 [I7] 셀의 채우기 핸들을 [I9] 셀까지 드래그해 복사합니다.

[I7] 셀 : =COUNTIFS($B$6:$B$19, H7, $E$6:$E$19, "<10")

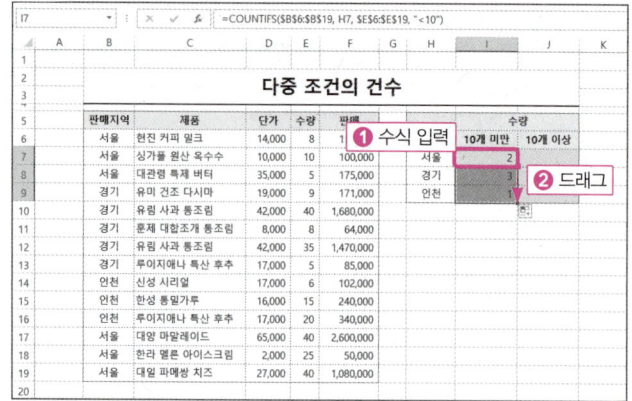

> **Plus⁺ 수식 이해하기**
>
> COUNTIFS 함수는 첫 번째와 두 번째 인수, 세 번째와 네 번째 인수처럼 두 개씩 짝을 지어 생각하면 좀 더 이해하기 쉽습니다.
>
> ❶ $B$6:$B$19=H7
> 조건에 비교 연산자 없이 셀 주소만 나오면 같다(=)는 비교 연산자가 생략된 것으로 보면 됩니다.
> 그러므로 첫 번째 조건은 [B6:B19] 범위에서 [H7] 셀의 값과 같은 지역이 몇 개인지 세는 조건이 됩니다.
>
> ❷ $E$6:$E$19<10
> 이 조건은 [E6:E19] 범위의 수량 값이 10보다 작은 셀의 개수를 세는 조건입니다.
>
> COUNTIFS 함수는 모든 조건을 만족해야 하므로 ❶, ❷ 조건을 모두 만족하는 건수를 셉니다.

03 이번에는 지역 내 판매수량이 10개 이상인 경우를 셉니다. [J7] 셀에 다음 수식을 입력하고 [J7] 셀의 채우기 핸들을 [J9] 셀까지 드래그해 복사합니다.

[J7] 셀 : =COUNTIFS($B$6:$B$19, H7, $E$6:$E$19, ">=10")

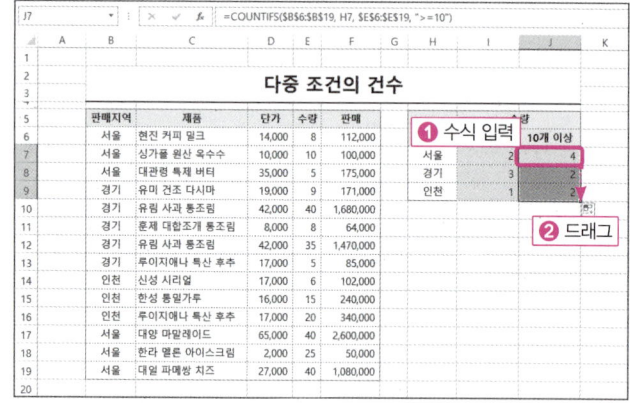

> **Plus⁺ 수식 이해하기**
>
> 이 수식이 **02** 과정의 수식과 다른 점은 네 번째 인수가 "<10"이 아니라 ">=10"이라는 점입니다. 따라서 이 수식은 각 지역에서 주문 수량이 10개 이상인 제품의 건수를 셉니다.

합계와 누계 구하기 – SUM

223

합계는 모든 숫자를 더한 값이며 누계는 특정 시점까지의 값을 모두 더한 값입니다. 합계와 누계는 모두 더하기 연산을 통해 구할 수 있으므로 SUM 함수로 처리할 수 있습니다. 누계는 별도의 수식을 사용해 처리할 수도 있는데, 두 방법에 각각 장단점이 있으므로 계산 방법을 이해해두고 필요에 따라 취사 선택하면 됩니다.

예제 파일 PART 05 \ CHAPTER 25 \ SUM 함수.xlsx

새로 나온 함수

SUM 함수
SUM 함수는 숫자 값의 합계를 구합니다.

SUM(❶ 숫자, ❷ 숫자, ❸ 숫자, …)
❶ 숫자 : 합계를 구하려는 숫자 또는 숫자 값을 갖는 셀(범위)

01 예제 파일을 열고 [C] 열과 [E] 열의 합계를 먼저 구합니다. [C12] 셀과 [E12] 셀에 다음 수식을 입력하고 결과를 확인합니다.

[C12] 셀 : =SUM(C6:C11)
[E12] 셀 : =SUM(E6:E11)

02 이번에는 판매수량의 누계를 계산합니다. [D6] 셀에 수식을 입력하고 [D6] 셀의 채우기 핸들을 [D11] 셀까지 드래그해 복사합니다.

[D6] 셀 : =SUM($C$6:C6)

Plus+ 수식 이해하기

이번 수식에서는 범위를 지정하는 방식에 집중해야 합니다. 이런 방법은 일련번호를 세는 작업을 했던 No. 218에서도 설명한 적이 있습니다. 참조 범위를 $C$6:C6과 같이 설정하면 수식을 복사할 때마다 참조할 대상 범위가 달라져서 누계가 구해집니다.

[D6] 셀 : =SUM($C$6:C6)
[D7] 셀 : =SUM($C$6:C7)
...
[D11] 셀 : =SUM($C$6:C11)

따라서 SUM 함수를 사용해 누계를 구하려면 대상 범위가 자동으로 변경되도록 반드시 이 방식으로 지정해야 합니다. 다만 데이터가 많은 경우에는 같은 위치의 셀 값을 계속 더하기 때문에 엑셀의 재계산 속도가 떨어질 수 있습니다.

---

03 이번에는 다른 방법으로 매출 누계를 구해보겠습니다. 매출 누계를 구할 첫 번째 셀인 [F6] 셀에 다음 수식을 입력합니다.

[F6] 셀 : =E6

TIP 누계의 첫 번째 값은 현재 값(매출)과 동일하므로 누계를 구할 첫 번째 셀의 값을 참조합니다.

04 매출 누계를 구할 두 번째 셀인 [F7] 셀에 다음 수식을 입력하고 [F7] 셀의 채우기 핸들을 [F11] 셀까지 드래그해 복사합니다.

[F7] 셀 : =E7+F6

Plus+ 수식 이해하기

이번 수식은 현재 값과 이전 합계 값을 더해 누계를 구하는 방식입니다. 참조한 셀 중에서 [E7] 셀은 현재 매출이며 [F6] 셀은 바로 위의 셀이므로 이전 합계 값입니다. 이 방법은 SUM 함수를 사용할 때보다 입력 방법은 불편하지만 계산할 셀이 적어지므로 속도는 빨라집니다.

[F6:F11] 범위에 하나의 수식을 사용하려면 [F6] 셀의 수식을 =E6+N(F5)과 같이 수정하고 [F11] 셀까지 복사합니다. 만약 =E6+F5와 같이 입력하면 [F5] 셀의 값이 텍스트이기 때문에 #VALUE! 오류가 반환됩니다. 따라서 숫자가 아닌 값은 0이 반환되는 N 함수를 사용해 [F5] 셀의 값을 0으로 변환해 계산하면 한 번에 수식을 넣어 사용할 수 있습니다.

조건 확인해 합계와 누계 구하기 – SUMIF

224

SUM 함수를 이용하면 지정한 범위 내 숫자의 합계는 구할 수 있지만 특정 조건에 맞는 합계는 구할 수 없습니다. 원하는 조건에 맞는 숫자의 합계를 구하려면 SUMIF 함수를 사용해야 합니다. SUMIF 함수는 COUNTIF 함수와 사용 방법이 유사하며, 차이점은 세 번째 인수에 합계를 구할 숫자 값 범위를 지정할 수 있다는 것입니다. SUMIF 함수를 사용해 조건에 맞는 숫자 값의 합계와 누계를 구하는 방법에 대해 알아보겠습니다.

예제 파일 PART 05 \ CHAPTER 25 \ SUMIF 함수.xlsx

새로 나온 함수

SUMIF 함수
SUMIF 함수는 조건을 만족하는 숫자 값의 합계를 구합니다.

SUMIF(① 조건 범위, ② 조건, ③ 합계 범위)
① 조건 범위 : 조건을 검증할 데이터 범위
② 조건 : 조건 범위에서 확인할 조건으로, 비교 연산자와 값으로 구성됩니다.
③ 합계 범위 : 조건 범위에서 조건을 만족하는 셀과 같은 행에 있는 집계할 값이 위치한 범위입니다. 합계 범위를 생략하면 조건 범위 내 숫자 값의 합계를 구합니다.

01 예제 파일을 열면 '판매대장' 표가 있습니다. [D16:D18] 범위에는 고객별 매출을 집계하고 [H6:H13] 범위에는 판매 금액의 누계를 구해보겠습니다.

	A	B	C	D	E	F	G	H	I
1									
2				판 매 대 장					
3									
5		거래ID	고객	제품	단가	수량	판매	판매누계	
6		10250	YH 무역 ㈜	문제 대합조개 통조림	8,000	10	80,000		
7		10250	YH 무역 ㈜	유림 사과 통조림	42,000	35	1,249,500		
8		10250	YH 무역 ㈜	루이지애나 특산 후추	17,000	15	216,750		
9		10251	삼왕 통상 ㈜	신성 시리얼	17,000	6	96,900		
10		10251	삼왕 통상 ㈜	한성 통밀가루	16,000	15	228,000		
11		10251	삼왕 통상 ㈜	루이지애나 특산 후추	17,000	20	340,000		
12		10256	금화 유통 ㈜	파스 페이스 티	26,000	15	390,000		
13		10256	금화 유통 ㈜	알파 샐러드 드레싱	10,000	12	120,000		
14									
15			고객	매출					
16		집계	YH 무역 ㈜						
17			삼왕 통상 ㈜						
18			금화 유통 ㈜						
19									

02 고객별 매출을 [D16:D18] 범위에 구합니다. [D16] 셀에 다음 수식을 입력하고 [D16] 셀의 채우기 핸들을 [D18] 셀까지 드래그해 복사합니다.

[D16] 셀 : =SUMIF($C$6:$C$13, C16, $G$6:$G$13)

> **Plus⁺ 수식 이해하기**
>
> 고객별 매출 집계를 구하려면 [C6:C13] 범위의 값과 [C16] 셀의 값이 같은 경우에 해당하는 [G6:G13] 범위 내 숫자 값의 합계를 구해야 합니다. SUMIF 함수가 익숙하지 않다면 COUNTIF 함수로 먼저 건수를 센 후에 해당 수식을 SUMIF 함수로 전환하는 것이 좋습니다.
>
> 매출 대신 고객별 판매 건수를 세면 다음과 같은 수식이 됩니다.
> =COUNTIF($C$6:$C$13, C16)
>
> 이 수식에서 함수 이름만 수정해 SUMIF 함수로 전환하면 다음과 같습니다. (SUMIF 함수의 세 번째 인수는 생략 가능하므로 이렇게 입력해도 수식 오류는 발생하지 않습니다.)
> =SUMIF($C$6:$C$13, C16)
>
> 다만 SUMIF 함수의 첫 번째 인수인 [C6:C13] 범위에 숫자 값이 없으므로 모든 결과가 0으로 반환됩니다. 그러므로 SUMIF 함수에서 합계를 구할 숫자 값 범위를 세 번째 인수에 지정하면 이번과 같은 수식이 됩니다.
> =SUMIF($C$6:$C$13, C16, $G$6:$G$13)

02 고객별 판매 금액의 누계를 구합니다. [H6] 셀에 다음 수식을 입력하고 [H6] 셀의 채우기 핸들을 [H13] 셀까지 드래그해 복사합니다.

[H6] 셀 : =SUMIF($C$6:C6, C6, $G$6:G6)

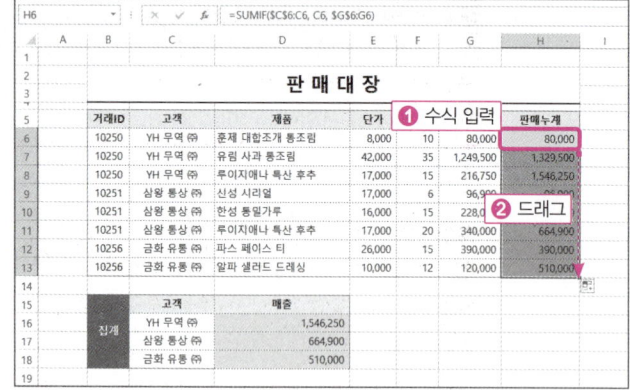

> **Plus⁺ 수식 이해하기**
>
> 누계를 구하는 방법은 SUM 함수와 SUMIF 함수가 동일합니다. 누계를 구하려면 범위를 지정할 때 $G$6:$G$13과 같이 전체 범위를 참조하지 않고 $G$6:G6과 같이 첫 번째 셀은 절대 참조 방식으로 고정하고 두 번째 셀은 상대 참조 방식으로 변하도록 하면 됩니다. 이렇게 하고 수식을 복사하면 두 번째 셀의 주소가 하나씩 증가하여 누계가 구해집니다.

다중 조건의 합계 구하기 - SUMIFS

225

합계를 구할 때 조건이 여러 개라면 SUMIF 함수는 사용할 수 없으므로 SUMIFS 함수를 사용해야 합니다. SUMIFS 함수는 조건을 하나만 만족하는 경우도 처리할 수 있으므로 SUMIF 함수를 대체할 수 있고, SUMPRODUCT 함수로 집계하는 배열수식보다 효율이 높습니다. 그러므로 다양한 조건을 지정해 원하는 합계를 구하려면 SUMIFS 함수를 어떻게 사용하는지 반드시 알아두어야 합니다. SUMIFS 함수의 사용 방법에 대해 알아보겠습니다.

예제 파일 PART 05 \ CHAPTER 25 \ SUMIFS 함수.xlsx

새로 나온 함수

SUMIFS 함수 2007 버전 이상

SUMIFS 함수는 여러 범위에서 지정한 조건을 모두 만족하는 셀과 같은 행에 있는 합계 범위 내 숫자 값의 합계를 구합니다.

SUMIFS(❶ 합계 범위, ❷ 조건 범위1, ❸ 조건1, ❹ 조건 범위2, ❺ 조건2, …)

❶ 합계 범위 : 합계를 구할 숫자 값이 있는 범위
❷ 조건 범위 : 조건을 검증할 데이터가 존재하는 범위
❸ 조건 : 조건 문자열로, 비교 연산자와 값으로 구성합니다. 조건은 큰따옴표(")로 묶어 전달합니다.

참고로 SUMIF 함수에서는 [합계 범위] 인수가 마지막(세 번째) 인수이고 생략할 수도 있지만, SUMIFS 함수에서는 첫 번째 인수이며 생략할 수 없습니다.

01 예제 파일을 열고 왼쪽 표의 입출고 내역 데이터를 참고해 오른쪽 표에 '이월', '입고', '출고' 항목을 집계해보겠습니다.

02 [G6] 셀에 다음 수식을 입력하고 [G6] 셀의 채우기 핸들을 [G10] 셀까지 드래그해 복사합니다. 채우기 핸들을 다시 [I10] 셀까지 드래그해 전체 표에 수식을 복사합니다.

[G6] 셀 : =SUMIFS($C$6:$C20, $B$6:$B$20, $F6, $D$6:$D$20, G$5)

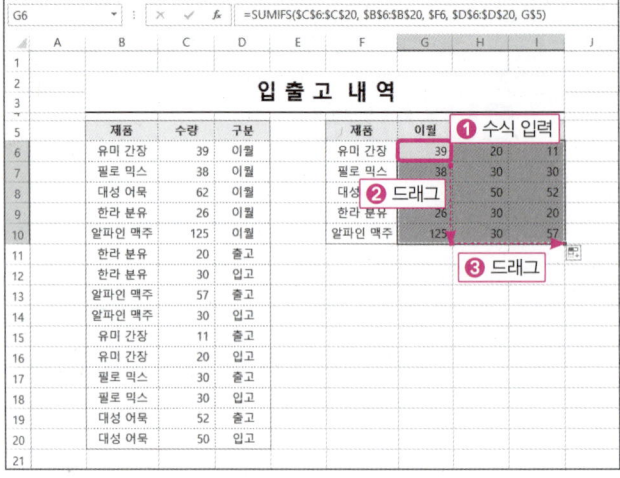

Plus 수식 이해하기

SUMIFS 함수를 쉽게 이해하려면 두 번째와 세 번째, 네 번째와 다섯 번째 인수를 하나의 조건으로 생각합니다. SUMIFS 함수의 인수는 다음과 같이 정리할 수 있습니다.

❶ $C$6:$C$20 : 합계를 구할 수량 데이터 범위입니다.

❷, ❸ $B$6:$B$20=$F6 : '제품' 데이터 범위의 값이 '유미 간장'인지 확인합니다.

❹, ❺ $D$6:$D$20=G$5 : '구분' 데이터 범위의 값이 '이월'인지 확인합니다.

위 설명을 그대로 연결해보면, '제품' 데이터 범위의 값이 '유미 간장'이고 '구분' 데이터 범위의 값이 '이월'인 경우의 수량 데이터 범위에서 숫자 값의 합계를 구하라는 의미입니다.

여기까지는 일반적인 SUMIFS 함수의 설명이고, 혼합 참조를 사용해 표 전체에 수식을 한 번에 넣은 것을 이해하려면 SUMIFS 함수에서 세 번째, 다섯 번째 인수의 참조 방식을 제대로 이해해야 합니다.

먼저 세 번째 인수로 전달한 [F6] 셀의 경우는 행 방향(상하)으로 복사할 때는 셀 주소가 변경되어야 하지만, 열 방향(좌우)으로 복사할 때는 셀 주소가 변경되지 않아야 합니다. 그러므로 열 주소만 고정한 혼합 참조 방식이 됩니다. 다섯 번째 인수로 전달한 [G5] 셀의 경우는 [F6]과 반대되므로 행 주소만 고정한 혼합 참조 방식이 됩니다.

혼합 참조 방식은 한 번에 이해하기 쉽지 않으므로, 상대 참조와 절대 참조 방식만 사용해 수식을 입력하려면 [G6], [H6], [I6] 셀에 다음 수식을 입력하고 각각 [10] 행까지 복사합니다.

• [G6] 셀 : =SUMIFS($C$6:$C$20, $B$6:$B$20, F6, $D$6:$D$20, $G$5)
• [H6] 셀 : =SUMIFS($C$6:$C$20, $B$6:$B$20, F6, $D$6:$D$20, $H$5)
• [I6] 셀 : =SUMIFS($C$6:$C$20, $B$6:$B$20, F6, $D$6:$D$20, $I$5)

배경색을 조건으로 합계 구하기 226

셀의 배경색이나 글꼴 색을 조건으로 데이터 범위를 집계해야 하는 경우가 있습니다. 하지만 아쉽게도 엑셀의 집계 함수는 색상을 조건으로 설정할 수 없습니다. 그렇기 때문에 색상을 조건으로 사용하려면 엑셀 4.0까지 사용하던 GET.CELL 매크로 함수를 이용해 셀의 배경색(또는 글꼴 색) 번호를 별도의 열에 계산하고, 그 값을 조건으로 집계해야 합니다. 매크로 함수는 셀에 바로 사용할 수 없으므로 이름 정의 후 사용해야 하며 반드시 파일을 매크로 사용 통합 문서로 저장해야 합니다.

예제 파일 PART 05 \ CHAPTER 25 \ 색상 조건.xlsx

01 예제 파일을 열고 [B6:C12] 범위의 표에서 배경색이 지정된 지역의 매출을 [E6] 셀에 구해보겠습니다.

02 셀에 적용된 색상을 구분하려면 매크로 함수를 사용합니다. 매크로 함수는 이름으로 정의해서 사용해야 하므로 이름을 정의하기 위해 [D6] 셀을 선택하고 [수식] 탭-[정의된 이름] 그룹-[📄 이름 정의]를 클릭합니다.

03 [새 이름] 대화상자가 열리면 다음과 같이 항목을 구성하고 [확인]을 클릭해 이름을 정의합니다.

이름 : 배경색

참조 대상 : =GET.CELL(38, C6)

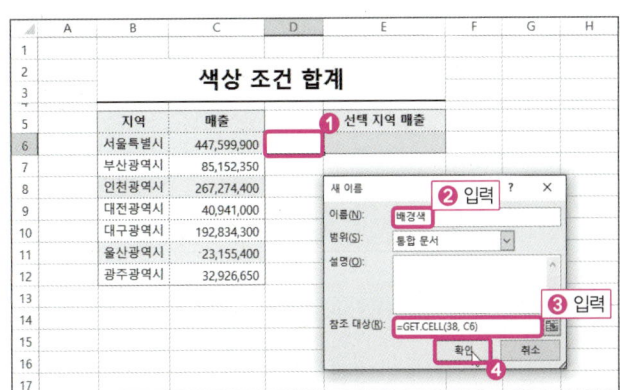

Plus　GET.CELL 매크로 함수

이름 정의에 사용된 GET.CELL 매크로 함수는 엑셀 4.0 버전까지 매크로 개발을 위해 제공되었으며, 현재는 이전 버전과의 호환성을 위해 계속 제공되고 있습니다. 매크로 함수는 셀에서 바로 사용할 수는 없고 이름 정의를 통해 사용할 수 있습니다.

이번에 사용한 =GET.CELL(38, C6) 수식처럼 GET.CELL 함수의 첫 번째 인수를 38로 지정하면 두 번째 인수에 지정한 셀의 배경색 번호가 반환됩니다. 만약 글꼴 색의 번호를 반환하도록 하려면 첫 번째 인수를 24로 변경합니다.

이름 정의에서 주의할 점은 다음 두 가지입니다.

❶ [☑ 이름 정의]를 실행하기 전에 [D6] 셀을 선택합니다. [D6] 셀이라는 셀 주소가 중요한 것이 아니라 배경색을 알고 싶은 첫 번째 셀의 바로 오른쪽 셀이라는 점을 기억해둡니다.
❷ GET.CELL 함수의 두 번째 인수가 [C6] 셀이라는 것과 상대 참조 방식으로 참조했다는 것이 중요합니다. 마찬가지로 [C6] 셀이라는 셀 주소보다 선택한 셀의 왼쪽 셀이라는 점에 주의합니다. 이렇게 이름을 정의하면 항상 수식을 사용하는 왼쪽 셀의 배경색을 확인할 수 있습니다.

---

04 이름을 정의한 셀인 [D6] 셀에 다음 수식을 입력한 후 [D6] 셀의 ➕ 채우기 핸들을 [D12] 셀까지 드래그해 복사합니다. 셀의 배경색을 숫자로 확인할 수 있습니다.

[D6] 셀 : =배경색

---

05 표에 적용된 배경색이 19이므로 해당 색상이 적용된 셀의 합계를 구할 수 있습니다. [E6] 셀에 다음 수식을 입력합니다.

[E6] 셀 : =SUMIF(D6:D12, 19, C6:C12)

TIP　[D6:D12] 범위의 값을 숨기고 싶다면 글꼴 색을 흰색으로 변경합니다.

Plus⁺　매크로 함수를 사용한 파일의 저장

매크로 함수를 사용한 파일은 반드시 Excel 매크로 사용 통합 문서로 저장해야 합니다.

LINK　Excel 매크로 사용 통합 문서로 저장하는 방법은 'No. 485 매크로 사용 통합 문서(XLSM)로 저장하기'를 참고합니다.

0을 제외한 평균 구하기 – AVERAGE, AVERAGEIF

227

평균을 구할 때 가장 많이 사용하는 AVERAGE 함수는 합계를 개수로 나눈 산술 평균을 구하므로 집계할 범위에 0이 포함되어 있으면 평균 값이 낮게 구해집니다. 이런 경우 AVERAGEIF 함수를 사용해 0 값을 제외한 평균을 구해야 하는데, 이 함수는 엑셀 2007 이상 버전에서만 사용할 수 있습니다. 만약 엑셀 2003 이하 버전과의 호환성을 유지해야 한다면 SUMIF 함수와 COUNTIF 함수로 계산식을 만들어 사용합니다.

예제 파일 PART 05 \ CHAPTER 25 \ AVERAGE, AVERAGEIF 함수.xlsx

새로 나온 함수

AVERAGE 함수
AVERAGE 함수는 지정한 범위 내 숫자 값의 평균을 구합니다.

> **AVERAGE(❶ 숫자, ❷ 숫자, ❸ 숫자, …)**
> ❶ 숫자 : 평균을 구하려는 숫자 또는 숫자 값을 갖는 셀(범위)

AVERAGEIF 함수 `2007 버전 이상`
AVERAGEIF 함수는 조건 하나를 만족하는 숫자 값의 평균을 구합니다.

> **AVERAGEIF(❶ 조건 범위, ❷ 조건, ❸ 평균 범위)**
> ❶ 조건 범위 : 조건을 검증할 데이터 범위
> ❷ 조건 : 조건 범위에서 확인할 조건으로, 비교 연산자와 값으로 구성됩니다.
> ❸ 평균 범위 : 조건 범위에서 조건을 만족하는 셀과 같은 행의 평균을 구할 숫자가 위치한 범위입니다. 평균 범위를 생략하면 조건 범위 내 숫자 값의 평균을 구합니다.

01 예제 파일을 열고 판매수량 및 매출 실적의 평균을 [C14:F15] 범위에 구해보겠습니다.

	A	B	C	D	E	F	G
1							
2				0 제외 평균			
3							
4							
5			전년		금년		
6		사원	판매수량	매출	판매수량	매출	
7		김덕훈	2,414	53,649,200	3,501	111,161,250	
8		김소미	3,030	65,821,650	4,483	120,086,850	
9		김찬진	1,704	34,405,150	1,823	39,706,050	
10		오영수	1,655	46,888,600	2,905	76,702,150	
11		유가을	-	-	1,659	60,886,100	
12		윤대현	3,237	80,980,200	4,615	122,053,500	
13		최소라	4,917	115,467,700	-	-	
14		평균					
15		0 제외					
16							

02 먼저 평균을 구하기 위해 [C14] 셀에 다음 수식을 입력하고 [C14] 셀의 채우기 핸들을 [F14] 셀까지 드래그해 복사합니다.

[C14] 셀 : =AVERAGE(C7:C13)

TIP [C11:D11], [E13:F13] 범위에 0 값이 존재하므로 이 수식으로 계산한 평균은 실제 평균보다 낮습니다.

03 집계할 범위 내에서 0을 제외한 평균을 구하려면 AVERAGEIF 함수를 사용합니다. [C15] 셀에 다음 수식을 입력하고 [C15] 셀의 채우기 핸들을 [F15] 셀까지 드래그해 복사합니다.

[C15] 셀 : =AVERAGEIF(C7:C13, "〈〉0")

Plus⁺ 수식 이해하기

AVERAGEIF 함수의 사용법은 기본적으로 SUMIF 함수와 동일합니다. 이 수식에서는 AVERAGEIF 함수의 세 번째 인수가 생략되었으므로 첫 번째 인수의 조건 범위에서 두 번째 인수의 조건에 맞는 숫자 값의 평균을 구하게 됩니다.

AVERAGEIF 함수는 엑셀 2007부터 제공되므로 xls 형식으로 저장한 파일을 엑셀 2003에서 열면 #NAME? 오류가 발생합니다. 그러므로 엑셀 2003 이하 버전과의 하위 호환성이 필요하다면 아래 두 가지 방법 중 하나를 선택해 수식을 작성합니다.

❶ 평균=합계/개수 계산식을 사용하여 수식을 다음과 같이 수정합니다.
=SUMIF(C7:C13, "〈〉0")/COUNTIF(C7:C13, "〈〉0")

❷ AVERAGE 함수와 IF 함수를 중첩하는 배열수식을 사용합니다.
=AVERAGE(IF(C7:C13〈〉0, C7:C13))

단, 두 번째 방법은 배열수식이므로 수식을 작성한 후 Ctrl + Shift + Enter 를 눌러 입력해야 합니다.

제한 값이 존재하는 합계와 평균 구하기 - MAX, MIN

228

합계나 평균을 구할 때 제한 값을 설정해야 하는 경우가 있습니다. 예를 들면 합계를 구할 때 음수 값이 반환될 가능성이 있는 경우 0을 최소값으로 설정한다거나, 평균을 구할 때 100%를 초과하면 최대값이 100%로 나타나도록 설정하는 경우 등입니다. 이런 경우 IF 함수로 처리할 수도 있지만 MAX나 MIN 함수를 이용하면 더 간결하게 수식을 작성할 수 있습니다.

예제 파일 PART 05 \ CHAPTER 25 \ MAX, MIN 함수.xlsx

새로 나온 함수

MAX, MIN 함수

MAX 함수는 지정한 범위 내 숫자 값 중에서 가장 큰 값을 반환합니다.

MAX(❶ 숫자, ❷ 숫자, ❸ 숫자, …)
❶ 숫자 : 최대값을 구할 숫자 또는 숫자 값을 갖는 셀(범위)

MIN 함수는 MAX 함수와는 반대로 범위 내 가장 작은 값을 반환하는 함수입니다. 기본적인 사용 방법은 MAX 함수와 동일합니다.

01 예제 파일을 열고 [C:E] 열을 참고해 [F] 열에는 재고를, [H] 열에는 적정 재고의 비율을 계산해보겠습니다. 재고는 마이너스(−) 값이 나오지 않도록 최소값을 0으로 제한합니다. 또한 모든 제품의 적정 재고를 50개로 가정하고 적정 재고 비율을 계산하는데, 이때 최대값이 100%를 넘지 않도록 제한합니다.

02 먼저 재고를 계산하겠습니다. [F7] 셀에 다음 수식을 입력하고 [F7] 셀의 채우기 핸들을 [F17] 셀까지 드래그해 복사합니다.

[F7] 셀 : =C7+D7−E7

03 [F7:F17] 범위의 재고가 마이너스 값이 나온 경우에는 0이 나타나도록 합니다. [G7] 셀에 다음 수식을 입력하고 [G7] 셀의 채우기 핸들을 [G17] 셀까지 드래그해 복사합니다.

[G7] 셀 : =MAX(F7, 0)

> **Plus⁺ 수식 이해하기**
>
> 재고가 마이너스 값일 때 0을 반환하도록 하려면 IF 함수를 이용해 수식을 =IF(F7<0, 0, F7)과 같이 작성합니다. 이 작업은 최솟값을 0으로 제한하는 것으로, MAX 함수로 [F7] 셀과 0을 비교해 [F7] 셀에 어떤 값이 있어도 양수면 그대로 반환하고 음수면 0을 반환합니다. 이렇게 최솟값을 제한하려면 MAX 함수를 사용하고 원하는 제한 값을 원래 값과 함께 전달하면 됩니다.

04 적정 재고 비율을 계산하기 위해 [H7] 셀에 다음 수식을 입력하고 [H7] 셀의 채우기 핸들을 [H17] 셀까지 드래그해 복사합니다.

[H7] 셀 : =G7/50

> **TIP** 모든 제품의 적정 재고를 50으로 가정했으므로 현 재고가 계산된 [G7] 셀의 값을 50으로 나누면 적정 재고 비율을 계산할 수 있습니다.

05 04 과정에서 계산된 적정 재고 비율의 최댓값을 100%로 제한하겠습니다. [I7] 셀에 다음 수식을 입력하고 [I7] 셀의 채우기 핸들을 [I17] 셀까지 드래그해 복사합니다.

[I7] 셀 : =MIN(H7, 1)

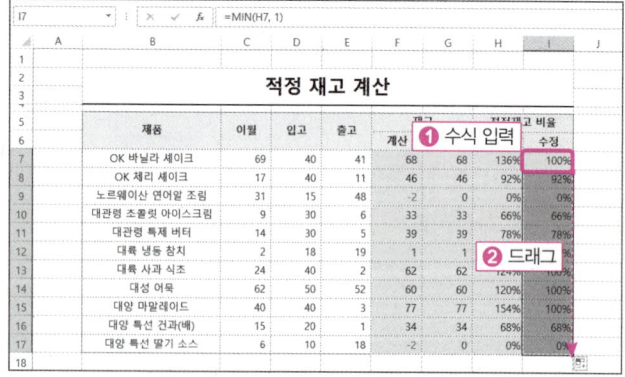

> **TIP** 적정 재고 비율이 최대 100%가 되어야 한다는 것은 최댓값을 100%로 제한한다는 의미입니다. 이런 경우에는 MIN 함수를 사용해 원래 값과 제한 값을 전달해 계산하면 됩니다. 이번 수식 역시 IF 함수를 사용해 =IF(H7>1, 1, H7)로 변경할 수 있습니다.

조건에 맞는 최대/최소값 구하기 – MAXIFS, MINIFS 함수

229

최대값, 최소값을 구할 때 주로 사용하는 MAX, MIN 함수는 IF 조건을 처리할 수 없어 엑셀 2016 버전부터는 MAXIFS, MINIFS 함수가 제공됩니다. COUNT, SUM, AVERAGE 계열 함수와는 달리 MAXIF, MINIF 함수는 제공되지 않습니다. COUNTIFS, SUMIFS, AVERAGEIFS 함수와 동일하게 MAXIFS, MINIFS 함수에서 조건을 하나만 지정할 수도 있고 여러 개 지정할 수도 있으므로 굳이 MAXIF, MINIF 함수를 제공할 필요가 없어 이 두 함수는 생략된 것입니다. MAXIFS, MINIFS 함수를 사용하는 방법에 대해 알아보겠습니다.

예제 파일 PART 05 \ CHAPTER 25 \ MAXIFS, MINIFS 함수.xlsx

새로 나온 함수

MAXIFS 함수 2016 버전 이상

엑셀 2016부터 추가된 MAXIFS 함수는 여러 조건을 동시에 만족하는 숫자 중에서 가장 큰 숫자를 반환합니다.

MAXIFS(❶ 최대값범위, ❷ 조건범위1, ❸ 조건1, ❹ 조건범위2, ❺ 조건2, …)
- ❶ 최대값범위 : 최대값을 구할 데이터 범위
- ❷, ❹ 조건범위 : 조건을 판단해야 할 데이터를 가지고 있는 범위
- ❸, ❺ 조건 : 조건 범위에서 판단할 조건 문자열로 비교 연산자와 값으로 구성합니다.

MINIFS 함수는 MAXIFS 함수와 구문 및 사용 방법이 동일하며, MINIFS 함수는 여러 조건을 동시에 만족하는 가장 작은 숫자를 반환합니다.

01 왼쪽 표를 참고해 오른쪽 표에 최대값과 최소값을 구해보겠습니다. 먼저 [H5] 셀과 [H6] 셀에 다음 수식을 입력해 왼쪽 표의 [D] 열에 있는 판매수량의 최대값과 최소값을 구합니다.

[H5] 셀 : =MAX(D6:D12)
[H6] 셀 : =MIN(D6:D12)

02 위 수식을 입력하면 [H6] 셀에 최소값으로 0이 구해집니다. 0을 제외한 최소값을 구하도록 [H6] 셀의 수식을 다음과 같이 수정합니다.

[H6] 셀 : =MINIFS(D6:D12, D6:D12, "〉0")

> **Plus⁺ 수식 이해하기**
>
> MINIFS 함수는 SUMIFS 함수와 동일하게 첫 번째 인수에서 최소값을 구하고 두 번째, 세 번째 인수가 조건이 됩니다. 그러므로 이번 수식은 판매수량이 0보다 큰 값(D6:D12〉0) 중에서 최소값을 구하라는 의미입니다.

03 [H8] 셀에 다음 수식을 입력해 영업1부 판매수량의 최대값을 구합니다. 영업2부 판매수량의 최대값도 동일한 방법으로 얻을 수 있으므로 [H8] 셀을 복사(Ctrl+C)하여 [H11] 셀에 붙여넣기(Ctrl+V)합니다.

[H8] 셀 : =MAXIFS($D$6:$D$12, $B$6:$B$12, F8)

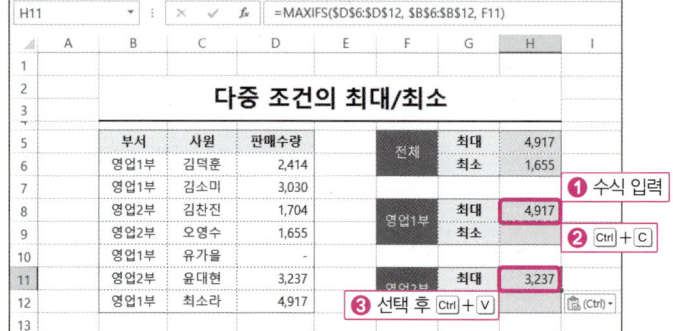

> **Plus⁺ 수식 이해하기**
>
> [B6:B12] 범위 내 값이 [F8] 셀과 같은(부서 이름이 '영업1부'인) 판매수량의 최대값을 구하라는 의미입니다. 수식을 복사하면 상대 참조 방식으로 참조한 [F8] 셀의 셀 주소가 [F11] 셀로 자동 변경되므로 [H11] 셀에는 부서 이름이 '영업2부'인 판매수량의 최대값이 구해집니다.

04 [H9] 셀에 다음 수식을 입력해 영업1부 판매수량의 최소값을 구합니다. 단, 0 값은 제외합니다. 영업2부 판매수량의 최소값도 동일한 방법으로 얻을 수 있으므로 [H9] 셀을 복사(Ctrl+C)하여 [H12] 셀에 붙여넣기(Ctrl+V)합니다.

[H8] 셀 : =MINIFS($D$6:$D$12, $B$6:$B$12, F8, $D$6:$D$12, ">0")

Plus⁺ 수식 이해하기

최소값을 구할 때는 조건이 하나 더 추가됩니다. 부서명이 '영업1부'여야 하고 판매수량이 0보다 커야 하므로, 순서대로 B6:B12=F8, D6:D12>0 조건이 MINIFS 함수의 두 번째부터 다섯 번째 인수에 나눠 입력됩니다. 해당 조건이 모두 TRUE인 경우의 판매수량(D6:D12)의 최소값을 구하므로 정확하게 원하는 결과가 반환됩니다.

가장 큰(또는 작은) n개 값 평균 구하기 - LARGE, SMALL

230

특정 데이터 범위에서 상위(또는 하위) n개의 값을 확인해야 하는 경우에는 MAX, MIN 함수 대신 LARGE, SMALL 함수를 사용해야 합니다. MAX, MIN은 각각 범위 내에서 가장 큰 값과 가장 작은 값을 반환하지만 LARGE, SMALL 함수는 범위 내에서 n번째로 큰 값과 n번째로 작은 값을 반환하기 때문입니다. n번째로 큰 값이나 작은 값을 구하고 해당 값의 평균을 구하는 방법에 대해 알아보겠습니다.

예제 파일 PART 05 \ CHAPTER 25 \ LARGE, SMALL 함수.xlsx

새로 나온 함수

LARGE, SMALL 함수
LARGE 함수는 지정한 범위 내 숫자 중에서 n번째로 큰 값을 반환합니다.

LARGE(❶ 범위, ❷ 인덱스)
❶ 범위 : 숫자 값을 갖는 데이터 범위
❷ 인덱스 : 범위 내의 값 순위를 의미하는 숫자 값. 예를 들어 1은 첫 번째로 큰 값을 가리킵니다.

SMALL 함수는 LARGE 함수와는 달리 n번째로 작은 값을 반환하는 함수이며 사용 방법은 LARGE 함수와 동일합니다. LARGE, SMALL 함수와 MAX, MIN 함수의 관계는 다음과 같습니다.

- LARGE(범위, 1) = MAX(범위)
- SMALL(범위, 1) = MIN(범위)

01 예제 파일을 열고 상위 1, 2, 3등에 해당하는 매출을 오른쪽 표에 정리하겠습니다. [G6] 셀에 다음 수식을 입력하고 [G6] 셀의 채우기 핸들을 [G8] 셀까지 드래그해 복사합니다.

[G6] 셀 : =LARGE($C$6:$C$17, E6)

> **Plus+ 수식 이해하기**
>
> 이 수식은 [C6:C17] 범위에서 [E6] 번째로 큰(LARGE) 값을 반환합니다. 보통 이런 작업을 할 경우에는 표의 왼쪽 [E6:E8] 범위와 같이 1, 2, 3으로 값이 입력되어 있으므로, 이 값을 LARGE 함수의 두 번째 인수에서 참조하면 됩니다. 그런데 만약 이런 값이 없다면 행 방향으로 복사할 때는 ROW 함수를, 열 방향으로 복사할 때는 COLUMN 함수를 함께 사용하는 것이 좋습니다. 예를 들어 이번 수식은 다음과 같이 수정할 수 있습니다.
>
> =LARGE($C$6:$C$17, ROW(A1))

02 이번에는 [G6:G8] 범위 내 매출이 몇 월의 데이터인지 표시해보겠습니다. [F6] 셀에 다음 수식을 입력하고 [F6] 셀의 채우기 핸들을 [F8] 셀까지 드래그해 복사합니다.

[F6] 셀 : =INDEX($B$6:$B$17, MATCH(G6, $C$6:$C$17, 0))

> **Plus+ 수식 이해하기**
>
> INDEX 함수는 다른 위치의 값을 참조하는 함수이고, MATCH 함수는 찾는 값이 지정한 범위에서 몇 번째에 있는지 알려주는 함수입니다. 그러므로 이번 수식은 MATCH 함수로 [G6] 셀의 값이 [C6:C17] 범위에서 몇 번째에 있는지 찾아 [B6:B17] 범위에서 같은 위치의 값을 참조하라는 의미입니다.
>
> **LINK** INDEX, MATCH 함수의 사용 방법은 'No. 271 표의 행과 열 위치를 모두 찾아 원하는 값 참조하기 – INDEX, MATCH'를 참고합니다.

03 상위 1, 2, 3번째 매출의 평균을 구하기 위해 [G9] 셀에 다음 수식을 입력합니다.

[G9] 셀 : =AVERAGE(H6:H8)

04 만약 1, 2, 3순위 매출을 따로 정리하지 않고 바로 평균 값을 구하고 싶다면 배열수식을 사용합니다. [G9] 셀의 수식을 다음과 같이 수정하고 Ctrl + Shift + Enter 를 눌러 입력합니다. **03** 과정과 동일한 결과가 반환됩니다.

[G9] 셀 : =AVERAGE(LARGE(C6:C17, E6:E8))

Plus⁺ 수식 이해하기

이번 수식은 [F6:G8] 범위에서 상위 세 개의 매출을 정리하는 작업과는 무관하게 상위 세 개 매출의 평균을 구합니다. [F6:G8] 범위를 선택하고 Delete 을 눌러 값을 지워도 [G9] 셀은 정확한 결과를 반환합니다. 이런 수식을 배열수식이라고 합니다. AVERAGE 함수 안에 LARGE 함수를 사용하고 LARGE 함수의 두 번째 인수로 [E6:E8] 범위 내 1, 2, 3 값을 한 번에 지정해 [C6:C17] 범위의 상위 세 개 매출이 배열에 저장되므로 한 번에 상위 세 개의 평균을 구할 수 있는 것입니다.

LINK 배열수식에 대한 자세한 설명은 'No. 286 배열수식 이해하기'를 참고합니다.

순위 구하기 – RANK

231

순위는 보통 값이 큰 순서대로 구하는 것이 일반적이지만 값이 작은 순서대로 구하기도 합니다. RANK 함수를 사용하면 이 두 가지 방법으로 순위를 구할 수 있으며, 2010 버전부터 제공되는 RANK.EQ 함수를 사용해도 같은 작업을 할 수 있습니다. 순위를 구하는 다양한 방법에 대해 알아보겠습니다.

예제 파일 PART 05 \ CHAPTER 25 \ RANK 함수.xlsx

새로 나온 함수

RANK 함수
RANK 함수는 지정한 범위 내에서 숫자 값의 순위가 몇 번째인지 반환합니다.

RANK(❶ 값, ❷ 범위, ❸ 정렬)
- ❶ 값 : 순위를 구할 숫자 값
- ❷ 범위 : 값의 순위를 구할 전체 데이터 범위
- ❸ 정렬 : 순위를 구할 방식으로 다음 값을 사용할 수 있습니다.

정렬	설명
0 또는 생략	내림차순(큰 값 순)으로 순위를 구합니다.
0 이외의 값	보통 1을 사용하며 오름차순(작은 값 순)으로 순위를 구합니다.

RANK.EQ 함수 `2010 버전 이상`
RANK.EQ 함수는 엑셀 2010부터 제공됩니다. RANK 함수를 대체할 목적으로 만들어졌으며, 기본적인 사용 방법은 RANK 함수와 동일합니다. 참고로 RANK 함수의 계산 방법은 나보다 큰(또는 작은) 값이 몇 개 있는지 세는 작업과 동일하며, 다음과 같은 COUNTIF 함수로 대체할 수 있습니다.

RANK(A1, A1:A100) = COUNTIF(A1:A100, ")" & A1)+1

01 예제 파일을 열고 [C] 열의 판매실적을 기반으로 영업사원의 순위를 구해보겠습니다. [D] 열에는 값이 큰 순서로, [E] 열에는 값이 작은 순서로 순위를 구합니다.

	A	B	C	D	E	F
1						
2			영업사원 순위			
3						
4						
5		사원	판매실적	순위		
6				내림차순	오름차순	
7		김덕훈	1,719			
8		김소미	2,640			
9		김찬진	1,278			
10		선하라	2,129			
11		안정훈	1,524			
12		오영수	1,850			
13						

02 실적이 큰 순서로 순위를 구하기 위해 [D7] 셀에 다음 수식을 입력하고 [D7] 셀의 채우기 핸들을 [D12] 셀까지 드래그해 복사합니다.

[D7] 셀 : =RANK(C7, $C$7:$C$12)

TIP RANK.EQ 함수를 사용해 =RANK.EQ(C7, $C$7:$C$12)와 같이 입력해도 동일한 결과가 반환됩니다.

> **Plus⁺ 수식 이해하기**
>
> RANK 함수를 사용할 때는 다음 두 가지 사항에 주의합니다.
> - 다른 집계 함수와는 달리 범위가 먼저 나오지 않고, 순위를 구할 값을 첫 번째 인수로 전달합니다.
> - RANK 함수는 총 세 개의 인수를 사용할 수 있는데, 세 번째 인수를 생략하면 큰 순서로 순위를 구합니다.
>
> 순위는 기본적으로 나보다 실적이 좋은(높은) 사람의 수를 세는 것이므로 이번 수식은 COUNTIF 함수를 사용해 =COUNTIF($C$7:$C$12, ")" & C7)+1로 변경할 수 있습니다. 수식의 끝에 1을 더하는 이유는 나보다 실적이 높은 사람이 하나도 없으면 0이 반환되기 때문입니다. 순위는 1부터 시작합니다.

03 실적이 작은 순서로 순위를 구하기 위해 [E7] 셀에 다음 수식을 입력하고 [E7] 셀의 채우기 핸들을 [E12] 셀까지 드래그해 복사합니다.

[E7] 셀 : =RANK(C7, $C$7:$C$12, 1)

> **Plus⁺ 수식 이해하기**
>
> 이 수식은 기본적으로 **02** 과정의 수식과 동일하지만 세 번째 인수에 1을 사용했다는 점이 다릅니다. RANK 함수의 세 번째 인수에 0 이외의 값(주로 1)을 사용하면 작은 값 순으로 순위를 구합니다. 이 수식 역시 COUNTIF 함수를 사용해 =COUNTIF($C$7:$C$12, "⟨" & C7)+1로 변경할 수 있습니다.

여러 표에서 하나의 순위 구하기 – RANK

232

순위를 구하는 작업을 하다 보면 순위를 구할 숫자 값의 범위가 여러 열이나 여러 표에 나뉘어 입력되어 있는 경우가 있습니다. 이때도 역시 RANK 함수를 사용해 순위를 구할 수 있습니다. RANK 함수의 두 번째 인수인 범위를 지정할 때 괄호 안에 순위를 구할 데이터 범위를 쉼표(,) 연산자를 이용해 모두 지정하면 여러 범위에 걸쳐 입력된 숫자 값의 순위를 구할 수 있습니다.

예제 파일 PART 05 \ CHAPTER 25 \ RANK 함수–여러 표.xlsx

01 예제 파일을 열면 영업사원의 판매 실적이 표 두 개에 정리되어 있습니다. 각각의 표에 순위를 구하지 않고 두 표를 모두 참조해 [D] 열과 [H] 열에 전체 순위를 구해보겠습니다.

02 먼저 [D6] 셀에 다음 수식을 입력하고 [D6] 셀의 채우기 핸들을 [D15] 셀까지 드래그해 복사합니다.

[D6] 셀 : =RANK(C6, ($C$6:$C$15, $G$6:$G$15))

> **Plus⁺ 수식 이해하기**
>
> 순위를 매길 값이 여러 범위에 나뉘어 있다면 RANK 함수의 두 번째 인수 범위를 지정할 때 이번 수식과 같이 괄호를 사용해 참조할 범위를 모두 지정합니다. 이렇게 하면 괄호 안에 전달된 범위의 값을 대상으로 순위를 구할 수 있게 됩니다. 괄호 안의 범위는 [D6:D15], [G6:G11] 범위와 같이 범위 내 셀 개수가 달라도 상관 없으며, 수식을 복사해 사용해야 하는 경우가 많으므로 절대 참조 방식을 사용하는 것이 편리합니다.

03 표 구성이 유사하므로 [H6:H15] 범위에는 수식을 직접 입력하지 않고 [D6:D15] 범위에 작성된 수식을 복사해 사용합니다. [D6:D15] 범위를 선택하고 Ctrl + C 를 눌러 수식을 복사합니다. [H6] 셀을 선택하고 [홈] 탭-[클립보드] 그룹-[붙여넣기]를 클릭해 수식을 붙여 넣습니다.

> TIP 범위가 연속된 경우에는 자동 채우기 기능을 이용하면 편리하지만, 떨어진 경우에는 복사하여 붙여넣는 방법으로 수식을 복사합니다.

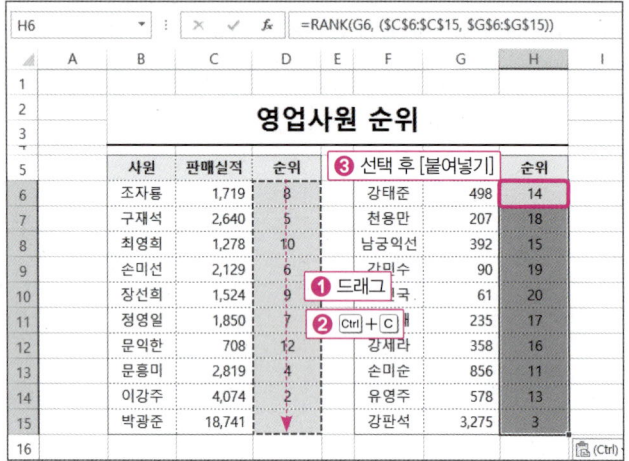

여러 워크시트로 분산된 표에서 순위 구하기 - RANK

233

여러 범위의 값을 대상으로 순위를 구할 때는 대상 범위를 괄호(( ))로 묶고 나열하면 되지만 서로 다른 워크시트에 있는 표를 대상으로 할 수는 없습니다. 다른 워크시트의 표 범위를 괄호로 묶으면 #N/A 오류가 반환됩니다. 이런 경우에는 3차원 참조를 이용해야 합니다. 3차원 참조를 사용하려면 워크시트는 달라도 되지만 표의 위치는 동일해야 합니다. 여기서는 RANK 함수에서 3차원 참조를 사용해 여러 워크시트의 표에서 순위를 계산하는 방법에 대해 알아보겠습니다.

예제 파일 PART 05 \ CHAPTER 25 \ RANK 함수-여러 시트.xlsx

01 예제 파일을 열고 'sample1' 시트와 'sample2' 시트를 보면 각각 영업1부와 영업2부의 실적이 기록되어 있고, 각 표의 [D] 열에는 부서별 순위가 계산되어 있습니다. 두 부서의 전체 순위를 [E] 열에 구해보겠습니다.

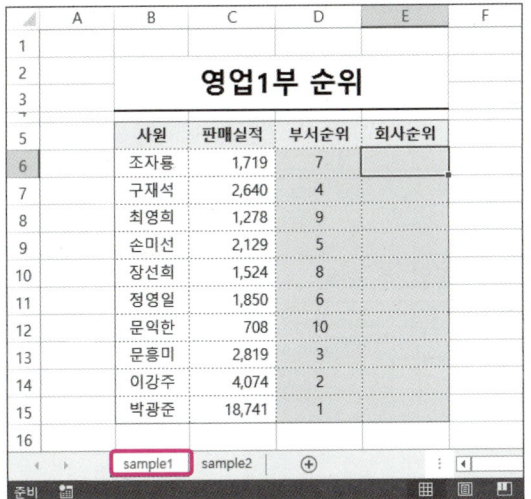

TIP 시트는 다르지만 두 표는 구조와 위치가 동일하므로 3차원 참조를 사용할 수 있습니다.

02 먼저 'sample1' 시트의 [E6] 셀에 다음 수식을 입력하고 [E6] 셀의 채우기 핸들을 [E15] 셀까지 드래그해 복사합니다.

[E6] 셀 : =RANK(C6, sample1:sample2!$C$6:$C$15)

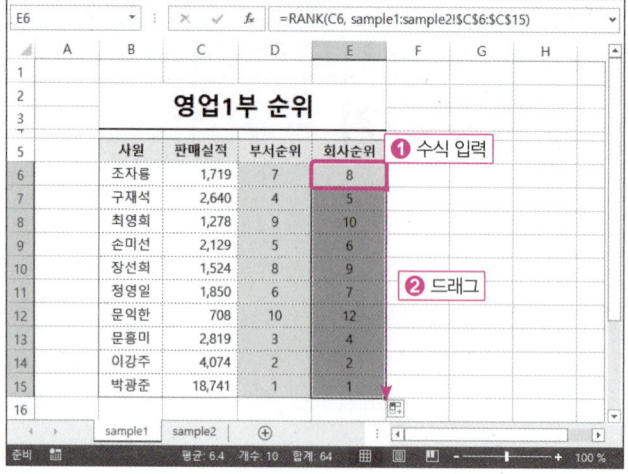

Plus⁺ 수식 이해하기

이번 수식은 기존의 RANK 함수와 사용 방법은 동일하지만 두 번째 인수에서 범위를 지정하는 방법이 다릅니다. 이렇게 sample1:sample2!$C$6:$C$15와 같이 여러 시트를 동시에 참조하는 방식을 3차원 참조라고 합니다. 3차원 참조는 여러 시트의 같은 범위를 참조할 때 사용하는 방법으로, 각 워크시트의 같은 범위만 참조할 수 있고 다른 범위는 참조할 수 없습니다.

3차원 참조는 모든 함수에 사용할 수 있는 것이 아니며 지정된 규칙에 맞게 사용해야 합니다.

LINK 3차원 참조에 대해서는 'No. 332 3차원 참조 이용해 표 통합하기'에서 자세하게 설명하고 있으니 참고합니다.

---

03 'sample2' 시트에도 수식을 작성합니다. 두 워크시트의 표 구성이 같으므로 'sample1' 시트의 수식을 복사해 붙여넣습니다. 'sample1' 시트의 [E6] 셀에서 Ctrl+C를 눌러 수식을 복사한 후 'sample2' 시트의 [E6:E15] 범위를 선택하고 [홈] 탭-[클립보드] 그룹-[붙여넣기]를 클릭해 붙여넣습니다.

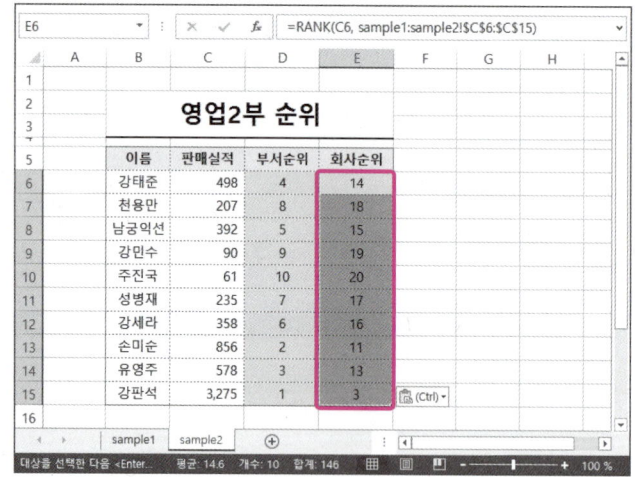

조건에 맞는 순위 구하기 – COUNTIFS

234

순위를 구하는 RANK 함수에는 COUNT 계열 함수인 COUNTIF나 COUNTIFS 함수와 같이 조건을 처리하는 계열 함수가 없습니다. RANK 함수의 작업 방식은 건수를 세는 작업과 동일하므로 조건을 처리해 순위를 구해야 하는 경우에는 COUNTIF 함수나 COUNTIFS 함수를 사용하면 됩니다. 여기서는 동일한 표 내에서 부서별로 순위를 구하는 방법에 대해 알아보겠습니다.

예제 파일 PART 05 \ CHAPTER 25 \ COUNTIFS 함수-순위.xlsx

01 예제 파일을 열면 부서별 판매실적이 집계된 표가 있습니다. [D] 열의 판매실적을 대상으로 순위를 구해보겠습니다. 단, [B] 열의 부서가 '영업1부'와 '영업2부'로 나뉘어 있으므로 부서별 순위를 각각 구합니다.

02 부서별 순위를 구하려면 부서를 조건으로 지정해야 하므로 RANK 함수 대신 COUNTIFS 함수를 사용합니다. [E6] 셀에 다음 수식을 입력하고 [E6] 셀의 채우기 핸들을 [E13] 셀까지 드래그해 복사합니다.

[E6] 셀 : =COUNTIFS($B$6:$B$13, B6, $D$6:$D$13, "〉" & D6)+1

Plus⁺ 수식 이해하기

COUNTIFS 함수는 인수를 두 개씩 짝지어 이해하는 것이 편리합니다. 이번 수식에 사용된 COUNTIFS 함수의 인수를 정리하면 다음과 같습니다.

- $B$6:$B$13=B6
  부서 이름이 [B6] 셀(나와 같은 부서)과 같고
- $D$6:$D$13〉D6
  판매실적이 [D6] 셀(내 실적)보다 큰

이렇게 하면 두 조건을 모두 만족하는 건수가 구해지므로 내 순위를 구하기 위해 COUNTIFS 함수 결과에 1을 더하면 됩니다.

동점자 순위 구하기
– RANK.AVG, COUNTIFS

235

순위를 구해보면 동점자가 존재할 수 있습니다. RANK 함수는 동점자를 동일 순위로 표시하는데, 엑셀 2010부터는 동점일 경우 RANK.AVG 함수를 사용해 평균 순위를 반환할 수 있습니다. 다만 우리 나라에서는 동점자의 평균 순위를 구하기보다는 주로 다른 기준을 추가해 순위를 조정합니다. 동점자의 순위를 조정할 수 있도록 새로운 기준을 추가하는 방법에 대해 알아보겠습니다.

예제 파일 PART 05 \ CHAPTER 25 \ RANK, COUNTIFS 함수.xlsx

새로 나온 함수

RANK.AVG 함수 _{2010 버전 이상}

RANK.AVG 함수는 RANK, RANK.EQ 함수와 동일하게 숫자 값이 범위 내에서 몇 번째인지 그 순위를 반환합니다. 이때 동점자가 있으면 평균 순위를 반환합니다.

RANK.AVG(❶ 값, ❷ 범위, ❸ 정렬)

❶ 값 : 순위를 구할 숫자 값
❷ 범위 : 값의 순위를 구할 전체 데이터 범위
❸ 정렬 : 순위를 구하는 방식으로 다음 값을 사용할 수 있습니다.

정렬	설명
0 또는 생략	내림차순(큰 값 순)으로 순위를 구합니다.
0 이외의 값	보통 1을 사용하며 오름차순(작은 값 순)으로 순위를 구합니다.

RANK.AVG 함수도 RANK.EQ 함수와 마찬가지로 엑셀 2010부터 제공됩니다. RANK.AVG 함수는 평균 순위를 반환합니다. 예를 들어 2등이 두 명이라면 순위를 2.5등으로 표시합니다. 엑셀 2010 이하 버전에서 RANK.AVG 함수와 같은 결과를 얻으려면 다음 계산식을 사용합니다.

RANK.AVG(A1, A1:A100)
= RANK(A1, A1:A100)+(COUNT(A1:A100)+1−RANK(A1, A1:A100)−RANK(A1, A1:A100, 1))/2

01 예제 파일을 열고 영업사원의 실적이 입력된 표에서 판매수량별 순위를 구해보겠습니다. [E6] 셀에 다음 수식을 입력하고 [E6] 셀의 채우기 핸들을 [E14] 셀까지 드래그해 복사합니다. 결과를 보면 [E7] 셀과 [E9] 셀에 동일하게 4가 반환되어 4등이 두 명인 것을 알 수 있습니다.

[E6] 셀 : =RANK(C6, $C$6:$C$14)

02 동점자 순위를 조정하기 위해 RANK.AVG 함수를 사용해보겠습니다. [F6] 셀에 다음 수식을 입력하고 [F6] 셀의 채우기 핸들을 [F14] 셀까지 드래그해 복사합니다.

[F6] 셀 : =RANK.AVG(C6, $C$6:$C$14)

❶ 수식 입력
❷ 드래그

Plus+ RANK.AVG 함수

RANK, RANK.EQ, RANK.AVG 함수의 구문은 모두 동일하므로, RANK 함수를 사용할 수 있다면 RANK.EQ와 RANK.AVG 함수도 사용할 수 있습니다. 다만 RANK.AVG 함수는 동점자가 있을 경우 평균 순위를 반환한다는 차이만 있습니다.

---

04 판매수량이 같을 경우 매출이 높은 사원의 순위가 더 높게 매겨지도록 조정해보겠습니다. [F6] 셀의 수식을 다음과 같이 수정하고 [F6] 셀의 채우기 핸들을 [F14] 셀까지 드래그해 복사합니다.

[F6] 셀 : =E6+COUNTIFS($C$6:$C$14, C6, $D$6:$D$14, ")" & D6)

❶ 수식 수정
❷ 드래그

Plus+ 수식 이해하기

이 수식은 동점자가 있을 때 다른 값을 참고해 순위를 조정합니다. 이번에는 [C] 열의 판매수량이 같으면 [D] 열의 매출이 높은 사람이 우선순위를 갖기로 했으므로 그 기준에 맞는 값을 따로 계산해야 합니다.

RANK 함수로 구한 기존 순위인 [E6] 셀에 COUNTIFS 함수로 구한 매출 열에 대한 조건을 추가합니다. COUNTIFS 함수의 구성은 다음과 같습니다.

- $C$6:$C$14=C6 : 판매수량이 같고
- $D$6:$D$14>D6 : 매출이 나보다 높은

판매수량이 같은 경우는 동점자밖에 없으며, 그 중 내 매출보다 높은 사람이 없으면 0이 반환되어 기존 순위를 유지하고, 내 매출보다 높은 사람이 있다면 그 수를 세어 더하므로 순위가 조정됩니다.

나눗셈의 몫과 나머지 구하기 – QUOTIENT, MOD

236

나눗셈은 곱셈의 역산을 구하는 연산이므로 곱셈에서 사용한 숫자와 결과 값이 있을 경우 결과 값을 곱셈에서 사용한 숫자 중 하나로 나누어 다른 값을 구할 수 있습니다. 예를 들어 5×4 = 20일 때 20을 4로 나누면 5가 반환됩니다. 나눗셈에서는 정수로 나눌 수 있는 값을 몫이라고 하고 나누고 남은 값을 나머지라고 합니다. 엑셀에서 몫은 QUOTIENT 함수로, 나머지는 MOD 함수로 구할 수 있습니다. 여기서는 몫과 나머지를 구해 원하는 결과를 반환 받는 방법에 대해 알아보겠습니다.

예제 파일 PART 05 \ CHAPTER 25 \ QUOTIENT, MOD 함수.xlsx

새로 나온 함수

QUOTIENT 함수
QUOTIENT 함수는 나눗셈의 몫을 반환합니다.

QUOTIENT(❶ 피제수, ❷ 제수)
❶ 피제수(被除數) : 나뉘는 숫자로, A/B라면 A가 피제수입니다.
❷ 제수(除數) : 나누는 숫자로, A/B라면 B가 제수입니다.

참고로 QUOTIENT 함수는 실수 값에서 정수 부분만 반환하는 INT 함수로 대체할 수 있습니다.
QUOTIENT(피제수, 제수) = INT(피제수/제수)

MOD 함수
MOD 함수는 QUOTIENT 함수와 사용 방법은 동일하며 나눗셈의 나머지만 반환하는 점이 다릅니다.

01 예제 파일을 열고 [C7:C11] 범위의 보너스를 은행에서 인출한다고 가정할 때 [D6:G6] 범위의 화폐를 몇 매씩 인출해야 하는지 계산해보겠습니다. 먼저 100만 원권의 매수를 세기 위해 [D7] 셀에 다음 수식을 입력하고 [D7] 셀의 ⊞ 채우기 핸들을 [D11] 셀까지 드래그해 복사합니다.

[D7] 셀 : =QUOTIENT(C7, $D$6)

TIP 100만 원권 화폐가 가장 큰 단위이고 첫 번째 화폐 매수를 계산하는 작업이므로 [C] 열의 보너스 금액을 화폐 단위 즉 [D6] 셀로 나눈 몫을 구하면 됩니다.

02 이번에는 10만, 5만, 1만 원권의 화폐 매수를 각각 셉니다. [E7] 셀에 다음 수식을 입력하고 [E7] 셀의 채우기 핸들을 [G7] 셀까지 드래그한 후 다시 채우기 핸들을 [11] 행까지 드래그해 복사합니다.

[E7] 셀 : =QUOTIENT(MOD($C7, D$6), E$6)

> **Plus⁺ 수식 이해하기**
>
> [D6:G6] 범위 내 화폐 단위는 모두 하위 화폐 단위로 상위 화폐 단위를 나누면 나머지가 0입니다. 이렇게 상위 화폐 단위가 하위 화폐 단위로 나누어 떨어지면 10만, 5만, 1만 원권의 매수는 각각 상위 화폐 단위로 나눈 나머지를 먼저 구한 후 그 값을 현재 화폐 단위로 나눈 몫이 됩니다. 이렇게 동일한 규칙이 여러 열에 적용되는 경우에는 혼합 참조 방식을 사용하면 한 번에 수식을 작성할 수 있어 편리합니다.
>
> 이번 수식은 MOD(C7, D6) 부분을 먼저 계산해 상위 화폐 단위로 보너스를 나눈 나머지 값을 가지고 QUOTIENT(나머지, E6)로 현재 화폐 단위로 나눈 몫을 구하는 것입니다.
>
> 단, 참조 방식이 혼합 참조이므로 셀을 참조하는 방법에 주의해야 합니다. 먼저 보너스 금액이 입력된 [C7] 셀은 행 방향(상하)으로 복사할 때는 셀 주소가 변경되어야 하며, 열 방향(좌우)으로 복사할 때는 변경되지 않아야 합니다. 그러므로 [C7] 셀은 열 주소만 고정하고, 반대로 [D6], [E6] 셀은 행 주소만 고정합니다. 혼합 참조 방식이 잘 이해되지 않는다면 [E7], [F7], [G7] 셀에 다음 수식을 각각 입력해 결과를 구해도 됩니다.
>
> - [E7] 셀 : =QUOTIENT(MOD(C7, $D$6), $E$6)
> - [F7] 셀 : =QUOTIENT(MOD(C7, $E$6), $F$6)
> - [G7] 셀 : =QUOTIENT(MOD(C7, $F$6), $G$6)

---

03 계산된 화폐 매수의 합계를 구하기 위해 [D12] 셀에 다음 수식을 입력하고 [D12] 셀의 채우기 핸들을 [G12] 셀까지 드래그해 복사합니다.

[D12] 셀 : =SUM(D7:D11)

MOD 함수의 버그 해결하기

237

나눗셈의 나머지를 반환하는 MOD 함수는 매우 자주 사용되는 함수 중 하나입니다. 이 함수는 일부 소수 값으로 계산할 때 잘못된 값을 반환하거나 큰 값을 작은 값으로 나눌 때 #NUM! 오류가 반환되는 문제가 있습니다. 그로 인해 MOD 함수가 결과를 제대로 반환하지 못할 경우 이를 대체할 수 있는 수식 작성 방법을 알아두어야 합니다. MOD 함수를 대체하는 수식 작성 방법에 대해 알아보겠습니다.

예제 파일 PART 05 \ CHAPTER 25 \ MOD 함수.xlsx

01 예제 파일을 열고 [D] 열에 MOD 함수를 사용해 나머지 값이 제대로 반환되는지 확인한 후 잘못된 결과를 대체할 수 있는 수식을 [E] 열에 작성해보겠습니다. [D6] 셀에 다음 수식을 입력하고 [D6] 셀의 채우기 핸들을 [D7] 셀까지 드래그해 복사합니다.

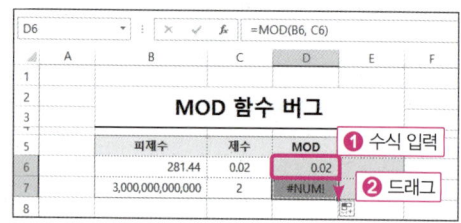

[D6] 셀 : =MOD(B6, C6)

> **Plus+ 수식의 결과 이해하기**
>
> 이 수식을 사용하면 [D6] 셀에는 0.02가, [D7] 셀에는 #NUM! 오류가 반환됩니다. [B6] 셀의 값을 [C6] 셀의 값으로 나누었는데 나머지로 0이 아니라 0.02가 반환된 것은 버그입니다. [D7] 셀의 #NUM! 오류는 큰 피제수 값을 작은 제수 값으로 나눌 경우에 나타나는 MOD 함수의 문제점입니다.

02 MOD 함수의 문제점을 해결하기 위해 [E6] 셀에 다음 수식을 입력하고 [E6] 셀의 채우기 핸들을 [E7] 셀까지 드래그해 복사합니다.

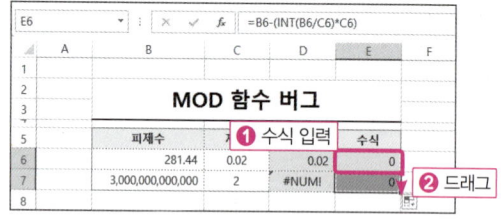

[E6] 셀 : =B6-(INT(B6/C6)*C6)

> **Plus+ 수식 이해하기**
>
> 다음과 같은 수식으로 MOD 함수를 대체할 수 있습니다.
>
> MOD(피제수, 제수) = 피제수-(INT(피제수/제수)*제수) = 피제수-(QUOTIENT(피제수, 제수)*제수)
>
> 이 수식의 결과를 보면 [E6], [E7] 셀에 모두 0이 반환됩니다. MOD 함수를 이용해 발생했던 문제가 해결되었습니다.

반올림, 올림, 내림 처리하기 – ROUND

238

엑셀로 작업을 할 때는 숫자 값을 기준 위치에서 반올림, 올림, 내림 처리해야 하는 경우가 자주 있습니다. 이때는 필요한 작업에 따라 ROUND(반올림), ROUNDUP(올림), ROUNDDOWN(내림) 함수를 사용하면 됩니다. 이 함수들은 사용 방법이 모두 동일하며 두 번째 인수인 '소수점 위치' 인수만 정확하게 이해하면 어렵지 않습니다. 여기서는 숫자 값을 기준 위치에서 반올림, 올림, 내림 처리하는 방법을 알아보겠습니다.

예제 파일 PART 05 \ CHAPTER 25 \ ROUND 계열 함수.xlsx

새로 나온 함수

ROUND, ROUNDUP, ROUNDDOWN 함수
ROUND 함수는 숫자 값의 지정한 소수점 위치에서 반올림합니다.

ROUND(❶ 숫자, ❷ 소수점 위치)
❶ 숫자 : 반올림할 숫자 또는 숫자가 입력된 셀
❷ 소수점 위치 : 반올림할 소수점 위치를 지정합니다. 소수점 위치에서 오른쪽 방향을 지정하려면 양수, 왼쪽 방향을 지정하려면 음수를 사용합니다. 예를 들어 소수점 둘째 자리에서 반올림하려면 소수점 오른쪽 방향으로 두 칸 이동하므로 2를 사용하고, 천 단위에서 반올림하려면 소수점 왼쪽 방향으로 세 칸 이동하므로 –3을 사용합니다.

ROUNDUP 함수와 ROUNDDOWN 함수는 각각 올림과 내림 처리를 합니다. 사용 방법은 ROUND 함수와 동일합니다.

01 예제 파일을 열고 [C] 열의 제품 원가에 [D] 열의 마진율을 적용한 가격을 [E] 열에 계산한 후 제품 단가를 확정하기 위해 천 단위에서 반올림, 올림, 내림 처리를 해보겠습니다.

02 먼저 [E7:E15] 범위에 마진율이 반영된 단가를 계산하겠습니다. [E7] 셀에 수식을 입력하고 [E7] 셀의 채우기 핸들을 [E15] 셀까지 드래그해 복사합니다.

[E7] 셀 : =C7*(1+D7)

03 [E] 열에 계산된 단가를 천 단위에서 반올림, 올림, 내림 처리하기 위해 각 셀에 다음 수식을 입력합니다.

[F7] 셀 : =ROUND(E7, −3)
[G7] 셀 : =ROUNDUP(E7, −3)
[H7] 셀 : =ROUNDDOWN(E7, −3)

Plus⁺ ROUND 계열 함수를 사용한 수식 이해하기

ROUND 계열 함수의 두 번째 인수인 '소수점 위치' 인수는 숫자의 소수점 위치에서 반올림할 위치로, 왼쪽 또는 오른쪽으로 몇 칸 이동하는지 지정합니다. 소수점 위치 인수를 정확하게 지정해야 원하는 결과를 얻을 수 있습니다. 소수점의 위치는 다음 표를 참고합니다.

음수		양수	
소수점 위치	반올림 값	소수점 위치	반올림 값
−1	십	0	일
−2	백	1	소수점 첫째 자리
−3	천	2	소수점 둘째 자리
−4	만	3	소수점 셋째 자리
−5	십만	4	소수점 넷째 자리

이번에 사용한 수식은 모두 소수점 위치 인수가 −3이므로 천 단위에서 반올림, 올림, 내림 처리됩니다. [F7] 셀과 [G7] 셀은 각각 천 단위에서 반올림, 올림 처리되어 15,000이 반환되고, [H7] 셀은 내림 처리되어 14,000이 반환됩니다.

---

04 [F7:H7] 범위를 선택하고 채우기 핸들을 [15] 행까지 드래그해 복사합니다.

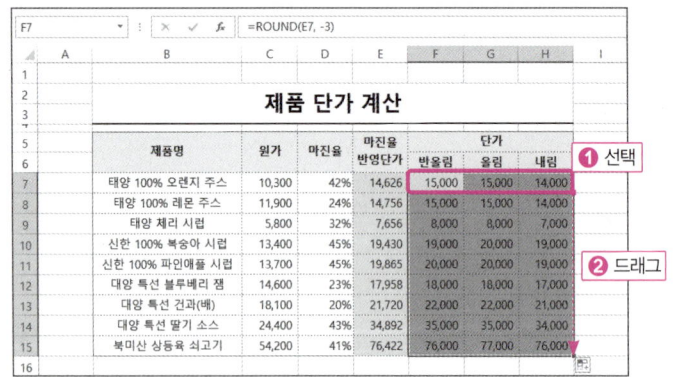

가장 빈번하게 나오는 값(최빈값) 확인하기 – MODE

239

특정 데이터 범위의 숫자 값에서 가장 빈번하게 나타나는 값을 최빈값이라고 합니다. 최빈값은 MODE 함수로 구할 수 있습니다. MODE 함수는 최빈값이 여러 개인 경우에도 하나만 반환하는데, 엑셀 2010부터는 최빈값이 여러 개인 경우 배열로 최빈값을 반환하는 MODE.MULTI 함수가 제공되므로 상황에 맞게 선택해 사용할 수 있습니다.

\ 예제 파일 PART 05 \ CHAPTER 25 \ MODE 함수.xlsx

새로 나온 함수

MODE 함수
MODE 함수는 숫자 값 중에서 가장 빈번하게 나온 값 하나를 반환합니다.

> **MODE(❶ 값, ❷ 값, ❸ 값, …)**
> ❶ 값 : 최빈값을 구할 숫자 값 또는 숫자 값이 입력된 범위

MODE.SNGL, MODE.MULTI 함수 `2010 버전 이상`
엑셀 2010부터 MODE.SNGL 함수와 MODE.MULTI 함수가 추가로 제공됩니다. MODE.SNGL 함수는 MODE 함수와 동일한 결과를 반환하며, MODE.MULTI 함수는 최빈값이 여러 개 있을 때 모든 최빈값을 배열에 담아 반환합니다.

MODE.SNGL 함수와 MODE.MULTI 함수의 사용 방법은 MODE 함수와 동일합니다. 다만 MODE.MULTI 함수는 배열로 반환되므로, 반환 받을 값을 모두 저장할 수 있는 데이터 범위를 선택하고 수식을 Ctrl + Shift + Enter 로 입력해야 합니다.

01 예제 파일을 열면 '제품 판매 분석' 표가 있습니다. 왼쪽에 있는 고객별 판매 데이터에서 가장 많이 판매된 수량을 [F6:F8] 범위에 반환해보겠습니다.

거래번호	고객	수량	최빈값 (수량)
10314	금강 ㈜	30	
10327	유미 백화점	30	
10373	샤론 통상 ㈜	80	
10374	프랑소아 백화점	15	
10537	한남 상사	20	
10594	우주 상사	15	
10636	이화 무역	6	
10661	샤론 통상	49	
10675	진흥 ㈜	15	
10697	흑진주 백화점	30	
10714	알프스 무역 ㈜	12	
10839	국제 무역	30	
10845	미성 백화점	60	
10863	칠성 상사	15	

02 [F6] 셀에 다음 수식을 입력해 최빈값을 확인합니다.

[F6] 셀 : =MODE(D6:D19)

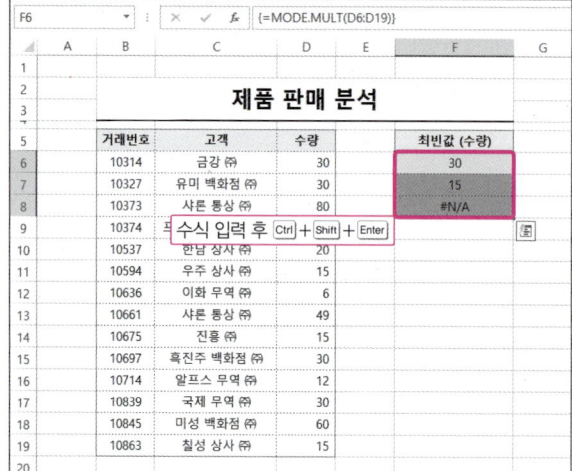

Plus⁺ 수식 이해하기

MODE 함수는 최빈값을 반환하는 함수이므로 [F6] 셀에 반환된 30이 [D6:D19] 범위에서 가장 많이 나온 값입니다. 엑셀 2010부터는 MODE 함수 대신 MODE.SNGL 함수를 사용해 =MODE.SNGL(D6:D19)와 같이 입력해도 동일한 결과를 얻을 수 있습니다.

---

03 최빈값이 여러 개 있을 경우에는 MODE.MULTI 함수를 사용합니다. 이 함수는 최빈값을 배열로 반환하므로 반환 받을 데이터 범위를 선택하고 수식을 배열수식으로 입력해야 합니다. [F6:F8] 범위에 수식을 작성하고 Ctrl + Shift + Enter 를 눌러 입력합니다.

[F6:F8] 범위 : =MODE.MULT(D6:D19)

Plus⁺ 수식 이해하기

MODE.MULT 함수는 배열함수이므로 값이 여러 개 반환될 수 있습니다. 그러므로 반환 받을 범위를 선택하고 Ctrl + Shift + Enter 를 눌러 입력해야 정확한 결과가 얻어집니다. 이 수식의 결과를 통해 [D6:D19] 범위에 최빈값이 30, 15 두 개 존재하는 것을 알 수 있습니다. 다만 반환받은 최빈값이 두 개이므로 선택한 범위인 [F6:F8] 범위 중 나머지 셀인 [F8] 셀에는 #N/A 오류가 반환됩니다. 오류 값을 표시하지 않으려면 IFERROR 함수를 사용해 =IFERROR(MODE.MULT(D6:D19), "") 수식을 입력합니다.

텍스트 값 중에서 최빈값 구하기 – COUNTIF

240

최빈값을 구할 때 사용하는 MODE 함수는 숫자 데이터에만 적용할 수 있습니다. 때문에 숫자나 날짜/시간 값에서 가장 많이 사용된 값은 확인할 수 있지만, 텍스트 값에서 가장 빈번하게 사용된 값은 확인할 수 없습니다. 텍스트 값 중에서 가장 많이 나타난 값을 확인하려면 별도의 수식을 사용해 최빈값을 구해야 합니다. 여기서는 INDEX, MATCH, COUNTIF 함수를 사용하는 배열수식을 이용해 텍스트 값의 최빈값을 구하는 방법에 대해 알아보겠습니다.

예제 파일 PART 05 \ CHAPTER 25 \ 최빈값.xlsx

예제 파일을 열고 왼쪽 표에서 가장 자주 주문된 제품을 [H6] 셀에 구해보겠습니다. [H6] 셀에 다음 수식을 작성하고 Ctrl + Shift + Enter 를 눌러 입력합니다.

[H6] 셀 : =INDEX(C6:C19, MATCH(MAX(COUNTIF(C6:C19, C6:C19)), COUNTIF(C6:C19, C6:C19), 0))

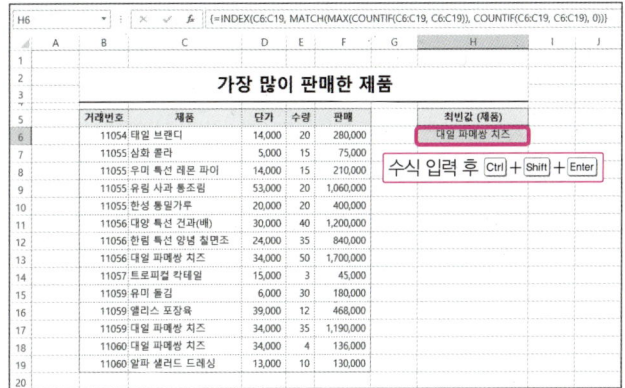

TIP 배열수식으로 제대로 입력되면 수식 앞뒤에 {}가 나타납니다. 이 표시는 Ctrl + Shift + Enter 로 입력한 수식에 자동으로 나타나며 수식 입력줄에서 확인할 수 있습니다.

Plus+ 수식 이해하기

매우 복잡해 보이는 이번 수식의 핵심은 COUNTIF 함수 부분입니다. COUNTIF(C6:C19, C6:C19)라는 수식을 배열수식으로 입력하면 각 제품이 몇 번씩 나왔는지 배열에 {1;1;1;…;3;3;1}와 같이 저장됩니다. 이 수식을 배열을 이용하는 수식으로 변환하면 다음과 같습니다.

=INDEX(C6:C19, MATCH(MAX(배열), 배열, 0))

배열에서 가장 큰 숫자(COUNTIF 함수로 구했으므로 가장 빈번하게 나타난 숫자로 이해할 수 있습니다)의 위치를 찾아 [C6:C19] 범위에서 같은 위치에 있는 값을 참조하라는 의미로 이해할 수 있습니다.

이번 수식은 가장 빈번하게 나오는 첫 번째 값만 반환하는데, MODE.MULT 함수처럼 두 번째, 세 번째 제품도 반환되도록 하려면 MAX 함수 대신 LARGE 함수를 사용해 다음과 같이 수정합니다.

=INDEX(C6:C19, MATCH(LARGE(COUNTIF(C6:C19, C6:C19), 1), COUNTIF(C6:C19, C6:C19), 0))

이 수식 역시 배열수식이므로 Ctrl + Shift + Enter 를 눌러 입력해야 하며, [H6] 셀의 수식을 아래로 복사해 사용하면 됩니다.

화면에 표시된 데이터만 집계하기 – SUBTOTAL

241

자동 필터를 이용해 원하는 데이터만 화면에 표시하거나 [숨기기] 명령을 이용해 화면에서 특정 데이터를 숨길 수 있습니다. 이때 화면에 표시된 데이터만 대상으로 집계 작업을 해야 하는 경우, COUNT, SUM, AVERAGE 등의 함수는 화면 표시 여부와 무관하게 지정된 범위 내 숫자 값을 모두 대상으로 하므로 사용할 수 없습니다. 화면에 표시된 데이터만 집계하려면 SUBTOTAL 함수를 사용합니다. 이 함수는 단독으로 11개의 집계 함수를 대체할 수 있어 매우 유용합니다.

예제 파일 PART 05 \ CHAPTER 25 \ SUBTOTAL 함수.xlsx

새로 나온 함수

SUBTOTAL 함수
SUBTOTAL 함수는 화면에 표시된 데이터 범위만 지정된 함수로 집계합니다.

SUBTOTAL(❶ 함수 번호, ❷ 범위, ❸ 범위, …)

❶ 함수 번호 : 데이터 범위를 집계할 함수

함수 번호		함수
자동 필터	숨기기 자동 필터	
1	101	AVERAGE
2	102	COUNT
3	103	COUNTA
4	104	MAX
5	105	MIN
6	106	PRODUCT
7	107	STDEV.S
8	108	STDEV.P
9	109	SUM
10	110	VAR.S
11	111	VAR.P

❷ 범위 : 집계할 데이터 범위

01 예제 파일을 열고 [B3:D3] 범위의 셀을 하나씩 선택해보면, 각각 COUNT, SUM, AVERAGE 함수를 사용한 수식이 입력되어 있는 것을 확인할 수 있습니다. 이 함수들은 지정된 범위 내 데이터를 집계하는데, 데이터를 숨겨도 집계 결과가 달라지지 않습니다.

02 SUBTOTAL 함수를 사용해 각 셀에 다음 수식을 입력합니다. [B3:D3] 범위와 동일한 결과가 나타납니다.

[B4] 셀 : =SUBTOTAL(2, B7:B16)
[C4] 셀 : =SUBTOTAL(9, H7:H16)
[D4] 셀 : =SUBTOTAL(1, G7:G16)

TIP SUBTOTAL 함수의 첫 번째 인수의 함수 번호가 1~11번이면 자동 필터로 화면에 표시된 데이터만 집계합니다.

03 자동 필터의 조건을 설정해보겠습니다. [C6] 셀의 [▼] 아래 화살표를 클릭합니다. [(모두 선택)]의 체크 표시를 해제하고 [YH 무역 ㈜]만 체크 표시를 한 후 [확인]을 클릭합니다.

04 고객이 'YH 무역 ㈜'인 데이터만 화면에 표시됩니다. [B4:D4] 범위의 집계 값이 [B3:D3] 범위와 달라지는 것을 확인할 수 있습니다.

TIP SUBTOTAL 함수는 화면에 표시된 데이터만 집계합니다.

05 [숨기기] 명령과 SUBTOTAL 함수와의 연계를 확인해보겠습니다. 먼저 [데이터] 탭-[정렬 및 필터] 그룹-[필터]를 클릭해 자동 필터를 해제합니다.

06 [7:11] 행을 선택하고 마우스 오른쪽 버튼을 클릭한 후 [숨기기]를 선택합니다.

07 [7:11] 행이 숨겨지면서 화면에 표시된 데이터가 줄었지만 [B4:D4] 범위의 집계 값은 바뀌지 않습니다. 이것은 SUBTOTAL 함수의 첫 번째 인수의 함수 번호가 자동 필터 명령으로 화면에 표시된 데이터만 집계할 수 있는 1~11번 사이의 번호이기 때문입니다.

08 숨긴 데이터를 집계에서 배제하려면 SUBTOTAL 함수의 첫 번째 인수 함수 번호를 100번대로 변경합니다. 각 셀의 수식을 다음과 같이 수정하면 화면에 표시된 데이터만 집계됩니다.

[B4] 셀 : =SUBTOTAL(102, B7:B16)
[C4] 셀 : =SUBTOTAL(109, H7:H16)
[D4] 셀 : =SUBTOTAL(101, G7:G16)

> **TIP** SUBTOTAL 함수를 [숨기기] 명령과 [자동 필터]에 모두 대응하도록 하려면 항상 100번대 번호로 지정하는 것이 좋습니다.

오류 값을 제외하고 집계하기 – AGGREGATE

242

집계할 범위 내에 #DIV/0!나 #VALUE!와 같은 수식 오류 값이 포함되어 있으면 해당 오류 값이 그대로 반환됩니다. 이 경우 오류 값을 다른 값으로 대체하려면 IFERROR 함수 등을 사용합니다. 하지만 언제 수식 오류가 발생할지 모르므로 집계할 범위 내 수식 오류를 제외하고 계산하도록 하려면 AGGREGATE 함수를 사용합니다. 이 함수는 SUBTOTAL 함수보다 많은 함수를 지원하며 계산에서 제외할 데이터도 지정할 수 있으므로 더 유용합니다.

예제 파일 PART 05 \ CHAPTER 25 \ AGGREGATE 함수.xlsx

새로 나온 함수

AGGREGATE 함수 2010 버전 이상

엑셀 2010부터 제공되는 AGGREGATE 함수는 SUBTOTAL 함수처럼 화면에 표시된 데이터를 집계할 수 있으며, SUBTOTAL 함수보다 더 많은 19개 함수의 역할을 대신할 수 있습니다.

AGGREGATE(❶ 함수 번호, ❷ 옵션, ❸ 범위, ❹ 범위, …)

❶ 함수 번호 : 데이터 범위를 집계할 함수 번호로, 다음 번호를 사용합니다.

함수 번호	함수
1	AVERAGE
2	COUNT
3	COUNTA
4	MAX
5	MIN
6	PRODUCT
7	STDEV.S
8	STDEV.P
9	SUM
10	VAR.S
11	VAR.P
12	MEDIAN
13	MODE.SNGL
14	LARGE
15	SMALL
16	PERCENTILE.INC
17	QUARTILE.INC
18	PERCENTILE.EXC
19	QUARTILE.EXC

❷ 옵션 : 범위를 집계할 때 배제할 데이터를 지정합니다.

옵션	설명
0 또는 생략	중첩된 SUBTOTAL 및 AGGREGATE 함수를 배제
1	0번 옵션+숨겨진 행을 배제
2	0번 옵션+오류 값을 배제
3	0번 옵션+숨겨진 행, 오류 값을 배제
4	아무것도 배제하지 않음
5	숨겨진 행을 배제
6	오류 값을 배제
7	숨겨진 행과 오류 값을 배제

❸ 범위 : 집계할 데이터 범위

01 예제 파일을 열고 [F15] 셀을 선택해 보면 **=SUM(F6:F14)** 수식이 입력되어 있습니다. 그런데 [F11] 셀에서 #N/A 오류가 발생했으므로 수식 결과도 #N/A 오류가 반환됩니다.

02 집계할 범위 내에 오류가 있어도 일단 계산 결과가 제대로 나오도록 하려면 AGGREGATE 함수를 사용합니다. [F15] 셀의 수식을 다음과 같이 수정하면 #N/A 오류가 발생한 [F11] 셀을 제외한 나머지 판매 금액의 합계가 반환됩니다.

[F15] 셀 : =AGGREGATE(9, 6, F6:F14)

> **Plus⁺ 수식 이해하기**
>
> AGGREGATE 함수의 첫 번째 인수가 9이면 SUM 함수와 같이 합계를 구하는 동작을 합니다. 두 번째 인수가 6이면 세 번째 인수의 데이터 범위에서 수식 오류 값을 제외하고 계산할 수 있습니다. 그러므로 이번 수식은 [F6:F14] 범위에서 수식 오류 값은 제외하고(6), SUM 함수(9)로 계산한 결과를 반환하라는 의미입니다.

CHAPTER

26

날짜/시간 함수

오늘 날짜와 현재 시각 표시하기 – TODAY, NOW

243

엑셀에서 오늘 날짜와 현재 시각을 자동으로 표시하려면 함수나 단축키를 이용하면 됩니다. 함수는 편리하지만 파일을 열거나 셀 값을 수정할 때마다 값이 변경되기 때문에 특정 날짜나 시각을 기록하기에는 적합하지 않습니다. 특정 날짜나 시각은 단축키를 사용해 기록하는 것이 가장 적합합니다. 두 방법이 각각 특징이 있으므로 상황에 맞게 함수와 단축키를 혼용해 사용하면 됩니다.

예제 파일 없음

함수를 사용하는 방법

함수	설명
=NOW( )	오늘 날짜와 현재 시각을 반환합니다.
=TODAY( )	오늘 날짜를 반환합니다.
=NOW()–TODAY( )	현재 시각을 반환합니다. 참고로 현재 시각만 반환하는 함수는 따로 제공되지 않습니다.

TIP Now 함수와 Today 함수는 모두 인수가 없지만 괄호와 함께 입력하지 않으면 #NAME! 오류가 반환되므로 주의합니다.

함수를 사용해 기록한 날짜는 파일을 열 때마다 변경되고 시각은 셀 값을 수정할 때마다 변경되므로 현재 날짜와 시각을 항상 확인하고자 하는 경우에만 함수를 사용합니다.

단축키를 사용하는 방법

단축키	설명
Ctrl + ;	오늘 날짜를 셀에 입력합니다.
Ctrl + Shift + ;	현재 시각을 셀에 입력합니다. 단, 현재 시각은 시와 분까지만 표시하고 초는 나타내지 못합니다.
Ctrl + ; Space Bar Ctrl + Shift + ;	오늘 날짜와 현재 시각을 셀에 입력합니다. 오늘 날짜와 현재 시각을 반환하는 단축키는 없으므로, Ctrl + ; 과 Ctrl + Shift + ; 을 연속해서 입력합니다. 이때 날짜와 시간을 구분하기 위해 Space Bar 를 사이에 입력합니다.

날짜는 yyyy-mm-dd 형식이나 mm/dd/yyyy 형식으로 입력해야 날짜 일련번호로 저장되고, 시간은 hh:mm 또는 hh:mm:ss, hh:mm AM/PM과 같은 형식으로 입력해야 정확하게 시간 값으로 저장됩니다. 지켜야 하는 법칙이지만 사용자 입장에서는 불편한 방식이기도 합니다. 그러므로 입력된 날짜와 시간 값이 변경되지 않아야 할 때는 단축키를 이용해 입력하는 것이 편리합니다.

데이터 입력 날짜와 시간 기록하기 – LEN, NOW

244

엑셀을 사용할 때 불편한 점 중의 하나가 데이터 입력 날짜와 시간을 기록할 수 없다는 것입니다. 수식은 파일을 열 때마다 재계산되므로 이런 작업에는 부적합하며, 보통은 VBA를 사용해 구현합니다. 여기서는 순환 참조를 이용해 오늘 날짜와 현재 시각을 기록하는 방법을 알아보겠습니다.

예제 파일 PART 05 \ CHAPTER 26 \ TODAY, NOW 함수.xlsx

01 순환 참조를 이용한 수식을 작성하기 위해 먼저 엑셀 옵션을 변경하겠습니다. 예제 파일을 열고 [파일] 탭-[옵션]을 클릭한 후 [Excel 옵션] 대화상자의 [수식] 범주에서 [반복 계산 사용]에 체크 표시를 하고 [확인]을 클릭합니다.

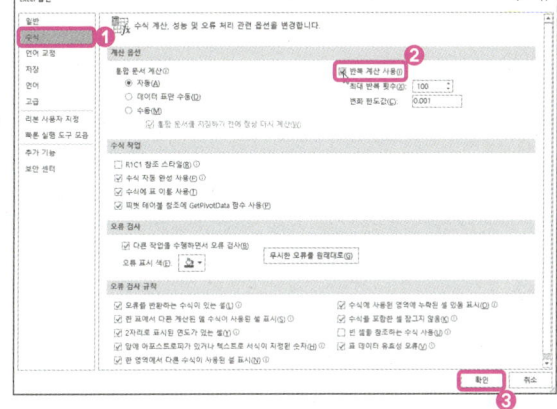

LINK 순환 참조에 대해서는 'No.190 순환 참조 발생 원인을 파악하고 문제 해결하기'를 참고합니다.

02 [B6:B8] 범위에 데이터를 입력할 때 데이터 입력 날짜와 시간이 [C6:C8] 범위에 나타나도록 해보겠습니다. [C6] 셀에 다음 수식을 입력하고 [C6] 셀의 채우기 핸들을 [C8] 셀까지 드래그해 복사합니다.

[C6] 셀 : =IF(LEN(B6)>0, IF(LEN(C6)>0, C6, NOW()), "")

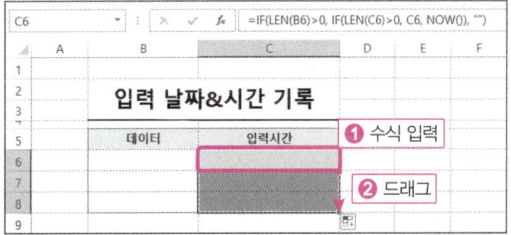

> **Plus+ 수식 이해하기**
>
> 첫 번째 IF 함수 부분인 =IF(LEN(B6)>0, ❶, "")은 [B6] 셀에 값이 입력되면 ❶을 반환하고 아니면 빈 문자("")를 반환하라는 의미입니다. 그러므로 ❶ 부분만 이해하면 전체 수식을 모두 이해할 수 있습니다. ❶은 IF(LEN(C6)>0, C6, NOW())입니다. 이 수식은 [C6] 셀에 값이 입력되어 있다면 [C6] 셀의 값을 그대로 표시(이 부분에서 순환 참조가 발생하는데, 순환 참조가 발생하지 않고 그대로 수식이 계산되도록 하기 위해 01 과정을 진행한 것입니다)하고, 아니면 NOW 함수를 사용해 오늘 날짜와 현재 시각을 반환하라는 의미입니다. 이 부분을 좀 더 이해하기 쉽게 정리하면, 기존에 입력 날짜와 시간 값이 있다면 그 값을 그대로 표시하고, 없다면 NOW 함수를 사용해 오늘 날짜와 현재 시각을 표시하라는 의미입니다.

03 [C6:C8] 범위의 값이 날짜 형식으로 표시되도록 셀 서식을 변경하겠습니다. [C6:C8] 범위가 선택된 상태에서 단축키 Ctrl+1을 눌러 [셀 서식] 대화상자를 호출하고 [표시 형식] 탭의 [범주]에서 [시간]을 선택합니다. [형식]에서 [2012-3-14 1:30 PM]을 선택하고 [확인]을 클릭합니다.

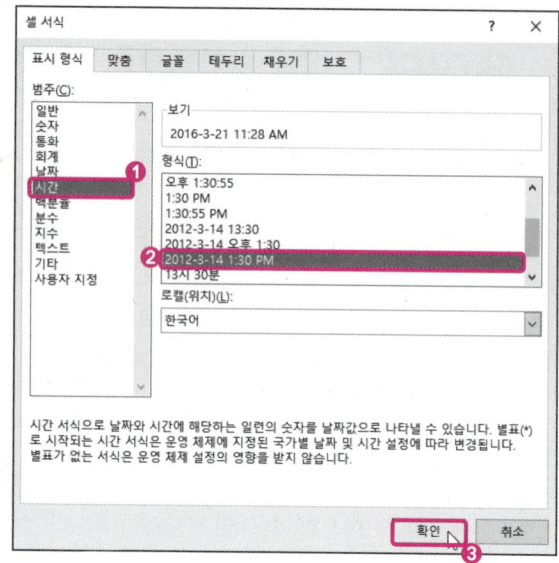

04 제대로 날짜와 시간이 기록되는지 확인합니다. [B6] 셀에 아무 값이나 입력하면 [C6] 셀에 데이터를 입력한 날짜와 시간이 표시됩니다.

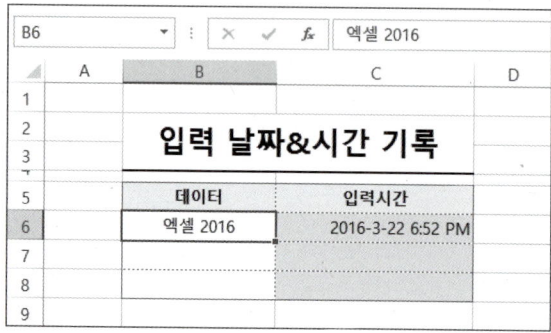

TIP 수식에서 반환하는 날짜와 시간
[C6] 셀의 데이터 입력 날짜와 시간은 사용자가 예제를 따라 하는 시기에 따라 달라질 것입니다.

05 다른 데이터를 입력하면 [C6] 셀에 반환된 날짜와 시간이 변경되는지 확인합니다. [B7] 셀에 아무 값이나 입력하면 [C7] 셀에 데이터 입력 날짜와 시간이 표시되며, [C6] 셀의 입력 날짜와 시간은 변경되지 않습니다.

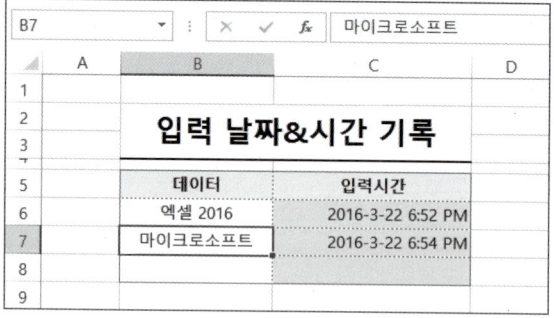

날짜와 시간 데이터 변환하기 – TEXT, SUBSTITUTE

245

엑셀에서 날짜는 날짜 일련번호로 관리되므로 잘못된 형식으로 데이터를 입력하면 날짜와 시간을 이용해 필요한 계산 작업을 할 수 없습니다. 여기서는 사용자가 자주 잘못 입력하는 날짜/시간 데이터를 올바른 날짜/시간 형식으로 변환하는 방법에 대해 알아보겠습니다.

예제 파일 PART 05\CHAPTER 26\TEXT, SUBSTITUTE 함수.xlsx

01 예제 파일을 열어보면 [B]열과 [E]열에 올바르지 않은 방법으로 날짜와 시간 값이 입력되어 있습니다. 수식을 사용해 [C]열과 [F]열에 날짜와 시간 값을 올바르게 변환해보겠습니다.

02 [B6] 셀에 숫자로 입력된 날짜 값을 올바른 날짜 값으로 변환하기 위해 [C6] 셀에 다음 수식을 입력합니다.

[C6] 셀 : =--TEXT(B6, "0000-00-00")

Plus⁺ 수식 이해하기

이 수식은 다음과 같은 계산 과정을 거칩니다.

❶ TEXT(B6, "0000-00-00")
[B6] 셀의 값을 0000-00-00 형식으로 변환합니다. 이렇게 하면 2017-01-01 값이 반환됩니다.

❶ – ❷
TEXT 함수로 반환된 값은 텍스트이므로 숫자로 변환하려면 마이너스(-) 기호를 두 번 사용하거나 VALUE 함수를 사용해 =VALUE(TEXT(B6, "0000-00-00"))와 같이 입력합니다. 날짜를 변환하는 수식을 사용하면 [C6] 셀에 날짜 일련번호가 표시됩니다. YYYY-MM-DD와 같은 날짜 형식으로 표시하려면 [C6] 셀을 선택하고 단축키 Ctrl + Shift + # 을 누르거나 [홈] 탭-[표시 형식] 그룹-[표시 형식]을 클릭하고 [간단한 날짜]를 선택합니다.

03 [B7] 셀에 텍스트 형식으로 입력된 날짜 값을 변환하기 위해 [C7] 셀에 다음 수식을 입력합니다.

[C7] 셀 : =--SUBSTITUTE(B7, ".", "-")

> **Plus+ 수식 이해하기**
>
> [B7] 셀에 입력된 값에서 연, 월, 일 값을 구분하는 데 사용된 마침표(.)를 SUBSTITUTE 함수를 사용해 하이픈(-)으로 교체합니다. SUBSTITUTE 함수 역시 반환 값이 텍스트이므로 올바른 날짜 값으로 변환하기 위해 마이너스(-) 기호를 두 번 사용합니다.

04 이번에는 [E6] 셀의 값을 올바른 시간 형식으로 변경하기 위해 [F6] 셀에 다음 수식을 입력합니다.

[F6] 셀: =--TEXT(E6, "0!:00")

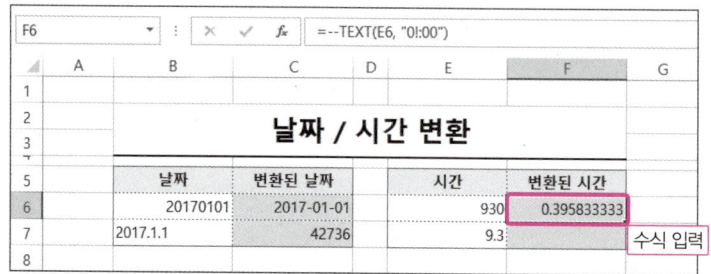

> **Plus+ 수식 이해하기**
>
> TEXT 함수를 사용해 [E6] 셀의 값을 0:00 형식으로 변환합니다. [C6] 셀과 동일한 방식의 수식이나 서식 코드에 콜론(:)을 사용할 때는 느낌표(!)를 앞에 붙여야 하는 점에 주의합니다. [F6] 셀에 반환된 소수 값을 시간 형식으로 변환하려면 단축키 Ctrl+Shift+@를 누르거나 [홈] 탭-[표시 형식] 그룹-[표시 형식]을 클릭하고 [시간]을 선택합니다.

05 이번에는 9.3으로 입력된 시간 값을 올바른 시간 형식으로 변환해보겠습니다. [F7] 셀에 다음 수식을 입력하고 단축키 Ctrl + Shift + @를 눌러 시간 값으로 표시합니다.

[F7] 셀 : **=--SUBSTITUTE(E7, ".", ":")**

Plus⁺ 수식 이해하기

이 수식은 기본적으로 [C7] 셀에 입력한 수식과 동일합니다. [E7] 셀의 9.3을 SUBSTITUTE 함수로 변경하면 9:3이 되고, 이것을 시간으로 변환하면 9시 3분이 됩니다.

06 05 과정의 수식을 보완해 9시 30분이 반환되도록 하려면 [F7] 셀의 수식을 다음과 같이 수정합니다.

[F7] 셀 : **=--SUBSTITUTE(TEXT(E7, "0.00"), ".", ":")**

Plus⁺ 수식 이해하기

05 과정에서 나타난 수식의 문제를 보강하려면 9.3이 9.30이 되도록 하면 되므로 TEXT 함수를 사용해 9.3을 9.30으로 변환한 것입니다. 이처럼 시간을 변환할 때는 신경 써야 하는 부분이 많으므로 주의합니다.

날짜에서 반기/분기 구분하기   246

데이터의 날짜를 반기나 분기 기준으로 집계해야 하는 경우가 있습니다. 반기는 1년을 둘로 나누어 1~6월을 '상반기', 7~12월을 '하반기'로 구분하며, 분기는 월을 3개월 단위로 묶어 1~3월을 '1사분기', 4~6월을 '2사분기', 7~9월을 '3사분기', 10~12월을 '4사분기'로 구분합니다. 입력된 날짜 값에서 반기와 분기를 구분하는 방법에 대해 알아보겠습니다.

예제 파일 PART 05 \ CHAPTER 26 \ MONTH 함수.xlsx

새로 나온 함수

MONTH 함수
날짜 값에서 월 부분을 숫자로 반환하는 함수입니다.

> **MONTH(❶ 날짜)**
> ❶ 날짜 : 날짜 일련번호

YEAR, DAY 함수
MONTH 함수와 유사한 함수로 YEAR 함수와 DAY 함수가 있습니다. YEAR 함수는 날짜 값에서 연도 부분을 숫자로 반환하며, DAY 함수는 날짜 값에서 일부분을 숫자로 반환합니다. YEAR 함수와 DAY 함수의 사용 방법은 MONTH 함수와 동일합니다.

01 예제 파일을 열고 [B6:B17] 범위에 입력된 날짜 값의 월, 반기, 분기 값을 [C:E] 열에 수식으로 계산해보겠습니다.

	A	B	C	D	E	F
1						
2			반기 / 분기			
3						
4						
5		날짜	월	반기	분기	
6		2016-01-01				
7		2016-02-01				
8		2016-03-01				
9		2016-04-01				
10		2016-05-01				
11		2016-06-01				
12		2016-07-01				
13		2016-08-01				
14		2016-09-01				
15		2016-10-01				
16		2016-11-01				
17		2016-12-01				
18						

02 월 값을 먼저 반환하고 반기를 구분해보겠습니다. 왼쪽 화면과 같이 [C6] 셀에 수식을 입력하고 [C6] 셀의 채우기 핸들을 [C17] 셀까지 드래그해 복사한 후 오른쪽 화면과 같이 [D6] 셀에 다음 수식을 입력하고 [D6] 셀의 채우기 핸들을 [D17] 셀까지 드래그해 복사합니다.

[C6] 셀 : =MONTH(B6)

[D6] 셀 : =IF(C6<=6, "상반기", "하반기")

> **Plus⁺ 수식 이해하기**
>
> [D6] 셀에 입력한 수식과 [C6] 셀에 입력한 수식을 결합하면 다음과 같은 수식이 됩니다.
>
> =IF(MONTH(B6)<=6, "상반기", "하반기")

03 이번에는 분기를 계산하기 위해 [E6] 셀에 다음 수식을 입력하고 [E6] 셀의 채우기 핸들을 [E17] 셀까지 드래그해 복사합니다. 왼쪽 화면을 보면 3개월에 한 번씩 숫자가 1씩 증가하므로 이 값으로 분기를 표시할 수 있습니다. [E6] 셀의 수식을 오른쪽 화면과 같이 수정하고 [E17] 셀까지 복사합니다.

[E6] 셀 : =QUOTIENT(C6-1, 3)

[E6] 셀 : =QUOTIENT(C6-1, 3)+1 & "사분기"

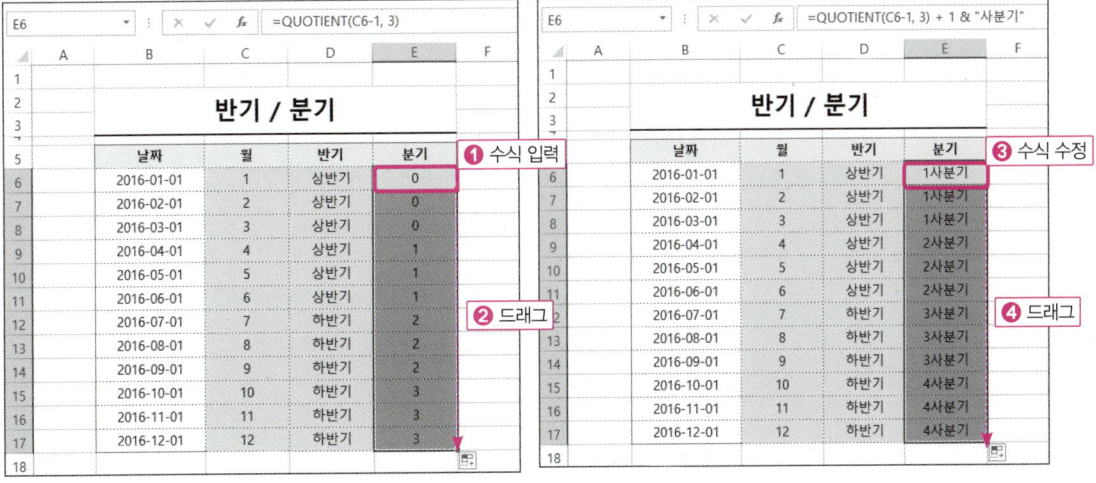

CHAPTER 26 | 날짜/시간 함수 / **509**

Plus⁺ 수식 이해하기

이번에 작성한 수식을 이해하려면 먼저 왼쪽 화면에서 작성한 나눗셈의 몫을 구하는 연산을 이해해야 합니다. 분기는 3개월에 한 번씩 1사분기, 2사분기, 3사분기, 4사분기와 같이 구분하므로, 3개월에 값을 하나만 반환하도록 수식을 구성합니다.

이런 계산은 나눗셈의 몫을 구하는 연산으로 할 수 있으므로 월 값을 3으로 나눈 몫을 다음과 같이 구합니다.

=QUOTIENT(C6, 3)

그러면 0, 0, 1, 1, 1, 2, 2, 2, … 와 같은 값이 반환됩니다. 나눗셈의 몫을 계산할 때 일정한 간격으로 동일한 수가 반환되도록 하려면 항상 0부터 계산해야 합니다. 1월이 가장 숫자가 작은 달이므로, [C6] 셀의 월 값에서 1을 뺀 0부터 계산되도록 한 것이 왼쪽 화면의 수식입니다.

값이 0, 0, 0, 1, 1, 1, 2, 2, 2, … 와 같이 반환되므로, 이 값에 1을 더한 값이 분기 값이고 뒤에 "사분기"라는 단위를 연결한 것이 오른쪽 화면의 수식입니다.

회계 연도와 회계 분기 표시하기 – EDATE

247

우리나라의 회계 연도는 매년 1월 1일에 시작해 12월 31일에 종료하도록 규정되어 있습니다. 그러나 외국계 법인이라면 회계 연도가 다를 수 있습니다. 예를 들면 매년 3월 1일 또는 7월 1일에 새로운 회계 연도가 시작하기도 합니다. 여기서는 회계 연도가 다를 경우 회계상의 연도와 분기를 따로 계산하는 방법에 대해 알아보겠습니다.

예제 파일 PART 05 \ CHAPTER 26 \ EDATE 함수.xlsx

새로 나온 함수

EDATE 함수
시작일로부터 몇 개월 이후(또는 이전)의 날짜를 반환합니다.

EDATE(❶ 시작일, ❷ 개월)
❶ 시작일 : 시작 날짜
❷ 개월 : 개월 수로, 양수는 n개월 이후를 의미하고 음수는 n개월 이전을 의미합니다.

01 매년 4월 1일에 새로운 회계 연도가 시작된다고 가정하고 [C] 열과 [D] 열에 회계 연도와 분기를 계산해보겠습니다. 먼저 날짜를 3개월 이전으로 반환하는 수식을 [C6] 셀에 입력하고 [C6] 셀의 채우기 핸들을 [C17] 셀까지 드래그해 복사한 후 회계 연도만 남도록 [C6] 셀의 수식을 오른쪽 화면과 같이 수정하고 [C17] 셀까지 복사합니다.

[C6] 셀 : =EDATE(B6, -3)　　　　　[C6] 셀 : =YEAR(EDATE(B6, -3))

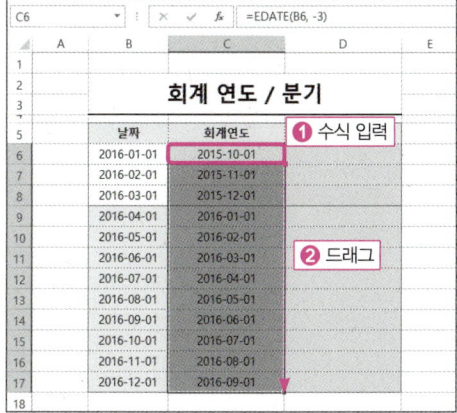

▲ 날짜 형식으로 보려면 Ctrl + Shift + #　　　▲ 숫자 형식으로 보려면 Ctrl + Shift + ˜

> **Plus⁺ 수식 이해하기**
>
> 회계 연도가 4월 1일에 시작하는 경우이므로, 2016년 3월 31일까지는 회계 연도가 2015년도이고 2016년 4월 1일부터 2016년도가 되어야 합니다. 이렇게 하려면 EDATE 함수를 사용해 날짜를 몇 개월 이전으로 돌리는 것이 가장 쉽습니다.
> 왼쪽 화면에서 사용한 =EDATE(B6, -3) 수식을 통해 날짜를 3개월 이전으로 반환하고, 오른쪽 화면에서 사용한 YEAR 함수를 통해 날짜 값의 연도 부분만 표시하면 회계 연도를 구할 수 있습니다.

02 회계 분기를 표시하기 위해 [D6] 셀에 다음 수식을 입력하고 [D6] 셀의 채우기 핸들을 [D17] 셀까지 드래그해 복사한 후 오른쪽 화면과 같이 [D6] 셀의 수식을 수정하고 [D6] 셀의 수식을 [D17] 셀까지 복사합니다.

왼쪽 [D6] 셀 : =MONTH(EDATE(B6, -3))
오른쪽 [D6] 셀 : =QUOTIENT(MONTH(EDATE(B6, -3))-1, 3) + 1 & "사분기"

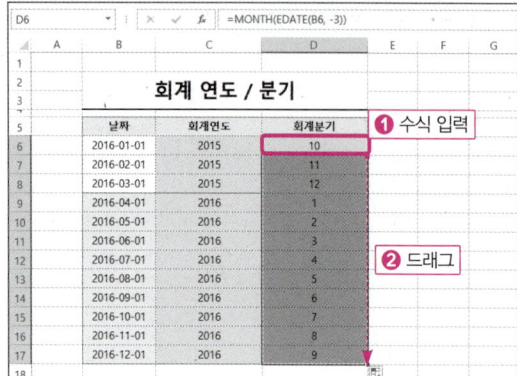
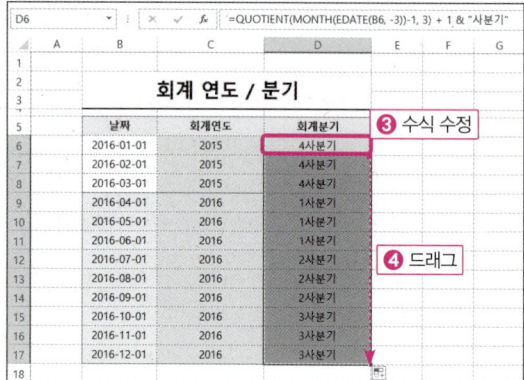

> **Plus⁺ 수식 이해하기**
>
> 이번 수식을 이해하려면 분기 계산이 어떻게 이뤄지는지 이해하고 있어야 하므로 No. 246의 예제를 먼저 참고합니다. 해당 수식과 다른 점은 날짜 값을 바로 사용하지 않고 EDATE 함수를 사용해 3개월 이전 날짜를 계산한 부분이 추가된 것입니다.
> 수식이 잘 이해되지 않으면 [수식 계산] 기능을 이용해 수식의 계산 과정을 살펴볼 것을 권합니다.
>
> **LINK** [수식 계산] 기능은 'No.176 수식 계산 과정 살펴보기'에 자세하게 설명되어 있습니다.
>
> QUOTIENT 함수 부분은 사용자에 따라 실수 값에서 정수 부분만 반환하는 INT 함수로 대체해 사용하는 경우가 많으며 INT 함수를 사용하는 수식으로 변경하면 다음과 같습니다.
> =INT((MONTH(EDATE(B6, -3))-1)/3)+1 & "사분기"

날짜에서 요일과 월 주차 표시하기 – WEEKNUM

248

날짜 데이터를 사용할 때 가장 많이 하는 작업 중의 하나가 요일과 주에 대한 정보를 반환하는 것입니다. 특히 주(週)는 연의 주차와 월의 주차로 구분할 수 있는데, 보통 많이 사용되는 것은 오늘이 이번 달의 몇 번째 주인지 구분하는 월의 주차 값입니다. 엑셀에는 연의 주차를 반환하는 WEEKNUM 함수가 있는데, 이 함수로 월의 주차도 구할 수 있습니다.

예제 파일 PART 05 \ CHAPTER 26 \ TEXT, WEEKNUM 함수.xlsx

새로 나온 함수

WEEKNUM 함수
지정한 날짜의 주 일련번호를 반환합니다.

WEEKNUM(❶ 날짜, ❷ 옵션)
❶ 날짜 : 주 일련번호를 계산하기 위한 날짜
❷ 옵션 : 한 주의 시작 요일을 결정하는 옵션

1 또는 생략	일	14	목
2	월	15	금
11	월	16	토
12	화	17	일
13	수	21	월

01 예제 파일을 열고 [B] 열의 날짜 값을 이용해 [C:F] 열에 요일과 주 일련번호, 월, 주차를 반환하는 수식을 작성해보겠습니다. 먼저 요일을 구하기 위해 [C6] 셀에 다음 수식을 입력하고 [C6] 셀의 채우기 핸들을 더블클릭해 수식을 복사합니다.

[C6] 셀 : =TEXT(B6, "aaa")

Plus⁺ 수식 이해하기

엑셀에는 요일을 구분할 수 있는 WEEKDAY 함수가 있습니다. 이 함수는 월, 화, 수, … 와 같은 요일 값을 반환하는 것이 아니라 1, 2, 3, … 과 같은 요일 인덱스 번호를 반환합니다. 따라서 요일을 표시할 때는 서식 코드를 사용해 값을 변환하는 TEXT 함수를 사용하는 것이 일반적입니다. TEXT 함수의 서식 코드를 사용하면 다양한 요일 값을 구할 수 있습니다.

서식 코드	반환 값	비고
aaa	월, 화, 수	aaa는 [$-ko-KR]ddd로 변경할 수 있습니다.
aaaa	월요일, 화요일, 수요일	
ddd	Mon, Tue, Wed	
dddd	Monday, Tuesday, Wednesday	
[$-411]ddd	月, 火, 水	[$-411]은 [$-ja-JR]과 같은 코드로 변경할 수 있습니다.
[$-411]dddd	月曜日, 火曜日, 水曜日	

* 서식 코드는 대/소문자를 구분하지 않습니다.

02 주 일련번호를 표시하기 위해 [D6] 셀에 다음 수식을 입력하고 [D6] 셀의 채우기 핸들을 더블클릭해 수식을 복사합니다.

[D6] 셀 : =WEEKNUM(B6)

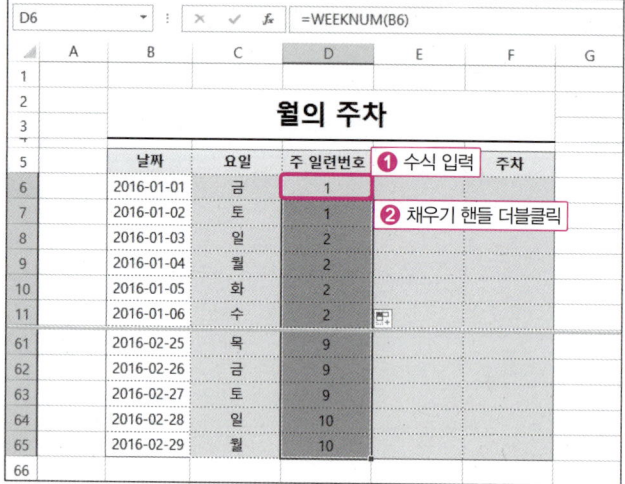

Plus⁺ 수식 이해하기

WEEKNUM 함수는 주의 일련번호로 1~53 사이의 값을 반환합니다. 그러므로 1년 전체의 주 번호를 구하고자 할 때 유용합니다. 참고로 WEEKNUM 함수의 두 번째 인수를 생략하면 일요일을 주의 시작일로 인식합니다. 만약 월요일을 주의 시작일로 인식시키고 싶다면 수식을 =WEEKNUM(B6, 2)로 변경합니다.

03 이번에는 월과 월의 주차를 계산합니다. 왼쪽 화면과 같이 [E6] 셀에 수식을 입력하고 [E6] 셀의 채우기 핸들을 더블클릭해 수식을 복사합니다. 월의 주차는 오른쪽 화면과 같이 [F6] 셀에 수식을 입력하고 [F6] 셀의 채우기 핸들을 더블클릭해 수식을 복사하여 구합니다.

[E6] 셀 : =MONTH(B6)

[F6] 셀 : =D6−WEEKNUM(B6−DAY(B6)+1)+1

> **Plus⁺ 수식 이해하기**
>
> 왼쪽 화면의 월을 구하는 수식은 간단하지만 오른쪽 화면의 월의 주차를 구하는 수식은 단순하지 않습니다. 이 수식을 이해하려면 B6−DAY(B6)+1 계산식을 먼저 이해해야 합니다. 이 수식은 [B6] 셀의 날짜가 속한 월의 1일을 반환합니다.
>
> **LINK** 이 수식에 대한 자세한 설명은 'No.249 월의 시작일/종료일 계산하기 − DATE, EOMONTH'를 참고합니다.
>
> 그러므로 이 수식의 의미는 다음과 같습니다.
> =WEEKNUM(날짜)−WEEKNUM(날짜가 속한 달의 1일)+1
>
> 예를 들어 2016년 2월 25일은 WEEKNUM 함수로 확인하면 2016년도의 아홉 번째 주이고, 2016년 2월 1일은 여섯 번째 주입니다. 위 수식으로 계산해보면 다음과 같습니다.
> =9−6+1
>
> 그러므로 2016년 2월 25일은 2월의 4주차에 속한다는 계산 결과를 얻을 수 있습니다. 예제에서도 알 수 있는 것처럼 한 주의 시작 요일은 일요일입니다. 만약 한 주의 시작일이 월요일이 되도록 주차를 구하고 싶다면, WEEKNUM 함수의 두 번째 인수를 2로 지정합니다. 이렇게 고친 수식은 다음과 같습니다.
> =WEEKNUM(B6, 2)−WEEKNUM(B6−DAY(B6)+1, 2)+1

월의 시작일/종료일 계산하기
– DATE, EOMONTH

249

특정 날짜 값을 이용해 다른 날짜를 계산해 구해야 한다면 DATE 함수와 YEAR, MONTH, DAY 함수를 적절하게 중첩해서 사용하면 됩니다. 날짜 계산은 DATE 함수를 사용할 줄 알고 간단한 사칙연산을 할 줄 안다면 비교적 쉽게 할 수 있습니다. 여기서는 특정 날짜가 속한 월의 시작일과 종료일을 계산하는 수식 작성 방법에 대해 알아보겠습니다.

예제 파일 PART 05 \ CHAPTER 26 \ DATE, EOMONTH 함수.xlsx

새로 나온 함수

DATE 함수
연, 월, 일 값을 인수로 받아 해당 날짜를 반환합니다.

DATE(❶ 연, ❷ 월, ❸ 일)
- ❶ 연 : 연도를 의미하는 0~9999 사이의 숫자 값입니다. 0~1899 사이의 값을 입력하면 1900이 더해져 연도가 계산됩니다. 1900~9999 사이의 값은 입력된 그대로 연도로 사용됩니다.
- ❷ 월 : 월을 의미하는 숫자 값으로, 1~12 범위를 넘는 값을 입력하면 자동으로 해당 월을 더한 날짜를 계산해 반환합니다. 예를 들어 월에 '13'을 입력하면 '연+1'이 되며 월은 '1'이 됩니다.
- ❸ 일 : 일을 의미하는 숫자 값으로, 월의 일 범위를 넘는 값을 입력하면 자동으로 해당 일을 더한 날짜를 계산해 반환합니다.

EOMONTH 함수
날짜 값에서 n번째 이후(또는 이전) 달의 종료일을 반환합니다.

EOMONTH(❶ 시작일, ❷ 개월)
- ❶ 시작일 : 시작 날짜
- ❷ 개월 : 개월 수로, 양수는 n개월 이후를 의미하고 음수는 n개월 이전을 의미합니다.

EOMONTH 함수는 EDATE 함수와 유사하며, 계산된 날짜가 속한 월의 종료일을 반환하는 부분만 다릅니다.

01 예제 파일을 열고 [B6:B11] 범위의 날짜 값을 이용해 해당 월의 시작일(1일)과 종료일을 계산해보겠습니다. 먼저 시작일을 계산하기 위해 왼쪽 화면과 같이 [C6] 셀에 수식을 입력하고 [C6] 셀의 채우기 핸들을 [C11] 셀까지 드래그해 복사합니다. 그런 다음, 바로 오른쪽 화면과 같이 [D6] 셀에 수식을 입력해 종료일을 구하고 [D6] 셀의 채우기 핸들을 더블클릭해 수식을 복사합니다.

[C6] 셀 : =DATE(YEAR(B6), MONTH(B6), 1)   **[D6] 셀 : =DATE(YEAR(B6), MONTH(B6)+1, 1)−1**

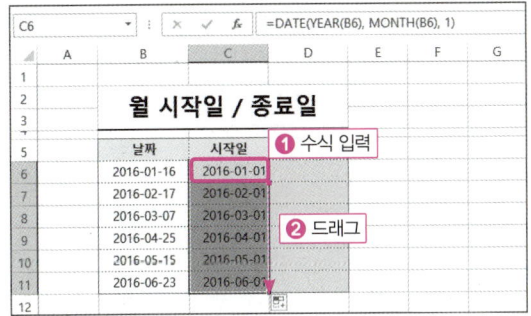

> **Plus⁺ 수식 이해하기**
>
> 날짜는 DATE 함수를 사용해 계산하는 것이 가장 쉽습니다.
>
> 그 달의 1일 날짜는 [B6:B11] 범위 내 날짜와 같은 년, 같은 월이면서 1일이므로 DATE 함수에 YEAR(B6), MONTH(B6), 1을 순서대로 전달하면 손쉽게 구할 수 있습니다.
>
> 종료일은 그 달의 마지막 일이 28, 29(윤달), 30, 31 등으로 다양하기 때문에 계산이 쉽지 않습니다. 이때는 다음 달 1일을 먼저 계산하고 하루 전 날짜를 계산하는 방법을 사용해 해당 날짜의 종료일을 계산합니다. 즉, DATE 함수에 YEAR(B6), MONTH(B6)+1(다음달), 1−1(1일에서 하루 전) 값을 순서대로 전달하면 됩니다. 이 수식은 =DATE(YEAR(B6), MONTH(B6)+1, 0)으로 수정해도 됩니다.

02 월 시작일을 계산하는 수식을 좀 더 간단하게 변경해보겠습니다. [C6] 셀에 다음 수식을 입력하고 [C6] 셀의 채우기 핸들을 [C11] 셀까지 드래그해 복사합니다.

[C6] 셀 : =B6−DAY(B6)+1

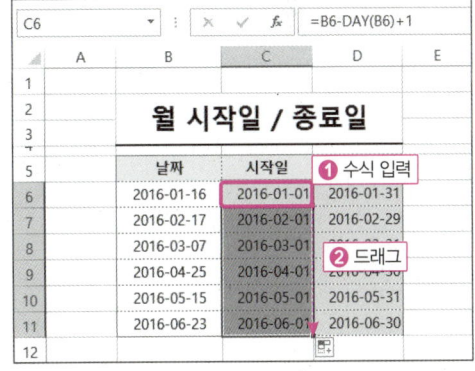

> **Plus⁺ 수식 이해하기**
>
> [B6] 셀의 날짜 값에서 일 값(DAY(B6))을 빼면 2016-1-0이 되는데, 이런 날짜 값은 없으므로 2015-12-31(이전 달의 종료일)이 반환됩니다. 이 값에 1을 더하면(하루 뒤) 이번 달 1일이 됩니다.

03 DATE 함수는 이해하기는 쉽지만 수식이 좀 깁니다. EOMONTH 함수를 사용하면 좀 더 간결하게 수식을 작성할 수 있습니다. [C6] 셀과 [D6] 셀의 수식을 각각 다음과 같이 수정하고 [C6] 셀과 [D6] 셀의 채우기 핸들을 더블클릭해 수식을 복사합니다.

[C6] 셀 : =EOMONTH(B6, -1)+1   **[D6] 셀 : =EOMONTH(B6, 0)**

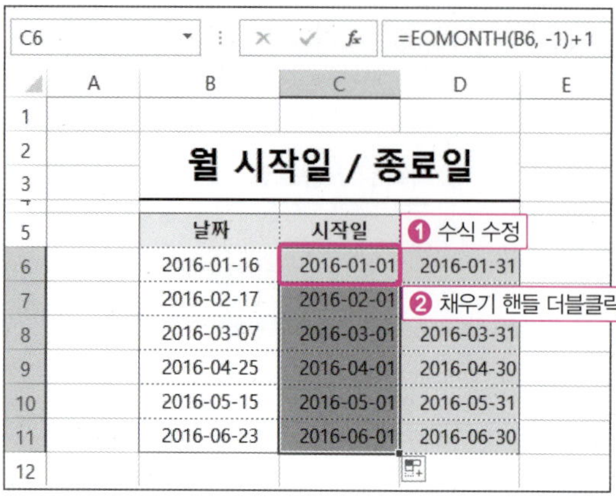

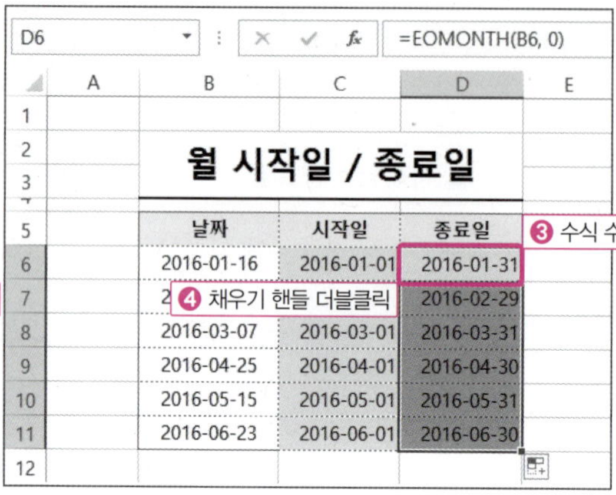

Plus⁺ 수식 이해하기

EOMONTH 함수를 사용하면 날짜 계산을 보다 간편하게 할 수 있습니다. 먼저 시작일 계산에 사용된 EOMONTH(B6, -1) 부분은 **02** 과정에서 사용한 B6-DAY(B6) 부분과 동일하게 이전 달의 종료일을 반환합니다. 그 값에 1을 더하면 1은 하루를 의미하므로 이번 달의 시작일이 구해집니다.

종료일을 구하는 방법은 더 간단합니다. 수식을 EOMONTH(B6, 0)으로 작성하면 [B6] 셀의 날짜 값에서 개월을 이동시키지 않으므로, [B6] 셀의 날짜 값이 속한 종료일이 반환됩니다.

이번 주 주간 시작일/종료일 계산하기 – WEEKDAY

250

회사 업무는 대개 주간 단위로 이뤄지므로 오늘 날짜를 기준으로 주의 시작일과 종료일을 구해야 할 때가 종종 있습니다. 특히 주간 업무 일지와 같은 서식을 작성할 때는 주간 근무 시작일과 종료일을 입력할 필요가 있습니다. 이 경우 주간 날짜가 자동으로 계산되도록 수식을 작성해두면 편리합니다. 오늘 날짜를 기준으로 주 시작일과 종료일을 계산하는 방법에 대해 알아보겠습니다.

예제 파일 PART 05 \ CHAPTER 26 \ WEEKDAY 함수.xlsx

새로 나온 함수

WEEKDAY 함수
날짜에서 요일 인덱스 번호를 반환합니다.

WEEKDAY(❶ 날짜, ❷ 옵션)

❶ 날짜 : 요일 인덱스를 계산하기 위한 날짜
❷ 옵션 : 주의 시작일에 따른 요일 인덱스 번호를 결정하는 옵션

옵션	인덱스 번호	옵션	인덱스 번호
1 또는 생략	1(일) ~ 7(토)	13	1(수) ~ 7(화)
2	1(월) ~ 7(일)	14	1(목) ~ 7(수)
3	0(월) ~ 6(일)	15	1(금) ~ 7(목)
11	1(월) ~ 7(일)	16	1(토) ~ 7(금)
12	1(화) ~ 7(월)	17	1(일) ~ 7(토)

01 예제 파일을 열면 '주간업무계획표'의 [K19:N19] 병합 셀에 오늘 날짜가 입력되어 있습니다. 수식을 이용해 주의 시작일과 종료일을 [K5:L5], [N5:O5] 병합 셀에 계산해보겠습니다.

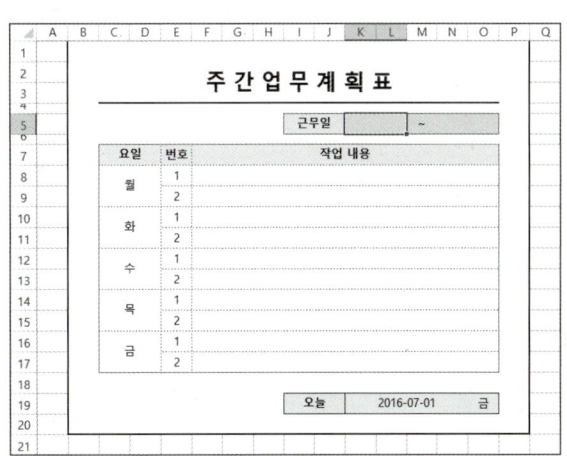

TIP 주의 시작일과 종료일
'주간업무계획표'에서 주의 시작일은 '월'요일, 주의 종료일은 '금'요일이라고 가정합니다. 좀 더 정확하게 결과를 확인하려면 [K19:N19] 병합 셀에 =TODAY()와 같은 수식을 입력하고 작업합니다.

02 주의 시작일을 계산하기 위해 [K5:L5] 병합 셀에 다음 수식을 입력합니다.

[K5:L5] 병합 셀 : =K19−WEEKDAY(K19, 3)

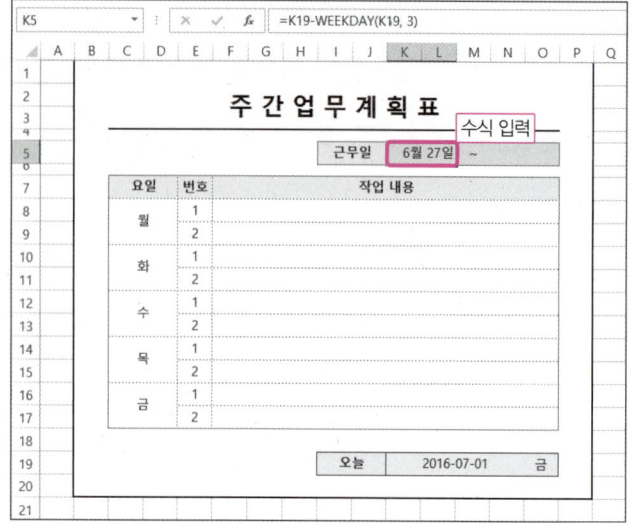

> **Plus⁺ 수식 이해하기**
>
> 특정 날짜가 속한 주의 월요일을 계산하려면 해당 날짜에서 날짜 요일 번호를 빼면 됩니다. WEEKDAY 함수의 두 번째 인수 값이 3이면 0(월)~6(일)까지의 요일 번호를 반환합니다. 그러므로 [K19] 셀의 날짜는 2016-07-01이고, 요일은 '금'요일이니 WEEKDAY 함수에서 반환하는 값은 4가 됩니다. 따라서 2016-07-01 날짜에서 4를 빼면 2016-06-27(월) 날짜가 반환됩니다.

03 주의 시작일을 구했다면 종료일은 간단하게 구할 수 있습니다. [N5:O5] 병합 셀에 다음 수식을 입력합니다.

[N5:O5] 병합 셀 : =K5+4

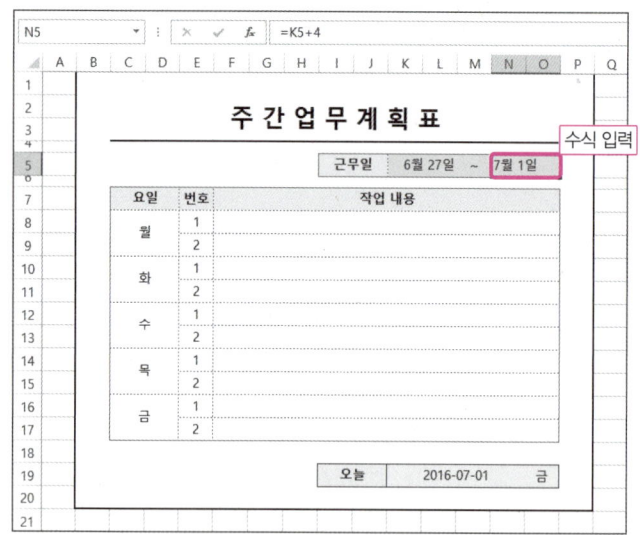

> **Plus⁺ 수식 이해하기**
>
> 월요일에서 금요일은 정확하게 4일 후이므로 주 시작일에 4를 더하면 금요일 날짜를 알 수 있습니다. 이 수식으로 계산한 날짜는 금요일인 [K19:N19] 병합 셀의 날짜와 동일해야 합니다.

입사일에서 근속기간 계산하기 – DATEDIF

251

회사에 입사해서 근속한 기간은 보통 y년 m개월 d일과 같은 형태로 구합니다. 이렇게 구한 근속기간은 호봉, 연차, 퇴직금 등을 계산할 때 유용하게 쓰입니다. 여기서는 입사일에서 근속기간을 y년 m개월 d일 형태로 계산하는 방법에 대해 알아보겠습니다.

예제 파일 PART 05 \ CHAPTER 26 \ DATEDIF 함수.xlsx

새로 나온 함수

DATEDIF 함수
시작일과 종료일의 차이를 뺄셈 연산을 사용해 구합니다.

DATEDIF(❶ 시작일, ❷ 종료일, ❸ 옵션)
❶ 시작일 : 날짜 차이를 계산하기 위한 시작일
❷ 종료일 : 날차 차이를 계산하기 위한 종료일로, 시작일보다 미래의 날짜를 지정해야 합니다.
❸ 옵션 : 두 날짜의 차이를 구하는 방법을 지정하는 옵션입니다.

옵션	설명
Y	두 날짜 사이의 연의 차이를 구합니다.
M	두 날짜 사이의 월의 차이(개월)를 구합니다.
D	두 날짜 사이의 일의 차이를 구합니다.
YM	두 날짜 사이의 연의 차이를 구하고 남은 개월 수를 구합니다.
YD	두 날짜 사이의 연의 차이를 구하고 남은 일 수를 구합니다.
MD	두 날짜 사이의 연, 월의 차이를 구하고 남은 일 수를 구합니다.

* 옵션은 큰따옴표로 묶어 입력해야 하며, 대/소문자는 구분하지 않습니다.

DATEDIF 함수는 비공식적으로 제공되므로 도움말이 제공되지 않으며 함수 마법사나 함수 목록에서 확인할 수 없습니다. 이 함수는 두 날짜 차이를 하루, 이틀 등으로 세지 않고 빼기 연산으로 구합니다. 예를 들어 2016-01-01과 2016-01-03은 날짜를 세면 3일이지만 빼기 연산을 하면 2일입니다. DATEDIF 함수는 후자의 방법으로 계산하기 때문에 날짜를 세어야 하는 경우에는 시작일에서 1을 빼거나 종료일에 1을 더해야 합니다.

01 예제 파일을 열고 [E] 열에 입력된 입사일과 [J6] 셀에 입력된 기준일 사이의 근속기간을 계산해보겠습니다.

TIP 오늘 날짜를 기준으로 근속기간을 구하려면 [J6] 셀에 =TODAY() 수식을 입력하고 계산합니다.

사번	이름	직위	입사일	근속기간			기준일
				년	개월	일	2016-03-31
1	김덕훈	부장	2013-05-14				
2	안정훈	과장	2010-10-17				
3	김소미	과장	2010-05-01				
4	윤대현	대리	2014-04-01				
5	최소라	사원	2014-05-03				
6	김찬진	대리	2011-10-17				

직원 관리 대장

02 두 날짜 사이의 연의 차이를 구하기 위해 [F7] 셀에 다음 수식을 입력하고 [F7] 셀의 채우기 핸들을 [F15] 셀까지 드래그해 복사합니다.

[F7] 셀 : =DATEDIF(E7, $J$6+1, "Y")

Plus⁺ 수식 이해하기

이 수식에서 주목할 부분은 DATEDIF 함수의 두 번째 인수인 종료일에 1을 더한 것(J6+1)과 세 번째 인수에 "Y" 옵션을 사용한 것입니다. 종료일에 1을 더한 것은 근속일을 세기 위해서이고, 세 번째 인수에 "Y" 옵션을 사용한 것은 두 날짜의 연의 차이를 구하라는 의미입니다.

03 근속기간의 개월과 일을 한 번에 구합니다. 셀에 수식을 각각 입력하고 [G7:H7] 범위를 선택한 후 채우기 핸들을 [15] 행까지 드래그해 복사합니다.

[G7] 셀 : =DATEDIF(E7, $J$6+1, "ym")

[H7] 셀 : =DATEDIF(E7, $J$6+1, "md")

Plus⁺ 수식 이해하기

이 수식은 기본적으로 **02** 과정의 수식과 동일하며 DATEDIF 함수의 세 번째 인수만 다르게 지정한 것입니다. 세 번째 인수가 "YM"이면 연의 차이를 구하고 남은 개월 수를 반환하며, "MD"이면 연과 월의 차이를 구하고 남은 일수를 반환합니다.

근속기간의 합계와 평균 구하기

252

이력서 또는 입사 지원서를 보면 경력자는 근무지의 근속기간을 입력하도록 되어 있습니다. 여러 곳에서 근무한 경우에는 여러 개의 근속기간 값이 표시됩니다. 이때 근속기간의 합계 또는 평균을 계산할 수 있다면 경력자의 근속기간에 대한 이해도를 높일 수 있습니다. 근속기간의 합계와 평균을 구하는 방법에 대해 알아보겠습니다.

예제 파일 PART 05 \ CHAPTER 26 \ 근속기간 집계.xlsx

01 예제 파일의 [E6:E9] 범위에는 각 경력의 근속기간이 입력되어 있습니다. 근속기간의 합계와 평균을 [E10:E11] 범위에 계산해보겠습니다. 먼저 합계를 구하기 위해 [E10] 셀에 다음 수식을 입력합니다.

[E10] 셀 : =DATEDIF(1, SUMPRODUCT(D6:D8−C6:C8+1), "y") & "년 " & DATEDIF(1, SUMPRODUCT(D6:D8−C6:C8+1), "ym") & "개월"

Plus⁺ 수식 이해하기

이 수식은 다음과 같이 두 개의 근속기간을 구하는 함수를 & 연산자로 연결한 것입니다.

연 : DATEDIF(1, SUMPRODUCT(D6:D8−C6:C8+1), "y")
개월 : DATEDIF(1, SUMPRODUCT(D6:D8−C6:C8+1), "ym")

❶ 시작일에 입력한 1은 1900년 1월 1일을 의미합니다.

LINK 엑셀에서 날짜를 어떻게 다루는지 이해하려면 'No. 066 왜 날짜나 시간을 입력하면 숫자로 표시될까?'를 참고합니다.

❷ 종료일을 SUMPRODUCT(D6:D8−C6:C8+1)로 한 것은 퇴사일에서 입사일을 빼고 1을 더해 총 근무일수를 구하기 위해서입니다. 엑셀에서는 원래 범위 연산(D6:D8−C6:C8)을 할 수 없는데, SUMPRODUCT 함수는 범위를 배열로 변환해 계산하는 배열함수이므로 이런 식의 계산이 가능합니다.

❸ 이렇게 구한 총 근무일수는 날짜로 처리할 수 있습니다. 예를 들어 총 근무일수가 4007일이라면 1910년 12월 20일에 해당하는 날짜 값이 됩니다. 그러면 이 수식은 1900년 1월 1일(1)부터 1910년 12월 20일(4007)까지의 근속기간을 구하는 수식과 같아집니다.

다시 정리하면 각각의 근속기간을 총 근무일수로 구해 1900년 1월 1일을 기준으로 해당 일수까지 연속 근무한 것이라고 가정하고 근속기간을 계산한 후 합계를 구한 것입니다.

02 근속기간의 평균을 구하기 위해 [E11] 셀에 다음 수식을 작성하고 Ctrl + Shift + Enter를 눌러 입력합니다.

[E11] 셀 : =DATEDIF(1, AVERAGE(D6:D8−C6:C8+1), "y") & "년 " & DATEDIF(1, AVERAGE(D6:D8−C6:C8+1), "ym") & "개월"

> **Plus⁺ 수식 이해하기**
>
> 이 수식은 01 과정의 수식에서 SUMPRODUCT 함수를 AVERAGE 함수로 대체한 것입니다. AVERAGE 함수는 SUMPRODUCT 함수와 같은 배열함수가 아니므로 수식을 작성하고 Ctrl + Shift + Enter를 눌러 입력해야 정확한 결과가 반환됩니다.

나이와 만 나이 계산하기
– YEAR, TODAY

253

우리 나라에서는 나이와 만 나이를 구분합니다. 일반적으로 사용하는 나이는 매년 1월 1일을 기준으로 한 살씩 늘어나며, 만 나이는 생일이 될 때마다 한 살씩 늘어납니다. 이력서, 공문서 등에는 보통 만 나이를 기입합니다. 나이와 만 나이를 계산하는 방법에 대해 알아보겠습니다.

예제 파일 PART 05\CHAPTER 26\YEAR, DATEDIF 함수.xlsx

01 [E] 열의 생년월일을 참고해 [F:G] 열에 나이와 만 나이를 계산해보겠습니다. [F6] 셀에 나이를 계산하는 수식을 입력하고 [F6] 셀의 채우기 핸들을 [F14] 셀까지 드래그해 복사합니다.

[F6] 셀 : =YEAR(TODAY())–YEAR(E6)+1

> **TIP** 나이는 =올해 연도–출생 연도+1 계산식으로 구할 수 있습니다. 이 계산식을 그대로 수식으로 표현한 것입니다. TODAY 함수를 사용하고 있으므로 예제를 실습하는 시점에 따라 화면과 다른 결과가 얻어질 것입니다.

02 만 나이를 계산할 때는 DATEDIF 함수를 사용합니다. [G6] 셀에 다음 수식을 입력하고 [G6] 셀의 채우기 핸들을 [G14] 셀까지 드래그해 복사합니다.

[G6] 셀 : =DATEDIF(E6, TODAY(), "y")

Plus⁺ 수식 이해하기

이 수식은 DATEDIF 함수를 사용해 생년월일(E6)부터 오늘(TODAY())까지 연의 차이("y")를 반환합니다. TODAY() 함수 뒤에 1을 더하는 등의 작업을 하면 잘못된 계산 결과가 반환될 수 있으므로 주의합니다. 생일이 되면 한 살 증가하는 만 나이는 근속 기간과 같이 작업일을 세는 작업이 아니라 빼기 연산으로 구해야 하기 때문입니다.

연차 계산하기 254

회사마다 연차를 계산하는 방법은 조금씩 다르지만, 보통 근속기간을 기준으로 다음 1년 동안 사용할 수 있는 연차를 계산합니다. 연차가 정확히 계산되도록 수식을 제대로 구성해두면 연차 조건이 변경되지 않는 한 계속 사용할 수 있어 편리합니다. 지정한 규칙에 따라 연차를 자동 계산하는 수식 작성 방법에 대해 알아보겠습니다.

예제 파일 PART 05 \ CHAPTER 26 \ 연차.xlsx

연차 계산 조건

- 조건 1 : 1년 이상 근무자에게 15일의 연차를 제공합니다.
- 조건 2 : 1년 이상 근무자는 2년에 1일씩 추가로 연차를 제공합니다.
- 조건 3 : 1년 미만 근무자인 경우는 근무한 개월 수만큼의 연차를 제공합니다.
- 조건 4 : 연차는 최대 25일을 넘길 수 없습니다.

01 예제 파일을 열면 [D] 열에 입사일이, [I6] 셀에 기준일이 입력되어 있습니다. 이를 이용해 근속기간을 구하고 조건에 맞는 연차 일수를 [G6:G14] 범위에 구해보겠습니다.

02 연차를 계산하기 위해 먼저 근속년수를 계산합니다. [E6] 셀에 다음 수식을 입력하고 [E6] 셀의 채우기 핸들을 [E14] 셀까지 드래그해 복사합니다.

[E6] 셀 : =DATEDIF(D6, $I$6+1, "Y")

Plus⁺ 수식 이해하기

[D6] 셀의 입사일부터 [I6] 셀의 기준일까지의 근속년수를 계산합니다.

LINK DATEDIF 함수 사용 방법에 대한 자세한 설명은 'No. 251 입사일에서 근속기간 계산하기 – DATEDIF'를 참고합니다.

03 이번에는 근속개월을 구하기 위해 [F6] 셀에 다음 수식을 입력하고 [F6] 셀의 채우기 핸들을 [F14] 셀까지 드래그해 복사합니다.

[F6] 셀 : =DATEDIF(D6, $I$6+1, "YM")

04 이제 **02-03** 과정에서 구한 근속기간을 참고해 연차를 계산합니다. [G6] 셀에 다음 수식을 입력하고 [G6] 셀의 채우기 핸들을 [G14] 셀까지 드래그해 복사합니다.

[G6] 셀 : =MIN(25, IF(E6>0, 15+INT((E6-1)/2), F6))

> **Plus⁺ 수식 이해하기**
>
> 연차 계산 수식은 맨 처음의 연차 조건을 참고해 계산한 것이므로 다음 단계대로 이해하면 쉽습니다.
>
> 조건 1 : 1년 이상 근무자에게 15일의 연차를 제공합니다.
> 조건 3 : 1년 미만 근무자인 경우는 근무한 개월 수만큼의 연차를 제공합니다.
> =IF(E6>0, 15, F6)
>
> [E6] 셀의 근속년수가 1년 이상인지 여부를 IF 함수로 판단해 1년 이상 근무자라면 15일의 연차가 발생하도록 합니다. 1년 미만의 경우는 근속개월이 곧 연차이므로 IF 함수의 세 번째 인수에 [F6] 셀의 값을 사용합니다.
>
> 조건 2 : 1년 이상 근무자는 2년에 1일씩 추가로 연차를 제공합니다.
> =IF(E6>0, 15+INT((E6-1)/2), F6)
>
> 1년 이상 근무자의 경우만 2년에 1일씩 추가된다고 했으므로 이 작업은 근속년수를 2로 나누는 연산을 통해 1씩 증가시킵니다. 그러기 위해 [E6] 셀에 구한 근속년수에서 1을 빼고(1년 이상 근무자에게 2년에 1일씩 증가한다고 했으니 실제 연차가 1 더해지기 위해서는 3년, 5년, 7년 차가 되어야 합니다.) 그 값을 2로 나눈 후 정수 부분만 잘라냅니다. 이렇게 하면 1년, 2년, 3년, 4년, 5년, … 근속한 사람은 0, 0, 1, 1, 2, …와 같은 값을 반환 받게 되어 2년에 1일씩 연차가 추가됩니다.
>
> 조건 4 : 연차는 최대 25일을 넘길 수 없습니다.
> =MIN(25, IF(E6>0, 15+INT((E6-1)/2), F6))
>
> **LINK** 제한 값이 있는 계산에 대한 설명은 'No. 228 제한 값이 존재하는 합계와 평균 구하기 – MAX, MIN'을 참고합니다.

주말과 휴일을 제외한 근무일 구하기 – NETWORKDAYS 255

주말(토/일)이나 휴일을 제외한 근무일을 계산해야 하는 경우에는 NETWORKDAYS 함수 또는 NETWORKDAYS.INTL 함수를 사용합니다. 엑셀 2010부터 제공되는 NETWORKDAYS.INTL 함수는 주말을 따로 설정할 수 있어 주 6일 근무인 경우 등을 계산할 때 유용합니다. 주말과 휴일을 제외한 근무일을 계산하는 방법에 대해 알아보겠습니다.

예제 파일 PART 05 \ CHAPTER 26 \ NETWORKDAYS 함수.xlsx

새로 나온 함수

NETWORKDAYS 함수
시작일에서 종료일까지 주말(토, 일)과 휴일 목록의 날짜를 제외한 근무일수를 계산합니다.

> **NETWORKDAYS(❶ 시작일, ❷ 종료일, ❸ 휴일)**
> ❶ 시작일 : 시작 날짜
> ❷ 종료일 : 끝 날짜로, 시작일보다 미래의 날짜를 지정해야 합니다.
> ❸ 휴일 : 날짜 계산에서 제외할 휴일 날짜가 입력된 데이터 범위

NETWORKDAYS.INTL 함수 2010 버전 이상
NETWORKDAYS.INTL 함수는 기본적으로 NETWORKDAYS 함수와 동일하게 동작하지만, 세 번째에 '주말' 인수가 추가되어 주말을 사용자 국가 환경에 맞게 지정할 수 있습니다.

> **NETWORKDAYS.INTL(❶ 시작일, ❷ 종료일, ❸ 주말, ❹ 휴일)**
> ❶ 시작일 : 시작 날짜
> ❷ 종료일 : 끝 날짜로, 시작일보다 미래의 날짜를 지정해야 합니다.
> ❸ 주말 : 주말 요일을 선택하는 옵션으로, 1~7, 11~17 사이의 값을 사용할 수 있습니다.
>
> | 옵션 | 주말 | 옵션 | 주말 |
> |---|---|---|---|
> | 1 | 토, 일 | 11 | 일 |
> | 2 | 일, 월 | 12 | 월 |
> | 3 | 월, 화 | 13 | 화 |
> | 4 | 화, 수 | 14 | 수 |
> | 5 | 수, 목 | 15 | 목 |
> | 6 | 목, 금 | 16 | 금 |
> | 7 | 금, 토 | 17 | 토 |
>
> ❹ 휴일 : 날짜 계산에서 제외할 휴일 날짜가 입력된 데이터 범위

01 예제 파일을 열고 [B7] 셀의 시작일과 [C7] 셀의 종료일 사이의 근무일을 [C10:C11] 범위에 계산해 보겠습니다. 이때 주말과 [E7:E15] 범위의 휴일은 제외합니다.

TIP NETWORKDAYS 함수에서 필요한 휴일은 [E7:E15] 범위 내 날짜 값입니다. [F7:G15] 범위에 입력된 내용은 해당 휴일에 대한 설명입니다.

02 주 5일 근무하는 회사의 근무일을 계산하기 위해 [C10] 셀에 다음 수식을 입력합니다.

[C10] 셀 : =NETWORKDAYS(B7, C7, E7:E15)

> **Plus⁺ 수식 이해하기**
>
> NETWORKDAYS 함수를 사용하면 시작일([B7] 셀)과 종료일([C7] 셀) 사이의 주말(토, 일)과 휴일([E7:E15] 범위)을 제외한 근무일을 계산할 수 있습니다. NETWORKDAYS 함수는 DATEDIF 함수와는 달리 날짜의 차이를 일수로만 계산할 수 있으며, 일을 세는 방법으로 차이를 구하기 때문에 DATEDIF 함수처럼 시작일이나 종료일에 1을 빼거나 더하는 연산이 필요하지 않습니다.

03 주 6일 근무하는 회사의 근무일은 NETWORKDAYS.INTL 함수를 사용해 계산합니다. [C11] 셀에 다음 수식을 입력합니다.

[C11] 셀 : =NETWORKDAYS.INTL(B7, C7, 11, E7:E15)

	A	B	C	D	E	F	G	H
1								
2			프로젝트 근무일 계산					
3								
5		기한			휴일			
6		시작일	종료일		날짜	요일	설명	
7		2016-02-01	2016-07-15		2016-01-01	금	신정	
8					2016-02-07	일	설날	
9		근무일 계산			2016-02-08	월	설날	
10		주5일	114	수식 입력	2016-02-09	화	설날	
11		주6일	136		2016-02-10	수	대체 휴일(설)	
12					2016-03-01	화	삼일절	
13					2016-05-05	목	어린이날	
14					2016-05-14	토	석가탄신일	
15					2016-06-06	월	현충일	
16								

Plus⁺ 수식 이해하기

엑셀 2010부터 제공되는 NETWORKDAYS.INTL 함수는 NETWORKDAYS 함수에서는 할 수 없었던 주말 지정을 별도로 할 수 있습니다. NETWORKDAYS 함수는 주말을 토, 일요일로 고정하기 때문에 주 6일 근무 회사나 주말이 다른 국가에서는 사용하기 어렵습니다.

이번 수식에서 사용한 NETWORKDAYS.INTL 함수에서 주의할 부분은 세 번째 인수로, 11은 일요일만 주말로 처리하도록 한 옵션 값입니다. 이렇게 주말을 따로 지정하면 NETWORKDAYS 함수로 계산하지 못하는 다양한 계산 작업을 처리할 수 있습니다.

일용직 사원 급여 계산하기 256

일용직 사원의 급여는 평일과 주말이 다른 경우가 종종 있습니다. 평일에만 채용하는 경우라면 NETWORKDAYS 함수로 근무일을 계산해 일당을 곱하면 되지만, 평일과 주말에 모두 일을 했다면 평일과 주말을 구분해 합산하고 일당을 각각 곱해 계산해야 합니다. 여기서는 평일과 주말을 구분해 일용직 사원의 급여를 계산하는 방법에 대해 알아보겠습니다.

예제 파일 PART 05 \ CHAPTER 26 \ 일용직 급여.xlsx

01 예제 파일을 열고 [C8:C14] 범위의 시작일과 [D8:D14] 범위의 종료일을 이용해 급여를 계산해보 겠습니다. 근무일을 평일과 주말로 나눠 구하고 [B18:C20] 범위에 입력된 일당과 곱해 계산합니다.

02 먼저 평일 근무일을 계산하겠습니다. [E8] 셀에 다음 수식을 입력하고 [E8] 셀의 채우기 핸들을 [E14] 셀까지 드래그해 복사합니다.

[E8] 셀 : =NETWORKDAYS(C8, D8, $I$7:$I$14)

03 이번에는 주말 중 토요일 근무일만 따로 계산합니다. [F8] 셀에 다음 수식을 입력하고 [F8] 셀의 채우기 핸들을 [F14] 셀까지 드래그해 복사합니다.

[F8] 셀 : =NETWORKDAYS.INTL(C8, D8, 11, $I$7:$I$14)-E8

Plus⁺ 수식 이해하기

두 날짜 사이에 있는 특정 요일의 근무일은 NETWORKDAYS.INTL 함수를 사용해 구할 수 있습니다. 예를 들어 이번과 같이 토요일인 근무일을 계산하려면 다음과 같이 수식을 작성합니다.

=NETWORKDAYS.INTL(시작일, 종료일, 11, 휴일) - NETWORKDAYS.INTL(시작일, 종료일, 1, 휴일)

위 수식에서 NETWORKDAYS.INTL(시작일, 종료일, 1, 휴일) 부분은 NETWORKDAYS 함수와 동일하므로, [E8:E14] 범위에서 계산된 NETWORKDAYS 함수의 수식으로 대체할 수 있습니다. 대체한 수식이 이번 수식입니다.

참고로 두 날짜 사이에서 일요일에 근무한 날을 구하려면 다음과 같이 수식을 구성합니다.

=NETWORKDAYS.INTL(시작일, 종료일, 12, 휴일) - NETWORKDAYS.INTL(시작일, 종료일, 2, 휴일)

---

04 계산된 근무일과 일당을 곱해 급여를 구합니다. [G8] 셀에 다음 수식을 입력하고 [G8] 셀의 채우기 핸들을 [G14] 셀까지 드래그해 복사합니다.

[G8] 셀 : =SUM(E8*$C$18, F8*$C$19)

주말, 휴일을 제외한 종료일 계산하기 – WORKDAY 257

지정된 날짜로부터 주말과 휴일을 제외하고 n일 동안 근무할 경우 종료일을 계산하려면 WORKDAY 함수를 사용합니다. WORKDAY 함수는 주말과 휴일을 뺀 날짜를 계산할 수 있다는 점에서 NETWORKDAYS 함수와 유사하지만, 종료일을 구한다는 점과 종료일을 시작일과 근무일의 덧셈 연산을 통해 계산한다는 점이 다릅니다. 그러므로 WORKDAY 함수를 사용해 날짜 계산을 할 때 시작일을 포함시키려면 반드시 시작일에서 1을 빼야 합니다. WORKDAY 함수를 사용해 n 근무일 이후(또는 이전) 날짜를 계산하는 방법에 대해 알아보겠습니다.

예제 파일 PART 05 \ CHAPTER 26 \ WORKDAY 함수.xlsx

새로 나온 함수

WORKDAY 함수
시작일에 근무일수를 더한 종료 날짜를 계산합니다. 단, 주말(토/일)과 휴일은 제외합니다.

> **WORKDAY(❶ 시작일, ❷ 근무일, ❸ 휴일)**
> ❶ 시작일 : 시작 날짜
> ❷ 근무일 : 평일 근무일
> ❸ 휴일 : 날짜 계산에서 제외할 휴일 날짜가 입력된 데이터 범위

WORKDAY.INTL 함수 2010 버전 이상
WORKDAY.INTL 함수는 기본적으로 WORKDAY 함수와 동일하게 동작하지만, 세 번째 인수로 '주말' 인수가 추가되어 주말을 국가 환경에 맞게 지정할 수 있습니다.

> **WORKDAY.INTL(❶ 시작일, ❷ 근무일, ❸ 주말, ❹ 휴일)**
> ❶ 시작일 : 시작 날짜
> ❷ 근무일 : 시작일 이후(또는 이전)의 주말과 휴일을 제외한 근무일수
> ❸ 주말 : 주말 요일을 선택하는 옵션으로, 1~7, 11~17 사이의 값을 사용할 수 있습니다.
>
> | 옵션 | 주말 | 옵션 | 주말 |
> |---|---|---|---|
> | 1 | 토, 일 | 11 | 일 |
> | 2 | 일, 월 | 12 | 월 |
> | 3 | 월, 화 | 13 | 화 |
> | 4 | 화, 수 | 14 | 수 |
> | 5 | 수, 목 | 15 | 목 |
> | 6 | 목, 금 | 16 | 금 |
> | 7 | 금, 토 | 17 | 토 |
>
> ❹ 휴일 : 날짜 계산에서 제외할 휴일 날짜가 입력된 데이터 범위

01 예제 파일을 열고 [C] 열의 주문일을 참고해 주 5일 배송인 경우와 주 6일 배송인 경우의 배송 예정일을 [E] 열과 [G] 열에 각각 계산해보겠습니다.

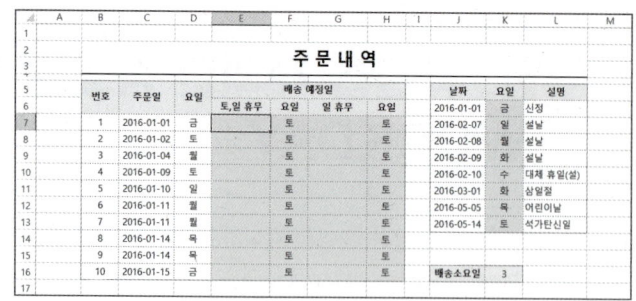

02 먼저 토, 일요일이 휴무인 경우(주 5일)의 배송 예정일을 계산합니다. [E7] 셀에 다음 수식을 입력하고 [E7] 셀의 채우기 핸들을 [E16] 셀까지 드래그해 복사합니다.

[E7] 셀 : =WORKDAY(C7-1, $K$16, $J$6:$J$13)

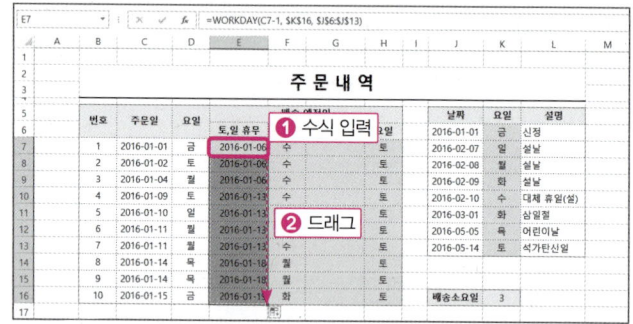

> **Plus⁺ 수식 이해하기**
>
> WORKDAY 함수는 시작일에 근무일수를 더해 종료일을 계산하는 방법을 사용하므로, 기본적으로 '시작일'은 날짜 계산에 포함하지 않습니다. 그렇기 때문에 WORKDAY 함수를 사용해 날짜를 세는 방법으로 계산하려면 반드시 이번과 같이 '시작일' 인수의 날짜 값에서 1을 빼야 합니다.

03 다음으로 일요일만 주말인 경우(주 6일)의 배송 예정일을 계산합니다. [G7] 셀에 다음 수식을 입력하고 [G7] 셀의 채우기 핸들을 [G16] 셀까지 드래그해 복사합니다.

[G7] 셀 : =WORKDAY.INTL(C7-1, $K$16, 11, $J$6:$J$13)

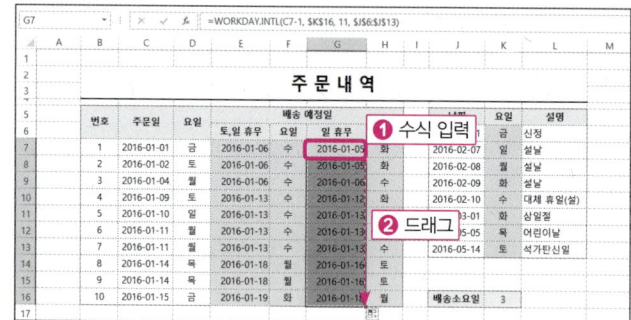

> **Plus⁺ 수식 이해하기**
>
> WORKDAY.INTL 함수는 WORKDAY 함수와 동일한 작업을 하지만, 세 번째 인수인 '주말' 옵션을 사용해 주말을 따로 지정할 수 있다는 점이 다릅니다. 세 번째 인수인 '주말' 값을 11로 사용하면 일요일만 주말로 인식하므로 주 6일 근무 환경의 종료일을 계산할 때 편리합니다. 다만 이 함수는 엑셀 2010부터 사용할 수 있으므로 엑셀 2007에서 이 함수를 사용한 파일을 열면 #NAME! 오류가 발생합니다.

258 계산된 날짜가 주말인 경우 금요일 날짜 반환하기

엑셀에서 날짜 계산을 할 때 계산된 날짜가 주말(토/일)인 경우 마지막 평일 날짜를 반환해야 할 때가 있습니다. 예를 들어 급여일이 매월 25일인 경우, 계산된 급여일이 주말이나 휴일이면 마지막 평일로 급여일을 조정해야 합니다. WORKDAY 함수를 사용하면 주말과 휴일인 경우에 간단하게 평일 날짜를 반환하도록 할 수 있습니다.

예제 파일 PART 05 \ CHAPTER 26 \ DATE, WORKDAY 함수.xlsx

01 예제 파일을 열고 [C5] 셀에 입력된 연도와 [E6:E17] 범위에 입력된 월 값을 참고해 매월 25일 날짜를 [F6:F17] 범위에 반환한 후, 주말인 경우만 평일 날짜로 조정해보겠습니다. 먼저 급여일을 계산합니다. [F6] 셀에 다음 수식을 입력하고 [F6] 셀의 채우기 핸들을 [F17] 셀까지 드래그해 복사합니다.

[F6] 셀 : =DATE($C$5, E6, 25)

연도	2016	월	급여일	
		1	2016-01-25	월
		2	2016-02-25	목
		3	2016-03-25	금
		4	2016-04-25	월
		5	2016-05-25	수
		6	2016-06-25	토
		7	2016-07-25	월
		8	2016-08-25	목
		9	2016-09-25	일
		10	2016-10-25	화
		11	2016-11-25	금
		12	2016-12-25	일

급여일 계산 (매월 25일)

❶ 수식 입력
❷ 드래그

Plus⁺ 수식 이해하기

DATE 함수는 연, 월, 일 인수를 받아 날짜 일련번호를 반환하는 함수입니다. 그러므로 [C5] 셀의 연도 값과 [E6] 셀의 월 값, 그리고 숫자 25를 이용해 각 월의 25일 날짜 값을 구할 수 있습니다. 날짜를 구하면 [G6:G17] 범위에 미리 입력된 요일 계산식에 따라 계산된 날짜의 요일이 바로 반환됩니다. 2016년의 경우 매월 25일이 월급일이라면 6월, 9월, 12월의 급여일을 직전 금요일로 변경해야 합니다.

03 급여일이 주말인 경우에 이전 금요일 날짜를 반환하도록 하기 위해 [F6] 셀의 수식을 다음과 같이 수정하고 [F6] 셀의 채우기 핸들을 [F17] 셀까지 드래그해 복사합니다.

[F6] 셀 : =WORKDAY(DATE($C$5, E6, 25)+1, −1)

Plus⁺ 수식 이해하기

WORKDAY 함수는 주말과 휴일을 배제한 날짜 계산 작업을 할 수 있으므로, 이렇게 평일을 구해야 하는 경우에도 유용하게 사용할 수 있습니다. 이번 수식에서 DATE 함수 부분은 **01** 과정에서 매월 25일을 계산하기 위해 넣었던 수식이므로 실제 수식은 다음과 같습니다.

=WORKDAY(급여일+1, −1)

즉, 급여일보다 1(하루) 뒤 날짜를 시작일로 설정하고 −1(하루) 전 날짜로 되돌리는 수식입니다. 이렇게 수식을 작성하면 토, 일요일은 주말을 빼고 하루 뒤가 되므로 월요일 날짜가 시작일이 되며 다시 주말을 빼고 하루 전 날짜가 반환되므로 직전 금요일 날짜가 반환됩니다.

여기서는 휴일의 경우는 계산하지 않았는데, 휴일을 포함해 계산하고 싶다면 별도의 범위에 휴일 날짜를 입력해놓고, WORKDAY 함수의 세 번째 인수인 '휴일'에 해당 데이터 범위를 지정하면 됩니다. 예를 들면 [I6:I15] 범위에 휴일 날짜를 입력했다면 이번 수식은 다음과 같이 변경할 수 있습니다.

=WORKDAY(DATE($C$5, E6, 25)+1, −1, $I$6:$I$15)

종료시간이 시작시간보다 작을 경우의 시간 차이 계산 방법 259

시간 계산에서는 뺄셈 연산을 통해 그 차이를 계산합니다. 그런데 이때 날짜와 함께 기록하지 않고 시간만 기록한 경우에는 종료시간이 시작시간보다 작아질 수 있으므로 주의해야 합니다. 그러면 시간 계산에 음수 값이 반환되는데 날짜/시간 값에는 음수가 없으므로 ###### 오류가 표시됩니다. 그러므로 시간은 반드시 날짜와 함께 기록하는 것이 좋습니다. 여기서는 시간만 기록된 경우의 차이를 계산할 때 음수가 반환되지 않도록 수식을 작성하는 방법에 대해 알아보겠습니다.

예제 파일 PART 05 \ CHAPTER 26 \ 근무시간.xlsx

01 예제 파일을 열고 [E] 열과 [F] 열의 출/퇴근시간을 참고해 [G] 열에 근무시간을 계산해보겠습니다. 참고로 이 표의 [F7], [F11] 셀의 퇴근시간은 야간근무로 인해 하루를 넘겼으므로 [E7], [E11] 셀의 출근시간보다 값이 작습니다.

02 근무시간을 계산하기 위해 [G6] 셀에 다음 수식을 입력하고 [G6] 셀의 채우기 핸들을 [G14] 셀까지 드래그해 복사합니다. 그러면 [G7] 셀과 [G11] 셀에 ###### 오류가 표시됩니다.

[G6] 셀 : =F6-E6

03 수식을 고쳐 퇴근시간이 새벽일 때도 제대로 근무시간이 계산되도록 하겠습니다. [G6] 셀의 수식을 다음과 같이 수정하고 [G6] 셀의 채우기 핸들을 [G14] 셀까지 드래그해 복사합니다.

[G6] 셀 : =IF(E6>F6, 1, 0)+F6−E6

> **Plus⁺ 수식 이해하기**
>
> 퇴근시간이 출근시간보다 빠르다면 야근으로 인해 자정이 넘어 퇴근한 경우입니다. 이런 경우를 정상적으로 처리하려면 출근시간이 퇴근시간보다 큰지 판단해 큰 경우에만 퇴근시간에 숫자 1을 더하면 됩니다. 숫자 1은 엑셀에서는 하루를 의미하므로 1을 더하면 하루가 지난 시간으로 지정할 수 있습니다.
>
> 이 수식은 IF 함수를 사용하지 않고 =(E6>F6)+F6−E6으로 작성해도 동일한 결과를 얻을 수 있습니다. E6>F6의 결과로는 TRUE, FALSE가 반환되는데, 논리값은 연산을 할 수 있고 연산을 하면 TRUE는 1, FALSE는 0이므로 굳이 IF 함수를 사용하지 않아도 동일한 결과를 얻을 수 있습니다.

260

점심시간을 제외하고 근무시간 계산하기 - TIME

시간제로 근무하는 비정규직 직원의 업무시간을 계산할 때 점심시간을 빼고 계산하는 경우가 많습니다. 그런 경우에는 출/퇴근시간을 확인해 점심시간이 근무시간 안에 포함되는지 여부를 확인해야 합니다. 여기서는 근무시간에서 점심시간을 뺀 실제 근무시간을 계산하는 수식 작성 방법에 대해 알아보겠습니다.

예제 파일 PART 05 \ CHAPTER 26 \ TIME 함수.xlsx

새로 나온 함수

TIME 함수
시, 분, 초 값을 받아 시간 값을 반환합니다.

TIME(❶ 시, ❷ 분, ❸ 초)
❶ 시 : 시를 의미하는 0~32,767 사이의 숫자 값입니다. 24 이상의 값은 24로 나눈 값을 사용합니다.
❷ 분 : 분을 의미하는 0~32,767 사이의 숫자 값입니다. 60 이상의 값은 60으로 나눈 값을 사용합니다.
❸ 초 : 초를 의미하는 0~32,767 사이의 숫자 값입니다. 60 이상의 값은 60으로 나눈 값을 사용합니다.

01 예제 파일을 열고 [D] 열과 [E] 열의 출/퇴근시간을 참고해 점심시간(12:00 PM ~ 1:00 PM)을 뺀 실제 근무시간을 [G] 열에 구해보겠습니다.

관리번호	이름	출근시간	퇴근시간	점심시간	근무시간
1	김명석	9:50 AM	3:35 PM		
2	허청일	11:41 AM	4:29 PM		
3	황영신	10:06 AM	3:29 PM		
4	김재균	2:09 PM	7:14 PM		
5	강성동	1:01 PM	7:54 PM		
6	김혜령	12:58 PM	7:38 PM		
7	박찬희	11:46 AM	4:58 PM		
8	박영아	11:58 AM	4:06 PM		
9	박민희	2:30 PM	8:56 PM		

근무 시간 (점심 시간 제외)

02 먼저 출/퇴근시간 사이에 점심시간이 포함됐는지 확인합니다. [F6] 셀에 다음 수식을 입력하고 [F6] 셀의 채우기 핸들을 [F14] 셀까지 드래그해 복사합니다.

[F6] 셀 : =AND(D6〈TIME(12, 0, 0), E6〉TIME(13, 0, 0)

Plus⁺ 수식 이해하기

점심시간이 근무시간에 포함되어 있는지 확인하려면 다음 두 가지 조건을 만족해야 합니다.

- 조건 1 : 출근시간이 점심시간 시작시간 이전이어야 합니다.
- 조건 2 : 퇴근시간이 점심시간 종료시간 이후여야 합니다.

이번 수식은 이 두 가지 조건을 처리하기 위해 AND 함수를 사용한 것으로, TRUE는 점심시간이 포함된 경우이고 FALSE는 점심시간이 포함되지 않은 경우입니다.

03 점심시간이 포함됐는지 여부를 확인했으므로 이를 이용해 근무시간을 계산합니다. [G6] 셀에 다음 수식을 입력하고 [G6] 셀의 채우기 핸들을 [G14] 셀까지 드래그해 복사합니다.

[G6] 셀 : =E6-D6-TIME(F6, 0, 0)

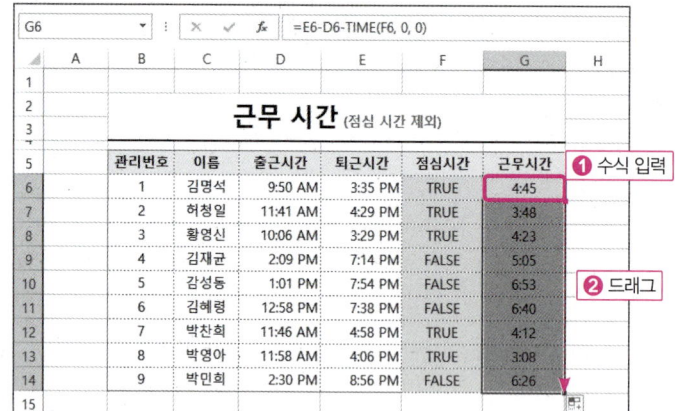

Plus⁺ 수식 이해하기

근무시간을 구하려면 퇴근시간에서 출근시간을 빼면 됩니다. 여기에서 점심시간을 빼야 하므로 TIME(F6, 0, 0)과 같은 수식을 사용했습니다. [F6] 셀에는 TRUE, FALSE 값이 입력되어 있는데, 숫자로 치면 TRUE는 1, FALSE는 0이므로 점심시간이 존재(TRUE)하면 1시간을 빼고 존재하지 않으면(FALSE) 0시간을 뺍니다.

시간의 합이 24시간을 초과할 때 계산 처리 방법 261

시간은 시, 분, 초로 구성되며, 각 단위는 0~23, 0~59, 0~59를 초과할 수 없습니다. 시간 값으로 집계하면 24시간이 넘는 값도 존재할 수밖에 없는데, 24시간을 넘어서면 날짜 값이 자동으로 증가합니다. 집계는 제대로 되지만 원하는 표시 방법은 아닐 수 있으므로 각 단위의 한계를 초과하는 값도 표시할 수 있어야 합니다. 시간의 단위 제한 값을 넘어서는 값을 표시하는 방법에 대해 알아보겠습니다.

\ 예제 파일 PART 05 \ CHAPTER 26 \ 시급 계산.xlsx

01 예제 파일을 열면 [E6:E12] 범위에 시간제 직원의 근무시간이 계산되어 있습니다. 전체 근무시간의 합과 [G6] 셀의 시급을 곱해 [G13] 셀에 급여의 총액을 구해보겠습니다. 먼저 근무시간의 합계를 구하기 위해 [E13] 셀에 다음 수식을 입력합니다.

[E13] 셀 : =SUM(E6:E12)

	A	B	C	D	E	F	G	H
1								
2			아르바이트 급여표					
3								
5		출근일	출근시간	퇴근시간	근무시간		시급	
6		2016-01-04	9:50 AM	3:35 PM	5:45		30,000	
7		2016-01-05	11:41 AM	4:29 PM	4:48			
8		2016-01-06	10:06 AM	3:29 PM	5:23			
9		2016-01-07	2:09 PM	7:14 PM	5:05			
10		2016-01-08	1:01 PM	7:54 PM	6:53			
11		2016-01-11	12:58 PM	7:38 PM	6:40			
12		2016-01-12	11:46 AM	4:58 PM	5:12		급여	
13			근무시간 합		15:46			
14						수식 입력		

> **Plus⁺ 수식 이해하기**
>
> 시간은 숫자이므로 합을 구하려면 SUM 함수를 이용합니다. 시간은 0과 1 사이의 소수 값이므로 합계를 구하면 1.65695와 같은 값이 반환되는데, 시간은 항상 소수 값 부분만 표시하므로 0.65695 부분만 시간으로 표시되어 15:46과 같은 결과가 나타납니다.

02 24시간이 넘는 결과를 표시하려면 표시 형식을 변경해야 합니다. [E13] 셀을 선택하고 Ctrl+1을 눌러 [셀 서식] 대화상자를 엽니다. [표시 형식] 탭에서 다음과 같이 설정하고 [확인]을 클릭하면 집계 결과가 '39시간 46분'으로 표시됩니다.

범주 : 사용자 지정
형식 : [h]:mm

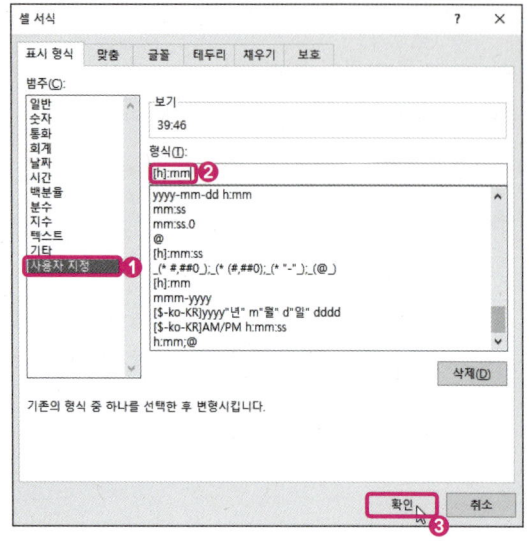

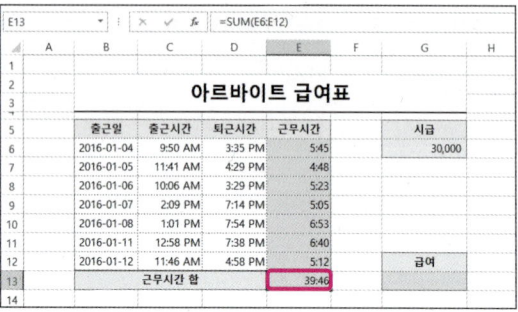

Plus⁺ 서식 코드 이해하기

시간을 표시하는 서식 코드는 다음과 같습니다.

서식 코드	설명
H	시를 의미하며, 0~23 사이의 숫자 값으로 표시됩니다.
[H]	시를 의미하며, 23을 초과하는 24, 25, 26, … 와 같은 값을 표시할 수 있습니다.
M	콜론(:) 기호와 함께 사용하면 분을 의미하며, 0~59 사이의 숫자 값으로 표시됩니다.
[M]	콜론(:) 기호와 상관없이 59를 초과하는 60, 61, 62, … 와 같은 분을 표시할 수 있습니다.
S	초를 의미하며, 0~59 사이의 숫자 값으로 표시됩니다.
[S]	초를 의미하며, 59를 초과하는 60, 61, 62, … 와 같은 값을 표시할 수 있습니다.

* 서식 코드는 대/소문자를 구별하지 않습니다.

03 이제 시급을 곱해 급여를 계산합니다. [G13] 셀에 다음 수식을 입력합니다.

[G13] 셀 : =TEXT(SUM(E6:E12), "[h]")*G6

Plus⁺ 수식 이해하기

[E13] 셀의 결과는 셀 서식을 이용한 것으로 실제 값은 아니므로 TEXT 함수를 사용해 실제 값으로 변환해야 합니다. 이번 수식에서는 TEXT 함수를 TEXT(SUM(E6:E12), "[h]")와 같이 사용해 근무한 총 시간(분은 제외된 39시간)만 반환하도록 한 후 시급과 곱하는 계산을 합니다.

04 근무시간은 39시간 46분이므로, **03** 과정의 계산에서 빠진 46분까지 급여 계산에 포함하려면 분을 기준으로 급여가 계산되도록 합니다. [G13] 셀의 수식을 다음과 같이 수정합니다.

[G13] 셀 : =TEXT(SUM(E6:E12), "[m]")*(G6/60)

Plus⁺ 수식 이해하기

03 과정에서는 근무시간 중 시간만 계산해 급여를 계산했지만, 이번에는 분을 기준으로 계산하기 위해 근무시간과 시급을 모두 분 단위로 조정합니다. TEXT 함수의 두 번째 인수를 'm'으로 설정하면 39:46이 2386분으로 반환됩니다. 그 후 [G6] 셀의 시급을 분급으로 바꾸기 위해 60으로 나누어 분 단위로 급여를 계산하면 **03** 과정에서 구한 급여보다 좀 더 큰 값이 산출됩니다.

시간 계산을 위해 시, 분, 초 값을 정수로 변환하기 262

시간 값을 다른 값과 계산할 경우, 시 또는 분의 값만 정수로 변환해 사용하면 계산이 좀 더 간편해질 수 있습니다. HOUR, MINUTE, SECOND 함수를 사용해 시, 분, 초 값을 반환해도 되고, 시간에 24, 24×60 등의 값을 곱해도 되는데, 후자의 방법이 간편해 더 많이 사용됩니다. 시간을 계산할 때 많이 활용되는 방법이므로 잘 이해해두는 것이 좋습니다.

예제 파일 PART 05 \ CHAPTER 26 \ 시간단위 변환.xlsx

01 예제 파일을 열어보면 [C:D] 열의 시간을 계산해 [E] 열에 사용시간이 구해져 있습니다. 이 값으로 [F:G] 열에 시, 분 단위의 숫자로 변환하고, [H:I] 열에는 변환된 숫자 값을 다시 원래 시간으로 변환해보겠습니다.

02 [E] 열의 사용시간 중 시 부분을 정수 값의 숫자로 변환합니다. [F7] 셀에 다음 수식을 입력하고 [F7] 셀의 채우기 핸들을 [F14] 셀까지 드래그해 복사합니다.

[F7] 셀 : =E7*24

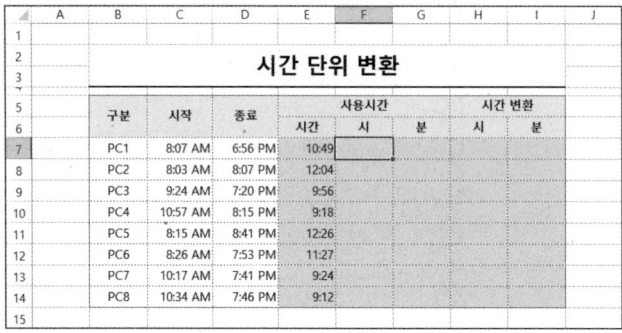

> **Plus⁺ 수식 이해하기**
>
> 엑셀에서 하루는 1로 표시할 수 있고, 하루는 24시간이므로 1시간은 정확하게 1/24입니다. 그러므로 시간에 24를 곱하면 1시간은 1이 됩니다. 이렇게 시간 값을 변환하면 정수 부분은 시간이 되며 소수점 이하 값은 분을 의미하게 됩니다.
>
> 만약 시에 해당하는 정수 값만 남기려면 다음 수식 중 하나를 사용하면 됩니다.
> =HOUR(E7)
> =INT(E7*24)
> =ROUNDDOWN(E7*24, 0)

03 이번에는 분을 기준으로 숫자로 변환합니다. [G7] 셀에 다음 수식을 입력하고 [G7] 셀의 채우기 핸들을 [G14] 셀까지 드래그해 복사합니다.

[G7] 셀 : =E7*(24*60)

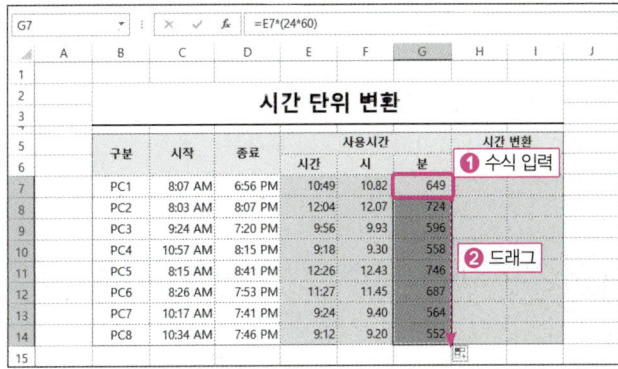

> **Plus⁺ 수식 이해하기**
>
> 02 과정과 같은 수식에서 분을 기준으로 하려면, 1시간은 60분이므로 60을 추가로 곱합니다. 이 수식은 다음 수식으로 대체할 수 있습니다.
> = --TEXT(E7, "[m]")

04 변환된 값을 다시 시간 값으로 바꾸려면 24로 나누면 됩니다. [H7] 셀에 다음 수식을 입력하고 [H7] 셀의 채우기 핸들을 [H14] 셀까지 드래그해 복사합니다.

[H7] 셀 : =F7/24

> **Plus⁺ 수식 이해하기**
>
> 원리는 이전 수식과 동일합니다. 시간 부분만 정수 값이므로 24로 나누면 다시 원래 시간 값으로 되돌릴 수 있습니다. 다만 계산된 값은 **04** 과정의 화면처럼 0과 1 사이의 소수 값으로 반환되는데, 이 값을 다시 시간 형식으로 표시하려면 다음 방법을 참고합니다.
>
> ❶ [H7:H14] 범위를 선택합니다.
> ❷ Ctrl+1을 눌러 [셀 서식] 대화상자를 엽니다.
> ❸ [표시 형식] 탭에서 [사용자 지정]을 선택하고 [형식]에 서식 코드 h:mm을 입력한 후 [확인]을 클릭합니다.

05 [G] 열의 분을 의미하는 숫자를 시간 값으로 변환해보겠습니다. [I7] 셀에 다음 수식을 입력하고 [I7] 셀의 채우기 핸들을 [I14] 셀까지 드래그해 복사합니다.

[I7] 셀 : =G7/(24*60)

263 초과근무시간 계산하기

회사마다 근무시간이 정해져 있는데, 정해진 시간을 넘겨 근무했다면 초과로 근무한 시간만큼의 별도 수당을 지급해야 합니다. 초과근무시간은 퇴근시간을 기준으로 연장근무시간과 야간근무시간으로 나뉩니다. 수당을 정확하게 지급하려면 초과근무시간을 정확하게 계산해야 하는데, 여기에는 의외로 복잡한 계산 방법이 필요합니다. 원리는 비슷하므로 이런 계산 작업이 필요하다면 이번에 설명하는 내용을 잘 이해해두어야 합니다.

예제 파일 PART 05 \ CHAPTER 26 \ 초과근무시간.xlsx

새로 나온 함수

MROUND 함수
숫자 값을 원하는 배수로 반올림 처리합니다.

MROUND(① 숫자, ② 배수)
① 숫자 : 반올림 처리할 숫자
② 배수 : 숫자를 반올림할 배수의 기준이 되는 값

CEILING 함수
숫자를 원하는 배수로 올림 처리합니다.

CEILING(① 숫자, ② 배수)
① 숫자 : 올림 처리할 숫자
② 배수 : 숫자를 올림 처리할 배수의 기준이 되는 값

FLOOR 함수
숫자를 원하는 배수로 내림 처리합니다.

FLOOR(① 숫자, ② 배수)
① 숫자 : 반올림 처리할 숫자
② 배수 : 숫자를 내림 처리할 배수의 기준이 되는 값

MROUND, CEILING, FLOOR 함수는 ROUND, ROUNDUP, ROUNDDOWN 함수와 유사하지만, 배수로 반올림하거나 올림, 내림 처리하는 점에서 차이가 있습니다. 예를 들어 =ROUND(2.5, 0)은 소수점 위치에서 반올림하므로 3이 반환되지만, =MROUND(2.5, 2)는 2의 배수로 반올림하라는 의미이므로 2가 반환됩니다. 2의 배수라면 중간 값이 1, 3, 5와 같은 홀수 값이므로 =MROUND(3, 2) 수식은 4가 반환됩니다.

Plus⁺ 초과근무시간

초과근무시간에는 다음과 같은 세 가지 종류가 있습니다.

분류	설명
연장근무	정규 퇴근시간부터 오후 10시까지의 근무시간을 의미합니다.
야간근무	오후 10시 이후부터 다음날 오전 6시까지의 근무시간을 의미합니다.
휴일근무	주말 및 회사에서 규정한 휴일에 출근해 근무한 시간을 의미합니다.

* 휴일근무를 계산하려면 해당 날짜가 휴일인지 여부를 판단할 수 있는 값이 따로 입력되어 있어야 합니다.

---

01 예제 파일을 열면 직원들의 3월 4일 근태 내역을 확인할 수 있습니다. 이 내역을 가지고 초과근무시간을 연장근무와 야간근무로 나눠 [F:G] 열에 계산해 보겠습니다.

02 초과근무시간을 계산하려면 먼저 정규 퇴근시간과 연장근무시간의 종료시간과 야간근무시간의 종료시간을 계산해 놓는 것이 좋습니다. 각 셀에 다음 수식을 입력합니다.

[D5] 셀 : =G5+TIME(18, 0, 0)
[D6] 셀 : =G5+TIME(22, 0, 0)
[D7] 셀 : =G5+1+TIME(6, 0, 0)

Plus+ 수식 이해하기

정규 퇴근시간, 연장근무시간의 종료시간, 야간근무시간의 종료시간을 각각 수식을 이용해 입력하는데, 이때 반드시 날짜가 함께 들어가도록 수식을 구성합니다.

- [D5] 셀 : 정규 퇴근시간이 오후 6시라고 가정하고, 근무일에 오후 6시를 TIME 함수를 사용해 더합니다. 참고로 TIME 함수는 24시간제로 입력해야 정확한 결과를 반환합니다.
- [D6] 셀 : 기본적인 원리는 [D5] 셀과 동일하며 연장근무시간의 종료시간인 오후 10시를 반환하도록 구성합니다.
- [D7] 셀 : 야간근무시간의 종료시간은 다음날 오전 6시까지이므로 근무일+1로 계산해 다음날에 오전 6시를 TIME 함수를 사용해 더합니다.

03 연장근무시간을 계산합니다. [F10] 셀에 다음 수식을 입력하고 [F10] 셀의 채우기 핸들을 [F18] 셀까지 드래그해 복사합니다.

[F10] 셀 : =MIN($D$6, E10)-$D$5

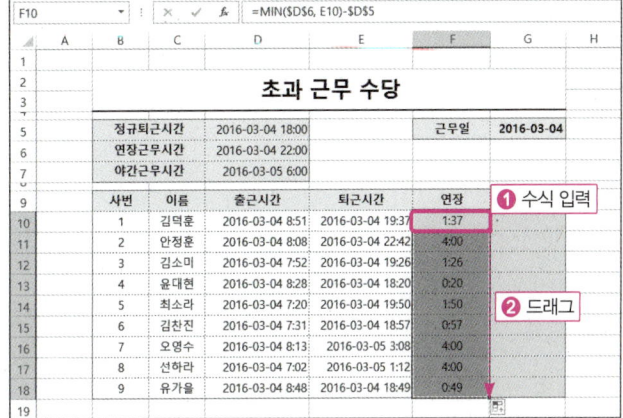

Plus+ 수식 이해하기

연장근무시간은 퇴근시간부터 오후 10시까지의 근무시간이니, 퇴근시간([E10] 셀)과 연장근무시간의 종료시간([D6] 셀)을 비교해 두 값 중에서 작은 값(MIN)에서 정규퇴근시간([D5] 셀)을 빼면 됩니다. 여기에서 퇴근시간과 연장근무시간의 종료시간을 비교해 작은 값을 사용하는 이유는 퇴근시간이 오후 10시를 넘어도 그 시간은 연장근무시간에 해당하지 않기 때문입니다.

04 계산된 초과근무시간에서 30분 간격으로만 근무시간을 인정한다고 가정하고 연장근무시간을 재계산하겠습니다. [F10] 셀의 수식을 다음과 같이 수정하고 [F10] 셀의 채우기 핸들을 [F18] 셀까지 드래그해 복사합니다.

[F10] 셀 : =FLOOR(MIN($D$6, E10)-$D$5+TIME(0,0,1), TIME(0,30,0))

Plus+ 수식 이해하기

이 수식은 03 과정에서 연장근무시간을 계산한 수식을 다음과 같이 변경한 것입니다.

=FLOOR(연장근무시간+TIME(0,0,1), TIME(0,30,0))

그러므로 이 수식은 연장근무시간에 1초를 더하고 30분 간격으로 내림 처리하라는 의미입니다. 1초를 더하는 이유는 시간이 소수 값이어서 눈에 보이는 값만 생각해 계산하면 제대로 된 결과를 반환되지 않는 경우가 많아 이를 방지하기 위해서입니다. 실제 시간은 1/1000초까지 계산되는데, 시간을 단순하게 빼서 구하면 항상 1/1000초 정도의 오차가 발생합니다. 예를 들어 [D6] 셀에서 [D5] 셀의 값을 빼면 4시간일 것 같지만 정확하게는 3시간 59분 59초 .999 값이 반환됩니다. 이런 오차를 정확하게 이해하려면 날짜의 차이를 구할 때 뺄셈과 세는 방법의 차이를 생각해보면 됩니다. 그래서 일부러 연장근무시간에 1초 정도를 더해 이런 오차가 발생하지 않도록 한 것입니다.

FLOOR 함수는 숫자 값을 배수로 내림 처리합니다. 이번 수식에서 배수는 30분(TIME(0, 30, 0))이므로, FLOOR 함수를 사용하면 [F10] 셀의 1:37시간이 1:30분으로 조정됩니다. 만약 1시간 단위로만 초과근무시간을 인정하려면 배수를 1시간(TIME(1, 0, 0))으로 조정하면 됩니다.

반올림을 하려면 FLOOR 함수 대신 MROUND 함수를 사용하고, 올림하려면 CEILING 함수를 사용합니다.

---

05 이제 야간근무시간을 계산하겠습니다. [G10] 셀에 다음 수식을 입력하고 [G10] 셀의 채우기 핸들을 [G18] 셀까지 드래그해 복사합니다.

[G10] 셀 : =IF(E10>$D$6, MIN($D$7, E10)-$D$6, 0)

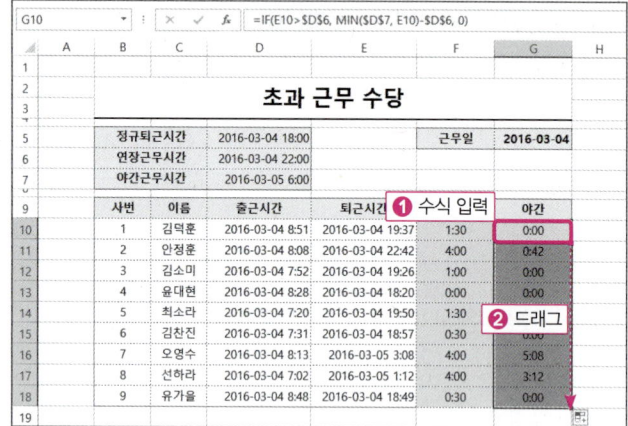

Plus+ 수식 이해하기

야간근무시간을 계산하려면 먼저 퇴근시간이 연장근무시간 이후인지 확인해야 합니다. 이후라면 퇴근시간([E10] 셀)과 야간근무시간의 종료시간([D7] 셀)을 비교해 작은 값에서 연장근무시간의 종료시간([D6] 셀)을 빼면 됩니다. 이 값 역시 30분 간격으로 조정하려면 FLOOR 함수를 사용해 다음과 같이 변경합니다.

=IF(E10>$D$6, FLOOR(MIN($D$7, E10)-$D$6+TIME(0,0,1), TIME(0,30,0)), 0)

CHAPTER 27

참조 함수

VLOOKUP 함수로 다른 표의 값 참조하기 264

다른 표에서 조건에 맞는 값을 참조해올 수 있는 VLOOKUP 함수는 엑셀에서 가장 빈번하게 사용되는 함수 중 하나입니다. VLOOKUP 함수는 표의 왼쪽 열에서 원하는 값을 찾아 같은 행에 있는 오른쪽 열의 값만 참조할 수 있으므로 주의해서 표를 구성해야 합니다. 반드시 알아두어야 하는 함수 중 하나이므로 여기서 설명하는 내용을 잘 이해해두기 바랍니다.

예제 파일 PART 05 \ CHAPTER 27 \ VLOOKUP 함수.xlsx

새로 나온 함수

VLOOKUP 함수
다른 표의 왼쪽 열에서 원하는 값을 찾아, 오른쪽 열의 값을 참조합니다.

VLOOKUP(❶ 찾을 값 ❷ 표, ❸ 열 번호, ❹ 찾기 옵션)

❶ 찾을 값 : '표'의 왼쪽 첫 번째 열에서 찾을 값입니다.
❷ 표 : '찾을 값'과 참조해올 값을 모두 포함하는 데이터 범위를 의미합니다.
❸ 열 번호 : '표'에서 참조할 값을 갖는 열의 인덱스 번호입니다.
❹ 찾기 옵션 : '찾을 값'을 '표'의 왼쪽 첫 번째 열에서 찾는 방법을 지정합니다.

찾기 옵션	설명
TRUE 또는 생략	표의 왼쪽 첫 번째 열이 오름차순으로 정렬되어 있다고 가정하고 값을 찾는데, 찾을 값보다 큰 값을 만날 때까지 동일한 값을 찾지 못하면 찾을 값보다 작은 값 중에서 가장 큰 값의 위치를 찾습니다.
FALSE	표의 왼쪽 첫 번째 열에서 찾을 값과 정확하게 일치하는 첫 번째 위치를 찾습니다.

VLOOKUP 함수를 사용할 때 '찾을 값'을 '표'의 왼쪽 첫 번째 열에서 찾지 못하면 #N/A 오류가 반환됩니다.

01 예제 파일을 열고 [C:F] 열에 입력된 품명을 오른쪽 표에서 찾아 [P] 열의 단가를 [H:I] 열로 참조해오는 수식을 VLOOKUP 함수를 사용해 작성해보겠습니다.

02 [H8] 셀에 다음 수식을 입력하고 [H8] 셀의 채우기 핸들을 [H14] 셀까지 드래그해 복사합니다.

[H8] 셀 : =VLOOKUP(C8, $O$6:$P$15, 2, FALSE)

Plus⁺ 수식 이해하기

견적서에서 단가를 참조해오려면 먼저 [C8:F14] 범위 내 병합 셀에 입력된 품명을 [O6:O15] 범위에서 찾아야 합니다. VLOOKUP 함수에 전달된 인수는 다음과 같습니다.

- 찾을 값 : C8
  [C8] 셀의 품명을 찾습니다.
- 표 : $O$6:$P$15
  찾을 값과 참조할 값이 있는 데이터 범위로, 반드시 찾을 값이 첫 번째 열에, 참조해올 값이 오른쪽 열에 위치해야 합니다.
- 열 번호 : 2
  표에서 두 번째 열([P6:P15] 범위)의 값을 참조합니다.
- 찾기 옵션 : FALSE
  [O6:O15] 범위에서 [C8] 셀의 값과 정확하게 일치하는 첫 번째 항목의 위치를 찾습니다.

품명이 입력되어 있고 오른쪽 표에 해당 값이 있으면 VLOOKUP 함수를 사용할 때 제대로 단가를 참조해옵니다. 그러나 찾는 값이 없거나 품명이 입력되어 있지 않으면 #N/A 오류가 반환됩니다.

03 #N/A 오류가 반환되는 경우 빈 문자("")가 표시되도록 [H8] 셀의 수식을 다음과 같이 수정하고 [H8] 셀의 채우기 핸들을 [H14] 셀까지 드래그해 복사합니다.

[H8] 셀 : =IFERROR(VLOOKUP(C8, $O$6:$P$15, 2, FALSE), "")

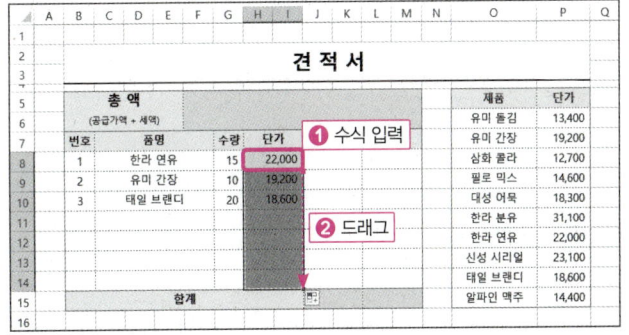

Plus⁺ 수식 이해하기

이 수식은 =IFERROR(VLOOKUP, "")와 같이 이해할 수 있습니다.

즉, 02 과정에서 작성한 VLOOKUP 함수에 오류가 발생하면 빈 문자("")를 대신 반환하라는 수식입니다. IFERROR 함수 대신 #N/A 오류만 처리할 수 있는 IFNA 함수(2013 버전 이상)를 사용해 다음과 같이 수식의 길이를 줄일 수 있습니다.

=IFNA(VLOOKUP, "")

오름차순으로 정렬된 구간별 표의 값 참조하기

265

VLOOKUP 함수는 값을 참조하기 위해 먼저 '찾을 값'을 표의 첫 번째 열에서 찾습니다. 똑같은 값의 위치를 찾으려면 '찾을 방법' 인수의 값을 FALSE로 하고, 오름차순으로 정렬된 구간에서 찾으려면 '찾을 방법' 인수의 값을 TRUE로 변경하거나 생략합니다. 이때 엑셀은 구간으로 입력되는 값을 이해하지 못하므로 구간에 속한 값 중 가장 작은 값을 대푯값으로 먼저 입력해두어야 합니다. 여기서는 VLOOKUP 함수를 이용해 오름차순으로 정렬된 구간에 속한 값을 찾아 참조하는 방법에 대해 알아보겠습니다.

예제 파일 PART 05 \ CHAPTER 27 \ VLOOKUP 함수—구간.xlsx

01 예제 파일을 열고 오른쪽 표에서 근속년수에 맞는 보너스 비율을 참조해 와 [E] 열에 보너스 금액을 계산해보겠습니다.

02 구간별로 정리된 표에서 원하는 값을 VLOOKUP 함수로 참조하려면 반드시 ❶구간별 값이 오름차순으로 입력되어 있어야 하며, ❷구간별 최소값을 갖는 열을 참조할 열의 왼쪽에 추가해야 합니다. [H6:H9] 범위에 각 구간별 최소값을 다음과 같이 입력합니다.

[H6] 셀 : 0
[H7] 셀 : 2
[H8] 셀 : 6
[H9] 셀 : 10

03 보너스 비율을 참조하기 위해 [E6] 셀에 다음 수식을 입력하고 [E6] 셀의 채우기 핸들을 [E14] 셀까지 드래그해 복사합니다. 값이 구해지면 [홈] 탭-[표시 형식] 그룹-[％ 백분율 스타일]을 클릭합니다.

[E6] 셀 : =VLOOKUP(C6, $H$6:$I$9, 2, TRUE)

Plus⁺ 수식 이해하기

이 수식은 보너스 금액을 계산하기 위해 오른쪽 표에서 근속년수에 맞는 보너스 지급 비율을 참조해옵니다. VLOOKUP 함수를 구성하는 인수는 다음과 같습니다.

- **찾을 값** : C6
  [C6] 셀의 근속년수를 찾습니다.

- **표** : $H$6:$I$9
  찾을 값과 참조할 값을 갖는 데이터 범위로, [G6:I9]와 같이 지정하지 않도록 주의합니다. [G6:G9] 범위에 있는 값은 사람은 구분할 수 있지만 컴퓨터는 이해할 수 없기 때문입니다. 따라서 구간별 최소값을 입력해 놓은 [H6:H9] 범위를 첫 번째 열로 설정해야 합니다.

- **열 번호** : 2
  표에서 두 번째 열의 값을 참조합니다.

- **찾기 옵션** : TRUE
  [C6] 셀의 값을 [H6:H9] 범위에서 찾을 때, 자신과 동일한 값을 찾다가 자신보다 큰 값을 만나면 찾는 작업을 중단하고 작은 값 중에서 가장 큰 값의 위치를 찾습니다.

IF 함수를 VLOOKUP 함수로 대체하기

266

IF 함수는 중첩해서 사용할 수 있어 편리하지만 조건이 많아 여러 차례 중첩해야 하면 불편합니다. 엑셀 2016에서는 IFS 함수나 SWITCH 함수를 사용해 이런 문제를 해결할 수 있지만, 하위 버전과의 호환성을 유지해야 한다면 IF 함수에서 반환할 값을 표로 구성하고 VLOOKUP과 같은 참조 함수를 사용하는 것이 좋습니다. IF 함수의 중첩을 줄이기 위해 VLOOKUP 함수를 사용하는 방법에 대해 알아보겠습니다.

예제 파일 PART 05 \ CHAPTER 27 \ IF, VLOOKUP 함수.xlsx

01 예제 파일을 열면 '오피스 활용 평가' 표가 있습니다. [C] 열에는 직원의 평가점수가 입력되어 있고, [D] 열에는 IF 함수를 이용해 오른쪽 표에서 참조한 학점이 입력되어 있습니다. 수식에 이용한 수식을 IF 함수에서 VLOOKUP 함수로 변경해보겠습니다.

=IF(C6>=90, "A", IF(C6>=80, "B", IF(C6>=70, "C", IF(C6>=60, "D", "F"))))

02 [F6:F10] 범위의 성적은 오름차순으로 정리되어 있으므로, 구간의 최소값을 입력하면 VLOOKUP 함수를 사용할 수 있습니다. [G6:G10] 범위의 각 셀에 다음 값을 입력합니다.

[G6] 셀 : 0
[G7] 셀 : 60
[G8] 셀 : 70
[G9] 셀 : 80
[G10] 셀 : 90

> **Plus⁺ 작업 이해하기**
>
> 다른 표의 값을 참조할 때 VLOOKUP 함수를 사용할 수 있는지 판단하려면 다음 두 가지 사항을 확인해야 합니다.
>
> 첫째, 찾을 값(성적)이 참조해올 값(학점)의 왼쪽 열에 입력되어 있어야 합니다.
>
> 둘째, 찾을 값이 구간(60점 미만)에 속한 값이어야 하면 구간의 값이 오름차순으로 정렬되어 있어야 합니다.
>
> 이 두 조건을 모두 만족하면 VLOOKUP 함수를 사용할 수 있고, 그렇지 않다면 INDEX, MATCH 함수를 사용해야 합니다.

03 IF 함수를 VLOOKUP 함수로 대체하겠습니다. [D6] 셀의 수식을 다음과 같이 수정하고 [D6] 셀 채우기 핸들을 [D14] 셀까지 드래그해 복사합니다.

[D6] 셀 : =VLOOKUP(C6, $G$6:$H$10, 2, TRUE)

> **Plus⁺ 수식 이해하기**
>
> 이번 수식은 [C6] 셀의 값(찾을 값)을 [G6:G10] 범위(표의 첫 번째 열)에서 찾아 [H6:H10] 범위(표의 두 번째 열) 내 값을 참조해옵니다.

데이터 형식 변환해 값 참조하기 267

다른 위치의 값을 참조할 때 찾을 값이 표의 첫 번째 열에 입력되어 있어도 데이터 형식(숫자, 텍스트)이 다르면 #N/A 오류가 발생합니다. 그러므로 항상 표의 데이터 형식이 올바른지 확인해야 하고, 필요하다면 데이터 형식을 원하는 형식으로 변환하는 방법도 알고 있어야 합니다. 여기서는 데이터 형식이 서로 다른 값을 VLOOKUP 함수로 참조하는 방법에 대해 알아보겠습니다.

예제 파일 PART 05 \ CHAPTER 27 \ VLOOKUP 함수-데이터 형식.xlsx

01 예제 파일을 열고 'data' 시트의 [B3] 셀과 [C3] 셀의 값을 확인해봅니다. 동일한 값처럼 보이지만 [D3] 셀에서 IF 함수의 결과를 보면 '틀림'이 반환되어 있습니다. [B3] 셀의 값은 숫자 형식이고 [C3] 셀의 값은 텍스트 형식이기 때문입니다.

02 'sample' 시트를 선택하고, [B] 열의 주문번호를 오른쪽 표의 첫 번째 열인 [E6:E15] 범위에서 찾아 [H6:H15] 범위의 수량을 참조해보겠습니다.

TIP 오른쪽 표의 [9], [11], [13], [15] 행에는 배경 서식이 적용되어 있는데, 이는 [B6:B9] 범위 내 주문번호의 위치를 표시하기 위해서 설정해둔 것입니다.

03 [C6] 셀에 다음 수식을 입력하고 [C6] 셀의 채우기 핸들을 [C9] 셀까지 드래그해 복사합니다.

[C6] 셀 : =VLOOKUP(B6, $E$6:$I$15, 4, FALSE)

TIP 수식은 제대로 작성했는데 모두 #N/A 오류 값이 반환됩니다. 이런 경우 수식에 문제가 없다고 판단되면 =B6=E9와 같은 수식을 작성해 '찾을 값'이 '표' 범위 내 값과 일치하는지 확인해봅니다.

04 '찾을 값'의 데이터 형식을 확인하기 위해 [B6] 셀을 선택하고 [홈] 탭-[표시 형식] 그룹-[표시 형식]을 보면 [B6] 셀의 값이 텍스트 형식이라는 것을 알 수 있습니다. [E6] 셀을 선택해 같은 방법으로 데이터 형식을 확인하면 숫자 형식이라는 것을 알 수 있습니다.

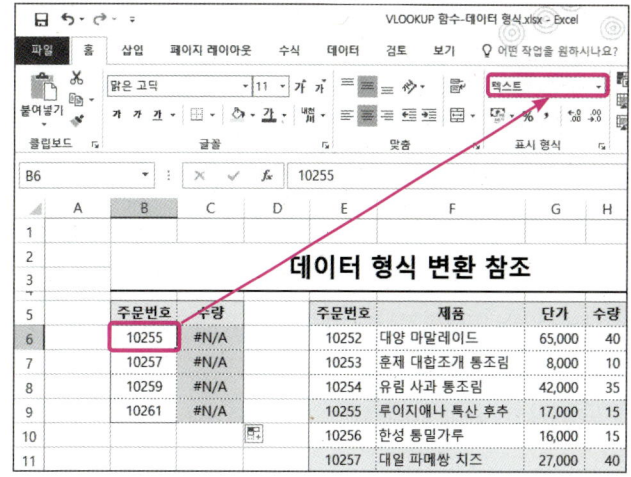

05 데이터 형식을 변환해 참조하도록 수식을 수정하겠습니다. [C6] 셀의 수식을 다음과 같이 수정하고 [C6] 셀의 채우기 핸들을 [C9] 셀까지 드래그해 복사합니다.

[C6] 셀 : =VLOOKUP(--B6, $E$6:$I$15, 4, FALSE)

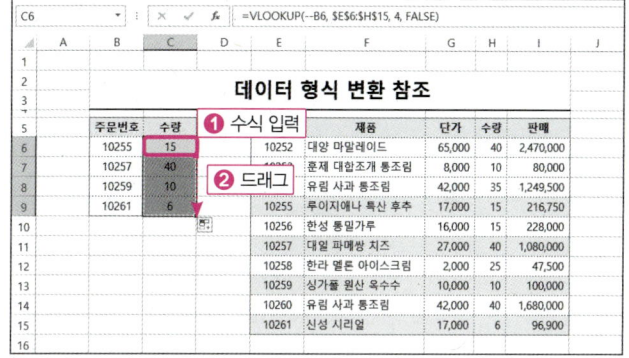

> **Plus⁺ 수식 이해하기**
>
> 이번 수식은 03 과정의 수식과 동일하지만 첫 번째 인수가 'B6'에서 '--B6'으로 변경되었습니다. [B6] 셀 주소 앞에 마이너스 기호(-)를 두 번 연속해 입력하면 [B6] 셀의 데이터 형식이 숫자로 변경되어 제대로 된 수량 값을 참조해옵니다.

> **Plus⁺ 데이터 형식 변환하기**
>
> 이번과 같이 텍스트 형식의 숫자를 숫자로 변경하려면 다음 중 한 가지 방법을 사용합니다.
>
> - 마이너스(-) 기호를 텍스트 형식의 숫자 앞에 두 번 붙입니다. (예 : --A1)
> - 텍스트 형식의 숫자에 1을 곱합니다. (예 : 1*A1)
> - VALUE 또는 VALUESTRING 함수를 사용합니다. (예 : VALUE(A1))
>
> 반대로 숫자를 텍스트 형식의 숫자로 변경하려면 다음 중 한 가지 방법을 사용합니다.
>
> - 숫자 값 뒤에 빈 문자("")를 연결합니다. (예 : A1 & "")
> - TEXT 함수를 사용합니다. (예 : TEXT(A1, "@"))

찾을 값의 일부만 알고 있을 때 참조하는 방법 268

다른 위치의 값을 참조할 때, 찾을 값이 너무 길거나 찾을 값을 모두 알지 못한다면 와일드카드 문자를 사용할 수 있습니다. 와일드카드 문자(*, ?)는 찾을 값 중 일부와 결합해 원하는 값의 위치를 찾도록 설정할 수 있습니다. 여기서는 VLOOKUP 함수의 '찾을 값' 인수에 와일드카드 문자를 사용하여 값을 참조하는 방법에 대해 알아보겠습니다.

예제 파일 PART 05 \ CHAPTER 27 \ VLOOKUP 함수-와일드 카드 .xlsx

Plus⁺ 와일드카드 문자

와일드카드 문자는 프로그램 내에서 값을 찾을 때 사용하는 문자로, 찾을 값의 일부를 모르는 경우에 사용합니다.

와일드카드 문자	설명
*	찾을 값 중에서 값의 일부만 알고 정확한 문자 개수를 알 수 없을 때 사용합니다. 예를 들어 '마이크로소프트'라는 값을 찾을 때 '마이크로'만 알고 뒤의 값을 정확하게 모르면 '마이크로*'라고 지정할 수 있습니다.
?	찾을 값 중에서 모르는 문자 하나를 대체할 때 사용합니다. '마이크로소프트'에서 '마이크로소프'만 알고 끝 문자 하나를 모르면 '마이크로소프?'라고 지정할 수 있습니다.
~	와일드카드 문자(*, ?)가 일반 문자로 인식되도록 설정합니다.

01 예제 파일을 열고 [C5] 셀의 값을 오른쪽 표의 [F] 열에서 찾아 단가를 참조하는 수식을 [C6] 셀에 작성해보겠습니다. 단, [C5] 셀의 값과 정확하게 일치하는 제품은 없으므로 [C5] 셀의 값으로 시작하는 품명을 찾도록 합니다.

	A	B	C	D	E	F	G	H
1								
2				찾을 값의 일부로 참조				
3								
4								
5		품명	현진 바닐라		품번	품명	단가	
6		단가			1	태양 100% 오렌지 주스	10,300	
7					2	태양 100% 레몬 주스	11,900	
8					3	태양 체리 시럽	5,800	
9					4	신한 100% 복숭아 시럽	13,400	
10					5	노르웨이산 연어알 조림	19,400	
11					6	현진 커피 밀크	11,200	
12					7	현진 바닐라 엣센스	22,700	
13					8	유미 물김	3,400	
14					9	유미 건조 다시마	14,100	
15					10	유미 간장	9,200	
16								

02 [C5] 셀에 입력된 값으로 시작하는 품명을 찾아 단가를 참조하도록 [C6] 셀에 다음 수식을 입력합니다.

[C6] 셀 : =VLOOKUP(C5 & "*", F6:G15, 2, FALSE)

Plus⁺ 수식 이해하기

VLOOKUP 함수의 첫 번째 인수인 '찾을 값'에 와일드카드 문자를 사용한 것을 제외하면 VLOOKUP 함수의 기본 구문입니다. 즉 이번 수식인 [C5] 셀의 값 뒤에 * 와일드카드 문자를 연결해서 찾았으므로 '현진 바닐라'로 시작하는 첫 번째 품명의 위치를 찾아 두 번째 열에 있는 단가를 참조해오는 수식입니다.

만약 '바닐라'라는 값이 포함된 품명의 위치를 찾으려면, '찾을 값' 인수를 "*" & C5 & "*" 와 같이 변경하고, '엣센스'로 끝나는 품명의 위치를 찾으려면 "*" & C5와 같이 변경하면 됩니다.

와일드카드 문자(*, ?)가 포함된 값을 찾아 참조하기

269

VLOOKUP 함수를 사용할 때, '찾을 값' 인수가 아니라 표의 왼쪽 첫 번째 열에 와일드카드 문자가 포함된 경우라면 '찾을 값' 인수를 올바로 입력해도 #N/A 오류 값이 반환되거나 잘못된 위치의 값이 찾아질 수 있습니다. 이런 문제가 발생하는 이유는 와일드카드 문자 때문으로, 입력된 값이 와일드카드 문자가 아니라 일반 문자라는 것을 인식시켜야만 정확한 값을 참조할 수 있습니다.

예제 파일 PART 05 \ CHAPTER 27 \ VLOOKUP 함수-와일드 카드 II.xlsx

01 예제 파일의 [C6] 셀에는 [C5] 셀의 값을 [F6:F15] 범위에서 찾아 [G6:G15] 범위 내 단가를 참조해오는 수식이 입력되어 있습니다. 결과를 보면 5,300원이 반환되어 있는데, 제대로 참조했다면 6,200원이 반환되었어야 합니다.

02 [C5] 셀의 포장 단위에 입력된 값 중에서 '*' 문자를 와일드카드 문자가 아니라 일반 문자로 인식하도록 [C6] 셀의 수식을 다음과 같이 수정합니다.

[C6] 셀 :
=VLOOKUP(SUBSTITUTE(C5, "*", "~*"), F6:G15, 2, FALSE)

Plus⁺ 수식 이해하기

이번 수식은 원래 입력된 수식에서 '찾을 값' 인수 부분만 수정한 것으로, C5 부분을 SUBSTITUTE(C5, "*", "~*")로 수정했습니다.

즉, [C5] 셀의 값을 SUBSTITUTE 함수를 사용해 "*" 문자를 찾아 "~*"로 고친 후 그 값을 찾으라는 의미인데, "~" 역시 와일드카드 문자로, 뒤에 나오는 "*", "?"와 같은 와일드카드 문자를 일반 문자로 인식시키는 역할을 합니다. 그러므로 와일드카드 문자가 포함된 값을 찾아 원하는 값을 참조하려면 항상 이렇게 와일드카드 문자 앞에 "~" 문자를 추가해야 합니다.

여러 개의 표에서 원하는 값 참조하기

270

참조할 값이 하나의 표가 아니라 여러 개의 표에 나누어 기록되어 있다면 VLOOKUP 함수의 두 번째 인수를 지정할 때 IF 함수를 사용하여 참조할 표 범위를 조건에 맞게 나눠 지정할 수 있습니다. 물론 표가 두 개를 초과하는 경우에는 IF 함수를 중첩해서 사용해야 합니다. 여기서는 여러 표에서 필요한 값을 참조하는 VLOOKUP 함수 작성 방법에 대해 알아보겠습니다.

예제 파일 PART 05 \ CHAPTER 27 \ VLOOKUP 함수-여러 표.xlsx

01 예제 파일을 보면 제품의 입출고에 대한 데이터가 '창고 A'와 '창고 B'에 나누어 입력되어 있습니다. 이 두 표에서 [B] 열의 품명을 찾아 제품별 재고 값을 참조하는 수식을 작성해보겠습니다.

02 품명에 맞는 재고를 참조하기 위해 [C7] 셀에 다음 수식을 입력하고 [C7] 셀의 ⊞ 채우기 핸들을 [C11] 셀까지 드래그해 복사합니다.

[C7] 셀 : =IFERROR(VLOOKUP(B7, $E$7:$H$8, 4, FALSE), VLOOKUP(B7, $F$12:$I$14, 4, FALSE))

> **Plus⁺ 수식 이해하기**
>
> 이 수식은 IFERROR 함수 안에 두 개의 VLOOKUP 함수를 사용하고 있습니다.
> =IFERROR(❶, ❷)
>
> IFERROR 함수를 사용하면 ❶번 수식에서 오류가 발생할 경우 ❷번 수식을 실행합니다. ❶, ❷번 수식은 각각 다음과 같습니다.
>
> ❶ VLOOKUP(B7, $E$7:$H$8, 4, FALSE)
> ❷ VLOOKUP(B7, $F$12:$I$14, 4, FALSE)
>
> [B7] 셀의 값을 첫 번째 표([E7:H8] 범위)에서 찾아 재고를 참조하는데, 오류가 발생하면(창고 A에 찾는 모델이 없으면) 두 번째 표([F12:I14] 범위)에서 찾아 재고를 참조하라는 의미입니다.

03 오류가 발생했는지 여부를 따지지 않고 찾는 값의 유무에 따라 수식을 구성할 수도 있습니다. [C7] 셀의 수식을 다음과 같이 수정하고 [C7] 셀의 채우기 핸들을 [C11] 셀까지 드래그해 복사합니다.

[C7] 셀 : =VLOOKUP(B7, IF(ISNA(MATCH(B7, $E$7:$E$8, 0)), $F$12:$I$14, $E$7:$H$8), 4, FALSE)

> **Plus⁺ 수식 이해하기**
>
> '찾을 값'의 품명이 창고 A에 있는지, 창고 B에 있는지 알려면 MATCH 함수나 COUNTIF 함수를 사용해야 합니다. 이번에는 MATCH 함수를 사용해 찾는 값이 있는지 판단하고, 그 결과로 값을 참조할 범위를 반환하도록 수식을 구성했습니다. 단계별 계산 과정은 다음과 같습니다.
>
> ❶ ISNA(MATCH(B7, $E$7:$E$8, 0))
> [B7] 셀의 값을 [E7:E8] 범위에서 찾아보고 #N/A 오류가 발생했는지(찾는 값이 없는지) 확인합니다. ISNA 함수는 ISERROR 함수에서 #N/A 오류가 발생했는지 확인할 수 있는 함수로, ISERROR 함수로 대체할 수 있습니다.
>
> ❷ IF(❶, $F$12:$I$14, $E$7:$H$8)
> ❶에서 찾는 값이 없다면 [F12:I14] 범위에서 재고를 참조하고, 있다면 [E7:H8] 범위에서 재고를 참조하라는 의미입니다.
>
> ❸ VLOOKUP(B7, ❷, 4, FALSE)
> [B7] 셀의 값을 ❷에서 반환된 범위의 첫 번째 열에서 찾아 네 번째 열의 값을 참조하라는 수식입니다.
>
> 이 수식을 COUNTIF 함수를 이용해 변경하면 다음과 같습니다.
> =VLOOKUP(B7, IF(COUNTIF($E$7:$E$8, B7)>0, $E$7:$H$8, $F$12:$I$14), 4, FALSE)

271 표의 행과 열 위치를 모두 찾아 원하는 값 참조하기 – INDEX, MATCH

회사 급여 시스템이 호봉제인 경우에는 직위와 호봉에 맞는 급여 테이블이 별도로 마련되어 있습니다. 각 직원의 급여는 급여 테이블에서 참조해와야 합니다. 이처럼 값을 참조할 표의 행과 열 머리글 위치를 찾아 두 지점이 만나는 위치의 값을 참조해야 할 때는 VLOOKUP 함수보다 INDEX, MATCH 함수를 사용하는 것이 좋습니다. INDEX, MATCH 함수는 VLOOKUP 함수에 비해 더 다양한 구성의 표에서 필요한 값을 참조할 수 있으므로 잘 알아두도록 합니다.

예제 파일 PART 05 \ CHAPTER 27 \ INDEX, MATCH 함수.xlsx

새로 나온 함수

INDEX 함수
'표'에서 x번째 행, y번째 열 위치의 값을 참조합니다.

INDEX(❶ 표, ❷ 행 번호, ❸ 열 번호)
❶ 표 : 참조할 값을 모두 갖는 데이터 범위입니다.
❷ 행 번호 : '표'에서 참조할 값이 위치한 x번째 행을 의미합니다.
❸ 열 번호 : '표'에서 참조할 값이 위치한 y번째 열을 의미합니다.

MATCH 함수
'찾을 값'을 '찾을 범위'에서 찾아, 해당 범위 내 몇 번째에 있는지를 반환합니다.

MATCH(❶ 찾을 값, ❷ 찾을 범위, ❸ 찾기 옵션)
❶ 찾을 값 : 범위에서 찾고 싶은 값입니다.
❷ 찾을 범위 : '찾을 값'이 포함된 데이터 범위로, 한 개의 열(또는 행)로 구성되어야 합니다.
❸ 찾기 옵션 : '찾을 값'을 '찾을 범위'에서 어떻게 찾을지에 대한 옵션을 지정합니다.

찾기 옵션	설명
1 또는 생략	범위의 값이 오름차순으로 정렬되어 있다고 가정하고 값을 찾습니다. 찾을 값보다 큰 값을 만날 때까지 일치하는 값이 없다면, 찾을 값보다 작은 값 중에서 가장 큰 값의 위치를 찾습니다.
0	정렬 방법과 상관없이 정확하게 일치하는 첫 번째 값 위치를 찾습니다.
−1	범위의 값이 내림차순으로 정렬되어 있다고 가정하고 값을 찾습니다. 찾을 값보다 작은 값을 만날 때까지 일치하는 값이 없다면, 찾을 값보다 큰 값 중에서 가장 작은 값의 위치를 찾습니다.

01 예제 파일을 열고 직위와 호봉에 맞는 급여를 오른쪽 표에서 참조해보겠습니다. 값을 참조해오려면 [C] 열의 직위를 [I] 열에서 찾고 [E] 열의 호봉을 [J5:L5] 범위에서 찾아야 합니다.

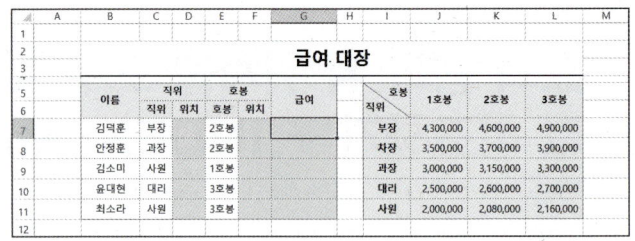

02 먼저 직위의 위치를 찾습니다. [D7] 셀에 다음 수식을 입력하고 [D7] 셀의 채우기 핸들을 [D11] 셀까지 드래그해 복사합니다.

[D7] 셀 : =MATCH(C7, $I$7:$I$11, 0)

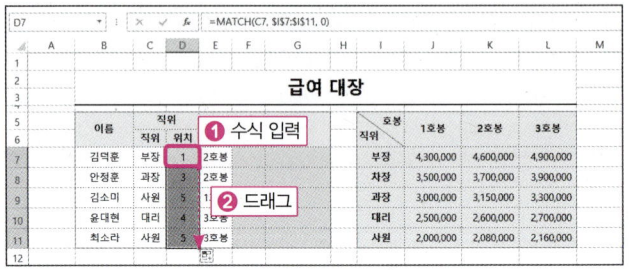

> **Plus⁺ 수식 이해하기**
>
> MATCH 함수는 지정한 범위에서 찾을 값이 있는지 확인하여, 있다면 몇 번째 위치에 있는지 알려주고 없다면 #N/A 오류를 반환합니다. 그러므로 이번 수식은 [C7] 셀의 값과 정확하게 일치하는 값이 [I7:I11] 범위의 몇 번째에 있는지 반환합니다. 만약 숫자가 반환되지 않고 #N/A 오류가 발생하면 [C] 열의 직위가 [I7:I11] 범위 내에 존재하지 않는다는 의미입니다.

03 이번에는 호봉의 위치를 찾습니다. [F7] 셀에 다음 수식을 입력하고 [F7] 셀의 채우기 핸들을 [F11] 셀까지 드래그해 복사합니다.

[F7] 셀 : =MATCH(E7, $J$5:$L$5, 0)

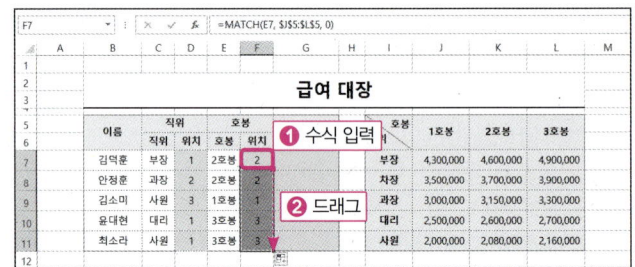

> **Plus⁺ 수식 이해하기**
>
> 이 수식은 기본적으로 02 과정의 수식과 동일합니다. [J5:L5] 범위에서 [E7] 셀의 값과 정확하게 일치하는 첫 번째 값의 위치를 찾으라는 의미로 이해하면 됩니다. 다만 MATCH 함수의 두 번째 인수는 반드시 하나의 행 데이터 범위 또는 하나의 열 데이터 범위여야 한다는 점에 주의해야 합니다. 만약 수식을 작성할 때 [J5:L5] 범위를 마우스로 선택하려고 하면 해당 범위가 병합되어 있으므로 [J5:L6] 범위가 선택되는데, 그러면 행 범위가 둘이므로 함수가 제대로 동작하지 않습니다. 그러므로 MATCH 함수를 사용할 때는 '찾을 범위'가 반드시 하나의 행(또는 열) 데이터 범위가 되도록 해야 합니다.

04 참조할 행 위치와 열 위치를 찾았으면 급여를 참조해옵니다. [G7] 셀에 다음 수식을 입력하고 [G7] 셀의 채우기 핸들을 [G11] 셀까지 드래그해 복사합니다.

[G7] 셀 : =INDEX($J$7:$L$11, D7, F7)

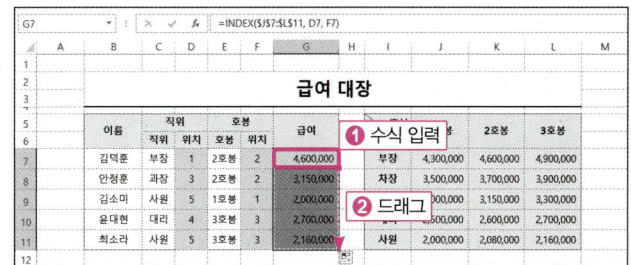

> **Plus⁺ 수식 이해하기**
>
> INDEX 함수는 첫 번째 인수의 데이터 범위에서 X번째 행과 Y번째 열 위치가 만나는 셀을 참조합니다. 따라서 MATCH 함수로 위치를 모두 찾았다면 손쉽게 값을 참조할 수 있습니다. 이 수식은 [I] 열에 찾을 값 중 하나가 입력되어 있을 때 오른쪽 열의 값을 참조해오는 방식이므로 VLOOKUP 함수를 이용해 다음과 같이 구성해도 됩니다.
>
> =VLOOKUP(C7, $I$7:$L$11, F7+1, FALSE)
>
> 다만, 이런 경우는 INDEX, MATCH 함수 조합을 이용해 수식을 구성하는 것이 더 좋습니다.

내림차순으로 정렬된 구간별 표에서 값 참조하기 – INDEX, MATCH

272

VLOOKUP 함수는 구간에 속한 값을 찾아 참조할 수 있는데, 이때 반드시 오름차순으로 정렬되어 있어야 합니다. 만약 내림차순으로 정렬된 구간에 속한 값을 찾아 참조해야 한다면 INDEX, MATCH 함수를 사용합니다. 값의 위치를 찾는 MATCH 함수는 내림차순으로 정렬된 구간에 속한 값도 찾을 수 있는데, 그러려면 반드시 구간에 속한 값 중 가장 큰 값을 대푯값으로 입력해두어야 합니다.

예제 파일 PART 05 \ CHAPTER 27 \ INDEX, MATCH 함수—구간.xlsx

01 예제 파일을 열고 [E] 열을 보면 VLOOKUP 함수로 작성된 수식의 결과가 있습니다. 오른쪽 표의 점수 분류에 맞는 학점을 참조해오는 수식인데, 함수의 구성에는 문제가 없지만 제대로 학점이 반영되지 않았습니다. 이 방식의 문제를 파악하고 학점을 올바르게 참조해오는 수식을 작성해보겠습니다.

Plus⁺ 문제 파악하기

수식에는 문제가 없지만 반환된 값이 원하는 학점이 아니므로 다른 곳에서 문제가 발생한 것으로 판단할 수 있습니다.
첫째, 오른쪽 표의 [G6:G10] 범위 내 값은 구간이지만 내림차순으로 정렬되어 있습니다. 이 경우에는 무조건 VLOOKUP 함수로는 원하는 결과를 얻을 수 없습니다.
둘째, [H6:H10] 범위 내 구간의 대푯값이 구간의 가장 작은 값으로 입력되어 있습니다. 오름차순으로 정렬되어 있다면 이렇게 하는 것이 맞지만, 내림차순으로 정렬되어 있으므로 가장 큰 값이 입력되어 있어야 합니다.

02 우선 구간에 속한 값 중 대푯값을 구간에 속한 최대값으로 수정해야 합니다. [H6:H10] 범위 내 값을 다음과 같이 수정합니다.

[H6] 셀 : 100
[H7] 셀 : 89
[H8] 셀 : 79
[H9] 셀 : 69
[H10] 셀 : 59

03 이제 각 직원의 평가 점수 위치를 구간의 대푯값 범위에서 찾습니다. [D6] 셀에 다음 수식을 입력하고 [D6] 셀의 채우기 핸들을 [D14] 셀까지 드래그해 복사합니다.

[D6] 셀 : =MATCH(C6, $H$6:$H$10, −1)

> **Plus⁺ 수식 이해하기**
>
> MATCH 함수는 '찾을 값'을 '찾을 범위'에서 찾아, 몇 번째에 해당 값이 있는지 알려줍니다. 단 이번과 같이 내림차순으로 정렬된 구간에 속한 값을 찾으려면 MATCH 함수의 '찾을 방법' 인수의 값을 −1로 설정해야 합니다.

04 점수에 맞는 구간의 위치를 찾았으므로 [E6] 셀의 수식을 다음과 같이 수정하고 [E6] 셀의 채우기 핸들을 [E14] 셀까지 드래그해 복사합니다.

[E6] 셀 : =INDEX($I$6:$I$10, D6)

> **Plus⁺ 수식 이해하기**
>
> INDEX 함수는 다른 표에서 값을 참조만 하는 함수로, MATCH 함수로 가져올 값의 위치를 찾았다면 손쉽게 같은 행에 있는 다른 열의 값을 참조할 수 있습니다. [D:E] 열에 나뉘어 입력된 수식을 하나로 합치면 다음과 같습니다.
>
> =INDEX($I$6:$I$10, MATCH(C6, $H$6:$H$10, −1))
>
> 위 수식에서 보면, INDEX 함수의 두 번째 인수인 '행 번호'는 지정되어 있는데, 세 번째 인수인 '열 번호'는 생략되어 있습니다. INDEX 함수의 '표' 인수가 한 개의 열(I6:I10)로만 구성되어 있기 때문에 '열 번호'인 1을 생략한 것입니다. 이처럼 INDEX 함수의 '열 번호' 인수는 열이 하나인 경우에는 생략할 수 있습니다.

다양한 동적 범위 참조하기 – OFFSET

273

'동적 범위'란 참조할 셀(또는 범위)이 고정된 위치가 아니라 자꾸 변화하는 경우를 지칭하는 용어입니다. 동적 범위를 참조해야 하는 경우에는 앞에서 설명한 VLOOKUP, INDEX, MATCH 함수만으로는 해결하기 어려울 때가 많습니다. 엑셀에는 동적 범위를 참조할 때 사용할 수 있는 OFFSET 함수가 있는데, 이 함수를 사용하면 좀 더 다양한 방식으로 셀(또는 범위)을 참조할 수 있습니다.

예제 파일 PART 05 \ CHAPTER 27 \ OFFSET 함수.xlsx

새로 나온 함수

OFFSET 함수

기준 위치에서 행, 열 방향으로 이동한 후 M×N 행렬 범위를 참조합니다.

OFFSET(❶ 기준 위치, ❷ 행 이동, ❸ 열 이동, ❹ 행 포함, ❺ 열 포함 **)**

❶ **기준 위치** : 범위를 참조할 때 기준이 되는 셀(또는 범위)
❷ **행 이동** : 기준 위치에서 이동할 행 방향(아래쪽) 셀 개수
❸ **열 이동** : 기준 위치에서 이동할 열 방향(오른쪽) 셀 개수
❹ **행 포함** : 행 방향으로 포함할 셀 개수로, 생략할 수 있으며 생략하면 1입니다.
❺ **열 포함** : 열 방향으로 포함할 셀 개수로, 생략할 수 있으며 생략하면 1입니다.

OFFSET 함수는 보통 동적 범위를 참조할 때 자주 사용하는데, 엑셀 2007 이상 버전에서는 '엑셀 표'의 구조적 참조를 사용하는 것이 더 쉽습니다. 다만 구조적 참조로 참조할 수 없는 경우에는 OFFSET 함수를 사용합니다.

01 예제 파일을 열면 엑셀 표로 등록된 '금전출납부' 표가 있습니다. 먼저 엑셀 표의 이름을 확인해보겠습니다. 엑셀 표 내부의 셀(여기서는 [B6] 셀)을 하나 선택하고 [표 도구]-[디자인] 탭-[속성] 그룹-[표 이름] 입력 상자를 확인합니다. 엑셀 표의 이름이 '금전출납부'로 정의되어 있습니다.

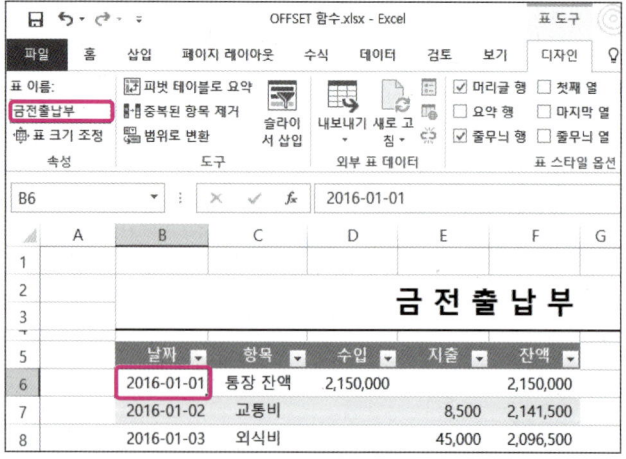

TIP 전체 열 범위가 변화하는 경우에는 엑셀 표의 구조적 참조 구문을 사용하는 것이 OFFSET 함수를 사용하는 것보다 편리합니다.

02 [I5:I6] 범위에 엑셀 표의 구조적 참조 구문을 사용해 수입과 지출 총액을 집계합니다. 각 셀에 다음 수식을 입력합니다.

[I5] 셀 : =SUM(금전출납부[수입])
[I6] 셀 : =SUM(금전출납부[지출])

> **Plus⁺ 수식 이해하기**
>
> '금전출납부[수입]'과 같은 표현식은 엑셀 표의 구조적 참조 구문을 이용한 것입니다. 이렇게 참조한 경우에는 왼쪽 엑셀 표에 새로운 데이터가 추가되면 수입과 지출 금액이 자동으로 변합니다. [B15:F15] 범위에 임의의 값을 입력하고 [I5:I6] 범위의 수식 결과를 확인해봅니다.
>
> **LINK** 구조적 참고 구문에 대한 자세한 설명은 'No.152 엑셀 표의 구조적 참조 활용하기'를 참고합니다.

03 왼쪽 엑셀 표 [F] 열의 마지막 셀 값을 참조해 [I7] 셀에 현재 잔액을 계산합니다. 구조적 참조 구문에는 마지막 셀을 참조하는 방법을 지원하지 않으므로 [I7] 셀에 다음 수식을 입력합니다.

[I7] 셀 : =OFFSET(F5, COUNT(F:F), 0)

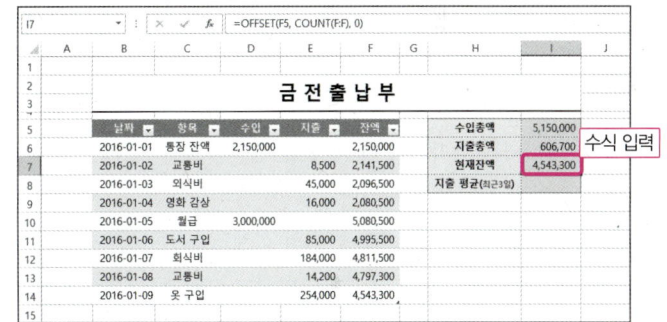

> **Plus⁺ 수식 이해하기**
>
> OFFSET 함수의 구문을 그대로 읽어보면 '[F5] 셀에서 행 방향(아래쪽)으로 [F] 열에 숫자가 입력된 셀 개수만큼 이동하고, 열 방향(오른쪽)으로는 이동하지 말라'는 의미입니다. [F] 열에 숫자가 아홉 개 있으므로 [F5] 셀에서 행 방향으로 아홉 칸 이동하라는 의미가 되어 [F14] 셀의 값이 참조됩니다.

04 마지막 3일 동안의 지출 평균을 구하기 위해 [I8] 셀에 다음 수식을 입력합니다.

[I8] 셀 : =AVERAGE(OFFSET(E5, COUNT(F:F), 0, -3))

Plus⁺ 수식 이해하기

여기에서 사용한 OFFSET 함수와 **03** 과정에서 사용한 OFFSET 함수의 다른 점은 다음과 같습니다.

첫째, OFFSET 함수의 첫 번째 인수가 [E5] 셀입니다. 이는 지출 열을 참조해 작업하기 위해서입니다.

둘째, OFFSET 함수의 네 번째 인수인 '행 포함' 인수가 사용됐으며 값은 -3입니다. OFFSET(E5, COUNT(F:F), 0)만 사용하면 [E] 열의 마지막 데이터 위치([E14] 셀)가 참조되는데, 거기에서 -3개의 셀을 선택하라는 의미입니다. 3과 같은 양수를 사용하면 행 방향으로 아래쪽 셀을 포함하지만, -3과 같이 음수를 사용하면 행 방향으로 위쪽 셀을 포함합니다. 그러므로 [E14] 셀에서 위쪽으로 세 개의 셀, 즉 [E12:E14] 범위가 참조됩니다.

이렇게 참조된 범위의 평균 값을 AVERAGE 함수를 사용해 구하는 수식입니다.

---

05 데이터를 추가했을 때 제대로 계산 결과 값이 변경되는지 확인하기 위해 다음과 같이 입력한 후 [I5:I8] 범위의 집계 값을 확인합니다.

[B15] 셀 : 2016-01-10
[E15] 셀 : 500,000

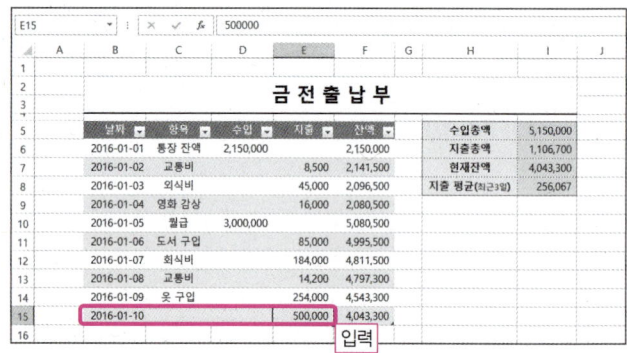

274 참조한 위치가 절대로 변경되지 않게 고정하기 – INDIRECT

다른 위치의 값을 참조할 때, 참조한 셀(또는 범위) 주변에 행 또는 열이 추가 또는 삭제된다면 참조 위치가 자동으로 변경됩니다. 참조한 위치가 변경되지 않아야 한다면 INDIRECT 함수를 사용해 참조하면 됩니다. INDIRECT 함수는 셀을 직접 참조하지 않고 텍스트 값과 동일한 위치를 간접 참조하는 방법을 사용하므로 참조 위치를 고정해야 하는 경우에 유용합니다.

예제 파일 PART 05 \ CHAPTER 27 \ INDIRECT 함수.xlsx

새로 나온 함수

INDIRECT 함수
'참조 텍스트' 인수에 입력된 텍스트 값이 가리키는 위치를 참조합니다.

INDIRECT(① 참조 텍스트, ② 참조 스타일)
① 참조 텍스트 : 텍스트로 입력된 셀 주소 또는 이름
② 참조 스타일 : 참조 텍스트의 주소 형식을 정의하는 옵션

참조 스타일	설명
TRUE 또는 생략	'참조 텍스트' 인수가 A1 참조 스타일의 셀 주소를 의미
FALSE	'참조 텍스트' 인수가 R1C1 참조 스타일의 셀 주소를 의미

* R1C1 참조 스타일은 '로터스 1-2-3' 프로그램 방식의 참조 스타일을 의미합니다.

01 예제 파일을 열고 [H5] 셀을 보면 [C6:C14] 범위의 합계를 집계하는 수식이 입력되어 있습니다. 4월 실적을 추가하기 위해 [C] 열을 선택하고 [홈] 탭-[셀] 그룹-[삽입]을 클릭해 열을 하나 추가합니다. 그 후 [I5] 셀의 수식을 보면 참조 위치가 [C6:C14]에서 [D6:D14] 범위로 변경된 것을 확인할 수 있습니다.

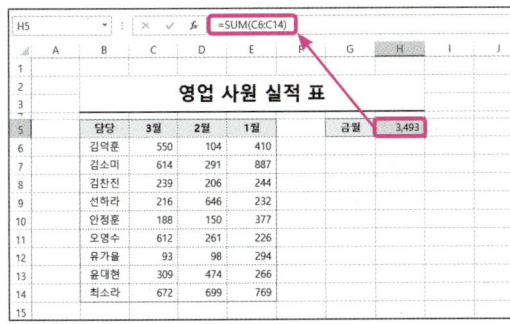

Plus+ 참조 위치와 절대 참조

[I5] 셀의 수식에서 =SUM($C$6:$C$14)와 같이 절대 참조 방식으로 주소를 지정해도 열이나 행을 삽입하면 수식의 주소가 자동으로 변경됩니다. 이것은 엑셀의 기본 설정으로, 사용자가 변경할 수 없습니다. 수식을 복사할 때 참조한 위치가 고정되도록 하는 절대 참조 방식은 이번 작업과는 무관합니다.

03 [실행 취소(Ctrl+Z)] 명령을 이용해 [C] 열 삽입 작업을 취소하고 [H5] 셀의 수식을 다음과 같이 수정합니다. **01** 과정과 동일하게 [C] 열에 빈 열을 하나 추가하고 [I5] 셀의 수식을 보면 참조 위치가 변경되지 않은 것을 확인할 수 있습니다.

[H5] 셀 : =SUM(INDIRECT("C6:C14"))

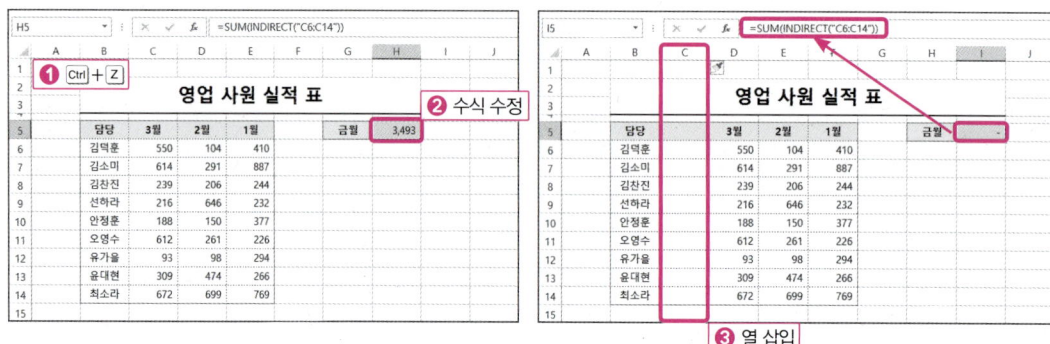

Plus+ 수식 이해하기

SUM 함수에서 참조할 [C6:C14] 범위를 INDIRECT 함수에 텍스트("") 값으로 전달하면 INDIRECT 함수가 해당 텍스트 값("C6:C14")이 가리키는 [C6:C14] 범위를 대신 참조합니다. 이렇게 하면 큰따옴표(") 안에 입력된 값은 참조 주소가 아니라 텍스트 값이 되므로 엑셀의 다른 작업에 영향을 받지 않아 열이나 행이 삽입(또는 삭제)되더라도 참조 위치가 변경되지 않습니다.

수식에 직접 입력하지 않고 셀에 입력된 텍스트 값을 참조해 집계할 수도 있습니다. 예를 들어 이번 예제의 경우, 참조할 주소를 [H6] 셀에 **C6:C14**와 같이 미리 입력해놓고 [H5] 셀의 수식을 **=SUM(INDIRECT(H6))**과 같이 수정해도 됩니다.

INDIRECT 함수는 이렇게 셀을 참조하는 또 다른 방법을 제공하기 때문에 OFFSET 함수와 함께 참조가 어려운 셀(또는 범위)을 참조할 때 유용하게 사용됩니다.

연, 월, 일을 선택하는 연결 목록 만들기 - OFFSET

275

참조할 범위를 조건에 따라 동적으로 변화시키고 싶은 경우가 있습니다. 예를 들어 유효성 검사의 목록에는 다양한 범위의 값을 표시할 수 있는데, 조건에 따라 참조할 범위가 달라져야 한다면 OFFSET 함수를 사용합니다. 여기서는 연, 월, 일을 선택할 수 있는 세 개의 목록을 유효성 검사로 설정하고, 각각의 연, 월, 일을 오늘 날짜를 기준으로 목록에 표시하는 방법에 대해 알아보겠습니다.

예제 파일 PART 05 \ CHAPTER 27 \ OFFSET 함수-연결 목록.xlsx

01 예제 파일을 열고 [B7:D13] 범위에 유효성 검사의 목록 기능을 이용해 연, 월, 일 값을 선택, 입력할 수 있도록 설정해보겠습니다.

TIP 팁 : 연, 월, 일 값 입력

[F6:F11], [G6:G17], [H6:H36] 범위에 유효성 검사의 목록 기능에서 선택할 연, 월, 일 값을 미리 입력합니다.

02 유효성 검사 기능을 설정하기 전 [F:H] 열에 입력해놓은 연, 월, 일 데이터 범위 중 유효성 검사의 목록 범위에 표시할 범위를 한정해 이름으로 정의합니다. [수식] 탭-[정의된 이름] 그룹-[🔲 이름 정의]를 클릭한 후 다음과 같이 입력하고 [확인]을 클릭합니다.

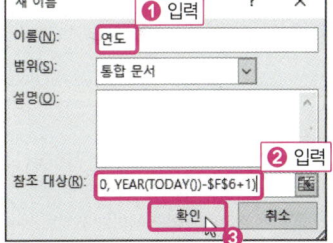

이름 : 연도

참조 대상 : =OFFSET($F$6, 0, 0, YEAR(TODAY())-$F$6+1)

> **Plus⁺ 수식 이해하기**
>
> [F6:F11] 범위에는 연도가 2015 ~ 2020년까지 입력되어 있습니다. 과거 연도부터 올해 연도까지만 선택할 수 있다고 가정하면, 시작 셀은 [F6] 셀이지만 마지막 참조 셀은 해마다 달라집니다. 그러므로 OFFSET 함수를 사용할 때 네 번째 인수인 '행 포함' 인수의 셀 수를 다음과 같은 수식으로 계산합니다.
>
> YEAR(TODAY( ))-$F$6+1
>
> 이렇게 하면 올해 연도(YEAR(TODAY()))에서 [F6] 셀의 연도(2015)를 빼고 1를 더한 개수만큼의 셀만 참조하게 됩니다. 만약 올해 연도가 2016년이라면 2016-2015+1이므로 2가 반환되며 이 경우 [F6] 셀부터 행 방향으로 두 개의 셀을 참조하라는 의미가 되어 [F6:F7] 범위가 참조됩니다.

03 '월'과 '일' 이름을 정의하는데, 이 경우에는 셀 선택 위치가 중요합니다. 아래 표를 참고해 지정된 셀 위치를 정확하게 선택하고 **02** 과정을 참고해 이름을 정의합니다.

셀 선택 위치	이름	참조 대상
[C7] 셀	월	=OFFSET($G$6,0,0,IF(YEAR(TODAY())=B7,MONTH(TODAY()),12))
[D7] 셀	일	=OFFSET($H$6,0,0,DAY(DATE(B7,C7+1,0)))

Plus⁺ 수식 이해하기

❶ 월

먼저 '월' 이름의 OFFSET 함수 구문을 보면 [G6] 셀부터 행 방향으로 IF(YEAR(TODAY())=B7,MONTH(TODAY()),12)의 결과만큼의 셀 개수를 포함하게 됩니다. 계산식은 간단하게 올해(YEAR(TODAY()))가 [B7] 셀의 값(사용자가 선택한 연도)과 같으면 이번 달(MONTH(TODAY()))을, 그렇지 않으면 12 값을 반환합니다. 좀 더 이해하기 쉽게 설명하면 사용자가 선택한 연도가 금년이면 현재 월까지의 범위(예를 들어 3월이면 3개가 되므로 [G6] 셀부터 행 방향으로 3개 즉 [G6:G8] 범위)만 선택하고, 아니라면 전체 월 범위를 참조하라는 의미입니다.

❷ 일

'일' 이름의 구문은 [H6] 셀부터 행 방향으로 DAY(DATE(B7,C7+1,0)) 개수만큼의 셀을 포함하라는 의미입니다.
계산식에서 먼저 이해할 부분은 DATE(B7, C7+1, 0)이며, 이것은 선택한 연([B7] 셀), 월([C7] 셀)의 마지막 날짜를 반환합니다 (No. 248 참고). 이 날짜에서 일 수만 DAY 함수로 반환 받은 것이므로 만약 2016과 1을 선택하면 2016년 1월의 일 수인 31이 반환됩니다. 즉, [H6] 셀부터 31개의 셀을 모두 포함하라는 의미이므로 [H6:H36] 범위가 참조됩니다.

04 유효성 검사 기능을 설정합니다. 연도를 입력할 [B7:B13] 범위를 선택하고, [데이터] 탭-[데이터 도구] 그룹-🖽 데이터 유효성 검사]를 클릭합니다.

LINK 유효성 검사를 사용하는 방법은 No. 156 ~ No. 171을 참고합니다.

05 [데이터 유효성] 대화상자가 열리면 [설정] 탭에서 다음과 같이 설정한 후 [확인]을 클릭합니다.

제한 대상 : 목록
원본 : =연도

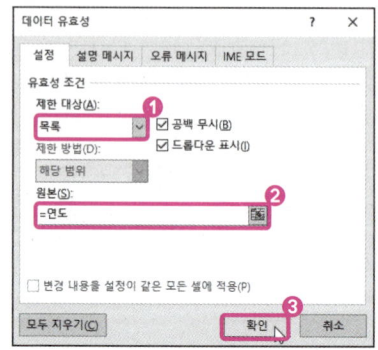

06 이름 정의된 '월'과 '일'을 **04-05** 과정을 참고해 [C7:C13], [D7:D13] 범위에 각각 유효성 검사를 적용합니다. 다음 표를 참고합니다.

> **[데이터 유효성] 대화상자 설정 방법**
>
> - [C7:C13] 범위를 선택
>   제한 대상 : 목록
>   원본 : =월
>
> - [D7:D13] 범위를 선택
>   제한 대상 : **목록**
>   원본 : **=일**
>
> [D7:D13] 범위에 이름을 적용하면 오류 메시지 창이 나타납니다. 이것은 상위(연도, 월) 단계의 값을 아직 선택하지 않았기 때문에 나타나는 정상적인 현상입니다. 메시지 창에서 [예]를 클릭해 닫습니다.

07 유효성 검사 실징을 마쳤으면 동작을 테스트합니다. [B7] 셀을 선택하고 셀 우측의 [▼ 아래 화살표]를 클릭하면 [F6] 셀의 시작 연도(2015년)부터 금년(2016년)까지 목록에 표시됩니다. [2016]을 선택합니다.

08 월도 제대로 표시되는지 확인하기 위해 [C7] 셀을 선택하고 셀 우측의 [▼ 아래 화살표]를 클릭해보면 1월부터 금월까지 표시됩니다. 날짜가 제대로 표시되는지 확인하기 위해 [2]를 선택합니다.

09 마지막으로 일을 선택하기 위해 [D7] 셀을 선택하고 셀 우측의 [▼ 아래 화살표]를 클릭하면 앞에서 선택한 연, 월에 해당하는 일 수가 일 목록에 표시됩니다. 2016년 2월은 윤달이라 29일까지 있으므로 목록에서 [29]까지 선택할 수 있습니다.

다중 조건을 처리해 참조하기 – INDEX, MATCH

276

다른 표의 값을 참조할 때 VLOOKUP 함수나 INDEX, MATCH 함수는 열이나 행에서 한 번에 하나의 값만 찾을 수 있습니다. 여러 개의 열이나 행에서 값을 찾아야 하는 경우를 처리하려면 MATCH 함수를 사용하는 배열수식을 사용해야 합니다. 이런 식의 참조 작업은 엑셀을 사용하다 보면 빈번하게 발생하는데, 거의 패턴화되어 있으므로 여기에서 설명하는 수식이 어떻게 구성되는지 이해할 수 있으면 쉽게 처리할 수 있습니다.

예제 파일 PART 05 \ CHAPTER 27 \ 다중 조건 참조.xlsx

01 예제 파일을 보면 총무부 최소라 직원의 연락처를 오른쪽 표에서 참조해 올 수 있도록 [D6] 셀에 VLOOKUP 함수가 입력되어 있습니다. 그런데 오른쪽 표에서 확인해보면 총무부 최소라 직원의 연락처가 아니라 영업무 최소라 직원의 연락처가 참조된 것을 알 수 있습니다.

TIP 이름이 같은 직원이 있을 수 있으므로 연락처를 바르게 참조하려면 [G] 열의 '이름'뿐만 아니라 [F] 열의 '부서'도 함께 찾을 수 있어야 합니다.

02 이처럼 두 개의 열에서 원하는 값을 찾아 참조하려면 INDEX, MATCH 함수를 사용하는 배열수식을 사용합니다. [D6] 셀의 수식을 다음과 같이 수정하고 Ctrl + Shift + Enter 를 눌러 입력합니다.

[D6] 셀 : =INDEX(H6:H14, MATCH(1, (F6:F14=B6)*(G6:G14=C6), 0))

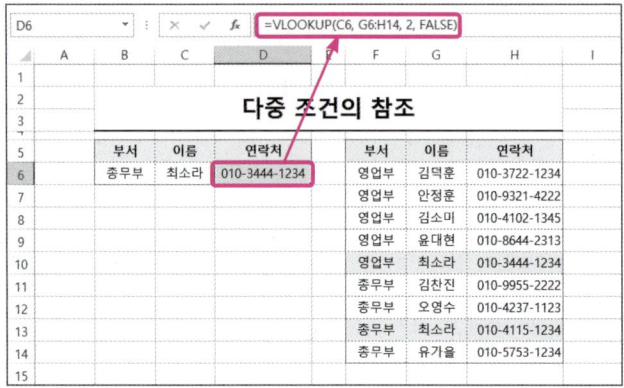

> **Plus⁺ 수식 이해하기**
>
> 이번 수식에서 가장 중요한 부분은 MATCH 함수입니다. 여러 개의 열(또는 행)에서 위치를 찾으려면 다음과 같은 패턴으로 구성해야 합니다.
>
> =MATCH(1, (범위1=조건1)*(범위2=조건2)*…*(범위n=조건n), 0)
>
> 이번 예제의 경우 '찾을 값'은 다음 두 열을 확인해야 합니다.
>
> ❶ [F6:F14] 범위(부서)의 값이 [B6] 셀과 같은지 확인합니다.
> ❷ [G6:G14] 범위(이름)의 값이 [C6] 셀과 같은지 확인합니다.
>
> ❶, ❷ 수식의 결과로 TRUE, FALSE와 같은 논리 값이 반환되고, MATCH 함수 안에서 곱셈 연산을 하므로 1(TRUE*TRUE)이 나오는 위치가 두 조건을 모두 만족하는 위치입니다. 엑셀에서 이런 연산은 지원되지 않으므로 배열을 이용해 수식이 계산되도록 Ctrl + Shift + Enter 를 눌러 입력합니다.
>
> 이런 수식에서 MATCH 함수의 첫 번째 인수와 세 번째 인수는 값이 정해져 있으며, 이번과 같이 항상 1과 0이 사용됩니다. 그래야만 1이 나오는 첫 번째 위치를 찾게 되어 여러 조건을 모두 만족하는 위치를 찾을 수 있습니다.
>
> MATCH 함수로 위치를 찾으면 INDEX 함수로 범위만 지정해 참조하면 되므로, 이번 수식에서는 MATCH 함수의 사용 부분만 제대로 이해하면 됩니다.

03 배열수식이 어렵다면 VLOOKUP 함수를 사용하는 수식으로 변경할 수도 있습니다. 그러기 위해서는 선행해야 할 작업이 있으므로 [H] 열을 선택하고 [홈] 탭-[셀] 그룹-[삽입]을 클릭합니다.

04 삽입된 [H] 열에 수식을 입력해 왼쪽 두 열을 하나로 연결합니다. [H6] 셀에 다음 수식을 입력하고 [H6] 셀의 채우기 핸들을 [H14] 셀까지 드래그해 복사합니다.

[H6] 셀 : =F6&G6

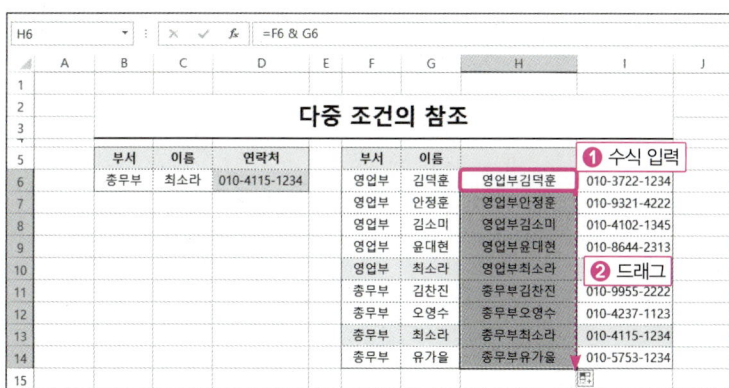

> **Plus⁺ 수식 이해하기**
>
> '찾을 값'이 여러 열에 나뉘어 입력되어 있으므로, 이 열을 하나로 합칠 수 있다면 VLOOKUP 함수와 같은 간단한 수식으로 동일한 결과를 얻을 수 있습니다. 이렇게 열을 하나로 합치는 작업을 통해 수식을 간결하게 작성할 수 있는 경우가 많습니다.

05 [D6] 셀의 수식을 다음과 같이 수정합니다.

[D6] 셀 : =VLOOKUP(B6&C6, H6:I14, 2, FALSE)

	A	B	C	D	E	F	G	H	I	J
1										
2				다중 조건의 참조						
3										
4										
5		부서	이름	연락처		부서	이름		연락처	
6		총무부	최소라	010-4115-1234		영업부	김덕훈	영업부김덕훈	010-3722-1234	
7				수식 수정		영업부	안정훈	영업부안정훈	010-9321-4222	
8						영업부	김소미	영업부김소미	010-4102-1345	
9						영업부	윤대현	영업부윤대현	010-8644-2313	
10						영업부	최소라	영업부최소라	010-3444-1234	
11						총무부	김찬진	총무부김찬진	010-9955-2222	
12						총무부	오영수	총무부오영수	010-4237-1123	
13						총무부	최소라	총무부최소라	010-4115-1234	
14						총무부	유가을	총무부유가을	010-5753-1234	
15										

> **Plus⁺ 수식 이해하기**
>
> [H] 열에 [F:G] 열의 값을 하나로 연결했으므로 [H] 열(왼쪽 열)에서 값을 찾아 [I] 열(오른쪽 열)의 값을 참조하면 됩니다. 이런 구성은 VLOOKUP 함수로 쉽게 처리할 수 있습니다. 이때 주의할 점은 [H] 열에서 값을 찾아야 하므로 VLOOKUP 함수의 첫 번째 인수인 '찾을 값' 역시 [B6] 셀과 [C6] 셀의 값을 연결해야 한다는 것입니다. 이것 이외에는 일반적인 VLOOKUP 함수의 구성과 동일합니다.

277 찾을 값의 일부 단어가 입력된 위치를 찾아 값 참조하기

'찾을 값' 중 일부 단어만 표의 특정 열에 입력되어 있을 때 '찾을 값'에서 해당 단어가 입력된 위치를 찾아 값을 참조해야 한다면, VLOOKUP 함수만으로 해결하기는 어렵고 여러 함수를 중첩해 사용하는 배열수식을 작성해야 합니다. 이런 작성 방법은 복잡하고 이해하기 어렵겠지만 수식이 패턴화되어 있으므로 유사한 작업을 할 때 참조 위치만 변경하면 쉽게 사용할 수 있습니다.

예제 파일 PART 05\CHAPTER 27\단어 포함 조건.xlsx

01 예제 파일을 열고 [C] 열의 제품 이름을 [F] 열에서 찾아 [G] 열의 분류를 [D] 열로 참조해오는 수식을 작성해보겠습니다. 이때 제품 이름 전체가 일치하는 것이 아니라 [F] 열에 있는 특정 단어가 제품 이름에 포함되어 있는 경우를 찾습니다.

02 먼저 위치를 찾는 수식을 작성합니다. [D6] 셀에 다음 수식을 작성하고 Ctrl + Shift + Enter 를 눌러 입력한 후 [D6] 셀의 채우기 핸들을 [D15] 셀까지 드래그해 복사합니다.

[D6] 셀 : =MATCH(TRUE, ISNUMBER(FIND($F$6:$F$12, C6)), 0)

> **Plus⁺ 수식 이해하기**
>
> MATCH, ISNUMBER, FIND 함수가 사용된 난이도 높은 수식입니다. 그러므로 수식이 어떻게 동작하는지 정확하게 이해하려면 수식 계산 기능을 이용해 계산 과정을 확인해보는 것이 좋습니다.
>
> 대략적인 계산 과정은 다음과 같습니다.
>
> ❶ FIND($F$6:$F$12, C6)
>
> [F6:F12] 범위의 단어를 [C6] 셀에서 찾습니다. 단어가 포함되어 있다면 해당 위치가 숫자로 반환되고, 값이 없다면 #N/A 오류가 반환됩니다. [F6:F12] 범위 내 여러 셀을 동시에 찾으므로 찾아진 모든 결과가 배열에 저장됩니다.
>
> ❷ ISNUMBER(❶)
>
> ❶의 결과에서 숫자가 나왔는지 확인해 TRUE, FALSE 값을 반환합니다. 해당 단어가 포함된 경우에는 TRUE, 찾지 못하고 오류가 발생한 경우에는 FALSE 값으로 배열의 결과가 수정됩니다. 즉 결과 값이 TRUE, FALSE로 바뀝니다.
>
> ❸ MATCH(TRUE, ❷, 0)
>
> MATCH 함수로 TRUE 값이 처음 나오는 위치를 찾습니다. 이렇게 하면 해당 단어가 포함된 첫 번째 위치를 확인할 수 있습니다.
>
> ISNUMBER 함수가 너무 길면 ISNA 함수를 사용해 #N/A 오류가 발생하는 경우로 수식을 수정할 수 있는데, 이렇게 하면 오류가 발생하지 않은 위치를 찾아야 하므로 MATCH 함수의 첫 번째 인수를 FALSE로 수정하면 됩니다. 수식은 다음과 같습니다.
>
> =MATCH(FALSE, ISNA(FIND($F$6:$F$12, C6)), 0)

03 단어가 포함된 위치를 찾았으면 INDEX 함수로 '분류' 열의 값을 참조합니다. [D6] 셀의 수식을 다음과 같이 수정하고 Ctrl + Shift + Enter 를 눌러 입력한 후 [D6] 셀의 채우기 핸들을 [D15] 셀까지 드래그해 복사합니다.

[D6] 셀 : =INDEX($G$6:$G$12, MATCH(TRUE, ISNUMBER(FIND($F$6:$F$12, C6)), 0))

> **Plus⁺ 수식 이해하기**
>
> 이번 수식은 **02** 과정의 수식 때문에 복잡해 보이지만, 간단하게 정리하면 다음과 같습니다.
>
> **=INDEX($G$6:$G$12, 02 과정 수식)**
>
> 따라서 [G6:G12] 범위에서 **02** 과정에서 찾은 위치 값을 참조하라는 의미입니다. **02** 과정의 수식만 정확하게 사용하면 값을 참조하는 작업은 쉽습니다.

조건에 맞는 모든 값 참조하기

278

VLOOKUP 함수나 INDEX 함수는 모두 조건에 맞는 첫 번째 값을 참조합니다. 그런데 조건을 만족하는 값을 순서대로 모두 참조해야 할 때가 있습니다. 이런 경우에는 고급 필터와 같은 기능을 이용해 조건에 맞는 값을 모두 추출하는 것이 좋은 방법이며, 수식으로 문제를 해결하려면 약간 복잡한 배열수식을 이용해야 합니다.

> 예제 파일 PART 05 \ CHAPTER 27 \ 모든 값.xlsx

01 예제 파일을 보면 [C5] 셀에 입력된 제품을 구입한 고객 명단을 [C8:C10] 범위에 작성하기 위해 INDEX 함수와 MATCH 함수를 사용하고 있습니다. 그런데 오른쪽 표에서 확인해보면 첫 번째 고객의 이름만 반복되어 있는 것을 알 수 있습니다.

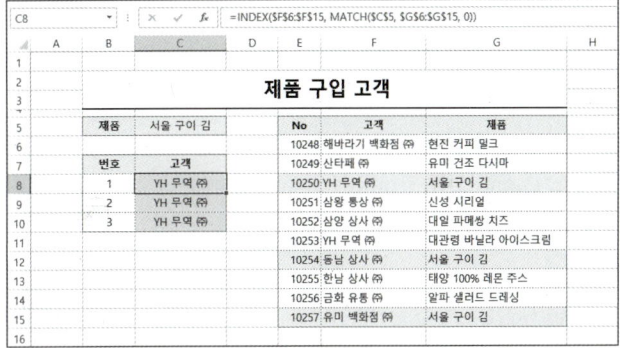

02 고객의 위치를 파악하기 위해 [C8] 셀에 다음 수식을 작성하고 Ctrl + Shift + Enter 를 눌러 입력한 후 [C8] 셀의 채우기 핸들을 [C10] 셀까지 드래그해 복사합니다.

[C8] 셀 :
=SMALL(IF($G$6:$G$15=$C$5, ROW($G$6:$G$15)-5), B8)

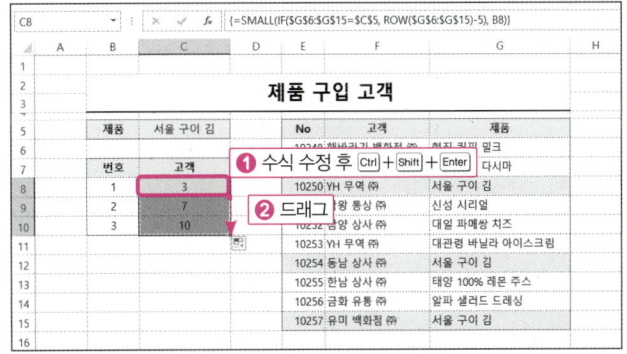

Plus⁺ 수식 이해하기

MATCH 함수는 항상 조건에 맞는 첫 번째 위치만 찾을 수 있으므로 이번과 같은 경우에는 사용할 수 없습니다. 그러므로 SMALL, IF, ROW 함수를 사용해 참조할 값의 위치를 따로 계산합니다. 계산 과정은 다음과 같습니다.

❶ IF($G$6:$G$15=C5,
  [G6:G15] 범위의 값이 [C5] 셀과 같은지 판단해, '서울 구이 김' 제품을 구매한 경우로 데이터를 제한합니다.

❷ ❶, ROW($G$6:$G$15)-5)
  ❶의 판단 결과가 TRUE면 ROW 함수의 반환 값을, 그렇지 않으면 FALSE 값을 반환합니다. 이번 수식은 배열수식이므로 배열에 결과가 저장됩니다. [G6] 셀부터 참조하므로 행 번호도 6부터 15까지 반환되는데 이렇게 하면 MATCH 함수와는 달리 n번째 위치를 찾는 게 아니라 행 주소가 반환됩니다. 이를 1, 2, 3,… 과 같은 일련번호가 반환되도록 하기 위해 ROW 함수에서 5를 뺍니다.

❸ SMALL(❷, B8)
  [B8:B10] 범위에는 인덱스 값이 입력되어 있으므로 이 값을 SMALL 함수에 전달하면 순서대로 첫 번째, 두 번째, 세 번째 작은 위치를 찾을 수 있습니다.

03 위치를 찾았다면 INDEX 함수로 원하는 열의 값을 참조합니다. [C8] 셀의 수식을 다음과 같이 수정하고 Ctrl+Shift+Enter를 눌러 입력한 후 [C8] 셀의 채우기 핸들을 [C10] 셀까지 드래그해 복사합니다.

[C8] 셀 : =INDEX($F$6:$F$15, SMALL(IF($G$6:$G$15=$C$5, ROW($G$6:$G$15)-5), B8))

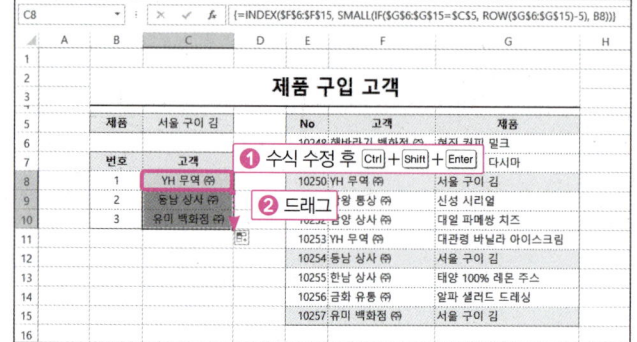

Plus⁺ 수식 이해하기

이번 수식은 02 과정의 수식에 INDEX 함수를 추가한 것입니다. 여러 값을 순서대로 참조하는 작업은 수식을 사용하면 매우 복잡할 수밖에 없습니다. 수식을 반드시 사용해야 하는 경우가 아니라면 고급 필터 기능을 이용하는 것이 좋습니다.

LINK 고급 필터에 대한 자세한 내용은 'No. 313 고급 필터로 데이터 추출하기'를 참고합니다.

중복되지 않는 고유 항목만 참조하기

279

전체 목록에서 중복되지 않는 고유 항목만 표시해야 한다면 [고급 필터]나 엑셀 2007부터 제공되는 [중복된 항목 제거] 기능을 이용하는 것이 좋습니다. 원하는 결과를 자동으로 돌려받고 싶을 때는 수식을 사용할 수 있는데, 수식은 편리하지만 대량의 데이터를 처리할 때 속도가 느려지는 단점이 있습니다. 따라서 이번 수식은 적은 데이터를 대상으로 작업할 때만 사용하는 것이 좋습니다.

예제 파일 PART 05 \ CHAPTER 27 \ 고유 항목 참조.xlsx

01 예제 파일을 열고 [E] 열에 입력된 고객 명단에서 중복된 값을 배제한 고객 명단을 [B] 열에 수식으로 참조해보겠습니다. 중복이 포함된 경우라도 첫 번째 셀 값은 항상 고유 값이므로 [B6] 셀에는 다음 수식을 입력합니다.

[B6] 셀 : =E6

02 두 번째 셀부터는 배열수식을 이용해 고유 항목만 참조합니다. [B7] 셀에 다음 수식을 작성하고 Ctrl + Shift + Enter 를 눌러 입력한 후 [B7] 셀의 채우기 핸들을 [B15] 셀까지 드래그해 복사합니다.

[B7] 셀 : =INDEX($E$6:$E$15, MATCH(0, COUNTIF($B$6:B6, $E$6:$E$15), 0))

Plus⁺ 수식 이해하기

INDEX, MATCH 함수를 사용하는 수식을 정확하게 이해하려면 MATCH 함수의 구성에 집중해야 합니다. [B6] 셀에 첫 번째 고유 항목 값을 참조했으므로 MATCH 함수로는 해당 값을 제외한 나머지 고유 항목의 위치를 순서대로 찾습니다. 이 수식에서 MATCH 함수 부분은 다음과 같습니다.

MATCH(0, COUNTIF($B$6:B6, $E$6:$E$15), 0)

MATCH 함수의 첫 번째, 세 번째 인수의 값이 모두 0이므로 이번 수식은 COUNTIF($B$6:B6, $E$6:$E$15) 결과에서 첫 번째 0 값의 위치를 찾습니다. [B7] 셀에 입력한 수식을 행 방향으로 복사하면 COUNTIF 함수 부분은 다음과 같이 변경됩니다.

[B7] 셀 : COUNTIF($B$6:B6, $E$6:$E$15)
[B8] 셀 : COUNTIF($B$6:B7, $E$6:$E$15)
[B9] 셀 : COUNTIF($B$6:B8, $E$6:$E$15)
...
[B15] 셀 : COUNTIF($B$6:B15, $E$6:$E$15)

이렇게 되면 [B6:B6], [B6:B7], [B6:B8], ... 범위에서 [E6:E15] 범위 내 셀 값을 하나씩 세어 결과가 배열에 저장됩니다. 그러므로 [E] 열의 고객 명단이 [B] 열에 있는지 여부를 확인하여 있으면 1, 2,... 와 같은 숫자 값이, 없으면 0 값이 반환됩니다. 0 값은 아직 [B] 열로 참조되지 않은 고객이므로 이 위치의 값이 고유 항목입니다.

03 #N/A 오류가 표시되지 않도록 하려면 [B7] 셀의 수식을 다음과 같이 수정하고 Ctrl + Shift + Enter 를 눌러 입력합니다. [B7] 셀의 채우기 핸들을 [B15] 셀까지 드래그해 복사합니다.

[B7] 셀 : =IFERROR(INDEX($E$6:$E$15, MATCH(0, COUNTIF($B$6:B6, $E$6:$E$15), 0)),"")

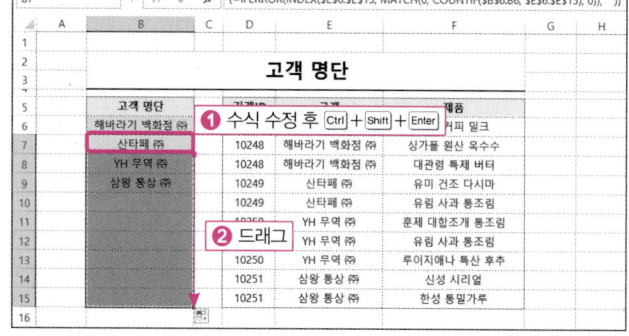

CHAPTER 28

재무 함수

적금 만기 금액 계산해 금융 상품 비교하기 – FV

목돈을 만들기 위해 적금을 들려고 해도 요즘은 은행마다 상품이 너무 많고 금리도 천차만별이어서 목적에 맞는 금융 상품을 선택하기가 쉽지 않습니다. FV 함수를 사용하면 적금 만기 금액을 직접 계산해 볼 수 있어 편리합니다. 여러 적금 상품을 비교해 목적에 맞는 금융 상품을 선별하기 위해 만기 금액을 FV 함수로 계산하는 방법에 대해 알아보겠습니다.

예제 파일 PART 05 \ CHAPTER 28 \ 적금.xlsx

새로 나온 함수

FV 함수
일정 금액을 정기적으로 납부(또는 지급)받을 때, 고정 이율에 의한 투자의 미래 가치를 산출합니다.

FV(❶ 이자율, ❷ 총 회수, ❸ 납부액, ❹ 현재 가치, ❺ 납부 시점)
❶ 이자율 : 납부 기간 동안 받기로 한 월 이자율
❷ 총 회수 : 전체 납부(또는 지급)할 월 수
❸ 납부액 : 한 번에 납부(또는 지급)해야 할 금액
❹ 현재 가치 : 미래 지급액에 상응하는 현재 가치 또는 납부액의 총액으로, 생략하면 0입니다.
❺ 납부 시점 : 납부 금액을 내야 할 시기로, 기말이면 0, 기초면 1을 사용합니다. 생략하면 기말(0)로 처리합니다.

01 예제 파일에는 여러 적금 상품의 조건이 입력되어 있습니다. 네 개의 적금 상품 중 2,000만 원의 목돈을 모으기에 적합한 적금 상품을 선별해보겠습니다.

상품명	연 이자율	기간 (年)	저축액 (月)	만기금액
A 적금	2.25%	5	300,000	
B 적금	2.10%	8	200,000	
C 적금	2.24%	10	150,000	
D 적금	2.15%	15	100,000	

적금 상품

02 적금의 만기 수령액을 계산하기 위해 [F6] 셀에 다음 수식을 입력하고 [F6] 셀의 채우기 핸들을 [F9] 셀까지 드래그해 복사합니다.

[F6] 셀 : =FV(C6/12, D6*12, −E6)

상품명	연 이자율	기간 (年)	저축액 (月)	만기금액
A 적금	2.25%	5	300,000	₩19,032,701
B 적금	2.10%	8	200,000	₩20,887,192
C 적금	2.24%	10	150,000	₩20,154,360
D 적금	2.15%	15	100,000	₩21,219,157

❶ 수식 입력
❷ 드래그

> **Plus⁺ 수식 이해하기**
>
> FV 함수는 지불한 금액의 미래 가치를 구하는 함수로, 이번 수식에서는 다음과 같이 구성되었습니다.
>
> ❶ **이자율** : [C6] 셀은 연 이율이므로, 월별 이자율로 조정하려고 12로 나눕니다.
>
> ❷ **총 회수** : [D6] 셀의 기간 역시 연 단위이므로, 월 단위로 맞추려고 12를 곱합니다.
>
> ❸ **납부액** : [E6] 셀에는 월별로 은행에 입금해야 하는 금액이 입력되어 있습니다. 이 금액은 내게 들어오는 돈이 아니라 은행에 지불해야 하는 돈이므로, 내 주머니를 기준으로 보면 마이너스(−) 금액입니다. 그러므로 [E6] 셀의 값을 마이너스(−)로 변환해 전달합니다. 이렇게 재무 함수를 사용할 때는 내 주머니로 들어오는 돈인지 나가는 돈인지에 따라 들어오면 양수로, 나가면 음수 값으로 처리해야 합니다.
>
> ❹ **현재 가치** : 적금이므로 현재 가치는 0입니다. 이번과 같이 생략하면 0으로 처리됩니다.
>
> ❺ **납부 시점** : 이 인수도 생략했으므로 0입니다. 납부 시점은 기말로 처리됩니다.
>
> 만약 적금이 아니라 자유 저축 통장에 100만원이 입금된 상태에서 매월 초에 현재와 동일한 조건의 금액을 입금해야 한다면 FV 함수는 다음과 같이 입력할 수 있습니다.
>
> =FV(C6/12, D6*12, −E6, −1000000, 1)
>
> 위 수식은 이번에 작성한 수식에 네 번째 인수인 '현재 가치'와 다섯 번째 인수인 '납부 시점'을 추가한 것입니다. 현재 가치는 은행에 입금된(내 주머니에는 없는) 돈이므로 −1000000이며, '납부 시점'은 매월 초에 입금한다고 했으니 기초로 지정하기 위해 옵션을 1로 변경했습니다.
>
> 이렇게 FV 함수를 사용하면 다양한 예금 상품의 만기 금액을 계산해볼 수 있으므로 금융 상품을 비교하거나 계획을 수립하는 데 도움을 얻을 수 있습니다.

단리 이자로
만기원금과 이자 계산하기

281

이자를 지급하는 방식에는 단리와 복리가 있는데, 그 중 단리(單利)는 원금에 대해서만 붙는 이자를 지칭하는 용어로 금융 상품에 많이 적용되는 이자 지급 방식입니다. 단리 이자를 계산하는 함수가 따로 제공되지는 않으므로 금융 상품의 만기원금과 이자를 계산하려면 별도의 계산식을 만들어 사용해야 합니다. 단리 이자를 지급하는 금융 상품의 만기원금과 이자를 계산해보겠습니다.

예제 파일 PART 05 \ CHAPTER 28 \ 단리 계산.xlsx

Plus⁺ 단리 이자 계산식

단리 이자를 구하는 계산식은 다음과 같습니다.

이자(단리) = 월 납입금 * (납입 개월 수*(납입 개월 수+1))/2 * (이자율/12)

- **월 납입금** : 월에 납입해야 하는 금액으로, 연 단위 납입금인 경우에는 12로 나눈 값을 입력합니다.
- **납입 개월 수** : 만기 때까지 납입해야 할 개월 수로, 10년 만기인 경우에는 12를 곱한 값을 입력합니다.
- **이자율** : 연 이자율로, 월 이자율인 경우 이자율을 12로 나누지 않고 입력합니다.

---

01 예제 파일을 열고 [C6:C8] 범위에 자신의 금융 상품의 값을 지정된 연, 월 단위에 맞게 입력합니다. 입력된 상품이 단리 이자를 제공하는 금융 상품이라고 가정하고 만기 시 받을 금액의 원금과 이자를 계산해보겠습니다. 각 셀에 다음 계산식을 입력합니다.

[F6] 셀 : =C6*C8
[G6] 셀 : =C6*(C8*(C8+1))/2*(C7/12)
[H6] 셀 : =F6+G6

Plus⁺ 수식 이해하기

[F6] 셀의 적립원금은 [C6] 셀에 입력된 납입금과 [C8] 셀의 납입기간을 곱하면 쉽게 얻을 수 있습니다. [G6] 셀의 이자(세전)는 앞에서 설명한 단리 이자 계산 방법을 이용해 구합니다. 적립원금과 이자를 계산했다면 이 둘을 합한 값이 수령액이므로 [H6] 셀은 [F6] 셀과 [G6] 셀의 값을 더해 계산합니다.

> **Plus⁺ 비과세, 일반, 세금 우대**
>
> 이자(세전)의 '세전'은 세금이 붙기 전의 이자라는 의미이므로, 우리가 흔히 말하는 비과세 상품입니다. 만약 일반 상품이라면 15.4% 원천징수세를 추가로 빼야 하며, 세금 우대 상품이라면 9.5% 원천징수세를 배제합니다. 이런 것은 금융 상품마다 차이가 있으므로 관심 있는 금융 상품에 대한 정보를 수집한 다음 계산식을 변경해야 합니다. 이 조건이 맞으면 [G6] 셀의 계산식을 자신의 상품에 맞게 수정합니다.
>
> - [G6] 셀(일반) : =ROUNDDOWN((C6*(C8*(C8+1))/2*(C7/12))*(1-15.4%), 0)
> - [G6] 셀(세금 우대) : =ROUNDDOWN((C6*(C8*(C8+1))/2*(C7/12))*(1-9.5%), 0)
>
> 원천징수세는 금융 상품에 따라 변동될 수 있으므로 위 수식에서 변동된 원천징수세 부분만 수정해 사용하면 됩니다.

02 매년 금액이 어떻게 달라지는지 계산합니다. 먼저 납입연수에 따른 적립금을 계산하기 위해 [F10] 셀에 다음 수식을 입력하고 [F10] 셀의 채우기 핸들을 [F19] 셀까지 드래그해 복사합니다.

[F10] 셀 : =$C$6*(E10*12)

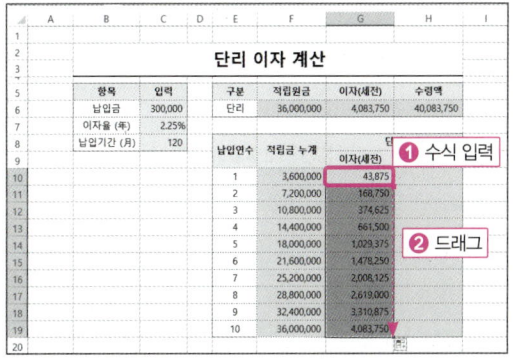

TIP [E10:E19] 범위의 값은 연 단위이므로 월에 맞게 계산하려면 이번과 같이 12를 곱해 계산합니다.

03 납입연수에 따른 이자를 계산하기 위해 [G10] 셀에 다음 수식을 입력하고 [G10] 셀의 채우기 핸들을 [G19] 셀까지 드래그해 복사합니다.

[G10] 셀 : =$C$6*((E10*12)*((E10*12)+1))/2*($C$7/12)

TIP 이번 수식은 [G6] 셀의 수식과 동일하며, [E10:E19] 범위의 값에 12를 곱한 것만 다릅니다.

04 납입연수에 따른 적립금과 이자를 더한 금액을 계산하기 위해 [H10] 셀에 다음 수식을 입력하고 [H10] 셀의 채우기 핸들을 [H19] 셀까지 드래그해 복사합니다.

[H10] 셀 : =F10+G10

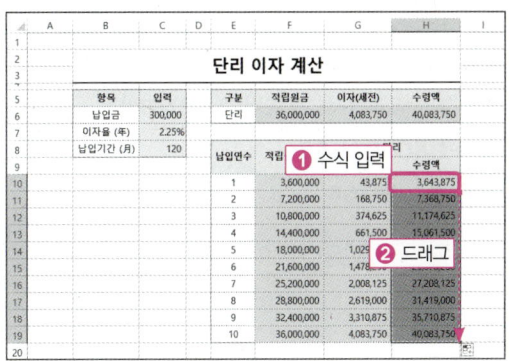

복리 이자로
만기원금과 이자 계산하기

282

복리(複利)는 받은 이자를 원금에 가산해 이자를 계산하는 방법으로 단리보다 많은 이자를 받을 수 있어 인기가 높은 금융 상품입니다. 복리 이자 역시 정해진 계산식으로 수령액을 정확하게 계산할 수 있습니다. 여기서는 복리 이자를 지급하는 금융 상품의 만기원금과 이자를 계산하는 방법에 대해 알아보겠습니다.

예제 파일 PART 05 \ CHAPTER 28 \ 복리 계산.xlsx

> **Plus⁺ 복리 이자 계산식**
>
> 복리 이자를 구하는 계산식은 다음과 같습니다.
>
> **이자(복리) = 월 납입금*(1+(이자율/12))*((1+(이자율/12))^납입 개월 수-1)/(이자율/12)-적립원금**
>
> - **월 납입금** : 월에 납입해야 하는 금액으로, 연 단위 납입금인 경우에는 12로 나눈 값을 입력합니다.
> - **납입 개월 수** : 만기 때까지 납입해야 하는 개월 수로, 10년 만기인 경우에는 12를 곱한 값을 입력합니다.
> - **이자율** : 연 이자율로, 월 이자율인 경우에는 이자율을 12로 나누지 않고 입력합니다.
>
> 복리는 월 복리, 연 복리, 3개월 복리, 6개월 복리와 같이 다양한 방식이 존재합니다. 위에서 설명한 이자는 월 복리 계산 방법입니다.

01 예제 파일을 열고 [C6:C8] 범위에 자신의 금융 상품에 맞는 입력 값을 연, 월 단위에 맞게 입력합니다. 복리 이자를 제공하는 금융 상품이라 가정하고 만기 시 받을 금액의 원금과 이자를 계산해보 겠습니다. 각 셀에 다음 계산식을 입력합니다.

[F6] 셀 : =C6*C8

[G6] 셀 : =C6*(1+(C7/12))*((1+(C7/12))^C8-1)/(C7/12)-F6

[H6] 셀 : =F6+G6

02 납입 연수에 따른 적립금 계산은 단리 이자 계산식과 동일합니다. [F10] 셀에 다음 수식을 입력하고 [F10] 셀의 채우기 핸들을 [F19] 셀까지 드래그해 복사합니다.

[F10] 셀 : =$C$6*(E10*12)

03 납입 연수에 따른 복리 이자를 계산하기 위해 [G10] 셀에 다음 수식을 입력하고 [G10] 셀의 채우기 핸들을 [G19] 셀까지 드래그해 복사합니다.

[G10] 셀 : =$C$6*(1+($C$7/12))* ((1+($C$7/12))^(E10*12)−1)/ ($C$7/12)−F10

> **Plus⁺ 수식 이해하기**
>
> 이 수식은 [G6] 셀의 수식과 동일합니다. 차이가 나는 부분은 첫째, [C8] 셀의 납입기간 부분을 납입연수에 따른 기간으로 변경하기 위해 [C8] 셀을 참조하던 부분을 E10*12로 변경한 것과, 둘째, [G6] 셀의 적립원금을 빼는 부분을 납입연수에 따른 적립원금인 [F10] 셀을 빼는 것으로 변경한 것입니다.

04 납입연수에 따른 적립금과 이자를 더한 금액을 계산하기 위해 [H10] 셀에 다음 수식을 입력하고 [H10] 셀의 채우기 핸들을 [H19] 셀까지 드래그해 복사합니다.

[H10] 셀 : =F10+G10

대출금 상환하기 (1)
– 원금 일시 상환

283

대출금을 상환하는 방법에는 몇 가지가 있는데, 이번에 설명하는 원금 일시 상환 방식은 대출 기간에는 이자만 납부하고 원금은 만기에 상환하는 방식입니다. 매월 납부할 금액이 적어 초기에 자금을 여유 있게 사용할 수 있는 장점이 있습니다. 여기서는 원금 일시 상환 방식으로 대출금을 상환할 때 상환 계획표를 작성하는 방법에 대해 알아보겠습니다.

예제 파일 PART 05 \ CHAPTER 28 \ 원금 일시상환.xlsx

01 예제 파일을 열고 왼쪽 표의 대출 내역을 확인하여 오른쪽 대출 상환 계획표에 원금 일시 상환 방식으로 매월 상환액을 계산해보겠습니다. 먼저 [F] 열의 상환일을 계산합니다. [C9] 셀의 대출일로부터 [E] 열의 회차에 맞춰 상환일이 1개월씩 계산되어야 하므로 [F7] 셀에 다음 수식을 입력하고 [F7] 셀의 채우기 핸들을 [F18] 셀까지 드래그해 복사합니다.

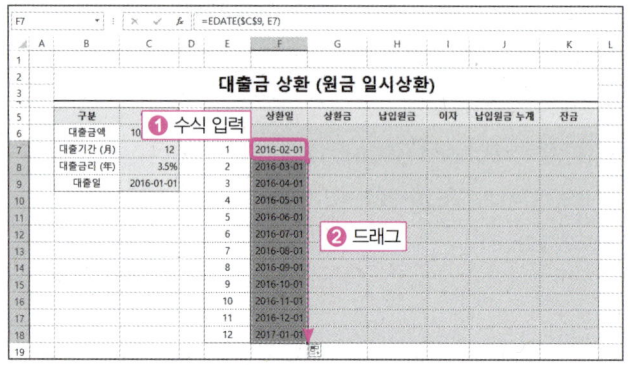

[F7] 셀 : =EDATE($C$9, E7)

> **Plus⁺ 수식 이해하기**
>
> EDATE 함수를 사용해 [C9] 셀의 대출일에서 [E7], [E8], [E9], … 셀의 개월 수 이후 날짜를 반환 받습니다. 만약 대출일이 1일 이더라도 상환일이 매달 마지막 날이라면 EOMONTH 함수를 사용할 수 있습니다.
> =EOMONTH($C$9, E7)

02 이번에는 납입원금을 계산합니다. 원금 일시 상환 방식은 원금을 만기에 일시 상환하는 방식이므로 각 셀에 다음 값과 수식을 입력합니다.

[H7:H17] : 0
[H18] 셀 : =C6

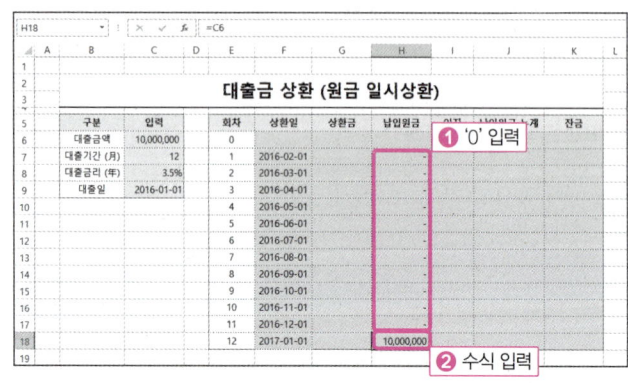

03 매월 납입할 이자를 계산합니다. 원금 일시 상환 방식은 원금을 만기에만 납부하므로, 이자는 상환 기간 동안 동일합니다. [I7] 셀에 다음 수식을 입력하고 [I7] 셀의 채우기 핸들을 [I18] 셀까지 드래그해 복사합니다.

[I7] 셀 : =$C$6*($C$8/$C$7)

> **Plus⁺ 수식 이해하기**
>
> 원금 일시 상환 방식에서는 전체 이자를 나눠 매회 일정하게 납부합니다. 이자는 대출금액(C6)을 월 이율(C8/12)로 곱해 계산합니다.

05 원금과 이자를 합하면 매회 상환할 금액이 계산됩니다. [G7] 셀에 다음 수식을 입력하고 [G7] 셀의 채우기 핸들을 [G18] 셀까지 드래그해 복사합니다.

[G7] 셀 : =SUM(H7:I7)

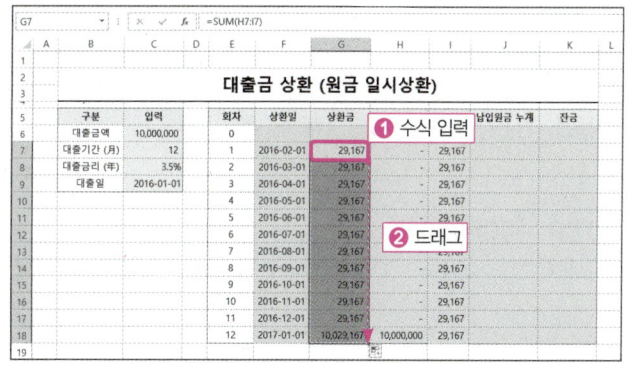

06 [J] 열의 납입원금 누계는 만기 때 납입원금만 있으므로 생략하고, [K] 열의 잔금을 계산합니다. 각 셀에 다음 수식을 입력하고 [K7] 셀의 채우기 핸들을 [K18] 셀까지 드래그해 복사합니다.

[K6] 셀 : =C6
[K7] 셀 : =K6-H7

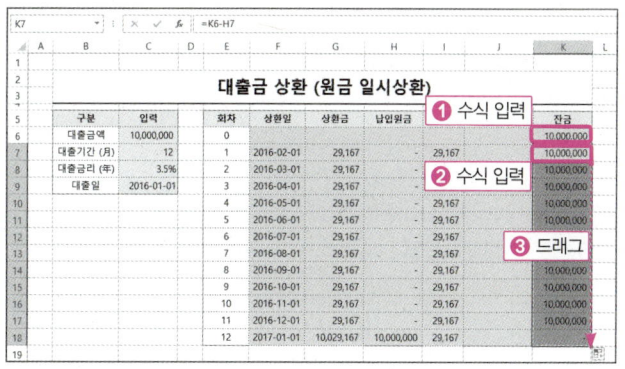

대출금 상환하기 (2)
– 원금 균등 상환

284

대출금 원금 균등 상환은 대출 원금을 매월 균등하게 분할해서 상환하는 방식입니다. 매월 균등하게 원금을 갚으므로 납입 횟수가 늘수록 이자가 감소합니다. 원금 균등 상환 방식으로 대출금을 상환한다고 할 때 상환 계획표를 작성하는 방법에 대해 알아보겠습니다.

예제 파일 PART 05 \ CHAPTER 28 \ 원금 균등 상환.xlsx

01 예제 파일을 열고 왼쪽 표의 대출 내역을 참고해 오른쪽 대출 상환 계획표에 원금 균등 상환 방식을 사용한 상환액을 계산해보겠습니다. 먼저 매회 납입할 원금을 계산합니다. [H7] 셀에 다음 수식을 입력하고 [H7] 셀의 채우기 핸들을 [H18] 셀까지 드래그해 복사합니다.

[H7] 셀 : =$C$6/$C$7

02 [H] 열에 계산된 납입원금의 누계를 [J] 열에 계산합니다. [J7] 셀에 다음 수식을 입력하고 [J7] 셀의 채우기 핸들을 [J18] 셀까지 드래그해 복사합니다.

[J7] 셀 : =SUM($H$7:H7)

TIP [J18] 셀의 결과와 [C6] 셀의 값이 일치하면 제대로 누계가 집계된 것입니다.

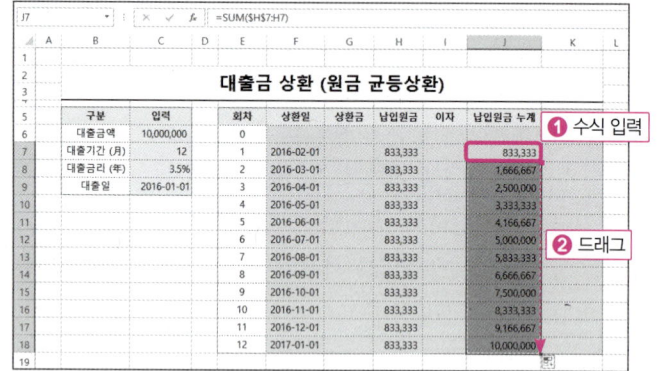

03 납입원금을 계산했으므로 이제 매회 남은 잔금을 계산합니다. 각 셀에 다음 수식을 입력하고 [K7] 셀의 채우기 핸들을 [K18] 셀까지 드래그해 복사합니다.

[K6] 셀 : =C6

[K7] 셀 : =K6-H7

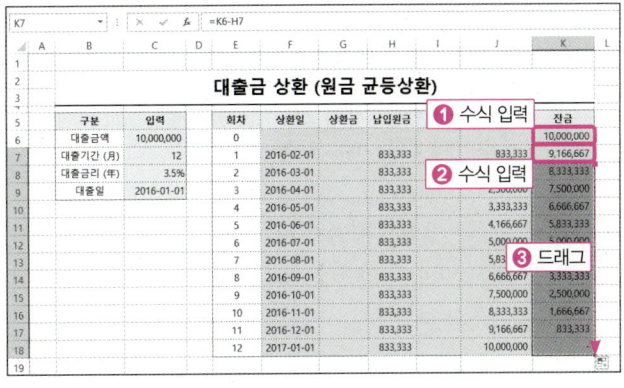

04 계산된 잔금을 이용해 매월 지급할 이자를 계산합니다. [I7] 셀에 다음 수식을 입력하고 [I7] 셀의 채우기 핸들을 [I18] 셀까지 드래그해 복사합니다.

[I7] 셀 : =K6*($C$8/12)

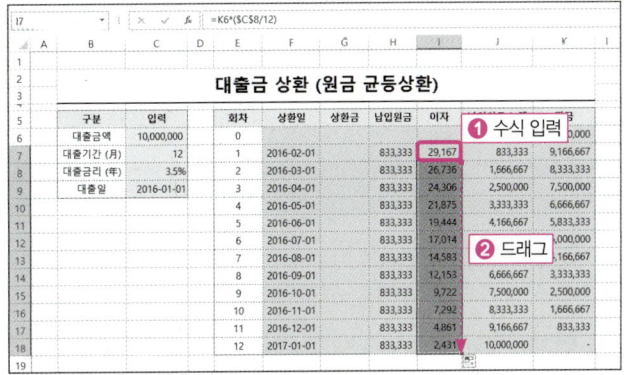

> **Plus⁺ 수식 이해하기**
>
> 원금 균등 상환 방식은 원금을 매회 상환하는 방식이므로 이전 잔금에 대한 이자를 계산해야 합니다. 그러므로 월 이자율을 $C$8/12로 계산한 후 월 이자율을 이전 회차의 잔금에 곱해 이자를 계산합니다.

05 납입원금과 이자를 모두 계산했으면 마지막으로 매월 상환할 총액을 계산합니다. [G7] 셀에 다음 수식을 입력하고 [G7] 셀의 채우기 핸들을 [G18] 셀까지 드래그해 복사합니다.

[G7] 셀 : =SUM(H7:I7)

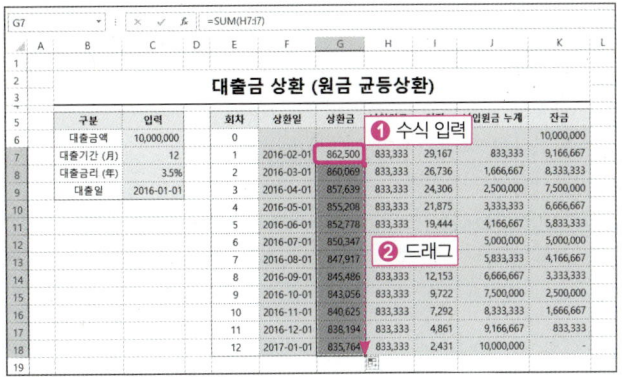

대출금 상환하기 (3)
– 원리금 균등 상환

285

원리금 균등 상환 방식은 매월 원금과 이자를 일정하게 상환하는 방식입니다. 이 방식을 사용하면 매월 상환할 금액은 같지만 상환액 안에서 원금과 이자의 비율이 달라집니다. 상환 초기에는 이자 비율이 높고, 말기로 갈수록 원금 비율이 높습니다. 원리금 균등 상환 방식으로 대출금을 상환할 때 상환 계획표를 작성하는 방법에 대해 알아보겠습니다.

예제 파일 PART 05 \ CHAPTER 28 \ 원리금 균등 상환.xlsx

원리금 균등 상환 방식의 납부원금과 이자를 계산하려면 PPMT 함수와 IPMT 함수를 사용합니다.

새로 나온 함수

PPMT 함수
일정한 이율이 적용되는 대출 상품의 원금 상환액을 계산합니다.

PPMT(❶ 이자율, ❷ 회차, ❸ 총 납부 회수, ❹ 대출금, ❺ 만기 잔액, ❻ 납부 시점)
- ❶ 이자율 : 납부 기간 동안 내기로 한 월 이자율
- ❷ 회차 : 납부 회차로, 1부터 n번째까지의 숫자 값
- ❸ 총 납부 회수 : 납부 기간 동안 내야 하는 총 회수
- ❹ 대출금 : 대출 총액
- ❺ 만기 잔액 : 만기 때까지 상환액 지급 후 남은 잔액을 의미하며, 생략하면 0이 됩니다.
- ❻ 납부 시점 : 납부 금액을 내야 할 시기로, 기말은 0, 기초는 1입니다. 생략하면 0으로 처리합니다.

IPMT 함수
일정한 이율이 적용되는 대출 상품의 주어진 기간의 이자를 계산합니다.

IPMT(❶ 이자율, ❷ 기간, ❸ 총 납부 회수, ❹ 대출금, ❺ 만기 잔액, ❻ 납부 시점)
- ❶ 이자율 : 납부 기간 동안 내기로 한 월 이자율
- ❷ 회차 : 납부 회차로, 1부터 n까지의 숫자 값
- ❸ 총 납부 회수 : 납부 기간 동안 내야 하는 총 회수
- ❹ 대출금 : 대출 총액
- ❺ 만기 잔액 : 만기 때까지 상환액 지급 후 남은 잔액을 의미하며, 생략하면 0이 됩니다.
- ❻ 납부 시점 : 납부 금액을 내야 할 시기로, 기말은 0, 기초는 1입니다. 생략하면 0으로 처리합니다.

01 예제 파일을 열고 왼쪽 표의 대출 내역을 확인해 오른쪽 대출 상환 계획표에 원리금 균등 상환 방식으로 상환금을 계산해보겠습니다.

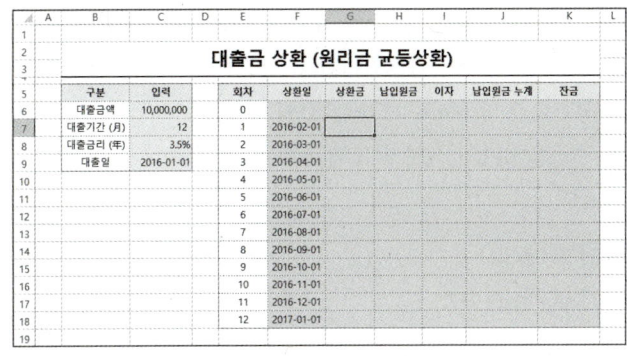

02 매월 납입할 납입원금을 계산하기 위해 [H7] 셀에 다음 수식을 입력하고 [H7] 셀의 채우기 핸들을 [H18] 셀까지 드래그해 복사합니다.

[H7] 셀 : =-PPMT($C$8/12, E7, $C$7, $C$6, 0)

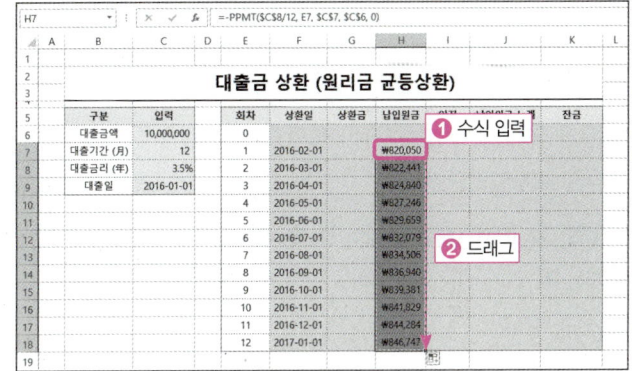

> **Plus⁺ 수식 이해하기**
>
> PPMT 함수를 사용하면 원리금 균등 상환 방식으로 대출금을 상환할 때 매월 상환할 납입원금을 계산할 수 있습니다. 참고로 재무 함수의 특성상 내 주머니에서 나가야 하는 돈은 마이너스(-) 값으로 반환되므로, PPMT 함수 앞에 마이너스(-) 기호를 붙여 반환될 값이 양수 값이 되도록 설정해야 합니다.

03 납입원금 누계를 구해 대출금과 비교합니다. [J7] 셀에 다음 수식을 입력하고 [J7] 셀의 채우기 핸들을 [J18] 셀까지 드래그해 복사합니다.

[J7] 셀 : =SUM($H$7:H7)

TIP [J18] 셀의 결과와 [C6] 셀의 결과가 동일하면 제대로 계산된 것입니다.

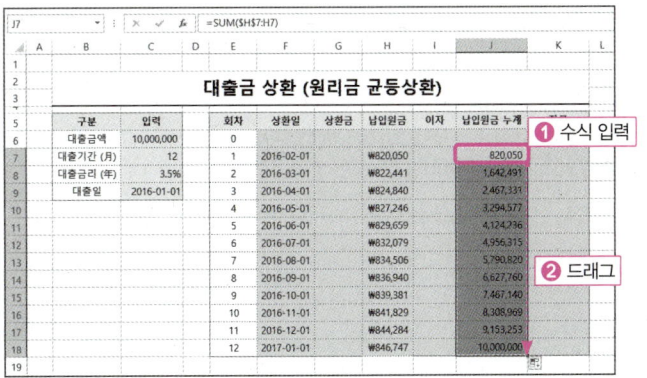

04 납입원금을 계산했으므로, 매월 대출 잔액이 얼마인지 계산합니다. 각 셀에 다음 수식을 입력하고 [K7] 셀의 채우기 핸들을 [K18] 셀까지 드래그해 복사합니다.

[K6] 셀 : =C9
[K7] 셀 : =K6-H7

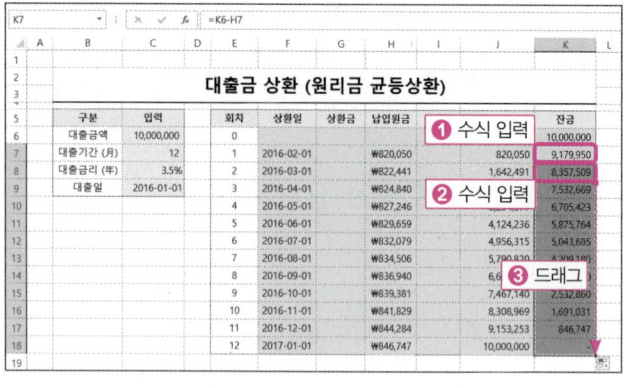

05 매월 납입해야 할 이자액을 구합니다. [I7] 셀에 다음 수식을 입력하고 [I7] 셀의 채우기 핸들을 [I18] 셀까지 드래그해 복사합니다.

[I7] 셀 : =-IPMT($C$8/12 , E7, $C$7, $C$6, 0)

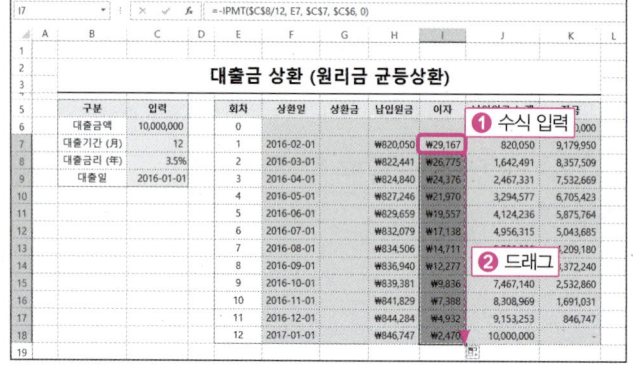

> **Plus⁺ 수식 이해하기**
>
> IPMT 함수는 PPMT 함수와 사용 방법이 동일하므로 **02** 과정의 수식 설명을 참고합니다.

06 월별 상환금 총액을 계산합니다. [G7] 셀에 다음 수식을 입력하고 [G7] 셀의 채우기 핸들을 [G18] 셀까지 드래그해 복사합니다.

[G7] 셀 : =SUM(H7:I7)

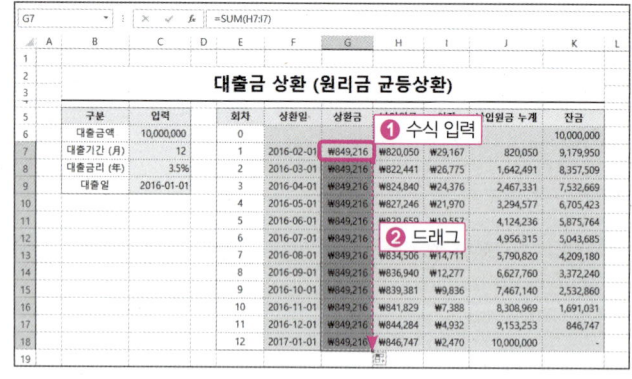

CHAPTER
29

배열수식

배열수식 이해하기 286

배열수식을 이용하면 일반 수식으로 처리하지 못하는 계산을 할 수 있어 수식의 활용도가 크게 높아집니다. 배열수식을 제대로 사용하려면 계산의 결과 값이 임시 저장되는 '배열'이라는 공간과 함수의 동작 원리를 정확하게 이해해야 합니다. 배열수식을 작성하는 방법과 배열수식의 특징에 대해 자세하게 알아보겠습니다.

예제 파일 PART 05 \ CHAPTER 29 \ 배열수식.xlsx

> **Plus⁺ 배열수식**
>
> 배열수식은 일반 수식과는 다른 다음과 같은 특징이 있습니다.
>
> - 배열수식은 반드시 Ctrl + Shift + Enter 를 눌러 입력해야 합니다.
> - 배열수식이 제대로 입력되면 수식 입력줄에서 확인할 수 있는 수식의 앞뒤에 중괄호({})가 나타납니다.
> - 배열수식은 =A1:A2*B1:B2와 같은 범위 연산을 할 수 있으며, 이때 범위 연산의 결과가 배열에 저장됩니다.
>
> 배열(Array)은 배열수식으로 계산되는 중간 값을 저장할 수 있는 메모리 내의 공간입니다. 이 공간을 이용하는 수식이 배열수식입니다.

01 예제 파일을 열고 일반 수식과 배열수식 두 가지 방법으로 각각 매출을 구해보겠습니다. [F14] 셀에는 일반 수식을, [F15] 셀에는 배열수식을 입력하겠습니다.

02 먼저 일반 수식으로 매출을 구하기 위해 [F6:F13] 범위에 단가와 수량을 곱한 판매액을 계산합니다. [F6] 셀에 다음 수식을 입력하고 채우기 핸들을 [F13] 셀까지 드래그해 복사합니다.

[F6] 셀 : =D6*E6

03 매출을 집계하기 위해 [F14] 셀에 다음 수식을 입력합니다.

[F14] 셀 : =SUM(F6:F13)

04 배열수식을 이용하기 전에 먼저 [F15] 셀에 다음 수식을 입력해봅니다. #VALUE! 오류가 반환되는 것을 확인할 수 있습니다.

[F15] 셀 : =SUM(D6:D13*E6:E13)

> **TIP** 왜 오류가 발생할까?
> 일반 수식으로는 범위 연산(D6:D13*E6:E13)을 할 수 없습니다. 그러므로 이번과 같이 입력하면 계산할 수 있는 값이 아니라는 #VALUE! 오류가 발생합니다.

05 [F15] 셀을 다시 선택하고 F2를 눌러 편집 모드로 전환한 후 Ctrl + Shift + Enter를 눌러 배열수식으로 입력합니다. 이제 제대로 된 결과가 반환됩니다.

Plus+ 수식 이해하기

배열수식으로 입력됐다면 수식 입력줄에서 수식 앞뒤에 중괄호({})가 표시되어 있는 것을 확인할 수 있습니다. SUM 함수의 인수로 사용된 D6:D13*E6:E13은 셀을 하나씩 연산하는 방법이 아니라 범위를 통째로 연산하는 방법입니다. 이렇게 연산하면 [F6:F13] 범위 내 값과 같은 중간 연산 결과가 배열에 저장되며 배열의 값을 모두 합한 결과가 반환됩니다. 이처럼 배열수식을 사용하면 [F6:F13] 범위 내 결과를 따로 구하지 않고도 바로 매출을 계산할 수 있어 편리합니다.

Plus+ 배열수식의 계산 과정 살펴보기

01 배열수식이 입력된 [F15] 셀이 선택된 상태에서 [수식] 탭-[수식 분석] 그룹-[⑥ 수식 계산]을 클릭하면 [수식 계산] 대화상자가 나타납니다. [계산]을 클릭해 계산 과정을 살펴봅니다.

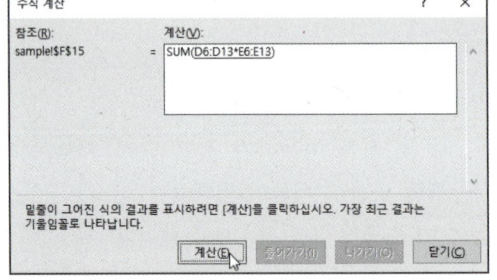

02 D6:D13*E6:E13 연산의 결과가 중괄호({}) 안에 반환됩니다. 이 값은 [F6:F13] 범위에서 계산된 값과 동일합니다. [계산]을 클릭합니다.

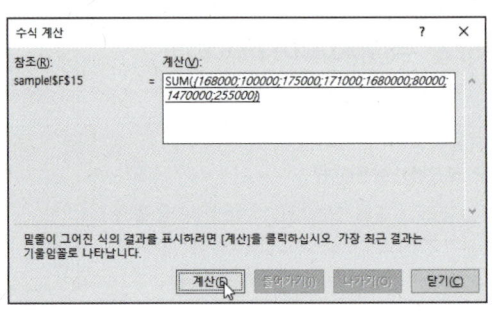

03 마지막으로 SUM 함수가 동작해 배열의 값을 모두 더한 결과가 표시됩니다. [닫기]를 클릭해 대화상자를 닫습니다.

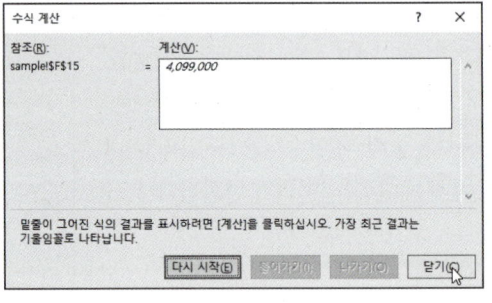

1차원 행렬 연산 이해하기 287

일반 수식은 계산 과정을 생략할 수 없으므로 중간 계산 결과를 확인하면서 수식을 만들 수 있어 비교적 쉽게 이해할 수 있습니다. 반면 배열수식은 중간 계산 결과를 배열에 저장해놓고 사용하기 때문에 배열에 어떤 값이 저장되어 있는지 정확하게 이해하지 못하면 사용하기가 쉽지 않습니다. 여기서는 배열을 이해하기 위해 배열에서 가장 많이 생성되는 1차원 행렬 크기의 배열을 사용해 연산하는 방법에 대해 알아보겠습니다.

예제 파일 PART 06 \ CHAPTER 29 \ 배열수식-1차원행렬.xlsx

> **Plus⁺ 행렬이란?**
>
> [A1:A10] 범위는 열 개의 행과 한 개의 열로 구성되어 있으므로 행렬로 보면 10×1 행렬입니다. 워크시트와 행렬의 관계를 이해하기 위해 마우스로 [A1:A10] 범위를 선택한 상태에서 '이름 상자'를 보면 10R×1C이라는 표시를 확인할 수 있습니다. 10R×1C는 열 개의 행(Row)과 한 개의 열(Column)을 의미합니다.
>
> 행렬(Matrix)은 숫자나 계산식을 직사각형 모양으로 배열한 것으로, 가로를 행, 세로를 열로 구분합니다. [A1:A3] 범위에 1, 2, 3 값이 입력되어 있을 때 이를 행렬로 표시하면 다음과 같습니다.
>
> $$\begin{bmatrix} 1 \\ 2 \\ 3 \end{bmatrix}$$
>
> 이렇게 행이나 열이 하나인 행렬을 1차원 행렬이라고 합니다. 1차원 행렬을 연산한 결과는 연산에 사용된 1차원 행렬 중 제일 큰 1차원 행렬에 결과가 반환됩니다.
>
> $$\begin{bmatrix} 1 \\ 2 \\ 3 \end{bmatrix} + \begin{bmatrix} 4 \\ 5 \\ 6 \end{bmatrix} = \begin{bmatrix} 5 \\ 7 \\ 9 \end{bmatrix}$$
>
> 행과 열이 모두 두 개 이상이면 2차원 행렬이라고 합니다. 예를 들어 [A1:B3] 범위는 여섯 개의 셀을 갖는 3×2 행렬이므로 행렬로 [A1:B3] 범위 내 값을 표시하면 다음과 같습니다.
>
> $$\begin{bmatrix} 1 & 4 \\ 2 & 5 \\ 3 & 5 \end{bmatrix}$$
>
> 그러므로 사용자가 선택한 범위는 1차원 행렬이나 2차원 행렬 중 하나입니다. 배열수식은 워크시트 내 셀 값의 계산 결과를 배열이라는 공간에 저장해놓고 계산하는데, 워크시트가 최대 2차원 행렬로 구성되어 있으므로 생성되는 배열 역시 최대 2차원 행렬입니다. 배열수식을 제대로 활용하기 위해서는 최대 2차원 행렬 크기로 생성되는 배열에 저장된 값을 정확하게 이해하고 사용해야 합니다.

01 예제 파일을 열고 [F15] 셀에 매출을 구하는 수식을 작성해보겠습니다. 계산에 사용할 범위는 [D6:D14] 범위와 [E6:E14] 범위입니다. 두 범위는 모두 1차원 행렬입니다.

02 [F15] 셀에 다음 수식을 작성한 후 Ctrl + Shift + Enter 를 눌러 입력해 매출을 구합니다.

[F15] 셀 : =SUM(D6:D14*E6:E14)

TIP [D6:D14] 범위는 9×1 행렬이고 [E6:E14] 범위도 9×1 행렬이므로, 계산된 결과는 9×1 행렬 크기의 배열에 저장됩니다. 저장된 배열을 SUM 함수로 집계하면 매출이 계산됩니다.

03 '수량' 열에서 데이터가 입력된 범위로 연산 범위를 제한해보겠습니다. [F15] 셀의 수식을 다음과 같이 수정하고 Ctrl + Shift + Enter 을 눌러 입력합니다.

[F15] 셀 : =SUM(D6:D14*E6:E11)

> **Plus⁺ 수식 이해하기**
>
> [D6:D14] 범위는 9×1 행렬이지만 [E6:E11] 범위는 6×1 행렬입니다. 이렇게 1차원 행렬의 연산에서 행렬 내 개수가 맞지 않으면 큰 행렬 크기의 배열(9×1)이 반환됩니다. 단, 짝이 맞지 않는 경우에는 #N/A 오류가 반환됩니다. 그렇기 때문에 행렬 연산에서 짝이 맞지 않는 경우가 발생하면 계산 결과 역시 #N/A 오류가 반환됩니다. 엑셀은 계산할 범위 내에 오류 값이 존재하면 계산하지 못하고 해당 오류를 그대로 반환합니다.

04 이번 예제에서 생성된 배열을 직접 눈으로 확인해보겠습니다. 9×1 행렬 크기의 [F6:F14] 범위를 선택하고 다음 수식을 입력한 후 Ctrl + Shift + Enter 을 누릅니다.

[F6:F14] 범위 : =D6:D14*E6:E14

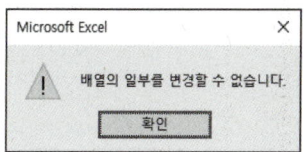

Plus+ 배열 확인하기

배열은 R×C 행렬로 생성되므로, 같은 크기의 범위를 선택해 배열수식으로 입력하면 배열의 계산 결과가 그대로 반환됩니다. 그러므로 이번과 같이 9×1 행렬인 [F6:F14] 범위를 선택하고 =D6:D14*E6:E14 연산을 배열수식으로 입력하면 배열의 결과가 그대로 [F6:F14] 범위에 반환됩니다. 이 결과는 02 과정의 수식을 계산할 때 배열에 저장된 결과와 동일합니다.
참고로 배열을 범위로 반환한 경우에는 셀을 하나씩 수정하거나 삭제할 수 없습니다.
예를 들어 [F6:F14] 범위 내의 아무 셀이나 선택하고 DEL 을 누르면 오른쪽 화면과 같은 에러 메시지가 나타납니다.
배열이 반환된 범위의 수식을 수정하려면 반드시 배열의 전체 값이 반환된 [F6:F14] 범위를 선택하고 작업해야 합니다.

05 03 과정에서 생성된 배열 내 값을 확인하기 위해 [F6:F14] 범위를 선택하고 수식을 다음과 같이 수정한 후 Ctrl + Shift + Enter 를 눌러 입력합니다.

[F6:F14] 범위 : =D6:D14*E6:E11

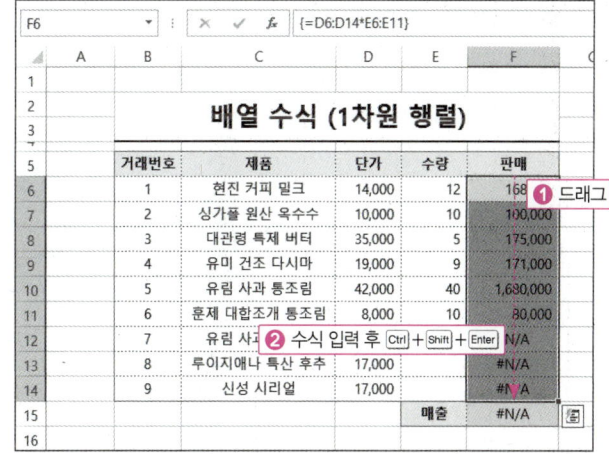

Plus+ 배열 확인하기

9×1 행렬([D6:D14] 범위)과 6×1 행렬([E6:E11] 범위)을 연산하면 아래 세 개의 항목이 매칭되지 않으므로, 마지막 세 개의 연산 결과로 #N/A 오류가 반환됩니다.

2차원 행렬 연산 이해하기

288

1차원 행렬은 동일한 한 개의 행 방향 범위나 열 방향 범위를 의미합니다. 행이나 열이 두 개 이상이면 2차원 행렬이 되며, 방향이 다른 1차원 행렬을 연산해도 2차원 행렬이 생성됩니다. 즉, 행 방향 범위(9×1)와 열 방향 범위(1×9)를 연산하면 2차원 행렬(9×9)이 반환됩니다. 2차원 행렬로 생성되는 배열에 대해 알아보겠습니다.

예제 파일 PART 05 \ CHAPTER 29 \ 배열수식-2차원행렬.xlsx

01 예제 파일을 열고 배열수식을 이용해 [C6:K14] 범위에 구구단 표를 완성해보겠습니다.

02 [C6:K14] 범위를 선택하고 다음 수식을 작성한 후 Ctrl + Shift + Enter 을 눌러 입력합니다.

[C6:K14] 범위 : =B6:B14*C5:K5

Plus⁺ 수식 이해하기

[B6:B14] 범위는 9×1 행렬이고 [C5:K5] 범위는 1×9 행렬입니다. 두 범위를 연산하면 9×9 배열이 반환됩니다. 그러므로 [C6:K14] 범위를 선택하고 이번 수식을 입력하면 배열의 결과가 2차원 행렬로 반환됩니다. 이번 수식은 배열 내 값을 확인하는 용도로, 다음과 같은 수식으로 응용이 가능합니다. 빈 셀에 다음 수식들을 작성하고 Ctrl + Shift + Enter 를 눌러 입력합니다.

구구단의 평균 : =AVERAGE(B6:B14*C5:K5)
구구단의 합계 : =SUM(B6:B14*C5:K5)

논리 값 연산 이해하기 289

논리 값(TRUE, FALSE)은 직접 입력하는 경우보다 '=A1〉75'와 같이 조건식의 결과로 반환되는 경우가 많습니다. 배열수식을 이용하면 '=A1:A100〉75'와 같은 범위 연산이 가능해지는데, 이때는 TRUE, FALSE 값이 배열로 저장됩니다. 이렇게 배열에 저장된 논리 값을 곱셈(*)이나 덧셈(+) 연산을 통해 계산하면 AND 조건이나 OR 조건을 판단할 수 있습니다. 여기서는 배열수식에서 많이 사용하는 논리 값의 곱셈(*), 덧셈(+) 연산에 대해 알아보겠습니다.

예제 파일 PART 05 \ CHAPTER 29 \ 배열수식-논리연산.xlsx

Plus⁺ 논리 값 연산

논리 값은 TRUE, FALSE 값인데 연산하면 TRUE는 1, FALSE는 0과 같습니다. 다음은 논리 값의 곱셈 연산 결과를 정리한 표입니다.

논리 값	연산	논리 값	결과
TRUE	x	TRUE	1
TRUE		FALSE	0
FALSE		TRUE	0
FALSE		FALSE	0

위 표와 같이 논리 값을 곱셈으로 연산하면 논리 값이 모두 TRUE인 경우에만 1이 반환되며, 나머지 경우에는 모두 0이 반환됩니다. 그러므로 조건식 여러 개를 곱셈 연산하여 1이 나오는 경우는 모든 조건이 만족한 경우를 확인하는 AND 연산과 동일합니다.

다음은 덧셈 연산의 결과를 정리한 표입니다.

논리 값	연산	논리 값	결과
TRUE	+	TRUE	2
TRUE		FALSE	1
FALSE		TRUE	1
FALSE		FALSE	0

논리 값의 덧셈 연산은 모든 값이 FALSE인 경우에만 0이 반환되며, 나머지 경우에는 1 이상의 값이 반환됩니다. 그러므로 조건식 여러 개를 덧셈 연산하여 1 이상의 값이 나오는 경우를 확인하면 OR 조건을 처리할 수 있습니다.
참고로 IF 조건을 처리할 수 있는 함수(COUNTIF, COUNTIFS, SUMIF, SUMIFS 등)는 모두 AND 조건만 지원하며 OR 조건은 처리할 수 없습니다.

01 오른쪽 표의 데이터를 배열수식을 이용해 왼쪽 표에 집계해보겠습니다. 먼저 서울 지역의 각 제품별 판매 건수를 세어봅니다. [C6] 셀에 다음 수식을 작성하고 Ctrl + Shift + Enter 를 눌러 입력한 후 [C6] 셀의 채우기 핸들을 [C8] 셀까지 드래그해 복사합니다.

[C6] 셀 : =SUM(($F$6:$F$15=$C$5)*($G$6:$G$15=B6))

> **Plus⁺ 수식 이해하기**
>
> 이 수식은 'F6:F15=C5' 조건과 'G6:G15=B6' 조건을 곱셈(*) 연산으로 계산한 결과를 SUM 함수로 더하는 수식입니다. 'F6:F15=C5' 조건과 'G6:G15=B6' 조건은 TRUE, FALSE와 같은 논리 값이 10×1 행렬인 배열에 각각 저장됩니다. 두 배열을 곱하면 항목이 모두 TRUE인 경우에만 1이 반환되며, 이 값을 SUM 함수로 합하면 건수가 되므로 COUNTIFS 함수의 결과를 대체할 수 있습니다. 이번 수식을 COUNTIFS 함수로 대체하면 다음과 같습니다.
>
> =COUNTIFS($F$6:$F$15, $C$5, $G$6:$G$15, B6)

02 01 과정의 수식에서 생성되는 배열의 값을 확인해보겠습니다. [I6:I15] 범위에 다음 수식을 작성하고 Ctrl + Shift + Enter 을 눌러 입력하면 화면과 같은 결과가 구해집니다.

[I6:I15] : =(F6:F15=C5)*(G6:G15=B6)

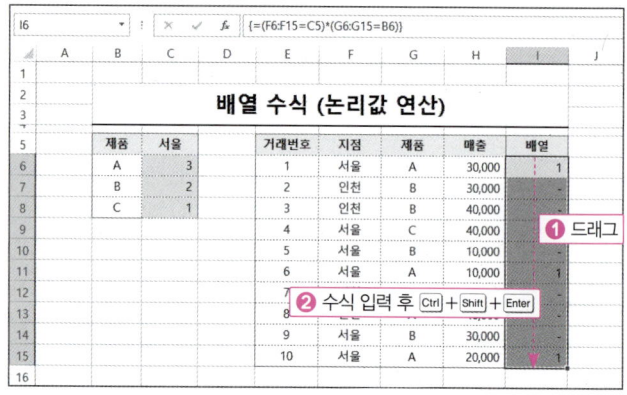

> **Plus⁺ 수식 이해하기**
>
> [C6] 셀의 결과가 제대로 구해진 것인지 확인하기 위한 수식입니다. SUM 함수 내에서 계산되는 배열의 값을 확인할 수 있는데, 반환된 결과를 보면 1이 세 개입니다. 같은 행의 데이터를 확인해보면 지점은 서울, 제품은 A인 경우에만 1이 반환된 것을 알 수 있습니다.

03 이번에는 서울 지역의 각 제품별 매출을 구해봅니다. [C6] 셀의 수식을 다음과 같이 수정하고 Ctrl + Shift + Enter 를 눌러 입력한 후 [C6] 셀의 채우기 핸들을 [C8] 셀까지 드래그해 복사합니다.

[C6] 셀 : =SUM(($F$6:$F$15=$C$5)*($G$6:$G$15=B6)*($H$6:$H$15))

Plus+ 수식 이해하기

이 수식은 **01** 과정 수식의 마지막에 [H6:H15] 범위의 값을 곱한 것만 다릅니다. 기존 범위를 연산하는 ($F$6:$F$15=$C$5)*($G$6:$G$15=B6) 부분은 [I6:I15] 범위에서 확인할 수 있듯이 0이나 1을 반환합니다. 이 값을 [H6:H15] 범위와 곱하면 조건에 맞는 매출만 남고 조건에 맞지 않는 값은 0이 되므로 조건을 만족하는 합계를 구할 수 있습니다. 이 수식은 SUMIFS 함수를 이용해 다음과 같이 대체할 수 있습니다.

=SUMIFS($H$6:$H$15, $F$6:$F$15, $C$5, $G$6:$G$15, B6)

04 이번에는 OR 조건을 처리해보겠습니다. 기존 조건을 OR 조건으로 변경하기 위해 [C6] 셀의 수식을 다음과 같이 수정하고 Ctrl + Shift + Enter 를 눌러 입력합니다. [C6] 셀의 채우기 핸들을 [C8] 셀까지 드래그해 복사합니다.

[C6] 셀 : =SUM(N((($F$6:$F$15=$C$5)+($G$6:$G$15=B6)))>0))

Plus+ 수식 이해하기

집계 함수 중에서 OR 조건을 처리할 수 있는 함수는 없기 때문에 OR 조건을 처리하려면 배열수식을 작성해야 합니다. 이번 조건은 **01** 과정의 수식과 동일하며 곱셈 연산을 덧셈 연산으로 변경한 것에 불과합니다. 이 범위 연산의 결과는 10×1 행렬의 배열로 반환되며, 0, 1, 2 사이의 값이 반환되므로 1 이상인 경우(하나라도 조건을 만족하는 경우)를 처리하기 위해 0보다 크다(>0) 는 조건을 추가한 것입니다.

이 판단의 결과로 배열에는 다시 TRUE, FALSE와 같은 논리 값이 저장되는데, 논리 값은 SUM 함수로 집계할 수 없으므로 논리 값을 숫자로 변환하는 N 함수를 사용한 후 SUM 함수로 집계한 것입니다.

배열수식으로 로또 번호 일치 개수 계산하기

290

배열수식의 범위 연산은 함수에도 동일하게 적용됩니다. 함수의 인수로 하나의 셀만 전달할 수 있는 곳에 범위를 전달하면 범위 내 각 셀을 한 번씩 넣었을 때의 결과를 배열로 저장합니다. 이 방법을 이용하면 함수를 보다 다양하게 활용할 수 있으며, 수식의 길이도 짧게 줄일 수 있습니다.

예제 파일 PART 05 \ CHAPTER 29 \ 로또번호.xlsx

01 예제 파일을 열고 [C8:G12] 범위의 값을 [C5:G5] 범위에서 찾아 몇 개가 맞았는지 확인해 [H8:H12] 범위에 반환하는 수식을 작성해보겠습니다.

02 먼저 일반 수식으로 계산해보겠습니다. [H8] 셀에 다음 수식을 입력하고 [H8] 셀의 채우기 핸들을 [H12] 셀까지 드래그해 복사합니다.

[H8] 셀 : =COUNTIF($C$5:$G$5,C8)
+ COUNTIF($C$5:$G$5, D8)
+ COUNTIF($C$5:$G$5, E8)
+ COUNTIF($C$5:$G$5, F8)
+ COUNTIF($C$5:$G$5, G8)

> **Plus⁺ 수식 이해하기**
>
> [C8:G8] 범위의 숫자가 [C5:G5] 범위의 숫자와 몇 개 일치하는지 확인하려면 [C5:G5] 범위에서 각 번호의 숫자를 세어 모두 더하면 됩니다. 이번 수식은 좀 길지만, 제대로 된 결과가 반환됩니다.

03 COUNTIF 함수의 두 번째 인수에 범위를 전달해 계산 결과가 배열에 저장되도록 해보겠습니다. [H8] 셀의 수식을 다음과 같이 수정하고 Ctrl + Shift + Enter 를 눌러 입력합니다. [H8] 셀의 채우기 핸들을 [H12] 셀까지 드래그해 복사합니다.

[H8] 셀 : =SUM(COUNTIF($C$5:$G$5, C8:G8))

> **Plus⁺ 수식 이해하기**
>
> COUNTIF 함수의 두 번째 인수에 [C8:G8] 범위를 전달하면 범위 내 각 셀을 하나씩 COUNTIF 함수로 전달해 얻은 결과가 1×5 행렬의 배열에 저장됩니다. 배열의 값을 SUM 함수로 더하면 몇 개의 숫자가 매칭하는지 확인할 수 있습니다.

PART
06

엑셀 2016 바이블

데이터

CHAPTER
30
정렬

여러 개의 열을 기준으로 정렬하기 291

[정렬] 기능은 표의 데이터를 원하는 순서로 표시해주기 때문에 편리합니다. 텍스트 값은 가나다 순으로 정렬할 수 있는 오름차순 정렬을 주로 사용하고, 숫자 값은 큰 값을 먼저 표시하는 내림차순 정렬을 주로 사용합니다. [정렬] 기능을 사용하면 여러 열을 한 번에 정렬할 수도 있는데, 엑셀 2007 버전부터는 최대 64개의 정렬 조건을 지정할 수 있습니다.

예제 파일 PART 06 \ CHAPTER 30 \ 정렬.xlsx

01 예제 파일을 열면 고객 데이터가 입력된 표가 있습니다. 표의 데이터 중에서 [B] 열인 '지역'과 [C] 열인 '회사'를 오름차순으로 정렬해보겠습니다.

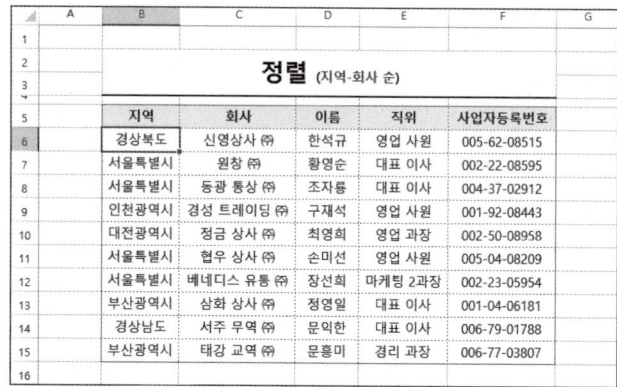

02 표 내부에서 임의의 셀(여기서는 [B6] 셀)을 하나 선택하고, [데이터] 탭–[정렬 및 필터] 그룹–[정렬]을 클릭합니다.

TIP 이번과 같이 셀을 하나 선택하고 [정렬] 대화상자를 열면 해당 셀이 포함된 연속 데이터 범위가 자동으로 선택됩니다. 만약 정렬할 표에 빈 행 등이 포함되어 있다면 전체 범위([B5:F15])를 드래그해 선택한 후 [정렬] 명령을 실행해야 합니다.

03 [정렬] 대화상자가 나타나면 [열]의 정렬 기준에서 [▼아래 화살표]를 클릭하고 [지역]을 선택합니다.

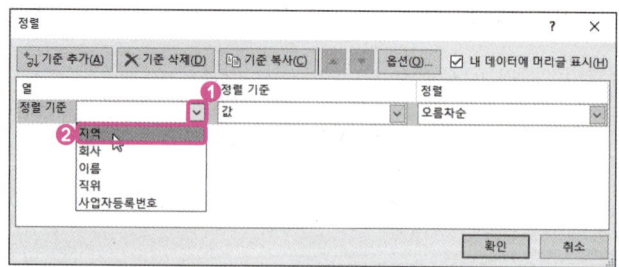

> **Plus⁺** [정렬] 대화상자의 열 구성 이해하기
>
> [정렬] 대화상자에서는 세 개의 열을 이용해 정렬 기준을 설정할 수 있습니다.
>
> ❶ **열** : 정렬할 열의 머리글을 [▼아래 화살표]를 클릭해 선택합니다.
> ❷ **정렬 기준** : 정렬 기준 값을 선택합니다. 값, 셀 색, 글꼴 색, 셀 아이콘 등을 선택할 수 있습니다.
> ❸ **정렬** : 정렬 방식을 선택합니다. 오름차순과 내림차순을 선택할 수 있습니다.

04 정렬 조건이 두 개이므로 왼쪽 상단의 [기준 추가]를 한 번 클릭합니다. 추가된 정렬 기준에서 [회사]를 선택하고 [확인]을 클릭합니다.

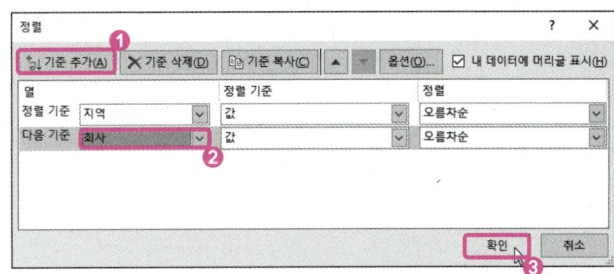

05 [정렬] 대화상자에서 정한 순서에 맞춰 데이터가 정렬됩니다.

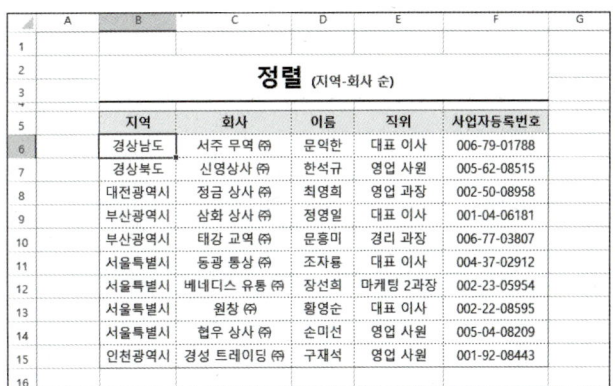

> **Plus⁺** [정렬] 대화상자를 사용하지 않고 정렬할 때
>
> [정렬] 대화상자를 사용하지 않고 오름차순(또는 내림차순) 정렬 명령을 이용해 동일한 결과를 얻으려면 정렬하는 열 순서를 **03** 과정과 반대로 [C] 열의 '회사'를 먼저 정렬하고 [B] 열의 '지역'을 나중에 정렬해야 합니다. 만약 [정렬] 대화상자의 정렬 순서와 같이 [B] 열의 '지역'을 먼저 정렬하고 [C] 열의 '회사'를 정렬하면 다음과 같은 결과가 얻어지므로 주의합니다.
>
>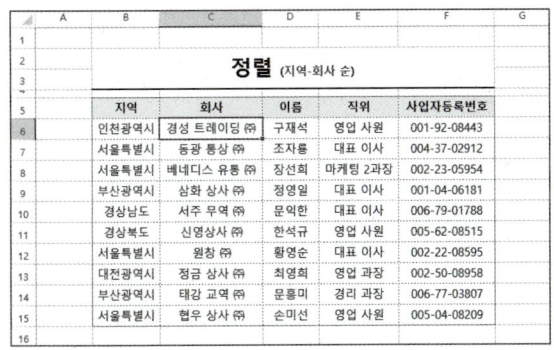

색상별로 정렬하기

292

엑셀 2007부터는 셀에 적용된 색상(배경색, 글꼴 색)을 정렬 기준으로 설정할 수 있습니다. 엑셀에서 색을 조건으로 처리할 수 있는 기능은 [정렬]과 [자동 필터]뿐입니다. 함수의 경우는 색을 조건으로 사용할 수 없습니다. 간단한 데이터 구분에 색상을 적용하는 것은 큰 문제가 아니지만 집계 작업이 필요한 표에서는 색상으로 데이터를 구분하는 작업을 하지 않는 것이 좋습니다. 여기서는 표에 적용된 색상을 기준으로 데이터를 정렬하는 방법에 대해 알아보겠습니다.

예제 파일 PART 06 \ CHAPTER 30 \ 정렬-색상.xlsx

01 예제 파일을 보면 표에 다양한 배경색이 적용되어 있습니다. 표에 적용된 색상을 원하는 순서로 정렬해보겠습니다.

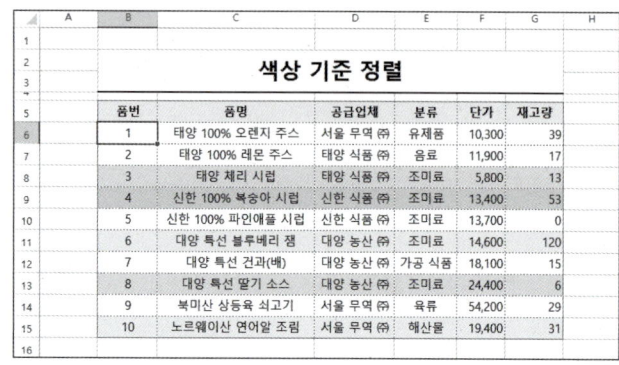

02 [데이터] 탭-[정렬 및 필터] 그룹-[정렬]을 클릭해 [정렬] 대화상자를 엽니다. [열]은 색상이 적용된 열 머리글을 선택합니다. 이 경우는 행 전체에 색상이 적용되어 있으므로 아무 열이나 선택해도 상관없습니다. 여기서는 [품번]을 선택했습니다. [정렬 기준]의 [▼아래 화살표]를 클릭해 [셀 색]을 선택합니다.

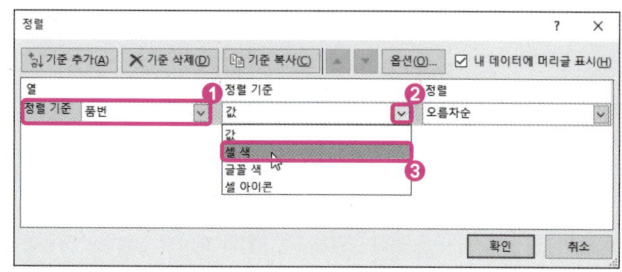

03 새로운 [정렬] 조건이 하나 생깁니다. [셀 색 없음]의 [▼아래 화살표]를 클릭하면 워크시트에 사용된 색상 목록이 나타납니다. 먼저 표시할 색을 하나 선택합니다.

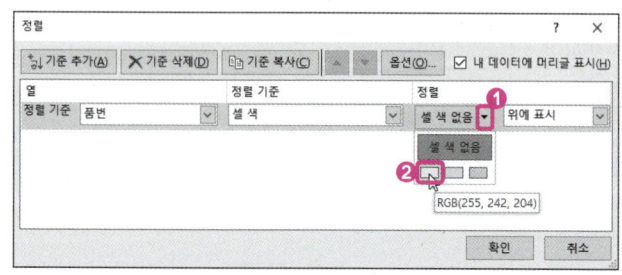

04 색상이 여러 개라면 기준을 더 추가해야 합니다. [기준 추가]를 두 번 클릭하고 **02-03** 과정을 참고해 나머지 색상을 마저 선택한 후 [확인]을 클릭합니다.

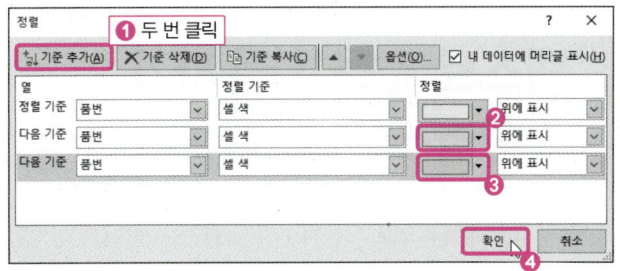

05 그러면 선택한 색 기준에 맞게 우선 선택된 색상이 표 상단에 정렬됩니다.

TIP 표를 정렬한 후에는 원래 순서대로 돌아가기 쉽지 않으므로, 단순 확인 용도라면 [정렬]보다는 [자동 필터] 기능을 사용하는 것이 더 편리합니다.

텍스트 값을 사용자가 원하는 순서로 정렬하기

293

정렬 방식은 기본적으로 오름차순과 내림차순 중에서 선택할 수 있습니다. 숫자나 날짜/시간 값의 경우는 이런 정렬 방법이 유용하지만, 법인, 부서, 직위와 같은 텍스트 값은 가나다 순보다는 특정한 기준에 의해 표시하는 것이 유용한 경우가 많습니다. 여기서는 텍스트 값을 원하는 순서로 정렬하기 위해 사용자 지정 목록을 이용하는 방법에 대해 알아보겠습니다.

\ 예제 파일 PART 06 \ CHAPTER 30 \ 정렬-텍스트.xlsx

01 예제 파일을 열고 왼쪽의 사원 데이터를 [F6:F14] 범위의 직위 체계에 맞게 직위별로 정렬해보겠습니다.

02 정렬 작업을 하려면 우선 [F6:F14] 범위 내 직위를 사용자 지정 목록에 등록해야 합니다. [파일] 탭-[옵션]을 클릭해 [Excel 옵션] 대화상자가 열리면 [고급] 범주를 선택하고 [일반] 항목에서 [사용자 지정 목록 편집]을 클릭합니다.

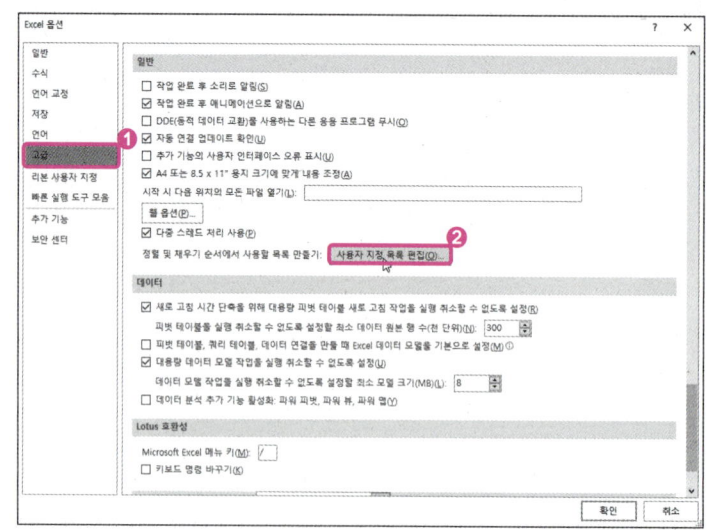

> **Plus⁺** [사용자 지정 목록 편집] 버튼의 위치
>
> 엑셀 2010 이상 버전에서는 버튼 위치가 동일하지만, 2007 버전의 경우는 [사용자 지정 목록 편집] 버튼의 위치가 다릅니다. 엑셀 2007 사용자라면 다음 위치를 참고합니다.
>
> • [기본 설정]에서 [Excel에서 가장 많이 사용하는 옵션]

03 [옵션] 대화상자가 나타나면 [목록 가져올 범위]에서 [F6:F15] 범위를 선택하고 [가져오기]를 클릭합니다. 상단의 [목록 항목]과 [사용자 지정 목록]에 선택 범위의 값이 추가된 것을 확인하고 [확인]을 클릭합니다.

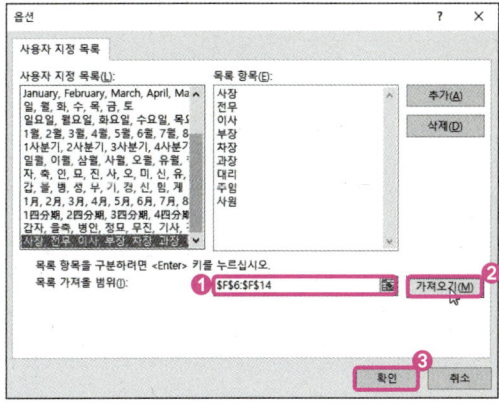

> **Plus⁺** 범위에서 참조하지 않고 직접 사용자 지정 목록 등록하기
>
> 예제와 같이 미리 입력해놓은 값이 없다면 [옵션] 대화상자에서 바로 입력해도 됩니다. [목록 항목]에 직접 정렬할 순서에 맞게 각 항목을 Enter를 눌러 구분해 입력하고 [추가]를 클릭합니다.

04 [Excel 옵션] 대화상자도 [확인]을 클릭해 닫습니다. 이제 정렬 작업을 진행합니다. [B6] 셀을 선택하고 [데이터] 탭-[정렬 및 필터] 그룹-[정렬]을 클릭합니다.

05 [정렬] 대화상자가 표시되면 [열]의 [정렬 기준]에서 [직위]를 선택하고 [정렬]에서 [사용자 지정 목록]을 선택합니다.

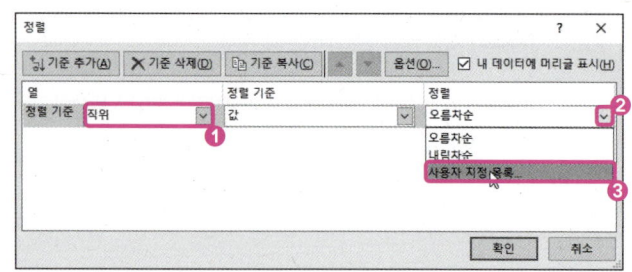

06 [사용자 지정 목록] 대화상자가 나타나면 [사용자 지정 목록]에서 등록해둔 직위 목록을 선택하고 [확인]을 클릭합니다. [정렬] 대화상자도 [확인]을 클릭해 닫습니다.

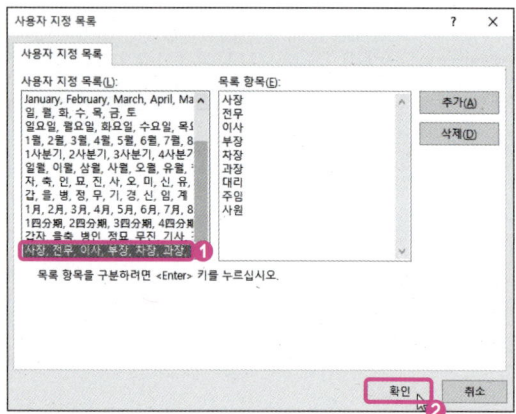

07 직위 체계에 맞게 표가 정렬됩니다. 이처럼 정렬 순서를 원하는 순서에 맞게 조정하려면 먼저 정렬할 값을 순서에 맞게 사용자 지정 목록에 등록하고 사용하면 됩니다.

오른쪽(열) 방향으로 정렬하기 294

보통 행 방향(아래쪽)으로 정렬하는 것이 일반적이지만, 필요한 경우 열 방향(오른쪽)으로도 정렬할 수 있습니다. 이런 정렬 방법은 집계 표에서 유용하게 사용할 수 있습니다. 방향만 변경하면 손쉽게 정렬할 수 있어 편리하지만 메뉴에 노출되어 있지 않아 이런 방법이 지원되는 것을 모르는 경우가 많습니다. 오른쪽 방향을 기준으로 표를 정렬하는 방법에 대해 알아보겠습니다.

예제 파일 PART 06 \ CHAPTER 30 \ 정렬-가로.xlsx

01 예제 파일을 열고 표의 [5]행에 입력된 직원 이름을 오른쪽 방향으로 정렬해보겠습니다.

02 열 방향으로 정렬하려면 정렬할 데이터 범위를 정확하게 선택해야 합니다. [B] 열을 제외한 [C5:K13] 범위를 드래그해 선택하고 [데이터] 탭-[정렬 및 필터] 그룹-[정렬]을 클릭합니다.

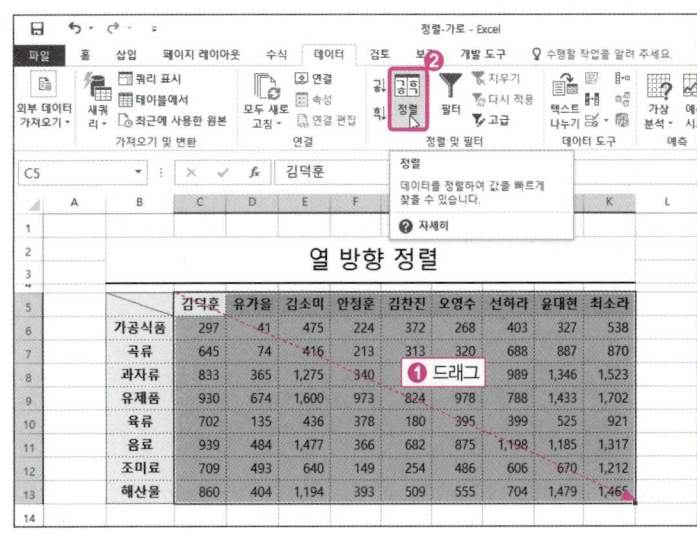

TIP [B6:B13] 범위는 정렬할 필요가 없습니다. 만약 범위를 선택하지 않고 [정렬]을 클릭하면 [B5:K13] 범위가 정렬 대상 범위가 되므로 이번과 같이 정렬할 대상 범위를 선택하고 작업해야 합니다.

03 [정렬] 대화상자가 나타나면 상단의 [옵션]을 클릭해 [정렬 옵션] 대화상자를 표시합니다. [방향]에서 [왼쪽에서 오른쪽]을 선택하고 [확인]을 클릭합니다.

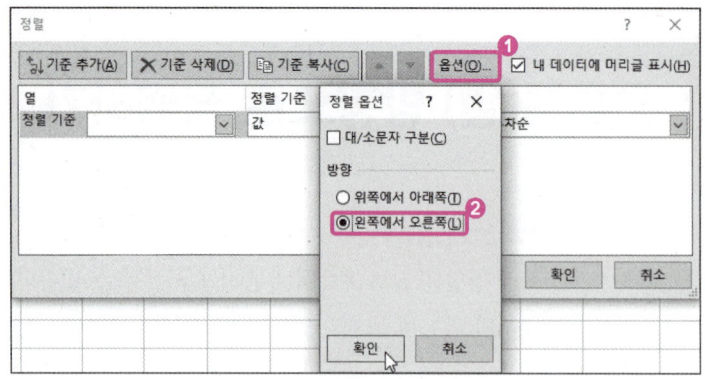

04 이제 [정렬] 대화상자를 설정합니다. [행]의 [정렬 기준]에서 첫 번째인 [행 5]를 선택하고 [확인]을 클릭합니다.

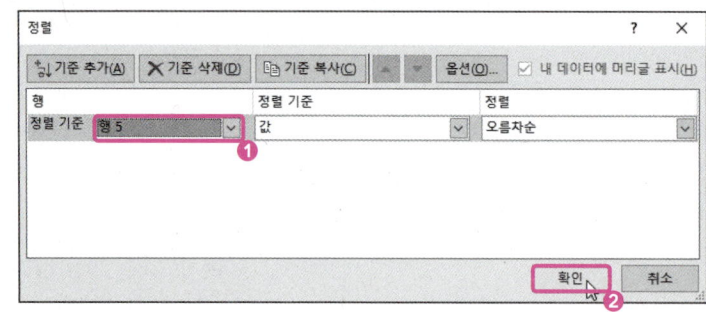

TIP 정렬 방법은 기본이 오름차순이므로 내림차순으로 정렬하려면 [정렬] 옵션을 변경해야 합니다.

05 다음과 같이 직원 이름이 오름차순으로 정렬됩니다.

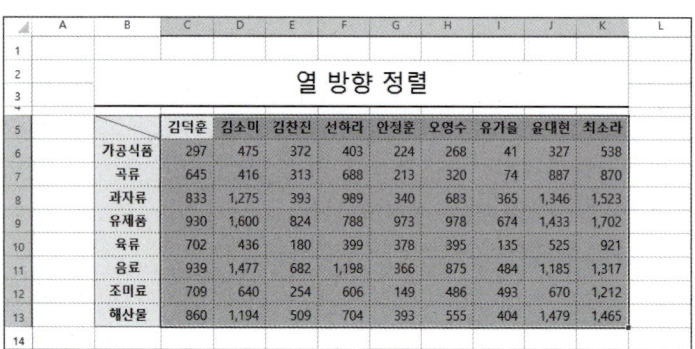

표의 열 순서를 손쉽게 변경하기 295

표의 열 순서를 바꾸는 작업을 할 때, 순서를 바꿀 열이 많지 않다면 [잘라내기] 기능을 이용해 원하는 위치에 삽입하는 방법을 주로 사용합니다. 하지만 표의 열 순서를 대폭 변경할 때 잘라내서 삽입하는 방법을 사용하면 여러 번 해야 하고 혼동될 수 있어 불편합니다. 이런 경우에는 [정렬] 기능을 이용하는 것이 좋습니다. [정렬] 기능을 사용해 표의 열 순서를 변경하는 방법에 대해 알아보겠습니다.

예제 파일 PART 06 \ CHAPTER 30 \ 정렬-열 순서.xlsx

01 예제 파일을 열고 화면에 표시된 표의 열 순서를 한 번에 원하는 순서로 변경해보겠습니다.

02 표의 하단 [B16:I16] 범위에 정렬하고 싶은 열 순서대로 1, 2, 3, … 일련번호를 입력합니다.

> **Plus⁺ 일련번호를 입력할 때 주의할 점**
>
> 표 하단에 일련번호를 입력하면 상단 데이터 형식의 영향을 받습니다. [H16] 셀의 경우 예제 화면에는 7로 표시되어 있지만 실제 입력할 때는 7%로 입력될 것입니다. 7%는 0.07이므로 그대로 두면 원하는 순서로 정렬되지 않습니다. [홈] 탭-[표시 형식] 그룹-[쉼표 스타일]을 클릭해 데이터 형식을 변경한 후 정수로 '7'을 입력합니다.

03 일련번호가 입력된 [16] 행을 기준으로 표를 가로로 정렬합니다. [B5:I16] 범위를 선택하고 [데이터] 탭-[정렬 및 필터] 그룹-[정렬]을 클릭하고 해당 작업을 진행합니다.

LINK 표를 가로로 정렬하는 방법은 'No. 294 오른쪽(열) 방향으로 정렬하기'를 참고합니다.

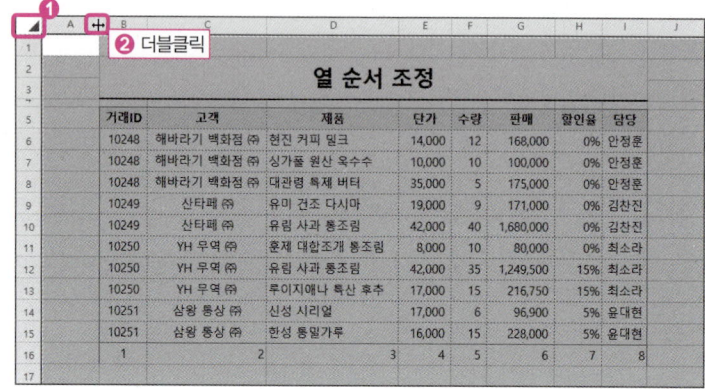

04 표를 정렬하면 열 너비가 데이터와 일치하지 않아 보기에 불편할 겁니다. 워크시트의 [모두 선택]을 클릭해 전체 범위를 선택하고 [A] 열 머리글과 [B] 열 머리글의 열 구분선을 더블클릭하면 열 너비가 한 번에 자동으로 조정됩니다.

TIP [16] 행은 정렬 작업을 위해 임시로 입력한 내용이므로 작업이 끝나면 삭제합니다.

정렬한 표를 원래 순서로 복원하기 296

정렬 작업을 하면 다시 정렬 이전 순서로는 돌아갈 수 없습니다. 물론 정렬 작업을 한 직후라면 [실행 취소](Ctrl+Z) 명령을 사용해 되돌릴 수 있지만, 파일을 닫고 여러 번 작업을 진행한 다음이라면 원래 순서로 돌아갈 수 있는 방법이 없습니다. 여기서는 정렬한 표를 다시 원래 순서로 복원하는 방법에 대해 알아보겠습니다.

예제 파일 PART 06 \ CHAPTER 30 \ 정렬-취소.xlsx

01 예제 파일을 열고 [B] 열의 '회사명'을 오름차순으로 정렬해보겠습니다. 다만 언제든 현재와 같은 순서로 돌아올 수 있도록 하겠습니다.

TIP 현재 표 순서로 돌아오려면 표의 날짜/시간 값이나 일련번호와 같은 값을 갖고 있는 열이 있으면 됩니다.

02 표 우측 빈 열에 일련번호를 입력합니다. [F5] 셀에 머리글을 '일련번호'로 입력하고, [F6:F15] 범위에 1, 2, 3, …과 같은 일련번호를 넣습니다.

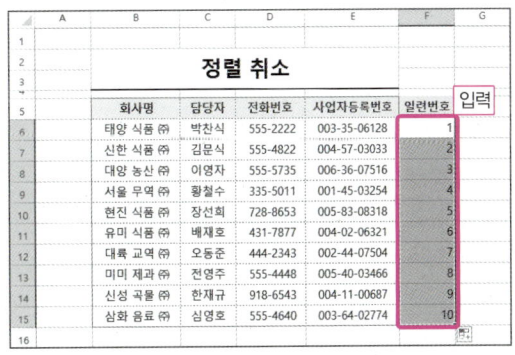

TIP [F6:F7] 범위에 1, 2를 순서대로 입력하고 [F6:F7] 범위를 선택한 후 채우기 핸들을 더블클릭하면 손쉽게 일련번호를 입력할 수 있습니다.

03 원하는 정렬 작업을 진행합니다. 다시 원래대로 돌아오려면 **02** 과정에서 입력한 일련번호 열을 오름차순으로 정렬하면 됩니다.

TIP [F] 열은 [숨기기] 명령으로 숨겨 놓았다가 필요할 때 다시 화면에 표시해 원래 순서로 되돌리면 좋습니다.

표 일부 범위만 선택 정렬하기

297

정렬 기능은 기본적으로 표 전체 범위를 대상으로 데이터를 정렬합니다. 하지만 표에서 제외하고 싶은 부분이 있는 경우에는 원하는 범위만 선택해서 정렬할 수도 있습니다. 이때 먼저 선택한 열(활성 셀이 포함된 열)을 기준으로 정렬하기 때문에 표 일부 범위만 정렬하려면 데이터 범위를 선택할 때 주의해야 합니다. 사용자가 범위를 선택하고 정렬하는 방법에 대해 알아보겠습니다.

예제 파일 PART 06 \ CHAPTER 30 \ 정렬-선택 범위.xlsx

01 예제 파일을 열고 표를 [D] 열의 '매출' 순으로 정렬해보겠습니다. 그냥 정렬하면 오른쪽 화면과 같은 결과를 얻게 되므로 [14] 행의 '총합계' 행은 제외하고 정렬합니다.

02 매출 순으로 데이터를 정렬하기 위해 [D6] 셀에서 [B13] 셀 방향으로 범위를 선택한 후 [데이터] 탭-[정렬 및 필터] 그룹-[힣↓내림차순 정렬]을 클릭해 정렬합니다.

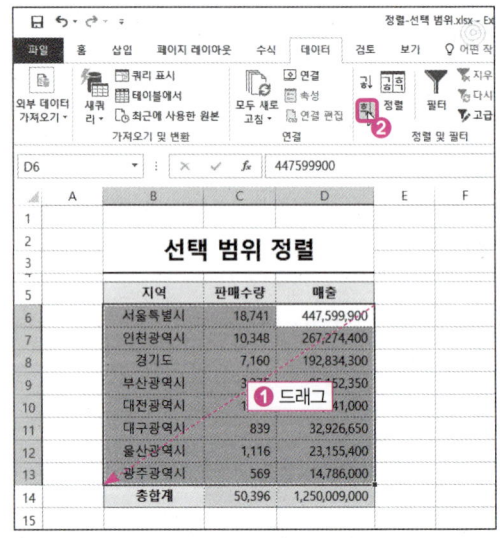

TIP [D6:B13] 범위를 선택하면 [D6] 셀만 흰색으로 표시되는데 이 셀을 활성 셀이라고 하며 활성 셀이 위치한 열이 정렬됩니다. 만약 [C] 열의 '판매수량'을 기준으로 정렬하고자 한다면 [B6:D13] 범위를 왼쪽에서 오른쪽 하단 방향으로 선택하고 [Tab]을 눌러 [C6] 셀이 활성 셀이 되도록 한 후 [내림차순 정렬] 명령을 클릭합니다.

병합된 셀이 포함된 표 정렬하기

298

병합된 셀이 포함된 표를 정렬하면 '모든 셀의 크기가 동일해야 한다'는 내용의 오류 메시지가 나타납니다. 셀을 병합하면 표를 깔끔하게 만들 수는 있지만 [정렬] 기능을 포함한 엑셀 명령의 대부분을 제대로 사용할 수 없으므로 주의해야 합니다. 병합된 셀이 포함된 표를 정렬하는 방법에 대해 알아보겠습니다.

예제 파일 PART 06 \ CHAPTER 30 \ 정렬-병합.xlsx

01 예제 파일을 보면 [B] 열에 병합된 셀들이 있습니다. [B] 열의 담당자 이름을 오름차순으로 정렬해보겠습니다.

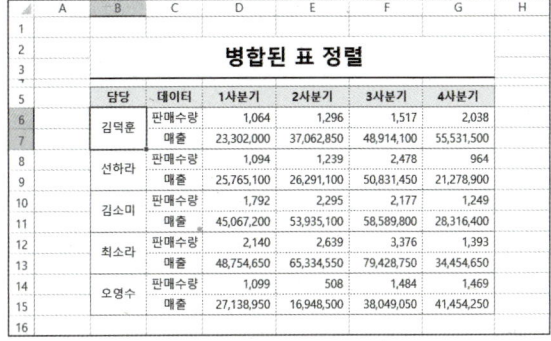

02 병합된 셀이 포함된 표는 정렬할 수 없으므로 일단 병합을 해제해야 합니다. 병합된 셀이 있는 [B6:B15] 범위를 선택하고 [홈] 탭-[맞춤] 그룹-[🗐 병합하고 가운데 맞춤]을 클릭합니다.

03 병합이 해제된 빈 셀에 값을 채우기 위해 [B6:B15] 범위를 선택한 상태에서 F5를 누릅니다. [이동] 대화상자에서 [옵션]을 클릭해 [이동 옵션] 대화상자가 나타나면 [빈 셀]을 선택하고 [확인]을 클릭합니다.

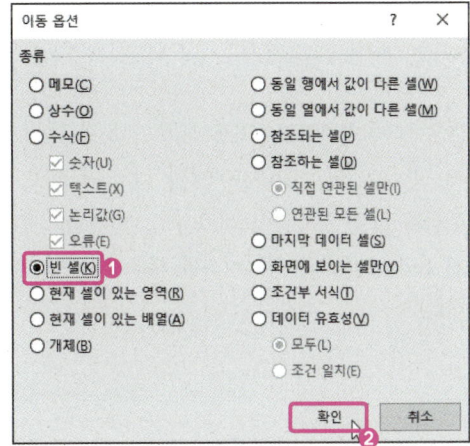

04 빈 셀만 선택되면 등호(=)를 입력하고 [B6] 셀을 클릭한 후 Ctrl+Enter를 눌러 수식을 한 번에 복사합니다. 빈 셀이 모두 바로 위 셀의 값을 참조해 채워집니다.

TIP Ctrl+Enter 는 선택 범위에 활성 셀의 값(또는 수식)을 복사하는 단축키입니다.

05 정렬 작업을 하기 위해 [B6] 셀을 선택하고 [데이터] 탭-[정렬 및 필터] 그룹-[오름차순 정렬]을 클릭합니다.

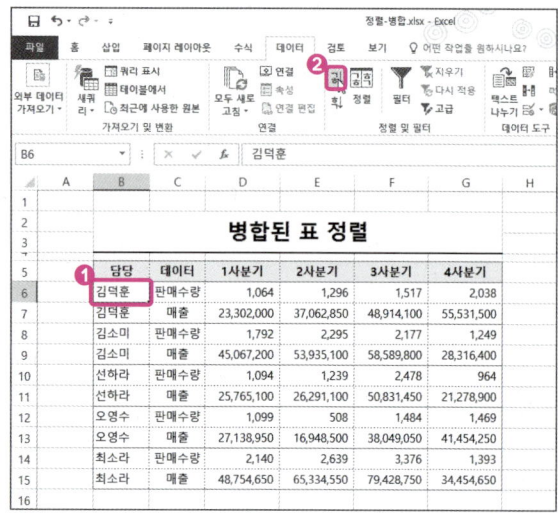

06 정렬 작업이 끝났으므로 병합이 해제된 셀을 다시 병합합니다. [B6:B7] 범위를 선택하고, [홈] 탭-[맞춤] 그룹-[병합하고 가운데 맞춤]을 클릭합니다.

07 나머지 셀들은 자동 채우기 기능을 이용해 병합합니다. [B6:B7] 병합 셀의 채우기 핸들을 [15] 행까지 드래그하고 [자동 채우기 옵션]을 클릭한 후 [서식만 채우기]를 선택합니다.

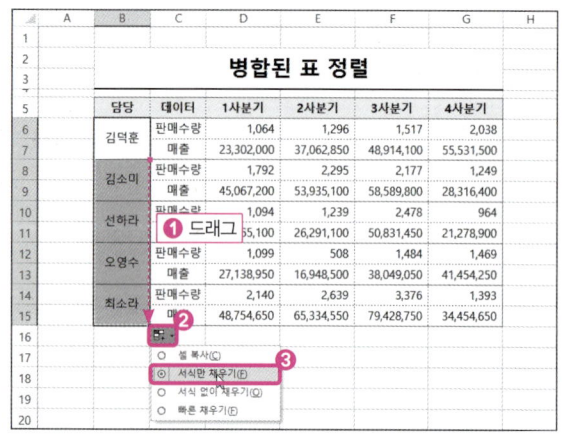

특정 문자를 제외하고 정렬하기

299

정렬할 값에서 특정 문자가 앞에 포함되어 있거나 생략되어 있으면 정렬 결과를 생각한 대로 얻기 어렵습니다. 이런 경우 [정렬] 기능에는 특정 문자를 제외하는 방법이 없으므로 해당 문자를 먼저 지우고 정렬해야 합니다. 정렬 작업에 불필요한 문자(열)를 제거하고 정렬하는 방법에 대해 알아보겠습니다.

예제 파일 PART 06\CHAPTER 30\정렬-제외.xlsx

01 예제 파일을 열고 [B] 열의 회사 이름을 정렬해보겠습니다. 이때 '㈜'라는 특수문자는 제외하고 정렬합니다.

02 [C6] 셀에 다음 수식을 입력하고 채우기 핸들을 [C15] 셀까지 드래그해 복사합니다.

[C6] 셀 : **=SUBSTITUTE(B6, "㈜", "")**

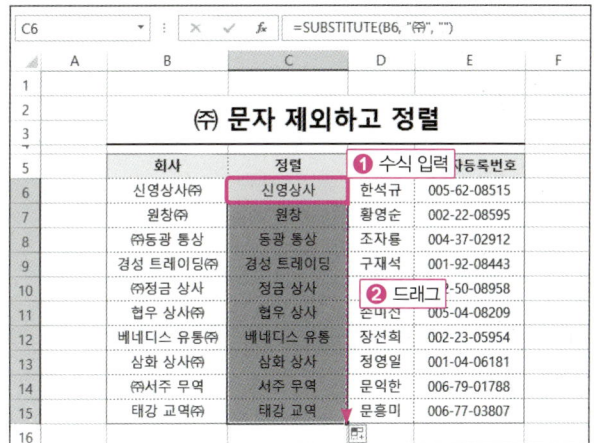

TIP [B6:B15] 범위 내 값을 고쳐도 상관이 없다면 [B6:B15] 범위를 선택하고 [바꾸기(Ctrl+H)] 기능을 이용해 셀 값을 직접 수정해도 됩니다.

Plus⁺ ㈜와 (주)의 차이점 이해하기

엑셀을 포함한 오피스 프로그램은 특정 조합의 문자열이 입력됐을 때 입력된 값이 자동 고침 목록에 있는 값이면 임의로 수정합니다. 예를 들어 (c)는 특수문자 ©로, (주)는 특수문자 ㈜로 변경하는데, 이런 기능을 '자동 고침'이라고 합니다. 예제의 [B6:B15] 범위 내에 있는 ㈜도 특수문자로 한 개의 문자이지만, (주)는 세 개의 문자로 구성된 문자열입니다. 즉, 둘은 다른 값입니다.

03 표를 정렬하기 위해 [C6] 셀을 선택하고 [데이터] 탭-[정렬 및 필터] 그룹-[오름차순 정렬]을 클릭합니다.

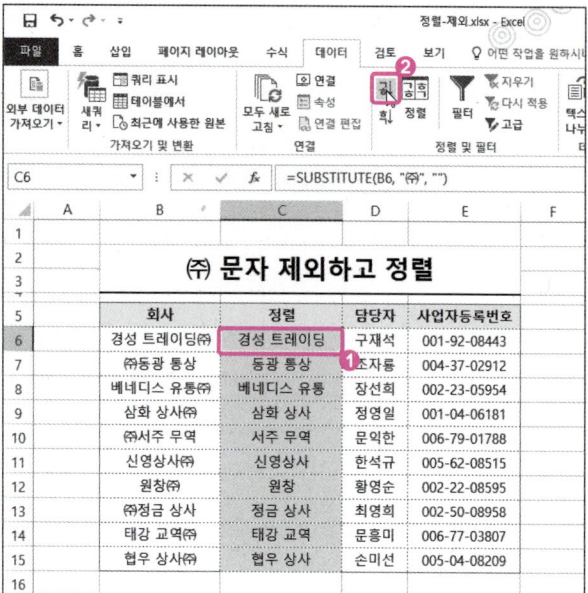

TIP 정렬 작업이 끝나면 [C] 열은 필요 없으므로 삭제합니다.

텍스트 값의 숫자를 인식해 정렬하기

300

1-1, 1-2, …, 1-10과 같은 값은 숫자로 보이지만 중간에 입력된 하이픈(-) 때문에 텍스트 값으로 처리됩니다. 그러므로 이 값을 정렬하면 1-10이 1-2보다 앞에 표시됩니다. 텍스트는 숫자와는 달리 값의 크기(10, 2)를 비교할 수 없고 먼저 나온 문자(1, 2)만 비교하기 때문입니다. 이렇게 텍스트 값에서 부분 사용된 숫자의 크기를 인식해 정렬하려면 텍스트 값의 숫자 자릿수를 일치시켜야 합니다. 텍스트 값에 입력된 숫자를 정렬하는 방법에 대해 알아보겠습니다.

예제 파일 PART 06 \ CHAPTER 30 \ 정렬-텍스트형 숫자.xlsx

01 예제 파일을 열고 [B6:B15] 범위에 입력된 텍스트 형식의 값을 정렬해보겠습니다. 먼저 어떻게 정렬되는지 확인하기 위해 [B6] 셀을 선택하고 [데이터] 탭-[정렬 및 필터] 그룹-[오름차순 정렬]을 클릭합니다. 오른쪽 화면과 같은 결과가 얻어집니다.

02 [C6] 셀에 다음 수식을 입력하고 [C6] 셀의 채우기 핸들을 [C15] 셀까지 드래그해 복사합니다.

[C6] 셀 : =LEFT(B6, 2) & TEXT(MID(B6, 3, 2), "00")

> **Plus⁺ 수식 이해하기**
>
> 이 수식은 [B] 열의 품번에서 하이픈 뒤 번호를 두 자리 수로 맞추기 위한 것으로, & 연산자 뒷부분이 핵심입니다. & 연산자 뒷부분의 수식은 다음 두 개의 수식이 결합된 것입니다.
>
> ❶ MID(B6, 3, 2)
>   [B6] 셀의 세 번째 문자에서 문자 두 개를 잘라냅니다. 이렇게 하면 [B] 열의 품번에서 하이픈(-) 뒤의 숫자만 잘려집니다.
>
> ❷ TEXT(❶, "00")
>   ❶에서 잘려진 숫자를 두 자리 숫자로 표시하라는 의미로, 1은 01로 반환됩니다.
>
> 이렇게 변환된 값을 LEFT 함수로 잘라낸 앞부분과 연결하면 화면과 같은 결과를 얻을 수 있습니다.

03 [C6] 셀을 선택하고 [데이터] 탭-[정렬 및 필터] 그룹-[📊오름차순 정렬]을 클릭하면 제대로 된 정렬 결과가 나타납니다.

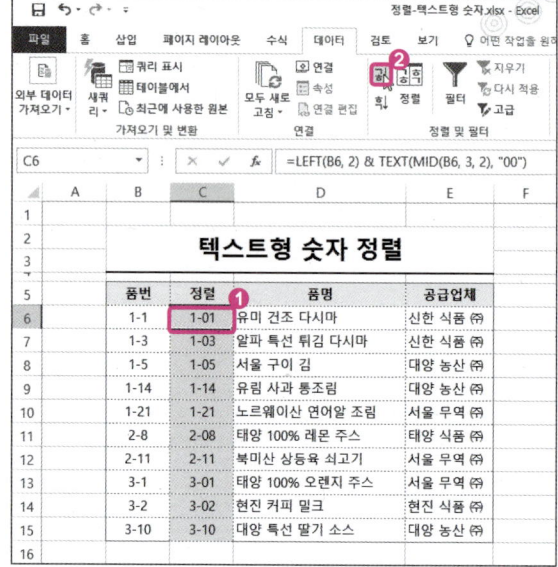

CHAPTER

31

자동 필터, 고급 필터, 중복 제거

키워드 검색을 이용해 데이터 추출하기

301

[자동 필터]는 엑셀에서 가장 많이 사용하는 기능 중 하나입니다. [자동 필터]를 적용하면 전체 데이터 중에서 필요한 데이터만 빠르게 추출할 수 있기 때문에 대량의 데이터를 관리할 때 유용합니다. 다만 필터 목록에서 원하는 조건의 항목을 하나씩 선택하는 방법은 조금 불편한데, 엑셀 2010부터 추가된 검색 필터를 이용하면 원하는 조건에 맞는 데이터를 보다 빠르게 추출할 수 있습니다.

예제 파일 PART 06 \ CHAPTER 31 \ 자동필터-검색.xlsx

01 예제 파일을 열고 [D] 열의 '직위'에서 '과장' 직함이 존재하는 데이터만 [자동 필터]로 추출해보겠습니다.

TIP 예제의 표가 조금 길어 [나누기] 기능을 적용해 화면을 분리해놓았습니다.

LINK [나누기] 기능에 대해서는 'No. 042 시트 내 떨어져 있는 범위를 한 화면에 파악하면서 작업하기'를 참고합니다.

02 표 내부의 셀(여기서는 [B6] 셀)을 선택하고 [데이터] 탭-[정렬 및 필터] 그룹-[필터]를 클릭합니다. 표의 첫 번째 행에 [▼아래 화살표]가 표시됩니다.

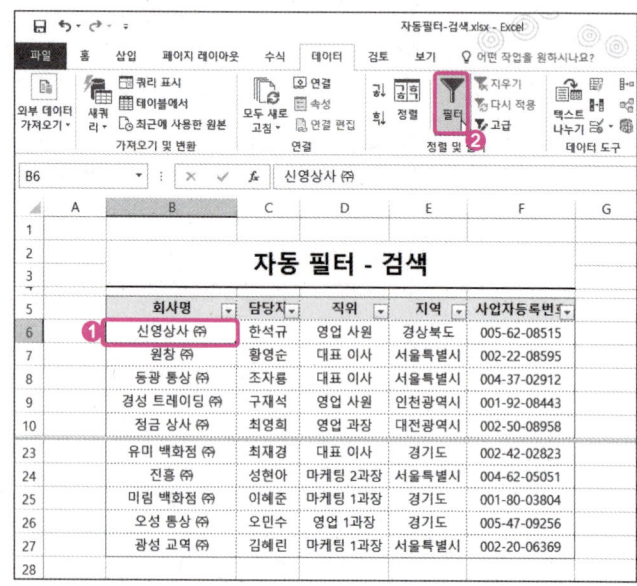

TIP 표 내부의 셀을 하나 선택하고 [필터] 명령을 실행하면 표의 연속된 범위(Ctrl+A)에 [자동 필터] 기능이 적용됩니다.

03 직위가 '과장'인 데이터만 추출하기 위해 [D5] 셀의 [▼아래 화살표]를 클릭합니다. 필터 목록의 가운데에 있는 [검색]란에 '과장'을 입력하고 Enter를 누르거나 [확인]을 클릭합니다.

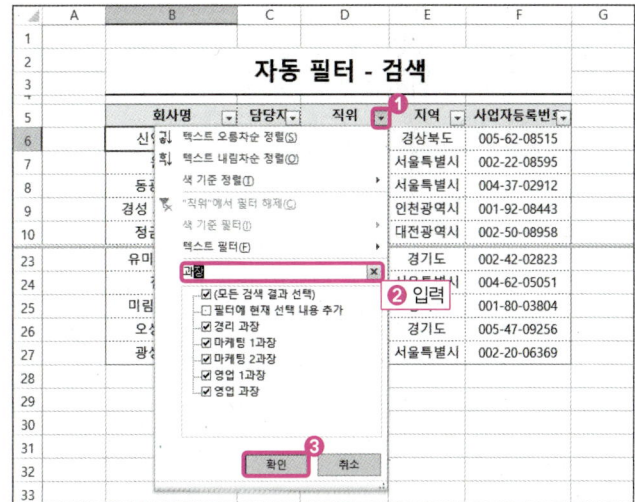

TIP [검색]란에 입력된 키워드 값과 해당 열에 입력된 값에서 전체 또는 일부가 일치하는 항목이 모두 추출됩니다.

04 다음과 같이 전체 데이터에서 '과장' 직함이 있는 데이터만 추출됩니다.

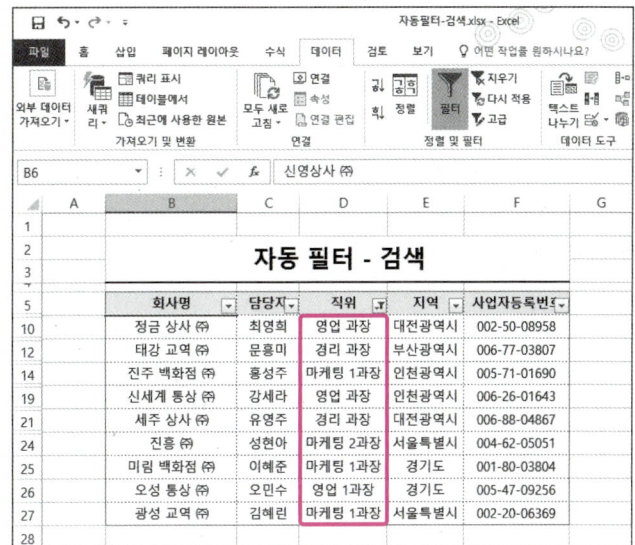

Plus⁺ 필터 조건이 설정된 표 이해하기

필터 조건이 설정된 표에는 다음과 같은 특징이 있습니다.

❶ 필터 조건이 적용된 열 머리글 셀([D5] 셀)의 [▼아래 화살표]에 [▼ 필터] 아이콘이 표시됩니다.
❷ 필터링된 데이터의 행 주소는 모두 파란색으로 표시됩니다.

Plus⁺ 필터 조건 해제하기

필터 조건은 다음 두 가지 방법을 사용해 해제할 수 있습니다.

❶ [데이터] 탭–[정렬 및 필터] 그룹–[필터]를 다시 클릭하면 자동 필터가 제거되면서 필터 조건도 해제됩니다.
❷ [데이터] 탭–[정렬 및 필터] 그룹–[▼ 지우기]를 클릭하면 자동 필터는 그대로 적용된 상태에서 필터 조건만 해제돼 전체 데이터가 표시됩니다.

필터한 조건과 맞지 않는 데이터가 화면에 표시되는 문제

302

[자동 필터]로 데이터를 추출할 때 지정한 필터 조건에 맞지 않는 결과가 표시되는 경우가 있습니다. 이런 문제는 대개 [자동 필터]가 전체 표 범위에 적용되지 않을 때 발생하는데, 표 범위 내에 빈 행이 포함되어 있기 때문인 경우가 대부분입니다. 파일에 문제가 있어서 이런 현상이 발생할 수도 있는데, 이런 경우는 상황에 따라 해결 방법이 다르므로 파일을 첨부해 저자가 운영하는 카페에 문의할 것을 권합니다. 여기서는 표에 빈 행이 포함되어 발생한 문제를 확인하고 해결해보겠습니다.

예제 파일 PART 06 \ CHAPTER 31 \ 자동필터-범위.xlsx

01 예제 파일을 열고 표에 [자동 필터]를 적용한 후 [E] 열의 '지역'에서 '서울특별시'만 추출해보겠습니다.

02 [B6] 셀을 선택하고 [데이터] 탭-[정렬 및 필터] 그룹-[필터]를 클릭합니다.

03 '서울특별시' 데이터만 추출하기 위해 [E5] 셀의 [▼아래 화살표]를 클릭합니다. 필터 목록의 [검색]란에 '서울'을 입력하고 [확인]을 클릭하면 다음 화면과 같은 결과가 나타납니다.

TIP 추출된 데이터 중에 '경기도' 데이터가 있습니다. [18] 행의 행 주소가 파란색이 아닌 것으로 보아 [자동 필터]로 추출된 데이터가 아님을 알 수 있습니다.

04 이번에는 표 전체 범위를 선택하고 [자동 필터]를 다시 설정하겠습니다. 먼저 현재 적용된 [자동 필터]를 해제하기 위해 [데이터] 탭-[정렬 및 필터] 그룹-[필터]를 클릭합니다.

05 표 전체인 [B5:F18] 범위를 선택하고 [데이터] 탭-[정렬 및 필터] 그룹-[필터]를 클릭합니다.

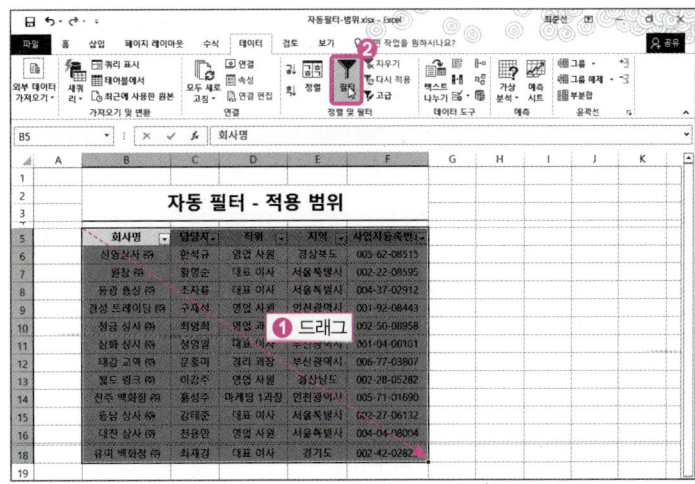

06 03 과정과 동일하게 [E]열의 필터 조건을 설정해 '서울특별시' 데이터만 추출합니다. 이번에는 결과가 제대로 나옵니다.

상위(또는 하위) n개 데이터 추출하기

303

숫자 값을 갖는 열에서 큰(또는 작은) 값 순으로 n개의 데이터를 추출하려면 [자동 필터]의 [상위 10] 필터 조건을 사용합니다. [상위 10] 필터 조건은 숫자 값이 입력된 열에만 사용할 수 있으며, 상위 10개 데이터뿐 아니라 상위, 하위 n개나 n%에 해당하는 데이터도 추출할 수 있습니다. 여기서는 [자동 필터] 의 [상위 10] 필터 조건을 사용하는 방법에 대해 알아보겠습니다.

예제 파일 PART 06 \ CHAPTER 31 \ 자동필터-상위10.xlsx

01 예제 파일을 열고 표에서 매출 상위 10개 데이터를 추출해보겠습니다. [D5] 셀의 [▼]아래 화살표] 를 클릭하고 [숫자 필터]-[상위 10]을 선택합니다.

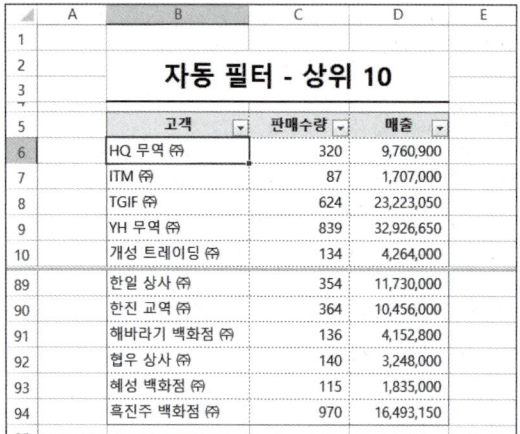 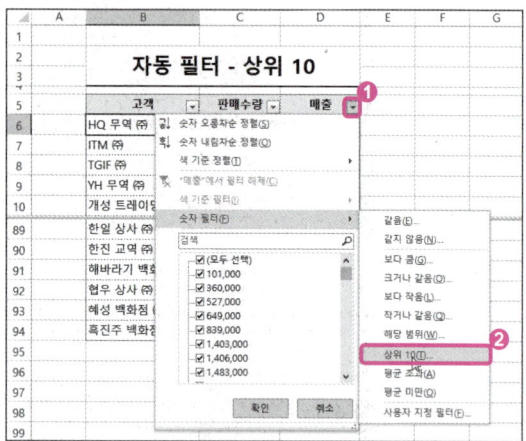

TIP 예제가 아닌 다른 엑셀 파일에서 이 기능을 적용하려고 할 때 [숫자 필터]가 나타나지 않고 [텍스트 필터]가 나타난다면, 해당 열의 데이터 가 숫자가 아니거나 열의 데이터 형식에서 텍스트 값의 비중이 더 큰 경우입니다.

02 [상위 10 자동 필터] 대화상자가 나타나면 첫 번째 콤보 상자에서 [상위]를 선택하고, 두 번째 입력 상자에는 추출할 데이터 개수인 '10'을 입력합니다. 마지막으로 세 번째 콤보 상자에서 [항목]을 선택하고 [확 인]을 클릭합니다.

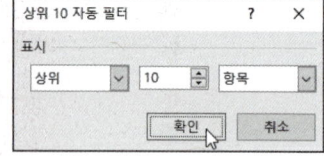

> **Plus⁺** [상위 10 자동 필터] 대화상자 설정 방법 이해하기
>
> [상위 10 자동 필터] 대화상자에서 선택할 수 있는 값은 다음과 같습니다.
>
> - **첫 번째 콤보 상자** : [상위], [하위] 중 하나를 선택할 수 있습니다.
>
>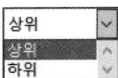
>
> - **두 번째 입력 상자** : 추출할 개수를 입력하거나 회전자 컨트롤을 조정해 값을 변경합니다.
>
>
>
> - **세 번째 콤보 상자** : [항목], [%] 중 하나를 선택할 수 있습니다. [항목]은 행 개수를 의미하며, [%]는 전체 행에서의 비율을 의미합니다.
>
>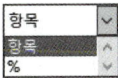

03 매출이 높은 상위 10개 데이터만 화면에 표시됩니다.

TIP 필터된 결과는 자동으로 정렬되지 않으므로 필요하다면 직접 정렬합니다.

04 **02** 과정의 마지막 콤보 상자에서 [항목]이 아니라 [%]를 선택했다면 화면과 같은 결과가 나옵니다. 상태 표시줄에 '89개 중 8개의 레코드가 있습니다'라는 메시지가 있는데 이것은 전체 89개의 행 중 8개의 행이 추출됐다는 의미입니다. 즉 추출된 행은 전체 데이터에서 상위 10%에 해당하는 매출임을 알 수 있습니다.

CHAPTER 31 | 자동 필터, 고급 필터, 중복 제거 / **641**

날짜 값이 입력된 열에서 데이터 추출하기

304

[자동 필터]를 이용할 때 날짜 값이 입력된 열이 있다면 다양한 날짜 조건을 이용해 데이터를 추출할 수 있습니다. 날짜는 데이터 관리에 있어 매우 중요한 값입니다. 날짜 필터를 설정하는 방법을 잘 이해하고 있으면 필요한 데이터를 손쉽게 확인할 수 있습니다. 여기서는 다양한 날짜 필터를 활용해 원하는 데이터를 확인하는 방법에 대해 알아보겠습니다.

예제 파일 PART 06 \ CHAPTER 31 \ 자동필터-날짜.xlsx

01 예제 파일을 열고 [G] 열에 입력된 주문일에서 원하는 데이터를 자동 필터 조건을 이용해 추출해보겠습니다.

TIP 날짜 값이 정확하게 날짜/시간 형식으로 입력되어 있어야 날짜 필터를 사용할 수 있습니다.

LINK 엑셀에서 날짜/시간을 관리하는 방법은 'No. 066 왜 날짜나 시간을 입력하면 숫자로 표시될까?'를 참고합니다.

02 [G5] 셀의 [▼ 아래 화살표]를 클릭하면 필터 목록이 펼쳐집니다. 목록에는 날짜 값이 연-월-일 방식으로 묶여 표시됩니다. 날짜 값을 갖는 열에 필터 조건을 지정하면 연도별(또는 월별)로 데이터를 빠르게 추출할 수 있습니다.

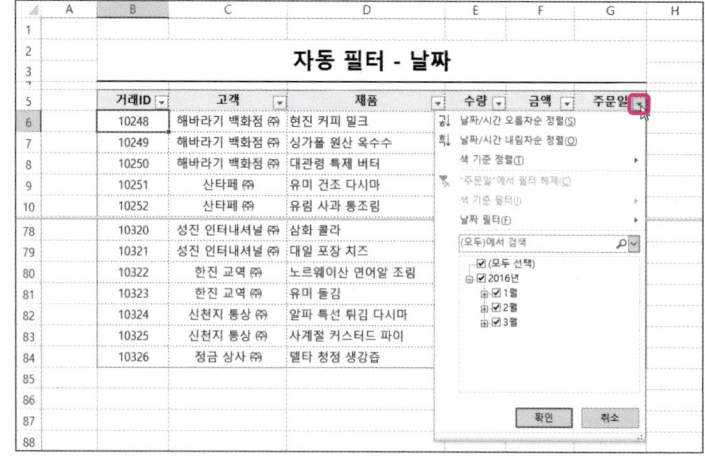

> **Plus⁺ 날짜가 연-월 방식으로 묶여 표시되지 않는다면**
>
> Excel 옵션이 변경되었을 가능성이 있습니다. 다음 옵션을 확인합니다.
>
> ❶ [파일] 탭-[옵션]을 클릭합니다.
> ❷ [Excel 옵션] 대화상자에서 [고급]-[이 통합 문서의 표시 옵션]-[자동 필터 메뉴에서 날짜 그룹화] 옵션에 체크 표시를 하고 [확인]을 클릭합니다.

03 필터 목록의 [검색]란 우측의 [▼ 아래 화살표]를 클릭하면 날짜 단위를 연, 월, 날짜 중에서 선택해 검색할 수 있습니다.

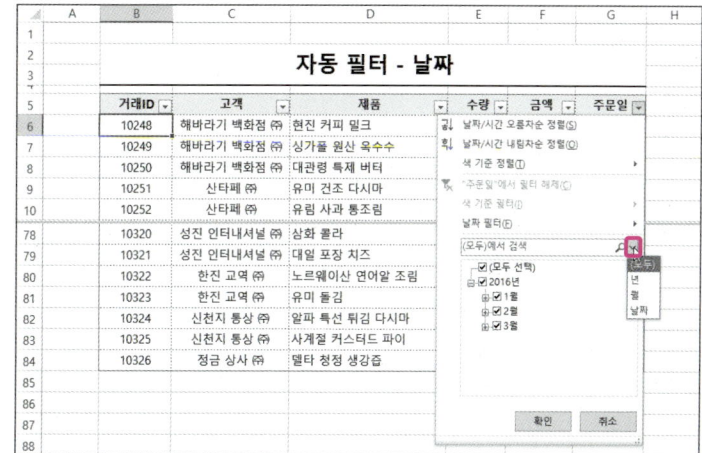

04 좀 더 다양한 날짜 조건을 사용하려면 필터 목록에서 [날짜 필터]에 마우스 포인터를 위치시킵니다. 메뉴에서 다양한 날짜 필터 조건을 확인할 수 있습니다.

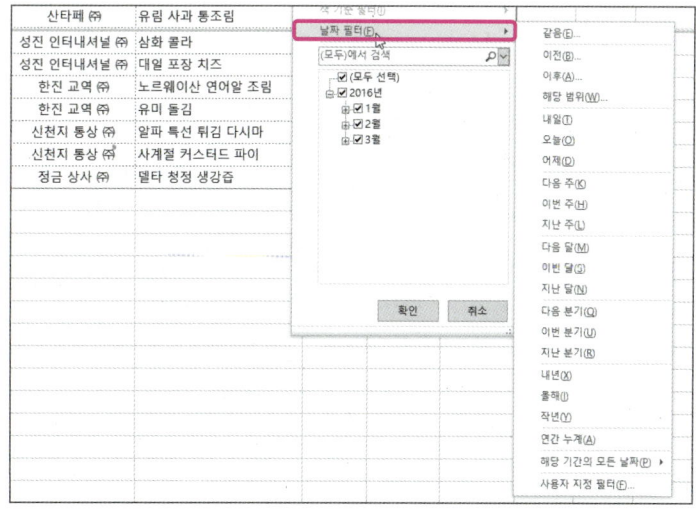

TIP 필터 조건을 선택하면 해당 조건에 맞는 데이터만 추출됩니다. 다양한 날짜 필터 조건이 있으므로 날짜와 관련된 데이터가 많다면 메뉴에 표시된 필터 조건을 한 번씩 클릭해 어떤 데이터가 추출되는지 확인해보는 것이 좋습니다.

셀에 적용된 색상을 이용해 추출하기

305

[자동 필터]에는 셀에 적용된 색상(배경색, 글꼴 색)을 조건으로 데이터를 추출하는 기능이 포함되어 있습니다. 색상 필터 조건은 엑셀 2007부터 추가된 기능으로, 표에 다양한 색상이 적용된 경우에 유용하게 사용할 수 있습니다. 색상을 필터 조건으로 지정해 데이터를 추출하는 방법에 대해 알아보겠습니다.

예제 파일 PART 06 \ CHAPTER 31 \ 자동필터-색상.xlsx

01 예제 파일을 열고 표에 적용된 색상 중 하나를 필터 조건으로 지정해 데이터를 추출해보겠습니다.

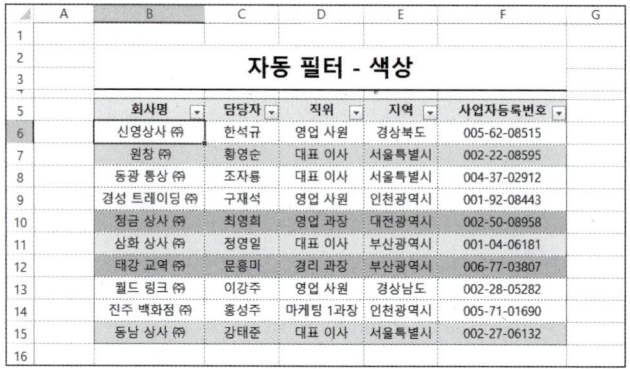

02 색상이 표의 행 전체에 적용되어 있으므로 어떤 열에서 필터 조건을 지정해도 상관없습니다. [C] 열에서 조건을 지정하기 위해 [C5] 셀의 아래 화살표를 클릭합니다. [색 기준 필터]를 선택하고 추출할 색상(아무 색상이나)을 선택합니다.

TIP 글꼴 색이 다양하게 적용되어 있으면 [색 기준 필터]의 하위 메뉴에 [글꼴 색 기준 필터] 그룹이 따로 표시됩니다.

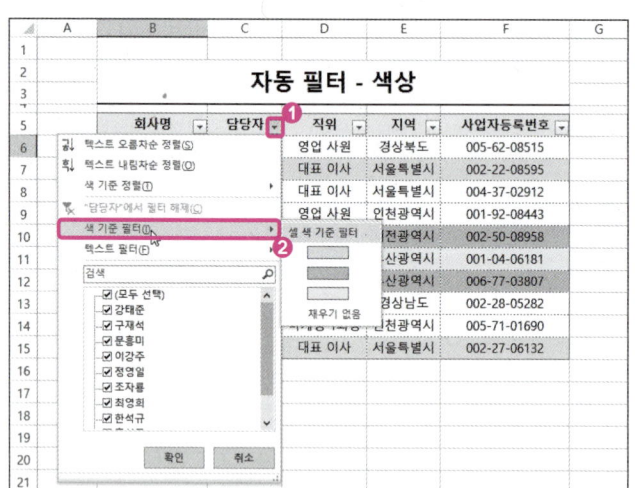

03 선택한 색상이 적용된 데이터만 나타납니다.

빈 셀이 포함된 행만 삭제하기

306

표의 데이터 중에서 빈 셀이 포함된 행 전체를 한 번에 삭제하고 싶다면 [자동 필터]를 이용하는 것이 가장 좋습니다. [자동 필터]에는 빈 셀만 추출할 수 있는 필터 조건이 제공되므로 빈 셀을 조건으로 추출한 후 추출한 데이터 범위를 선택해 삭제하면 빠르게 원하는 결과를 얻을 수 있습니다. 빈 셀이 포함된 행을 삭제하는 방법에 대해 알아보겠습니다.

예제 파일 PART 06 \ CHAPTER 31 \ 자동필터-빈셀.xlsx

01 예제 파일을 열고 [F] 열의 '판매여부'에 빈 셀이 포함된 [10], [14] 행만 삭제해보겠습니다.

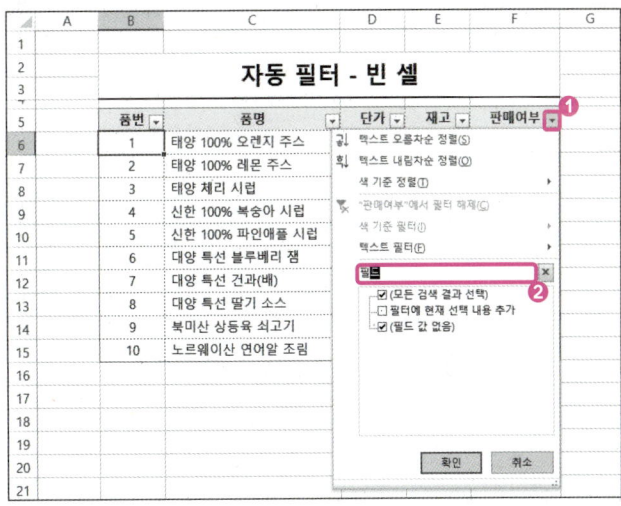

02 [F5] 셀의 [▼아래 화살표]를 클릭하고 필터 목록의 [검색]란에 '필드'를 입력한 후 [확인]을 클릭합니다. 또는 [(모든 검색 결과 선택)]의 체크 표시를 해제하고 [(필드 값 없음)]에만 체크 표시를 한 후 [확인]을 클릭해도 됩니다.

TIP '필드'는 표의 열을 의미하는 용어로, [(필드 값 없음)]은 빈 셀을 의미합니다.

03 [F] 열이 비어 있는 셀만 추출됩니다. [B10:F14] 범위를 선택하고 마우스 오른쪽 버튼을 클릭한 후 [행 삭제]를 선택합니다. 확인 여부를 확인하는 메시지가 나타나면 [확인]을 클릭해 삭제합니다.

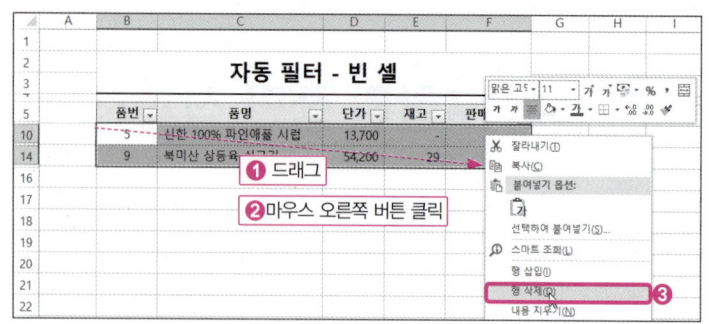

> **Plus⁺** 화면에 표시되지 않은 데이터가 함께 삭제될 경우 해결 방법
>
> [자동 필터] 기능이 제대로 적용되지 않거나 파일에 문제가 있는 경우에는 추출된 데이터뿐만 아니라 화면에 표시되지 않은 데이터도 함께 삭제됩니다. 이 경우에는 우선 Ctrl+Z를 눌러 이전 상태로 돌아갑니다. 다시 03 과정과 같이 범위를 선택하고 Alt+;을 누른 후 단축 메뉴에서 [행 삭제]를 선택합니다. 참고로 Alt+;은 [이동 옵션] 대화상자의 [화면에 표시된 셀만] 선택하는 옵션의 단축키로, 화면에 표시된 데이터 범위만 빠르게 선택할 수 있어 편리합니다.

04 [데이터] 탭-[정렬 및 필터] 그룹-[지우기]를 클릭해 필터 조건을 해제합니다. 빈 셀이 포함된 데이터만 삭제된 것을 확인할 수 있습니다.

병합된 열에서 데이터 추출하기 307

병합한 셀이 포함된 표에 [자동 필터]를 적용하고 병합된 셀에 필터 조건을 지정하면 병합된 셀의 첫 번째 행만 추출됩니다. 이것은 병합이 여러 셀을 하나로 합쳐 표시하지만 실제 값은 병합된 셀의 첫 번째 셀에만 저장되며 나머지 셀은 비어 있기 때문입니다. 그러므로 병합된 셀이 포함된 열에 필터 조건을 적용하려면 별도의 열을 추가해 데이터를 추출해야 합니다.

예제 파일 PART 06 \ CHAPTER 31 \ 자동필터-병합.xlsx

01 예제 파일을 열면 [자동 필터]가 적용된 표가 있습니다. [B]열에서 '영업2부' 데이터만 추출해보겠습니다.

02 [B5] 셀의 [▼아래 화살표]를 클릭합니다. [(모두 선택)]의 체크 표시를 해제하고 [영업2부]에만 체크 표시를 한 후 [확인]을 클릭합니다. 전체 데이터에서 [14]행 한 건만 추출됩니다.

03 병합된 열에는 필터 조건을 적용할 수 없으므로 별도의 필터 열을 사용해야 합니다. 필터 조건을 해제하기 위해 [데이터] 탭-[정렬 및 필터] 그룹-[▼ 지우기]를 클릭합니다.

04 [C6] 셀에 다음 수식을 입력하고 [C6] 셀의 채우기 핸들을 [C19] 셀까지 드래그해 복사합니다.

[C6] 셀 : =IF(LEN(B6)>0, B6, C5)

> **Plus⁺ 수식 이해하기**
>
> 병합된 첫 번째 셀인 [B6] 셀에 값이 입력되어 있다면 [B6] 셀의 값을 그대로 표시하고, 입력되어 있지 않다면 병합된 다른 셀 즉 바로 위 셀인 [C5] 셀의 값을 참조해서 사용하라는 의미입니다. 병합된 열의 값을 다른 열에 빈 셀 없이 모두 반환하고 싶을 때 사용할 수 있는 수식입니다.

05 [C5] 셀의 [▼아래 화살표]를 클릭한 후 **02** 과정과 동일한 조건을 지정해 데이터를 추출합니다. 다음과 같이 '영업2부' 데이터가 모두 추출됩니다.

	A	B	C	D	E	F	G	H	I	J
1										
2					자동 필터 - 병합					
3										
4										
5		부서	필터	담당	데이터	1사분기	2사분기	3사분기	4사분기	
14		영업2부	영업2부	오영수	판매수량	1,099	508	1,484	1,469	
15			영업2부		매출	27,138,950	16,948,500	38,049,050	41,454,250	
16			영업2부	선하라	판매수량	1,094	1,239	2,478	964	
17			영업2부		매출	25,765,100	26,291,100	50,831,450	21,278,900	
18			영업2부	유가을	판매수량	485	609	1,062	514	
19			영업2부		매출	14,636,250	14,976,400	34,176,450	13,716,250	
20										

자동 필터로 추출된 데이터에 일련번호 표시하기 308

[자동 필터] 기능을 이용해 추출한 데이터에 일련번호가 나타나도록 하려면 SUBTOTAL 함수나 AGGREGATE 함수를 사용합니다. 일련번호를 계산하는 원리는 일반 표에 일련번호를 넣을 때 사용했던 COUNTA 함수 사용법(NO. 218 참고)과 동일합니다. [자동 필터]를 적용한 경우에도 표의 일련번호를 정확하게 표시하는 방법에 대해 알아보겠습니다.

예제 파일 PART 06\CHAPTER 31\자동필터-일련번호.xlsx

01 예제 파일을 열고 [E] 열에서 원하는 지역 데이터만 추출해도 [B] 열의 NO는 항상 일련번호로 표시되도록 해보겠습니다.

02 먼저 '서울특별시' 데이터만 추출하기 위해 [E5] 셀의 [▼아래 화살표]를 클릭합니다. [(모두 선택)]의 체크 표시를 해제하고 [서울특별시]에만 체크 표시를 한 후 [확인]을 클릭합니다.

TIP 데이터는 제대로 추출되지만 [B] 열의 NO에 원래 번호가 나타나므로 일련번호의 역할을 하지 못합니다.

03 자동 필터 조건을 해제해 전체 데이터를 표시합니다. 표 내부의 셀을 하나 선택한 상태에서 [데이터] 탭-[정렬 및 필터] 그룹-[지우기]를 클릭합니다.

03 [B] 열의 NO에 값이 수식으로 계산되도록 합니다. [B6] 셀에 다음 수식을 입력하고 [B6] 셀의 채우기 핸들을 [B15] 셀까지 드래그해 복사합니다.

[B6] 셀 : =AGGREGATE(3, 5, $C$6:C6)

> **Plus⁺ 수식 이해하기**
>
> AGGREGATE 함수의 첫 번째 인수가 3이면 COUNTA 함수의 역할을 하라는 것이고, 두 번째 인수가 5이면 숨겨진 부분을 계산에서 제외하라는 의미이므로 SUBTOTAL 함수와 동일하게 동작합니다. 이와 같은 수식을 사용하면 필터 전후에 항상 정확한 일련번호 값이 반환됩니다.
> 기본적으로 이번 수식은 COUNTA 함수를 사용해 일련번호를 부여하는 방식과 동일합니다.
>
> **LINK** 일련번호가 반환되는 원리에 대한 설명은 'No. 218 일련번호 부여하기 – ROW, COUNTA'를 참고합니다.
> **LINK** AGGREGATE 함수에 대한 더 자세한 정보는 'No. 242 오류 값을 제외하고 집계하기 – AGGREGATE'를 참고합니다.

04 02 과정을 참고해 '서울특별시' 데이터만 추출합니다. [B] 열의 NO에 일련번호가 반환됩니다.

309 전체 데이터에서 임의의 n개 데이터 추출하기

[자동 필터]를 이용해 임의의 데이터를 추출할 수 있습니다. [자동 필터]에서 바로 임의의 데이터가 추출되는 것은 아니므로 약간의 트릭을 이용해야 합니다. 이 방법은 이벤트에 참가한 사람들 중에서 당첨자를 추첨하거나 문제 은행에서 출제 문제를 추출하는 등의 작업에 이용하면 편리합니다. 또는 1~45번까지의 숫자 중에서 숫자 여섯 개를 추출할 수도 있으니 이런 작업이 필요하다면 여기서 소개하는 방법을 잘 응용해보기 바랍니다.

예제 파일 PART 06 \ CHAPTER 31 \ 자동필터-로또.xlsx

새로 나온 함수

RAND 함수
0~1 사이의 소수 값을 반환하며 인수는 없습니다.

RANDBETWEEN 함수
인수로 전달된 최소값과 최대값 사이의 정수 값을 반환합니다.

RANDBETWEEN(❶ 최소값, ❷ 최대값)
❶ 최소값 : 함수에서 반환할 제일 작은 정수 값
❷ 최대값 : 함수에서 반환할 제일 큰 정수 값

01 예제 파일을 열고 [B6:B50] 범위에 입력된 1~45 사이의 숫자(로또 번호) 중에서 여섯 개를 임의로 추출해보겠습니다. 우선 [C] 열에 RAND 함수로 난수 값을 채워넣겠습니다. [C6] 셀에 다음 수식을 입력하고 채우기 핸들을 [C50] 셀까지 드래그해 복사합니다.

[C6] 셀 : =RAND()

02 [데이터] 탭-[정렬 및 필터] 그룹-[필터]를 클릭해 자동 필터를 적용합니다. [C5] 셀의 [▼아래 화살표]를 클릭하고 [숫자 필터]-[상위 10]을 선택합니다.

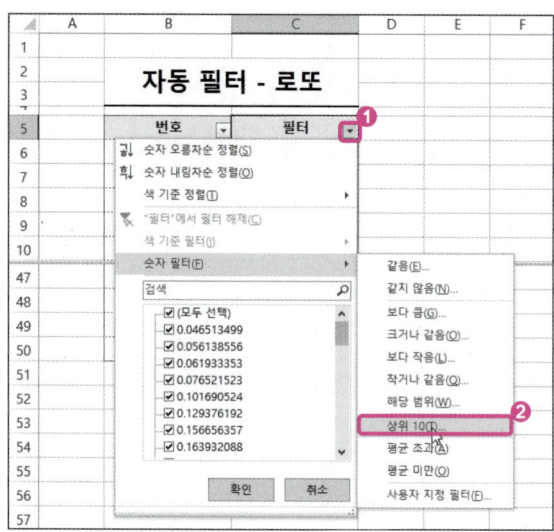

03 [상위 10 자동 필터] 대화상자가 나타나면 두 번째 입력 상자에 추출할 개수인 '6'을 입력하고 [확인]을 클릭합니다.

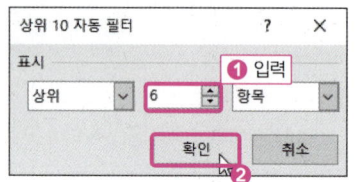

04 다음과 같이 번호 여섯 개가 추출됩니다. 다시 임의의 번호를 여섯 개 추출하려면 [데이터] 탭-[정렬 및 필터] 그룹-[다시 적용]을 클릭합니다.

310 입력된 텍스트 값을 가나다 순으로 데이터 추출하기

수식을 사용하면 한글로 정리된 데이터를 '가나다'와 같은 인덱스를 이용해 추출할 수도 있습니다. [자동 필터]에서는 한글 인덱스로 값을 추출하는 방법이 지원되지 않으므로 미리 수식을 사용해 표의 인덱스 열을 추가해야 합니다. 여기서는 [자동 필터]를 이용해 텍스트 값을 가나다 순으로 추출하는 방법에 대해 알아보겠습니다.

예제 파일 PART 06 \ CHAPTER 31 \ 자동필터-인덱스.xlsx

새로 나온 함수

LOOKUP 함수
'찾을 값'을 오름차순으로 정렬된 구간에서 찾아 '참조 범위' 내 값을 참조하는 함수입니다.

LOOKUP(❶ 찾을 값, ❷ 범위, ❸ 참조 범위)
❶ 찾을 값 : 범위에서 찾을 값입니다.
❷ 범위 : 값을 찾을 범위로, 하나의 열(또는 행)로 구성해야 하며 오름차순으로 정렬되어 있어야 합니다.
❸ 참조 범위 : 참조할 값을 갖는 범위로, 생략하면 ❷ 범위의 값을 참조합니다.

LOOKUP 함수는 VLOOKUP 함수의 네 번째 인수를 TRUE로 지정한 것과 정확하게 같은 결과를 반환합니다.

01 예제 파일을 열고 [B] 열의 '회사명'을 '가나다'와 같은 인덱스별로 추출해보겠습니다. 먼저 [G6:G19] 범위에 입력된 것과 같은 인덱스 값을 [C6:C19] 범위에 입력하겠습니다.

	A	B	C	D	E	F	G	H
2			자동 필터 - 인덱스					
5		회사명	필터	담당자	사업자등록번호		인덱스	
6		신영상사 ㈜		한석규	005-62-08515		가	
7		원창 ㈜		황영순	002-22-08595		나	
8		동광 통상 ㈜		조자룡	004-37-02912		다	
9		경성 트레이딩 ㈜		구재석	001-92-08443		라	
10		정금 상사 ㈜		최영희	002-50-08958		마	
11		협우 상사 ㈜		손미선	005-04-08209		바	
12		베네디스 유통 ㈜		장선희	002-23-05954		사	
13		상화 상사 ㈜		정영일	001-04-06181		아	
14		서주 무역 ㈜		문익한	006-79-01788		자	
15		태강 교역 ㈜		문흥미	006-77-03807		차	
16		월드 링크 ㈜		이강주	002-28-05282		카	
17		혜성 백화점 ㈜		박광준	005-09-08192		타	
18		진주 백화점 ㈜		홍성주	005-71-01690		파	
19		동남 상사 ㈜		강태준	002-27-06132		하	

TIP 이런 작업을 할 경우에는 표 안에 [G6:G19] 범위와 같은 값이 반드시 입력되어 있어야 합니다.

02 [C] 열에 [G6:G19] 범위의 인덱스 값을 참조해옵니다. [C6] 셀에 다음 수식을 입력하고 [C6] 셀의 채우기 핸들을 [C19] 셀까지 드래그해 복사합니다.

[C6] 셀 : =LOOKUP(B6, $G$6:$G$19)

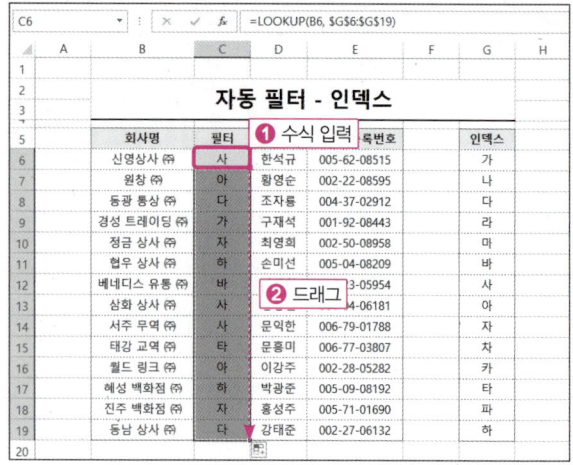

Plus⁺ 수식 이해하기

컴퓨터에서 사용할 수 있는 모든 문자(한글 포함)는 글꼴에 숫자 코드로 등록되어 있습니다. 사용할 수 있는 모든 문자가 순서대로 입력되어 있으며, 한글은 가갂갃갃…나낙낚낝…다닥닦닧… 과 같은 순으로 등록되어 있습니다.

이번 수식과 같이 [B6] 셀의 값을 [G6:G19] 범위에서 찾으면, [B6] 셀의 문자열 전체(신영상사 ㈜)는 찾을 수 없으므로 첫 번째 문자(신)를 찾습니다. '신'은 '사'와 '아' 사이에 등록되어 있고, '아'를 만날 때까지 '신'이라는 문자는 없으므로 '사' 위치를 찾아 반환합니다. 이 방법은 오름차순으로 정렬된 숫자가 속한 구간에서 값을 찾는 방법과 동일합니다.

이 수식은 =VLOOKUP(B6, $G$6:$G$19, 1, TRUE)로 변경할 수 있습니다.

03 이제 자동 필터를 이용해 데이터를 추출하기 위해 [데이터] 탭-[정렬 및 필터] 그룹-[필터]를 클릭합니다. [C5] 셀의 아래 화살표를 클릭하고 [검색]에 '사'를 입력한 후 Enter를 누릅니다.

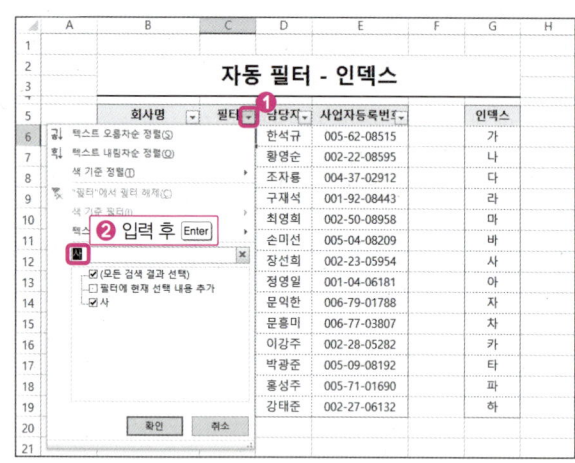

04 다음과 같이 'ㅅ'으로 시작하는 회사 데이터만 추출됩니다.

자동 필터로 추출된 표에 값 복사해 넣기

311

자동 필터를 이용해 추출된 데이터 위치에 값을 복사하고 싶은 경우가 있습니다. 이때 [복사]-[붙여넣기]를 하면 원하는 위치에 값이 제대로 붙여넣어지지 않습니다. [복사]는 떨어진 범위를 선택해 복사할 수 있지만, [붙여넣기]는 항상 연속된 범위에 붙여넣기 때문입니다. 이런 경우에는 복사하여 붙여넣는 방법보다는 값을 참조하는 방법을 사용해야 원하는 결과를 얻을 수 있습니다.

예제 파일 PART 06 \ CHAPTER 31 \ 자동필터-복사.xlsx

01 예제 파일을 열고 [I] 열에 입력된 '가불액' 금액을 [F] 열로 옮겨보겠습니다. [I] 열에서 가불액이 입력된 셀만 추출하기 위해 [I5] 셀의 [▼아래 화살표]를 클릭합니다. [(필드 값 없음)]의 체크 표시를 해제한 후 [확인]을 클릭합니다.

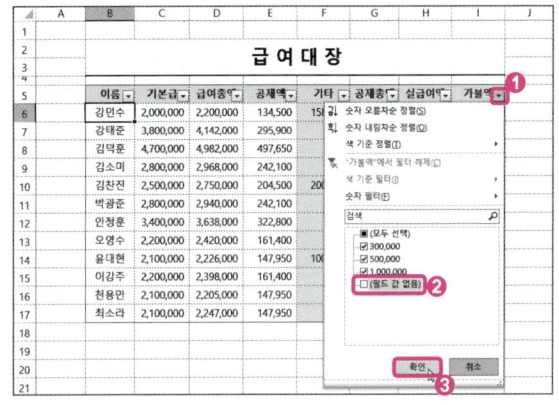

02 [복사]-[붙여넣기] 작업은 하지 못하므로 참조를 합니다. [F8:F17] 범위를 선택하고 Alt + ; 을 눌러 화면에 표시된 셀만 선택합니다. 등호(=)를 입력하고 [I8] 셀을 마우스로 클릭한 후 Ctrl + Enter 를 눌러 수식을 입력합니다.

03 [데이터] 탭-[정렬 및 필터] 그룹-[지우기]를 클릭해 필터 조건을 해제합니다. 정확하게 가불액 금액만 '기타' 열에 참조됩니다.

그림이 포함된 표에서
자동 필터 사용하기

312

그림이 포함된 표에 자동 필터를 적용하고 데이터를 추출하면 그림이 뒤죽박죽으로 섞입니다. 엑셀에서는 그림을 셀에 삽입하는 형태가 아니라 워크시트에 삽입한 후 셀 위치로 적당히 옮겨놓는 방식으로 넣기 때문에 [자동 필터]와 연동되지 않습니다. 자동 필터를 이용할 때 그림이 함께 연동되도록 하는 방법에 대해 알아보겠습니다.

예제 파일 PART 06 \ CHAPTER 31 \ 자동필터-그림.xlsx

01 예제 파일을 열고 자동 필터를 이용해 데이터를 추출할 때 [B] 열에 삽입된 그림이 함께 연동되도록 해보겠습니다.

02 데이터를 추출해 그림과 연동되는지 먼저 확인해보겠습니다. [C5] 셀의 [▼ 아래 화살표]를 클릭하고 [검색]에 '2.0'을 입력한 후 [확인]을 클릭합니다. 데이터는 제대로 추출되었지만 그림은 연동되지 않습니다.

03 그림을 설정하기 위해 필터 조건을 해제합니다. [데이터] 탭-[정렬 및 필터] 그룹-[지우기]를 클릭합니다.

04 [B6] 셀의 그림을 클릭하고 Ctrl+Shift+Space Bar를 눌러 모든 그림을 선택합니다. [그림 도구]-[서식] 탭-[크기] 그룹의 대화상자 표시 아이콘을 클릭합니다.

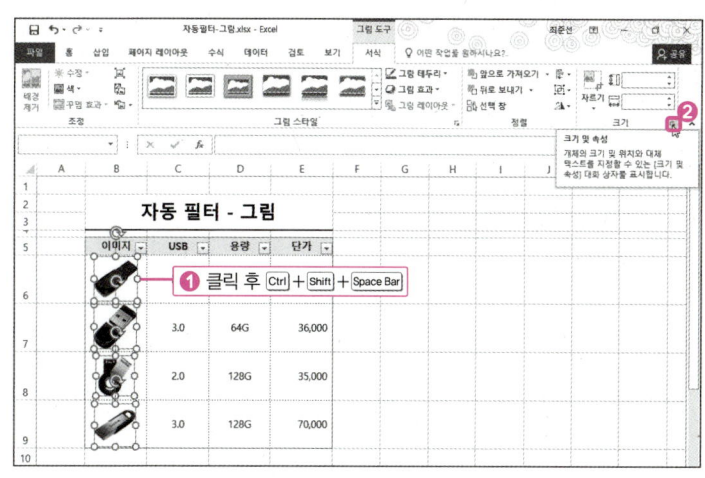

TIP 그림이 자동 필터와 연동되도록 하려면 옵션을 변경해야 하는데, 하나씩 하면 시간이 많이 걸리므로 한꺼번에 하기 위해 그림을 모두 선택한 것입니다.

05 [그림 서식] 작업 창이 표시됩니다. [속성]을 클릭해 하위 옵션을 표시하고 [위치와 크기 변함]을 선택합니다. 작업 창 우측 상단의 [닫기]를 클릭합니다.

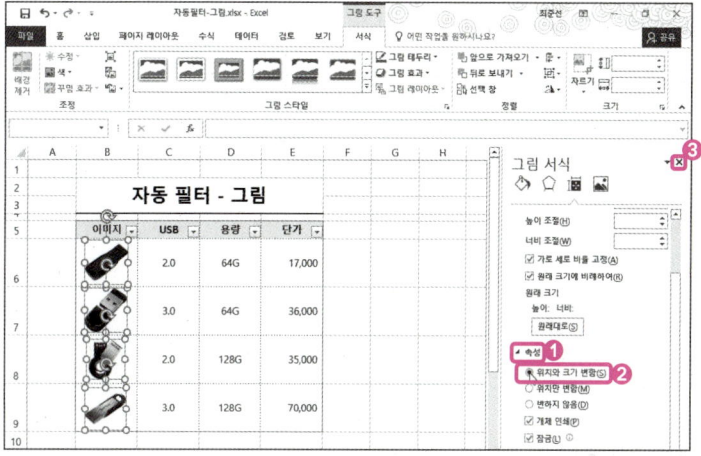

> **Plus⁺ [그림 서식] 작업 창**
>
> 그림 서식 설정 작업은 2010 버전까지는 대화상자에서 했지만 엑셀 2013부터는 작업 창에서 이뤄집니다. 모니터가 가로가 긴 형태로 바뀌면서 대화상자를 이용하는 방법이 점점 작업 창을 이용하는 방법으로 전환되는 추세이며, 2013부터는 그림뿐 아니라 차트 관련 작업도 대부분 작업 창을 이용합니다.

06 02 과정을 참고해 동일한 조건으로 필터 조건을 지정합니다. 이전과는 달리 데이터와 그림이 함께 추출됩니다.

고급 필터로 데이터 추출하기

313

[자동 필터]를 이용해 데이터를 추출하는 방법은 간단하고 편리합니다. 그러나 여러 조건을 중복 사용하거나 추출한 데이터를 원하는 위치에 복사할 수는 없습니다. 이런 문제를 해결하려면 [고급 필터]를 이용해야 합니다. [고급 필터]는 표를 먼저 구성해야 하고 필터 조건을 입력해야 하는 등 [자동 필터]에 비해 사용하기는 조금 까다롭지만 [자동 필터]의 단점을 해결할 수 있어 유용합니다. [고급 필터]를 이용해 데이터를 추출하는 방법에 대해 알아보겠습니다.

예제 파일 PART 06 \ CHAPTER 31 \ 고급필터.xlsx

01 예제 파일을 열고 [고급 필터]를 이용해 데이터를 추출해보겠습니다. 추출할 데이터 조건을 먼저 표로 구성해 입력해야 하며, 이때 조건을 입력할 표의 열 머리글은 원본 표와 동일해야 합니다. 예제의 [B2:E4] 범위가 조건을 입력할 표입니다.

Plus⁺ 고급 필터를 사용할 때의 조건 표 열 머리글

조건 표의 열 머리글은 원본 표의 열 머리글과 동일해야 합니다. 직접 입력해도 되지만 오타의 가능성을 줄이려면 복사하는 것이 좋습니다. 참고로 수식 조건을 사용할 때는 원본 표의 열 머리글과 다른 열 머리글을 사용하거나 열 머리글을 비워두어야 합니다.

02 고객 데이터 중 '서울' 지역의 '대표이사' 데이터만 추출하기 위해 머리글 아래 [D3:E3] 범위에 다음 값을 직접 입력합니다.

[D3] 셀 : 대표이사
[E3] 셀 : 서울

TIP 조건 표의 열 머리글 위치와 원본 표의 열 머리글 위치가 반드시 일치해야 하는 것은 아닙니다. 머리글만 동일하면 위치와 상관 없이 데이터를 추출할 수 있습니다.

03 조건을 입력했으면 데이터를 추출합니다. 원본 표의 셀 중 하나(여기서는 [B6] 셀)를 선택하고, [데이터] 탭-[정렬 및 필터] 그룹-[고급]을 클릭합니다.

04 [고급 필터] 대화상자가 나타나면 [목록 범위]에 원본 표의 범위가 자동으로 참조됩니다. **03** 과정에서 [B6] 셀을 선택했으므로 [B6] 셀부터 연속된 전체 범위가 [목록 범위]에 자동으로 전달됩니다. [조건 범위]를 선택하고 [D2:E3] 범위를 드래그해 선택한 후 [확인]을 클릭합니다.

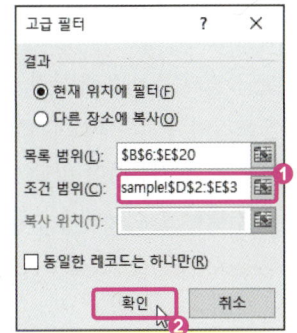

TIP [조건 범위]에는 반드시 머리글 범위가 포함되어야 합니다.

05 직위([D] 열)가 '대표이사'이고 지역([E] 열)이 '서울'인 데이터만 추출됩니다.

06 추출된 데이터에 지역과 무관하게 '과장' 데이터를 추가하기 위해 조건 표에 다음과 같이 데이터 추출 조건을 추가합니다.

[D4] 셀 : 과장

07 **04-05** 과정을 참고해 고급 필터를 다시 적용합니다. [고급 필터] 대화상자의 [조건 범위]에 [D2:E4] 범위를 지정하면 다음과 같은 추출 결과가 나타납니다.

> **Plus⁺ 조건표에 입력된 조건 구성 규칙 이해하기**
>
> ❶ 같은 행에 입력된 조건은 AND 조건으로, 모두 만족해야 합니다. 즉 [D3:E3] 범위와 같이 같은 행에 입력된 조건은 '직위'가 '대표이사'이면서 '지역'이 '서울'이어야 합니다.
>
> ❷ 다른 행에 입력된 조건은 OR 조건으로, 둘 중 하나만 만족하면 됩니다. 즉 **06** 과정에서 입력된 조건과 같이 다른 행에 입력된 조건이 있으면 '서울'의 '대표이사' 직위를 갖는 데이터와, '과장' 직위를 갖는 데이터가 추출됩니다.

특정 구간(날짜나 숫자)에 속하는 데이터 추출하기   314

[고급 필터]를 이용해 특정 숫자(예를 들면 20대)나 날짜 구간(예를 들면 이번 달)의 데이터를 추출하려면 조건이 구간의 최소값보다 크거나 같고 최대값보다 작거나 같아야 하므로 해당 값이 입력된 열 머리글을 두 개 사용하여 비교 연산자와 함께 값을 입력합니다. 여기서는 특정 날짜 구간에 있는 데이터를 [고급 필터]를 이용하여 추출하는 방법에 대해 알아보겠습니다.

예제 파일 PART 06 \ CHAPTER 31 \ 고급필터-구간.xlsx

01 예제 파일을 열고 하단의 표에서 1월 10일부터 15일까지의 데이터를 [고급 필터]로 추출해보겠습니다.

TIP 구간 내에 속한 데이터를 추출하려면 조건 표의 [E2:F2] 범위와 같이 동일한 머리글을 두 번 입력해야 합니다.

02 1월 10일부터 15일까지의 데이터를 추출하기 위해 [E3:F3] 범위의 각 셀에 다음 조건을 입력합니다.

[E3] 셀 : 〉=2016-01-10
[F3] 셀 : 〈=2016-01-15

> **Plus⁺ 조건 표 이해하기**
>
> 이번에 입력한 조건은 다음과 같이 이해할 수 있습니다.
>
> - [E3] 셀에 입력한 '>=2016-01-10'은 '2016년 1월 10일보다 크거나 같으면'이라는 조건으로, '2016년 1월 10일부터'라는 의미입니다.
> - [F3] 셀에 입력한 '<=2016-01-15'는 '2016년 1월 15일보다 작거나 같으면'이라는 조건으로, '2016년 1월 15일까지'라는 의미입니다.
>
> 이 두 조건은 같은 행에 입력했으므로 AND 조건이 되어 '2016년 1월 10일부터 15일까지'라는 의미가 됩니다. 참고로 [고급 필터]의 조건 표에는 반드시 비교 연산자와 값을 연결해 조건을 입력해야 합니다. 이전 예제와 같이 비교 연산자를 입력하지 않은 경우는 '=' 연산자가 생략된 것으로 이해하면 됩니다.

03 [고급 필터]를 실행하기 위해 [B6] 셀을 선택하고 [데이터] 탭-[정렬 및 필터] 그룹-[▼고급]을 클릭합니다. [고급 필터] 대화상자의 [목록 범위]에는 [B5:F70] 범위가 지정되어 있습니다. [조건 범위]에 [E2:F3] 범위를 지정하고 [확인]을 클릭합니다.

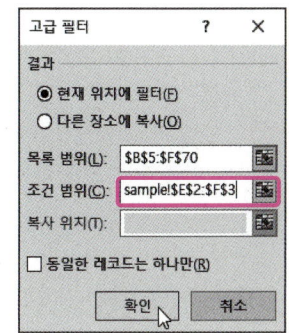

04 원본 표의 데이터에서 1월 10일부터 1월 15일 사이의 날짜 데이터만 추출됩니다.

	B	C	D	E	F
1					
2	**고급 필터 - 구간**			주문일	주문일
3				>=2016-01-10	<=2016-01-15
5	거래ID	제품	수량	판매	주문일
30	10256	파스 페이스 티	15	390,000	2016-01-12
31	10256	알파 샐러드 드레싱	12	120,000	2016-01-12
32	10257	우미 피넛 샌드	25	875,000	2016-01-13
33	10257	OK 바닐라 셰이크	6	84,000	2016-01-13
34	10257	알파 샐러드 드레싱	15	150,000	2016-01-13
35	10258	태양 100% 레몬 주스	50	600,000	2016-01-14
36	10258	신한 100% 파인애플 시럽	65	884,000	2016-01-14
37	10258	대관령 초콜릿 아이스크림	6	124,800	2016-01-14
38	10259	대양 핫 케이크 소스	10	80,000	2016-01-15
39	10259	포장 건 오징어	1	21,000	2016-01-15
71					

추출된 데이터를 다른 위치로 복사하기

315

[고급 필터]를 이용하면 원본 표에 조건에 맞는 데이터만 표시할 수 있을 뿐 아니라 조건에 맞는 데이터를 원하는 위치로 복사할 수도 있습니다. 전체 열을 모두 복사할 수도 있고 필요한 열만 선택해 복사하는 것도 가능합니다. 필요한 열만 복사하려면 복사할 위치에 원하는 열의 열 머리글을 미리 복사해놓아야 합니다. [고급 필터]를 이용해 조건에 맞는 데이터를 원하는 위치로 복사하는 방법에 대해 알아보겠습니다.

예제 파일 PART 06 \ CHAPTER 31 \ 고급필터-다른위치.xlsx

01 예제 파일을 열고 [D2:D3] 범위에 입력된 조건에 맞는 데이터를 [F:H] 열로 복사해보겠습니다.

02 [고급 필터]를 실행하기 위해 [B6] 셀을 선택하고 [데이터] 탭-[정렬 및 필터] 그룹-[고급]을 클릭합니다. [다른 장소에 복사] 옵션을 선택하고, [목록 범위]에는 [B5:D16] 범위를, [조건 범위]에는 [D2:D3] 범위를, [복사 위치]에는 [F5] 셀을 각각 지정하고 [확인]을 클릭합니다.

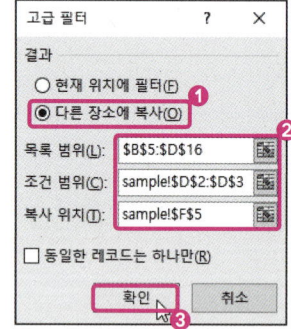

03 조건에 맞는 데이터가 [F5] 셀 위치에 추출됩니다. [복사 위치]에 빈 셀을 선택하면 이처럼 원본 표의 전체 열 데이터가 모두 복사됩니다.

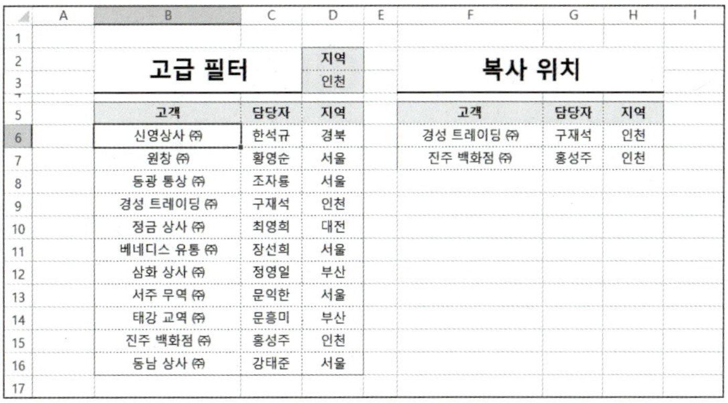

04 이번에는 원본 표에서 필요한 열만 복사해보겠습니다. 추출할 열 머리글만 복사해놓기 위해 [B5], [D5] 셀을 Ctrl+C로 복사하고 [F9] 셀에 Ctrl+V로 붙여넣습니다.

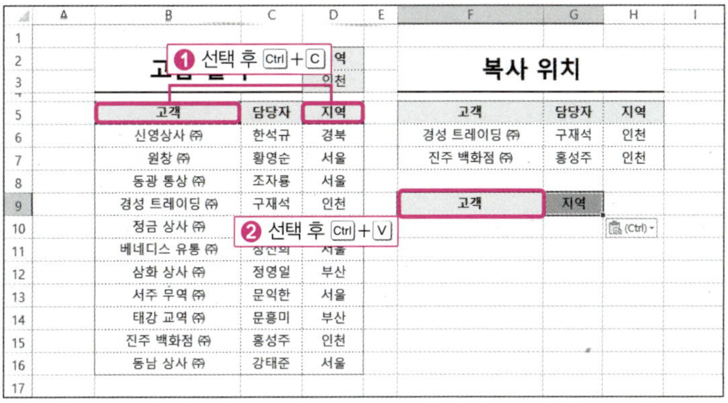

05 **02** 과정을 참고해 [고급 필터]를 실행합니다. [복사 위치]를 **04** 과정에서 붙여넣은 머리글 범위인 [F9:G9] 범위로 설정하는 부분만 다릅니다. 화면을 참고해 설정 값을 확인하고 [확인]을 클릭합니다.

목록 범위 : $B$5:$D$16
조건 범위 : $D$2:$D$3
복사 위치 : $F$9:$G$9

06 [C] 열은 생략되고, '고객'과 '지역'의 조건에 맞는 값만 복사됩니다.

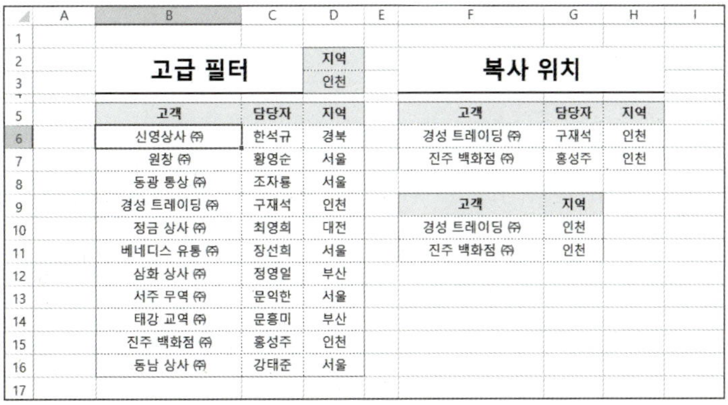

조건에 맞는 데이터를 다른 워크시트로 복사하기 316

[고급 필터]는 조건에 맞는 데이터를 다른 위치로 복사할 수 있습니다. 다만 [고급 필터]가 실행된 워크시트 내에서만 복사할 수 있습니다. 따라서 다른 시트로 데이터를 복사하고자 [고급 필터] 대화상자의 복사 위치를 다른 워크시트의 셀로 지정하면 오류가 발생합니다. 여기서는 [고급 필터]를 이용할 때 조건에 맞는 데이터를 다른 시트로 복사하는 방법에 대해 알아보겠습니다.

예제 파일 PART 06 \ CHAPTER 31 \ 고급필터-다른시트.xlsx

01 예제 파일의 'sample' 시트에서 1월 10일부터 15일 사이의 데이터를 'filter' 시트로 복사해보겠습니다.

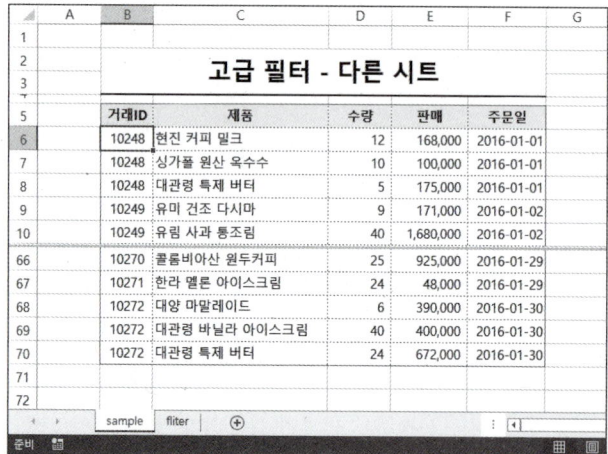

Plus⁺ 다른 워크시트로 복사 위치를 지정할 때 발생하는 오류 메시지

[고급 필터]는 기능이 실행된 워크시트 내에서만 데이터를 복사할 수 있기 때문에 다른 워크시트의 셀을 복사 위치로 지정하면 다음과 같은 오류 메시지가 나타납니다.

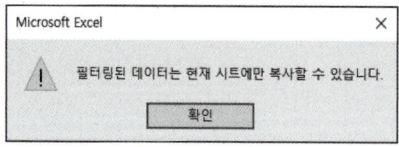

엄밀히 말하면 이 메시지보다는 '다른 시트로 데이터를 복사하려면 해당 시트에서 고급 필터를 실행해야 합니다.'라는 메시지가 좀 더 정확한 표현입니다.

02 시트 탭에서 'filter' 시트를 선택해보면, 조건표([B2:C3])와 복사할 위치의 머리글이 [B5:D5] 범위에 미리 복사되어 있습니다. 다른 위치에 데이터를 복사하려면 조건 표와 복사 위치를 해당 시트에 구성하고 [고급 필터]를 실행해야 합니다.

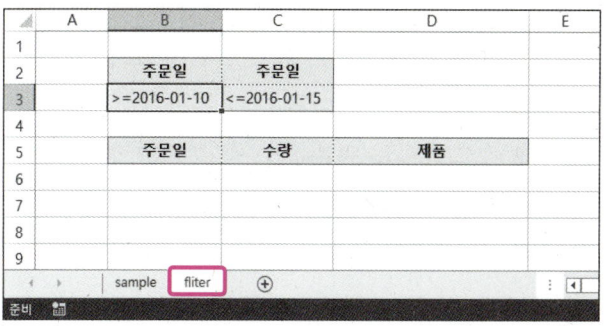

03 'filter' 시트에서 [고급 필터]를 실행합니다. 워크시트 내 빈 셀(여기서는 [E2] 셀)을 선택하고 [데이터] 탭-[정렬 및 필터] 그룹-[▼고급]을 클릭합니다.

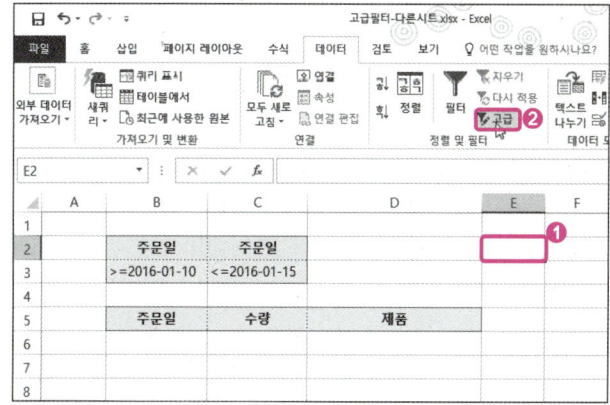

> **Plus⁺** [고급 필터]를 실행할 때 셀 선택 위치
>
> [고급 필터]를 실행하면 선택된 셀 위치의 연속된 데이터 범위가 자동으로 [목록 범위]에 전달됩니다. 하지만 이번과 같이 워크시트가 다른 경우에는 원본 표 범위를 전달할 수 없으므로 범위 선택에 주의해야 합니다. 예를 들어 [B5] 셀을 선택하고 [고급]을 클릭하면 다음과 같은 오류 메시지가 나타납니다.
>
>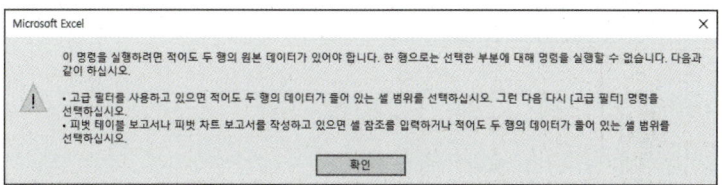
>
> 이 메시지는 선택된 [B5] 셀부터 연속된 범위가 [B5:D5] 범위이므로 머리글만 있고 데이터가 한 건도 없으니 [고급 필터]를 실행하려면 데이터가 입력된 표 범위를 선택하고 실행하라는 내용입니다. 그러므로 **03** 과정과 같이 빈 셀을 선택하고 [고급]을 실행해 [목록 범위]에 자동으로 인식되지 못하도록 하고 실행해야 합니다.

04 [고급 필터] 대화상자가 표시되면 다음과 같이 설정하고 [확인]을 클릭합니다.

결과 : 다른 장소에 복사
목록 범위 : sample!$B$5:$F$70
조건 범위 : filter!$B$2:$C$3
복사 위치 : filter!$B$5:$D$5

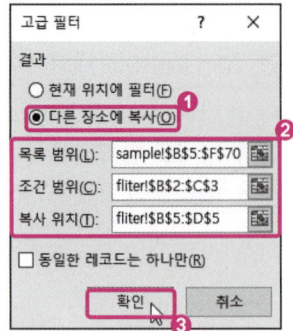

Plus⁺ [목록 범위]를 쉽게 선택하는 방법

[목록 범위]에 참조할 데이터가 많은 경우에는 드래그해서 표를 선택하기가 어렵습니다. 이런 경우에는 'sample' 시트에 있는 원본 표 내부의 셀 하나를 선택하고 Ctrl+A를 누르면 연속된 데이터 범위가 자동으로 [목록 범위]에 전달됩니다.

---

05 다음과 같이 조건에 맞는 데이터만 복사됩니다.

빈 셀이나 값이 입력된 데이터만 추출하기

317

특정 열에서 빈 셀이나 값이 입력된 셀을 기준으로 데이터를 추출해야 하는 경우가 있습니다. 이런 작업을 [고급 필터]를 이용해 처리하려면 '빈 셀'과 '값이 입력된 셀'이라는 조건을 비교 연산자를 이용해 구성해야 합니다. 여기서는 같다(=)와 다르다(<>)를 의미하는 비교 연산자를 사용해 빈 셀이나 값이 입력된 데이터만 구분해 추출하는 방법에 대해 알아보겠습니다.

예제 파일 PART 06 \ CHAPTER 31 \ 고급필터-빈셀.xlsx

---

01 예제 파일을 열고 [F] 열의 값을 참고해 판매 중인 제품이나 품절, 단종 등의 제품을 고급 필터로 추출해보겠습니다.

TIP [F2:F3] 범위가 조건 표이므로 [F2] 셀의 머리글은 [F5] 셀의 머리글과 동일해야 합니다.

02 판매 중인 제품은 [F] 열에 입력된 값이 없어야 하므로 [F] 열에서 빈 셀을 추출하면 됩니다. [F3] 셀에 다음 값을 입력합니다.

[F3] 셀 : '=

TIP 고급 필터 조건
[F3] 셀에 조건을 입력할 때 등호(=)만 입력하면 수식으로 인식하므로 앞에 작은따옴표(')를 먼저 입력해 텍스트 값으로 입력해야 같다(=)는 의미의 비교 연산자로 인식합니다. 이 조건은 ="="로 수정할 수 있습니다.

03 조건에 맞는 데이터를 추출합니다. 원본 표 내부의 셀을 하나 선택하고 [데이터] 탭-[정렬 및 필터] 그룹-[▼고급]을 클릭합니다.

04 [고급 필터] 대화상자가 나타나면 [목록 범위]에 [B5:F15] 범위 주소가 나타나는지 확인합니다. [조건 범위]에 [F2:F3] 범위를 드래그해 참조하고 [확인]을 클릭합니다.

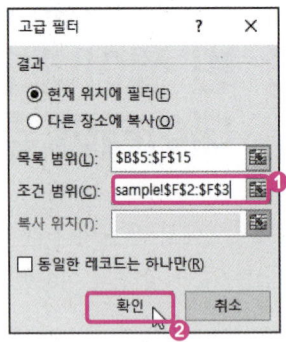

05 [F5:F15] 범위가 빈 셀인 데이터만 추출되는데, 이 데이터가 판매 중인 제품입니다.

품번	품명	분류	재고량	단종여부
1	태양 100% 오렌지 주스	유제품	39	
2	태양 100% 레몬 주스	음료	17	
4	신한 100% 복숭아 시럽	조미료	53	
6	대양 특선 블루베리 잼	조미료	120	
7	대양 특선 건과(배)	가공 식품	15	
9	북미산 상동육 쇠고기	육류	29	
10	노르웨이산 연어알 조림	해산물	31	

> **Plus⁺ 조건은 정확하게 지정했는데 빈 셀이 추출되지 않는 경우**
>
> 이 방법으로 조건을 지정해도 데이터에 따라 원하는 결과가 표시되지 않을 수 있습니다. 이런 문제는 빈 셀에 눈에 보이지 않는 문자가 입력되어 있어 발생하는 경우가 대부분입니다. 그러므로 원하는 결과가 반환되지 않는다면 빈 셀 범위를 모두 선택하고 Delete를 눌러 눈에 보이지 않는 문자를 삭제한 후에 다시 추출합니다.

06 이번에는 단종이나 품절이 된 데이터만 추출하겠습니다. [F3] 셀의 조건을 다음과 같이 수정하고 **03-04** 과정을 참고해 데이터를 추출합니다.

[F3] 셀 : ⟨ ⟩

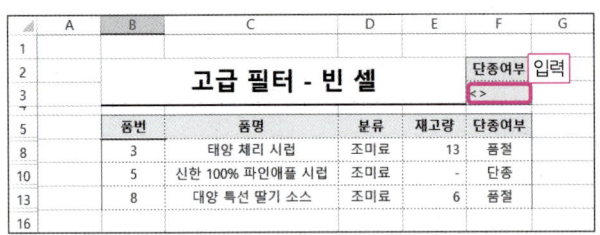

TIP [F3] 셀에 입력한 '⟨ ⟩'는 작은따옴표(') 없이 입력해도 됩니다. 등호(=)는 수식의 시작 문자로 인식되기 때문에 작은따옴표(')를 입력해야 하지만 '⟨ ⟩'는 비교 연산자로만 사용되므로 생략할 수 있습니다.

318 조건 표에 입력된 값과 정확하게 일치하는 데이터만 추출하기

조건 표에 입력된 값에서 비교 연산자가 생략되면 같다(=)는 연산자가 생략된 것이지만, 정확하게는 입력한 값으로 시작하는 모든 값을 추출하라는 '=키워드*'의 의미입니다. 따라서 입력한 값으로 시작하는 데이터가 여러 개 존재하는 경우에는 의도에 맞지 않는 데이터가 추출될 수 있습니다. 입력된 값과 정확하게 일치하는 값을 찾으려면 같다(=)는 비교 연산자를 생략하지 말고 함께 사용해야 합니다.

예제 파일 PART 06 \ CHAPTER 31 \ 고급필터-일치.xlsx

01 예제 파일을 열고 [B] 열의 품명을 조건으로 하여 정확하게 일치하는 값만 추출해보겠습니다. 먼저 [B3] 셀에 다음 조건을 입력합니다.

[B3] 셀 : 유미 간장

TIP 이 조건은 '=유미 간장*'과 동일합니다.

02 입력된 조건에 맞는 데이터를 추출하기 위해 [B6] 셀을 선택하고 [데이터] 탭-[정렬 및 필터] 그룹-[고급]을 클릭합니다. [고급 필터] 대화상자에서 [목록 범위]에 [B5:E16] 범위 주소가 나타나는지 확인하고, [조건 범위]를 [B2:B3]으로 설정한 후 [확인]을 클릭합니다.

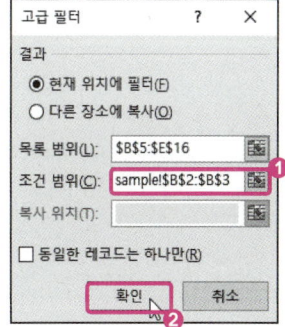

03 '유미 간장'뿐 아니라 '유미 간장'으로 시작하는 모든 제품이 추출됩니다.

04 정확하게 '유미 간장' 제품만 추출하기 위해 [B3] 셀의 조건을 다음과 같이 수정합니다.

[B3] 셀 : '=유미 간장

> **Plus⁺ 조건표의 조건 이해하기**
>
> 작은따옴표(')를 먼저 입력하면 등호(=)가 같다는 의미의 비교 연산자가 되므로 정확하게 '유미 간장' 제품만 추출됩니다. 이 조건은 ="=유미 간장"으로 수정할 수 있습니다.

---

05 **03** 과정을 참고해 [고급 필터]를 실행하면 정확하게 해당 제품만 추출됩니다.

두 표를 비교해 어느 한쪽에 있는 데이터만 추출하기

319

두 개의 표를 비교해 어느 한쪽에만 있는 데이터를 추출해야 한다면 [고급 필터]를 사용하는 것이 편리합니다. [고급 필터]에서는 수식을 조건으로 사용할 수 있으므로 [자동 필터]와 같은 간단한 데이터 추출 작업부터 표를 비교해 추출하는 좀 더 복잡한 작업까지 쉽게 처리할 수 있습니다. 다만 수식 조건을 구성할 경우 원본 표의 열 머리글과 동일한 이름은 사용할 수 없습니다. 수식 조건을 이용해 데이터를 추출하는 방법에 대해 알아보겠습니다.

예제 파일 PART 06 \ CHAPTER 31 \ 고급필터-비교.xlsx

01 예제 파일을 열고 [B6:B11] 범위의 표와 [D6:D11] 범위의 표를 비교해 금년에 새로 판매된 제품만 [F6] 셀 아래에 추출해보겠습니다.

TIP [B6:B11] 범위의 표가 금년 데이터이고 [D6:D11] 범위의 표가 전년 데이터입니다.

02 두 표를 비교하기 위해 수식 조건을 구성합니다. [F3] 셀에 다음 수식을 입력합니다.

[F3] 셀 :
=COUNTIF($D$7:$D$11, B7)=0

> **Plus⁺** 고급 필터의 수식 조건 작성 방법 이해하기
>
> 고급 필터의 조건을 수식으로 작성할 때는 다음 원칙을 지켜야 합니다.
>
> - 조건 표의 열 머리글([F2] 셀)은 원본 표의 열 머리글([B6] 셀)과 달라야 하며 생략해도 됩니다.
> - 수식 조건은 반드시 논리 값(TRUE, FALSE)이 반환되도록 구성합니다.
> - 수식 조건은 추출할 원본 표의 첫 번째 행([B7] 셀) 데이터를 기준으로 구성합니다.
>
> 금년에 판매된 제품은 [B6:B11] 범위에 있으므로 데이터는 여기에서 추출해야 합니다. [F3] 셀에 작성한 수식은 추출할 표의 우측 빈 셀에 수식 조건을 입력하고 아래로 복사한다고 보면 됩니다. 수식 조건은 =COUNTIF($D$7:$D$11, B7)=0이므로 [B7] 셀의 제품을 [D7:D11] 범위에서 세어 0개가 나오는 경우로 이해할 수 있습니다. 0이 나오면 [D7:D11] 범위에 제품이 없는 것이므로 새로 판매한 제품입니다.
>
> 만약 작년에도 팔렸고 올해도 팔린 제품을 추출해야 한다면, 이번 조건은 =COUNTIF($D$7:$D$11, B7)>0으로 수정해야 합니다.

03 수식 조건에 맞는 데이터를 추출하기 위해 [B7] 셀을 선택하고 [데이터] 탭-[정렬 및 필터] 그룹-[▼고급]을 클릭합니다.

04 [고급 필터] 대화상자가 나타나면 다음과 같이 설정하고 [확인]을 클릭합니다.

결과 : 다른 장소에 복사
목록 범위 : $B$6:$B$11
조건 범위 : sample!$F$2:$F$3
복사 위치 : sample!$F$6

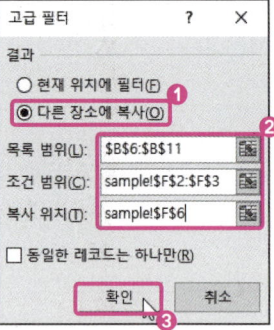

05 [F6] 셀 아래에 금년에 새로 판매를 시작한 제품이 추출됩니다.

중복 데이터에서 고유 항목 추출하기

320

표를 관리하다 보면 필연적으로 중복된 데이터가 생기게 됩니다. 중복 데이터에서 고유한 항목만 추출해야 하는 경우에도 [고급 필터]를 이용할 수 있습니다. [고급 필터]를 이용해 고유 항목만 원하는 위치로 복사하는 방법에 대해 알아보겠습니다.

예제 파일 PART 06 \ CHAPTER 31 \ 고급필터-중복.xlsx

01 예제 파일을 열고 [D] 열의 '지역' 데이터에서 중복을 제외한 고유 항목만 오른쪽 화면과 같이 [F5] 셀 아래에 추출해보겠습니다.

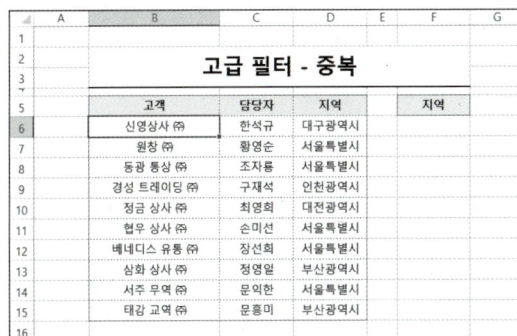

02 [D5:D15] 범위를 선택하고 [데이터] 탭-[정렬 및 필터] 그룹-[▼고급]을 클릭해 고급 필터를 실행합니다. [고급 필터] 대화상자가 나타나면 다음과 같이 설정하고 [확인]을 클릭합니다.

결과 : 다른 장소에 복사

목록 범위 : sample!$D$5:$D$15

복사 위치 : sample!$F$5

동일한 레코드는 하나만 : 체크 표시

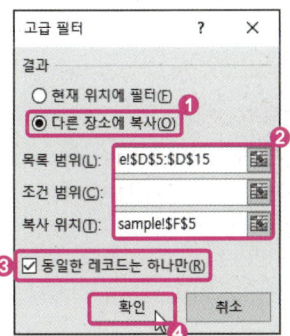

TIP [동일한 레코드는 하나만] 옵션 자체가 조건이므로, 이 옵션을 선택할 경우에는 별도의 조건이 필요하지 않습니다.

03 [F5] 셀 아래로 '지역'의 고유 항목 값만 추출됩니다.

중복된 항목 제거 기능을 이용하기 321

표에 중복된 데이터가 있고 이를 제거해야 한다면 엑셀 2007부터 제공되는 [중복된 항목 제거] 기능을 이용하면 됩니다. 고급 필터를 이용해서도 같은 작업을 할 수 있습니다. [중복된 항목 제거] 기능은 [고급 필터]보다 사용하기 쉽지만 자동화하기 어려워 일회성 작업에 더 유용하며, [고급 필터]는 사용하기는 어렵지만 자동화하기 쉬워 반복적인 업무에 더 유용합니다.

예제 파일 PART 06\CHAPTER 31\중복 제거.xlsx

01 예제 파일을 보면 [10] 행과 [12] 행 데이터가 중복되어 있습니다. [중복된 항목 제거] 기능을 이용해 오른쪽 화면과 같이 이를 제거해보겠습니다.

02 표 내부의 셀을 하나 선택하고 [데이터] 탭–[데이터 도구] 그룹–[중복된 항목 제거]를 클릭합니다. [중복된 항목 제거] 대화상자가 나타나면 중복 값이 입력된 열의 열 머리글에 체크 표시를 하고 [확인]을 클릭합니다.

TIP [중복된 항목 제거] 대화상자를 처음 실행하면 표의 모든 머리글에 체크 표시가 되어 있습니다. 이것은 전체 열의 값이 모두 같으면 중복이라는 의미입니다. 리스트 박스에서 선택한 열의 값이 같을 때 중복이라는 의미이니 상황에 맞게 선택합니다.

03 [중복된 항목 제거] 기능을 실행한 결과가 메시지 창에 표시되면 [확인]을 클릭해 작업을 종료합니다.

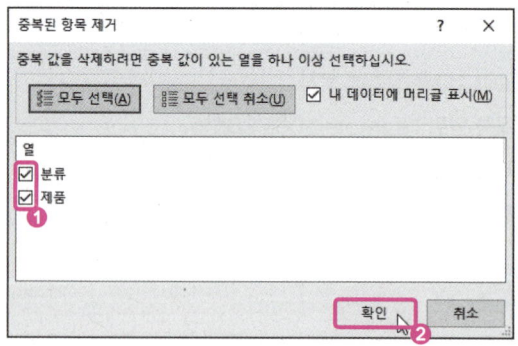

날짜 값이 포함된 중복된 항목 제거하기

322

[중복된 항목 제거] 기능은 유용하지만 날짜 값이 포함된 표에서 사용할 때는 한 가지 주의할 점이 있습니다. 날짜 값의 표시 형식이 다르면 다른 데이터라고 인식하기 때문입니다. 예를 들면 2016-01-01과 2016-1-1를 다른 값으로 처리합니다. 그러므로 날짜 값을 중복 조건으로 지정해 중복 데이터를 삭제하려면 반드시 모든 날짜 서식을 동일하게 맞춘 후에 실행해야 합니다.

예제 파일 PART 06 \ CHAPTER 31 \ 중복 제거-날짜.xlsx

01 예제 파일을 보면 [12] 행과 [14] 행의 데이터가 중복되어 있습니다. [중복된 항목 제거] 기능을 이용해 이를 삭제해보겠습니다.

TIP 예제의 표에서는 [B] 열의 '거래ID'을 제외한 다른 열의 값이 모두 같으면 중복이라고 가정합니다.

02 [B6] 셀을 선택하고 [데이터] 탭-[데이터 도구] 그룹-[중복된 항목 제거]를 클릭합니다. [중복된 항목 제거] 대화상자가 표시되면 '거래ID' 열의 확인란만 체크 해제한 후 [확인]을 클릭합니다.

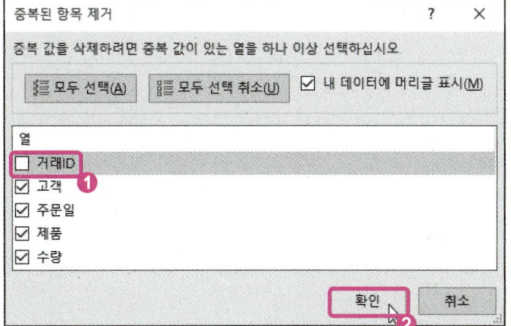

03 중복된 데이터가 있는데도 중복된 항목이 없다는 메시지가 나타납니다. [확인]을 클릭합니다.

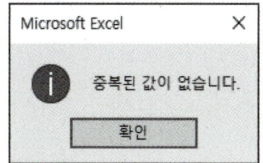

TIP [D12] 셀과 [D14] 셀을 보면 둘 다 1월 4일이지만 날짜 서식이 yyyy-mm-dd와 yyyy-m-d로 서로 다릅니다. 이런 경우 [중복된 항목 제거] 기능은 둘을 다른 값으로 인식합니다.

04 날짜 서식을 맞추기 위해 [D6:D15] 범위를 선택하고 [홈] 탭–[표시 형식] 그룹–[표시 형식]에서 [간단한 날짜]를 선택합니다.

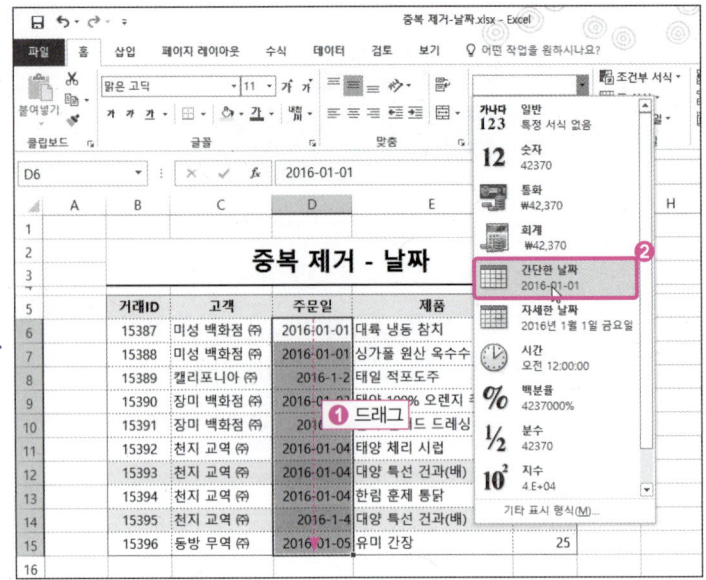

02 02 과정을 참고해 [중복된 항목 제거] 기능을 실행합니다. 다음과 같이 중복된 데이터가 삭제됩니다.

	A	B	C	D	E	F	G
1							
2			중복 제거 - 날짜				
3							
4							
5		거래ID	고객	주문일	제품	수량	
6		15387	미성 백화점 ㈜	2016-01-01	대륙 냉동 참치	40	
7		15388	미성 백화점 ㈜	2016-01-01	싱가폴 원산 옥수수	100	
8		15389	캘리포니아	2016-01-02	태일 적포도주	4	
9		15390	장미 백화점 ㈜	2016-01-03	태양 100% 오렌지 주스	20	
10		15391	장미 백화점 ㈜	2016-01-03	알파 샐러드 드레싱	60	
11		15392	천지 교역 ㈜	2016-01-04	태양 체리 시럽	14	
12		15393	천지 교역 ㈜	2016-01-04	대양 특선 건과(배)	10	
13		15394	천지 교역 ㈜	2016-01-04	한림 훈제 통닭	50	
14		15396	동방 무역 ㈜	2016-01-05	유미 간장	25	
15							

TIP [중복된 항목 제거] 기능은 먼저 표시된 데이터는 그대로 두고 나중에 표시된 데이터를 삭제합니다.

CHAPTER 32

자동 합계, 빠른 분석, 부분합, 통합, 3차원 참조

자동 합계가 집계할
범위를 인식하는 방법

323

[자동 합계]는 표의 상단과 좌측의 숫자 데이터 범위를 인식해 자동으로 데이터를 합치는 기능으로, 표의 숫자를 인식하는 다양한 패턴이 내장되어 있습니다. 그러므로 이 기능을 잘 사용하려면 [자동 합계]가 집계할 범위를 어떻게 인식하는지 이해해야 합니다. [자동 합계]를 사용해 표를 집계하는 방법에 대해 알아보겠습니다.

예제 파일 PART 06 \ CHAPTER 32 \ 자동합계.xlsx

01 예제 파일을 열고 표의 빈 셀에 [자동 합계] 기능을 이용해 집계 작업을 해보겠습니다.

02 [D8:F8] 범위를 선택하고 [홈] 탭-[편집] 그룹-[∑ 자동 합계]를 클릭해 상단의 숫자 데이터를 집계합니다.

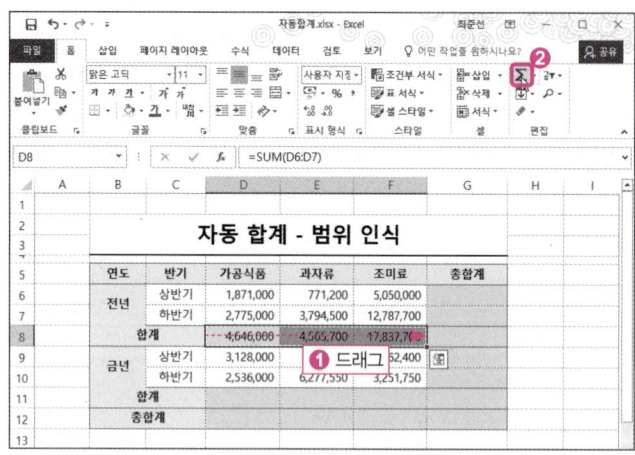

TIP [자동 합계]는 기본적으로 상단의 숫자 데이터 범위를 자동으로 인식합니다. [D8:F8] 범위 내 입력된 수식의 범위를 확인해봅니다.

03 [D11:F11] 범위를 선택하고 [홈] 탭-[편집] 그룹-[∑ 자동 합계]를 클릭합니다.

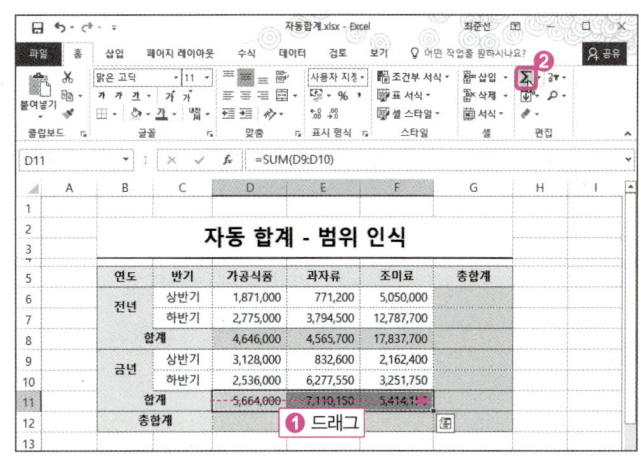

TIP [자동 합계]는 상단의 숫자 데이터 범위([D6:D10] 범위) 내에 SUM 함수로 집계된 셀([D8] 셀)이 있으면 해당 셀 아래 쪽 숫자 데이터 범위([D9:D10] 범위)만 집계합니다.

04 [D12:F12] 범위를 선택하고 [홈] 탭-[편집] 그룹-[∑ 자동 합계]를 클릭합니다.

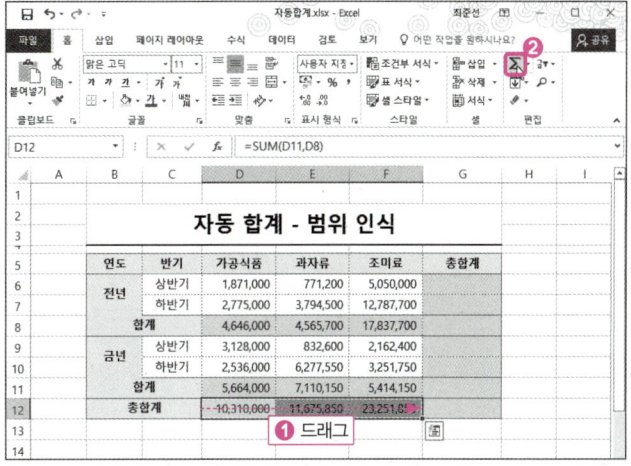

TIP 상단의 숫자 데이터 범위([D6:D11] 범위) 내에 SUM 함수를 사용해 집계된 셀([D8], [D11] 셀)이 두 개 있고, 마지막 [D11] 셀 아래로는 숫자 데이터 범위가 없습니다. 이런 경우에는 [D6:D11] 범위 내에서 SUM 함수로 집계한 셀([D8], [D11] 셀)만 집계합니다.

05 [G6:G12] 범위를 선택하고 [홈] 탭-[편집] 그룹-[∑ 자동 합계]를 클릭합니다. 왼쪽의 숫자 데이터 범위를 자동으로 집계한 결과가 반환됩니다.

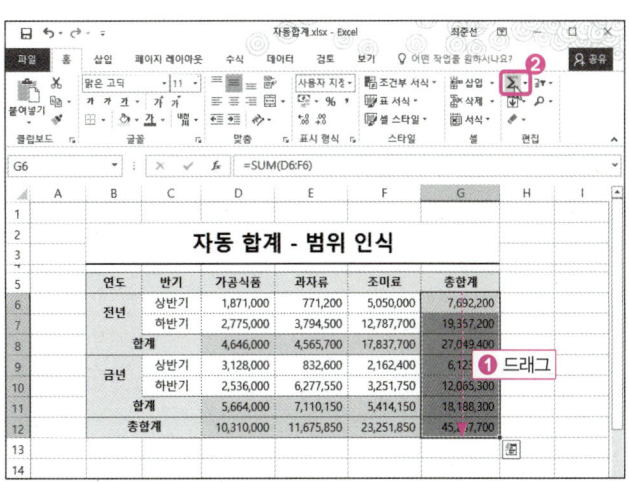

TIP **02-05** 과정을 한 번에 처리하려면 [D8:F8] 범위를 선택하고 Ctrl을 누른 상태에서 [D11:F11], [D12:F12], [G6:G12] 범위를 선택한 후 [홈] 탭-[편집] 그룹-[자동 합계]를 클릭합니다. 참고로 [D11:F11] 범위와 [D12:F12] 범위는 따로 따로 선택해야 올바른 결과가 얻어집니다.

빠른 분석을 이용해 합계 구하기

324

[빠른 분석]은 엑셀 2013부터 새롭게 추가된 기능으로, 범위를 선택하면 선택된 범위를 요약하거나 분석할 때 사용할 수 있는 조건부 서식, 차트, 합계, 표, 스파크라인 등을 빠르게 사용할 수 있습니다. 이 기능을 이용하면 리본 메뉴의 명령을 클릭하지 않아도 원하는 명령을 실행할 수 있기 때문에 표를 분석하는 단계를 줄일 수 있습니다. 여기서는 [빠른 분석] 중에서 [합계] 기능을 사용해 표를 요약하는 방법에 대해 알아보겠습니다.

예제 파일 PART 06 \ CHAPTER 32 \ 빠른 분석.xlsx

01 예제 파일을 열고 표의 [10] 행에는 분기별 합계를, [G] 열에는 직원별 실적 비율을 [빠른 분석] 기능을 이용해 구해보겠습니다.

02 집계할 데이터가 입력되어 있는 [C6:F9] 범위를 선택합니다. 우측 하단 모서리에 나타나는 [📊 빠른 분석]을 클릭하면 다음과 같은 작업 창이 표시됩니다.

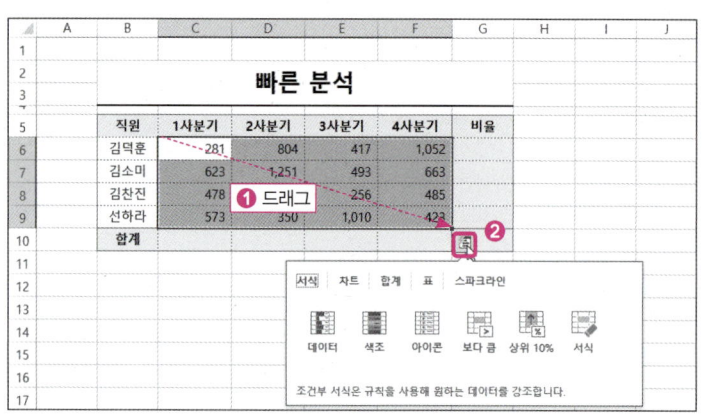

03 [빠른 분석] 작업 창 상단에서 [합계]를 클릭하면 합계, 평균, 개수, 총 %, 누계와 같은 하위 항목이 나타납니다. [합계]를 클릭하면 [C10:F10] 범위에 상단의 숫자 데이터 범위의 합계가 자동으로 반환됩니다.

TIP [빠른 분석] 작업 창에 표시되는 아이콘을 보면 표 하단의 색이 다른 것과 표 우측의 색이 다른 것이 있습니다. 표 아이콘에서 색상이 다른 행(또는 열)은 각각 요약된 결과가 표시될 위치를 의미합니다.

04 [C10] 셀을 선택해보면 수식 입력줄에서 **=SUM(C6:C9)** 수식을 확인할 수 있습니다. [빠른 분석]과 [자동 합계]가 유사한 방식으로 동작한다는 사실을 이해할 수 있습니다.

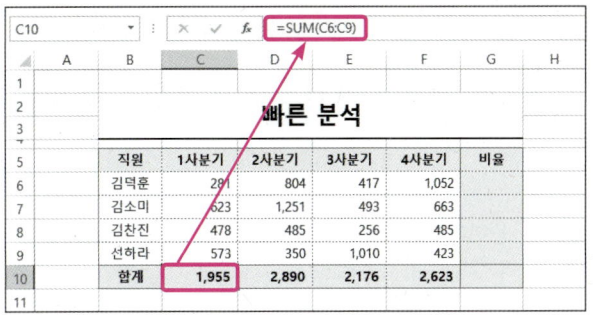

05 [빠른 분석]은 [자동 합계]에 비해 좀 더 다양한 집계 방법을 제공합니다. 다음 화면은 **02-03** 과정을 참고해 [빠른 분석] 작업 창에서 [합계]-[총 %]를 선택하는 화면입니다. 왼쪽 화면과 같이 오른쪽 화살표를 선택한 후 오른쪽 화면과 같이 [총 %]를 선택합니다. [총 %]는 열의 합계를 전체 합계로 나눈 값을 백분율로 반환한 것입니다.

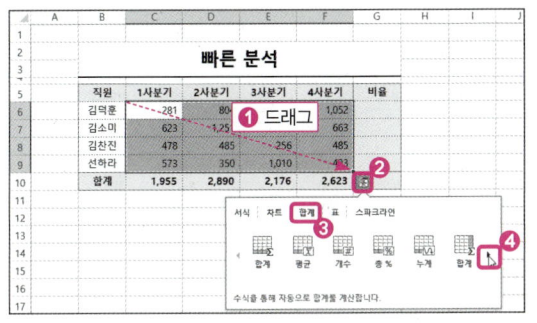 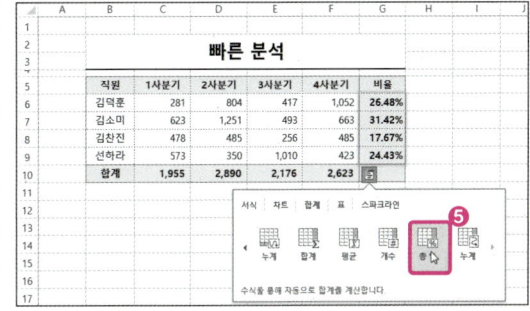

> **Plus⁺ [빠른 분석]의 반환 위치에 데이터가 존재하는 경우**
>
> [빠른 분석]에서 선택한 요약 값을 반환할 위치에 다른 값이 있다면 다음과 같은 메시지 창이 열려 결과를 덮어씌운다는 것을 알립니다.
>
>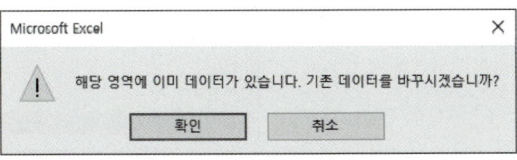

부분합을 이용해 표 요약하기

325

표를 사용하다 보면 값이 변경될 때마다 중간에 행을 삽입하고 상위 행 데이터를 집계해야 하는 경우가 있습니다. 이때 일일이 행을 삽입하고 수식을 이용해 집계하려면 매우 불편합니다. 이런 경우라면 기준 열의 값이 변경될 때마다 자동으로 행을 삽입하고 원하는 열을 요약해주는 [부분합] 기능을 사용하는 것이 좋습니다.

예제 파일 PART 06 \ CHAPTER 32 \ 부분합.xlsx

01 예제 파일을 열면 각 직원의 급여가 정리된 표가 있습니다. [B] 열의 부서가 변경될 때마다 행을 삽입하고 각 부서의 급여 수령액([F] 열) 합계를 계산해보겠습니다.

	A	B	C	D	E	F	G
1							
2				부분합			
3							
4							
5		부서	이름	기본급	수당	수령액	
6		영업부	김덕훈	2,500,000	497,650	2,997,650	
7		영업부	안정훈	2,400,000	322,800	2,722,800	
8		영업부	김소미	2,800,000	242,100	3,042,100	
9		인사부	강태준	2,200,000	295,900	2,495,900	
10		인사부	박광준	2,800,000	242,100	3,042,100	
11		재무부	윤대현	2,750,000	147,950	2,897,950	
12		재무부	최소라	2,100,000	147,950	2,247,950	
13		총무부	김찬진	2,350,000	134,500	2,484,500	
14		총무부	오영수	2,200,000	161,400	2,361,400	
15							

TIP 부분합과 정렬

[부분합]은 집계할 기준 열(예제에서는 '부서' 열)의 값이 변경될 때 요약 행을 삽입합니다. 따라서 이번과 같이 순서대로 정리된 표가 아니라면 먼저 열을 오름차순 또는 내림차순으로 정렬해야 합니다.

02 [B6] 셀을 선택하고 [데이터] 탭-[윤곽선] 그룹-[부분합]을 클릭합니다. [부분합] 대화상자가 나타나면 다음과 같이 설정하고 [확인]을 클릭합니다.

그룹화할 항목 : 부서
사용할 함수 : 합계
부분합 계산 항목 : 수령액

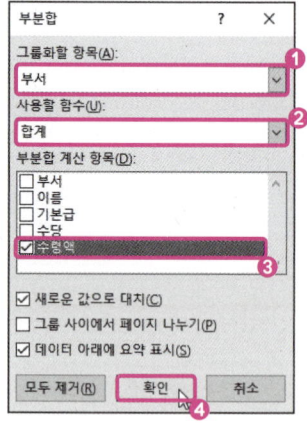

> **Plus⁺** [부분합] 기능의 집계 방법
>
> [부분합] 대화상자의 [사용할 함수]를 살펴보면 다음 11가지 집계 방법을 확인할 수 있습니다.
>
> > 합계, 개수, 평균, 최대값, 최소값, 곱, 숫자 개수, 표본 표준 편차, 표준 편차, 표본 분산, 분산
>
> 엑셀에서 사용하는 대표적인 집계 기능(부분합, 통합, 피벗 테이블 등)은 대부분 위의 집계 함수를 지원합니다. 참고로 부분합은 SUBTOTAL 함수로 요약 행의 결과를 반환하며, SUBTOTAL 함수에서 지원되는 집계 방법은 정확하게 위 집계 방법과 동일합니다.
>
> **LINK** SUBTOTAL 함수에 대한 더 자세한 정보는 'No. 241 화면에 표시된 데이터만 집계하기 – SUBTOTAL'을 참고합니다.

03 [B] 열의 부서명이 끝나는 위치인 [9], [12], [15], [18], [19] 행에 요약 행이 삽입됩니다.

[부분합]을 실행하면 워크시트 행 주소 좌측에 윤곽 기호가 나타납니다. 윤곽 기호는 [부분합]으로 요약된 표에서 요약된 값을 빠르게 확인할 수 있도록 도와줍니다.

04 윤곽 기호에서 상단의 [1], [2], [3]은 부분합이 적용된 표의 데이터를 표시할 레벨을 의미합니다. 예를 들어 [2]를 클릭하면 화면과 같이 표의 요약 행과 총합계 행만 표시됩니다.

05 윤곽 기호에서 [1]을 클릭하면 총합계 행만 표시됩니다. 전체 표 데이터를 표시하려면 [3]을 클릭합니다.

TIP [부분합] 제거

[부분합]을 실행하면 자동으로 윤곽 기호와 요약 행이 표에 추가되고 [부분합]을 제거하면 요약 행과 윤곽 기호가 삭제됩니다. 부분합이 적용된 표에서 [데이터] 탭–[윤곽] 그룹–[부분합]을 클릭하고 [부분합] 대화상자 좌측 하단의 [모두 제거]를 클릭합니다.

여러 열을 기준으로 부분합 실행하기

326

[부분합]을 이용해 표를 요약할 때는 기준 열(그룹화할 항목)을 하나만 선택할 수 있습니다. 여러 열을 기준 열로 지정해 표를 요약하려면 부분합을 중첩해서 설정해야 합니다. [부분합]을 이용해 둘 이상의 열을 기준 열로 설정하고 표를 요약하는 방법에 대해 알아보겠습니다.

예제 파일 PART 06 \ CHAPTER 32 \ 부분합-다중열.xlsx

01 예제 파일을 열고 표를 [부분합]으로 요약해보겠습니다. [C] 열의 '고객'과 [D] 열의 '담당'을 기준으로 값이 달라질 때마다 요약 행을 삽입하고 [E] 열의 '판매' 합계(매출)를 집계할 것입니다.

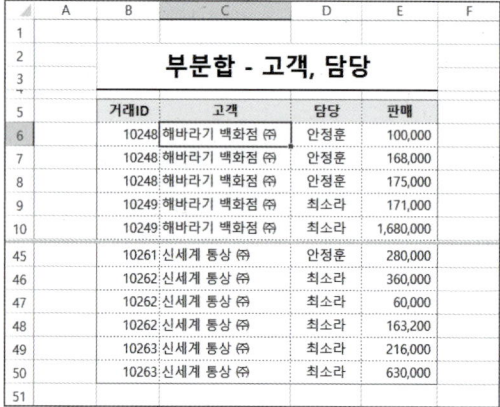

02 여러 열을 기준으로 [부분합]을 실행할 경우에는 데이터가 순서대로 정리되어 있지 않을 수 있으므로 먼저 표를 정렬하는 것이 좋습니다. [B6] 셀을 선택하고 [데이터] 탭-[정렬 및 필터] 그룹-[정렬]을 클릭합니다.

03 [정렬] 대화상자가 표시되면 [정렬 기준]에서 [고객]을 선택하고 [기준 추가]를 클릭합니다. 추가된 [다음 기준]에서 [담당]을 선택하고 [확인]을 클릭합니다.

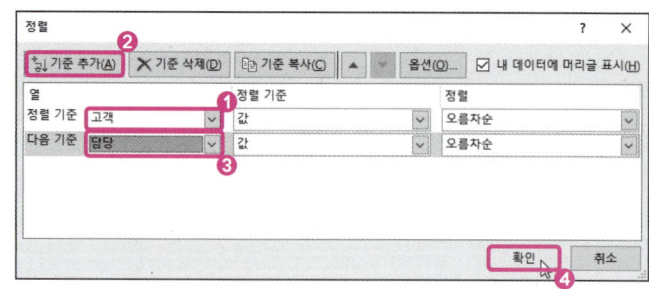

04 첫 번째 기준인 '고객' 열로 [부분합] 기능을 실행합니다. [B6] 셀을 선택하고 [데이터] 탭-[윤곽선] 그룹-[부분합]을 클릭합니다. [부분합] 대화상자가 나타나면 다음과 같이 설정하고 [확인]을 클릭합니다.

그룹화할 항목 : 고객
사용할 함수 : 합계
부분합 계산 항목 : 판매

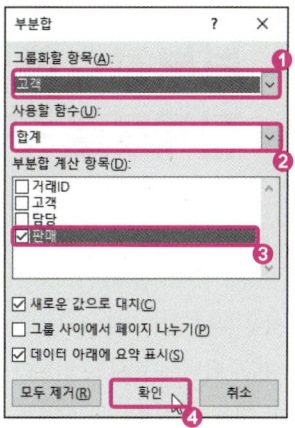

05 두 번째 기준인 '담당' 열로 [부분합]을 추가로 실행합니다. 다시 [데이터] 탭-[윤곽선] 그룹-[부분합]을 클릭합니다. [부분합] 대화상자가 나타나면 다음과 같이 설정하고 [확인]을 클릭합니다.

그룹화할 항목 : 담당
사용할 함수 : 합계
부분합 계산 항목 : 판매
새로운 값으로 대치 : 체크 표시 해제

> **TIP** [새로운 값으로 대치] 옵션 이해하기
> [부분합] 대화상자의 [새로운 값으로 대치]는 기존의 부분합 설정을 이번 설정으로 대체하라는 의미입니다. 여러 기준 열을 사용할 경우에는 이 옵션의 체크를 해제하고 부분합을 실행해야 기존의 고객별 요약 행은 그대로 유지하면서 새로운 담당 열에 대한 요약 행을 추가할 수 있습니다.

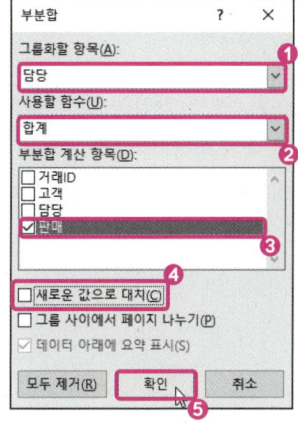

06 '고객'과 '담당' 열을 기준으로 표가 요약됩니다. 윤곽 기호에서 [2]를 클릭하면 고객을 기준으로 매출을 확인할 수 있습니다. 윤곽 기호에서 [3]을 클릭하면 고객 매출을 담당자별로 확인할 수 있습니다.

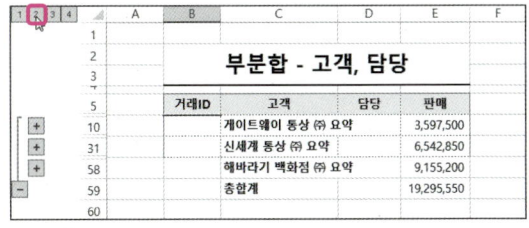
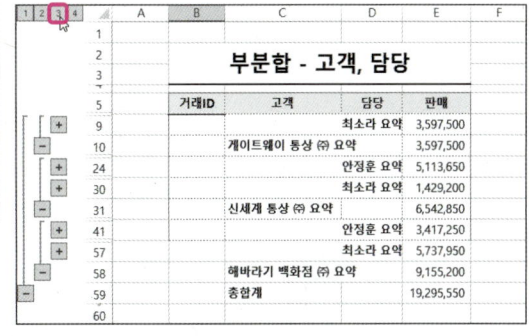

> **TIP** 열 너비가 자동으로 조정되지 않으므로 [부분합] 실행 후 열 구분선을 더블클릭해 열 너비를 조정하고, 요약 행의 서식도 다시 지정해야 깔끔한 결과를 얻을 수 있습니다.

부분합으로 요약된 결과를 집계표로 구성하기

327

[부분합]을 이용해 삽입한 요약 행의 값만 따로 복사해 집계표를 만들 수도 있습니다. 하지만 화면에는 [부분합]으로 집계된 요약 행만 나타낼 수 있어도 복사하면 숨겨진 행 데이터까지 모두 복사됩니다. 이것은 [부분합]이 데이터를 표시하는 방법이 [자동 필터]와는 달라 숨겨진 부분이 함께 복사되기 때문입니다. 화면에 표시된 범위만 복사하고 싶다면 [이동] 기능을 함께 사용해야 합니다. [부분합]으로 요약한 행을 따로 복사해 집계표를 만드는 방법에 대해 알아보겠습니다.

예제 파일 PART 06 \ CHAPTER 32 \ 부분합-복사.xlsx

01 예제 파일을 열고 표의 요약 행과 총 합계 행만 복사해 별도의 집계표를 구성해보겠습니다.

02 요약 행과 총합계 행만 표시되도록 윤곽 기호의 [2]를 클릭합니다.

03 [B5:B15] 범위를 선택하고 Ctrl을 누른 상태에서 [D5:D15] 범위를 선택합니다. Alt + ; 을 눌러 화면에 표시된 셀만 선택한 후 Ctrl + C 를 눌러 복사합니다.

TIP Alt + ; 단축키는 선택된 범위에서 화면에 표시된 셀만 선택하는 단축키, [이동] 명령의 [화면에 표시된 셀만] 옵션을 선택하는 것과 동일한 결과를 반환합니다.

04 [F5] 셀을 선택하고 Ctrl+V를 눌러 붙여넣은 후 윤곽 기호에서 [3]을 클릭해 전체 데이터를 표시합니다.

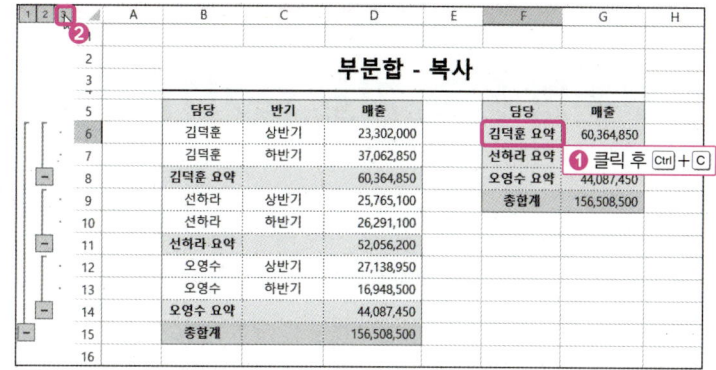

> **Plus⁺ 데이터를 복사한 후 실행하면 좋은 후속 작업**
>
> • **요약 문자열 지우기**
> 집계표를 얻은 다음에 [F6:F8] 범위를 보면 직원 이름 뒤에 '요약' 문자열이 있어 보기에 좋지 않습니다. [F6:F8] 범위를 선택하고 Ctrl+H(바꾸기)를 누른 후 [찾을 내용]에는 '요약'(작은따옴표 없이 앞에 한 칸을 띄우고 입력)을 입력합니다. [바꿀 내용]은 비워놓고 [모두 바꾸기]를 클릭합니다.
>
> • **부분합 삭제하기**
> 원본 표의 요약 행을 삭제하려면 [부분합] 기능을 다시 실행하고 [모두 제거]를 클릭합니다.

부분합 윤곽 기호 숨기기

328

[부분합]을 적용하면 워크시트 행 주소 왼쪽에 윤곽 기호가 표시됩니다. 이 윤곽 기호는 요약된 표를 제어하는 데는 효과적이지만 시각적으로 보기 좋지는 않습니다. [부분합]을 적용한 후 필요에 따라 윤곽 기호를 숨기거나 표시하는 방법에 대해 알아보겠습니다.

예제 파일 PART 06 \ CHAPTER 32 \ 부분합-윤곽.xlsx

01 예제 파일을 열고 행 주소 왼쪽에 표시되는 윤곽 기호를 숨겼다가 다시 표시해보겠습니다. 부분합이 적용된 표 내부의 셀(여기서는 [B6] 셀)을 하나 선택하고 [데이터] 탭-[윤곽선] 그룹-[그룹 해제 ▼]를 클릭한 후 [윤곽 지우기]를 선택합니다.

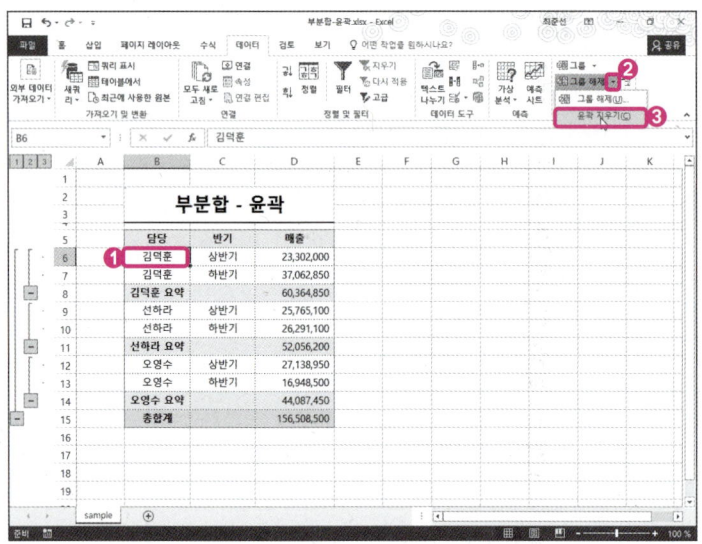

02 다시 윤곽 기호를 표시하려면 [데이터] 탭-[윤곽선] 그룹-[그룹▼]을 클릭하고 [자동 윤곽]을 선택합니다.

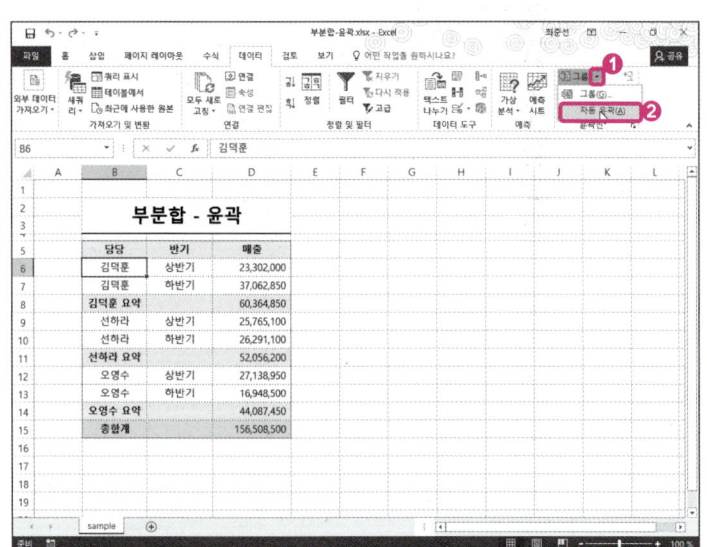

TIP 윤곽 기호 숨기는 단축키

부분합이 적용된 표의 윤곽 기호를 숨기거나 보이게 하는 단축키는 Ctrl + 8 입니다. 이 단축키는 토글키로, 한 번 누르면 윤곽 기호가 감춰지고 다시 누르면 표시됩니다.

동일한 구조의 집계표를 하나로 합치기

329

지역별, 대리점별, 법인별 실적을 집계한 표는 파일별로 또는 시트별로 구성이 동일한 집계표 여러 개가 존재할 수 있습니다. 이런 표를 하나로 합쳐 전체 데이터를 요약해야 한다면 [통합] 기능을 이용하면 됩니다. 다만 이 기능을 사용하려면 집계표가 동일한 형식으로 정리되어 있어야 합니다. [통합] 기능을 사용해 여러 개의 집계표를 하나로 합치는 방법에 대해 알아보겠습니다.

예제 파일 PART 06 \ CHAPTER 32 \ 통합.xlsx

01 예제 파일을 열고 '서울' 시트와 '경기' 시트를 각각 선택해보면 해당 지역의 연간 실적이 집계되어 있습니다. 두 시트의 집계표는 구성이 동일하지만 행 개수와 나열된 제품 순서가 일치하지 않습니다.

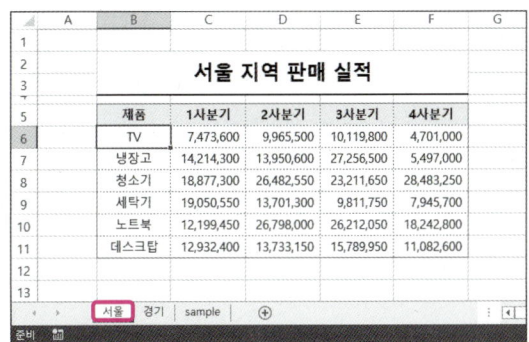 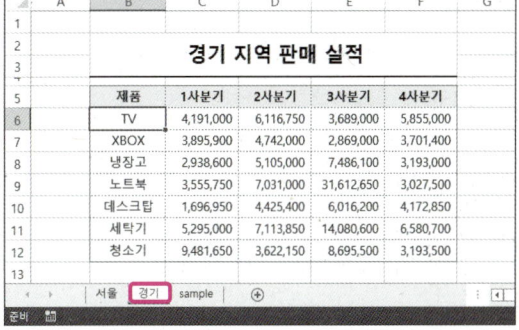

TIP 통합 기능을 사용할 수 있는 표
예제의 집계표는 첫 번째 행인 [5] 행에 열 머리글이, 첫 번째 열인 [B] 열에 행 머리글이 있습니다. 이렇게 첫 번째 행과 첫 번째 열에 머리글이 입력되어 있고 가운데에 집계 결과가 정리된 표에서만 통합 기능을 사용할 수 있습니다. 머리글의 순서는 달라도 상관없습니다.

02 두 표를 하나로 합쳐보겠습니다. 시트 탭에서 'sample' 시트를 선택하고 통합 결과가 반환될 셀(여기서는 [B2] 셀)을 선택한 후 [데이터] 탭-[데이터 도구] 그룹-[통합]을 클릭합니다.

TIP [B2] 셀은 통합된 결과가 표시될 왼쪽 상단 첫 번째 셀입니다.

03 [통합] 대화상자가 표시되면 표를 하나씩 추가합니다. 첫 번째 표를 추가하기 위해 [참조]를 선택하고 시트 탭에서 '서울' 시트를 클릭합니다. [B5:F11] 범위를 드래그해 선택하고 [추가]를 클릭해 [모든 참조 영역]에 추가합니다.

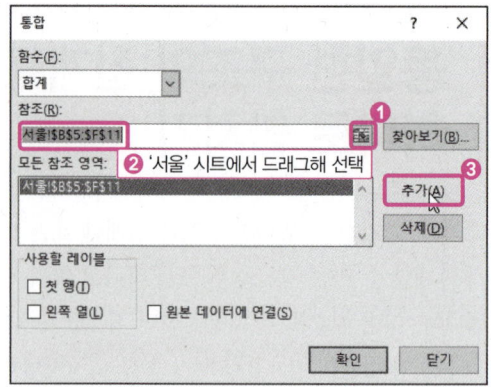

04 03 과정을 참고해 '경기' 시트의 [B5:F12] 범위를 [모든 참조 영역]에 추가하고 [첫 행]과 [왼쪽 열]에 체크 표시를 한 후 [확인]을 클릭합니다.

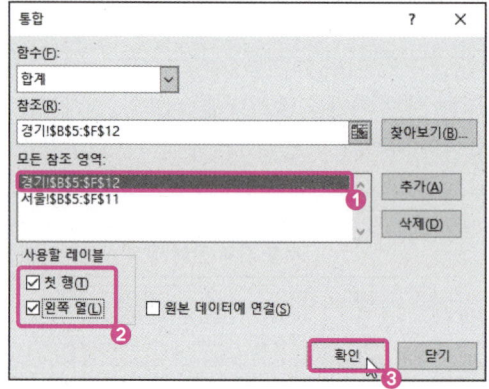

> **Plus⁺** [통합] 대화상자의 옵션 이해하기
>
> • **첫 행**
> 통합할 표의 첫 번째 행에 입력된 값을 열 머리글로 인식합니다.
>
> • **왼쪽 열**
> 통합할 표의 첫 번째 열에 입력된 값을 행 머리글로 인식합니다.
>
> • **원본 데이터에 연결**
> 통합한 후 원본 표의 수정 값이 자동 반영되도록 수식을 이용해 통합합니다. 이 옵션은 원본 표가 수정될 가능성이 있을 때 선택해 사용합니다.

05 'sample' 시트에 다음과 같이 두 지역(서울, 경기)의 표가 하나로 합쳐진 결과가 반환됩니다. 통합된 결과는 표의 서식 없이 값만 표시되므로 표의 서식 설정과 열 너비 조절은 직접 해야 합니다.

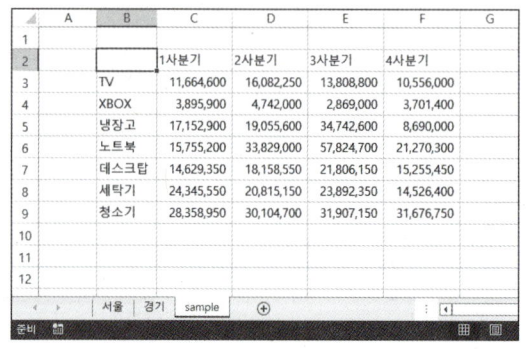

통합 결과를 미리 준비된 표에 바로 넣기

330

[통합] 기능은 미리 구성해놓은 표에 합쳐진 결과를 반환할 수 있습니다. 이 작업을 하려면 통합할 표와 구성된 표의 머리글을 동일하게 해야 하며, 구성된 표의 머리글 범위와 집계될 데이터가 입력될 전체 범위를 먼저 선택해야 합니다. 여기서는 미리 만들어놓은 표에 통합 결과를 반환하는 방법에 대해 알아보겠습니다.

예제 파일 PART 06 \ CHAPTER 32 \ 통합-표.xlsx

01 예제 파일의 'sample' 시트를 보면 No. 329 예제와 동일한 표가 있습니다. '서울', '경기' 시트에 있는 표와 행 머리글, 열 머리글이 같은지 확인합니다.

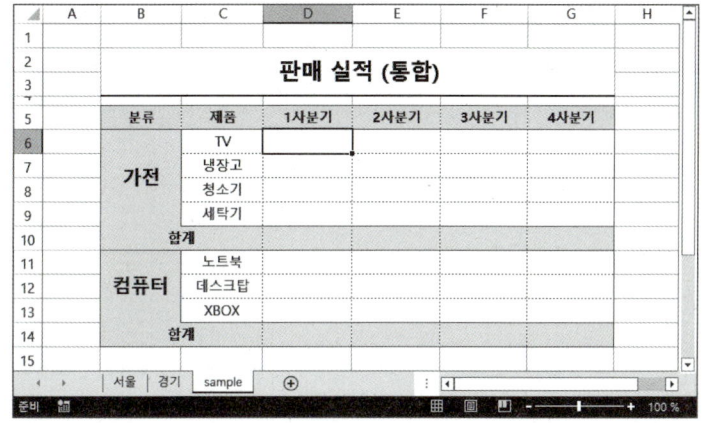

02 미리 구성된 표에 통합한 결과를 넣기 위해 먼저 표 범위(머리글과 집계할 값을 반환할 범위)인 [C5:G13] 범위를 선택하고 [데이터] 탭-[데이터 도구] 그룹-[통합]을 클릭합니다.

TIP [B10:C10] 범위와 [B14:C14] 범위는 병합된 것이 아니라 두 범위의 가운데에 값이 표시되도록 한 것입니다. 방법은 No. 112를 참고합니다.

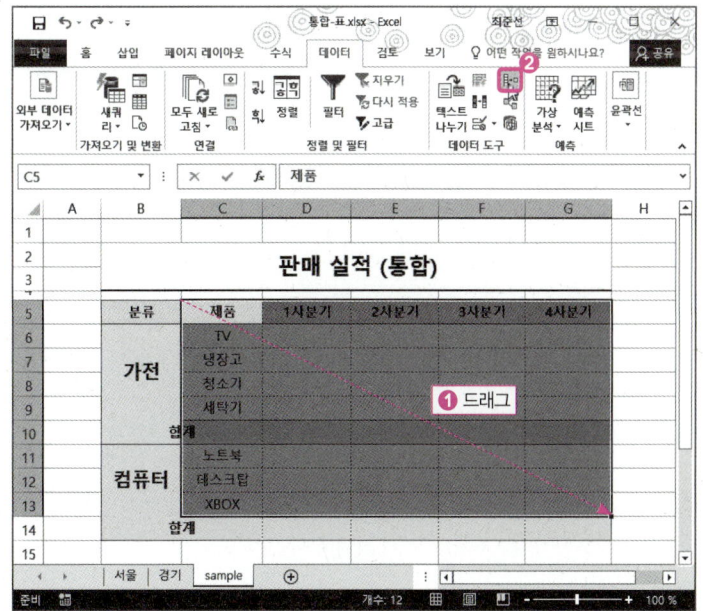

03 [통합] 대화상자가 나타나면 다음과 같이 설정하고 [확인]을 클릭합니다.

함수 : 합계
참조 : 서울!$B$5:$F$11 범위 선택 후 [추가] 클릭
경기!$B$5:$F$12 범위 선택 후 [추가] 클릭
첫 행 : 체크 표시
왼쪽 열 : 체크 표시

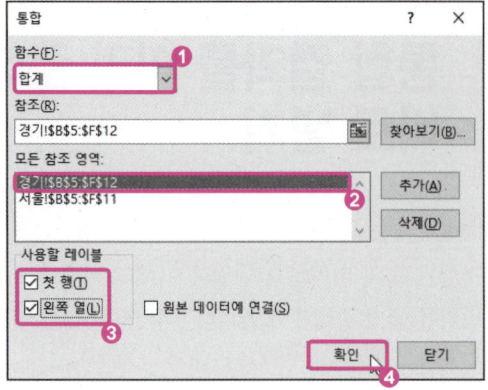

TIP [통합] 대화상자 설정 방법은 690쪽의 **03**~**04** 과정을 참고합니다.

04 구성된 표에 통합한 결과가 나타납니다. [10] 행과 [14] 행은 [자동 합계] 기능을 이용해 간단하게 집계하겠습니다. [D10:G10] 범위를 선택하고 Ctrl을 누른 상태에서 [D14:G14] 범위를 선택한 후 [홈] 탭-[편집] 그룹-[∑ 자동 합계]를 클릭합니다.

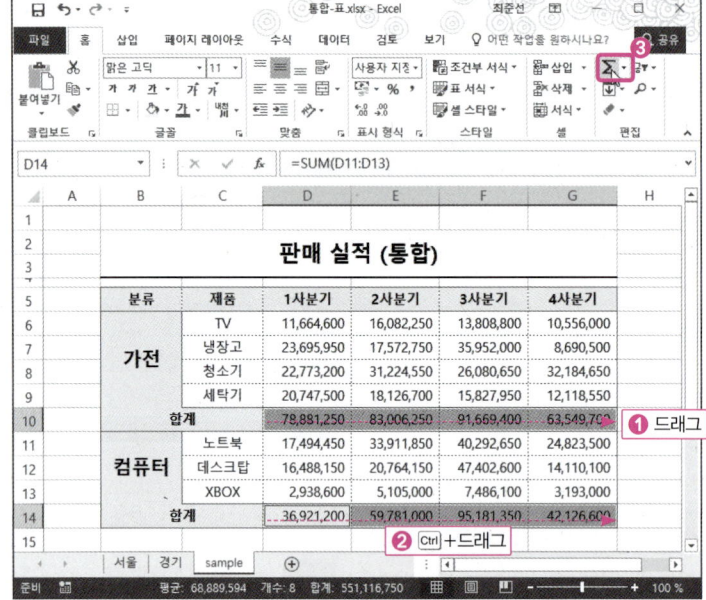

여러 열에 나눠 입력된 머리글을 인식해 표 통합하기 331

[통합] 기능은 머리글이 하나의 열이나 행에 입력된 경우에만 사용할 수 있습니다. 하지만 업무를 하다 보면 머리글이 여러 개의 열이나 행에 나누어 입력되어 있는 경우가 일반적입니다. 이런 표에 [통합] 기능을 사용하려면 머리글을 하나로 합쳐야 합니다. 머리글이 여러 개의 열에 나뉘어 입력된 표를 통합하는 방법에 대해 알아보겠습니다.

예제 파일 PART 06 \ CHAPTER 32 \ 통합-다중열.xlsx

01 예제 파일을 열고 '1월'과 '2월' 시트를 보면 각각 다음과 같은 표가 있습니다. 각 표에는 [B:C] 열에 구입처와 제품이 입력되어 있는데, 제품은 동일해도 서로 다른 구입처에서 매입한 내역이므로 이 표들을 합쳐 집계표를 새로 만들려면 [B:C] 열의 머리글을 모두 사용해야 합니다.

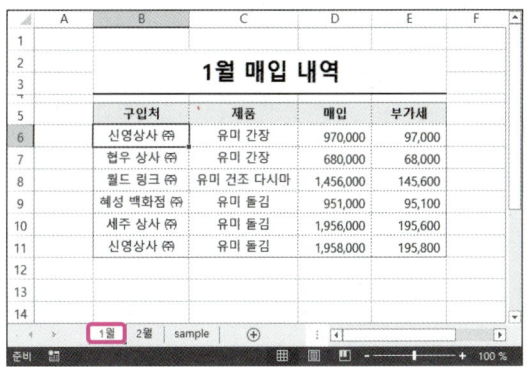 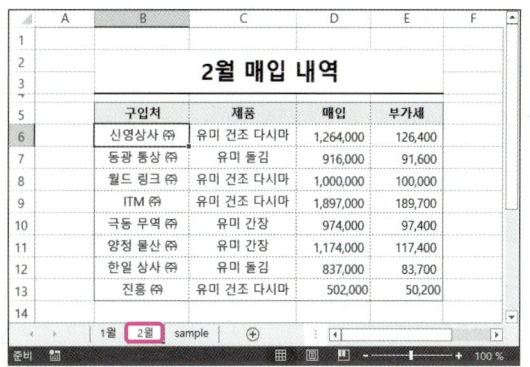

02 '1월' 시트를 선택하고 [B:C] 열의 머리글을 하나로 연결하기 위해 빈 열을 하나 삽입합니다. [D] 열을 선택하고 [홈] 탭-[셀] 그룹-[삽입]을 클릭합니다. 삽입할 열은 반드시 머리글 열과 집계할 열 사이에 삽입해야 합니다.

03 새로 삽입된 열 중 [D6] 셀에 다음 수식을 입력하고 [D6] 셀의 채우기 핸들을 [D11] 셀까지 드래그해 복사합니다.

[D6] 셀 : =B6&"/"&C6

TIP 두 열의 머리글을 하나로 합치는 이유

[통합] 기능에서 하나의 머리글만 인식할 수 있기 때문입니다. 표를 합친 후 다시 머리글을 분리하기 위해 중간에 구분 문자를 넣어 연결합니다. [B] 열과 [C] 열에서 모두 사용되지 않은 슬래시(/)를 구분 문자로 선택했습니다. 마침표, 쉼표, 하이픈 등 두 열에서 사용된 문자가 아니면 어떤 것이라도 상관없습니다.

04 '2월' 시트를 선택하고 **02~03** 과정을 참고해 머리글을 하나로 합칩니다.

05 'sample' 시트의 [B2] 셀을 선택하고 [데이터] 탭-[데이터 도구] 그룹-[통합]을 클릭합니다. [통합] 대화상자가 표시되면 다음과 같이 설정하고 [확인]을 클릭합니다.

함수 : 합계
참조 : '1월'!$D$5:$F$11 범위 선택 후 [추가] 클릭
　　　'2월'!$D$5:$F$13 범위 선택 후 [추가] 클릭
첫 행 : 체크 표시
왼쪽 열 : 체크 표시

06 'sample' 시트에 다음과 같은 결과가 반환됩니다.

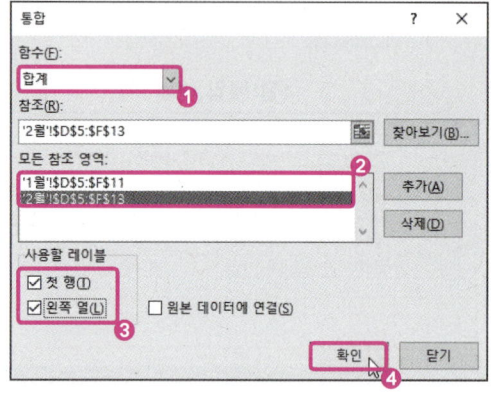

07 [B] 열의 머리글을 구입처와 제품으로 다시 분리합니다. [C] 열을 선택하고 [홈] 탭-[셀] 그룹-[삽입]을 클릭해 빈 열을 하나 추가합니다. 머리글이 반환된 [B3:B15] 범위를 선택하고 [데이터] 탭-[데이터 도구] 그룹-[텍스트 나누기]를 클릭합니다.

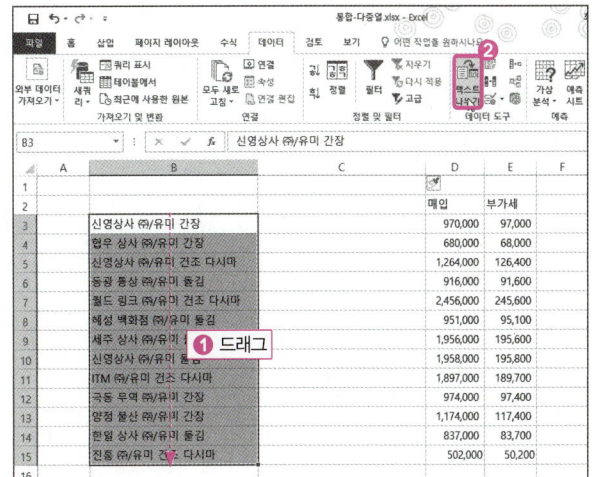

TIP 빈 열을 삽입하지 않고 [텍스트 나누기] 기능을 이용해 열을 분리하면 제품명이 매입 가격에 덮어씌워집니다.

08 [텍스트 나누기] 대화상자가 나타나면 [다음]을 클릭하여 마법사 2단계로 이동합니다. 다음과 같이 설정하고 [마침]을 클릭합니다.

탭 : 체크 표시 해제
기타 : 체크 표시, 오른쪽 입력 상자에 '/' 문자 입력

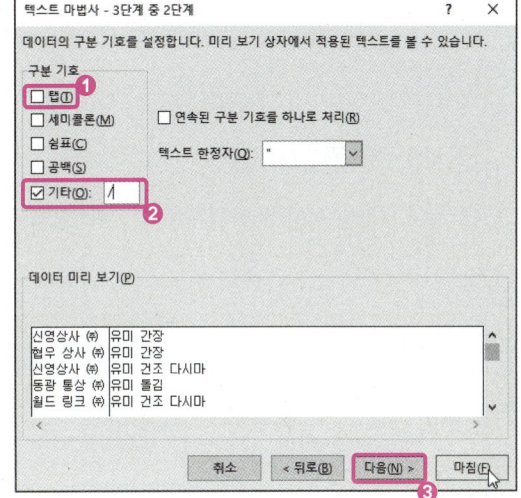

09 [B] 열의 머리글이 구입처와 제품명으로 분리됩니다. 이제 [B2:C2] 범위에 머리글을 입력하고 표 서식을 지정하면 됩니다.

3차원 참조 이용해 표 통합하기 332

3차원 참조는 연속된 시트의 동일한 셀(또는 범위)을 한 번에 참조하는 방법입니다. 그러므로 3차원 참조를 이용하면 동일한 서식(Template)을 사용한 집계표를 매우 쉽게 통합할 수 있습니다. 3차원 참조는 엑셀의 통합 기능의 단점을 모두 해결해줄 수 있는 방법이지만, 동일한 서식을 배포하고 취합할 수 있는 경우에만 유용합니다. 여기서는 3차원 참조를 이용해 여러 개의 표를 참조하는 방법에 대해 알아보겠습니다.

예제 파일 PART 06 \ CHAPTER 32 \ 3차원 참조.xlsx

3차원 참조

3차원 참조는 연속된 시트의 동일한 셀을 참조하는 방법으로, 구문은 다음과 같습니다.

> '첫 번째 시트:마지막 시트'!셀 주소

예를 들어 'Sheet1'에서 'Sheet3'까지 [A1] 셀을 참조하려면 =Sheet1:Sheet3!A1와 같은 수식을 사용합니다. 3차원 참조는 반드시 여러 셀을 참조하게 되므로 집계 함수와 함께 사용해야 합니다. 다음은 3차원 참조를 사용할 수 있는 함수입니다.

구분	함수명	설명
합계	SUM	지정한 범위 내 숫자 값의 합계를 구합니다.
평균	AVERAGE	지정한 범위 내 숫자 값의 산술 평균을 구합니다.
	AVERAGEA	지정한 범위 내 빈 셀을 제외한 모든 값의 산술 평균을 구합니다.
개수	COUNT	지정한 범위 내 숫자 값의 개수를 셉니다.
	COUNTA	지정한 범위 내 빈 셀을 제외한 값이 입력된 셀의 개수를 셉니다.
최대	MAX	지정한 범위 내 숫자 값의 최대값을 반환합니다.
	MAXA	지정한 범위 내 빈 셀을 제외한 모든 값의 최대값을 반환합니다.
최소	MIN	지정한 범위 내 숫자 값의 최소값을 반환합니다.
	MINA	지정한 범위 내 빈 셀을 제외한 모든 값의 최소값을 반환합니다.
곱	PRODUCT	지정한 범위 내 숫자 값의 곱셈을 반환합니다.
표준 편차	STDEV	표본의 표준 편차를 계산합니다. 이 함수는 2010부터는 STDEV.S 함수로 대체할 수 있습니다.
	STDEVP	전체 모집단의 표준 편차를 계산합니다. 이 함수는 2010부터는 STDEV.P 함수로 대체할 수 있습니다.
	STDEVA	빈 셀을 제외한 모든 값을 사용하는 표본의 표준 편차를 계산합니다.
	STDEVPA	빈 셀을 제외한 모든 값을 사용하는 전체 모집단의 표준 편차를 계산합니다.
분산	VAR	표본의 분산을 계산합니다. 이 함수는 2010부터는 VAR.S 함수로 대체할 수 있습니다.
	VARP	전체 모집단의 분산을 계산합니다. 이 함수는 2010부터는 VAR.P 함수로 대체할 수 있습니다.
	VARA	빈 셀을 제외한 모든 값을 사용하는 표본의 표준 편차를 계산합니다.
	VARPA	빈 셀을 제외한 모든 값을 사용하는 전체 모집단의 분산을 계산합니다.

위 함수들은 모두 [부분합]이나 [통합] 기능을 사용할 때 지원하는 집계 방법과 동일합니다.

01 예제 파일을 열고 'A대리점', 'B대리점', 'C대리점' 시트를 보면 각각 다음과 같은 표가 있습니다. 세 개의 표가 모두 동일한 구조로 각 제품의 판매량, 매출이 집계되어 있습니다. 이 표를 3차원 참조를 이용해 하나로 통합해보겠습니다.

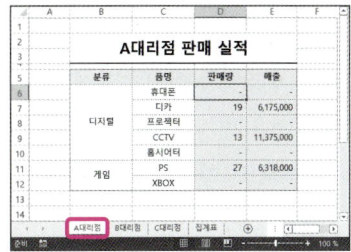 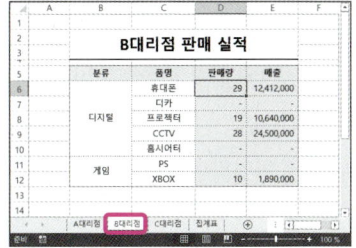 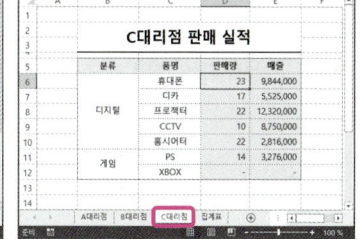

TIP 세 시트의 표는 모두 동일한 서식으로 작성되어 있어 구조가 동일하며 [B] 열의 분류는 병합 기능을 이용해 정리되어 있습니다.

02 '집계표' 시트를 보면 동일한 서식의 표가 있습니다. 다른 점은 [D6:E12] 범위 내 숫자 값 범위가 비어 있다는 것입니다. 이 표에 앞 세 시트의 표를 취합하겠습니다.

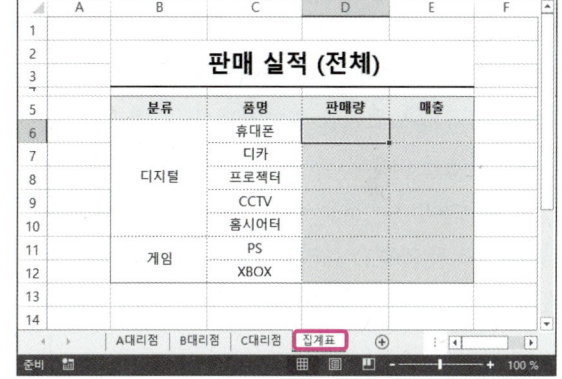

03 [D6] 셀에 다음 수식을 입력하고 [D6] 셀의 ⊞ 채우기 핸들을 [E6] 셀로 드래그한 후 다시 [12] 행까지 드래그해 복사합니다.

[D6] 셀 : =SUM(A대리점:C대리점!D6)

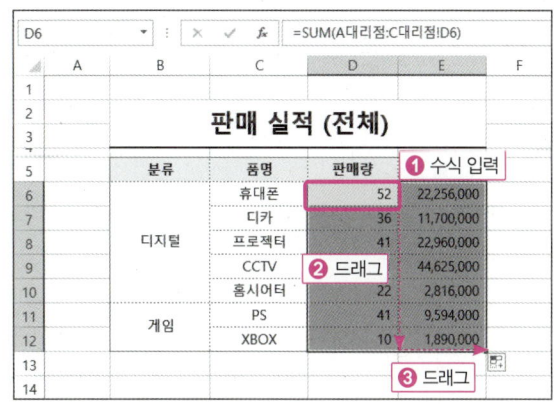

TIP 수식을 복사해도 표의 서식이 그대로 유지되도록 하려면 [📋 자동 채우기 옵션]을 클릭하고 [서식 없이 채우기] 옵션을 선택합니다.

3차원 참조로 통합할 때 표 추가/삭제하기

333

[통합] 기능이나 3차원 참조를 이용할 때, 집계표를 추가하거나 또는 특정 집계표를 취합된 결과에서 빼야 하는 경우가 있습니다. 이때 [통합] 기능을 사용했다면 다시 실행하고 설정을 변경해야 하지만, 3차원 참조를 사용했다면 시트 탭의 위치만 변경하면 되므로 편리합니다. 여기서는 3차원 참조를 이용해 표를 통합할 경우 새로운 표를 추가하거나 삭제하는 방법에 대해 알아보겠습니다.

예제 파일 PART 06 \ CHAPTER 32 \ 3차원 참조—추가.xlsx

01 예제 파일의 '집계표' 시트에서 [D6] 셀을 선택하면 수식 입력줄에서 **=SUM(A대리점:C대리점!D6)** 수식을 확인할 수 있습니다. 집계표는 3차원 참조를 이용해, A, B, C 세 대리점의 실적을 합쳐놓았다는 것을 이해할 수 있습니다. 기존 세 대리점 외에 D 대리점의 실적을 추가해보겠습니다.

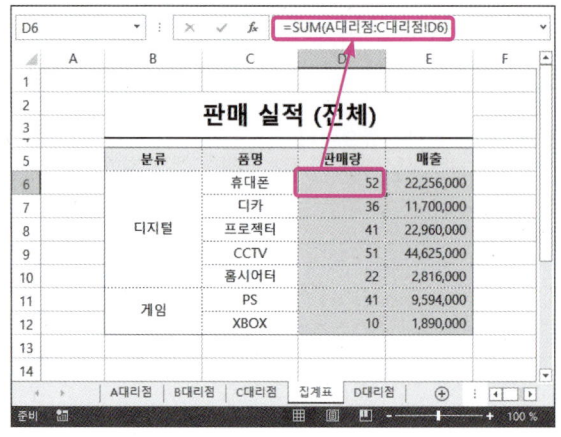

02 'D대리점' 시트를 보면 이전 표 서식과 동일한 표가 있습니다. D 대리점의 실적을 집계표 시트의 표에 추가합니다.

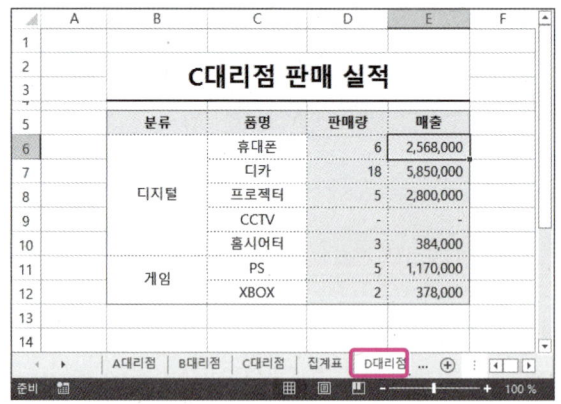

03 시트 탭에서 'D대리점' 탭을 드래그해서 'B대리점' 탭과 'C대리점' 탭 사이로 이동합니다.

> **TIP** 시트 탭 위치를 이동하는 이유
> 3차원 참조를 이용한 수식이 A 대리점부터 C 대리점 사이의 시트를 모두 참조하므로 'D대리점' 시트를 'A대리점' 시트와 'C대리점' 시트 사이에 위치시키면 자동으로 통합됩니다.

04 집계표에 D 대리점 실적이 추가됐는지 확인하기 위해 '집계표' 시트를 선택하고 결과를 봅니다. **01** 과정 화면과 비교하면 실적이 추가된 것을 확인할 수 있습니다.

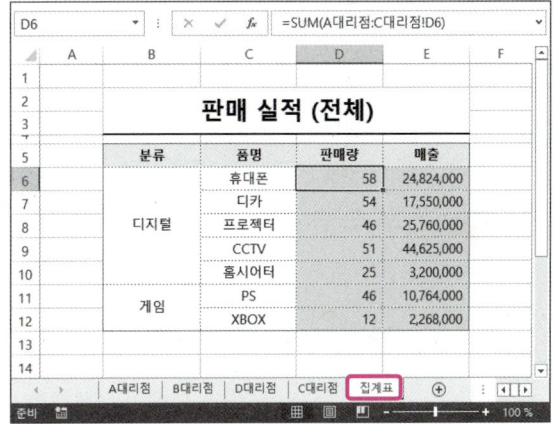

05 만약 D 대리점의 실적을 다시 빼야 한다면, 'A대리점' 시트의 왼쪽이나 'C대리점' 시트의 오른쪽으로 탭 위치를 드래그해 옮기면 됩니다.

Plus⁺ A 대리점 또는 C 대리점 실적을 제외하고 싶은 경우

3차원 참조를 이용해 =SUM(A대리점:C대리점!D6)과 같은 수식을 사용했을 때는 A 대리점이나 C 대리점의 실적을 제외하기 위해 시트 탭의 위치를 옮기는 방법을 사용할 수 없습니다. 이런 경우에는 수식을 직접 변경해야 합니다. 예를 들어 A 대리점의 실적을 빼고 싶다면 아래 방법을 참고합니다.

❶ '집계표' 시트에서 수식이 사용된 [D6:E12] 범위를 선택합니다.

❷ Ctrl + H 를 눌러 [바꾸기] 대화상자를 엽니다. [찾을 내용]에 'A대리점'을 입력하고, [바꿀 내용]에 'B대리점'을 입력한 후 [모두 바꾸기]를 클릭합니다.

와일드카드 문자를 사용해 3차원 참조 쉽게 하기 334

3차원 참조를 이용해 표를 통합할 경우에 시트 이름을 연속해서 선택하기 어려운 경우가 있습니다. 이런 경우에는 범위를 하나씩 선택해야 하므로 일정한 패턴만 있다면 *나 ?와 같은 와일드카드 문자를 사용해 원하는 대상 범위를 좀 더 쉽게 참조할 수 있습니다. 여기서는 와일드카드 문자를 사용하는 3차원 참조 방법에 대해 알아보겠습니다.

예제 파일 PART 06 \ CHAPTER 32 \ 3차원 참조–와일드카드.xlsx

01 예제 파일을 열고 시트 탭을 보면 '1월'부터 '12월'까지의 개별 시트와 각 분기의 실적을 집계한 '1사분기'부터 '4사분기'까지의 시트와 '통합' 시트가 있습니다. 각 월별 시트의 [B3] 셀에는 해당 월에 100을 곱한 값이 입력되어 있으며, 각 분기별 시트에는 해당 월의 실적 합계 값이 있습니다.

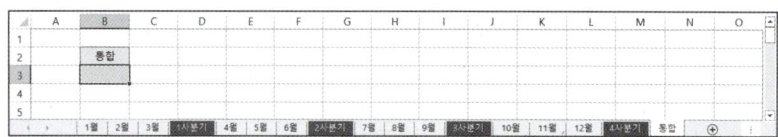

02 각 월별 시트만 참고해서 '통합' 시트에 연간 실적 결과를 얻으려면 다음 수식을 사용합니다.

[B3] 셀 : =SUM('*월'!B3)

> **TIP** *는 '월' 문자 앞에 나올 숫자의 개수가 일정하지 않아 사용한 것으로, 입력과 동시에 자동으로 연속된 시트 범위를 참조하는 수식으로 변경됩니다.

03 중간에 있는 분기 시트만 참고해 '통합' 시트의 결과를 얻으려면 다음 수식을 사용합니다.

[B3] 셀 : =SUM('?사분기'!B3)

> **TIP** 분기 시트 이름은 '사분기' 앞의 숫자 하나씩만 다르므로 ? 문자를 사용해 한 번에 전체 분기의 실적을 집계합니다.

CHAPTER
33

피벗 테이블

피벗 테이블 보고서 만들기 335

엑셀에서 가장 뛰어난 기능 중 하나를 꼽으라면 피벗 테이블이라고 할 수 있습니다. 피벗 테이블은 대량의 데이터를 빠르게 요약하고 분석할 수 있으며, 수식을 사용하는 것보다 장점이 많으므로 데이터가 많고 집계/분석 업무가 많을 때는 최적의 도구입니다. 피벗 테이블 보고서를 만드는 방법에 대해 알아보겠습니다.

예제 파일 PART 06 \ CHAPTER 33 \ 피벗테이블.xlsx

01 예제 파일을 열면 판매 내역이 정리된 표가 있습니다. 이 표는 엑셀 표로 변환이 되어 있으며 표 이름은 '판매대장'입니다. 이 표를 피벗 테이블 보고서로 요약해보겠습니다.

TIP 표 이름은 표 내부의 셀을 클릭하고 [표 도구]-[디자인] 탭-[속성] 그룹-[표 이름]에서 확인할 수 있습니다.

Plus⁺ 피벗 테이블과 엑셀 표

피벗 테이블을 사용하기 전에는 이번 예제와 같이 표를 엑셀 표로 변환하는 것이 좋습니다. 그래야 원본 표에 추가된 데이터를 피벗 테이블에서 바로 사용할 수 있기 때문입니다. 엑셀 표로 변환하지 않으면 추가된 데이터를 피벗 테이블 보고서에 표시하기 위해 원본 데이터의 범위를 항상 재조정해야 합니다.

02 피벗 테이블 보고서를 만들기 위해 엑셀 표 내부의 셀을 하나 선택하고 [삽입] 탭-[표] 그룹-[피벗 테이블]을 클릭합니다. [피벗 테이블 만들기] 대화상자가 열리면 [표/범위]에 자동으로 입력된 표 이름이 맞는지 확인하고 [확인]을 클릭합니다.

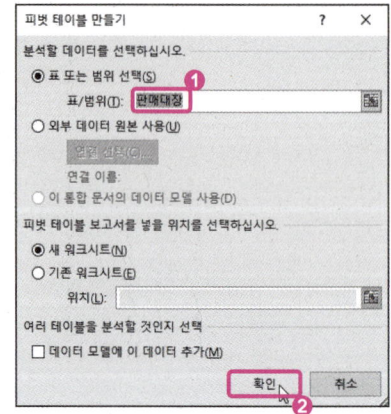

TIP 표를 엑셀 표로 등록하지 않았다면 [표/범위]에 sample!A1:I1023과 같이 셀 주소가 표시됩니다.

04 새 워크시트가 추가되면서 피벗 테이블 보고서를 구성할 수 있는 상태가 됩니다. 아래 각 부분의 설명을 참고합니다.

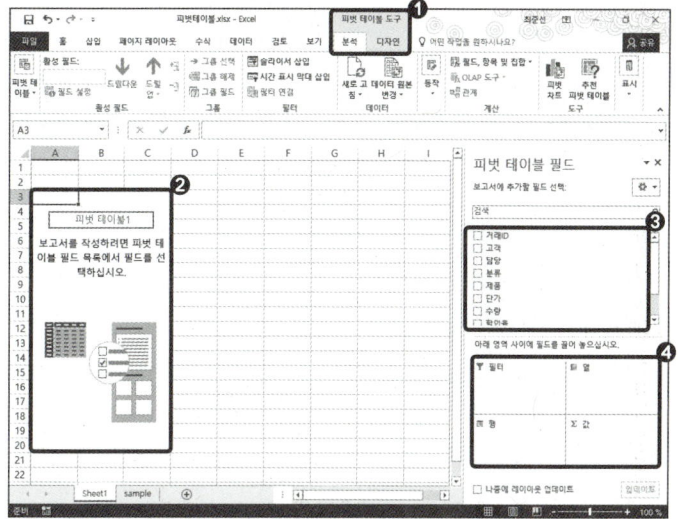

❶ **확장 탭** : 피벗 테이블 보고서에서 사용할 수 있는 [분석]과 [디자인] 두 개의 탭 메뉴가 제공됩니다. 참고로 [분석] 탭은 원래 [옵션] 탭이었는데, 엑셀 2013부터 명칭이 변경되었습니다.

❷ **피벗 테이블 레이아웃** : 실제 피벗 테이블 보고서가 표시되는 영역입니다. 컴퓨터에 비유하면 모니터 영역입니다.

❸ **필드 선택** : 원본 표의 열 머리글이 표시되는데, 피벗 테이블에서는 표의 열을 '필드'라고 부릅니다. 목록에 있는 필드를 아래 지정된 네 영역으로 드래그하거나 각 필드의 확인란을 체크하면 피벗 테이블 보고서가 구성됩니다.

❹ **피벗 테이블 영역** : 피벗 테이블 보고서의 표 영역을 의미합니다. 피벗 테이블을 제대로 구성하려면 이 영역의 의미와 구성 방법을 잘 이해해야 합니다.

05 [필드 선택] 목록에서 [담당]과 [판매] 필드의 확인란에 체크 표시를 하면 각각 행 영역과 값 영역에 필드가 추가되면서 다음과 같은 피벗 테이블 보고서가 구성됩니다.

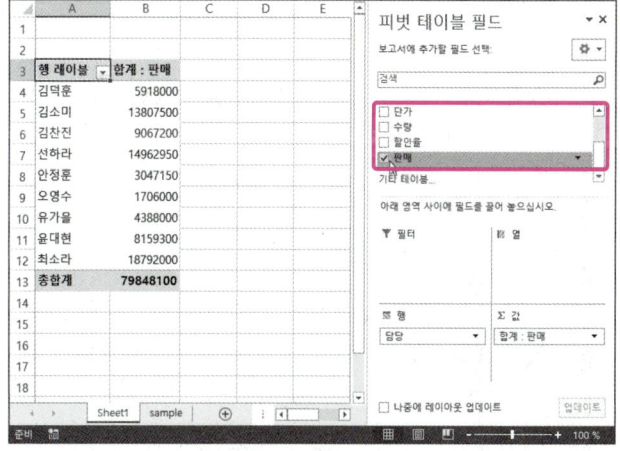

> **Plus⁺** [필드 선택] 목록의 필드 체크
>
> 필드 확인란에 체크 표시를 하면 아래쪽의 [행] 영역이나 [값] 영역에 추가됩니다. 필드가 어떤 영역으로 추가될지는 선택된 필드에 입력된 데이터 형식에 따라 결정됩니다. 예를 들어 텍스트, 날짜, 시간, 논리 값을 가진 필드는 [행] 영역으로 옮겨지고, 숫자 값을 가진 필드는 [값] 영역으로 옮겨집니다. 참고로 숫자 값을 가진 필드라 하더라도 빈 셀이나 텍스트 값이 포함되어 있으면 [행] 영역에 추가됩니다.

피벗 테이블 레이아웃 이해하기 336

피벗 테이블로 원하는 보고서를 만들려면 필드를 피벗 테이블의 각 영역에 넣었을 때 보고서가 어떻게 구성되는지 정확하게 이해해야 합니다. 피벗 테이블 보고서는 행과 열 머리글이 교차하는 곳에 집계된 결과가 표시되는 크로스-탭 형식의 집계표를 만드는 기능이며, 피벗 테이블 보고서의 필터, 행, 열, 값 영역은 각각 크로스-탭 형식 집계표의 일부 영역을 의미하는 용어입니다. 그러므로 필터, 행, 열, 값 영역이 크로스-탭 형식 집계표의 어느 부분에 해당하는지 잘 이해해두어야 합니다.

> 예제 파일 없음

피벗 테이블 보고서는 네 개의 영역으로 구성되며, 각 영역은 다음과 같은 크로스-탭 표의 위치를 의미합니다.

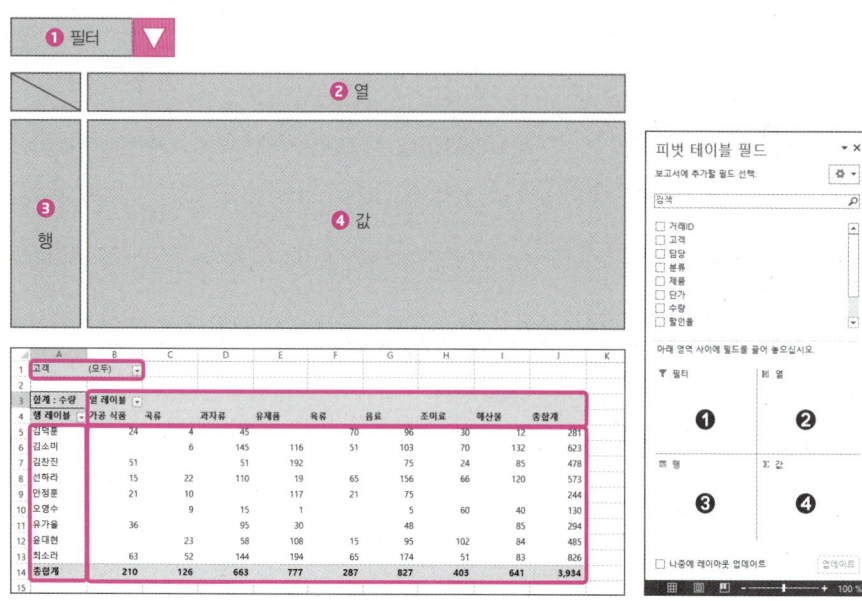

피벗 테이블 보고서의 네 영역은 각각 다음과 같은 역할을 합니다.

영역	설명
필터	원본 테이블의 데이터를 제한할 필드를 추가합니다. 예를 들어 원본 테이블에 2010년 이후 데이터가 존재할 때 월별 실적 보고서를 만들고 싶다면 '연도' 필드를 [필터] 영역에 추가하고 집계할 연도를 선택합니다.
열	피벗 테이블 보고서의 열 머리글에 표시할 항목을 갖는 필드를 추가합니다. 예를 들어 '분류' 필드를 추가하면 피벗 테이블 보고서의 상단에 분류명이 나타납니다.
행	피벗 테이블 보고서의 행 머리글에 표시할 항목을 갖는 필드를 추가합니다. 예를 들어 '담당' 필드를 추가하면 피벗 테이블 보고서의 첫 번째 열에 영업 담당자 이름이 나타납니다. 워크시트는 대개 열보다는 행을 더 많이 사용하므로 항목이 많은 필드를 행 영역에 추가하는 것이 좋습니다.
값	행 머리글과 열 머리글이 교차하는 위치의 집계할 값을 갖는 필드를 추가합니다. 예를 들어 '수량' 필드를 추가하면 [행] 영역과 [열] 영역에 추가한 필드에 대한 수량의 합계 값이 표시됩니다. 이 영역에 추가되는 필드는 숫자 값을 갖고 있는 경우에는 [합계]가, 그 외에는 [개수]가 집계됩니다. 이것은 기본 설정이고 [필드 설정]에서 집계 방법을 변경할 수 있습니다.

클래식 피벗 테이블 사용하기 337

피벗 테이블 보고서를 구성할 때는 [피벗 테이블 필드] 작업 창에서 필드를 필터, 행, 열, 값 영역에 삽입하는 방법을 사용하는데, 2003 이하 버전에서는 피벗 테이블 보고서가 표시되는 영역으로 바로 드래그해서 보고서를 구성할 수 있었습니다. 2007 이후 버전에서도 그런 인터페이스를 사용할 수 있는데, 해당 인터페이스를 가진 피벗 테이블 보고서를 '클래식 피벗 테이블'이라고 합니다. 클래식 피벗 테이블 인터페이스를 이용해 피벗 테이블 보고서를 구성하는 방법에 대해 알아보겠습니다.

예제 파일 PART 06 \ CHAPTER 33 \ 피벗테이블-클래식.xlsx

01 예제 파일을 열고 'pivot' 시트를 보면 피벗 테이블 보고서를 구성할 수 있는 레이아웃 화면을 확인할 수 있습니다. 보고서 레이아웃을 클래식 피벗 테이블 구성 방식으로 변경해보겠습니다. [A3:C20] 범위 내 셀(여기서는 [A3] 셀)이 선택된 상태에서 [피벗 테이블 도구]-[분석]탭-[피벗 테이블] 그룹-[옵션]을 클릭합니다.

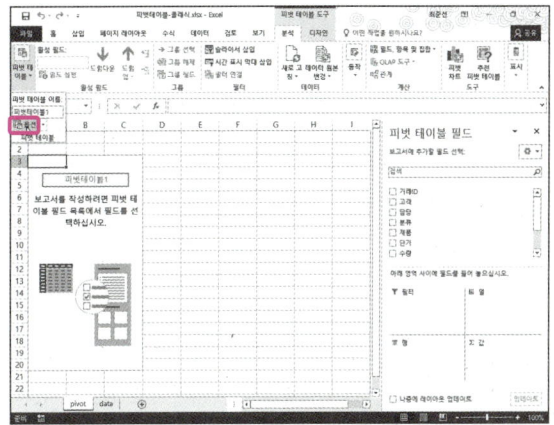

02 [피벗 테이블 옵션] 대화상자가 열리면 [표시] 탭의 [클래식 피벗 테이블 레이아웃 표시(눈금에서 필드 끌기 사용)]에 체크 표시를 하고 [확인]을 클릭합니다. '피벗 테이블' 레이아웃이 '클래식 피벗 테이블' 레이아웃으로 변경됩니다. 이제 [필드 선택] 목록에서 보고서에 추가할 필드를 워크시트 내 파란색 필드 영역으로 직접 드래그해 구성할 수 있습니다.

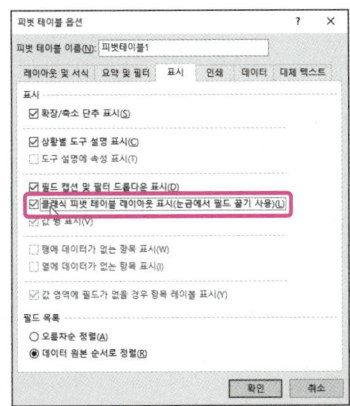 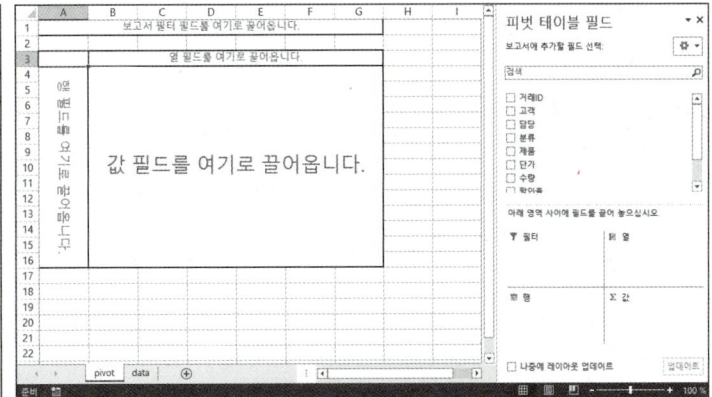

다른 엑셀 파일에 연결해 피벗 테이블 보고서 구성하기

338

피벗 테이블은 분석할 데이터가 많을수록 더욱 빛을 발하는 기능입니다. 다만 데이터가 많아지면 파일 용량이 증가해 피벗 테이블 보고서의 구성을 변경할 때 반응 속도가 떨어지는 단점이 있습니다. 데이터가 많다면 액세스와 같은 데이터베이스 프로그램을 이용하는 것이 가장 좋지만, 그러려면 액세스를 공부해야 하는 부담이 있습니다. 그러므로 데이터가 많은 경우에는 파일을 두 개로 분리해 하나는 데이터 보관용 파일로, 다른 하나는 분석용 파일로 나눠 작업하는 것이 가장 좋은 방법입니다. 데이터가 입력된 외부 엑셀 파일을 이용해 피벗 테이블 보고서를 생성하는 방법에 대해 알아보겠습니다.

예제 파일 PART 06 \ CHAPTER 33 \ 피벗테이블.xlsx

01 예제 파일로 제공되는 '피벗테이블.xlsx' 파일의 'sample' 시트에 연결해 피벗 테이블 보고서를 구성해보겠습니다. 빈 엑셀 파일을 열고 [삽입] 탭-[표] 그룹-[피벗 테이블]을 클릭합니다.

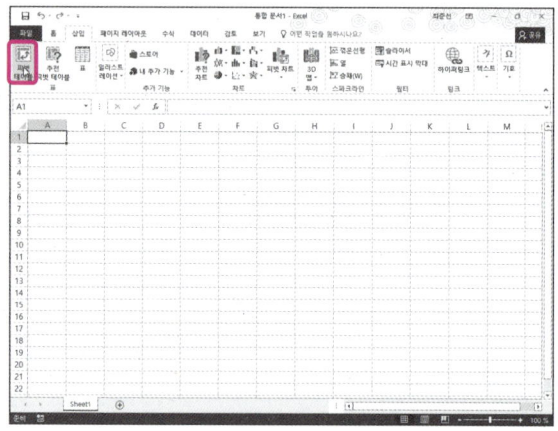

TIP '피벗테이블.xlsx' 파일은 No. 335 예제입니다. 파일을 열어 확인했다면 이번 예제를 진행하기 전에 닫아야 합니다.

02 [피벗 테이블 만들기] 대화상자가 열리면 [외부 데이터 원본 사용]을 클릭하고 [연결 선택]을 클릭합니다. [기존 연결] 대화상자가 열리면 예제 엑셀 파일에 연결하기 위해 [더 찾아보기]를 클릭합니다.

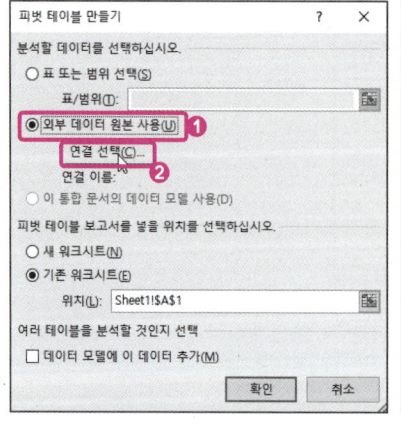
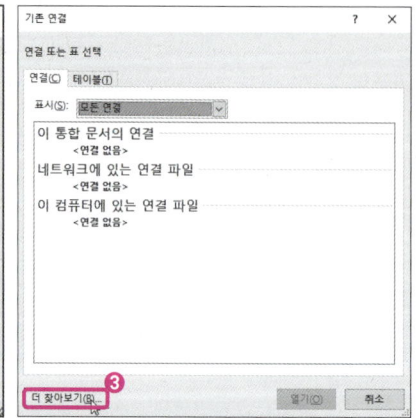

03 [데이터 원본 선택] 대화상자가 열리면 예제 폴더로 이동하여 '피벗테이블.xlsx' 파일을 선택하고 [열기]를 클릭합니다.

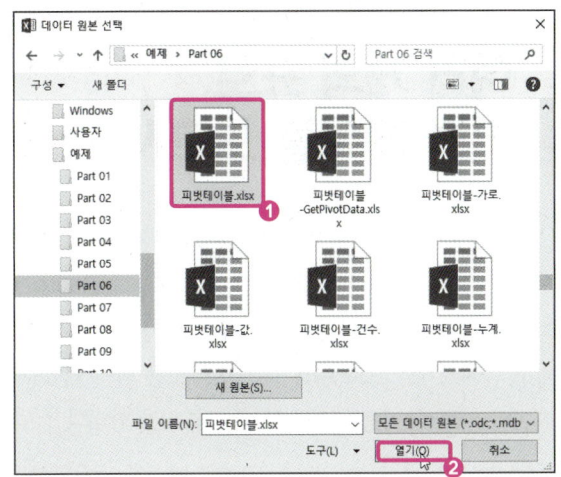

04 [테이블 선택] 대화상자가 열리면 'sample$'을 선택하고 [확인]을 클릭합니다. 나머지 대화상자도 모두 [확인]을 클릭하여 닫습니다.

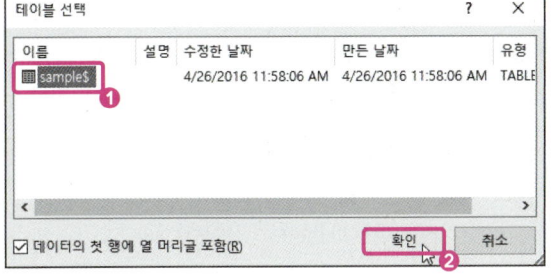

TIP [테이블 선택] 대화상자에는 **03** 과정에서 연 엑셀 파일의 워크시트 이름과 정의된 이름이 표시됩니다. 워크시트 이름 뒤에는 $ 문자가 표시되므로 워크시트 이름과 정의된 이름을 구분할 수 있습니다.

05 '피벗테이블.xlsx' 파일의 'sample' 시트에 연결된 피벗 테이블 보고서가 생성됩니다. [필드 목록] 작업 창에서 보고서에 사용할 필드를 원하는 영역에 추가하여 피벗 테이블 보고서를 완성합니다.

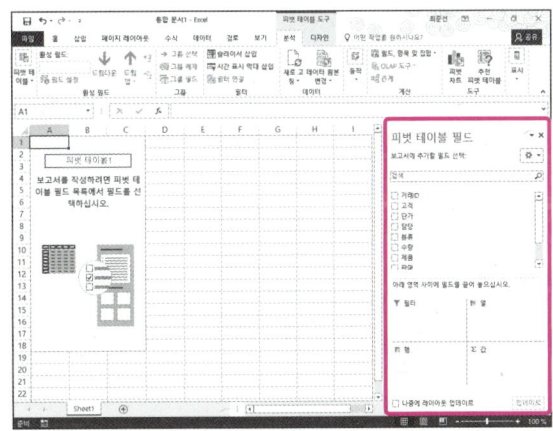

TIP 보안 경고 메시지

외부 파일과 연결해 피벗 테이블 보고서를 만들었을 때 파일을 저장한 후 다시 불러오면 [보안 경고] 메시지 표시줄이 리본 메뉴 아래에 나타납니다. 이때 [콘텐츠 사용]을 클릭하면 이후부터는 나타나지 않습니다.

여러 개의 표로 피벗 테이블 보고서 만들기

339

[통합] 기능을 이용하면 여러 개의 집계표를 하나로 취합할 수 있습니다. 피벗 테이블 보고서도 여러 개의 집계표를 하나로 취합할 수 있는데, 그렇게 하려면 2003 버전까지 지원되었던 [피벗 테이블 마법사] 기능을 이용해야 합니다. [피벗 테이블 마법사] 기능은 2007 이후 버전에서는 리본 메뉴에 표시되지 않고 숨겨져 있으므로 여러 개의 집계표를 피벗 테이블 보고서를 이용해 하나로 취합하고 싶다면 [피벗 테이블 마법사] 기능을 등록한 후 사용해야 합니다.

예제 파일 PART 06 \ CHAPTER 33 \ 피벗테이블-마법사.xlsx

01 예제 파일을 열고 '서울'과 '경기' 시트를 각각 선택하면 다음과 같은 표를 확인할 수 있습니다. 피벗 테이블을 이용해 두 표를 하나로 취합해보겠습니다.

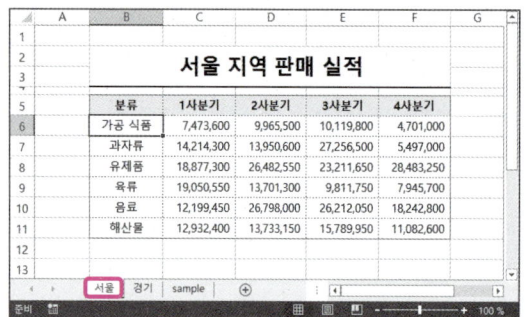 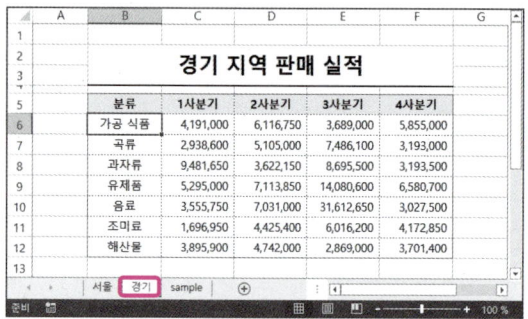

02 먼저 빠른 실행 도구 모음에 [🔲 피벗 테이블/피벗 차트 마법사]를 등록합니다.

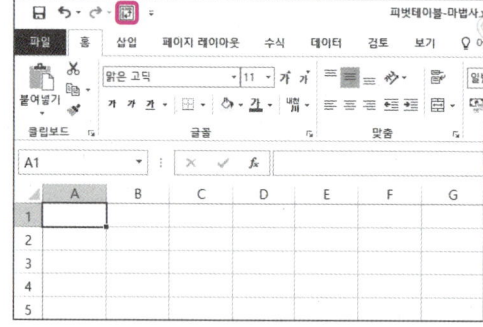

Plus⁺ [피벗 테이블/피벗 차트 마법사] 명령 등록

리본 메뉴에 표시되지 않은 명령은 빠른 실행 도구 모음에 등록하고 사용하는 것이 편리합니다. [피벗 테이블/피벗 차트 마법사] 명령은 [명령 선택] 콤보 상자에서 [리본 메뉴에 없는 명령]을 선택하면 하위 목록에서 선택할 수 있습니다.

LINK 빠른 실행 도구 모음에 새 명령을 등록하는 방법은 'No. 011 빠른 실행 도구 모음에 필요한 명령 등록하기'를 참고합니다.

03 'sample' 시트를 선택하고 빠른 실행 도구 모음의 [피벗 테이블/피벗 차트 보고서]를 클릭합니다. [피벗 테이블/피벗 차트 마법사] 대화상자가 나타나면 [다중 통합 범위]를 선택하고 [다음]을 클릭합니다.

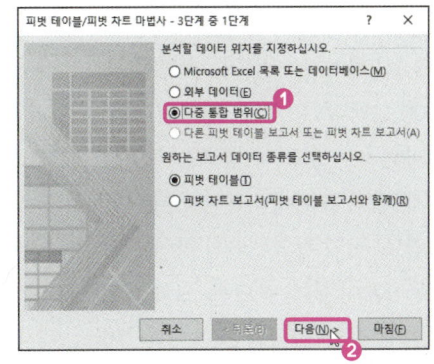

04 마법사 2A단계에서 [필터] 영역의 필드 수를 지정합니다. 각각 취합할 표를 선택하는 필드를 하나만 만들면 되므로 [하나의 페이지 필드 만들기]가 선택된 채로 [다음]을 클릭합니다.

05 마법사 2B단계에서는 통합할 원본 표 범위를 추가합니다. 다음 범위를 모두 선택하고 [추가]를 클릭한 후 [다음]을 클릭합니다.

범위 : 서울!$B$5:$F$11
　　　　경기!$B$5:$F$12

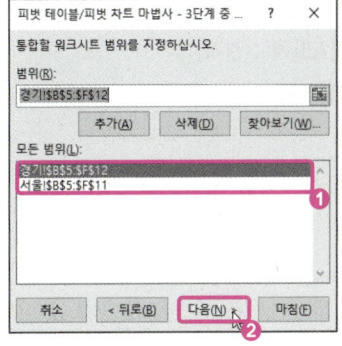

06 마법사 3단계에서는 피벗 테이블 보고서를 작성할 위치를 지정합니다. 기본 값을 그대로 두고 [마침]을 클릭하여 마법사를 종료합니다.

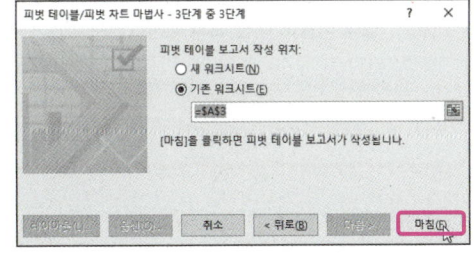

07 'sample' 시트에 서울과 경기 지역의 실적표가 하나로 통합된 피벗 테이블 보고서가 생성됩니다.

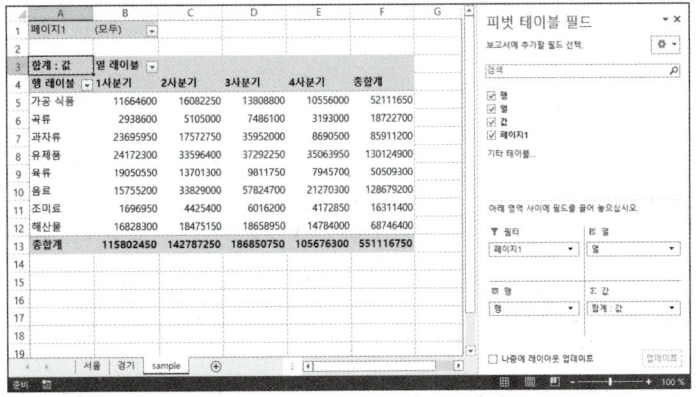

08 완성된 표의 [필터] 영역에 있는 '페이지1' 필드는 취합한 표를 선택할 수 있는 필드입니다. '페이지1' 필드 내 항목을 확인하기 위해 오른쪽의 [피벗 테이블 필드] 작업 창의 [필터] 영역에 있는 '페이지1' 필드를 드래그해 [행] 영역으로 옮겨놓습니다. 이때 기존의 '행' 필드 위에 위치하도록 합니다.

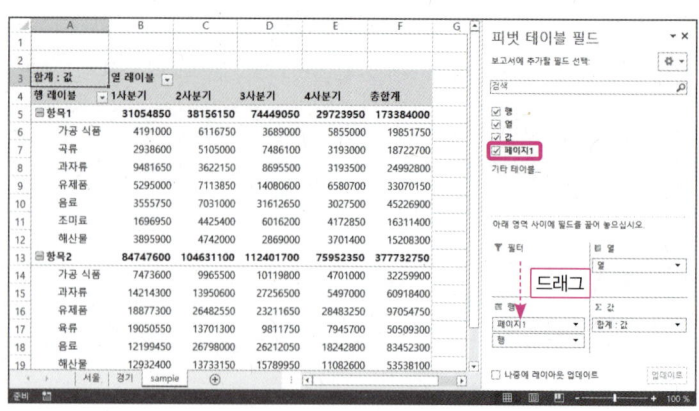

09 [A5] 셀과 [A13] 셀의 값을 '경기'와 '서울'로 변경합니다.

[A5] 셀 : 경기
[A13] 셀 : 서울

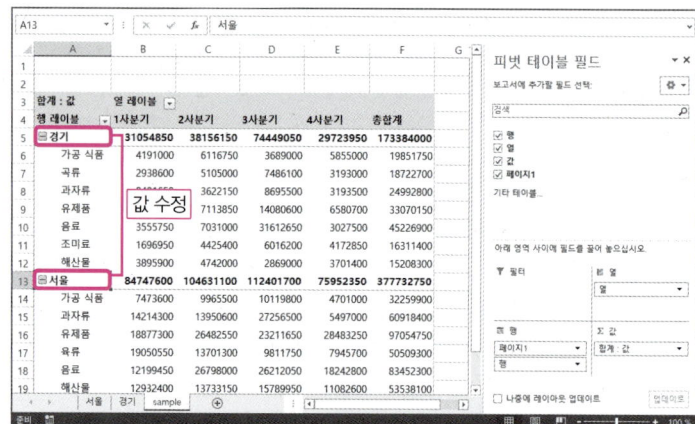

> **Plus⁺ 항목 이름이 어떤 표의 데이터인지 빠르게 확인하기**
>
> **05** 과정에서 '서울', '경기' 순으로 표를 등록했다면 항목1은 '경기', 항목2는 '서울'입니다. 순서가 혼동된다면 **09** 과정과 같이 피벗 테이블을 구성하고 '서울'이나 '경기' 시트를 참고해 값을 확인한 후 항목 이름을 수정합니다.

10 다시 [피벗 테이블 필드] 작업 창의 [행] 영역에 있는 '페이지1' 필드를 필터 영역에 드래그해 옮겨놓고, [B1] 셀의 [▼] 아래 화살표를 클릭하면 보다 직관적으로 지역을 선택할 수 있습니다.

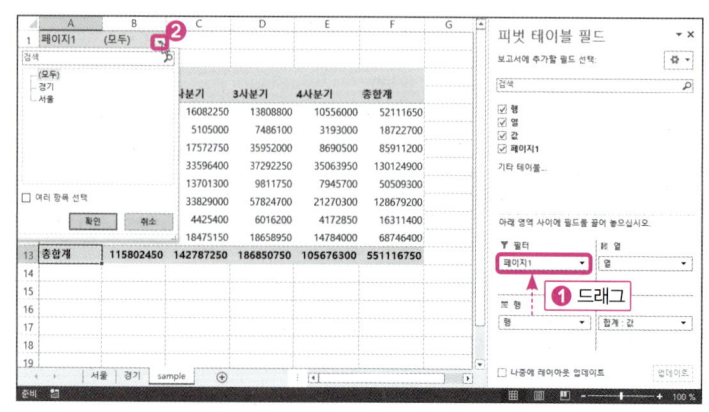

추천 피벗 테이블 기능을 이용해 피벗 보고서 구성하기

340

엑셀 2013부터 제공되는 [추천 피벗 테이블]은 갖고 있는 데이터로 만들 수 있는 피벗 테이블 보고서 유형을 미리 보여주고 그 중 하나를 선택할 수 있게 해주는 기능합니다. 아직 부족한 점이 있지만, 다른 기능들처럼 버전이 올라갈수록 단점은 보완되고 장점은 많아질 것이므로 피벗 테이블 보고서를 직접 구성하는 수고를 줄여줄 것으로 기대합니다.

예제 파일 PART 06 \ CHAPTER 33 \ 피벗테이블-추천.xlsx

01 예제 파일을 열면 화면과 같은 엑셀 표가 있습니다. 피벗 테이블 보고서를 만들기 위해 [A2] 셀을 선택하고 [삽입] 탭-[표] 그룹-[추천 피벗 테이블]을 클릭합니다.

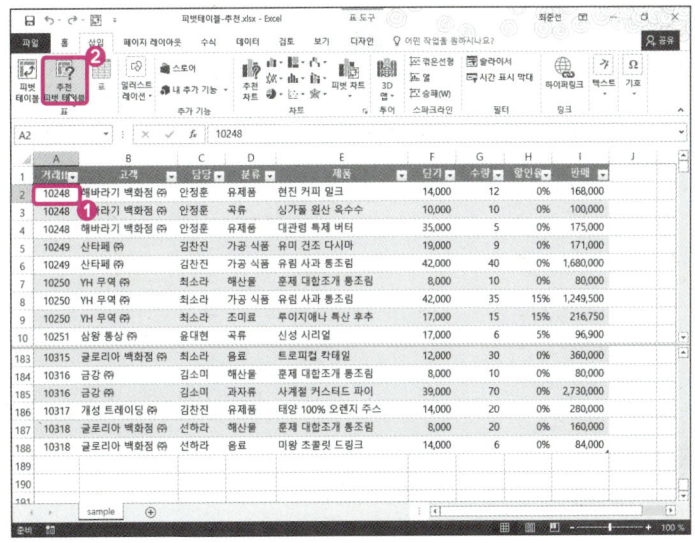

02 [권장 피벗 테이블] 대화상자가 나타나면서 대화상자 왼쪽에 여러 가지 구성의 피벗 테이블이 표시됩니다. 하나씩 선택해보면 오른쪽에 좀 더 큰 미리 보기 화면이 제공됩니다.

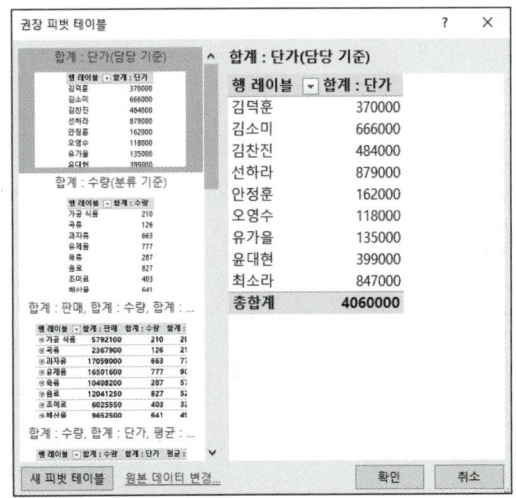

TIP [권장 피벗 테이블] 대화상자에서 보여주는 보고서의 종류는 아직 다양하지 않고, 데이터의 핵심을 이해하고 만들었다기보다는 표면적인 데이터를 요약해 보여주는 데 그칩니다. 이 기능은 엑셀 2013에 새로 추가되었으므로 아직 큰 기대를 하기는 어렵지만, 참고 용도로 활용할 수는 있습니다.

03 여러 구성 중에서 [평균 : 할인율(분류(+) 기준)]을 선택하고 [확인]을 클릭합니다.

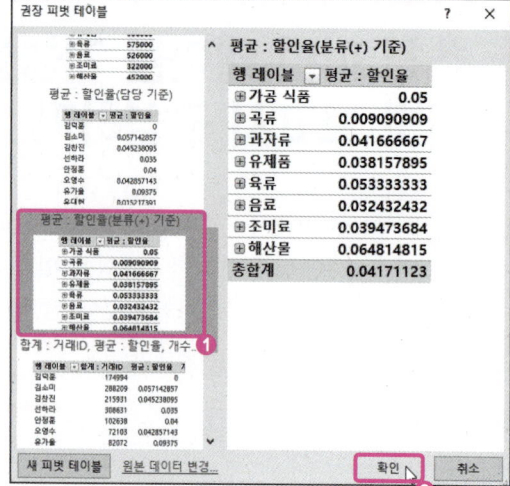

TIP 권장 피벗 테이블에서 만들 수 있는 보고서 유형을 확인하고 원하는 구성이 없다면 하단의 [새 피벗 테이블]을 클릭해 직접 만들면 됩니다.

04 미리 보기에서 확인한 피벗 테이블 보고서가 완성된 상태로 즉시 반환됩니다.

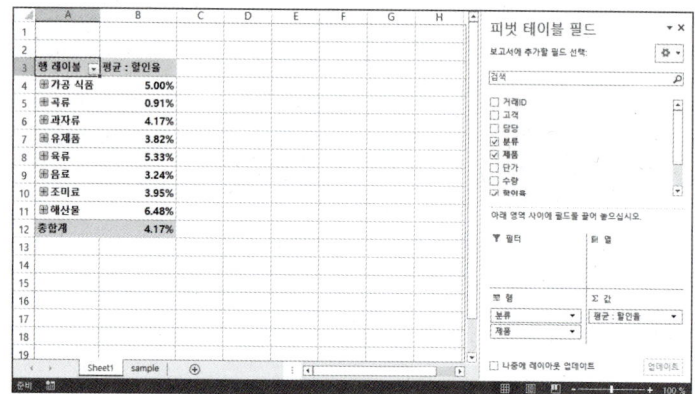

TIP [B4:B12] 범위는 따로 선택해 [홈] 탭-[표시 형식] 그룹-[％백분율 스타일]과 [자릿수 늘림]을 한 번씩 클릭한 결과입니다.

341 피벗 테이블 필드 창 표시하거나 숨기기

피벗 테이블 보고서를 만들면 화면 오른쪽에 [피벗 테이블 필드] 작업 창이 나타납니다. 이 작업 창은 피벗 테이블 보고서를 구성하거나 변경하는 데 사용하는데, 보고서를 완성한 후에는 화면 오른쪽을 가려 불편할 수 있습니다. [피벗 테이블 필드] 작업 창을 필요에 따라 숨기거나 표시하는 방법에 대해 알아보겠습니다.

> **예제 파일** PART 06 \ CHAPTER 33 \ 피벗테이블-필드목록.xlsx

01 예제 파일을 열고 'pivot' 시트를 보면 다음과 같은 피벗 테이블 보고서가 있습니다. 그런데 [피벗 테이블 필드] 작업 창 때문에 피벗 테이블 보고서의 오른쪽 부분을 제대로 확인할 수 없습니다.

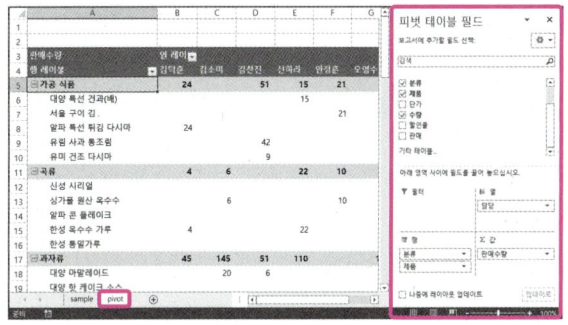

02 [피벗 테이블 필드] 작업 창을 감추기 위해 피벗 테이블 보고서 영역이 선택된 상태에서 [피벗 테이블 도구]-[분석] 탭-[표시] 그룹-[필드 목록]을 클릭합니다.

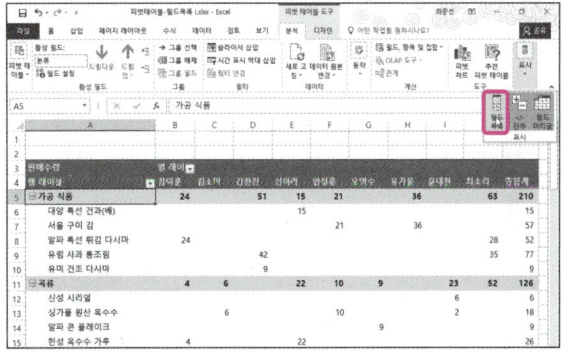

Plus⁺ [피벗 테이블 필드] 작업 창 나타내기

[피벗 테이블 필드] 작업 창은 피벗 테이블 보고서 영역을 선택하면 나타나고 보고서 바깥쪽 영역을 선택하면 숨겨집니다. 숨겨진 작업 창을 다시 나타내려면 [피벗 테이블 도구]-[분석] 탭-[표시] 그룹-[필드 목록]을 클릭합니다. 작업 창을 나타낼 때는 항상 이 명령을 사용해야 하며, 작업 창을 숨길 때는 작업 창 오른쪽 상단의 [닫기]를 클릭해도 됩니다.

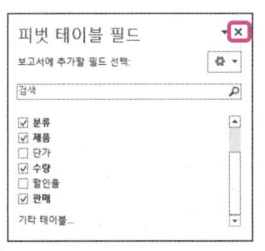

피벗 테이블 필드 작업 창 레이아웃 변경하기

342

[피벗 테이블 필드] 작업 창에는 사용자가 보다 편리하게 피벗 테이블 보고서를 구성할 수 있도록 지원하는 여러 레이아웃이 제공됩니다. [피벗 테이블 필드] 작업 창의 레이아웃을 변경해보고 해당 레이아웃의 장점과 단점에 대해 알아보겠습니다.

예제 파일 PART 06 \ CHAPTER 33 \ 피벗테이블-필드목록.xlsx

예제 파일을 열고 'pivot' 시트를 선택하면 창 오른쪽에 [피벗 테이블 필드] 작업 창이 열려 있습니다. [피벗 테이블 필드] 작업 창에서 오른쪽 상단의 [✿ ▼]도구를 클릭하면 다음과 같은 하위 메뉴가 표시됩니다.

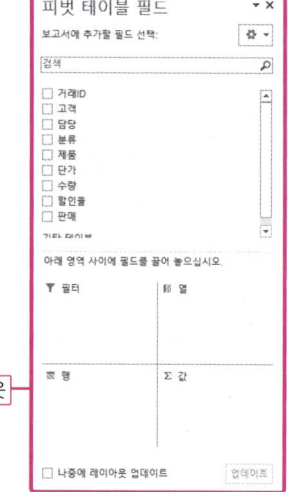

기본 레이아웃

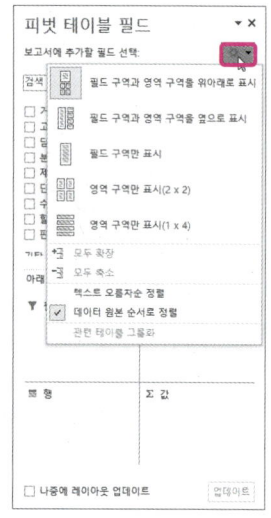

상단의 메뉴 다섯 개를 선택하면 [피벗 테이블 필드] 작업 창의 레이아웃이 변경됩니다. 개별 메뉴에 대한 자세한 설명은 다음을 참고합니다.

필드 구역과 영역 구역을 위아래로 표시

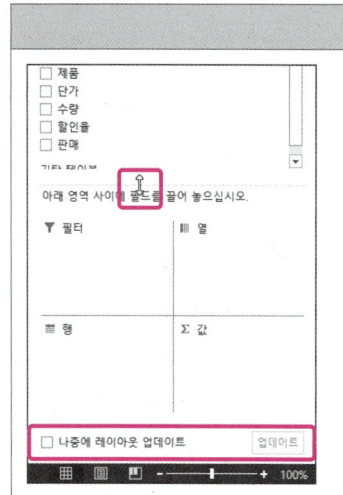

기본 레이아웃으로, 화면 해상도가 세로로 긴 경우에 적합합니다. 필드 구역과 영역 구역이 정확하게 이등분되어 있어 보고서를 구성하는 데 편리합니다. 필드 구역과 영역 구역 사이의 점선을 드래그하면 원하는 쪽의 영역을 좀 더 넓게 표시할 수 있습니다.

하단의 [나중에 레이아웃 업데이트] 옵션은 원본 데이터가 많을 때 사용하면 좋습니다.
[피벗 테이블 필드] 작업 창에서의 변경 사항이 즉시 보고서로 구성되는 것이 아니라 [업데이트]를 클릭해야만 적용됩니다.

필드 구역과 영역 구역을 옆으로 표시	필드 구역만 표시
화면이 가로로 긴 와이드 해상도에서 사용하면 좋습니다. 필드 이름이 길면 모두 표시되기 어렵다는 단점은 있지만, 피벗 테이블 영역이 하나씩 구성되어 있어 많은 필드를 한 번에 사용하기에 편리합니다.	피벗 테이블 보고서를 구성하기 전에 원본 표의 필드 이름을 확인하기에 좋은 레이아웃입니다. 영역 구역은 표시되지 않지만 필드가 많고 이름이 긴 경우에 사용하면 편리합니다.

필드 구역과 영역 구역을 위아래로 표시	필드 구역과 영역 구역을 위아래로 표시
영역 구역만 표시되는 레이아웃입니다. 피벗 테이블 보고서 구성을 마친 후 개별 영역에 삽입된 필드의 위치를 전환할 때 편리합니다. 필드 이름이 비교적 짧은 경우에 사용합니다.	영역 구역만 표시되는 레이아웃입니다. 왼쪽 레이아웃과 동일한 목적으로 사용하며, 필드 이름이 긴 경우에 유용합니다.

필드 부분합을 항목 하단에 표시하기

343

피벗 테이블 보고서의 [열] 또는 [행] 영역에는 여러 개의 필드를 추가하는 경우가 많습니다. 이때, 영역 내 먼저 표시되는 필드가 상위 레벨의 필드가 되고, 종속된 필드 내 값의 합계를 구한 부분합이 추가됩니다. 부분합이 표시되는 요약 행은 기본적으로 필드 상단에 표시되며 필드 하단에 표시할 수도 있습니다. 요약 행이 필드 하단에 표시되도록 설정을 변경하는 방법 몇 가지를 알아보겠습니다.

예제 파일 PART 06\CHAPTER 33\피벗테이블-요약행.xlsx

기본 설정 이해하기

예제 파일의 'pivot' 시트에는 다음과 같은 피벗 테이블 보고서가 있습니다. [행] 영역에 '분류', '제품' 필드가 순서대로 삽입되어 있고, '분류' 항목 오른쪽에는 종속되는 '제품' 항목의 합계 값이 나타납니다.

클래식 피벗 테이블 레이아웃

'클래식 피벗 테이블' 레이아웃을 이용하면 부분합 요약 행이 필드 하단에 표시됩니다.

LINK '클래식 피벗 테이블' 레이아웃을 이용하는 방법은 'No. 337 클래식 피벗 테이블 사용하기'를 참고합니다.

보고서 레이아웃 옵션

클래식 레이아웃을 이용하지 않고 보고서 레이아웃을 변경하는 옵션만으로도 원하는 결과를 얻을 수 있습니다. 피벗 테이블 보고서 내부의 셀이 선택된 상태에서 [피벗 테이블 도구]-[디자인] 탭-[레이아웃] 그룹-[보고서 레이아웃]을 클릭하고 [테이블 형식으로 표시]를 선택합니다.

> TIP '클래식 피벗 테이블' 레이아웃이 적용된 상태라면 해제하고 작업해야 합니다.

> TIP '클래식 피벗 테이블' 레이아웃과 '테이블 형식으로 표시' 레이아웃은 외관상 차이는 없고 기능 차이만 있습니다. '클래식 피벗 테이블' 레이아웃에서는 [피벗 테이블 필드] 작업 창 내의 필드를 직접 레이아웃으로 드래그해 보고서를 구성할 수 있지만 [테이블 형식으로 표시] 옵션을 사용한 경우에는 [피벗 테이블 필드] 작업 창 내에서만 보고서를 구성할 수 있습니다.

부분합 옵션

피벗 테이블 보고서의 레이아웃을 변경하지 않으면서 부분합 표시 위치만 하단으로 변경할 수 있습니다. 피벗 테이블 보고서 내부의 셀이 선택된 상태에서 [피벗 테이블 도구]-[디자인] 탭-[레이아웃] 그룹-[부분합]을 클릭하고 [그룹 하단에 모든 부분합 표시]를 선택합니다.

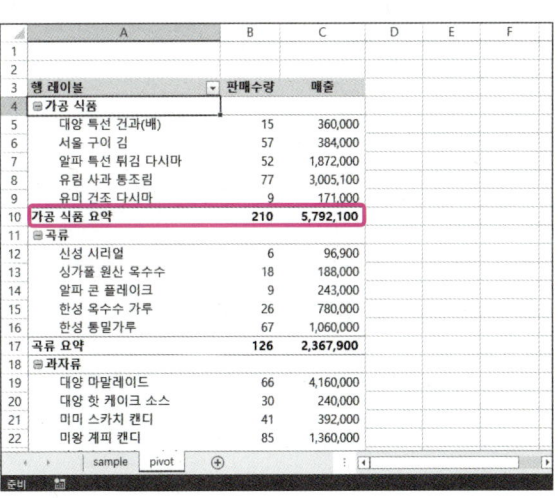

> TIP 보고서 레이아웃을 변경했다면 [압축 형식으로 표시]를 선택하고 작업해야 합니다.

필드 부분합 방법을 합계에서 평균으로 변경하기

344

[행] 또는 [열] 영역에 여러 필드를 추가하면 상위 필드의 요약 행에는 하위 필드의 합계 값이 표시됩니다. 요약 행의 기본 함수는 합계이며, 평균, 개수, 최대, 최소, 분산, 표준 편차 등을 계산하도록 변경할 수 있습니다. 요약 행의 부분합 함수를 변경하는 방법에 대해 알아보겠습니다.

예제 파일 PART 06 \ CHAPTER 33 \ 피벗테이블-부분합.xlsx

01 예제 파일의 'pivot' 시트에는 다음과 같은 피벗 테이블 보고서가 있습니다. [행] 영역의 '분류' 이름 옆에 표시되는 합계 값을 '평균'으로 변경해보겠습니다.

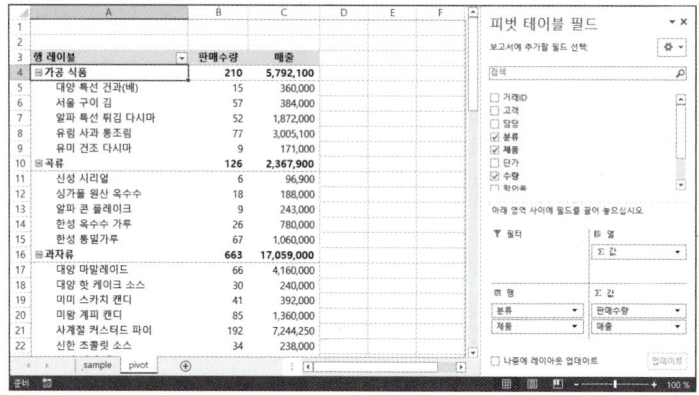

02 '분류' 필드의 부분합 함수를 변경하기 위해 [A4] 셀에서 분류 필드를 선택합니다. [피벗 테이블 도구]-[분석] 탭-[활성 필드] 그룹-[필드 설정]을 클릭합니다.

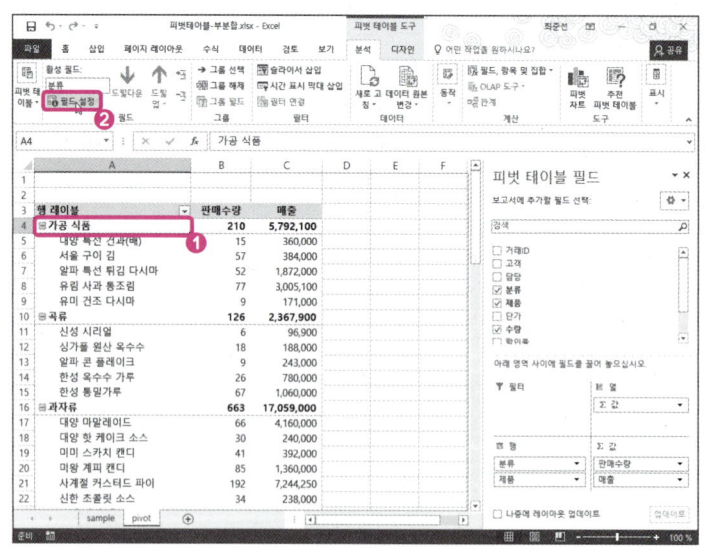

TIP [A4] 셀을 선택하고 마우스 오른쪽 버튼을 클릭한 후 단축 메뉴에서 [필드 설정]을 선택해도 됩니다.

03 [필드 설정] 대화상자가 열리면 [부분합 및 필터] 탭의 [부분합] 항목에서 [사용자 지정]을 선택합니다. '평균' 함수를 선택하고 [확인]을 클릭합니다.

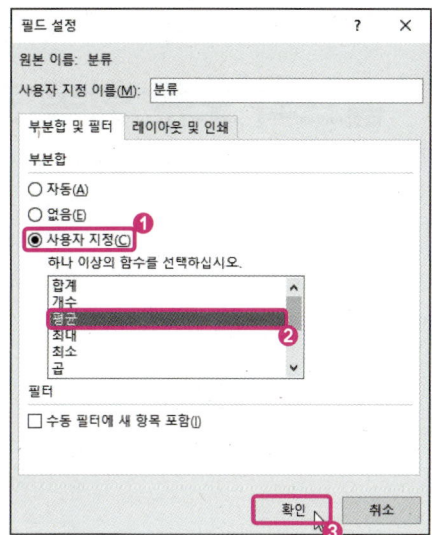

TIP 함수는 여러 개 다중 선택할 수도 있습니다. 참고로 부분합 함수를 여러 개 선택하면 자동으로 요약 행이 필드 하단에 표시됩니다.

04 요약 행의 합계가 평균으로 변경됩니다.

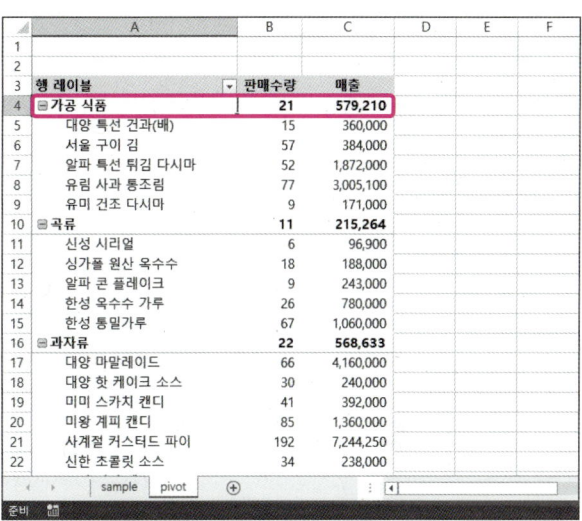

필드의 모든 항목 표시하기   345

[행] 또는 [열] 영역에 추가한 필드 내 항목은 모두 표시되지 않고 [값] 영역에 추가한 필드의 집계 값이 존재할 때만 표시됩니다. 그러므로 항상 모든 항목을 표시하고 싶다면 [행] 또는 [열] 영역에 추가한 필드의 설정을 변경해야 합니다. 필드 내 항목이 모두 표시되도록 필드의 설정을 변경하는 방법에 대해 알아보겠습니다.

예제 파일 PART 06 \ CHAPTER 33 \ 피벗테이블-모든항목.xlsx

01 예제 파일의 'pivot' 시트에는 다음과 같은 피벗 테이블 보고서가 있습니다. [행] 영역의 분류 항목을 보면 고객별로 표시되는 항목에 차이가 있습니다. 즉, 'YH 무역 ㈜'은 분류가 여섯 개인데 '개성 트레이딩 ㈜'은 두 개만 표시됩니다. 항상 전체 분류 항목이 표시되도록 해보겠습니다.

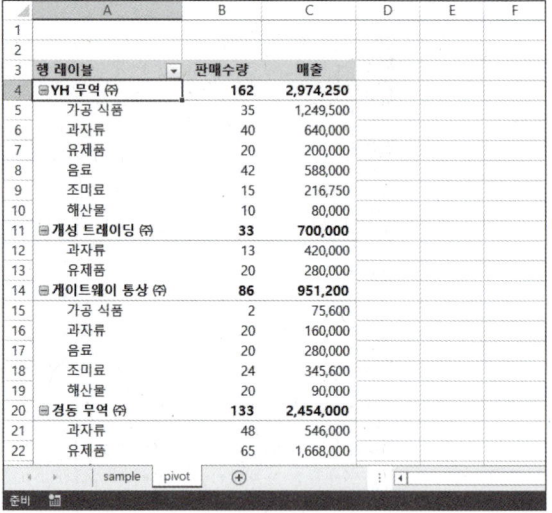

02 '분류' 필드의 설정을 변경합니다. [A5] 셀을 클릭해 분류 필드를 선택하고 [피벗 테이블 도구]-[분석] 탭-[활성 필드] 그룹-[필드 설정]을 클릭합니다.

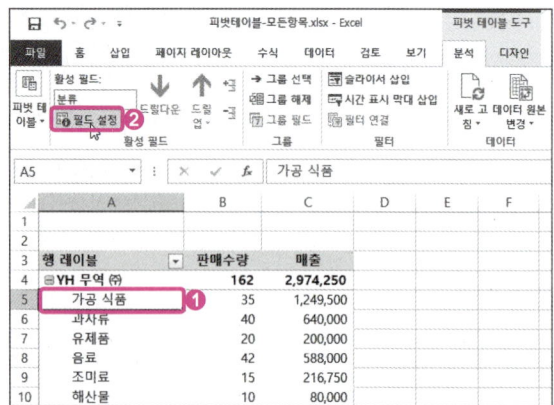

TIP [A5] 셀을 선택하고 마우스 오른쪽 버튼을 클릭하여 단축 메뉴에서 [필드 설정] 메뉴를 선택해도 됩니다.

03 [필드 설정] 대화상자가 열리면 [레이아웃 및 인쇄] 탭에서 [데이터가 없는 항목 표시]에 체크 표시를 하고 [확인]을 클릭합니다.

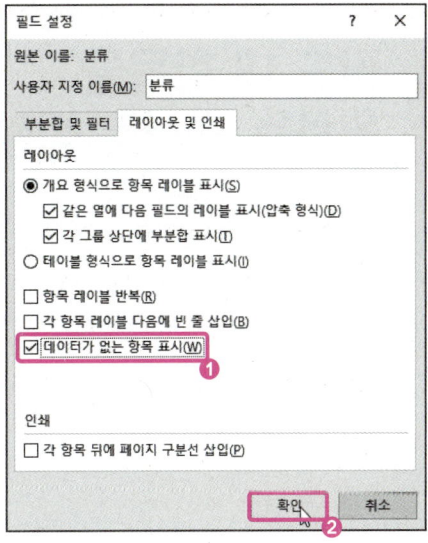

04 이전과 달리 모든 항목이 표시됩니다.

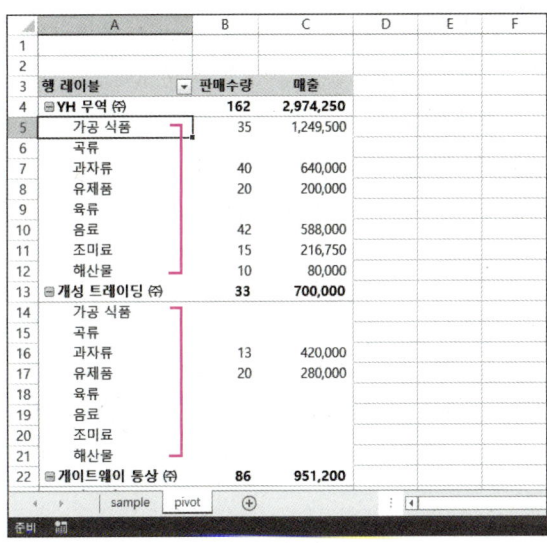

필드 내 항목을
원하는 순서로 정렬하기

346

피벗 테이블 보고서 내의 필드도 엑셀의 기본적인 정렬 방법인 오름차순이나 내림차순으로 정렬하거나 사용자 지정 목록을 사용해 정렬할 수 있습니다. 또는 직접 표시할 위치로 항목을 드래그&드롭하는 방법을 사용할 수도 있습니다. 피벗 테이블 보고서의 정렬 방법에 대해 알아보겠습니다.

예제 파일 PART 06 \ CHAPTER 33 \ 피벗테이블—정렬.xlsx

수동 정렬 방법

01 예제 파일의 'pivot' 시트에는 다음과 같은 피벗 테이블 보고서가 있습니다. 이 보고서의 [행] 영역에 삽입된 '담당' 필드 내 항목을 수동으로 원하는 위치에 정렬해보겠습니다.

02 [A9] 셀의 '오영수' 항목을 제일 처음에 표시하려면 [A9] 셀을 선택하고 [A9] 셀의 테두리에 마우스 포인터를 위치시킵니다. 마우스가 양방향 십자 화살표 모양이 되면 드래그해서 [A3] 셀과 [A4] 셀 사이로 옮깁니다.

03 '담당' 필드의 가장 위에 '오영수' 항목이 자리 잡았습니다. 이 방법으로 필드 내 항목을 원하는 위치로 정렬할 수 있습니다.

행 레이블	판매수량	매출
오영수	130	1,706,000
김덕훈	281	5,918,000
김소미	623	13,807,500
김찬진	478	9,067,200
선하라	573	14,962,950
안정훈	244	3,047,150
유가을	294	4,388,000
윤대현	485	8,159,300
최소라	826	18,792,000
총합계	3,934	79,848,100

TIP 이런 수동 정렬 방법은 정렬 방법을 변경할 때까지 유지되기 때문에 원하는 순서대로 항목을 표시하려고 할 때 유용합니다. 이 방법은 [사용자 지정 목록]에 항목을 등록하고 정렬하는 방법과 유사합니다.

정렬 기능 이용

01 [정렬] 기능을 사용해 피벗 테이블 보고서 내 필드를 정렬해보겠습니다. [A4] 셀을 선택하고 [데이터] 탭–[정렬 및 필터] 그룹–[오름차순 정렬]을 클릭하면 왼쪽 화면과 같이 이름이 가나다순으로 정렬됩니다. [C4] 셀을 선택하고 [데이터] 탭–[정렬 및 필터] 그룹–[내림차순 정렬]을 클릭하면 오른쪽 화면과 같이 매출순으로 정렬됩니다.

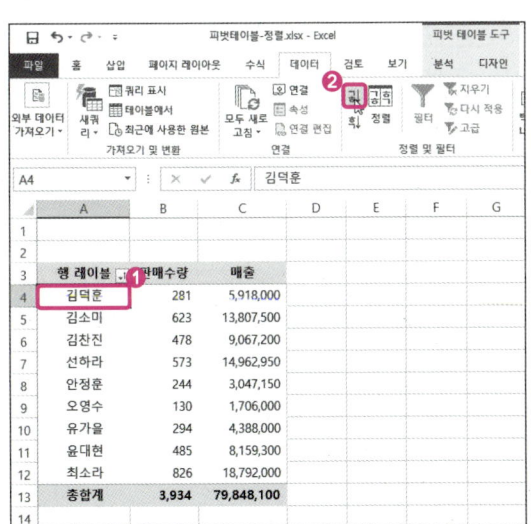
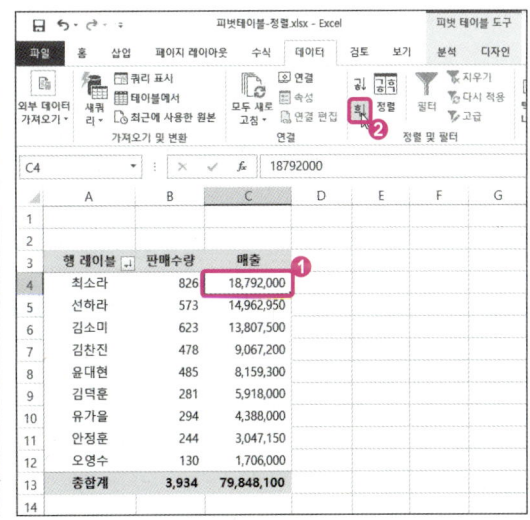

TIP [정렬] 명령

엑셀 2007, 2010에서는 리본 메뉴의 [옵션] 탭에도 정렬 명령이 제공되었지만, 엑셀 2013부터 [옵션] 탭이 [분석] 탭으로 변경되면서 정렬 관련 명령이 더 이상 제공되지 않습니다. 따라서 정렬 작업을 하려면 [데이터] 탭을 이용해야 합니다.

02 피벗 테이블에서의 정렬 작업은 일반 표에서의 정렬 방법과는 다릅니다. 어떤 점에서 차이가 있는지 확인해보기 위해, [행] 영역에 '고객' 필드를 추가합니다. [피벗 테이블 필드] 작업 창에서 '고객' 필드의 확인란에 체크 표시를 합니다.

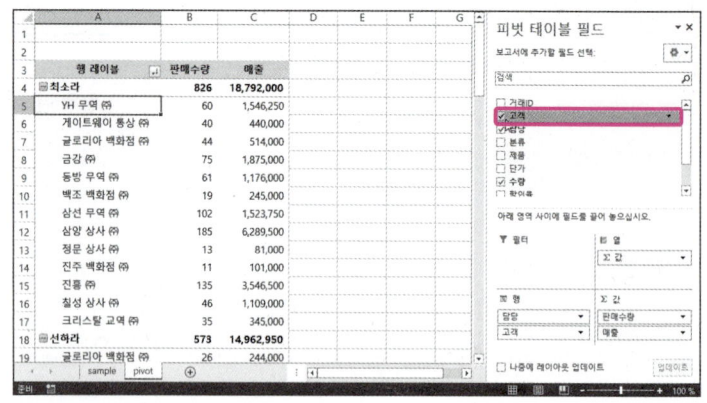

TIP [C] 열의 매출순으로 정렬했지만 새로 추가된 '고객' 필드의 매출 값은 정렬되지 않았습니다. 피벗 테이블에서 [값] 영역의 필드를 정렬하면 [값] 영역의 필드가 정렬되는 것이 아니라 해당 열 값을 기준으로 [행] 영역 내 필드가 정렬됩니다. 그러므로 **01** 과정에서 실행한 작업은 '매출' 필드(합계 : 판매 필드)를 정렬한 것이 아니라 해당 필드가 속한 '담당' 필드를 매출순으로 정렬한 것입니다. 참고로 **02** 과정을 먼저 진행한 후 **01** 과정의 정렬 작업을 해도 결과는 동일합니다.

03 새로 추가한 '고객' 필드를 매출순으로 정렬하려면 [C5] 셀을 선택하고 [데이터] 탭-[정렬 및 필터] 그룹-[내림차순 정렬]을 클릭합니다.

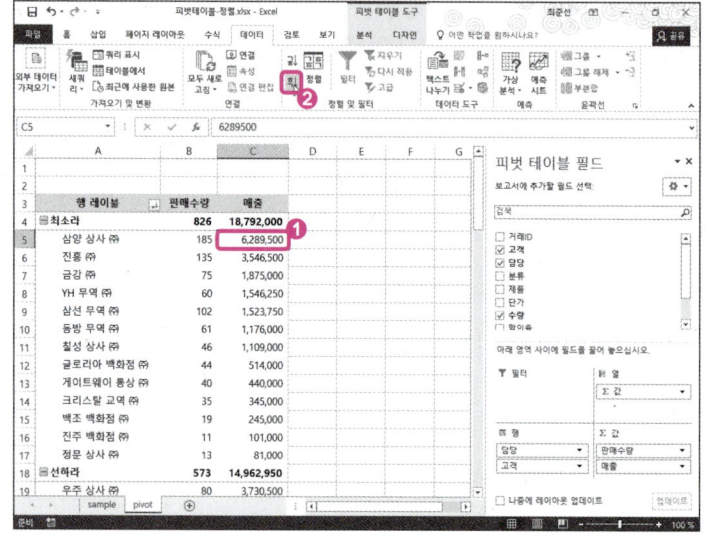

조건에 맞는 상위(또는 하위) n개만 표시하기

347

피벗 테이블 보고서에 필드 내 항목이 많으면 보고서가 너무 길어져 보기에 좋지 않습니다. 이 경우에는 보통 [필터] 영역이나 [슬라이서] 기능을 이용해 조건에 맞는 데이터만 확인하는데, 여기서는 피벗 테이블 보고서에 내장된 [자동 필터] 기능을 이용해 전체 항목 대신 상위 n개 항목만 표시하는 방법에 대해 알아보겠습니다.

예제 파일 PART 06 \ CHAPTER 33 \ 피벗테이블-상위10.xlsx

01 예제 파일의 'pivot' 시트에는 영업사원의 제품별 실적이 집계된 피벗 테이블 보고서가 있습니다. 이 보고서를 각 영업사원이 가장 많이 판매한 제품 세 개씩만 표시하도록 변경해보겠습니다.

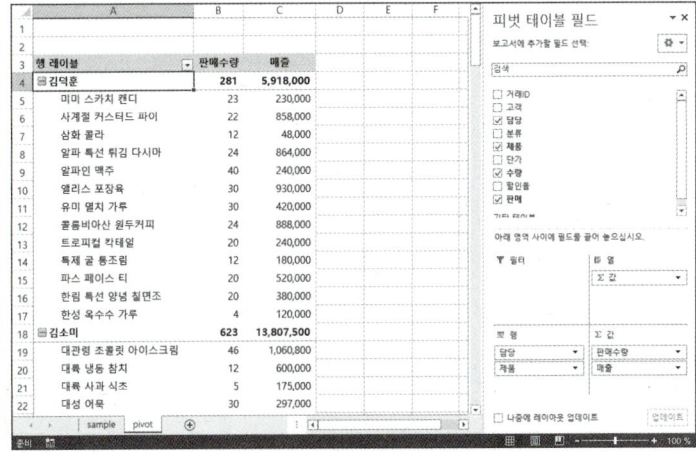

02 제품을 추출하기 전에 제품을 매출 순으로 정렬하겠습니다. 제품 세 개를 선별하는 기준으로 [C] 열의 '매출' 필드를 사용할 것이므로 [C5] 셀을 선택하고 [데이터] 탭-[정렬 및 필터] 그룹-[힉↓ 내림차순 정렬]을 클릭합니다.

TIP [C5] 셀을 선택하고 정렬하는 이유

이번 작업은 담당자별로 매출이 높은 상위 세 제품을 표시하기 위한 것이므로 먼저 '제품' 필드를 매출 기준으로 정렬해야 합니다. 제품의 매출 값이 처음 표시된 [C5] 셀을 선택하고 정렬해야 '제품' 필드 내 항목이 매출을 기준으로 내림차순 정렬됩니다. 만약 [C4] 셀을 선택하고 정렬하면 '담당' 필드만 매출순으로 정렬됩니다.

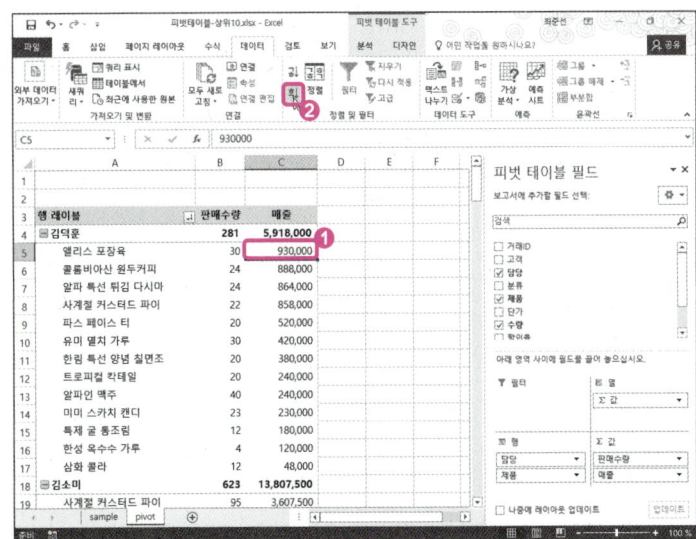

03 이제 제품을 추출합니다. '제품' 필드인 [A5] 셀을 선택하고 마우스 오른쪽 버튼을 클릭한 후 [필터]-[상위 10]을 선택합니다. [상위 10 필터(제품)] 대화상자가 열리면 추출할 개수와 기준 필드를 지정합니다. 두 번째 입력란의 숫자를 '3'으로 수정하고 [기준:] 항목을 [매출]로 설정한 후 [확인]을 클릭합니다.

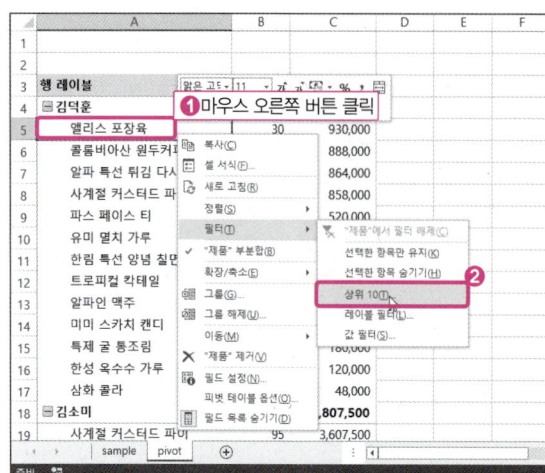

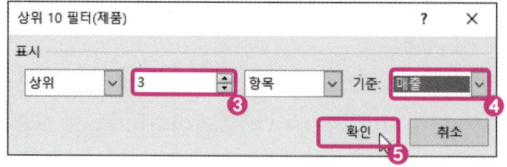

TIP 상위 10 필터

상위 10 필터 조건은 자동 필터에 내장된 조건으로, 자동 필터는 숫자 값이 입력된 열에서만 사용할 수 있습니다. 상위 10 필터 조건에 대한 더 자세한 정보는 'No. 303 상위(또는 하위) n개 데이터 추출하기'를 참고합니다.

04 영업사원이 판매한 제품 중 매출 실적이 높은 상위 세 개 제품만 피벗 테이블 보고서에 표시됩니다.

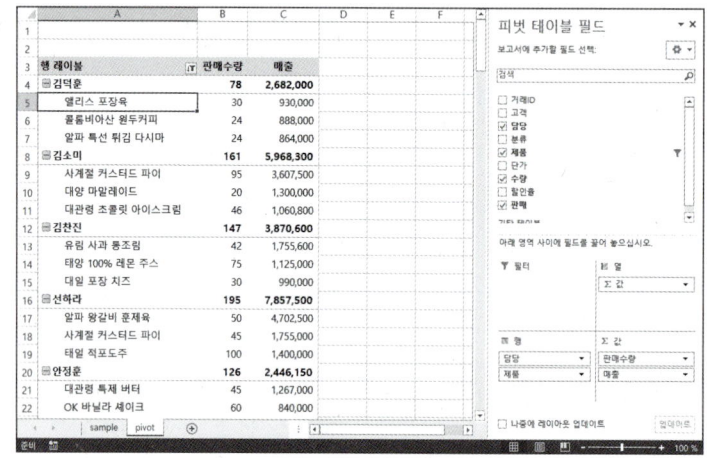

TIP 이번과 같이 필터 조건을 적용하면, 계속해서 조건에 맞는 제품만 표시됩니다. 전체 제품을 다시 표시하려면 필터 조건을 해제해야 합니다. '제품' 필드인 [A5] 셀을 선택하고 [데이터] 탭-[정렬 및 필터] 그룹-[지우기]를 클릭합니다.

'(비어 있음)' 항목 제거하기 348

필드 항목에 '(비어 있음)'이 나타나는 이유는 원본 표의 필드에 빈 셀이 포함되어 있기 때문입니다. '(비어 있음)'을 없애려면 원본 표의 빈 셀을 찾아 값을 입력하고 피벗 테이블 보고서를 갱신하면 됩니다. 숫자 값을 갖는 필드라면 '0'을 입력하면 되지만 텍스트 값이나 날짜/시간 값을 갖는 경우에는 정확하게 입력할 값을 알지 못하면 어쩔 수 없이 빈 셀을 사용할 수밖에 없습니다. '(비어있음)' 항목이 나타날 때 이를 해결하는 방법에 대해 알아보겠습니다.

예제 파일 PART 06 \ CHAPTER 33 \ 피벗테이블-(비어 있음).xlsx

01 예제 파일의 'pivot' 시트를 보면 영업사원의 제품 분류별 실적을 집계한 피벗 테이블 보고서가 있고, [A11] 셀에 '(비어 있음)' 항목이 표시되어 있습니다. 이 항목을 제대로 된 텍스트 값으로 수정해보겠습니다.

TIP (비어 있음) 항목
피벗 테이블 보고서의 '(비어 있음)' 항목은 '분류' 필드의 항목이므로 원본 표의 '분류' 열에 빈 셀이 있는 것입니다.

02 원본 표에서 빈 셀을 확인하기 위해 'sample' 시트로 이동합니다. '분류' 필드는 [D] 열이므로 [D1] 셀의 [▼ 아래 화살표]를 클릭하고 검색란에 다음과 같이 입력한 후 [확인]을 클릭합니다.

검색란 : 필드

TIP '필드 값 없음' 항목은 빈 셀을 의미하는데, 검색란에는 일부 값만 입력해도 해당 항목이 표시되므로 필터 기능을 이용할 때는 이렇게 작업하는 것이 편리합니다.

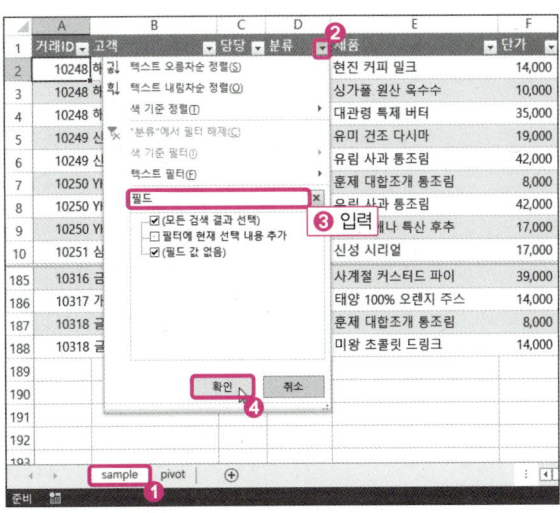

03 전체 데이터에서 빈 셀이 포함된 행만 추출됩니다.

	A	B	C	D	E	F	G	H	I	J
1	거래ID	고객	담당	분류	제품	단가	수량	할인율	판매	
78	10277	신천지 통상 ㈜	김덕훈		알파 특선 튀김 다시마	36,000	20	0%	720,000	
174	10312	언더우드 상사 ㈜	김덕훈		알파 특선 튀김 다시마	36,000	4	0%	144,000	
189										
190										

04 분류명이 비어 있는 제품은 모두 '알파 특선 튀김 다시마'인 것을 알 수 있습니다. [데이터] 탭-[정렬 및 필터] 그룹-[🗑 지우기]를 클릭해 필터 조건을 해제하고 '제품' 열인 [E] 열에서 '알파 특선 튀김 다시마' 제품만 추출합니다. [D147] 셀에서 해당 제품의 분류명을 확인할 수 있습니다.

	A	B	C	D	E	F	G	H	I	J
1	거래ID	고객	담당	분류	제품	단가	수량	할인율	판매	
78	10277	신천지 통상 ㈜	김덕훈		알파 특선 튀김 다시마	36,000	20	0%	720,000	
147	10302	삼양 상사 ㈜	최소라	가공 식품	알파 특선 튀김 다시마	36,000	28	0%	1,008,000	
174	10312	언더우드 상사 ㈜	김덕훈		알파 특선 튀김 다시마	36,000	4	0%	144,000	
189										

05 [D78], [D174] 셀에 생략된 분류명을 다음과 같이 입력합니다.

[D78], [D174] 셀 : 가공 식품

	A	B	C	D	E	F	G	H	I	J
1	거래ID	고객	담당	분류	제품	단가	수량	할인율	판매	
78	10277	신천지 통상 ㈜	김덕훈	가공 식품	알파 특선 튀김 다시마	36,000	20	0%	720,000	
147	10302	삼양 상사 ㈜	최소라	가공 식품	알파 입력 튀김 다시마	36,000	28	0%	1,008,000	
174	10312	언더우드 상사 ㈜	김덕훈	가공 식품	알파 특선 튀김 다시마	36,000	4	0%	144,000	
189										
190										

06 'pivot' 시트로 돌아와 피벗 테이블 보고서 영역이 선택된 상태에서 [피벗 테이블 도구]-[분석] 탭-[데이터] 그룹-[새로 고침]을 클릭합니다. 보고서가 새로 고쳐지며 기존의 '(비어 있음)' 항목이 사라집니다.

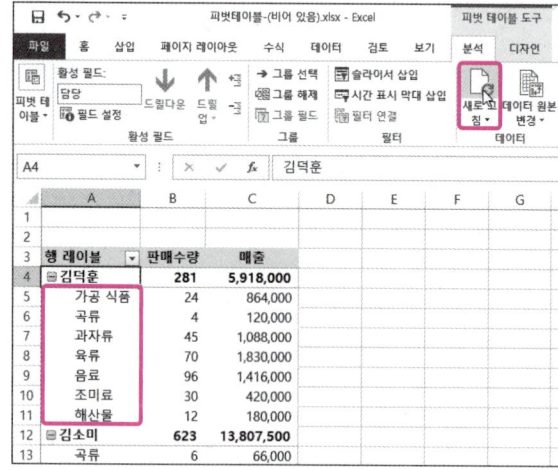

349 원본 표에서 삭제했는데 피벗 테이블 보고서에 나타난 항목 삭제하기

원본 표에서 삭제하거나 수정한 항목이 피벗 테이블 보고서에 계속 나타나는 경우가 있습니다. 이는 피벗 테이블이 원본 표에서 바로 만들어지는 것이 아니라 피벗 캐시라는 매개체를 이용해 만들어지고 원본 표의 수정 사항이 바로 피벗 캐시에 적용되지 않는 구조 때문입니다. 삭제한 항목이 피벗 테이블 보고서에 나타나는 문제를 해결하는 방법에 대해 알아보겠습니다.

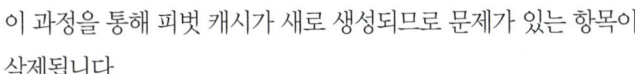

원본 데이터 범위를 재지정하는 방법

피벗 테이블 보고서 내의 셀을 하나 선택하고 [피벗 테이블 도구]-[분석] 탭-[데이터] 그룹-[데이터 원본 변경]을 클릭합니다. [피벗 테이블 데이터 원본 변경] 대화상자가 열리면 [표 또는 범위 선택] 항목에서 원본 데이터 범위를 다시 지정하고 [확인]을 클릭합니다.

이 과정을 통해 피벗 캐시가 새로 생성되므로 문제가 있는 항목이 삭제됩니다.

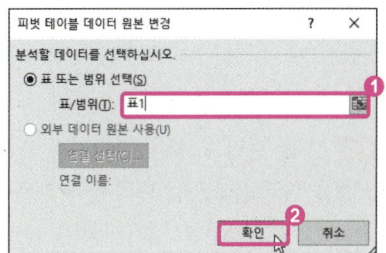

매크로를 이용하는 방법

원본 데이터 범위를 다시 설정하는 방법으로 문제가 해결되지 않는다면 매크로를 이용합니다.

01 피벗 테이블 보고서가 있는 시트의 시트 탭을 마우스 오른쪽 버튼으로 클릭하고 [코드 보기]를 선택합니다.

02 VB 편집기 창이 새 창으로 열리면 [삽입]-[모듈] 메뉴를 선택하고 오른쪽 코드 창에 예제로 제공되는 '피벗테이블-삭제항목(매크로).txt' 파일의 코드를 복사하여 붙여넣습니다.

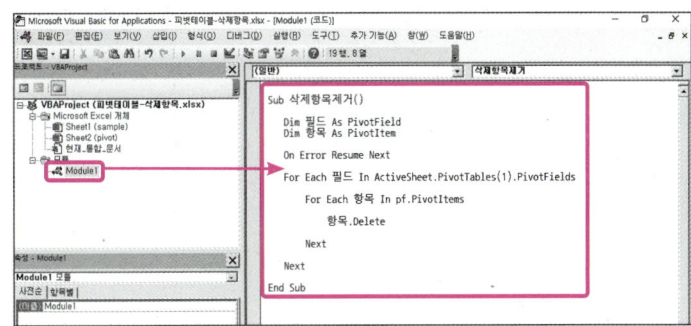

파일 : 피벗테이블-삭제항목(매크로).txt

```
Sub 삭제항목제거()

    Dim 필드 As PivotField
    Dim 항목 As PivotItem

    On Error Resume Next

    For Each 필드 In ActiveSheet.PivotTables(1).PivotFields

        For Each 항목 In pf.PivotItems

            항목.Delete

        Next

    Next

End Sub
```

03 VB 편집기 창을 닫습니다. 엑셀 창에서 Alt +F8을 눌러 [매크로] 대화상자가 열리면 '삭제항목제거' 매크로를 선택하고 [실행]을 클릭합니다.

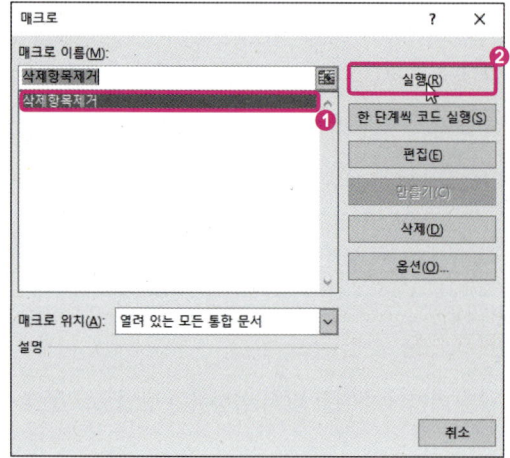

04 이 작업은 한 번만 실행하면 되므로 매크로를 저장할 필요는 없습니다. 빠른 실행 도구 모음의 [저장]을 클릭하고 메시지 창이 열리면 [예]를 클릭해 파일을 저장합니다. **02** 과정에서 복사한 코드는 자동으로 삭제됩니다.

피벗 테이블 보고서의 필드명 수정하기

350

피벗 테이블 보고서의 필드나 항목명은 원하는 이름으로 얼마든지 변경할 수 있지만 기존 필드(또는 항목)명과 동일한 이름은 사용할 수 없습니다. 피벗 테이블 보고서의 필드명을 수정하는 방법과 주의할 점에 대해 알아보겠습니다.

예제 파일 PART 06 \ CHAPTER 33 \ 피벗테이블-필드명.xlsx

값/필터 영역

[값] 영역과 [필터] 영역은 필드명이 셀에 표시되므로 직접 셀 값을 수정하면 됩니다. 예제 파일을 열면 [A1] 셀에서는 필터 영역 내 필드명을 확인할 수 있고, [B3:C3] 범위에서는 값 영역의 필드명을 확인할 수 있습니다.

이 두 영역의 필드를 수정하려면 셀 값을 직접 다시 입력하면 됩니다. [값] 영역의 필드명을 수정할 경우에는 한 가지 규칙이 있습니다. 기존 필드명과 동일한 이름은 사용하지 못한다는 것입니다. 이 규칙만 지키면 자유롭게 수정할 수 있습니다.

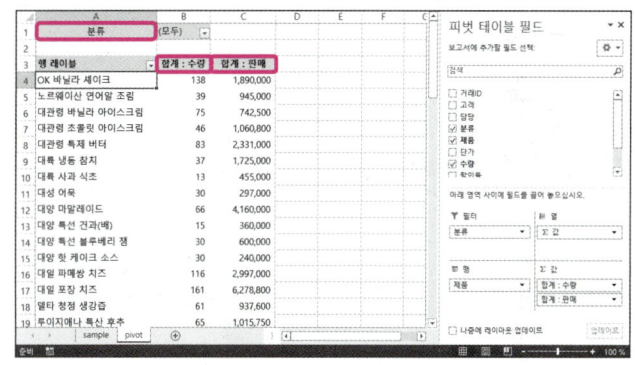

예제 파일을 열면 첫 번째 화면과 같은 피벗 테이블 보고서가 있습니다. 두 번째 화면과 같이 [A1] 셀은 '분류'에서 '제품분류'로 수정하고, [B3:C3] 범위는 '합계 : 수량'을 '판매수량'으로, '합계 : 판매'는 '매출'로 각각 수정합니다.

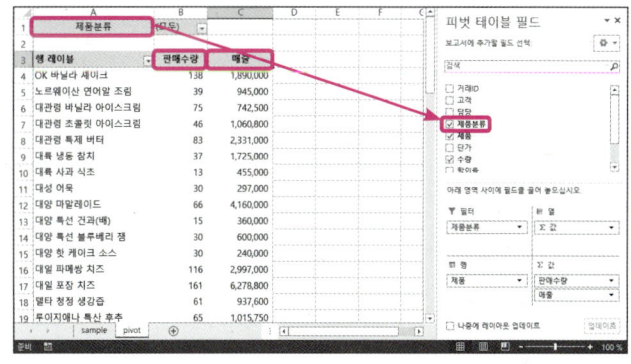

TIP 필터 영역 내 필드명을 수정하면 [피벗 테이블 필드] 작업 창의 목록에도 수정된 필드명이 표시됩니다.

행/열 영역

[행]과 [열] 영역에는 필드명이 직접 표시되지 않으므로 화면과 같이 필드 내 항목인 [A4] 셀을 선택해 필드를 선택하고 [피벗 테이블 도구]-[분석] 탭-[활성 필드] 그룹-[활성 필드:]에서 원하는 이름으로 수정합니다. 여기서는 '제품'을 '품명'으로 수정했습니다.

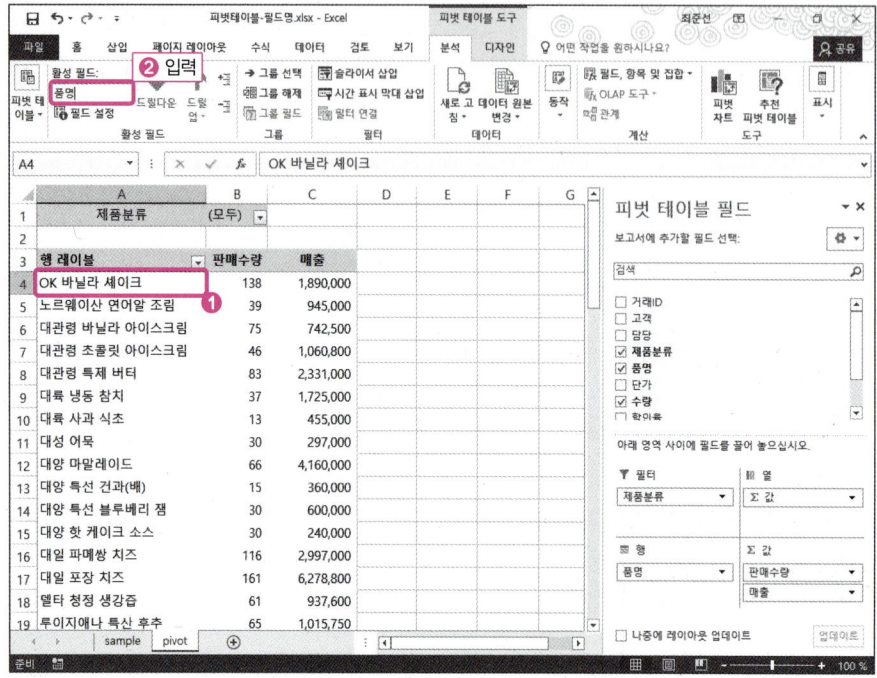

TIP [행], [열] 영역 내 필드명을 수정하면 [필터] 영역과 마찬가지로 [피벗 테이블 필드] 작업 창의 목록에서도 수정됩니다. 또한 [A3] 셀에 표시되는 '행 레이블'과 같은 문자열도 원하는 값으로 수정할 수 있습니다.

값 영역 필드의 집계 함수 변경하기 351

피벗 테이블 보고서의 [값] 영역에 추가된 필드는 '합계'나 '건수'로 집계됩니다. 이때 필드의 데이터 형식에 따라 숫자라면 '합계'로, 그 외의 형식이면 '건수'로 집계됩니다. 물론 집계된 결과는 '평균', '최대값', '최소값', '분산', '표준 편차' 등으로 변경할 수 있습니다. 여기서는 [값] 영역에 추가된 필드의 집계 방법을 변경하는 방법에 대해 알아보겠습니다.

예제 파일 PART 06 \ CHAPTER 33 \ 피벗테이블-집계함수.xlsx

01 예제 파일의 'pivot' 시트를 보면 제품 분류의 실적이 집계된 피벗 테이블 보고서가 있습니다. [값] 영역에는 '수량', '할인율', '판매' 필드의 합계가 집계되어 있는데, '할인률' 필드에서는 '합계'가 큰 의미가 없으므로 집계 방법을 '평균'으로 변경해보겠습니다.

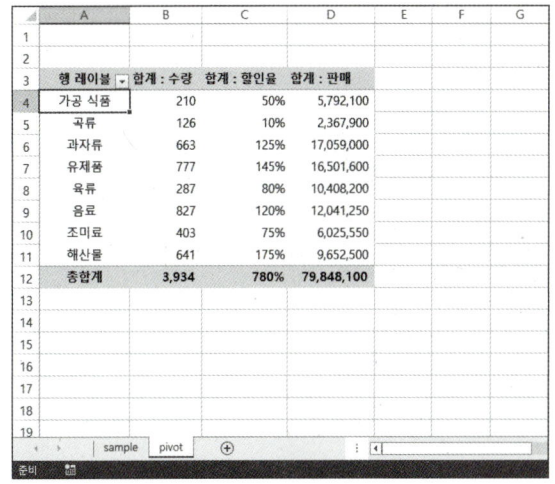

02 '합계 : 할인율' 필드인 [C3] 셀을 선택하고 마우스 오른쪽 버튼을 클릭합니다. 단축 메뉴에서 [값 요약 기준]을 선택하면 [개수], [평균], [최대값], [최소값] 등의 함수가 하위 메뉴로 나타납니다. 이 메뉴에 표시되지 않은 '분산'이나 '표준 편차' 등의 함수를 선택하려면 [기타 옵션]을 선택합니다.

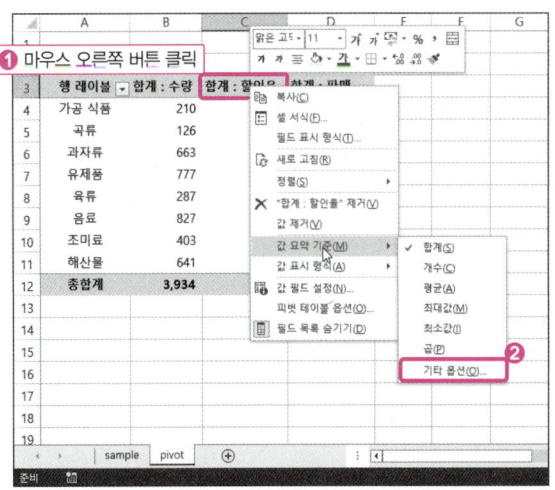

03 [값 필드 설정] 대화상자가 열립니다. [값 요약 기준] 탭의 목록에서 '숫자 개수', '표준 편차', '분산' 등의 함수를 확인할 수 있습니다. 여기서는 [평균]을 선택합니다.

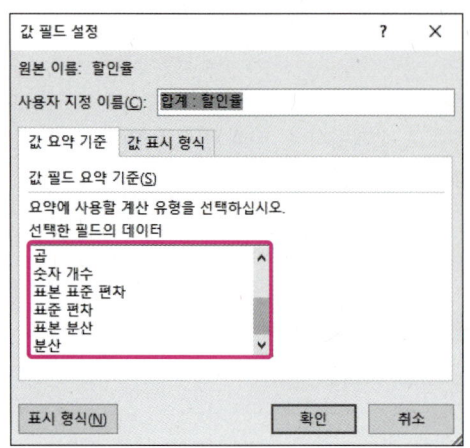 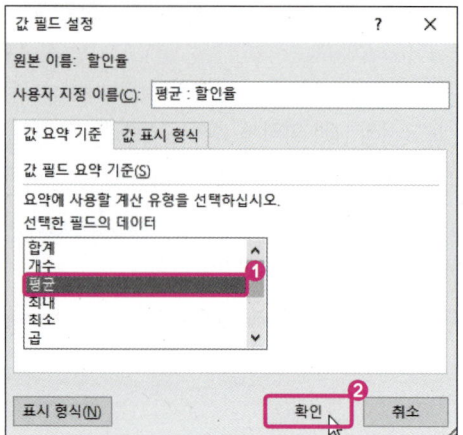

04 [C3] 셀의 필드명이 '합계 : 할인율'에서 '평균 : 할인율'로 변경되면서 집계 결과도 평균값으로 변경됩니다.

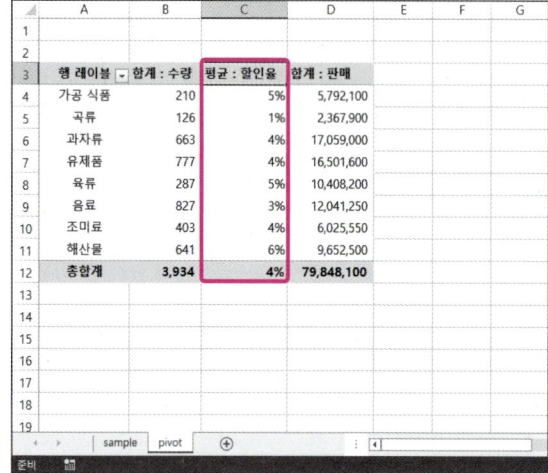

값 영역의 오류 값 숨기기

352

피벗 테이블 보고서를 이용해 데이터를 집계할 때 원본 표에 #N/A와 같은 오류 값이 존재하면 피벗 테이블 보고서에도 오류 값이 그대로 표시됩니다. 이런 경우 일반적인 해결 방법은 원본 표에서 오류 값을 IFERROR 함수 등으로 제거하는 것인데, 피벗 테이블에서도 오류 값을 다른 값으로 대체할 수 있는 방법이 제공됩니다. 상황에 맞게 원하는 방법을 선택하면 됩니다.

예제 파일 PART 06 \ CHAPTER 33 \ 피벗테이블-오류.xlsx

01 예제 파일의 'pivot' 시트를 보면 영업사원의 실적이 집계된 피벗 테이블 보고서가 있습니다. [C8] 셀에 표시되어 있는 #DIV/0! 오류 값을 오른쪽 화면과 같이 0으로 변경해보겠습니다.

02 피벗 테이블 보고서 영역이 선택된 상태에서 [피벗 테이블 도구]–[분석] 탭–[피벗 테이블] 그룹–[옵션]을 클릭합니다. [피벗 테이블 옵션] 대화상자가 열리면 [레이아웃 및 서식] 탭의 [오류 값 표시]에 체크 표시를 하고 입력란에 다음 값을 입력한 후 [확인]을 클릭합니다.

입력란 : 0

TIP [오류 값 표시] 옵션
입력란에 '0'을 입력하지 않으면 오류 값만 숨겨져 빈 셀이 표시됩니다.

03 오류 값이 표시되었던 [C8] 셀의 값이 0으로 변경됩니다.

값 영역의 금액 단위 조정하기   353

피벗 테이블 보고서의 [값] 영역에 집계된 값의 단위가 너무 크다면 가독성을 높이기 위해 적정한 단위로 수정하는 것이 좋습니다. [값] 영역에 삽입된 필드의 숫자 서식을 변경해 피벗 테이블 보고서의 금액 단위를 조정하는 방법에 대해 알아보겠습니다.

예제 파일 PART 06 \ CHAPTER 33 \ 피벗테이블-단위.xlsx

01 예제 파일의 'pivot' 시트를 보면 제품별 판매 실적이 집계된 피벗 테이블 보고서가 있습니다. [값] 영역의 필드 중에서 '합계 : 판매' 필드의 금액 단위를 '원'에서 '천'으로 변경해보겠습니다.

02 '합계 : 판매' 필드인 [C3] 셀을 선택하고 [피벗 테이블 도구]-[분석] 탭-[활성 필드] 그룹-[필드 설정]을 클릭합니다.

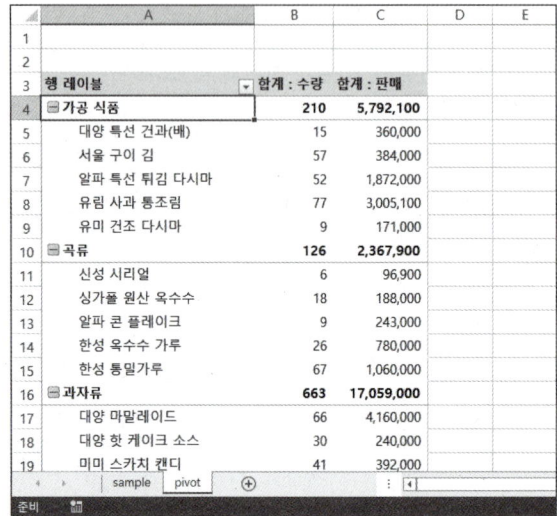

TIP [C3] 셀을 마우스 오른쪽 버튼으로 클릭하고 단축 메뉴에서 [필드 설정]을 선택해도 됩니다.

03 [값 필드 설정] 대화상자가 열리면 좌측 하단의 [표시 형식]을 클릭합니다.

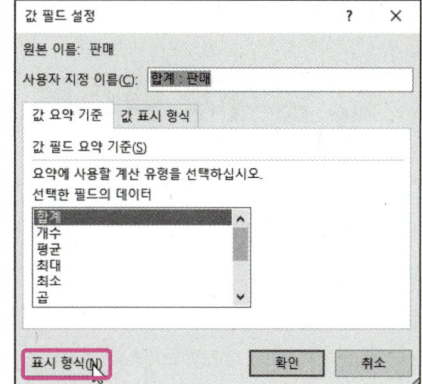

TIP [셀 서식] 대화상자를 이용해 표시 형식을 변경하는 방법은 셀에만 적용되므로 피벗 테이블 레이아웃이 변경되면 다시 설정해야 하지만, [값 필드 설정] 대화상자에서 [표시 형식]를 클릭해 설정하면 필드 전체에 적용됩니다.

04 [셀 서식] 대화상자가 열리면 [범주]에서 [사용자 지정]을 선택하고 [형식]에 다음 서식 코드를 입력한 후 [확인]을 클릭합니다. [값 필드 설정] 대화상자에서도 [확인]을 클릭해 설정을 적용합니다.

형식 : #,###,

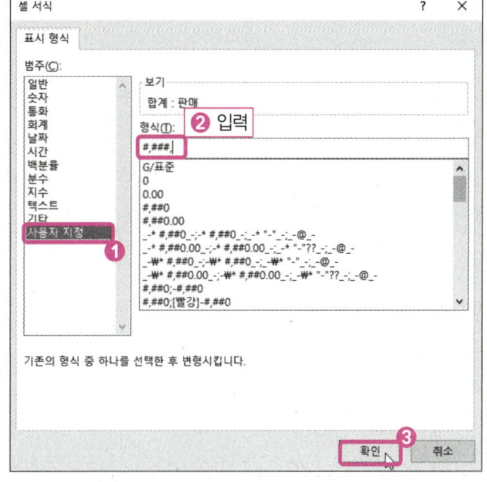

TIP 금액 단위를 백만으로 조정하기
금액 단위를 '백만'으로 조정하려면 서식 코드를 #,###,,으로 변경합니다.

LINK 서식 코드를 사용해 금액 단위를 조정하는 방법은 'No. 099 원 단위 금액을 천, 백만, 십억 등의 단위로 조정하기'와 'No. 105 만 단위 구분 기호 표시하기'에서 자세하게 설명하고 있으며, 해당 방법은 모두 피벗 테이블에 적용할 수 있습니다.

05 '합계 : 판매' 필드의 숫자 단위가 '천'으로 변경됩니다. [C3] 셀의 필드명을 다음과 같이 수정합니다.

[C3] 셀 : 매출 Ctrl+Enter (단위 : 천)

TIP 셀에 내용을 입력하다가 Alt+Enter를 누르면 화면과 같이 줄이 바뀝니다.

값 영역에 텍스트 값 표시하기

354

피벗 테이블 보고서의 [값] 영역에는 집계된 결과가 표시되므로 항상 숫자만 표시됩니다. 하지만 때에 따라 텍스트 값을 표시해야 하는 경우가 있습니다. 피벗 테이블 보고서 자체로는 [값] 영역에 텍스트 값을 표시할 수 없지만, 집계된 숫자를 사용자 지정 숫자 서식을 이용해 텍스트 값으로 표시할 수는 있습니다. 셀 서식의 사용자 지정 숫자 서식 조건을 이용해 숫자 값을 텍스트로 표시하는 방법에 대해 알아보겠습니다.

예제 파일 PART 06 \ CHAPTER 33 \ 피벗테이블-텍스트.xlsx

01 예제 파일의 'pivot' 시트를 보면 고객별 실적을 집계한 피벗 테이블 보고서가 있습니다. [값] 영역 필드 중에서 '합계 : 판매' 필드의 값을 다음 조건에 따라 'A', 'B', 'C' 등급으로 표시해 보겠습니다.

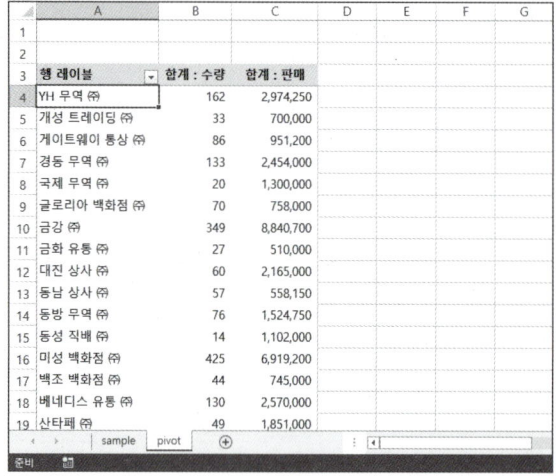

조건

매출	등급
500만 원 이상	A
200만 원 ~ 500만 원 미만	B
200만 원 미만	C

02 등급을 표시하기 위해 [피벗 테이블 필드] 작업 창에서 '판매' 필드를 [값] 영역에 드래그해 추가합니다.

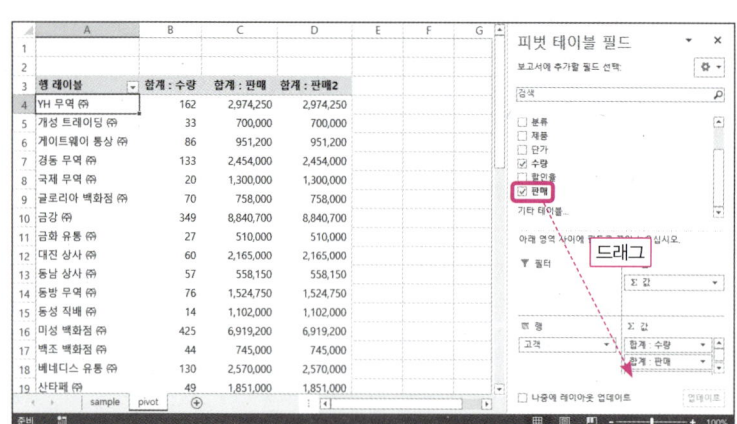

TIP [값] 영역에는 동일한 필드를 여러 번 추가할 수 있습니다.

03 새로 추가한 '합계 : 판매2' 필드의 집계 값을 텍스트로 변경하겠습니다. '합계 : 판매2' 필드인 [D3] 셀을 선택하고 [피벗 테이블 도구]-[분석] 탭-[활성 필드] 그룹-[필드 설정]을 클릭합니다.

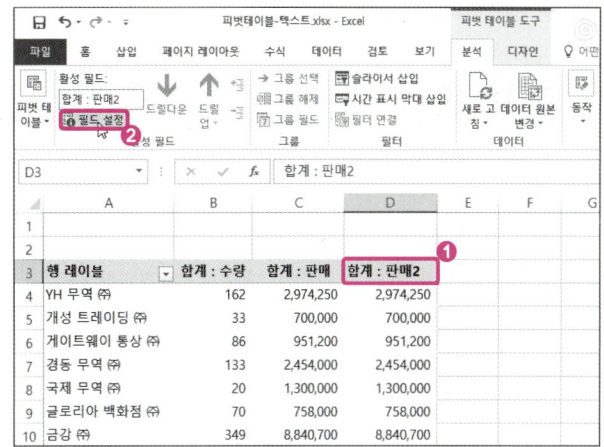

04 [값 필드 설정] 대화상자가 열리면 좌측 하단의 [표시 형식]을 클릭해 [셀 서식] 대화상자를 엽니다. [셀 서식] 대화상자의 [범주]에서 [사용자 지정]을 선택하고 [형식]에 다음 서식 코드를 입력한 후 [확인]을 클릭합니다. [값 필드 설정] 대화상자에서도 [확인]을 클릭해 설정을 적용합니다.

형식 : [>=5000000]"A";[>=2000000]"B";"C"

TIP 이 조건은 매출이 5,000,000 이상이면 'A' 등급을 표시하고 2,000,000 이상이면 'B' 등급을, 그 밖에는 'C' 등급을 표시하라는 의미입니다.

LINK 사용자 지정 서식 코드에 대해서는 'No. 103 사용자 지정 숫자 서식 II'에서 자세하게 설명합니다.

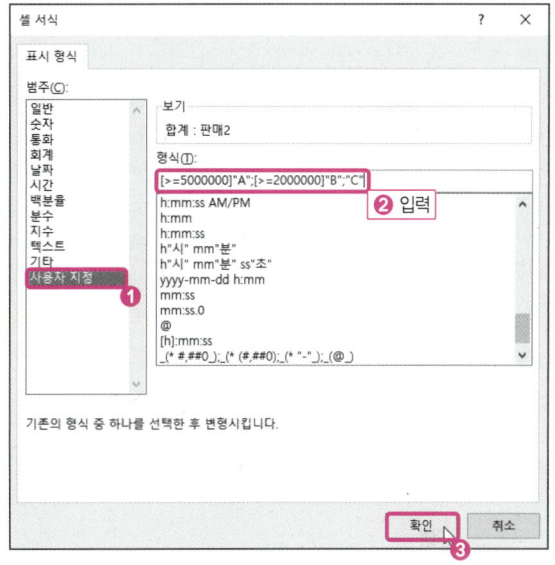

05 [값] 영역의 '합계 : 판매2' 필드의 값이 다음과 같이 등급을 의미하는 텍스트로 표시됩니다.

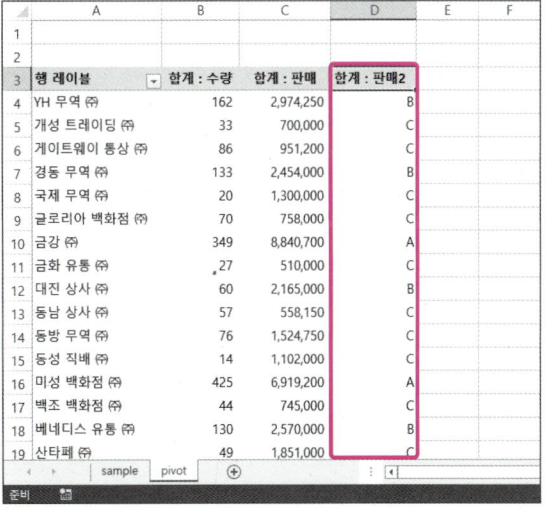

피벗 테이블로 고유 항목 개수 세기   355

피벗 테이블 보고서의 [값] 영역에서 '개수'로 집계하면, 원본 표의 행 수를 셉니다. 그러므로 원본 표에 중복된 데이터가 포함되어 있다면 개수로 센 결과는 중복을 포함한 값입니다. 중복을 배제한 개수를 세고 싶다면 피벗 테이블로 만들 표를 데이터 모델에 추가하면 됩니다. 데이터 모델에 추가하면 중복을 배제하고 고유 항목만 세는 새로운 집계 방법을 사용할 수 있습니다. 피벗 테이블에서 고유 항목 개수를 세는 방법에 대해 알아보겠습니다.

예제 파일 PART 06 \ CHAPTER 33 \ 피벗테이블–DISTINCTCOUNT.xlsx

01 예제 파일을 열고 [A] 열인 'ID' 필드를 살펴보면 동일한 번호가 몇 번씩 기록되어 있습니다. 동일한 ID는 한 건의 주문 건을 의미할 경우 피벗 테이블 보고서에서 주문 건수를 집계하기 위해 'ID' 필드의 고유 항목 건수를 세어보겠습니다.

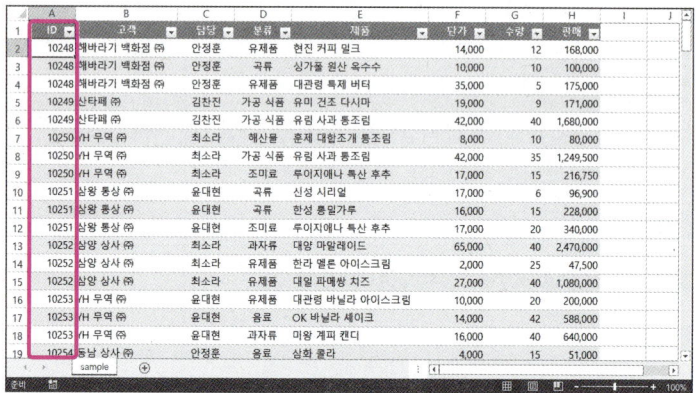

02 표 내부의 셀을 하나 클릭하고 [삽입]–[표]–[표]를 클릭하면 [피벗 테이블 만들기] 대화상자가 열립니다. 다른 옵션은 모두 그대로 두고 [데이터 모델에 이 데이터 추가] 확인란에 체크 표시를 한 후 [확인]을 클릭합니다.

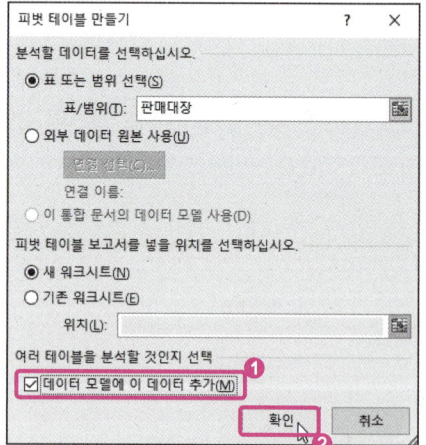

TIP 데이터 모델

여러 표를 효율적으로 연결하고 관리하기 위한 별도의 영역으로 엑셀 파일 내 관계로 연결된 데이터베이스를 구축할 수 있습니다. 데이터 모델은 피벗에서 활용하며 파워 쿼리, 파워 피벗, 파워 뷰 등에서 활용합니다. 데이터 모델을 시각적으로 확인하고 관리하려면 파워 피벗 추가 기능을 사용해야 합니다.

03 고객별 주문 건수를 집계하기 위해 [피벗 테이블 필드] 작업 창에서 '고객' 필드는 [행] 영역에, 'ID' 필드는 [값] 영역에 추가합니다. 중복이 배제된 결과를 확인하기 위해 'ID' 필드는 두 번 추가합니다.

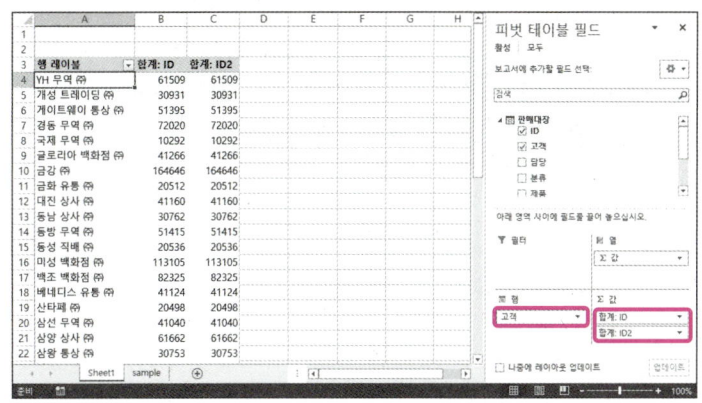

04 'ID' 필드는 숫자이므로 [값] 영역에서 '합계' 결과가 표시되는데, 이를 '개수'로 변경합니다. 먼저 '합계: ID' 필드인 [B3] 셀을 선택하고 마우스 오른쪽 버튼을 클릭한 후 [값 요약 기준]-[개수]를 선택해 집계 방법을 다르게 변경합니다.

05 '합계 : ID2' 필드에는 중복을 배제한 건수를 세겠습니다. '합계: ID2' 필드인 [C3] 셀을 선택하고 마우스 오른쪽 버튼을 클릭한 후 [값 요약 기준]-[기타 옵션]을 선택합니다. [값 필드 설정] 대화상자가 열리면 [값 요약 기준] 탭의 목록에서 [고유 개수]를 선택하고 [확인]을 클릭합니다.

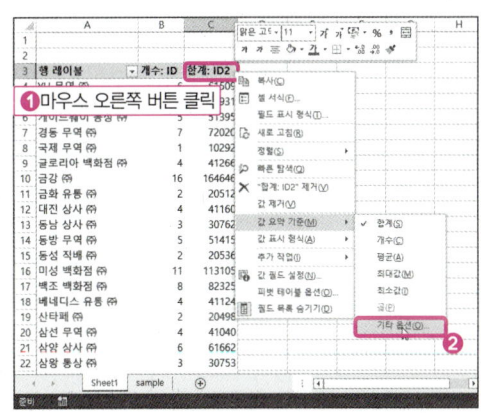
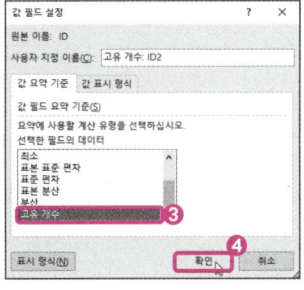

TIP '고유 개수'는 데이터 모델에 추가된 표의 데이터를 집계할 때만 사용할 수 있습니다. 엑셀 2013에서는 '고유 개수'라는 이름 대신 'DISTINCTCOUNT'라는 함수명으로 표시됩니다.

06 [C3] 셀의 필드명이 '고유 개수: ID2'로 변경되며, [B] 열의 '개수: ID'보다 더 작은 집계 결과를 반환합니다. 이 값이 바로 고유한 항목 개수입니다.

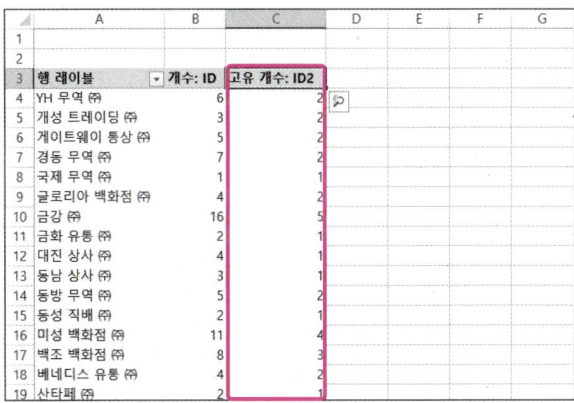

보고서 필터 영역의 필드를 가로 방향으로 표시하기

356

[보고서 필터] 영역에 필드를 여러 개 추가하면 순서대로 행(아래) 방향으로 나열됩니다. 이렇게 나열된 모습이 마음에 들지 않는다면 피벗 테이블 옵션을 조정해 2열 또는 3열 등 다양한 방법으로 필터 영역 내 필드를 표시할 수 있습니다. [필터] 영역에 추가된 필드를 2열(또는 3열)로 나열하는 방법에 대해 알아보겠습니다.

예제 파일 PART 06 \ CHAPTER 33 \ 피벗테이블-가로.xlsx

01 예제 파일의 'pivot' 시트를 보면 다음과 같은 피벗 테이블 보고서가 있습니다. [필터] 영역에 추가된 '고객'과 '분류' 필드를 2열(가로 방향)로 나열해보겠습니다. 표시 방법을 변경하려면 피벗 테이블 옵션을 변경해야 합니다. 피벗 테이블 보고서가 선택된 상태에서 [피벗 테이블 도구]-[분석] 탭-[피벗 테이블] 그룹-[옵션]을 클릭합니다.

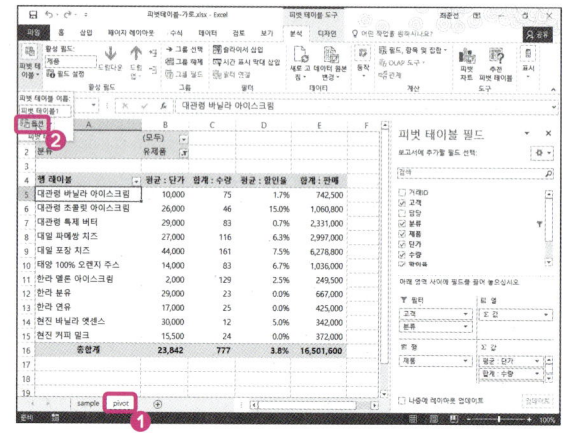

02 [피벗 테이블 옵션] 대화상자가 열리면 [레이아웃 및 서식] 탭의 [보고서 필터 영역에 필드 표시]를 [열 우선]으로 변경하고 [각 행의 보고서 필터 필드 수]를 '2'로 수정한 후 [확인]을 클릭합니다. [필터] 영역의 필드가 다음과 같이 가로 방향으로 표시됩니다.

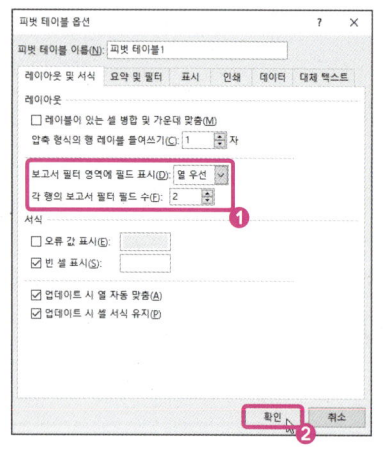

TIP [각 행의 보고서 필터 필드 수] 옵션 이해하기

3열로 표시하려면 [각 행의 보고서 필터 필드 수]를 '3'으로 조정합니다.

357 필터 영역에 추가된 필드의 항목별 새 보고서 만들기

[보고서 필터] 영역에 추가된 필드는 자동 필터와 같이 피벗 테이블 보고서의 내용을 제한할 수 있어 편리합니다. 또한 [보고서 필터] 영역에 추가된 필드에는 [페이지 표시] 명령을 사용할 수 있는데, 이 기능을 이용하면 필드 항목별로 피벗 테이블 보고서가 개별 시트에 나뉘어 저장됩니다. [필터] 영역에서 항목을 하나씩 선택하지 않아도 개별 시트에 보고서가 따로 정리되므로 편리합니다.

예제 파일 PART 06 \ CHAPTER 33 \ 피벗테이블—하위 보고서.xlsx

01 예제 파일을 열고 'pivot' 시트를 보면 제품별 판매 실적을 집계한 피벗 테이블 보고서가 있습니다. [행] 영역에는 '분류'와 '제품' 필드가 추가되어 있는데, '분류' 필드의 항목별 보고서를 개별 시트로 생성해보겠습니다.

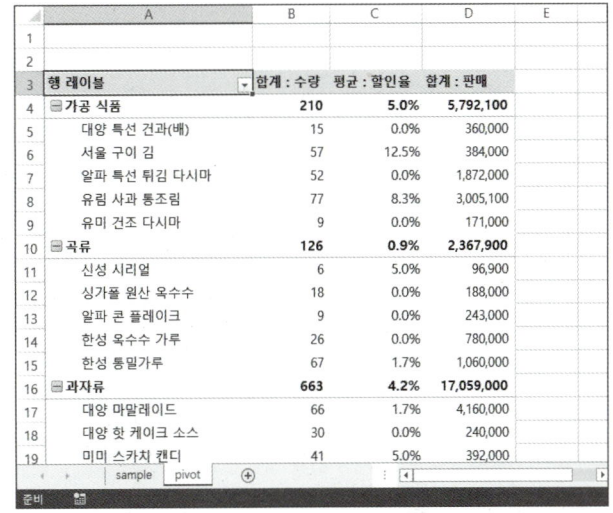

02 먼저 '분류' 필드를 [필터] 영역으로 옮기겠습니다. [피벗 테이블 필드] 작업 창에서 [행] 영역의 '분류' 필드를 [필터] 영역으로 드래그합니다.

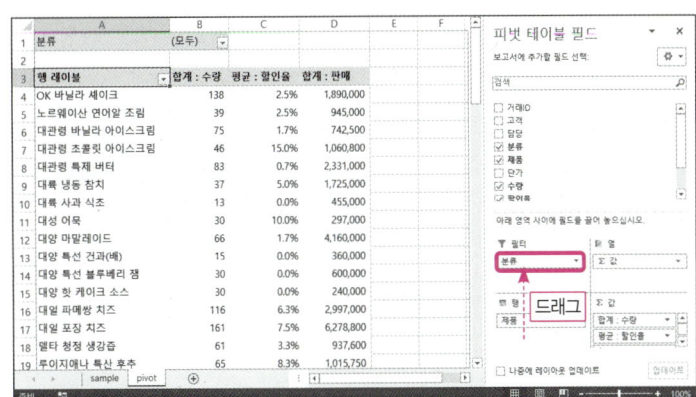

03 [피벗 테이블 도구]-[분석] 탭-[피벗 테이블] 그룹-[옵션]의 [아래 화살표]를 클릭하고 [보고서 필터 페이지 표시]를 선택합니다.

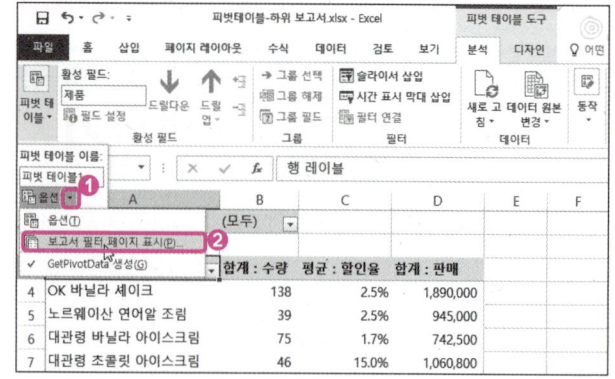

TIP [보고서 필터 페이지 표시] 기능을 사용할 때 [필터] 영역의 필드는 항상 [(모두)] 항목이 선택되어 있어야 합니다. 특정 항목이 선택된 상태에서는 해당 항목의 보고서만 새 워크시트로 저장됩니다.

04 [보고서 필터 페이지 표시] 대화상자가 열리면 '분류' 필드가 선택된 상태에서 [확인]을 클릭합니다.

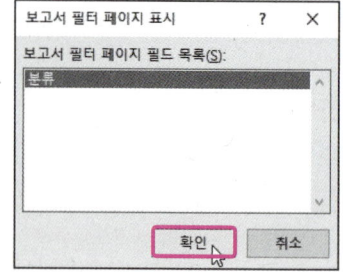

TIP [보고서 필터 페이지 표시] 대화상자
[보고서 필터] 영역에 여러 개의 필드가 있다면 해당 필드가 모두 표시됩니다. 따라서 [보고서 필터 페이지 표시] 명령을 이용해 새 시트로 만들고자 하는 필드를 선택합니다.

05 '분류' 필드 내 항목별로 시트가 새로 생성됩니다. 시트 탭에서 생성된 시트를 선택하면 [보고서 필터] 영역 '분류' 필드의 각 항목별 피벗 테이블 보고서를 확인할 수 있습니다.

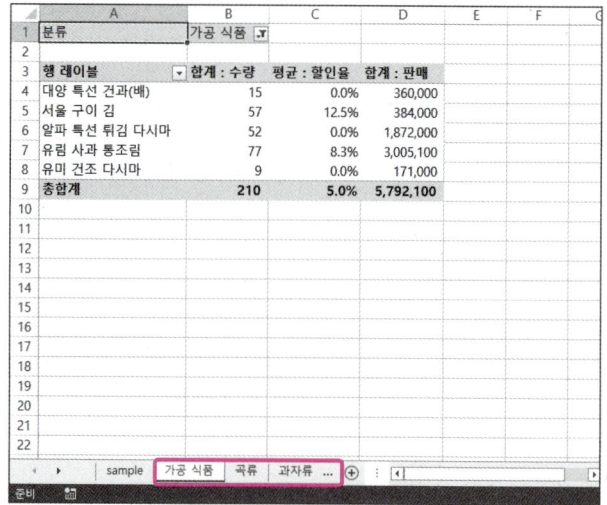

TIP 워크시트 이름
페이지 표시 기능을 이용하면 [보고서 필터] 영역 '분류' 필드의 각 항목 이름으로 새 시트가 생성됩니다. 참고로 항목명에 : \ / ? * [ ] 등의 특수 문자를 사용하면 시트명이 'Sheet1'과 같이 표시됩니다.

보고서 필터 영역 필드 항목별로 보고서 인쇄하기 — 358

[보고서 필터] 영역에 추가된 필드의 항목별로 피벗 테이블 보고서를 인쇄하고 싶다면 [페이지 표시] 명령을 사용해 새 워크시트로 저장한 후 생성된 워크시트를 인쇄하면 됩니다. 그러나 이 과정은 시트를 생성하고 인쇄 후 다시 삭제하는 등의 과정을 거쳐야 하므로 번거롭습니다. 여기서는 매크로를 이용해 [필터] 영역에 삽입된 필드 항목별로 인쇄하는 방법에 대해 알아보겠습니다.

예제 파일 PART 06 \ CHAPTER 33 \ 피벗테이블-항목별 인쇄.xlsx, 피벗테이블-항목별 인쇄 (매크로).txt

01 예제 파일을 열고 'pivot' 시트를 선택합니다. 피벗 테이블 보고서의 [필터] 영역에 있는 '고객' 필드의 항목별 피벗 테이블 보고서를 매크로를 사용해 인쇄해보겠습니다.

02 '고객' 필드의 항목별 피벗 테이블 보고서를 인쇄하는 매크로를 사용하기 위해 먼저 코드를 파일에 복사하겠습니다. 시트 탭을 마우스 오른쪽 버튼으로 클릭한 후 [코드 보기]를 선택합니다.

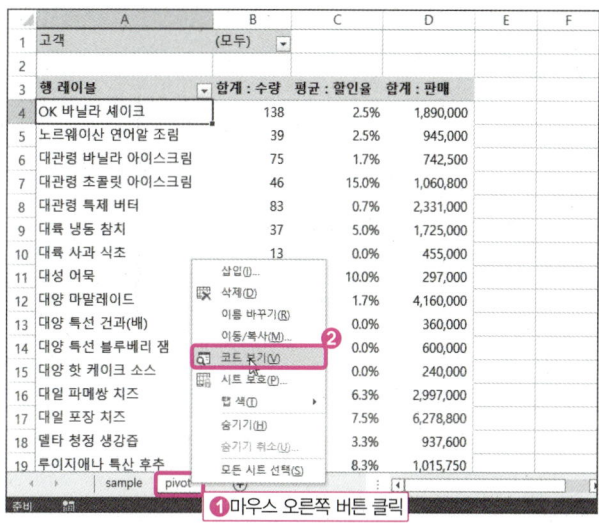

03 VB 편집기 창이 열리면 예제로 제공된 '피벗테이블-항목별 인쇄 (매크로).txt' 파일의 코드를 복사해 오른쪽 코드 창에 붙여넣고 창을 닫습니다.

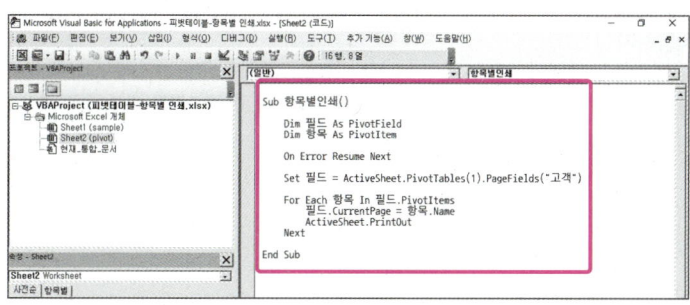

파일 : 피벗테이블-항목별 인쇄 (매크로).txt

```
Sub 항목별인쇄()

    Dim 필드 As PivotField
    Dim 항목 As PivotItem

    On Error Resume Next

    Set 필드 = Activesheet.PivotTables(1).PageFields("고객") ──────────── ❶

    For Each 항목 In 필드.PivotItems

        필드.CurrentPage = 항목.Name
        Activesheet.PrintOut ──────── ❷

    Next

End Sub
```

❶ Activesheet.PivotTables(1).PageFields("고객") 코드는 [필터] 영역에 추가된 '고객' 필드를 의미합니다. 이 코드를 다른 파일에서 사용할 경우에는 "고객" 필드명을 사용자 파일에 맞게 수정해야 합니다.
❷ Activesheet.PrintOut 명령은 워크시트를 인쇄하라는 명령이므로, 코드가 정상 동작하는지 확인만 하려면 이 코드를 Activesheet.PrintPreview로 변경해 인쇄 미리 보기 화면을 확인하는 것이 좋습니다.

03 [보기] 탭-[매크로] 그룹-[매크로]를 클릭하거나 Alt + F8 을 눌러 [매크로] 대화상자를 열고 '항목별인쇄' 매크로를 선택한 후 [실행]을 클릭합니다.

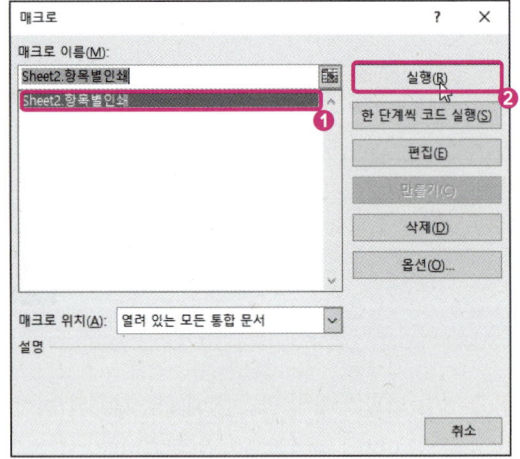

Plus⁺ [매크로 사용 통합 문서] 파일로 저장하기

엑셀 2007부터는 매크로를 파일에 저장해 사용하려면 [매크로 사용 통합 문서]로 저장해야 합니다. 이 매크로를 계속 사용하고 싶다면 F12 를 눌러 [다른 이름으로 저장] 대화상자를 열고 파일 형식을 [Excel 매크로 사용 통합 문서 (*.xlsm)]로 선택한 후 저장합니다.

슬라이서를 이용해 피벗 보고서 컨트롤하기

359

엑셀 2010부터는 피벗 테이블에서 슬라이서(Slicer)라는 필터 기능을 사용할 수 있습니다. [필터] 영역에 필드를 추가하면, 필드 항목을 하나만 선택한 경우에는 선택된 항목이 표시되지만 둘 이상의 항목을 선택하면 선택 항목이 표시되지 않아 보고서를 이해하기가 쉽지 않습니다. 슬라이서를 이용하면 선택한 필드 항목을 슬라이서 창에서 확인할 수 있으므로 시각적으로 보고서를 이해하는 데 도움이 됩니다.

예제 파일 PART 06 \ CHAPTER 33 \ 슬라이서.xlsx

01 예제 파일을 열고 'pivot' 시트를 보면 다음과 같은 피벗 테이블 보고서가 있습니다. [필터] 영역에 추가된 '단가' 필드는 여러 항목이 선택되어 있어 '(다중 항목)'이라고 표시될 뿐 어떤 항목이 선택되어 있는지 확인할 수 없습니다. 슬라이서 기능을 이용해 필터 항목을 확인해보겠습니다.

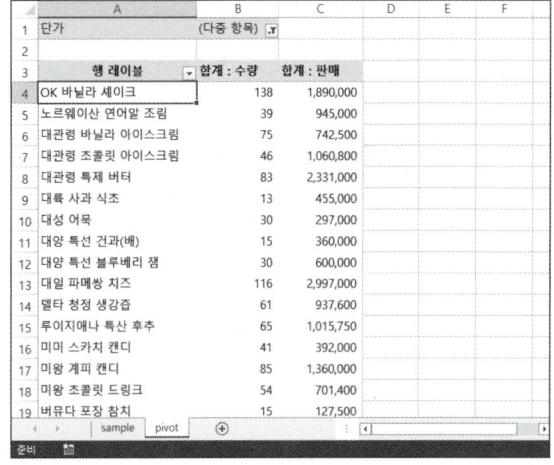

02 [피벗 테이블 도구]-[분석] 탭-[필터] 그룹-[슬라이서 삽입]을 클릭합니다. [슬라이서 삽입] 대화상자가 열리면 [필터] 영역에 삽입된 '단가' 필드에 체크 표시를 하고 [확인]을 클릭합니다.

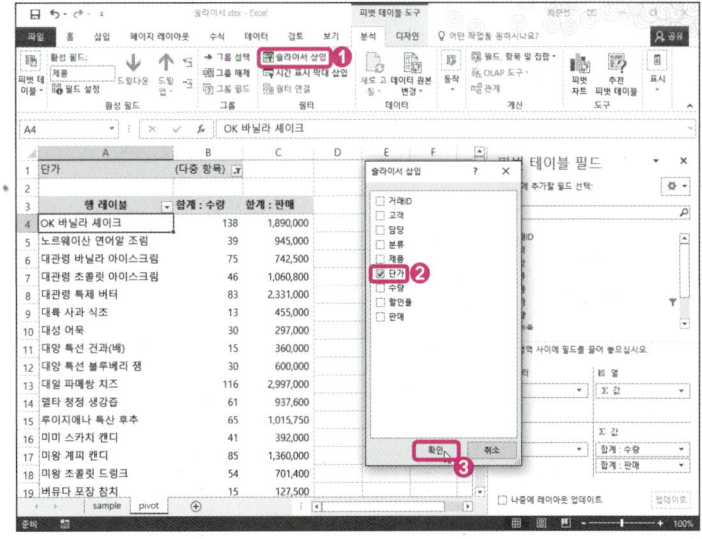

CHAPTER 33 | 피벗 테이블 / **747**

03 '단가' 필드의 모든 항목이 표시된 슬라이서 창이 화면에 나타납니다. 현재 선택된 항목이 강조되어 있습니다.

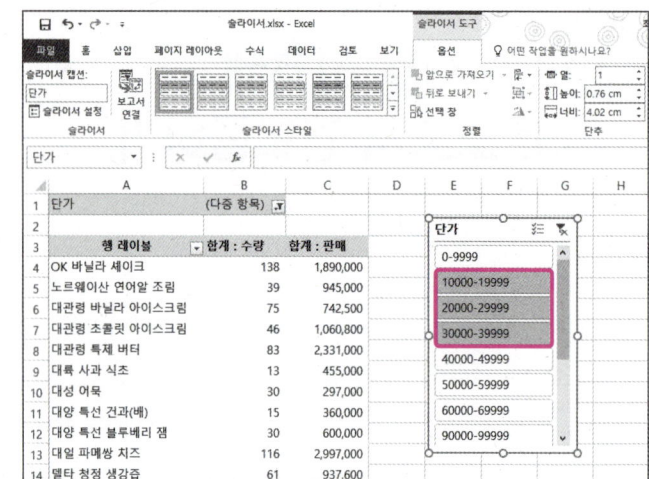

TIP 슬라이서 창을 사용할 경우 [필터] 영역의 필드는 삭제해도 됩니다. 예제 화면에서는 슬라이서 창에 대한 이해를 돕기 위해 [필터] 영역 내 필드를 그대로 표시하고 있습니다.

04 슬라이서 창에서 조건을 변경할 수 있습니다. 슬라이서 창 우측 상단의 [필터 지우기]를 클릭해 모든 데이터를 표시한 후 [30000-39999] 항목을 선택하면 3만원대 제품의 판매 실적만 피벗 테이블 보고서에 표시됩니다.

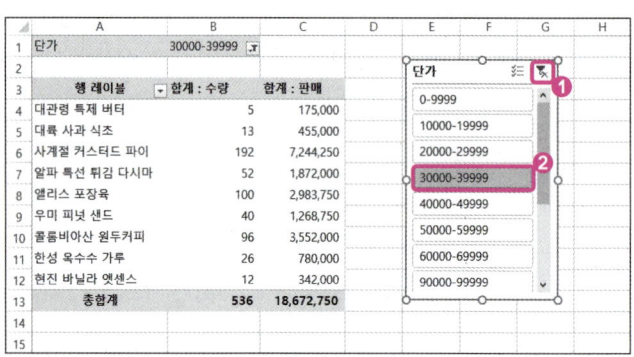

TIP [필터] 영역의 '단가' 필드도 슬라이서 창에서 설정된 필터 조건과 동일하게 연동됩니다.

05 슬라이서 창에서 여러 항목을 선택할 수도 있습니다. 3만원대~5만원대 제품을 모두 확인하려면 [30000-39999] 항목에서 [50000-59999] 항목까지 드래그해 선택합니다.

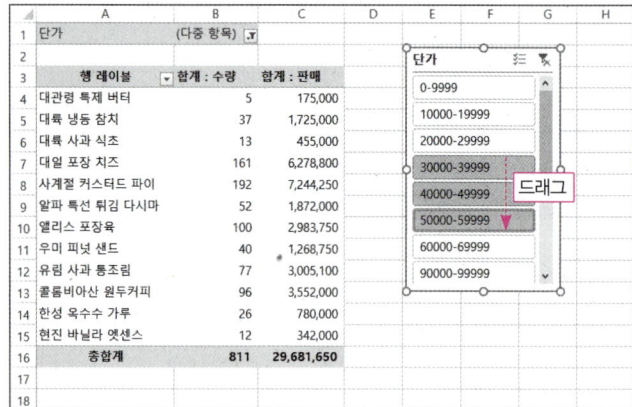

TIP 슬라이서 창에서 떨어진 항목 선택하기
Ctrl을 누른 채로 항목을 하나씩 선택하면 됩니다.

TIP 슬라이서 창 닫기
슬라이서 창이 선택된 상태에서 Delete를 누릅니다.

다중 슬라이서 창을 이용해 피벗 보고서 컨트롤하기

360

슬라이서 기능은 [필터] 영역에 필드를 추가하는 것보다 여러 가지 면에서 편리합니다. [필터] 영역에 필드를 자주 추가한다면 슬라이서 창을 이용하는 것이 좋습니다. 한 개의 필드뿐만 아니라 여러 개의 필드를 슬라이서 창으로 호출해 피벗 테이블 보고서를 제어할 수 있습니다. 여러 개의 슬라이서 창을 사용하는 방법에 대해 알아보겠습니다.

예제 파일 PART 06 \ CHAPTER 33 \ 슬라이서–다중.xlsx

01 예제 파일을 열고 'pivot' 시트를 보면 제품별 판매 실적이 집계된 피벗 테이블 보고서가 있습니다. 제품별 실적을 원하는 조건에 맞게 확인하기 위해 '고객' 필드와 '단가' 필드를 슬라이서 창에 삽입해 보겠습니다.

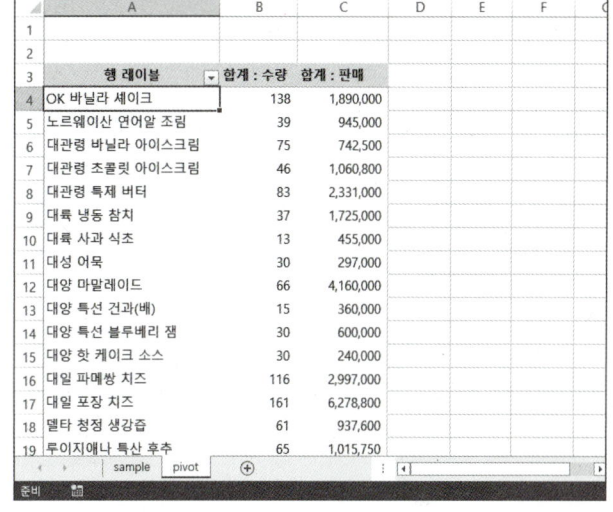

02 [피벗 테이블 도구]–[분석] 탭–[정렬 및 필터] 그룹–[슬라이서 삽입]을 클릭합니다. [슬라이서 삽입] 대화상자가 열리면 '고객', '단가' 필드에 체크 표시를 하고 [확인]을 클릭합니다. 다음과 같이 두 개의 슬라이서 창이 화면에 표시됩니다.

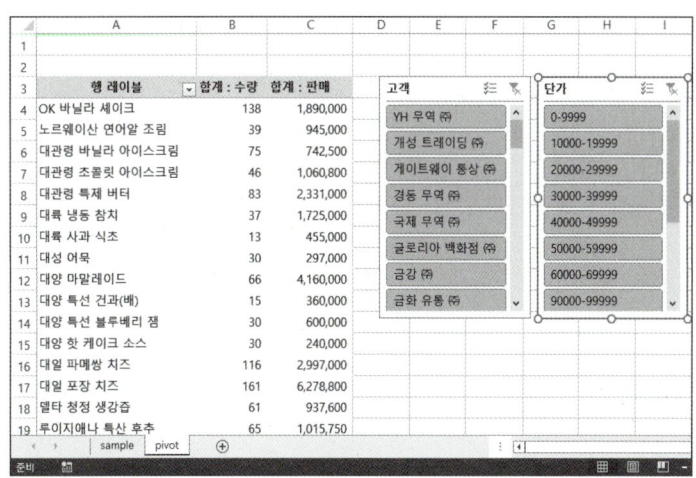

03 [고객] 슬라이서 창에서 [게이트웨이 통상 ㈜] 항목을 선택하면 피벗 테이블 보고서가 해당 업체와의 판매 내역만 집계해서 보여줍니다.

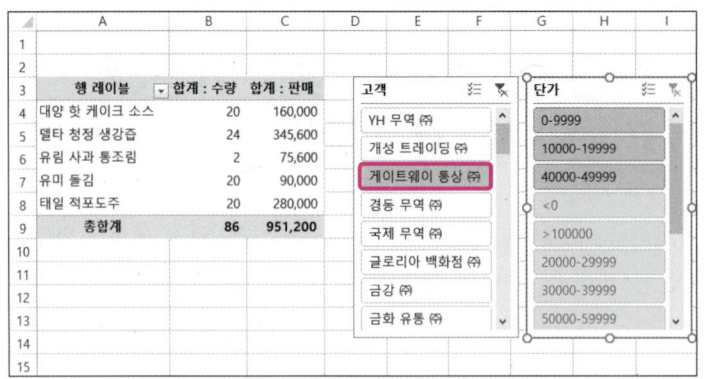

Plus⁺ 여러 슬라이서 창의 연동

이와 같이 [고객] 슬라이서 창에서 특정 업체를 선택하면 [단가] 슬라이서 창의 항목에도 변화가 생깁니다. [고객] 슬라이서 창에서 조건을 지정하면 피벗 테이블 보고서에 해당 조건의 데이터만 표시됩니다. 그러면 '단가' 필드에도 역시 피벗 테이블 보고서에 표시된 데이터만 표시됩니다. [단가] 슬라이서 창을 보면 [0-9999], [10000-19999], [40000-49999] 항목만 활성화되어 있습니다. 이는 선택된 고객과 거래한 제품의 단가로, 1만원 미만, 1만원대, 4만원대 제품만 거래되었음을 알 수 있습니다.

04 [단가] 슬라이서 창에서 조건을 지정해보겠습니다. **03** 과정에서 '고객' 필드에 지정한 필터 조건을 먼저 해제해야 합니다. [고객] 슬라이서 창의 [🔻] 필터 지우기를 클릭한 후 [단가] 슬라이서 창에서 [30000-39999] 항목만 선택합니다.

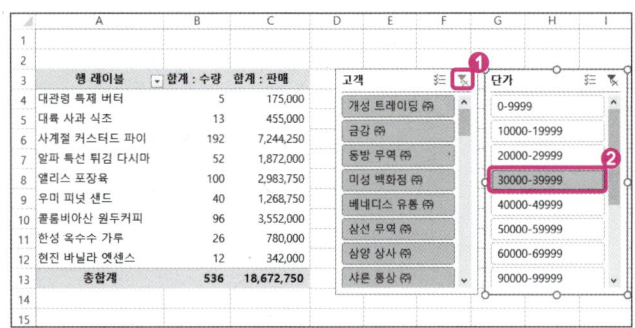

Plus⁺ 다른 슬라이서 창의 조건을 지정하기 전에 [필터 지우기]를 클릭하는 이유

슬라이서 창을 여러 개 열어 작업하면 필터 조건을 먼저 지정한 창에 의해 다른 슬라이서 창의 항목이 제약됩니다. 그러므로 여러 슬라이서 창의 필터 조건을 모두 만족하는 데이터만 보고 싶은 경우가 아니라면 [필터 지우기]를 클릭해 먼저 적용된 필터 조건을 해제한 후 새로운 작업을 해야 합니다.

05 04 과정에서 [단가] 슬라이서 창의 항목을 선택했으므로 [고객] 슬라이서 창에도 3만원대 제품을 거래한 업체만 표시됩니다. [고객] 슬라이서 창에는 항목이 많아 제대로 구분되지 않으므로, 슬라이서 창에 항목이 좀 더 많이 표시되도록 하겠습니다. [고객] 슬라이서 창을 선택하고 [옵션] 탭-[단추] 그룹-[열]의 회전자 컨트롤을 조정해 값을 '3'으로 변경합니다. 슬라이서 창의 항목이 3열로 표시됩니다. 비활성화된 업체까지 현재 화면에 표시됩니다.

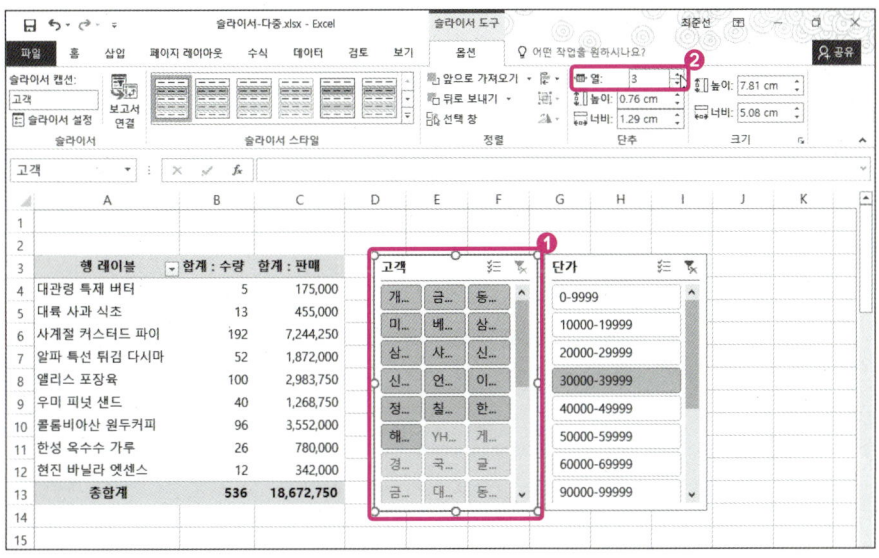

06 [고객] 슬라이서 창의 항목을 3열로 표시하니 업체명이 온전히 보이지 않습니다. 슬라이서 창의 크기를 조정하겠습니다. [고객] 슬라이서 창이 선택된 상태에서 좌측 하단 모서리를 드래그해 화면과 같이 창 크기를 조정합니다.

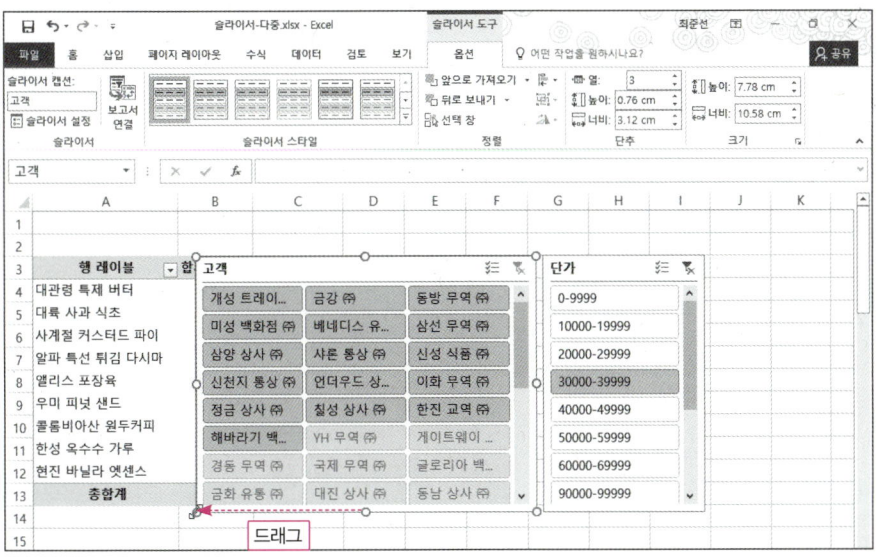

시간 표시 막대를 이용해 피벗 테이블 보고서 컨트롤하기

361

엑셀 2013부터 슬라이서와 유사하지만 날짜/시간 값을 갖는 필드에만 적용할 수 있는 시간 표시 막대 기능을 사용할 수 있습니다. 시간 표시 막대는 날짜 필드의 값은 연-분기-월-일로, 시간 필드의 값은 시-분-초와 같은 그룹으로 묶어 필터 조건을 지정할 수 있도록 해줍니다. 그러므로 날짜/시간 값을 가진 필드라면 항목을 그대로 표시하는 슬라이서보다 시간 표시 막대가 유용합니다.

예제 파일 PART 06 \ CHAPTER 33 \ 시간표시막대.xlsx

01 예제 파일의 'sample' 시트를 보면 [D] 열의 '주문일' 필드에 날짜 값이 입력되어 있습니다. 시간 표시 막대를 이용하려면 원본 표에 반드시 올바른 데이터가 입력되어 있어야 합니다.

02 시간 표시 막대 기능을 이용하기 위해 'pivot' 시트로 이동해 [피벗 테이블 도구]-[분석] 탭-[필터] 그룹-[시간 표시 막대 삽입]을 클릭합니다. [시간 표시 막대 삽입] 대화상자가 나타납니다. 이 대화상자에는 날짜/시간 값을 갖는 필드만 표시됩니다. [주문일] 필드에 체크 표시를 하고 [확인]을 클릭합니다.

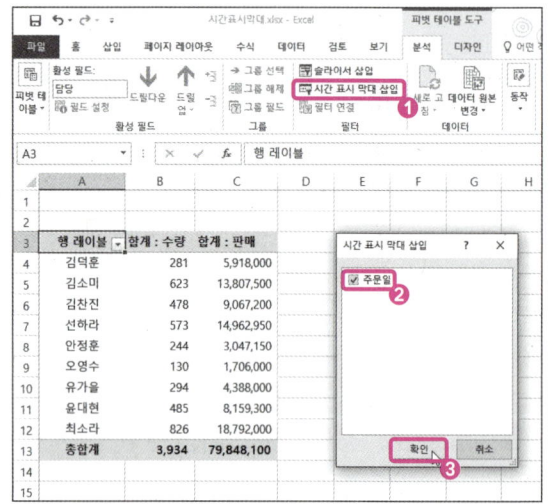

TIP 날짜/시간 값을 갖는 필드인데 [시간 표시 막대 삽입] 대화상자에 표시되지 않는다면 필드 내 모든 값이 날짜/시간 값이 아니거나 서식이 제대로 적용되지 않은 경우입니다.

03 화면과 같이 [주문일] 시간 표시 막대 창이 나타납니다.

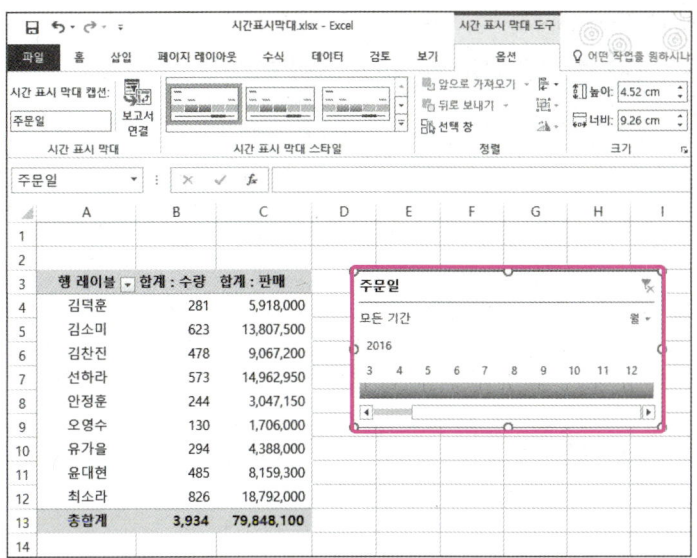

> **Plus⁺** 시간 표시 막대 창의 날짜 단위 선택하기
>
> 시간 표시 막대 창의 오른쪽 부분에서 [월] 단위를 클릭하면 '연', '분기', '월', '일'과 같은 단위로 변경할 수 있습니다. 여기에서 원하는 날짜 단위를 선택합니다.

04 필터 조건을 지정하기 위해 '1'을 선택하면 2016년 1월 데이터만 피벗 테이블 보고서에 표시됩니다.

> **TIP** 슬라이서 창과 시간 표시 막대 창 조작 방법의 동일한 점과 차이점
>
> 슬라이서 창과 시간 표시 막대 창을 조작하는 방법은 매우 유사합니다. 연속된 항목을 선택할 때 드래그하거나 필터 조건을 지정한 후 [필터 지우기]를 클릭해 필터 조건을 해제할 수 있다는 점은 동일합니다. 차이점은 슬라이서 창에서는 떨어진 항목을 Ctrl 을 이용해 선택할 수 있지만, 시간 표시 막대 창에서는 떨어진 항목을 선택할 수 없다는 점입니다.

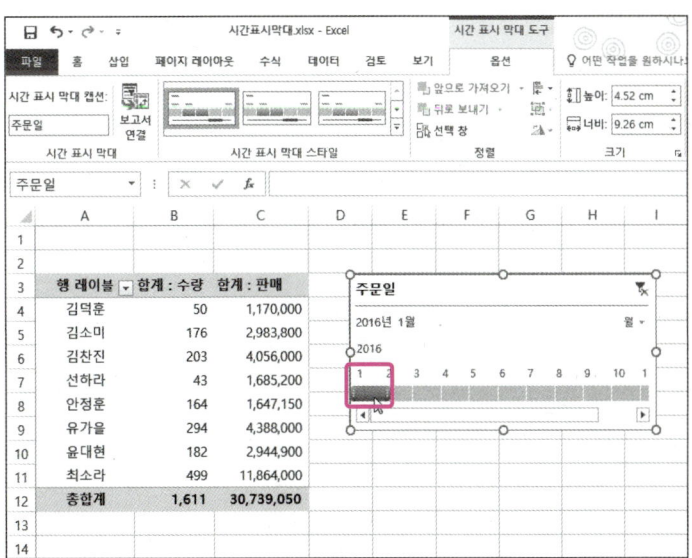

날짜 값을 갖는 필드로
연, 분기, 월 그룹 필드 만들기   362

피벗 테이블 보고서에서는 기존 필드의 항목 값을 묶어 새로운 필드를 만들 수 있습니다. 이렇게 생성된 필드를 '그룹 필드'라고 하며, 날짜/시간 값을 갖는 필드로 [그룹화] 대화상자를 이용해 연, 분기, 월, 일, 시, 분, 초와 같은 상위 날짜/시간 단위 값을 갖는 필드를 생성할 수 있습니다. 여기서는 날짜 값을 갖는 필드를 이용해 그룹 필드를 생성하는 방법에 대해 알아보겠습니다.

예제 파일 PART 06 \ CHAPTER 33 \ 그룹필드-날짜.xlsx

01 예제 파일을 열고 'pivot' 시트를 보면 일별 판매 실적이 집계된 피벗 테이블 보고서가 있습니다. [행] 영역에 추가된 '주문일' 필드로 연, 분기, 월 값을 표시하는 그룹 필드를 생성해보겠습니다.

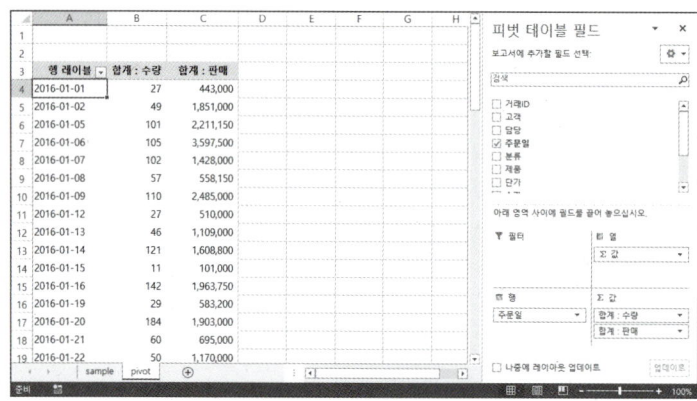

02 날짜 값을 갖는 필드를 연, 분기, 월 등으로 묶으려면 [그룹화] 대화상자를 이용합니다. 필드 내 셀을 하나 선택(여기서는 [A4] 셀)하고 피벗 테이블 도구]–[분석] 탭–[그룹] 그룹–[🔢 그룹 필드]를 클릭합니다.

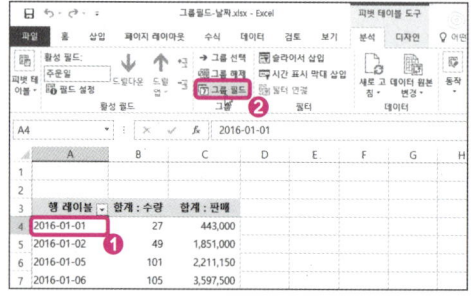

03 [그룹화] 대화상자가 열리면 [단위]에서 생성할 그룹 필드의 날짜 단위를 하나씩 선택합니다. 여기서는 [연], [분기], [월], [일] 단위를 선택하고 [확인]을 클릭합니다.

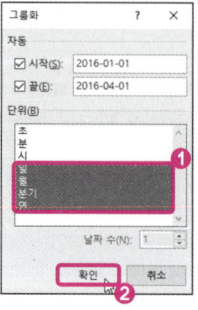

> **TIP** 날짜 값을 갖는 필드의 그룹 필드 생성 규칙
>
> [그룹화] 대화상자에서 날짜 단위를 선택하면 지정한 단위의 그룹 필드가 생성됩니다. 선택한 단위 중 제일 작은 단위(여기서는 '일')는 기존 필드(주문일)에 표시되고, 상위 날짜 단위(연, 분기, 월)는 새로 생성되는 필드에 표시됩니다.

04 [행] 영역에 연, 분기, 월, 일 순으로 날짜 값이 표시됩니다. [피벗 테이블 필드] 작업 창의 [행] 영역에는 연, 분기, 월, 주문일이 나타납니다.

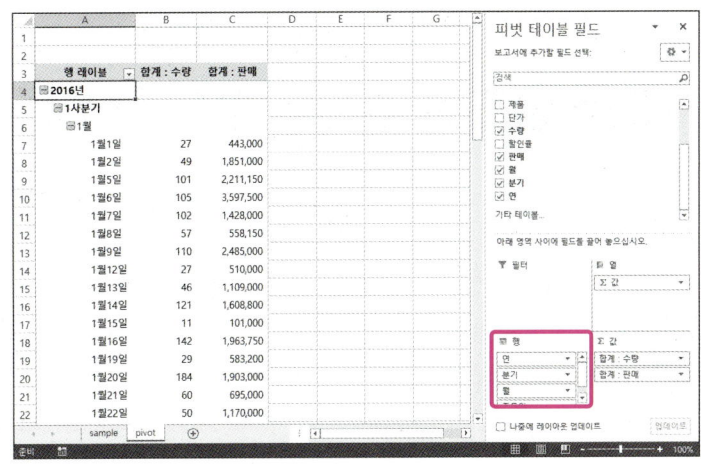

05 [일] 단위는 자주 사용하지 않으므로 피벗 테이블 보고서에서 제거하겠습니다. [피벗 테이블 필드] 작업 창에서 [주문일] 필드의 체크 표시를 해제합니다.

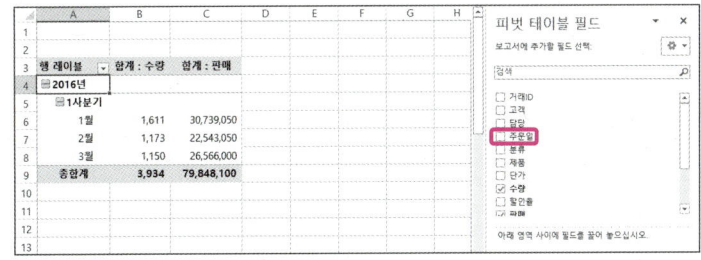

06 그룹 필드는 상위 필드의 부분합 값이 나타나지 않는 단점이 있습니다. 화면을 보면 2016년과 1사분기 부분합이 나타나지 않는 것을 확인할 수 있습니다. [연] 필드의 부분합을 표시하기 위해 [A4] 셀을 선택하고 마우스 오른쪽 버튼을 클릭한 후 ["연" 부분합]을 선택합니다.

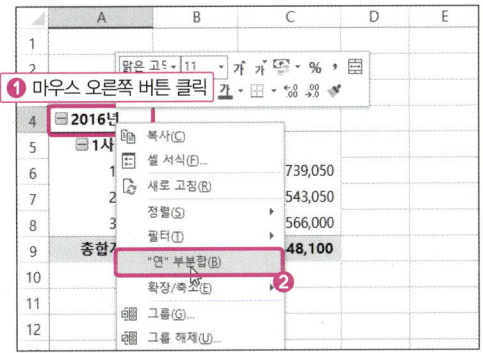

07 화면과 같이 '연' 필드의 부분합이 피벗 테이블 보고서에 나타납니다. '분기' 필드의 부분합도 표시하려면 [A5] 셀을 선택하고 **06** 과정을 반복합니다.

	A	B	C	D	E
1					
2					
3	행 레이블	합계 : 수량	합계 : 판매		
4	⊟2016년	3,934	79,848,100		
5	⊟1사분기				
6	1월	1,611	30,739,050		
7	2월	1,173	22,543,050		
8	3월	1,150	26,566,000		
9	총합계	3,934	79,848,100		
10					
11					

> **TIP** 그룹 필드 해제하기
>
> 그룹 필드로 생성된 필드를 더 이상 사용하지 않으려면 그룹 필드 내 셀을 하나 선택하고 [피벗 테이블 도구]-[분석] 탭-[그룹] 그룹-[📇그룹 해제]를 클릭합니다.

그룹 필드로 주(週) 필드 생성하기 363

날짜 값을 갖는 필드를 [그룹화] 대화상자를 이용해 상위 날짜 단위로 묶을 때 아쉬운 점은 '주' 단위가 제공되지 않는다는 점입니다. 하지만 [그룹화] 대화상자에서 '일' 단위를 날짜 수로 묶는 방법을 제공하므로, 이를 이용해 주별로 묶은 결과를 피벗 테이블 보고서에 반환할 수 있습니다. 날짜 값을 갖는 필드를 '주' 단위로 묶는 방법에 대해 알아보겠습니다.

예제 파일 PART 06 \ CHAPTER 33 \ 그룹필드-주간.xlsx

01 예제 파일을 열면 일별 판매실적이 집계된 피벗 테이블 보고서가 있습니다. '주문일' 필드의 날짜 값을 주별로 묶어보겠습니다. [A4] 셀을 선택하고 [피벗 테이블 도구]-[분석] 탭-[그룹] 그룹-[그룹 필드]를 클릭합니다. [그룹화] 대화상자에서 [시작] 값을 '2015-12-27'로 변경하고 [일]만 선택한 후 [날짜 수]를 '7'로 변경하고 [확인]을 클릭합니다.

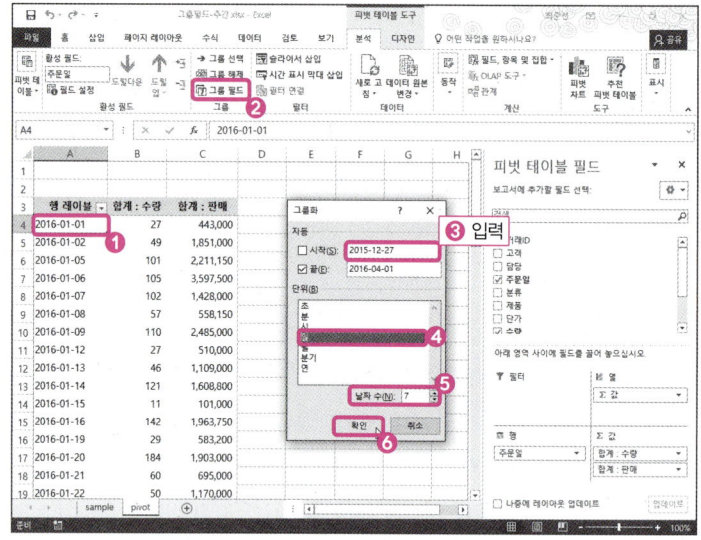

> **TIP** 시작일을 변경하는 이유
> 주별로 날짜 값을 묶으려면 [그룹화] 대화상자의 [시작] 값이 주의 시작일인 일요일 날짜여야 합니다. '2016년 1월 1일'이 속한 주의 시작일은 '2015년 12월 27일'이므로 [시작] 값을 이 날짜로 변경합니다.

02 '주문일' 필드의 값이 화면과 같이 7일 간격으로 묶여 표시됩니다. 이렇게 하면 주 단위로 날짜 값을 묶어 분석할 수 있습니다.

> **TIP** [그룹화] 대화상자에서 연, 분기, 월 등의 단위를 선택하면, 이번과 같이 주 단위로 날짜를 묶을 수 없습니다. 연, 분기, 월, 주를 모두 표시하려면 원본 표에 YEAR, MONTH, WEEKNUM 등의 함수를 사용해 연, 분기, 월, 주 등을 계산해놓고 사용해야 합니다.

	A	B	C
3	행 레이블	합계 : 수량	합계 : 판매
4	2015-12-27 - 2016-01-02	76	2,294,000
5	2016-01-03 - 2016-01-09	475	10,279,800
6	2016-01-10 - 2016-01-16	347	5,292,550
7	2016-01-17 - 2016-01-23	335	4,693,200
8	2016-01-24 - 2016-01-30	378	8,179,500
9	2016-01-31 - 2016-02-06	254	4,491,800
10	2016-02-07 - 2016-02-13	236	4,092,750
11	2016-02-14 - 2016-02-20	410	6,773,300
12	2016-02-21 - 2016-02-27	273	7,185,200
13	2016-02-28 - 2016-03-05	266	5,204,000
14	2016-03-06 - 2016-03-12	322	6,495,000
15	2016-03-13 - 2016-03-19	199	6,512,500
16	2016-03-20 - 2016-03-26	237	5,020,500
17	2016-03-27 - 2016-04-01	126	3,334,000
18	총합계	3,934	79,848,100

364 텍스트 값을 개별로 묶어 그룹 필드 생성하기

텍스트 값을 갖는 필드는 날짜 값을 갖는 필드와 달리 [그룹화] 대화상자를 사용할 수는 없지만 원하는 항목을 직접 선택해 그룹으로 묶을 수 있습니다. 이 방법은 조금 불편하지만 자유롭게 묶을 항목을 선택할 수 있다는 점에서 유용합니다. 텍스트 값을 갖는 필드의 항목을 묶어 그룹 필드를 생성하는 방법에 대해 알아보겠습니다.

예제 파일 PART 06\CHAPTER 33\그룹필드-텍스트.xlsx

01 예제 파일을 열고 'pivot' 시트를 보면 영업사원별 실적이 집계된 피벗 테이블 보고서가 있습니다. [행] 영역에 추가된 '담당' 필드의 항목을 이용해 남자 직원과 여자 직원을 구분하는 성별 필드를 그룹 필드로 생성해 보겠습니다.

TIP 텍스트 값을 갖는 필드를 묶으려면 각 항목이 어떤 분류에 속하는지 알고 있어야 합니다.

02 먼저 '담당' 필드에서 남자 직원을 선택해 그룹으로 묶겠습니다. [A4] 셀을 선택하고 Ctrl을 누른 상태에서 [A6], [A8], [A9], [A11] 셀을 순서대로 선택한 후 [피벗 테이블 도구]–[분석] 탭–[그룹] 그룹–[그룹 선택]을 클릭합니다.

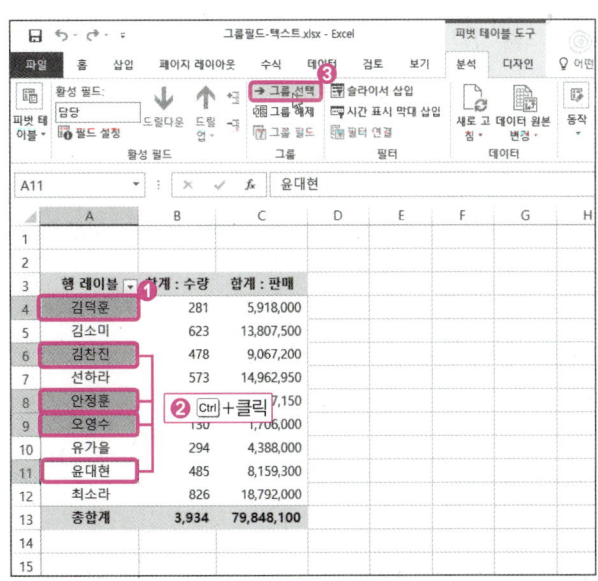

03 [피벗 테이블 필드] 작업 창의 [행] 영역에 '담당2' 필드가 새로 생성됩니다. 나머지 직원(여성)을 묶기 위해 [A11:A17] 범위를 선택하고 [피벗 테이블 도구]-[분석] 탭-[그룹] 그룹-[그룹 선택]을 클릭합니다.

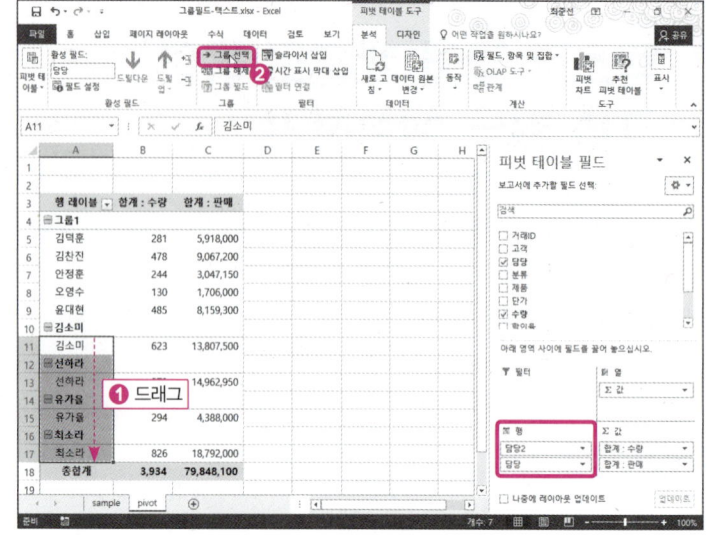

TIP [그룹 선택]을 이용한 그룹 필드

[그룹 선택]을 클릭해 그룹 필드를 생성하면 기존 필드명 뒤에 '2'가 붙은 필드명이 생성됩니다. 그리고 '담당2' 필드 안의 항목명은 '그룹1', '그룹2'와 같이 표시됩니다.

04 '그룹1'과 '그룹2' 항목이 새로 표시됩니다. 이해하기 쉽게 명칭을 변경하겠습니다. [A4] 셀은 '남'으로, [A10] 셀은 '여'로 수정합니다. 필드명은 [피벗 테이블 도구]-[분석] 탭-[활성 필드] 그룹-[활성 필드]에서 '담당2'를 '성별'로 수정합니다.

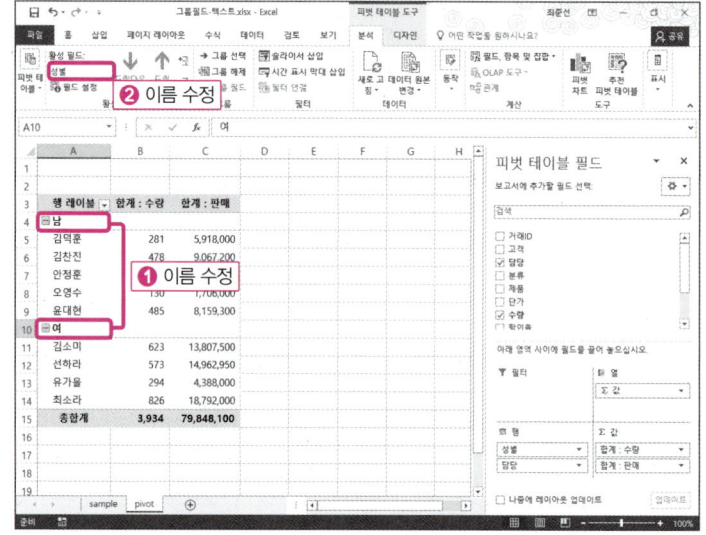

숫자 값을 일정 간격으로 묶는 그룹 필드 생성하기

365

숫자 값을 갖는 필드를 그룹으로 묶으려면 날짜 값을 갖는 필드처럼 [그룹화] 대화상자를 이용해도 되고 텍스트 값을 갖는 필드처럼 원하는 항목을 개별적으로 선택해 그룹 필드를 생성해도 됩니다. 만약 숫자 값을 갖는 필드를 일정 간격(10만 원대, 20만 원대, ⋯)으로 묶으려면 [그룹화] 대화상자를 이용하면 됩니다. 숫자 값을 갖는 필드를 [그룹화] 대화상자를 이용해 묶는 방법에 대해 알아보겠습니다.

예제 파일 PART 06 \ CHAPTER 33 \ 그룹필드-구간.xlsx

01 예제 파일을 열고 'pivot' 시트를 보면 단가별 판매실적이 집계된 피벗 테이블 보고서가 있습니다. 피벗 테이블 보고서의 [행] 영역에 추가된 '단가' 필드를 만 원씩 묶는 그룹 필드를 생성해보겠습니다.

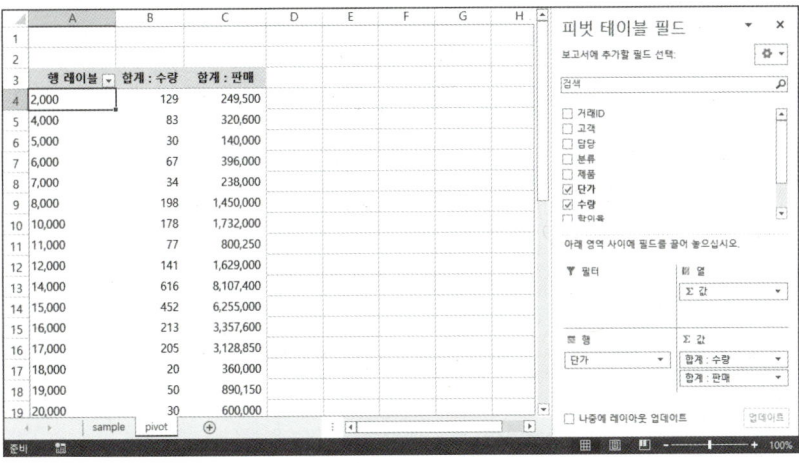

02 '단가' 필드 내 셀(여기서는 [A4] 셀)을 선택하고 [피벗 테이블 도구]-[분석] 탭-[그룹] 그룹-[그룹 필드]를 클릭합니다.

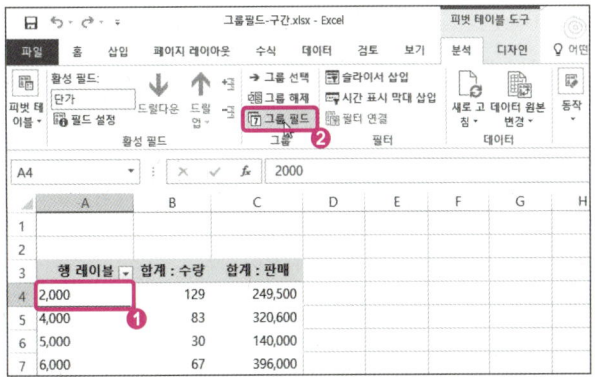

03 [그룹화] 대화상자가 열리면 [시작] 값을 '0'으로 수정하고 [단위]가 '10000'인지 확인한 후 [확인]을 클릭합니다.

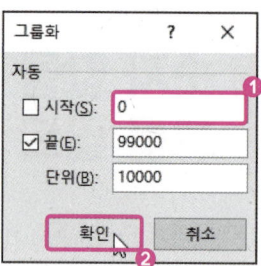

> **Plus⁺ [그룹화] 대화상자 설정**
>
> [그룹화] 대화상자의 [시작]과 [끝] 값은 해당 필드의 최소값과 최대값입니다. [단위]는 간격을 의미하며 데이터에 따라 자동으로 입력되는데, '10000'이면 [시작] 값부터 단가를 만 원씩 묶어 표시합니다. 참고로 1만원대, 2만원대, … 이렇게 그룹으로 묶으려면 [시작] 값이 필드의 최소값이 아니라 0부터 시작하게 해야 합니다.

04 단가가 '0-9999', '10000-19999', … 순으로 일정하게 구분된 피벗 테이블 보고서가 완성됩니다. [A4:A11] 범위의 셀 값은 직접 수정할 수 있습니다.

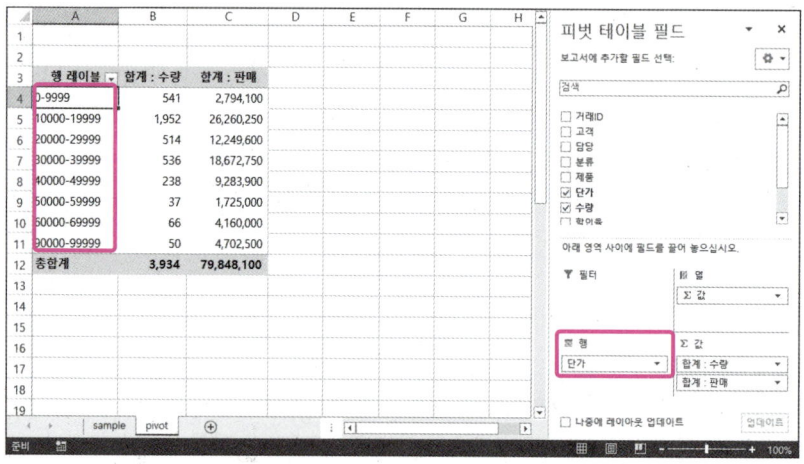

> **Plus⁺ [그룹화] 대화상자를 이용한 그룹 필드 생성**
>
> 숫자를 [그룹화] 대화상자를 이용해 묶으면 날짜를 주별로 묶었던 방법과 동일하게 별도의 그룹 필드는 생성되지 않고 기존 필드에 값이 묶입니다. ([피벗 테이블 필드] 작업 창에서 [행] 영역의 필드명을 확인해봅니다.) 단가를 다시 원래대로 표시하려면 [피벗 테이블 도구]-[분석] 탭-[그룹] 그룹-[그룹 해제]를 클릭합니다.

숫자 값을 저가, 중가, 고가로 묶어 분석하기

366

숫자 값을 갖는 필드를 [그룹화] 대화상자를 이용해 묶으면 항상 일정 간격으로만 값이 묶입니다. 원하는 기준에 맞는 항목끼리 묶어 그룹 필드를 생성하려면 텍스트 값을 갖는 필드처럼 개별 항목을 선택하고 그룹 필드를 생성하는 방법을 사용합니다. 여기서는 숫자 값을 갖는 필드를 '저가', '중가', '고가' 등의 기준으로 묶어 새 그룹 필드를 생성하는 방법에 대해 알아보겠습니다.

예제 파일 PART 06 \ CHAPTER 33 \ 그룹필드-숫자.xlsx

01 예제 파일을 열고 'pivot' 시트를 보면 단가별 판매실적이 집계된 피벗 테이블 보고서가 있습니다. [행] 영역에 있는 '단가' 필드를 2만원 미만, 2만원 이상 5만원 미만, 5만원 이상으로 구분한 후 각각 '저가', '중가', '고가'로 표시하는 그룹 필드를 생성해보겠습니다.

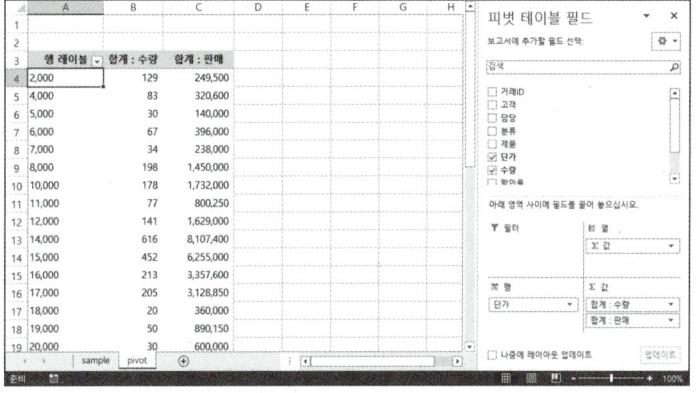

02 단가가 2만원 미만인 항목을 선택하기 위해 [A4:A18] 범위를 선택하고 [피벗 테이블 도구]-[분석] 탭-[그룹] 그룹-[그룹 선택]을 클릭합니다.

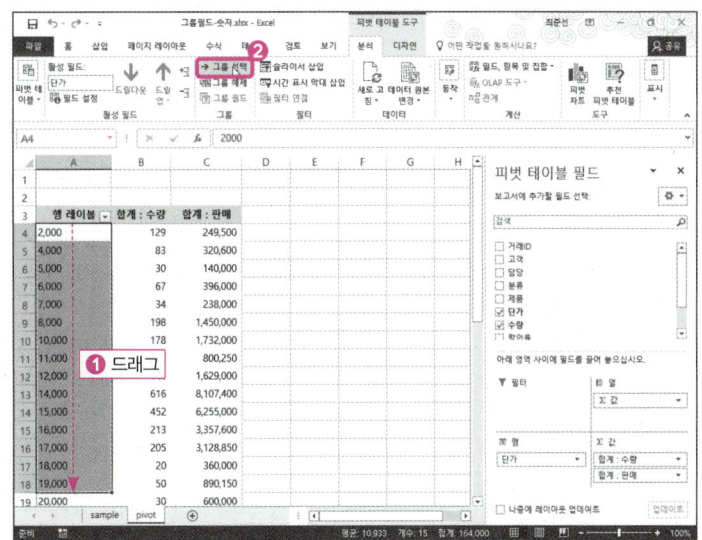

03 [피벗 테이블 필드] 작업 창의 [행] 영역에 '단가2' 필드가 새로 생성된 것을 확인할 수 있습니다. **02** 과정에서 선택한 항목은 '그룹1'로 묶입니다. 2만원 이상 5만원 미만인 값을 그룹으로 묶어 보겠습니다. [A21:A51] 범위를 선택하고 [피벗 테이블 도구]-[분석] 탭-[그룹] 그룹-[→ 그룹 선택]을 클릭합니다.

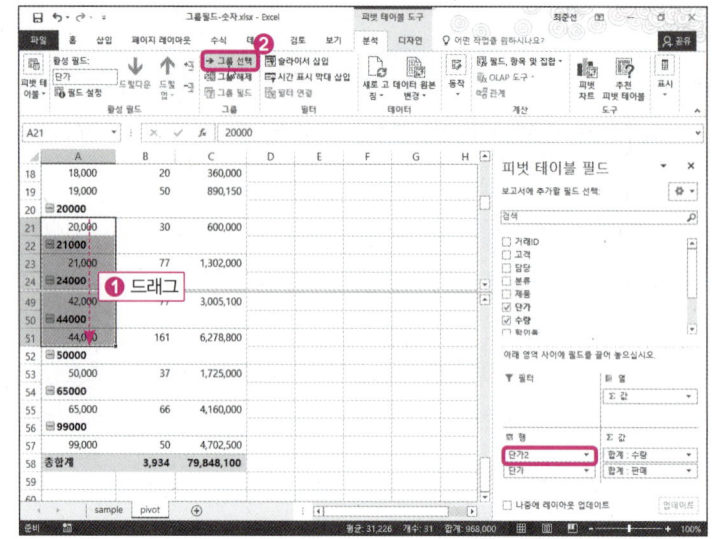

04 02-03 과정과 같은 방법으로 [A38:A42] 범위를 선택하고 [피벗 테이블 도구]-[분석] 탭-[그룹] 그룹-[→ 그룹 선택]을 클릭합니다.

05 항목이 많아 복잡하므로 [피벗 테이블 도구]-[분석] 탭-[활성 필드] 그룹-[⊟ 전체 필드 축소]를 클릭해 그룹 필드 항목만 봅니다. 또는 [피벗 테이블 필드] 작업 창 목록에서 '단가' 필드의 체크 표시를 해제해도 됩니다.

06 [A4], [A5], [A6] 셀의 '그룹1', '그룹2', '그룹3'을 순서대로 '저가', '중가', '고가'로 수정하고, [피벗 테이블 도구]-[분석] 탭-[활성 필드] 그룹-[활성 필드]에서 필드명을 '단가분류'로 수정합니다.

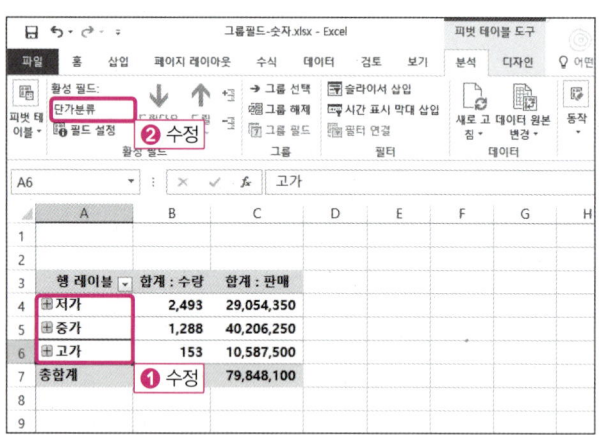

계산 필드로 부가세 계산하기 367

피벗 테이블 보고서는 수식을 사용해 별도의 필드를 생성할 수 있는데, 이렇게 생성된 필드를 '계산 필드'라고 합니다. 계산 필드를 사용하면 피벗 테이블 보고서를 생성한 후에 필요해진 필드를 원본 표에 따로 추가하지 않고 피벗 테이블 보고서에서 바로 만들 수 있어 편리합니다. 계산 필드를 생성하는 방법에 대해 알아보겠습니다.

예제 파일 PART 06 \ CHAPTER 33 \ 계산필드.xlsx

01 예제 파일을 열고 'pivot' 시트를 보면 거래처별로 제품별 판매실적을 집계한 피벗 테이블 보고서가 있습니다. [C] 열에 있는 '합계 : 판매' 필드의 10%가 부가세라고 할 때 [계산 필드] 기능을 이용해 '부가세' 필드를 생성해 보겠습니다.

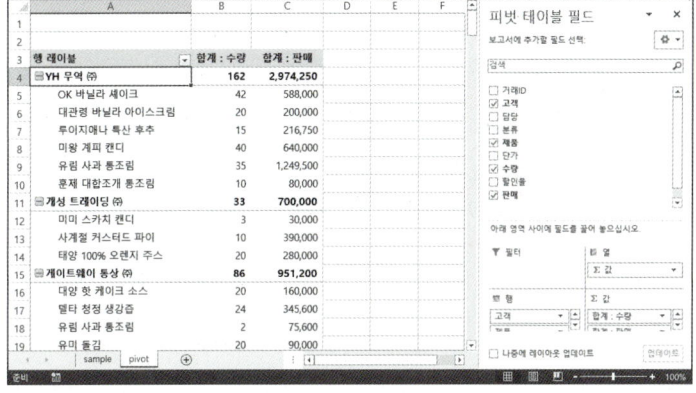

02 [피벗 테이블 도구]-[분석] 탭-[계산] 그룹-[필드, 항목 및 집합]을 클릭하고 하위 메뉴에서 [계산 필드]를 선택합니다.

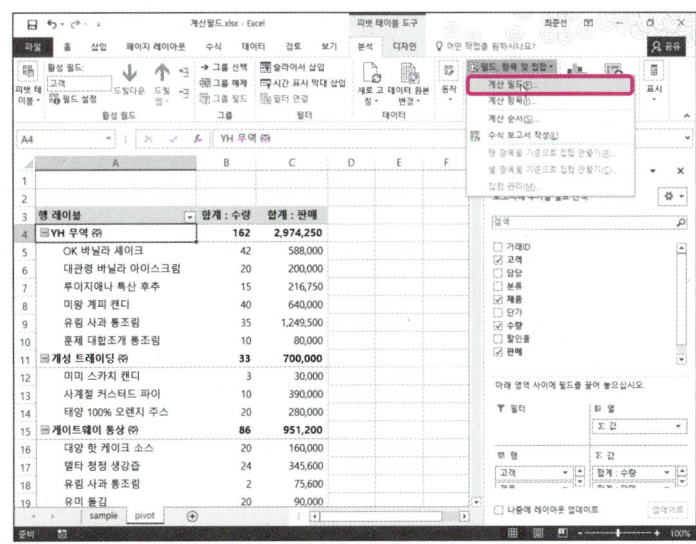

CHAPTER 33 | 피벗 테이블 / **763**

03 [계산 필드 삽입] 대화상자가 열리면 다음과 같이 설정하고 [추가]를 클릭해 계산 필드를 생성한 후 [확인]을 클릭합니다.

이름 : 부가세
수식 : =판매 * 0.1

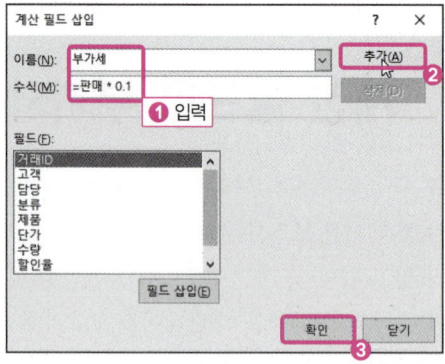

Plus⁺ [계산 필드 삽입] 대화상자

대화상자를 이용하는 방법은 다음 내용을 참고합니다.

- [이름]은 계산 필드의 이름으로, 기존 필드명과 달라야 합니다. 띄어쓰기 등을 사용할 수 없습니다.
- [수식]에는 셀을 직접 참조할 수 없으며, 필드명을 사용해 계산할 범위를 참조합니다.
- [수식]에서 사용하는 필드명은 원본 표의 열 머리글을 정확하게 기재해야 합니다. 필드명이 혼동되는 경우에는 [계산 필드 삽입] 대화상자의 [필드] 리스트에서 사용할 필드를 선택하고 [필드 삽입]을 클릭하거나 더블클릭하면 [수식]에 해당 필드명이 자동으로 삽입됩니다.
- 추가된 계산 필드를 삭제하려면 [계산 필드 삽입] 대화상자에서 [이름] 콤보 상자의 [▼] 아래 화살표]를 클릭해 삭제할 계산 필드를 선택하고 [삭제]를 클릭합니다.

04 [값] 영역에 '부가세' 필드가 자동으로 삽입됩니다. '부가세' 필드는 [피벗 테이블 필드] 작업 창의 필드 목록에서도 확인할 수 있습니다.

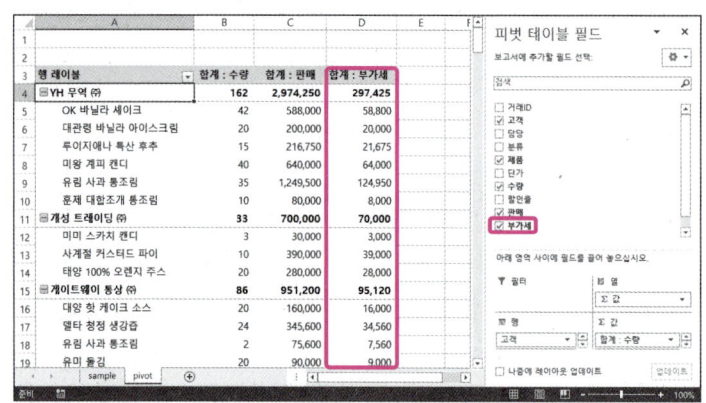

함수를 사용하는 계산 필드 만들기 368

계산 필드를 만들 때 엑셀의 함수를 이용할 수 있습니다. 단, 계산 필드에서는 [값] 영역에서 집계된 필드만 사용할 수 있으며, 셀을 지정해 계산할 수 없고 필드 단위로 계산해야 합니다. 일반적인 함수 사용법과는 좀 다르기 때문에 아직 익숙하지 않다면 계산 필드를 만든 후 반드시 검증 과정을 거쳐야 합니다. 함수를 사용해 계산 필드를 만드는 방법에 대해 알아보겠습니다.

예제 파일 PART 06 \ CHAPTER 33 \ 계산필드-함수.xlsx

01 예제 파일을 열고 'pivot' 시트를 보면 영업사원의 판매 실적이 집계된 피벗 테이블 보고서가 있습니다. [C] 열에 있는 '합계 : 판매' 필드의 집계 값에 따라 보너스 금액을 차등 지급하는 계산 필드를 생성해보겠습니다.

TIP 보너스 계산 기준
500개 이상 판매한 직원에게는 매출의 20%, 그렇지 않은 직원에게는 매출의 10%를 보너스로 지급하며, 지급된 금액은 만 단위에서 반올림해서 계산합니다.

02 [피벗 테이블 도구]-[분석] 탭-[계산] 그룹-[ⓕ 필드, 항목 및 집합]을 클릭한 후 하위 메뉴에서 [계산 필드]를 선택합니다. [계산 필드 삽입] 대화상자가 열리면 다음과 같이 입력하고 [추가]를 클릭해 계산 필드를 만든 후 [확인]을 클릭합니다.

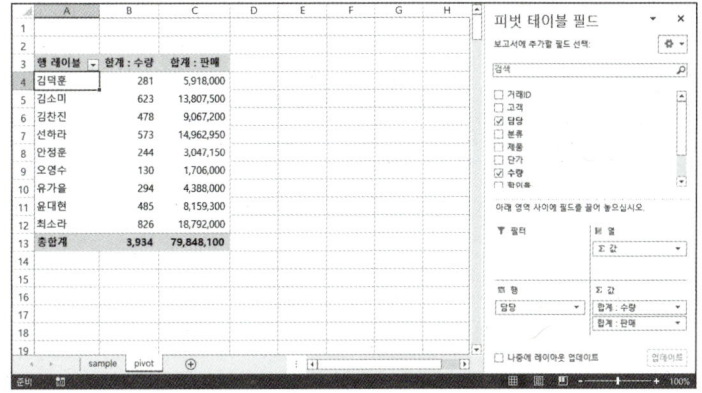

이름 : 보너스
수식 : =ROUND(IF(수량)=500, 판매 * 0.2, 판매 * 0.1), –4)

TIP [추가]를 클릭하면 버튼 이름이 화면과 같이 변경됩니다.

03 [값] 영역에 '합계 : 보너스' 필드가 추가됩니다.

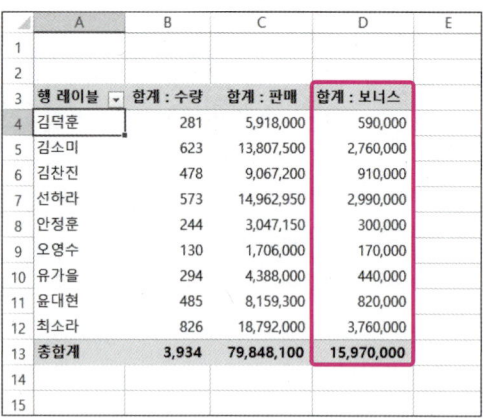

> **Plus⁺ 계산 필드와 '총합계' 행**
>
> 계산 필드를 사용하면 '총합계' 행의 값이 합계가 아니라 계산 필드에서 지정한 수식으로 계산됩니다. 즉 [D13] 셀의 값은 SUM 함수를 사용해 얻은 합계 값이 아니라 '보너스' 계산 수식에 의해 구해진 값입니다. 실제 보너스의 합계 값은 [D4:D12] 범위를 선택하면 상태 표시줄의 자동 요약 기능에서 확인할 수 있듯이 12,740,000원인데 [D13] 셀에는 15,970,000이 반환됩니다.
>
>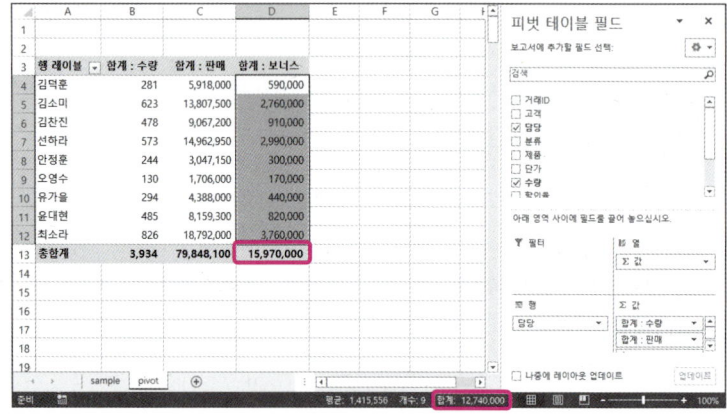
>
> 이와 같이 계산 필드의 수식에 조건이 사용되면 '총합계' 행에서 원하는 결과를 얻기 어려우므로, '총합계' 행을 표시하지 않는 것이 좋습니다. '총합계' 행을 표시하지 않으려면 [피벗 테이블 도구]-[분석] 탭-[피벗 테이블] 그룹-[🔲 옵션]을 클릭하고 [피벗 테이블 옵션] 대화상자의 [요약 및 필터] 탭에서 [열 총합계 표시]의 체크 표시를 해제합니다. 또는 [A13] 셀을 클릭하고 마우스 오른쪽 버튼을 클릭한 후 [합계 제거] 메뉴를 선택해도 됩니다.
>
>

계산 항목을 이용해 재고 계산하기

'필드'는 원본 표의 열을 의미하는 용어이며 '항목'은 해당 열의 고유한 값을 의미합니다. 계산 항목은 계산 필드와 달리 필드가 아닌 필드 내 항목을 이용해 계산한 결과를 필드에 추가합니다. 계산 항목을 만들고 사용하는 방법은 계산 필드와 유사합니다. 피벗 테이블에서 계산 항목을 생성하는 방법에 대해 알아보겠습니다.

예제 파일 PART 06 \ CHAPTER 33 \ 계산 항목.xlsx

01 예제 파일을 열고 'sample' 시트와 'pivot' 시트를 각각 선택해 확인합니다. 'sample' 시트의 [C] 열인 '구분' 열을 피벗 테이블 보고서의 [열] 영역에 추가하면 '이월', '입고', '출고' 항목이 표시됩니다. '구분' 필드에 '재고' 항목을 계산 항목으로 추가해보겠습니다.

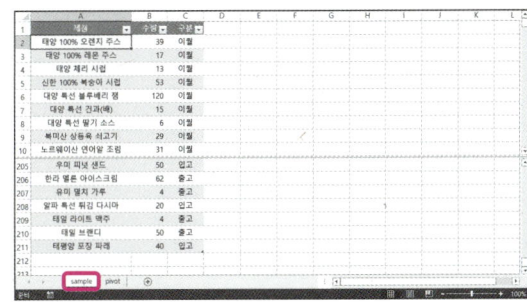 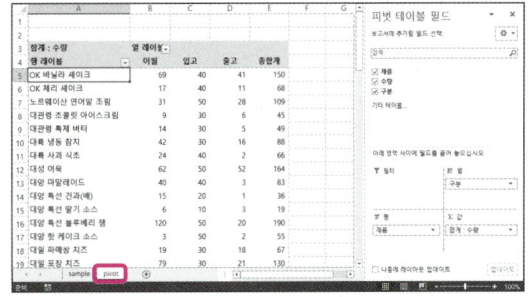

TIP 왜 계산 항목일까?
재고는 '이월+입고-출고'로 계산해 얻을 수 있습니다. '구분' 열은 필드이고 '구분' 필드 내에 '이월', '입고', '출고'와 같은 항목이 입력되어 있는 것이므로, 재고를 구하려면 [계산 필드] 기능이 아니라 [계산 항목] 기능을 사용합니다.

02 계산 항목을 만들 때는 반드시 계산 항목이 추가될 필드 내 항목을 먼저 선택해야 합니다. [B4] 셀(또는 [C5] 셀이나 [D5] 셀)을 선택하고 [피벗 테이블 도구]-[분석] 탭-[계산] 그룹-[필드, 항목 및 집합]을 클릭한 후 [계산 항목]을 선택합니다.

TIP 피벗 테이블 보고서 내의 선택 위치가 잘못되면 [필드, 항목 및 집합] 명령을 클릭했을 때 [계산 항목]이 비활성화될 수 있습니다.

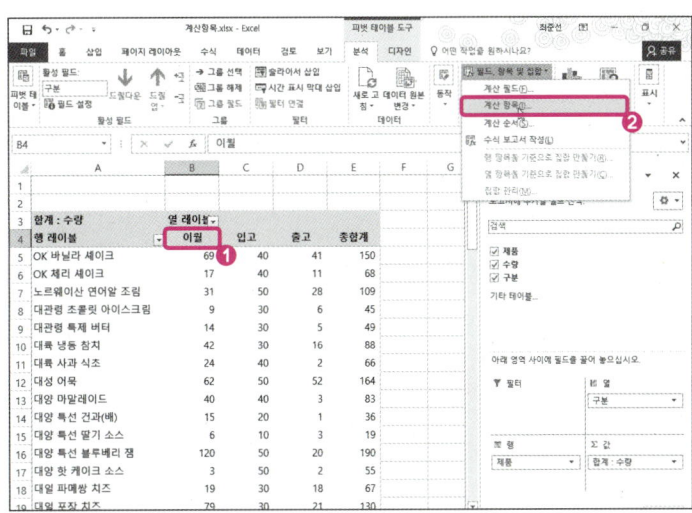

03 대화상자가 열리면 다음과 같이 입력하고 [추가]를 클릭해 계산 항목을 만든 후 [확인]을 클릭합니다.

이름 : 재고

수식 : =이월+입고-출고

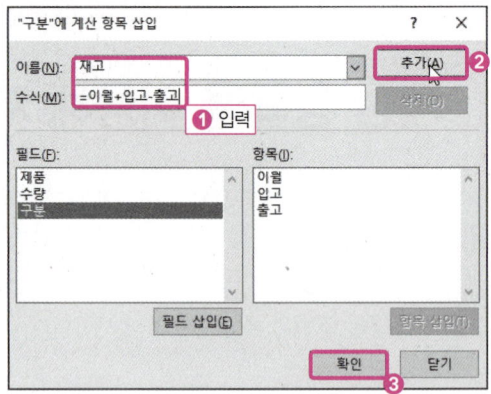

04 [E] 열에 '재고'라는 계산 항목이 추가되고 '이월', '입고', '출고' 항목 값을 이용해 계산됩니다.

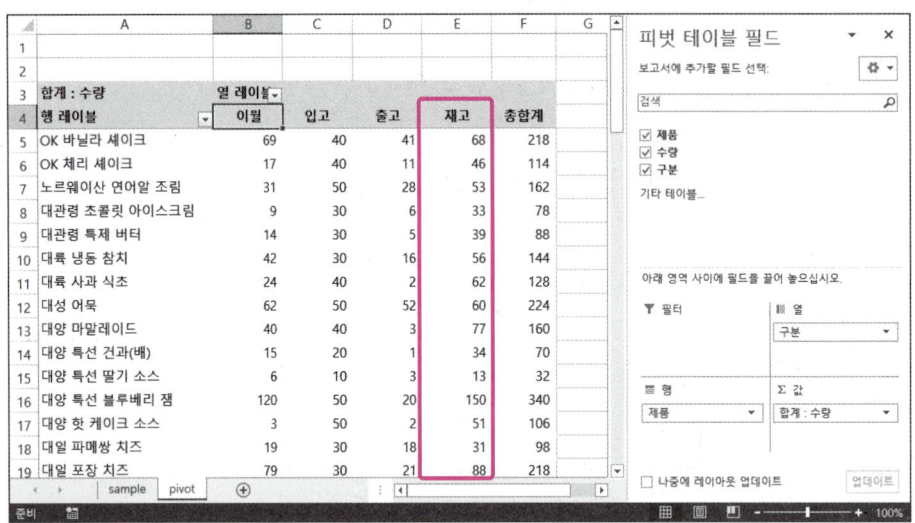

TIP '총합계' 열

이번과 같은 피벗 테이블 보고서에서는 재고를 계산하는 것이 목적이므로, '총합계' 열([F] 열)은 필요 없습니다. [F4] 셀을 선택하고 마우스 오른쪽 버튼을 클릭한 후 [합계 제거]를 선택해 '총합계' 열을 삭제합니다.

총합계 열을
값 영역 제일 처음에 표시하기

370

피벗 테이블 보고서를 사용할 때 [행] 영역에 필드를 추가하면 보고서 하단에 '총합계' 행이 추가되며, [열] 영역에 필드를 추가하면 보고서 우측에 '총합계' 열이 나타납니다. 총합계 값이 표시되는 위치는 고정된 것이므로 임의로 변경할 수 없지만 총합계 값을 구하는 계산 항목을 추가하면 원하는 위치로 이동할 수 있습니다.

예제 파일 PART 06 \ CHAPTER 33 \ 계산항목-총합계.xlsx

01 예제 파일을 열고 'pivot' 시트를 보면 영업사원의 분류별 판매실적이 집계된 피벗 테이블 보고서가 있습니다. [J] 열에 있는 '총합계' 열을 계산 항목을 이용해 [B] 열에 표시해보겠습니다.

02 먼저 [J] 열의 '총합계' 열을 보고서에서 제거하겠습니다. [J4] 셀을 선택하고 마우스 오른쪽 버튼을 클릭한 후 [합계 제거]를 선택합니다.

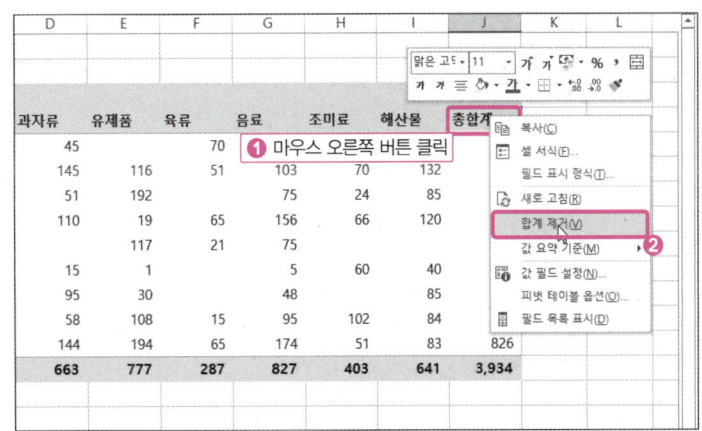

03 총합계를 대체할 계산 항목을 추가하기 위해 [B4:I4] 범위 중 아무 셀이나 하나 선택하고 [피벗 테이블 도구]-[분석] 탭-[계산] 그룹-[필드, 항목 및 집합]을 클릭한 후 [계산 항목]을 선택합니다.

04 대화상자가 열리면 다음과 같이 입력하고 [추가]를 클릭해 계산 항목을 추가한 후 [확인]을 클릭합니다.

이름 : 총합계

수식 : ='가공 식품'+곡류+과자류+유제품+육류+음료+조미료+해산물

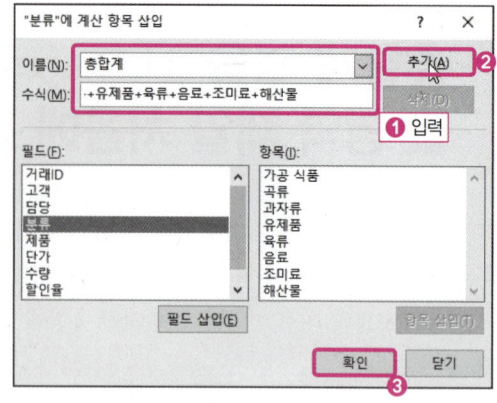

TIP '가공 식품'을 작은따옴표로 묶어 입력하는 이유

'가공 식품'과 같이 중간에 공백 문자가 포함된 항목명을 사용할 때는 작은따옴표(')를 사용해 항목명을 묶어 표시해야 합니다.

05 [J] 열 위치에 '총합계' 계산 항목이 나타납니다. 위치를 옮기기 위해 [J4] 셀을 선택하고 테두리 영역을 마우스로 드래그해 [A] 열과 [B] 열 사이로 옮겨놓습니다.

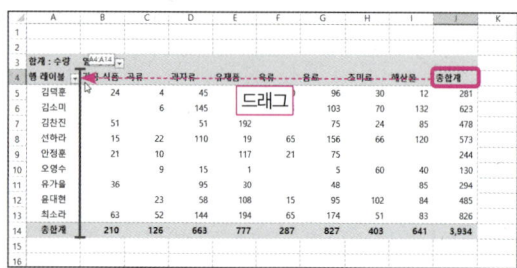
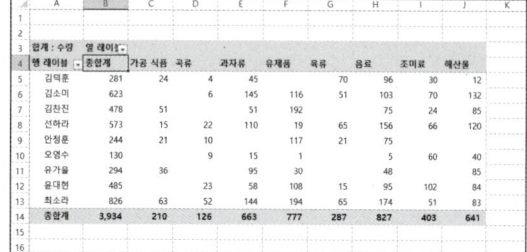

피벗 테이블 보고서에
전체 대비 비율 표시하기

371

집계된 값을 설명하는 가장 좋은 방법 중 하나는 숫자의 전체 대비 비율을 표시하는 것입니다. 피벗 테이블 보고서에는 [값] 영역에 추가된 필드의 표시 형식을 변경할 수 있는 [값 표시 형식] 기능이 있습니다. 이 기능을 이용해 [값] 영역에 집계된 값을 비율로 변경하는 방법에 대해 알아보겠습니다.

예제 파일 PART 06 \ CHAPTER 33 \ 값표시형식-비율.xlsx

01 예제 파일을 열고 'pivot' 시트를 보면 영업사원의 판매 실적이 집계된 피벗 테이블 보고서가 있습니다. [값] 영역에 추가된 필드 중에서 '합계 : 판매' 필드 값의 전체 대비 비율을 표시해보겠습니다.

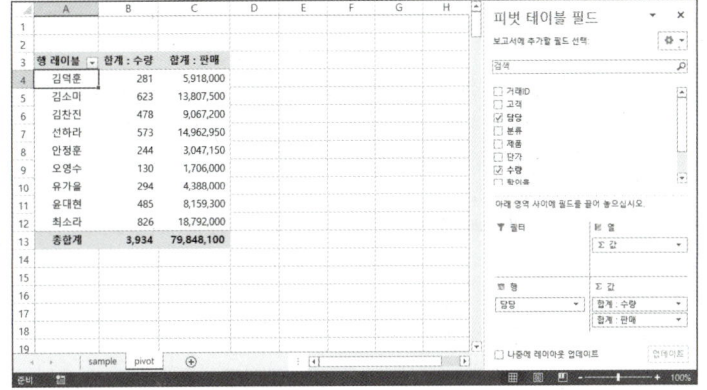

02 [값 표시 형식] 기능을 이용하기 위해 '판매' 필드를 [값] 영역에 한 번 더 추가하겠습니다. [피벗 테이블 필드] 작업 창에서 '판매' 필드를 드래그해 [값] 영역에 추가합니다.

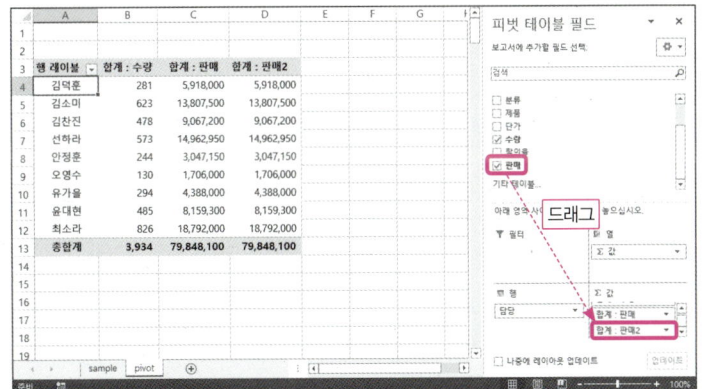

03 '합계 : 판매2' 필드인 [D3] 셀을 선택합니다. '합계 : 판매2' 필드의 값을 비율로 표시하기 위해 마우스 오른쪽 버튼을 클릭하고 [값 표시 형식]-[열 합계 비율]을 선택합니다.

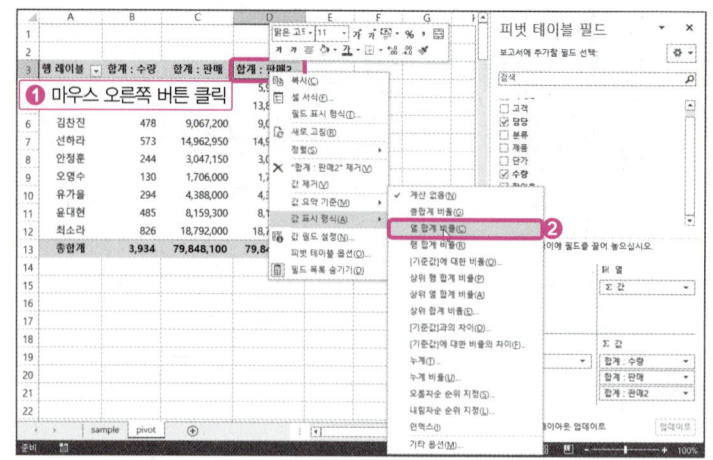

Plus⁺ [열 합계 비율] 이해하기

[열 합계 비율] 기능의 엑셀 2007까지의 명칭은 [행 방향 비율]이었습니다. '열 합계'란 '합계 : 판매2' 필드의 총합계를 의미하며 이 보고서에서는 [D13] 셀의 값을 가리킵니다. 그러므로 [열 합계 비율]은 필드('합계 : 판매2') 값을 열 합계([D13] 셀)로 나눈 비율로 표시하라는 의미입니다. 참고로 비슷한 작업을 하는 [행 합계 비율] 기능은 엑셀 2007까지 [열 방향 비율]로 표기되었습니다. [열 합계 비율]과 달리 피벗 보고서 오른쪽의 '총합계' 열에 대한 비율을 구할 때 사용합니다.

---

04 [D] 열에 매출 전체 대비 비율이 표시됩니다. 머리글을 수정하면 좀 더 이해하기 쉬운 보고서가 됩니다. 각 셀의 머리글을 다음과 같이 변경합니다.

[B3] 셀 : 판매수량

[C3] 셀 : 매출

[D3] 셀 : 비율

372 상위 필드의 합계를 기준으로 비율 표시하기

[값 표시 형식]의 [열 합계 비율] 기능을 사용하다 보면 [행] 영역에 추가된 필드 수와 상관 없이 항상 총합계 대비 비율만 표시되어 불편할 때가 있습니다. 이때 상위 필드 값을 기준으로 비율을 표시하려면 [상위 행 합계 비율]이나 [상위 합계 비율]과 같은 값 표시 형식을 사용해야 합니다. [상위 행 합계 비율]과 [상위 합계 비율]은 엑셀 2010에서 추가된 형식으로 엑셀 2007 이전 버전에서는 사용할 수 없습니다.

예제 파일 PART 06 \ CHAPTER 33 \ 값표시형식-상위비율.xlsx

01 예제 파일을 열고 'pivot' 시트를 보면 각 부서의 영업사원별 판매실적을 집계한 피벗 테이블 보고서가 있습니다. [값] 영역의 '비율' 필드는 '판매' 필드를 한 번 더 추가하고 [값 표시 형식]의 [열 합계 비율]로 표시한 것입니다. '비율' 필드의 값을 상위 필드인 '부서' 필드 대비 비율로 표시해보겠습니다.

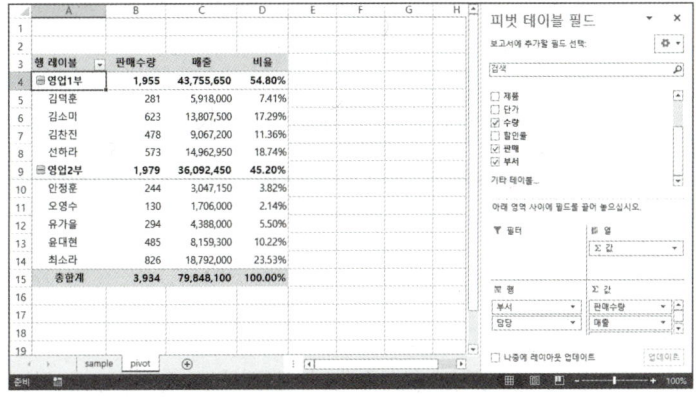

02 '비율' 필드에 설정된 값 표시 형식을 변경해보겠습니다. '비율' 필드인 [D3] 셀을 선택합니다. 마우스 오른쪽 버튼을 클릭하고 [값 표시 형식]-[상위 행 합계 비율]을 선택합니다.

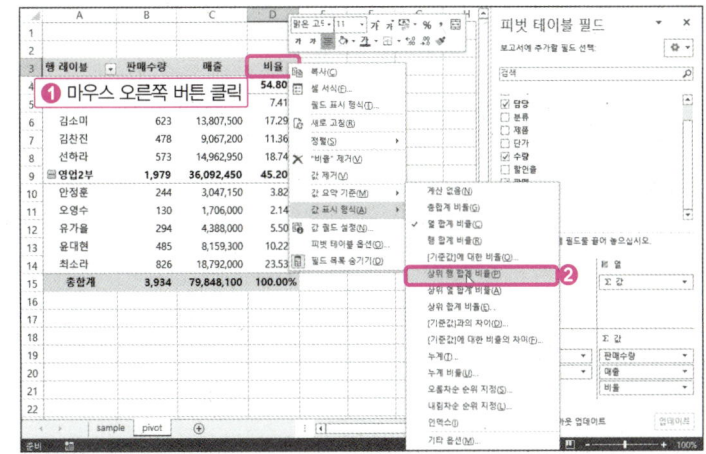

TIP 상위 행 합계 비율

[열 합계 비율]은 [D15] 셀을 기준으로 계산하지만 [상위 행 합계 비율]은 [D4] 셀과 [D9] 셀의 상위 행 합계를 기준으로 계산합니다.

03 비율 값이 전체 대비 비율이 아니라 상위 필드 값을 기준으로 재조정됩니다. [D5:D8] 범위를 선택하고 상태 표시줄의 합계 값을 보면 100%인 것을 확인할 수 있습니다.

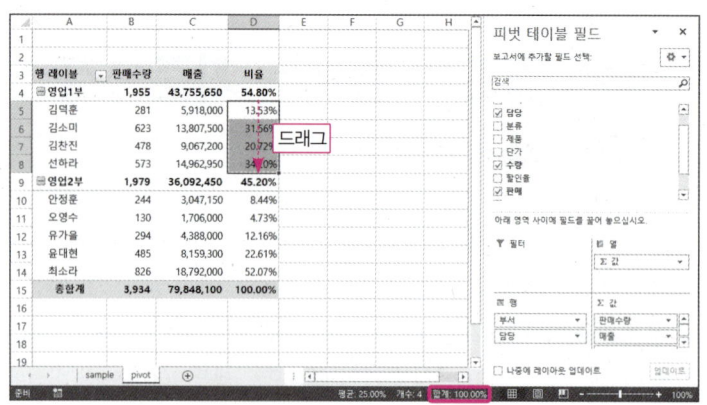

04 다만 '부서' 필드의 요약 행 값(부분합)은 여전히 '54.80%', '45.20%'으로 표시되어 있습니다. 이 값을 100%로 표시하려면 [값 표시 형식]을 다시 변경해야 합니다. [D3] 셀을 선택하고 마우스 오른쪽 버튼을 클릭한 후 [값 표시 형식]-[상위 합계 비율]을 선택합니다.

05 [값 표시 형식 (비율)] 대화 상자가 열리면 [기준 필드]에서 [부서]를 선택하고 [확인]을 클릭합니다.

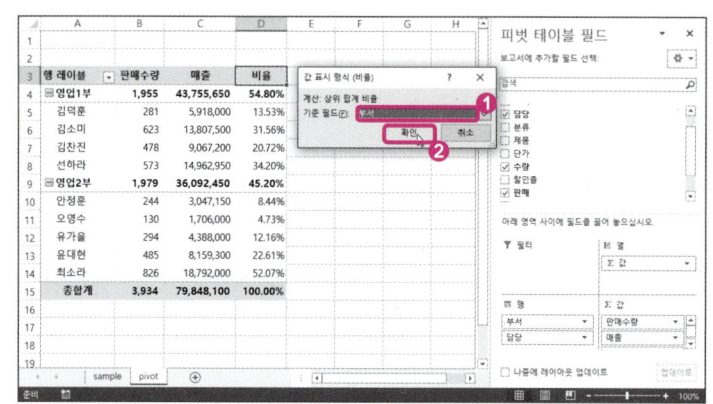

06 [D4] 셀과 [D9] 셀의 비율이 100%로 바뀝니다. 참고로 [D5:D8], [D10:D14] 범위의 비율은 변경되지 않습니다. [상위 행 합계 비율]과 [상위 합계 비율]은 상위 필드의 요약 행에 표시되는 값만 다르므로 필요에 따라 선택해 사용하면 됩니다.

피벗 테이블 보고서에 누계 표시하기

373

피벗 테이블 보고서의 [값] 영역에 집계된 필드의 누계를 구할 때도 [값 표시 형식]을 이용할 수 있습니다. [값 표시 형식]을 이용하면 누계뿐만 아니라 분석 작업에서 많이 사용하는 비율 누계도 표시할 수 있으므로 편리합니다. 비율 누계는 엑셀 2010부터 제공되었으므로 엑셀 2007 이전 버전에서는 사용할 수 없습니다.

예제 파일 PART 06 \ CHAPTER 33 \ 값표시형식-누계.xlsx

01 예제 파일을 열고 'pivot' 시트를 보면 주별 판매 수량을 집계한 피벗 테이블 보고서가 있습니다. [행] 영역에는 '주문일' 필드가 추가되어 있고 [값] 영역에는 '수량' 필드가 세 번 추가되어 있습니다. '합계 : 수량2' 필드에는 [누계]를, '합계 : 수량3' 필드에는 [비율 누계]를 표시해보겠습니다.

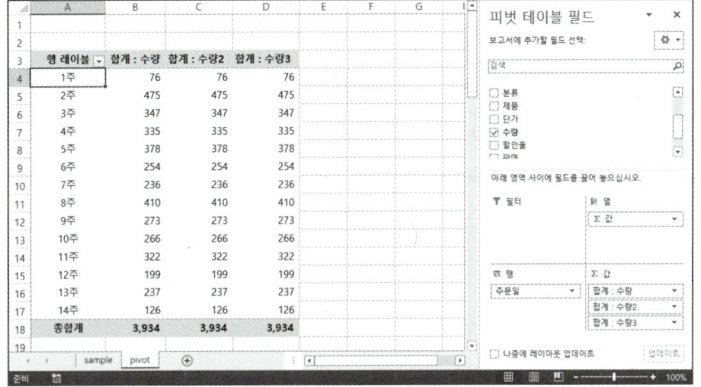

TIP '주문일' 필드

[행] 영역에 삽입된 '주문일' 필드는 그룹 필드를 이용해 날짜를 주별로 묶어 놓은 필드입니다.

02 먼저 '합계 : 수량2' 필드의 값을 [누계]로 변경하겠습니다. '합계 : 수량2' 필드인 [C3] 셀을 선택하고 마우스 오른쪽 버튼을 클릭한 후 [값 표시 형식]-[누계]를 선택합니다.

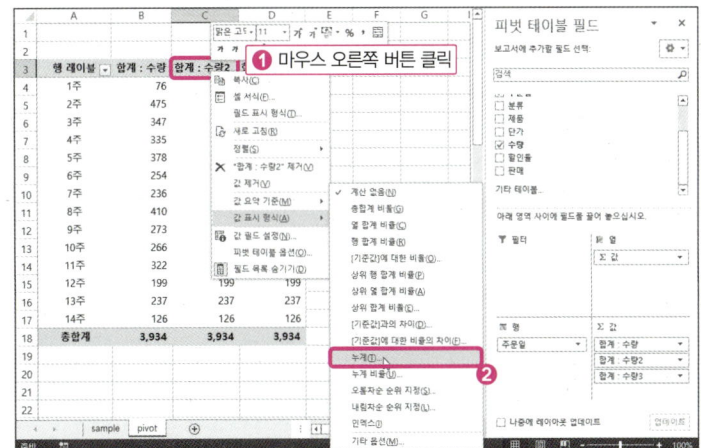

03 [기준 필드]를 선택하는 대화상자가 나타납니다. 주별 누계를 구해야 하므로 [행] 영역에 추가된 '주문일' 필드를 선택하고 [확인]을 클릭합니다.

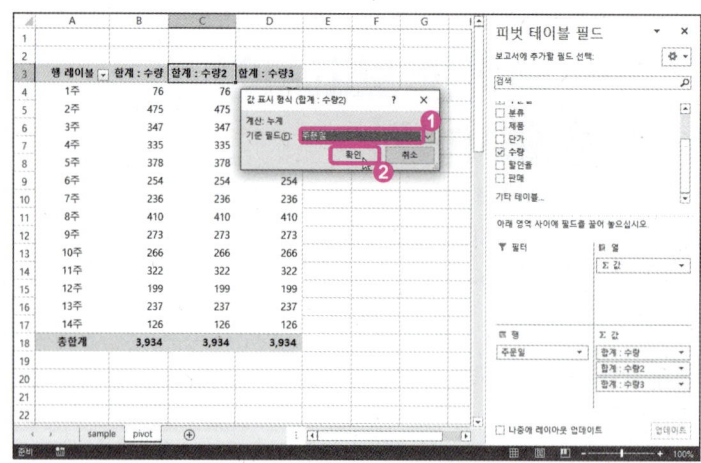

03 왼쪽 화면과 같이 '합계 : 수량2' 필드 값이 누계 값으로 변경됩니다. 같은 방법으로 [D3] 셀을 선택하고 마우스 오른쪽 버튼을 클릭한 후 [값 표시 형식]-[누계 비율]을 선택합니다. 오른쪽 화면과 같이 '합계 : 수량3' 필드 값이 비율의 누계 값으로 변경됩니다.

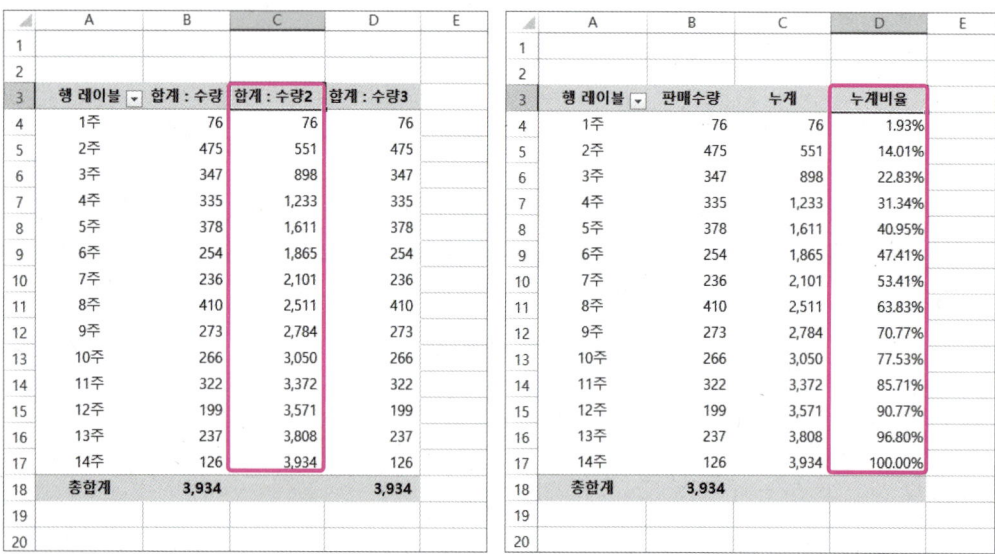

TIP 누계가 올바른지 확인하려면 [C17] 셀의 값이 [B18] 셀의 값과 동일한지 확인하면 됩니다.

TIP 작업을 마쳤다면 오른쪽 화면과 같이 [B3:D3] 범위의 필드명을 수정하는 것이 보기 좋습니다.

374
피벗 테이블 보고서로 증감률 표시하기

피벗 테이블 보고서뿐 아니라 집계 표를 만들 때는 보통 이전 값에 비해 얼마나 증가(또는 감소)했는지 표시하는 경우가 많습니다. 이런 값을 '증감률'이라고 하는데, 피벗 테이블 보고서의 [값 표시 형식]에는 증감률을 표시할 수 있는 [[기준값]에 대한 비율의 차이] 형식이 지원됩니다. 피벗 테이블 보고서에 증감률을 표시하는 방법에 대해 알아보겠습니다.

예제 파일 PART 06\CHAPTER 33\값표시형식-증감률.xlsx

01 예제 파일을 열고 'pivot' 시트를 보면 월별 매출 실적이 집계된 피벗 테이블 보고서가 있습니다. [행] 영역에는 '월' 필드가 삽입되어 있고 [값] 영역에는 '판매' 필드가 두 번 삽입되어 있습니다. '합계 : 판매2' 필드의 값을 월별 증감률로 표시해보겠습니다.

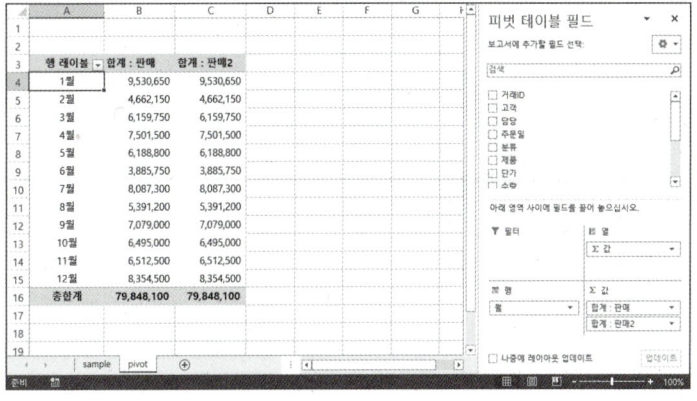

02 '합계 : 판매2' 필드인 [C3] 셀을 선택하고 마우스 오른쪽 버튼을 클릭한 후 [값 표시 형식]-[[기준값]에 대한 비율의 차이]를 선택합니다.

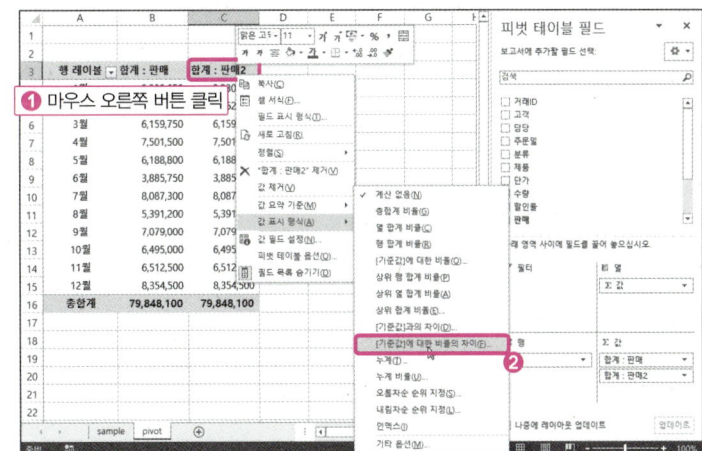

03 [값 표시 형식(합계 : 판매 2)] '대화상자가 열리면 [기준 필드]는 [월], [기준 항목]은 [이전]으로 설정하고 [확인]을 클릭합니다.

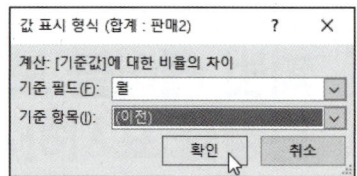

> **Plus+** [[기준값]에 대한 비율의 차이] 설정 방법
>
> [[기준값]에 대한 비율의 차이]로 증감률을 표시하려면 [기준 필드]와 [기준 항목]을 정확히 설정해야 합니다. 이 보고서는 월별 판매 실적을 집계한 것이므로 증감률은 항상 전월과 비교해 계산해야 합니다. 그러므로 [기준 필드]는 월 값을 갖는 '월' 필드가 되어야 하며 [기준 항목]은 항상 이전 월과 비교한 결과를 표시해야 하므로 [(이전)]을 선택합니다.

04 '합계 : 판매2' 필드의 값은 전월 대비 증감률을 표시합니다. [B3:C3] 범위의 머리글을 다음과 같이 수정합니다.

[B3] 셀 : 매출
[C3] 셀 : 증감률

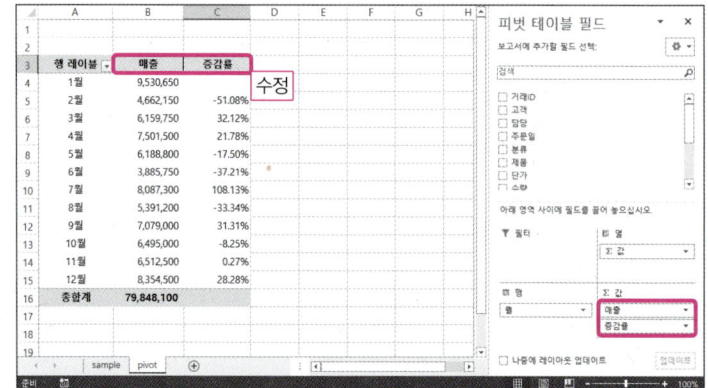

> **Plus+** [[기준값]과의 차이]와 [[기준값]에 대한 비율] 이해하기
>
> • [기준값]과의 차이
>
> [기준 필드]와 [기준 항목]을 선택해야 하며, 선택한 [기준값]과 다른 값의 차이를 구해줍니다. 예를 들어 이 피벗 테이블에서는 1월의 실적이 가장 좋습니다. 다른 월의 실적이 1월에 비해 얼마나 차이가 나는지 확인하려면 [값 표시 형식]-[[기준값]과의 차이]를 선택한 후 [기준 필드]는 [월] 필드로, [기준 항목]은 [1월]로 설정해 결과를 확인합니다.
>
> • [기준값]에 대한 비율
>
> [[기준값]과의 차이] 형식과 동일하지만, 차이가 아니라 비율을 표시합니다. 예를 들어 [[기준값]과의 차이]와 동일하게 설정하면 1월의 실적이 100%가 되고, 다른 월의 실적은 1월에 비해 몇 %인지 비율로 표시합니다. 직접 설정해보면 좀 더 잘 이해할 수 있을 것입니다.

375 피벗 테이블 보고서에서 순위 표시하기

[값 표시 형식]을 이용하면 피벗 테이블 보고서의 [값] 영역에 집계된 필드의 값을 '순위'로 표시할 수 있습니다. [값 표시 형식]에는 내림차순 순위와 오름차순 순위 형식이 제공되는데, 이를 이용하면 집계 값의 순위를 큰 순서나 작은 순서로 표시할 수 있습니다. 이 형식 역시 엑셀 2010부터 지원되므로 하위 버전에서는 사용할 수 없습니다.

예제 파일 PART 06 \ CHAPTER 33 \ 값표시형식-순위.xlsx

01 예제 파일을 열고 'pivot' 시트를 보면 영업사원의 매출실적을 집계한 피벗 테이블 보고서가 있습니다. [C] 열의 '합계 : 판매2' 필드의 값을 '순위'로 변경해 보겠습니다.

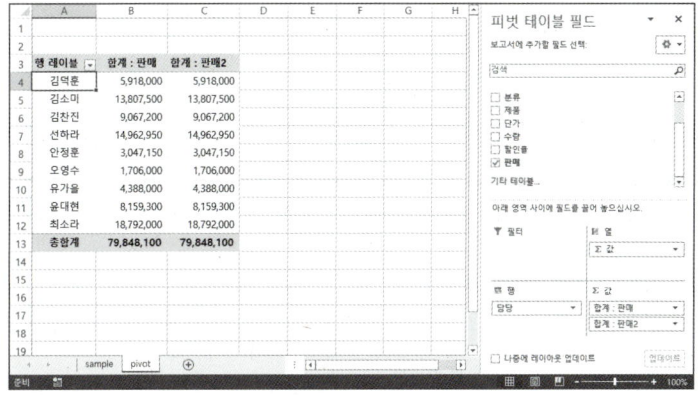

02 '합계 : 판매2' 필드인 [C3] 셀을 선택하고 마우스 오른쪽 버튼을 클릭한 후 [값 표시 형식]-[내림차순 순위 지정]을 선택합니다.

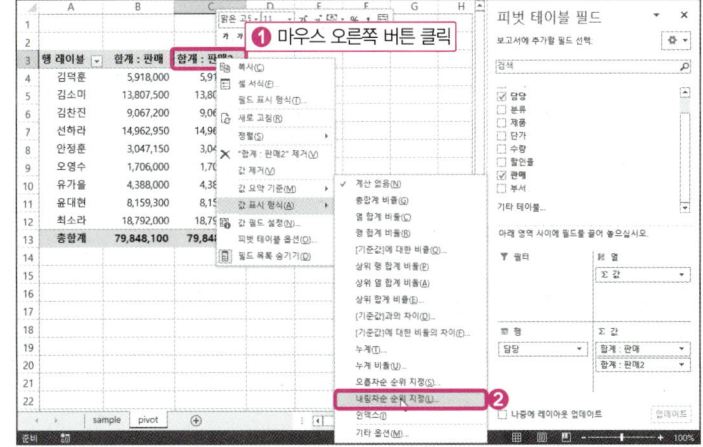

TIP 순위와 관련한 형식
[내림차순 순위 지정]은 큰 값 순으로 순위를 매기고 [오름차순 순위 지정]은 작은 값 순으로 순위를 매깁니다.

03 대화상자가 열리면 [기준 필드]에 [행] 영역에 삽입된 [담당]이 선택되어 있는지 확인하고 [확인]을 클릭합니다.

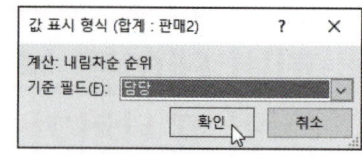

TIP [기준 필드]는 순위를 구할 기준이 되는 필드로, 이번에는 [행] 영역에 필드가 하나밖에 없어 선택할 여지가 없지만 필드가 여러 개일 경우에는 순위를 구할 필드를 정확하게 선택해야 합니다.

04 '합계 : 판매2' 필드의 값이 '매출'에서 '순위'로 변경됩니다. [B3:C3] 범위 내 머리글을 다음과 같이 변경합니다.

[B3] 셀 : 매출
[C3] 셀 : 순위

05 [행] 영역에 필드가 여러 개일 경우 순위가 어떻게 표시되는지 확인해보겠습니다. [피벗 테이블 필드] 작업 창에서 '부서' 필드를 [행] 영역의 '담당' 필드 위로 드래그하면 부서별 순위로 변경됩니다.

Plus⁺ [기준 필드]의 선택

03 과정에서 순위를 구할 [기준 필드]를 [담당]으로 설정했으므로 필드를 여러 개 삽입해도 담당자를 기준으로 순위가 구해집니다. 만약 이처럼 여러 필드가 [행] 영역에 추가되어 있을 경우 '부서' 필드를 [내림차순 순위 지정] 형식의 [기준 필드]로 설정하면 다음과 같은 결과가 반환되므로 정확하게 설정해야 합니다.

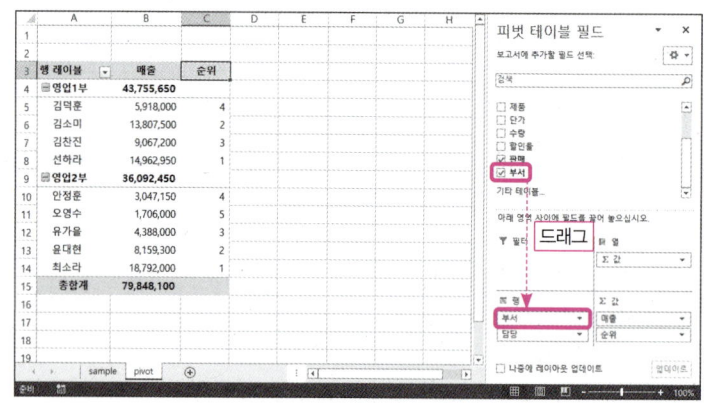

피벗 테이블 보고서에서 GETPIVOTDATA 함수 사용하기 376

피벗 테이블 보고서 내부에 있는 셀을 참조하면 셀 주소 대신 GETPIVOTDATA라는 생소한 함수를 사용한 수식이 자동으로 생성됩니다. GETPIVOTDATA 함수는 피벗 테이블 보고서 내의 조건에 맞는 값을 참조할 때 사용되므로, 피벗 테이블 보고서를 자주 만든다면 반드시 이해하고 있어야 합니다. GETPIVOTDATA 함수를 사용해 피벗 테이블 보고서의 값을 참조하는 방법에 대해 알아보겠습니다.

예제 파일 PART 06 \ CHAPTER 33 \ 피벗테이블-GETPIVOTDATA.xlsx

새로 나온 함수

GETPIVOTDATA 함수
피벗 테이블 보고서 내의 값을 참조하는 함수입니다.

GETPIVOTDATA(❶ 참조 필드, ❷ 시작 셀, ❸ 필드1, ❹ 항목1, ❺ 필드2, ❻ 항목2, …)
❶ 참조 필드 : 값을 참조할 [값] 영역 내 필드
❷ 시작 셀 : 피벗 테이블이 시작되는 위치의 셀
❸ 필드 : 참조할 값이 속한 머리글 필드
❹ 항목 : 참조할 값이 속한 필드의 항목

01 예제 파일을 열고 'pivot' 시트를 보면 영업사원의 판매실적이 집계된 피벗 테이블 보고서와 피벗 테이블 보고서 내의 값을 참조할 표가 있습니다. 피벗 테이블의 [값] 영역에 있는 '합계 : 판매' 필드의 값을 [F4:F12] 범위에 참조해보겠습니다.

행 레이블	합계 : 수량	합계 : 판매		사원	매출
최소라	826	18,792,000		김덕훈	
선하라	573	14,962,950		김소미	
김소미	623	13,807,500		김찬진	
김찬진	478	9,067,200		선하라	
윤대현	485	8,159,300		안정훈	
김덕훈	281	5,918,000		오영수	
유가을	294	4,388,000		유가을	
안정훈	244	3,047,150		윤대현	
오영수	130	1,706,000		최소라	
총합계	3,934	79,848,100			

02 [F4] 셀을 선택하고 '김덕훈'의 매출을 참조하기 위해 등호(=)를 입력합니다. [C9] 셀을 클릭하고 Enter를 눌러 셀을 참조한 후 [F4] 셀의 수식 입력줄을 보면 **=C9**가 아니라 **=GETPIVOTDATA ("합계 : 판매", $A$3, "담당", "김덕훈")** 수식이 입력된 것을 확인할 수 있습니다.

Plus⁺ 수식 이해하기

이번에 사용된 수식 =GETPIVOTDATA("합계 : 판매", $A$3, "담당", "김덕훈")은 [A3] 셀부터 시작되는 피벗 테이블 보고서에서 '합계 : 판매' 필드의 값을 참조하되 가져올 값의 위치는 '담당' 필드의 '김덕훈' 항목의 위치와 동일한 행 값이라는 의미입니다.

---

03 수식을 복사해 다른 담당자 매출을 참조하기 위해 [F4] 셀의 수식을 다음과 같이 수정합니다. [F4] 셀의 채우기 핸들을 [F12] 셀까지 드래그해 수식을 복사합니다.

[F4] 셀 : =GETPIVOTDATA("합계 : 판매", $A$3, "담당", [사원])

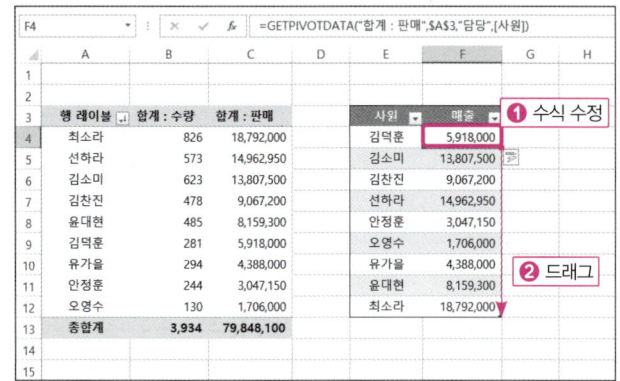

Plus⁺ GETPIVOTDATA 함수를 사용한 수식으로 참조되지 않을 경우

피벗 테이블 보고서의 옵션이 해제되어 있는 경우로, 다음 방법으로 옵션을 다시 활성화한 후 작업을 진행합니다.

❶ 피벗 테이블 보고서 영역을 선택합니다.

❷ [피벗 테이블 도구]-[분석] 탭-[피벗 테이블] 그룹-[🔲 옵션]의 [🔽 아래 화살표]를 클릭한 후 [GetPivotData 생성] 메뉴를 선택합니다.

피벗 차트 만들기

377

엑셀에는 피벗 테이블과 연동되는 [피벗 차트] 기능이 있습니다. 피벗 테이블 보고서로 요약된 숫자는 한눈에 파악하기에 복잡한 경우가 많으므로, 숫자를 시각화해주는 피벗 차트를 함께 이용하는 것이 좋습니다. 피벗 차트를 만들고 피벗 테이블 보고서와 연동하는 방법에 대해 알아보겠습니다.

예제 파일 PART 06 \ CHAPTER 33 \ 피벗차트.xlsx

01 예제 파일을 열고 'pivot' 시트를 보면 영업사원의 실적이 집계된 피벗 테이블 보고서가 있습니다. 피벗 테이블 보고서와 연동되는 피벗 차트를 만들어보겠습니다.

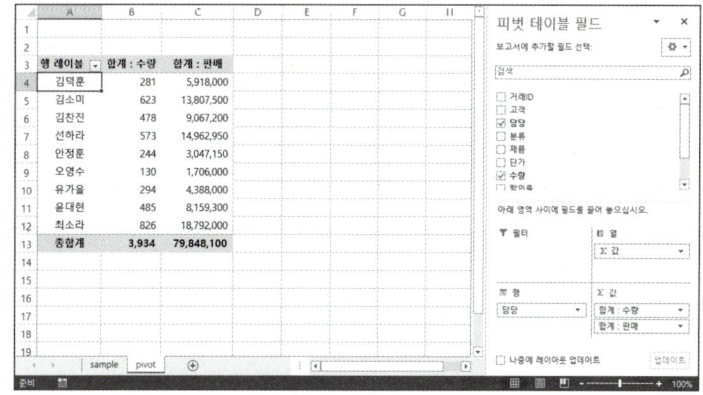

02 피벗 차트를 만들기 위해 [피벗 테이블 도구]-[분석] 탭-[도구] 그룹-[피벗 차트]를 클릭합니다. [차트 삽입] 대화상자가 열리면 피벗 차트에서 사용할 차트(여기서는 묶은 세로 막대형 차트)를 선택하고 [확인]을 클릭합니다.

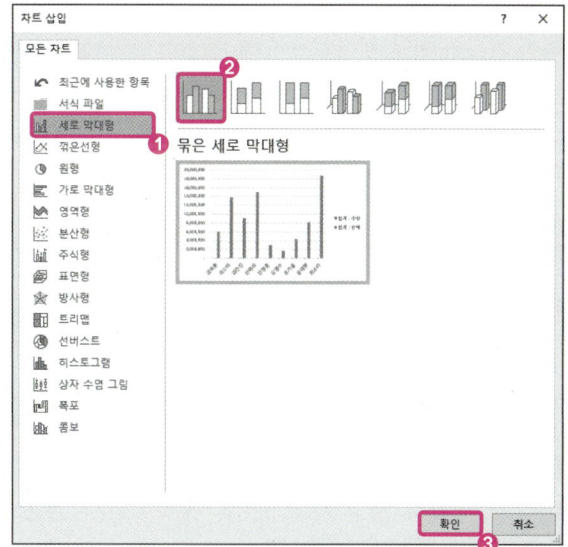

TIP 피벗 차트에서 사용할 수 없는 차트

피벗 차트에서는 대부분의 차트를 사용할 수 있지만, 숫자 값만 이용해 차트를 생성하는 분산형, 거품형 차트와 일정한 규칙에 맞게 표를 구성해야 하는 주식형, 트리맵, 선버스트, 히스토그램, 상자 수염 그림, 폭포 차트는 사용할 수 없습니다.

03 선택한 피벗 차트가 바로 생성됩니다. 피벗 테이블의 각 영역과 연동되는 필드 단추가 차트에 표시되어 있습니다.

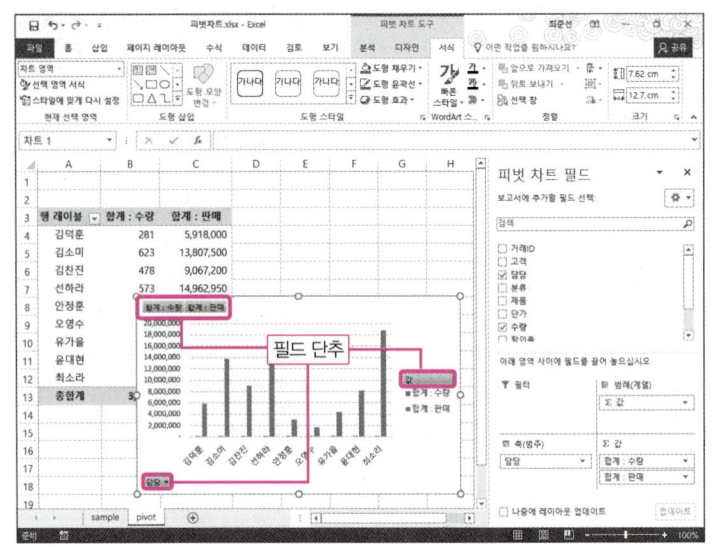

> **Plus⁺ 엑셀 2007과 엑셀 2010 이후 버전 피벗 차트의 차이**
>
> 엑셀 2010부터는 피벗 차트를 생성할 때 엑셀 2007과 달리 [피벗 차트 필터] 창이 나타나지 않습니다. 엑셀 2010부터는 엑셀 2003과 동일하게 [피벗 테이블 필드] 작업 창(차트를 선택했을 때는 이름이 [피벗 차트 필드]로 표시됩니다)을 이용해 피벗 테이블 보고서와 피벗 차트를 모두 컨트롤합니다. 또한 피벗 차트에는 필드 단추가 표시됩니다.

04 [피벗 차트 필드] 작업 창에서 차트에 표시되지 않는 '수량' 필드 확인란의 체크 표시를 해제하면 차트와 피벗 테이블에서 해당 필드가 모두 삭제됩니다.

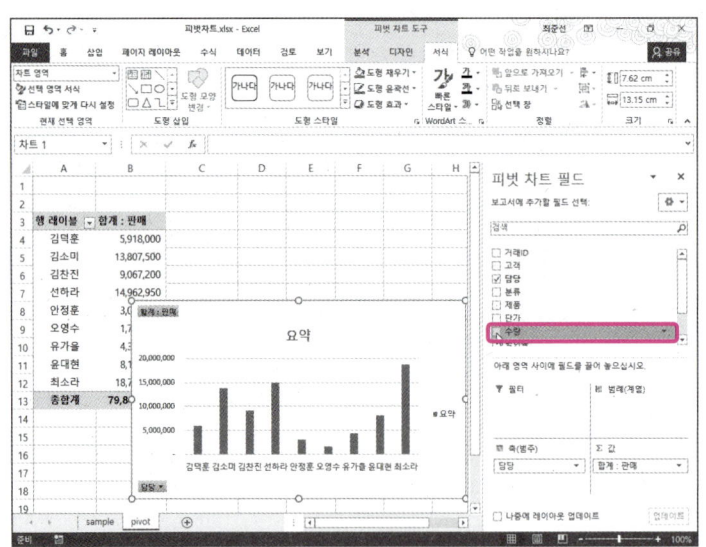

TIP '수량' 필드를 삭제하지 않고 보조 축에 표시하는 방법도 있습니다.

LINK 보조 축에 표시할 수 있도록 이중 축 혼합형 차트(또는 콤보형 차트)를 사용하는 방법은 'No. 434 콤보 차트를 이용해 이중 축 혼합형 차트 만들기'를 참고합니다.

05 피벗 차트에 표시되는 필드 단추가 보기 싫다면 숨겨보겠습니다. 피벗 차트가 선택된 상태에서 [피벗 테이블 도구]-[분석] 탭-[표시/숨기기] 그룹-[필드 단추]를 클릭하고 [모두 숨기기]를 선택합니다.

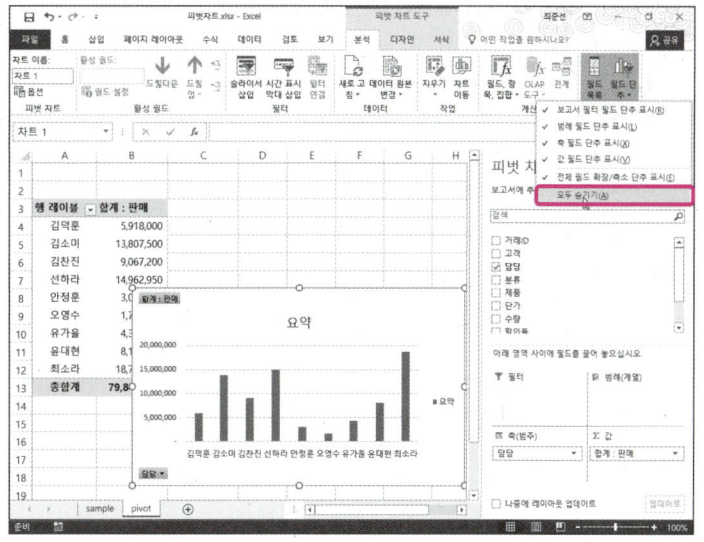

06 필드 단추가 더 이상 표시되지 않아 좀 더 깔끔한 차트가 됩니다.

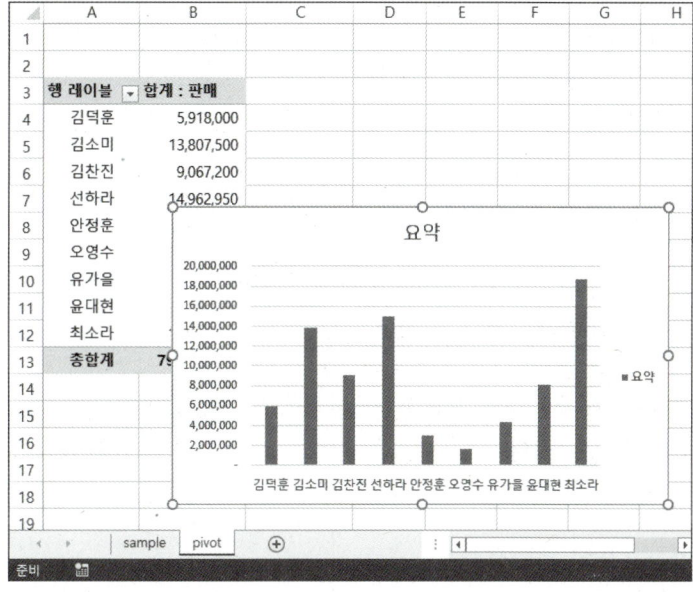

피벗 테이블 보고서 자동 갱신하기 378

피벗 테이블 보고서는 수식과는 달리 원본과 연결된 구조가 아니기 때문에 원본 데이터가 수정되면 피벗 테이블에서도 [새로 고침] 명령을 사용해야 수정 사항이 반영됩니다. 파일을 열 때마다 피벗 테이블 보고서를 새로 고치는 옵션도 있지만 자동으로 갱신되는 것보다는 비효율적입니다. 여기서는 매크로를 사용해 피벗 테이블 보고서를 자동으로 갱신하는 방법에 대해 알아보겠습니다.

예제 파일 PART 06 \ CHAPTER 33 \ 피벗테이블-자동갱신.xlsx, 피벗테이블-자동갱신(매크로).txt

01 예제 파일을 열고 'pivot' 시트를 보면 영업사원의 실적이 집계된 피벗 테이블 보고서가 있습니다. 원본 표를 수정하면 피벗 테이블 보고서에도 해당 내용이 바로 적용되도록 해보겠습니다.

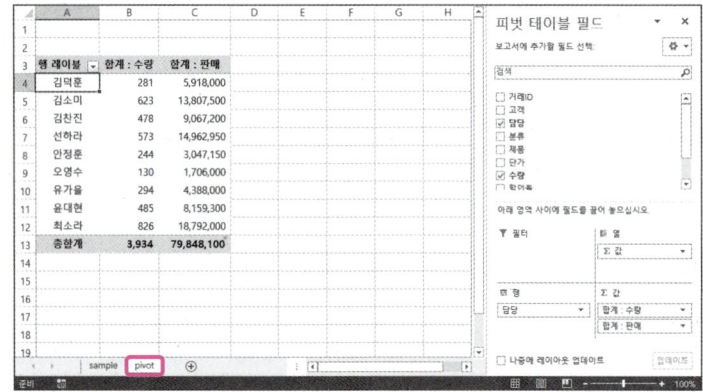

02 먼저 데이터를 고쳐 피벗 테이블의 기본 동작 방식을 확인하겠습니다. 'sample' 시트로 이동하여 [C2] 셀의 담당자 이름을 다음과 같이 수정합니다.

[C2] 셀 : 최준선

03 다시 'pivot' 시트로 돌아와 피벗 테이블 보고서에 수정된 사항이 반영됐는지 확인합니다. **02** 과정에서 수정한 담당자 이름이 피벗 테이블 보고서에는 나타나지 않은 것을 알 수 있습니다.

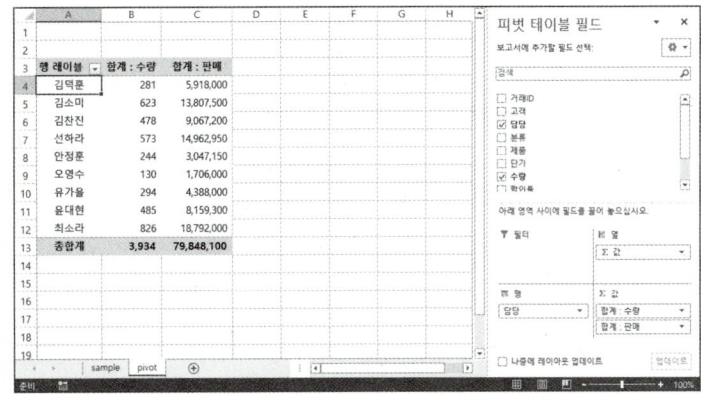

04 수정된 내역이 피벗 테이블 보고서에 반영되도록 하겠습니다. [피벗 테이블 도구]-[분석] 탭-[데이터] 그룹-[새로 고침]을 클릭합니다. [A13] 셀에 **02** 과정에서 수정된 담당자 이름이 표시됩니다.

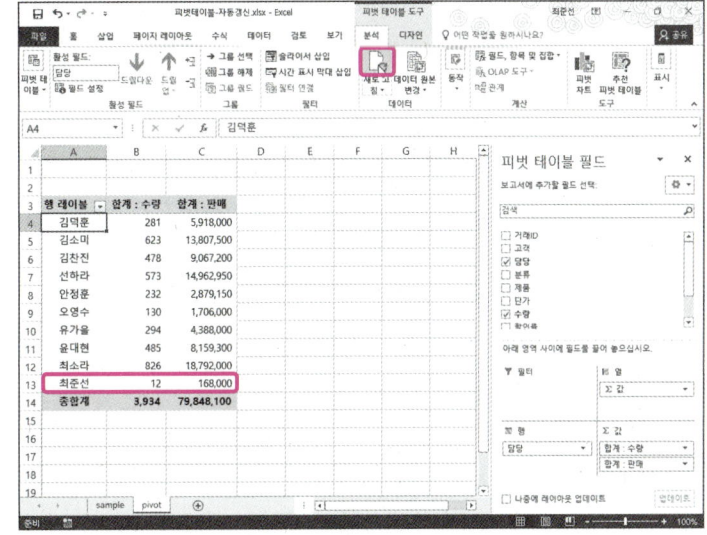

05 매크로를 이용하지 않고 자동으로 피벗 테이블이 갱신되도록 하려면 피벗 테이블 보고서의 옵션을 변경합니다. [피벗 테이블 도구]-[분석] 탭-[피벗 테이블] 그룹-[🗊 옵션]을 클릭합니다.

06 [피벗 테이블 옵션] 대화상자가 열리면 [데이터] 탭의 [파일을 열 때 데이터 새로 고침]에 체크 표시를 하고 [확인]을 클릭합니다.

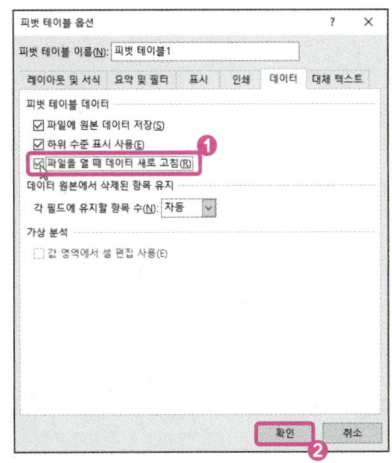

TIP [파일을 열 때 데이터 새로 고침] 옵션 이해하기
이 옵션에 체크 표시를 하면 파일을 열 때마다 원본 데이터를 읽어 피벗 테이블 보고서를 갱신합니다.

CHAPTER 33 | 피벗 테이블 / **787**

07 06 과정에서 변경한 옵션은 파일을 새로 여는 상황에서만 피벗 테이블 보고서를 갱신하므로, 좀 더 정확한 타이밍에 피벗 테이블 보고서가 자동으로 갱신되도록 하기 위해 매크로를 사용하겠습니다. 시트 탭을 마우스 오른쪽 버튼으로 클릭하고 [코드 보기]를 선택합니다.

TIP 매크로를 사용하면 06 과정의 옵션 설정 작업을 하지 않아도 됩니다. 피벗 테이블 옵션을 사용해 피벗을 갱신하려면 해당 옵션만 사용하고, 아니라면 매크로만 사용합니다.

08 VB 편집기 창이 열리면 다음 코드를 입력하고 창 오른쪽 상단의 [닫기]를 클릭해 창을 닫습니다.

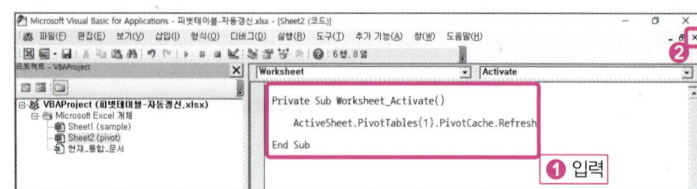

파일 : 피벗테이블-자동갱신 (매크로).txt
```
Private Sub Worksheet_Activate()
        ActiveSheet.PivotTables(1).PivotCache.Refresh
End Sub
```
❶ 시트가 화면에 표시되면, 현재 시트의 첫 번째 피벗 테이블을 새로 고치라는 명령입니다.

09 등록한 코드가 제대로 동작하는지 확인하기 위해 'sample' 시트로 이동한 후 [C2] 셀의 담당자 이름을 다음과 같이 수정합니다.

[C2] 셀 : 안정훈

10 'pivot' 시트로 이동해 피벗 테이블 보고서를 보면 02 과정에서 입력한 담당자 이름이 없어졌습니다. 피벗 테이블 보고서가 새로 고쳐진 것을 알 수 있습니다.

TIP 코드를 파일에 저장하려면 F12를 누르고 [파일 형식]에서 [엑셀 매크로 사용 통합 문서] 파일을 선택한 후 저장해야 합니다.

여러 개의 표를 관계로 연결해 피벗 테이블로 분석하기

379

엑셀 2013에서는 여러 개의 표를 하나의 표처럼 연결할 수 있는 [관계] 기능이 추가되었습니다. 이 기능을 이용해 두 표의 관계만 설정해놓으면 다른 표의 값을 VLOOKUP 함수로 참조할 필요 없이 피벗 테이블 보고서에서 바로 집계할 수 있습니다. 이 기능을 사용하려면 표를 엑셀 표로 등록해야 합니다. [관계] 기능을 이용해 피벗 테이블 보고서를 생성하는 방법에 대해 알아보겠습니다.

예제 파일 PART 06 \ CHAPTER 33 \ 관계-엑셀표.xlsx

01 예제 파일을 보면 '공급업체' 시트와 '제품' 시트에 각각 표가 하나씩 있습니다. 두 시트의 표는 모두 엑셀 표로 등록되어 있습니다. 각 시트를 선택하고 엑셀 표 내부의 셀을 하나 선택한 후 [표 도구]-[디자인] 탭-[속성] 그룹-[표 이름]에서 엑셀 표의 이름이 각각 '공급업체'와 '제품'인 것을 확인합니다. 이 표를 관계로 연결해 하나의 피벗 테이블 보고서를 생성해보겠습니다.

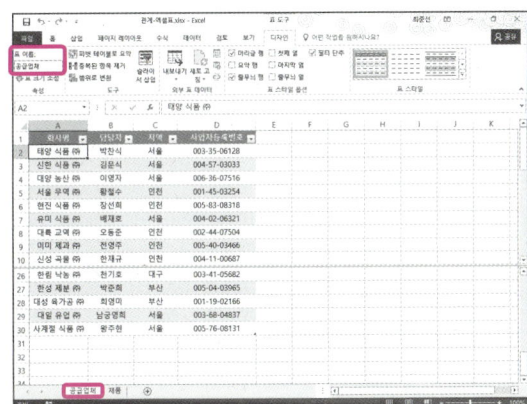 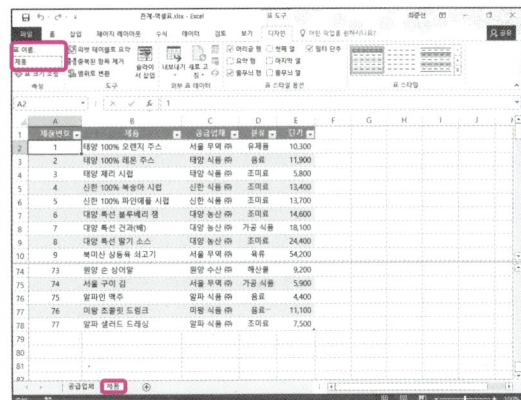

TIP 데이터 이해하기

'공급업체' 시트의 표는 물건을 공급하는 거래업체 데이터이고, 해당 업체에서 구입한 제품은 '제품' 시트의 표에 입력되어 있습니다. 이 두 표에는 모두 공급업체 이름이 입력되어 있으며, '제품' 시트의 표에서 '공급업체' 시트에 있는 표의 데이터를 참조하려면 VLOOKUP 함수나 MATCH 함수에서 공급업체 이름을 '찾을 값' 조건으로 사용할 수 있습니다.

02 두 표의 관계를 설정하겠습니다. [데이터] 탭-[데이터 도구] 그룹-[관계]를 클릭해 [관계 관리] 대화상자가 열리면 [새로 만들기]를 클릭합니다.

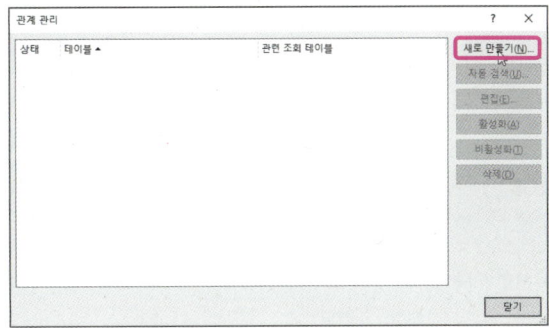

03 [관계 만들기] 대화상자가 열리면 다음과 같이 설정하고 [확인]을 클릭합니다.

테이블 / 관련 표	열(외래) / 관련 열(기본)
제품	공급업체
공급업체	회사명

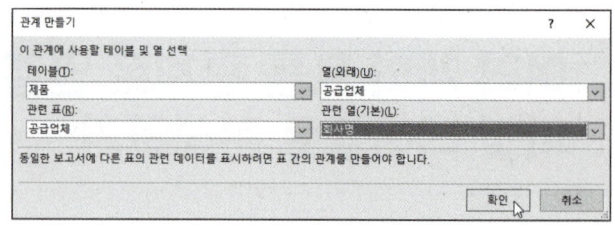

> **Plus⁺** [관계 만들기] 대화상자 설정 방법
>
> 두 표는 '공급업체' 표가 상위이고 '제품' 표가 하위인 관계입니다(하나의 공급업체에서 여러 개의 제품을 판매할 수 있습니다). 두 표의 관계를 맺으려면 상위/하위(주/종 개념으로 이해해도 됩니다)의 관계를 제대로 파악해야 합니다.
>
> [관계 만들기] 대화상자에서는 반드시 하위 표를 먼저 설정한 후 상위 표를 설정해야 하므로 '제품', '공급업체' 순으로 표를 선택합니다. 오른쪽의 열은 두 표가 관계를 맺을 때 사용할 열을 의미합니다. 이 표의 경우는 공급업체 이름(회사명)을 사용합니다(공급업체 코드나 ID 번호를 사용하는 경우에는 해당 열을 사용해도 됩니다).
>
> [관계 만들기] 대화상자의 설정은 '제품' 표의 '공급업체' 열과 '공급업체' 표의 '회사명' 열을 연결해 두 표를 하나처럼 사용하겠다는 의미입니다.

05 다시 [관계 관리] 대화상자가 나타나면 04 과정의 설정이 리스트에 표시된 것을 확인할 수 있습니다. [닫기]를 클릭합니다.

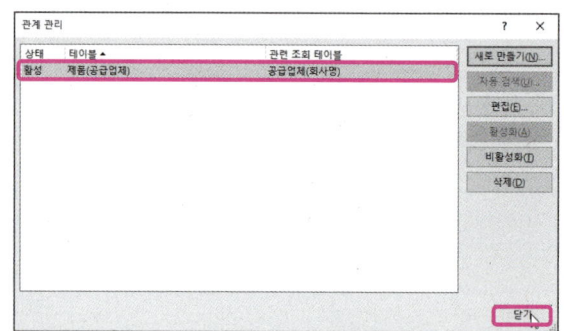

06 이제 피벗 테이블을 만들 수 있습니다. [삽입] 탭-[표] 그룹-[피벗 테이블]을 클릭합니다.

07 [피벗 테이블 만들기] 대화상자가 열리면 [이 통합 문서의 데이터 모델 사용] 옵션을 선택하고 [확인]을 클릭합니다.

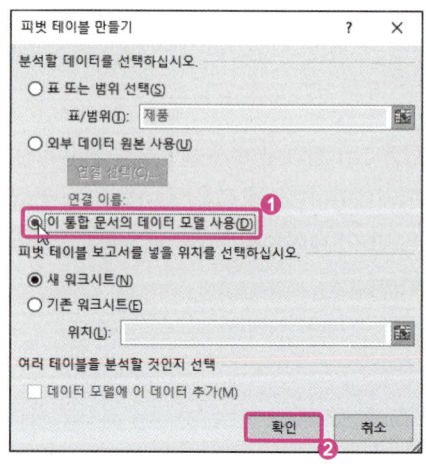

TIP [이 통합 문서의 데이터 모델 사용] 옵션은 엑셀 2016부터 지원된 것으로 엑셀 2013에서는 지원되지 않습니다. 엑셀 2013에서는 하단의 [데이터 모델에 이 데이터 추가] 옵션을 선택하고 피벗 테이블 보고서를 만들었어야 했는데, 엑셀 2016에서는 관계를 설정하면 자동으로 데이터 모델에 등록되므로 피벗 테이블 보고서를 만드는 과정이 단축됩니다.

08 이제 피벗 테이블을 구성합니다. [피벗 테이블 필드] 작업 창을 보면 관계로 연결된 '공급업체' 표와 '제품' 표가 모두 표시되어 있습니다.

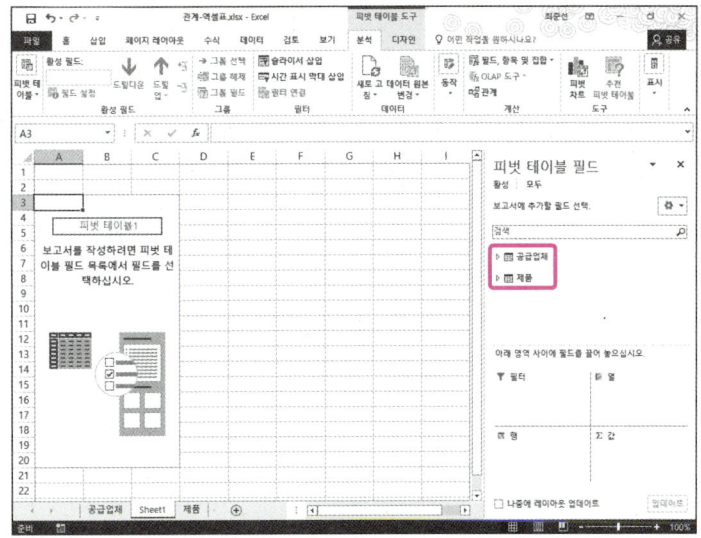

09 [피벗 테이블 필드] 작업 창에서 '공급업체' 표의 '지역' 필드를 [행] 영역에 삽입하고 '회사명'은 [값] 영역에 삽입합니다. 그런 다음 '제품' 표의 '제품' 필드를 [값] 영역에 추가하면 각 지역별 회사 수와 거래 제품 수를 확인할 수 있습니다.

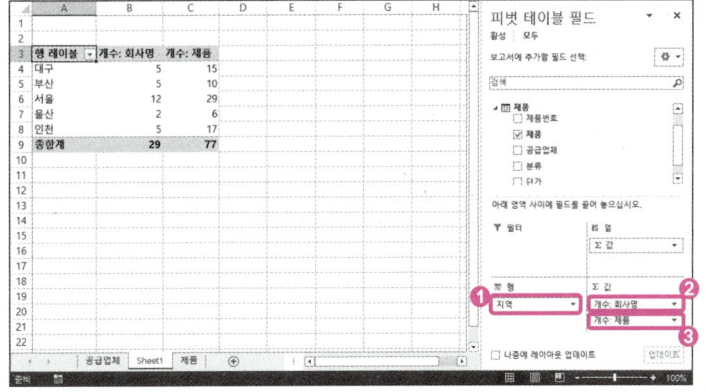

> **TIP** '개수: 회사명' 필드는 해당 지역에 위치한 공급업체 수를 의미하고, '개수: 제품' 필드는 해당 지역의 업체에서 구매하고 있는 제품 수를 의미합니다.

액세스 데이터베이스와 엑셀 표를 연결해 피벗 구성하기

380

[관계] 기능을 이용하면 엑셀 파일에 있는 엑셀 표뿐 아니라 다른 엑셀 파일 또는 액세스 데이터베이스와 연결해 피벗 테이블 보고서를 구성할 수 있습니다. 이 방법은 여러 프로그램에 흩어져 있는 데이터를 연결해 하나의 피벗 테이블 보고서로 분석하고자 할 때 유용합니다. 여기서는 엑셀 파일의 표와 액세스 데이터베이스를 연결해 피벗 테이블 보고서를 구성하는 방법에 대해 알아보겠습니다.

예제 파일 PART 06 \ CHAPTER 33 \ 관계-액세스.xlsx, dbSales.accdb

01 예제 파일 중 'dbSales.accdb' 파일을 열면 액세스 프로그램이 실행됩니다. 왼쪽 탐색 창에서 '판매대장' 테이블을 더블클릭하면 다음과 같은 데이터를 확인할 수 있습니다. 이 데이터는 피벗 테이블을 진행할 때 사용하던 '판매대장' 표와 동일합니다. 한 번 살펴본 후 액세스 프로그램을 종료합니다.

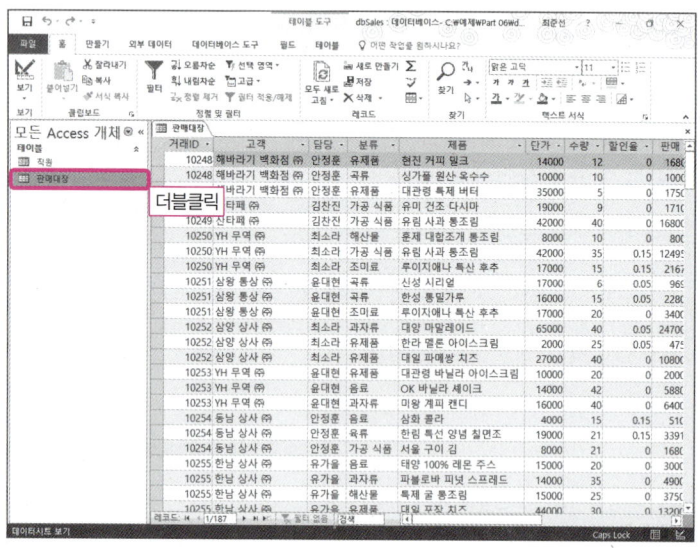

02 예제 파일 중 '관계-액세스.xlsx' 파일을 열면 부서별 직원 정보가 등록된 엑셀 표를 확인할 수 있습니다. [표 도구]-[디자인] 탭-[속성] 그룹-[표 이름]에서 엑셀 표의 이름이 '직원'인 것을 확인합니다. 이 엑셀 표와 **01** 과정에서 확인한 'dbSales.accdb' 파일의 '판매대장' 테이블을 연결해 피벗 테이블 보고서를 구성해보겠습니다.

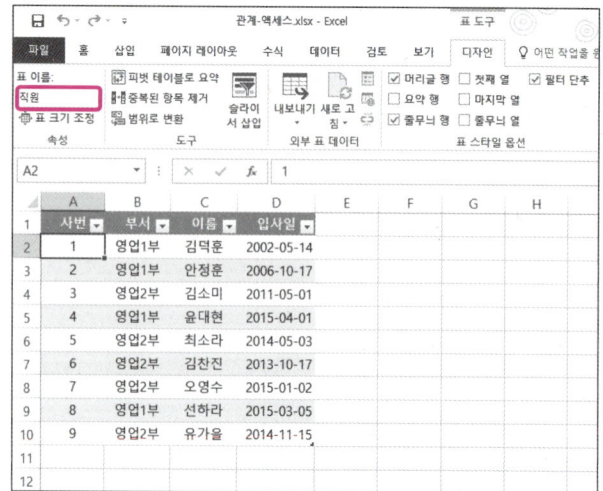

03 [관계] 기능을 이용하려면 표가 두 개 필요합니다. 현재 엑셀 파일에는 표가 하나만 있으므로 액세스 데이터베이스를 먼저 연결해야 합니다. 빈 셀(여기서는 [F1] 셀)을 하나 선택하고 [데이터] 탭-[가져오기 및 변환] 그룹-[외부 데이터 가져오기]를 클릭한 후 [Access]를 선택합니다.

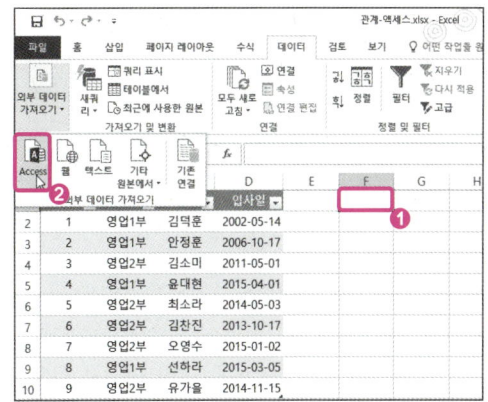

04 예제로 제공되는 'dbSales.accdb' 파일을 선택하면 [테이블 선택] 대화상자가 나타납니다. '판매대장' 테이블을 선택하고 [확인]을 클릭합니다.

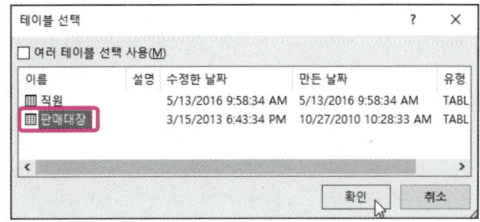

05 [데이터 가져오기] 대화상자가 열리면 [연결만 만들기] 옵션을 선택하고 [데이터 모델에 이 데이터 추가]에 체크 표시를 한 후 [확인]을 클릭합니다.

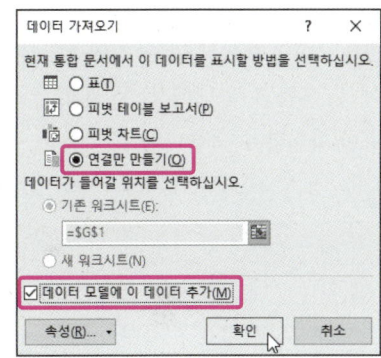

TIP [연결만 만들기] 옵션을 선택하면 'dbSales.accdb' 파일의 '판매대장' 테이블의 데이터를 엑셀로 가져오지 않고 연결 정보만 저장됩니다. 이렇게 저장된 '판매대장' 테이블을 데이터 모델에 추가해야 관계를 설정할 수 있습니다.

06 이제 관계를 맺기 위해 [데이터] 탭-[데이터 도구] 그룹-[관계]를 클릭합니다. [관계 관리] 대화상자가 열리면 [새로 만들기]를 클릭합니다.

07 [관계 만들기] 대화상자가 열리면 각 항목을 다음과 같이 설정하고 [확인]을 클릭합니다.

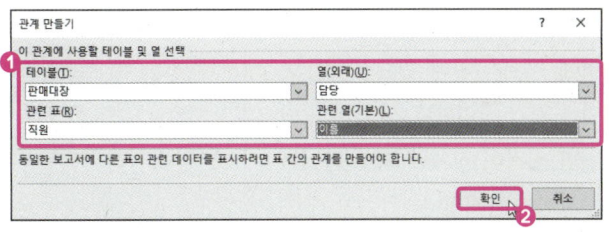

테이블 : 판매대장

열(외래) : 담당

관련 표 : 직원

관련 열(기본) : 이름

> **Plus⁺ [관계 만들기] 대화상자 설정 이해**
>
> 한 명의 직원이 여러 개의 제품을 판매할 수 있으므로 '직원' 표가 상위, '판매대장' 테이블이 하위가 됩니다. 따라서 '판매대장' 테이블을 먼저 설정하고 '직원' 표를 설정합니다. [관계 만들기] 대화상자의 설정은 '판매대장' 테이블의 '담당' 필드와 '직원' 표의 '이름' 열을 연결해 두 표를 하나처럼 사용하겠다는 의미입니다.

08 [관계 관리] 대화상자에서 [닫기]를 클릭해 대화상자를 닫고 피벗 테이블 보고서를 생성하겠습니다. [삽입] 탭-[표] 그룹-[피벗 테이블]을 클릭해 [피벗 테이블 만들기] 대화상자를 엽니다. [이 통합 문서의 데이터 모델 사용] 옵션을 선택해 데이터 원본을 설정하고 [새 워크시트] 옵션을 선택해 피벗 테이블 보고서를 새 워크시트에 생성합니다. [확인]을 클릭합니다.

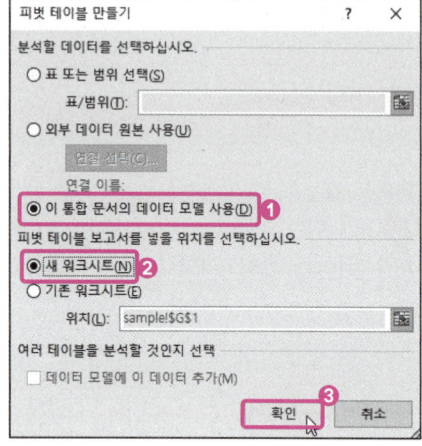

09 [피벗 테이블 필드] 작업 창에서 '직원'과 '판매대장' 두 개의 표를 확인할 수 있습니다.

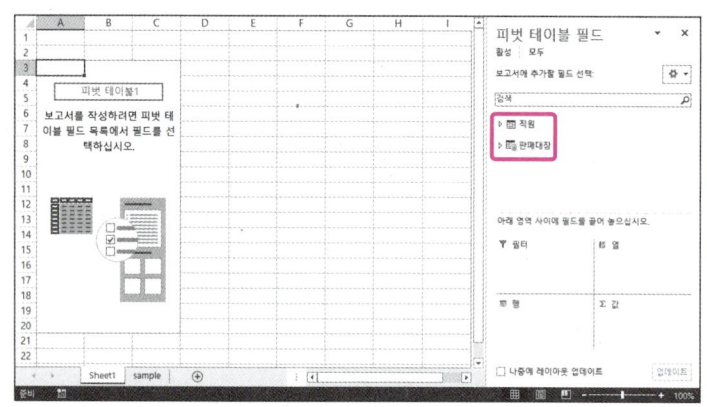

10 '직원' 표에서 '부서' 필드를 [행] 영역에 삽입한 후 '판매대장' 테이블에서 '담당' 필드를 [행] 영역에, '수량', '판매' 필드를 [값] 영역에 각각 삽입하면 각 부서의 직원별 실적이 집계된 피벗 테이블 보고서가 완성됩니다.

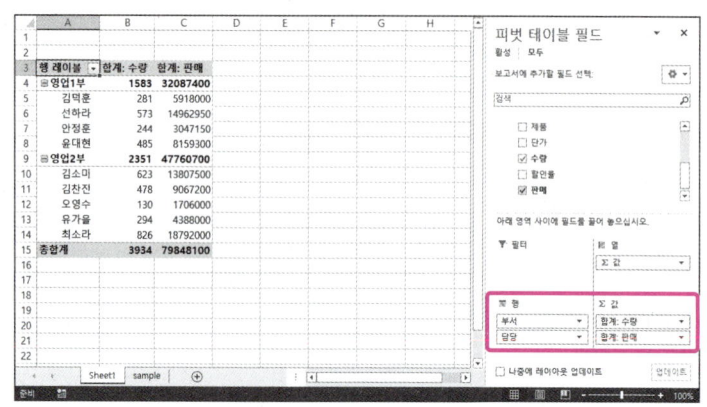

빠른 탐색을 이용해 피벗 테이블 조작하기

381

[빠른 탐색]은 관계로 연결된 표로 만든 피벗 테이블 보고서에서만 사용할 수 있는 기능으로, 피벗 테이블 보고서 내에서 상세 데이터 정보를 좀 더 빨리 탐색할 수 있도록 도와줍니다. [빠른 탐색] 기능을 이용하면 데이터를 계층적으로 파악해 분석할 수 있습니다. [빠른 탐색] 기능을 이용한 피벗 테이블 보고서 사용 방법에 대해 알아보겠습니다.

예제 파일 PART 06 \ CHAPTER 33 \ 관계-빠른탐색.xlsx

01 예제 파일을 열면 No 378에서 진행했던 피벗 테이블 보고서가 있습니다. [피벗 테이블 필드] 작업 창에서 '공급업체' 표와 '제품' 표를 확인할 수 있습니다.

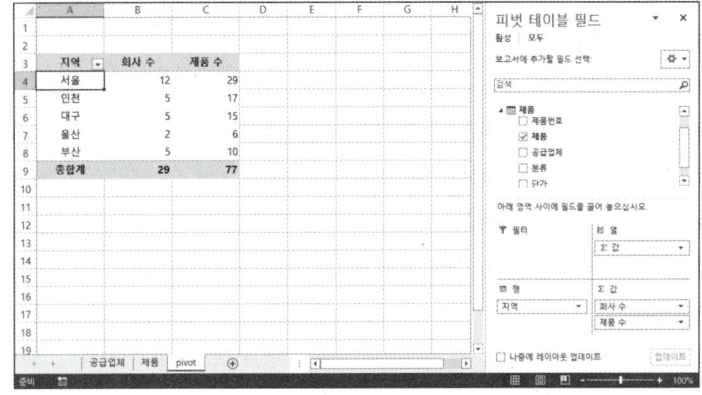

02 [빠른 탐색] 기능을 사용하기 위해 [행] 영역에 추가된 필드 내 항목 중 하나(여기서는 [A4] 셀)를 선택하면 채우기 핸들 근처에 [🔍빠른 탐색] 아이콘이 나타납니다. 클릭하면 [탐색] 창이 열립니다.

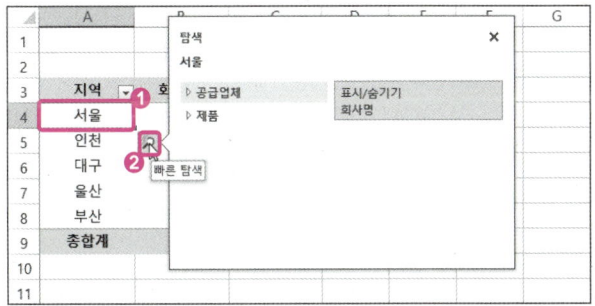

03 [탐색] 창에서 피벗에 표시할 하위 필드를 선택합니다. 여기서는 '공급업체' 표의 '회사명' 필드를 선택하고 [표시/숨기기]를 클릭합니다.

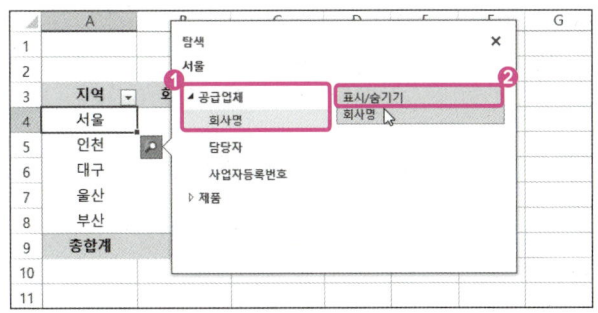

04 피벗 테이블 구성이 변경되면서 '지역' 필드가 [필터] 영역으로 옮겨지고 '서울' 지역이 선택된 상태가 됩니다. '서울' 지역의 공급업체 정보가 표시됩니다.

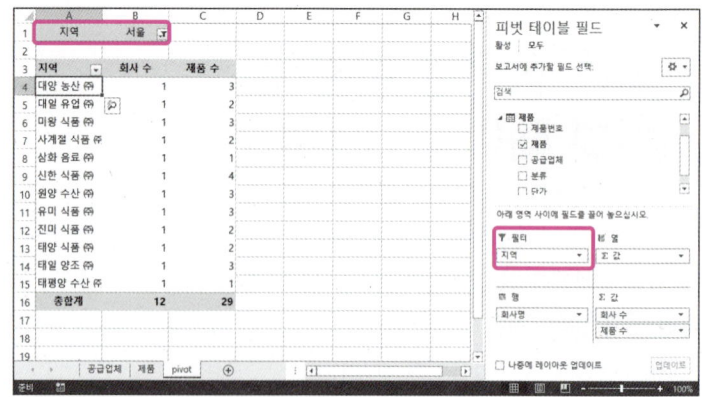

TIP [빠른 탐색] 기능을 이용하면 필드 내 항목의 하위 데이터 집합을 빠르게 확인할 수 있습니다.

05 다시 원래 보고서로 돌아가려면 빠른 실행 도구 모음의 [↶ 실행 취소]를 클릭하거나 Ctrl + Z 를 누릅니다.

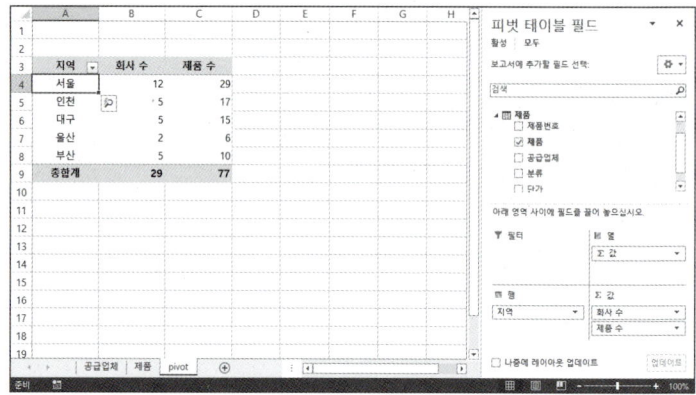

CHAPTER
34

외부 데이터, 파워 쿼리

엑셀 파일을 텍스트 파일로 저장하기

382

엑셀 파일을 바로 읽지 못하는 다른 프로그램에 데이터를 전송할 때는 텍스트 파일로 저장하는 방법을 많이 사용합니다. 워크시트별로 텍스트 파일로 저장할 수 있으며 포맷은 CSV, TXT, PRN 형식 중에서 선택할 수 있습니다. CSV 형식은 열의 값이 쉼표(,) 구분자로 구분되고, TXT 형식은 탭으로, PRN 형식은 공백(" ") 문자로 구분됩니다. 엑셀 파일을 텍스트 파일로 저장하는 방법에 대해 알아보겠습니다.

예제 파일 PART 06 \ CHAPTER 34 \ 텍스트파일.xlsx

01 예제 파일을 열면 다음과 같은 표가 있습니다. 이 표를 탭으로 각 열 값이 구분되는 TXT 형식의 텍스트 파일로 저장해보겠습니다.

	A	B	C	D	E	F
1	회사명	담당자	직위	지역	사업자등록번호	
2	신영상사 ㈜	한석규	영업 사원	경상북도	005-62-08515	
3	원창 ㈜	황영순	대표 이사	서울특별시	002-22-08595	
4	동광 통상 ㈜	조자룡	대표 이사	서울특별시	004-37-02912	
5	경성 트레이딩 ㈜	구재석	영업 사원	인천광역시	001-92-08443	
6	정금 상사 ㈜	최영희	영업 과장	대전광역시	002-50-08958	
7	협우 상사 ㈜	손미선	영업 사원	서울특별시	005-04-08209	
8	베네디스 유통 ㈜	장선희	마케팅 2과장	서울특별시	002-23-05954	
9	삼화 상사 ㈜	정영일	대표 이사	부산광역시	001-04-06181	
10	서주 무역 ㈜	문익한	대표 이사	서울특별시	006-79-01788	
11	태강 교역 ㈜	문흥미	경리 과장	부산광역시	006-77-03807	
12	월드 링크 ㈜	이강주	영업 사원	경상남도	002-28-05282	
13						

TIP 텍스트 파일로 저장할 때는 표 상단에 제목과 같은 다른 값이 없는 것이 좋습니다.

02 F12를 눌러 [다른 이름으로 저장] 대화상자를 엽니다. [파일 형식]에서 [텍스트 (탭으로 분리)]를 선택하고 [저장]을 클릭합니다.

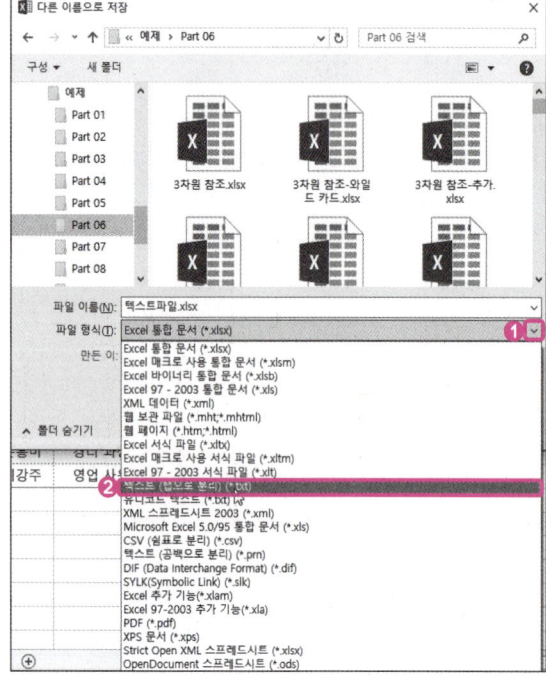

> **Plus⁺ 엑셀에서 저장할 때 선택할 수 있는 텍스트 형식 파일**
>
> [다른 이름으로 저장] 대화상자에서 [파일 형식] 옵션을 클릭하면 다양한 저장 형식을 선택할 수 있습니다. 텍스트 형식으로 저장할 수 있는 파일 형식은 다음의 여섯 가지입니다.
>
> | 파일 형식 | 설명 |
> | --- | --- |
> | 텍스트 (탭으로 분리) (*.txt) | 열을 탭(Tab)으로 구분하는 텍스트 파일 |
> | 유니코드 텍스트 (*.txt) | 유니코드는 IBM, 마이크로소프트, 애플 등의 컨소시엄에서 만든 문자 체계로, 기존에 서로 다른 크기를 사용하던 언어를 2바이트로 통일했으며 1995년에 국제 표준으로 제정되었습니다. 열은 탭(Tab)으로 구분합니다. |
> | CSV (쉼표로 분리) (*.csv) | 열을 쉼표로 구분하는 텍스트 파일 |
> | 텍스트 (공백으로 분리) (*.prn) | 열을 공백으로 구분하는 텍스트 파일 |
> | DIF | Data Interchange Format의 약어. 스프레드시트와 데이터베이스 프로그램 간 데이터 교환을 위해 표준화한 파일 형식으로, 비지칼크(VisiCalc) 프로그램에서 처음 사용되었습니다. |
> | SYLK | Symbolic Link Format의 약어. 마이크로소프트에서 데이터 교환을 위해 만든 파일 형식 |

02 다음 같은 경고 메시지 창이 열리면 [예]를 클릭해 텍스트 파일로 저장합니다.

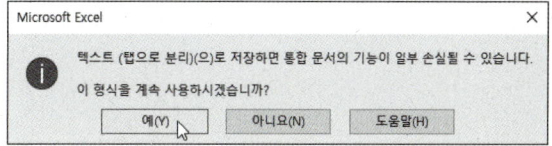

03 텍스트 파일을 확인하기 위해 엑셀을 닫습니다. 엑셀 창 우측 상단의 [✕ 창 닫기]를 클릭하면 저장 여부를 묻는 메시지 창이 나타납니다. **02** 과정에서 이미 텍스트 파일로 저장했으므로 [저장 안 함]을 클릭합니다.

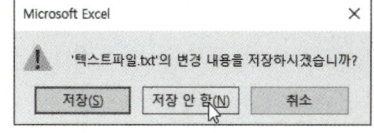

04 윈도우 탐색기에서 **02** 과정에서 저장한 '텍스트.txt' 파일을 찾아 엽니다. 다음과 같은 데이터를 확인할 수 있습니다.

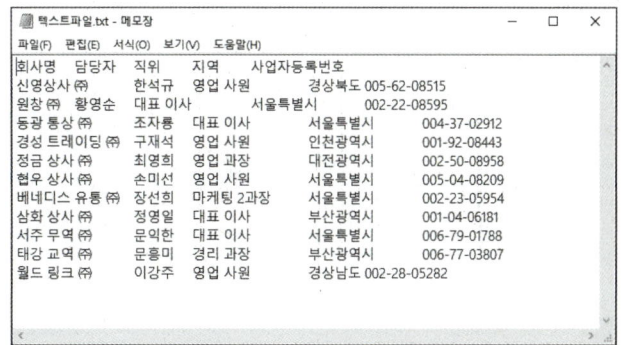

텍스트 파일의 데이터를 엑셀로 가져오기

383

텍스트 파일의 데이터를 엑셀 파일로 가져오는 방법은 여러 가지입니다. 그 중 가장 쉬운 방법은 [열기] 명령을 이용하는 것입니다. [열기] 명령으로 텍스트 파일을 열면 [텍스트 마법사] 대화상자가 열리면서 몇 단계의 설정 작업을 통해 워크시트에 텍스트 파일의 데이터를 가져오게 됩니다. 텍스트 파일을 엑셀로 가져오는 방법에 대해 알아보겠습니다.

예제 파일 PART 06 \ CHAPTER 34 \ 텍스트파일.txt

01 예제 파일 중 '텍스트파일.txt' 파일을 열면 다음과 같은 데이터를 확인할 수 있습니다. 이 데이터를 엑셀로 가져오겠습니다.

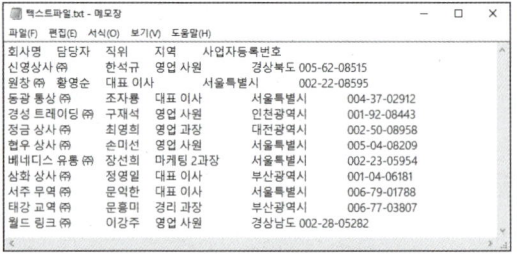

02 빈 엑셀 파일을 하나 열고 [파일]-[열기]를 클릭한 후 [찾아보기]를 클릭해 [열기] 대화상자를 엽니다. [파일 형식]을 [텍스트 파일]로 변경하고 예제 폴더에서 '텍스트파일.txt' 파일을 선택한 후 [열기]를 클릭합니다.

TIP 이 파일이 없다면 'No. 382 엑셀 파일을 텍스트 파일로 저장하기'에서 저장한 파일을 사용합니다.

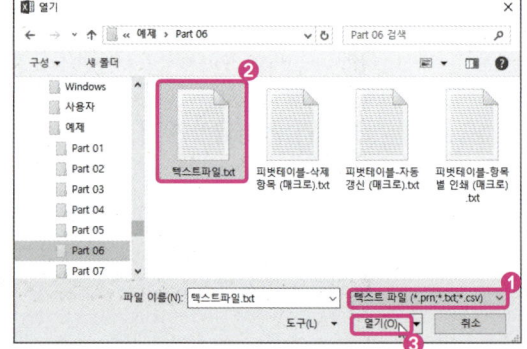

03 [텍스트 마법사] 대화상자가 실행됩니다. 마법사 1단계에서는 열을 구분하는 방법을 설정합니다. 데이터가 탭 문자로 구분되어 있으므로 [구분 기호로 분리됨]을 선택한 상태에서 [다음]을 클릭합니다.

TIP 텍스트 마법사

CSV 파일의 경우 텍스트 파일이지만 엑셀에서 바로 열 수 있어 [텍스트 마법사] 대화상자가 표시되지 않습니다. PRN 파일은 공백을 이용해 열을 구분하므로 [너비가 일정함] 옵션을 이용해 사용자가 직접 열을 구분해야 합니다.

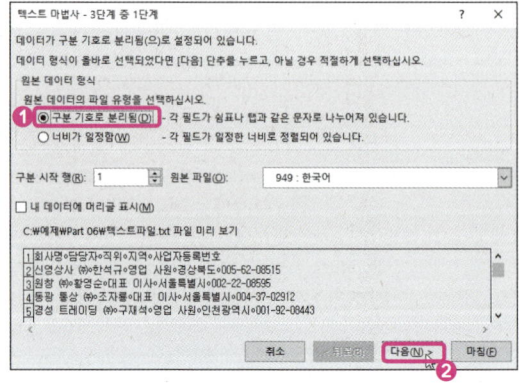

04 마법사 2단계에서는 열을 구분할 기호를 선택합니다. 여러 개를 선택해도 무방하지만 여기서 선택한 구분 기호가 사용된 위치에서 무조건 열이 구분되므로 정확하게 선택합니다. [구분 기호]에서 [탭]에 체크 표시를 하고 [다음]을 클릭합니다.

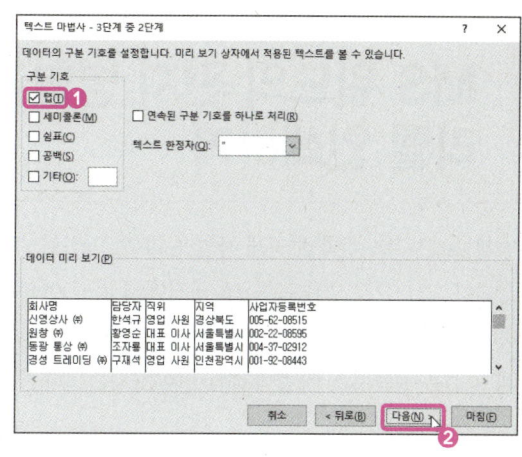

TIP 구분 기호
탭, 세미콜론, 쉼표, 공백 등의 구분 기호를 사용하지 않고 임의의 구분 기호를 사용한 경우에는 [기타]에 체크 표시를 하고 오른쪽 입력란에 직접 입력합니다.

05 마법사 3단계에서는 열의 데이터 형식을 지정합니다. 주로 숫자 값이나 날짜, 시간 등의 데이터 형식을 지정할 때 사용하는데, [데이터 미리 보기]에서 형식을 지정할 열을 선택하고 위쪽의 [열 데이터 서식] 옵션 중 하나를 선택합니다. 모든 작업이 끝나면 [마침]을 클릭해 마법사를 종료합니다.

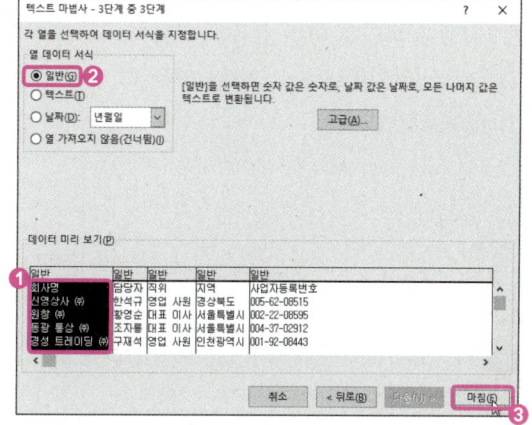

Plus⁺ 텍스트 마법사 3단계 설정 방법

[텍스트 마법사] 대화상자의 3단계 과정에서는 다음과 같은 작업을 할 수 있습니다.

- 열의 데이터 형식을 지정합니다. 모든 열의 데이터 형식은 '일반' 형식으로 인식되는데, 이렇게 하면 상황에 따라 데이터가 잘못된 형식으로 열립니다. 예를 들어 텍스트에 1-1과 같은 형식으로 입력되어 있다면 이 값은 날짜로 인식되어 2016-1-1과 같은 날짜 값으로 변환됩니다. 그러므로 1-1과 같은 값은 '텍스트' 형식을 선택해야 합니다.
- 불필요한 열은 제외합니다. 필요하지 않은 열의 데이터는 가져오지 않을 수 있습니다. [데이터 미리 보기]에서 가져오지 않을 열을 선택하고 [열 데이터 서식]에서 [열 가져오지 않음(건너뜀)] 옵션을 선택합니다.

---

06 마법사 대화상자가 닫히면 워크시트에 텍스트 파일 데이터가 표시됩니다.

MS 워드의 편지 병합을 이용해 라벨 인쇄하기

384

엑셀 2013부터는 라벨 인쇄 작업을 할 수 있었던 레이블 인쇄 마법사 추가 기능이 더 이상 제공되지 않습니다. 그러므로 2013, 2016 버전에서 라벨 인쇄 작업을 하려면 MS 워드의 [편지 병합] 기능을 이용하거나 별도의 라벨 인쇄 프로그램을 사용해야 합니다. 여기서는 MS 워드의 [편지 병합] 기능을 이용해 라벨을 인쇄하는 방법에 대해 알아보겠습니다.

예제 파일 PART 06 \ CHAPTER 34 \ 라벨 인쇄.xlsx

01 예제 파일을 열면 다음과 같은 표가 입력되어 있습니다. 데이터를 확인하고 예제를 닫습니다.

TIP MS 워드의 [편지 병합] 기능을 사용하려면 예제와 같이 [A1] 셀부터 데이터가 있어야 하고 병합된 셀이 없어야 합니다. [A1] 셀부터 데이터가 입력되지 않았다면 워드로 전송할 데이터 범위를 이름으로 정의해 둡니다.

02 MS 워드를 실행하고 빈 문서에서 [편지] 탭-[편지 병합 시작] 그룹-[편지 병합 시작]을 클릭한 후 [레이블]을 선택합니다.

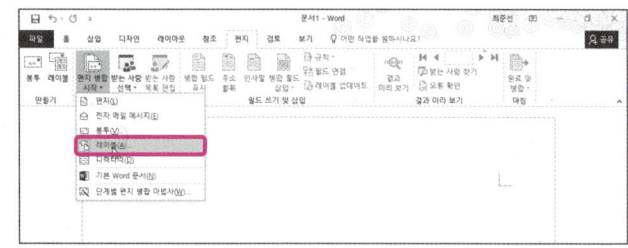

03 [레이블 옵션] 대화상자가 열리면 구입한 라벨 용지의 제조 회사와 제품 번호를 선택합니다. 여기서는 Formtec 회사의 3105번 제품을 구입했다고 가정하고 [레이블 제조 회사]에서 [Formtec], [제품 번호]에서 [Formtec 3105]를 선택한 후 [확인]을 클릭합니다.

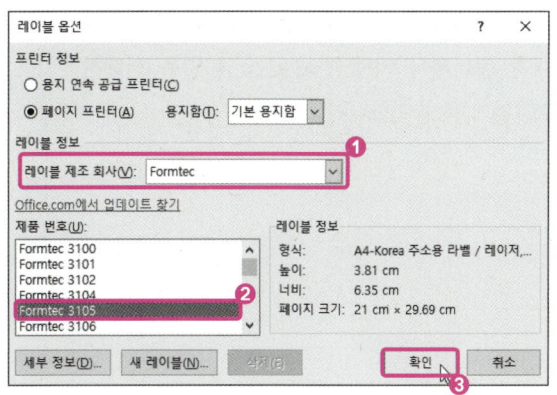

Plus⁺ 구입한 라벨 제품이 없는 경우

라벨 용지를 판매하는 회사는 매우 많으므로 [레이를 놉션] 대화상사에서 구입한 라벨 용지의 제조 회사를 찾지 못할 수도 있습니다. 이 경우에는 라벨 용지의 정보를 따로 입력해야 합니다. [레이블 옵션] 대화상자에서 [새 레이블]을 클릭해 [레이블 정보] 대화상자가 열리면 구입한 라벨 용지의 정보를 입력하고 레이블 이름을 변경한 후 [확인]을 클릭합니다. 그러면 해당 레이블 이름의 제품이 따로 등록되므로 등록된 정보를 바탕으로 라벨 용지를 계속 사용할 수 있습니다.

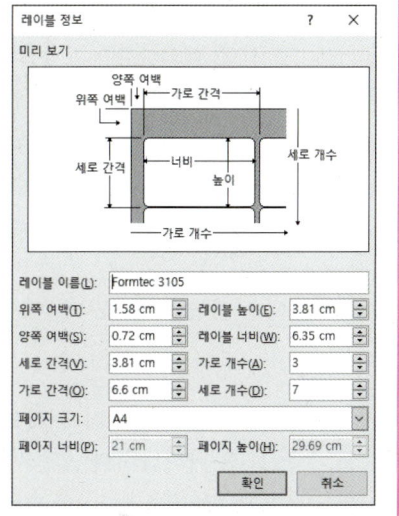

04 라벨 제품을 선택하면 문서에 여러 줄의 줄 바꿈 문자가 삽입됩니다. 이제 엑셀과 연결해 데이터를 가져옵니다. [편지] 탭-[편지 병합 시작] 그룹-[받는 사람 선택]을 클릭하고 [기존 목록 사용]을 선택합니다.

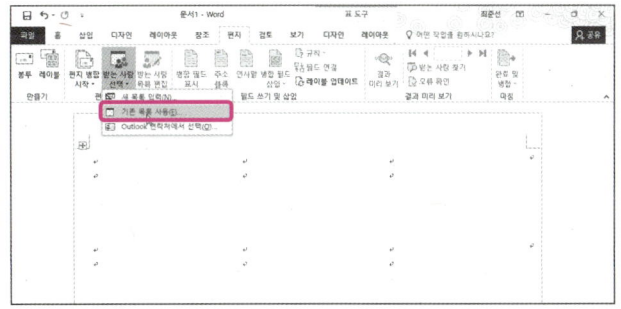

05 [데이터 원본 선택] 대화상자가 나타나면 예제 폴더에서 '라벨 인쇄.xlsx' 파일을 선택하고 [열기]를 클릭합니다.

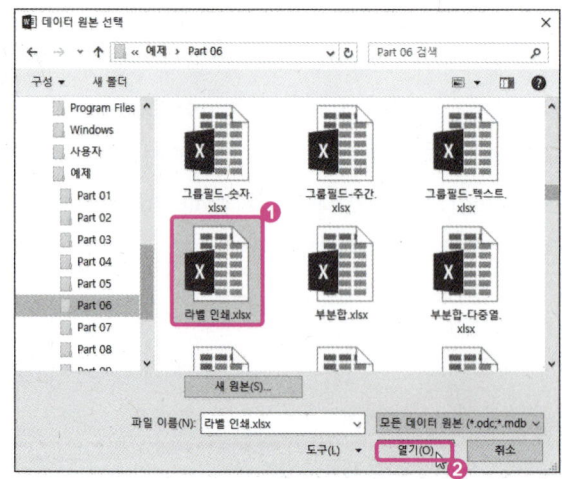

06 [테이블 선택] 대화상자가 표시됩니다. 이 대화상자에는 시트명과 정의된 이름이 표시되는데, 이름 뒤에 $ 문자가 있으면 시트명이고 $ 문자가 없으면 정의된 이름입니다. '주소' 시트의 데이터를 가져오기 위해 [주소$]을 선택하고 [확인]을 클릭합니다.

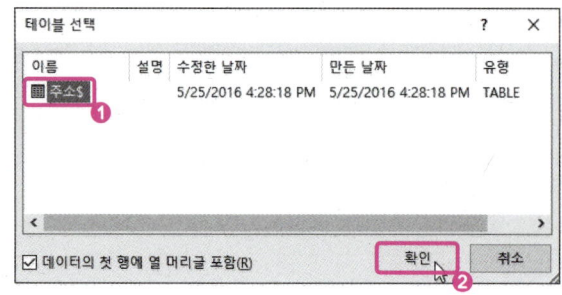

07 문서에 두 번째 라벨부터 《《다음 레코드》》 필드가 나타납니다. [편지] 탭-[필드 쓰기 및 삽입] 그룹-[병합 필드 삽입]을 클릭하면 01 과정에서 확인한 엑셀 표의 머리글이 나타납니다.

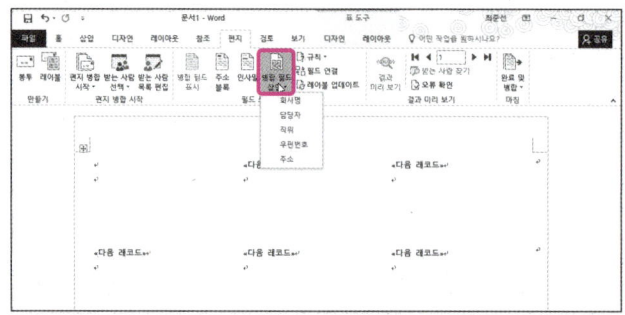

08 라벨 용지에 표시하려는 순서(우편번호-주소-회사명-담당자-직위)로 머리글을 클릭해 라벨 용지에 삽입합니다. 병합 필드를 삽입할 때는 Enter를 눌러 행을 구분하고 '귀하'는 직접 입력합니다. [편지] 탭-[필드 쓰기 및 삽입] 그룹-[레이블 업데이트]를 클릭하면 첫 번째 라벨의 구성이 다른 라벨에 모두 복사됩니다.

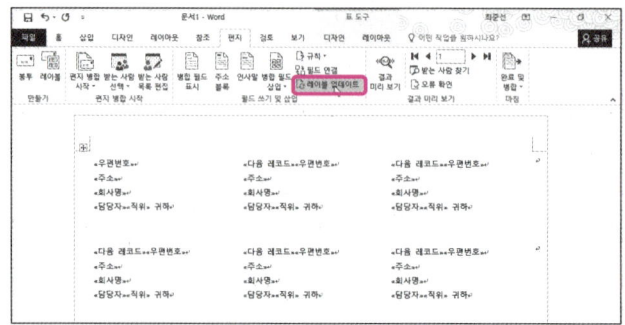

09 라벨 구성을 완료했으니 데이터를 표시합니다. [편지] 탭-[결과 미리 보기] 그룹-[결과 미리 보기]를 클릭하면 병합 필드 위치에 엑셀 데이터가 모두 출력됩니다.

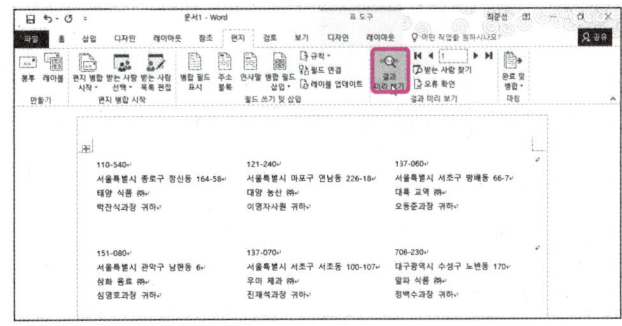

10 연결된 프린터에 라벨 용지를 넣고 [편지] 탭-[마침] 그룹-[완료 및 병합]을 클릭한 후 [문서 인쇄]를 선택합니다.

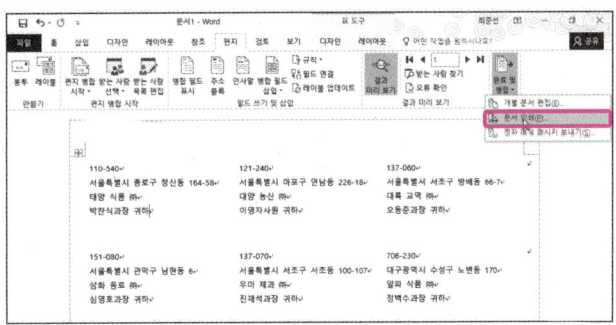

한컴 훈글의 메일 머지를 이용해 라벨 인쇄하기

385

한컴의 훈글 프로그램(이후 '훈글'로 표기)을 이용해 라벨 인쇄 작업을 할 수 있습니다. 훈글의 편지 병합 기능은 [메일 머지]입니다. 참고로 훈글은 한컴 오피스 NEO부터 엑셀 2007 이상 버전의 파일 형식 (XLSX, XLSM)을 인식할 수 있으며, 그 이전 버전에서는 엑셀 파일을 2003 형식(XLS)으로 저장해야 인식합니다. 훈글에서 엑셀 데이터를 이용해 라벨을 인쇄하는 방법에 대해 알아보겠습니다.

예제 파일 PART 06 \ CHAPTER 34 \ 라벨 인쇄.xlsx

01 훈글 프로그램을 실행하고 [쪽] 탭-[라벨]을 클릭한 후 [라벨 문서 만들기]를 선택합니다.

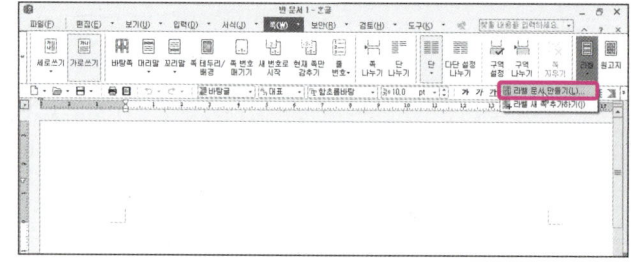

TIP No. 384와 동일한 예제 파일을 사용합니다.

02 [라벨 문서 만들기] 대화상자가 열리면 [라벨 문서 꾸러미] 탭에서 라벨 용지를 설정합니다. 이전과 동일하게 [Formtec]의 [주소(21칸) - 3105] 라벨 용지를 선택하고 [열기]를 클릭합니다.

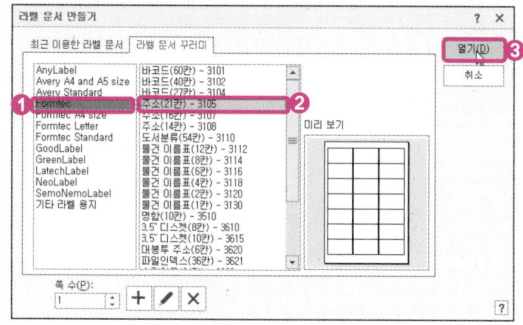

03 A4 용지에 라벨 용지 규격에 맞는 점선이 나타납니다. 엑셀 데이터를 표시할 필드를 구성하기 위해 [도구] 탭-[메일 머지]를 클릭하고 [메일 머지 표시 달기]를 선택합니다.

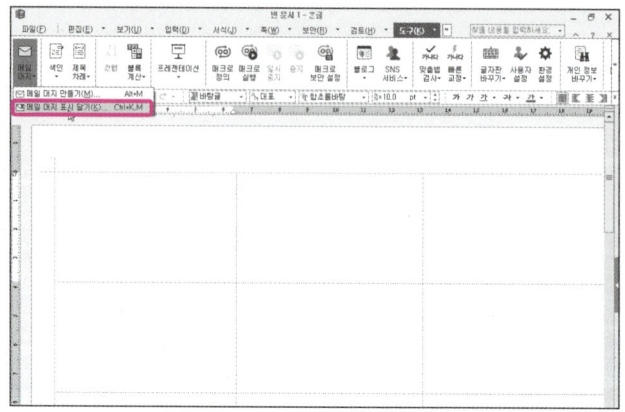

04 [메일 머지 표시 달기] 대화상자가 열리면 [필드 만들기] 탭의 필드 번호나 이름 입력란에 '우편번호'를 입력한 후 [넣기] 를 클릭합니다.

> **TIP** 병합 필드
> 한글은 MS 워드와는 달리 병합 필드(엑셀과 연결된 필드)를 선택해서 사용할 수 없습니다. 그러므로 이와 같이 엑셀의 머리글을 일일이 입력해야 합니다. 머리글을 입력하는 방법이 어렵다면 1, 2, 3, …과 같은 열 번호를 이용해도 됩니다. 예를 들어 우편번호는 엑셀 파일에서 네 번째 열에 있으므로 '4'를 입력해도 동일한 결과가 얻어집니다.

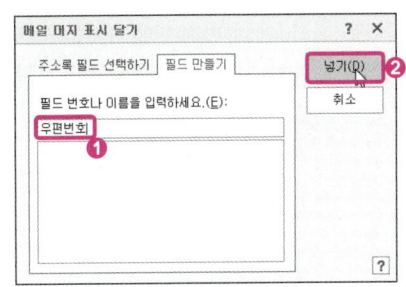

05 첫 번째 라벨에 **04** 과정에서 입력한 필드명이 {{우편번호}}와 같이 입력됩니다. **03-04** 과정을 참고해 {{주소}}, {{회사명}}, {{담당자}}, {{직위}}를 삽입하고 '귀하'는 직접 입력합니다. [도구] 탭-[메일 머지]를 클릭하고 [메일 머지 만들기]를 선택합니다.

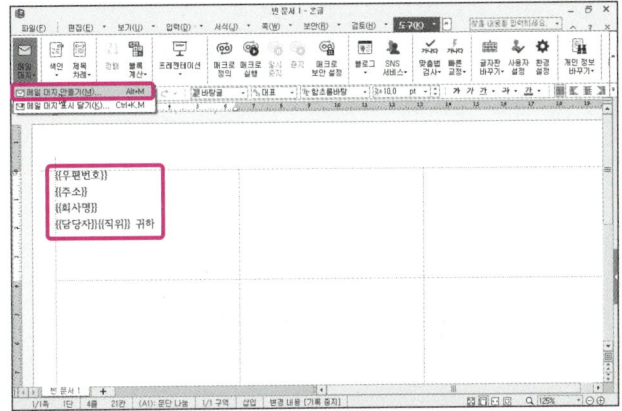

06 [메일 머지 만들기] 대화상자가 열리면 [훈셀/엑셀 파일] 옵션을 선택하고 [📁 열기]를 클릭합니다.

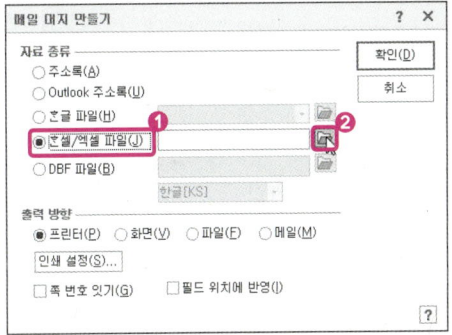

07 예제 폴더로 이동해 '라벨 인쇄.xlsx' 파일을 선택하고 [열기]를 클릭합니다.

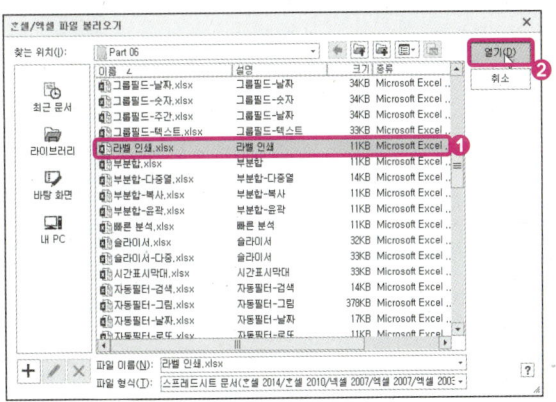

08 다시 [메일 머지 만들기] 대화상자로 돌아오면 [출력 방향] 옵션에서 [화면]을 선택하고 [확인]을 클릭합니다.

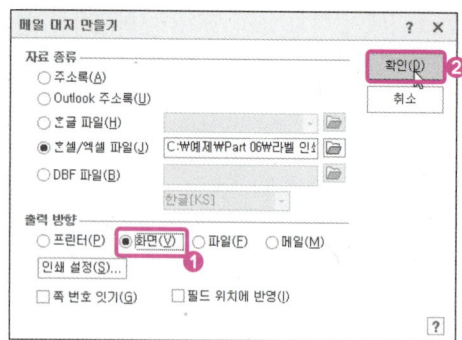

09 [시트 선택] 대화상자가 나타나면 라벨에 출력할 데이터가 있는 시트인 [주소]를 선택하고 [선택]을 클릭합니다.

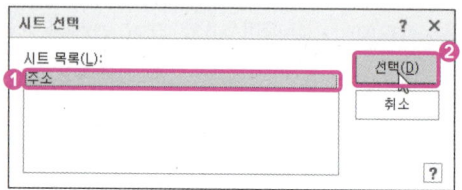

10 '주소' 시트의 데이터를 미리 표시해주는 [주소록 레코드 선택] 대화상자가 나타납니다. [선택]을 클릭합니다.

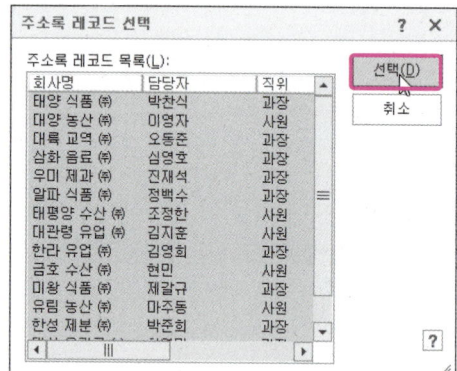

11 인쇄 미리 보기 창이 나타나면서 엑셀 데이터가 모든 라벨 용지에 순서대로 표시됩니다. 라벨 용지를 넣고 [미리 보기] 탭-[인쇄]를 클릭합니다.

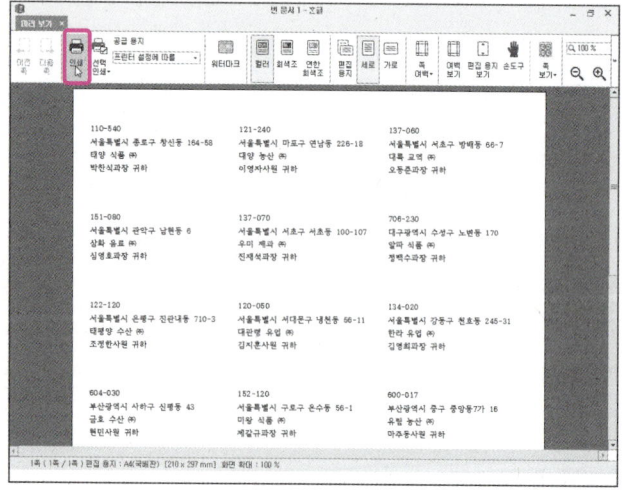

엑셀 표를 액세스 테이블로 저장하기 386

엑셀 2007부터는 워크시트에서 100만 행의 데이터를 관리할 수 있습니다. 그러나 데이터가 많아지면 파일 용량이 커져서 계산 속도가 떨어집니다. 데이터가 많은 경우에는 액세스와 같은 데이터베이스 관리 프로그램을 이용해 보관하고, 집계나 분석에 필요한 데이터만 엑셀로 가져와 사용하는 것이 좋습니다. 여기서는 엑셀 데이터를 액세스 테이블로 옮기는 방법에 대해 알아보겠습니다.

예제 파일 PART 06 \ CHAPTER 34 \ 직원명부.xlsx, dbEmployee.accdb

01 예제 파일 중에서 '직원명부.xlsx' 파일을 열면 다음과 같은 표가 입력되어 있습니다. 이 표를 액세스 테이블로 저장해보겠습니다.

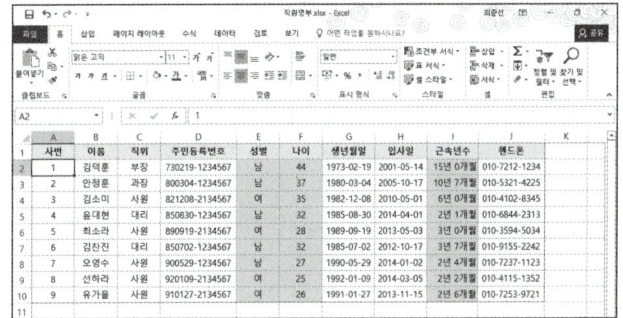

Plus⁺ 액세스로 데이터를 옮길 때 주의할 점

• 표는 [A1] 셀부터 구성되어야 합니다. 만약 [A1] 셀부터 데이터가 기록되지 않았다면 표 범위를 이름으로 정의합니다.
• 병합된 셀이 있으면 반드시 해제합니다.
• 각 열의 데이터 형식을 일치시키는 것이 좋습니다. 액세스는 하나의 열에 하나의 데이터 형식만 사용할 수 있습니다.
• 빈 셀 없이 데이터를 모두 입력하는 것이 좋습니다.
• [E], [F], [I] 열은 수식이 입력된 열입니다. 액세스로 데이터를 옮기면 수식이 값으로 저장됩니다. 액세스에서는 쿼리를 이용해 수식을 사용하는데, 쿼리를 사용하는 부분은 액세스 관련 서적을 통해 학습해야 합니다.

02 예제 파일 중 'dbEmployee.accdb' 데이터베이스 파일을 엽니다. 엑셀 파일의 표를 가져오기 위해 [외부 데이터] 탭-[가져오기 및 연결] 그룹-[Excel]을 클릭합니다.

TIP 액세스 파일을 직접 생성하려면 액세스를 실행하고 첫 화면에서 [새 데스크톱 데이터베이스]를 선택한 후 [열기]를 클릭해 파일을 저장할 경로와 파일 이름을 먼저 입력하고 [만들기]를 클릭합니다.

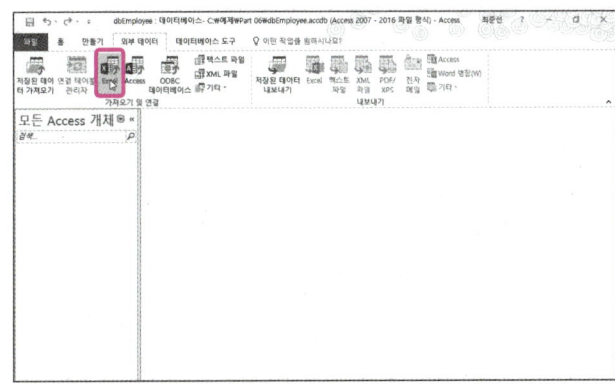

03 [외부 데이터 가져오기] 대화상자가 열리면 [찾아보기]를 클릭합니다. 예제 폴더에서 '직원명부.xlsx' 파일을 선택하고 [확인]을 클릭합니다. [현재 데이터베이스의 새 테이블로 원본 데이터 가져오기] 옵션이 선택된 상태에서 [확인]을 클릭합니다.

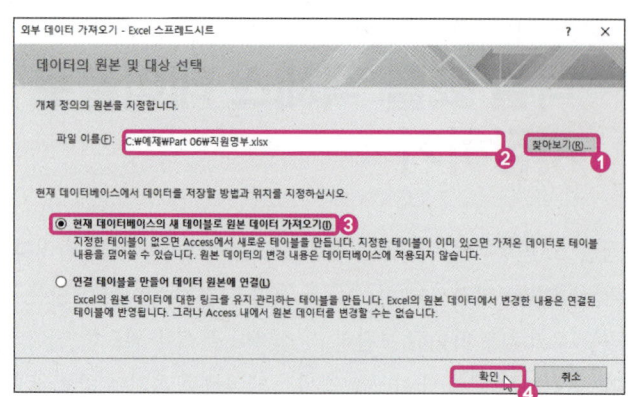

04 [스프레드시트로 가져오기 마법사] 대화상자가 열리면 [첫 행에 열 머리글이 있음]에 체크 표시를 하고 [다음]을 클릭합니다.

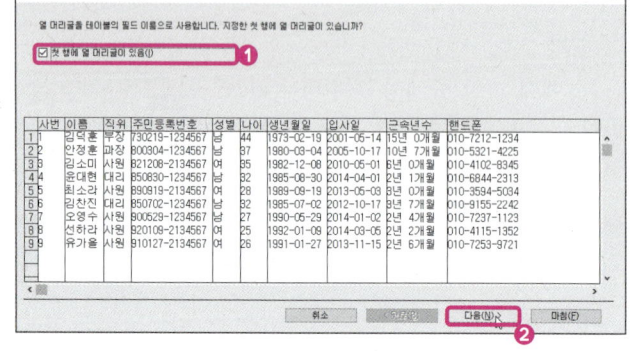

TIP 표의 첫 행에 머리글이 입력되어 있지 않다면 이 옵션을 해제하고 다음 단계로 넘어가야 합니다.

05 이 과정에서 각 열의 데이터 형식과 인덱스를 설정할 수 있습니다. 제대로 설정하려면 액세스 프로그램을 이해하고 있어야 하지만 기본 값을 사용해도 크게 문제가 없으므로 설정 값은 그대로 두고 [다음]을 클릭합니다.

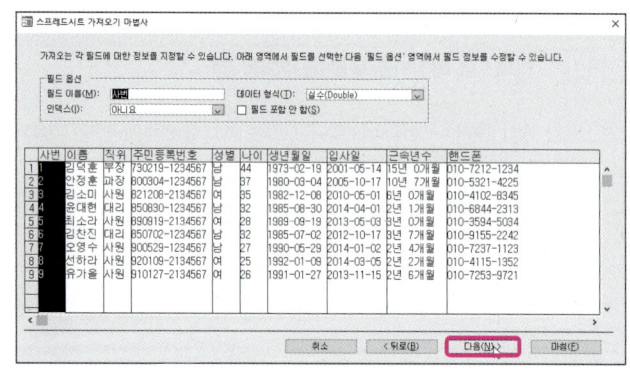

06 이 과정에서는 기본 키를 설정합니다. 기본 키는 행을 대표하는 값을 갖는 열을 의미하는데, 고유한 값이 입력된 열을 선택하거나 기본 키를 따로 추가하면 됩니다. 이 표에는 사번과 같은 키 열이 이미 존재하므로 [기본 키 없음] 옵션을 선택하고 [다음]을 클릭합니다.

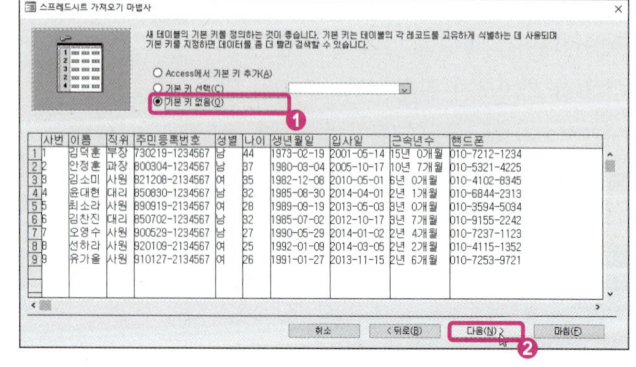

07 마지막으로 [테이블로 가져오기]에 다음과 같이 테이블 이름을 입력하고 [마침]을 클릭합니다.

테이블로 가져오기 : 직원

TIP 데이터를 가져올 때 문제가 발생하면 이 단계에서 에러가 발생한 이유가 안내됩니다. 해당 메시지 내용을 읽고 엑셀 표의 데이터를 수정한 후 다시 작업하면 됩니다.

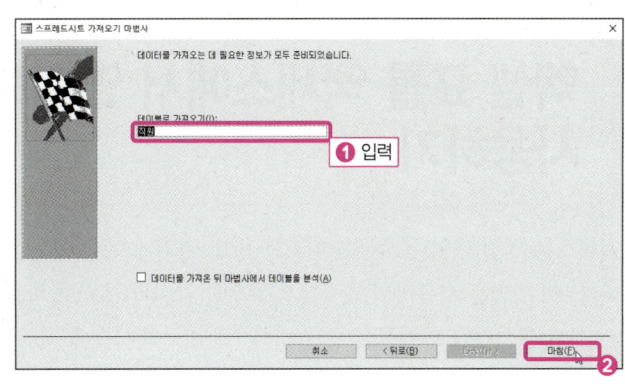

08 [외부 데이터 가져오기] 대화상자가 다시 나타나면서 진행 과정을 저장할지 여부를 묻습니다. 과정은 따로 저장할 필요가 없으므로 [닫기]를 클릭해 대화상자를 닫습니다.

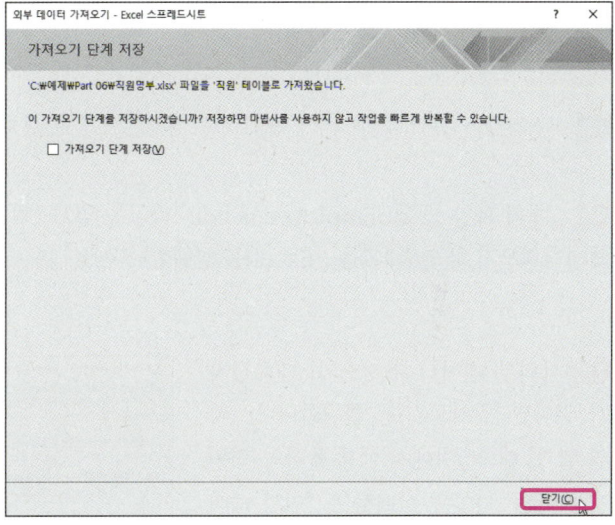

09 이제 액세스 왼쪽 탐색 창에 '직원' 테이블이 표시됩니다. 더블클릭하면 오른쪽 창에 '직원' 테이블의 데이터가 모두 표시됩니다.

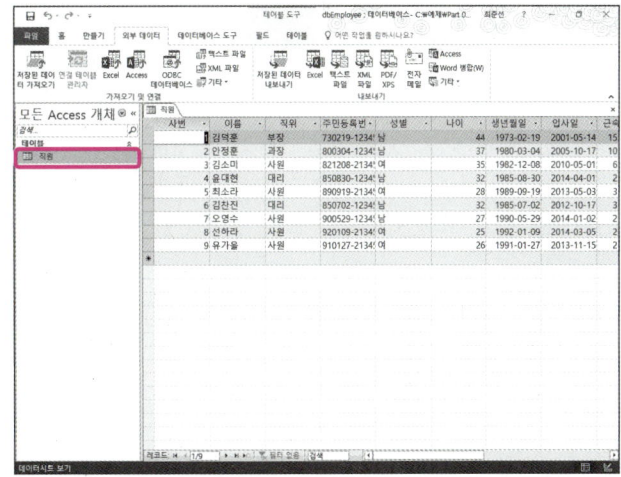

TIP 이렇게 가져온 데이터는 복사본이므로 엑셀과 연결되지 않습니다. 필요한 데이터를 이곳에 추가하면 'No. 388 액세스 데이터베이스에서 필요한 데이터를 엑셀로 가져오기'에서 설명하는 방법으로 엑셀로 가져가 요약하거나 분석할 수 있습니다.

엑셀 표를 액세스에서 연결해 사용하기

387

액세스는 엑셀 표의 복사본을 만드는 방법 이외에 엑셀 표를 테이블과 연결해 사용하는 방법도 제공합니다. 이 방법을 사용하면 엑셀에서 수정한 값이 액세스에 바로 전달되므로 액세스에 아직 익숙하지 않은 경우 편리하게 작업할 수 있습니다. 액세스 테이블에 엑셀 표를 연결해 사용하는 방법에 대해 알아보겠습니다.

예제 파일 PART 06 \ CHAPTER 34 \ 직원명부.xlsx, dbEmployee.accdb

TIP 이 작업은 No. 386의 과정과 매우 유사하며 예제도 동일하므로 두 과정의 차이점 위주로 설명합니다.

01 예제 파일 중 'dbEmployee.accdb' 파일을 열고, 엑셀 파일의 표와 연결하기 위해 [외부 데이터] 탭-[가져오기 및 연결] 그룹-[Excel]을 클릭합니다.

02 [외부 데이터 가져오기] 대화상자가 열리면 [찾아보기]를 클릭합니다. [파일 열기] 대화상자에서 예제 폴더의 '직원명부.xlsx' 파일을 선택하고, [연결 테이블을 만들어 데이터 원본에 연결] 옵션을 선택한 후 [확인]을 클릭합니다.

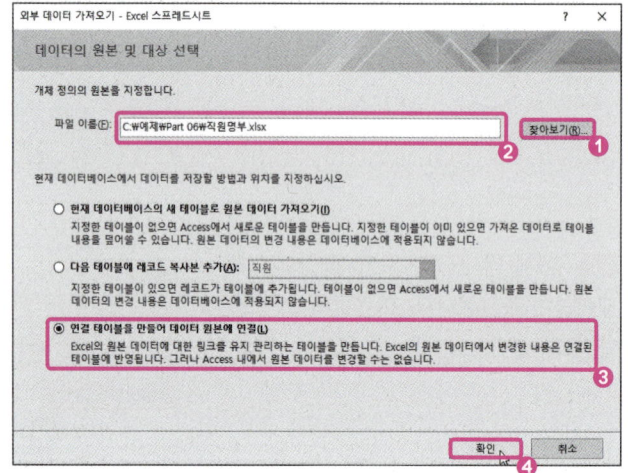

03 [스프레드시트 연결 마법사] 대화상자가 나타나면 [첫 행에 열 머리글이 있음] 옵션에 체크 표시를 하고 [다음]을 클릭합니다.

04 바로 테이블 이름을 설정하는 화면으로 넘어갑니다. [연결 테이블 이름]에 다음과 같이 입력하고 [마침]을 클릭합니다.

연결 테이블 이름 : 직원_연결

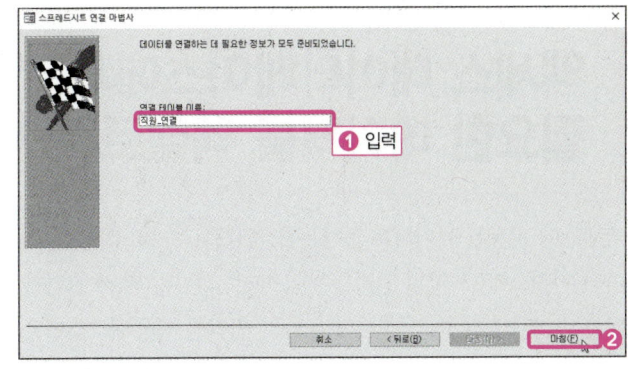

05 왼쪽의 테이블 리스트에 '직원_연결' 테이블이 표시됩니다. 이 테이블은 실제 데이터가 저장된 것이 아니라 엑셀 파일과의 연결 정보를 저장해뒀다가 엑셀 파일의 데이터를 표시하는 역할을 합니다. '직원_연결' 테이블을 더블클릭하면 엑셀의 데이터를 그대로 확인할 수 있습니다.

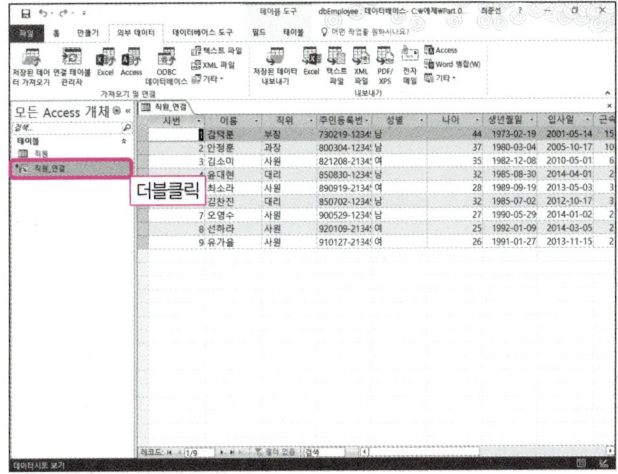

TIP 연결된 테이블은 읽기 전용이므로 수정할 수 없습니다.

액세스 데이터베이스에서 필요한 데이터를 엑셀로 가져오기

388

액세스에 저장된 데이터는 언제든지 엑셀로 가져와 사용할 수 있습니다. 데이터를 가져오려면 [외부 데이터 가져오기]나 파워 쿼리를 이용하면 되는데, 파워 쿼리가 데이터를 여러 가지 방법으로 편집해 가져올 수 있으므로 외부 데이터는 파워 쿼리를 사용해 가져오는 것이 좋습니다. 파워 쿼리는 2016 버전부터 별도의 탭에 제공되지 않고 리본 메뉴의 [데이터] 탭에 포함되어 있습니다. 파워 쿼리를 사용해 액세스에서 필요한 데이터를 가져오는 방법에 대해 알아보겠습니다.

예제 파일 PART 06 \ CHAPTER 34 \ dbProduct.accdb

01 예제 파일을 열고 [탐색] 창에서 '제품' 테이블을 더블클릭해 열면 다음과 같은 데이터를 확인할 수 있습니다. '단종여부' 필드에 '단종'이라고 기록되지 않은 현재 판매 중인 제품만 엑셀로 가져와 피벗 테이블로 요약해보겠습니다.

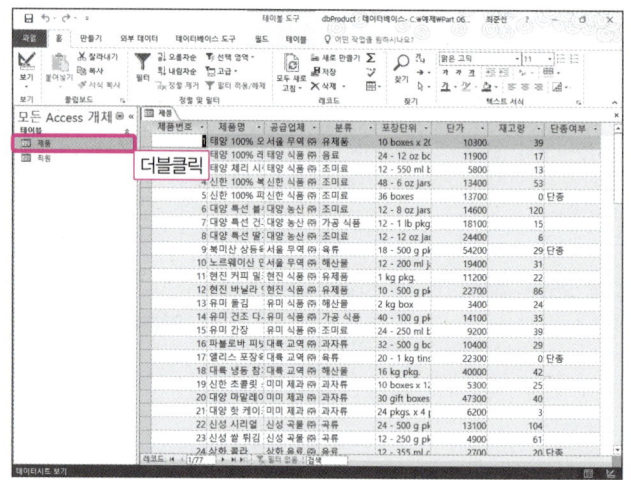

02 엑셀을 실행해 빈 파일을 하나 열고 [데이터] 탭-[가져오기 및 변환] 그룹-[새쿼리]를 클릭한 후 [데이터베이스에서]-[Microsoft Access 데이터베이스에서]를 선택합니다.

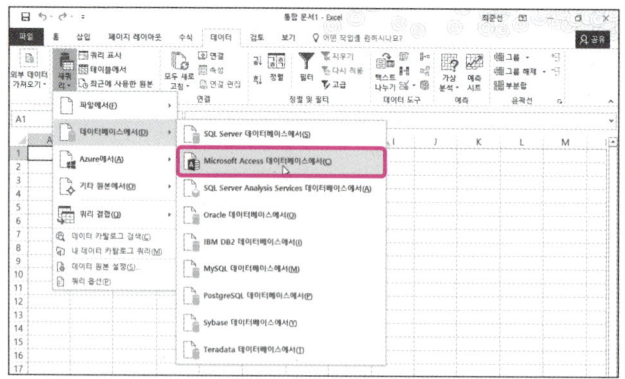

03 탐색 창이 나타나면 가져올 데이터가 있는 '제품' 테이블을 선택합니다. 그러면 우측 화면에 데이터가 미리 보여집니다. 가져올 데이터의 필터 조건을 지정하기 위해 [편집]을 클릭합니다

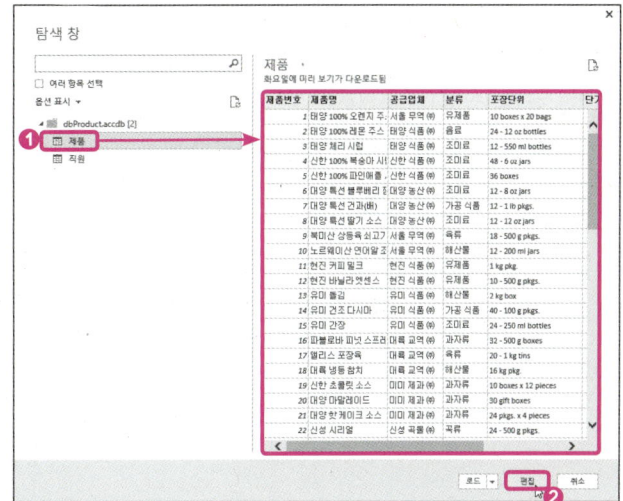

TIP 조건 없이 데이터를 모두 가져오려면 [로드]를 클릭합니다.

04 [쿼리 편집기]가 열리면 '단종여부' 필드의 [▼ 아래 화살표]를 클릭하고 '단종' 항목의 체크만 해제한 후 [확인]을 클릭합니다.

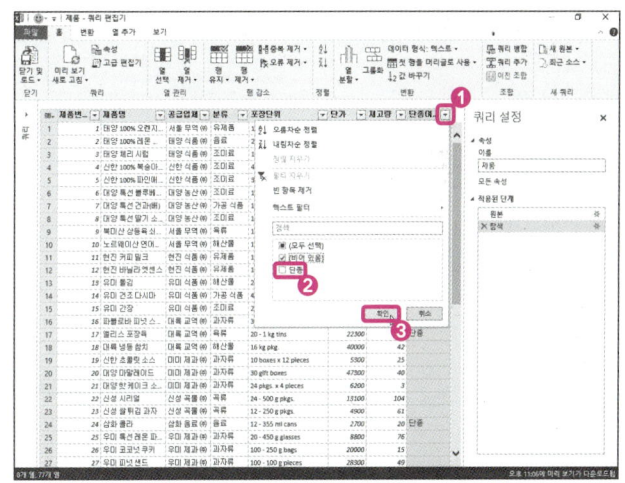

05 가져올 데이터 조건을 설정했으면 엑셀로 데이터를 반환합니다. 엑셀 표로 데이터를 가져오려면 [홈] 탭-[닫기] 그룹-[닫기 및 로드]를 클릭하면 되는데, 쿼리만 저장하고 바로 피벗 테이블 보고서를 만들 수도 있습니다. 여기서는 쿼리를 저장하고 피벗 테이블 보고서를 만들어보겠습니다. [홈] 탭-[닫기] 그룹-[닫기 및 로드]를 클릭하고 [닫기 및 다음으로 로드]를 선택합니다.

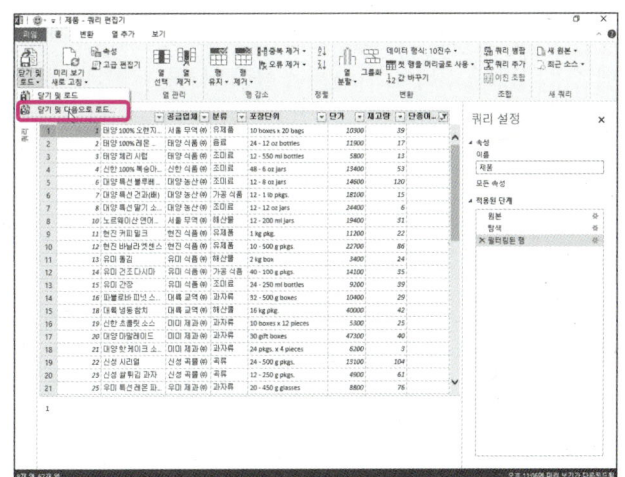

06 [다음으로 로드] 창이 열리면 [연결만 만들기] 항목을 선택하고 [이 데이터를 데이터 모델에 추가] 옵션에 체크 표시를 한 후 [로드]를 클릭합니다. 이렇게 하면 **04** 과정에서 편집된 쿼리만 저장됩니다. 저장된 쿼리 데이터는 파일의 데이터 모델에서 확인할 수 있습니다.

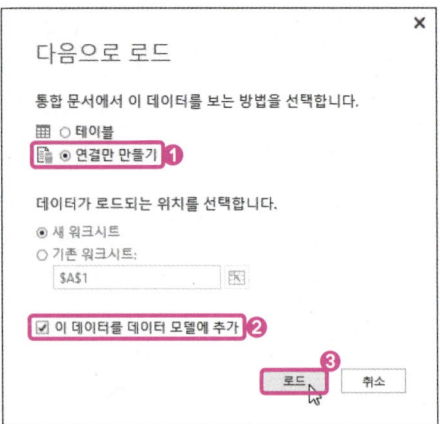

07 [통합 문서 쿼리] 작업 창이 열리면서 '제품' 테이블의 67행 데이터를 가져왔다는 정보가 표시됩니다.

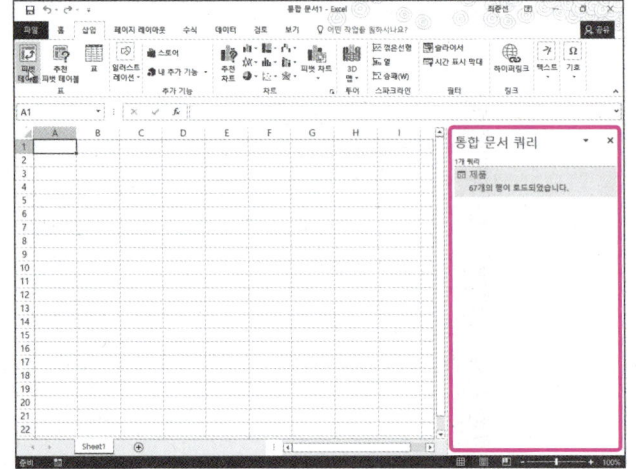

08 이제 피벗 테이블 보고서를 만들어보겠습니다. [삽입] 탭-[표] 그룹-[피벗 테이블]을 클릭합니다. [피벗 테이블 만들기] 대화상자가 열리면 [이 통합 문서의 데이터 모델 사용] 옵션을 선택하고 [확인]을 클릭합니다.

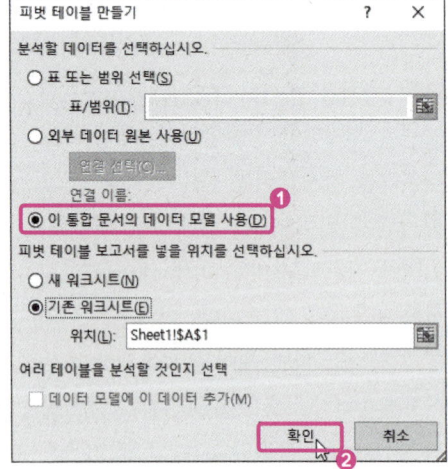

TIP [이 통합 문서의 데이터 모델 사용] 옵션은 엑셀 2016 버전부터 제공됩니다.

09 연결된 액세스 테이블의 머리글이 [피벗 테이블 필드] 작업 창에 표시됩니다. 이제 피벗 테이블 보고서를 구성할 수 있습니다.

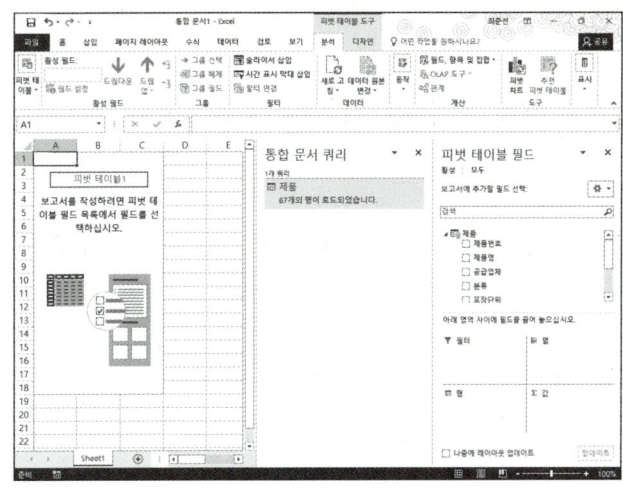

다른 엑셀 파일 내 데이터 가져오기 389

다른 엑셀 파일 내 데이터를 원하는 시트로 가져올 수 있습니다. 파워 쿼리를 이용하면 전체 데이터가 아닌 필요한 열 데이터만 선별해 가져올 수 있으며, 액세스에서와 마찬가지로 데이터에 필터 조건을 설정해 조건에 맞는 데이터만 가져올 수도 있습니다. 다른 엑셀 파일의 데이터를 가져오는 방법에 대해 알아보겠습니다.

예제 파일 PART 06 \ CHAPTER 34 \ dbProduct.xlsx

01 예제 파일을 열고 '제품' 시트를 보면 다음과 같은 표가 있습니다. 다른 파일에서 이 '제품' 시트의 표 데이터 중에서 [H] 열의 '단종여부' 열에 '단종'이 입력되지 않은 제품의 '품번', '품명', '공급업체', '재고량' 열의 데이터만 가져와보겠습니다. 데이터를 확인했으면 파일을 닫습니다.

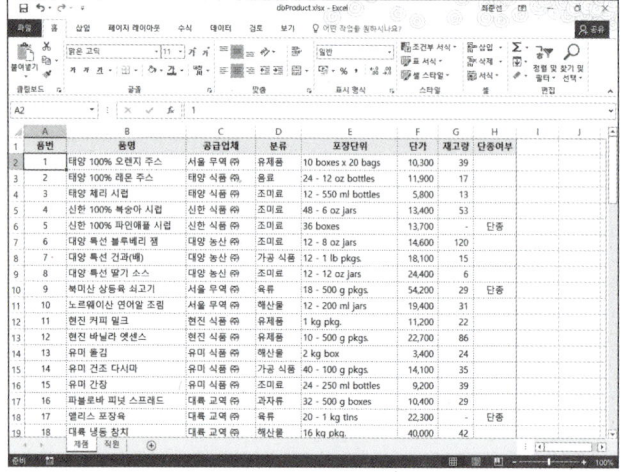

02 엑셀 빈 파일을 하나 열고 [데이터] 탭-[가져오기 및 변환] 그룹-[새 쿼리]를 클릭한 후 [파일에서]-[통합 문서에서]를 선택합니다.

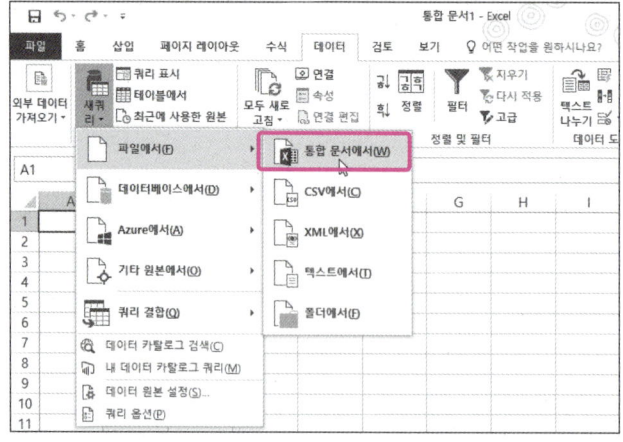

03 [데이터 가져오기] 창이 열리면 예제로 제공되는 'dbProduct.xlsx' 파일을 선택하고 [열기]를 클릭합니다.

04 [탐색 창]이 열리면 창 왼쪽에서 데이터가 저장되어 있는 '제품' 시트를 선택하고, 가져올 데이터 조건을 설정하기 위해 [편집]을 클릭합니다.

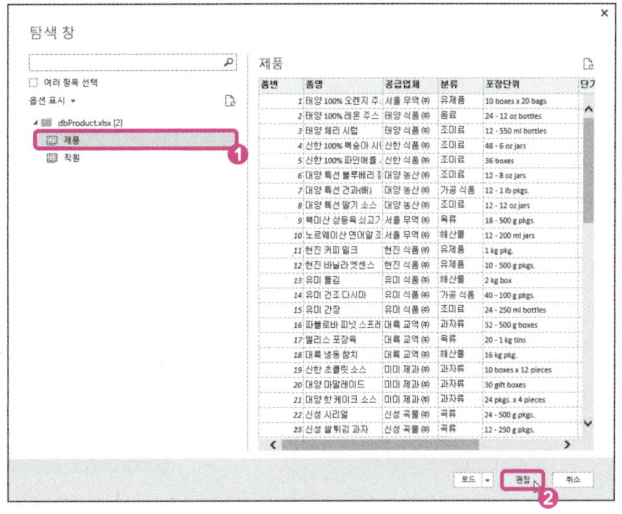

05 [쿼리 편집기] 창이 열리면 '단종여부' 열에서 [▼ 아래 화살표]를 클릭하고 '단종' 항목의 체크 표시를 해제한 후 [확인]을 클릭합니다.

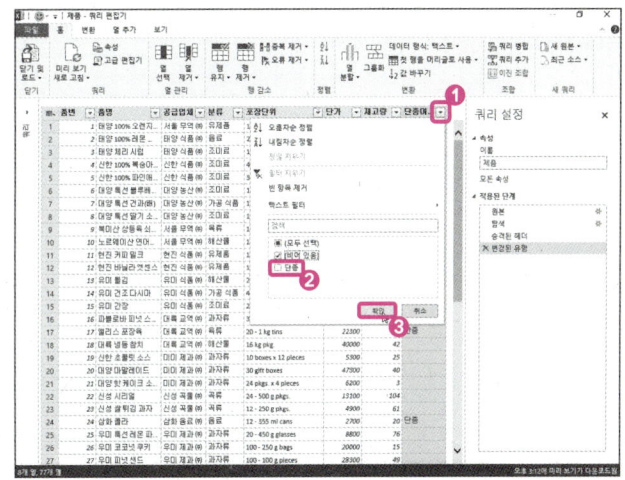

06 Ctrl 을 누른 상태로 가져올 데이터 열(품번, 품명, 공급업체, 재고량)만 선택하고 [홈] 탭-[열 관리] 그룹-[열 제거]를 클릭한 후 [다른 열 제거]를 선택합니다.

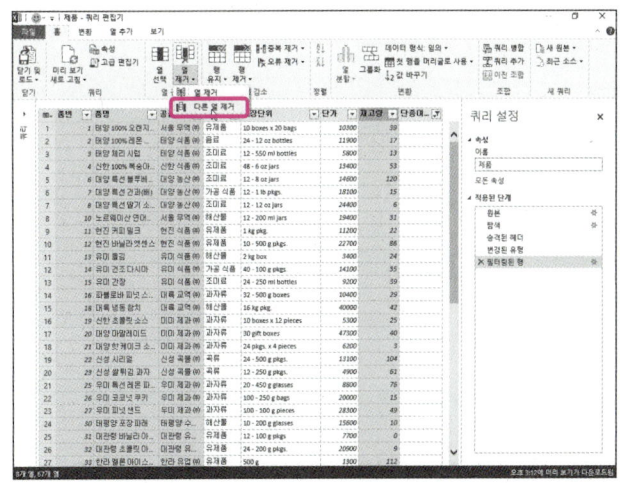

TIP [열 제거] 명령은 데이터를 지우는 것이 아니라 가져올 데이터에서 열을 제외하는 기능을 합니다.

CHAPTER 34 | 외부 데이터, 파워 쿼리 / **819**

07 편집이 끝났으면 워크시트로 데이터를 가져오기 위해 [홈] 탭-[닫기] 그룹-[닫기 및 로드]를 클릭합니다.

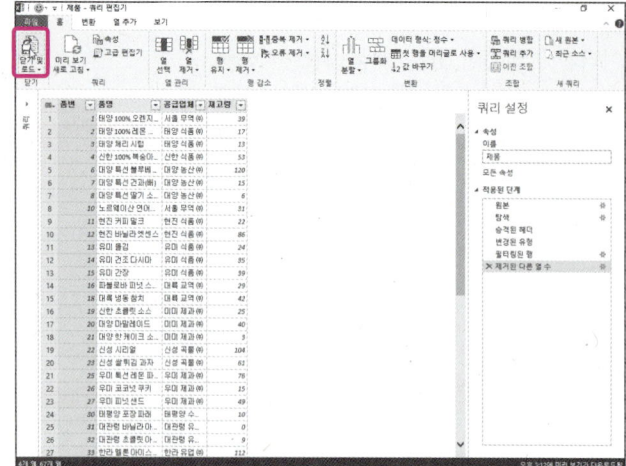

TIP 쿼리로 저장하고 피벗에서 바로 요약하려면 No. 387의 **06-09** 과정을 참고합니다.

08 워크시트로 편집된 데이터가 가져와집니다.

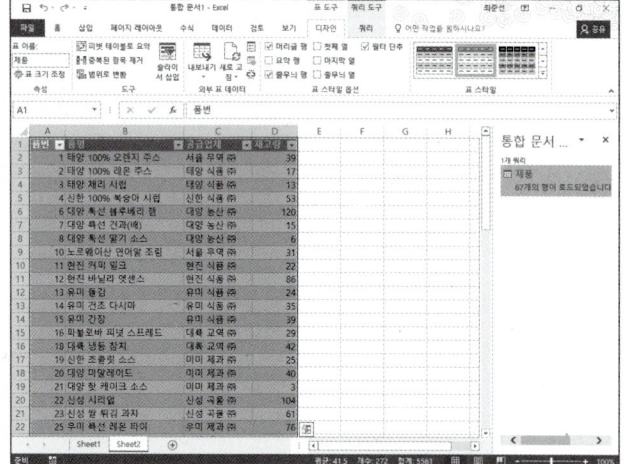

표의 열 데이터를
행 방향으로 전환하기

390

표가 열 방향(오른쪽)으로 구성되면 중복 데이터를 최소화할 수는 있지만 피벗에서 데이터를 요약할 때는 불편합니다. 이런 경우에는 표의 열 방향 구성을 행 방향으로 전환해야 하는데, 파워 쿼리를 이용하면 이런 작업을 매우 쉽게 처리할 수 있습니다. 열 방향으로 구성된 표를 행 방향으로 전환하는 방법에 대해 알아보겠습니다.

예제 파일 PART 06 \ CHAPTER 34 \ 파워쿼리-행열전환.xlsx

01 예제 파일을 열면 제품의 크기별 재고 수량이 정리된 표가 있습니다. [B:D] 열의 크기 데이터를 행 방향으로 전환해보겠습니다.

02 먼저 표를 엑셀 표로 등록하기 위해 [A1:A2] 병합 셀의 병합을 해제하고 [A2] 셀에 [A1] 셀의 값을 동일하게 입력합니다. [A2:D72] 범위를 선택하고 [삽입] 탭-[표] 그룹-[표]를 클릭해 엑셀 표로 등록합니다.

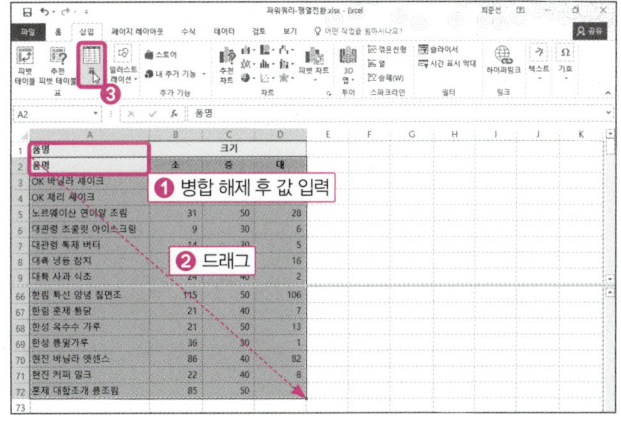

03 파워 쿼리를 이용한 변환 작업을 진행하겠습니다. 엑셀 표 내부의 셀(여기서는 [A2] 셀)을 하나 선택하고 [데이터] 탭-[가져오기 및 변환] 그룹-[🄸 테이블에서]를 클릭합니다.

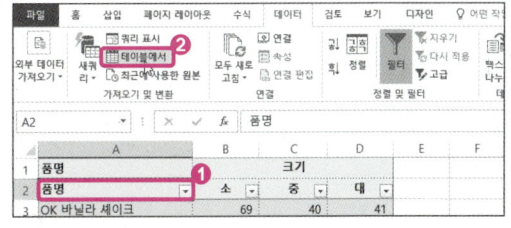

04 쿼리 편집기가 실행되면서 엑셀 표의 데이터가 화면에 표시됩니다. 열 방향 데이터를 선택하기 위해 '소', '중', '대' 열을 선택하고 [변환] 탭-[열] 그룹-[열 피벗 해제]를 클릭합니다.

05 미리보기 화면에서 열 방향 데이터가 행 방향으로 전환됩니다. 두 번째, 세 번째 열 값을 다음과 같이 변경합니다.

특성 → 크기
값 → 수량

이제 엑셀로 데이터를 반환합니다. [홈] 탭-[닫기] 그룹-[닫기 및 로드]를 클릭합니다.

06 변환된 데이터가 화면과 같이 반환됩니다.

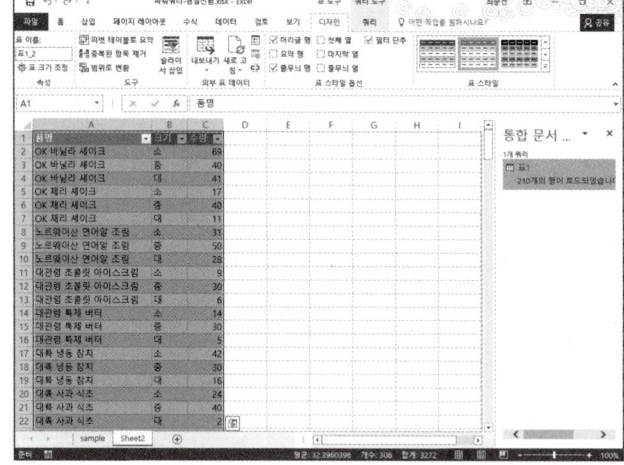

TIP 원본 표에 새 데이터를 입력한 경우도 [새로 고침]을 이용하면 현재 표 구성으로 간단하게 읽어들일 수 있습니다. [표 도구]-[디자인] 탭-[외부 표 데이터] 그룹-[새로 고침]을 클릭하면 됩니다.

특정 폴더의 파일 목록을 엑셀로 가져오기

391

업무를 하다 보면 특정 폴더의 파일 목록을 엑셀로 가져와야 하는 경우가 있습니다. 파워 쿼리에는 폴더 내 파일 정보를 읽어올 수 있는 명령이 제공되는데, 이 명령을 이용하면 원하는 목록만 쉽게 워크시트로 읽어올 수 있습니다. 파워 쿼리를 이용해 특정 폴더 내 파일 목록을 가져오는 방법에 대해 알아보겠습니다.

예제 파일 없음

01 빈 엑셀 파일을 하나 열고, 이 파일의 워크시트에 'Part 06' 폴더의 엑셀 예제 파일 목록을 가져와보겠습니다. [데이터] 탭-[가져오기 및 변환] 그룹-[새쿼리]를 클릭하고 [파일에서]-[폴더에서]를 선택합니다.

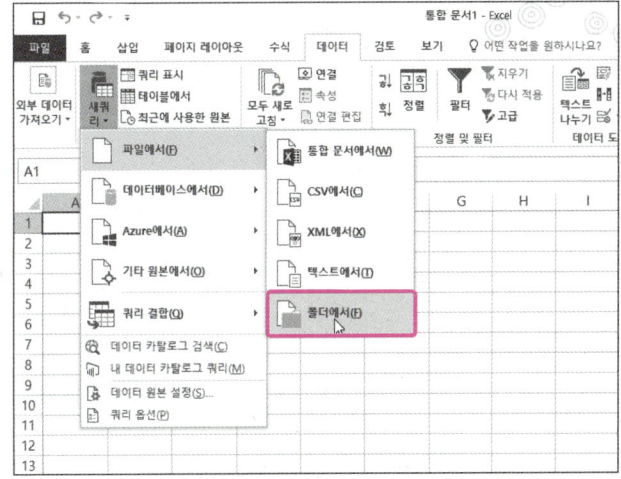

02 [폴더] 창이 열리면 [찾아보기]를 클릭해 예제 폴더를 선택하고 [확인]을 클릭합니다.

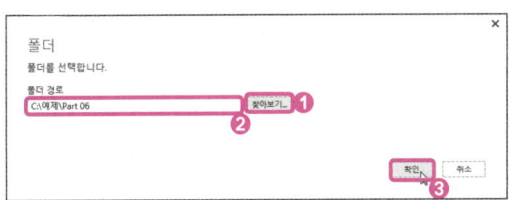

03 선택한 폴더의 파일 목록이 모두 미리 보기 화면에 표시됩니다. 엑셀 파일 목록만 가져오기 위해 [편집]을 클릭합니다.

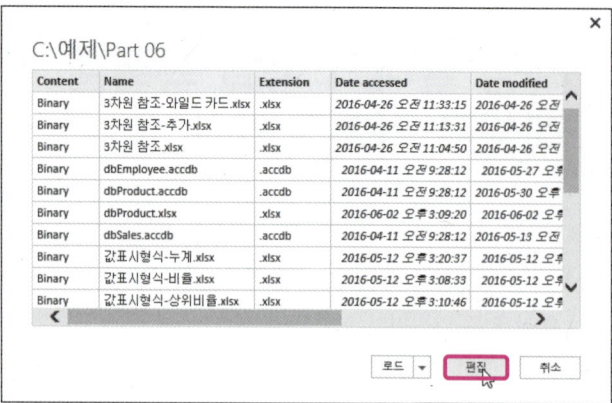

TIP 전체 파일 목록을 가져오려면 [로드]를 클릭합니다.

04 [쿼리 편집기] 창이 열리면 엑셀 파일 목록만 남겨놓기 위해 'Exctention' 열에서 xlsx 확장자를 제외한 accdb, txt 항목의 체크 표시를 해제하고 [확인]을 클릭합니다.

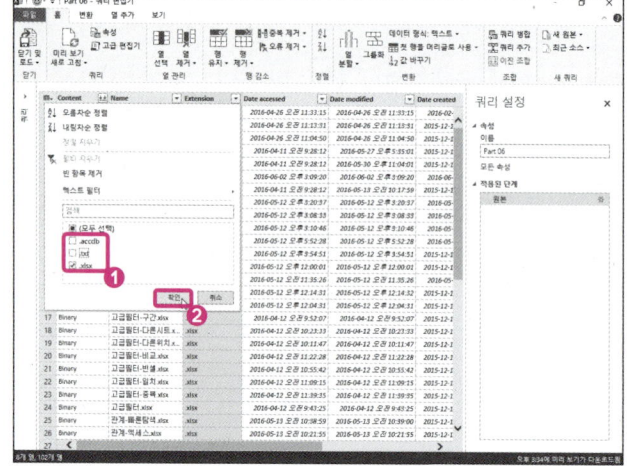

TIP xlsx 확장자만 빠르게 선택하려면, 바로 위의 검색란에 'xlsx' 키워드를 입력하고 Enter 를 누릅니다.

05 파일 목록만 필요하므로 'Name' 열을 선택하고 [홈] 탭-[열 관리] 그룹-[열 제거▼]를 클릭한 후 [다른 열 제거]를 선택합니다.

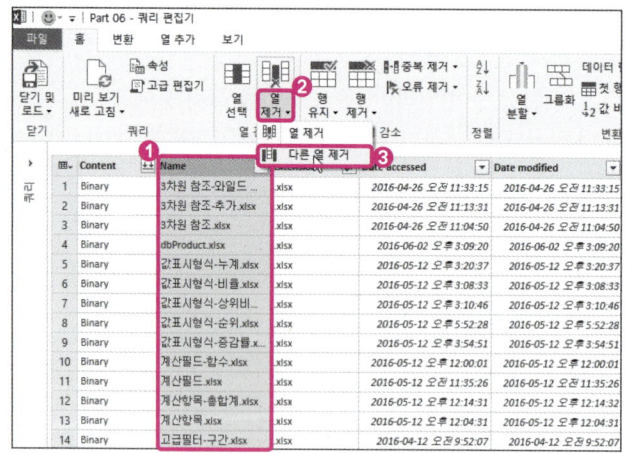

824 / PART 06 | 데이터

06 'Name' 열만 남으면 워크시트로 해당 목록을 반환합니다. [홈] 탭-[닫기] 그룹-[닫기 및 로드]를 클릭합니다.

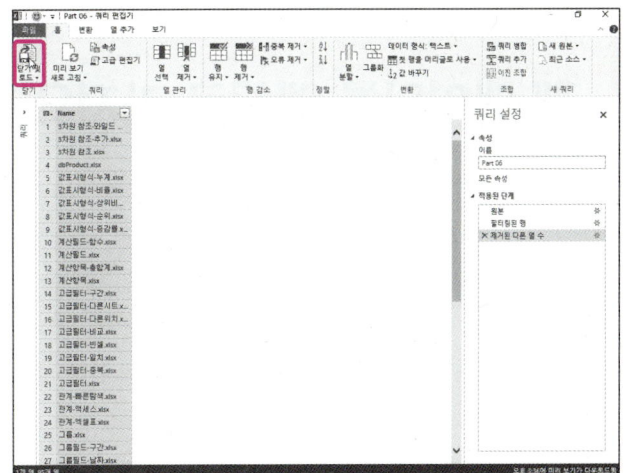

07 워크시트에 엑셀 예제 파일 목록이 엑셀 표로 반환됩니다.

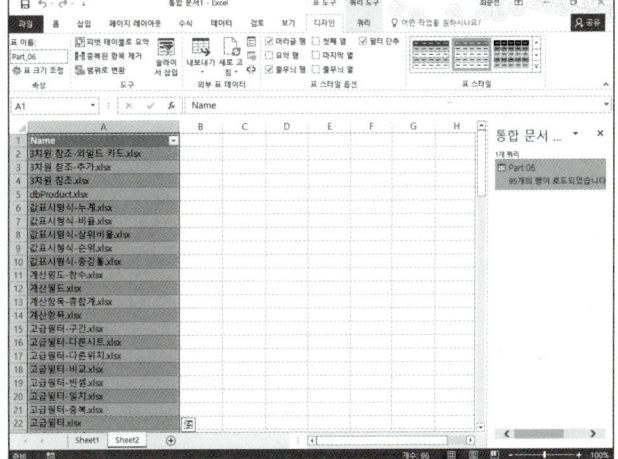

TIP 해당 폴더에 새로 추가된 파일이 있을 경우 [새로 고침]을 클릭하면 엑셀 표에 추가된 파일이 표시됩니다.

웹 데이터를 엑셀로 가져오기

392

웹 페이지의 데이터를 가져오려면 외부 데이터 가져오기의 웹 쿼리나 파워 쿼리를 사용할 수 있습니다. 웹 쿼리는 연결된 사이트의 가져올 부분을 선택하는 방법을 사용하고, 파워 쿼리는 웹 페이지의 테이블 태그(〈table〉)를 인식해 표 이름을 제공하고 선택한 테이블의 데이터를 가져오도록 합니다. 여기서는 파워 쿼리를 이용해 웹 페이지의 데이터를 워크시트로 가져오는 방법에 대해 알아보겠습니다.

예제 파일 없음

01 웹 브라우저를 실행하고 다음 주소를 입력해 국내 증시 정보를 제공하는 네이버 페이지에 접속합니다. 이 페이지의 데이터 중 하단의 상한가 정보만 엑셀로 가져와보겠습니다.

http://finance.naver.com/sise

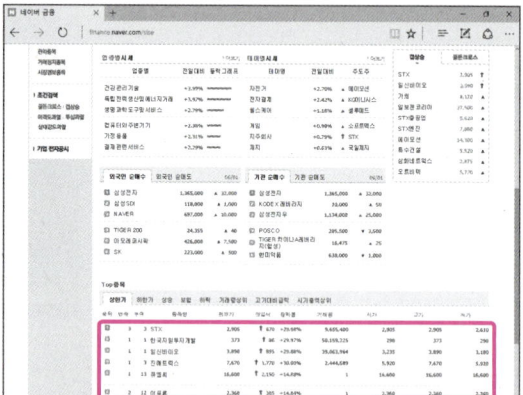

Plus⁺ 웹 페이지의 데이터를 가져올 때 주의할 점

웹 페이지의 데이터를 가져오려고 할 경우에는 다음과 같은 점에 주의해야 합니다.

• **주소가 정확해야 합니다.**
웹 브라우저의 주소 창에 주소가 정확하게 표시되지 않는 사이트의 경우는 가져올 표 데이터가 위치한 곳에서 마우스 오른쪽 버튼을 클릭해 [속성] 명령을 선택한 후 '주소'에 표시된 전체 주소를 복사해 사용합니다.

• **주소 또는 웹 페이지의 구성이 변경될 수 있다는 점에 유의합니다.**
사이트마다 웹 페이지의 변경 등으로 인해 정보를 제공하는 주소가 변경될 수 있습니다. 만약 이 예제의 사이트 주소를 입력해 국내 증시 정보를 찾을 수 없다면 네이버 홈페이지에서 증권 정보를 제공하는 사이트 중 '국내 증시' 부분의 주소를 확인해 사용합니다.

02 엑셀을 실행해 빈 파일을 하나 열고 [데이터] 탭-[가져오기 및 변환] 그룹-[새쿼리]을 클릭한 후 [기타 원본에서]-[웹에서]를 선택합니다.

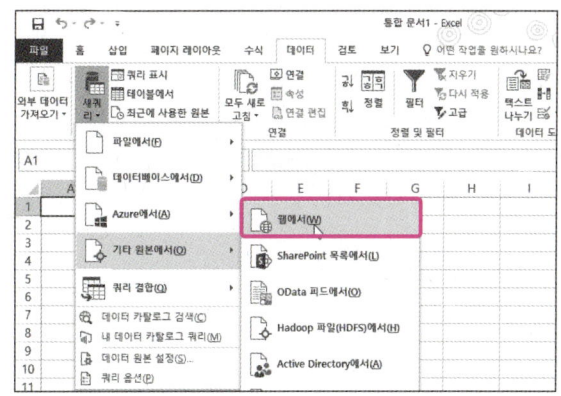

03 [웹에서] 창이 열리면 [URL]에 다음 주소를 입력하고 [확인]을 클릭합니다.

http://finance.naver.com/sise

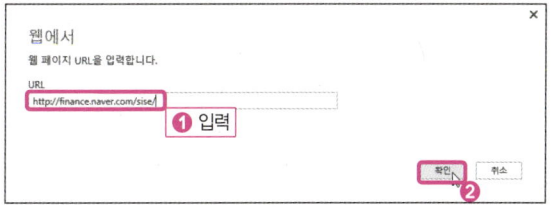

04 탐색 창이 열리면서 해당 웹 페이지의 테이블 정보가 왼쪽 하단에 표시됩니다. 가져올 데이터가 있는 '상한가' 테이블을 선택하고 미리 보기 창에서 데이터를 확인한 후 [로드]를 클릭합니다.

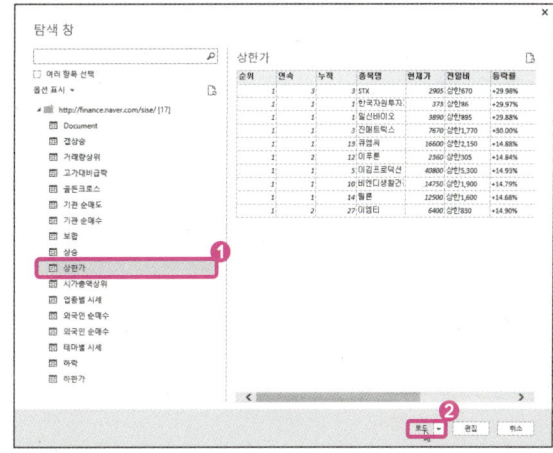

TIP 가져올 데이터를 수정하려면 [편집]을 클릭합니다. 수정하는 방법은 No. 388 ~ No. 391과 동일합니다.

05 웹 페이지에서 선택한 표 데이터가 워크시트에 반환됩니다.

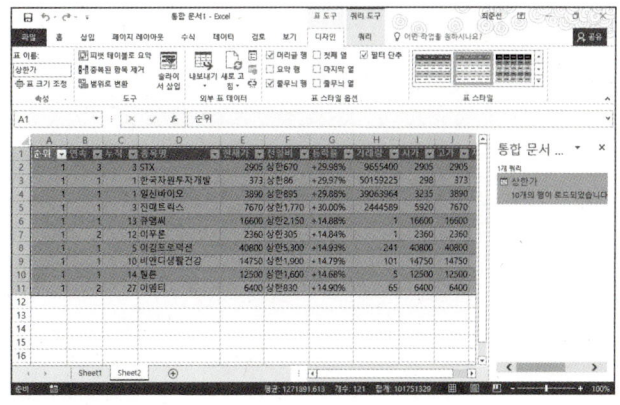

PART
07

엑셀 2016 바이블

개체

CHAPTER 35

도형

도형 삽입하고 크기 조절하기

393

도형을 워크시트에 삽입하고 크기를 조정하려면 도형 테두리의 ○ 크기 조정 핸들을 드래그하면 됩니다. Alt, Ctrl, Shift를 각각 누른 채로 크기 조정 핸들을 드래그하면 다양한 방법으로 도형의 크기를 조정할 수 있습니다. 도형의 크기를 조정하는 다양한 방법에 대해 알아보겠습니다.

예제 파일 없음

01 빈 파일을 열고 [삽입] 탭-[일러스트레이션] 그룹-[도형]을 클릭하고 [사각형] 그룹에서 [직사각형] 도형을 선택합니다.

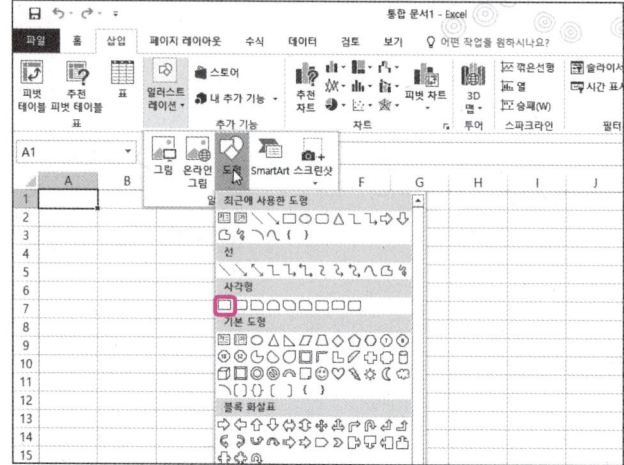

02 워크시트의 원하는 위치에서 드래그하면 해당 크기로 도형이 삽입됩니다. 삽입된 도형 테두리를 보면 면 중앙과 모서리에 ○ 크기 조정 핸들이 있고, 도형 상단에는 ◉ 회전 핸들이 있습니다.

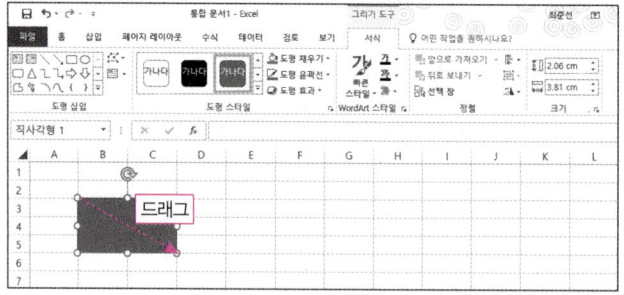

> **Plus⁺ 핸들의 역할**
>
> • 회전 핸들(◉) : 도형 상단에 표시되며, 도형을 회전시킬 때 사용합니다. 도형을 회전시키는 방법은 No. 395번을 참고합니다.
>
> • 크기 조정 핸들(○) : 도형 테두리에 표시되며, 드래그해 도형의 크기를 조정합니다.

03 도형의 크기를 조정하기 위해, 도형 우측 하단에 있는 ○ 크기 조정 핸들을 우측 하단 방향으로 드래그합니다. 그러면 드래그한 위치까지 도형이 확대됩니다.

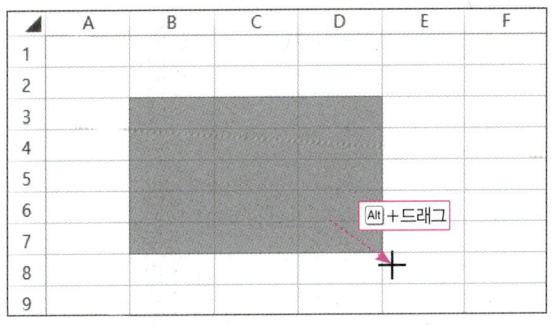

04 도형의 크기를 셀 크기에 맞춰 변경하려면 Alt를 이용합니다. Alt를 누른 채로 도형 우측 하단의 ○ 크기 조정 핸들을 드래그하면 도형의 크기가 셀에 맞춰 조정됩니다.

> **TIP** 화면 상의 마우스 포인터(+) 위치가 드래그한 위치입니다. Alt를 누른 경우에는 도형의 모서리와 마우스 포인터 위치가 일치하지 않을 수 있습니다.

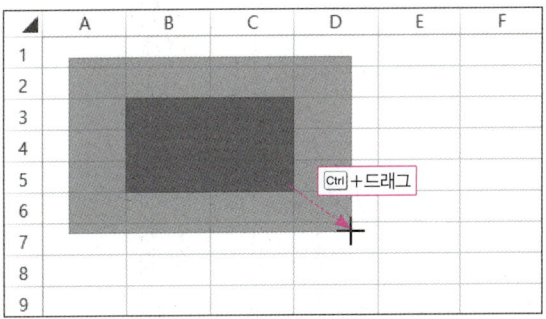

05 도형의 중심을 기준으로 크기를 변경하려면 Ctrl을 이용합니다. Ctrl을 누른 채로 ○ 크기 조정 핸들을 도형의 바깥쪽으로 드래그하면 도형의 중심을 기준으로 크기가 전체적으로 커집니다.

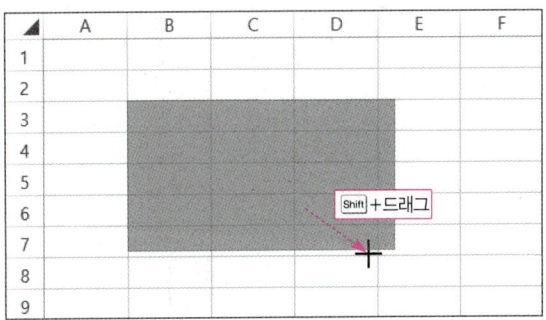

06 도형의 가로, 세로 비율을 유지하면서 크기를 조정하려면 Shift를 누른 채로 ○ 크기 조정 핸들을 드래그합니다.

> **TIP** 화면 상의 마우스 포인터(+) 위치가 드래그한 위치입니다. Shift를 누른 채로 드래그하면 가로×세로 비율이 유지되므로 마우스 포인터 위치와 도형의 크기가 일치하지 않습니다.

도형에 셀 값 참조해 표시하기 394

도형은 셀과 달리 특정 값을 입력해 표시할 수는 있어도 수식은 사용할 수 없습니다. 하지만 다른 셀 값을 참조하는 방법은 제공하므로, 도형에 입력된 텍스트 값을 상황에 맞게 변경하려면 셀에 수식을 입력하고 계산된 결과를 도형에 참조하는 방법을 사용하면 됩니다. 도형에서 셀을 참조하는 방법에 대해 알아보겠습니다.

예제 파일 PART 07 \ CHAPTER 35 \ 도형-제목.xlsx

01 예제 파일을 열면 화면과 같은 표가 있습니다. [B2:D3] 범위의 도형에서 [F3] 셀의 값을 참조해보겠습니다.

02 [B2:D3] 범위의 도형을 선택하고 수식 입력줄에 =를 입력한 후 [F3] 셀을 클릭해 참조합니다. Enter 를 눌러 입력을 마치면 도형에 [F3] 셀의 값이 그대로 표시됩니다.

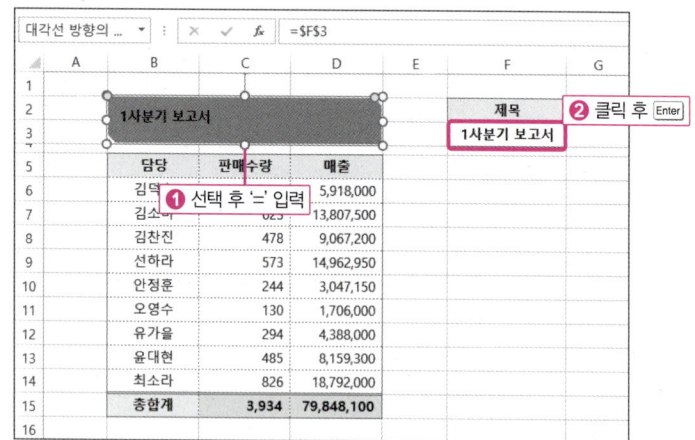

03 도형에 표시된 텍스트를 보기 좋게 표시해보겠습니다. 도형을 선택하고 다음 작업을 순서대로 진행합니다.

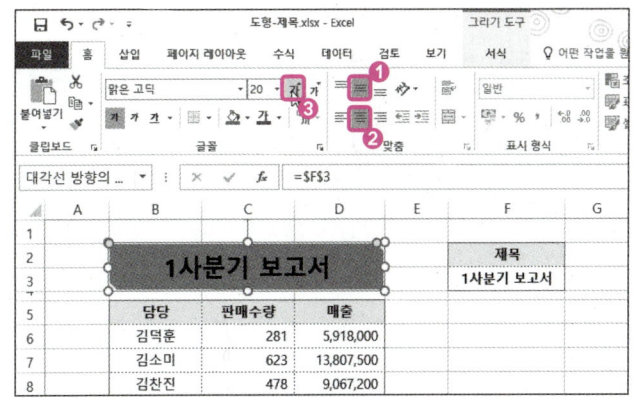

① [홈] 탭-[맞춤] 그룹-[≡ 가운데 맞춤] 클릭
② [홈] 탭-[맞춤] 그룹-[≡ 가운데 맞춤] 클릭
③ [홈] 탭-[글꼴] 그룹-[가 글꼴 크기 크게]를 몇 차례 클릭

04 [F3] 셀의 내용을 수정하면 도형의 텍스트 값이 수정되는지 확인하겠습니다. [F3] 셀의 값을 '2사분기 보고서'로 수정하면 도형에 입력된 텍스트 값도 수정됩니다.

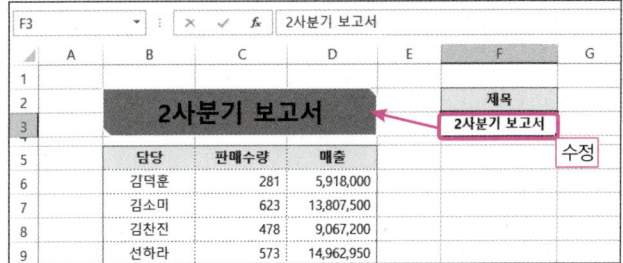

TIP [F3] 셀에 수식이 입력된 경우라면 계산된 결과 값이 변경될 때마다 도형에 표시되는 텍스트 값도 달라집니다.

도형 크기를 입력된 텍스트에 맞추는 방법

395

도형에 텍스트를 입력하다 보면 텍스트 값이 도형에 비해 너무 작거나 클 수 있습니다. 이 경우 도형의 크기를 매번 조정하는 것보다는 도형의 크기가 입력된 텍스트의 글꼴 크기에 맞게 자동으로 변경되도록 하는 것이 편리합니다. 입력된 텍스트에 도형의 크기를 자동으로 맞추는 방법에 대해 알아보겠습니다.

예제 파일 PART 07 \ CHAPTER 35 \ 도형-크기.xlsx

01 예제 파일을 보면 도형 크기에 비해 도형 내 텍스트 크기가 작습니다. 도형의 크기가 텍스트에 맞게 자동으로 조정되도록 설정해보겠습니다. 도형을 마우스 오른쪽 버튼으로 클릭하고 단축 메뉴에서 [도형 서식]을 선택합니다.

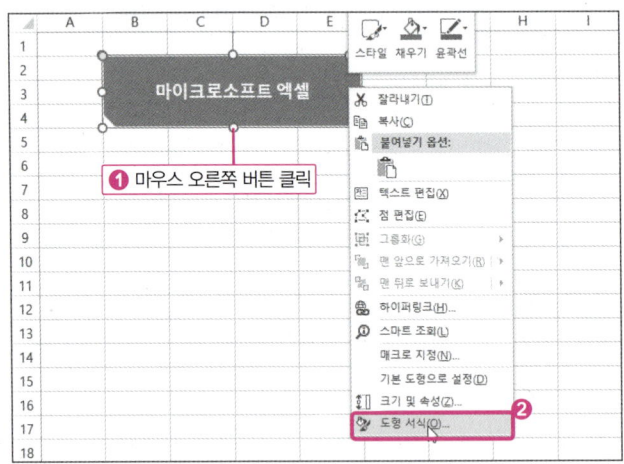

TIP 도형 서식 명령을 실행하는 다양한 방법
- 도형을 선택하고 [서식] 탭-[크기] 그룹에서 ⌐ 대화상자 표시 아이콘을 클릭합니다.
- 도형의 테두리를 마우스로 클릭하고 Ctrl + 1 을 누릅니다.

02 [도형 서식] 작업 창이 표시되면 상단의 [크기 및 속성]을 클릭하고 [텍스트 상자]를 선택한 후 [도형을 텍스트 크기에 맞춤]에 체크 표시를 합니다. 도형의 크기가 텍스트 크기에 맞게 조정됩니다.

도형 회전하기 396

워크시트에 삽입한 도형은 좌우 방향으로 회전시킬 수 있습니다. 도형을 회전하려면 도형을 선택했을 때 나타나는 ⟲ 회전 핸들을 이용하거나 엑셀에서 제공하는 다양한 회전 옵션을 선택해 적용합니다. 도형을 회전시키는 방법에 대해 알아보겠습니다.

예제 파일 PART 07 \ CHAPTER 35 \ 도형-회전.xlsx

01 예제 파일을 열어보면 원통형 도형이 삽입되어 있습니다. 도형을 선택하면 상단에 ⟲ 회전 핸들이 나타나는 것도 확인합니다. 도형을 여러 방향으로 회전시켜보겠습니다.

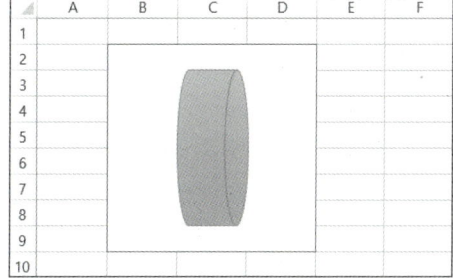

02 먼저 메뉴를 사용해보겠습니다. 도형을 선택한 상태에서 [그리기 도구]-[서식] 탭-[정렬] 그룹-[🔄 회전]을 클릭하고 하위 메뉴 중 하나를 선택합니다. 각 메뉴에 마우스 포인터를 올려놓으면 도형이 회전한 모습이 미리 보여집니다.

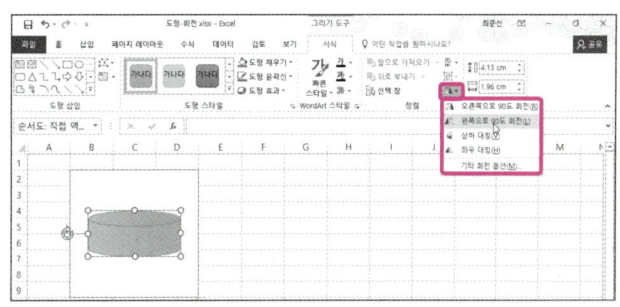

TIP [회전] 명령의 하위 메뉴

- 오른쪽으로 90도 회전 : 도형을 시계 방향으로 90도 회전시킵니다.
- 왼쪽으로 90도 회전 : 도형을 시계 반대 방향으로 90도 회전시킵니다.
- 상하 대칭 : 도형의 상/하를 바꿔 표시합니다.
- 좌우 대칭 : 도형의 좌/우를 바꿔 표시합니다.

03 원하는 방향으로 직접 도형을 회전시키려면 ⟲ 회전 핸들을 이용합니다. 도형이 선택된 상태에서 마우스를 이용해 도형 상단에 위치한 회전 핸들을 원하는 방향으로 드래그합니다.

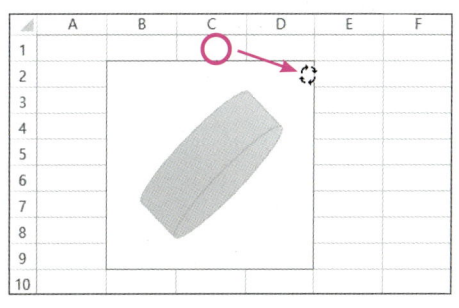

TIP 회전 핸들(⟲)을 일정한 기울기로 회전시키는 방법

회전 핸들을 드래그할 때 Shift 를 누르면 도형이 15°씩 회전합니다. 이런 특성을 이용하면 도형을 보다 정밀하게 회전시킬 수 있습니다.

도형 정렬하기

397

여러 개의 도형을 삽입한 경우 각 도형을 원하는 위치에 딱 맞게 정렬하는 것이 쉽지 않습니다. 여러 개의 도형을 일관되게 정렬하려면 엑셀에서 제공하는 도형 정렬 명령을 사용하는 것이 좋습니다. 이 방법은 차트나 그림 등에도 동일하게 적용할 수 있습니다. 도형을 정렬하는 방법에 대해 알아보겠습니다.

예제 파일 PART 07 \ CHAPTER 35 \ 도형-정렬.xlsx

01 예제 파일을 열어보면 도형 네 개가 다음과 같이 삽입되어 있습니다. 이 도형을 보기 좋게 정렬해보겠습니다. 먼저 아래쪽에 있는 도형 세 개를 정렬합니다. 왼쪽 첫 번째 도형을 선택하고 Shift 를 누른 채로 두 번째, 세 번째 도형을 클릭해 도형 세 개를 모두 선택합니다.

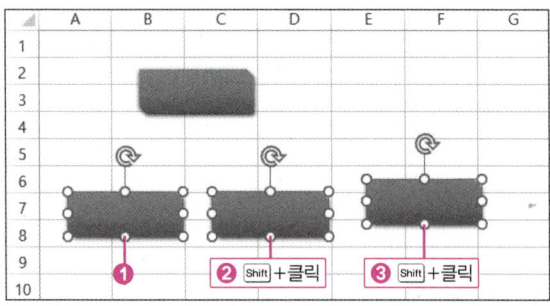

02 도형을 정렬하기 위해 다음 순서로 작업합니다.

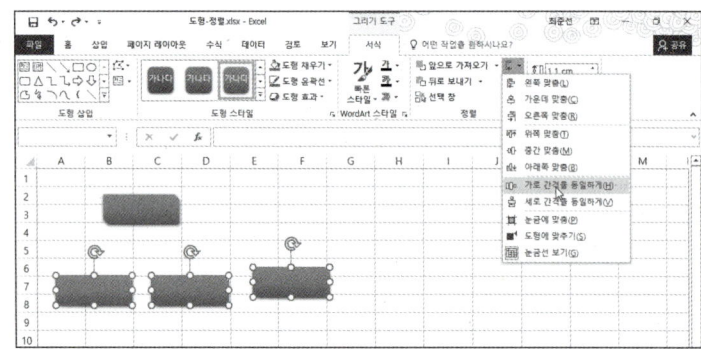

❶ [그리기 도구]-[서식] 탭-[정렬] 그룹-[맞춤]을 클릭하고 [가로 간격을 동일하게] 선택
도형의 가로 간격이 일정하게 조정됩니다.

❷ [그리기 도구]-[서식] 탭-[정렬] 그룹-[맞춤]을 클릭하고 [중간 맞춤] 선택
선택된 도형의 중간에 위치한 도형의 위쪽 위치로 도형의 높이를 맞춥니다.
[위쪽 맞춤] 또는 [아래쪽 맞춤]을 선택해도 됩니다.

03 위쪽 도형을 아래쪽 가운데 도형에 맞추어 정렬하겠습니다. 위쪽 도형을 선택하고 Shift 를 누른 상태에서 아래쪽 가운데 도형을 선택합니다. [그리기 도구]-[서식] 탭-[정렬] 그룹-[맞춤]을 클릭하고 [오른쪽 맞춤]을 선택합니다.

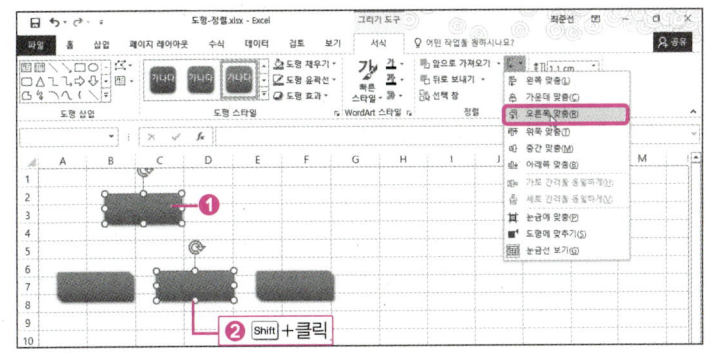

> **Plus⁺** [오른쪽 맞춤]을 사용하는 이유
>
> [오른쪽 맞춤]은 선택된 도형 중에서 오른쪽에 있는 도형의 위치를 기준으로 다른 도형을 정렬합니다. [왼쪽 맞춤]을 선택하면 [오른쪽 맞춤]과는 달리 아래쪽 가운데 도형이 위쪽 도형 위치로 이동합니다.

04 도형 네 개가 다음과 같이 깔끔하게 정렬됩니다.

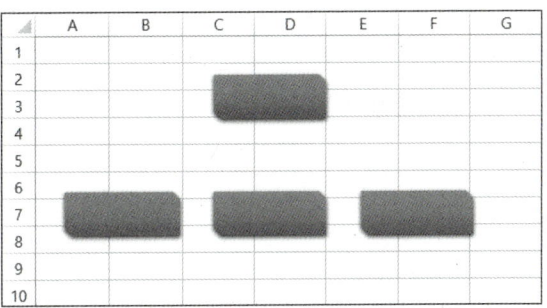

CHAPTER 35 | 도형 / **837**

도형에 입체 효과 주기

398

엑셀에는 도형에 다양한 효과를 적용할 수 있는 메뉴가 있습니다. 특히 3D 입체 효과를 적용하면 평면적인 도형에 입체감을 부여할 수 있습니다. 도형에 다양한 입체 효과를 지정하는 방법에 대해 알아보겠습니다.

예제 파일 PART 07 \ CHAPTER 35 \ 도형-입체.xlsx

01 예제 파일을 열고 오각형 도형에 입체 효과를 적용해보겠습니다. 도형을 선택하고 [그리기 도구]-[서식] 탭-[도형 스타일] 그룹-[도형 효과]를 클릭한 후 [기본 설정]-[기본 설정 2]를 선택합니다. 도형에 입체 효과가 적용됩니다.

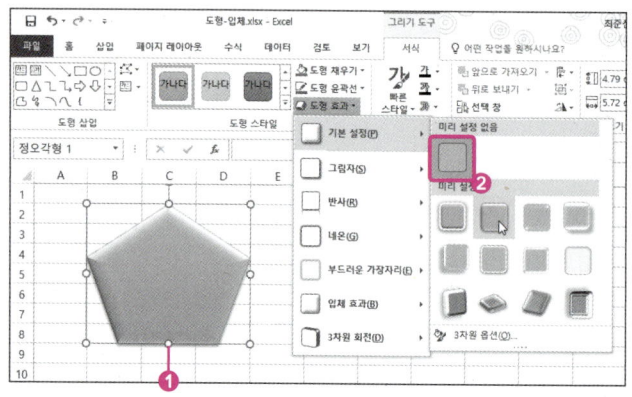

TIP 도형 효과를 직접 지정하기

[기본 설정] 메뉴는 [그림자], [반사], [네온], [부드러운 가장자리], [입체 효과], [3차원 회전] 메뉴에 포함된 하위 효과를 적절하게 혼합하여 적용해놓은 것입니다. [기본 설정]의 하위 메뉴로 제공되는 효과가 만족스럽지 않다면 [그림자], [반사], [네온], [부드러운 가장자리], [입체 효과], [3차원 회전] 등의 하위 효과를 직접 적용합니다.

02 입체 효과가 적용된 도형에 그라데이션 효과를 추가하겠습니다. [그리기 도구]-[서식] 탭-[도형 스타일] 그룹-[도형 채우기]를 클릭하고 [그라데이션]-[가운데에서]를 선택합니다.

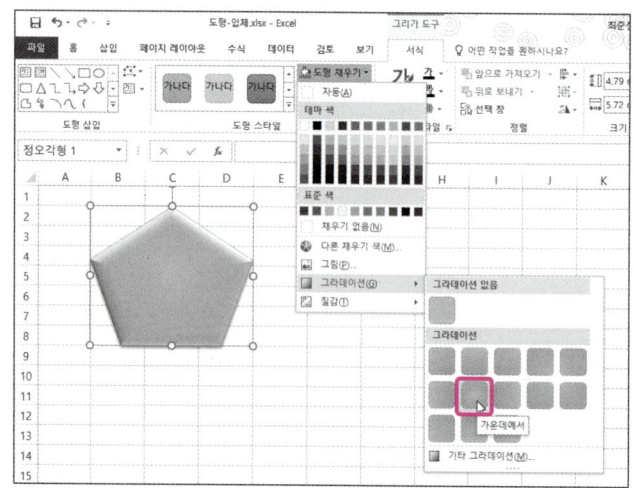

TIP 그라데이션 효과

도형에 그라데이션 효과를 적용하면 색상이 진한 부분과 옅은 부분이 생겨 좀 더 보기 좋습니다. 여러 가지 그라데이션 효과를 적용해보면서 문서에 어울리고 마음에 드는 효과를 선택합니다.

여러 도형을
하나의 도형으로 묶기

399

엑셀에는 다양한 도형이 제공되지만 필요한 도형이 없을 수 있습니다. 이런 경우에는 여러 도형을 이용해 원하는 도형을 직접 구성하면 됩니다. 완성한 도형을 [그룹] 기능으로 묶어두면 하나의 도형처럼 사용할 수 있습니다. 여러 도형을 하나의 도형처럼 관리할 수 있는 [그룹] 기능에 대해 알아보겠습니다.

예제 파일 PART 07 \ CHAPTER 35 \ 도형-그룹.xlsx

01 예제 파일을 열어보면 화면과 같은 도형이 삽입되어 있습니다. 왼쪽 원통형 도형의 입체감을 높이기 위해 오른쪽 타원 도형을 원통형 도형 하단에 놓고, 두 도형을 하나의 도형처럼 그룹으로 설정해보겠습니다.

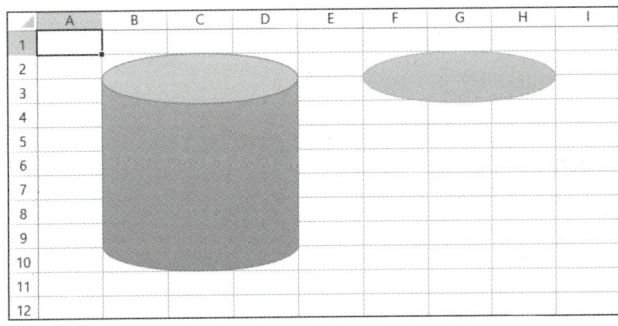

TIP 타원 도형은 원통형 도형 상단의 타원 부분과 같은 크기로 그린 것입니다.

02 오른쪽의 타원 도형을 선택해 왼쪽 원통형 도형 하단으로 이동시킵니다. 원통형 도형이 셀 테두리에 맞춰 삽입되어 있으므로 Alt 를 누른 채 타원 도형을 드래그하면 좀 더 쉽게 배치할 수 있습니다.

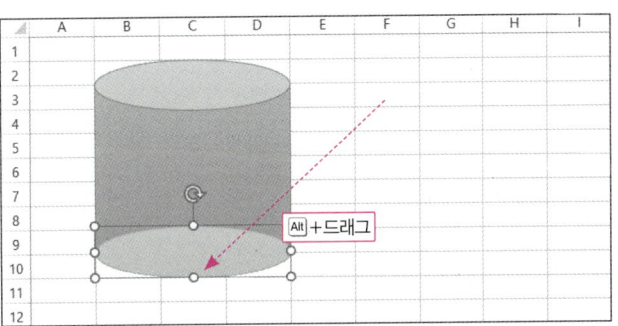

03 도형의 입체감을 높이기 위해 그라데이션 효과를 적용하겠습니다. 원통형 도형을 선택하고 [그리기 도구]-[서식] 탭-[도형 스타일] 그룹-[🔲 도형 채우기]를 클릭한 후 [그라데이션]-[선형 왼쪽]을 선택합니다.

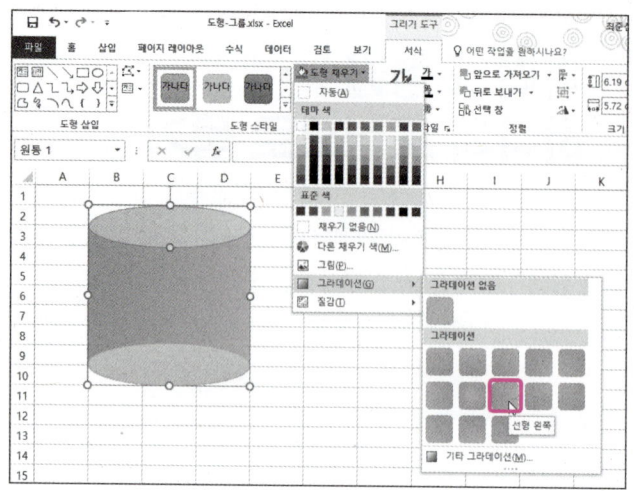

04 Shift를 누른 상태에서 두 도형을 순서대로 선택하고 [그리기 도구]-[서식] 탭-[정렬] 그룹-[🔲 그룹]을 클릭한 후 [그룹]을 선택합니다.

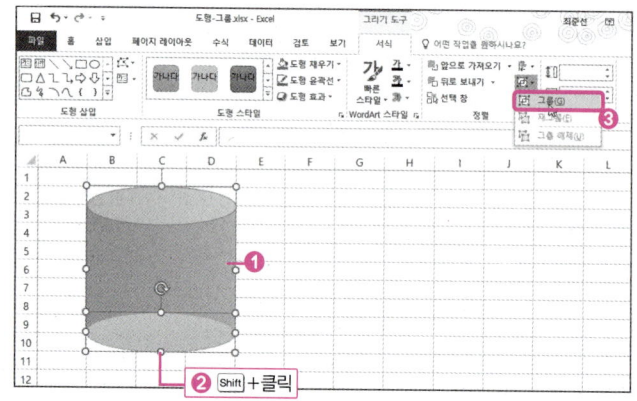

TIP 그룹 해제
[그룹] 기능을 이용해 하나로 묶은 도형을 다시 원래대로 분리할 수도 있습니다. [그리기 도구]-[서식] 탭-[정렬] 그룹-[🔲 그룹]을 클릭하고 [그룹 해제]를 선택하면 됩니다.

05 도형을 선택할 때 나타나는 테두리 선이 하나만 표시됩니다. 이제 도형을 다른 위치로 드래그하면 두 도형이 하나의 도형처럼 움직이는 것을 확인할 수 있습니다.

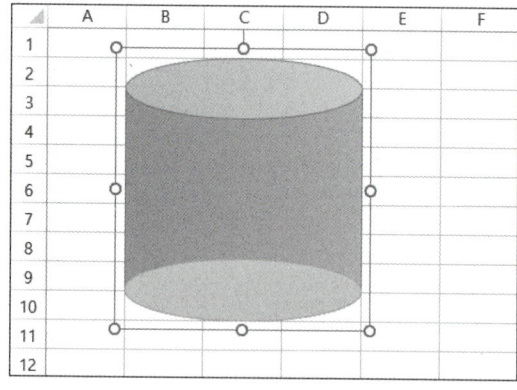

전체 도형을 한 번에 삭제하기

400

도형이 여러 개 삽입된 워크시트에서 도형을 모두 삭제하고 싶을 때, 도형이 많거나 흩어져 있다면 일일이 선택해 지우는 방법은 불편합니다. 여기서는 도형을 한 번에 선택해 삭제하는 방법에 대해 알아보겠습니다.

예제 파일 PART 07 \ CHAPTER 35 \ 도형-삭제.xlsx

01 예제 파일을 열면 화면과 같은 다양한 도형을 확인할 수 있습니다. 삽입된 도형을 한 번에 모두 삭제해보겠습니다.

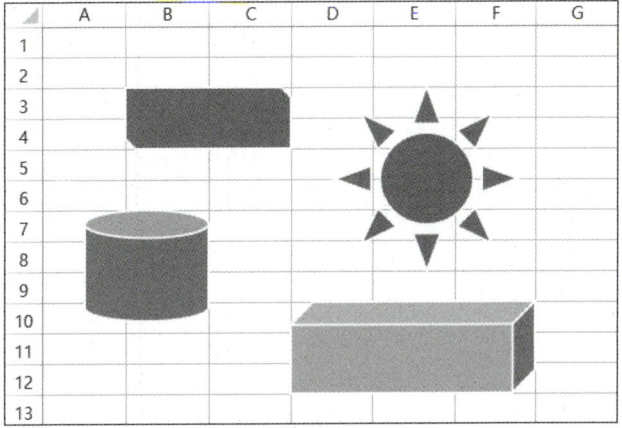

02 삭제할 도형을 선택하기 위해 [홈] 탭-[편집] 그룹-[찾기 및 선택]을 클릭하고 [이동 옵션]을 선택합니다.

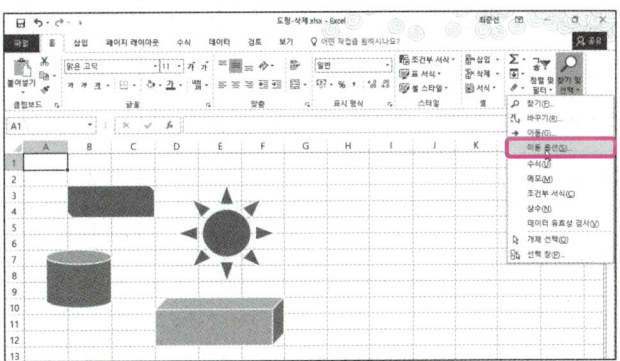

03 [이동 옵션] 대화상자가 열리면 [개체]를 선택하고 [확인]을 클릭합니다.

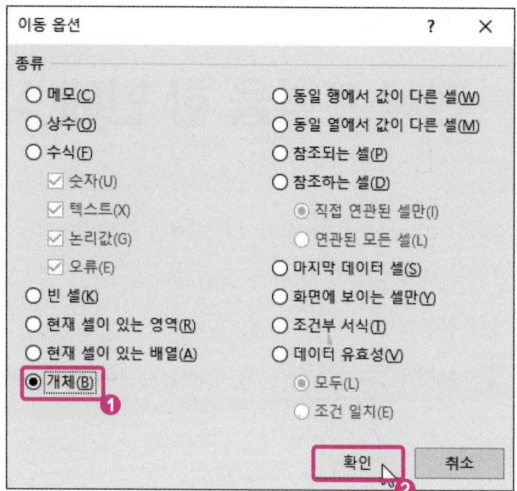

04 전체 도형이 선택됩니다. 이제 Delete 를 누르면 한 번에 모든 도형을 삭제할 수 있습니다.

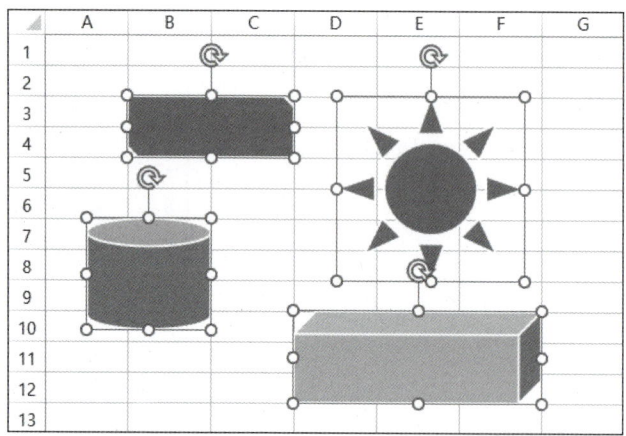

Plus⁺ 단축키로 도형 선택하기

도형 하나를 선택한 후 Ctrl + Shift + Space Bar 를 누르면 워크시트에 있는 모든 도형이 선택됩니다. 다만 이 방법을 사용하거나 [이동 옵션]에서 [개체]를 선택한 경우에는 도형뿐 아니라, 차트, 이미지, 컨트롤 등도 모두 선택됩니다. 그러므로 특정 위치의 도형만 선택하려면 [🔎 찾기 및 선택]의 하위 메뉴에서 [개체 선택]을 선택하고 마우스로 도형이 삽입된 범위 전체를 드래그하는 방법이 유용합니다.

CHAPTER
36

그림, 워드아트, SmartArt

그림 삽입하고 효과 적용하기

401

엑셀에서는 그림을 워크시트에 삽입할 수 있을 뿐 아니라 다양한 필터 효과를 이용해 그림을 꾸밀 수도 있습니다. 물론 그래픽 프로그램과 같은 전문적인 작업을 할 수 있는 것은 아니지만 업무에 활용할 수 있는 정도의 간단한 작업은 손쉽게 처리할 수 있습니다. 그림을 삽입하고 적절한 효과를 적용하는 방법에 대해 알아보겠습니다.

예제 파일 PART 07 \ CHAPTER 36 \ Office.jpg

01 엑셀을 실행해 빈 파일을 열고 그림을 삽입한 후 효과를 적용해보겠습니다. [삽입] 탭-[일러스트레이션] 그룹-[그림]을 클릭합니다.

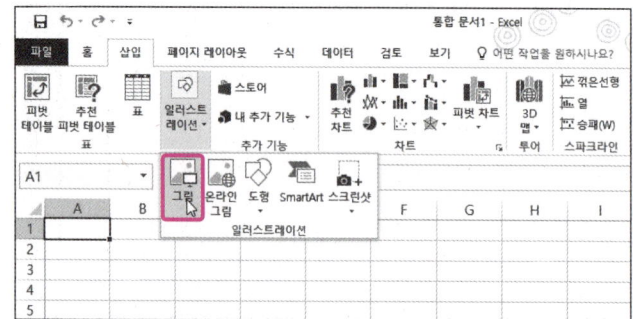

02 [그림 삽입] 대화상자가 열리면 예제로 제공되는 'Office.jpg' 파일을 선택하고 [삽입]을 클릭합니다.

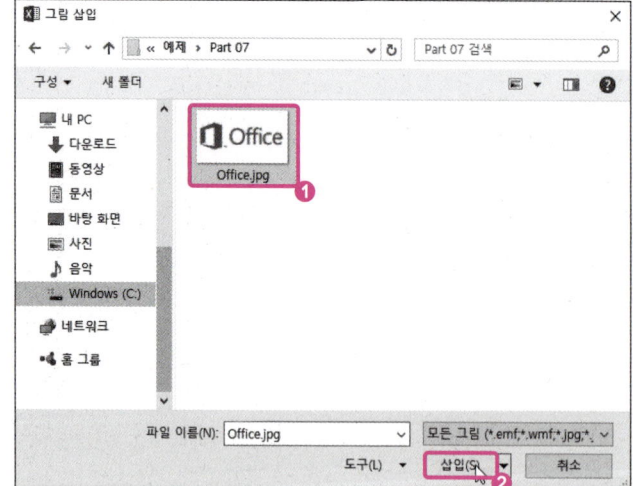

03 선택한 그림이 워크시트에 삽입되고, 리본 메뉴에 그림을 편집할 수 있도록 [서식] 확장 탭이 표시됩니다.

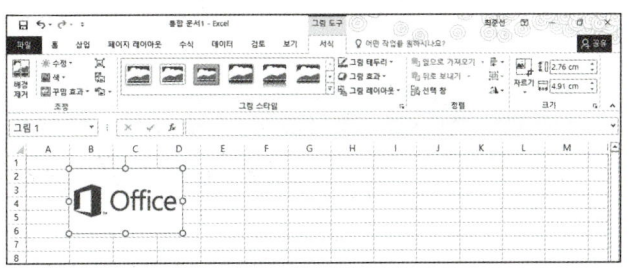

04 삽입된 그림에 효과를 적용하기 위해 [그림 도구]-[서식] 탭-[조정] 그룹-[꾸밈 효과]를 클릭합니다. 다양한 꾸밈 효과를 확인할 수 있습니다. 갤러리에서 [복사]를 선택합니다.

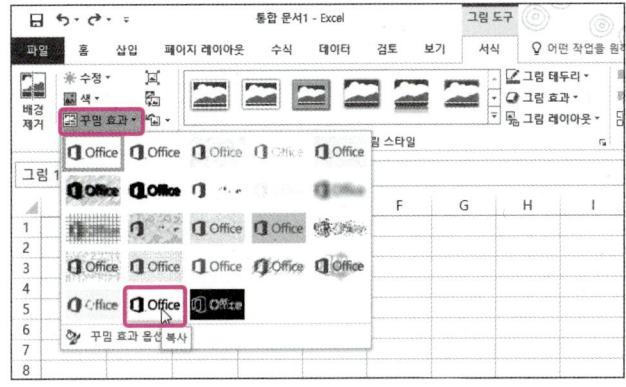

05 그림에 효과가 적용됩니다.

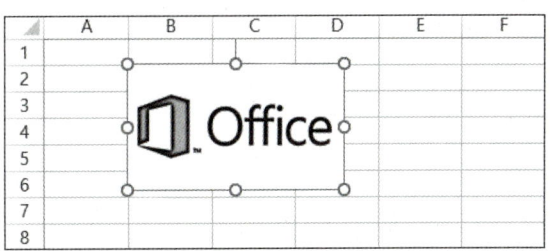

TIP 그림에 적용된 효과 삭제하기

그림에 적용된 효과를 삭제하려면 그림이 선택된 상태에서 [그림 도구]-[서식] 탭-[조정] 그룹-[그림 원래대로]를 클릭합니다.

그림 배경 투명하게 설정하기

402

도장이나 로고 등의 이미지 배경이 흰색일 경우 바탕에 색이 있으면 흰색 배경이 바탕 색 위에 표시되므로 보기 좋지 않습니다. 이런 이미지의 경우는 배경을 투명하게 설정하면 이미지를 더욱 선명하게 표시할 수 있습니다. 그림 배경 중 일부를 투명하게 설정하는 방법에 대해 알아보겠습니다.

예제 파일 PART 07 \ CHAPTER 36 \ 그림-투명.xlsx

01 예제 파일을 열어보면 화면과 같이 [B3:D7] 범위에 오피스 로고가 삽입되어 있습니다. 로고 이미지의 흰색 배경을 투명하게 설정해보겠습니다. 오피스 로고를 선택하고 [그림 도구]-[서식] 탭-[조정] 그룹-[📷 색]을 클릭한 후 [📷 투명한 색 설정]을 선택합니다.

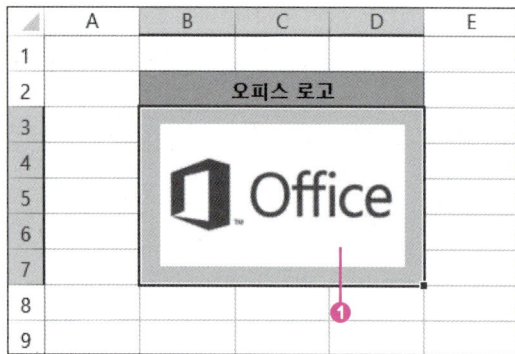
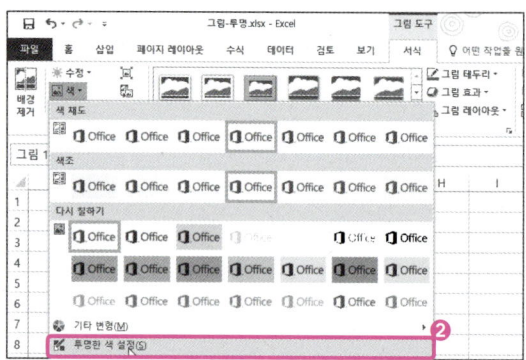

02 마우스 포인터가 연필 모양으로 변경되면 그림의 흰색 배경 부분을 클릭합니다. 오른쪽 화면처럼 배경이 투명해집니다.

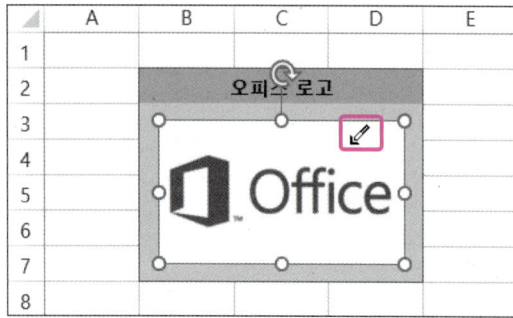

다른 위치에 삽입된 그림을 조건에 맞게 참조하기

403

다른 위치에 삽입된 그림 중 조건에 맞는 그림만 가져와 표시하려면 이름 정의 및 INDEX, MATCH 함수의 사용 방법을 알고 있어야 합니다. 다만 이 방법을 사용하면 원하는 위치로 그림을 참조해온 것과 같은 효과를 얻을 수는 있지만, 그림 파일을 여러 워크시트에 삽입해놓으면 파일 속도가 느려지고 관리가 불편해집니다. 그러므로 이 방법은 되도록이면 참조할 그림이 적을 때만 적용하고 그림이 많다면 매크로를 이용하는 것이 좋습니다.

예제 파일 PART 07 \ CHAPTER 36 \ 그림-참조.xlsx

01 예제 파일을 열면 화면과 같은 표를 확인할 수 있습니다. [F6] 셀에 품명을 입력하면 해당 이미지가 [G6] 셀에 나타나도록 설정해보겠습니다.

TIP [F6] 셀에는 데이터 유효성 검사의 [목록] 기능이 적용되어 있어 품명을 목록에서 선택해 입력할 수 있게 되어 있습니다.

LINK 데이터 유효성 검사를 적용하는 방법은 'No. 162 입력할 값을 목록에서 선택해 입력하기'를 참고합니다.

02 그림을 참조하려면 반드시 이름 정의를 이용해 참조 수식을 정의해야 합니다. [수식] 탭-[정의된 이름] 그룹-[🗐 이름 정의]를 클릭한 후 [새 이름] 대화상자가 표시되면 다음과 같이 입력하고 [확인]을 클릭합니다.

이름 : 이미지
참조 대상 : =INDEX($D$6:$D$9, MATCH($F$6, $C$6:$C$9, 0))

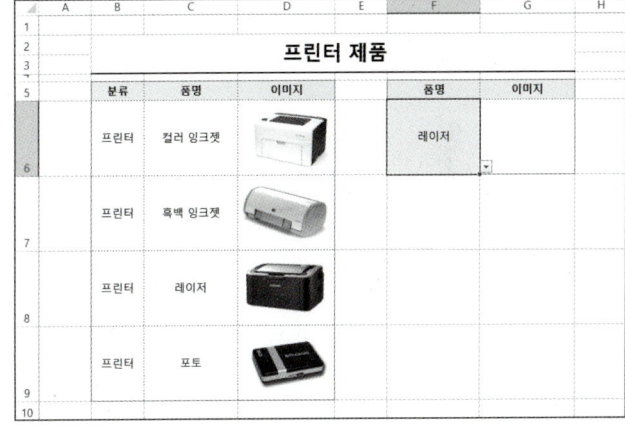

> **Plus⁺ 수식 이해하기**
>
> 이 수식은 일반적인 INDEX, MATCH 함수를 사용하는 수식과 다음과 같은 차이가 있습니다.
>
> 첫째, INDEX 함수가 [D6:D9] 범위(그림이 입력된 위치)에서 값을 참조하는 것이 다릅니다. 이것은 그림을 참조하기 위한 것으로 이해합니다.
>
> 둘째, MATCH 함수는 [F6] 셀에 입력된 품명의 위치를 [C6:C9] 범위에서 찾는데, [F6] 셀이 절대 참조로 지정되어 있습니다. 이것은 이름으로 정의할 때의 특징으로, 이름으로 정의할 때 참조 위치가 변경되지 않아야 하는 경우에는 모두 절대 참조 방식으로 참조합니다.
>
> **LINK** INDEX, MATCH 함수를 사용해 값을 참조하는 방법은 'No. 271 표의 행과 열 위치를 모두 찾아 원하는 값 참조하기 – INDEX, MATCH'참고합니다.

03 [D6:D9] 범위에 있는 그림 중 하나(여기서는 [D6] 셀의 그림)를 선택하고, 복사(Ctrl+C)한 후 [G6] 셀에 붙여넣습니다(Ctrl+V).

04 [G6] 셀에 붙여넣은 그림을 선택하고 수식 입력줄에 **=이미지**를 입력한 후 Enter를 누릅니다. [F6] 셀의 값이 '레이저'이므로 [G6] 셀의 그림이 레이저 제품 이미지로 변경됩니다.

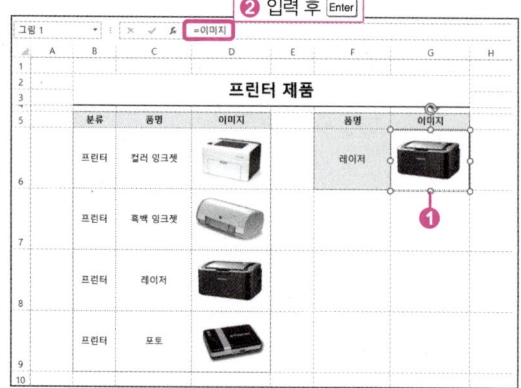

05 [F6] 셀의 품명을 다른 제품으로 수정하면 [G6] 셀의 이미지도 해당 품명의 이미지로 변경됩니다.

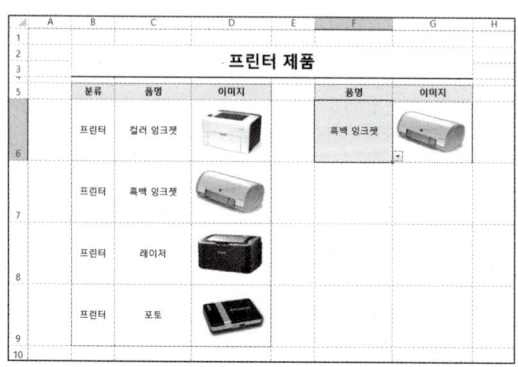

그림이 많은 파일 크기 줄이기

404

엑셀 파일에 그림을 많이 넣으면 파일 크기가 커지므로 꼭 필요한 그림 파일만 추가하는 것이 좋습니다. 하지만 부득이하게 그림을 많이 사용했다면 그림 압축 기능을 이용해 파일 크기를 효과적으로 줄일 수 있습니다. 그림이 많이 삽입된 파일의 크기를 줄이는 방법에 대해 알아보겠습니다.

예제 파일 PART 07 \ CHAPTER 36 \ 그림-압축.xlsx

01 예제 파일을 열면 그림 네 개가 삽입되어 있습니다. 용량이 큰 그림이 여러 개 포함되어 있으므로 그림을 압축해 파일 크기를 줄여보겠습니다.

TIP 파일 크기 확인하기
예제를 진행하기 전에 윈도우의 탐색기에서 예제 파일의 크기를 보면 각각 1.07M인 것을 확인할 수 있습니다.

02 [그림 압축] 기능을 사용하려면 파일을 다시 저장해야 합니다. F12를 눌러 [다른 이름으로 저장] 대화상자를 열고 [도구]-[그림 압축]을 선택합니다. [그림 압축] 대화상자가 열려 압축 옵션을 선택할 수 있습니다. [전자 메일(96ppi)]을 선택하고 [확인]을 클릭합니다.

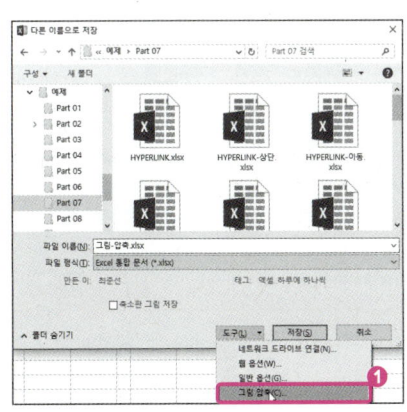 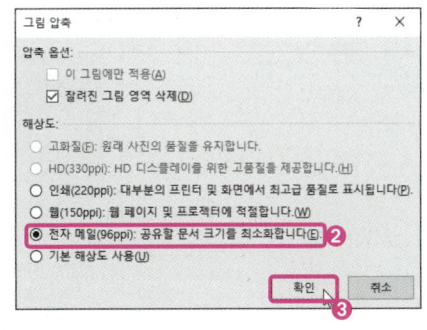

TIP [해상도] 옵션에서 ppi가 낮은 것을 선택할수록 파일 크기를 많이 줄일 수 있습니다.

03 [다른 이름으로 저장] 대화상자로 돌아오면 [저장]을 클릭해 파일을 저장합니다. 탐색기에서 파일 크기를 보면 160k 정도로 용량이 줄어든 것을 확인할 수 있습니다.

클립아트 사용하기

405

클립아트(ClipArt)는 엑셀에서 그림, 소리, 동영상이 포함된 문서를 만들 때 사용자의 문서 작성을 돕기 위해 마이크로소프트사에서 기본으로 제공하는 개체를 일컫는 용어입니다. 엑셀 2013부터는 클립아트를 가져오는 방법이 이전에 비해 좀 더 복잡해졌습니다. 필요한 클립아트를 검색하고 워크시트에 삽입하는 방법에 대해 알아보겠습니다.

예제 파일 없음

01 엑셀을 실행하고 빈 파일을 연 후 필요한 그림을 찾아 추가해보겠습니다. [삽입] 탭-[일러스트레이션] 그룹-[🖼 온라인 그림]을 클릭합니다.

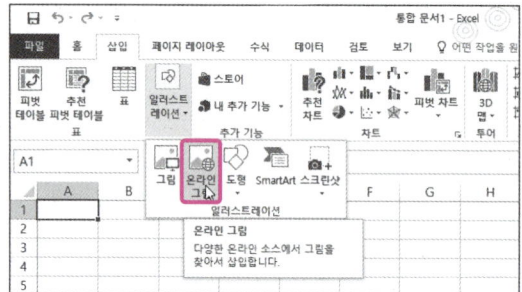

02 [그림 삽입] 창이 열리면 [Bing 이미지 검색] 입력 상자에 검색할 클립아트 키워드를 입력하고 Enter를 누릅니다. 여기서는 '자동차'를 입력했습니다. 검색된 결과가 표시되면 원하는 이미지를 선택하고 [삽입]을 클릭합니다. 한꺼번에 여러 개를 선택해도 됩니다.

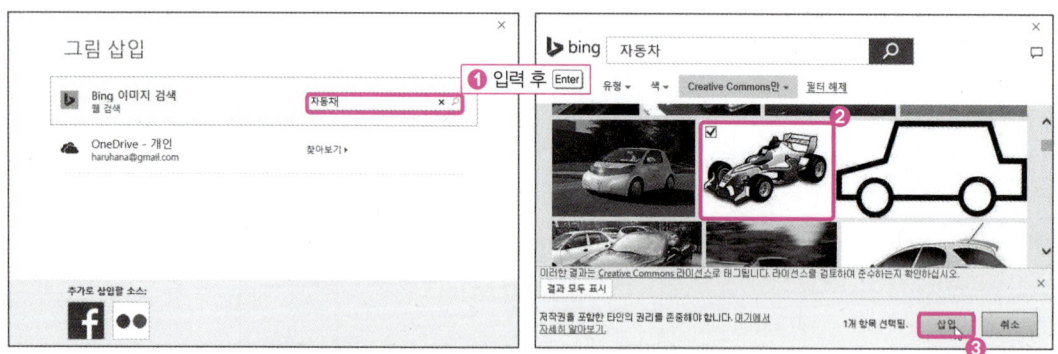

> **TIP** 엑셀 2013까지는 '클립아트'라는 용어를 사용했지만, 엑셀 2016부터는 마이크로소프트사의 검색 서비스(Bing) 이름을 사용합니다.

> **TIP** Create Commons 라이선스
> Bing 검색 화면 하단에는 Create Commons 라이선스로 태그된다는 메시지가 표시됩니다. 이 라이선스는 자신의 창작물을 자유롭게 사용할 수 있도록 지적재산권 허용 의사를 명확하게 밝힌 것으로, Bing에서 1차 검색된 결과는 이 라이선스가 표기된 것만 포함한 것입니다. 만약 그 이외의 모든 검색 결과를 얻으려면 노란색 줄에 있는 [결과 모두 표시]를 클릭합니다.

워드아트를 사용해 보고서 제목 구성하기

406

보고서의 제목을 멋지게 꾸미고 싶다면 워드아트(WordArt)를 이용하는 것이 좋습니다. 워드아트는 텍스트에 다양한 효과를 지정할 수 있는 기능으로, 셀에 적용 가능한 셀 스타일과 유사하게 도형에 다양한 필터 효과를 적용할 수 있어 제목을 도드라지게 구성할 수 있도록 해줍니다. 워드아트를 이용해 제목을 구성하는 방법에 대해 알아보겠습니다.

예제 파일 없음

01 엑셀을 실행하고 빈 파일을 엽니다. [삽입] 탭-[텍스트] 그룹-[ ] WordArt]를 클릭하고 WordArt 갤러리에서 원하는 스타일을 선택합니다.

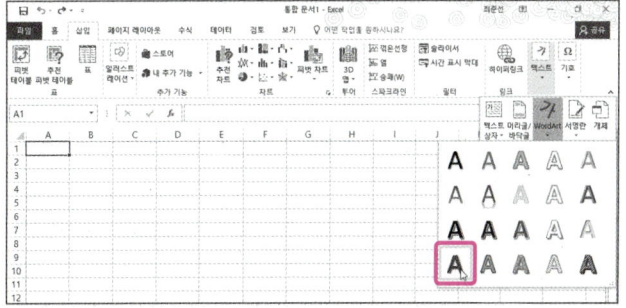

02 선택한 워드아트 효과가 적용된 텍스트 상자가 추가됩니다.

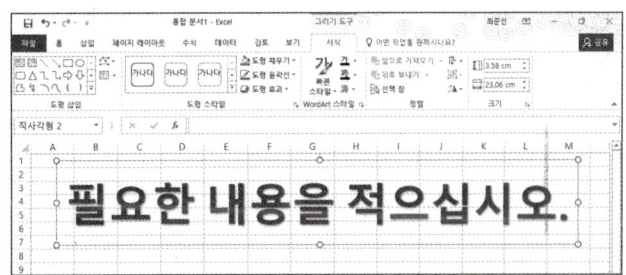

03 텍스트 상자에 문자열을 입력합니다. [그리기 도구]-[서식] 탭-[도형 스타일] 그룹-[도형 스타일]에서 스타일을 골라 적용하면 화면과 같은 결과를 얻을 수 있습니다.

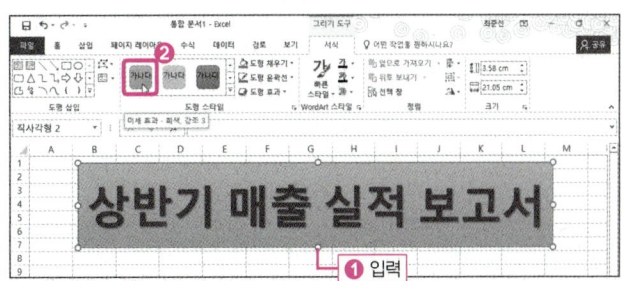

SmartArt를 이용한 다이어그램 만들기

407

SmartArt는 엑셀 2007부터 지원된 기능으로, 다양하고 세련된 다이어그램을 손쉽게 제작할 수 있게 해줍니다. 글이나 표로 전달하기 어려운 메시지를 시각적으로 표현하고 싶을 때 사용하면 좋습니다. SmartArt 기능을 이용해 다이어그램을 만들고 구성하는 방법에 대해 알아보겠습니다.

예제 파일 없음

01 엑셀을 실행하고 빈 파일에 SmartArt를 추가해보겠습니다. [삽입] 탭-[일러스트레이션] 그룹-[SmartArt]를 클릭합니다.

02 [SmartArt 그래픽 선택] 대화상자가 열리면 원하는 SmartArt 개체를 선택합니다. 여기서는 [주기형]의 첫 번째에 있는 [기본 주기형]을 선택했습니다. [확인]을 클릭합니다.

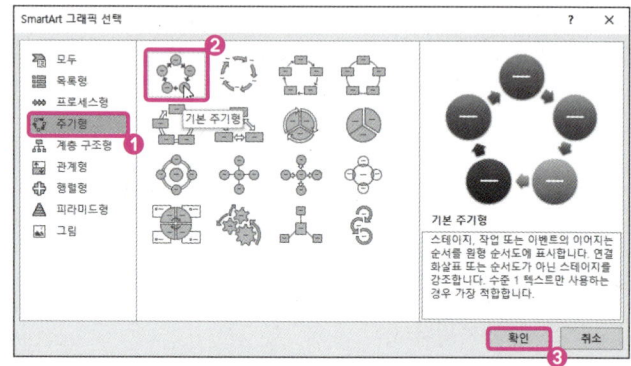

03 추가된 SmartArt 개체의 색이 마음에 들지 않으면 색상 스타일을 변경합니다. SmartArt 개체를 선택한 상태에서 [SmartArt 도구]-[디자인] 탭-[SmartArt 스타일] 그룹-[색 변경]을 클릭하고 원하는 색상 스타일을 선택합니다.

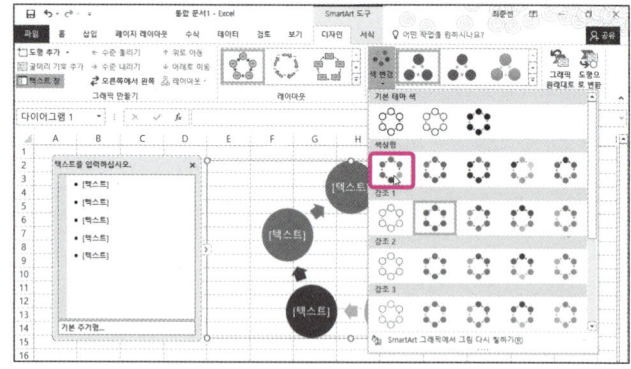

04 다양한 필터 효과를 적용해 시각적으로 화려하게 꾸밀 수도 있습니다. [SmartArt 도구]-[디자인] 탭-[SmartArt 스타일] 그룹-[빠른 스타일]의 [⋮] 자세히]를 클릭하고 갤러리에서 원하는 표시 스타일을 선택합니다.

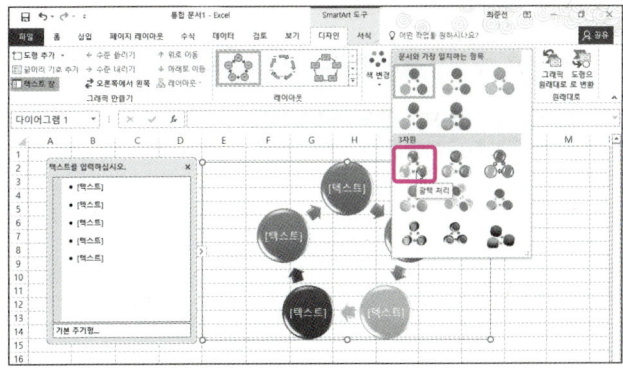

05 색상과 스타일은 그대로 유지한 상태에서 다른 SmartArt 개체로 변경할 수도 있습니다. [SmartArt 도구]-[디자인] 탭-[레이아웃] 그룹-[빠른 스타일]의 [⋮] 자세히]를 클릭하고 원하는 SmartArt 개체를 선택합니다.

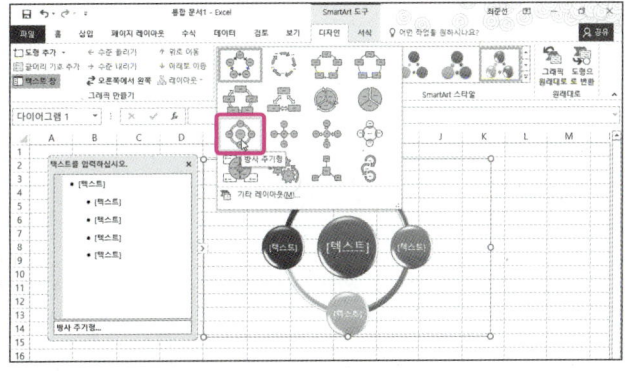

SmartArt를 이용해 비상연락망 만들기

408

비상연락망이나 조직도와 같은 서식을 엑셀로 만들어야 한다면 셀에 직접 값을 입력해 구성하는 것보다 SmartArt의 [계층 구조형] 그룹의 다이어그램을 이용하는 것이 편리합니다. SmartArt를 이용해 비상연락망을 만드는 방법에 대해 알아보겠습니다.

예제 파일 없음

01 엑셀을 실행해 빈 파일을 열고 [삽입] 탭-[일러스트레이션] 그룹-[SmartArt]를 클릭합니다.

02 [SmartArt 그래픽 선택] 대화상자가 열리면 [계층 구조형]에서 [이름 및 직위 조직도형]을 선택하고 [확인]을 클릭합니다.

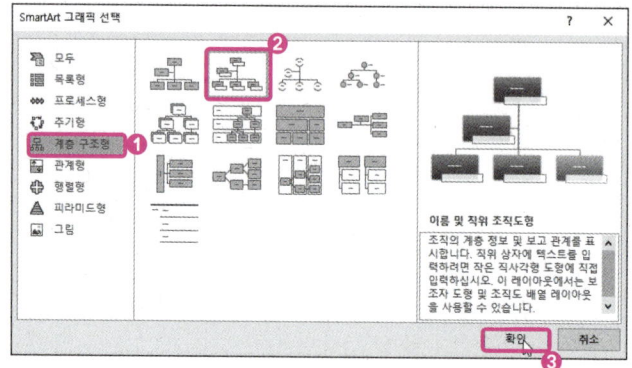

03 선택한 SmartArt 개체가 삽입됩니다. 부서가 네 개라고 가정하고 하단에 도형을 하나 추가하겠습니다. 최상위 도형을 선택하고 [SmartArt 도구]-[디자인] 탭-[그래픽 만들기] 그룹-[도형 추가▼]를 클릭한 후 [아래에 도형 추가]를 선택합니다.

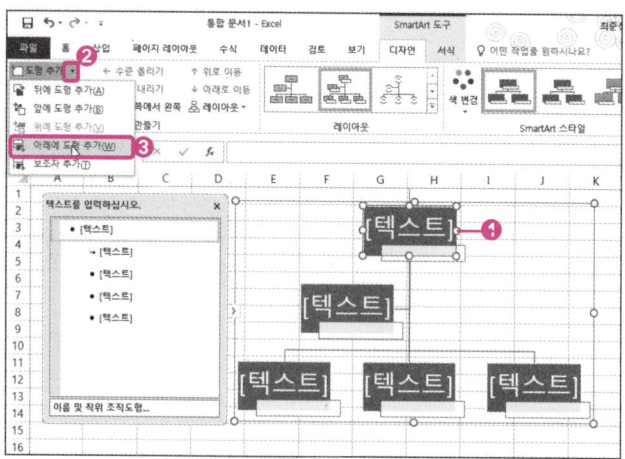

04 부서 밑으로 담당자를 입력할 도형을 추가합니다. 방법은 **03** 과정과 동일합니다. 하단의 첫 번째 도형을 선택하고 [SmartArt 도구]-[디자인] 탭-[그래픽 만들기] 그룹-[도형 추가▼]를 클릭한 후 [아래에 도형 추가]를 선택합니다.

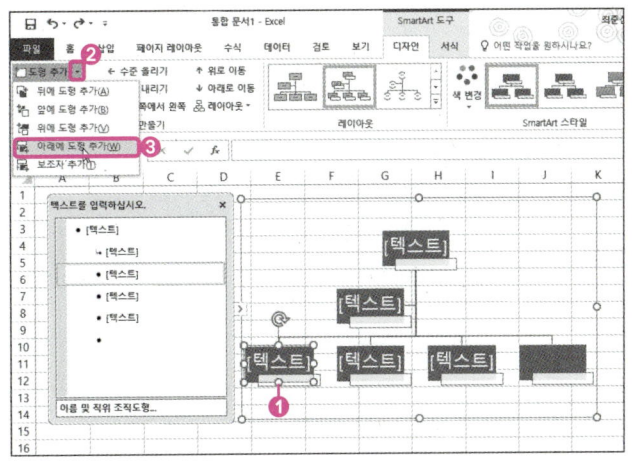

05 **04** 과정을 여러 번 반복해 최대 네 개의 도형을 추가하면 화면과 같은 조직도가 완성됩니다. 이때 **04** 과정을 반복해도 되지만, 첫 번째 도형을 삽입한 후 직전 명령을 재실행하는 단축키인 F4 를 누르면 좀 더 간단하게 완성할 수 있습니다.

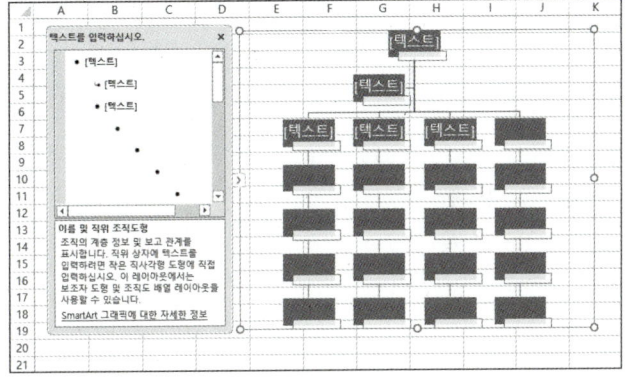

06 이름을 입력하기 전에 글꼴 크기를 조정하겠습니다. SmartArt 개체가 선택된 상태에서 [홈] 탭-[글꼴] 그룹-[가˅ 글꼴 크기 작게]를 몇 번 클릭해 글꼴 크기를 [11]로 조정하고 각 도형에 다음 화면과 같이 부서명을 입력합니다.

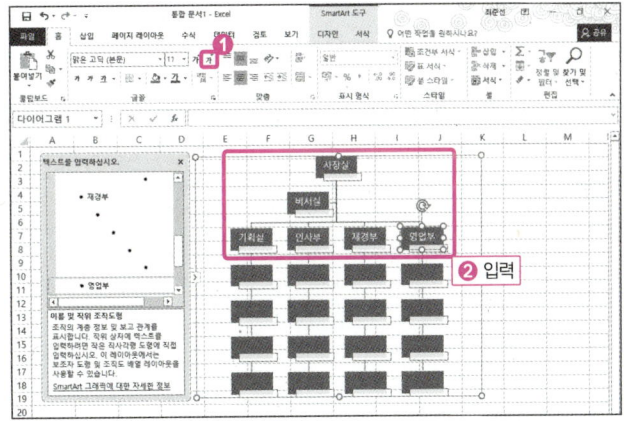

07 전화번호는 도형 하단의 직사각형에 입력합니다. 전화번호가 길어 두 줄로 표시되면 [홈] 탭-[글꼴] 그룹-[가˅] 글꼴 크기 작게]를 클릭해 글꼴 크기를 조정합니다.

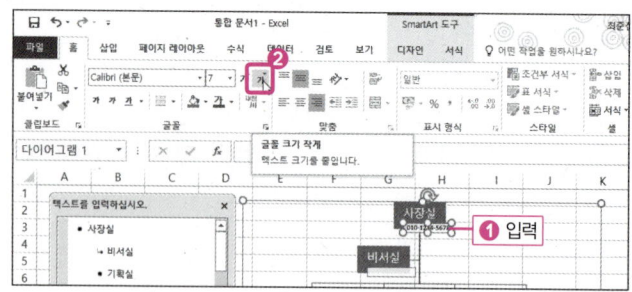

08 다른 도형에는 담당자 이름과 전화번호를 입력하고 불필요한 도형은 Delete 를 눌러 삭제한 후 적절한 도형 스타일을 적용합니다. 화면과 같은 비상연락망을 완성할 수 있습니다.

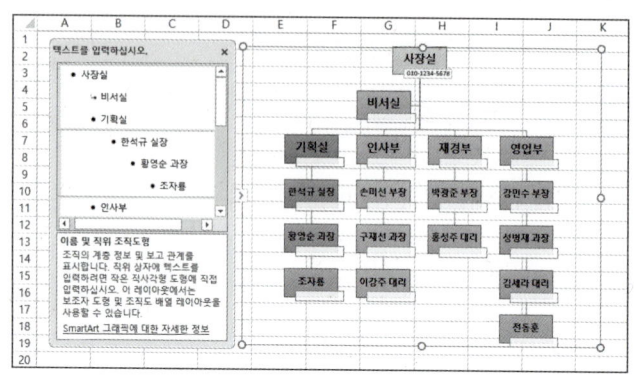

CHAPTER 37

메모

메모 모양 변경하기   409

[메모] 기능은 잊어버리기 쉬운 내용이나 셀에 대한 추가 설명 등을 달아놓는 도구입니다. 메모의 모양은 기본적으로 직사각형이며 사용자가 원하는 도형으로 변경할 수 있습니다. 도형 모양을 변경하는 방법을 통해 메모의 성격에 따라 도형을 다르게 구분하면 메모를 효과적으로 관리할 수 있습니다. 메모의 도형을 변경하는 방법에 대해 알아보겠습니다.

예제 파일 없음

01 엑셀을 실행하고 빈 파일에 새 메모를 삽입해보겠습니다. [B3] 셀을 선택하고 [검토] 탭-[메모] 그룹-[새 메모]를 클릭합니다. 화면과 같이 직사각형 모양의 메모가 삽입됩니다.

TIP [새 메모] 명령

[검토] 탭-[메모] 그룹-[새 메모]를 클릭해 메모를 삽입하면 [새 메모] 명령이 [메모 편집] 명령으로 변경됩니다.

02 리본 메뉴에는 메모의 도형을 변경할 수 있는 기능이 제공되지 않으므로 빠른 실행 도구 모음에 명령을 추가해야 합니다. [B3] 셀을 선택해 메모 편집 상태를 해제하고 빠른 실행 도구 모음의 [▼ 빠른 실행 도구 모음 사용자 지정]을 클릭한 후 [기타 명령]을 선택합니다.

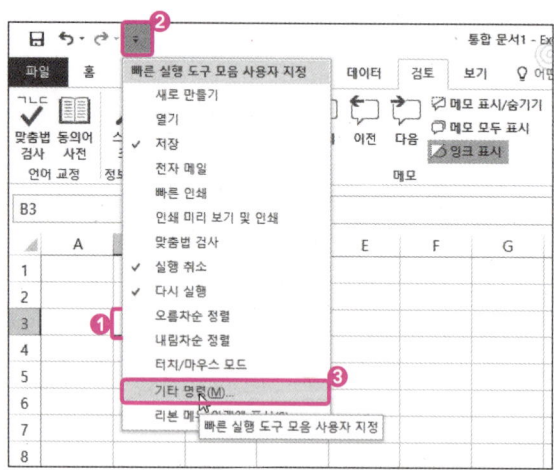

03 [Excel 옵션] 대화상자가 열리면 [명령 선택] 콤보 상자에서 [모든 명령]을 선택하고 하위 목록에서 [도형 편집]을 선택합니다. [추가]를 클릭해 빠른 실행 도구 모음에 해당 명령을 등록하고 [확인]을 클릭합니다.

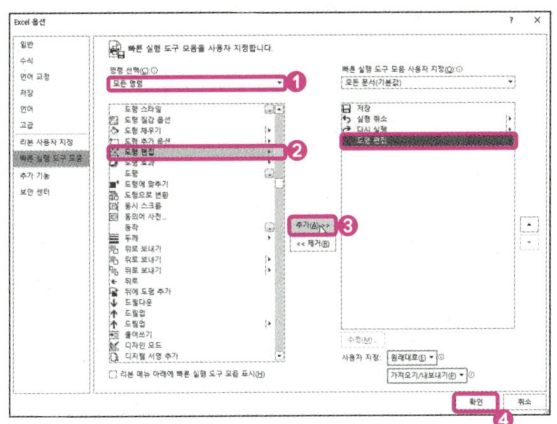

04 빠른 실행 도구 모음에 [📐 도형 편집]이 추가되었습니다. [B3] 셀을 선택하고 [검토] 탭-[메모] 그룹-[메모 편집]을 클릭해 메모를 표시합니다. 메모의 테두리 영역을 클릭해 메모 도형을 선택합니다.

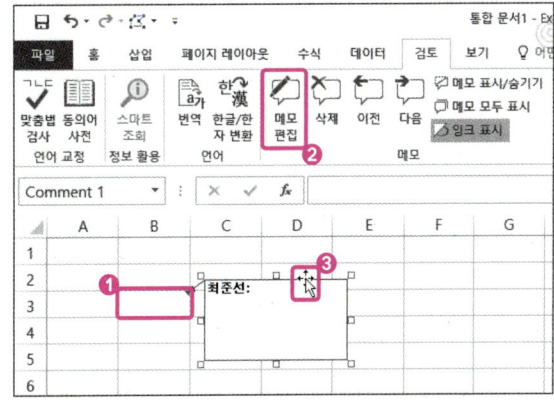

TIP 메모 도형을 선택하는 방법
메모의 테두리를 선택하는 것이 어렵다면 [메모 편집]을 클릭하고 바로 Esc 를 누릅니다.

05 빠른 실행 도구 모음에서 [📐 도형 편집]을 클릭하고 [도형 모양 변경]에서 [기본 도형] 그룹의 [모서리가 둥근 직사각형]을 선택합니다. 메모 모양이 선택한 도형으로 변경됩니다. 이 방법으로 메모의 모양을 얼마든지 변경할 수 있습니다.

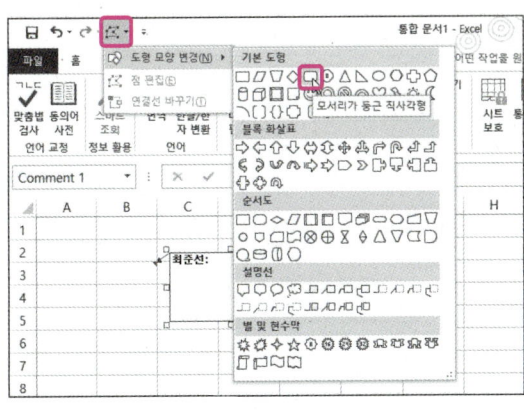
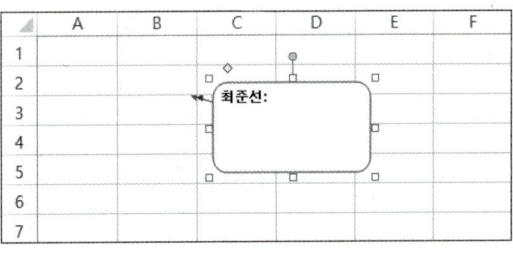

투명 메모 만들기

410

엑셀의 [메모] 기능에서 아쉬운 점 중의 하나는 메모가 표시될 때 메모 뒤편 셀 값이 가려져 쉽게 내용을 확인할 수 없다는 것입니다. 메모를 투명하게 설정하면 메모 뒤의 셀 값을 확인할 수 있어 편리합니다. 메모를 투명하게 설정하는 방법에 대해 알아보겠습니다.

예제 파일 PART 07 \ CHAPTER 37 \ 메모-투명 (매크로).txt

01 엑셀을 실행하고 빈 파일을 엽니다. [B3] 셀을 선택하고 [검토] 탭-[메모] 그룹-[새 메모]를 클릭해 메모를 추가합니다. 메모가 셀 내용을 가려 뒤쪽을 확인할 수 없습니다.

02 메모를 투명하게 설정해보겠습니다. 메모가 표시된 상태에서 Esc를 눌러 메모 도형을 선택합니다. 메모 테두리를 마우스 오른쪽 버튼으로 클릭하고 [메모 서식]을 선택합니다.

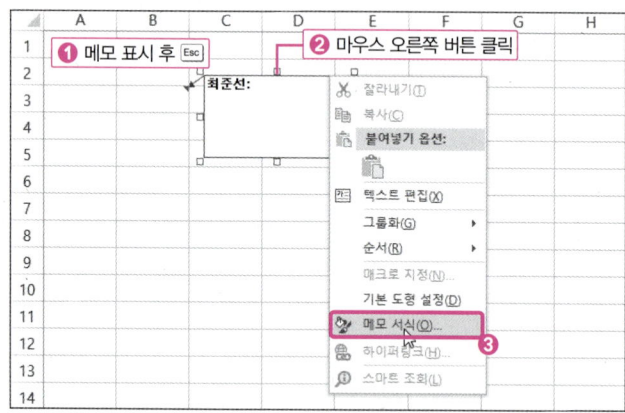

03 [메모 서식] 대화상자가 열리면 [색 및 선] 탭에서 다음과 같이 설정한 후 [확인]을 클릭합니다.

투명도 : 75%

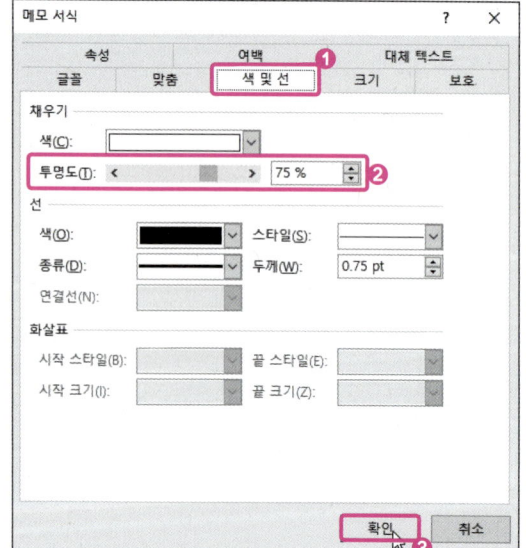

04 메모 도형이 투명해져 메모 뒤쪽 셀의 내용을 확인할 수 있습니다.

Plus⁺ 매크로로 투명 메모 전환하기

메모를 투명하게 하는 설정은 한 번에 하나의 메모에만 적용되므로, 다른 메모를 추가하면 동일한 작업을 반복해야 합니다. 여러 개의 메모를 사용하고 있다면 매크로를 이용해 투명화 작업을 하는 것이 더 간편합니다. 다음 매크로는 한 번 실행하면 모든 메모를 투명하게 설정하며, 다시 실행하면 투명도 설정을 해제해 원래 색을 그대로 표시합니다.

파일 : 메모-투명 (매크로).txt

```
Sub 메모투명전환()

    Dim 메모 As Comment
    Dim 투명도 As Single

    On Error Resume Next

    For Each 메모 In ActiveSheet.Comments

        투명도 = 메모.Shape.Fill.Transparency

        메모.Shape.Fill.Transparency = IIf(투명도, 0, 0.75)    ❶

    Next

End Sub
```

❶ 0.75는 투명도 75%를 의미합니다. 이 수치를 원하는 투명도 값으로 변경해 사용합니다.

LINK 제공된 매크로를 사용하는 방법은 'No. 501 공개된 매크로 등록하고 사용하기'를 참고합니다.

* 매크로를 계속 사용하려면 [다른 이름으로 저장]을 이용해 [Excel 매크로 사용 통합 문서]로 저장해야 합니다.

메모에 그림 넣기

411

워크시트에 그림을 삽입하면 그림 크기도 일정하지 않고 워크시트 영역도 많이 차지해 불편한 경우가 많습니다. 이런 경우 메모를 이용해 그림을 추가하면 깔끔하게 워크시트를 구성할 수 있습니다. 메모에 그림을 추가하는 방법에 대해 알아보겠습니다.

예제 파일 PART 07 \ CHAPTER 37 \ 메모-그림.xlsx, EOS 5Ds.jpg

01 예제 파일을 열면 상품 정보가 입력된 표가 있습니다. 이 표에 제품 이미지를 메모로 추가해보겠습니다.

02 [C6] 셀을 선택하고 [검토] 탭-[메모] 그룹-[새 메모]를 클릭합니다.

03 삽입된 메모에서 Esc를 눌러 메모 도형을 선택하고 테두리를 마우스 오른쪽 버튼으로 클릭한 후 [메모 서식]을 선택합니다.

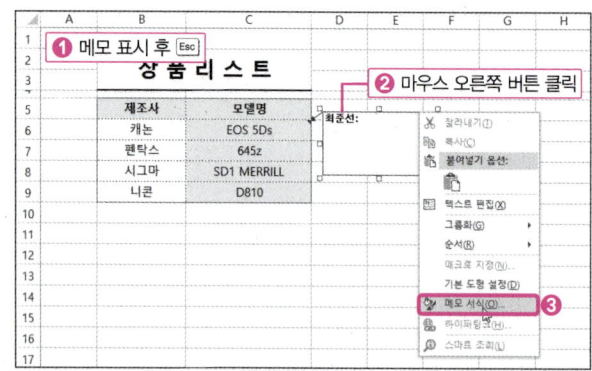

04 [메모 서식] 대화상자가 표시되면 [색 및 선] 탭으로 이동합니다. [색] 옵션의 [▼]아래 화살표를 클릭하고 [채우기 효과]를 선택합니다.

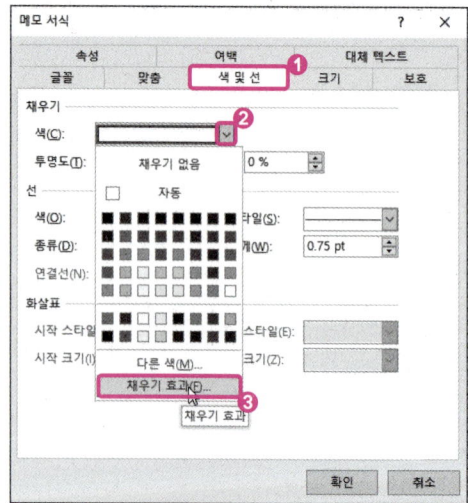

05 [채우기 효과] 대화상자가 표시되면 [그림] 탭에서 [그림 선택]을 클릭합니다. 예제 폴더에 있는 'EOS 5Ds.jpg' 파일을 선택하고 [확인]을 클릭해 대화상자를 닫습니다. [메모 서식] 대화상자도 [확인]을 클릭해 닫습니다.

TIP 그림 비율
메모 내에서 그림 이미지의 가로×세로 비율이 유지되도록 하려면 [그림의 가로 세로 비율 고정] 옵션에 체크 표시를 합니다.

06 메모에 그림이 표시됩니다. 메모의 우측 하단 핸들을 이용해 메모 크기를 조정하면 화면과 같은 결과를 얻을 수 있습니다.

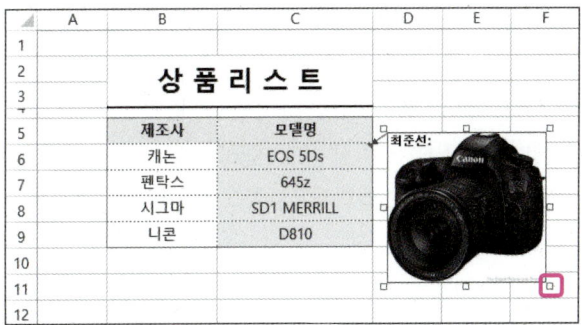

메모 글꼴 변경하기 412

엑셀 2007부터는 메모의 기본 글꼴이 [맑은 고딕]입니다. 삽입된 메모의 글꼴을 변경할 때는 [메모 서식] 대화상자에서 원하는 글꼴을 선택합니다. 이 작업은 각각의 메모에서 반복 설정해야 하므로 여러 메모의 글꼴을 한 번에 수정하려면 매크로를 이용하는 것이 더 편리합니다. 메모의 글꼴을 변경하는 방법에 대해 알아보겠습니다.

예제 파일 PART 07 \ CHAPTER 37 \ 메모-글꼴.xlsx, 메모-글꼴 (매크로).txt

01 예제 파일을 열면 '영업사원 판매 실적' 표가 있고 [B11], [D5] 셀에 메모가 삽입되어 있습니다. 메모의 글꼴을 변경해보겠습니다.

02 먼저 메뉴를 이용해 메모의 글꼴을 변경해보겠습니다. [B11] 셀을 선택하고 [검토] 탭-[메모] 그룹-[메모 편집]을 클릭합니다. 메모의 테두리를 마우스 오른쪽 버튼으로 클릭하고 [메모 서식]을 선택합니다.

TIP [메모 편집] 명령을 단축키로 실행
[메모 편집] 명령의 단축키는 Shift + F2 입니다. [B11] 셀을 선택하고 Shift + F2 를 누르면 리본 메뉴를 사용하지 않아도 됩니다.

03 [메모 서식] 대화상자가 표시되면 [글꼴] 탭에서 [글꼴]과 [크기]를 변경하고 [확인]을 클릭합니다.

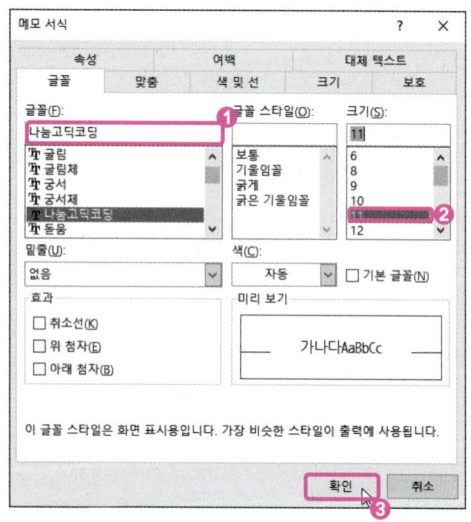

TIP [나눔고딕코딩]은 네이버에서 제공하는 무료 글꼴로, 설치해야 사용할 수 있습니다. 이 글꼴이 없다면 [굴림]이나 [돋움] 등 본인이 원하는 글꼴을 선택하면 됩니다.

04 화면과 같이 [B11] 셀 메모의 글꼴 서식이 변경됩니다.

> **Plus⁺ 워크시트의 메모 글꼴을 한 번에 변경하기**
>
> [메모 서식] 대화상자를 이용한 방법은 선택한 메모에만 적용되므로 워크시트의 모든 메모에 원하는 글꼴을 한 번에 설정하려면 다음과 같은 매크로를 사용합니다.
>
> **파일 : 메모-글꼴 (매크로).txt**
>
> ```
> Sub 메모글꼴()
>
>     Dim 메모 As Comment
>
>     On Error Resume Next
>
>     For Each 메모 In ActiveSheet.Comments
>
>         With 메모.Shape.TextFrame.Characters.Font
>             .Name = "나눔고딕코딩"         ❶
>             .Size = 11                    ❷
>         End With
>
>     Next
>
> End Sub
> ```
>
> ❶ 원하는 글꼴 이름을 입력합니다.
> ❷ 원하는 글꼴 크기를 입력합니다.
>
> **LINK** 제공된 매크로를 사용하는 방법은 'No. 501 공개된 매크로 등록하고 사용하기'를 참고합니다.

메모 크기 일괄 조정하기

413

메모를 여러 개 사용하면 메모가 복잡하게 엉켜 보기 좋지 않은 경우가 많습니다. 특히 메모 크기를 수동으로 조작했다면 여백이 너무 많이 남거나 값이 모두 표시되지 않기도 합니다. 메모 크기를 개별적으로 조정할 수는 있지만, 모든 메모를 일괄 조정하는 기능은 따로 제공되지 않습니다. 매크로를 이용해 메모 크기를 입력된 내용에 맞게 자동으로 조정하는 방법에 대해 알아보겠습니다.

예제 파일 PART 07 \ CHAPTER 37 \ 메모-크기.xlsx, 메모-크기 (매크로).txt

01 예제 파일을 열면 '견적서' 표가 있고 여러 셀에 메모가 삽입되어 있습니다. 메모의 텍스트 내용에 맞춰 메모 크기가 자동으로 조정되도록 해보겠습니다.

02 [검토] 탭-[메모] 그룹-[메모 모두 표시]를 클릭하면 모든 메모가 표시됩니다.

TIP [메모 모두 표시]를 다시 클릭해 명령을 해제하기 전까지는 메모가 계속 표시됩니다.

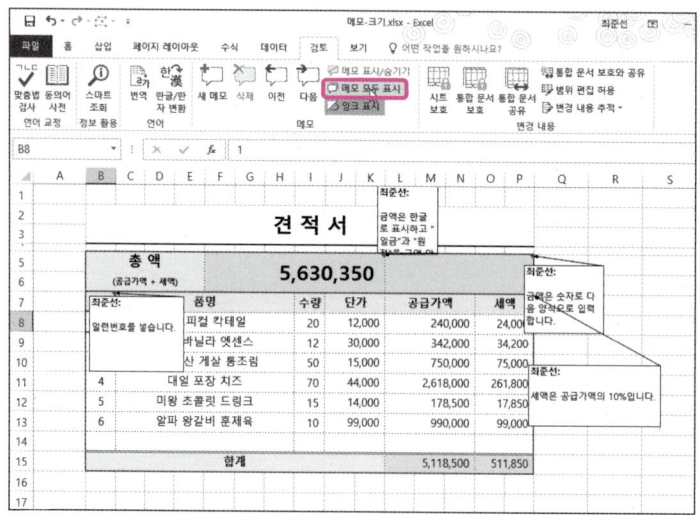

03 메모 크기를 내용에 맞게 자동 조정하기 위해 매크로를 사용하겠습니다. 단축키 Alt+F11을 눌러 VB 편집기 창을 실행합니다. [삽입]-[모듈]을 클릭하고 오른쪽 코드 창에 '메모 크기 (매크로).txt' 예제 파일의 코드를 붙여 넣은 후 F5를 눌러 바로 실행합니다.

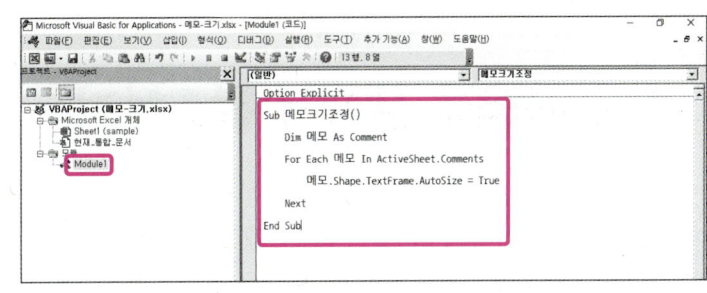

TIP 코드 창에서 F5는 해당 위치의 매크로를 실행하는 단축키입니다.

파일 : 메모-크기 (매크로).txt

```
Sub 메모크기조정()

    Dim 메모 As Comment

    For Each 메모 In ActiveSheet.Comments

        메모.Shape.TextFrame.AutoSize = True

    Next

End Sub
```

04 VB 편집기 창을 닫으면 화면과 같이 메모 크기가 입력된 내용에 맞게 자동 조정된 것을 확인할 수 있습니다.

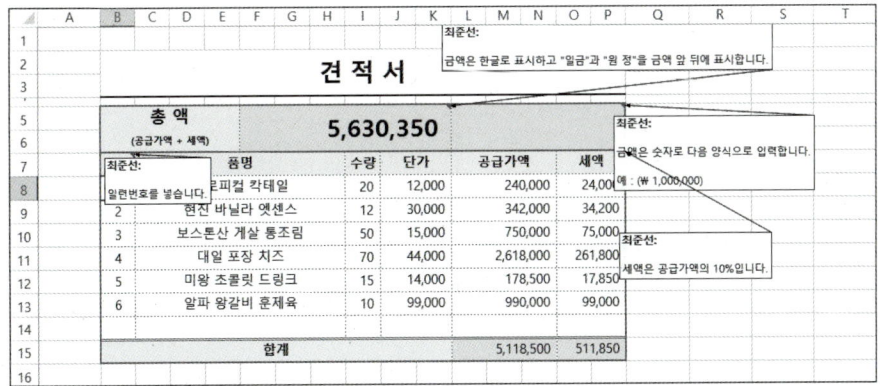

LINK 매크로가 포함된 파일을 저장하는 방법에 대해서는 'No. 485 매크로 사용 통합 문서(XLSM)로 저장하기'를 참고합니다.

메모 내용을 셀에서 참조하기

414

메모에 작성된 내용을 셀에 옮기려면 일일이 내용을 복사하여 붙여넣어야 합니다. 이것은 매우 번거로운 작업이므로 VBA를 이용해 메모 내용을 참조할 수 있는 사용자 정의 함수를 만들어 사용하는 것이 좋습니다. 메모 내용을 셀에 반환하는 사용자 정의 함수 사용 방법에 대해 알아보겠습니다.

예제 파일 PART 07 \ CHAPTER 37 \ 메모-참조.xlsx, 메모-참조(매크로).txt

01 예제 파일을 열고 [검토] 탭-[메모] 그룹-[🗔 메모 모두 표시]를 클릭해 메모를 모두 표시합니다. [B7], [B9], [B13] 셀에 메모가 삽입되어 있습니다. 메모의 내용을 [E7:F16] 범위에 '작성자'와 '내용'으로 구분하여 반환해보겠습니다.

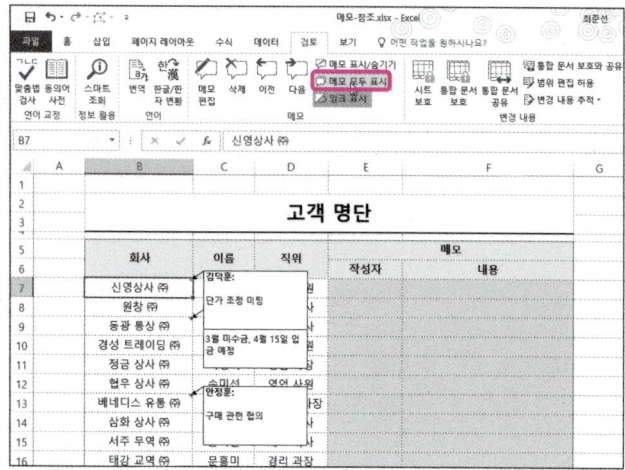

02 단축키 Alt + F11 을 눌러 VB 편집기 창을 열고 [삽입]-[모듈]을 클릭해 'Module1' 개체를 추가합니다. 예제로 제공되는 '메모-참조 (매크로).txt' 파일의 코드를 오른쪽 코드 창에 복사해 붙여 넣습니다.

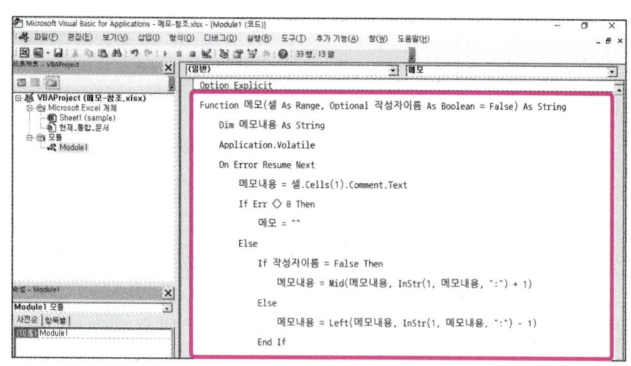

파일 : 메모-참조 (매크로).txt

```
Function 메모(셀 As Range, Optional 작성자이름 As Boolean = False) As String  ———①

    Dim 메모내용 As String

    Application.Volatile

    On Error Resume Next

        메모내용 = 셀.Cells(1).Comment.Text  ———②

        If Err <> 0 Then

            메모 = " "  ———③

        Else

            If 작성자이름 = False Then

                메모내용 = Mid(메모내용, InStr(1, 메모내용, ":") + 1)  ———④

            Else

                메모내용 = Left(메모내용, InStr(1, 메모내용, ":") - 1)  ———⑤

            End If

            메모 = 메모내용

        End If

End Function
```

① 메모 함수의 구문은 다음과 같습니다.

> 메모(❶ 셀, ❷ 작성자이름)
>
> ❶ 셀 : 메모가 삽입된 셀
> ❷ 작성자이름 : 메모 내용을 반환할 때 작성자 이름을 반환할지 내용만 반환할지에 대한 옵션
> - True : 작성자 이름만 반환합니다.
> - False 또는 생략 : 작성자 이름은 생략하고 내용만 반환합니다.

② '셀' 인수에 [A1:A10]과 같은 범위를 전달하면 항상 첫 번째 셀만 대상으로 합니다.
③ '셀' 인수에서 지정한 셀에 메모가 없으면 빈 문자("")를 반환합니다.
④ '작성자이름' 인수 값이 False면 메모에서 콜론(:) 앞 문자열(이름)을 반환합니다.
⑤ '작성자이름' 인수 값이 True면 메모에서 콜론(:) 뒤 문자열(내용)을 반환합니다.

03 VB 편집기 창을 닫고 [E7] 셀에 다음 수식을 입력한 후 [E7] 셀의 채우기 핸들을 [E16] 셀까지 드래그해 복사합니다. 메모의 작성자 이름이 셀에 반환됩니다.

[E7] 셀 : =메모(B7, TRUE)

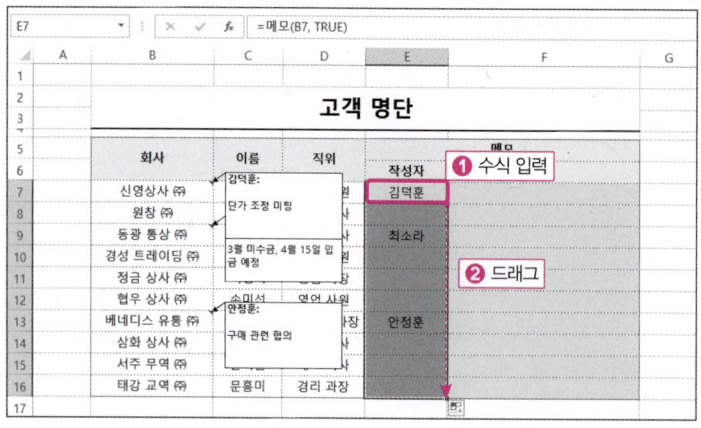

04 [F7] 셀에 다음 수식을 입력하고 [F7] 셀의 채우기 핸들을 [F16] 셀까지 드래그해 복사합니다. 메모의 내용이 셀에 반환됩니다.

[F7] 셀 : =메모(B7, FALSE)

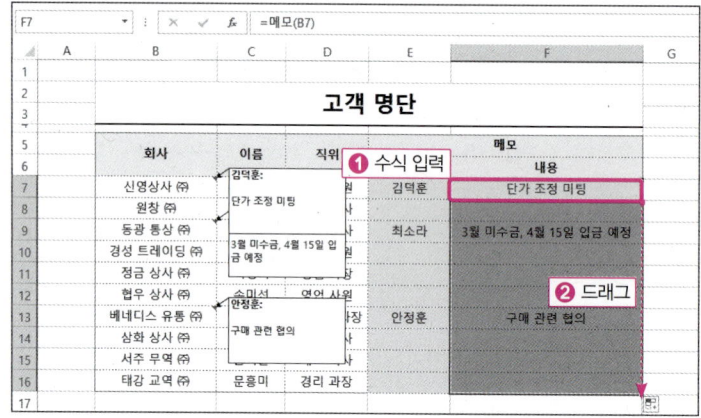

CHAPTER 38

하이퍼링크

하이퍼링크 설정하기

415

하이퍼링크는 셀을 다른 위치와 연결해주는 기능으로, 빠르게 해당 위치로 이동하고자 할 때 사용합니다. 엑셀에서 하이퍼링크는 현재 파일의 다른 위치, 다른 파일 또는 다른 프로그램의 파일, 또는 웹 사이트나 이메일 주소와 연결할 수 있습니다. 여기서는 현재 파일 내 다른 위치로 이동하는 하이퍼링크를 생성하는 방법에 대해 알아보겠습니다.

예제 파일 PART 07 \ CHAPTER 38 \ 하이퍼링크.xlsx

01 예제 파일을 열고 [C6] 셀에 [G6] 셀(인천 지역 데이터의 첫 번째 위치)로 이동하는 하이퍼링크를 삽입해보겠습니다. [C6] 셀을 선택하고 [삽입] 탭-[링크] 그룹-[🌐 하이퍼링크]를 클릭합니다.

02 [하이퍼링크 삽입] 대화상자가 열리면 다음과 같이 설정하고 [확인]을 클릭합니다.

연결 대상 : 현재 문서
표시할 텍스트 : 바로가기
참조할 셀 입력 : G6

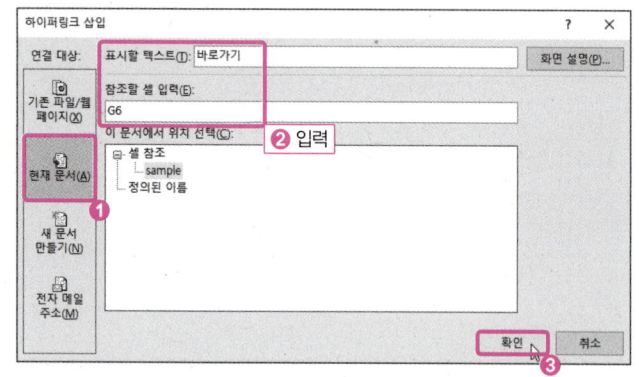

03 [C6] 셀에 하이퍼링크가 만들어집니다. [C6] 셀의 하이퍼링크에 마우스를 위치시키면 포인터가 손 모양으로 변경됩니다. 이 상태에서 클릭하면 [G6] 셀 위치로 바로 이동합니다.

하이퍼링크로 변경된 위치 자동 인식하기

416

하이퍼링크는 연결된 셀의 위치를 셀 주소로 인식하기 때문에 연결된 셀을 이동시키면 변경된 위치를 인식하지 못해 기존 셀 위치로 이동됩니다. 연결된 셀의 위치가 변경되거나 행(또는 열)을 삽입한 경우에도 하이퍼링크에서 참조한 위치를 자동으로 인식할 수 있도록 하려면 [이름 정의] 기능을 이용해야 합니다. 하이퍼링크가 변경된 위치를 자동으로 인식할 수 있도록 설정하는 방법에 대해 알아보겠습니다.

예제 파일 PART 07 \ CHAPTER 38 \ 하이퍼링크-위치.xlsx

01 예제 파일을 열고 [C6] 셀의 하이퍼링크를 클릭하면 [G6] 셀에 있는 '인천' 지역의 '1사분기' 값으로 이동합니다. 데이터 위치가 변경될 경우에도 하이퍼링크가 이 값을 참조하도록 설정해보겠습니다.

02 하이퍼링크의 위치가 변경되도록 오른쪽 표를 '서울', '경기', '인천' 순으로 다시 정렬하겠습니다. [H5:H10] 범위를 선택하고 Ctrl + X 를 눌러 잘라냅니다. [G5] 셀을 선택하고 [홈] 탭-[셀] 그룹-[삽입▼]을 클릭한 후 [잘라낸 셀 삽입]을 선택합니다.

03 지역이 '서울', '경기', '인천' 순으로 변경됩니다. [C6] 셀의 하이퍼링크를 클릭해보면 여전히 [G6] 셀로 이동하여 '경기'의 '1사분기' 값을 참조하게 된 것을 알 수 있습니다.

04 위치가 변경되어도 하이퍼링크가 인식하게 하려면 참조할 위치를 이름으로 정의해 연결합니다. [H6] 셀을 선택하고 이름 상자에 'target'이라고 입력해 이름을 정의합니다.

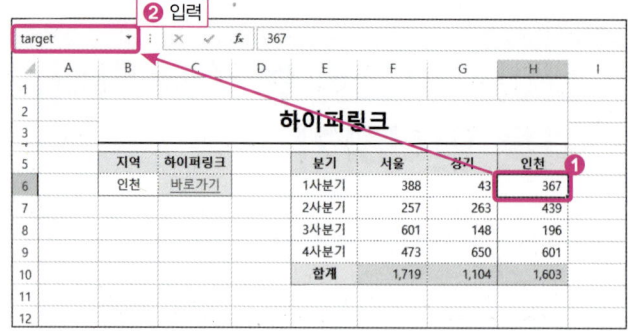

05 [C6] 셀의 하이퍼링크를 수정하겠습니다. [C6] 셀을 선택하고 [삽입] 탭-[링크] 그룹-[하이퍼링크]를 클릭하면 [하이퍼링크 편집] 대화상자가 열립니다. [이 문서에서 위치 선택] 리스트에서 **04** 과정에서 정의한 [target]을 선택하고 [확인]을 클릭합니다.

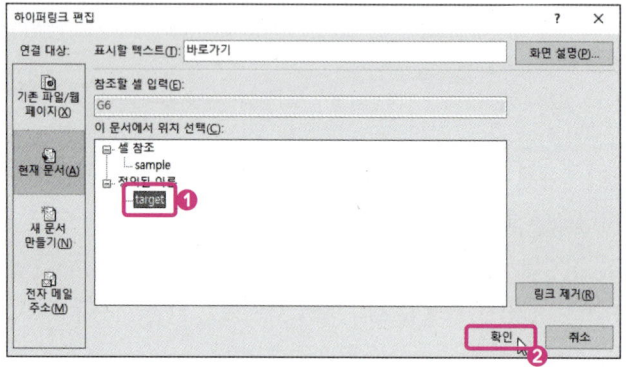

> **TIP** 하이퍼링크가 설정된 셀 선택 방법
> 하이퍼링크가 설정된 셀을 마우스로 클릭하면 연결된 위치로 이동하므로 주의해서 선택해야 합니다. 하이퍼링크가 설정된 셀을 선택하려면 우선 주변의 셀을 선택하고 방향키를 눌러 이동하거나, 하이퍼링크가 설정된 셀을 1~2초 정도 클릭하고 있으면 됩니다.

06 이제 **02** 과정을 참고해 열 위치를 옮기거나 새 열을 추가/삭제해봅니다. 데이터가 옮겨져도 [C6] 셀의 하이퍼링크를 클릭하면 항상 '인천' 지역의 '1사분기' 위치로 이동합니다.

HYPERLINK 함수로 하이퍼링크 쉽게 설정하기

417

연속된 위치에 하이퍼링크를 설정해야 하고 하이퍼링크를 클릭해 이동할 위치가 유사한 경우에는 HYPERLINK 함수로 하이퍼링크를 설정하면 편리합니다. HYPERLINK 함수는 하이퍼링크를 생성해주는 함수로 리본 메뉴의 [삽입] 탭에 제공되는 [하이퍼링크] 기능에 비해 설정이 편리합니다. 여기서는 HYPERLINK 함수를 사용해 하이퍼링크를 연속된 범위에 설정해보겠습니다.

예제 파일 PART 07 \ CHAPTER 38 \ HYPERLINK.xlsx

01 예제 파일을 열고, 각 종목의 주가를 NAVER 사이트에서 확인하기 위해 [C14] 셀의 주소를 사용하는 하이퍼링크를 [D6:D12] 범위에 추가해보겠습니다.

TIP 하이퍼링크 구성하기

[C14] 셀의 주소는 네이버에서 종목별 주가를 확인할 때 사용합니다. 맨 마지막 여섯 자리 숫자가 종목번호입니다. 그러므로 [C6:C12] 범위의 종목번호를 사용하도록 수식을 사용해 구성하면 편리합니다.

02 [D6] 셀에 다음 수식을 입력하고 [D6] 셀의 채우기 핸들을 [D12] 셀까지 드래그해 수식을 복사합니다.

[D6] 셀 : =HYPERLINK("http://finance.naver.com/item/main.nhn?code=" & C6, B6)

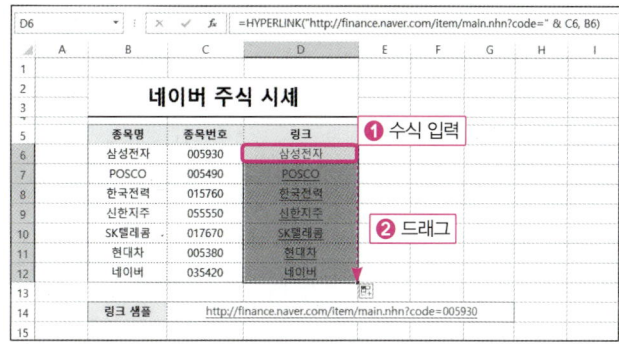

Plus+ 수식 이해하기

이 수식을 이해하려면 먼저 HYPERLINK 함수에 대해 알고 있어야 합니다. HYPERLINK 함수는 다음 구문을 사용합니다.
=HYPERLINK(링크 주소, 화면 표시)

그러므로 이 수식은 [C6] 셀에 있는 종목번호를 "http://finance.naver.com/item/main.nhn?code=" 주소와 연결해 네이버의 종목별 주가를 반환하는 웹 주소를 하이퍼링크로 반환하라는 의미입니다. HYPERLINK 함수의 두 번째 인수로 [B6] 셀을 참조한 이유는 셀에 표시되는 값을 [B] 열의 종목명으로 하기 위해서입니다. '링크' 또는 '바로가기' 등으로 표시하려면 [B6] 셀 주소 대신 "링크" 또는 "바로가기"로 입력합니다.

하이퍼링크 참조하기

418

하이퍼링크가 설정된 셀을 참조해도 하이퍼링크 대신 화면에 표시된 값만 가져와집니다. 엑셀에서 제공되는 함수만으로는 하이퍼링크에 설정된 주소 등을 확인할 수 없으므로, 하이퍼링크의 설정 규칙을 알고 있다면 HYPERLINK 함수와 참조 함수를 사용해 참조해온 값을 하이퍼링크로 전환할 수 있습니다. 여기서는 하이퍼링크가 적용된 셀을 참조하는 방법에 대해 알아보겠습니다.

예제 파일 PART 07 \ CHAPTER 38 \ HYPERLINK-참조.xlsx

01 예제 파일을 열면 화면과 같은 표를 확인할 수 있습니다. [F6] 셀의 값을 선택하면, [G6] 셀에 해당 종목의 하이퍼링크가 나타나도록 해보겠습니다.

TIP [F6] 셀에는 유효성 검사의 목록 기능이 설정되어 있습니다.

LINK 유효성 검사의 목록 기능을 설정하는 방법은 'No. 162 입력할 값을 목록에서 선택해 입력하기'를 참고합니다.

02 VLOOKUP 함수를 사용해 [D6:D12] 범위의 하이퍼링크를 참조해 보겠습니다. 수식을 입력하면 값은 제대로 참조해오지만, 하이퍼링크가 해제된 결과만 표시됩니다.

[G6] 셀 : =VLOOKUP(F6, B6:D12, 3, FALSE)

> **Plus⁺ 수식 이해하기**
>
> [F6] 셀의 값을 [B6:D12] 범위의 첫 번째 열인 [B6:B12] 범위에서 찾아 같은 행에 위치한 세 번째 열([D6:D12] 범위)의 값을 반환하라는 의미입니다.

03 참조해온 값을 [C] 열의 종목번호로 변경하도록 수식을 다음과 같이 수정합니다.

[G6] 셀 : =VLOOKUP(F6, B6:D12, 2, FALSE), F6)

Plus⁺ 수식 이해하기

02 과정의 수식과 다른 점은 하이퍼링크를 생성하기 위해 [D] 열의 값을 참조하지 않고 [C] 열의 값을 참조하도록 VLOOKUP 함수의 세 번째 인수 값을 2로 변경한 부분입니다.

04 이제 종목번호로 하이퍼링크를 설정하기 위해 수식을 다시 수정합니다.

[G6] 셀 : =HYPERLINK(LEFT(C14, FIND("=", C14)) & VLOOKUP(F6, B6:D12, 2, FALSE), F6)

Plus⁺ 수식 이해하기

03 과정에서 참조해온 값으로 하이퍼링크를 생성하기 위해 [C14] 셀의 주소에서 등호(=) 부분까지를 LEFT 함수로 잘라낸 다음, **03** 과정의 VLOOKUP 함수와 연결합니다. 이것은 다음과 동일한 작업입니다.

"http://finance.naver.com/item/main.nhn?code=" & 종목번호

이것을 HYPERLINK 함수에 전달해 하이퍼링크가 생성됩니다.

표에서 검색 항목 위치로 바로 이동하기

419

표에서 특정 항목이 입력된 위치로 바로 이동하려면 하이퍼링크를 사용할 수 있습니다. 이때 이동할 위치가 매번 변경된다면 HYPERLINK 함수로 하이퍼링크를 생성해야 합니다. 다만 HYPERLINK 함수는 위치를 찾을 수 없기 때문에 항목이 입력된 위치를 찾을 수 있는 MATCH 함수를 함께 사용해야 합니다. 특정 항목 위치로 빠르게 이동할 수 있는 하이퍼링크 생성 방법에 대해 알아보겠습니다.

예제 파일 PART 07 \ CHAPTER 38 \ HYPERLINK-이동.xlsx

01 예제 파일을 열고, [B6] 셀의 담당자를 선택하면 [F6:F16] 범위 내 해당 담당자 위치로 바로 이동하는 하이퍼링크를 [C6] 셀에 만들어 보겠습니다. [B6] 셀의 값이 [F6:F16] 범위에서 몇 번째에 있는지 확인하기 위해 다음 수식을 입력합니다.

[C6] 셀 : =MATCH(B6, F6:F16, 0)

TIP [B6] 셀에는 유효성 검사의 목록 기능이 설정되어 있습니다.

LINK 유효성 검사의 목록 기능을 설정하는 방법은 이 책의 'No. 162 입력할 값을 목록에서 선택해 입력하기'를 참고합니다.

> **Plus⁺ 수식 이해하기**
>
> MATCH 함수는 특정 범위 내 값의 위치를 파악할 때 사용합니다. 이 수식은 [B6] 셀의 값이 [F6:F16] 범위에서 몇 번째에 있는지 알려줍니다.

03 [F6:F16] 범위에서 [B6] 셀의 값이 위치한 셀 주소를 반환하도록 [C6] 셀의 수식을 다음과 같이 수정합니다.

[C6] 셀 : ="F" & MATCH(B6, F6:F16, 0)+5

> **Plus⁺ 수식 이해하기**
>
> 02 과정에서 MATCH 함수로 [B6] 셀의 값이 입력된 위치를 파악했습니다. 반환된 값은 [F6:F16] 범위 중 세 번째에 있다는 것을 의미하며, 정확한 셀 주소는 [F8] 셀입니다. 그러므로 MATCH 함수의 반환 값에 [F6] 셀 상단에 있는 다섯 개의 셀 개수만큼 '5'를 더해야 정확한 행 주소가 됩니다. 이 값에 열 주소인 'F' 문자열을 & 연산자를 이용해 연결하면 셀 주소가 완성됩니다.

04 03 과정에서 반환된 셀 주소를 HYPERLINK 함수에 전달해 하이퍼링크를 생성합니다. [C6] 셀의 수식을 다음과 같이 수정합니다.

[C6] 셀 : =HYPERLINK("[HYPERLINK-이동.xlsx]F" & MATCH(B6, F6:F16, 0) + 5, "바로가기")

> **Plus⁺ 수식 이해하기**
>
> 03 과정에서 [B6] 셀 값이 위치한 셀 주소를 알았으므로 HYPERLINK 함수를 사용해 해당 위치로 바로 이동하는 하이퍼링크를 생성할 수 있습니다. HYPERLINK 함수로 다른 셀 위치로 이동하는 하이퍼링크를 생성할 때는 반드시 셀 주소 앞에 파일명을 [ ]로 묶어 입력해야 합니다.

05 [C6] 셀의 하이퍼링크를 클릭하면 [F6] 셀로 이동합니다. [B6] 셀의 담당자를 다른 사람으로 선택하고 [C6] 셀의 하이퍼링크를 클릭해 제대로 동작하는지 확인합니다.

하이퍼링크로 이동한 셀 위치를 화면 상단에 표시하기 420

하이퍼링크를 이용해 다른 위치로 이동할 때 표가 긴 경우에는 하이퍼링크로 이동한 셀 위치가 화면 하단에 표시됩니다. 하지만 셀 위치는 화면 하단보다는 상단에 표시되는 것이 보기 편합니다. 하이퍼링크로 이동한 셀 위치가 화면 상단에 표시되도록 설정하는 방법에 대해 알아보겠습니다.

예제 파일 PART 07 \ CHAPTER 38 \ HYPERLINK-상단.xlsx

01 예제 파일을 열고 [C6] 셀의 하이퍼링크를 클릭하면 연결된 위치가 화면 상단에 표시되도록 설정해보겠습니다.

TIP [B6] 셀에는 유효성 검사의 목록 기능이 설정되어 있습니다.

LINK 유효성 검사의 목록 기능을 설정하는 방법은 'No. 162 입력할 값을 목록에서 선택해 입력하기'를 참고합니다.

02 [C6] 셀의 하이퍼링크를 클릭하면 [F30] 셀 위치로 이동합니다. 선택된 셀이 화면 하단에 표시됩니다.

03 이동한 셀이 화면 상단에 표시되도록 하려면 엑셀 옵션을 수정해야 합니다. [파일] 탭-[옵션]을 클릭합니다.

04 [Excel 옵션] 대화상자가 표시되면 [고급] 범주를 선택하고 [Lotus 호환성] 항목의 [키보드 명령 바꾸기] 옵션에 체크 표시를 한 후 [확인]을 클릭합니다.

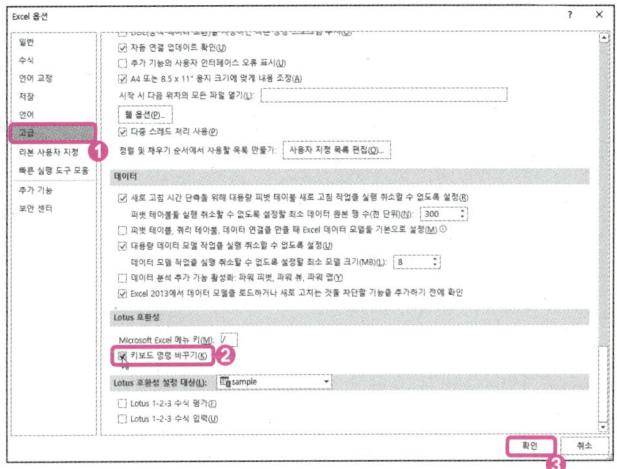

05 [C6] 셀의 하이퍼링크를 클릭하면 화면과 같이 [F30] 셀이 상단에 표시됩니다. 하지만 해당 셀이 화면의 좌측 상단이 되므로 [A] 열부터 표시되지 않아 여전히 보기에 불편합니다.

06 하이퍼링크로 이동하는 위치가 [F]열이 아니라 [A]열이 되도록 하이퍼링크를 다음과 같이 수정합니다.

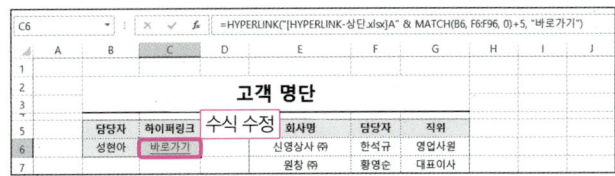

[C6] 셀 :

=HYPERLINK("[HYPERLINK-상단.xlsx]A" & MATCH(B6, F6:F96, 0)+5, "바로가기")

07 이제 [C6] 셀의 하이퍼링크를 클릭하면 [A30] 셀로 이동합니다.

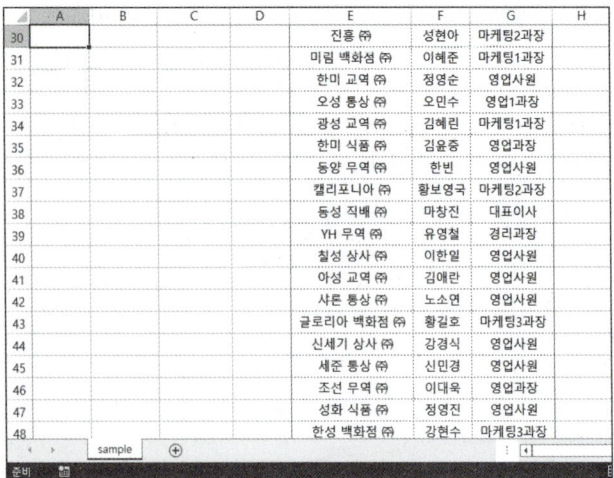

> **Plus⁺** [키보드 바꾸기] 옵션 이해하기
>
> [키보드 바꾸기] 옵션은 Lotus 1-2-3과의 호환성을 위해 엑셀의 명령을 Lotus 1-2-3 프로그램처럼 동작하도록 합니다. 이 옵션을 사용하면 일반적인 작업은 큰 불편은 없지만 셀 값을 수식 입력줄에서 확인하면 셀 값 앞에 '^' 문자가 표시됩니다.

하이퍼링크를 이용해 각 시트로 이동하는 인덱스 만들기 421

하이퍼링크를 이용하면 다른 워크시트로 손쉽게 이동할 수 있는 인덱스 시트를 만들 수 있습니다. 하지만 하이퍼링크는 한 번에 하나의 하이퍼링크만 생성할 수 있고 HYPERLINK 함수를 사용한다고 해도 파일 내 모든 워크시트 이름을 돌려 받을 수 있는 것은 아니므로 인덱스 시트를 만들려면 매크로를 사용하는 것이 편리합니다. 매크로를 사용해 인덱스 시트를 만드는 방법에 대해 알아보겠습니다.

예제 파일 PART 07\CHAPTER 38\하이퍼링크-인덱스.xlsx, 하이퍼링크-인덱스 (매크로).txt

01 예제 파일을 열면 시트 탭에서 'index' 시트와 '1월'~'6월' 시트를 확인할 수 있습니다. 'index' 시트에서 다른 월별 시트로 이동할 수 있는 인덱스 하이퍼링크를 생성해보겠습니다.

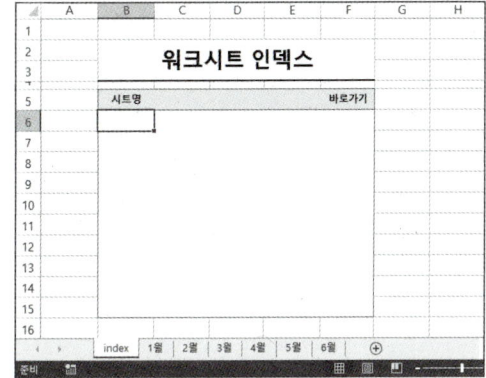

02 예제로 제공되는 '하이퍼링크-인덱스 (매크로).txt' 파일의 매크로를 파일에 추가하고 실행합니다.

파일 : 하이퍼링크-인덱스 (매크로).txt

```
Sub 인덱스만들기()

    Dim 인덱스 As Worksheet
    Dim 워크시트 As Worksheet
    Dim i As Integer

    Set 인덱스 = ActiveSheet

    For Each 워크시트 In ThisWorkbook.Worksheets

        If 워크시트.Name <> 인덱스.Name Then
    With 인덱스
            .Range("B6").Offset(i).Value = 워크시트.Name          ❶
            .Range("C6").Offset(i).Value = "------------------------"  ❷
            .Hyperlinks.Add Anchor:=.Range("F6").Offset(i), _        ❸
                Address:="", _
```

```
                    SubAddress:=워크시트.Name & "!A1", _
                    TextToDisplay:="바로가기"
        End With

        i = i + 1

        With 워크시트
            .Rows(1).Interior.Color = RGB(220, 220, 220)        ④
            .Hyperlinks.Add Anchor:=.Range("A1"), _              ⑤
                    Address:="", _
                    SubAddress:=인덱스.Name & "!A1", _
                    TextToDisplay:="인덱스"
        End With

    End If

  Next

End Sub
```

❶ [B6] 셀은 시트명이 기록될 첫 번째 셀 주소입니다. 원하는 주소로 변경합니다.
❷ [C6] 셀은 하이픈(-) 문자가 입력될 첫 번째 셀 주소입니다.
❸ [F6] 셀은 하이퍼링크가 삽입될 첫 번째 셀 주소입니다.
❹ 각 월별 시트의 첫 번째 행에 지정할 배경색을 RGB 컬러로 지정합니다.
❺ 각 월별 시트의 [A1] 셀에 인덱스 시트로 이동할 하이퍼링크를 생성합니다.

LINK 유효성 검사의 목록 기능을 설정하는 방법은 'No. 162 입력할 값을 목록에서 선택해 입력하기'를 참고합니다.

03 매크로를 실행하면 다음 화면과 같은 결과가 얻어집니다. [F6:F11] 범위의 하이퍼링크를 클릭하면 해당 월 시트로 바로 이동하며, 이동한 시트의 첫 번째 행에는 'index' 시트로 이동할 수 있는 하이퍼링크가 추가됩니다.

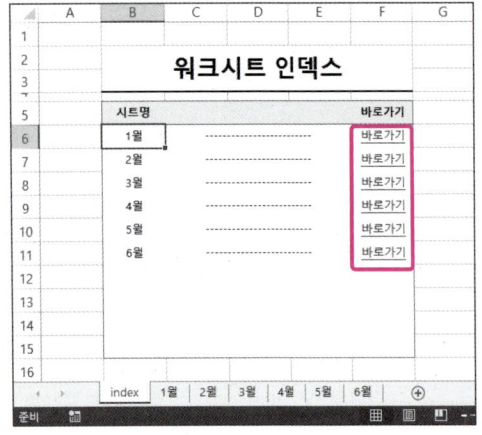

다양한 하이퍼링크 만들기 422

HYPERLINK 함수를 이용하면 다른 워크시트나 외부 파일로 손쉽게 이동하는 하이퍼링크를 생성할 수 있습니다. 이 방법은 업무를 효율적으로 수행하는 데 많은 도움이 됩니다. 실제 업무에서 활용하기 좋은 HYPERLINK 함수의 구성 방법에 대해 알아보겠습니다.

예제 파일 없음

같은 파일의 다른 워크시트 위치로 이동

다른 워크시트로 이동하려면 하이퍼링크 주소를 다음과 같이 구성합니다.

```
[파일명.확장자]워크시트명!셀주소
```

예를 들어 '연간보고서.xlsx' 파일의 '1사분기' 시트 [A1] 셀로 이동하려면 다음과 같이 구성합니다.

```
=HYPERLINK("[연간보고서.xlsx]'1사분기'!A1", "바로 가기")
```

외부 파일의 특정 위치로 이동

다른 파일로 이동하는 하이퍼링크는 파일명 앞에 경로를 포함해야 합니다.

```
[경로\파일명.확장자]워크시트명!셀주소
```

예를 들어 'D:\보고서' 폴더에 저장된 '연간보고서.xlsx' 파일의 '1사분기' 시트 [A1] 셀로 이동하려면 다음과 같이 구성합니다.

```
=HYPERLINK("[D:\보고서\연간보고서.xlsx]'1사분기'!A1", "바로 가기")
```

네트워크상의 다른 PC의 공유 폴더로 이동

공유 폴더에 접근하려면 해당 PC명과 공유 폴더명을 포함해 다음과 같이 구성합니다.

> [\\PC명\공유폴더\파일명.확장자]워크시트명!셀주소

예를 들어 네트워크에 있는 'SUN' PC의 '보고서' 공유 폴더에 저장된 '연간보고서.xlsx' 파일의 '1사분기' 시트 [A1] 셀로 이동하려면 다음과 같이 구성합니다.

> =HYPERLINK("[\\SUN\보고서\연간보고서.xlsx]'1사분기'!A1", "바로 가기")

인터넷(웹) 상의 파일로 이동

다음과 같은 형식을 사용합니다.

> [HTTP://웹주소/파일명.확장자]워크시트명!셀주소

예를 들어 http://cafe.naver.com/excelmaster 주소에 있는 '연간보고서.xlsx' 파일의 '1사분기' 시트 [A1] 셀로 이동하려면 다음과 같이 구성합니다.

> =HYPERLINK("[HTTP://cafe.naver.com/excelmaster/연간보고서.xlsx]'1사분기'!A1", "바로 가기")

하이퍼링크 한 번에 삭제하기 423

여러 개의 하이퍼링크가 설정된 문서에서 하이퍼링크를 모두 제거해야 할 때는 엑셀 2010부터 제공되는 [하이퍼링크 제거] 명령을 이용하면 편리합니다. 참고로 엑셀 2007 이하 버전에서는 한 번에 하이퍼링크를 삭제할 수 없기 때문에 별도의 매크로를 이용해야 합니다. 여러 위치에 생성된 하이퍼링크를 한 번에 삭제하는 방법에 대해 알아보겠습니다.

예제 파일 PART 07 \ CHAPTER 38 \ 하이퍼링크-삭제.xlsx

01 예제 파일을 열고 [C], [E], [G] 열의 하이퍼링크를 한 번에 삭제해보겠습니다. 열 주소와 행 주소가 만나는 위치의 [◢ 모두 선택]을 클릭해 전체 범위를 선택한 후 아무 위치에서나 마우스 오른쪽 버튼을 클릭하고 [하이퍼링크 제거]를 선택합니다.

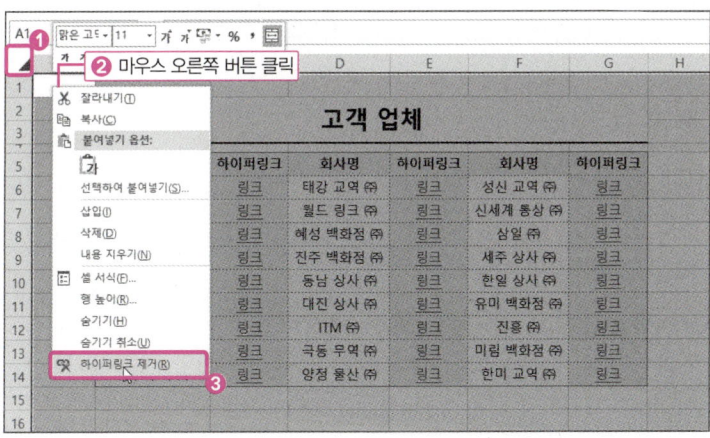

02 선택 범위 내 하이퍼링크가 모두 삭제되고 값만 남습니다. 하이퍼링크가 삭제되면 하이퍼링크가 설정된 셀에 지정된 테두리 서식도 함께 삭제됩니다.

PART

08

엑셀 2016 바이블

시각화

CHAPTER
39

차트

차트 구성 요소 이해하기   424

차트는 그래프를 이용해 표의 데이터를 시각화하는 개체로, 다양한 구성 요소로 이뤄집니다. 차트에서 사용하는 용어는 엑셀의 다른 기능에서 사용하는 용어와는 다르기 때문에 차트를 자주 사용하지 않으면 낯설게 느껴질 수 있습니다. 차트의 구성 요소를 지칭하는 용어에 대해 알아보겠습니다.

예제 파일 PART 08 \ CHAPTER 39 \ 차트 용어.xlsx

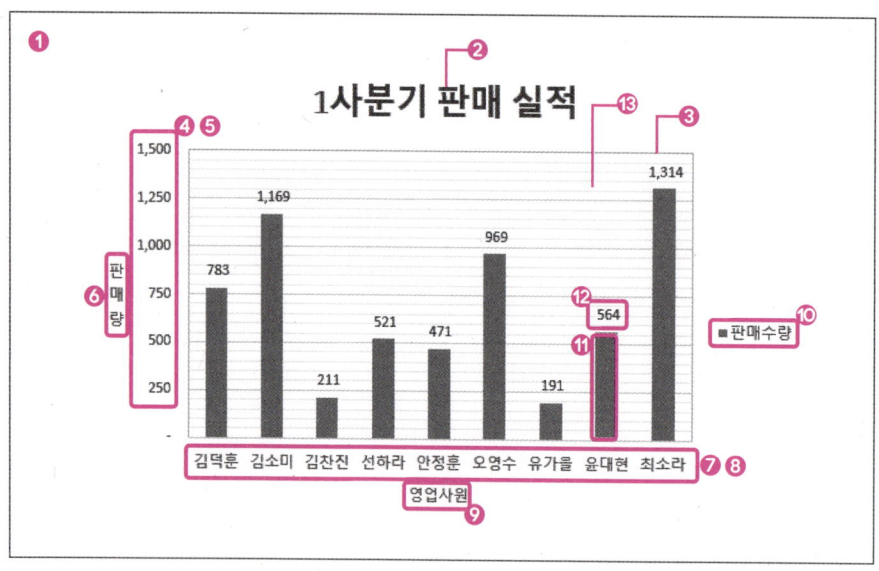

❶ 차트 영역 : 차트의 전체 영역을 의미합니다.
❷ 차트 제목 : 차트의 제목을 표시하는 영역입니다.
❸ 그림 영역 : 실제 차트의 그래프가 표시된 영역으로, 가로 축과 세로 축, 그래프로 구성됩니다.
❹ 세로(값) 축 : 차트의 값을 표시하는 축으로, Y축입니다.
❺ 세로(값) 축 레이블 : Y축의 값을 표시합니다.
❻ 세로(값) 축 제목 : Y축의 값에 대한 제목을 표시합니다.
❼ 가로(항목) 축 : 차트의 항목을 표시하는 축으로, X축입니다.
❽ 가로(항목) 축 레이블 : X축의 항목을 표시합니다.
❾ 가로(항목) 축 제목 : X축의 항목에 대한 제목을 표시합니다.
❿ 범례 : 그림 영역에 표시된 데이터 계열의 이름을 표시합니다.
⓫ (데이터) 계열 : 동일한 색상의 그래프를 갖는 개별 데이터 집합을 의미합니다.
⓬ 데이터 레이블 : 데이터 계열의 값, 항목, 계열 이름 등을 표시합니다.
⓭ 눈금선 : 그림 영역에서 X축과 Y축의 눈금을 연결한 선입니다.

차트 만들고 구성하기

425

엑셀에는 표의 데이터를 시각화할 수 있는 다양한 차트를 만들고 구성하는 기능이 있습니다. 엑셀 2016부터는 폭포, 히스토그램, 트리맵과 같은 새로운 차트도 제공되며, 차트 종류를 묶는 방식도 달라졌습니다. 여기서는 간단하게 차트를 선택하고 구성하는 방법에 대해 알아보겠습니다.

예제 파일 PART 08 \ CHAPTER 39 \ 차트.xlsx

01 예제 파일을 열면 영업사원의 1사분기 판매 실적 데이터를 정리한 표가 있습니다. 숫자로만 이루어져 있어 한눈에 파악되지 않으므로 이 표의 데이터를 가장 잘 설명하는 차트를 생성하고 구성해보겠습니다.

	A	B	C	D	E	F
1						
2		담당자	1월	2월	3월	
3		김덕훈	313	266	204	
4		김소미	420	350	399	
5		김찬진	46	84	81	
6		선하라	151	156	214	
7		안정훈	94	136	241	
8						

Plus⁺ 적합한 차트의 선택

엑셀에서 가장 많이 사용되는 차트는 다음과 같습니다. 또한 각 차트는 각각 다음 목적에 부합할 때 가장 효과적으로 쓰입니다.

목적 종류	비교	추이	비율	관계
세로 막대형	O	O		
가로 막대형	O			
꺾은선형		O		
원형			O	
분산형				O

엑셀 차트에는 연관성이 있는 비슷한 유형의 차트가 있습니다. 다음 표를 참고합니다.

기본 차트	연관성 차트
세로 막대형	
가로 막대형	방사형
꺾은선형	영역형, 분산형
원형	도넛형
분산형	거품형

02 [B2:E7] 범위를 선택하고 [삽입] 탭-[차트] 그룹-[ ] 세로 또는 가로 막대형 차트 삽입]을 클릭합니다. [2차원 세로 막대형] 그룹의 [묶은 세로 막대형] 아이콘에 마우스 포인터를 위치시키면 화면과 같이 워크시트에 묶은 세로 막대형 차트가 미리 보여집니다.

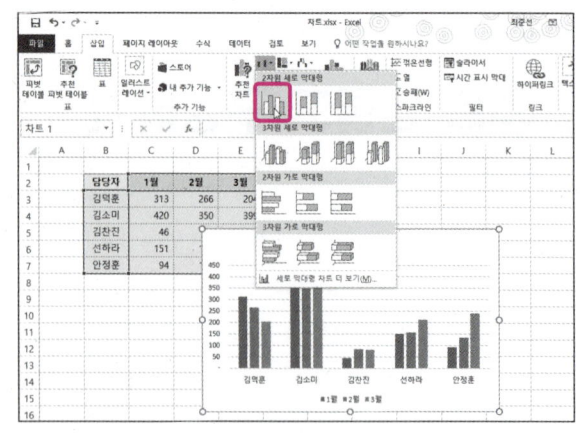

TIP 묶은 세로 막대형 차트는 세로 막대형 차트의 기본형 차트로, 가장 많이 사용되는 차트입니다. 데이터 계열을 각각 색으로 구분해 표시합니다.

TIP 차트의 분류
엑셀 2016부터는 [세로 또는 가로 막대형 차트]에 세로 막대형 차트와 가로 막대형 차트가 함께 제공됩니다.

03 이번에는 [2차원 세로 막대형] 그룹의 [누적 세로 막대형] 아이콘 위로 마우스 포인터를 이동시켜봅니다. 워크시트에 미리 보여지는 차트 모양이 누적형 차트로 바뀝니다.

TIP 누적형 차트
누적형 차트는 계열의 막대그래프가 따로 표시되지 않고, 하나의 막대그래프 안에 쌓이는(누적되는) 방식으로 구성됩니다.

04 다음으로 [2차원 세로 막대형] 그룹의 [100% 기준 누적 세로 막대형] 아이콘 위에 마우스 포인터를 위치시키면 100% 기준 누적형 차트가 워크시트에 미리 보여집니다.

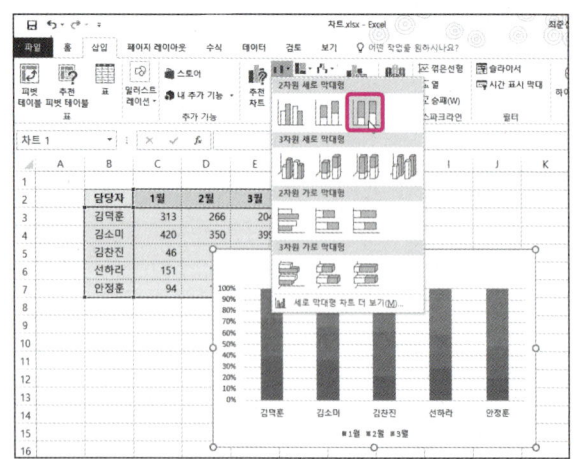

TIP 100% 기준 누적형 차트
100% 기준 누적형 차트는 누적형 막대그래프와 유사합니다. Y축을 보면 숫자가 아니라 백분율로 표시되어 있습니다. 이 차트는 항목(직원)별 막대그래프를 100%로 보고 나머지 계열의 비율을 표시하는데, 이러한 방식은 원형 차트와 유사합니다.

05 앞에서 확인한 세 개의 차트 유형 중 이 데이터에 가장 적합한 [묶음 세로 막대형] 아이콘을 클릭해 차트를 생성합니다. 차트를 선택하면 차트 우측 상단에 세 개의 차트 단추가 나타납니다.

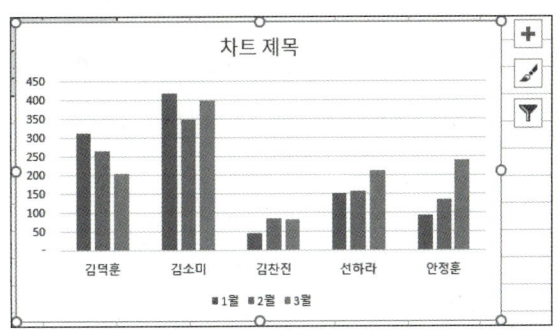

TIP 차트 우측의 차트 단추는 엑셀 2013부터 지원됩니다.

06 차트 단추 중에서 [➕ 차트 요소]를 클릭하면 차트 구성 요소가 메뉴 형식으로 표시됩니다. 확인란에 체크 표시를 하거나 해제하는 방식으로 차트 구성 요소를 표시하거나 삭제할 수 있습니다. 데이터 레이블을 표시하려면 [데이터 레이블]의 ▶ 오른쪽 삼각형 아이콘을 클릭하고 데이터 레이블을 삽입할 위치를 선택합니다.

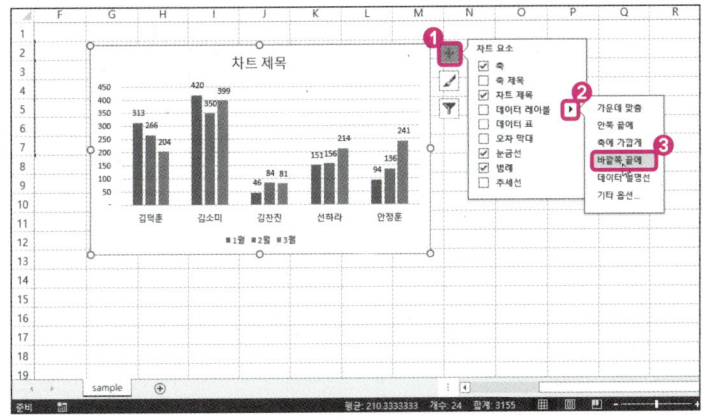

TIP [차트 도구] 확장 메뉴의 [레이아웃] 탭
엑셀 2013부터는 차트를 선택했을 때 표시되던 [레이아웃] 탭이 더 이상 제공되지 않습니다. [레이아웃] 탭에서 사용하던 명령은 차트 단추 중 [➕ 차트 요소]를 클릭해 제어할 수 있습니다.

07 차트 단추 중에서 [🖌 차트 스타일]을 클릭하면 여러 가지 차트 스타일이 제공됩니다. 스크롤 막대를 조절해 원하는 스타일을 찾아 선택합니다.

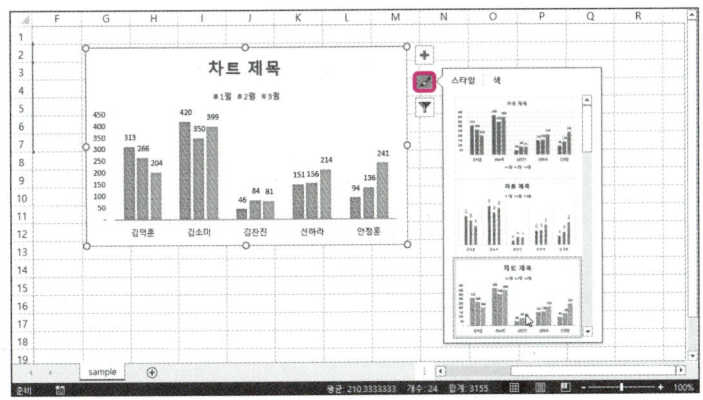

08 [차트 스타일] 창 상단의 [색]을 클릭하면 차트에 적용된 색 스타일을 변경할 수 있습니다. 원하는 색 스타일을 선택하면 차트 색상이 선택한 스타일에 맞추어 자동으로 변경됩니다.

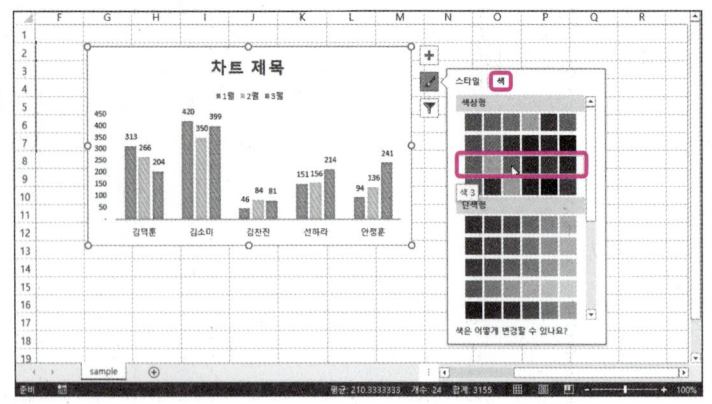

09 마지막으로 차트 단추 중에서 [▼] 차트 필터]를 클릭합니다. 이 기능은 엑셀 2013에서 새롭게 추가된 것으로, 차트에 표시된 계열이나 항목에 필터를 적용합니다. [차트 필터] 창의 [계열]에서 필터를 적용할 계열(여기서는 [3월])에 마우스 포인터를 위치시키면, 차트에서 해당 계열의 색상만 제대로 표시되고 나머지는 투명하게 표시됩니다.

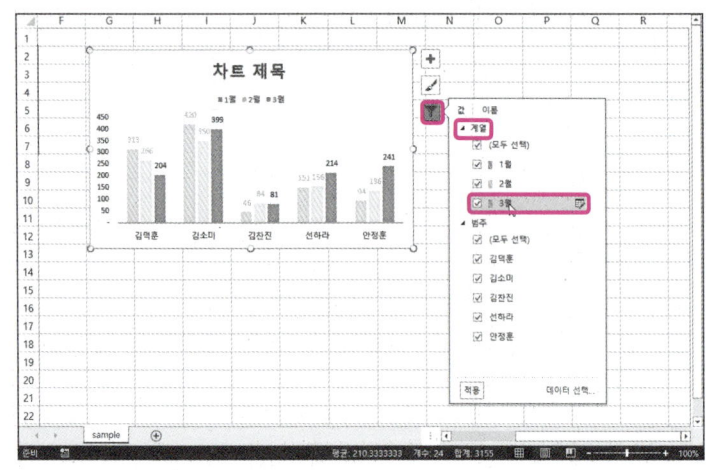

10 [차트 필터] 창의 [범주]에서 '김덕훈', '김찬진', '안정훈' 항목만 남기고 나머지 항목의 체크 표시를 모두 해제한 후 [적용]을 클릭하면 체크 표시된 항목만 차트에 남습니다.

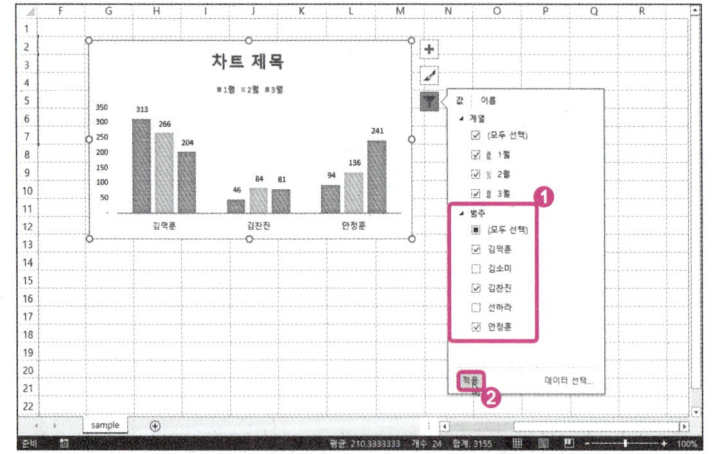

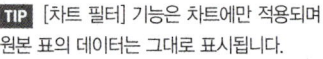 [차트 필터] 기능은 차트에만 적용되며 원본 표의 데이터는 그대로 표시됩니다.

추천 차트를 이용해 차트 만들기

426

엑셀 2013부터는 차트를 생성할 때 [추천 차트] 기능을 이용할 수 있습니다. [추천 차트]는 선택한 데이터에 적합한 차트를 추천해주는 기능입니다. 아직 완성도가 높지는 않지만 다양한 차트를 미리 보고 선택할 수 있다는 점에서 높은 점수를 줄 수 있습니다. [추천 차트] 기능을 이용해 차트를 생성하는 방법에 대해 알아보겠습니다.

예제 파일 PART 08 \ CHAPTER 39 \ 추천 차트.xlsx

01 예제 파일을 열면 영업사원의 1사분기 판매 실적을 정리한 표가 있습니다. 이 데이터로 만들 수 있는 차트를 [추천 차트] 기능을 이용해 확인해보겠습니다.

02 [B2:B7] 범위를 선택하고 Ctrl을 누른 상태에서 [F2:F7] 범위를 선택한 후 [삽입] 탭-[차트] 그룹-[추천 차트]를 클릭합니다.

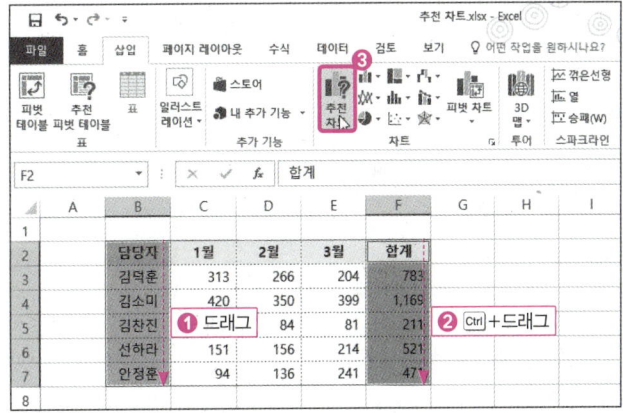

03 [차트 삽입] 대화상자가 열리고 [추천 차트] 탭 왼쪽에 생성할 수 있는 차트 종류가 표시됩니다. 차트를 하나씩 클릭해본 후 적절한 차트를 선택하고 [확인]을 클릭합니다.

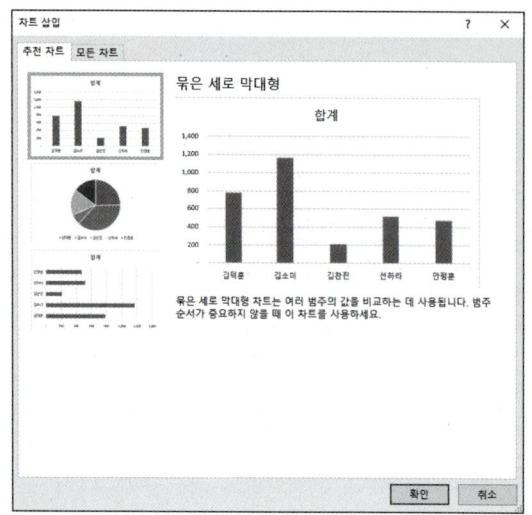 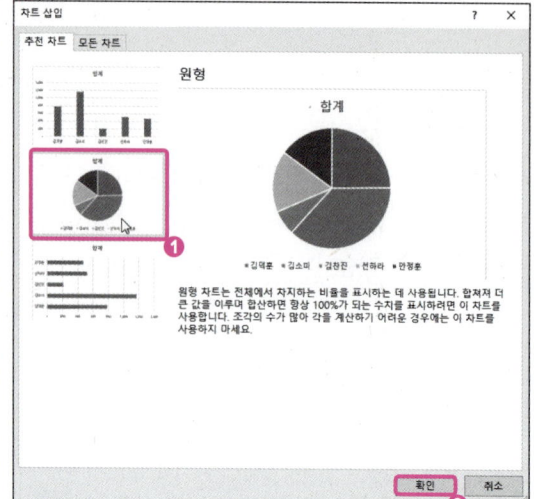

TIP [추천 차트]에 표시되는 차트의 종류와 개수는 원본 데이터에 따라 다릅니다.

09 선택된 차트가 화면과 같이 표시됩니다.

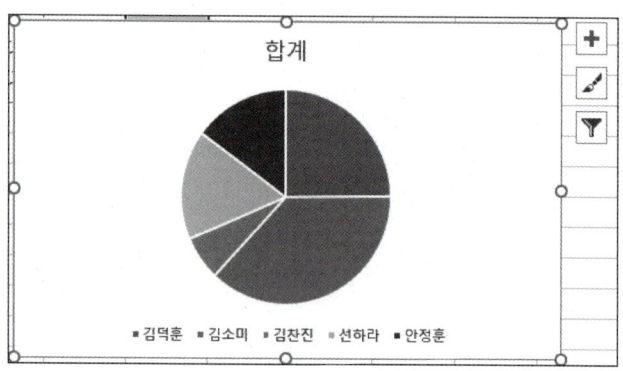

TIP [추천 차트] 기능은 사용자의 데이터로 표현할 수 있는 차트를 골라준다는 점에서는 높은 점수를 줄 수 있습니다. 다만 활용도 측면에서는 아직 낮은 점수를 줄 수밖에 없습니다. 사람의 노력을 대체할 만한 장점이 아직 보이지 않기 때문입니다.

[추천 차트] 기능은 사람으로 치면 유아 수준에 머물러 있지만, 버전이 업그레이드되면서 기능도 더욱 발전할 것이므로 언젠가는 사람이 노력하는 것보다 더 많은 것을 표현할 수 있게 될 것입니다. 그러므로 앞으로 새로운 버전이 출시될 때마다 관심을 갖고 살펴봐야 할 기능이라고 할 수 있습니다.

행/열 바꿔 차트 표시하기 427

차트는 표의 열과 행을 확인해 더 많은 쪽을 항목으로 표현하고 적은 쪽을 계열로 추가합니다. 그러므로 차트를 만들기 전에 표의 구성에도 신경을 쓰는 것이 좋지만, 이미 만들어진 후에도 [행/열 전환] 기능을 이용하면 계열과 항목을 읽어들이는 방식을 변경할 수 있습니다. [행/열 전환] 기능을 이용할 때 차트의 표현 방식을 어떻게 바꿀 수 있는지 알아보겠습니다.

예제 파일 PART 08\CHAPTER 39\행열 바꿈.xlsx

01 예제 파일을 열면 화면과 같은 표와 차트를 확인할 수 있습니다. 차트는 [B2:E7] 범위의 표로 만들어졌는데, 이 표는 열보다 행이 많으므로 [C:E] 열의 '월'은 계열이 되고 [3:7] 행의 '담당자'는 X축 항목이 되었습니다.

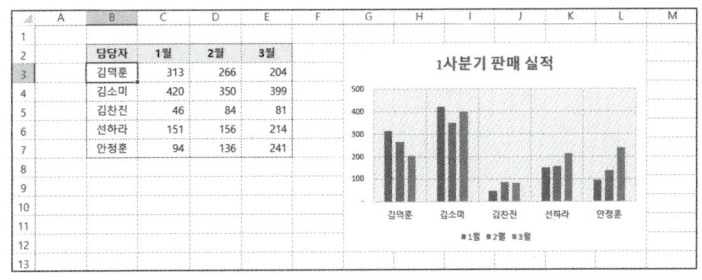

02 '월'을 X축 항목으로, '담당자'를 계열로 변경하려면 [차트 도구]-[디자인] 탭-[데이터]-[행/열 전환]을 클릭합니다. 차트의 계열과 X축 항목이 서로 바뀝니다.

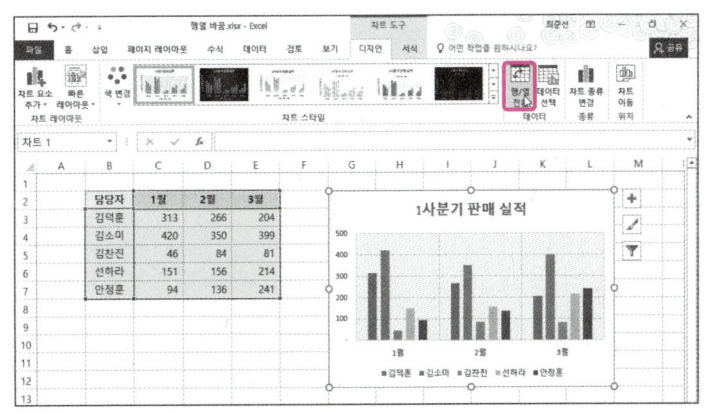

Plus⁺ [행/열 전환] 명령

차트의 [행/열 전환]은 표의 행/열을 바꾸는 것과 동일한 기능을 하며, [B2:E7] 범위의 표를 [선택하여 붙여넣기]의 [행/열 바꿈]을 이용해 복사한 후 차트를 생성하는 것과 동일한 효과를 얻을 수 있습니다.

LINK [선택하여 붙여넣기] 기능에 대해서는 'No. 086 선택하여 붙여넣기'를 참고합니다.

차트에 데이터 범위 추가하기

428

차트의 원본 데이터 범위를 변경할 때는 원본 데이터 범위에 표시되는 크기 조정 핸들을 이용하거나 복사하여 붙여넣는 방법을 이용합니다. 만약 데이터 범위를 변경하는 작업이 복잡하다면 [데이터 원본] 대화상자에서 수정합니다. 차트의 데이터 범위를 새로 추가하는 방법에 대해 알아보겠습니다.

예제 파일 PART 08 \ CHAPTER 39 \ 차트 범위.xlsx

예제 파일을 열면 1월부터 6월까지의 판매량, 즉 표의 [B3:C8] 범위에 해당하는 데이터만 차트에 표시되어 있습니다. 12월에 해당하는 데이터까지 범위를 추가해보겠습니다.

연속된 범위 추가

먼저 연속된 범위에 있는 9월까지의 데이터를 추가하겠습니다. 연속된 범위를 추가할 때는 크기 조정 핸들을 이용하는 것이 편리합니다. 차트를 선택하면 원본 범위에 파란 실선이 표시됩니다. 파란 실선의 마지막 위치인 [C8] 셀의 크기 조정 핸들을 [C11] 셀까지 드래그하면 차트에 해당 데이터가 바로 추가됩니다.

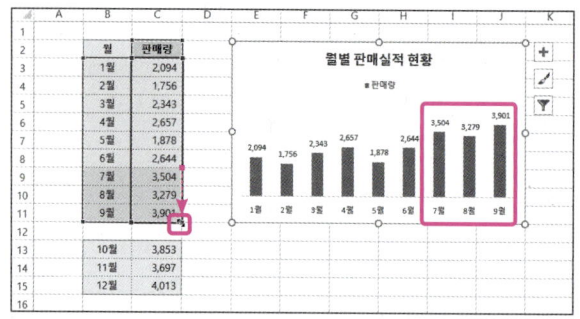

떨어진 범위 추가

이번에는 10월부터 12월까지의 데이터를 추가하겠습니다. 떨어진 범위이므로 복사하여 붙여넣는 방법을 사용하는 것이 좋습니다. [B13:C15] 범위를 선택하고 Ctrl + C 를 눌러 복사한 후 차트를 선택하고 [홈] 탭-[클립보드] 그룹-[붙여넣기]를 클릭합니다.

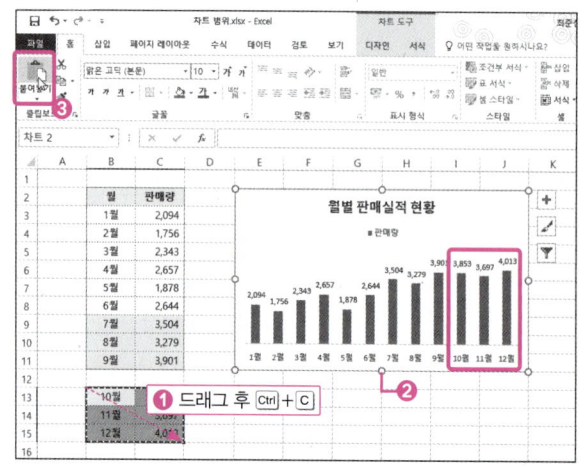

불필요한 계열이나 항목 표시하지 않기

429

원본 표는 수정하지 않고 차트에서만 특정 데이터를 표시하지 않아야 하는 경우가 있습니다. 엑셀 2013부터는 [차트 필터] 기능을 이용해 손쉽게 계열과 항목을 표시하지 않을 수 있습니다. 같은 작업을 엑셀 2010 이하 버전에서 진행하려면 계열이나 항목을 삭제하는 방법을 이해하고 있어야 합니다. 차트의 데이터 계열이나 항목을 표시하지 않는 방법에 대해 알아보겠습니다.

예제 파일 PART 08 \ CHAPTER 39 \ 계열 삭제.xlsx

예제 파일을 열어 차트를 보면 표의 열이 계열이고 행이 X축 항목인 것을 확인할 수 있습니다. 차트의 계열이나 항목이 표시되지 않도록 해보겠습니다.

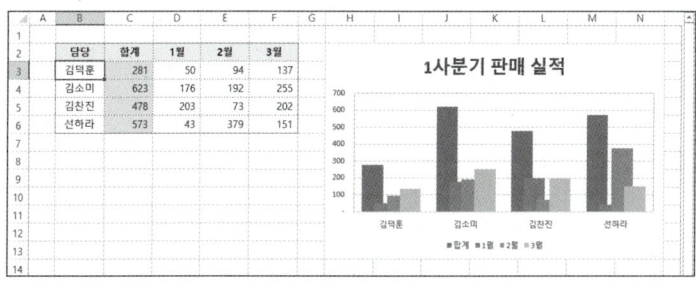

[▼ 차트 필터] 기능을 이용해 삭제하는 방법

차트의 계열이나 항목을 삭제하려면 엑셀 2013부터 새로 추가된 [차트 필터] 기능을 이용하는 방법이 가장 쉽습니다. 차트를 선택하고 [▼ 차트 필터]를 클릭한 후 [계열]에서 '합계' 확인란의 체크 표시를 해제하고 [적용]을 클릭합니다.

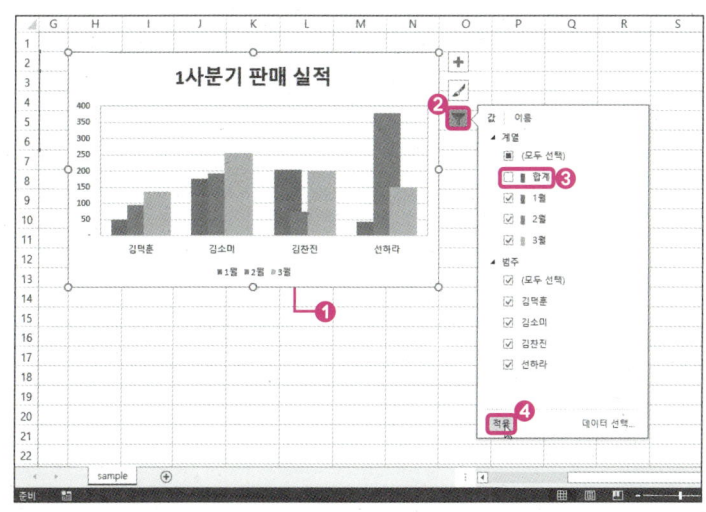

TIP X축 항목을 표시하고 싶지 않다면 [범주] 하위에 있는 담당자 이름의 체크 표시를 해제합니다.

데이터 계열을 선택하고 삭제하는 방법

차트에서 '합계' 계열(막대그래프)만 삭제해보겠습니다. 차트에서 '합계' 계열을 선택한 후 마우스 오른쪽 버튼을 클릭하고 [삭제]를 선택하거나 Delete를 누릅니다.

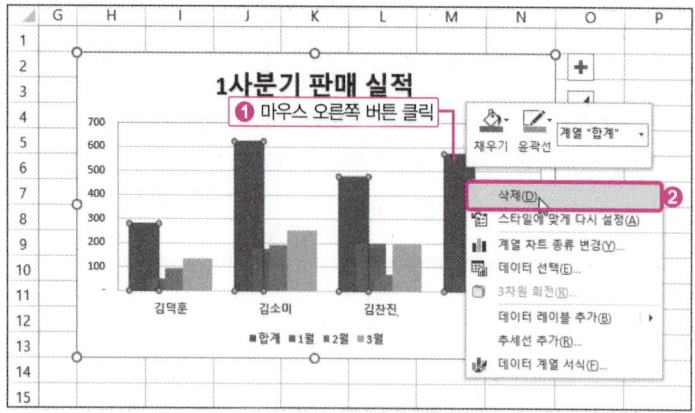

TIP 이 방법으로 차트의 X축 항목은 삭제할 수 없습니다. 그 대신 'No. 427 행/열 바꿔 차트 표시하기'에서 설명한 [행/열 전환] 명령을 이용해 계열과 X축 항목을 변경하고 이 방법을 적용해 계열을 삭제한 후, 다시 [행/열 전환] 명령을 사용해 원래 상태로 되돌리는 방법이 있습니다.

크기 조정 핸들을 이용해 삭제하는 방법

데이터 범위가 연속되어 있다면 크기 조정 핸들을 사용하는 방법이 간편합니다. 차트를 선택하고 [C6] 셀 좌측 하단의 크기 조정 핸들을 [D] 열 방향으로 드래그하면 [C] 열의 '합계' 계열이 차트에서 제외됩니다.

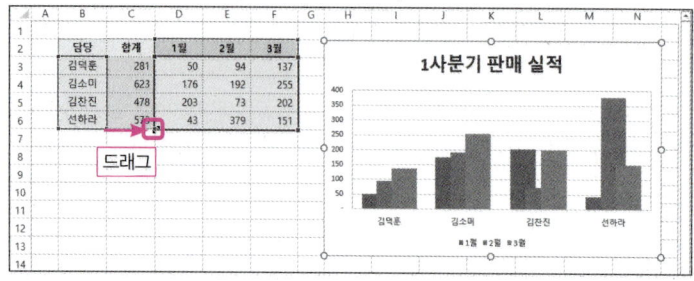

TIP 같은 방법으로 X축 항목도 차트에서 제외할 수 있습니다.

차트 제목에 효과적으로 메시지 전달하기

430

대부분의 차트에는 차트 제목이 표시되는데 차트 제목을 제대로 활용하는 경우는 그리 많지 않습니다. 차트 제목은 간결하게 내용을 전달하는 것이 중요한데, 간단한 제목만으로 정확하게 의도를 전달하기는 쉽지 않습니다. 이때 차트 제목에 간단한 문장을 추가해 넣으면 시각적으로도 효과적이고 가독성도 향상될 수 있습니다. 차트 제목을 제대로 활용하는 방법에 대해 알아보겠습니다.

예제 파일 PART 08 \ CHAPTER 39 \ 차트 제목.xlsx

01 예제 파일을 열고 차트에 차트 제목과 간단한 메시지를 입력해보겠습니다. '차트 제목' 텍스트 상자를 선택하고 다음 내용을 입력합니다.

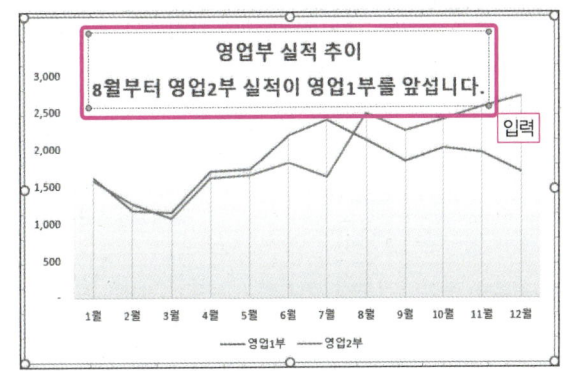

영업부의 실적 추이
8월부터 영업2부 실적이 영업1부를 앞섭니다.

02 '차트 제목' 텍스트 상자의 두 번째 줄 영역을 드래그해 선택한 후 [홈] 탭-[글꼴] 그룹에서 [글꼴 크기]를 [11]로 조정하고 [글꼴 색]을 [주황]으로 설정합니다. 차트 제목이 오른쪽 화면과 같이 변경됩니다.

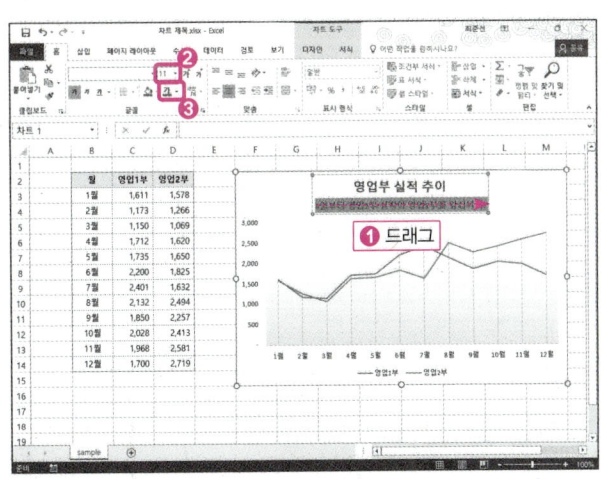
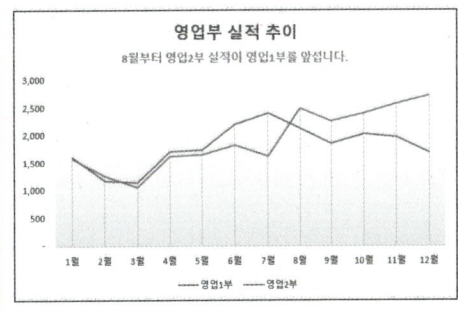

TIP 차트 제목보다 그래프가 표시되는 그림 영역에 더 집중하는 경우가 많은데, 차트는 표의 숫자를 시각화하는 도구이고 사용자의 의도를 전달하는 것이 가장 중요하므로 차트 제목을 잘 활용하는 것 역시 매우 중요합니다.

숫자 값 범위를 X축 항목으로 인식시키는 방법

431

표 범위를 선택하고 차트를 만들 때, 표의 첫 번째 열이 숫자이면 첫 번째 열이 X축 항목이 아니라 계열로 인식됩니다. 그러므로 분산형이나 거품형 차트를 제외하고는 표의 첫 번째 열에 숫자로 데이터를 입력하는 것은 피해야 합니다. 잘못 등록된 데이터 계열을 X축 항목 범위로 변경하는 방법에 대해 알아보겠습니다.

예제 파일 PART 08\CHAPTER 39\X축-숫자.xlsx

01 예제 파일을 열고 [B2:C13] 범위를 선택한 후 [삽입] 탭-[차트] 그룹-[꺾은선형 또는 영역형 차트 삽입]을 클릭합니다. [2차원 꺾은선형] 그룹의 [표식이 있는 꺾은선형]을 선택하면 [B] 열의 연도가 계열로 인식됩니다.

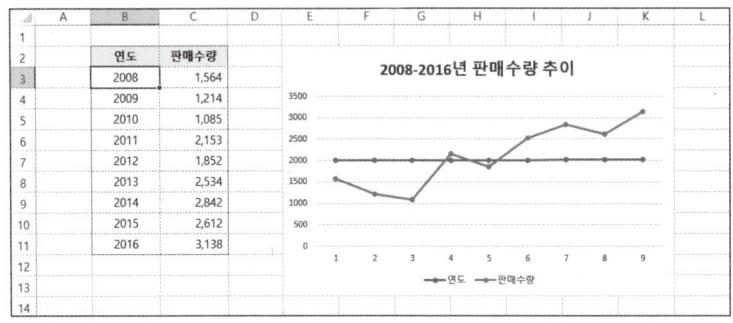

TIP 차트 제목은 상황에 맞게 저자가 입력한 것입니다.

Plus⁺ 숫자 값 범위를 X축 항목으로 인식시키는 간단한 방법

간단하게 [B2:B11] 범위를 X축 항목으로 인식시키려면 [B2] 셀의 값을 지우고 다시 차트를 생성하는 방법을 사용할 수 있습니다. 이런 방법은 표의 머리글을 지워도 별 다른 문제가 없거나, 지우고 차트를 생성한 다음 다시 머리글을 입력하는 방법을 사용할 수 있는 사용자에게 도움이 될 수 있습니다.

02 차트를 선택하고 [차트 도구]-[디자인] 탭-[데이터] 그룹-[데이터 선택]을 클릭합니다. [데이터 원본 선택] 대화상자가 열리면 [범례 항목(계열)] 리스트에서 제거할 계열인 [연도]를 선택하고 [제거]를 클릭해 잘못 인식된 계열을 삭제합니다.

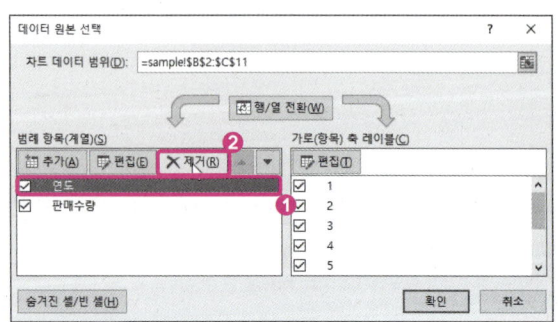

03 X축 항목 범위를 새로 지정하기 위해 [가로(항목) 축 레이블] 리스트의 [편집]을 클릭합니다.

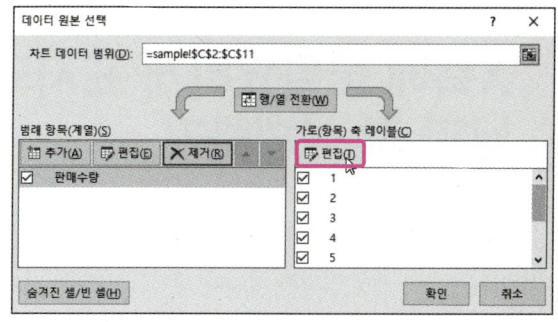

04 [축 레이블] 대화상자가 열리면 [축 레이블 범위] 입력 상자를 선택한 후 [B3:B11] 범위를 선택하고 [확인]을 클릭합니다. 그 다음 [데이터 원본 선택] 대화상자의 [확인]을 클릭해 닫으면 X축 범위가 변경된 것을 확인할 수 있습니다.

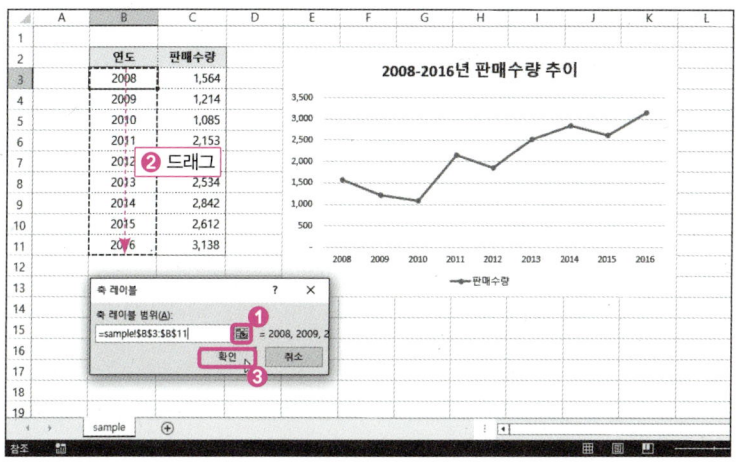

TIP [축 레이블]에서 범위를 선택하면 차트에 미리 보기 효과가 적용되어 변경된 X축 레이블이 표시됩니다.

X축에 불필요하게 표시되는 날짜 값 삭제하기

432

차트를 만들 때 X축 항목이 날짜/시간 값이면 원본 표에 없는 날짜(또는 시간)가 X축 항목에 표시됩니다. 이는 X축이 표에 입력된 데이터 형식을 인식해 날짜 축으로 설정하면서 발생한 정상적인 현상입니다. 이런 동작 방식으로 불필요한 결과가 만들어졌다면 X축 옵션을 변경해 표에 입력된 값만 표시되도록 설정할 수 있습니다. X축 옵션을 변경하는 방법에 대해 알아보겠습니다.

예제 파일 PART 08 \ CHAPTER 39 \ X축-날짜.xlsx

01 예제 파일을 열면 [B2:C11] 범위의 표와 이 표로 만든 차트가 있습니다. 차트를 살펴보면 표에는 없는 1월 2일, 3일, 9일, 10일 날짜가 표시되어 있는데, 이 날짜들을 제외하고 표에 있는 날짜만 나오도록 차트를 수정해보겠습니다.

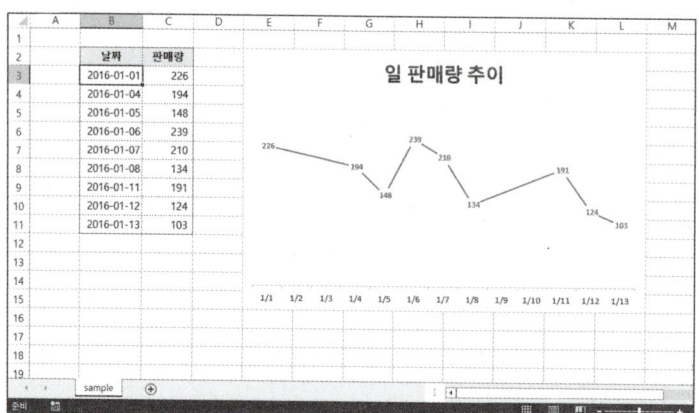

TIP 예제의 꺾은선형 차트 생성 방법
예제의 차트는 표식이 있는 꺾은선 차트를 생성한 후 [차트 스타일]에서 [스타일 8]을 적용한 것입니다.

02 X축 옵션을 변경하기 위해 차트의 X축 항목을 더블클릭하면 [축 서식] 작업 창이 열립니다. [축 옵션]-[축 종류]에서 [텍스트 축] 옵션을 선택하면 표에 입력된 날짜 데이터만 차트에 표시됩니다.

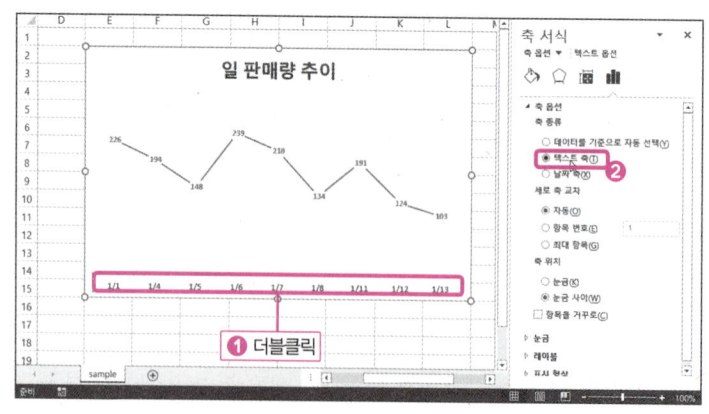

데이터 레이블의 금액 단위 변경하기

433

원본 표의 숫자가 너무 크면 차트에서 값을 확인하기 쉽지 않습니다. 이런 경우 원본 표의 단위는 조정하지 않고 차트에 표시되는 숫자 단위만 변경할 수 있습니다. 데이터 계열은 축에 종속되는 구조이므로 축 설정을 변경해 축 레이블의 단위를 조정하면 데이터 레이블은 동일하게 변경됩니다. 여기서는 차트의 숫자 단위를 '원'에서 '만'(또는 다른 단위)으로 변경하는 방법에 대해 알아보겠습니다.

예제 파일 PART 08 \ CHAPTER 39 \ 차트 단위.xlsx

01 예제 파일을 열고 차트에 표시된 숫자 단위를 '원'에서 '만'으로 변경해보겠습니다. 차트의 금액 단위를 조정하려면 Y축 옵션을 변경합니다. Y축 레이블 영역을 더블클릭해 [축 서식] 작업 창이 표시되면 [축 옵션]-[표시 단위]의 콤보 상자에서 변경할 숫자 단위(여기서는 10000)를 선택합니다.

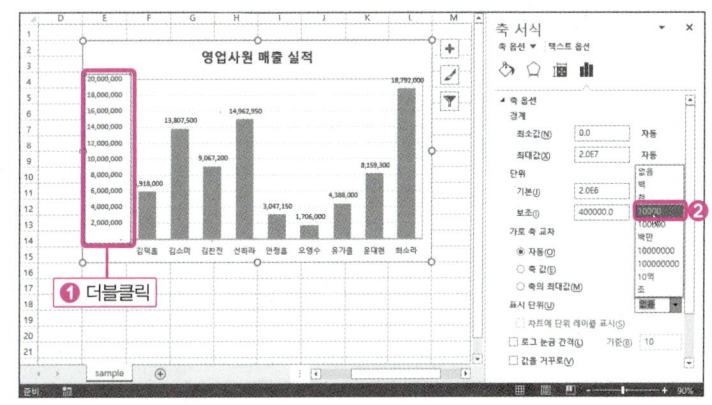

02 Y축과 데이터 레이블 숫자가 모두 '만' 단위로 변경되며, Y축의 왼쪽에 숫자 단위가 '×10000'으로 표시됩니다.

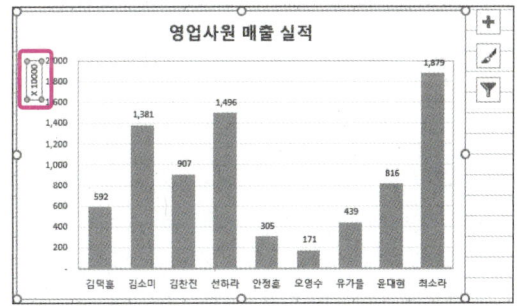

> **Plus+** 단위 표기를 변경하는 방법
>
> 축 제목 부분에 표시되는 '×10000'은 의미는 이해되지만 보기에 적합하지는 않습니다. 좀 더 이해하기 쉽게 표시하려면 단위 레이블을 '단위(만)'으로 변경한 후 [홈] 탭-[맞춤] 그룹-[방향]을 클릭하고 [세로 쓰기]를 선택합니다. 또는 단위 레이블 대신 차트 제목 부분에 단위를 추가해도 됩니다.
>
> **LINK** 차트 제목을 수정하는 방법은 'No. 430 차트 제목에 효과적으로 메시지 전달하기'를 참고합니다.

콤보 차트를 이용해 이중 축 혼합형 차트 만들기

434

엑셀 2013부터 추가된 차트 중에 콤보 차트가 있습니다. 콤보 차트를 이용하면 이중 축 혼합형 차트를 손쉽게 생성할 수 있으므로 좀 더 쉽게 보조 축을 사용하는 차트를 구성할 수 있습니다. 콤보 차트를 이용해 이중 축 혼합형 차트를 만드는 방법에 대해 알아보겠습니다.

예제 파일 PART 08 \ CHAPTER 39 \ 콤보 차트.xlsx

01 예제의 표 데이터로 판매수량을 보조 축에 표시하는 차트를 생성해보겠습니다. [B2:D11] 범위를 선택하고 [삽입] 탭-[차트] 그룹-[콤보 차트]를 클릭한 후 [사용자 지정 콤보 차트 만들기]를 선택합니다.

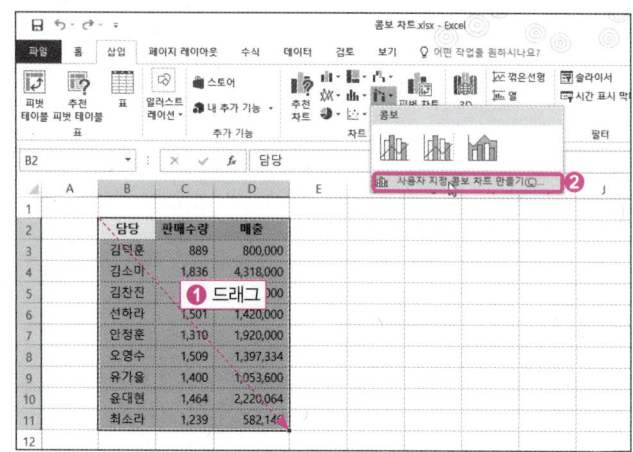

TIP 콤보 차트 만들기

[콤보 차트]를 클릭하면 [콤보] 그룹에 차트 세 개가 표시되는데, 여기서 하나를 클릭해 바로 차트를 생성해도 됩니다. 이번에 선택한 [사용자 지정 콤보 차트 만들기]는 좀 더 사용자 입맛에 맞는 콤보 차트를 만들 때 사용합니다.

Plus+ 보조 축을 사용하는 이중 축 차트

차트는 기본적으로 X축과 Y축으로 숫자 그래프를 표현합니다. 그림의 왼쪽에 있는 두 축이 각각 X축, Y축의 기본 축으로, 모든 계열은 이 두 축에 종속됩니다. 또한 기본 축의 반대 쪽에 보조 축을 오른쪽과 같이 표시할 수 있는데, 이 축을 보조 축이라고 합니다. 보조 축은 차트의 표현력을 높일 수 있는 유용한 도구입니다.

이렇게 보조 축을 사용하는 차트를 '이중 축 차트'라고 하는데, 엑셀 2013부터는 콤보 차트가 추가되어 이런 차트를 손쉽게 구성할 수 있게 되었습니다. 이번 예제의 경우도 보조 축을 사용하지 않으면 '판매수량' 계열의 숫자가 '매출' 계열의 숫자보다 작아 차트에 제대로 표시되지 않습니다.

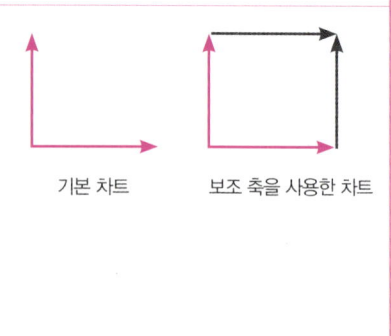

기본 차트   보조 축을 사용한 차트

02 [차트 삽입] 대화상자가 열리면 보조 축에 표시할 '판매수량' 계열의 [보조 축] 확인란에 체크 표시를 합니다.

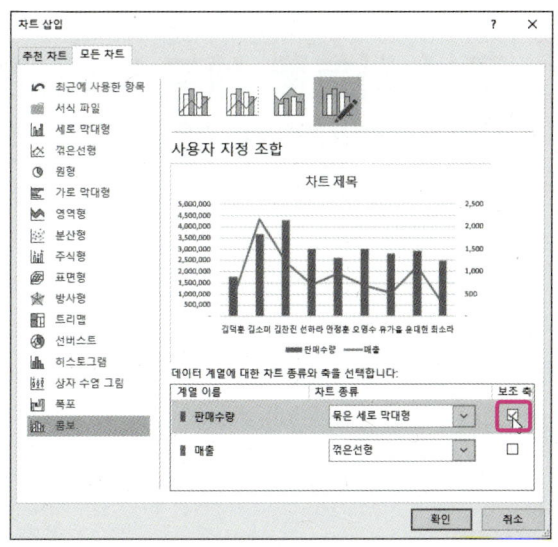

03 '판매수량' 계열과 '매출' 계열의 차트 종류를 변경합니다. '판매수량' 계열의 [차트 종류]는 [표식이 있는 꺾은선형]으로, '매출' 계열의 [차트 종류]는 [묶은 세로 막대형]으로 변경하고 [확인]을 클릭합니다.

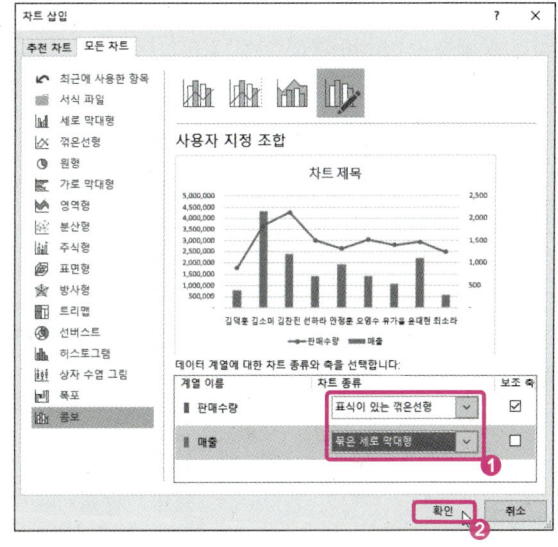

04 화면과 같은 이중 축 혼합형 차트를 얻을 수 있습니다.

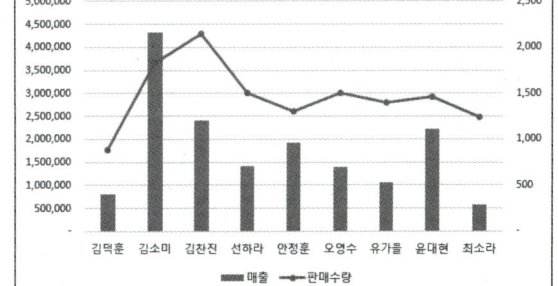

TIP '매출' 계열과 '판매수량' 계열의 숫자 값이 커도 서로 다른 축을 사용해 모두 제대로 표시됩니다.

콤보 차트를 세로 막대로만 구성할 때 막대그래프가 겹치지 않도록 설정하기 435

콤보 차트를 세로 막대형 차트로만 구성하면 기본 축과 보조 축의 막대그래프가 서로 겹칩니다. 이 경우 보통 보조 축에 속한 차트의 종류를 변경해 혼합형 차트를 구성하는 것이 일반적이지만, 막대그래프만 사용하려는 경우에는 불편할 수 있습니다. 이런 경우에는 콤보 차트를 이용하는 것보다는 표를 변경하고 직접 보조 축을 사용하도록 설정하는 것이 좋습니다. 여기서는 보조 축을 사용할 때 막대그래프가 겹치지 않도록 설정하는 방법에 대해 알아보겠습니다.

예제 파일 PART 08 \ CHAPTER 39 \ 콤보 차트-세로 막대.xlsx

01 예제 파일을 열면 영업사원의 판매수량과 매출을 정리한 표와 콤보 차트가 있습니다. 이 차트는 두 계열을 모두 세로 막대형 차트로 구성한 모습입니다. 각 계열의 막대그래프가 서로 겹치지 않도록 설정해보겠습니다.

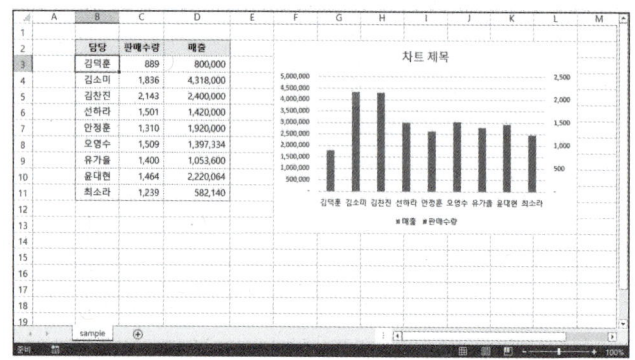

TIP 막대그래프가 서로 겹친 이유는 기본 축과 보조 축에 데이터 계열이 각각 하나씩만 존재하기 때문입니다.

02 차트를 삭제한 후 표 구성을 변경하겠습니다. 계열이 '판매수량', '매출' 두 개이므로 표 중간에 빈 열을 두 개 추가합니다. [D] 열을 선택하고 [홈] 탭-[셀] 그룹-[삽입]을 두 번 클릭해 열 두 개를 추가합니다.

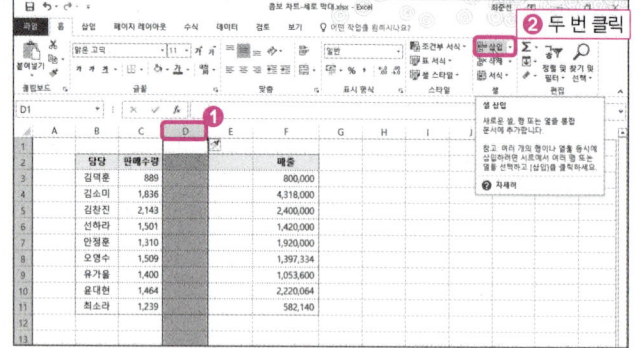

TIP 간단하게 [C:D] 열을 기본 축에, [E:F] 열을 보조 축에 표시하면 두 계열이 각각 기본 축과 보조 축에 표시되며, 빈 열 위치에 판매수량과 매출 그래프가 표시되므로 겹치는 문제를 해결할 수 있습니다.

03 추가된 열의 열 머리글을 입력해야 차트에서 해당 열을 데이터 계열로 인식하므로 [D2] 셀과 [E2] 셀에 각각 '빈계열1'과 '빈계열2'를 입력합니다. [B2:F11] 범위를 선택하고 [삽입] 탭-[차트] 그룹-[ ] 세로 또는 가로 막대형 차트 삽입]을 클릭한 후 [2차원 세로 막대형] 그룹의 [묶은 세로 막대형]을 선택합니다.

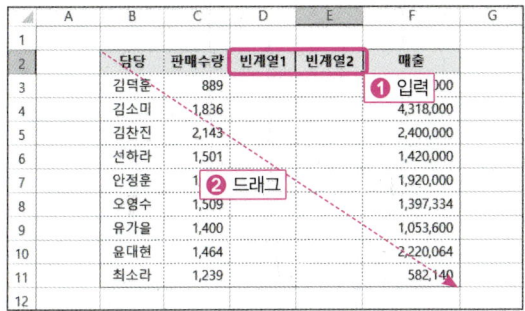
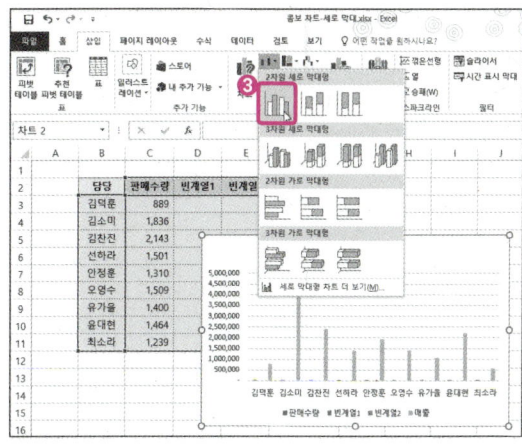

TIP 엑셀 2016부터는 [세로 또는 가로 막대형 차트]에 세로 막대형 차트와 가로 막대형 차트가 함께 제공됩니다.

04 '판매수량' 계열과 '빈계열2' 계열이 차트의 보조 축에 표시되도록 설정합니다. 먼저 '판매수량' 계열을 선택하기 위해 차트가 선택된 상태에서 [차트 도구]-[서식] 탭-[현재 선택 영역] 그룹의 [차트 요소]에서 [계열 "판매수량"]을 선택하고 바로 아래에 있는 [선택 영역 서식]을 클릭합니다.

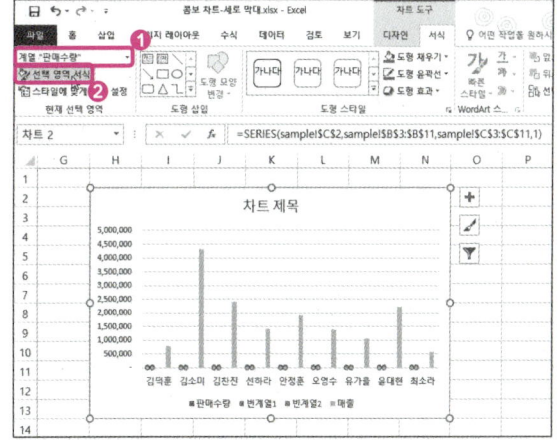

05 [데이터 계열 서식] 작업 창이 열리면 [계열 옵션]-[보조 축] 옵션을 선택합니다.

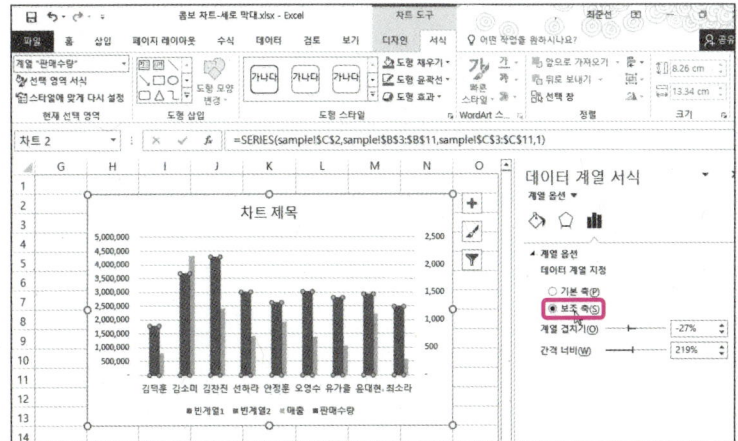

06 '빈계열2' 계열도 **04** 과정을 참고해 보조 축에 표시하면 차트 모양이 화면과 같아집니다.

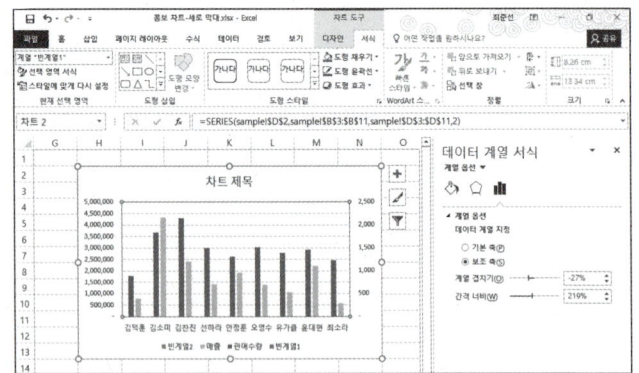

07 이제 범례에 표시된 '빈계열1' 계열과 '빈계열2' 계열의 이름을 삭제해보겠습니다. 차트에서 범례를 클릭해 선택한 후 다시 '빈계열1' 계열 이름을 클릭하면 '빈계열1' 계열의 도형만 선택됩니다. 마우스 오른쪽 버튼을 클릭하고 [삭제]를 선택하거나 Delete를 눌러 삭제합니다.

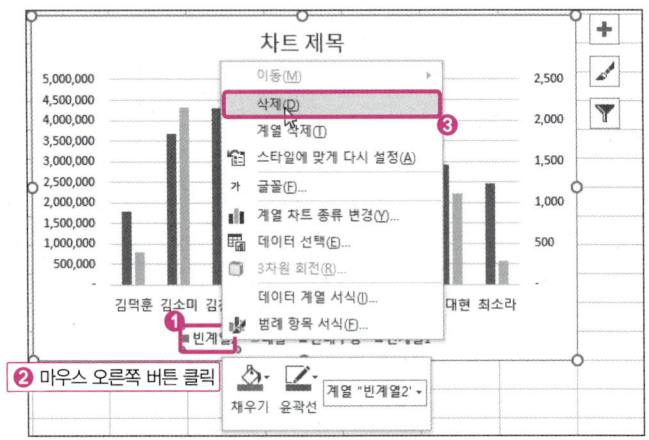

08 **06** 과정을 참고해 '빈계열2' 계열 이름을 범례에서 삭제하면 화면과 같은 모양이 됩니다.

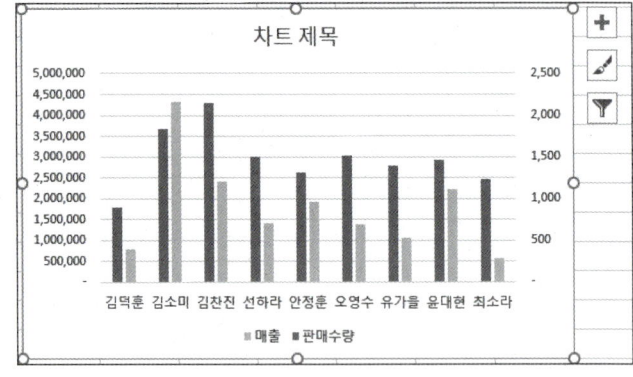

TIP 표에 추가한 [D:E] 열을 삭제하거나 숨기면 막대 그래프가 다시 겹쳐집니다. 열을 삭제하는 것은 불가능하지만 열을 숨기는 것은 옵션을 변경하면 가능합니다.

LINK 화면에서 숨긴 데이터를 차트에 표시하는 방법은 'No. 456 화면에서 숨긴 데이터를 차트에 표시하기'를 참고합니다.

그림을 이용한 차트 만들기 436

세로 막대형 차트는 계열 간의 값을 비교하기에 적합한 차트입니다. 세로 막대형 차트를 보다 효과적으로 사용하는 방법 중 하나는 데이터를 잘 설명할 수 있는 그림을 삽입해 차트를 구성하는 것입니다. 세로 막대형 차트에 그림을 삽입해 차트를 구성하는 방법에 대해 알아보겠습니다.

예제 파일 PART 08 \ CHAPTER 39 \ 그림 차트.xlsx

차트 영역에 그림 넣기

차트 영역에 데이터에 해당하는 그림을 넣어 표시하면 데이터 계열의 정보를 이해하는 데 도움이 됩니다.

01 예제 파일의 '차트영역' 시트를 열고 차트의 '차트 영역'에 그림을 삽입해보겠습니다. 차트에서 '차트 제목' 오른쪽의 빈 영역을 더블클릭하면 [차트 영역 서식] 작업 창이 열립니다. [채우기]에서 [그림 또는 질감 채우기] 옵션을 선택하고 하단의 [온라인]을 클릭합니다.

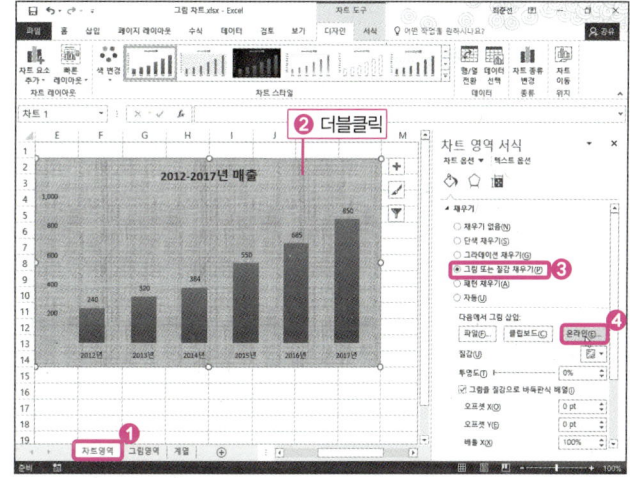

TIP 갖고 있는 그림 파일을 사용하려면 [온라인] 대신 [파일]을 클릭합니다.

02 [그림 삽입] 대화상자가 열리면 [Bing 이미지 검색]란에 '비즈니스'와 같은 키워드를 입력하고 Enter를 눌러 조회합니다.

TIP OneDrive에 접속해 그림 파일을 다운로드할 수도 있습니다.

03 검색된 그림 중에서 차트에 사용할 그림 파일을 선택하고 [삽입]을 클릭합니다. 오른쪽 차트와 같이 선택된 그림이 차트 영역에 표시됩니다.

TIP 검색 결과는 예제를 따라하는 시점에서는 보이지 않을 수 있으므로 검색된 결과 중 다른 그림을 선택해도 됩니다.

04 차트 영역의 그림이 더 잘 보이도록 '그림 영역' 크기를 조정합니다. 차트 눈금선 사이를 클릭하면 그림 영역이 선택되는데, 우측 하단의 크기 조정 핸들을 좌측 상단 방향으로 드래그해 그림 영역의 크기를 축소합니다.

TIP 차트 제목과 축 레이블, 데이터 레이블의 글꼴 색은 차트 영역에 삽입된 그림에 어울리도록 설정합니다.

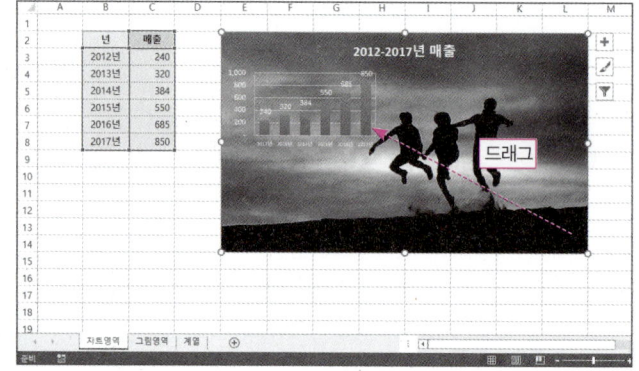

그림 영역에 그림 넣기

데이터 계열의 데이터를 잘 표현할 수 있는 그림이 있다면 그림 영역에 넣어 차트에 표시할 수 있습니다.

01 예제 파일에서 '그림영역' 시트를 선택한 후 눈금선 사이를 더블클릭해 [그림 영역 서식] 작업 창을 표시합니다. [채우기]에서 [그림 또는 질감 채우기] 옵션을 선택하고 하단의 [온라인]을 클릭합니다.

02 자동차 그림을 검색해 넣고 [채우기]의 다음 네 가지 옵션을 이용해 조정합니다.

TIP 오프셋 옵션의 값은 선택된 그림을 그림 영역의 어느 쪽에 나타내고 싶은지에 따라 달라집니다.

옵션	값	설명
오프셋 왼쪽	5%	그림 영역 좌측과 삽입된 그림 사이의 간격을 의미하며, 비율(%) 값만큼 그림 영역 좌측에서 멀어집니다.
오프셋 오른쪽	50%	그림 영역 우측과 삽입된 그림 사이의 간격을 의미하며, 비율(%) 값만큼 그림 영역의 우측에서 멀어집니다.
오프셋 위쪽	0%	그림 영역 상단과 삽입된 그림 사이의 간격을 의미하며, 비율(%) 값만큼 그림 영역의 상단에서 멀어집니다.
오프셋 아래쪽	50%	그림 영역 하단과 삽입된 그림 사이의 간격을 의미하며, 비율(%) 값만큼 그림 영역의 하단에서 멀어집니다.

막대그래프에 그림 넣기

막대그래프에 직접 그림을 넣어 차트를 구성할 수 있습니다. 그림을 쌓아 올리면서 막대그래프의 값을 표시하고자 할 때 사용합니다.

01 '계열' 시트를 선택한 후 데이터 계열을 더블클릭해 [데이터 계열 서식] 작업 창을 표시합니다. 이전과 동일하게 [채우기]에서 [그림 또는 질감 채우기] 옵션을 선택하면 동일한 그림이 표시됩니다. 하단의 옵션 중에서 [늘이기]가 기본값인데, 이 옵션을 선택하면 그림이 막대그래프 길이에 맞게 늘려 표시됩니다.

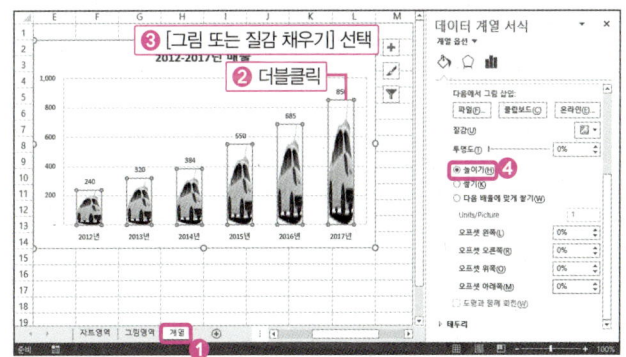

02 [데이터 계열 서식] 작업 창의 옵션 중 [늘이기]를 [쌓기]로 변경하면 차트 모양이 화면과 같이 변경됩니다.

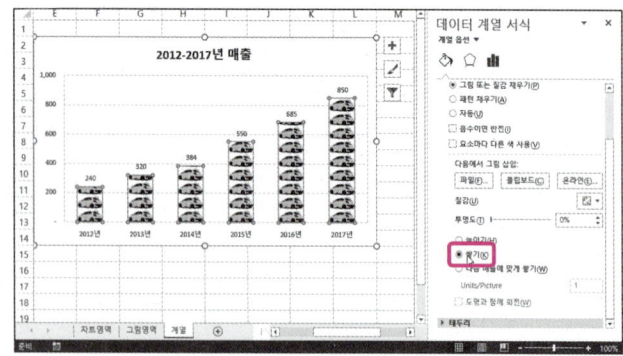

> **TIP** [쌓기] 옵션
>
> [쌓기] 옵션은 삽입한 그림의 가로×세로 비율을 유지하면서 막대그래프 길이에 맞게 쌓아 올려 표시합니다. 보기에는 좋지만 그림으로 계열의 숫자 값을 이해하기는 쉽지 않습니다.

03 [데이터 계열 서식] 작업 창의 옵션 중 [쌓기]를 [다음 배율에 맞게 쌓기] 옵션으로 변경하고 하단의 [Units/Picture] 입력 상자의 값을 눈금선에 맞게 '200'으로 변경하면 화면과 같은 결과가 얻어집니다.

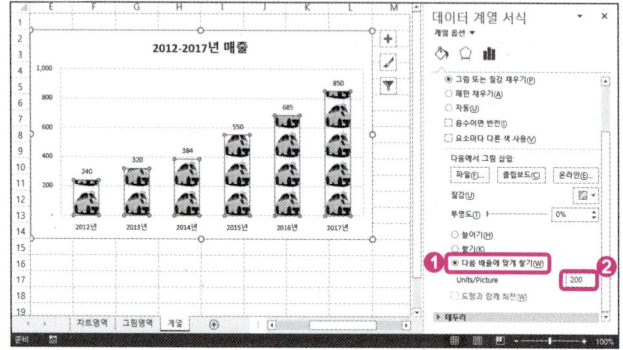

> **TIP** [다음 배율에 맞게 쌓기] 옵션
>
> [다음 배율에 맞게 쌓기] 옵션은 [쌓기] 옵션을 보완한 것으로, 그림을 숫자와 매칭할 수 있습니다. 이와 같이 Units/Picture 단위를 '200'으로 지정하면 Y축 단위가 '200'이 될 때마다 그림을 하나씩 표시하라는 의미입니다. 이렇게 하면 막대그래프에 표시된 그림만으로 대략의 계열 값을 파악할 수 있습니다.

People Graph로 그림 차트 만들기

437

세로 막대형 차트는 값을 계열이나 항목별로 비교하기에 적합한 차트입니다. 앞 단원에서는 세로 막대형 차트를 보다 효과적으로 사용할 수 있는 그림 차트를 소개했는데, 엑셀의 새로운 추가 기능 앱인 People Chart를 이용하면 좀 더 시각적이면서 효율적으로 그림 차트를 표현할 수 있습니다. People Chart 앱을 사용해 차트를 구성하는 방법에 대해 알아보겠습니다.

예제 파일 PART 08\CHAPTER 39\People Graph.xlsx

People Graph 앱 설치

01 People Chart 앱은 다운로드해야 사용할 수 있습니다. 예제 파일을 열고 [삽입] 탭-[추가 기능] 그룹-[내 추가 기능]을 클릭합니다. [Office 추가 기능] 창이 열리면 하단의 [Office 스토어에서 다른 추가 기능 찾아보기]를 클릭합니다.

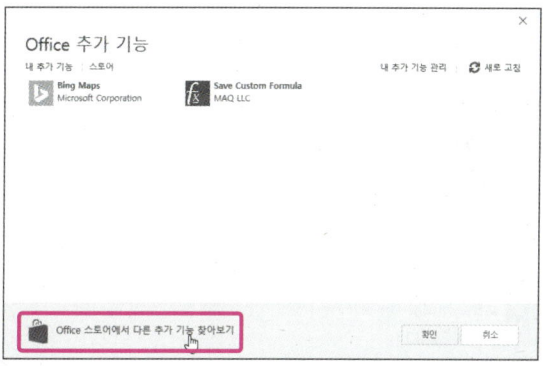

02 상단의 검색란에 'people graph'를 입력하고 Enter를 눌러 조회한 후 검색된 앱 중에서 [People Graph]를 클릭합니다. People Graph 앱에 대한 소개가 [Office 추가 기능] 창에 표시됩니다. 추가 기능을 사용하기 위해 [신뢰]를 클릭합니다.

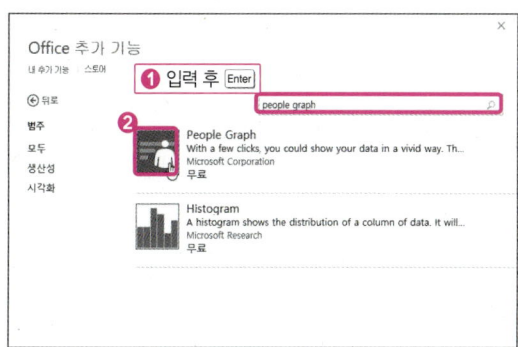
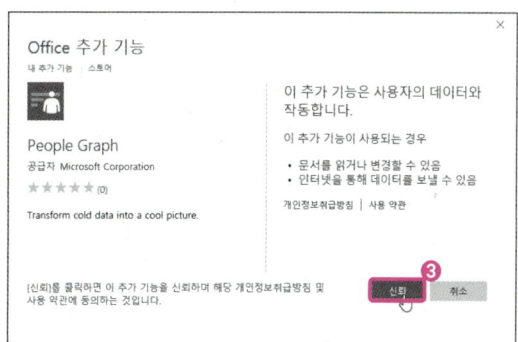

People Chart를 이용한 차트 구성

01 [삽입] 탭-[추가 기능] 그룹-[내 추가 기능]을 클릭하고 [People Graph]를 선택한 후 [확인]을 클릭하면 화면과 같은 창이 워크시트에 삽입됩니다. 차트에 표시할 데이터 범위를 설정하기 위해 창 우측 상단의 [데이터] 단추를 클릭합니다.

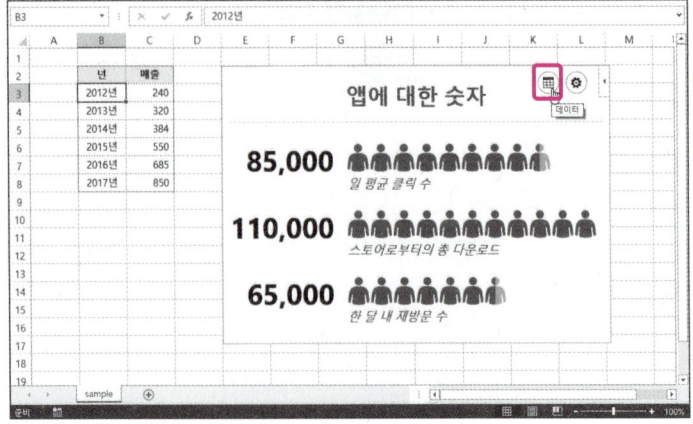

02 [데이터] 작업 창이 표시되면 [데이터 선택]을 클릭합니다.

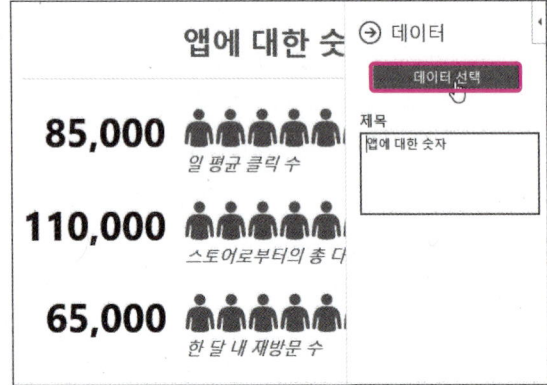

> **TIP** 차트 제목을 변경하려면 [제목] 입력란의 문자열에 원하는 내용을 입력합니다.

03 간단한 예제 화면이 표시됩니다. 차트에 사용할 데이터인 [B2:C8] 범위를 드래그해 선택하고 [만들기]를 클릭합니다.

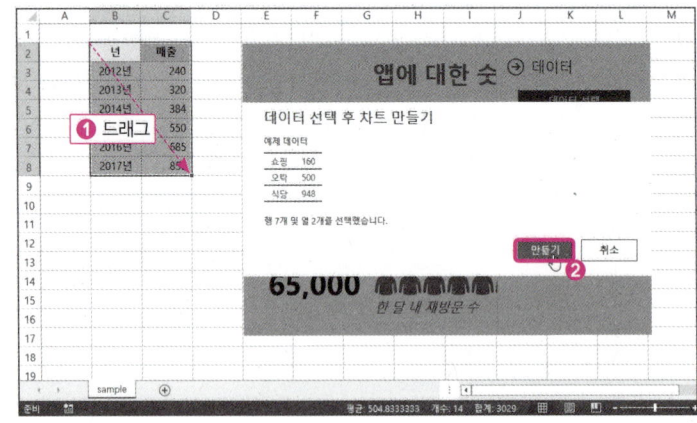

04 다음과 같이 People Graph 앱의 숫자와 아이콘 개수가 달라집니다. 데이터 범위가 큰 경우 창 하단에 '앱을 확장하여 더 많은 데이터를 표시하세요'라는 메시지가 표시됩니다. 이 경우에는 People Graph 앱 창의 크기 조정 핸들을 드래그해 적정한 크기로 조정합니다.

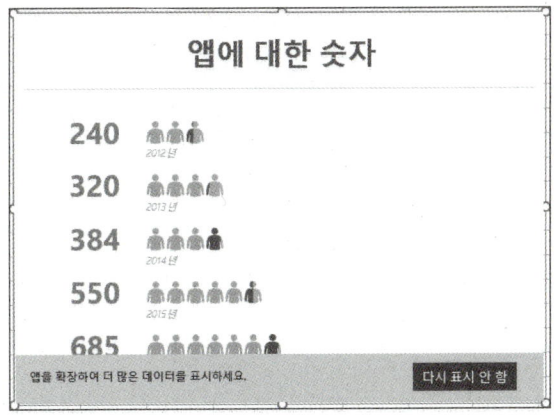

05 앱의 아이콘을 다른 것으로 변경하겠습니다. 창 우측 상단의 [설정] 단추를 클릭하고 하위 메뉴에서 [도형]을 선택한 후 [도형 7]을 선택합니다. 아이콘이 금액 모양으로 변경됩니다.

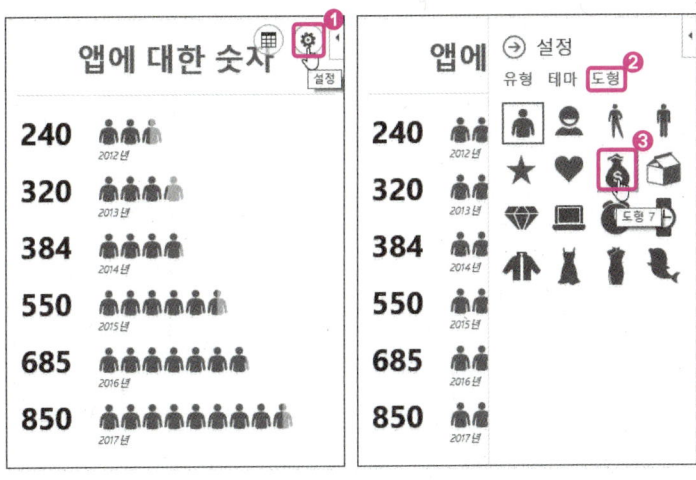

06 이번에는 그래프 모양을 변경해보겠습니다. 상단 메뉴에서 [유형]을 선택하고 두 번째 스타일을 선택하면 차트 그래프의 모양이 오른쪽 화면과 같이 변경됩니다.

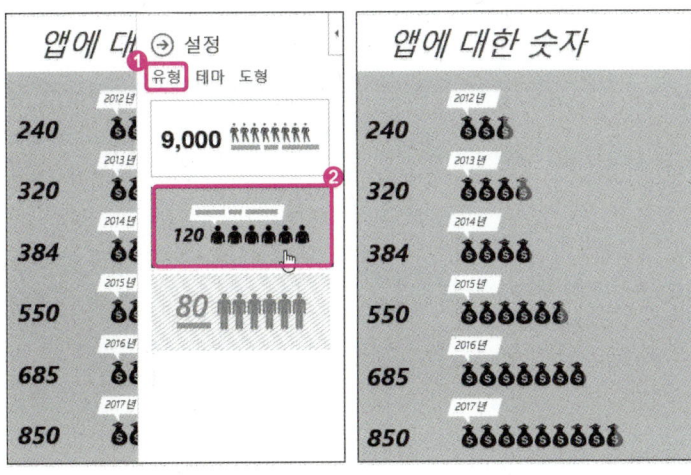

막대그래프를 잘라 물결 차트로 표시하기

438

세로 막대형 차트를 만들다 보면 특정 항목 값이 너무 커서 나머지 막대그래프가 제대로 표시되지 않기도 합니다. 그래서 큰 막대그래프를 잘라 표시하는 경우가 있는데 이런 차트를 '물결 차트'라고 합니다. 엑셀에서는 이런 차트를 지원하지 않지만 약간의 편법을 이용하면 만들 수 있습니다. 엑셀로 물결 차트를 만드는 방법에 대해 알아보겠습니다.

예제 파일 PART 08 \ CHAPTER 39 \ 물결 차트.xlsx

01 예제 파일을 열고 차트를 보면 '3월' 항목의 막대그래프가 너무 커서 다른 항목의 막대그래프가 제대로 표시되지 않습니다. 막대그래프가 전체적으로 보기 좋게 표시되도록 해보겠습니다.

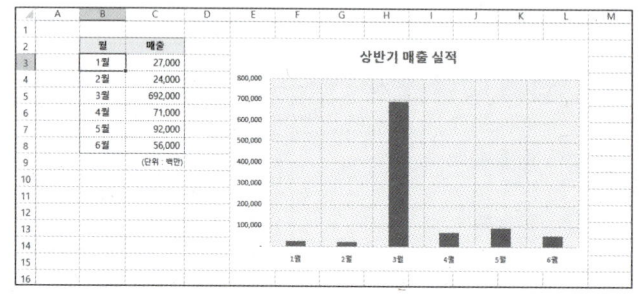

02 Y축의 눈금 표시 설정을 변경하기 위해 Y축을 더블클릭해 [축 서식] 작업 창을 엽니다. [축 옵션]의 [로그 눈금 간격] 확인란에 체크 표시를 해 Y축 눈금이 로그 단위를 표시하도록 변경합니다.

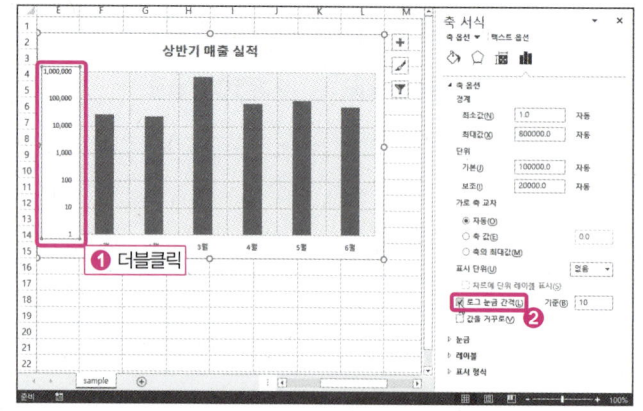

TIP 데이터에 음수 값이 있는 경우에는 로그 눈금을 사용할 수 없습니다.

03 로그 눈금을 사용하도록 변경하면 막대그래프가 너무 구분되지 않으므로, Y축 눈금에서 모든 막대그래프가 통과한 마지막 눈금선 단위를 Y축의 최소값으로 설정해 막대그래프의 높낮이를 조정하겠습니다. 이 차트에서는 '10,000'이므로 이 값을 적용합니다. [축 서식] 작업 창의 [축 옵션]에서 [최소값] 입력 상자에 '10,000'을 입력하고 Enter 를 누르면 차트의 막대그래프가 보기 좋게 구성됩니다.

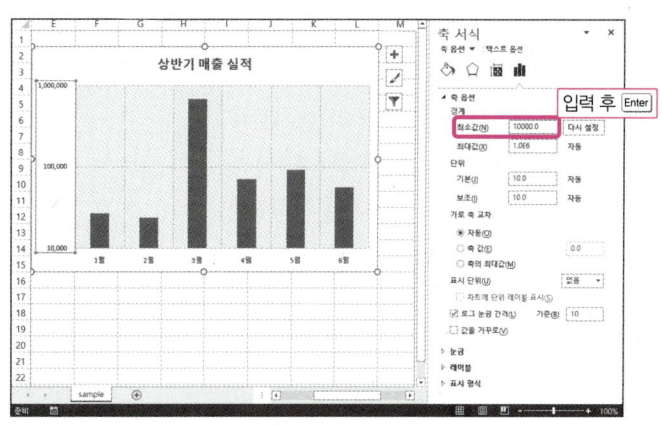

04 Y축 레이블은 더 이상 필요 없으므로 표시하지 않겠습니다. [축 서식] 작업 창에서 [레이블] 하위의 [레이블 위치] 옵션 값을 [없음]으로 변경합니다.

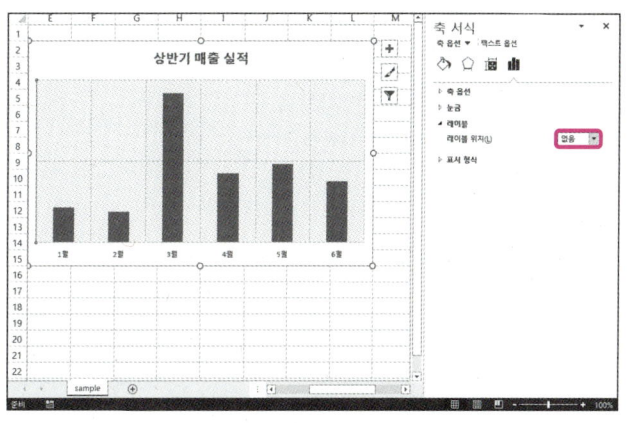

05 Y축 레이블을 표시하지 않는 대신 막대그래프의 숫자 값을 데이터 레이블로 표시하겠습니다. 차트의 [⊞] 차트 요소를 클릭한 후 [데이터 레이블] 확인란에 체크 표시를 합니다.

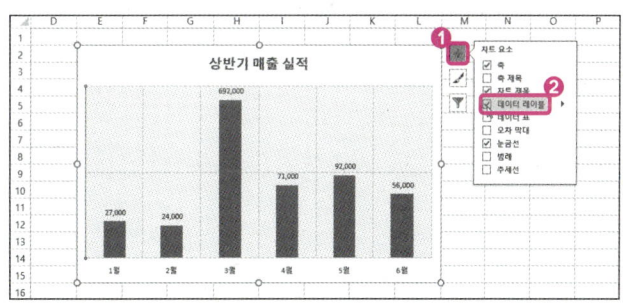

06 마지막으로 '3월' 항목의 막대그래프를 잘라 표시한 것처럼 시각 효과를 적용합니다. [차트 도구]-[서식] 탭-[도형 삽입] 그룹-[도형]을 클릭한 후 [별 및 현수막] 그룹의 [이중 물결] 도형을 선택합니다.

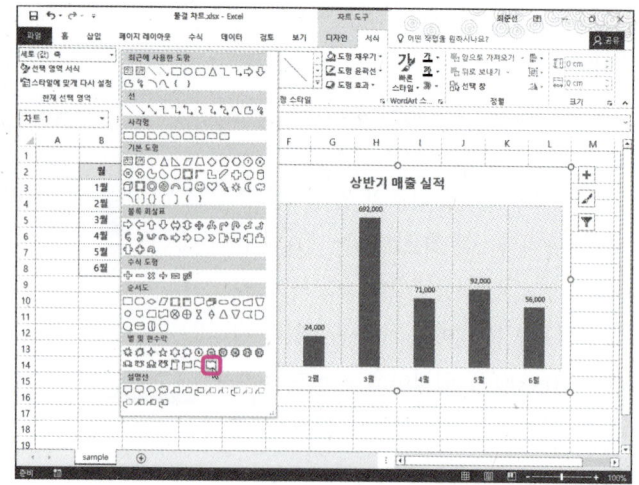

07 선택한 도형을 '3월' 항목 막대그래프의 적정한 위치에 삽입하고 도형 서식을 변경해 다음 화면과 같은 차트로 구성합니다.

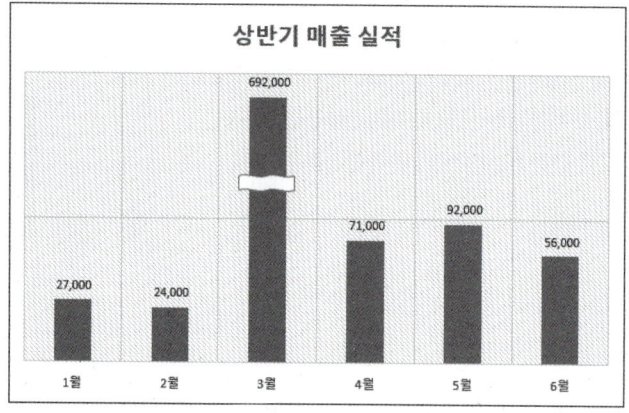

막대그래프에 평균선 넣기

439

세로 막대 차트에 특정 값(예를 들면 평균)에 해당하는 기준선을 표시하면 효과적인 경우가 종종 있는데 차트에서는 이런 기능을 지원하지 않습니다. 차트에 평균선을 표시하려면 평균 값을 따로 계산한 후 계열로 추가하는 별도의 방법을 사용해야 합니다. 세로 막대 차트에 평균선을 추가하는 방법에 대해 알아보겠습니다.

예제 파일 PART 08 \ CHAPTER 39 \ 평균선.xlsx

01 예제 파일을 열고 차트에 각 영업사원의 실적 평균선을 추가해보겠습니다. 새 계열을 하나 추가하기 위해 [D]열에 평균값을 계산해 넣습니다. [D3]셀에 다음 수식을 입력하고 [D3]셀의 채우기 핸들을 [D9]셀까지 드래그해 수식을 복사합니다.

[D3] 셀 : =AVERAGE($C$3:$C$9)

> **TIP** 세로 막대 차트
> 예제의 세로 막대형 차트는 묶은 세로 막대형 차트를 생성한 후 [차트 스타일]에서 [스타일 3]를 적용한 차트입니다.

02 [D] 열의 데이터 범위를 차트에 추가하겠습니다. 차트를 선택하고 [C9] 셀 우측 하단의 크기 조정 핸들을 [D9] 셀까지 드래그해 계열을 추가합니다.

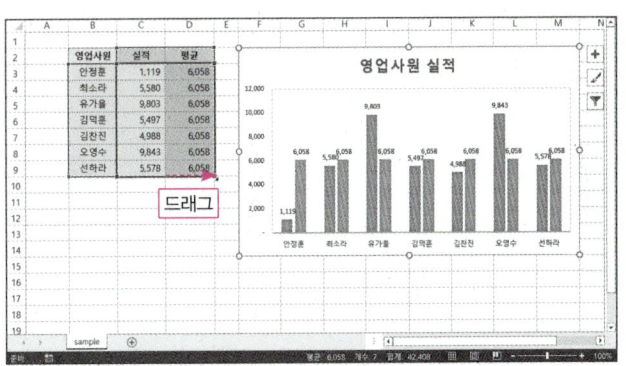

03 새로 추가된 '평균' 계열을 꺾은선 그래프로 변경합니다. 차트에서 '평균' 계열을 선택하고 [삽입] 탭-[차트] 그룹-[꺾은선형]을 클릭한 후 [2차원 꺾은선형] 그룹의 [꺾은선형] 차트를 선택합니다.

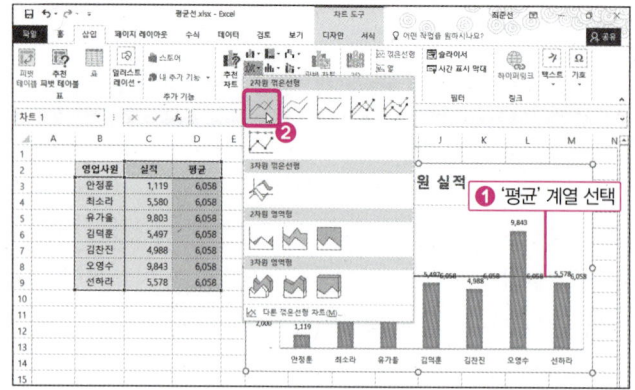

04 '평균' 계열의 데이터 레이블을 삭제하겠습니다. 화면과 같이 '평균' 계열의 데이터 레이블을 선택하고 마우스 오른쪽 버튼을 클릭한 후 [삭제]를 선택하거나 Delete 를 눌러 삭제합니다.

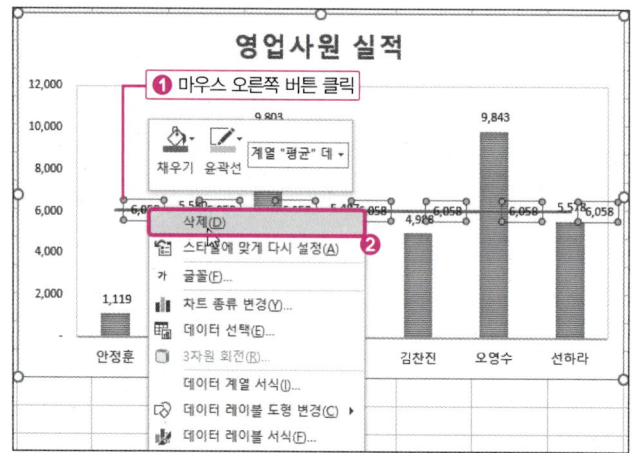

05 화면과 같이 차트에 평균선이 표시됩니다.

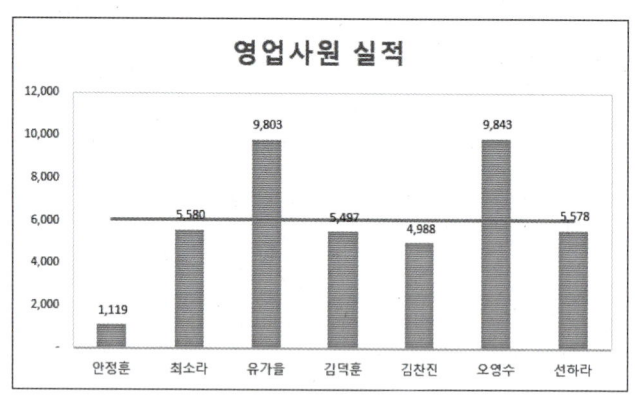

TIP 표에 추가한 [D] 열이 보기 싫다면 열 숨기기를 합니다.

LINK 숨긴 열의 데이터를 차트에 표시하는 방법은 'No. 456 화면에서 숨긴 데이터를 차트에 표시하기'를 참고합니다.

누적형 막대 차트의
막대별 합계 표시하기

440

세로 막대형 차트 중에서 누적형 차트는 매우 유용하지만 누적된 막대그래프의 총합을 표시할 수 없다는 단점이 있습니다. 차트의 데이터 레이블은 Y축 값, 항목 이름, 계열 이름 등의 값만 표시할 뿐 합계는 표시하지 않습니다. 간단한 설정으로 누적형 막대 차트에 막대그래프별 총합을 표시하는 방법에 대해 알아보겠습니다.

예제 파일 PART 08 \ CHAPTER 39 \ 누적 막대 차트.xlsx

01 예제 파일을 열면 화면과 같은 누적형 막대 차트가 있습니다. 차트에 항목(연도)별 막대그래프의 총합을 나타내보겠습니다.

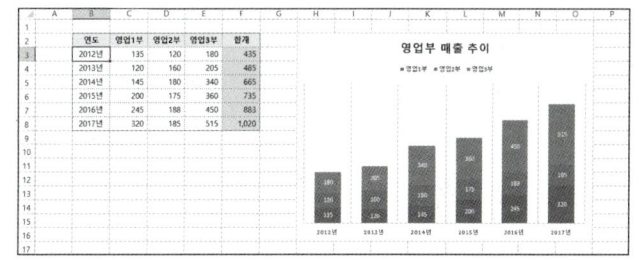

02 표의 [F] 열에 계산된 '합계' 열을 차트의 계열로 추가하겠습니다. 차트를 선택하고 [E8] 셀 우측 하단의 크기 조정 핸들을 [F8] 셀까지 드래그해 차트에 '합계' 계열을 추가합니다.

TIP '합계' 값인 [F] 열은 반드시 먼저 계산되어 있어야 합니다.

03 추가한 '합계' 계열이 공간을 적게 차지하도록 꺾은선그래프로 변경하겠습니다. 차트에서 '합계' 계열이 선택된 상태에서 [삽입] 탭-[차트] 그룹-[꺾은선형]을 클릭하고 [2차원 꺾은선형] 그룹의 [꺾은선형] 차트를 선택합니다.

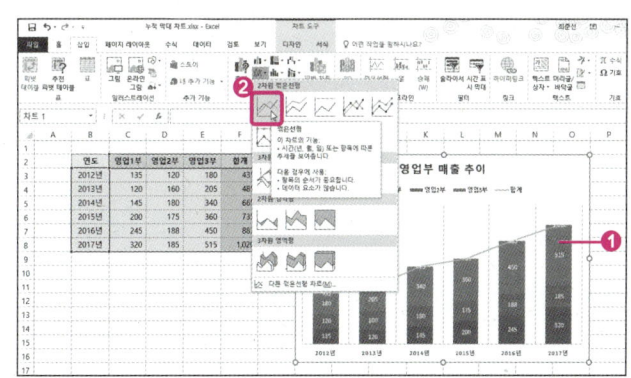

04 꺾은선형 차트의 데이터 레이블 위치를 상단으로 변경하기 위해 차트의 [+차트 요소]를 클릭하고 [데이터 레이블]-[위쪽]을 선택합니다.

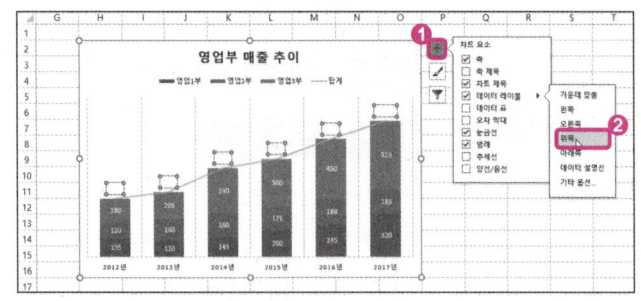

05 '합계' 계열 데이터 레이블의 글꼴 색을 검정으로 변경합니다. 데이터 레이블을 선택하고 [차트 도구]-[서식] 탭-[WordArt 스타일]-[글꼴 색▼]을 클릭하고 [자동]을 선택합니다.

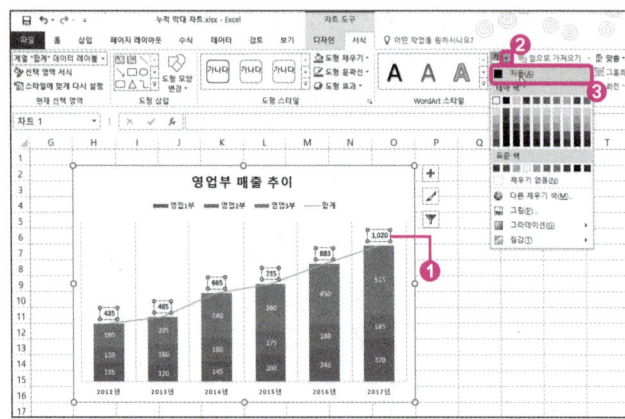

06 마지막으로 꺾은선그래프의 선 색이 표시되지 않도록 합니다. 꺾은선그래프를 선택하고 [차트 도구]-[서식] 탭-[도형 스타일] 그룹-[도형 윤곽선]을 클릭하고 [윤곽선 없음]를 선택합니다.

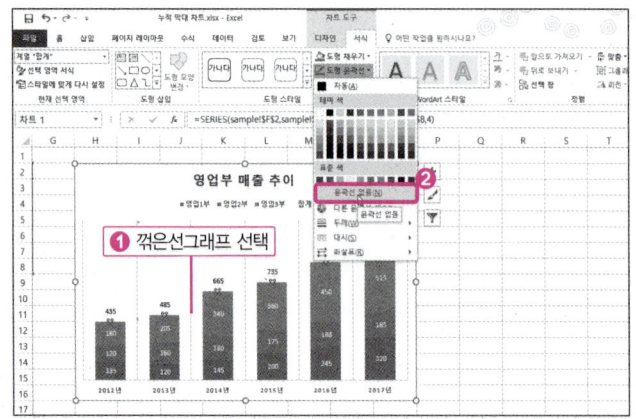

누적 막대 차트의 데이터 레이블에 비율 표시하기

441

누적 막대 차트는 원형 차트와 유사하지만 원형 차트와는 달리 데이터 레이블에 비율을 표시할 수 없습니다. 누적 막대 차트에 비율을 표시하고 싶다면 비율을 먼저 계산해놓고 데이터 레이블 옵션 중 하나인 [셀 값] 옵션을 이용해 계산된 비율 범위를 참조하면 됩니다. 누적 막대 차트에 비율을 표시하는 방법에 대해 알아보겠습니다.

예제 파일 PART 08 \ CHAPTER 39 \ 누적 막대 차트–비율.xlsx

01 예제 파일을 열면 영업부의 연도별 실적 표와 이 데이터를 이용해 만든 누적 막대 차트가 있습니다. 차트의 데이터 레이블에 표시된 값을 비율로 변경해보겠습니다. 먼저 차트에 표시할 비율을 계산합니다. [C10] 셀에 다음 수식을 입력하고 [C10] 셀의 채우기 핸들을 [E10] 셀까지 드래그한 후 다시 [E15] 셀까지 드래그해 비율을 계산합니다.

[C10] 셀 : =C3 / $F3

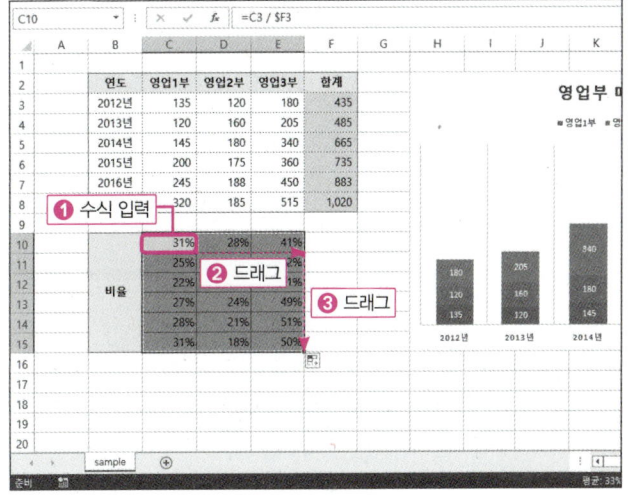

02 계산된 비율 값을 데이터 레이블에 표시합니다. 누적 막대의 가장 하단에 있는 '영업1부' 계열의 데이터 레이블을 더블클릭합니다. [데이터 레이블 서식] 작업 창이 표시되면 [레이블 옵션]에서 [셀 값]을 선택합니다.

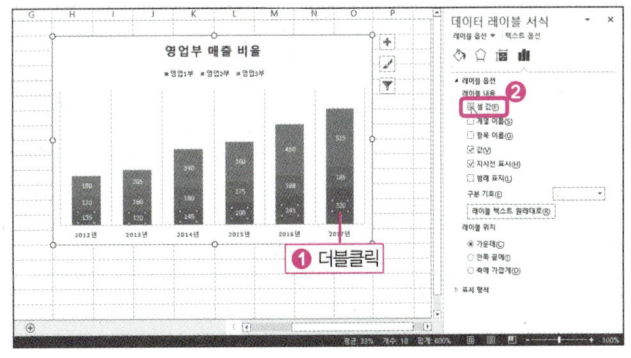

TIP [셀 값] 데이터 레이블 옵션은 엑셀 2013부터 지원됩니다.

03 [데이터 레이블 범위] 대화상자가 표시됩니다. '영업1부' 계열의 비율 범위인 [C10:C15] 범위를 드래그해 선택하고 [확인]을 클릭합니다.

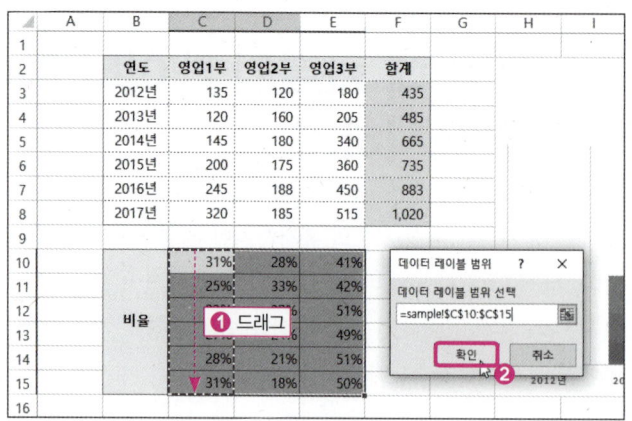

04 데이터 레이블에 비율 값과 숫자 값이 동시에 표시됩니다. [데이터 레이블 서식] 작업 창에서 [값] 확인란의 체크 표시를 해제하면 비율만 표시됩니다.

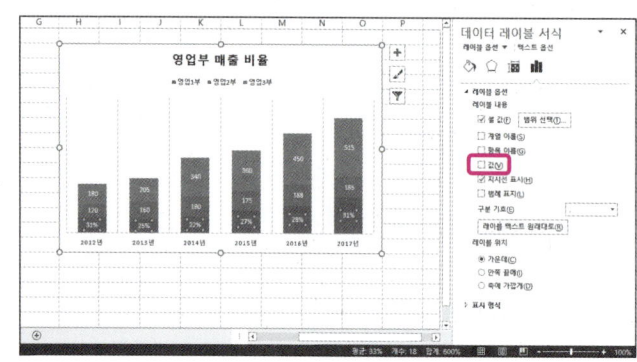

05 '영업2부' 계열과 '영업3부' 계열도 **02~04** 과정을 참고해 비율만 표시합니다.

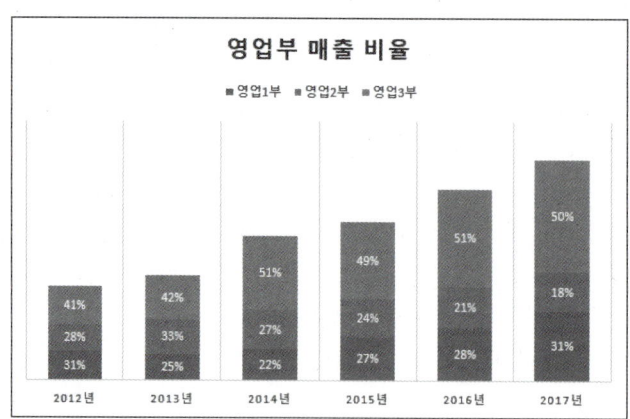

폭포 차트 만들기

442

엑셀 2016에는 몇 종류의 차트가 새롭게 추가되었습니다. 그 중 가장 대중적으로 많이 사용될 수 있는 차트가 폭포 차트입니다. 폭포 차트는 기본적으로 세로 막대형 차트를 기본으로 합니다. 기존의 막대그래프와 달리 첫 번째와 마지막 막대그래프는 숫자 값의 크기로, 중간의 막대그래프는 이전에 비해 얼마가 증가 또는 감소했는지를 표현할 수 있기 때문에 전체 기간의 변화를 빠르게 파악할 수 있어 편리합니다.

예제 파일 PART 08 \ CHAPTER 39 \ 폭포 차트.xlsx

01 예제 파일을 열면 1월부터 6월까지의 상반기 실적을 집계하기 위한 표가 입력되어 있습니다. 1월부터 6월까지의 증감을 표시하기 위해 전월 데이터를 [3] 행에 추가하고 마지막 최종월 데이터를 [10] 행에 한 번 더 입력해두었습니다.

TIP 1월, 6월을 기준월로 삼고 2월부터 5월까지의 변화만 표시하려면 [3] 행과 [10] 행은 추가하지 않아도 됩니다.

02 폭포 차트를 만들려면 실적을 그대로 두면 안 되고, 기준 값은 그대로 입력하고 증감 값은 별도로 계산해야 합니다. 다음 각 셀에 수식을 입력하고 [D4] 셀에 입력한 수식은 채우기 핸들을 [D9] 셀까지 드래그해 복사합니다.

[D3] 셀 : =C3   **[D10] 셀 : =C10**   **[D4] 셀 : =C4−C3**

03 [B2:B10] 범위를 선택하고 Ctrl을 누른 상태에서 [D2:D10] 범위를 선택합니다. [삽입] 탭-[차트] 그룹-[폭포 차트 또는 주식형 차트 삽입]을 클릭한 다음 [폭포]를 선택합니다.

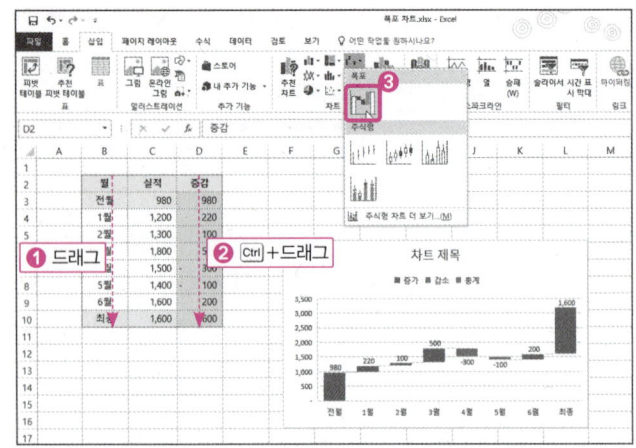

04 폭포 차트가 만들어지면 첫 번째 세로 막대와 마지막 막대를 기준 막대로 표시합니다. 세로 막대를 클릭해 선택한 후 다시 '전월' 항목 막대만 선택하고 마우스 오른쪽 버튼을 클릭하여 [합계로 설정]을 선택합니다.

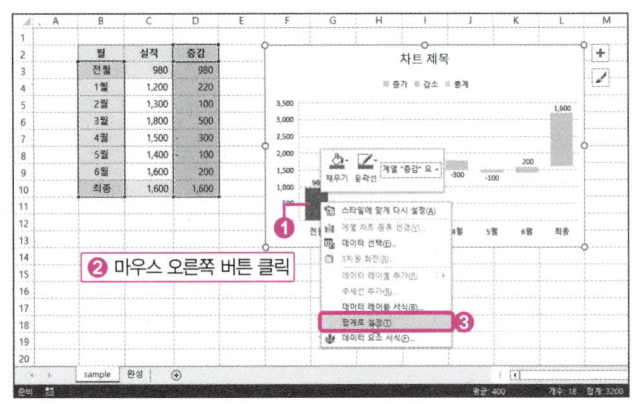

05 최종 항목의 막대도 **04** 과정을 참고해 [합계로 설정]을 선택하면 차트 모양이 화면과 같이 변경됩니다. 이제 상반기의 매출 증감 추이를 시각적으로 확인할 수 있습니다.

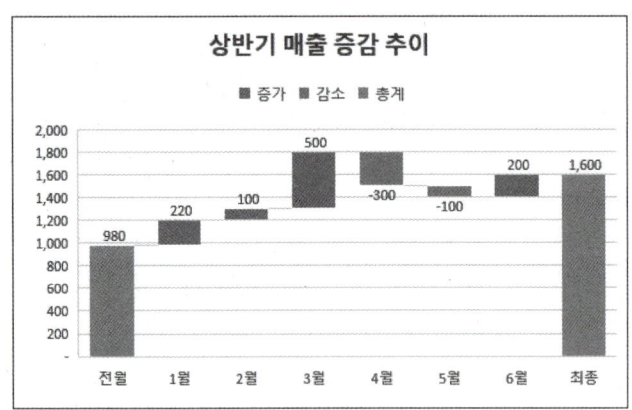

제대로 된 가로 막대 차트 만들기   443

가로 막대 차트는 두 계열의 항목을 비교하려고 할 때 사용하면 좋은 차트입니다. 다만 엑셀의 가로 막대 차트는 X축을 중심으로 오른쪽 방향으로만 막대를 표시하므로 시각적인 효과가 떨어지는 단점이 있습니다. 여기서는 가로 막대 차트가 X축을 기준으로 왼쪽과 오른쪽에 각각의 항목 값을 표시하도록 설정하는 방법에 대해 알아보겠습니다.

\예제 파일 PART 08 \ CHAPTER 39 \ 가로 막대 차트.xlsx

01 예제 파일을 열면 화면과 같은 가로 막대 차트가 있습니다. 가로 막대 차트 계열의 각 항목을 X축을 기준으로 왼쪽과 오른쪽에 각각 표시해보겠습니다.

TIP 가로 막대 차트는 X축과 Y축의 위치가 다른 차트와 다릅니다.

02 가로 막대 차트에서는 X축을 기준으로 항목을 각각 왼쪽과 오른쪽에 표시하는 방법이 제공되지 않으므로 계열을 추가해 원하는 모양을 만들어야 합니다. 원본 표의 계열 왼쪽, 가운데, 오른쪽에 하나씩 세 개의 열을 화면과 같이 추가합니다.

03 추가된 세 개의 열에 다음 방법을 사용해 값을 입력하거나 계산합니다.

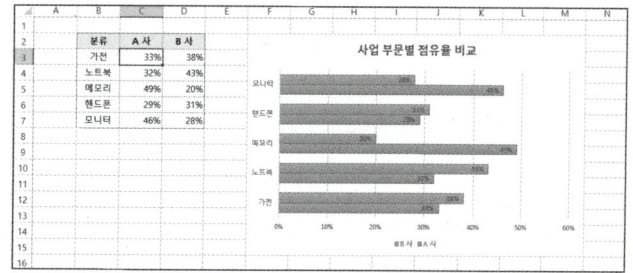

[C2] 셀 : 왼쪽

[C3] 셀 : =1-D3 (수식을 [C7] 셀까지 드래그해서 복사)

[E2] 셀 : X축

[E3:E7] 범위 : 50%

[G2] 셀 : 오른쪽

[G3] 셀 : =1-F3 (수식을 [G7] 셀까지 드래그해서 복사)

> **Plus⁺ 열을 세 개 추가하는 이유**
>
> 열을 추가하여 표를 정리하는 방법의 핵심은 [C:D] 열의 합계와 [F:G] 열의 합계가 동일해야 하고, [E] 열의 값은 [C:D] 열(또는 [F:G] 열)의 값의 절반이어야 한다는 점입니다. 이 작업을 이해하려면 작업 과정을 전체적으로 진행해보는 것이 좋습니다.

04 추가한 세 개의 열을 차트에 포함시키기 위해 차트를 선택하고 [차트 도구]-[디자인] 탭-[데이터] 그룹-[데이터 선택]을 클릭합니다.

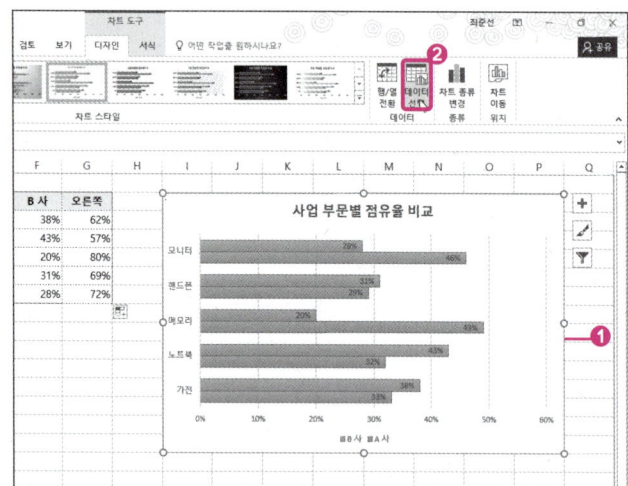

05 [데이터 원본 선택] 대화상자가 열리면 [차트 데이터 범위] 입력 상자를 선택하고 [B2:G7] 범위를 드래그해 선택한 후 [확인]을 클릭합니다.

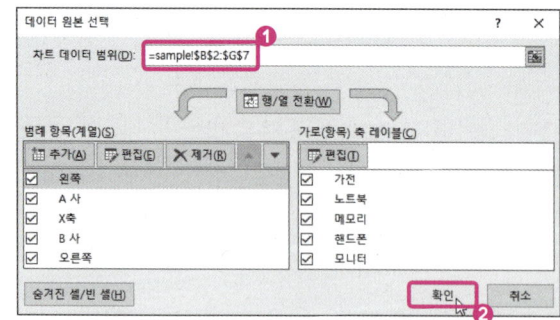

06 차트 종류를 변경하겠습니다. 차트를 선택하고 [삽입] 탭-[차트] 그룹-[세로 또는 가로 막대형 차트 삽입]을 클릭한 후 [2차원 가로 막대형] 그룹의 [100% 기준 누적 가로 막대형]을 선택합니다.

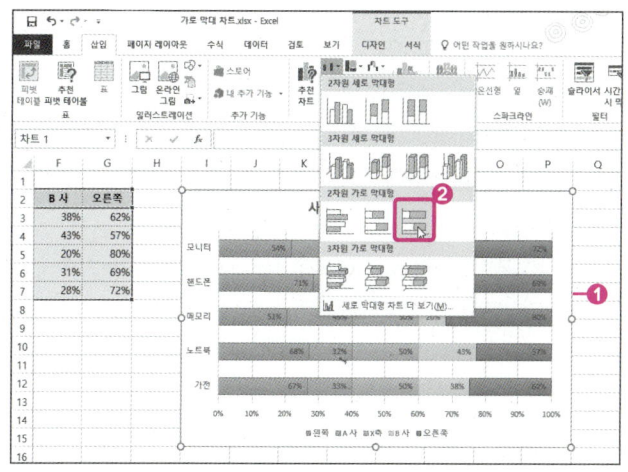

07 'X축' 계열의 데이터 레이블을 더블클릭해 [데이터 레이블 서식] 작업 창을 엽니다. [레이블 옵션] 중 [값] 확인란의 체크 표시를 해제하고 [항목 이름] 확인란에 체크 표시를 한 후 [레이블 위치] 옵션을 [가운데]로 변경합니다.

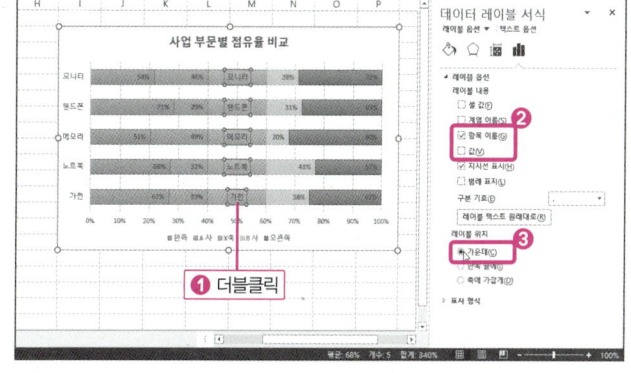

08 불필요한 계열을 다음과 같이 정리하면 화면과 같은 차트가 만들어집니다.

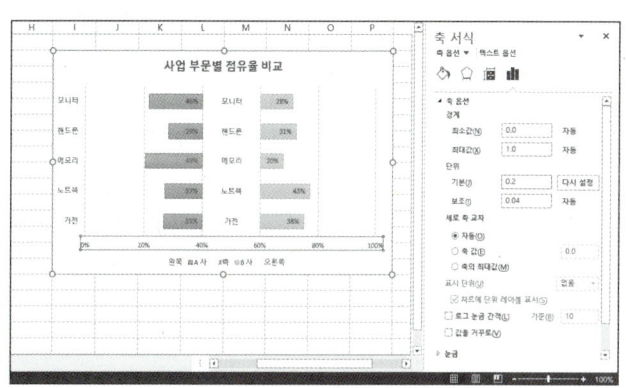

CHAPTER 39 | 차트 / **931**

- '왼쪽' 계열과 '오른쪽' 계열
  - 데이터 레이블을 선택하고 Delete 를 눌러 삭제
  - 막대그래프를 선택하고 [차트 도구]-[서식] 탭-[도형 스타일] 그룹-[도형 채우기]-[채우기 없음] 클릭
  - 막대그래프를 선택하고 [차트 도구]-[서식] 탭-[도형 스타일] 그룹-[도형 윤곽선]-[윤곽선 없음] 클릭
- 'X축' 계열
  - 막대그래프를 선택하고 [차트 도구]-[서식] 탭-[도형 스타일] 그룹-[도형 채우기]-[채우기 없음] 클릭
  - 막대그래프를 선택하고 [차트 도구]-[서식] 탭-[도형 스타일] 그룹-[도형 윤곽선]-[윤곽선 없음] 클릭

09 X축과 Y축 레이블을 선택하고 Delete 를 눌러 삭제합니다. 마찬가지로 범례에서도 '왼쪽', '가운데', '오른쪽' 계열 이름을 선택하고 Delete 를 눌러 삭제하면 화면과 같은 차트를 만들 수 있습니다.

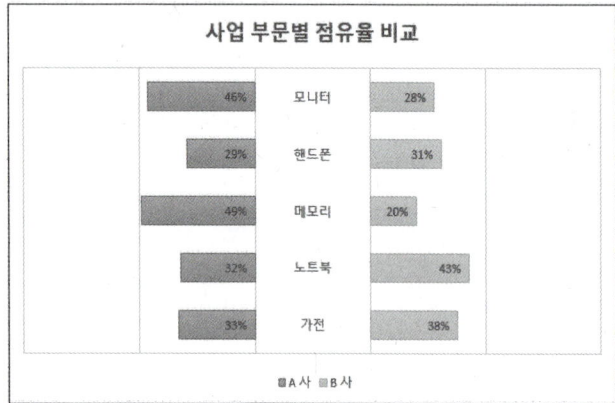

TIP 눈금선 처리하기

이번과 같은 가로 막대형 차트에서는 세로 눈금선보다는 가로 눈금선이 더 효율적입니다. 차트를 선택하고 [+ 차트 요소]를 클릭한 후 [눈금선]-[기본 주 세로 눈금선]의 체크 표시를 해제합니다. [눈금선]-[기본 주 가로 눈금선] 항목에 체크 표시를 하면 더 보기 좋은 효과를 얻을 수 있습니다.

꺾은선형 차트에서
빈 셀(또는 0값) 무시하고 그리기

444

꺾은선형 차트에서 원본 표에 빈 셀이 있거나 값이 0인 경우에는 그래프가 끊어지거나 X축에 달라붙어 보기 좋지 않습니다. 이때는 빈 셀이나 0 값을 무시하도록 설정하는 것이 전체 흐름을 표시하는 데 좋습니다. 오류가 발생한 셀은 차트에서 무시한다는 점에 착안해 빈 셀이나 0 값을 #N/A 오류 값으로 대체하면 흐름이 깔끔한 꺾은선그래프로 표현할 수 있습니다.

예제 파일 PART 08 \ CHAPTER 39 \ 선 연결.xlsx

01 예제 파일을 열면 화면과 같은 차트를 확인할 수 있습니다. [C5] 셀과 같이 빈 셀인 경우는 선이 끊어져 보이고 [C9] 셀과 같이 0 값이 입력된 경우는 선이 X축에 붙어 그래프가 자연스럽지 못합니다.

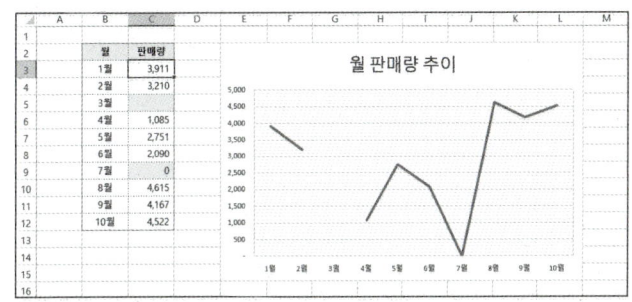

02 [C5] 셀을 선택하고 Ctrl을 누른 상태에서 [C9] 셀을 선택해 두 셀을 선택합니다. 수식 입력줄에 =NA( )를 입력하고 Ctrl+Enter를 눌러 수식을 입력합니다.

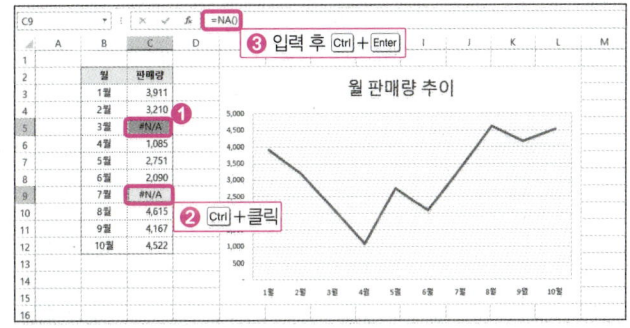

Plus⁺ 오류 값 처리

빈 셀이 여러 개라면 [이동] 명령을 이용하는 것이 좋습니다. 오류 값이 입력된 셀이 보기 좋지 않다면 [조건부 서식]을 이용해 오류 값이 나타나지 않도록 할 수 있습니다. 참고로 이번에 사용한 NA 함수는 #N/A 오류 값을 반환하는 함수입니다.

LINK [이동] 명령을 이용하는 방법은 'No. 084 특정 조건에 맞는 셀(또는 범위)만 빠르게 선택하기'를 참고하고, [조건부 서식]을 이용해 오류 값이 나타나지 않도록 하는 방법은 'No. 120 조건부 서식으로 수식 오류 값 숨기기'를 참고합니다.

꺾은선그래프 아래로 그라데이션 효과 적용하기

445

꺾은선그래프 아래로 그라데이션 효과를 적용하면 보기 좋고 다채로운 차트를 만들 수 있습니다. 다만 꺾은선형 차트에는 꺾은선그래프 아래로 특정 효과를 주는 옵션이 없으므로 영역형 차트와 혼합하는 방법을 사용해 그라데이션 효과를 적용합니다.

예제 파일 PART 08 \ CHAPTER 39 \ 그라데이션.xlsx

01 예제 파일을 열면 화면과 같은 차트가 있습니다. 꺾은선그래프의 아래쪽으로 그라데이션 효과를 적용해보겠습니다.

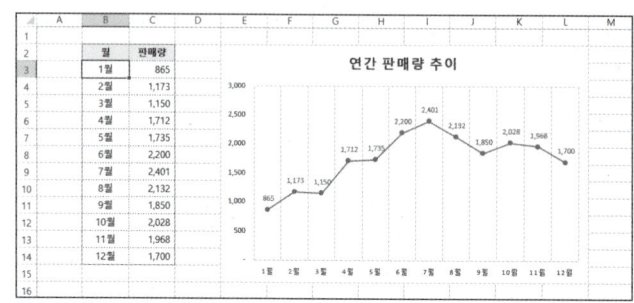

02 혼합형 차트를 구성하기 위해 '판매량' 데이터를 한 번 더 차트에 추가하겠습니다. [C2:C14] 범위를 선택하고 (Ctrl+C)를 눌러 복사한 후 차트를 선택하고 [홈] 탭-[클립보드] 그룹-[붙여넣기]를 클릭합니다.

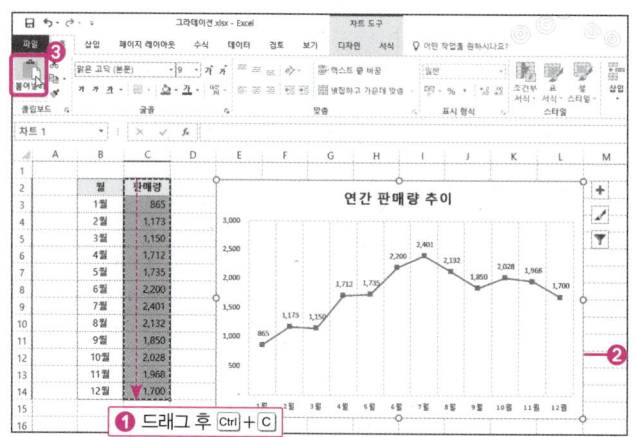

03 새로 추가된 계열을 영역형 차트로 변경합니다. 주황색 선 그래프를 선택한 후 [삽입] 탭-[차트] 그룹-[꺾은선형 또는 영역형 차트 추가]를 클릭한 후 [2차원 영역형] 그룹의 [영역형]을 선택합니다.

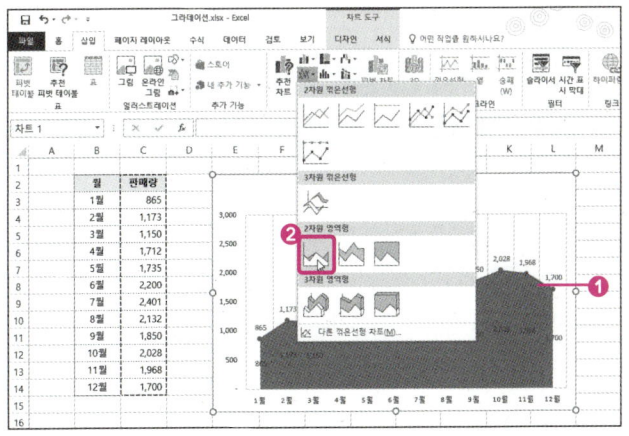

04 선 그래프 하단에 영역형 차트가 표시되어 꺾은 선 그래프의 배경으로 보입니다. 영역형 그래프를 선택하고 [차트 도구]-[서식] 탭-[도형 스타일] 그룹-[빠른 스타일]에서 꺾은선그래프와 유사한 스타일을 선택한 후 [차트 도구]-[서식] 탭-[도형 스타일] 그룹-[도형 채우기]를 클릭하고 [그라데이션]을 선택해 원하는 효과를 적용합니다.

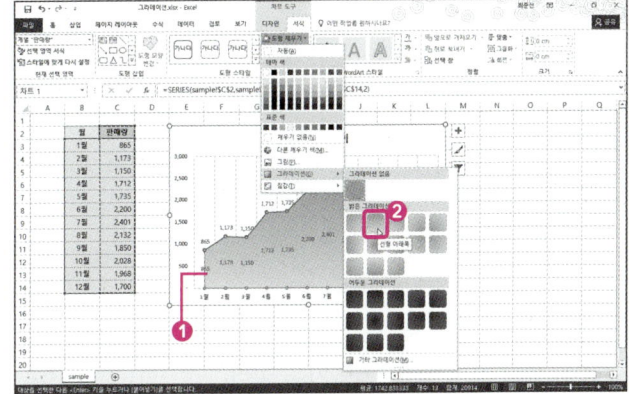

TIP 영역형 차트의 데이터 레이블은 선택하고 Delete 를 눌러 삭제합니다.

특정 시점을 기준으로
선 그래프 색상 다르게 적용하기

446

X축 항목이 많고 꺾은선그래프의 일부 항목부터 의미가 다르다면 꺾은선그래프의 색상을 다르게 적용하면 좋습니다. 다만 색상을 변경하는 옵션은 제공되지 않으므로 그래프의 색상을 구분하려는 위치에서 열을 추가해 계열을 구분하는 방법을 사용해야 합니다. 꺾은선형 차트를 사용할 때 원하는 시점에서 선 그래프의 색상을 변경하는 방법에 대해 알아보겠습니다.

예제 파일 PART 08 \ CHAPTER 39 \ 선 분리.xlsx

01 예제 파일을 열면 화면과 같은 차트를 확인할 수 있습니다. 표에서 2017년 이후는 예측된 실적이라고 할 때, 2017년부터는 다른 색상을 적용해 선 그래프를 표시해보겠습니다. 새로운 색상을 적용할 부분만 다른 열로 분리합니다. [C10:C13] 범위를 Ctrl + X 를 눌러 잘라낸 후 [D10] 셀에 Ctrl + V 를 눌러 붙여넣습니다.

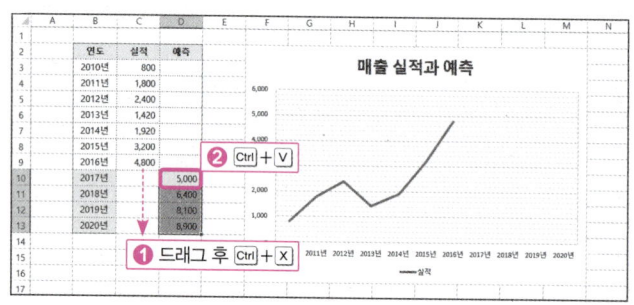

02 차트를 선택하고 [C13] 셀의 크기 조정 핸들을 [D13] 셀까지 드래그합니다. 차트가 두 개의 계열이 존재하는 것으로 수정됩니다. 이제 각각의 선 그래프 색상을 다르게 지정할 수 있습니다.

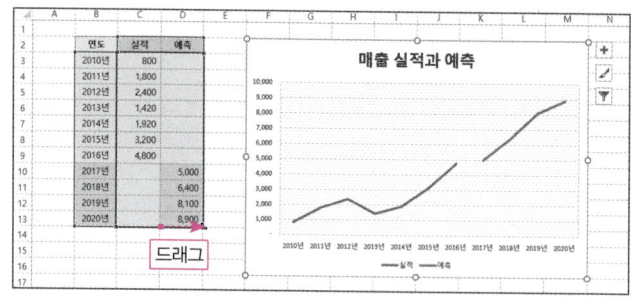

TIP 선 그래프를 이어 표시하기
차트에서 2016과 2017년의 선 그래프를 이어서 표시하려면 [D9] 셀에 수식 **=C9**를 입력합니다.

최고, 최저점을 표시하는 꺾은선형 차트 만들기

447

꺾은선형 차트는 차트에 선 그래프만 표시되므로 밋밋해 보이고 전체적인 흐름 외에는 제공하는 정보가 별로 없습니다. 다른 차트에서는 최고점과 최저점에 별도의 서식을 지정하는 옵션이 제공되어 꺾은선형 차트에 보다 많은 정보를 표시하기도 하지만, 엑셀의 꺾은선형 차트에는 해당 옵션이 제공되지 않습니다. 여기서는 꺾은선형 차트에 최고, 최저점을 표시하기 위해 별도의 계열을 이용하는 방법에 대해 알아보겠습니다.

예제 파일 PART 08 \ CHAPTER 39 \ 최고,최저.xlsx

01 예제 파일을 열고 꺾은선형 차트의 최고점과 최저점 위치에 별도의 서식을 지정해보겠습니다.

02 최고점에 원하는 서식을 나타내기 위해 [D3] 셀에 다음 수식을 입력하고 [D3] 셀의 채우기 핸들을 [D17] 셀까지 드래그해 수식을 복사합니다.

[D3] 셀 : =IF(C3=MAX($C$3:$C$17), C3, NA())

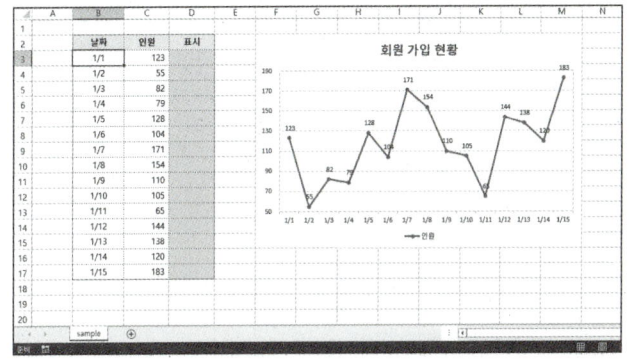

Plus+ 수식 이해하기

이 수식은 [C] 열의 값 중 최대값만 동일한 위치에 반환하고 나머지는 모두 #N/A 오류 값을 표시합니다. 만약 최대값과 최소값을 동일한 서식으로 차트에 표시하려면 이 수식을 =IF(OR(C3=MAX($C$3:$C$17), C3=MIN($C$3:$C$17)), C3, NA())으로 변경합니다. 최고점과 최저점을 다른 서식으로 지정하려면 [E] 열에 =IF(C3=MIN($C$3:$C$17), C3, NA()) 수식을 이용해 최소 열을 추가한 후 차트의 계열을 추가합니다. 만약 상위 세 개 항목에만 표시하고 싶다면 수식을 =IF(C3<=LARGE($C$3:$C$17, 3), C3, NA())로 변경합니다.

03 계산된 [D] 열을 차트에 추가합니다. 차트를 선택하고 [C17] 셀의 크기 조정 핸들을 [D17] 셀까지 드래그해 '표시' 계열을 차트에 추가합니다. 그러면 1/15 항목 위치에 색상이 다른 표식이 나타납니다.

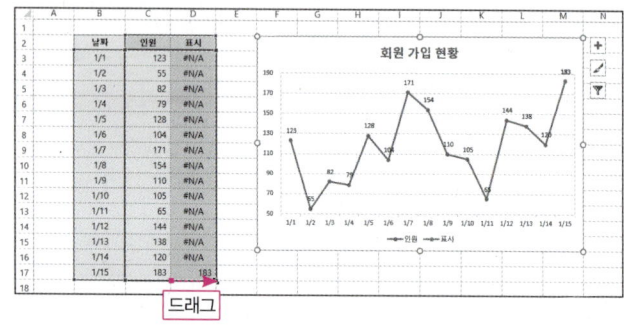

04 '최대' 계열의 표식에 새로운 서식을 지정하기 위해 '최대' 계열을 더블클릭하면 [데이터 계열 서식] 작업 창이 열립니다. [◇ 채우기 및 선]을 클릭하고 [표식]을 선택한 후 [테두리]의 하위 옵션인 [너비]를 '5 pt'로 조정합니다.

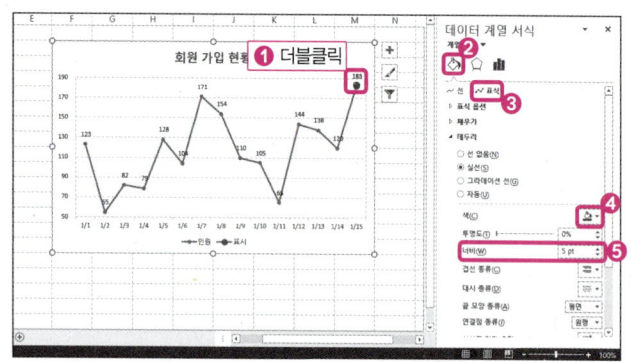

TIP 02 과정의 플러스 정보처럼 최대값과 최소값을 함께 표시하거나 상위 세 개 항목을 표시하는 방법을 사용했다면 꺾은선그래프가 함께 표시됩니다. 이 경우 선 그래프가 표시되지 않도록 합니다.

LINK 선 그래프가 표시되지 않도록 하는 방법은 924쪽 **06** 과정을 참고합니다.

꺾은선의 특정 구간에 하강선을 이용해 강조하기

448

꺾은선형 차트는 긴 기간의 흐름을 표시하는 경우가 많기 때문에 특정 시점에서 어떤 일이 발생했는지 차트에 표시할 수 있으면 전달할 수 있는 정보의 양이 많아집니다. 여기서는 꺾은선형 차트를 사용할 때 특정 구간을 강조하는 표현 방법에 대해 알아보겠습니다.

예제 파일 PART 08 \ CHAPTER 39 \ 기간 표시.xlsx

01 예제 파일을 열면 화면과 같은 차트를 확인할 수 있습니다. [B3:C3] 범위에 입력된 것처럼 1월 3일부터 7일까지 진행된 'A 이벤트' 기간을 차트에 강조해 보겠습니다. 이벤트 기간을 차트에 표시하기 위해 별도의 계열을 추가하는 방법을 사용합니다. [D8] 셀, [D12]셀에 '900' 값을 입력합니다.

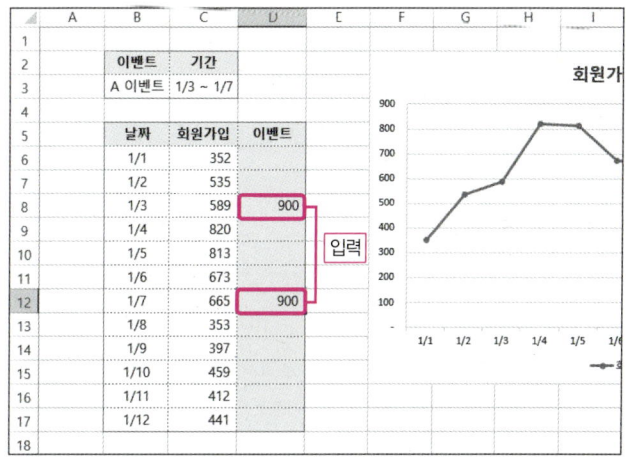

Plus⁺ 작업 이해하기

[D8] 셀과 [D12] 셀은 이벤트 진행 기간의 첫 번째 날짜와 마지막 날짜에 해당하는 위치인데, 꺾은선그래프 상위에 표식이 나타나도록 하기 위해 '900'이라는 값을 입력했습니다. 이 값은 보통 구간 내 꺾은선그래프의 가장 큰 눈금선보다 하나 더 높은 값을 사용하면 됩니다.

02 [D] 열을 차트 계열에 추가합니다. 차트를 선택하고 [C17] 셀의 크기 조정 핸들을 [D17] 셀까지 드래그합니다. 차트의 1/3, 1/7 위치에 표식이 나타납니다.

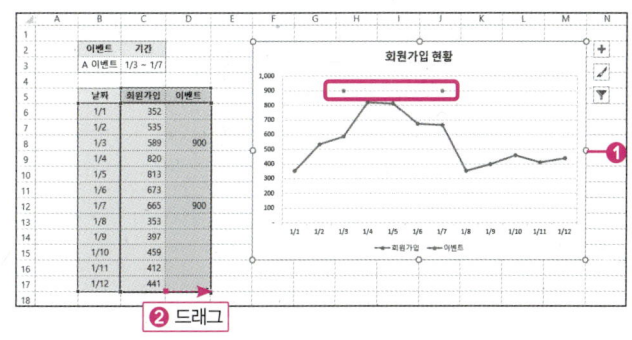

03 추가된 표식 위치에서 아래쪽으로 X축까지 세로 선을 추가하겠습니다. 차트에서 '이벤트' 계열을 선택하고 [+] [차트 요소]를 클릭한 후 [오차 막대]의 하위 옵션에서 [기타 옵션]을 선택합니다.

> **TIP** 차트 요소 중에서 세로 방향의 선을 표시할 수 있는 것은 오차 막대가 유일합니다.

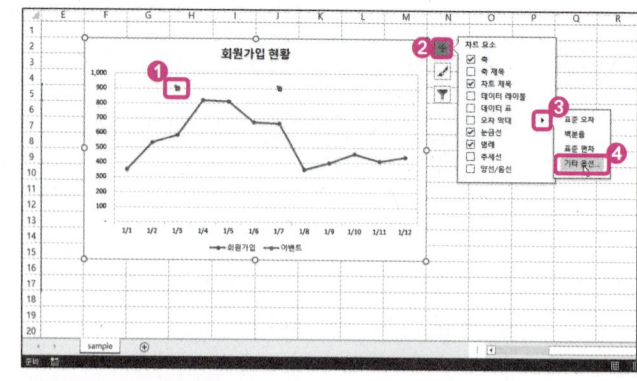

05 [오차 막대 서식] 작업 창이 열리면 [📊 오차 막대 옵션]을 클릭한 후 [세로 오차 막대]에서 [방향]은 [음의 값]을, [끝 스타일]은 [끝 모양 없음]을 선택합니다. [오차량]은 [백분율]을 선택하고 값을 '100'으로 변경합니다.

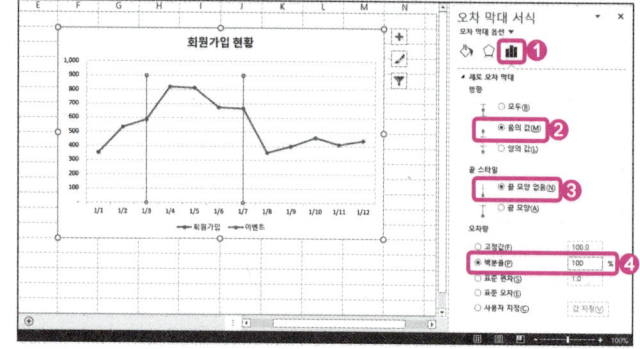

> **TIP** 설정 값 이해하기
>
> - 음의 값 : 오차 막대는 표식 위치에서 상하로 표시되는데, 오차 막대를 표식의 아래쪽으로만 표시하기 위해 [음의 값] 옵션을 선택합니다.
> - 끝 모양 없음 : 오차 막대는 선의 끝에서 가로로 약간의 선을 표시하는데, 이 가로선 스타일을 사용하지 않도록 [끝 모양 없음] 옵션을 선택합니다.
> - 100% : 오차 막대를 X축 위치까지 표시하려면 900이라는 값이 필요합니다. 이 값을 가장 손쉽게 얻는 방법이 백분율 옵션의 100%로, 이 값은 표식의 값에서 100%를 의미하므로 900과 동일한 의미입니다. 이 값 대신 [고정값] 옵션을 선택하고 '900'을 입력해도 동일한 결과를 얻을 수 있습니다.

06 몇 가지 추가 설정 과정을 거쳐 화면과 같은 모양의 차트를 완성합니다.

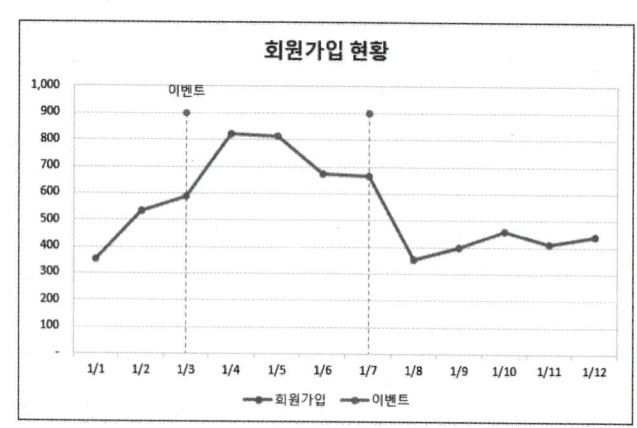

> **TIP** 추가 작업된 부분 이해하기
>
> - '이벤트' 계열
> 왼쪽 표식만 두 번 클릭해 선택하고 [차트 요소]를 클릭한 후 [데이터 레이블]-[기타 옵션]을 선택합니다. [데이터 레이블 서식] 작업 창에서 [레이블 내용]-[계열 이름] 확인란에 체크 표시를 합니다. [값] 확인란의 체크 표시는 해제하고 [레이블 위치]-[위쪽]을 선택합니다.
>
> - 오차 막대
> 오차 막대 선을 클릭하고 [차트 도구]-[서식] 탭-[도형 스타일] 그룹-[🎨 도형 윤곽선]을 클릭하고 원하는 색상을 지정합니다. [대시]의 하위 메뉴에서 [파선]을 선택합니다.

선 그래프 배경에 교차 서식 적용하기

449

차트의 그림 영역에는 배경색이나 눈금선 외에는 별도로 지정할 수 있는 서식이 없습니다. 앞에서 소개한 몇 가지 방법을 적용하기 어려운 경우에는 이번에 소개하는 방법을 이용해 차트를 꾸미는 것도 괜찮은 방법입니다. 가로 막대 차트와 꺾은선형 차트의 혼합형 차트를 구성해 그림 영역의 눈금선 사이에 교차해서 서식을 지정하는 방법에 대해 알아보겠습니다.

예제 파일 PART 08 \ CHAPTER 39 \ 교차 서식.xlsx

01 예제 파일을 열고 차트 그림 영역의 눈금 사이로 교차해서 서식을 지정해 보겠습니다.

02 서식 부분을 담당할 계열을 추가하기 위해 차트를 선택하고 [차트 도구]-[디자인] 탭-[데이터] 그룹-[데이터 선택]을 클릭합니다. [데이터 원본 선택] 대화상자가 열리면 [범례 항목(계열)] 하위의 [추가]를 클릭합니다.

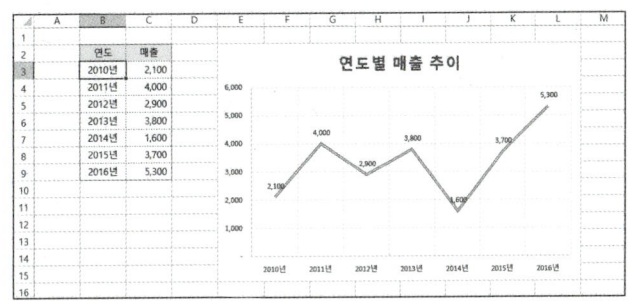

03 [계열 편집] 대화상자가 열리면 다음과 같이 입력하고 [확인]을 클릭합니다. [데이터 원본 선택] 대화상자도 [확인]을 클릭해 닫습니다.

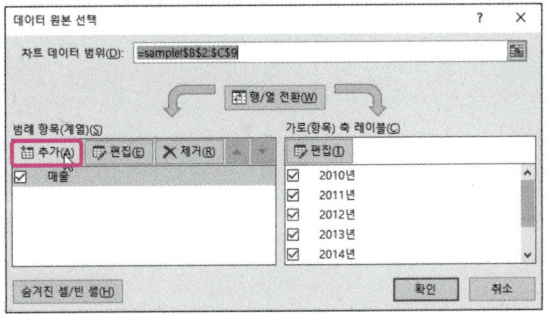

계열 이름 : 서식
계열 값 : ={0,1,0,1,0,1}

Plus⁺ 추가한 계열 값 이해하기

={0,1,0,1,0,1}은 배열상수로, 셀에 값이 없거나 입력하기 귀찮을 때 사용할 수 있는 방법입니다. 0은 막대그래프를 표시하지 않을 것이기 때문에 반드시 0이어야 하지만, 1은 100이든 1000이든 아무 값이나 상관 없이 동일한 값만 입력하면 됩니다. 이렇게 입력된 값을 막대 차트로 표시하면 막대그래프가 교차해서 나타나는데, 이것을 뒤에 배경처럼 사용할 것입니다. 참고로 값을 여섯 개 입력한 이유는 가로 막대 차트가 사용될 현재 차트의 Y축 눈금선이 여섯 개이기 때문입니다.

04 차트에 추가된 '서식' 계열을 선택하고 [삽입] 탭–[차트] 그룹–[📊 세로 또는 가로 막대형 차트 삽입]을 클릭한 후 [2차원 가로 막대형] 그룹의 [100% 기준 누적 가로 막대]를 선택합니다.

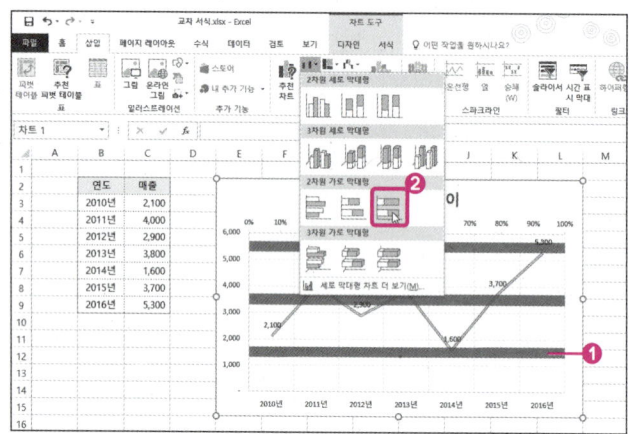

05 '서식' 계열(막대그래프)을 더블클릭해 [데이터 계열 서식] 작업 창을 엽니다. [간격 너비] 옵션 값을 '0'으로 변경해 막대그래프 너비를 넓게 조절합니다.

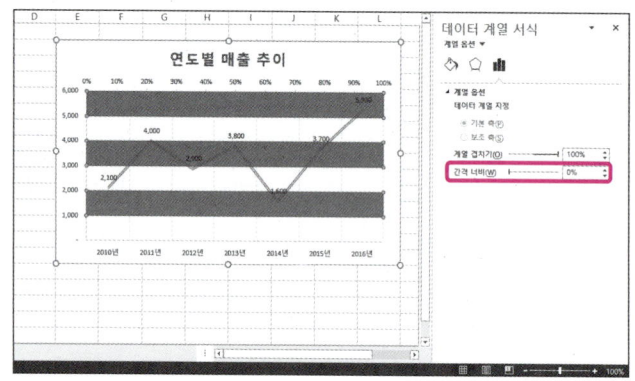

06 차트 제목 바로 밑에 표시된 가로 막대 차트의 Y축을 선택하고 Delete를 눌러 축 표시와 축 레이블을 삭제합니다. '서식' 계열(막대그래프)을 선택하고 [차트 도구]–[서식] 탭–[도형 스타일] 그룹–[🎨 도형 채우기]를 클릭합니다. 원하는 색을 지정하면 화면과 같은 차트가 만들어집니다.

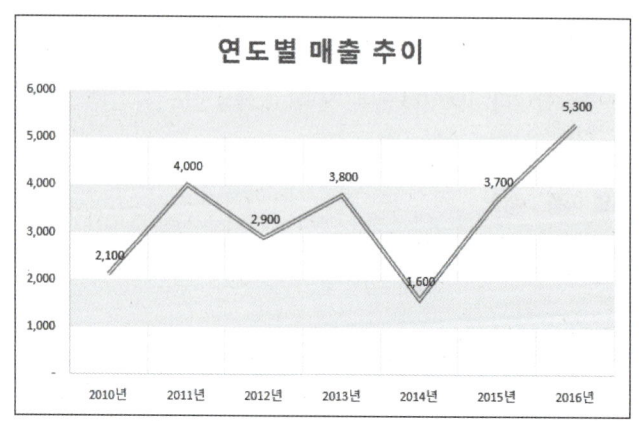

예측 시트를 이용해 데이터 예측하기

450

엑셀 2016에는 [예측 시트]라는 새로운 기능이 추가되었습니다. 과거 데이터를 이용해 미래 값을 예측하고, 계산된 값을 차트에 표시하는 기능입니다. 복잡한 통계나 분석을 어려워하는 분들을 위해 간단한 회귀 분석 방식의 예측 결과를 표시하므로 편리합니다. [예측 시트]를 사용하려면 X축 계열의 값이 반드시 날짜 값이어야 합니다. [예측 시트]를 이용해 미래 값을 예측하는 방법에 대해 알아보겠습니다.

예제 파일 PART 08 \ CHAPTER 39 \ 예측 시트.xlsx

01 예제 파일을 열면 2016년 1월부터 12월까지의 매출이 집계된 표와 이 표를 이용해 만든 '월 매출 추이' 차트가 있습니다. 수식 입력줄에서 확인할 수 있듯이 [B3:B14] 범위에는 yyyy-mm-dd 형식의 날짜 값이 입력되어 있으며, yyyy/mm 형식으로 표시되도록 셀 서식이 설정되어 있습니다. 이 표를 이용해 6개월 간의 미래 값을 예측해보겠습니다.

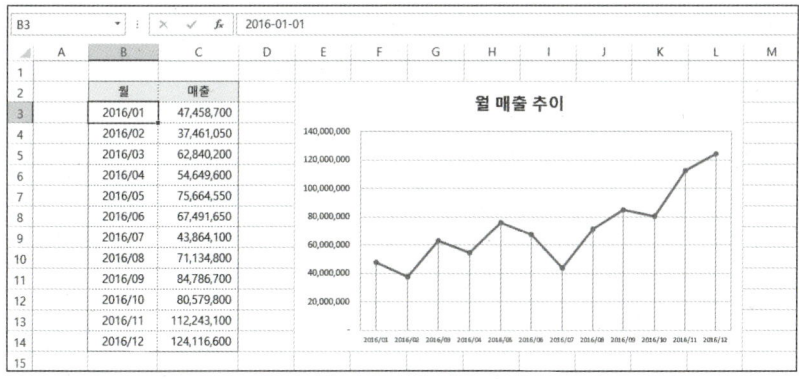

02 [B2:C14] 범위를 선택하고 [데이터] 탭-[예측] 그룹-[예측 시트]를 클릭하면 [예측 워크시트 만들기] 창이 열립니다.

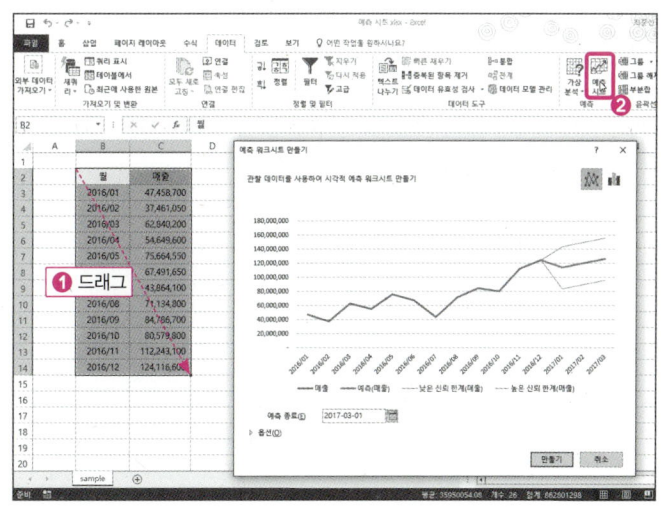

03 원하는 것을 정확하게 입력해야 결과를 얻을 수 있습니다. 간단하게 사용하려면 [예측 종료] 옵션의 값만 변경하면 됩니다. 화면과 같이 '2007-06-01'을 입력하거나 우측의 달력 아이콘을 클릭하고 날짜를 선택합니다. 상세한 옵션을 변경하려면 [옵션]을 클릭해 하위 옵션을 열고 원하는 옵션을 변경합니다. [만들기]를 클릭해 예측 시트를 생성합니다.

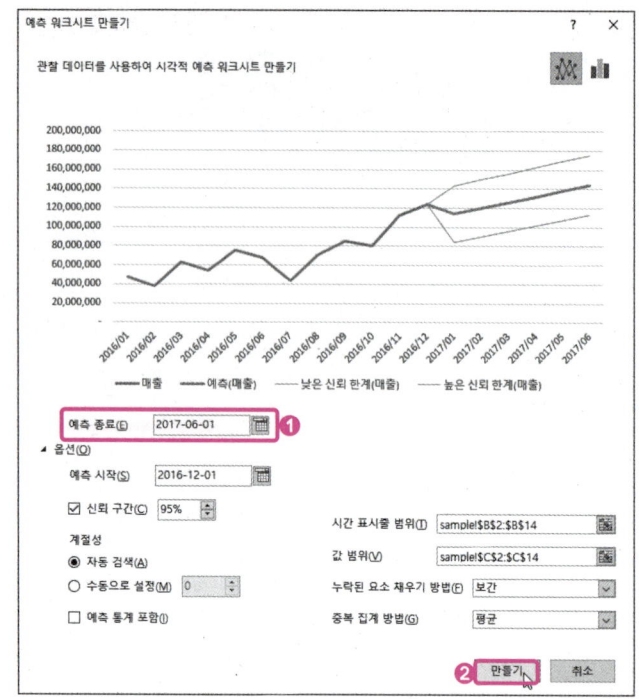

04 'Sheet1'과 같은 별도의 시트가 생성되면서 예측된 결과 값과 차트가 화면과 같이 표시됩니다.

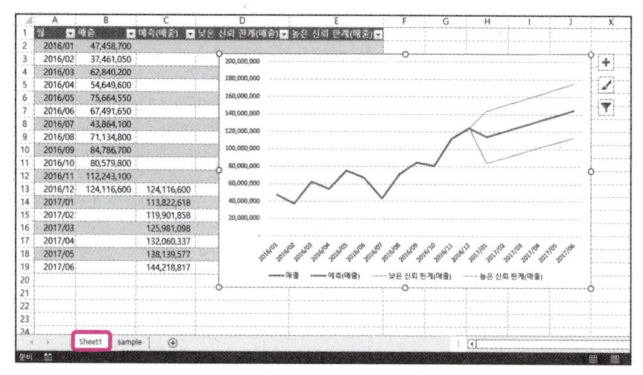

원형 차트를
원형 대 원형 차트로 변환하기

451

원형 차트는 전체 항목의 비율을 표시하는 데 적합한 차트입니다. 하지만 표시할 항목이 많으면 하나의 차트에 모든 내용을 표시하기 어렵습니다. 그런 경우에는 항목을 일부 작은 원형 차트로 분리할 수 있는 원형 대 원형 차트로 변경하는 것이 좋습니다. 원형 차트를 원형 대 원형 차트로 변경하는 방법에 대해 알아보겠습니다.

예제 파일 PART 08 \ CHAPTER 39 \ 원형 차트.xlsx

01 예제 파일을 열면 여덟 개의 항목을 이용해 만든 원형 차트가 있습니다. 차트에 항목이 너무 많으므로 상위 네 개 항목만 남겨놓고 나머지는 작은 원형 차트로 분리해보겠습니다.

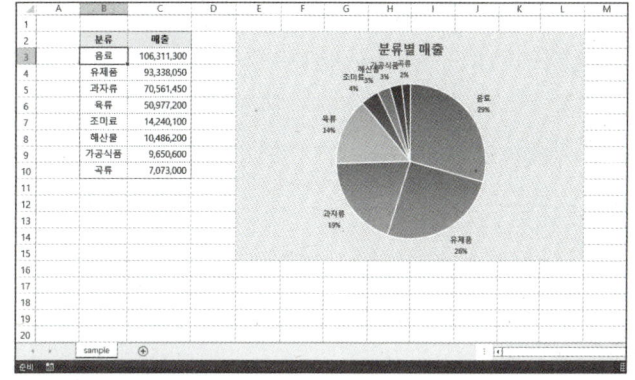

TIP 원형 차트 이해하기

원형 차트는 표의 값을 시계 방향으로 표시하므로 원형 차트를 이해하기 좋게 만들려면 숫자를 내림차순으로 정렬하는 것이 좋습니다.

02 차트를 선택하고 [삽입] 탭-[차트] 그룹-[원형 또는 도넛형 차트 삽입]을 클릭한 후 [2차원 원형] 그룹의 [원형 대 원형]을 선택합니다. 차트의 원형 그래프를 더블클릭해 [데이터 계열 서식] 작업 창이 열리면 [둘째 영역 값]을 [4]로 [둘째 영역 크기]를 [50%]로 각각 조정합니다.

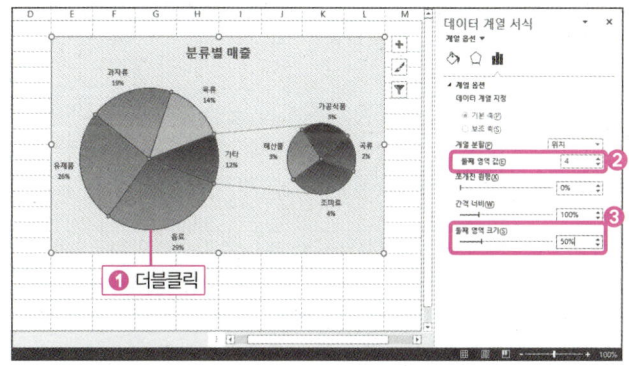

Plus⁺ 조정한 옵션 이해하기

- **둘째 영역 값**
  전체 원형 차트에서 작은 원형 그래프에 몇 개의 항목을 표시할지를 결정합니다. 전체 여덟 개의 항목에서 하위 항목 네 개를 작은 원형에 표시하라는 의미입니다.

- **둘째 영역 크기**
  오른쪽 원형 그래프의 크기를 왼쪽 원형 그래프의 몇 %(비율)로 할 것인지 결정합니다.

여러 개 표를 하나의 원형 대 원형 차트로 표시하기

452

원형 대 원형 차트를 생성할 때, 왼쪽과 오른쪽 원형에 각각 다른 표를 원본 범위로 지정하고 싶은 경우가 있습니다. 이런 방법은 지원되지 않지만 원형 대 원형 차트를 제대로 이해하고 있다면 어떻게 하면 될지 알 수 있습니다. 여기서는 두 개의 표를 하나의 원형 대 원형 차트로 구성하는 방법에 대해 알아보겠습니다.

예제 파일 PART 08 \ CHAPTER 39 \ 원형대 원형.xlsx

01 예제 파일을 열면 [B2:C5] 범위의 표로 구성한 원형 차트가 있습니다. [B7:C10] 범위의 표는 [B2:C5] 범위의 표 중에서 '영업1부' 항목의 상세 부문별 실적을 정리해놓은 것입니다. 영업1부의 상세 매출이 표시되도록 원형 차트를 원형 대 원형 차트로 변경해보겠습니다.

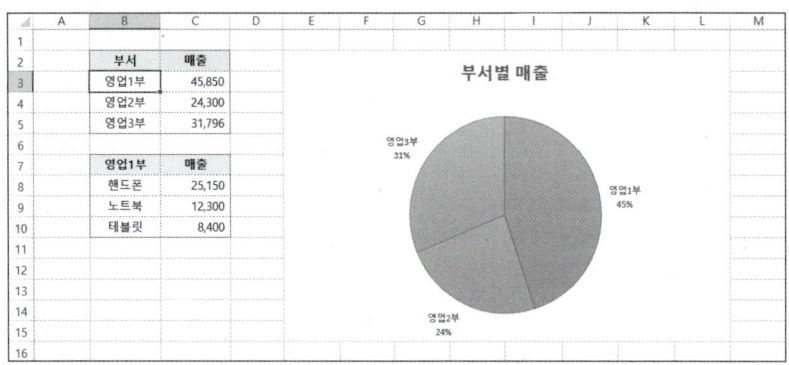

02 먼저 원형 차트에서 '영업1부' 항목을 삭제하겠습니다. 차트를 선택하고 [C3] 셀의 우측 상단 크기 조정 핸들을 [C4] 셀 위치까지 드래그하면 '영업1부' 항목이 차트에서 제외됩니다.

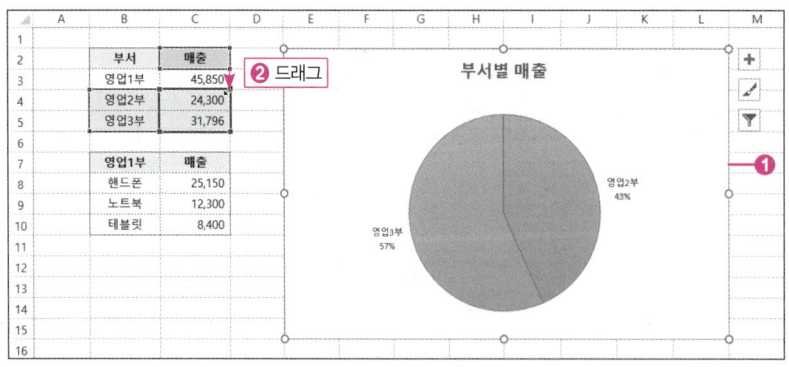

TIP 원형 대 원형 차트를 만들면 오른쪽 원형 차트의 값이 왼쪽 원형 차트에 '기타' 항목으로 집계되므로, 영업1부 실적을 그대로 두면 왼쪽 원형 차트에 두 번 표시됩니다.

03 '영업1부' 항목의 상세 부문 실적을 원형 차트에 추가하겠습니다. [B8:C10] 범위를 선택하고 Ctrl + C를 눌러 복사한 후 차트를 선택하고 [홈] 탭-[클립보드] 그룹-[붙여넣기]를 클릭합니다.

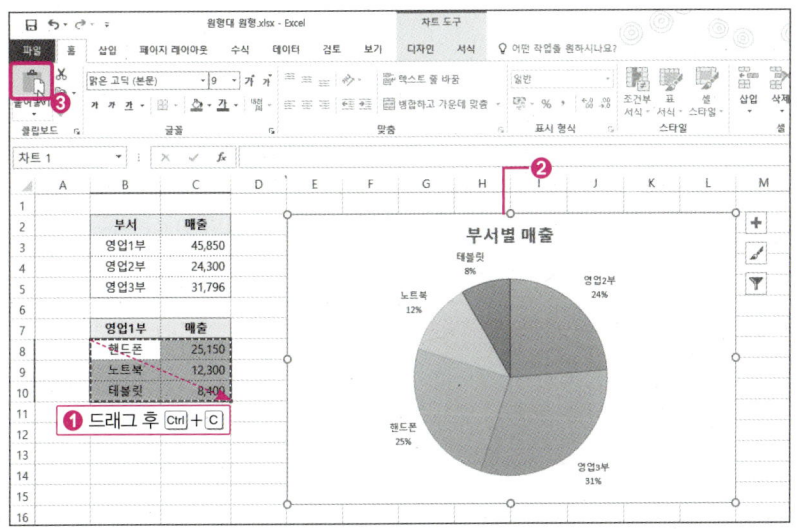

04 No 450의 **02** 과정을 참고해 원형 대 원형 차트로 변경한 후 왼쪽 원형 그래프에 세 개 항목이 나타나도록 설정합니다. 왼쪽 차트의 '기타' 데이터 레이블을 두 번 클릭한 후 '영업1부'로 변경하면 화면과 같은 차트를 완성할 수 있습니다.

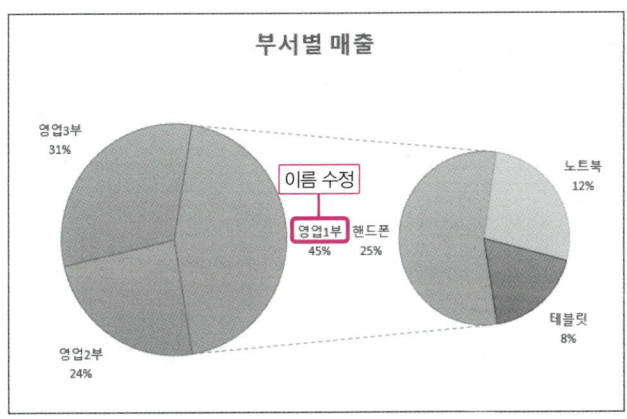

원형 차트에서 여러 개의 계열 표시하기

453

원형 차트는 기본적으로 하나의 계열만 표시할 수 있습니다. 여러 개의 계열을 표시하고 싶다면 원형 차트 대신 도넛형 차트를 사용합니다. 도넛형 차트는 원형 차트와 유사하면서 여러 개의 계열을 동시에 표시하는 것이 가능합니다. 원형 차트를 자주 사용한다면 도넛형 차트를 만드는 방법도 잘 이해하고 있어야 합니다.

예제 파일 PART 08 \ CHAPTER 39 \ 도넛형 차트.xlsx

01 예제 파일을 열고 차트를 선택하면 차트를 만들 때 사용한 원본 범위를 표에서 확인할 수 있습니다. 화면에서 확인할 수 있듯이 [B2:D6] 범위가 모두 사용됐지만 차트에는 [C2:C6] 범위의 '전년' 계열만 나타납니다.

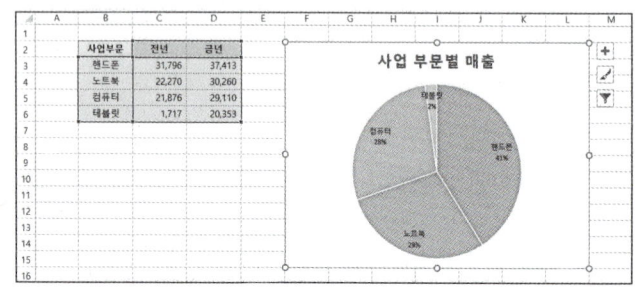

TIP 원형 차트의 태블릿 매출이 2%인 이유는 전년 실적인 1,717 값([C6] 셀)만 표시했기 때문입니다.

TIP 예제의 차트로 명확하게 구별되지 않는다면 차트를 지우고 [B2:D6] 범위를 선택하여 원형 차트를 만들어봅니다.

02 여러 개의 계열을 표시할 수 있도록 차트 종류를 변경하겠습니다. 차트를 선택하고 [삽입] 탭-[차트] 그룹-[원형 또는 도넛형 차트 삽입]을 클릭한 후 [도넛형] 그룹의 [도넛형]을 선택합니다.

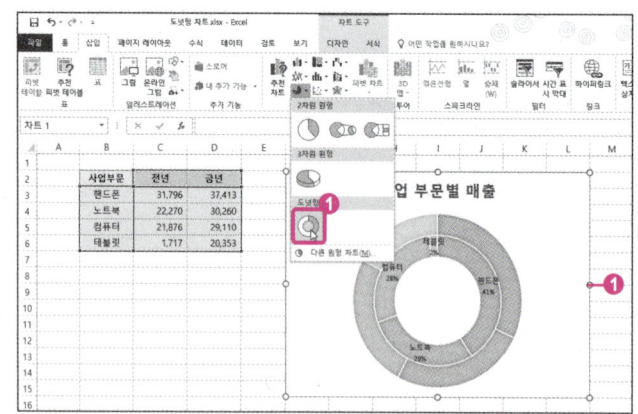

TIP 도넛형 차트를 사용할 때 주의할 점

원형 차트와 도넛형 차트는 범례에 계열 이름 대신 항목 이름이 표시됩니다. 원형 차트는 하나의 계열밖에 표시할 수 없기 때문에 이것이 큰 문제가 되지 않지만, 도넛형 차트는 계열을 구분해야 하는데 그림만으로는 구분하기 어렵습니다. 도넛형 차트는 표의 왼쪽부터 오른쪽 열 순서로 도넛의 안쪽에 표시됩니다. 그러므로 이 차트에서도 바깥쪽이 '금년' 계열이고, 안쪽이 '전년' 계열입니다. 이를 보다 분명하게 나타내려면 도형을 삽입해 계열명을 표시하는 것이 좋습니다.

게이지 앱을 이용한 차트 구성하기 454

엑셀에서 추가할 수 있는 여러 추가 기능 앱 중에는 앞에서 소개한 People Graph 앱을 포함해서 사용하면 좋을 만한 차트가 여러 가지 있습니다. 여기서는 목표를 달성했는지 여부를 게이지 차트로 표시하는 Gauge 앱을 사용해 차트를 생성하는 방법에 대해 알아보겠습니다.

예제 파일 PART 08 \ CHAPTER 39 \ Gauge.xlsx

01 예제 파일을 열면 영업사원의 주별 실적을 집계해놓은 표가 있습니다. 목표가 [I3] 셀에 입력되어 있고 현재까지 목표 달성율이 [J2] 셀에 있는 86.6%라고 할 때, 달성률 값을 Gauge 앱에 표시해 보겠습니다. 먼저 Gauge 앱에서는 [J2] 셀에 있는 달성률의 숫자 부분만 사용하므로 미리 계산을 해놓습니다. [K3] 셀에 다음 수식을 입력합니다.

K3 : =ROUND(J3 * 100, 1)

02 [삽입] 탭-[추가 기능] 그룹-[📦 내 추가 기능]을 클릭하여 [Office 추가 기능] 창이 열리면 'Gauge'를 입력하고 검색하여 추가합니다.

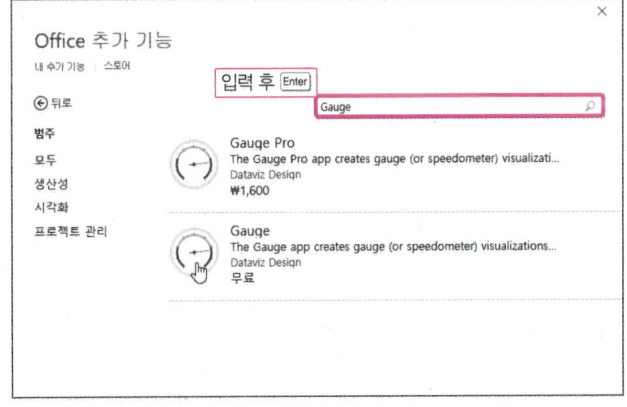

TIP 검색된 결과를 보면 Gauge Pro 앱와 Gauge 앱이 있는데, 무료 앱으로 사용해보고 필요하다면 Gauge Pro 앱을 구매하는 것이 좋습니다.

LINK 앱을 검색하는 방법은 'No. 437 People Graph로 그림 차트 만들기'를 참고합니다.

03 화면과 같이 Gauge 앱의 창이 열립니다. [Insert Gauges]를 클릭합니다.

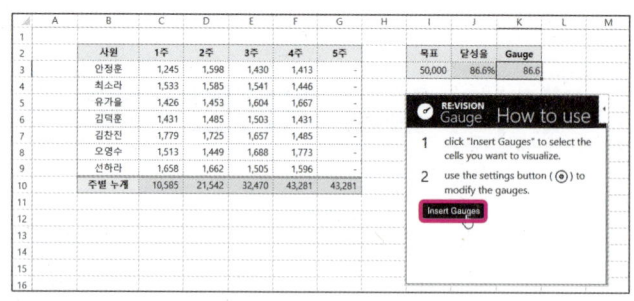

04 [데이터 선택] 대화상자가 열리면, 달성률의 숫자 부분만 계산된 [K3] 셀을 선택하고 [확인]을 클릭합니다.

05 게이지 차트가 나타납니다. 게이지 차트에 표시되는 녹색, 노랑, 빨강 구간은 게이지 차트의 기본 설정 값에 의해 표시되는데, 이를 수정하려면 Gauge 앱 창 왼쪽 상단의 [◎Settings]를 클릭합니다.

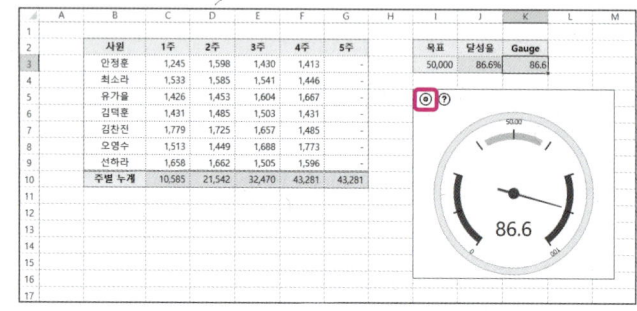

06 [Settings]에서 다음 표를 참고해 값을 수정한 후 [이전]을 클릭하면 오른쪽 화면과 같은 차트를 얻을 수 있습니다.

구분	Min Value	Max Value
Green Range	0	50
Yellow Range	51	80
Red Range	81	100

> **TIP** 표의 5주 실적을 입력해보면 게이지 차트의 바늘이 변하는 것을 확인할 수 있습니다.

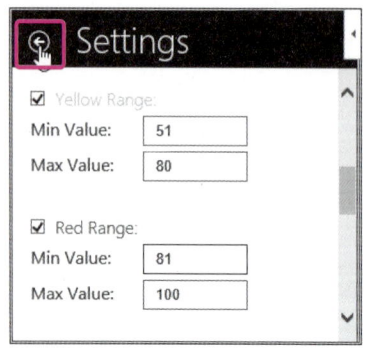 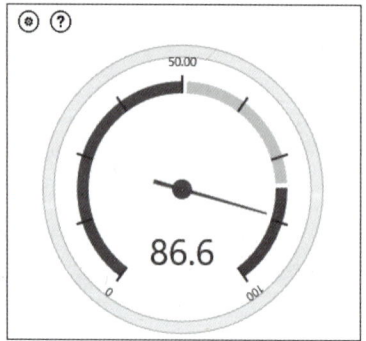

분산형(또는 거품형) 차트에 데이터 레이블 표시하기

455

분산형 차트나 거품형 차트는 숫자 값만으로 차트를 만들기 때문에 데이터 레이블에 항목 이름을 표시하기가 쉽지 않았습니다. 하지만 엑셀 2013부터 제공되는 [셀 값] 데이터 레이블 옵션을 이용하면 원하는 위치의 값을 데이터 레이블에 표시할 수 있습니다. 여기서는 분산형 차트의 데이터 레이블을 원하는 텍스트로 지정하는 방법에 대해 알아보겠습니다.

예제 파일 PART 08\CHAPTER 39\분산형 차트.xlsx

01 예제 파일을 열면 화면과 같은 분산형 차트를 확인할 수 있습니다. 이 차트의 표식으로는 어떤 고객의 주문 건인지 확인할 수 없으므로 [B3:B8] 범위의 고객명을 데이터 레이블로 추가해보겠습니다.

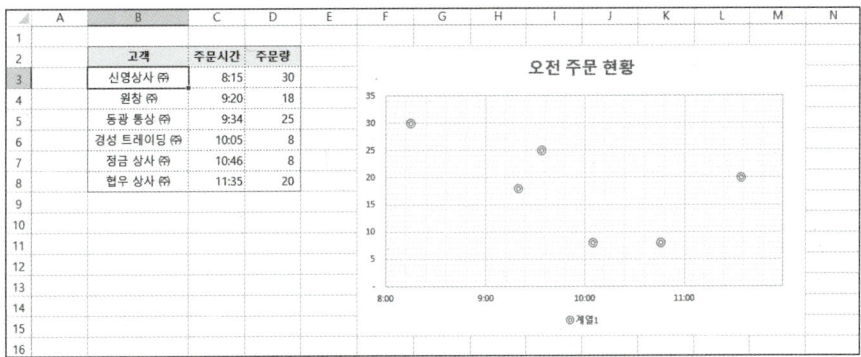

02 먼저 분산형 차트의 범례를 변경합니다. 차트의 표식을 선택하면 수식 입력줄에서 Series 함수를 사용한 수식을 확인할 수 있습니다. 이 수식의 첫 번째 인수가 계열명입니다. Series 함수의 첫 번째 인수 값을 "주문"으로 변경하고 Enter 를 눌러 입력하면 범례의 이름이 변경됩니다.

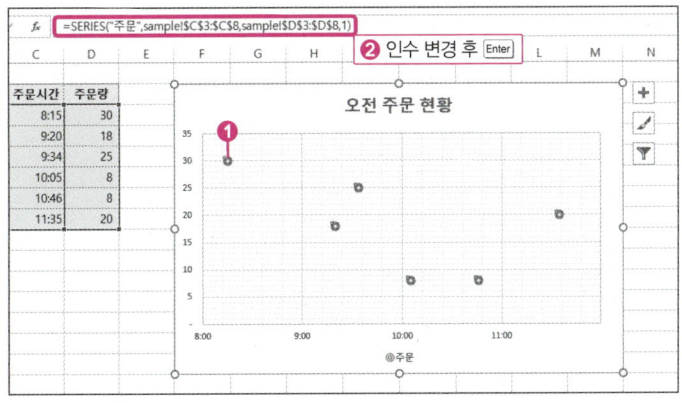

TIP Series 함수에 대한 자세한 설명은 'No. 457 표와 차트의 연결 끊기'를 참고합니다.

03 데이터 레이블을 추가하기 위해 [➕ 차트 요소]를 클릭한 후 [데이터 레이블]의 [기타 옵션]을 선택합니다.

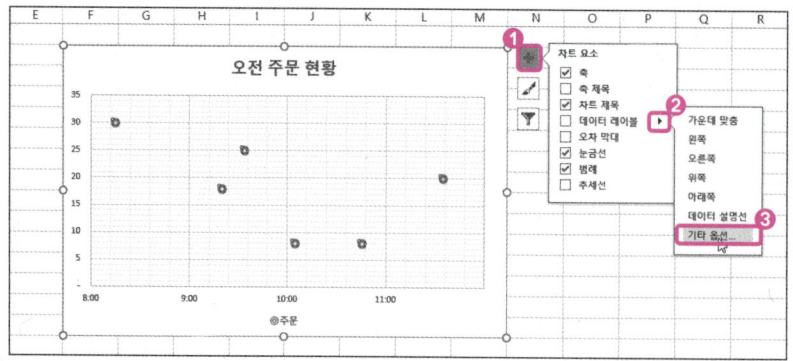

04 [데이터 레이블 서식] 작업 창이 열리면 [레이블 내용] 중 [Y 값] 확인란의 체크 표시를 해제하고 [셀 값] 확인란에 체크 표시를 합니다. [데이터 레이블 범위] 대화상자가 열리면 [B3:B8] 범위를 드래그해 선택하고 [확인]을 클릭합니다.

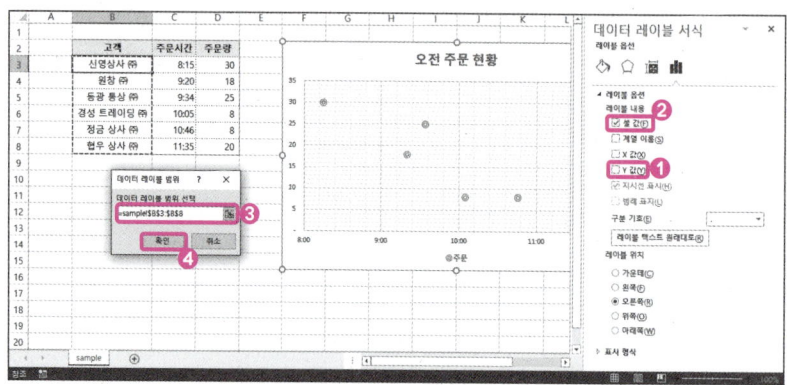

05 [데이터 레이블 서식] 작업 창의 [레이블 위치] 옵션 중에서 [위쪽]을 선택하면 화면과 같은 차트가 완성됩니다.

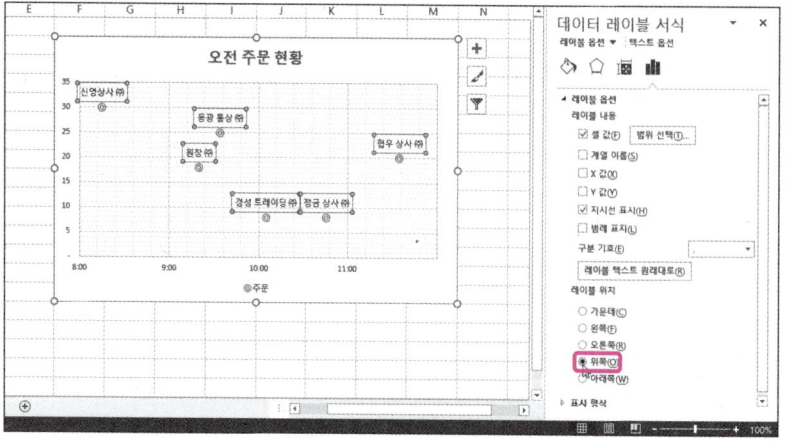

화면에서 숨긴 데이터를 차트에 표시하기

456

차트는 기본적으로 화면에 표시된 데이터만 그래프로 표현할 수 있습니다. [자동 필터]나 [숨기기] 기능을 이용하면 화면에 표시되지 않는 데이터가 생깁니다. 만약 숨겨진 데이터까지 표시하고 싶다면 차트 옵션을 변경해야 합니다. 숨겨진 데이터가 차트에 표시되도록 설정하는 방법에 대해 알아보겠습니다.

예제 파일 PART 08 \ CHAPTER 39 \ 숨긴 데이터.xlsx

01 예제 파일을 열면 화면과 같은 차트를 확인할 수 있습니다. 원본 표의 [6:8] 행(4월~6월 데이터)이 숨겨져 있어 해당 부분이 차트에 나타나지 않았습니다. 숨겨진 4월~6월 데이터를 차트에 표시해보겠습니다.

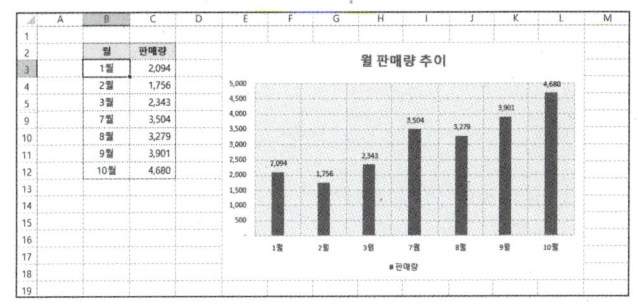

02 차트를 선택하고 [차트 도구]-[디자인] 탭-[데이터] 그룹-[데이터 선택]을 클릭합니다. [데이터 원본 선택] 대화상자가 열리면 [숨겨진 셀/빈 셀]을 클릭합니다.

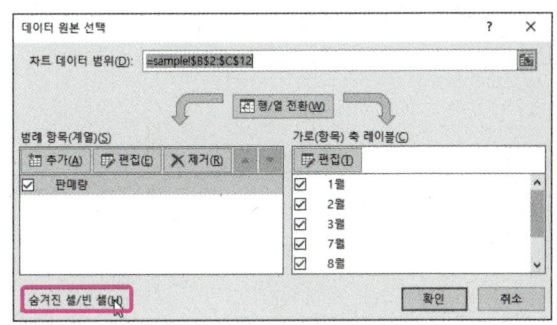

03 [숨겨진 셀/빈 셀 설정] 대화상자가 열리면 [숨겨진 행 및 열에 데이터 표시] 확인란에 체크 표시를 합니다. 해당 옵션이 미리 적용된 결과가 차트에 표시됩니다. 차트에 4월~6월 데이터 부분이 나타납니다.

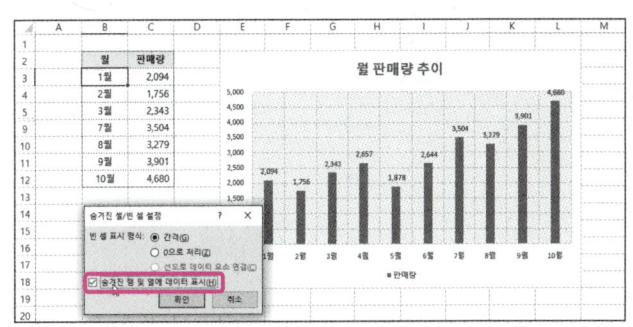

표와 차트의 연결 끊기

457

차트는 원본 표의 데이터와 그래프가 연결되어 있는 구조이므로 원본 표의 값이 변경되면 차트의 그래프도 변합니다. 원본 표를 수정해도 차트의 그래프가 변경되지 않아야 한다면 차트와 원본 표의 연결을 끊어야 합니다. 차트와 원본 표의 연결을 끊는 방법에 대해 알아보겠습니다.

예제 파일 PART 08 \ CHAPTER 39 \ 연결 끊기.xlsx

새로 나온 함수

SERIES 함수
SERIES 함수는 차트에서 사용하는 함수로, 차트의 계열을 구성하는 원본 데이터 범위를 참조합니다.

SERIES(❶계열이름, ❷X축 범위, ❸Y축 범위, ❹정렬, ❺크기)
❶ **계열이름** : 계열의 이름
❷ **X축 범위** : X축 항목 값이 입력된 데이터 범위
❸ **Y축 범위** : Y축 값이 입력된 데이터 범위
❹ **정렬** : 계열의 표시 순서
❺ **크기** : 거품형 차트에서만 사용하는 인수로 거품의 크기 값이 입력된 데이터 범위

01 예제 파일을 열고, 원본 표의 값을 수정해도 차트가 변경되지 않도록 해보겠습니다. 차트의 막대그래프를 클릭하면 수식 입력줄에서 SERIES 함수를 사용한 수식을 확인할 수 있습니다. SERIES 함수의 세 번째 인수는 **sample!$C$3:$C$7**로, 막대그래프의 Y축 값 범위를 참조하고 있습니다. 주소 범위를 드래그해 선택합니다.

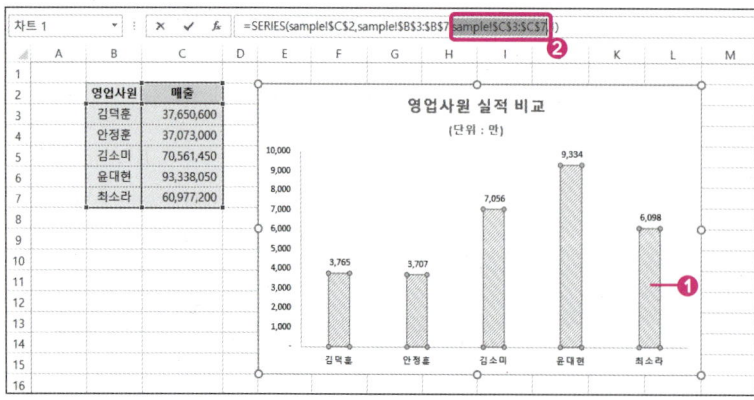

02 SERIES 함수의 세 번째 인수 부분을 선택했으면 F9를 눌러 참조 범위를 배열로 변환하고 Enter를 눌러 수식이 적용되도록 합니다.

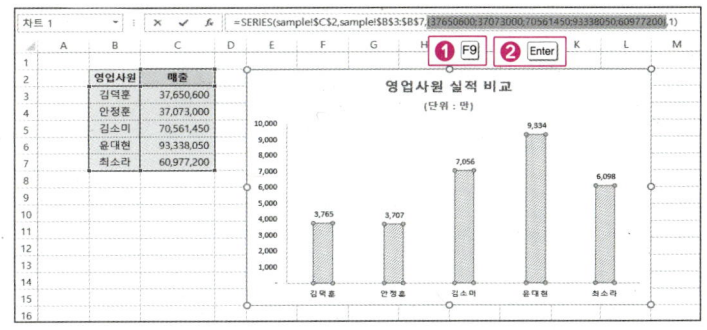

03 [C3] 셀의 값을 '37,650,600'에서 '137,650,600'으로 변경합니다. 값을 수정해도 차트는 변경되지 않습니다.

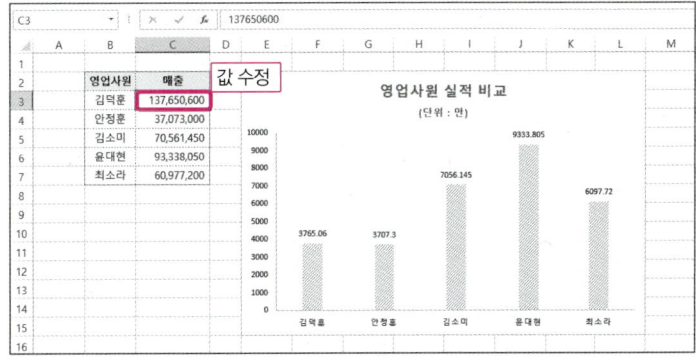

04 다시 원래대로 연결되도록 하려면 막대그래프를 선택하고 수식 입력줄의 세 번째 인수 범위를 선택한 후 [C3:C7] 범위를 드래그해 선택하고 Enter를 눌러 입력합니다.

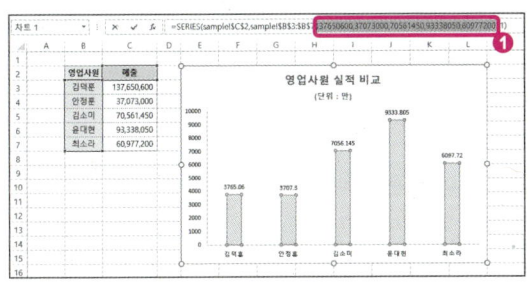 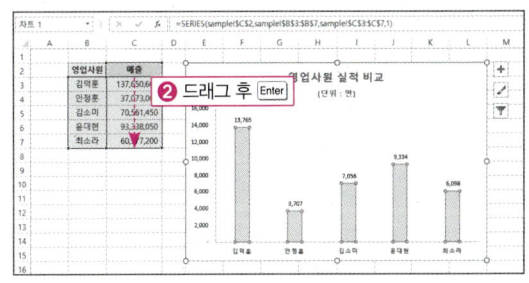

완성된 차트를 저장하고 다시 사용하기

458

차트를 꾸미는 데는 많은 시간이 소요됩니다. 그래서 시간을 절약할 수 있도록 자주 사용하는 차트는 저장했다가 다시 사용할 수 있는 기능이 있습니다. 차트만 파일로 저장해 사용하는 방법인데, 이렇게 저장된 차트 파일을 '차트 서식 파일'이라고 합니다. 완성된 차트를 차트 서식 파일로 저장한 후 다시 사용하는 방법에 대해 알아보겠습니다.

예제 파일 PART 08 \ CHAPTER 39 \ 차트 서식.xlsx

01 예제 파일의 '1사분기' 시트를 보면 완성된 차트가 있습니다. 이 차트를 차트 서식 파일로 저장해 다시 사용해보겠습니다. 차트를 선택하고 마우스 오른쪽 버튼을 클릭한 후 [서식 파일로 저장]을 선택합니다.

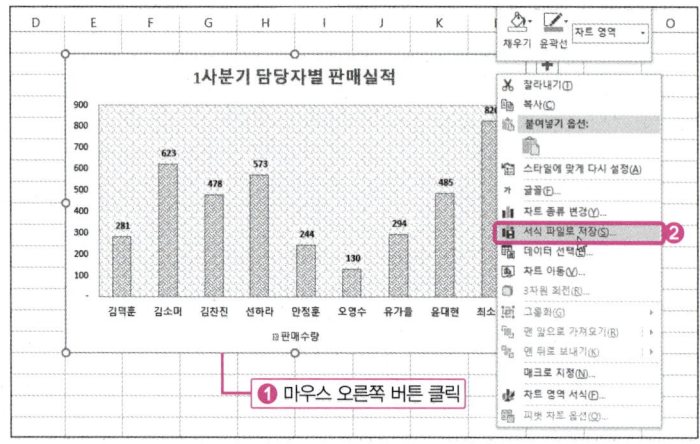

TIP [서식 파일로 저장] 명령은 엑셀 2010까지는 리본 메뉴에 제공되며, 엑셀 2013부터는 리본 메뉴에는 없고 단축 메뉴에만 표시됩니다. 원한다면 빠른 실행 도구 모음에 추가해 사용할 수 있습니다.

LINK 빠른 실행 도구 모음에 명령을 등록하는 방법은 'No. 011 빠른 실행 도구 모음에 필요한 명령 등록하기'를 참고합니다.

02 [차트 서식 파일 저장] 대화상자가 열리면 [파일 이름] 입력 상자에 원하는 이름을 입력하고 [저장]을 클릭합니다.

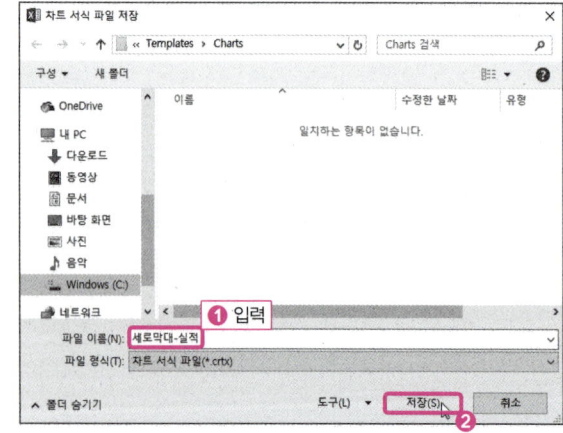

TIP [차트 서식 파일 저장] 대화상자가 열리면 기본적으로 차트 서식 파일을 저장할 기본 폴더 위치가 선택됩니다. 차트 서식 파일은 이 위치에만 저장해야 합니다. 대화상자에서 폴더 위치를 변경하면 안 됩니다.

03 저장된 차트 서식 파일을 이용해 차트를 만들어보겠습니다. '2사분기' 시트를 선택하고 [B2:C11] 범위를 선택한 후 [삽입] 탭-[차트] 그룹-[📊 추천 차트]를 클릭합니다.

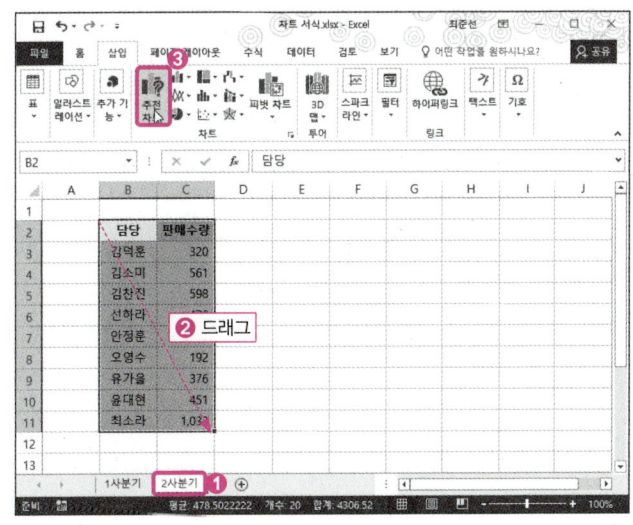

04 [차트 삽입] 대화상자가 열리면 [모든 차트] 탭을 선택하고 [서식 파일]을 클릭합니다. 02 과정에서 저장한 서식 파일을 선택하고 [확인]을 클릭합니다.

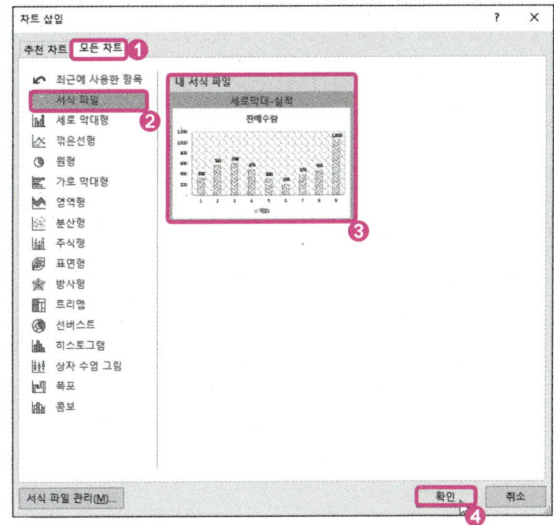

Plus⁺ 차트 서식 파일 삭제하기

차트 서식 파일이 더 이상 필요하지 않다면 [차트 삽입] 대화상자 좌측 하단의 [서식 파일 관리]를 클릭해 차트 서식 파일이 저장된 폴더를 엽니다. 탐색기로 열린 폴더에서 삭제할 차트 서식 파일을 선택하고 Delete 을 눌러 삭제합니다.

---

05 저장된 차트 서식 파일과 동일한 서식을 가진 차트가 완성됩니다.

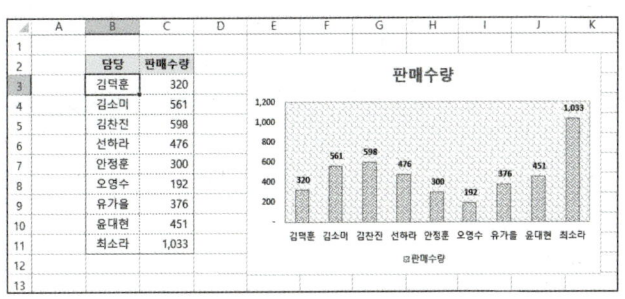

CHAPTER 39 | 차트 / **957**

차트를 이미지 파일로 저장하기 459

생성된 차트를 다른 프로그램에서 사용하려면 이미지 파일로 저장하는 것이 편리합니다. 차트를 이미지 파일로 저장하려면 간단한 VBA 명령을 이용하거나 HTML 형식으로 저장하면 됩니다. VBA 명령은 하나의 차트를 이미지 파일로 저장할 때 편리하며, 여러 개의 차트를 이미지 파일로 저장하려면 HTML 형식으로 저장하는 것이 좋습니다. 차트를 이미지 파일로 저장하는 방법에 대해 알아보겠습니다.

예제 파일 PART 08 \ CHAPTER 39 \ 차트 이미지.xlsx

특정 차트만 명령어로 이미지 저장

01 예제 파일을 열면 화면과 같은 차트를 확인할 수 있습니다. 이 차트를 이미지 파일로 저장해 보겠습니다.

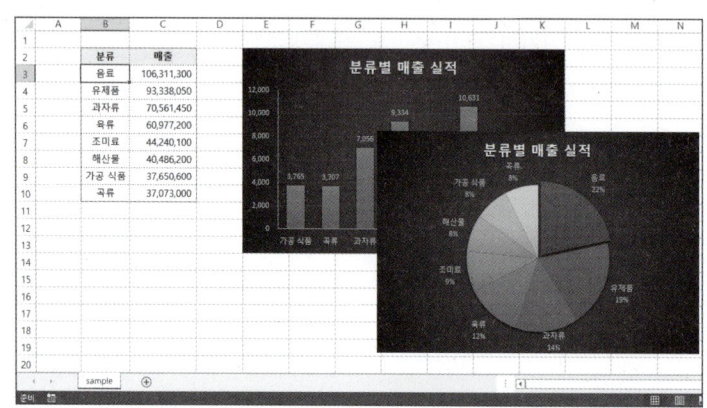

02 원하는 차트를 하나 선택해 이미지 파일로 저장합니다. 원형 차트를 선택하고 시트 탭에서 마우스 오른쪽 버튼을 클릭한 후 [코드 보기]를 선택합니다.

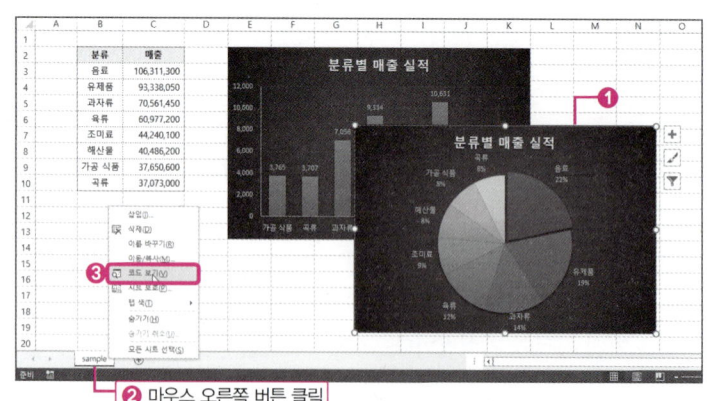

03 VB 편집기 창이 열리면 우측 하단의 [직접 실행] 창에 다음 명령을 입력하고 Enter를 누릅니다.

```
ActiveChart.Export ThisWorkbook.Path & "\차트.jpg"
```

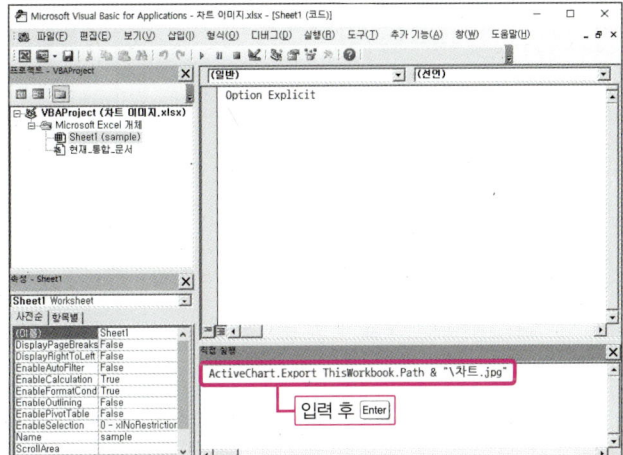

TIP [직접 실행] 창이 표시되지 않은 경우

[직접 실행] 창이 화면에 표시되지 않으면 Ctrl + G 를 누르거나 상단 메뉴에서 [보기]-[직접 실행 창]을 클릭합니다.

04 VB 편집기 창을 닫고 윈도우 탐색기에서 예제 폴더를 선택하면 '차트' 이미지 파일을 확인할 수 있습니다.

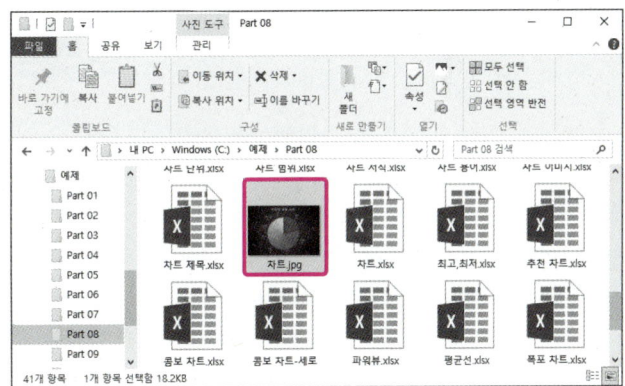

파일 내 모든 차트를 이미지로 저장

01 차트를 개별적으로 저장하지 않고 모든 차트를 한 번에 이미지로 저장하려면 HTML 형식으로 저장합니다. F12를 눌러 [다른 이름으로 저장] 대화상자를 엽니다.

02 [다른 이름으로 저장] 대화상자가 열리면 [파일 형식]을 [웹 페이지]로 변경하고 [저장]을 클릭합니다.

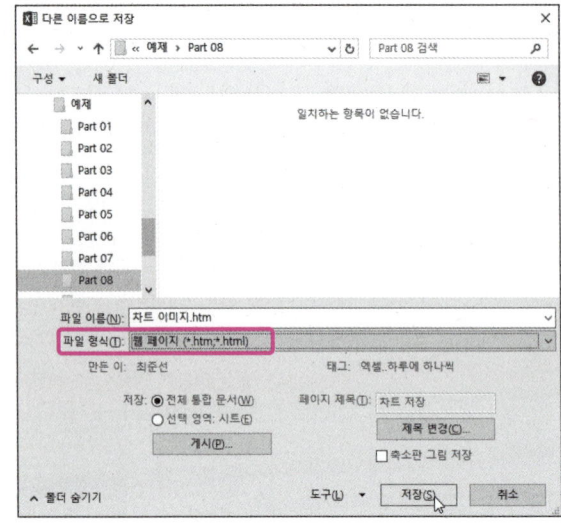

03 다른 형식으로 파일을 저장하기 때문에 다음과 같은 경고 메시지 창이 뜹니다. [예]를 클릭해 파일을 저장합니다.

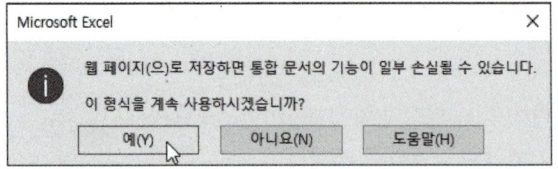

04 지정한 폴더의 하위에 '차트 이미지.files' 폴더가 생깁니다. 윈도우 탐색기에서 해당 폴더를 열어보면 화면과 같이 'image001', 'image002' 와 같은 차트 이미지 파일을 확인할 수 있습니다.

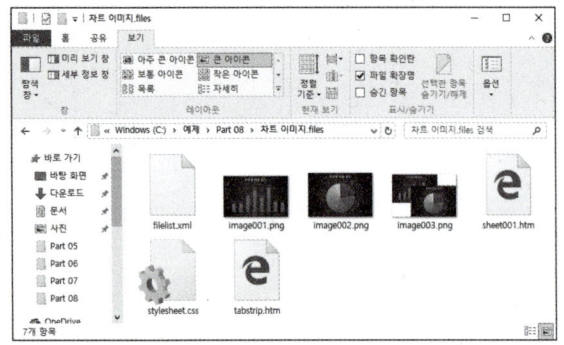

CHAPTER 40

스파크라인

스파크라인을 이용한 셀 차트 구성하기

460

엑셀 2010부터는 '스파크라인'이라는 차트를 사용할 수 있습니다. 스파크라인은 셀에 삽입되는 작은 차트라고 생각하면 됩니다. 일반 차트에 비해 공간을 적게 차지하면서 데이터 흐름이나 값을 효과적으로 비교할 수 있어 편리합니다. 스파크라인을 만드는 방법에 대해 알아보겠습니다.

예제 파일 PART 08 \ CHAPTER 40 \ 스파크라인.xlsx

01 예제 파일을 열고 [C6:C14] 범위에 분기별 실적을 비교하는 스파크라인을 추가해보겠습니다. [C6] 셀을 선택하고 [삽입] 탭-[스파크라인] 그룹-[열]을 클릭합니다.

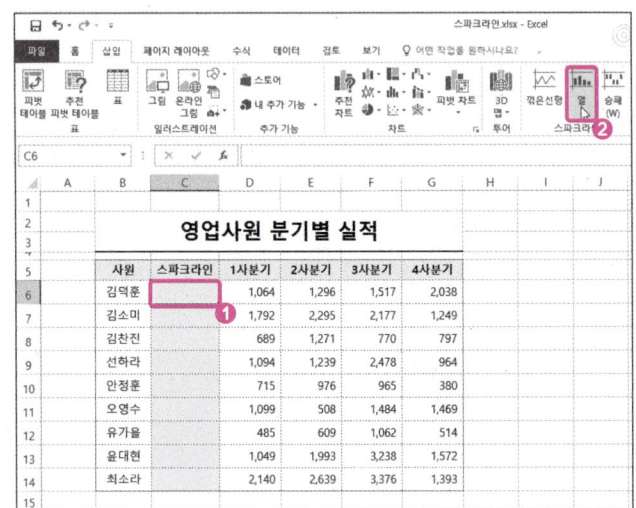

> **Plus⁺ 스파크라인의 종류**
>
> 아이콘 모양으로 알 수 있듯이 [꺾은선형]은 꺾은선형 차트이며, [열]과 [승패]는 세로 막대형 차트입니다. 분기와 같이 개수가 적은 값을 비교할 때는 [열]을, 월과 같이 개수가 많은 값의 추이를 표시할 때는 [꺾은선형]을 선택합니다.

02 [스파크라인 만들기] 대화상자가 열리면 [데이터 범위] 입력 상자를 선택하고 [D6:G6] 범위를 드래그해 선택한 다음 [확인]을 클릭해 스파크라인을 생성합니다.

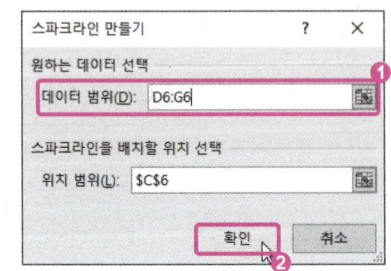

TIP [위치 범위]는 **01** 과정에서 선택한 셀입니다. [C6] 셀이 아니라면 직접 선택합니다.

03 [C6] 셀에 스파크라인 차트가 나타납니다. 스파크라인은 원본 범위의 최소값~최대값 구간으로 막대 크기를 결정하므로, 일반 차트와 동일하게 0부터 막대그래프가 시작되도록 하려면 옵션을 변경해야 합니다. [스파크라인 도구]-[디자인] 탭-[그룹] 그룹-[▨ 축]을 클릭한 후 [세로 축 최소값 옵션] 그룹의 [사용자 지정 값]을 선택합니다.

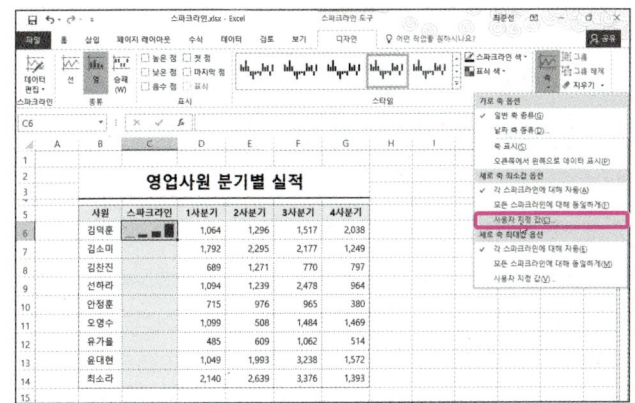

04 [스파크라인 세로 축 설정] 대화상자가 열리면 기본 값인 '0.0'을 변경하지 않고 [확인]을 클릭합니다.

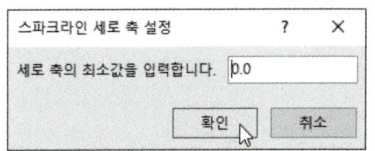

05 막대그래프 크기가 값의 크기에 맞게 변경됩니다. 이제 막대그래프 중에서 최대값 항목만 강조해보겠습니다. [스파크라인 도구]-[디자인] 탭-[표시] 그룹-[높은 점]을 클릭합니다.

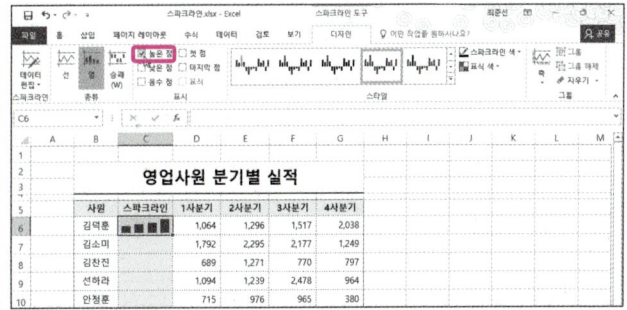

06 스파크라인은 [자동 채우기] 기능을 이용해 복사할 수 있습니다. [C6] 셀의 ⊞ 채우기 핸들을 [C14] 셀까지 드래그해 스파크라인을 복사합니다.

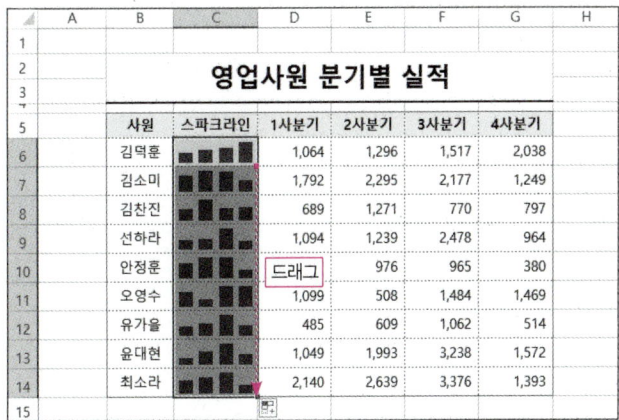

CHAPTER 40 | 스파크라인 / **963**

스파크라인을 이용해 목표 달성 여부 표시하기

461

스파크라인에는 '승패'라는 세로 막대형 차트가 제공됩니다. 승과 패를 위/아래 막대그래프로 표시하는 스파크라인으로, 목표를 달성했는지 여부를 승과 패로 나눠 표시하는 셀 차트입니다. 승패 스파크라인을 사용하기 위해서는 목표 달성 여부를 양수와 음수로 반환하는 별도의 표를 작성해야 합니다. 승패 스파크라인을 생성하는 방법에 대해 알아보겠습니다.

예제 파일 PART 08 \ CHAPTER 40 \ 스파크라인-달성.xlsx

01 예제 파일을 열고 [C7:C15] 범위에 승패 스파크라인을 이용해 영업사원들의 분기별 목표 달성 여부를 표시해보겠습니다.

02 승패 스파크라인을 사용하려면 실적을 달성했는지 여부를 양수와 음수로 반환하는 [M5:P15] 범위와 같은 표가 필요합니다.

03 달성 여부를 양수와 음수로 반환하려면 실적에서 목표를 뺍니다. 실적이 높으면 양수가 반환되고 실적이 낮으면 음수가 반환됩니다. 다음 각 셀에 수식을 입력하고 [M7:P7] 범위를 선택한 후 채우기 핸들을 [15] 행까지 드래그해 수식을 복사합니다.

[M7] 셀 : =D7-E7
[N7] 셀 : =F7-G7
[O7] 셀 : =H7-I7
[P7] 셀 : =J7-K7

04 스파크라인을 추가할 [C7:C15] 범위를 선택하고 [삽입] 탭-[스파크라인] 그룹-[승패]를 클릭합니다.

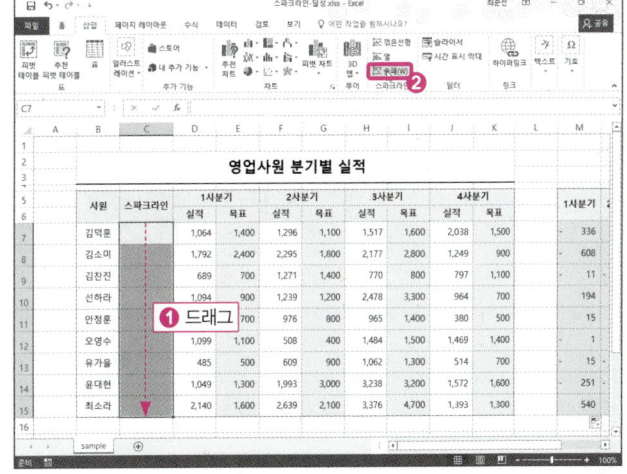

TIP 스파크라인은 두 가지 방법으로 삽입할 수 있습니다. 첫 번째는 No. 460에서 설명한 것처럼 첫 번째 셀에 스파크라인을 삽입한 후 복사해 사용하는 방법이고, 두 번째는 지금과 같이 스파크라인을 삽입할 전체 범위를 선택하고 대상 범위를 선택하는 방법입니다.

05 [스파크라인 만들기] 대화상자가 열리면 [데이터 범위] 입력상자를 선택하고 스파크라인의 원본 전체 범위인 [M7:P15] 범위를 드래그해 선택한 후 [확인]을 클릭합니다.

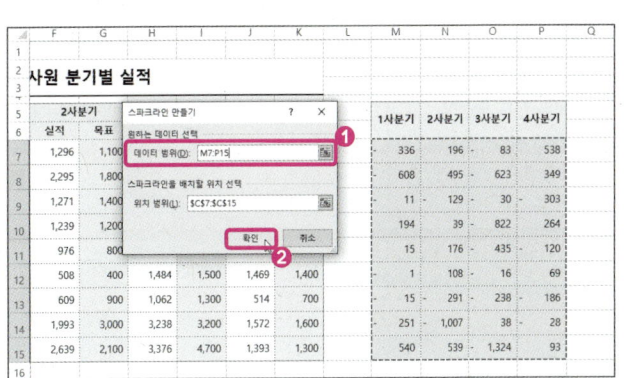

06 [C7:C15] 범위에 스파크라인이 표시됩니다. 스파크라인의 승/패를 구분하기 위한 X축을 표시하기 위해 [스파크라인 도구]-[디자인] 탭-[그룹] 그룹-[축]을 클릭한 후 [가로 축 옵션] 그룹의 [축 표시] 옵션을 선택합니다.

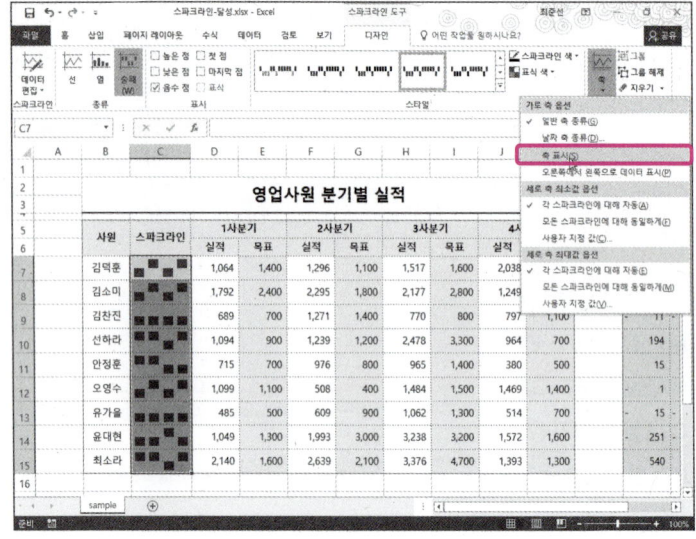

07 다음과 같이 스파크라인에 X축이 표시됩니다.

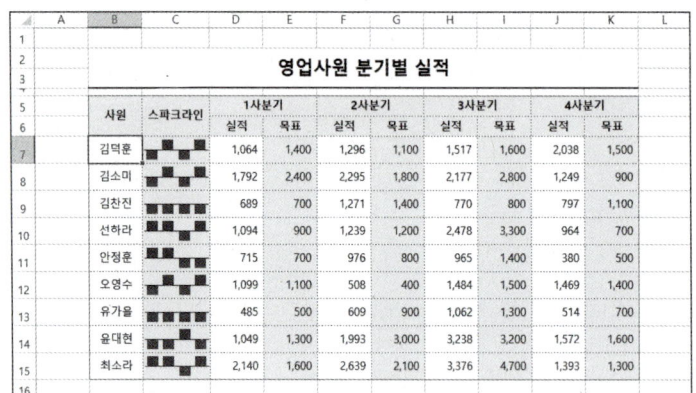

> **Plus⁺ 승패 스파크라인 이해하기**
>
> 스파크라인의 위 막대그래프(파란색)는 목표를 달성했음을 의미하며, 아래 막대그래프(빨간색)는 목표를 달성하지 못했음을 의미합니다. 예를 들어 [C7] 셀의 스파크라인을 살펴보면 1, 3번째 막대가 음수이고, 2, 4번째 막대가 양수입니다. 이는 1, 3사분기 실적은 목표 달성에 실패했으며, 2, 4사분기 실적은 목표를 달성했다는 사실을 알려줍니다.

스파크라인 지우기

462

스파크라인은 셀에 내용으로 삽입되는 것이 아니라 셀 배경으로 추가되므로 셀을 선택하고 Delete 를 눌러도 삭제되지 않습니다. 스파크라인을 삭제하려면 스파크라인의 [지우기] 명령을 이용해야 합니다. 하나씩 지울 수도 있고, 그룹으로 설정된 스파크라인을 한 번에 지울 수도 있습니다. 스파크라인을 삭제하는 방법에 대해 알아보겠습니다.

예제 파일 PART 08\CHAPTER 40\스파크라인-삭제.xlsx

01 예제 파일을 열고 [C] 열에 추가되어 있는 스파크라인을 삭제해보겠습니다. [C6] 셀을 선택하고 [스파크라인 도구]-[디자인] 탭-[그룹] 그룹-[🧽 지우기]를 클릭합니다. 선택된 셀의 스파크라인이 삭제됩니다.

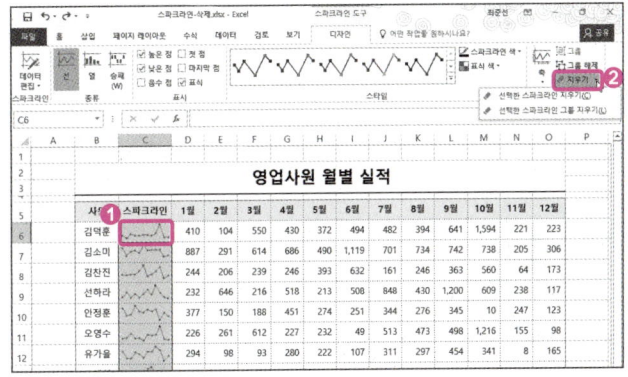

02 전체 스파크라인을 삭제하려면 [C7] 셀을 선택하고 [스파크라인 도구]-[디자인] 탭-[그룹] 그룹-[🧽 지우기]의 [아래 화살표]를 클릭한 후 [선택한 스파크라인 그룹 지우기]를 클릭합니다.

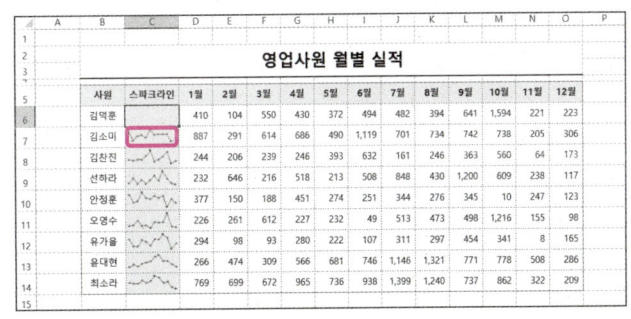

03 다음과 같이 모든 스파크라인이 한 번에 삭제됩니다.

PART 09

인쇄

엑셀 2016 바이블

CHAPTER

41

페이지 설정

워크시트 내 일부 범위만 인쇄하기 463

워크시트를 인쇄하면 기본적으로 워크시트 전체 범위가 용지에 출력됩니다. 일부 범위만 인쇄하고 싶다면 해당 범위를 인쇄 영역으로 설정하면 됩니다. [인쇄 영역]은 인쇄할 범위를 지정하는 기능으로 간단하게 설정하거나 해제할 수 있어 편리합니다. 인쇄 영역을 설정하여 일부 범위만 인쇄하는 방법에 대해 알아보겠습니다.

\ 예제 파일 PART 09 \ CHAPTER 41 \ 인쇄 영역.xlsx

01 예제 파일을 열면 화면과 같은 표가 입력되어 있습니다. 이 표 중에서 1위~10위까지의 데이터만 인쇄해보겠습니다. 상위 10위까지의 실적이 입력된 [A1:F15] 범위를 선택하고 [페이지 레이아웃] 탭-[페이지 설정] 그룹-[🗔 인쇄 영역]을 클릭한 후 [인쇄 영역 설정]을 선택합니다.

> **TIP** 인쇄 영역 취소
> 인쇄 영역을 설정하면 선택된 범위가 'Print_Area'라는 이름으로 정의되며 해당 범위만 인쇄됩니다. 인쇄 영역을 취소하려면 [페이지 레이아웃] 탭-[페이지 설정] 그룹-[인쇄 영역]을 클릭하고 [인쇄 영역 해제]를 선택합니다.

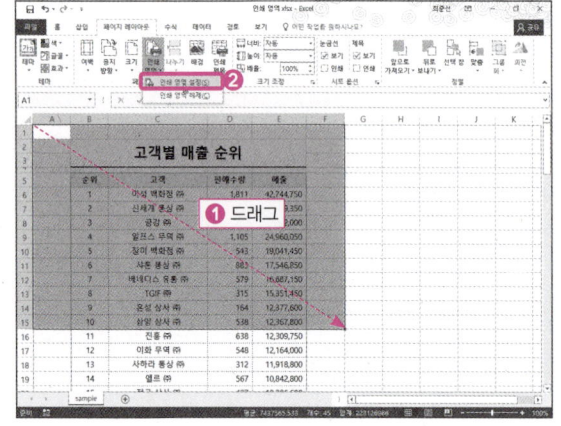

02 인쇄 영역이 제대로 설정됐는지 확인하기 위해 [파일] 탭-[인쇄]를 클릭합니다. 백스테이지 화면에 있는 인쇄 미리 보기 영역을 보면 인쇄 영역으로 설정된 부분만 표시되어 있습니다.

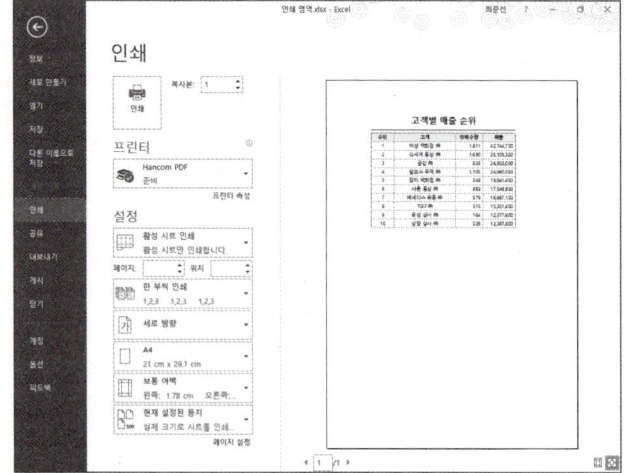

사용자가 원하는 범위를 원하는 페이지에 인쇄하기

464

워크시트를 인쇄하면 [A1] 셀부터 페이지를 계산해 순서대로 1페이지, 2페이지, … 와 같이 구분합니다. 원하는 범위에 페이지를 지정해 인쇄하고 싶다면 수동으로 페이지 영역을 구분해야 합니다. 이런 작업은 [페이지 나누기 미리 보기] 모드를 이용해서 하는 것이 편리합니다.

예제 파일 PART 09 \ CHAPTER 41 \ 페이지 조정.xlsx

01 예제 파일을 열면 화면과 같이 구성된 워크시트를 확인할 수 있습니다. [B2:E14] 범위가 1페이지, [F2:J14] 범위가 2페이지에 인쇄되도록 설정해보겠습니다.

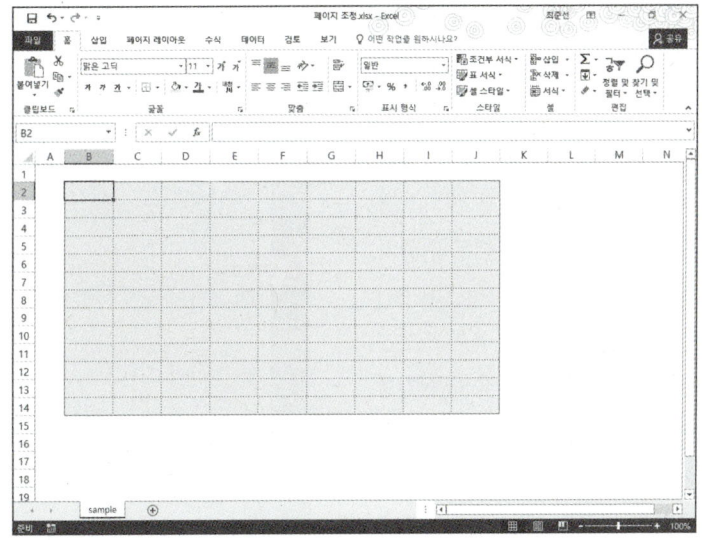

02 화면 모드를 변경하기 위해 [보기] 탭-[통합 문서 보기] 그룹-[페이지 나누기 미리 보기]를 클릭합니다. 페이지 번호가 워터마크로 화면과 같이 표시됩니다.

TIP 화면상의 페이지 구분은 PC에 연결된 프린터 설정에 따라 다르게 나타날 수 있습니다.

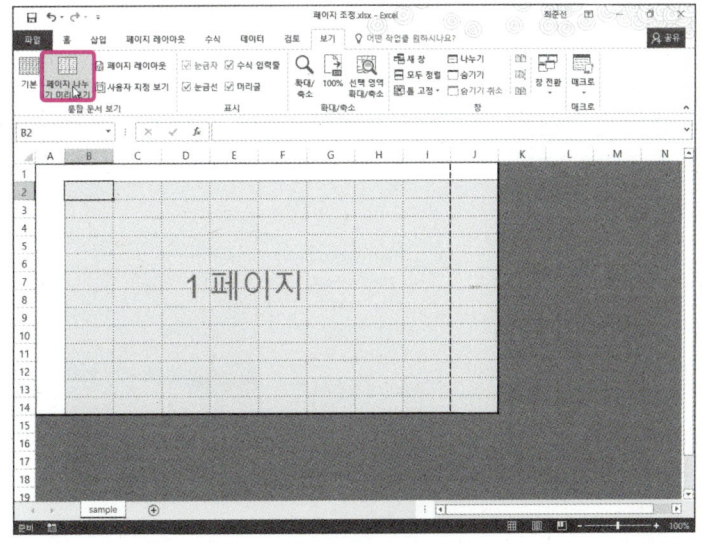

03 [I:J] 열 사이에 표시되어 있는 파란색 굵은 점선이 '페이지 구분선'입니다. 이 선을 [E] 열과 [F] 열 사이로 옮깁니다. 마우스를 점선에 위치시켜 포인터가 양 방향 화살표(↔) 모양으로 변경되었을 때 드래그하면 됩니다. 화면과 같이 점선을 [E:F] 열 사이로 옮겨놓으면 해당 위치에서 페이지가 구분됩니다.

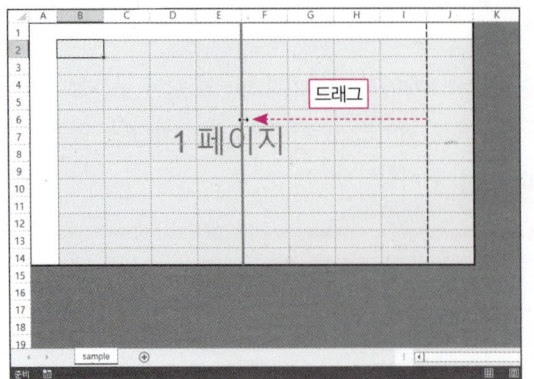 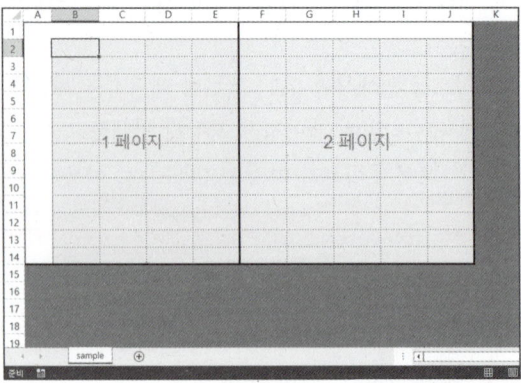

04 이 예제에서 [A] 열과 [1] 행은 인쇄 작업에 필요 없는 영역이므로 인쇄 영역에서 제외하겠습니다. [A] 열 좌측 테두리 위치의 파란색 실선을 드래그해 [A] 열과 [B] 열 사이로 옮기고, [1] 행 상단 테두리 위치의 파란색 실선을 드래그해 [1] 행과 [2] 행 사이로 옮기면 해당 영역이 인쇄 영역에서 제외됩니다.

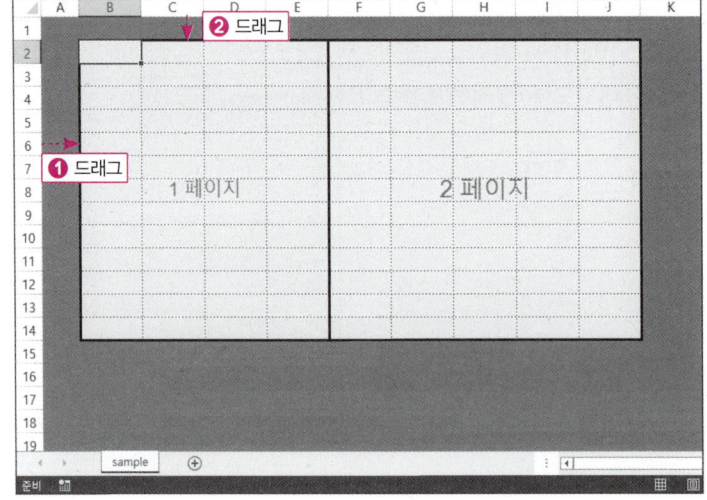

설정된 페이지 영역을 다시 원래대로 초기화하는 방법

465

사용자가 임의로 페이지 영역을 설정한 경우 이를 다시 원래대로 복원할 수 있습니다. 간단하게 복원되지는 않으며, 인쇄 영역을 해제하고 페이지 나누기 설정도 해제해야 합니다. 임의로 구분된 페이지 영역을 초기 상태로 복원하는 방법에 대해 알아보겠습니다.

\ 예제 파일 PART 09 \ CHAPTER 41 \ 페이지 초기화.xlsx

01 예제에 적용된 페이지 설정을 초기 상태로 되돌려보겠습니다. 먼저 [A] 열과 [1] 행처럼 제외된 영역을 인쇄 영역으로 포함시키기 위해 [페이지 레이아웃] 탭-[페이지 설정] 그룹-[인쇄 영역]을 클릭하고 [인쇄 영역 해제]를 선택합니다.

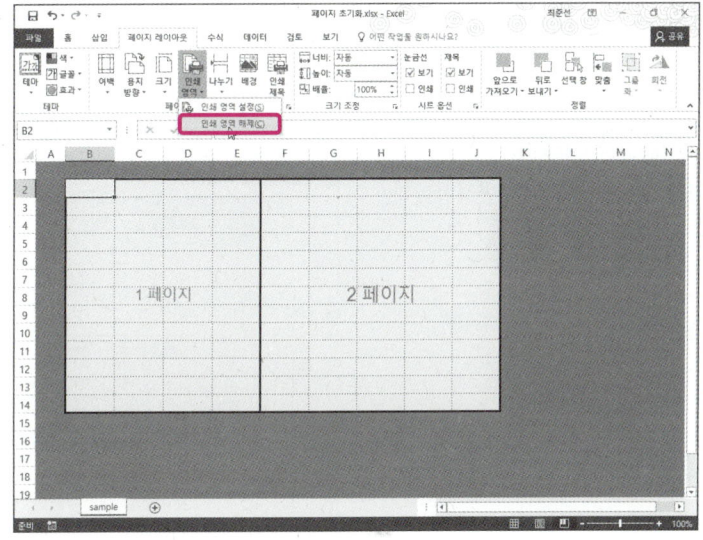

02 페이지 구분을 초기 설정으로 되돌리기 위해 [페이지 레이아웃] 탭-[페이지 설정] 그룹-[나누기]를 클릭하고 [페이지 나누기 모두 원래대로]를 선택합니다.

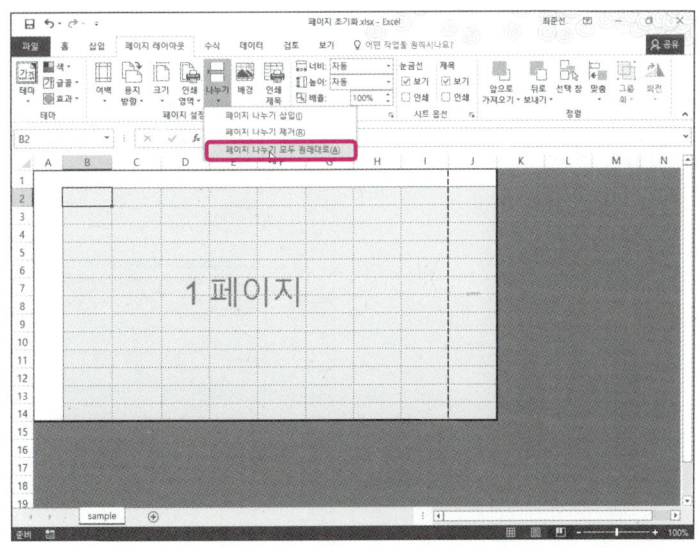

페이지 구분선 숨기기 466

백스테이지 화면에서 [인쇄] 명령을 사용했거나 엑셀의 화면 모드를 [페이지 레이아웃] 또는 [페이지 나누기 미리 보기]로 전환했다가 다시 [일반] 모드로 돌아오면 워크시트에 점선으로 페이지 구분선이 표시됩니다. 엑셀 작업에 별다른 영향을 주는 것은 아니지만 보기 좋지 않다면 페이지 구분선이 표시되지 않도록 설정하면 됩니다.

예제 파일 PART 09 \ CHAPTER 41 \ 페이지 구분선.xlsx

01 예제 파일을 열고 [보기] 탭-[통합 문서 보기] 그룹-[페이지 레이아웃]을 클릭해 화면 모드를 다음과 같이 변경합니다.

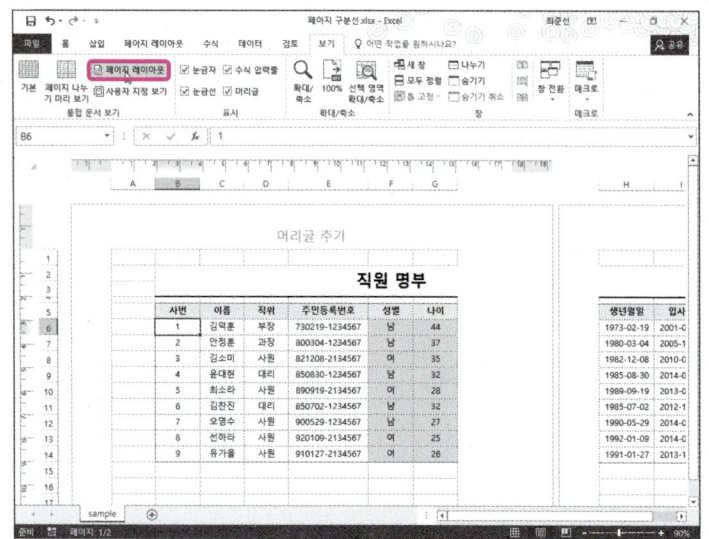

02 [보기] 탭-[통합 문서 보기] 그룹-[기본]을 클릭하면 [G]열과 [H]열 사이에 페이지 구분선이 나타납니다.

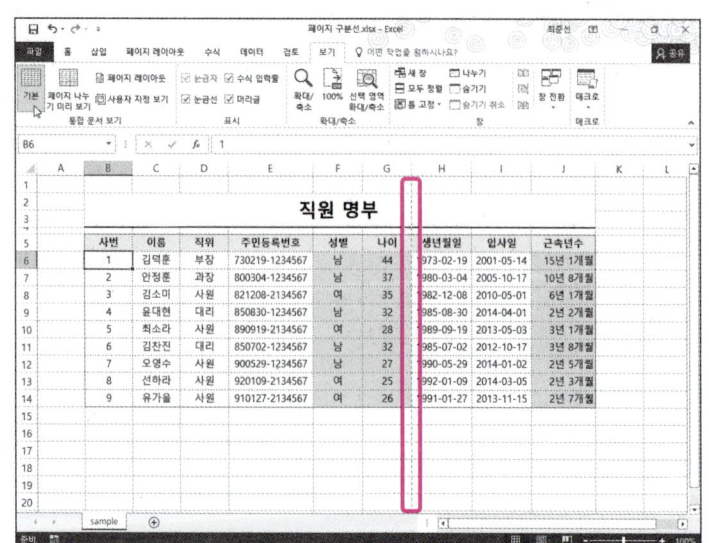

TIP 페이지 구분선
페이지 구분선은 워크시트에서 한 페이지 영역을 나타내기 위한 것으로, 가로 페이지 구분선과 세로 페이지 구분선이 있습니다.

03 페이지 구분선을 표시하지 않으려면 엑셀 옵션을 변경합니다. [파일] 탭-[옵션]을 클릭해 [Excel 옵션] 대화상자를 엽니다. [고급] 범주를 선택하고 [이 워크시트의 표시 옵션] 항목에서 [페이지 나누기 표시] 옵션의 체크 표시를 해제하고 [확인]을 클릭합니다.

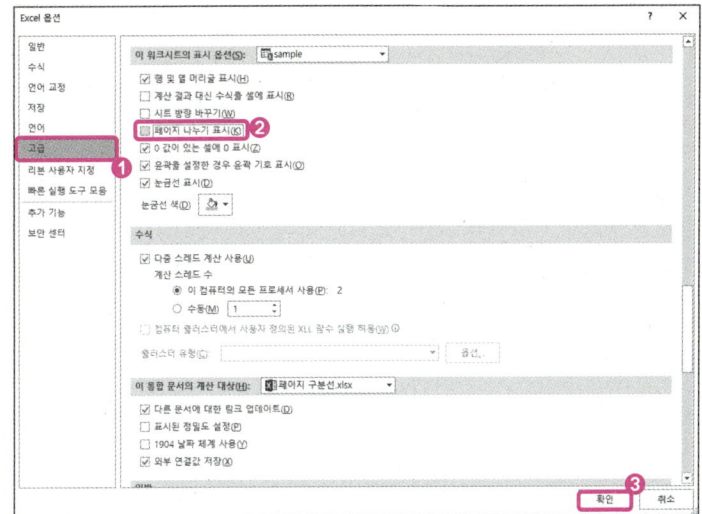

04 화면과 같이 페이지 구분선이 나타나지 않습니다.

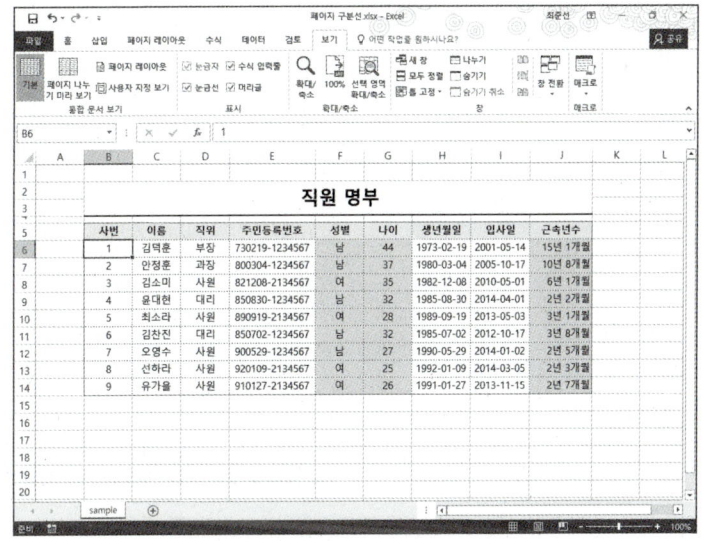

A4 한 장에 딱 맞게 인쇄하기

467

엑셀은 인쇄할 때 프린터 용지에 맞춰 페이지를 나누므로, 연결된 프린터의 종류나 기종에 따라 한 페이지에 출력되는 부분이 다를 수 있습니다. 만약 항상 A4 한 장에 출력해야 한다면 축소 인쇄를 이용하면 됩니다. 축소 인쇄는 화면 배율을 조정하는 방법으로, 인쇄 작업을 자주 한다면 사용 방법을 잘 이해해두는 것이 좋습니다.

예제 파일 PART 09 \ CHAPTER 41 \ 한 페이지.xlsx

01 예제 파일을 열고 워크시트에 입력되어 있는 표를 A4 한 장에 인쇄해보겠습니다.

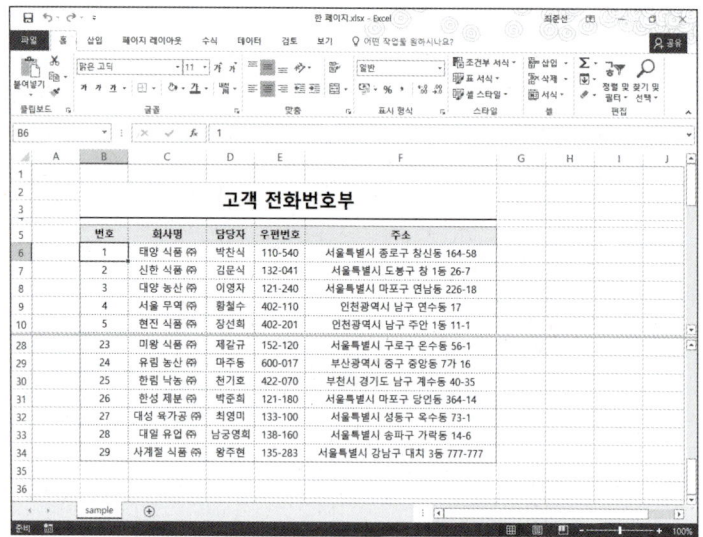

02 인쇄 결과를 미리 확인하기 위해 [파일] 탭-[인쇄]를 클릭합니다. 백스테이지 화면의 인쇄 미리 보기 영역을 보면 한 페이지에 전체 데이터가 나타나지 않고 2페이지로 나눠 인쇄되는 것을 알 수 있습니다.

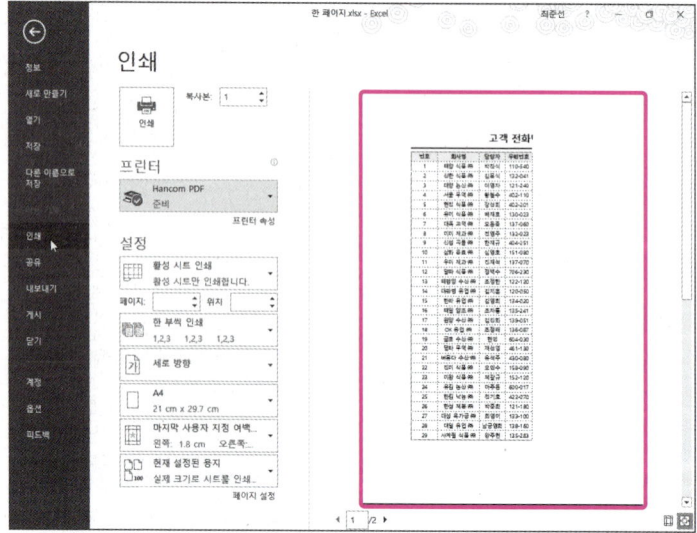

03 한 페이지에 맞춰 인쇄하기 위해 [설정]에서 [현재 설정된 용지]를 클릭하고 [한 페이지에 시트 맞추기] 옵션을 선택합니다.

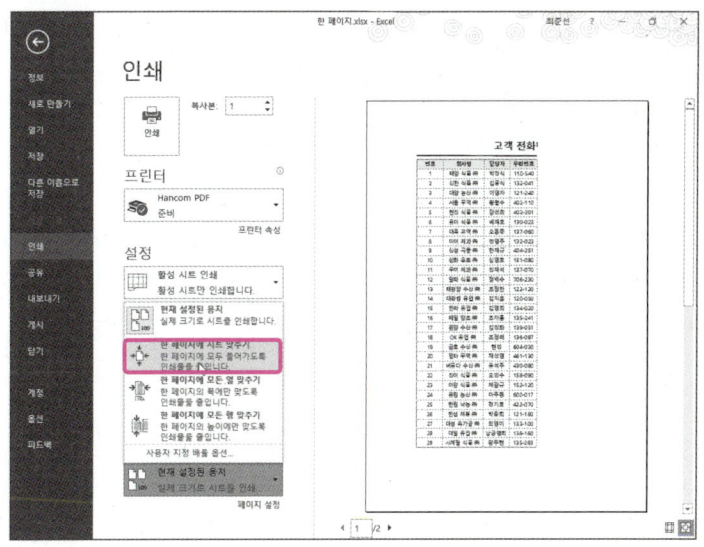

> **Plus⁺** [한 페이지에 모든 열 맞추기] 옵션
>
> [한 페이지에 시트 맞추기]는 워크시트의 전체 사용 영역을 한 페이지에 맞춰 인쇄하는 옵션입니다. 바로 아래에 있는 [한 페이지에 모든 열 맞추기]는 가로 너비만 한 페이지에 맞춰 조정하는 옵션입니다. 가로 너비가 한 페이지를 초과할 가능성이 있는 문서를 인쇄할 때 사용하면 좋습니다.

04 인쇄 미리 보기에 표 전체 데이터가 표시됩니다.

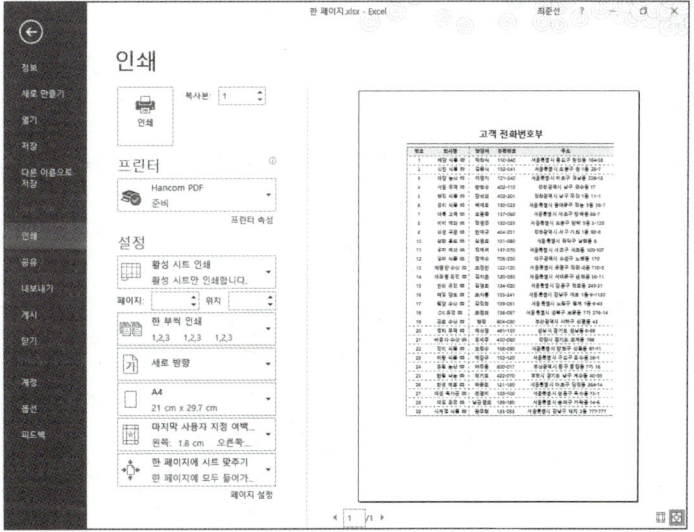

> **Plus⁺** 엑셀 2007 이하 버전에서의 사용 방법
>
> 엑셀 2007 버전까지는 백스테이지에 인쇄 미리 보기가 표시되지 않으므로 이번 작업을 할 수 없습니다. 이 경우는 [페이지 레이아웃] 탭-[크기 조정] 그룹의 [너비:] 옵션을 '자동'에서 '1페이지'로 변경합니다. 이렇게 하면 [한 페이지에 모든 열 맞추기]와 동일한 결과가 얻어지며, [높이:] 옵션을 '자동'에서 '1페이지'로 변경하는 작업을 추가로 하면 [한 페이지에 시트 맞추기]와 동일한 결과가 얻어집니다.

특정 행(또는 열)을 페이지마다 인쇄하기

468

긴 표를 인쇄할 경우 2페이지부터는 표의 열 머리글이 나타나지 않으므로 데이터를 확인하기 불편합니다. 이런 경우에는 제목 행(또는 열)이 페이지마다 반복해서 나타나도록 설정하면 좋습니다. 표의 머리글 영역이 인쇄할 페이지마다 반복해서 나타나도록 설정해보겠습니다.

예제 파일 PART 09 \ CHAPTER 41 \ 제목 행.xlsx

01 예제 파일을 열고 [1:5] 행이 페이지마다 반복해서 출력되도록 설정해보겠습니다.

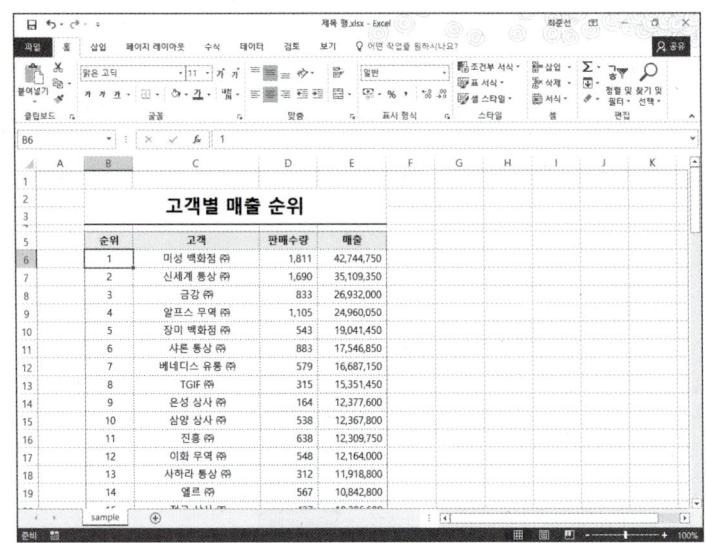

02 인쇄 결과를 미리 보기 위해 [파일] 탭-[인쇄]를 클릭합니다. 백스테이지 화면에서 인쇄 미리 보기 영역 하단의 [▶ 다음 페이지]를 클릭해 2페이지를 미리 보기 화면에 표시합니다. 2페이지에는 머리글이 나타나지 않는 것을 확인할 수 있습니다.

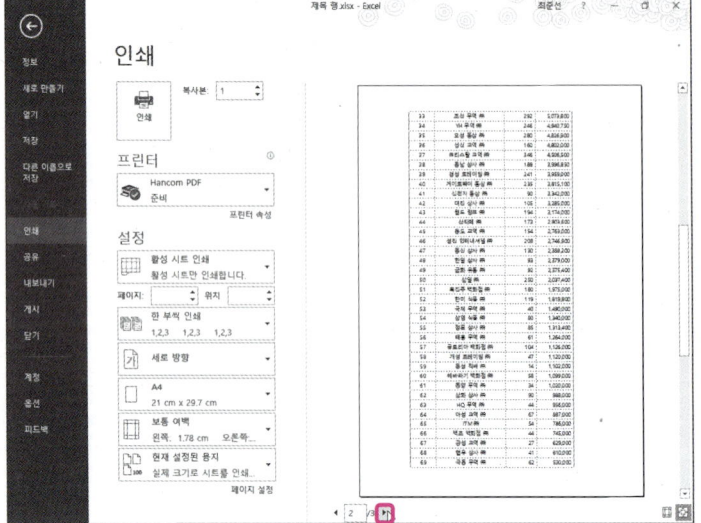

03 [이전]을 클릭해 백스테이지를 닫습니다. [1:5] 행이 페이지 상단에 반복적으로 표시되도록 하기 위해 [페이지 레이아웃] 탭-[페이지 설정] 그룹의 대화상자 표시 아이콘을 클릭합니다.

TIP 인쇄 백스테이지 화면의 [페이지 설정] 하이퍼링크를 클릭할 경우

02 과정 화면의 [설정] 맨 아래쪽에 있는 [페이지 설정] 하이퍼링크를 클릭하면 [페이지 설정] 대화상자를 열 수 있습니다. 하지만 이렇게 열린 [페이지 설정] 대화상자에서는 [반복할 행]이나 [반복할 열]을 설정할 수 없습니다. 그러므로 반드시 **03** 과정에서 설명하는 방법을 사용합니다.

04 [페이지 설정] 대화상자가 열리면 [시트] 탭에서 [반복할 행]을 선택하고 워크시트의 [1:5] 행 머리글을 드래그해 선택합니다. **$1:$5**와 같은 참조 주소가 설정됩니다. [확인]을 클릭합니다.

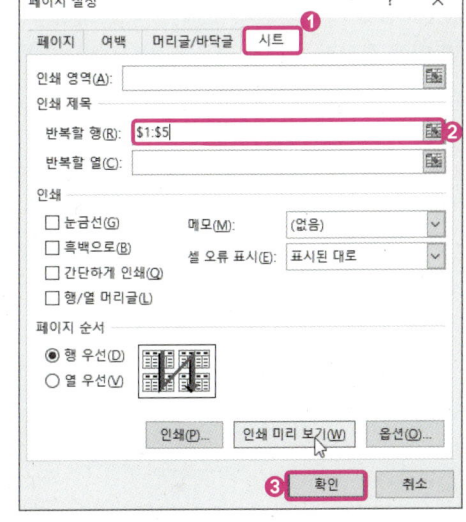

TIP 인쇄할 때 에러 값을 표시하지 않는 방법

[페이지 설정] 대화상자에는 여러 가지 유용한 인쇄 관련 설정이 있는데, 그 중 가장 효용성이 높은 옵션은 [셀 오류 표시]입니다. 이 옵션 값이 [표시된 대로]로 설정된 경우에는 #DIV/0!과 같은 오류 값이 인쇄할 때 그대로 나타나지만, [(없음)]으로 설정하면 인쇄할 때 오류 값이 나타나지 않습니다.

05 인쇄 결과를 다시 확인하기 위해 [파일] 탭-[인쇄]를 클릭한 후 인쇄 미리 보기 영역 하단의 [▶ 다음 페이지]를 클릭해 2페이지를 표시합니다. 첫 페이지와 동일하게 [1:5] 행이 출력되는 것을 알 수 있습니다.

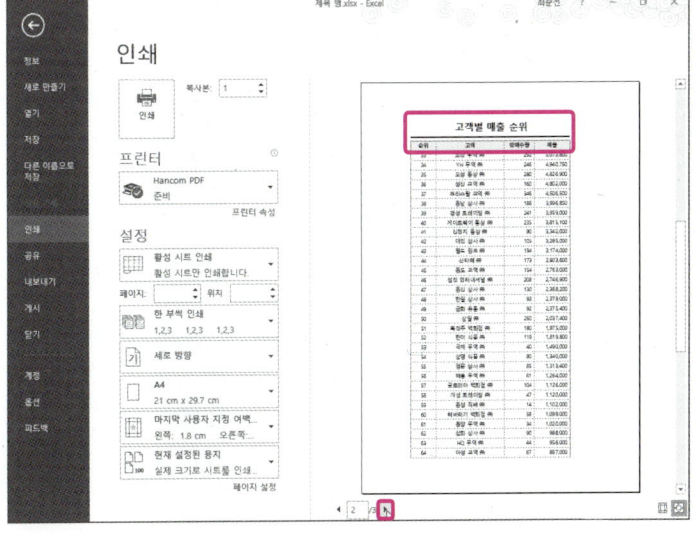

표를 페이지 가운데에 맞춰 인쇄하기

469

인쇄는 페이지 좌측 상단부터 이루어지므로 그냥 인쇄하면 내용이 항상 페이지 왼쪽에 치우칩니다. 인쇄된 결과가 페이지 가운데에 위치하도록 하려면 인쇄 전에 항상 [페이지 설정]의 여백 옵션을 변경해야 합니다. 깔끔하고 보기 좋은 결과물을 얻기 위해 표를 페이지 가운데에 맞춰 인쇄하는 방법에 대해 알아보겠습니다.

예제 파일 PART 09 \ CHAPTER 41 \ 페이지 가운데.xlsx

01 예제 파일을 열고 인쇄 결과를 미리 보기 위해 [파일] 탭-[인쇄]를 클릭합니다. 미리 보기 영역을 보면 인쇄 결과가 왼쪽에 치우쳐 있습니다. 이를 가운데에 표시되도록 해보겠습니다.

02 백스테이지 화면에서 [설정] 아래쪽에 있는 [페이지 설정] 하이퍼링크를 클릭합니다. [페이지 설정] 대화상자가 열리면 [여백] 탭에서 [페이지 가운데 맞춤] 항목의 [가로] 옵션에 체크 표시를 한 후 [확인]을 클릭합니다.

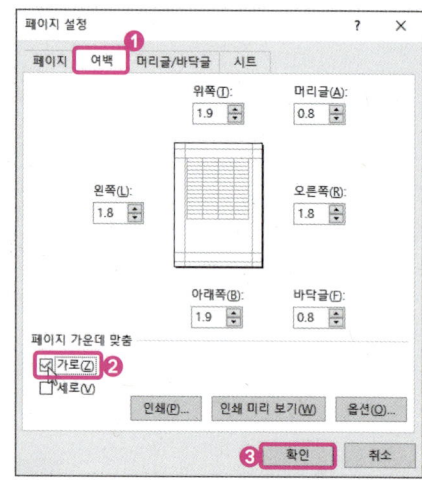

TIP [페이지 가운데 맞춤]의 옵션 이해하기
[가로] 옵션은 출력할 내용을 페이지 가로 방향의 가운데에 맞출 때 사용하며 [세로] 옵션은 페이지 세로 방향의 가운데에 맞출 때 사용합니다.

03 다음 화면과 같이 출력할 표가 페이지 가운데에 맞춰집니다.

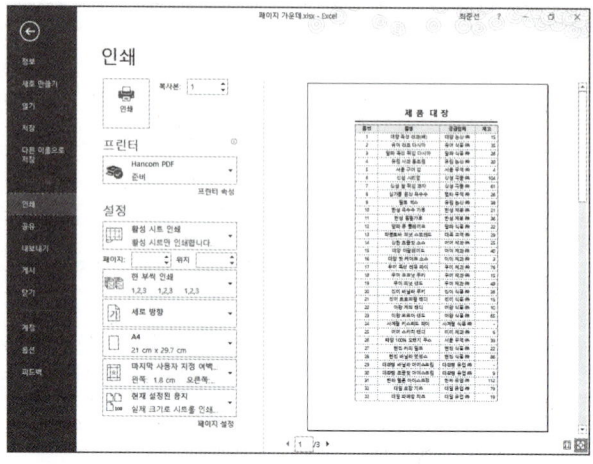

첫 페이지만 머리글/바닥글 다르게 지정하기

470

머리글/바닥글을 설정하면 인쇄할 때 페이지 번호, 파일 이름, 시트 이름 등을 용지의 위쪽이나 아래쪽에 표시할 수 있습니다. 만약 첫 페이지를 표지로 사용한다면 머리글/바닥글을 생략하거나 다른 페이지와 구분되는 내용을 표시해야 할 수 있습니다. 이런 경우에는 [페이지 설정] 대화상자에서 첫 페이지만 머리글/바닥글을 다르게 지정하는 옵션을 사용하면 됩니다.

예제 파일 PART 09 \ CHAPTER 41 \ 첫 페이지.xlsx

01 예제 파일을 열고 첫 번째 페이지의 머리글/바닥글 설정을 조정하기 위해 [페이지 레이아웃] 탭-[페이지 설정] 그룹의 🔲 대화상자 표시 아이콘을 클릭합니다.

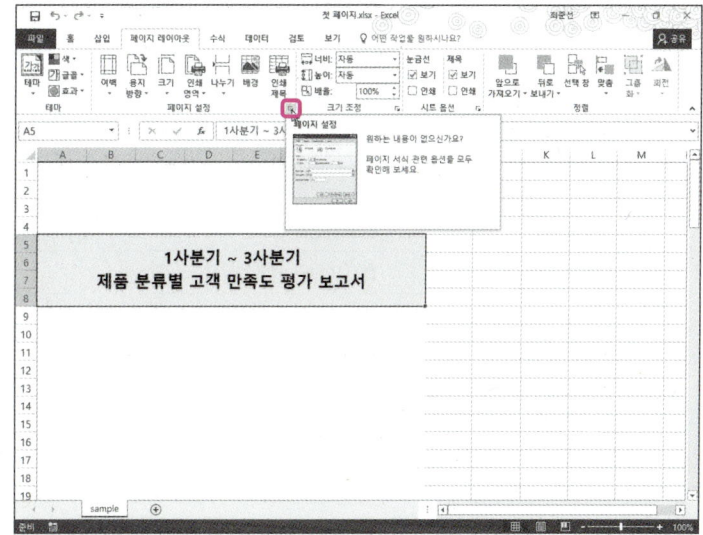

02 [페이지 설정] 대화상자가 표시되면 [머리글/바닥글] 탭에서 [첫 페이지를 다르게 지정]옵션에 체크 표시를 합니다. 바닥글에 파일 이름을 나타내기 위해 [바닥글 편집]을 클릭합니다.

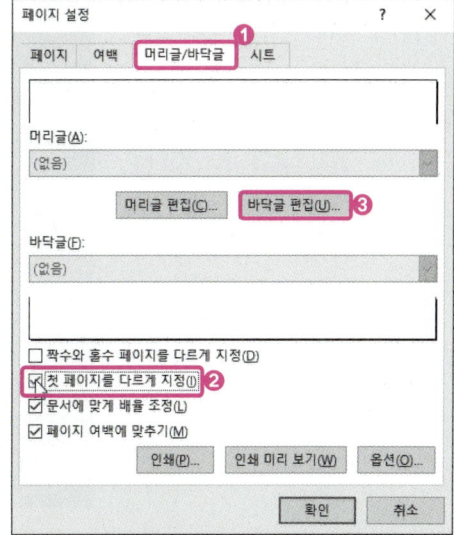

03 [바닥글] 대화상자의 탭을 살펴보면 [바닥글]과 [첫 페이지 바닥글] 탭으로 구분된 것을 알 수 있습니다. 각 탭의 바닥글을 다르게 설정하면 첫 페이지와 문서 전체의 바닥글을 구분할 수 있습니다. 첫 페이지 바닥글은 설정하지 않고 [바닥글] 탭에서 [가운데 구역]을 선택한 후 [파일 이름 삽입]을 클릭합니다. [확인]을 클릭합니다.

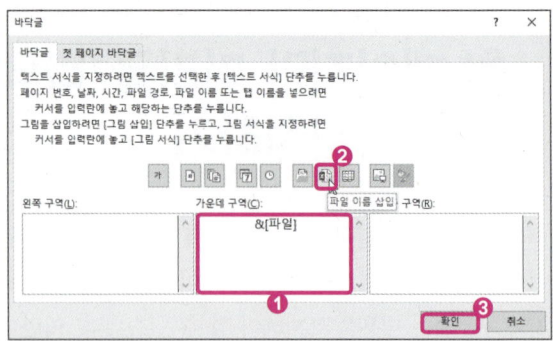

> **Plus⁺ 머리글/바닥글에 표시할 수 있는 옵션 항목**
>
> 머리글/바닥글에는 다양한 옵션을 이용하여 필요한 정보를 표시할 수 있습니다. [바닥글] 대화상자에 표시된 버튼을 클릭했을 때 어떤 정보가 표시되는지 확인합니다.
>
> | 버튼 | 설명 |
> |---|---|
> | 텍스트 서식 | 머리글/바닥글의 텍스트 서식을 지정합니다. |
> | 페이지 번호 | 현재 페이지의 번호를 표시합니다. |
> | 전체 페이지 수 | 전체 페이지 수를 표시합니다. |
> | 현재 날짜 | 오늘 날짜를 표시합니다. |
> | 현재 시간 | 현재 시간을 표시합니다. |
> | 파일 경로 | 현재 파일의 전체 경로를 표시합니다. |
> | 파일 이름 | 현재 파일의 이름을 표시합니다. |
> | 시트 이름 | 현재 시트의 이름을 표시합니다. |
> | 그림 | 그림을 추가해 표시합니다. |
> | 그림 서식 | 추가된 그림에 서식을 지정합니다. |

04 [페이지 설정] 대화상자에서 [인쇄 미리 보기]를 클릭하면 백스테이지 화면이 열립니다. 인쇄 미리 보기 영역을 보면 첫 번째 페이지에는 바닥글이 나타나지 않는 것을 확인할 수 있습니다.

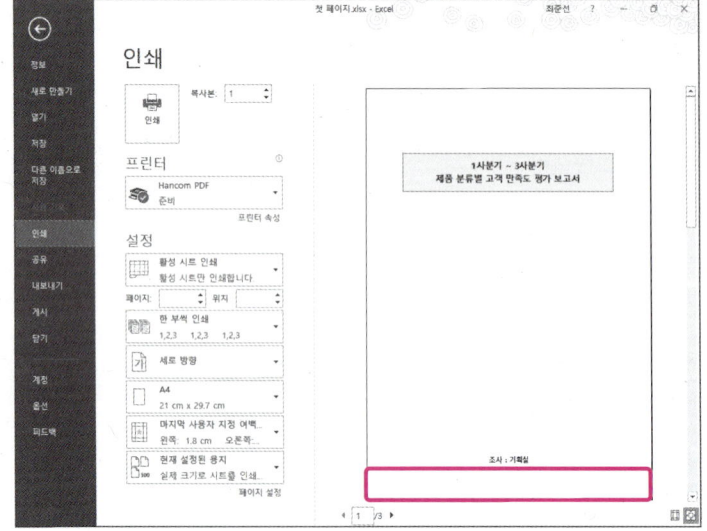

05 인쇄 미리 보기 영역 하단의 [▶ 다음 페이지]를 클릭해 두 번째 페이지를 보면 화면 하단에 파일 이름이 표시되는 것을 확인할 수 있습니다.

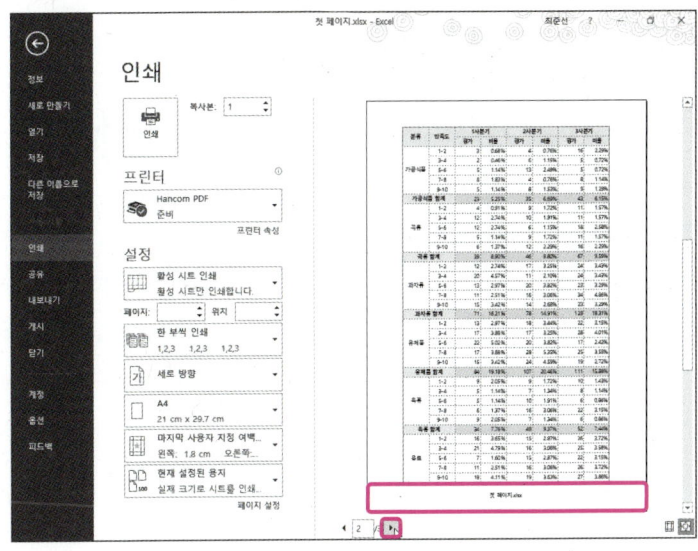

짝수와 홀수 페이지에 머리글/바닥글 다르게 지정하기

471

홀수와 짝수 페이지에 서로 다른 머리글/바닥글을 지정해야 할 때가 있습니다. 대표적인 예가 페이지 번호를 홀수 페이지는 왼쪽에, 짝수 페이지는 오른쪽에 표시하는 경우입니다. 엑셀에도 이렇게 설정하는 기능이 있습니다. [페이지 설정] 대화상자에서 제공되는 옵션을 이용하면 됩니다.

예제 파일 PART 09 \ CHAPTER 41 \ 좌,우 페이지.xlsx

01 예제 파일을 열고 머리글/바닥글 옵션을 설정하기 위해 [페이지 레이아웃] 탭–[페이지 설정] 그룹의 ⑤ 대화상자 표시 아이콘을 클릭합니다.

02 [페이지 설정] 대화상자가 표시되면 [머리글/바닥글] 탭에서 [짝수와 홀수 페이지를 다르게 지정] 옵션에 체크 표시를 합니다. 바닥글에 페이지 번호를 추가하기 위해 [바닥글 편집]을 클릭합니다.

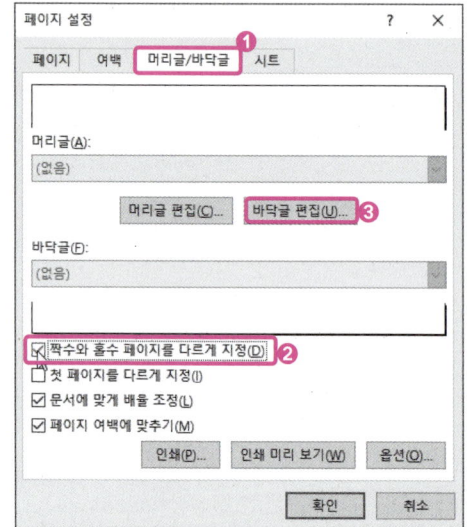

03 [바닥글] 대화상자의 탭을 살펴보면 [홀수 페이지 바닥글]과 [짝수 페이지 바닥글] 탭으로 구분되어 있습니다. [홀수 페이지 바닥글] 탭에서 [왼쪽 구역]을 선택하고 [⑤ 페이지 번호 삽입]을 클릭합니다.

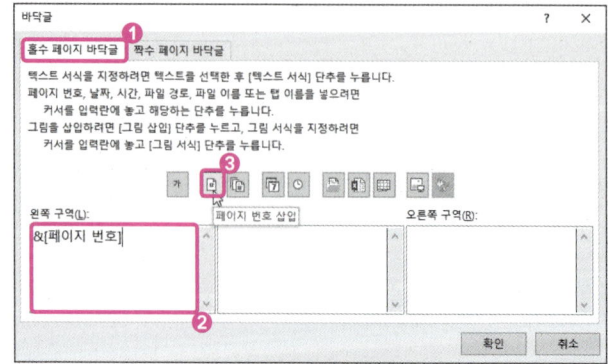

04 [짝수 페이지 바닥글] 탭을 선택하고 [오른쪽 구역]을 선택한 후 [페이지 번호 삽입]을 클릭합니다. [확인]을 클릭해 [바닥글] 대화상자를 닫습니다.

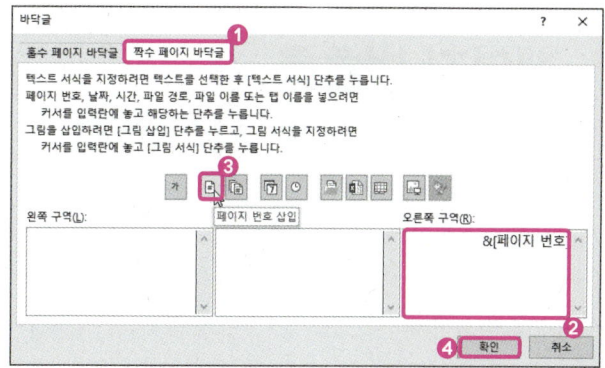

05 [페이지 설정] 대화상자에서 [인쇄 미리 보기]를 클릭하면 백스테이지 화면으로 전환됩니다. 미리 보기 영역을 보면 첫 번째 페이지의 왼쪽 하단에 페이지 번호가 표시되어 있습니다. [다음 페이지]를 클릭해 두 번째 페이지를 보면 우측 하단에 페이지 번호가 표시된 것을 확인할 수 있습니다.

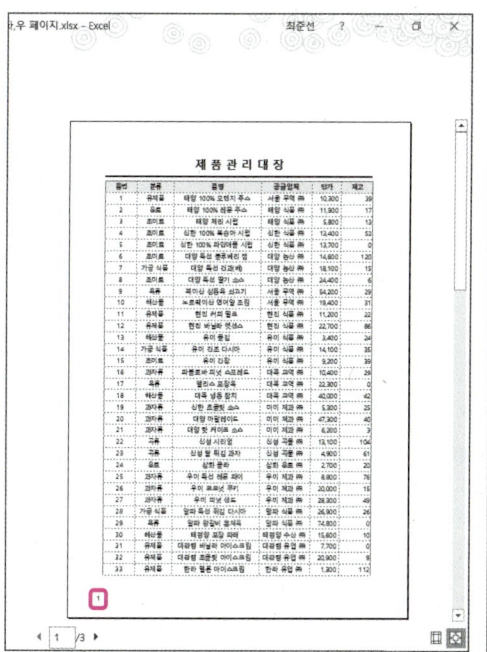
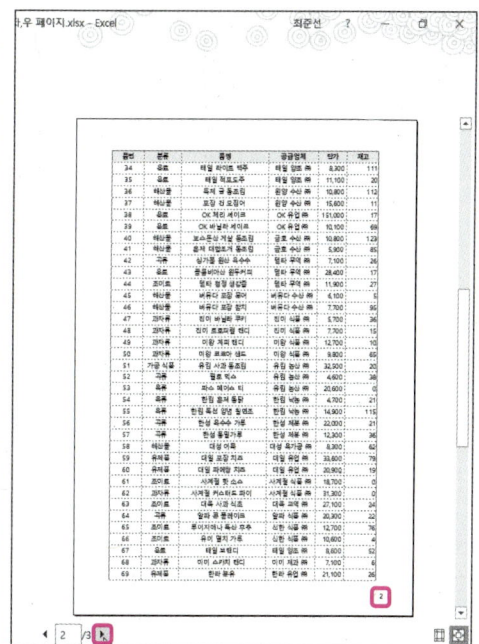

페이지 번호를
원하는 번호로 시작하기

472

페이지 번호는 항상 '1'부터 시작하는데, 특정 페이지 번호부터 시작해야 하는 경우가 있습니다. 이때는 [페이지 설정] 대화상자에서 원하는 페이지 시작 번호를 직접 지정하면 됩니다. 인쇄 시 페이지 번호가 특정 번호로 표시되도록 설정하는 방법에 대해 알아보겠습니다.

예제 파일 PART 09\CHAPTER 41\페이지 번호.xlsx

01 예제 파일을 열고 머리글/바닥글을 좀 더 손쉽게 설정하기 위해 화면 모드를 변경합니다. [보기] 탭-[통합 문서 보기] 그룹-[📄 페이지 레이아웃]을 클릭합니다.

TIP [페이지 레이아웃] 모드

[페이지 레이아웃] 모드로 전환하면 페이지 상단과 하단에서 머리글과 바닥글을 직접 편집할 수 있어 편리합니다.

02 [머리글 추가] 영역을 클릭하면 머리글 가운데 구역이 선택됩니다. [머리글/바닥글 도구]-[머리글/바닥글] 탭-[머리글/바닥글 요소] 그룹-[페이지 번호]를 클릭합니다.

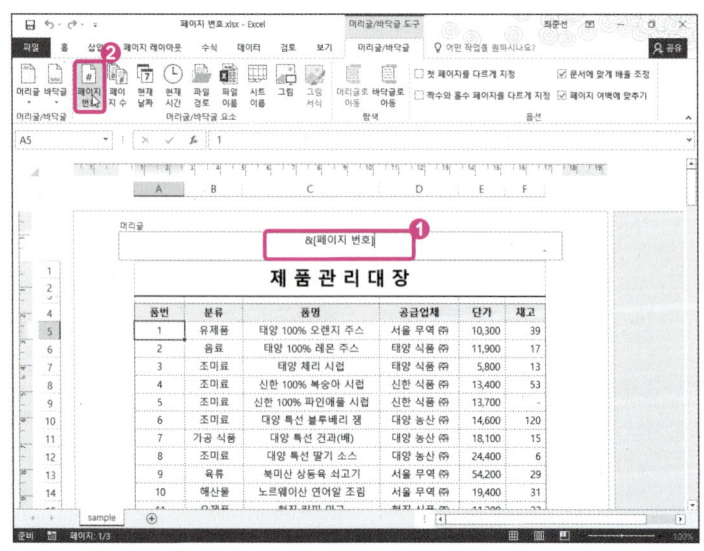

03 편집 영역(여기서는 [A5] 셀)을 클릭하면 머리글의 페이지 번호를 바로 확인할 수 있습니다. '1'이 표시됩니다.

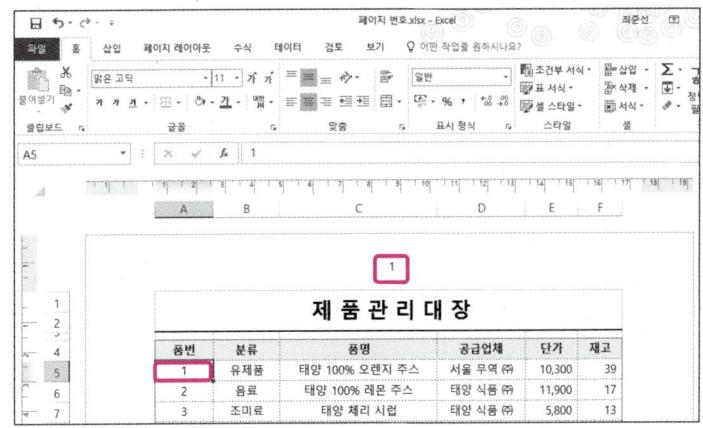

04 페이지가 5쪽부터 시작되도록 설정을 변경하겠습니다. [페이지 레이아웃] 탭-[페이지 설정] 그룹의 ⌐ 대화상자 표시 아이콘을 클릭합니다.

05 [페이지 설정] 대화상자가 표시되면 [페이지] 탭의 [시작 페이지 번호]에 '5'를 입력하고 [확인]을 클릭합니다.

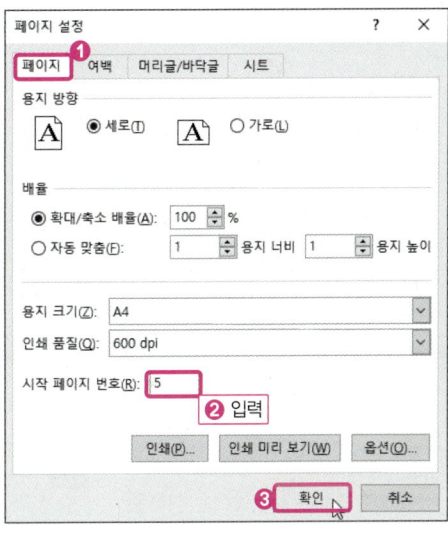

TIP [시작 페이지 번호] 초기화
다시 1쪽부터 시작되도록 하려면 [시작 페이지 번호]에 입력한 값을 삭제하거나 '1'로 변경합니다.

06 머리글 영역을 보면 페이지 번호가 '5'로 바뀐 것을 확인할 수 있습니다.

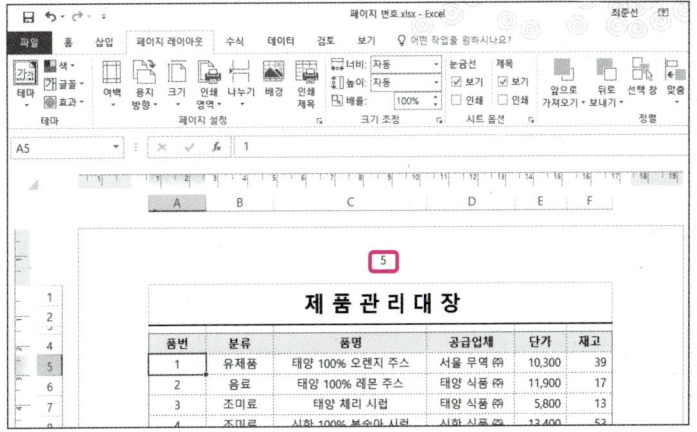

CHAPTER 41 | 페이지 설정 / **987**

워크시트를 여러 개 인쇄할 때 페이지 번호를 연속으로 표시하는 방법 473

파일을 인쇄할 때 워크시트의 머리글이나 바닥글에 페이지 번호가 나타나도록 했다면 모든 워크시트의 페이지 번호가 항상 1로 시작합니다. 파일을 인쇄하거나 여러 워크시트를 한 번에 인쇄할 때 페이지 번호가 이어지도록 하려면 시트를 그룹으로 설정하고 인쇄하는 방법을 사용합니다.

예제 파일 PART 09 \ CHAPTER 41 \ 페이지 번호-연속.xlsx

01 예제 파일을 열면 '전년'과 '금년' 두 개의 시트가 있습니다. 이 시트를 한 번에 인쇄할 때 페이지 번호가 연속해서 나타나도록 설정해보겠습니다.

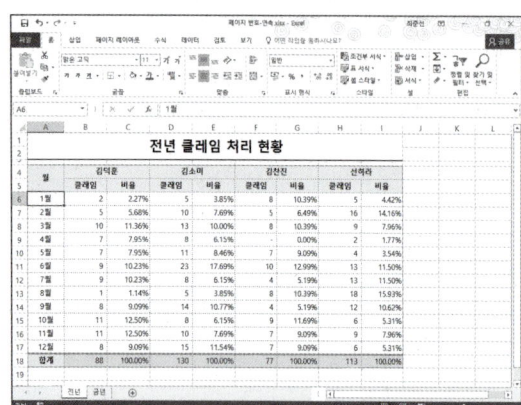 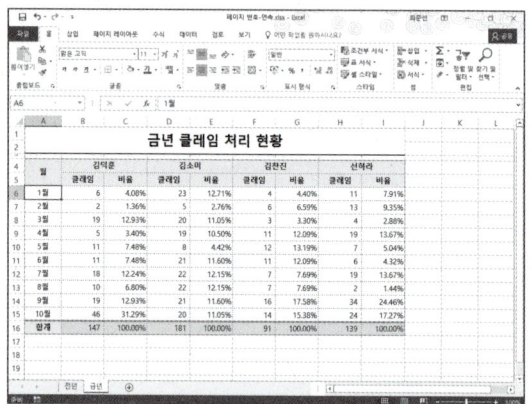

02 '전년' 워크시트를 선택하고 Shift 를 누른 상태로 '금년' 시트를 선택해 두 개의 워크시트를 함께 선택합니다.

여러 워크시트가 선택되었으므로 제목 표시줄에 [그룹] 표시가 나타납니다.

TIP 워크시트 그룹 설정

이처럼 여러 워크시트를 선택하면 선택된 모든 시트에 동일한 작업을 할 수 있습니다. 여러 워크시트가 선택되면 제목 표시줄의 파일 이름 우측에 [그룹] 표시가 나타납니다. 설정된 그룹을 해제하려면 시트 탭에서 마우스 오른쪽 버튼을 클릭하고 [시트 그룹 해제]를 선택합니다.

03 머리글에 페이지 번호를 쉽게 삽입하기 위해 [보기] 탭-[통합 문서 보기] 그룹-[페이지 레이아웃]을 클릭해 화면 모드를 [페이지 레이아웃] 모드로 변경합니다.

04 페이지 상단의 [머리글 추가] 영역을 클릭하고 [머리글/바닥글 도구]-[머리글/바닥글] 탭-[머리글/바닥글 요소] 그룹-[페이지 번호]를 클릭합니다. '전년'과 '금년' 시트가 그룹으로 설정되어 있으므로 두 시트의 머리글에 모두 페이지 번호가 표시됩니다.

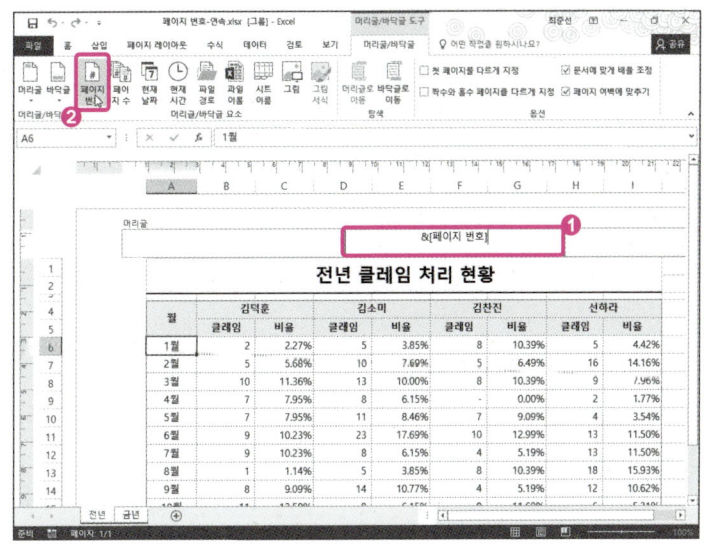

05 인쇄할 때 페이지 번호가 이어지는지 확인해보겠습니다. [파일] 탭-[인쇄]를 클릭해 백스테이지 화면이 열리면 인쇄 미리보기 영역에서 [다음 페이지]를 클릭합니다. '금년' 시트의 페이지 번호가 '2'인 것을 확인할 수 있습니다.

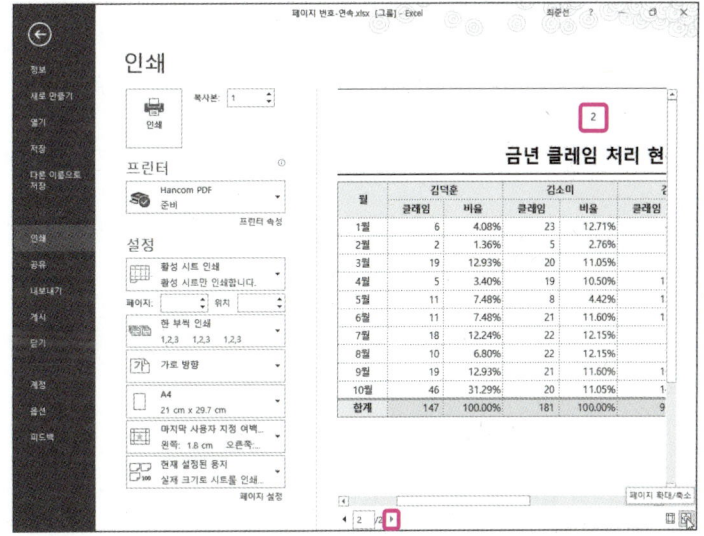

머리글/바닥글의 날짜 형식 변경하기 474

머리글/바닥글에 오늘 날짜를 표시할 수 있습니다. 다만, 날짜 형식은 항상 yyyy-mm-dd이고 이 서식을 변경하는 방법은 지원되지 않습니다. 별도의 날짜 형식을 사용하려면 VBA 명령을 이용해야 합니다. VBA 명령을 이용해 머리글/바닥글의 날짜 표시를 원하는 형식으로 변경하는 방법에 대해 알아보겠습니다.

예제 파일 없음

01 엑셀을 실행하고 빈 파일을 엽니다. 머리글/바닥글 작업을 손쉽게 하기 위해 [보기] 탭-[통합 문서 보기] 그룹-[페이지 레이아웃]을 클릭합니다.

02 머리글 영역 중에서 왼쪽 구역을 선택하고 [머리글/바닥글 도구]-[머리글/바닥글] 탭-[머리글/바닥글 요소] 그룹-[현재 날짜]를 클릭합니다. 편집 영역(여기서는 [A1] 셀)을 클릭해 머리글 편집 작업을 종료합니다. 머리글에 현재 날짜가 yyyy-mm-dd 형식으로 표시됩니다.

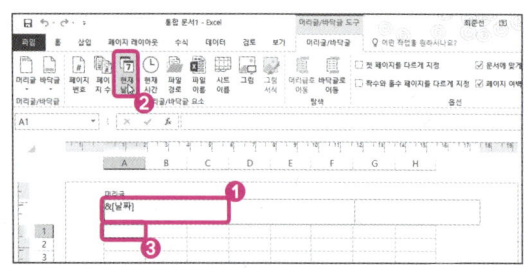 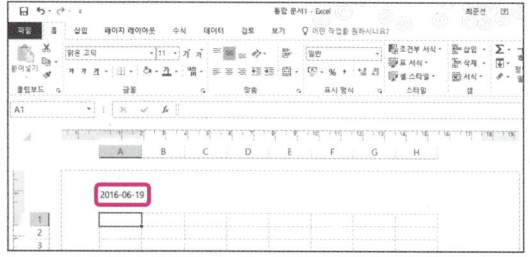

TIP 화면에 표시되는 날짜는 예제를 따라하는 날짜에 따라 달라집니다.

03 표시된 날짜 형식을 'm월 d일' 형식으로 변경하기 위해 VBA 명령을 사용하겠습니다. 시트 탭에서 마우스 오른쪽 버튼을 클릭한 후 [코드 보기]를 선택합니다.

04 VB 편집기 창이 열리면 [직접 실행] 창에 다음 코드를 입력하고 Enter를 눌러 명령을 실행합니다. 우측 상단의 [닫기]를 클릭해 창을 닫습니다.

```
Activesheet.PageSetup.LeftHeader = Format(Date, "m월 d일")
```

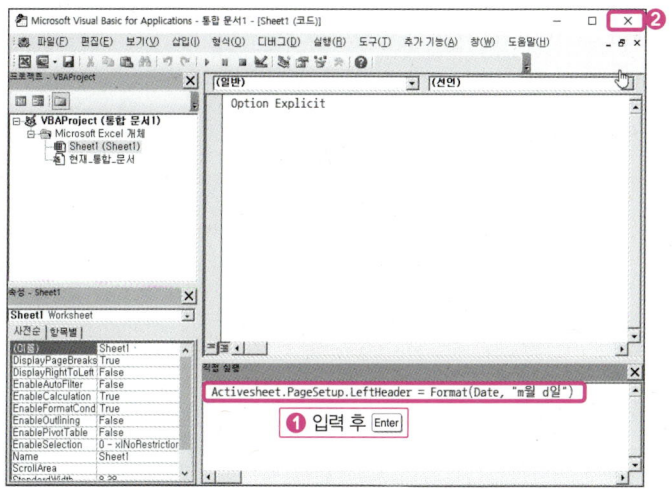

Plus⁺ VBA 코드에서 머리글/바닥글의 위치 이해하기

코드를 사용해 지정한 머리글/바닥글 영역의 날짜 형식을 바꾸려면 어느 영역에 머리글/바닥글을 넣고자 하는지 정확하게 알고 있어야 합니다. 이번에 사용한 코드의 PageSetup 명령 바로 다음이 머리글/바닥글 영역을 지칭하는 코드이므로, 아래 화면을 참고해 잘 이해해둡니다.

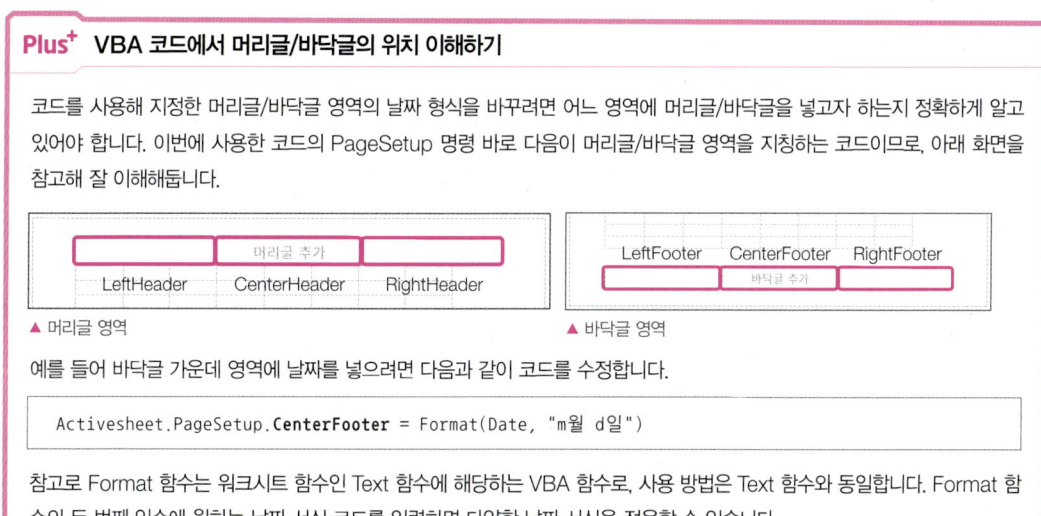

▲ 머리글 영역   ▲ 바닥글 영역

예를 들어 바닥글 가운데 영역에 날짜를 넣으려면 다음과 같이 코드를 수정합니다.

```
Activesheet.PageSetup.CenterFooter = Format(Date, "m월 d일")
```

참고로 Format 함수는 워크시트 함수인 Text 함수에 해당하는 VBA 함수로, 사용 방법은 Text 함수와 동일합니다. Format 함수의 두 번째 인수에 원하는 날짜 서식 코드를 입력하면 다양한 날짜 서식을 적용할 수 있습니다.

---

06 날짜 형식이 화면과 같이 변경됩니다.

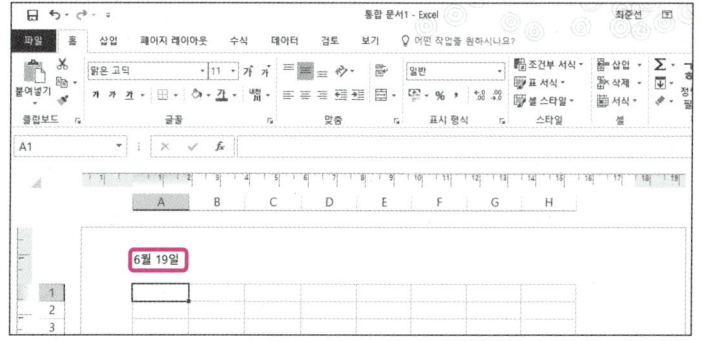

회사 로고 삽입해 인쇄하기 475

인쇄 시 머리글 또는 바닥글 위치에 회사 로고를 삽입하려면 머리글/바닥글의 [그림] 명령을 이용하면 됩니다. 이 명령을 이용하면 다양한 그림을 문서에 삽입해 인쇄할 수 있어 유용합니다. 여기서는 보고서의 우측 상단에 회사 로고를 삽입하여 인쇄하는 방법에 대해 알아보겠습니다.

예제 파일 PART 09 \ CHAPTER 41 \ 로고.jpg

01 예제 파일을 열고 머리글/바닥글 편집 작업을 하기 위해 화면 모드를 전환합니다. [보기] 탭-[통합 문서 보기] 그룹-[페이지 레이아웃]을 클릭합니다.

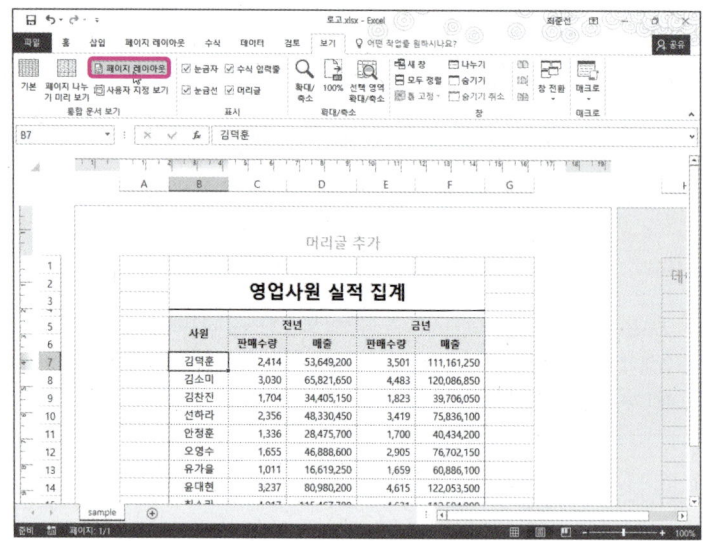

02 로고 파일을 넣을 머리글의 우측 구역을 선택하고 [머리글/바닥글 도구]-[머리글/바닥글] 탭-[머리글/바닥글 요소] 그룹-[그림]을 클릭합니다.

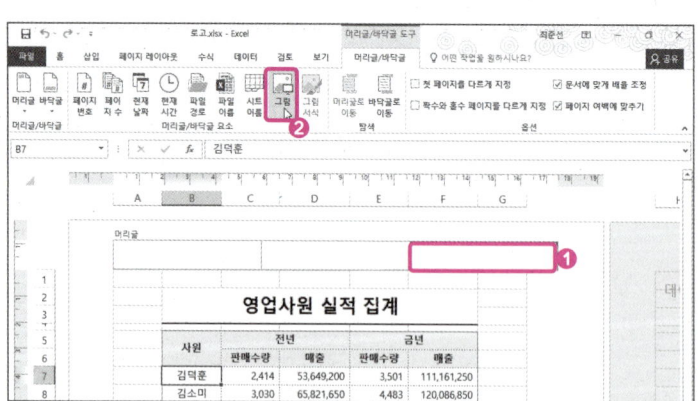

03 [그림 삽입] 창이 열리면 [파일에서]의 [찾아보기]를 클릭합니다. [그림 삽입] 대화상자가 표시되면 예제로 제공되는 '로고' 파일을 선택하고 [삽입]을 클릭합니다.

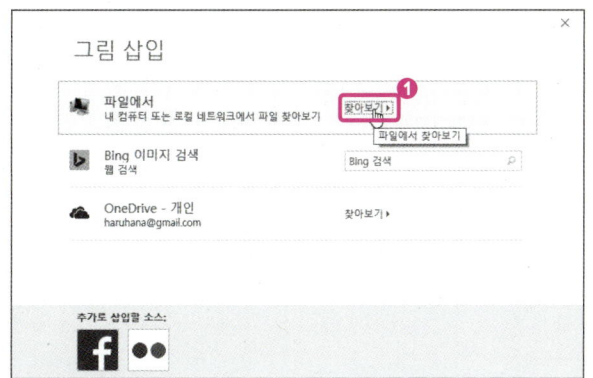 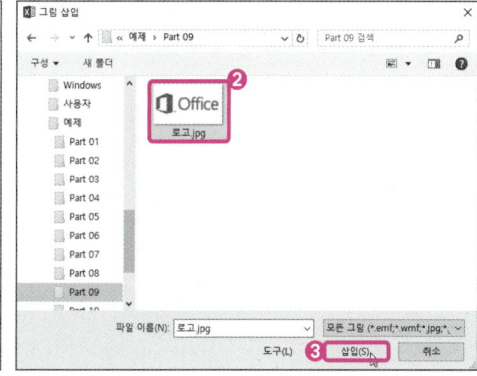

04 편집 영역(여기서는 [B7] 셀)을 클릭해 머리글 편집 모드를 해제하면 화면과 같이 워크시트 오른쪽 상단에 삽입한 그림이 표시되는 것을 확인할 수 있습니다.

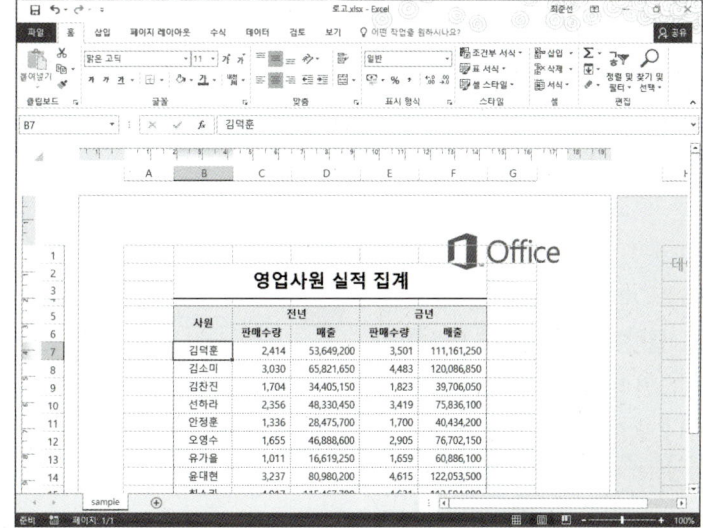

TIP [페이지 레이아웃] 모드

[페이지 레이아웃] 모드에서는 삽입된 그림 이미지를 바로 확인할 수 있습니다. 다만 화면 모드를 다시 일반 모드([보기] 탭-[통합 문서 보기] 그룹-[기본])로 전환하면 삽입한 로고 이미지는 표시되지 않으며 인쇄할 때만 나타납니다.

05 로고가 좀 커 보이므로 크기를 줄여보겠습니다. 머리글 우측 영역을 다시 클릭하고 [머리글/바닥글 도구]-[머리글/바닥글] 탭-[머리글/바닥글 요소] 그룹-[그림 서식]을 클릭합니다.

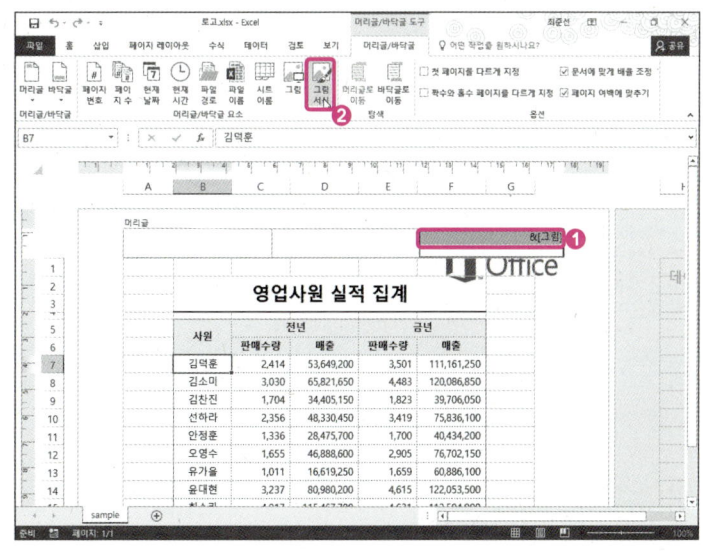

06 [그림 서식] 대화상자가 열리면 [크기] 탭의 [배율]에서 [높이] 값을 [50%]로 조정하고 [확인]을 클릭합니다.

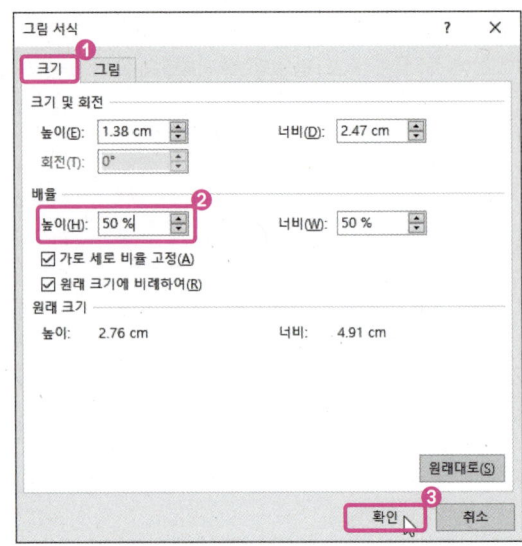

> **Plus⁺** [그림 서식] 대화상자의 옵션 설정 이해하기
>
> [가로 세로 비율 고정] 확인란에 체크 표시가 되어 있으므로 [배율]의 [높이] 값을 조정하면 [너비] 값도 함께 조정됩니다. 가로×세로 비율은 유지하면서 50% 크기로 축소한다는 의미입니다.

07 편집 영역(여기서는 [B7] 셀)을 클릭해 머리글 편집 모드를 해제하면 화면 우측 상단의 로고 이미지가 이전에 비해 훨씬 작게 표시되는 것을 확인할 수 있습니다.

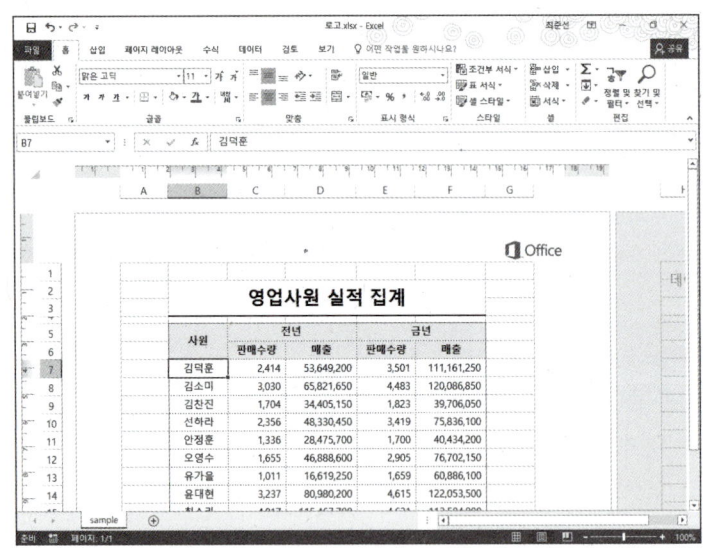

보고서에 배경(또는 워터마크) 삽입해 인쇄하기

476

워크시트 배경에는 원하는 이미지를 삽입해 표시할 수 있습니다. 다만 배경으로 넣은 이미지는 인쇄할 때 나타나지 않습니다. 인쇄할 때 이미지 배경을 함께 출력하고 싶다면 같은 이미지를 머리글에 삽입하면 됩니다. 워크시트의 그림 배경을 설정하고 인쇄할 때 함께 나타나도록 하는 방법에 대해 알아보겠습니다.

예제 파일 PART 09 \ CHAPTER 41 \ 배경.xlsx

01 워크시트에 배경을 지정하기 위해 [페이지 레이아웃] 탭-[페이지 설정] 그룹-[🖼 배경]을 클릭합니다.

02 [그림 삽입] 창이 열리면 [Bing 이미지 검색]에서 '배경'을 입력하고 Enter를 누릅니다. 검색된 이미지에서 배경으로 사용할 이미지를 선택하고 [삽입]을 클릭합니다.

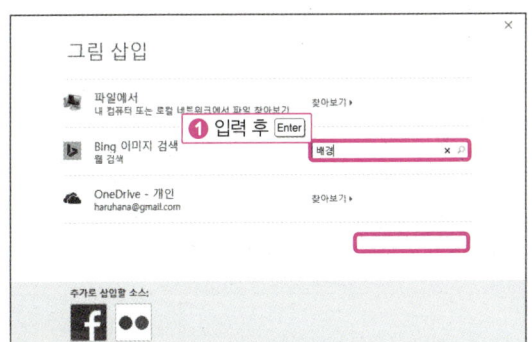

> **TIP** 갖고 있는 이미지를 배경으로 사용하려면 [그림 삽입] 창에서 [파일에서]의 [찾아보기]를 클릭합니다.

03 선택한 이미지가 워크시트 배경으로 표시됩니다.

> **TIP** 배경 삭제하기
> 추가된 배경을 삭제하려면 [페이지 레이아웃] 탭-[페이지 설정] 그룹-[배경 삭제]를 클릭합니다.

04 인쇄할 때 배경 이미지가 함께 인쇄되는지 확인하기 위해 [파일] 탭-[인쇄]를 클릭합니다. 인쇄 미리 보기 영역을 보면 워크시트 배경 이미지가 나타나지 않습니다.

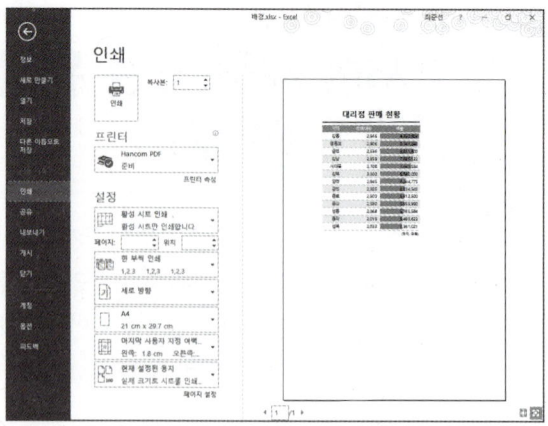

05 [◀ 이전]을 클릭해 백스테이지 화면을 종료합니다. 인쇄할 때 배경이 나타나도록 하기 위해 머리글에 해당 이미지를 추가하겠습니다. 머리글 편집을 쉽게 하기 위해 [보기] 탭-[통합 문서 보기] 그룹-[📄 페이지 레이아웃]을 클릭합니다.

06 페이지 상단의 머리글 왼쪽 구역을 클릭해 선택하고 [머리글/바닥글 도구]-[머리글/바닥글] 탭-[머리글/바닥글 요소] 그룹-[그림]을 클릭합니다.

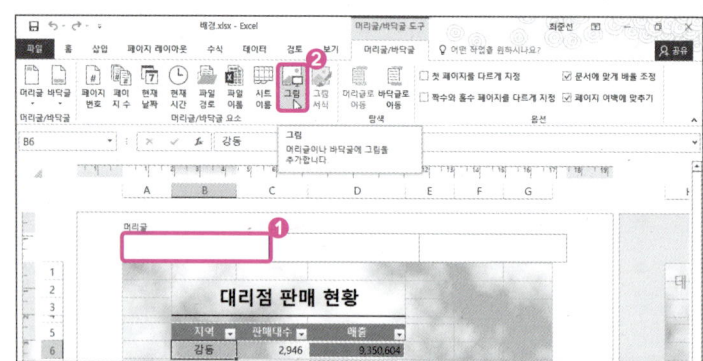

07 [그림 삽입] 창이 열리면 **02** 과정을 참고해 동일한 이미지를 삽입합니다.

08 인쇄 결과를 확인하기 위해 [파일] 탭-[인쇄]를 클릭합니다. 인쇄 미리 보기 영역을 보면 워크시트 배경 이미지가 표시되어 있습니다.

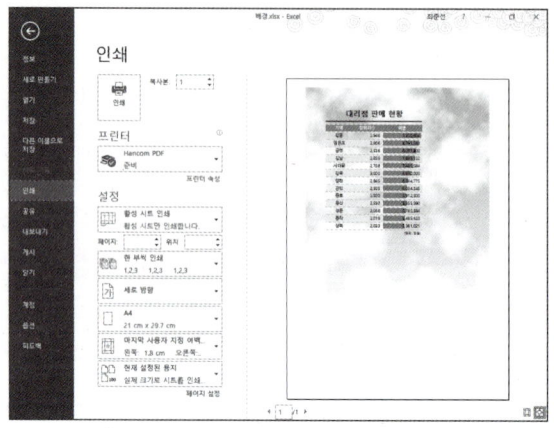

CHAPTER
42

인쇄

한 번에 여러 부를 동시에 인쇄하기 477

여러 부를 한 번에 인쇄할 때는 설정된 인쇄 방법에 따라 프린터에서 나오는 순서가 달라지므로 인쇄하기 전에 원하는 방식의 옵션을 선택하고 인쇄해야 합니다. 여러 부를 동시에 인쇄하는 방법에 대해 알아보겠습니다.

예제 파일 PART 09 \ CHAPTER 42 \ 인쇄 매수.xlsx

01 예제 파일을 열고 '고객별 실적 집계' 표를 세 부 인쇄해보겠습니다.

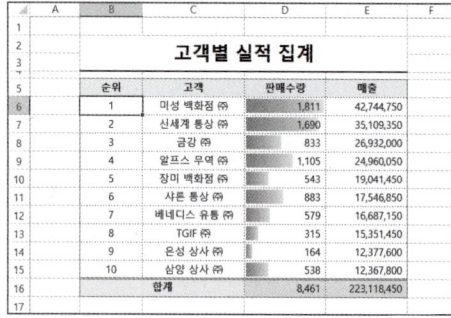

02 [파일] 탭-[인쇄]를 클릭한 후 [복사본] 옵션의 값을 '3'으로 변경합니다. [한 부씩 인쇄]의 [▼아래 화살표]를 클릭하고 원하는 옵션을 선택한 후 [인쇄]를 클릭합니다.

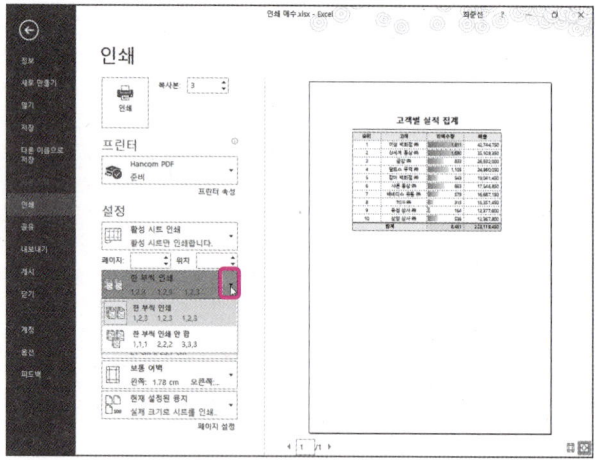

Plus⁺ [한 부씩 인쇄] 옵션 이해하기

- **한 부씩 인쇄**
  1-10 페이지를 갖는 워크시트의 경우 처음부터 끝까지 인쇄한 후 다음 복사본을 인쇄합니다.

- **한 부씩 인쇄 안 함**
  1-10 페이지를 갖는 워크시트의 경우 1페이지를 복사본 수만큼 인쇄한 후 2페이지, 3페이지…순으로 인쇄합니다.

차트(또는 도형, 이미지)만 제외하고 인쇄하기

478

차트, 그림, 도형 등은 엑셀에서는 도형 개체로 분류되며, 필요에 따라 인쇄할 때 제외되도록 설정할 수 있습니다. 하지만 인쇄 옵션에는 개체를 인쇄에서 제외하는 기능이 없으므로 제외할 개체의 속성 옵션을 일일이 변경해야 한다는 점이 조금 불편합니다. 인쇄 작업을 할 때 특정 개체를 제외하고 인쇄하는 방법에 대해 알아보겠습니다.

예제 파일 PART 09 \ CHAPTER 42 \ 인쇄 제외.xlsx

01 예제 파일을 연 후 차트를 제외하고 인쇄해보겠습니다. 차트를 선택하고 [차트 도구]-[서식] 탭-[크기] 그룹의 대화상자 표시 아이콘을 클릭합니다. [차트 영역 서식] 작업 창이 표시되면 [크기 및 속성]-[속성]을 클릭하고 [개체 인쇄] 옵션의 체크 표시를 해제한 후 작업 창을 닫습니다.

TIP 도형이나 그림을 인쇄에서 제외하는 방법도 동일합니다.

02 차트가 선택된 상태에서 인쇄하면 차트만 인쇄되므로 표 데이터 범위 중 한 셀을 클릭해 차트 선택을 해제합니다. [파일] 탭-[인쇄]를 클릭하면 인쇄 미리 보기 영역에서 차트가 표시되지 않는 것을 확인할 수 있습니다. [인쇄]를 클릭해 인쇄합니다.

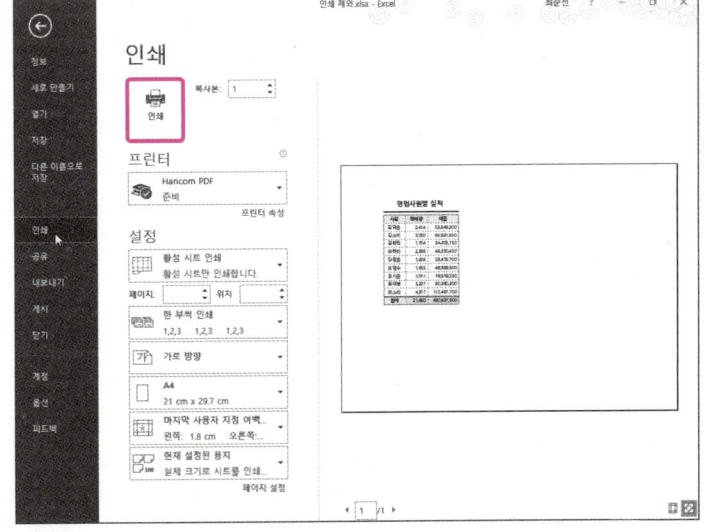

원하는 시트만 골라 인쇄하기 479

파일 내 여러 워크시트 중에서 일부만 인쇄해야 할 경우, 인쇄할 시트만 골라 한 번에 인쇄할 수 있다면 편리할 것입니다. 엑셀의 인쇄 기능에는 워크시트를 선택해 인쇄하는 옵션이 따로 제공되지 않습니다. 대신 인쇄할 시트만 그룹으로 설정한 다음 활성 시트를 인쇄하는 방법을 이용해 원하는 시트를 골라 인쇄할 수 있습니다.

예제 파일 PART 09 \ CHAPTER 42 \ 선택 시트.xlsx

01 예제 파일을 열고 [파일] 탭-[인쇄]를 클릭합니다. [설정]의 하위 옵션인 [활성 시트 인쇄]를 클릭하면 세 가지 옵션 중 하나를 선택할 수 있습니다.

TIP 엑셀의 인쇄 옵션
엑셀은 기본적으로 다음 세 가지 인쇄 방법을 지원합니다.

- 활성 시트 인쇄
  현재 선택된 시트만 인쇄합니다.
- 전체 통합 문서 인쇄
  현재 파일의 모든 시트를 인쇄합니다.
- 선택 영역 인쇄
  현재 시트에서 선택한 영역(범위)만 인쇄합니다.

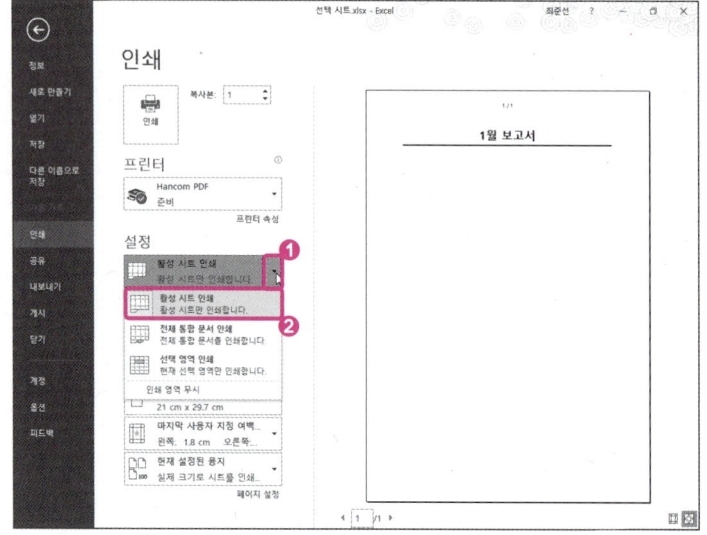

02 워크시트를 따로 선택해 인쇄할 수 있는 옵션은 제공되지 않으므로 직접 선택한 후 인쇄해보겠습니다. [◎ 이전]을 클릭해 백스테이지 화면을 닫고 '1월' 시트가 선택된 상태에서 Ctrl 을 누른 채 '3월', '5월' 시트 탭을 차례로 클릭합니다. 제목 표시줄의 파일 이름 우측에 [그룹] 표시가 나타납니다.

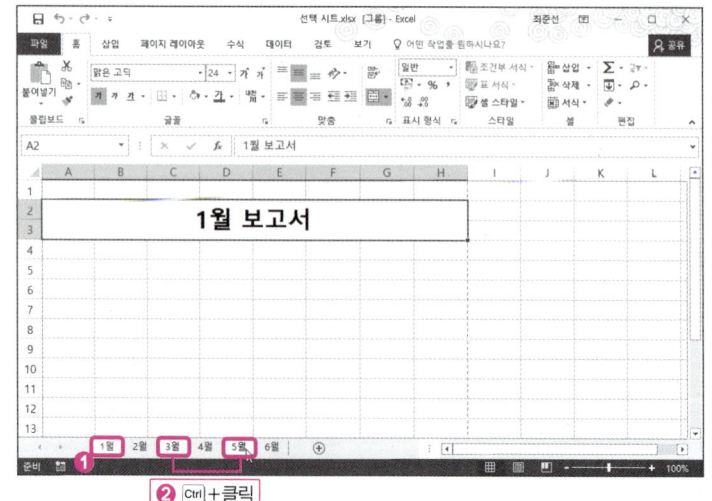

03 인쇄 결과를 확인하기 위해 [파일] 탭-[인쇄]를 다시 클릭합니다. 인쇄 미리 보기 영역이나 하단의 페이지 수를 보면 인쇄할 페이지가 늘어난 것을 확인할 수 있습니다. 미리 보기 영역 하단의 [▶ 다음 페이지]를 클릭해 두 번째 페이지를 보면 3월 보고서가 표시됩니다.

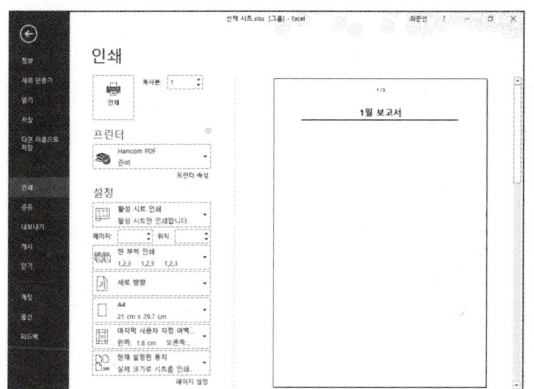
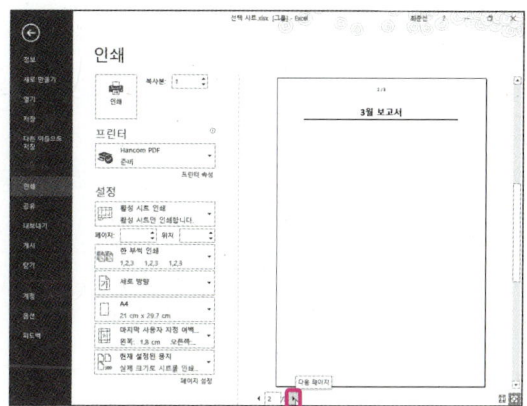

인쇄할 페이지를 골라 인쇄하기 480

인쇄 작업을 하다 보면 전체 워크시트에서 특정 페이지만 인쇄해야 하는 경우가 종종 있습니다. 연속된 페이지는 쉽게 인쇄할 수 있지만 떨어진 페이지를 한 번에 인쇄하는 옵션은 제공되지 않습니다. 그래서 떨어져 있는 페이지를 인쇄할 경우에는 매크로를 이용하는 것이 편리합니다.

예제 파일 PART 09 \ CHAPTER 42 \ 페이지 선택.xlsx, 페이지 선택 (코드).txt

연속된 페이지 선택 인쇄

01 예제 파일을 열고 인쇄할 페이지를 확인하기 위해 [보기] 탭-[통합 문서 보기] 그룹-[페이지 나누기 미리 보기]를 클릭해 화면 모드를 변경합니다. 워터마크로 페이지 번호가 출력되므로 인쇄할 페이지를 쉽게 확인할 수 있습니다.

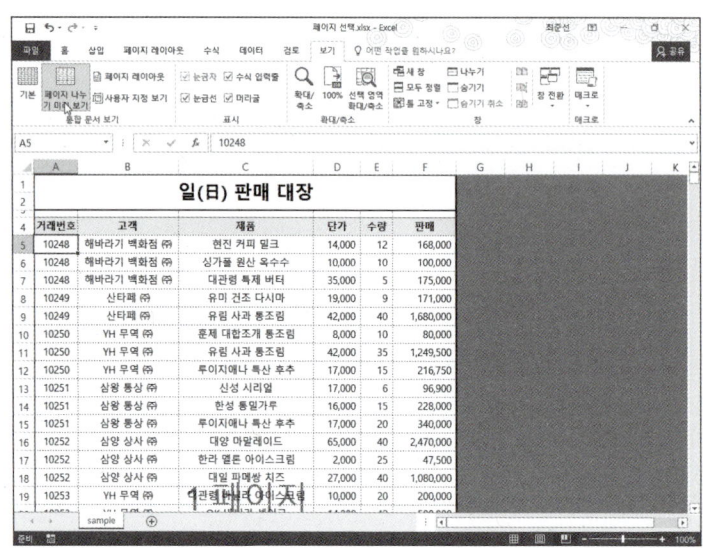

02 인쇄할 페이지를 확인했다면 [파일] 탭-[인쇄]를 클릭하고 백스테이지 화면에서 [페이지]와 [위치] 옵션 값을 지정한 후 [인쇄]를 클릭합니다. 만약 4-5페이지만 인쇄하려면 [페이지] 옵션 값은 4로, [위치] 옵션은 5로 설정합니다.

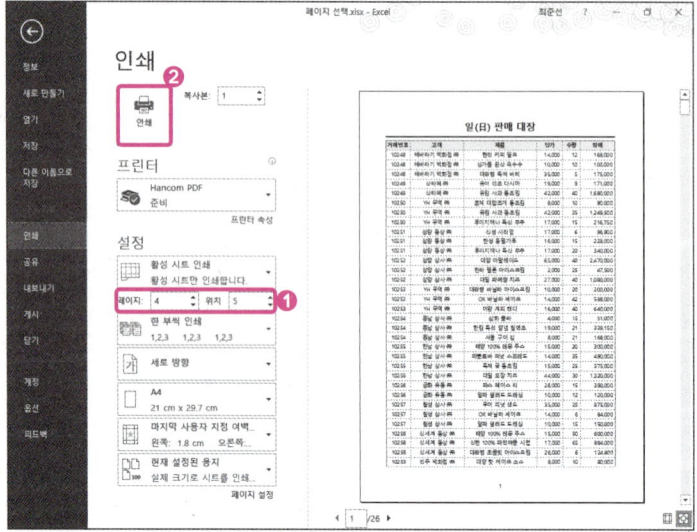

매크로로 페이지 선택 인쇄

01 인쇄 옵션을 이용해 인쇄하는 경우 1, 3, 10페이지와 같이 떨어져 있는 페이지를 인쇄하려면 1, 3, 10페이지를 각각 따로 인쇄해야 합니다. 떨어진 페이지를 인쇄하려면 다음과 같은 매크로를 사용하는 것이 편리합니다.

파일 : 페이지 선택 (코드).txt

```vb
Sub 페이지선택인쇄()   ———————————①

    Dim iTotalPage As Integer
    Dim sPage() As String
    Dim iStartPage As Integer, iEndPage As Integer
    Dim sSelectPage As String
    Dim sMsg As String
    Dim i As Integer

    sMsg = "연속된 페이지는 ""-"" 구분 자로, " & vbCr & _
           "떨어진 페이지는 "","" 구분자로 구분해 입력하세요!" & vbCr & vbCr & _
           "예를 들면 1,2,3,5 페이지를 인쇄하려면 " & vbCr & _
           "1-3,5와 같이 입력합니다."   ———————————②

    sSelectPage = InputBox(sMsg, "선택 페이지 인쇄")
    iTotalPage = ActiveSheet.PageSetup.Pages.Count

    If iTotalPage > 0 Then

        sPage() = Split(sSelectPage, ",")

        For i = 0 To UBound(sPage)

            If InStr(1, sPage(i), "-") > 0 Then

                iStartPage = CInt(Left(sPage(i), InStr(1, sPage(i), "-") - 1))
                iEndPage = CInt(Mid(sPage(i), InStr(1, sPage(i), "-") + 1))

                ActiveSheet.PrintOut From:=iStartPage, To:=iEndPage

            Else

                If iTotalPage >= CInt(sPage(i)) Then

                    ActiveSheet.PrintOut From:=sPage(i), To:=sPage(i)

                End If

            End If

        Next i

    End If

End Sub
```

❶ 매크로 이름을 의미하며, 매크로 이름은 '페이지선택인쇄'입니다.
❷ 매크로를 실행할 때 메시지 창에 표시될 내용입니다. 큰따옴표(") 안의 내용을 변경해 사용합니다.

LINK 매크로를 파일에 넣고 활용하는 방법은 'No. 501 공개된 매크로 등록하고 사용하기'를 참고합니다.

02 '페이지선택인쇄' 매크로가 실행되면 다음과 같은 대화상자가 나타납니다. 원하는 페이지를 화면을 참고해 입력하고 [확인]을 클릭하면 해당 페이지만 인쇄됩니다.

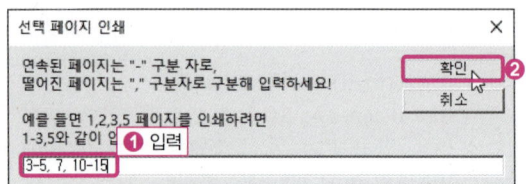

TIP 위 대화상자와 같이 입력하면 3페이지부터 5페이지까지, 7페이지, 그리고 10페이지부터 15페이지까지 인쇄됩니다.

홀수/짝수 페이지만 골라 인쇄하기 481

엑셀은 프로그램의 특성상 아무래도 워드 프로세서보다는 인쇄 기능이 취약하므로 다양한 인쇄 방법은 지원하지 않습니다. 예를 들어 홀수/짝수 페이지를 구분해 인쇄하는 옵션도 따로 없습니다. 그러므로 홀수 페이지나 짝수 페이지만 인쇄하려면 매크로를 이용해야 합니다.

예제 파일 PART 09\CHAPTER 42\홀수,짝수 (코드).txt

홀수, 짝수 페이지만 인쇄하려면 다음과 같은 매크로를 사용해야 합니다. 홀수 페이지나 짝수 페이지를 인쇄할 파일을 열고 다음 매크로를 등록해 사용합니다.

파일 : 홀수,짝수 (코드).txt

```
Sub 홀수짝수인쇄()                         ❶

    Dim iTotalPage  As Integer
    Dim iStartPage As Integer
    Dim iPage As Integer
    Dim sMsg As String

    sMsg = "홀/짝수 인쇄 작업을 진행합니다." & vbCr & vbCr & _
           "짝수 페이지를 인쇄하려면 <예> 버튼을," & vbCr & _
           "홀수 페이지를 인쇄하려면 <아니오> 버튼을 눌러 주세요!"    ❷

    iTotalPage = ExecuteExcel4Macro("Get.Document(50)")

    If iTotalPage > 0 Then

        If MsgBox(sMsg, vbYesNo + vbInformation, "홀/짝수 인쇄") = vbYes Then   ❸

            iStartPage = 2

        Else

            iStartPage = 1

        End If

        For iPage = iStartPage To iTotalPage Step 2

            ActiveSheet.PrintOut From:=iPage, To:=iPage

        Next

    End If

End Sub
```

❶ 매크로 이름이 '홀수짝수인쇄' 입니다.
❷ 메시지 창 제목 표시줄에 나타나는 제목이 큰따옴표(")안에 입력되어 있으므로 원하는 문구로 변경해 사용합니다.
❸ 코드 중에서 vbYes를 vbNo로 변경하면, 〈예〉 버튼을 눌렀을 때 홀수 페이지를, 〈아니오〉 버튼을 눌렀을 때 짝수 페이지를 인쇄하도록 할 수 있습니다. 이 코드를 수정하면 ❷의 메시지 창 문구도 수정해야 합니다.

LINK 매크로를 파일에 넣고 활용하는 방법은 'No. 501 공개된 매크로 등록하고 사용하기'를 참고합니다.

이 매크로를 실행하면 다음과 같은 대화상자가 나타납니다. 대화상자에 표시되는 메시지를 읽고 원하는 버튼을 클릭하면 홀수 또는 짝수 페이지만 인쇄됩니다.

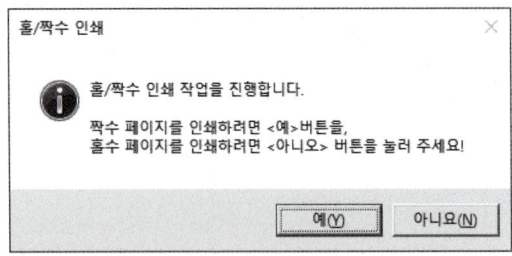

특정 폴더 내 파일을 한 번에 인쇄하기 482

특정 폴더 내의 파일을 한 번에 인쇄해야 하는 경우가 있습니다. 이런 작업도 엑셀에서는 지원하지 않으므로 매크로를 이용합니다. 여기에서 소개하는 매크로는 특정 폴더 내 파일을 모두 열어 인쇄하므로, 일일이 파일을 열고 인쇄하지 않아도 되어 매우 효과적으로 업무를 처리할 수 있습니다.

예제 파일 PART 09 \ CHAPTER 42 \ 폴더 인쇄 (코드).txt

폴더 내 파일을 선택 인쇄

폴더 전체를 인쇄하지 않고 폴더 내 특정 파일을 선택해 인쇄하려면 [열기] 대화상자를 이용하는 것이 편리합니다. [열기] 대화상자에서 원하는 파일을 Ctrl을 누른 상태에서 선택하고 마우스 오른쪽 버튼을 클릭한 다음 [인쇄]를 선택하면 선택한 파일만 한 번에 인쇄됩니다.

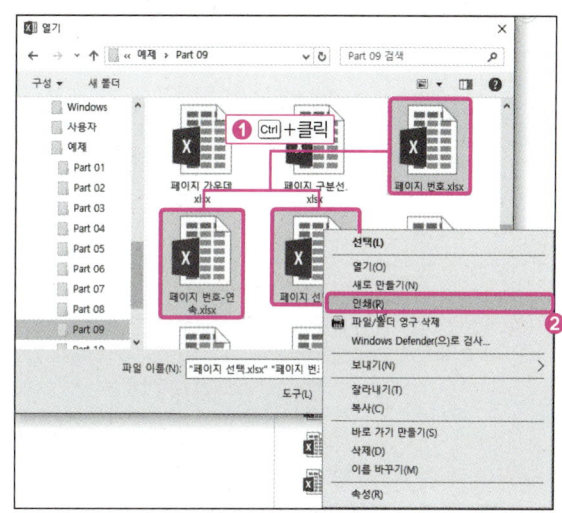

폴더 내 파일을 모두 인쇄

폴더 내 모든 파일을 인쇄하려면 다음과 같은 매크로를 이용하는 것이 편리합니다.

파일 : 폴더 인쇄 (코드).txt

```
Sub 폴더내모든파일인쇄()

    Dim WB As Workbook
    Dim sPath As Variant
    Dim sFile As String

    On Error Resume Next

        With Application.FileDialog(msoFileDialogFolderPicker)
            .Show
            sPath = .SelectedItems(1)
        End With
```

```
        If Err.Number <> 0 Or sPath = False Then Exit Sub

    On Error GoTo 0

    sFile = Dir(sPath & "\*.xls*")  ———————————————— ❶

    Application.ScreenUpdating = False  ———————————— ❷

        Do Until sFile = ""

            Set WB = Workbooks.Open(Filename:=sFile)

            With WB
                .PrintOut
                .Close SaveChanges:=False
            End With

            sFile = Dir

        Loop

    Application.ScreenUpdating = True  ————————————— ❷

End Sub
```

❶ 폴더 내 인쇄할 파일을 설정하는 부분으로, *.xls*라고 되어 있으면 xls, xlsx, xlsm, xlsb 등의 파일이 모두 열립니다. 이를 특정 확장자(예를 들면 xlsx)로 제한하려면 다음과 같이 수정합니다.

```
sFile = Dir(sPath & "\*.xlsx")
```

❷ 이 코드는 파일을 열고 닫는 과정을 화면에 표시하지 않도록 하기 위한 것입니다. 만일 파일을 열고 닫는 과정을 눈으로 확인하고 싶다면 ❷에 해당하는 두 줄의 코드를 삭제합니다.

LINK 매크로를 파일에 넣고 활용하는 방법은 'No. 501 공개된 매크로 등록하고 사용하기'를 참고합니다.

이 매크로를 실행하면 다음과 같은 [찾아보기] 대화상자가 열립니다. 인쇄할 파일이 있는 폴더를 선택하고 [확인]을 클릭하면 해당 폴더의 모든 파일이 열리면서 파일이 하나씩 인쇄됩니다. 이때 파일이 열리는 과정은 눈에 보이지 않으며 인쇄된 결과만 프린터로 출력됩니다.

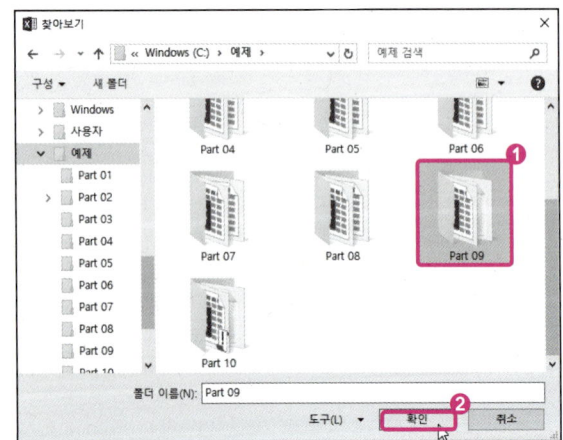

특정 파일을 인쇄하지 못하도록 막는 방법

483

특정 파일을 인쇄하지 못하도록 설정해야 하는 경우가 있을 수 있습니다. 엑셀에는 이런 보안 설정 방법은 지원되지 않습니다. 매크로를 이용하면 해결할 수 있지만, 좀 더 간단하게 설정하는 방법도 있으니 여기에 소개하는 방법 중에서 선택해 사용하면 됩니다.

예제 파일 PART 09 \ CHAPTER 42 \ 인쇄 방지.xlsx

인쇄 영역을 설정하는 방법

아주 간단하게 인쇄를 방지하는 요령으로, 빈 셀 하나를 인쇄 영역으로 설정하는 방법이 있습니다. 이렇게 설정하면 빈 셀 하나만 출력되므로 워크시트를 인쇄해도 빈 종이만 나옵니다.

01 예제 파일을 열고 워크시트 내 빈 셀(여기서는 [H4] 셀)을 선택한 후 [페이지 레이아웃] 탭-[페이지 설정] 그룹-[인쇄 영역]을 클릭하고 [인쇄 영역 설정]을 선택합니다.

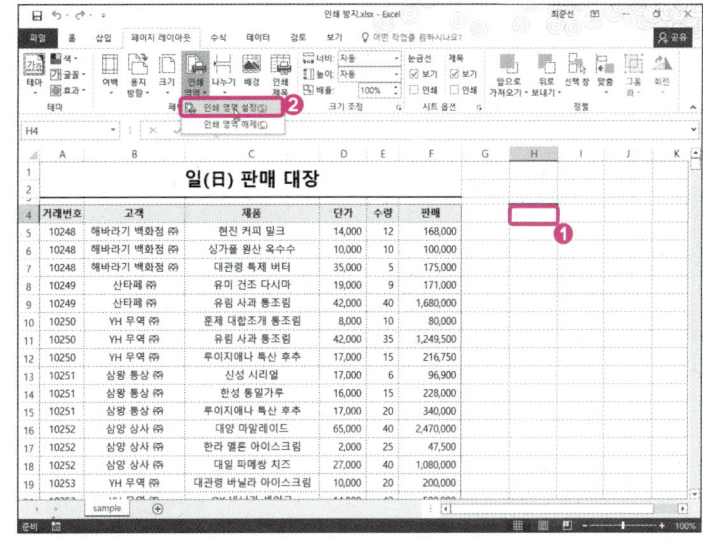

02 셀을 하나만 선택하고 인쇄 영역을 설정했으므로 다음과 같은 경고 메시지 창이 표시됩니다. [확인]을 클릭합니다.

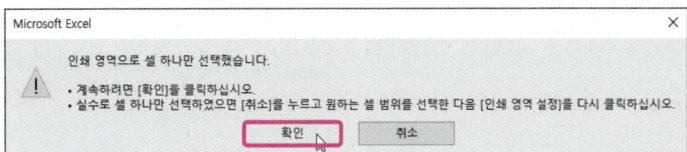

03 인쇄 결과를 확인하기 위해 [파일]-[인쇄]를 클릭해보면 인쇄 미리 보기 영역에 빈 종이만 표시됩니다. 정확하게는 **01** 과정에서 선택한 [H4] 셀이 인쇄되는 것인데, [H4] 셀은 빈 셀이므로 아무것도 출력되지 않는 것입니다.

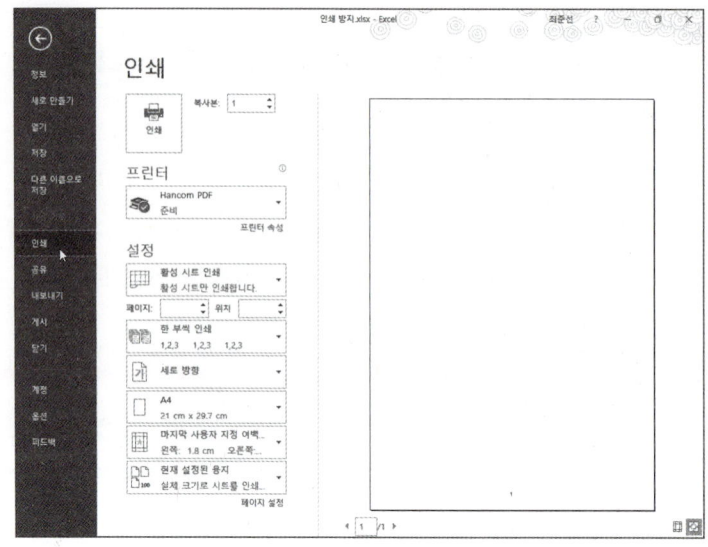

매크로를 이용하는 방법

위에서 소개한 방법은 간단하게 인쇄를 하지 못하도록 설정할 수 있지만 사용자 역시 인쇄 영역을 설정했다가 취소하는 방법을 늘 사용해 인쇄해야 하기 때문에 불편할 수 있고, 인쇄 영역을 취소하고 인쇄를 시도하면 막을 방법이 없습니다. 매크로를 이용해 보안을 강화해보겠습니다.

01 시트 탭에서 마우스 오른쪽 버튼을 클릭하고 [코드 보기]를 선택합니다.

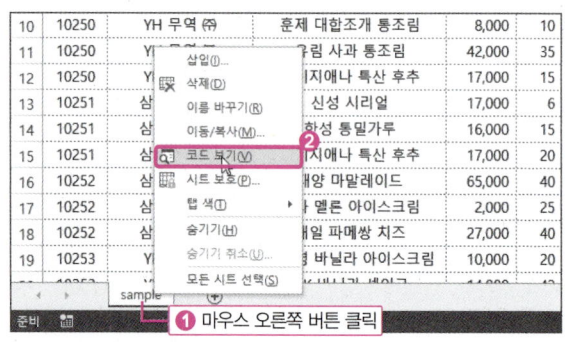

02 VB 편집기 창이 열리면 프로젝트 탐색기 창에서 '현재_통합_문서'를 더블클릭한 후 오른쪽 코드 창 상단에 있는 두 개의 콤보 상자에서 [Workbook]과 [BeforePrint]를 순서대로 선택합니다.

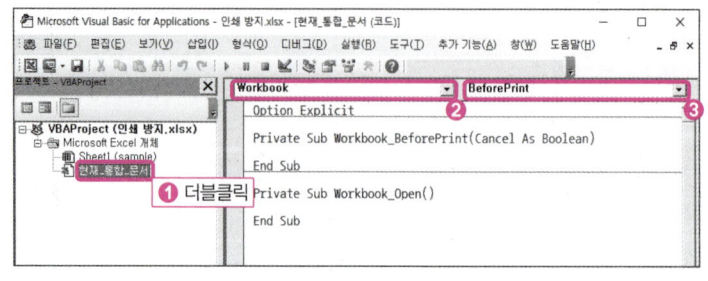

03 Private Sub Workbook_Open( ) … End Sub 부분은 삭제하고 다음과 같이 코드를 완성한 후 VB 편집기 창을 닫습니다.

```
Private Sub Workbook_BeforePrint(Cancel As Boolean)

    Cancel = True

End Sub
```

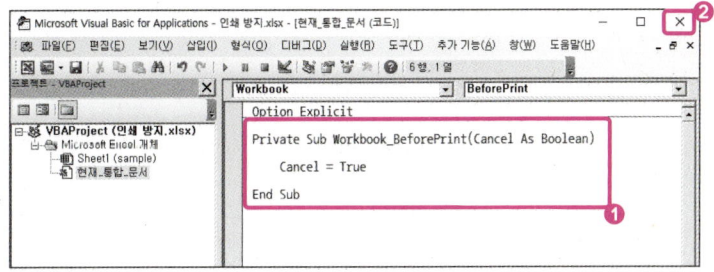

04 인쇄 미리 보기 등을 이용해 인쇄할 데이터를 확인할 수는 있지만, 막상 [인쇄]를 클릭하면 인쇄가 되지 않습니다.

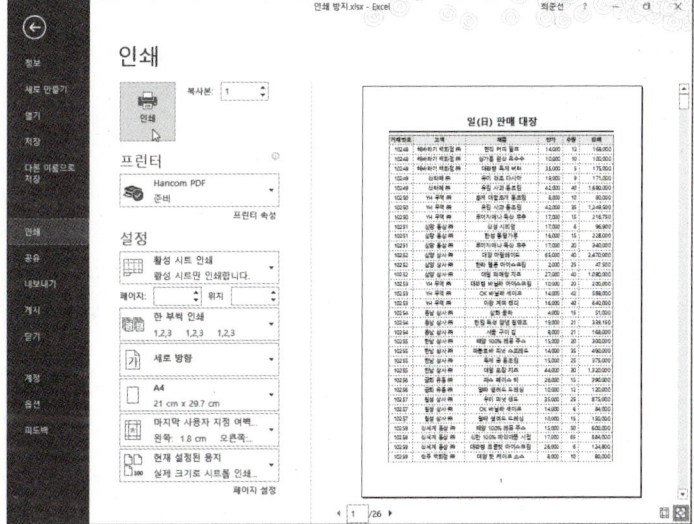

PART

10

엑셀 2016 바이블

매크로

CHAPTER
43

매크로

리본 메뉴에 [개발 도구] 탭 추가하기 484

매크로를 사용하려면 우선 리본 메뉴에 [개발 도구] 탭을 추가해야 합니다. 개발 도구 탭에는 매크로 작업에 필요한 다양한 명령이 포함되어 있는데, 사용자가 따로 설정하지 않으면 리본 메뉴에 표시되지 않습니다. 여기서는 리본 메뉴에 개발 도구 탭을 추가하는 방법에 대해 알아보겠습니다.

예제 파일 없음

01 엑셀을 실행하고 [파일] 탭-[옵션]을 클릭합니다. [Excel 옵션] 대화상자가 열리면 [리본 사용자 지정] 범주를 선택하고 [리본 메뉴 사용자 지정] 리스트에서 [개발 도구] 확인란에 체크 표시를 한 후 [확인]을 클릭합니다.

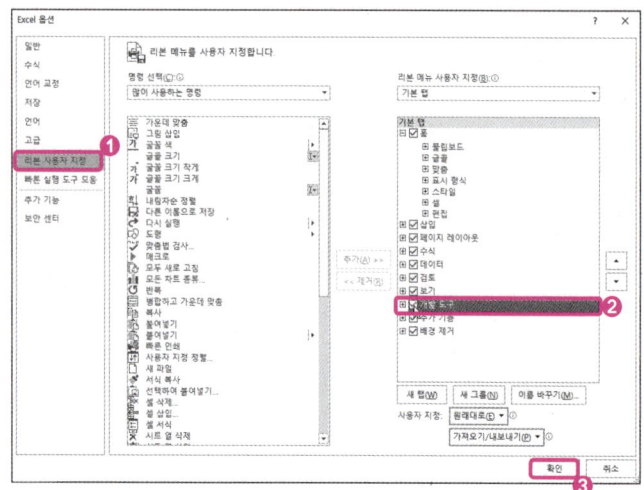

02 리본 메뉴에 [개발 도구] 탭이 추가됩니다.

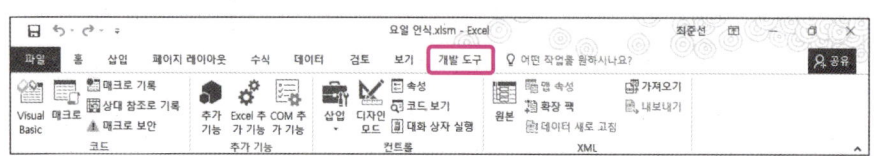

Plus⁺ 리본 메뉴의 [개발 도구] 탭 명령 이해하기

[개발 도구] 탭은 네 개의 그룹으로 구성되며 각 그룹의 역할은 다음과 같습니다.

① **[코드] 그룹** : 보안 수준을 변경할 수 있는 명령과 매크로 기록, 실행, 수정에 필요한 명령을 제공합니다.
② **[추가 기능] 그룹** : 추가 기능을 활성화/비활성화하는 명령을 제공합니다. 엑셀 2016부터 오피스 앱에서 다운로드한 추가 기능을 사용할 수 있는 [추가 기능] 명령이 따로 추가되었습니다.
③ **[컨트롤] 그룹** : 엑셀 2003의 양식 도구 모음과 컨트롤 도구 상자 도구 모음에서 제공하던 컨트롤과 컨트롤 속성 및 코드를 수정할 수 있는 명령을 제공합니다.
④ **[XML] 그룹** : XML 관련 명령을 제공합니다.

매크로 사용 통합 문서(XLSM)로 저장하기

485

엑셀 2007 버전부터는 엑셀 파일을 매크로를 사용하지 않는 파일(XLSX)과 매크로를 사용하는 파일(XLSM)로 구분해 관리합니다. 매크로를 사용한 경우에는 반드시 파일을 매크로 사용 통합 문서 형식으로 저장해야 하며, 그렇지 않으면 파일 내 매크로를 저장할 수 없습니다. 파일을 매크로 사용 통합 문서로 저장하는 방법에 대해 알아보겠습니다.

> 예제 파일 없음

매크로 사용 통합 문서로 저장

파일에서 매크로를 사용 가능하도록 하려면 단축키 F12를 눌러 [다른 이름으로 저장] 대화상자가 열리면 [파일 형식]에서 [Excel 매크로 사용 통합 문서]를 선택하고 [저장]을 클릭합니다.

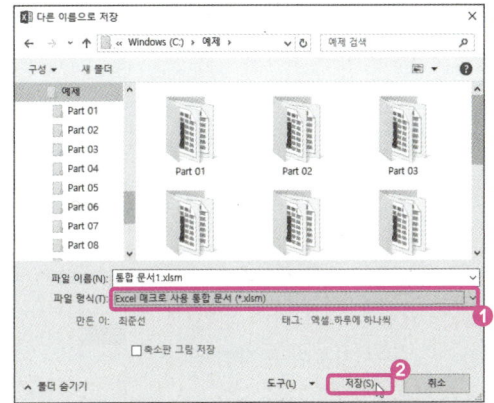

일반 통합 문서와 Excel 매크로 사용 통합 문서는 파일 아이콘의 모양이 다음과 같이 다르므로 탐색기에서 구분할 수 있습니다.

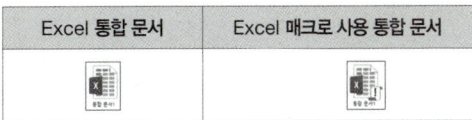

매크로 포함된 파일을 저장할 때 표시되는 메시지 창

매크로 사용 통합 문서로 저장되지 않은 파일에서 매크로를 사용하고 파일을 저장하려 시도하면 다음과 같은 메시지 창이 표시됩니다. 내용을 확인한 후 매크로를 저장하려면 [아니오]를 클릭하고 [다른 이름으로 저장] 대화상자에서 매크로 사용 통합 문서로 저장해야 합니다.

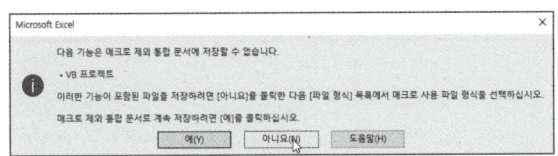

신뢰할 수 있는 문서와 보안 경고 메시지줄

486

엑셀 2010부터 [신뢰할 수 있는 문서] 기능이 추가되어 매크로가 포함된 파일을 좀 더 손쉽게 사용할 수 있게 되었습니다. '신뢰할 수 있는 문서'란 사용자가 매크로를 포함한 모든 기능의 사용을 허가한 파일을 의미합니다. 신뢰할 수 있는 문서로 분류되면 이후 파일을 열 때 보안 경고 메시지줄이 나타나지 않습니다. 신뢰할 수 있는 문서에 대해 알아보겠습니다.

예제 파일 PART 10\CHAPTER 43\신뢰할 수 있는 문서.xlsm

01 예제 파일을 열면 화면과 같이 수식 입력줄 상단에 보안 경고 메시지줄이 표시됩니다. [콘텐츠 사용]을 클릭하면 자동으로 '신뢰할 수 있는 문서'로 분류되며 매크로를 사용할 수 있습니다.

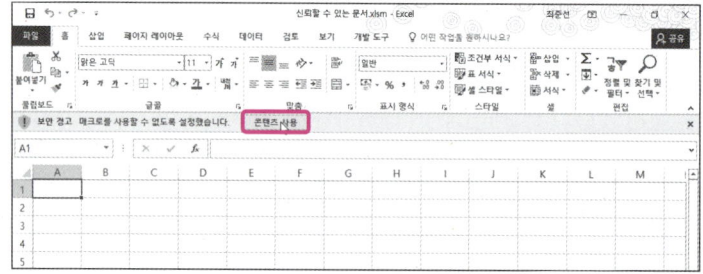

02 파일을 닫고 다시 열면 보안 경고 메시지줄이 표시되지 않습니다.

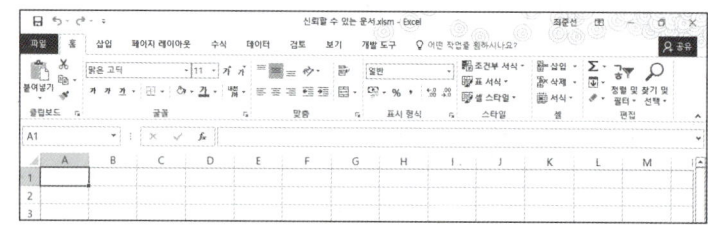

Plus⁺ 신뢰할 수 있는 문서 해제하기

신뢰할 수 있는 문서로 분류된 것을 다시 해제하려면 다음 작업을 진행합니다.

01 [개발 도구] 탭-[매크로] 그룹-[매크로 보안]을 클릭합니다.

02 [보안 센터] 대화상자가 열리면 [신뢰할 수 있는 문서] 범주를 선택하고 [지우기]를 클릭합니다.

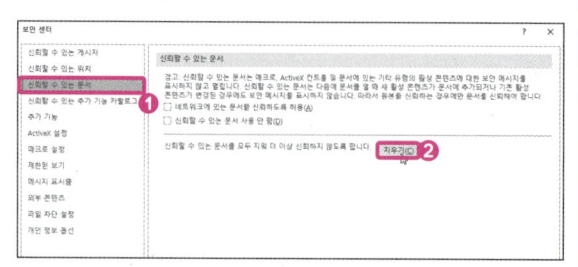

업무 폴더를 신뢰할 수 있는 위치로 등록하기 487

[신뢰할 수 있는 문서] 기능은 편리하지만 적어도 한 번은 사용자가 허가를 해야 합니다. 이런 점이 불편하다면 폴더 단위로 보안 경고 메시지줄이 표시되지 않도록 하는 [신뢰할 수 있는 위치] 기능을 사용하면 됩니다. 업무 폴더를 신뢰할 수 있는 위치로 등록해두면 해당 폴더를 포함한 하위 폴더 내 파일을 열 때 보안 경고 메시지줄이 표시되지 않습니다.

예제 파일 없음

01 엑셀을 실행하고 빈 파일을 하나 연 후, [개발 도구] 탭-[코드] 그룹-[매크로 보안]을 클릭합니다. [보안 센터] 대화상자가 열리면 [신뢰할 수 있는 위치] 범주를 선택하고 [새 위치 추가]를 클릭합니다.

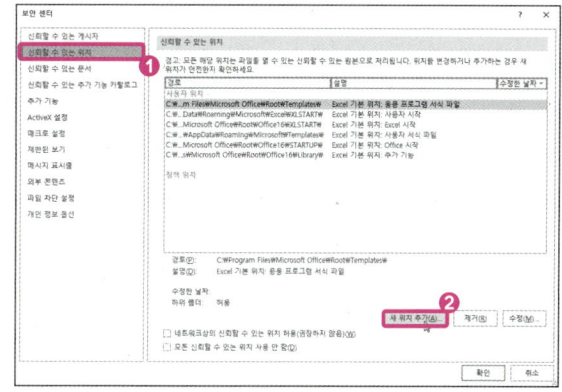

TIP [신뢰할 수 있는 위치] 범주에는 이미 여러 개의 폴더가 등록되어 있습니다. 이 폴더는 엑셀 프로그램이 설치될 때 등록된 폴더로, 이 폴더 위치를 변경하거나 삭제하면 엑셀 프로그램이 오동작하거나 불편한 보안 경고 메시지줄이 계속 표시될 수 있습니다. 그러므로 자신의 폴더를 등록하는 것 외의 다른 작업은 하지 않는 것이 좋습니다.

02 [신뢰할 수 있는 Microsoft Office 위치] 대화상자가 열리면 [찾아보기]를 클릭해 작업 폴더의 최상위 폴더를 선택하고 [이 위치의 하위 폴더도 신뢰할 수 있음]에 체크 표시를 한 후 [확인]을 클릭합니다. [보안 센터] 대화상자의 [신뢰할 수 있는 위치] 리스트에 선택한 폴더가 등록되면 [확인]을 클릭합니다.

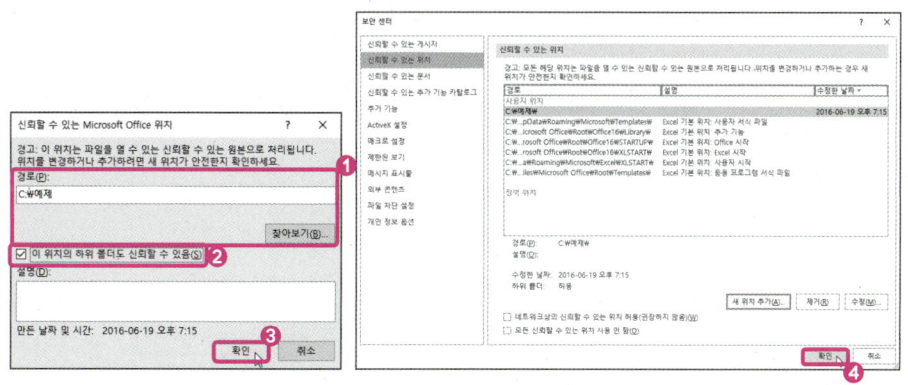

03 등록한 폴더에 있는 매크로 사용 통합 문서 파일을 열어보면 보안 경고 메시지줄이 표시되지 않는 것을 확인할 수 있습니다.

매크로 기록기로 매크로 기록하고 실행하기 488

매크로는 실행 명령으로, 리본 메뉴의 다른 명령과 마찬가지로 실행하면 매크로 내 지정된 동작이 그대로 수행됩니다. 매크로를 만들려면 VBA라는 언어를 학습해야 하는데 VBA는 익히는 데 시간이 오래 걸리므로 수월한 일은 아닙니다. 그래서 엑셀에는 사용자의 동작을 기록해서 매크로로 만들어주는 [매크로 기록기]와 같은 명령이 있습니다. 매크로 기록기는 녹음기와 유사하게 사용자의 동작을 기록했다가 다시 재생하는 방법을 사용하기 때문에 반복적인 업무를 자동화하는 데 편리하게 사용할 수 있습니다.

예제 파일 PART 10\CHAPTER 43\매크로 기록기.xlsm

01 예제 파일의 'sample' 시트와 'print' 시트에는 각각 '직원 명부' 표와 '고객 명부' 표가 있습니다. 두 표에 유사한 페이지 설정을 적용해 인쇄한다고 할 때, 'sample' 시트에서 페이지 설정을 적용하는 과정을 [매크로 기록기]로 기록하고, 기록된 매크로를 'print' 시트에서 실행해 업무를 자동화해보겠습니다.

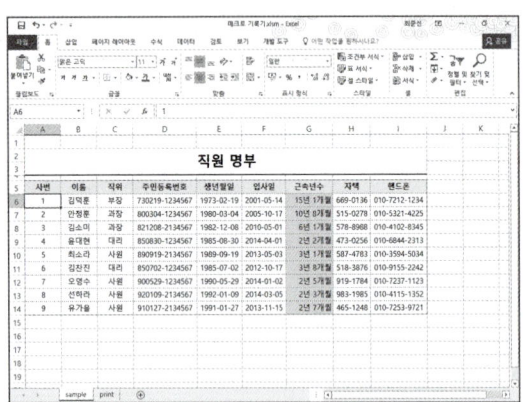 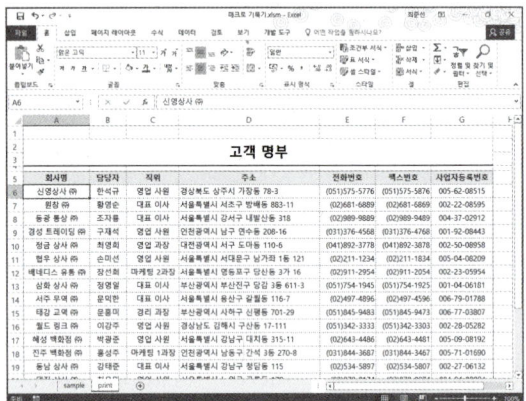

TIP 두 시트의 표는 열 개수와 데이터 행 수의 차이는 있지만, 제목의 위치나 표의 구성이 동일하므로 매크로를 기록해놓고 사용하기에 적합합니다.

02 'sample' 시트에서 매크로를 기록하겠습니다. [개발 도구] 탭-[코드] 그룹-[매크로 기록]을 클릭합니다.

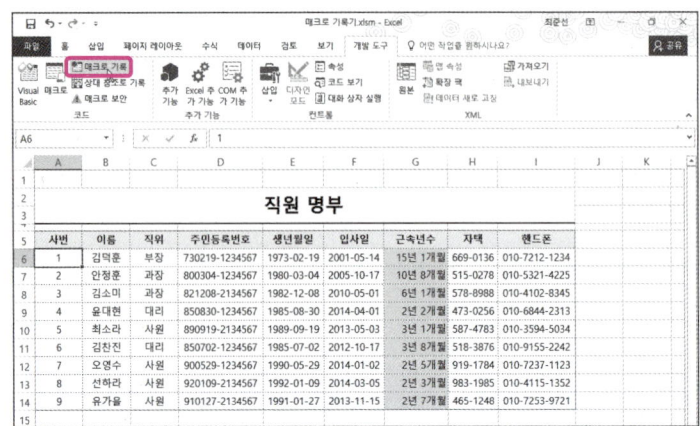

03 [매크로 기록] 대화상자가 열리면 [매크로 이름] 입력 상자에 '가로페이지'를 입력하고 [확인]을 클릭합니다.

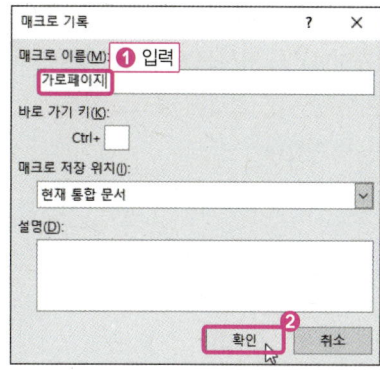

TIP 매크로 이름은 되도록이면 짧게 매크로의 동작을 잘 설명하도록 만드는 것이 좋습니다. 매크로 이름에는 띄어쓰기를 사용할 수 없고 특수문자 사용에 제약이 있습니다.

04 이제부터 마우스나 키보드를 이용해 입력하는 모든 동작이 매크로로 기록됩니다. 페이지 설정 작업을 진행하기 위해 [페이지 레이아웃] 탭-[페이지 설정] 그룹의 대화상자 표시 아이콘을 클릭합니다.

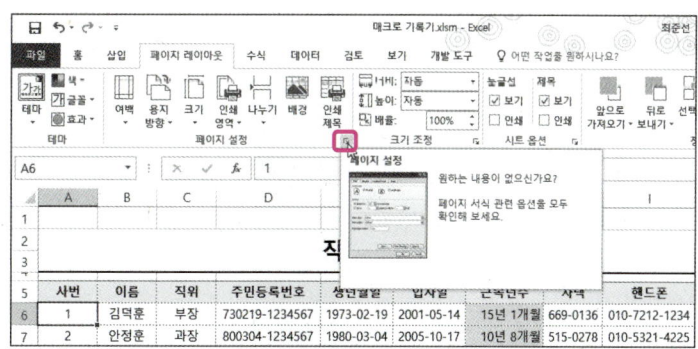

05 [페이지 설정] 대화상자가 열리면 [페이지], [여백], [시트] 탭의 옵션을 각각 화면과 같이 변경하고 [확인]을 클릭합니다.

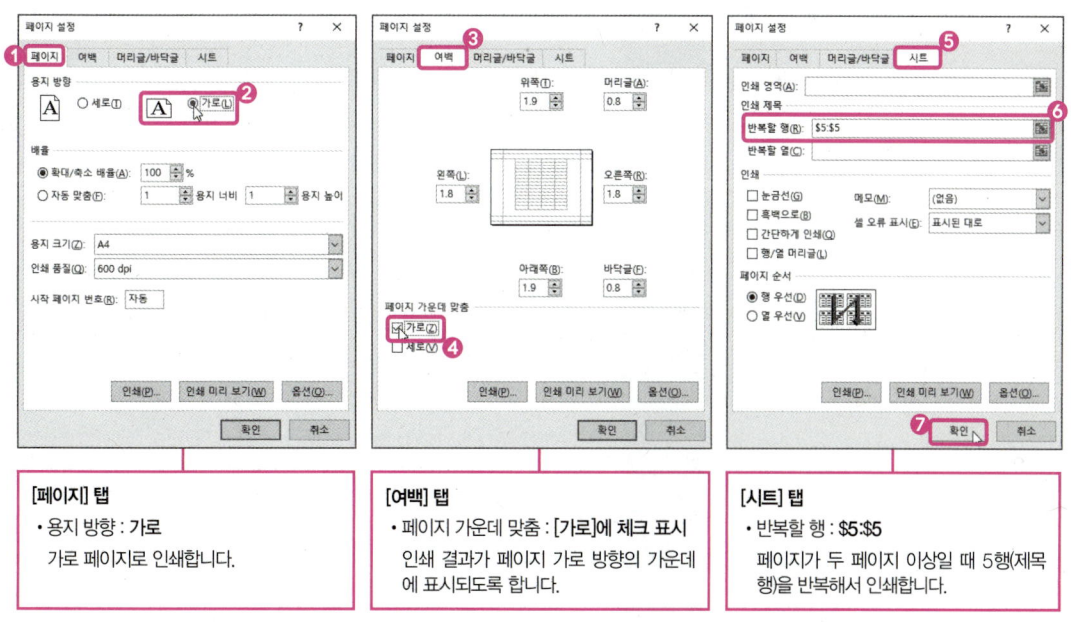

[페이지] 탭
· 용지 방향 : 가로
  가로 페이지로 인쇄합니다.

[여백] 탭
· 페이지 가운데 맞춤 : [가로]에 체크 표시
  인쇄 결과가 페이지 가로 방향의 가운데에 표시되도록 합니다.

[시트] 탭
· 반복할 행 : $5:$5
  페이지가 두 페이지 이상일 때 5행(제목 행)을 반복해서 인쇄합니다.

06 모든 동작을 수행했다면 [개발 도구] 탭-[코드] 그룹-[기록 중지]를 클릭해 매크로 기록을 중단합니다.

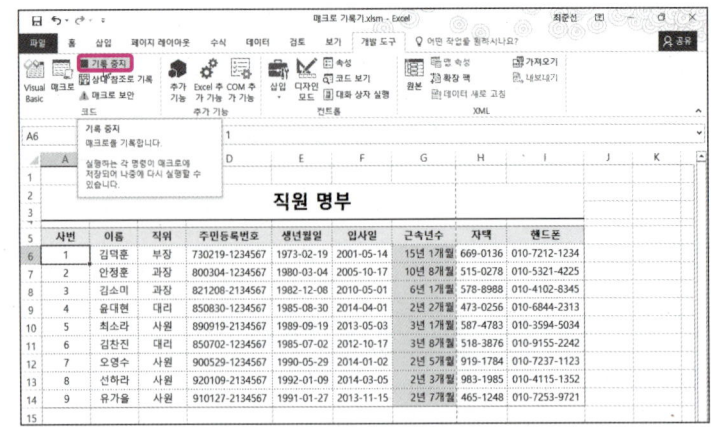

07 페이지 설정이 제대로 됐는지 확인하기 위해 [파일] 탭-[인쇄]를 클릭합니다. 백스테이지 화면의 인쇄 미리 보기 영역을 보면 가로 방향으로 용지 가운데에 표가 나타나는 것을 확인할 수 있습니다.

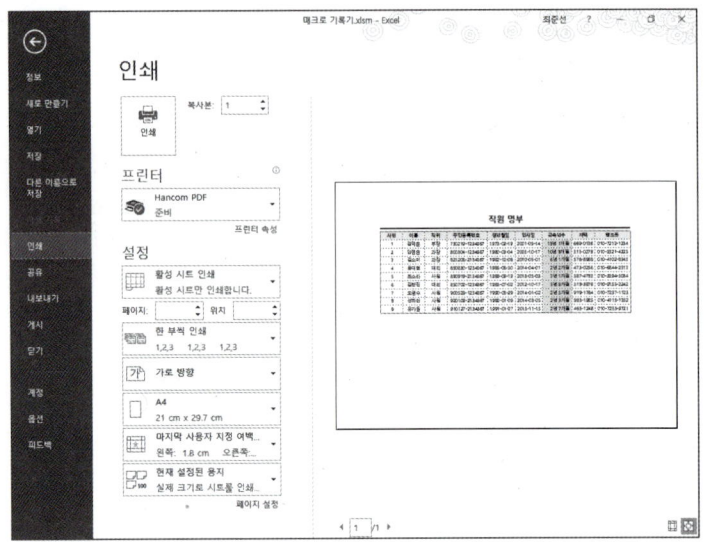

08 [이전]을 클릭해 백스테이지 화면에서 벗어난 후 'print' 시트를 선택합니다. [파일] 탭-[인쇄]를 클릭해 인쇄 화면을 미리 보면 세로 방향 용지에 아무 설정도 적용되어 있지 않은 것을 확인할 수 있습니다.

09 [◀ 이전]을 클릭해 백스테이지 화면에서 벗어납니다. 'print' 시트에서 기록된 매크로를 실행하기 위해 [개발 도구] 탭-[코드] 그룹-[매크로]를 클릭합니다.

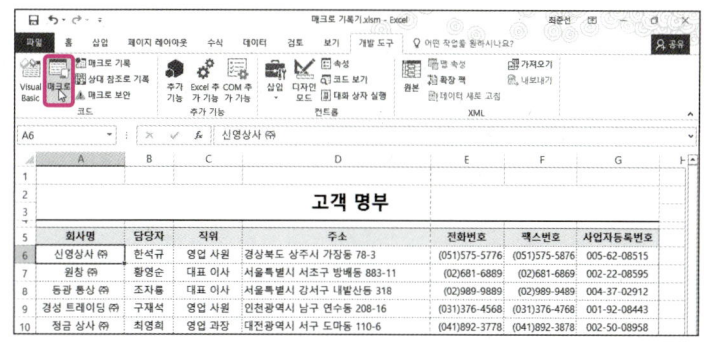

TIP 리본 메뉴에 있는 명령을 클릭하는 대신 단축키 Alt + F8 을 눌러 [매크로] 대화상자를 열어도 됩니다.

10 [매크로] 대화상자가 열리면 '가로페이지' 매크로가 선택된 상태에서 [실행]을 클릭합니다.

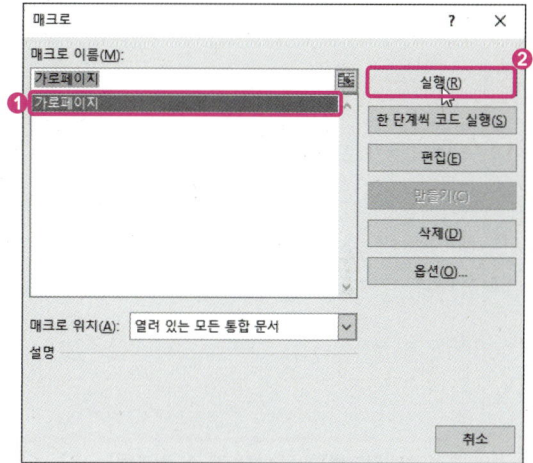

11 매크로가 실행된 후 [파일] 탭-[인쇄]를 클릭해보면 매크로가 실행되어 'sample' 시트와 동일한 페이지 설정이 적용된 것을 확인할 수 있습니다.

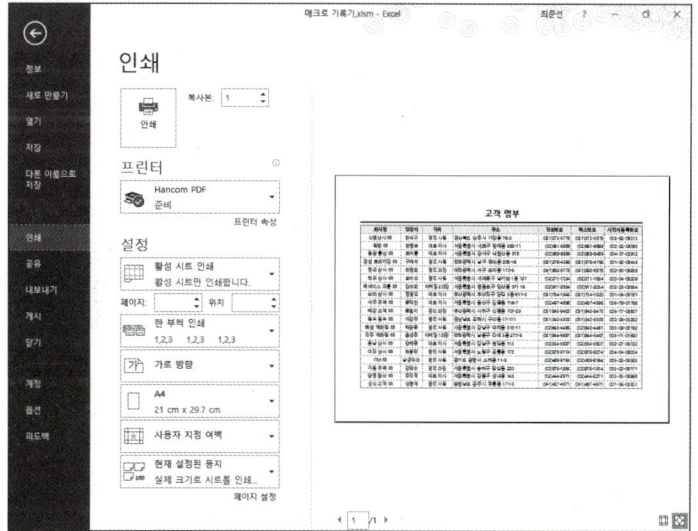

매크로를 버튼이나 도형에 연결해 사용하기 489

엑셀에는 매크로를 실행하는 여러 가지 방법이 있습니다. No. 488에서 설명한 매크로 대화상자를 이용하는 방법은 가장 기본적인 실행 방법이지만 단계가 너무 복잡해 자주 사용하지 않습니다. 보통 많이 사용하는 방법은 [단추] 양식 컨트롤이나 도형에 매크로에 연결해 실행하는 방법입니다. 양식 컨트롤이나 도형에 매크로를 연결해 실행하는 방법에 대해 알아보겠습니다.

예제 파일 없음

양식 컨트롤에 매크로 연결

01 매크로가 포함된 파일을 열고 [개발 도구] 탭-[컨트롤] 그룹-[삽입]을 클릭한 후 [양식 컨트롤] 그룹의 첫 번째에 있는 [단추] 컨트롤을 클릭합니다.

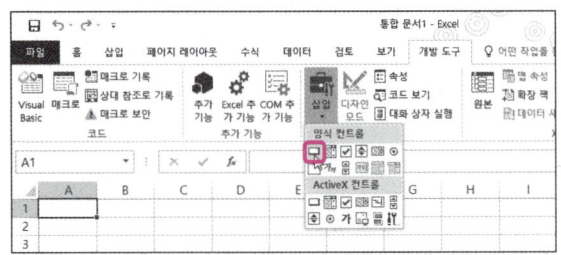

Plus⁺ [양식 컨트롤]과 [ACTIVE-X 컨트롤]

[개발 도구] 탭-[컨트롤] 그룹-[삽입]을 클릭해보면 두 개의 그룹으로 컨트롤이 나뉘어 있습니다. 다음 설명을 참고해 사용합니다.

- 양식 컨트롤 : 엑셀의 내장 컨트롤로, 워크시트에서 주로 사용합니다.
- ActiveX 컨트롤 : 오피스 공용 컨트롤로, 보통 '폼' 개체를 개발할 때 사용합니다.

02 [B2:C3] 범위를 드래그하면 드래그한 범위에 [단추] 컨트롤이 생성되고 바로 [매크로 지정] 대화상자가 열립니다. 연결할 매크로를 선택하고 [확인]을 클릭합니다.

TIP 컨트롤의 조정
매크로를 연결한 후 [단추] 컨트롤을 클릭하면 컨트롤에 표시된 텍스트를 수정할 수 있습니다. 또한 [단추] 컨트롤을 삽입할 때 크기를 셀 크기에 맞추려면 Alt 를 누른 상태에서 마우스를 드래그합니다.

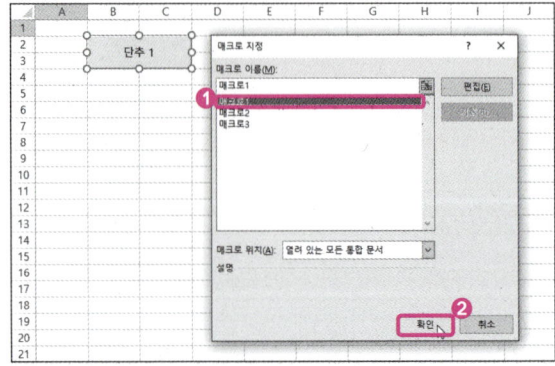

TIP [단추] 컨트롤에 매크로가 연결된 다음 바로 클릭하면 안 되고, 빈 셀을 한 번 선택해야 컨트롤 편집 상태가 해제되면서 [단추] 컨트롤을 클릭할 수 있게 됩니다.

도형에 매크로 연결

01 [삽입] 탭-[일러스트레이션] 그룹-[도형]을 클릭한 후 원하는 도형을 선택합니다.

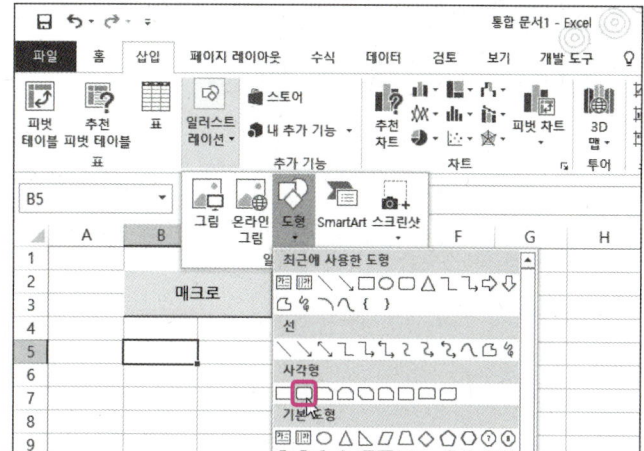

TIP 어떤 도형을 선택해도 괜찮지만 보통 [사각형] 그룹에 있는 도형을 가장 많이 사용합니다.

02 도형을 원하는 위치에 삽입한 후 [서식] 탭에서 원하는 서식을 지정합니다. 매크로를 연결할 때는 도형을 마우스 오른쪽 버튼으로 클릭하고 [매크로 지정]을 선택합니다. [단추] 컨트롤과 마찬가지로 [매크로 지정] 대화상자가 표시되며, 연결 방법은 동일합니다.

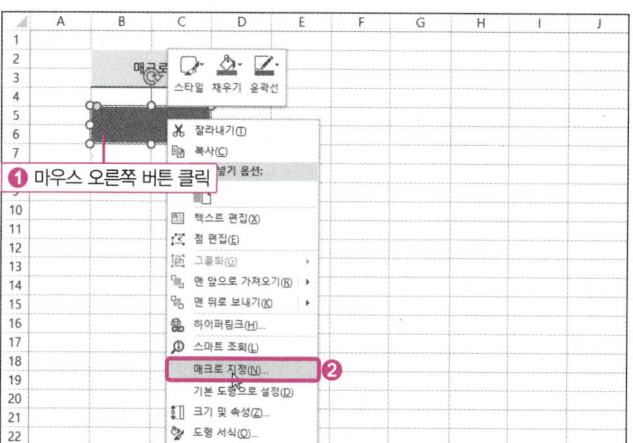

기록된 매크로를 수정해
효율을 높이는 방법

490

매크로 기록기는 사용자의 동작을 VBA 언어로 기록해 저장하는데, 사용자의 동작에는 불필요한 요소가 많으므로 매크로 기록기로 기록된 코드 역시 효율적이지 못합니다. 매크로 기록기로 기록된 코드를 확인하고, 기록된 코드를 수정해 매크로의 실행 효율을 높이는 방법에 대해 알아보겠습니다.

예제 파일 PART 10\CHAPTER 43\코드 수정.xlsm

01 예제 파일을 열면 값을 입력하기 위한 표와 누계를 계산하기 위한 표가 있습니다. [B3:C3] 범위 내 숫자의 합을 [E3] 셀에 계속 누적시키는 매크로를 기록하고, 기록된 코드의 비효율적인 부분을 찾아 수정해보겠습니다. [E2] 셀에 삽입되어 있는 도형을 클릭해 매크로가 실행되도록 합니다.

02 [개발 도구] 탭-[코드] 그룹-[매크로 기록]을 클릭하고 다음 순서로 매크로를 기록한 후 [기록 중지]를 클릭합니다.

❶ [E1] 셀을 클릭합니다.
❷ [E1] 셀에 =B3+C3 수식을 입력합니다.
❸ [E1] 셀을 클릭하고 복사(Ctrl+C)합니다.
❹ [E3] 셀을 클릭합니다.
❺ [선택하여 붙여넣기](Ctrl+Shift+V)를 실행하고 [값], [더하기] 옵션을 선택합니다.
❻ Esc를 눌러 복사 모드를 해제합니다.
❼ [E1] 셀을 클릭하고 DEL을 누릅니다.
❽ [B3:C3] 범위를 선택하고 DEL을 누릅니다.
❾ [B3] 셀을 클릭합니다.

TIP [매크로 기록] 대화상자에서 매크로 이름은 변경하지 않고 바로 [확인]을 클릭해 기록합니다.

03 제대로 동작하는지 확인하기 위해 [E2] 셀의 도형에 연결한 다음 도형을 클릭해 매크로를 실행합니다. 그러면 [B3:C3] 범위 내 값은 지워지고 [E3] 셀에 합계 값이 '300'으로 나타납니다.

TIP 만약 원하는 결과가 반환되지 않으면 단축키 Alt+F8을 눌러 [매크로 지정] 대화상자가 열리면 '매크로1' 매크로를 선택하고 [삭제]를 클릭해 삭제한 후 **02** 과정을 참고해 다시 기록합니다.

04 기록된 매크로를 확인해보겠습니다. [개발 도구] 탭-[코드] 그룹-[Visual Bisic]을 클릭하거나 단축키 Alt+F11을 누르면 VB 편집기가 열립니다. 좌측에 있는 프로젝트 탐색기 창에서 [모듈] 폴더를 클릭해 확장하고 'Module1'을 더블클릭하면 다음과 같이 기록된 코드를 볼 수 있습니다.

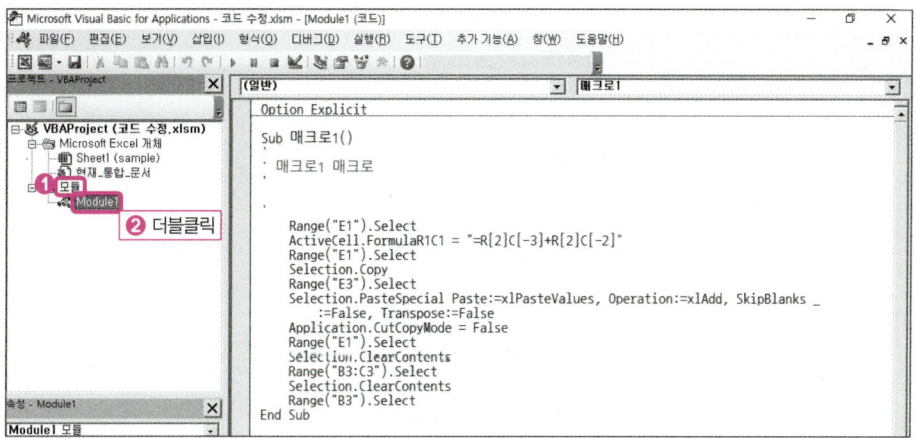

05 기록된 한 줄의 코드는 사용자가 **02** 과정에서 진행한 하나의 동작을 의미합니다. 이 매크로의 코드 전문은 다음과 같습니다.

```
Sub 매크로1()
'
' 매크로1 매크로
'

    Range("E1").Select
    ActiveCell.FormulaR1C1 = "=R[2]C[-3]+R[2]C[-2]"
    Range("E1").Select
    Selection.Copy
    Range("E3").Select
    Selection.PasteSpecial Paste:=xlPasteValues, Operation:=xlAdd, SkipBlanks _
        :=False, Transpose:=False
    Application.CutCopyMode = False
    Range("E1").Select
    Selection.ClearContents
    Range("B3:C3").Select
    Selection.ClearContents
    Range("B3").Select
End Sub
```

Plus⁺ 코드 수정 방법을 참고해 비효율적인 코드 개선하기

첫 번째, 코드의 마지막 부분이 Select로 끝나고 다음 줄에서 Selection으로 시작하는 부분을 찾습니다. 예를 들면 다음과 같습니다.

```
Range("E1").Select
Selection.Copy
```

Select는 마우스 클릭 동작을 의미하며 Selection은 선택된 대상을 의미하므로, 두 줄은 한 줄로 다음과 같이 연결해 사용할 수 있습니다.

```
Range("E1").Copy
```

TIP 코드가 짧아지면 두 번 실행할 동작이 한 번에 실행된 것이므로 작업 효율을 높일 수 있습니다.

위 규칙을 기록된 매크로에 적용하면, 다음 세 군데를 수정할 수 있습니다.

```
Sub 매크로1()
'
' 매크로1 매크로
'

    Range("E1").Select
    ActiveCell.FormulaR1C1 = "=R[2]C[-3]+R[2]C[-2]"
    Range("E1").Copy
    Range("E3").PasteSpecial Paste:=xlPasteValues, Operation:=xlAdd, SkipBlanks _
        :=False, Transpose:=False
    
    Application.CutCopyMode = False
    Range("E1").ClearContents
    Range("B3:C3").ClearContents
    Range("B3").Select
    
End Sub
```

두 번째, 코드의 마지막이 Select로 끝나고 다음 줄에서 ActiveCell로 시작하는 줄을 찾습니다. 예를 들면 다음과 같습니다.

```
Range("E1").Select
ActiveCell.FormulaR1C1 = "=R[2]C[-3]+R[2]C[-2]"
```

Select와 ActiveCell을 지우고 윗줄과 아랫줄을 연결합니다.

```
Range("E1").FormulaR1C1 = "=R[2]C[-3]+R[2]C[-2]"
```

세 번째, FormulaR1C1 명령을 사용하는 줄을 찾습니다.

```
Range("E1").FormulaR1C1 = "=R[2]C[-3]+R[2]C[-2]"
```

FormulaR1C1에 넣는 큰따옴표 안의 값이 등호(=)로 시작되는 수식이면 Formula로 변경하고, 등호로 시작하지 않으면 Value로 변경합니다.

```
Range("E1").Formula = "=R[2]C[-3]+R[2]C[-2]"
```

네 번째, 수식 안의 R[2]C[-3]은 Range 안의 셀 주소의 상대 위치로, R은 Row(행)을 의미하고 C는 Column(열)을 의미합니다. R의 양수는 아래쪽, 음수는 위쪽 위치의 셀이고, C의 양수는 오른쪽, 음수는 왼쪽 위치의 셀입니다.

그러므로 R[2]C[-3]은 [E1] 셀에서 아래쪽으로 두 칸 이동하고 왼쪽으로 세 칸 이동한 위치인 [B3] 셀을 의미합니다. 마찬가지로 R[2]C[-2]는 [E1] 셀에서 아래쪽으로 두 칸 이동하고 왼쪽으로 두 칸 이동한 위치인 [C3] 셀을 의미합니다. 즉 수식은 =B3+C3이 됩니다.

설명한 내용을 모두 적용하면 다음과 같이 코드가 정리됩니다.

```
Sub 매크로1()
'
' 매크로1 매크로
'

    Range("E1").Formula = "=B3+C3"
    Range("E1").Copy
    Range("E3").PasteSpecial Paste:=xlPasteValues, Operation:=xlAdd, SkipBlanks _
        :=False, Transpose:=False

    Application.CutCopyMode = False
    Range("E1").ClearContents
    Range("B3:C3").ClearContents
    Range("B3").Select

End Sub
```

06 코드를 모두 수정했다면 VB 편집기를 닫고 [B3:C3] 범위에 다음과 같이 값을 입력한 후 〈누계〉 도형을 클릭해 오른쪽 화면과 동일한 결과가 반환되는지 확인합니다.

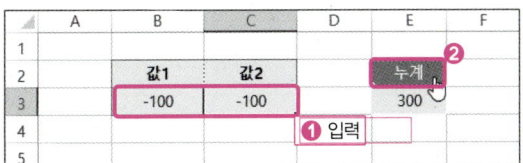

여러 개의 기록된 매크로를 한 번에 실행하기

491

매크로를 기록하다 보면 단편적인 작업만 하는 여러 개의 매크로를 만들게 됩니다. 이런 매크로들을 연결해 실행할 수 있다면 매크로를 다시 기록하는 데 걸리는 시간을 단축할 수 있습니다. 기록된 여러 개의 매크로를 순서대로 실행시킬 수 있는 매크로 생성 방법에 대해 알아보겠습니다.

예제 파일 PART 10 \ CHAPTER 43 \ Call 문.xlsm

01 예제 파일을 열어보면 화면과 같은 표가 있습니다. 이 파일에는 두 개의 매크로가 기록되어 있으며 각각 〈정렬〉 버튼과 〈복사〉 버튼에 연결되어 있습니다.

TIP 〈정렬〉 버튼에 연결된 매크로는 왼쪽 표를 [E] 열의 성적 순(내림차순)으로 정렬합니다. 〈복사〉 버튼에 연결된 매크로는 왼쪽 표 상위 세 명의 이름과 성적을 복사해 [J3] 셀에 복사한 다음, 다시 왼쪽 표를 사번 순(오름차순)으로 정렬합니다.

02 순서대로 〈정렬〉 버튼과 〈복사〉 버튼을 클릭하면 상위 세 명의 데이터가 오른쪽 표에 붙여집니다.

03 기록된 매크로를 확인하기 위해 단축키 Alt + F11 을 눌러 VB 편집기를 엽니다. 프로젝트 탐색기 창에서 [모듈] 폴더 아래의 'Module1'을 더블클릭하면 기록된 매크로를 확인할 수 있습니다.

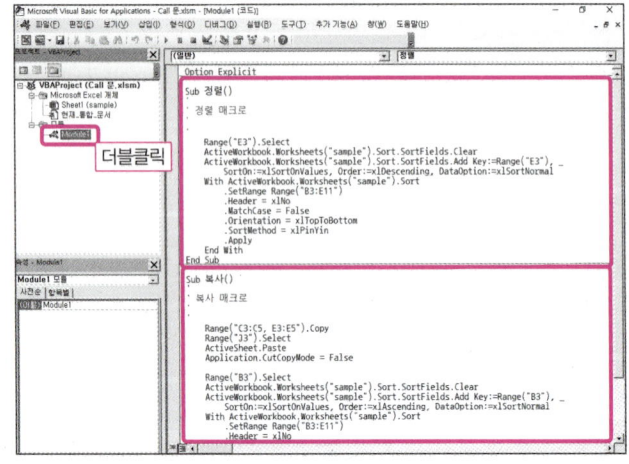

TIP 코드를 보면 Sub 명령 뒤에 매크로 이름이 나옵니다. End Sub 명령이 있는 줄까지가 하나의 매크로입니다.

04 매크로 코드 상단에 다음과 같이 기존에 기록된 매크로를 순서대로 호출하는 코드를 입력합니다.

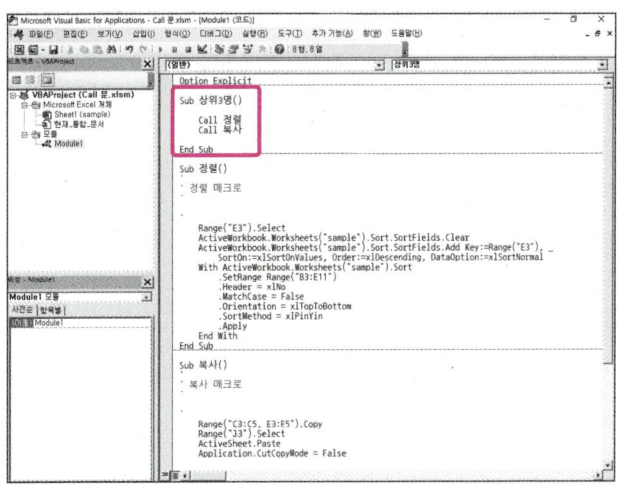

```
Sub 상위3명()        ──────── ❶

    Call 정렬        ──────── ❷
    Call 복사        ──────── ❸



End Sub
```

❶ '상위3명' 매크로를 새로 생성합니다.
❷ '정렬' 매크로를 실행합니다. 참고로 Call문은 생략해도 되지만, 가급적 입력해두는 것이 코드를 이해하기 쉽게 만드는 방법입니다.
❸ '복사' 매크로를 실행합니다.

05 VB 편집기를 닫고, 양식 컨트롤의 [단추] 컨트롤을 하나 더 삽입한 후 '상위3명' 매크로를 연결합니다. 이제 〈상위3명〉 버튼을 클릭하면 정렬과 복사 작업이 한 번에 이뤄집니다.

> **TIP** [단추] 컨트롤을 삽입하고 매크로를 연결하는 방법은 'No. 489 매크로를 버튼이나 도형에 연결해 사용하기'를 참고합니다.
>
> **TIP** [E3:E11] 범위 내 성적을 변경하고 〈상위3명〉 버튼을 클릭해 결과를 확인합니다.

자동으로 실행되는 매크로 기록하기

492

엑셀의 매크로 기능 중에는 '이벤트'라는 것이 있는데, 이 기능은 버튼에 매크로를 연결하지 않아도 특정 시점에 자동으로 동작하도록 만드는 것입니다. 다만 이벤트를 제대로 활용하려면 VBA 언어를 학습해야 합니다. 매크로 이름을 특정 이름으로 사용하면 매크로가 자동으로 실행되도록 하는 간단한 방법도 있습니다. 여기서는 매크로 기록기를 이용해 파일을 열 때 필요한 파일이 함께 열리도록 하는 매크로 기록 방법에 대해 알아보겠습니다.

\ 예제 파일 PART 10\CHAPTER 43\이벤트 매크로.xlsm, 이벤트 매크로-연결.xlsx

01 예제 파일 중 '이벤트 매크로.xlsm' 파일은 왼쪽 화면과 같이 빈 파일이고, '이벤트 매크로-연결.xlsx' 파일에는 오른쪽 화면과 같이 표가 입력되어 있습니다. 두 파일이 항상 함께 작업해야 하는 파일이라는 전제하에 '이벤트 매크로.xlsm' 파일을 열 때 '이벤트 매크로-연결.xlsx' 파일이 함께 열리도록 매크로를 기록하고 사용해보겠습니다.

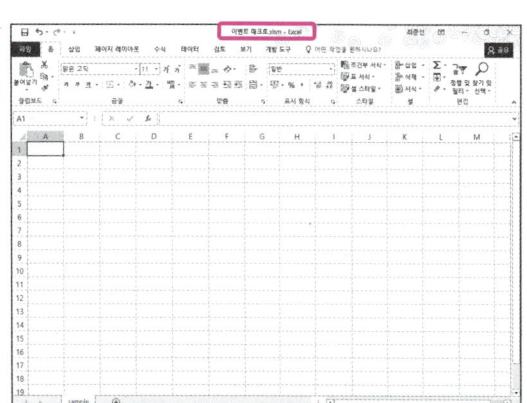 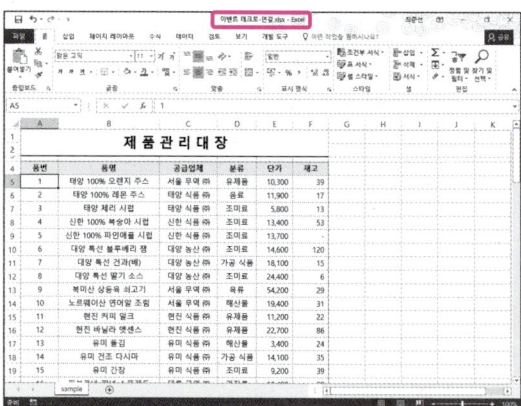

02 '이벤트 매크로-연결.xlsx' 파일을 닫고 '이벤트 매크로.xlsm' 파일에서 매크로를 기록하겠습니다. [개발 도구] 탭-[코드] 그룹-[매크로 기록]을 클릭해 [매크로 기록] 대화상자가 열리면 [매크로 이름]에 'Auto_Open'을 입력하고 [확인]을 클릭합니다.

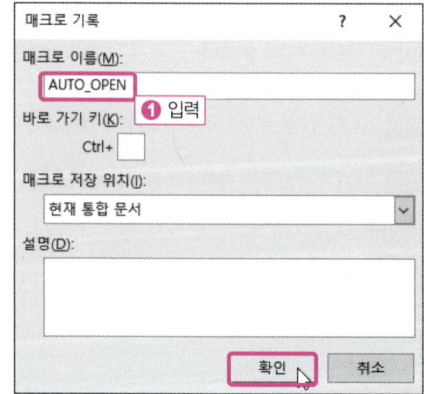

> **TIP** 자동 실행 매크로
> 자동 실행되는 매크로를 기록하려면 다음 두 가지 이름을 사용하면 됩니다.
> • AUTO_OPEN : 파일이 열릴 때 실행됩니다.
> • AUTO_CLOSE : 파일이 닫힐 때 실행됩니다.

03 파일을 여는 동작을 기록하기 위해 [파일]-[열기]를 클릭하고 [이 PC]-[찾아보기]를 선택한 후 예제 폴더가 있는 경로에서 '이벤트 매크로-연결' 파일을 선택하고 [열기]를 클릭합니다.

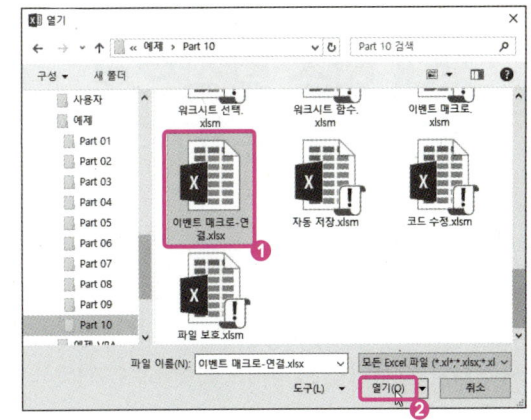

04 왼쪽 화면과 같이 파일이 열립니다. Ctrl + Tab 을 눌러 매크로를 기록 중인 '이벤트 매크로.xlsm' 파일로 돌아온 후 [개발 도구] 탭-[코드] 그룹-[■기록 중지]를 클릭합니다.

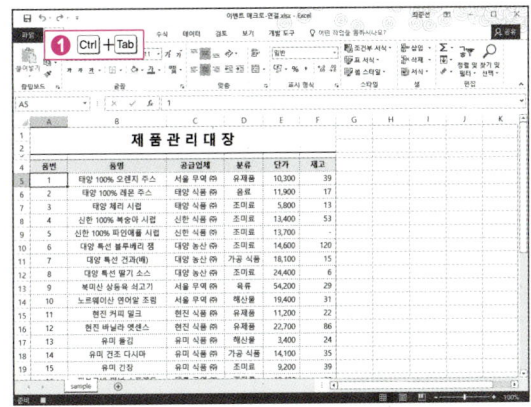
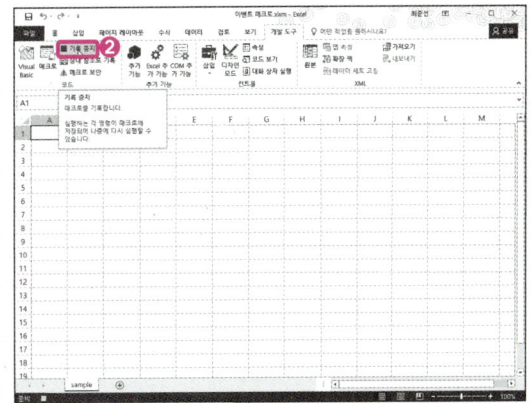

05 개발된 매크로가 제대로 동작하는지 확인하기 위해 파일을 모두 저장하고 닫습니다. '이벤트 매크로.xlsm' 파일을 다시 열면 '이벤트 매크로-연결.xlsx' 파일이 함께 열립니다.

> **TIP** 이벤트 매크로-연결.xlsx' 파일이 함께 열리지 않는다면 '이벤트 매크로.xlsm' 파일의 매크로가 실행되지 않은 것입니다. 만약 '이벤트 매크로.xlsm' 파일을 열 때 보안 경고 메시지줄이 표시된다면 [콘텐츠 사용]을 먼저 클릭합니다. 보안 경고 메시지줄과 [신뢰할 수 있는 위치]를 사용하는 방법은 No. 486과 No. 487에서 자세하게 설명합니다.

06 더 이상 파일을 함께 열 필요가 없어지면 매크로를 삭제합니다. 매크로가 기록된 '이벤트 매크로.xlsm' 파일에서 단축키 Alt + F8 을 누르고 'AUTO_OPEN' 매크로를 선택한 후 [삭제]를 클릭합니다.

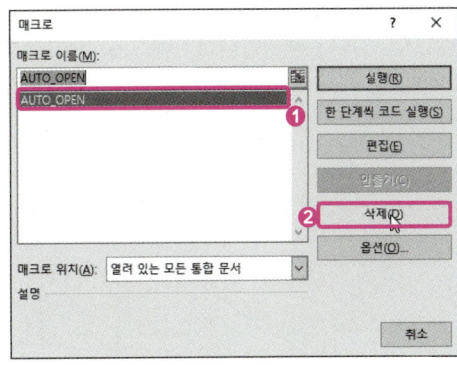

상대 참조 방식으로 매크로 기록하기

493

[매크로 기록기]로 매크로를 기록해보면 항상 동일한 데이터 범위를 대상으로만 동작합니다. 예를 들어 [A1:A10] 범위에서 동작하는 매크로를 기록하면 어느 시트에서 실행해도 [A1:A10] 범위를 대상으로 동작합니다. 데이터가 많아지거나 위치가 변경될 가능성이 있다면 매크로를 상대 참조 방식으로 기록해야 합니다. 상대 참조 방식으로 매크로를 기록하는 방법에 대해 알아보겠습니다.

예제 파일 PART 10 \ CHAPTER 43 \ 상대 참조.xlsm

01 예제 파일을 보면 '직원명부' 시트와 '고객명부' 시트가 있습니다. 두 시트의 데이터는 구조도 다르고 '고객명부' 시트의 데이터가 더 많습니다. '직원명부' 시트에서 표의 가독성을 높이기 위해 한 행 건너 한 행씩 줄무늬 행 서식을 설정하는 매크로를 기록해보겠습니다. 단, 데이터 구조가 다른 두 시트에서 매크로를 모두 사용할 수 있도록 상대참조 방식으로 기록하겠습니다.

02 조건부 서식을 적용할 [A6:I14] 범위를 선택하고 [개발 도구] 탭-[코드] 그룹-[📋 상대 참조로 기록]을 클릭합니다.

TIP 상대 참조 방식으로 매크로 기록
상대 참조 방식으로 매크로를 기록할 때는 다음과 같은 두 가지 선행 작업이 필요합니다.
첫째, 매크로 작업 대상 범위를 선택한 상태에서 기록해야 합니다.
둘째, [개발 도구] 탭-[코드] 그룹-[📋 상대 참조로 기록]을 클릭하고 기록해야 합니다.

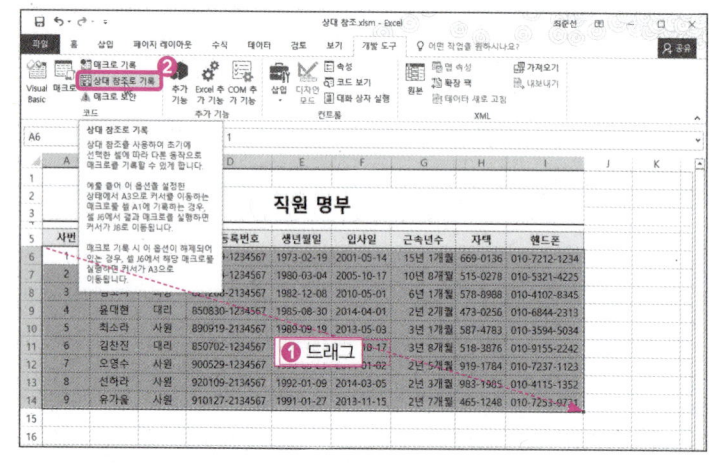

03 매크로를 기록하기 위해 [개발 도구] 탭-[코드] 그룹-[📋 매크로 기록]을 클릭합니다. [매크로 기록] 대화상자가 열리면 [매크로 이름]에 '줄무늬행'을 입력하고 [확인]을 클릭합니다.

04 행 서식은 조건부 서식을 이용하겠습니다. [홈] 탭-[스타일] 그룹-[조건부 서식]을 클릭하고 [새 규칙]을 선택합니다.

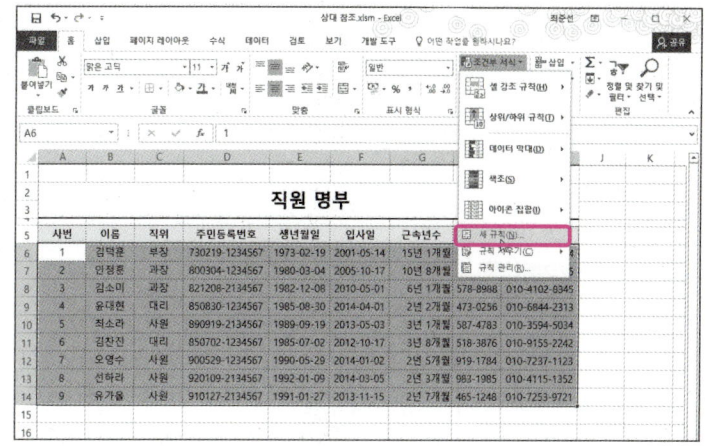

05 [새 서식 규칙] 대화상자가 열리면 [규칙 유형 선택] 리스트에서 [수식을 사용하여 서식을 지정할 셀 결정]을 선택합니다. [규칙 설명 편집]의 수식 입력 상자에 **=ISODD(ROW( ))** 수식을 입력하고 [서식]을 클릭합니다.

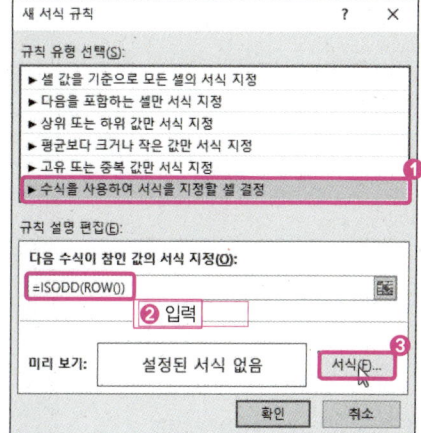

Plus⁺ 수식 조건 이해하기

=ISODD(ROW( )) 수식에서 ROW 함수는 행 번호를 반환하고, ISODD 함수는 숫자 값이 홀수인지 여부를 TRUE, FALSE로 반환합니다. 그러므로 이 수식은 선택된 범위의 행이 홀수 행인지를 판단하는 조건이 됩니다. 만약 짝수 행에 원하는 서식을 나타내려면 ISODD 함수 대신 ISEVEN 함수를 사용합니다.

---

06 [셀 서식] 대화상자가 열리면 [채우기] 탭을 선택하고 색상표에서 원하는 색상을 선택한 후 [확인]을 클릭합니다. [새 서식 규칙] 대화상자도 [확인]을 클릭해 닫습니다.

07 선택된 범위의 왼쪽 첫 번째 셀인 [A6] 셀을 선택하고 [개발 도구] 탭-[코드] 그룹-[■기록 중지]를 클릭해 매크로 기록을 중단합니다.

TIP [상대 참조로 기록] 명령
매크로 기록이 끝난 후 [개발 도구] 탭의 [■상대 참조로 기록]을 확인하면 단추가 여전히 눌러 있는 것을 볼 수 있습니다. 매크로 기록이 끝났다면 [상대 참조로 기록]을 반드시 다시 클릭해 명령을 해제합니다.

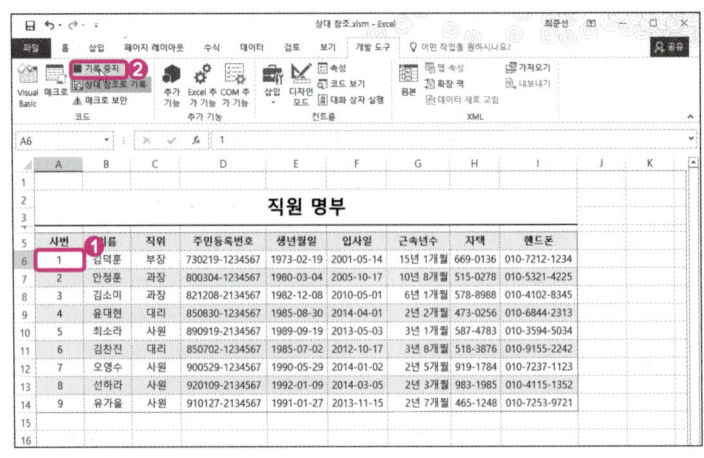

08 기록된 매크로를 테스트하겠습니다. '고객명부' 시트로 이동한 후 서식을 지정할 [A6:G24] 범위를 선택하고 [개발 도구] 탭-[코드] 그룹-[매크로]를 클릭합니다.

TIP 상대참조로 기록된 매크로를 실행할 때는 매크로를 기록할 때와 마찬가지로 매크로가 적용될 대상 범위를 선택하고 실행해야 합니다.

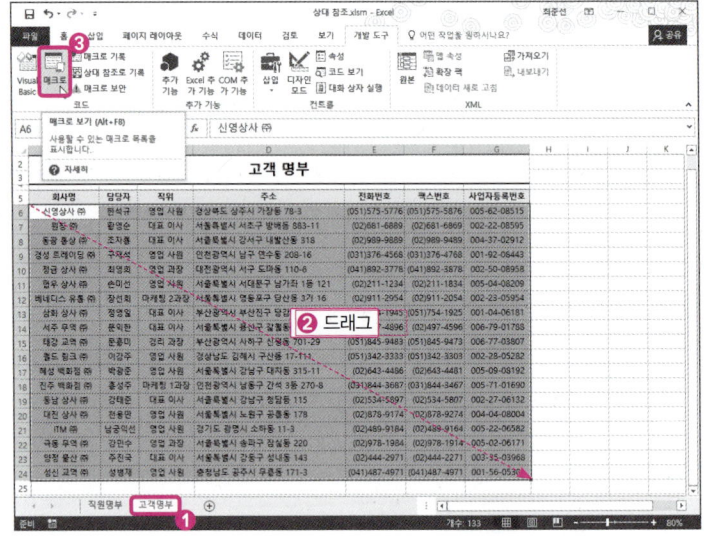

09 [매크로] 대화상자가 열리면 '줄무늬행' 매크로를 선택하고 [실행]을 클릭합니다. 화면과 같이 전체 범위에 **07** 과정과 동일한 서식이 적용됩니다.

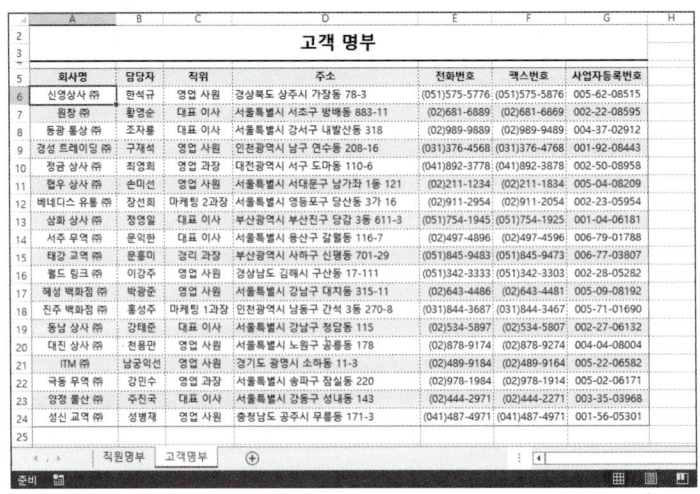

1034 / PART 10 | 매크로

단축키를 이용해 매크로 실행하기 494

매크로에는 단축키를 지정할 수 있으며, 지정된 단축키를 이용해 언제든 빠르게 원하는 매크로를 실행할 수 있습니다. 단축키는 매크로를 새로 기록할 때는 [매크로 기록] 대화상자에서 지정하고, 기록이 완료된 매크로는 [매크로] 대화상자에서 지정합니다. 단축키를 이용해 매크로를 실행하는 방법에 대해 알아보겠습니다.

예제 파일 없음

매크로 기록할 때 단축키 지정하는 방법

[매크로 기록] 대화상자의 [바로 가기 키]에 원하는 영문자를 입력하고 [확인]을 클릭하면 기록된 매크로를 단축키로 실행할 수 있습니다.

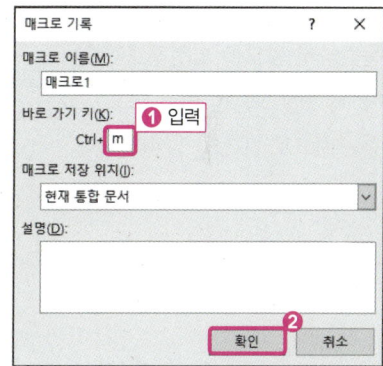

TIP [바로 가기 키]에 영문자를 입력하면 Ctrl+[영문자] 단축키가 지정됩니다. 이때 영문자를 소문자가 아니라 대문자로 입력하면 Ctrl+Shift+[영문자] 단축키가 됩니다. 참고로 매크로에 할당된 단축키와 엑셀 내장 단축키가 겹치면 매크로가 먼저 실행되므로 주의해서 설정해야 합니다.

기록된 매크로의 단축키를 설정하거나 변경하는 방법

기록된 매크로의 단축키를 설정하거나 변경하려면 [매크로] 대화상자를 이용합니다. [개발 도구] 탭-[코드] 그룹-[매크로]를 클릭하거나 단축키 Alt+F8을 눌러 [매크로] 대화상자를 열고 단축키를 설정하거나 변경할 매크로를 선택한 후 [옵션]을 클릭합니다. [매크로 옵션] 대화상자에서 단축키를 지정하고 [확인]을 클릭합니다.

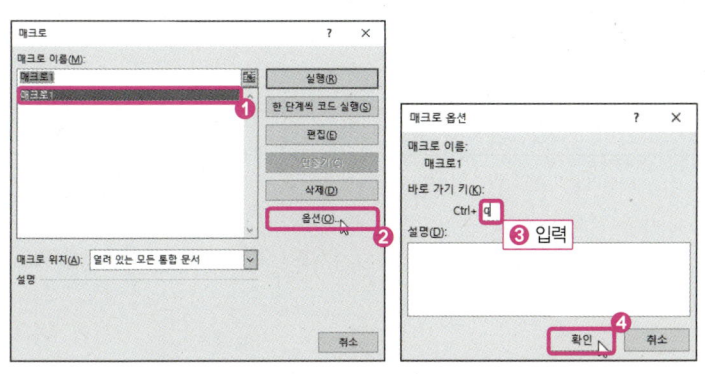

TIP Ctrl 키와 연결되지 않은 영문 단축키
Ctrl과 영문자를 결합해 만들 수 있는 단축키 중 현재 엑셀 2016에서 내장 단축키로 사용되지 않는 키는 Ctrl+J, Ctrl+M, Ctrl+Q입니다.

엑셀의 내장 단축키를 사용하지 못하도록 설정하기 495

엑셀에는 다양한 단축키가 제공되는데 그 중에서 내 파일에서는 동작하지 않았으면 하는 단축키가 있다면 여기에 소개하는 간단한 방법으로 해결할 수 있습니다. 아무 동작도 하지 않는 매크로를 하나 만들어 내장 단축키와 동일한 단축키를 할당해놓는 것입니다. 다른 사람이 내 파일을 사용할 때 특정 동작을 하지 못하도록 할 수 있는 유용한 방법입니다.

예제 파일 없음

01 빈 엑셀 파일을 열고, 복사할 때 사용하는 Ctrl+C 단축키가 동작하지 않도록 설정해보겠습니다. [개발 도구] 탭-[코드] 그룹-[매크로 기록]을 클릭합니다.

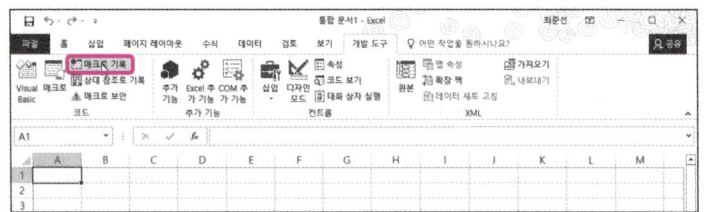

02 [매크로 기록] 대화상자가 열리면 [바로 가기 키]에 영문자 'c'를 입력하고 [확인]을 클릭합니다.

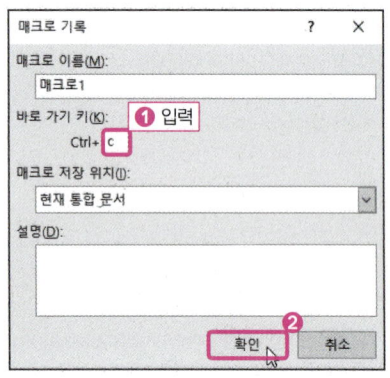

TIP 영문자 'c'는 소문자로 입력해야 합니다. 대문자로 입력하면 Ctrl+Shift+C 단축키가 설정됩니다.

03 대화상자가 닫히면 아무 동작도 하지 말고 바로 [개발 도구] 탭-[코드] 그룹-[기록 중지]를 클릭합니다.

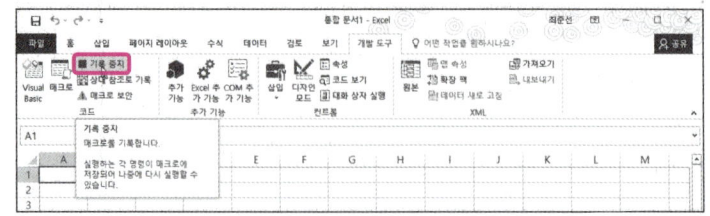

04 이제 셀(또는 범위)을 선택하고, 단축키 Ctrl+C 를 눌러보면 복사 작업이 이루어지지 않는 것을 확인할 수 있습니다.

수식을 값으로 변환하는 단축키 만들기

496

매크로를 기록할 때 단축키를 설정하는 방법은 잘 응용하면 여러 방면으로 활용할 수 있습니다. 이번에는 수식을 값으로 바꿀 때 [복사]-[선택하여 붙여넣기]를 실행하고 [값] 옵션을 사용하던 것을 간단한 단축키로 동일한 결과를 얻을 수 있도록 매크로 기록기를 이용해 만들어보겠습니다.

\ 예제 파일 PART 10 \ CHAPTER 43 \ 단축키.xlsm

01 예제 파일을 열고 수식을 값으로 변환하는 단축키를 설정하기 위해 매크로를 기록해보겠습니다. 수식이 입력된 범위가 매번 다를 것이기 때문에 상대참조 방식으로 기록해야 합니다. [C3:C5] 범위를 선택한 상태에서 [개발 도구] 탭-[코드] 그룹-[상대 참조로 기록]을 클릭한 후 바로 상단의 [매크로 기록]을 클릭합니다.

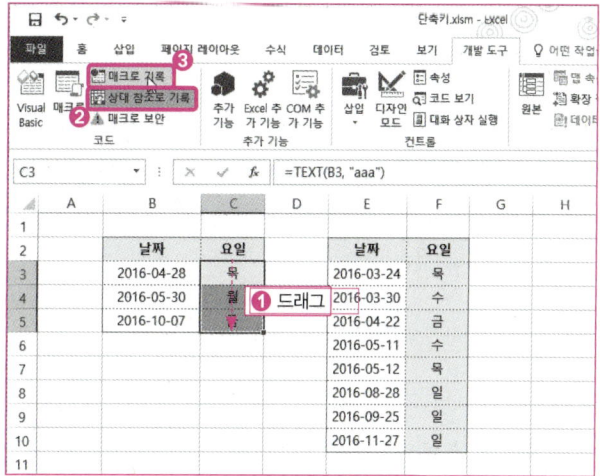

02 [매크로 기록] 대화상자가 열리면 [매크로 이름]은 '값으로'로 변경하고 [바로 가기 키]에 대문자 'V'를 입력해 단축키 Ctrl + Shift + V 를 누를 때 동작하도록 설정한 다음 [확인]을 클릭합니다.

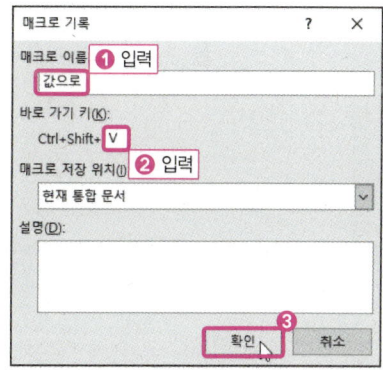

03 복사하기의 단축키인 Ctrl+C를 눌러 선택 범위를 복사하고, [홈] 탭-[클립보드] 그룹-[붙여넣기▼]를 클릭한 후 [값 붙여넣기] 그룹의 [값]을 선택해 값으로 변환합니다.

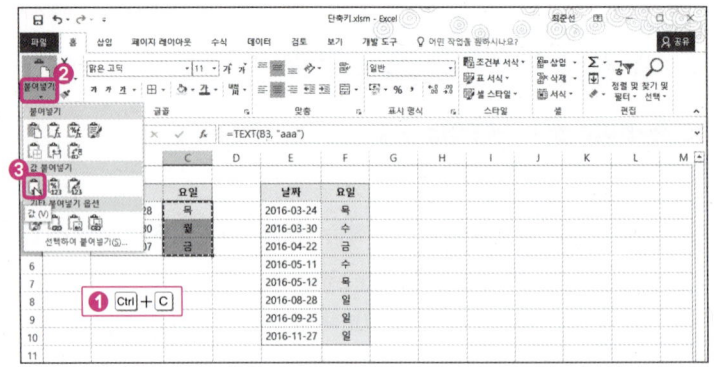

04 Esc를 눌러 복사 모드를 해제한 후 첫 번째 셀인 [C3] 셀을 선택하고 [개발 도구] 탭-[코드] 그룹-[기록 중지]를 클릭해 매크로 기록을 중단합니다.

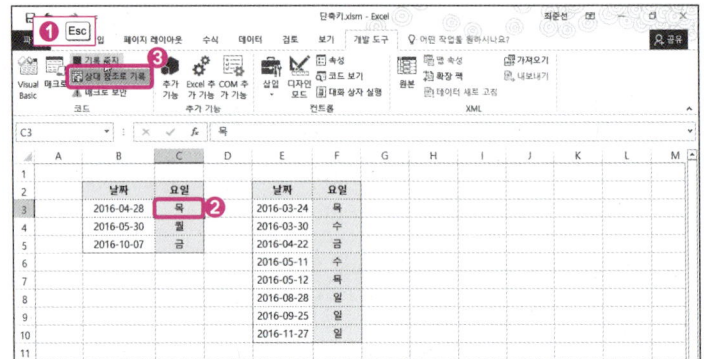

TIP 기록을 마쳤으면 [상대 참조로 기록] 명령 역시 다시 클릭해 해제합니다.

05 단축키가 제대로 동작하는지 확인하기 위해 수식이 입력된 [F3:F10] 범위를 선택하고 단축키 Ctrl+Shift+V를 누르면 수식이 값으로 변환되고 첫 번째 셀이 선택됩니다.

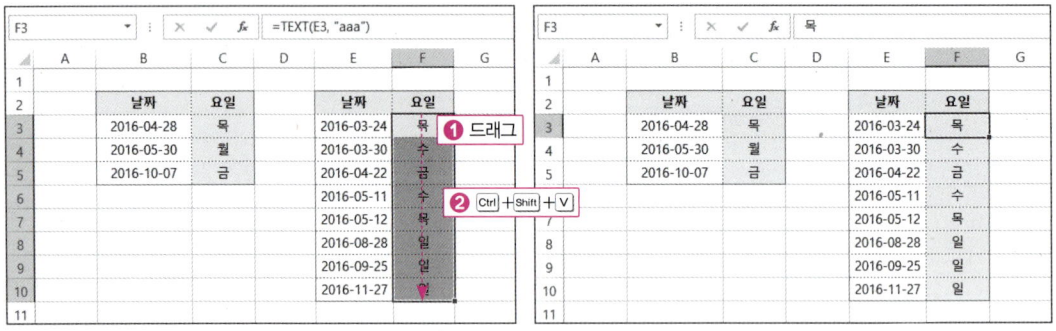

TIP 화면의 수식 입력줄을 보면 수식에서 값으로 변환됐다는 것을 확인할 수 있습니다.

여러 파일에서 사용할 수 있는 매크로 기록하기 497

기록된 매크로는 매크로가 기록된 파일에서만 사용할 수 있습니다. 따라서 매크로를 다른 파일에서도 사용하려면 매크로를 기록할 때 '현재 통합 문서'가 아니라 '개인용 매크로 통합 문서'에 기록하도록 저장 위치 옵션을 변경해야 합니다. 여기서는 여러 파일에서 동시에 사용할 수 있는 매크로 기록 방법에 대해 알아보겠습니다.

예제 파일 없음

01 매크로를 기록할 파일에서 [개발 도구] 탭-[코드] 그룹-[매크로 기록]을 클릭합니다. [매크로 기록] 대화상자가 열리면 [매크로 저장 위치]를 [개인용 매크로 통합 문서]로 변경한 후 원하는 매크로 이름을 입력하고 [확인]을 클릭합니다.

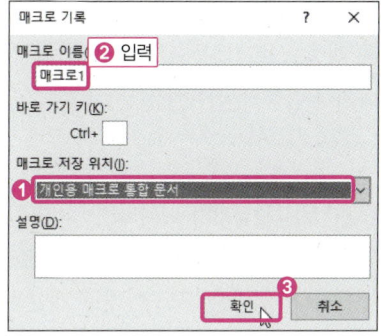

02 이제 매크로로 기록할 동작을 순서대로 진행하고 [개발 도구] 탭-[코드] 그룹-[기록 중지]를 클릭해 매크로 기록을 중단합니다.

03 파일을 저장하고 엑셀 프로그램을 종료하면 다음과 같이 '개인용 매크로 통합 문서'를 저장할 것인지 묻는 메시지 창이 표시됩니다. [저장]을 클릭합니다.

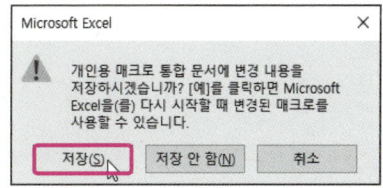

04 엑셀을 종료하고 매크로를 실행할 다른 파일을 연 후 [개발 도구] 탭-[코드] 그룹-[매크로]를 클릭합니다. 화면과 같이 'PERSONAL.XLSB!'로 시작하는 매크로를 확인할 수 있는데, 이 파일이 바로 '개인용 매크로 통합 문서' 파일입니다. 이 방법을 이용해 기록된 매크로를 여러 파일에서 사용할 수 있습니다.

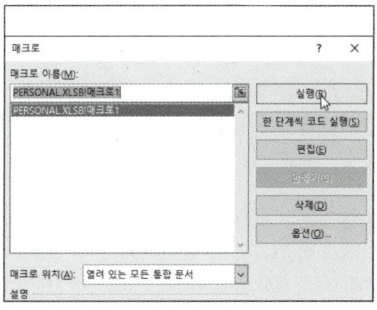

개인용 매크로 통합 문서 삭제하기

'개인용 매크로 통합 문서'에 매크로를 기록하면, PC의 특정 경로에 'PERSONAL.XLSB' 파일이 생성되고, 엑셀이 실행될 때마다 해당 파일이 백그라운드에서 열립니다. 만약 '개인용 매크로 통합 문서'에 기록된 매크로를 더 이상 사용하지 않는다면 파일을 삭제하는 것이 좋습니다. '개인용 매크로 통합 문서' 파일의 위치를 확인하고 삭제하는 방법에 대해 알아보겠습니다.

예제 파일 없음

---

01 개인용 매크로 통합 문서는 PC의 운영체제에 따라 저장되는 위치가 다릅니다. 경로를 확인하기 위해 엑셀 프로그램을 실행하고 빈 파일을 하나 엽니다. [개발 도구] 탭-[코드] 그룹-[Visual Basic]을 클릭하거나 단축키 Alt + F11 을 누릅니다.

02 VB 편집기가 나타나면 [직접 실행] 창에 다음 명령을 입력하고 Enter 를 누릅니다. 입력한 코드 아래로 개인용 매크로 통합 문서 파일이 저장된 전체 경로가 반환됩니다. 반환된 전체 경로를 선택하고 Ctrl + C 를 눌러 복사합니다.

? Application.StartupPath

TIP [직접 실행] 창이 표시되지 않으면 Ctrl + G 를 누릅니다.

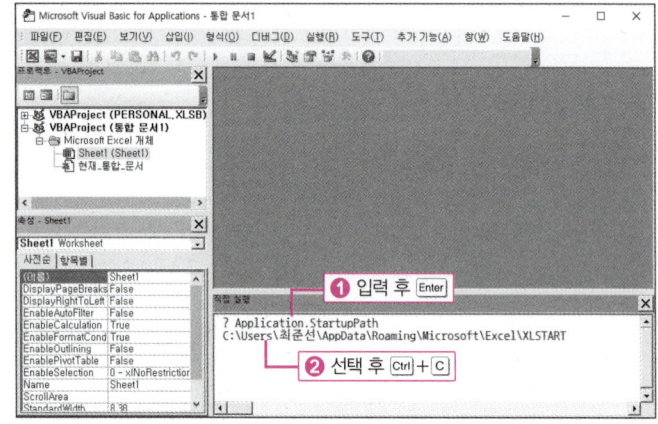

03 엑셀을 종료합니다. 윈도우 탐색기를 실행한 후 상단의 경로 창을 선택하고 Ctrl + V 를 눌러 **02** 과정에서 복사한 전체 경로를 입력하고 Enter 를 누릅니다.

04 다음과 같이 'PERSONAL.XLSB' 파일이 존재하는 폴더로 바로 이동하면 파일을 선택하고 Delete 를 눌러 삭제합니다.

TIP 파일이 삭제되지 않으면 파일이 아직 열려 있는 것입니다. **03** 과정의 설명처럼 엑셀 프로그램을 모두 종료하지 않은 것이므로, **03**-**04** 를 다시 진행합니다.

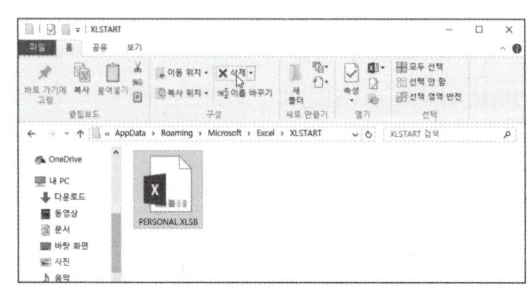

빠른 실행 도구 모음에 매크로 등록하기

499

개인용 매크로 통합 문서에 기록된 매크로를 실행하는 가장 좋은 방법은 빠른 실행 도구 모음에 등록하고 사용하는 것입니다. 빠른 실행 도구 모음에 등록하면 어느 워크시트에서나 명령을 확인하고 실행할 수 있으며, 빠른 실행 도구 모음에 할당된 Alt+[숫자키] 단축키도 이용할 수 있어 일석이조의 효과를 얻을 수 있습니다. 빠른 실행 도구 모음에 매크로를 등록하고 사용하는 방법에 대해 알아보겠습니다.

예제 파일 없음

01 [파일] 탭-[옵션]을 클릭해 [Excel 옵션] 대화상자를 엽니다. [빠른 실행 도구 모음] 범주를 선택하고 [명령 선택] 콤보 상자에서 [매크로]를 선택한 후 하위 리스트에서 등록할 매크로를 선택합니다. [추가]를 클릭해 빠른 실행 도구 모음에 추가합니다.

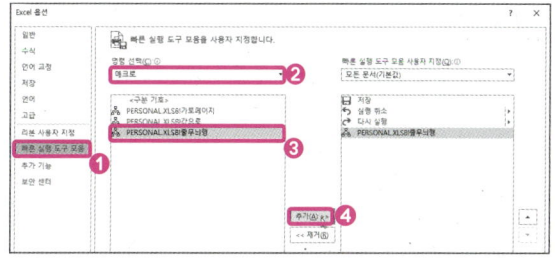

02 빠른 실행 도구 모음에 등록된 매크로는 아이콘 및 풍선 도움말에 표시되는 텍스트를 지정할 수 있습니다. [빠른 실행 도구 모음 사용자 지정] 리스트에서 **02** 과정에서 추가한 매크로를 선택하고 [수정]을 클릭합니다. [단추 수정] 대화상자가 열리면 여러 아이콘 중에서 사용할 아이콘을 선택하고 [표시 이름] 입력란에 풍선 도움말에 표시될 텍스트를 입력한 후 [확인]을 클릭합니다. [Excel 옵션] 대화상자도 [확인]을 클릭해 닫습니다.

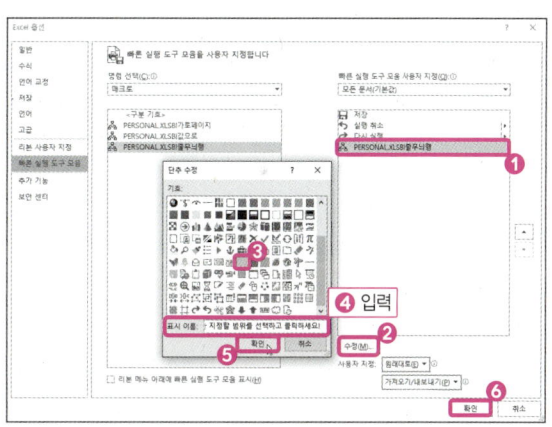

04 빠른 실행 도구 모음에 매크로 명령이 등록됩니다. 마우스 포인터를 위치시키면 **04** 과정에서 입력한 텍스트가 풍선 도움말에 표시됩니다.

TIP 이렇게 등록된 매크로는 Alt+4를 눌러 바로 실행할 수 있습니다. 숫자 4는 빠른 실행 도구 모음에 등록된 네 번째 명령임을 의미합니다.

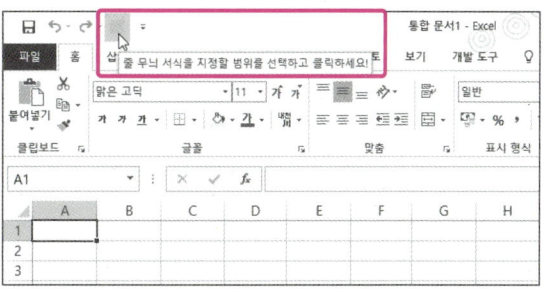

리본 메뉴에 매크로 등록하기

엑셀 2010부터는 리본 메뉴를 편집할 수 있으며, 이 방법을 이용해 매크로도 리본 메뉴에 등록해 사용할 수 있습니다. 리본 메뉴를 편집하면 전체 엑셀 파일에 적용되므로 리본 메뉴에 등록할 매크로는 '개인용 매크로 통합 문서'에 기록된 것이어야 합니다. 리본 메뉴에 매크로를 등록하는 방법은 빠른 실행 도구 모음에 등록하는 과정과 유사합니다. 다만 리본 메뉴는 별도의 탭을 구성할 수 있으며 아이콘을 이용해 시각적인 효과를 강조할 수 있다는 장점이 있습니다.

> 예제 파일 없음

01 새 탭을 추가해 매크로를 등록해보겠습니다. 아무 파일에서나 [파일] 탭-[옵션]을 클릭해 [Excel 옵션] 대화상자를 열고 [리본 사용자 지정] 범주를 선택합니다. 맨 끝에 표시되도록 하기 위해 [리본 메뉴 사용자 지정] 리스트에서 [개발 도구]를 선택한 후 [새 탭]을 클릭합니다. [개발 도구] 탭 아래에 [새 탭]과 [새 그룹]이 나타납니다.

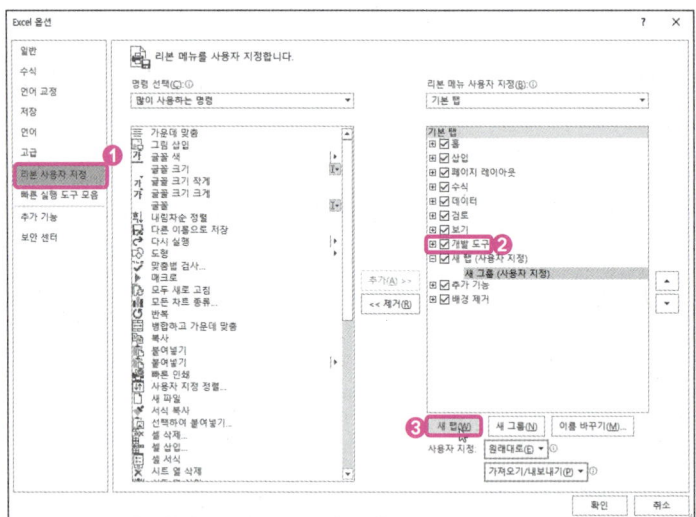

Plus⁺ 리본 메뉴의 편집

리본 메뉴에 매크로를 등록하려면 다음 방법 중 하나를 사용합니다.

- **새 탭에 매크로를 추가**
  여기에서 사용하는 방법입니다. 이 방법을 사용할 때는 새 탭의 위치를 결정하는 것이 중요합니다. 01 과정과 같이 기존 탭을 선택하고 [새 탭]을 클릭하면 선택했던 탭 다음에 새 탭이 추가됩니다. 오른쪽의 [▲ 위로 이동]이나 [▼ 아래로 이동]을 클릭해 위치를 조정합니다.

- **기존 탭의 새 그룹에 매크로를 추가**
  [리본 메뉴 사용자 지정] 리스트에서 매크로를 등록할 리본 탭을 선택하고 [새 그룹]을 클릭합니다.

- **기존 탭의 기존 그룹에 매크로를 추가**
  [리본 메뉴 사용자 지정] 리스트에서 매크로를 등록할 탭과 그룹을 선택합니다.

02 등록된 [새 탭]과 [새 그룹]을 각각 선택하고 [이름 바꾸기]를 클릭합니다. 원하는 이름을 입력해 수정합니다. 참고로 [새 탭]은 이름만 변경할 수 있고, [새 그룹]은 이름과 명령 아이콘을 선택할 수 있습니다.

03 [명령 선택] 콤보 상자에서 등록할 매크로를 선택한 후 [추가]를 클릭해 리본 메뉴에 등록합니다.

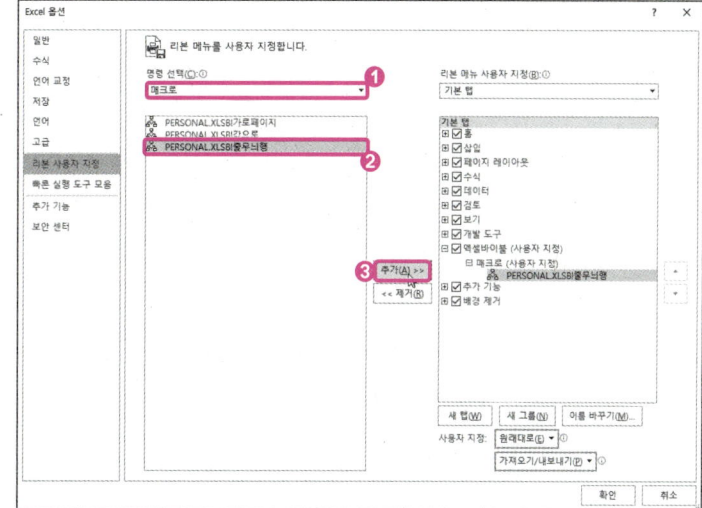

TIP 매크로를 포함한 모든 명령은 리본 메뉴의 그룹에 추가해야 하므로, 매크로를 등록하기 전에 [리본 메뉴 사용자 지정] 리스트에서 그룹 명칭을 선택하고 작업합니다.

04 등록된 매크로를 선택하고 [이름 바꾸기]를 클릭해 이름을 바꾸고 명령 아이콘을 선택합니다.

05 [Excel 옵션] 대화상자에서 [확인]을 클릭해 대화상자를 닫습니다. 추가한 탭과 매크로 명령을 확인할 수 있습니다.

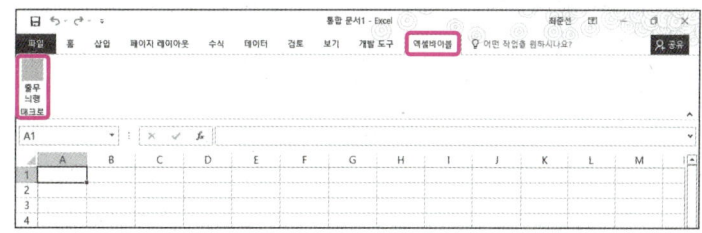

Plus⁺ 리본 메뉴를 초기화하기

사용자가 추가한 모든 설정(리본+빠른 실행 도구 모음)을 다시 원래대로 초기화하고 싶다면, [Excel 옵션] 대화상자의 [리본 사용자 지정]에서 [사용자 지정] 옵션의 [원래대로]를 클릭한 후 [모든 사용자 지정 다시 설정]를 클릭합니다.
참고로 이 명령을 실행하면 변경한 설정 이외에 [개발 도구] 탭도 숨겨지므로 다시 표시해야 합니다.

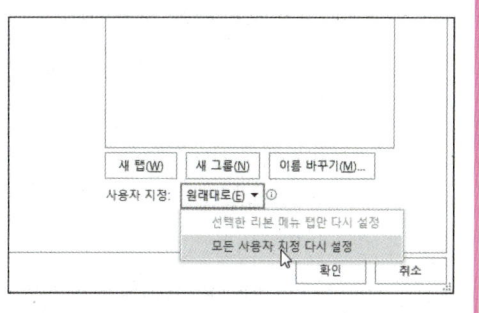

LINK [개발 도구] 탭을 표시하는 방법은 'No. 484 리본 메뉴에 [개발 도구] 탭 추가하기'를 참고합니다.

공개된 매크로 등록하고 사용하기 501

매크로는 업무를 자동화하는 데 아주 유용한 도구입니다. 요즘은 인터넷이나 책 등에서 업무에 유용한 매크로를 많이 공개하고 있어 이를 등록하고 사용하는 방법만 알고 있으면 부족한 엑셀 기능을 보완하거나 업무 처리의 효율성을 높일 수 있습니다. 매크로를 등록하는 방법에 대해 알아보겠습니다.

예제 파일 없음

01 매크로를 사용할 파일을 열고, [개발 도구] 탭-[코드] 그룹-[Visual Basic]을 클릭합니다. 화면과 같은 VB 편집기가 표시됩니다. 이 창은 다음과 같은 네 개의 창이 결합된 형태로 구성되어 있습니다.

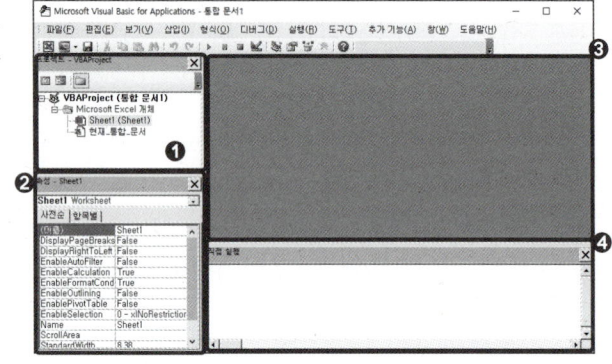

TIP VB 편집기의 구성
① 프로젝트 탐색기 창 : 시트 및 모듈, 유저 폼 등의 개체를 트리 구조로 표시합니다.
② 속성 창 : 프로젝트 탐색기 창에서 선택한 개체의 속성 값을 표시합니다.
③ 코드 창 : 프로젝트 탐색기 창에서 선택한 개체의 코드를 입력할 수 있는 있는 코드 창이 표시되는 영역으로, 매크로를 사용하지 않는 파일의 VB 편집기의 경우에는 처음에 이 코드 창이 표시되지 않습니다.
④ 직접 실행 창 : VBA 명령을 실행하고 결과를 바로 확인하는 용도로 사용합니다. 이 창이 표시되지 않으면 메뉴에서 [보기]-[직접 실행 창]을 클릭하거나 단축키 Ctrl + G 를 누릅니다.

02 VB 편집기의 메뉴에서 [삽입]-[모듈]을 클릭하면 프로젝트 탐색기 창에 'Module1' 개체가 추가됩니다. 오른쪽 코드 창에 매크로를 입력하거나 복사해 넣습니다. VB 편집기는 닫아도 됩니다. [개발 도구] 탭-[코드] 그룹-[매크로]를 클릭하면 앞에서 등록한 매크로를 확인하고 실행할 수 있습니다.

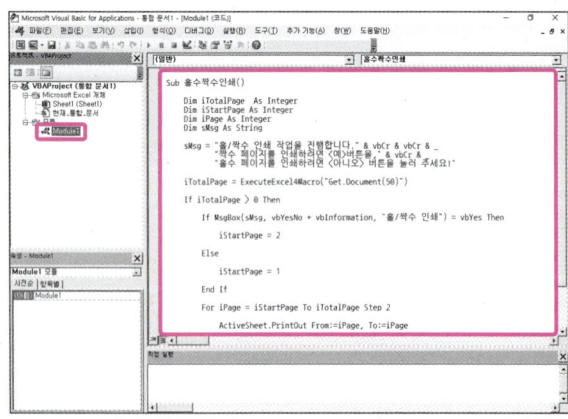

TIP 이 책에서 설명하는 사용자 정의 함수는 이 과정으로 실행할 수 없습니다. 셀에 다른 함수처럼 등호(=)와 함께 입력해 사용합니다.

03 No. 485를 참고해 파일을 '매크로 사용 통합 문서'로 저장하고 사용합니다.

CHAPTER

44

매크로와 사용자 정의 함수

매크로에서 워크시트 함수 사용하기

매크로 기록기로 매크로를 기록하거나 VBA로 매크로를 개발할 때, COUNT, SUM 또는 VLOOKUP 과 같은 함수를 사용하고 싶은 경우가 많을 겁니다. 엑셀에서 함수는 셀에서 사용할 수 있는 워크시트 함수와 VBA에서 사용할 수 있는 VBA 함수로 나눌 수 있는데, 매크로에서는 두 가지 함수를 모두 사용할 수 있습니다. 이중 워크시트 함수는 모든 함수를 사용할 수 있는 것이 아니므로, 사용할 수 있는 함수가 무엇이고 셀에서 사용할 때와 어떤 차이가 있는지 정확하게 이해하고 있어야 합니다.

예제 파일 PART 10 \ CHAPTER 44 \ 워크시트 함수.xlsm

01 먼저 매크로에서 사용할 수 있는 워크시트 함수를 확인해보겠습니다. 예제 파일을 열고 [개발 도구] 탭-[코드] 그룹-[Visual Basic]을 클릭한 후 VB 편집기의 [직접 실행] 창에 다음 코드를 입력합니다.

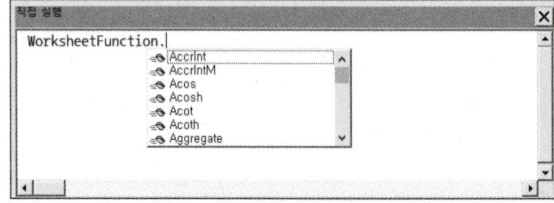

WorksheetFunction.

> **TIP 워크시트 함수**
> 목록에 표시되는 함수만 사용할 수 있으므로, 자신이 자주 사용하는 함수가 이 목록 내에 있는지 확인합니다. 참고로 'C'와 같은 영문자를 추가로 입력하면 바로 C로 시작하는 함수 위치로 목록이 이동됩니다.

02 자주 사용하는 워크시트 함수인 VLOOKUP 함수를 [직접 실행] 창에서 사용해보겠습니다. [직접 실행] 창에 다음 코드를 입력하고 Enter 를 눌러 결과를 확인합니다.

```
? WorksheetFunction.Vlookup(Range ("F3"), Range("C3:D11"), 2, False)
```

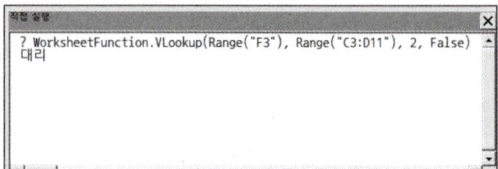

Plus⁺ 코드 이해하기

여기에서 사용한 코드는 Vlookup 함수를 사용해 결과를 반환 받는 코드의 구성 예입니다. WorksheetFunction 앞에 입력한 ?는 Print 명령의 약어로, ? 대신 Print 명령을 사용해도 결과는 동일합니다. Print 명령은 Vlookup 함수로 참조한 값을 [직접 실행] 창에 바로 출력(반환)하라는 의미입니다. 만약 [G2] 셀에 결과를 반환하려면 다음과 같이 입력하고 [Enter]를 누르면 됩니다.

```
Range("G2").Value = WorksheetFunction.Vlookup(Range("F3"), Range("C3:D11"), 2, False)
```

워크시트 함수를 사용할 때는 셀 주소를 전달하는 방법에 주의해야 합니다. 여기에서 사용한 코드를 보면 Vlookup 함수의 1, 2번째 인수를 셀에서 수식을 입력할 때처럼 [F3], [C3:D11]과 같이 그대로 사용하지 않고, Range 개체를 이용해 Range("F3"), Range("C3:D11")과 같이 전달하고 있습니다. 이처럼 워크시트 함수를 사용할 때 셀 주소는 Range 개체를 이용하지 않으면 원하는 결과를 얻을 수 없습니다.

TIP VBA 전용 함수 확인 방법

[직접 실행] 창에 다음과 같이 입력한 후 함수 목록을 확인합니다.

```
VBA.
```

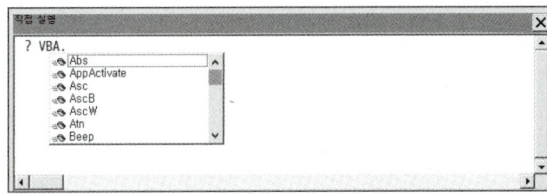

TIP VBA 함수 중에는 워크시트 함수와 이름과 동작이 유사한 함수가 많으며, VBA 함수로 제공되는 함수는 WorksheetFunction 하위 목록에 표시되지 않습니다. 예를 들면 LEFT 함수는 VBA 함수로 제공되며, 이 함수는 WorksheetFunction의 목록에 표시되지 않습니다.

TIP VBA 함수를 사용할 때 앞에 VBA. 는 붙이지 않아도 되는데, 워크시트 함수를 사용할 때는 WorksheetFunction.Vlookup과 같이 입력해야 합니다.

매크로 실행을 중간에 취소하기 503

매크로를 실행하다가 중간에 실행을 중단하고자 하는 경우가 있습니다. 간단히 단축키 Ctrl + Break 나 Esc 를 누르면 매크로 실행이 중단되는데, 이렇게 하면 다시 실행할 때까지 매크로가 중단된 상태로 계속 멈춰 있게 됩니다. 여기서는 매크로 실행을 중단하는 방법에 대해 알아보겠습니다.

예제 파일 PART 10 \ CHAPTER 44 \ 매크로 취소.xlsm

01 예제 파일을 열고 파일에 포함된 매크로를 실행했다가 중간에 취소해보겠습니다. [C2:D3] 범위에 있는 〈매크로〉 버튼을 클릭하면 [A] 열의 셀에 'ok' 값이 입력됩니다. 중간에 Esc 를 눌러 실행을 취소합니다. 화면과 같은 메시지 창이 표시되면 [디버그]를 클릭합니다.

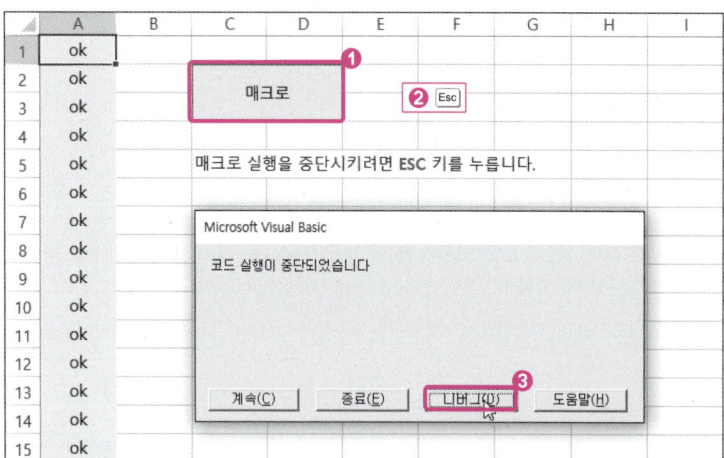

TIP 파일을 열 때 보인 경고 메시지 줄이 표시되면 [콘텐츠 사용]을 클릭해야 매크로를 실행할 수 있습니다.

매크로 실행 중단 메시지 창의 버튼
- **계속** : 중단 모드를 해제하고 매크로를 계속해서 실행합니다.
- **종료** : 매크로 실행을 완전하게 종료합니다.
- **디버그** : 매크로에서 실행이 중단된 부분을 확인합니다.
- **도움말** : 필요한 도움말을 표시합니다.

TIP Esc 외에 Ctrl + Break 또는 Pause 를 눌러도 매크로 실행을 취소할 수 있습니다.

02 VB 편집기가 표시되며, 실행이 중단된 매크로의 코드 위치에 노란색 줄이 표시됩니다. 실행 중단 위치를 확인하기 위해 [직접 실행] 창에 다음 명령을 입력하고 결과를 확인합니다.

? x

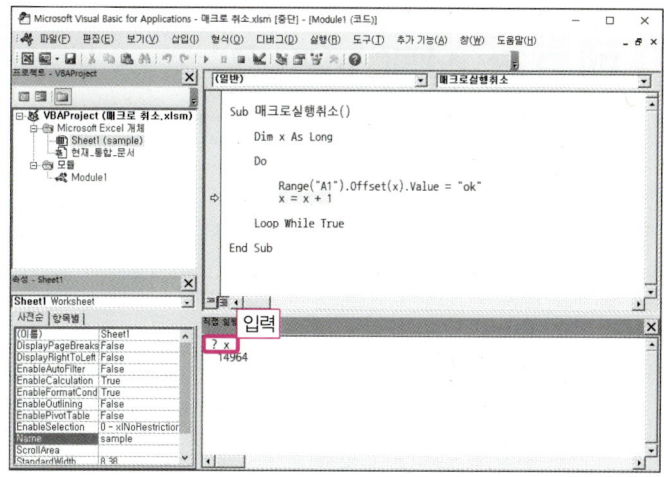

Plus⁺ 중단 위치 확인하고 종료

매크로의 실행 시간이 길면 대부분 매크로 내부에 For… Next와 같은 순환 문법을 사용하는 경우가 많습니다. 그러므로 실행을 취소한 후 취소 위치를 확인하려면 순환문 안의 변수 값을 확인합니다. 실행 중단 위치에서 변수 값을 [직접 실행] 창에서 확인하기 위해 ? 명령과 함께 변수명을 입력하면 변수에 저장된 값이 [직접 실행] 창에 표시됩니다.

이 상태에서 매크로를 완전히 종료하려면 노란색 중단줄을 해제해야 합니다. 표준 도구 모음에서 [■ 재설정]을 클릭합니다. 이 단추는 **01** 과정의 디버그 창에서 [종료]를 클릭한 것과 동일한 기능을 합니다.

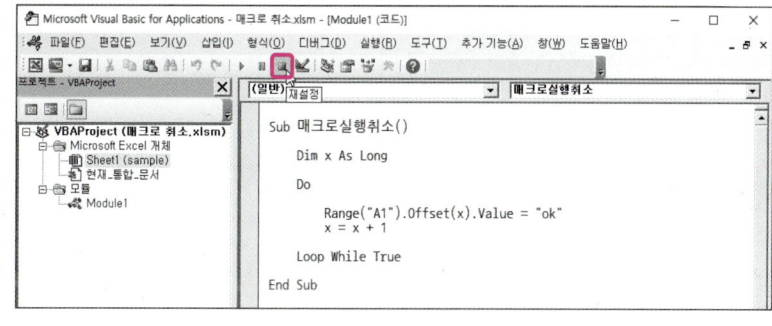

매크로 실행 과정을 화면에 표시하지 않기

504

매크로를 실행하면 매크로 실행 과정이 그대로 화면에 표시됩니다. 매크로를 개발하는 단계에서는 이런 과정을 살펴보아야 하지만, 매크로 개발이 끝난 상태에서는 실행 과정이 표시되는 것이 오히려 속도를 떨어뜨리고 복잡해 보이는 단점이 있습니다. 매크로 실행 과정이 표시되지 않도록 하는 방법에 대해 알아보겠습니다.

예제 파일 PART 10 \ CHAPTER 44 \ 실행 과정 숨기기.xlsm

01 예제 파일을 열고 보안 경고 메시지줄이 표시되면, [콘텐츠 사용]을 클릭합니다. 화면과 같은 구성을 확인할 수 있는데, 〈실행 과정 표시〉 버튼을 클릭하면 [C3:C7] 병합 셀의 값이 변화하는 것을 확인할 수 있습니다. 이때 〈실행 과정 숨기기〉 버튼을 클릭하면 결과 값만 표시됩니다.

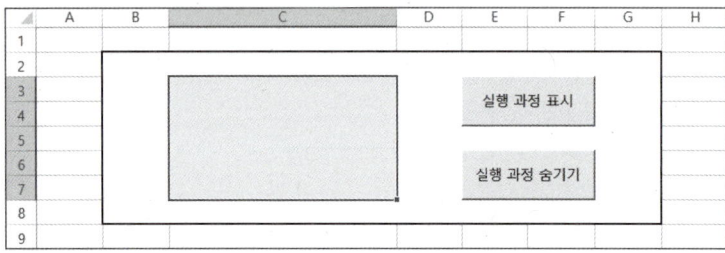

> **Plus⁺** 매크로 실행 과정을 화면에 표시하지 않도록 하는 코드 구성 방법
>
> 아래와 같이 코드를 구성합니다.
>
> ```
> Sub 매크로()
>
>     Application.ScreenUpdating = False
>         이곳에 기존 매크로 코드나 화면에서 숨기려는 코드 부분을 입력합니다.
>     Application.ScreenUpdating = True
>
> End Sub
> ```

02 코드를 확인하기 위해 [개발 도구] 탭-[코드] 그룹-[Visual Basic]을 클릭합니다. VB 편집기의 프로젝트 탐색기 창에서 'Module1' 개체를 더블클릭하면 코드 창에서 다음과 같은 코드를 확인할 수 있습니다.

```
Sub 실행과정표시()  ————————————①

    변수 선언 부분입니다.
    Dim i As Integer

    기존 셀 값을 초기화하는 부분입니다.
    Range("C3").MergeArea.ClearContents
    Application.Wait Now + TimeSerial(0, 0, 1)

    순환하면서 [C3] 셀의 값을 1에서 3만까지 1씩 증가시킵니다.
    For i = 1 To 30000
        Range("C3").Value = i
    Next

End Sub

Sub 실행과정숨기기()  ————————————②

    Dim i As Integer

    Range("C3").MergeArea.ClearContents
    Application.Wait Now + TimeSerial(0, 0, 1)

    Application.ScreenUpdating = False  ————③

        For i = 1 To 30000
            Range("C3").Value = i
        Next

    Application.ScreenUpdating = True  ————④

End Sub
```

① 〈실행 과정 표시〉 버튼에 연결된 매크로입니다.
② 〈실행 과정 숨기기〉 버튼에 연결된 매크로입니다. 기본적인 동작은 ① 번 매크로와 동일합니다.
③ 이 코드 아래 부분은 실행 과정을 화면에 표시하지 않습니다.
④ 화면을 갱신해 결과 화면만 표시합니다.

매크로 실행 속도를 높이는 방법

매크로의 실행 속도를 높이려면 실제 코드가 동작하기 전에 엑셀 옵션 몇 가지를 조절하면 됩니다. 물론 매크로가 종료하기 이전에 변경된 옵션은 다시 원래대로 복원시켜야 합니다. 매크로의 실행 속도를 높이는 코드 사용 방법에 대해 알아보겠습니다.

예제 파일 없음

사용자의 매크로 코드에 색깔로 구분된 코드 부분을 추가합니다.

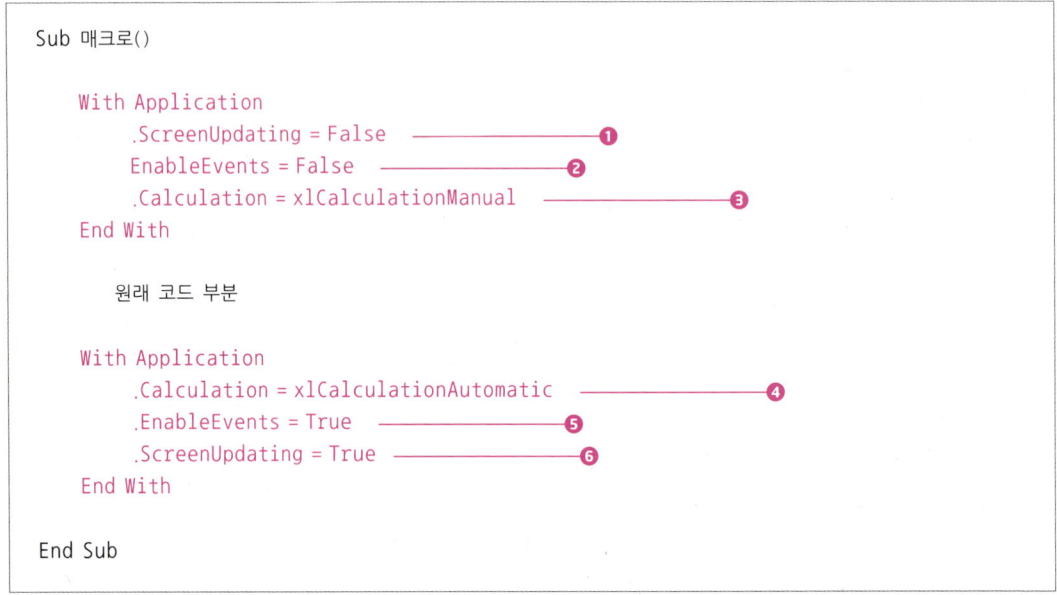

❶ 화면 갱신 옵션을 해제합니다. 매크로는 실행 과정이 화면에 표시되므로 처리 속도에도 영향을 줍니다.
❷ 엑셀의 이벤트 감지 옵션을 해제합니다. 엑셀은 사용자의 동작을 모니터링하는데, 이런 동작 때문에 매크로가 실행될 때에도 시간이 걸립니다. 이 옵션을 해제하면 매크로 실행 속도가 향상됩니다.
❸ 엑셀의 수식 계산 옵션을 [수동(xlCalculationManual)]으로 변경합니다. 이렇게 하면 셀 값을 수정해도 해당 셀을 참조하는 수식이 재계산되지 않습니다.
❹ 엑셀의 수식 계산 옵션을 [자동]으로 변경합니다. 이 과정에서 워크시트의 수식이 딱 한 번만 재계산되므로 매크로 실행 후 모든 수식의 계산 결과가 맞게 되며, 재계산을 전체 매크로에서 딱 한 번만 실행하므로 처리 속도가 향상됩니다.
❺ 엑셀의 이벤트 감지 옵션을 다시 설정합니다.
❻ 화면 갱신 옵션을 설정합니다. 이때 화면이 딱 한 번만 변경되므로 실행 과정도 표시되지 않고 속도도 빨라집니다.

이렇게 하면 매크로 실행 전에 속도에 영향을 끼치는 엑셀의 옵션을 해제했다가 다시 원래대로 복원하므로 매크로 처리 속도를 빠르게 할 수 있습니다.

이런 코드를 사용할 때 주의할 점은 원래 코드 부분에 에러가 발생해 매크로 실행이 중단된 경우에는 엑셀의 옵션이 변경된 상태에서 매크로가 종료되므로 엑셀 프로그램 동작에 문제가 생길 수 있다는 점입니다.

이런 경우라면 No. 509를 참고해 엑셀 옵션을 다시 복원시키는 매크로를 실행하는 것이 좋습니다. 또는 다음과 같이 코드를 구성합니다.

❶ 매크로 실행 중 에러가 발생했을 때의 동작을 지시한 것으로, 에러가 발생하면 중단하지 말고 아래 ❷로 이동하라는 의미입니다.
❷ ❶에서 지시한 이동 위치를 의미합니다. 이름은 꼭 Err_Handler라고 하지 않아도 되며 사용자가 원하는 대로 설정할 수 있는데, 주의할 점은 ❶, ❷의 Err_Handler와 같이 이름이 동일해야 하며 ❷의 이름 뒤에 반드시 콜론(:)을 입력해야 한다는 것입니다.

이렇게 하면 에러가 발생해도 변경한 옵션을 다시 복원하면서 매크로 실행이 중단됩니다.

매크로를 수정할 수 없게 보호하기

매크로가 포함된 파일을 다른 사람에게 배포할 때는 다른 사람이 매크로를 수정할 수 없도록 프로젝트 보호 기능을 이용할 수 있습니다. VB 편집기의 프로젝트 탐색기 창을 보면 최상위 개체가 VBAProject입니다. 이 프로젝트를 보호하면 하위 폴더 내 코드 역시 확인하거나 수정할 수 없게 됩니다. 여기서는 사용자의 코드를 보호하는 방법에 대해 알아보겠습니다.

> 예제 파일 없음

01 매크로를 보호하려고 하는 파일을 열고 [개발 도구] 탭-[코드] 그룹-[Visual Basic]을 클릭합니다. VB 편집기가 열리면 프로젝트 탐색기 창에서 [도구]-[VBAProject 속성]을 클릭합니다.

02 [프로젝트 속성] 대화상자가 열리면, [보호] 탭에서 [읽기 전용으로 프로젝트 잠금]에 체크 표시를 합니다. [프로젝트 속성 보기 암호]에 암호를 입력하고 [확인]을 클릭합니다.

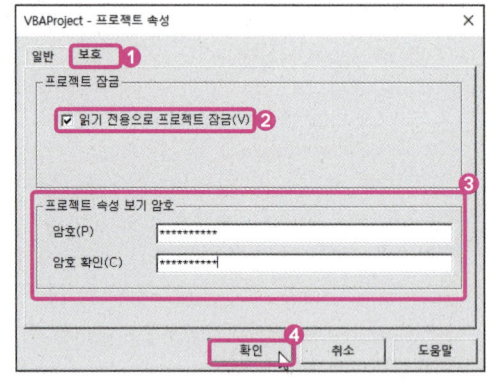

> **TIP** 암호 설정
> 암호는 영어+숫자+특수문자가 혼합된 형태가 좋으며, 최소 8자리 이상으로 설정합니다. 단, 설정된 암호를 잊어버리면 매크로를 수정할 수 없으므로 주의합니다.

03 VB 편집기를 닫고, 엑셀 파일도 저장하고 닫습니다. 다시 파일을 열고 단축키 Alt+F11을 눌러 VB 편집기를 엽니다. 프로젝트 탐색기 창에 이전과는 달리 모듈이나 폼 개체가 표시되지 않으며, 개체를 보기 위해 ⊞ 확장 버튼을 클릭하면 화면과 같이 암호를 묻는 창이 나타납니다.

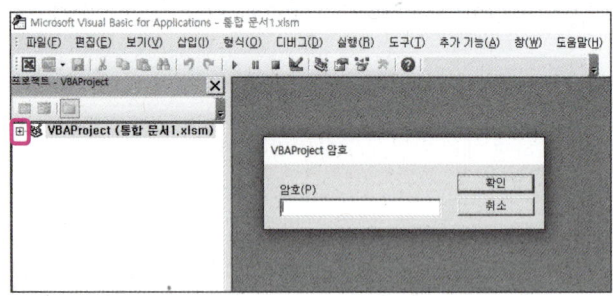

MsgBox와 InputBox 함수 사용 방법

507

매크로가 실행될 때 상황에 따라 메시지 창을 표시하거나 사용자의 값을 입력 받아 처리하도록 하는 동작은 매크로 기록기로는 만들 수 없습니다. 이런 작업이 필요하다면 VBA 함수인 MsgBox와 InputBox 함수를 사용합니다. MsgBox 함수는 간단한 메시지 창을 화면에 표시할 수 있고 InputBox 함수는 사용자의 값을 입력받아 처리할 수 있습니다.

예제 파일 PART 10 \ CHAPTER 44 \ Msgbox, InputBox 함수.xlsm

VBA 함수

MsgBox 함수
메시지 창을 표시할 때 사용되며, 다음과 같은 인수를 사용합니다.

MsgBox (❶ prompt, ❷ buttons, ❸ title)

❶ prompt : 메시지 창 본문에 표시될 내용으로, 반드시 작성해야 합니다.

❷ buttons : 메시지 창에 [확인], [취소], [예], [아니오] 등을 표시할 버튼을 선택하는 옵션입니다.

선택 값	설명
vbOKOnly	[확인] 버튼만 표시, 기본값
vbOKCancel	[확인], [취소] 버튼을 표시
vbYesNo	[예], [아니오] 버튼을 표시
vbYesNoCancel	[예], [아니오], [취소] 버튼을 표시

❸ title : 메시지 창의 제목입니다.

* Msgbox 함수 인수 중 자주 사용하는 것만 정리했습니다.

사용 예
VB 편집기의 [직접 실행] 창에 다음 코드를 입력합니다.

```
Msgbox "엑셀 VBA의 세계에 오신 걸 환영합니다.", vbOKOnly, "엑셀 바이블"
```

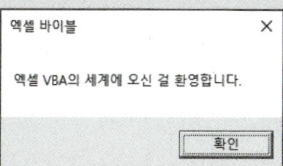

위 내용 중에서 ❶ 'prompt' 인수만 작성하면 [확인] 버튼만 표시되며 제목 표시줄에는 기본 제목이 표시됩니다.

```
Msgbox "엑셀 VBA의 세계에 오신 걸 환영합니다."
```

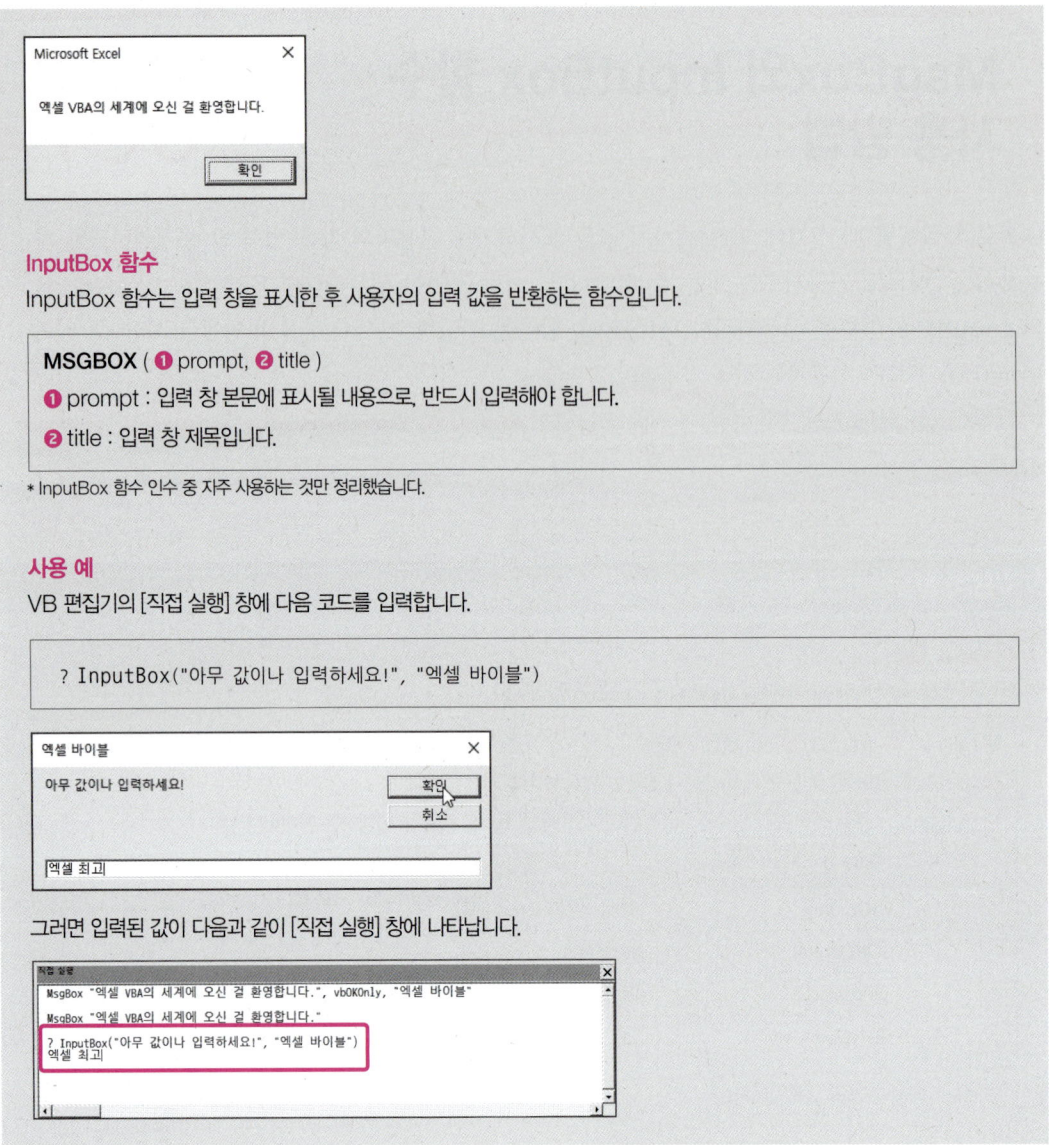

InputBox 함수

InputBox 함수는 입력 창을 표시한 후 사용자의 입력 값을 반환하는 함수입니다.

> **MSGBOX (❶ prompt, ❷ title)**
> ❶ prompt : 입력 창 본문에 표시될 내용으로, 반드시 입력해야 합니다.
> ❷ title : 입력 창 제목입니다.

* InputBox 함수 인수 중 자주 사용하는 것만 정리했습니다.

사용 예

VB 편집기의 [직접 실행] 창에 다음 코드를 입력합니다.

```
? InputBox("아무 값이나 입력하세요!", "엑셀 바이블")
```

그러면 입력된 값이 다음과 같이 [직접 실행] 창에 나타납니다.

MsgBox 함수는 워크시트에 사용하는 IF, SUM 등의 함수와는 달리 괄호를 열고 닫지 않는데, VBA 함수는 InputBox 함수와 같이 반환 값이 존재하는 경우에만 괄호를 열고 닫습니다. 하지만 MsgBox 함수도 괄호를 열고 닫아야 하는 경우가 있습니다. 예를 들면 〈예〉, 〈아니오〉 버튼을 표시하고 사용자가 해당 버튼을 눌렀는지 확인해야 하는 경우가 있습니다. 다음 코드를 참고합니다.

```
Sub MsgBox함수()

    If MsgBox("〈예〉, 〈아니오〉 중 하나를 선택해 보세요?", vbYesNo, "엑셀 바이블") = vbYes Then

        MsgBox "〈예〉 버튼을 누르셨네요", Title:="엑셀 바이블"

    Else
```

```
        MsgBox "<아니오> 버튼을 누르셨네요", Title:="엑셀 바이블"

    End If

End Sub
```

위 매크로를 테스트하려면 예제 파일을 열고 〈MsgBox 함수〉 버튼을 클릭해봅니다. 다음과 같은 메시지 창이 표시되며, [예] 또는 [아니오]를 클릭하면 사용자가 클릭한 버튼이 메시지 창에 다시 표시됩니다.

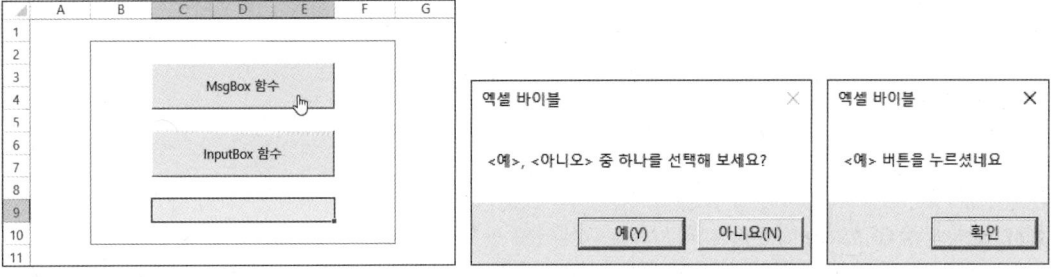

참고로 아래에 있는 〈InputBox 함수〉 버튼을 클릭하면 입력 창이 표시되며, 입력 값이 [C9] 셀에 저장됩니다.

MsgBox 또는 InputBox의 창 크기 조정하기 508

Msgbox 또는 Inputbox 함수를 이용할 때 화면에 표시되는 메시지 창의 크기는 prompt 인수에 전달되는 메시지 양에 따라 달라집니다. 만약 메시지 창의 크기를 메시지 양과 상관없이 임의로 조정하고 싶다면 메시지 본문에 눈에 보이지 않는 빈 문자나 행 바꿈 문자 등을 추가하면 됩니다. 여기서는 창 크기를 원하는 방식으로 조정하는 방법에 대해 알아보겠습니다.

예제 파일 PART 10 \ CHAPTER 44 \ 창 크기.xlsm

01 예제 파일을 열고, 보안 경고 메시지줄이 표시되면 [콘텐츠 사용]을 클릭합니다. 먼저 [C3:E3] 병합 셀에 메시지 창에 표시될 내용을 입력합니다. 〈메시지 창 (기본)〉 버튼과 〈메시지 창 (큰)〉 버튼을 클릭해 메시지 창의 크기를 확인합니다.

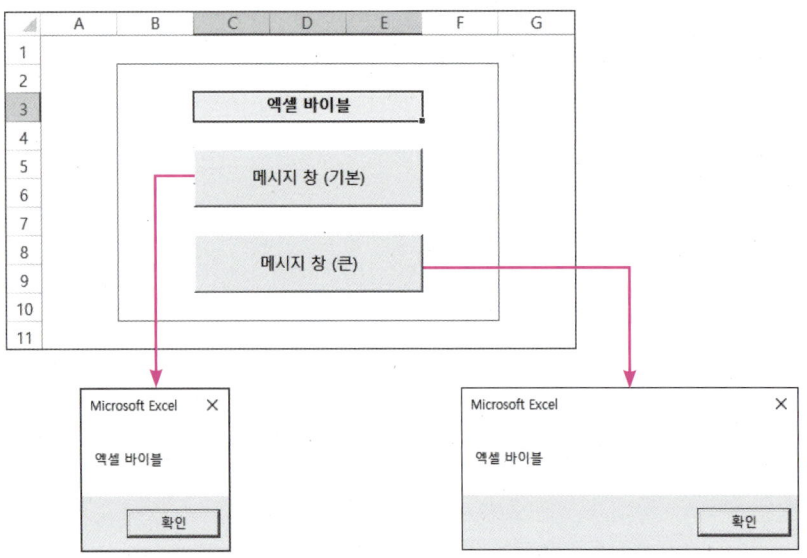

02 [단추] 컨트롤에 연결된 매크로 코드를 확인하기 위해 [개발 도구] 탭-[코드] 그룹-[Visual Basic]을 클릭합니다. VB 편집기의 프로젝트 탐색기 창에서 'Module1' 개체를 더블클릭하면 코드 창에서 다음과 같은 코드를 확인할 수 있습니다.

```
Sub 기본메시지창()          ①

    MsgBox Range("C3").Value

End Sub
```

```
Sub 큰메시지창()                    ❷

    MsgBox Range("C3").Value & String(50, " ")        ❸

End Sub
```

❶ 〈메시지 창 (기본)〉 버튼에 연결된 매크로입니다.
❷ 〈메시지 창 (큰)〉 버튼에 연결된 매크로입니다.
❸ [C3] 셀의 값에 String 함수를 사용해 공백 문자(" ")를 50개 연결해 표시합니다. String 함수는 VBA 함수로, 워크시트의 REPT 함수와 동일한 역할을 합니다.

LINK REPT 함수에 대해서는 'No. 208 금액을 여러 셀에 나눠 기록하기'를 참고합니다.

메시지 창의 가운데에 텍스트가 표시되도록 하려면 '큰메시지창' 매크로를 다음과 같이 수정합니다.

```
Msgbox String(25, " ") & Range("C3").Value & String(25, "")
```

또는 아래로 긴 대화상자를 표시하려면 다음과 같이 코드를 수정합니다. 참고로 vbCr 내장 상수는 줄 바꿈 문자를 반환합니다. 줄 바꿈 문자는 Enter를 누르는 동작과 동일합니다.

```
Msgbox Range("C3").Value & String(10, vbCr)
```

509 엑셀 기본 설정으로 초기화하는 매크로 사용하기

매크로를 사용하다 보면 매크로가 실행되다가 중단되거나 오동작이 발생하면서 엑셀 옵션이 변경되는 경우가 빈번하게 생깁니다. 이런 경우 엑셀의 동작에 문제가 발생할 수 있으므로 매크로로 인해 주로 변경되는 옵션(또는 설정 값)을 다시 원래대로 복원해주는 매크로가 필요합니다. 여기에서 소개하는 매크로는 매크로 실행 후 엑셀의 동작이 이상해진 것 같을 때 한 번씩 실행하면 엑셀의 기본 설정으로 옵션을 복원시켜줍니다.

예제 파일 PART 10 \ CHAPTER 44 \ 초기 설정 (코드).txt

빈 파일을 열고 예제로 제공되는 다음 코드를 모듈 개체의 코드 창에 추가한 후 실행합니다.

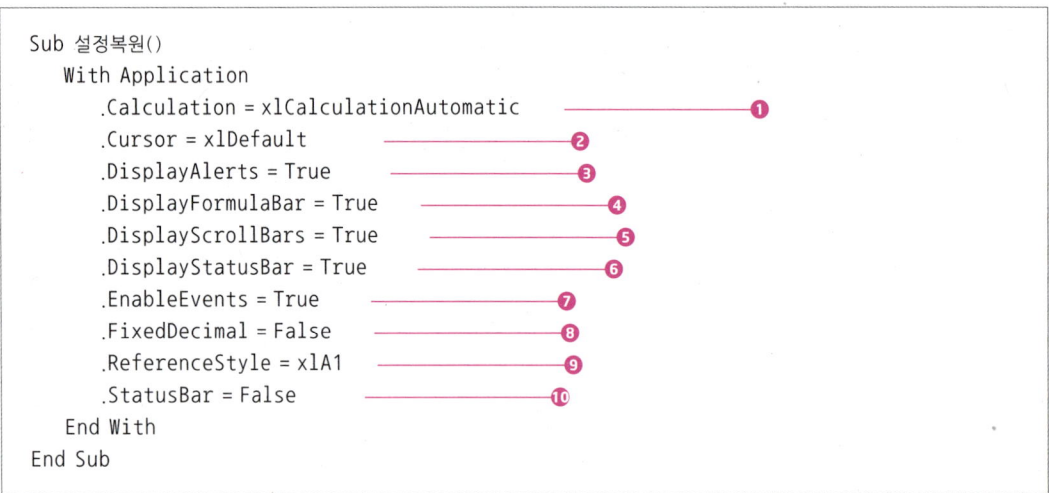

```
Sub 설정복원()
    With Application
        .Calculation = xlCalculationAutomatic        ❶
        .Cursor = xlDefault                          ❷
        .DisplayAlerts = True                        ❸
        .DisplayFormulaBar = True                    ❹
        .DisplayScrollBars = True                    ❺
        .DisplayStatusBar = True                     ❻
        .EnableEvents = True                         ❼
        .FixedDecimal = False                        ❽
        .ReferenceStyle = xlA1                       ❾
        .StatusBar = False                           ❿
    End With
End Sub
```

❶ 계산 모드를 '자동'으로 변경합니다.
❷ 마우스 커서를 '기본'으로 변경합니다.
❸ '파일을 삭제하겠습니까?'와 같은 기본 메시지 창을 정상적으로 표시합니다.
❹ 수식 입력줄을 표시합니다.
❺ 가로, 세로 스크롤 바를 표시합니다.
❻ 상태 표시줄을 표시합니다.
❼ 이벤트 감지를 시작합니다.
❽ [소수점 자동 삽입] 기능을 비활성화합니다.
❾ 열 머리글을 1, 2, 3,…과 같은 표시에서 A, B, C,…와 같이 정상 표시합니다.
❿ 상태 표시줄을 기본 형식으로 표시합니다.

매크로를 등록하고 실행하는 방법을 잘 모르면 No. 501, No. 488, No. 489의 내용을 먼저 확인합니다.

Function 프로시저로 함수 만들기

510

엑셀에는 다양한 함수가 제공되지만, 사용자가 원하는 모든 계산식이 함수로 제공되는 것은 아닙니다. 계산식만 안다면 VBA를 이용해 별도의 함수를 만들어 사용할 수 있으며, 이렇게 만든 함수를 '사용자 정의 함수'라고 합니다. 매크로 기록기로는 함수를 만드는 작업을 하기 어렵습니다. 여기서는 셀에 작성된 수식을 참고해 사용자 정의 함수를 만드는 방법에 대해 알아보겠습니다.

예제 파일 PART 10\CHAPTER 44\사용자 정의 함수.xlsm

01 예제 파일을 열고 [F6] 셀을 선택해보면 나이를 계산하는 수식이 입력되어 있습니다. 동일한 계산식을 사용해 나이를 계산해주는 사용자 정의 함수를 만들어보겠습니다.

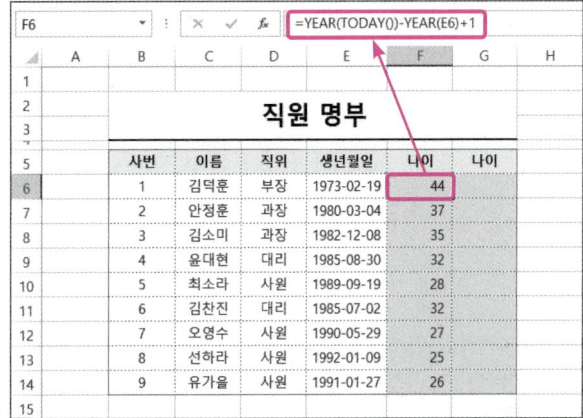

02 단축키 Alt + F11 을 눌러 VB 편집기를 열고 메뉴에서 [삽입]-[모듈]을 클릭해 'Module1' 개체를 삽입합니다. 오른쪽 코드 창에 다음 코드를 입력합니다.

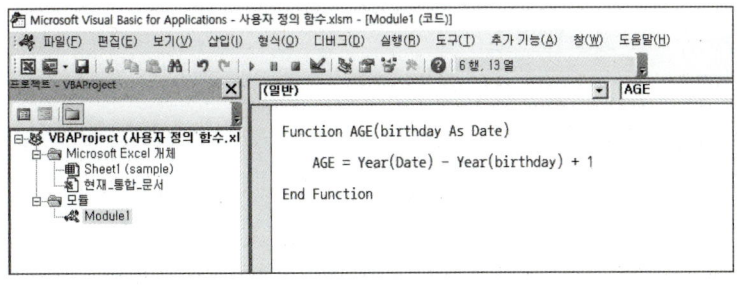

```
Function AGE(birthday As Date)           ①

    AGE = Year(Date) - Year(birthday) + 1     ②

End Function
```

❶ 사용자 정의 함수를 만들려면 구조가 다음과 같아야 합니다.

```
Function 함수명(인수)
    함수명 = 계산식
End Function
```

- 함수명

  함수명은 영어로 작성하는 것이 좋으며 VLOOKUP과 같은 다른 함수명과 겹치면 안 됩니다. 한글로 작성해도 되지만, 그러면 셀에서 수식을 입력할 때 함수 목록에 표시되지 않습니다.

- 인수

  인수는 사용자가 계산에 필요한 값을 전달하는 부분입니다. 이번 함수는 birthday As Date라고 되어 있는데, [F6] 셀의 수식을 보면 =YEAR(TODAY( ))-YEAR(E6)+1로 YEAR, TODAY는 함수이고 [E6] 셀의 값(생년월일)을 받아 계산하므로 생년월일을 함수에 전달해야 합니다. 해당 이름을 영어로 birthday라고 한 것이며, 날짜 값이므로 날짜 형식(Date)을 지정했습니다. 이런 부분은 VBA를 전문적으로 학습한 다음에 사용해도 되고, 여기서는 다음과 같이 데이터 형식 부분을 생략해도 상관 없습니다.

```
Function AGE(birthday)
```

참고로 인수가 여러 개이면 콤마로 구분합니다. 예를 들어 생일이 양력인지 음력인지 알아야 한다면 다음과 같이 인수를 하나 더 추가해 계산할 수 있습니다.

```
Function AGE(birthday, lunar)
```

❷ 함수는 매크로와는 달리 함수명으로 계산 결과 값을 돌려주는 구조여야 합니다. 그러므로 ❶에 입력된 함수명(AGE)에 [F6] 셀의 계산식을 구성해 반환합니다. 참고로 YEAR 함수와 DATE 함수는 VBA 함수로, YEAR 함수는 워크시트 함수인 YEAR 함수와 동일하고 DATE 함수는 워크시트 함수인 TODAY 함수와 동일합니다. 각각 [직접 실행] 창에 다음과 같은 명령어를 입력하고 결과를 확인해봅니다.

```
? DATE
? YEAR(DATE)
```

워크시트 함수인 TODAY는 셀에서 반드시 =TODAY()와 같이 입력해야 하지만, VBA 함수는 인수가 없다면 굳이 괄호를 열고 닫지 않아도 됩니다. 즉, [직접 실행] 창에 다음과 같이 입력하면 모두 동일한 결과가 반환됩니다.

```
? DATE
? DATE( )
```

03 VB 편집기를 닫고 [G6] 셀에 다음 수식을 입력한 후 [G6] 셀의 채우기 핸들을 [G14] 셀까지 드래그해 복사합니다.

[G6] 셀 : =AGE(E6)

❶ 수식 입력
❷ 드래그

> **TIP** 사용자 정의 함수는 수식의 길이를 줄일 수 있으며, 다른 사람들이 계산식을 알고 있지 않아도 쉽게 계산 결과를 얻을 수 있다는 장점이 있습니다.

> **LINK** 이렇게 만든 함수를 공유해 사용하는 방법은 'No. 513 사용자 정의 함수를 모든 파일에서 공유하는 방법'을 참고합니다.

VBA 함수를 워크시트에서 사용하기

511

Function 프로시저를 이용해 사용자 정의 함수를 만들면 셀에서도 VBA 함수를 사용한 결과를 반환받을 수 있습니다. VBA 함수 중에는 워크시트 함수에는 제공되지 않는 몇 가지 유용한 함수가 있습니다. VBA 함수 중 날짜의 단위를 반환하는 DATEPART 함수로 분기를 반환하는 사용자 정의 함수를 만드는 방법에 대해 알아보겠습니다.

예제 파일 PART 10 \ CHAPTER 44 \ VBA 함수.xlsm

VBA 함수

DATEPART 함수
날짜 값에서 필요한 연, 분기, 월 등의 날짜 단위를 반환하는 함수로, 다음과 같은 구문을 사용합니다.

MsgBox (❶ interval, ❷ date)

❶ interval : 반환할 날짜 단위를 의미하는 서식 코드

서식 코드	설명	유사 워크시트 함수
yyyy	연도를 반환합니다.	YEAR
q	분기를 반환합니다.	
m	월을 반환합니다.	MONTH
ww	주 일련번호를 반환합니다.	WEEKNUM
d	일을 반환합니다.	DAY
w	요일을 반환합니다.	WEEKDAY

❷ date : 날짜 값

* DATEPART 함수 인수 중 자주 사용하는 것만 정리했습니다.

사용 예
VB 편집기의 [직접 실행] 창에 다음 코드를 입력합니다.

```
? Date

? DatePart("q", Date)
```

다음과 같은 결과를 확인할 수 있습니다.

* Date 함수의 반환 값은 예제를 따라할 때의 날짜가 반환되므로 화면과 다를 수 있습니다.

01 예제 파일을 열면 화면과 같은 표를 확인할 수 있습니다. [B] 열의 날짜 값을 가지고 [C] 열에 분기를 반환하는 계산식을 사용하고 싶어도 셀에는 분기 값을 반환하는 함수가 따로 없습니다. 분기를 반환하는 사용자 정의 함수를 만들어보겠습니다.

LINK 분기를 계산하는 수식은 'No. 246 날짜에서 반기/분기 구분하기'를 참고합니다.

02 단축키 Alt + F11 을 눌러 VB 편집기를 열고 [삽입]-[모듈]을 클릭해 'Module1' 개체를 삽입합니다. 오른쪽 코드 창에 다음 코드를 입력해 넣습니다.

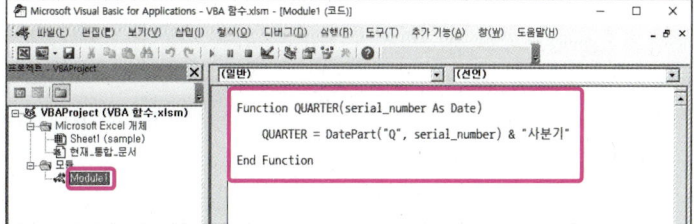

```
Function QUARTER(serial_number As Date)         ─── ①

    QUARTER = DatePart("Q", serial_number) & "사분기"   ─── ②

End Function
```

① serial_number는 분기를 계산할 날짜 값 인수로 As Date는 생략할 수 있습니다.
② QUARTER 함수에 DATEPART 함수로 계산된 분기 값 뒤에 "사분기"를 붙여 반환합니다.

03 VB 편집기를 닫고 [C3] 셀에 다음 수식을 입력한 후 [C3] 셀의 채우기 핸들을 [C8] 셀까지 드래그해 복사합니다.

[C3] 셀 : =QUARTER(B3)

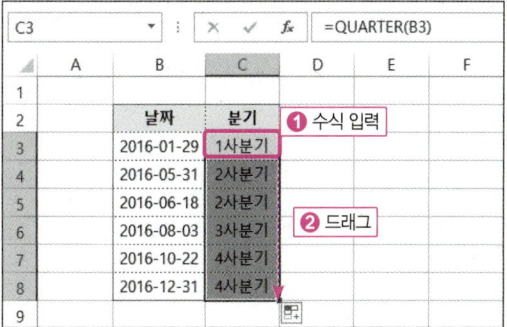

셀 값에서 숫자, 영어, 한글, 한자, 특수문자를 구분하는 사용자 정의 함수 – SPLITTEXT

512

셀에 입력된 값에 한글, 영어, 한자, 숫자, 특수문자가 섞여 있을 때, 숫자나 영어 부분만 구분해 값을 얻고 싶은 경우가 있습니다. 하지만 엑셀에는 이러한 동작을 하는 함수나 기능이 제공되지 않기 때문에 이는 매우 어려운 작업 중의 하나입니다. 문자를 구분해 반환하는 사용자 정의 함수를 사용해 이 문제를 해결해보겠습니다.

예제 파일 PART 10 \ CHAPTER 44 \ SPLITTEXT.xlsm, SPLITTEXT (코드).txt

사용자 정의 함수

SPLITTEXT 함수

SPLITTEXT 사용자 정의 함수는 입력된 값에서 문자를 구분하여 지정된 형식의 문자만 반환합니다.

SPLITTEXT(❶ text, ❷ LanguageType, ❸ IncludeBlankSpace)

❶ text : 텍스트 값이거나 값이 저장된 셀입니다.

❷ LanguageType : 구분할 언어로, 1~5 사이의 옵션을 사용할 수 있으며 다음을 참고합니다.

옵션	설명
1	기본 값으로 숫자만 반환합니다.
2	영어만 반환합니다.
3	한글만 반환합니다.
4	한자만 반환합니다.
5	특수문자만 반환합니다.

❸ IncludeBlankSpace : 문자 사이의 공백 문자를 포함해 값을 연결할지 여부를 결정하며, 생략 가능합니다. 생략하면 False 값이 기본 값이 됩니다.

- True : 공백 문자로 문자와 문자를 연결합니다.
- False : 공백 문자 없이 문자를 모두 연결합니다.

01 예제 파일을 열고 보안 경고 메시지줄이 표시되면 [콘텐츠 사용]을 클릭합니다. [C5] 셀의 값에서 숫자, 영어, 한글, 한자, 특수문자를 구분해 [C8:C12] 범위에 반환하겠습니다. [C8] 셀에 다음 수식을 입력하고 [C8] 셀의 채우기 핸들을 [C12] 셀까지 드래그해 복사합니다.

[C8] 셀 : =SPLITTEXT($C$5, D8)

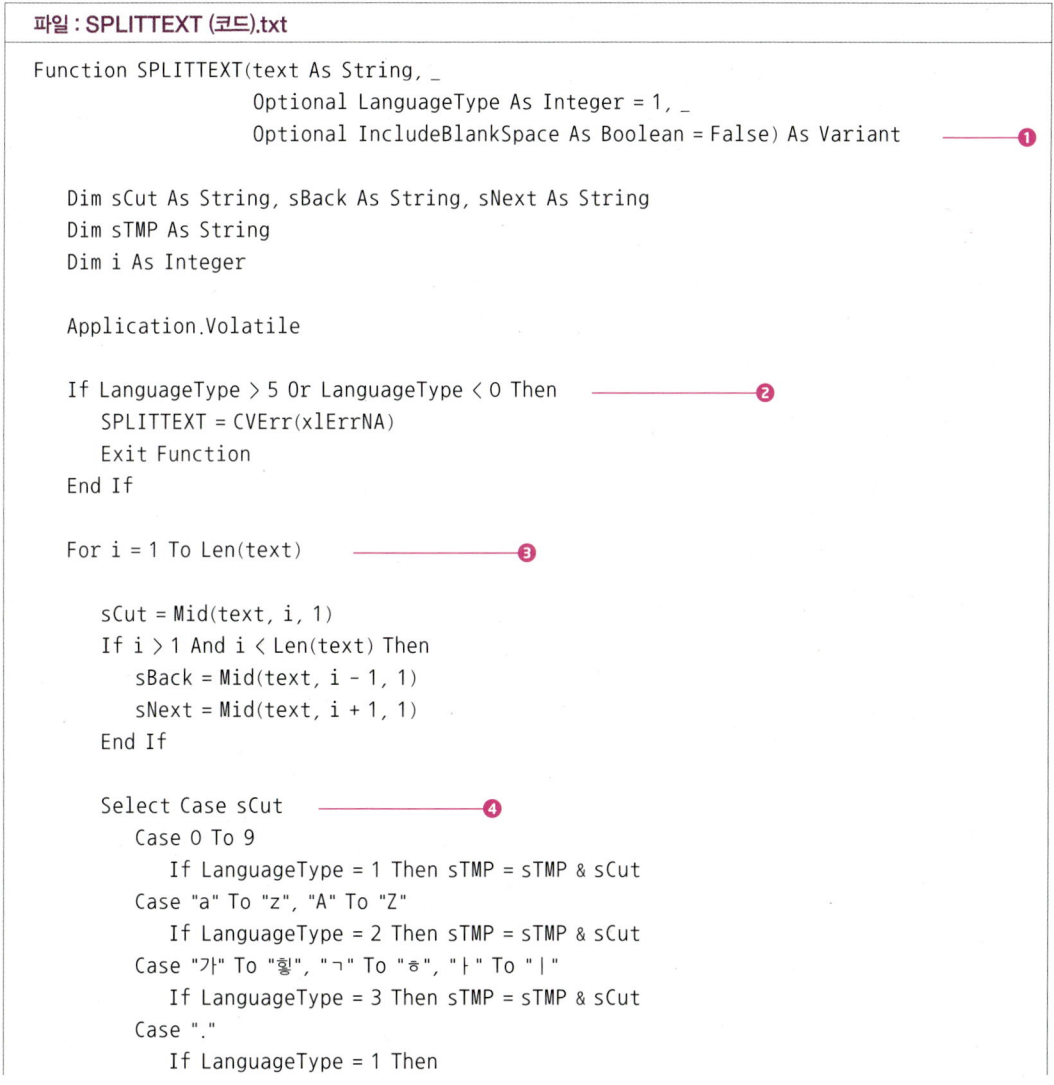

02 SPLITTEXT 함수의 코드를 확인하기 위해 [개발 도구] 탭-[코드] 그룹-[Visual Basic]을 클릭합니다. VB 편집기의 프로젝트 탐색기 창에서 'Module1' 개체를 더블클릭하면 코드 창에서 다음과 같은 코드를 확인할 수 있습니다.

파일 : SPLITTEXT (코드).txt

```
Function SPLITTEXT(text As String, _
                   Optional LanguageType As Integer = 1, _
                   Optional IncludeBlankSpace As Boolean = False) As Variant       ❶

    Dim sCut As String, sBack As String, sNext As String
    Dim sTMP As String
    Dim i As Integer

    Application.Volatile

    If LanguageType > 5 Or LanguageType < 0 Then       ❷
        SPLITTEXT = CVErr(xlErrNA)
        Exit Function
    End If

    For i = 1 To Len(text)       ❸

        sCut = Mid(text, i, 1)
        If i > 1 And i < Len(text) Then
           sBack = Mid(text, i - 1, 1)
           sNext = Mid(text, i + 1, 1)
        End If

        Select Case sCut       ❹
           Case 0 To 9
               If LanguageType = 1 Then sTMP = sTMP & sCut
           Case "a" To "z", "A" To "Z"
               If LanguageType = 2 Then sTMP = sTMP & sCut
           Case "가" To "힣", "ㄱ" To "ㅎ", "ㅏ" To "ㅣ"
               If LanguageType = 3 Then sTMP = sTMP & sCut
           Case "."
               If LanguageType = 1 Then
```

```
                If IsNumeric(sBack) * IsNumeric(sNext) Then
                    sTMP = sTMP & sCut
                End If
            End If
        Case " "
            If IncludeBlankSpace Then
                If LanguageType >= 2 And LanguageType <= 4 Then
                    If sBack <> " " And Not IsNumeric(sBack) Then sTMP = sTMP & sCut
                End If
            End If
        Case Else
            If LanguageType = 4 Then
                If Asc(sCut) >= -13663 And Asc(sCut) < 0 Then sTMP = sTMP & sCut
            ElseIf LanguageType = 5 Then
                Select Case Asc(sCut)
                    Case 33 To 47, 58 To 64, 91 To 96, 123 To 126
                        sTMP = sTMP & sCut
                End Select
            End If
        End Select

    Next

    Select Case LanguageType                        ⑤
        Case 1
            SPLITTEXT = CDbl(sTMP)
        Case Else
            SPLITTEXT = sTMP
    End Select

End Function
```

❶ SPLITTEXT 함수는 인수를 세 개 받아 처리합니다. 자세한 인수 구성 방법은 첫 부분의 사용자 정의 함수에 대한 설명을 참고합니다.

❷ SPLITTEXT 함수는 두 번째 인수는 1~5 사이의 값만 사용할 수 있으므로 그보다 큰 값이나 작은 값을 사용하면 #N/A 오류를 반환합니다.

❸ SPLITTEXT 함수의 첫 번째 인수로 전달된 값의 문자를 하나씩 잘라내 확인합니다.

❹ 잘려진 문자를 하나씩 숫자, 영어, 한글, 한자, 특수문자인지 구분해 나눕니다.

❺ 숫자 값을 반환해야 하는 경우, 숫자 문자만 모아 둔 sTMP 변수의 값을 숫자로 변환합니다.

사용자 정의 함수를 모든 파일에서 공유하는 방법

513

사용자 정의 함수는 해당 코드가 삽입된 파일에서만 사용할 수 있습니다. 만약 다른 파일(또는 PC)에서 사용하고 싶다면 함수만 따로 모아 '추가 기능'으로 만들어 사용하는 것이 편리합니다. 엑셀은 VBA로 만들어진 매크로나 사용자 정의 함수를 공유해 사용하기 쉽도록 파일을 별도의 추가 기능 파일(XLAM)로 저장해 사용할 수 있는 방법을 제공합니다.

예제 파일 없음

01 엑셀을 실행하고 빈 파일을 하나 생성한 후 [개발 도구] 탭-[코드] 그룹-[Visual Basic]을 클릭합니다. VB 편집기의 메뉴에서 [삽입]-[모듈]을 클릭한 후 모듈 개체의 코드 창에 사용하려는 사용자 정의 함수의 코드를 입력하거나 복사해 붙여넣습니다.

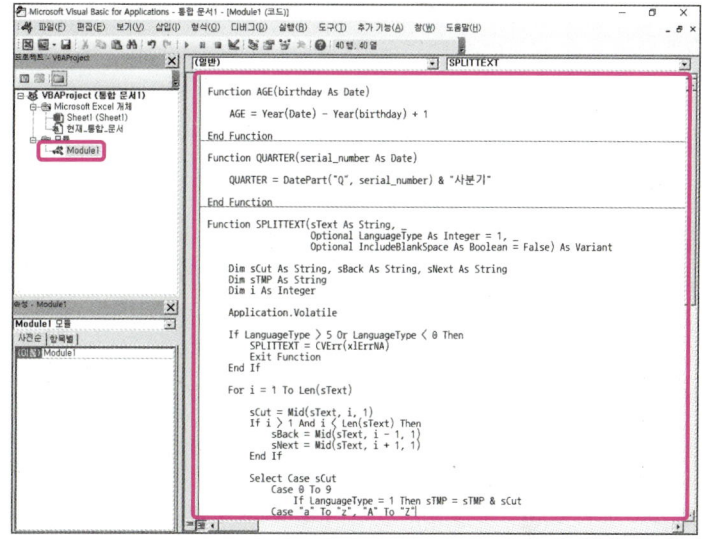

TIP 화면 상의 코드는 No. 510 ~ No. 512에서 소개한 사용자 정의 함수의 코드입니다.

02 VB 편집기를 닫고 단축키 F11를 눌러 [다른 이름으로 저장] 대화상자를 엽니다. [파일 이름]에 원하는 이름을 입력하고, [파일 형식]을 [Excel 추가 기능]으로 변경한 후 [저장]을 클릭합니다.

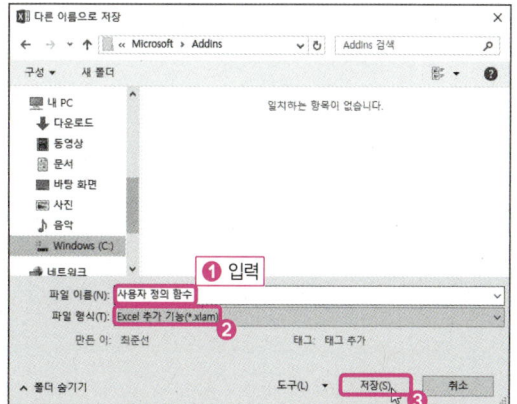

TIP [추가 기능] 파일의 기본 저장 폴더

[파일 형식]에서 [Excel 추가 기능]을 선택하면 폴더가 자동으로 변경됩니다. 이 폴더는 기본 저장 폴더로, 반드시 이 폴더에 저장해야 [추가 기능] 대화상자에 바로 나타납니다.

CHAPTER 44 | 매크로와 사용자 정의 함수 / **1069**

> **Plus⁺ 다른 PC에서 추가 기능 사용 방법**
>
> 다른 PC에서 내가 만든 추가 기능을 사용하려면 저장된 XLAM 형식의 파일을 복사해서 자신의 추가 기능 폴더에 붙여넣어 사용하면 됩니다. 추가 기능 폴더를 가장 쉽게 확인할 수 있는 방법은 **03** 과정의 대화상자에서 [찾아보기]를 클릭하는 것입니다. 바로 [열기] 대화상자가 해당 폴더에서 열리므로 해당 폴더 내 파일을 복사해 사용하면 됩니다.

03 파일을 닫고 엑셀을 다시 실행합니다. 빈 파일을 열고 [개발 도구] 탭-[추가 기능] 그룹-[추가 기능]을 클릭합니다. **02** 과정에서 저장한 추가 기능을 선택하고 [확인]을 클릭합니다.

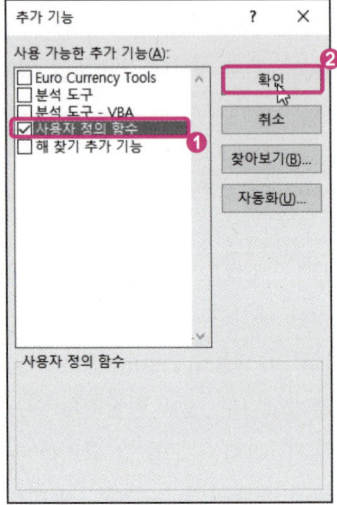

TIP 추가 기능을 체크하고 [확인]을 클릭하면 해당 파일이 백그라운드에서 열립니다.

04 이제 모든 파일에서 **01** 과정에서 저장해놓은 사용자 정의 함수를 사용할 수 있습니다. [B2] 셀에 **=AG**와 같은 수식을 입력해보면 함수 목록에서 나이를 계산하는 AGE 함수를 확인할 수 있습니다.

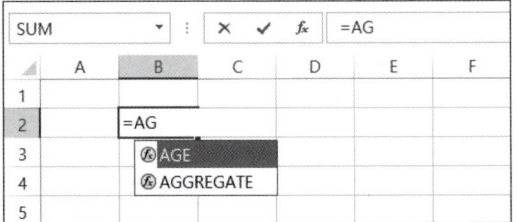

CHAPTER
45

이벤트

셀 선택 위치를 강조해 표시하기 514

엑셀을 사용할 때 불편한 점 중의 하나가 바로 선택 위치가 분명하게 표시되지 않는다는 것입니다. 엑셀에는 선택 위치를 강조하는 옵션은 제공되지 않기 때문에 필요하다면 매크로를 이용해 개발해야 합니다. 다만 셀을 선택할 때마다 선택 위치가 강조되도록 하려면 그때그때 실행해야 하는 매크로보다는 사용자의 동작을 감지하는 이벤트를 이용하는 것이 좋습니다. 선택 위치를 강조하는 이벤트를 개발하는 방법에 대해 알아보겠습니다.

예제 파일 PART 10 \ CHAPTER 45 \ 선택 위치 표시.xlsm, 선택 위치 표시-배경색 (코드).txt, 선택 위치 표시-조건부서식 (코드).txt

이번에 소개하는 이벤트를 사용하면 다음 화면과 같이 셀 선택 위치가 색상으로 반전되어 표시됩니다.

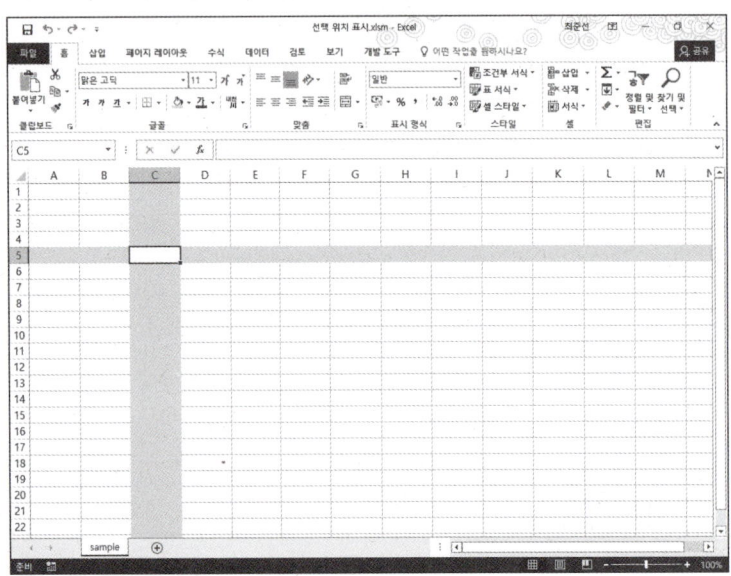

TIP 이번에 소개하는 방법은 코드가 입력된 시트에만 적용됩니다. 예제 파일에는 코드가 적용되어 있지 않기 때문에 다음 설명을 참고해 코드를 추가한 다음 사용해야 합니다.

배경색을 변경하는 방법

엑셀 기능으로는 선택 위치를 강조할 수가 없으며, Worksheet의 SelectionChange 이벤트를 이용해 배경색을 직접 조정하는 방법을 이용할 수 있습니다.

예제 파일을 열고 'sample' 시트의 시트 탭을 마우스 오른쪽 버튼으로 클릭한 다음 [코드 보기]를 선택합니다. VB 편집기의 코드 창에 다음과 같은 코드를 입력하거나 예제로 제공된 파일의 코드를 복사하여 붙여넣습니다.

파일 : 선택 위치 표시-배경색 (코드).txt

```
Private Sub Worksheet_SelectionChange(ByVal Target As Range)   ──①

    Dim 색상 As Long

    색상 = RGB(225, 240, 220)   ──②
    Cells.Interior.ColorIndex = xlNone

    With ActiveCell

        .EntireRow.Interior.Color = 색상
        .EntireColumn.Interior.Color = 색상

        .Interior.ColorIndex = 0

    End With

End Sub
```

① Worksheet_SelectionChange 이벤트는 사용자가 셀(또는 범위)을 선택할 때를 감지해 자동으로 코드를 실행합니다.
② 강조 색을 다른 색으로 변경하고 싶다면 RGB 색상을 이용해 R(빨강), G(녹색), B(파랑) 색상 값을 순서대로 RGB 함수에 전달합니다.

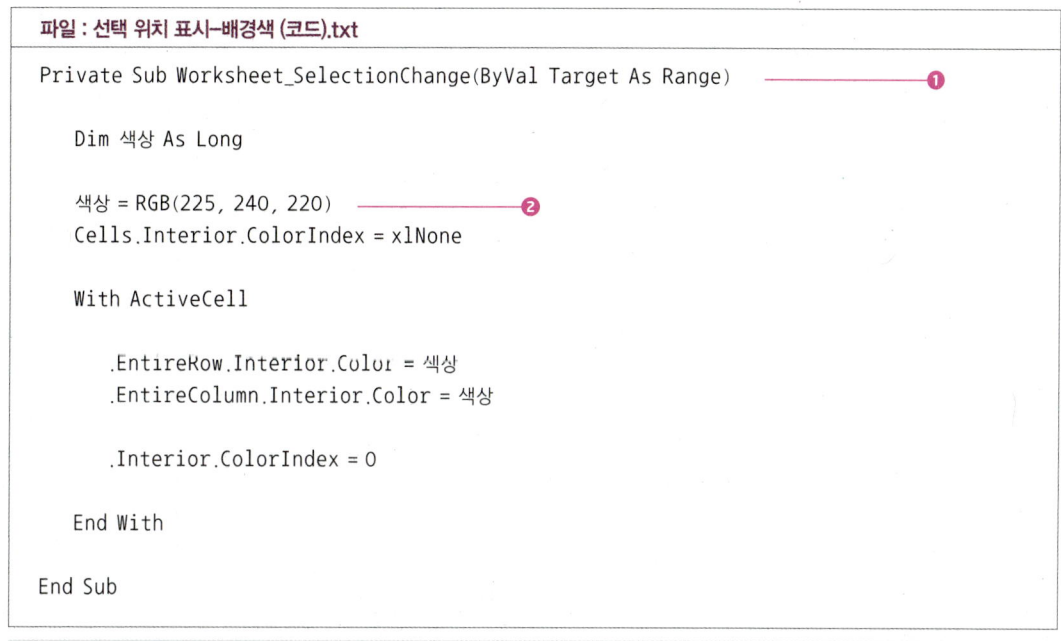

VB 편집기를 닫고 원하는 위치를 선택하면 선택 위치가 화면과 같이 강조되어 표시됩니다. 다만 이 방법은 항상 배경색을 지우고 다시 적용하는 방법을 사용하므로 워크시트의 다른 영역에 배경색이 적용된 부분이 없어야 사용할 수 있습니다.

테스트를 위해, 워크시트의 임의의 셀(또는 범위)에 배경색을 적용한 다음 다른 셀을 선택해보면 적용된 배경색이 지워집니다. 그러므로 이 방법은 배경색을 사용하지 않는 워크시트나 엑셀 표와 같은 표가 있는 워크시트에서만 사용해야 합니다.

조건부 서식을 이용하는 방법

배경색을 지정하는 방법의 단점을 해결하려면 조건부 서식을 이용하는 다음과 같은 코드를 사용할 수 있습니다. 아래 코드를 파일에 적용하는 방법은 이전과 동일하며, 반드시 이전 코드를 지우고 다시 입력합니다.

파일 : 선택 위치 표시-조건부서식 (코드).txt

```
Private Sub Worksheet_SelectionChange(ByVal Target As Range)

    Cells.FormatConditions.Delete

    Call 조건부서식(ActiveCell.EntireColumn)
    Call 조건부서식(ActiveCell.EntireRow)

    ActiveCell.FormatConditions.Delete

End Sub

Sub 조건부서식(ref As Range)

    With ref

        .FormatConditions.Add Type:=xlExpression, Formula1:="=TRUE"

        With .FormatConditions(.FormatConditions.Count).Interior

            .PatternColorIndex = xlAutomatic
            .ThemeColor = xlThemeColorAccent6
            .TintAndShade = 0.8

        End With

    End With

End Sub
```

이 방법은 조건부 서식을 이용하므로 셀에 적용된 배경색이 지워지지 않습니다. 셀 배경색을 적용해놓고 사용해 확인해봅니다. 하지만 이 방법은 기존의 조건부 서식을 지우고 다시 적용하는 방법을 사용하므로, 사용자가 별도의 조건부 서식을 적용한 경우에는 사용할 수 없습니다.

515 마우스 오른쪽 버튼을 클릭할 때 단축 메뉴 표시되지 않게 하기

엑셀을 포함한 대부분의 응용 프로그램은 마우스 오른쪽 버튼을 클릭했을 때 해당 위치에서 사용 가능한 명령을 포함하는 단축 메뉴를 제공합니다. 특정 시트(또는 범위)에서 마우스 오른쪽 버튼을 클릭했을 때 단축 메뉴가 표시되지 않도록 하려면 엑셀의 이벤트를 제어할 수 있어야 합니다. 마우스 오른쪽 버튼을 클릭했을 때 표시되는 단축 메뉴를 비활성화시키는 방법에 대해 알아보겠습니다.

예제 파일 PART 10 \ CHAPTER 45 \ 단축 메뉴.xlsm, 단축 메뉴(코드).txt

01 예제 파일을 열고 단축키 Alt + F11 을 눌러 VB 편집기를 연 후 마우스 오른쪽 버튼이 동작하지 않도록 할 워크시트를 프로젝트 탐색기 창에서 더블클릭합니다. 그런 다음 오른쪽 코드 창에 다음 코드를 입력합니다.

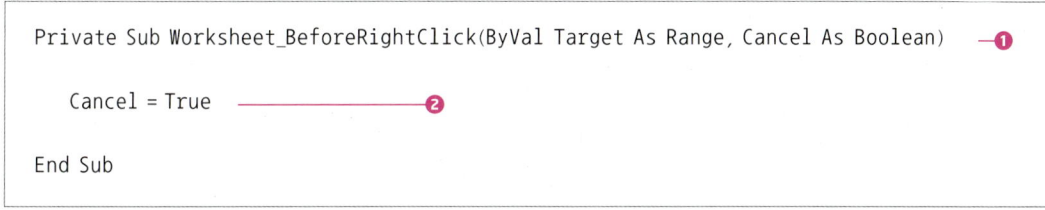

❶ Worksheet_BeforeRightClick 이벤트는 사용자가 마우스 오른쪽 버튼을 클릭한 것을 감지할 때 자동으로 실행됩니다.
❷ Cancel 인수는 BeforeRightClick 이벤트의 인수로, 마우스 오른쪽 버튼을 누른 동작을 취소할지 여부를 결정합니다. 이 인수에 True 값을 전달하면 동작이 취소되어 단축 메뉴가 표시되지 않습니다.

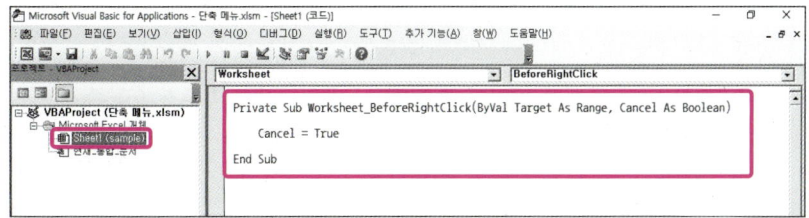

TIP Worksheet_BeforeRightClick 이벤트 코드를 쉽게 만드는 방법은 상단의 콤보 상자 중 왼쪽의 개체 목록에서 [Worksheet]를 선택하고 오른쪽 콤보 상자인 프로시저 목록에서 [BeforeRightClick] 이벤트를 선택하는 것입니다. 이렇게 삽입하면 Worksheet_SelectionChange 이벤트도 함께 작성되는데, 해당 코드 부분은 필요하지 않으므로 삭제합니다.

02 VB 편집기를 닫고 워크시트에서 마우스 오른쪽 버튼을 클릭해도 단축 메뉴가 표시되지 않습니다.

03 예제 파일에는 화면과 같이 데이터가 입력되지 않은 표 레이아웃이 구성되어 있습니다. 이번에는 표 범위 내에서만 마우스 오른쪽 버튼이 동작하지 않도록 해보겠습니다.

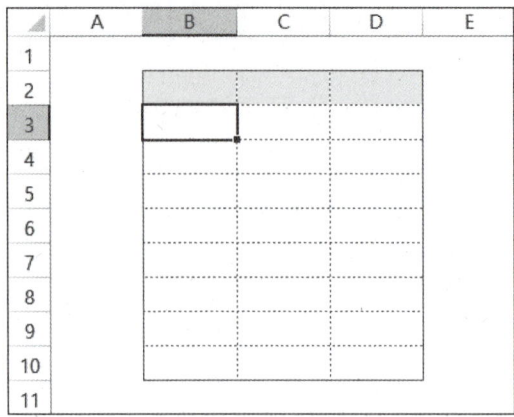

04 다시 단축키 Alt+F11을 눌러 VB 편집기를 호출한 후, 'Sheet1' 개체의 코드 창에서 다음과 같이 코드를 수정합니다.

```
Private Sub Worksheet_BeforeRightClick(ByVal Target As Range, Cancel As Boolean)

    If Not Intersect(Range("B2:D10"), Target) Is Nothing Then ─────────── ①

        Cancel = True

    End If

End Sub
```

① **Range("B2:D10")** 부분이 바로 마우스 오른쪽 버튼을 클릭했을 때 단축 메뉴가 표시되지 않아야 하는 범위입니다. 이 부분의 "B2:D10" 범위를 원하는 범위로 수정할 수 있습니다.

05 이제 워크시트 내의 모든 범위가 아니라 예제 파일의 [B2:D10] 범위에서만 마우스 오른쪽 버튼을 클릭했을 때 단축 메뉴가 표시되지 않습니다.

사진대지 만들기   516

워크시트에 여러 장의 사진(이미지)을 추가해 넣으려면 [삽입] 탭–[일러스트레이션] 그룹–[그림]을 이용해 워크시트에 삽입하고 크기를 다시 조정하는 작업을 진행해야 합니다. 이런 일련의 과정은 매우 불편하므로 매크로를 이용하는 것이 편리합니다. 여기서는 병합된 셀을 더블클릭해 그림 파일을 넣을 수 있는 사진대지 양식을 만드는 방법에 대해 알아보겠습니다.

예제 파일 PART 10 \ CHAPTER 45 \ 사진대지.xlsm, 사진대지 (코드).txt

01 예제 파일을 열고 보안 경고 메시지줄이 표시되면 [콘텐츠 사용]을 클릭합니다. [B2:G15] 병합 셀을 더블클릭하면 [그림 선택] 대화상자가 표시됩니다. 원하는 그림 파일을 선택하고 [열기]를 클릭하면 오른쪽 화면과 같이 병합된 셀 크기에 맞게 그림이 삽입됩니다.

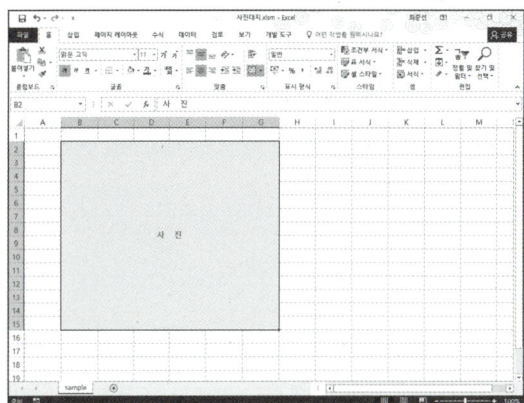 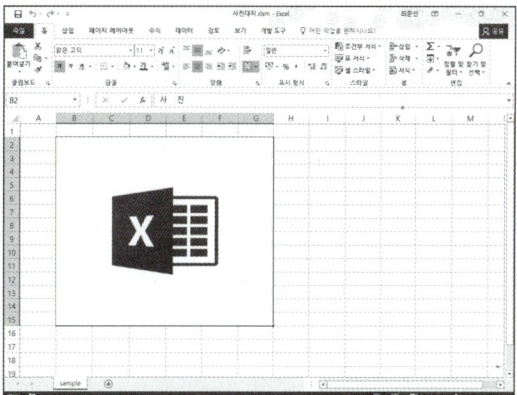

02 셀을 더블클릭했을 때 실행될 이벤트 코드를 확인하려면, 시트 탭에서 마우스 오른쪽 버튼을 클릭한 후 [코드 보기]를 선택합니다. 다음과 같은 코드를 확인할 수 있습니다.

파일 : 사진대지 (코드).txt

```
Private Sub Worksheet_BeforeDoubleClick(ByVal Target As Range, Cancel As Boolean)   ①

    Dim 선택파일 As Variant
    Dim 파일형식 As String

    On Error Resume Next

        If Target.MergeCells Then   ②

            파일형식 = "그림 파일(*.jpg;*.png), *.jpg;*.png"   ③
            선택파일 = Application.GetOpenFilename(파일형식, Title:="그림 선택")
```

```
            If 선택파일 = False Then
                MsgBox "그림을 선택하지 않았습니다.", Title:="엑셀 바이블"
            Else
            
                ActiveSheet.Pictures.Insert(선택파일).Select
                
                With ActiveSheet.Shapes(Selection.Name)
                    .LockAspectRatio = False
                    .Top = Target.Top
                    .Left = Target.Left
                    .Height = Target.Height
                    .Width = Target.Width
                End With
                
            End If
            
        End If ─────────────────❷
        
End Sub
```

❶ Worksheet_BeforeDoubleClick 이벤트는 사용자가 셀을 더블클릭하는 동작을 감지해 자동 실행됩니다.
❷ 더블클릭한 셀이 병합된 셀일 때만 그림을 삽입하는 동작을 진행합니다. 만약 병합되지 않은 셀에서도 그림을 가져와 삽입하는 작업을 해야 한다면, ❷의 코드를 삭제합니다.
❸ 가져올 그림 파일 형식을 지정합니다. 예를 들어, 이 형식에 GIF 형식을 추가하려면 코드를 다음과 같이 수정할 수 있습니다.

```
파일형식 = "그림 파일(*.jpg;*.png;*.gif), *.jpg;*.png;*.gif"
```

TIP 다른 시트에서도 동작시키는 방법

BeforeDoubleClick 이벤트는 코드가 삽입된 시트에서만 동작하므로 다른 워크시트에서도 사용하려면 해당 시트에 이 코드를 복사해서 붙여 넣어야 합니다.

파일을 닫을 때 자동으로 저장하기 517

엑셀 2010부터는 자동 복구 기능이 강화되어 좀 더 쉽게 손실된 데이터를 복구할 수 있지만, 이 방법 역시 완벽하게 파일을 복구해주는 것은 아니므로 중요한 파일이라면 자동으로 파일이 저장되도록 하는 것이 좋습니다. 파일이 닫힐 때 변경된 사항이 있는지 확인하고 자동으로 파일이 저장되도록 하는 이벤트 사용 방법에 대해 알아보겠습니다.

예제 파일 PART 10\CHAPTER 45\자동 저장.xlsx, 자동 저장 (코드).txt

01 자동으로 저장할 파일(또는 예제)을 열고 [개발 도구] 탭-[코드] 그룹-[Visual Basic]을 클릭해 VB 편집기를 엽니다. 프로젝트 탐색기 창에서 '현재_통합_문서' 개체를 더블클릭해 오른쪽에 코드 창을 열고 다음과 같이 코드를 등록합니다.

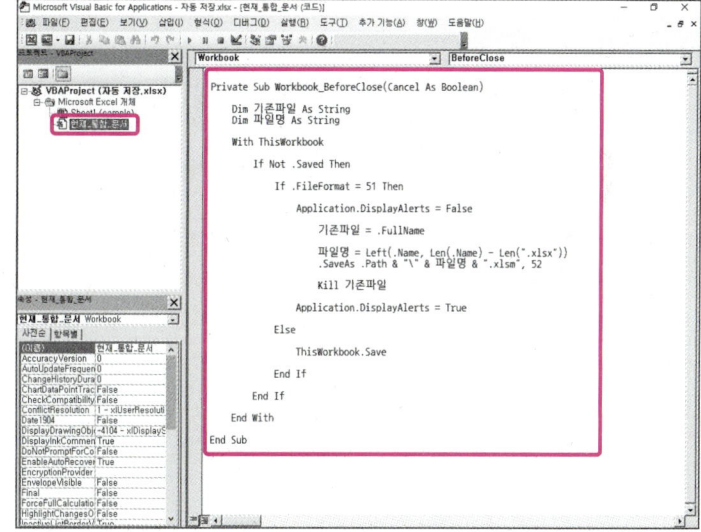

TIP 엑셀 2007이라면 현재_통합_문서가 ThisWorkbook으로 표시됩니다.

파일 : 자동 저장 (코드).txt

```
Private Sub Workbook_BeforeClose(Cancel As Boolean)        ―❶

    Dim 기존파일 As String
    Dim 파일명 As String

    With ThisWorkbook

        If Not .Saved Then         ―❷

            If .FileFormat = 51 Then       ―❸

                Application.DisplayAlerts = False

                기존파일 = .FullName

                파일명 = Left(.Name, Len(.Name) - Len(".xlsx"))
```

```
            .SaveAs .Path & "\" & 파일명 & ".xlsm", 52

            Kill 기존파일 ──────────────❹

            Application.DisplayAlerts = True

        Else ──────────❺

            ThisWorkbook.Save

        End If

    End If

    End With

End Sub
```

❶ Workbook_BeforeClose 이벤트는 사용자가 파일을 닫는 동작을 감지해 자동으로 실행됩니다.
❷ 파일이 저장되지 않을 때만 아래 코드를 실행합니다.
❸ 현재 파일 형식이 통합 문서(XLSX)일 때는 이벤트를 사용하므로 파일을 매크로 사용 통합 문서(XLSM)으로 저장하고 기존 파일은 삭제합니다.
❹ 기존 XLSX 형식의 파일을 삭제합니다. 삭제하기 싫다면 이 줄의 코드를 제거합니다.
❺ 파일 형식이 XLSX가 아닌 형식은 그냥 파일을 저장합니다.

02 아무 셀이나 값을 입력하거나 수정한 다음 바로 파일을 닫으면 별다른 경고 메시지 창 없이 파일이 바로 닫힙니다. 윈도우 탐색기에서 예제 폴더를 열어보면 '자동 저장.xlsm' 파일을 확인할 수 있습니다. 열어보면 수정 내용이 그대로 저장되어 있습니다.

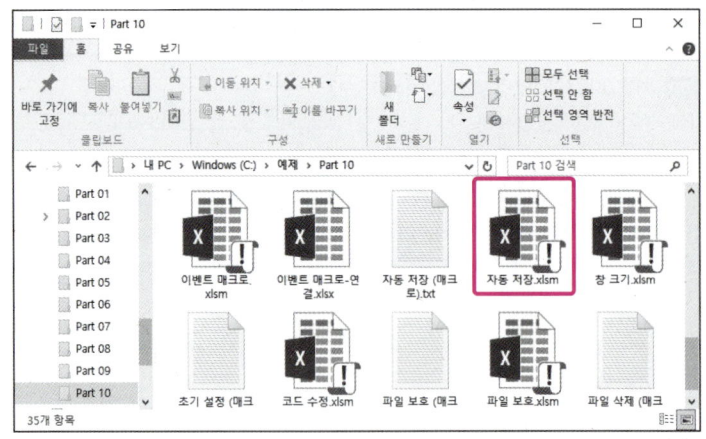

518 새 시트를 추가하면 자동으로 특정 시트의 복사본 만들기

똑같은 서식의 시트를 계속 사용할 경우 대개는 시트를 복사해 작업할 것입니다. 시트 복사는 간단한 작업이지만 셀 스타일과 이름을 중복으로 복사하기 때문에 셀 서식이 너무 많거나 동일한 이름이 반복적으로 파일에 생성되는 단점이 있습니다. 이런 문제 때문에 동일한 서식의 시트를 사용하려면 빈 시트를 하나 생성하고 기존 서식을 복사하여 붙여넣는 방법으로 작업하는 것이 좋습니다. 이 방법은 불편하므로 새로운 시트를 추가할 때 자동으로 기본 양식의 서식을 복사해 생성하는 이벤트를 사용하는 방법에 대해 알아보겠습니다.

예제 파일 PART 10\CHAPTER 45\시트 복사.xlsm, 시트 복사 (코드).txt

01 예제 파일을 열면 화면과 같은 표를 확인할 수 있습니다. 이 파일에 새 시트를 추가하면 현재 양식을 그대로 복사하고 값을 새로 입력할 [B8:K13] 범위의 내용은 자동으로 삭제되도록 해보겠습니다.

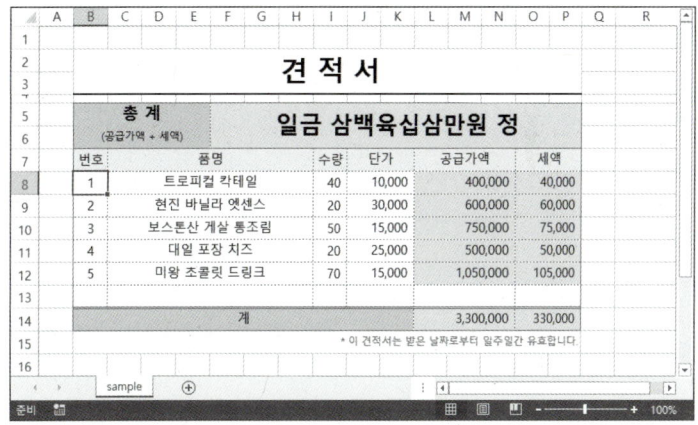

02 단축키 Alt + F11 을 눌러 VB 편집기를 열고 프로젝트 탐색기 창에서 '현재_통합_문서'를 더블클릭한 후 다음 코드를 입력합니다.

파일 : 시트 복사 (코드).txt

```
Private Sub Workbook_NewSheet(ByVal Sh As Object)    ────①

    Dim 원본시트 As Worksheet

    Set 원본시트 = Worksheets("sample")    ────②

    원본시트.Cells.Copy Sh.Cells(1)
```

```
        Range("B8:K13").ClearContents ────────────── ❸

        Sh.Name = "견적서_" & Format(Time, "hhnnss") ─────── ❹

End Sub
```

> ❶ Workbook_NewSheet 이벤트는 파일에 새 시트를 추가하는 동작을 감지해 자동 실행합니다.
> ❷ 이름이 sample인 시트를 원본 시트로 설정합니다.
> ❸ [B8:K13] 범위 내 값을 지워 새로운 값을 입력할 수 있도록 합니다.
> ❹ 새로 생성된 시트의 이름을 '견적서_시분초'와 같이 설정합니다. 다른 이름을 원하면 해당 이름으로 변경합니다. 참고로 이름이 동일한 시트가 존재하면 이 코드에서 에러가 발생할 수 있습니다.

03 시트 탭에서 [⊕ 새 시트]를 클릭해 새 시트를 추가하면 화면과 같이 'sample' 시트의 서식을 복사해오고 값이 입력되어야 할 범위 내 셀 값은 자동으로 지워집니다.

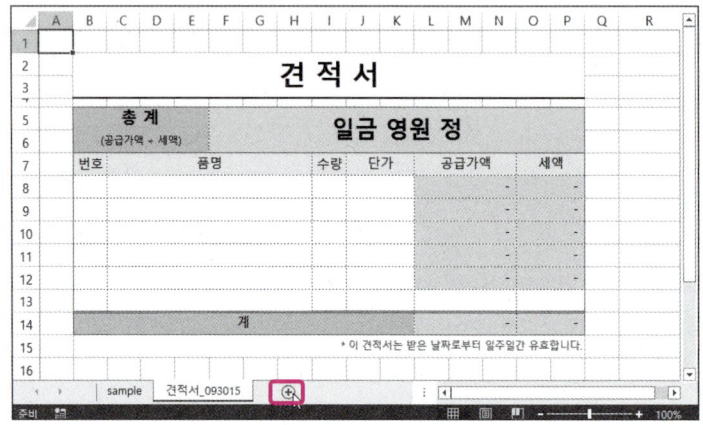

519 이전 시트의 특정 값을 지정한 위치로 읽어오기

엑셀 파일에서 시트를 날짜 순으로 관리해야 한다면 이전 시트에서 계산된 특정 값을 현재 시트로 가져오는 작업을 해야 하는 경우가 많을 것입니다. 이런 작업은 수식으로는 잘 해결되지 않는데, 이벤트를 이용해 처리하면 간단하게 원하는 결과를 얻을 수 있습니다.

예제 파일 PART 10\CHAPTER 45\이전 시트 값.xlsm

01 예제 파일의 '1일' 시트를 열어보면 화면과 같은 표가 있습니다. [C3] 셀에는 전일재고인 [C2] 셀에서 아래 판매량을 뺀 현재고가 계산되어 있습니다. 1일은 지난 달의 마지막 일 값을 입력했다고 가정하고, '2일' 시트부터는 이전 날의 현재고('1일' 시트의 [C3] 셀)를 전일재고('2일' 시트의 [C2] 셀)로 자동 입력하는 이벤트를 개발해보겠습니다.

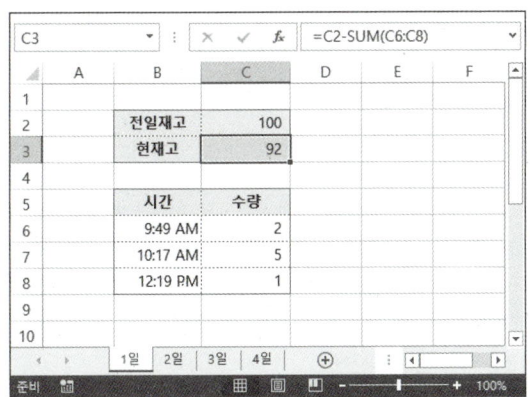 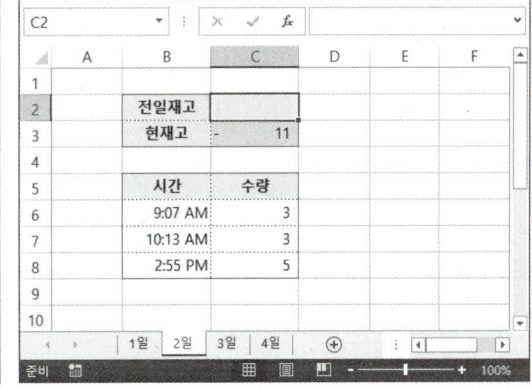

02 단축키 Alt + F11 을 눌러 VB 편집기를 연 후 프로젝트 탐색기 창에서 '현재_통합_문서'를 더블클릭하고 코드 창에 다음 코드를 입력합니다.

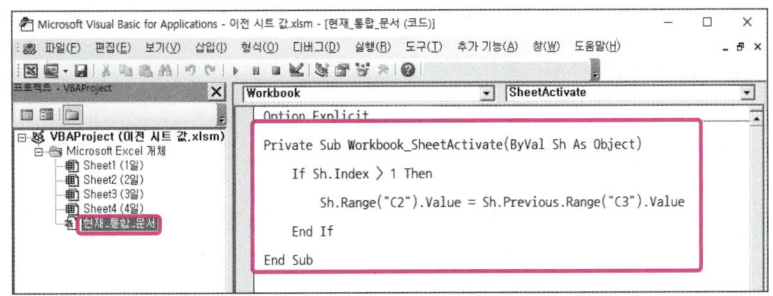

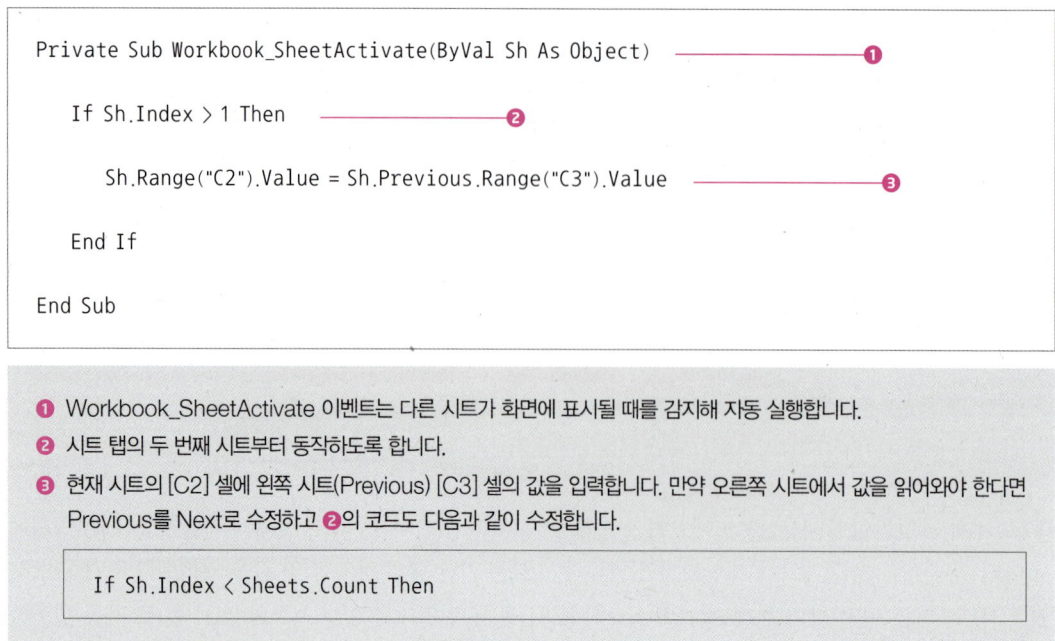

① Workbook_SheetActivate 이벤트는 다른 시트가 화면에 표시될 때를 감지해 자동 실행합니다.
② 시트 탭의 두 번째 시트부터 동작하도록 합니다.
③ 현재 시트의 [C2] 셀에 왼쪽 시트(Previous) [C3] 셀의 값을 입력합니다. 만약 오른쪽 시트에서 값을 읽어와야 한다면 Previous를 Next로 수정하고 ②의 코드도 다음과 같이 수정합니다.

```
If Sh.Index < Sheets.Count Then
```

03 VB 편집기를 닫고, '1일' 시트부터 순서대로 '4일' 시트로 이동해보면 전일재고 셀([C2] 셀)에 자동으로 이전 시트의 재고가 수정되어 입력됩니다.

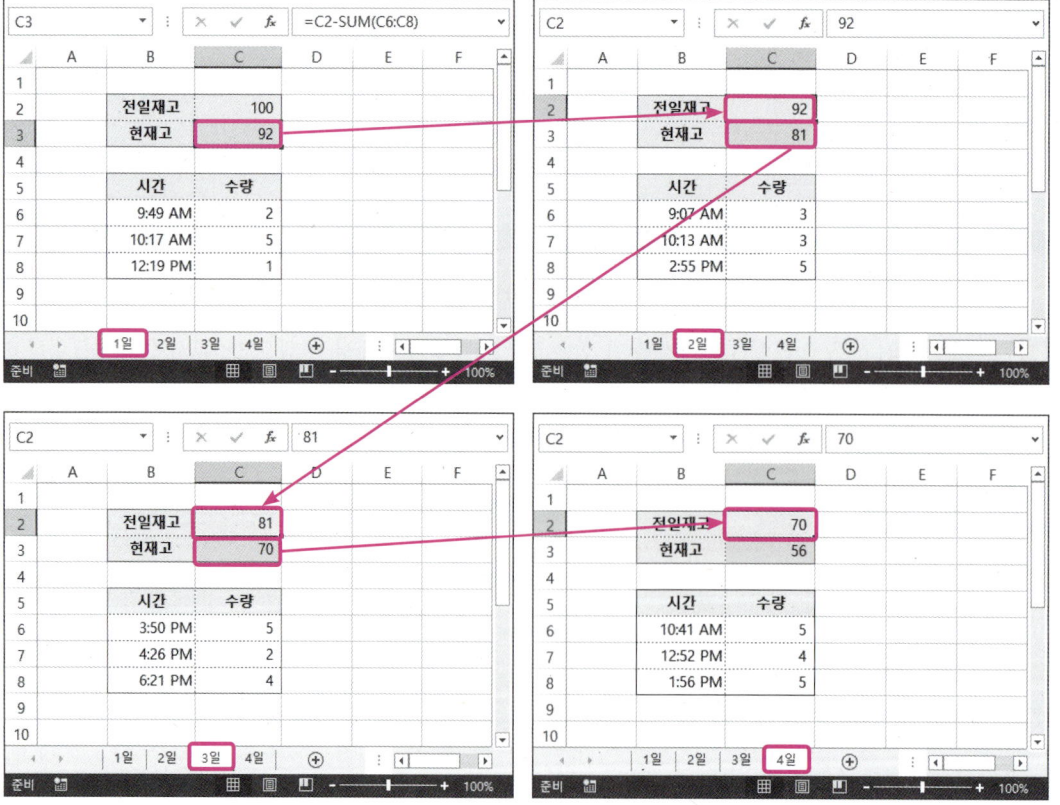

520 파일의 사용 기간을 정해, 기간을 초과하면 파일을 삭제하는 매크로

셰어웨어와 같은 프로그램은 일정 기간 동안 프로그램을 사용하다가 이후부터는 정식으로 등록해야 사용할 수 있습니다. 엑셀 파일도 특정 기간이 지나면 스스로 삭제되어 사용할 수 없도록 사용 기간을 제한할 수 있습니다. 스스로를 삭제하는 코드를 사용하면 파일이 휴지통에도 남지 않으므로 사용 방법을 잘 숙지한 후 사용해야 합니다.

예제 파일 PART 10 \ CHAPTER 45 \ 파일 삭제 (코드).txt

코드를 사용할 파일을 열고 단축키 Alt + F11 을 누르거나 [개발 도구] 탭-[코드] 그룹-[Visual Basic]을 클릭합니다. VB 편집기가 표시되면 프로젝트 탐색기 창에서 '현재_통합_문서' 개체를 더블클릭한 후 오른쪽 코드 창에 다음 코드를 붙여넣습니다.

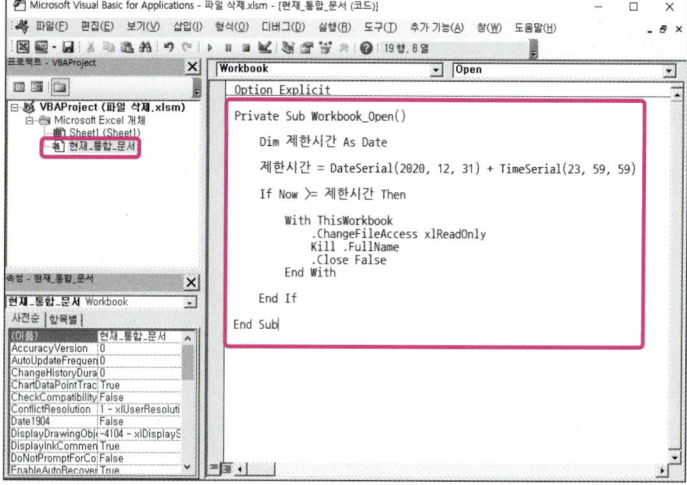

```
Private Sub Workbook_Open()                    ①

    Dim 제한시간 As Date

    제한시간 = DateSerial(2020, 12, 31) + TimeSerial(23, 59, 59)    ②

    If Now >= 제한시간 Then                    ③

        With ThisWorkbook
            .ChangeFileAccess xlReadOnly
            Kill .FullName
            .Close False
        End With

    End If

End Sub
```

① Workbook_Open 이벤트는 사용자가 파일을 여는 동작을 감지해 자동으로 실행됩니다.
② 파일을 사용할 수 있는 최종 날짜와 시간을 '제한날짜' 변수에 저장합니다. 예제 실행 결과를 확인하려면 코드의 DateSerial(2020,12,31) 부분을 어제 날짜로 수정한 다음 파일을 다시 열어보면 됩니다. 이렇게 하면 파일이 자동으로 삭제됩니다.
③ Now 함수는 VBA 함수로, 워크시트 함수인 Now와 동일하게 오늘 날짜와 현재 시간을 반환합니다. 이 값과 '제한날짜' 변수에 저장된 날짜와 시간을 비교해 사용 기간을 넘겼는지 확인합니다.

파일을 저장하고 닫은 후 지정된 날짜 이후에 열어보면 파일이 자동으로 삭제됩니다.

521 다른 사람의 작업에서 내 파일을 보호하는 몇 가지 방법

엑셀로 작업을 하다 보면 보안상의 문제로 파일을 보호해야 하는 경우가 있습니다. 여기서는 다른 파일로 데이터를 복사하는 작업, 다른 이름으로 파일을 저장하는 작업, 파일을 인쇄하는 작업, 새 시트를 추가하는 작업 등을 보호하는 다양한 이벤트를 활용하는 코드 작성 방법에 대해 알아보겠습니다.

예제 파일 PART 10 \ CHAPTER 45 \ 파일 보호.xlsm, 파일 보호 (코드).txt

01 예제 파일을 열고 보안 경고 메시지줄이 표시되면 [콘텐츠 사용]을 클릭합니다. 화면과 같은 메시지 창이 표시됩니다. [예]를 클릭하면 바로 네 가지 보호 기능이 동작합니다. 만약 [아니요]를 클릭하면 다음과 같이 암호를 묻는 대화상자 창이 나타납니다. 기본 암호는 1234인데, 세 번 틀리면 바로 [보호 기능]이 동작합니다.

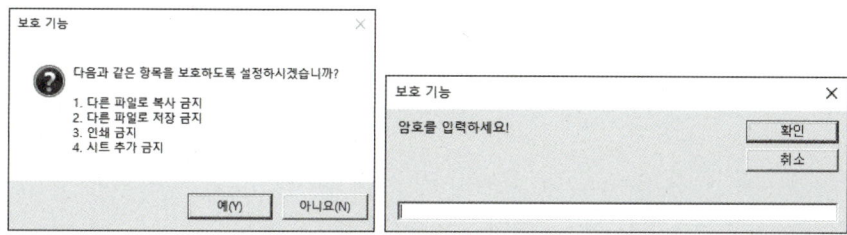

02 보호 기능이 동작한 후에는 다른 파일로 데이터를 복사하는 작업, 다른 파일로 저장하는 작업, 파일을 인쇄하는 작업, 새 시트를 추가하는 작업을 하려고 하면 제대로 동작하지 않습니다.

03 코드를 확인하기 위해 단축키 Alt + F11 을 누르거나 [개발 도구] 탭-[코드] 그룹-[Visual Basic]을 클릭합니다. VB 편집기의 프로젝트 탐색기 창에서 'Module1' 개체를 더블클릭하면 코드 창 상단에서 다음 코드를 확인할 수 있습니다.

```
Public ynProtect As Boolean                    ①
```

① 이벤트 동작 여부를 결정하는 ynProtect 변수를 선언합니다. 이 변수는 반드시 모듈 개체의 코드 창 상단에 입력되어 있어야 하며, 이 변수가 선언되어 있지 않으면 전체 기능이 제대로 동작하지 않습니다.

04 이벤트 코드를 확인하려면 프로젝트 탐색기 창에서 '현재_통합_문서' 개체를 더블클릭합니다. 다음 코드를 확인할 수 있습니다.

파일 : 파일 보호 (매크로).txt

```
Private Sub Workbook_BeforePrint(Cancel As Boolean) ──────────❶

    Cancel = ynProtect

End Sub

Private Sub Workbook_BeforeSave(ByVal SaveAsUI As Boolean, Cancel As Boolean) ─────❷

    If SaveAsUI And ynProtect Then Cancel = True

End Sub

Private Sub Workbook_NewSheet(ByVal Sh As Object) ──────────❸

    If ynProtect Then

        Application.DisplayAlerts = False
            Sh.Delete
        Application.DisplayAlerts = True

    End If

End Sub

Private Sub Workbook_Open() ──────────❹

    Dim sTitle As String
    Dim sMsg As String
    Dim sMsg2 As String
    Dim sMsg3 As String
    Dim vInput As Variant
    Dim sPwd As String
    Dim i As Integer

    sTitle = "보호 기능"
    sMsg = "다음과 같은 항목을 보호하도록 설정하시겠습니까?" & vbCr & vbCr & _
            "1. 다른 파일로 복사 금지" & vbCr & _
            "2. 다른 파일로 저장 금지" & vbCr & _
            "3. 인쇄 금지" & vbCr & _
            "4. 시트 추가 금지"

    sMsg2 = "이 파일은 다음 작업이 보호됩니다." & vbCr & vbCr & _
            "1. 다른 파일로 복사 금지" & vbCr & _
            "2. 다른 파일로 저장 금지" & vbCr & _
            "3. 인쇄 금지" & vbCr & _
            "4. 시트 추가 금지"

    sMsg3 = "암호를 입력하세요!"
```

```
        sPwd = "1234"                    ─────⑤

    Select Case MsgBox(sMsg, vbQuestion + vbYesNo, sTitle)

        Case vbYes
            ynProtect = True
            MsgBox sMsg2, vbInformation, sTitle
        Case vbNo
            ynProtect = False
            Do
                i = i + 1
                If i > 3 Then
                    MsgBox sMsg2, vbInformation, sTitle
                    ynProtect = True
                    Exit Sub
                Else
                    vInput = InputBox(sMsg3, sTitle)
                End If
            Loop Until CStr(vInput) = sPwd
    End Select

End Sub

Private Sub Workbook_WindowDeactivate(ByVal Wn As Window)      ─────⑥

    If Not Intersect(Wn.ActiveSheet.UsedRange, Wn.ActiveCell) Is Nothing And ynProtect Then
        Application.CutCopyMode = False
    End If

End Sub
```

❶ Workbook_BeforePrint 이벤트는 사용자가 인쇄하는 동작을 감지해 자동으로 실행됩니다.
❷ Workbook_BeforeSave 이벤트는 사용자가 파일을 저장하려는 동작을 감지해 자동으로 실행됩니다.
❸ Workbook_NewSheet 이벤트는 사용자가 새 시트를 삽입하는 동작을 감지해 자동으로 실행됩니다.
❹ Workbook_Open 이벤트는 사용자가 파일을 여는 동작을 감지해 자동으로 실행됩니다.
❺ 파일을 보호하지 않고 열려고 할 때 입력할 암호로, 변경하고 싶은 암호를 입력합니다.
❻ Workbook_WindowDeactivate 이벤트는 파일 창을 다른 창으로 전환하는 동작을 감지해 자동으로 실행됩니다.

INDEX

ㄱ

가로 막대 그래프 250
개발 도구 1014
고급 필터 658, 672, 673
고정 소수점 142
공유 035,
관계 793
구분 기호 224
구조적 참고 309, 310, 314, 318
그림으로 복사 198
그립 삽입 088
글꼴 변경 230
글꼴 크기 231
글머리 기호 226
꺾은선형 차트 933

ㄴㄷ

나누기 구분선 109
나란히 보기 112
날짜 152
눈금선 237
다시 실행 139
다중 슬라이서 창 749
단리 이자 590
달성률 402
데이터 막대 250, 252
데이터 유효성 324, 327, 330
데이터 유효성 검사 322, 325, 329, 348
도움말 042
들여쓰기 284

ㄹㅁ

리본 메뉴 040, 043, 052
리본 메뉴 자동 숨기기 044

리본 메뉴 표시 옵션 034
매크로 기록기 1018
매크로 사용 통합 문서 1015
머리글 984, 990
메일 머지 806
미니 도구 모음 054, 055

ㅂ

바닥글 984, 990
배경 이미지 삽입 088
배열수식 602
범례 890
범위 편집 허용 118
보안 경고 메시지 표시줄 063
복구 080, 081
복리 이자 592
부가세 398
부분합 682, 684, 686
분수 148
붙여넣기 옵션 189
비교 연산자 379
빠른 분석 680
빠른 실행 도구 모음 034, 049, 051, 052
빠른 채우기 173, 174, 175

ㅅ

사선 282
사용자 지정 목록 170
사용자 지정 목록 편집 620
사용자 지정 숫자 서식 219, 221, 223
산술 연산자 376
삽입 274, 276
상대 참조 290, 368
상대 참조로 기록 1032
상위 10 자동 필터 641

상태 표시줄 035
색조 253
서식 코드 206, 214
선택 영역에서 이름 만들기 288
선택 영역의 가운데로 234
선택하여 붙여넣기 190, 192, 194
성장률 403
세로 쓰기 134
세율 399
셀 병합 136
수식 입력줄 035, 354
순환 참조 390, 392
쉼표 스타일 239
스마트 조회 042
스파크라인 962
슬라이서 304
시간 152
시간 표시 막대 752
시트 보호 120
실행 취소 139

ㅇ

아웃룩 설정 102
아이콘 집합 254
액세스 792, 809, 812, 814
양쪽 맞춤 235
연결 편집 366
연결된 그림 199
연차 526
오류 297, 382, 387
오류 검사 아이콘 147
오류 메시지 328
오피스 365 030
오피스 배경 039
오피스 테마 038
와일드카드 문자 562

요약 행 306, 316
요일 227
워크시트 084, 086, 090, 096, 097, 098
워크시트 보호 116
워크시트 보호 해제 117
워크시트 복사 094
워크시트 이동 092
원 문자 164
원형 대 원형 차트 945, 946
이동 옵션 187
이름 상자 185
이름 정의 286, 288
이름 정의 규칙 287
이중 축 혼합형 차트 906
일본어 161
입력 폼 132

ㅈ ㅊ

자동 고침 목록 166
자동 윤곽 280
자동 저장 079
자동 채우기 168, 170
자동 필터 263, 655, 656
자동 합계 678
자릿수 늘림 211
자릿수 줄임 211
잠금 120
잠긴 셀 선택 123
절대 참조 368
정렬 616
정의된 이름 296, 297
제목 표시줄 034
조건부 서식 248, 250, 252
조건부 서식 규칙 관리자 251
조건부 서식 삭제 271
줄 바꿈 135

중복 값 246, 247
중복 조건 345
중복된 항목 제거 674, 675
지수 142, 213
차트 구성 요소 890
참조 연산자 374
찾기 및 바꾸기 178, 180, 182
채우기 핸들 172
최근 항목 060
추천 차트 895
추천 피벗 테이블 711

ㅋ ㅌ

코드 보기 099
콘텐츠 사용 1016
콤보 차트 906, 908
탐색기 065
텍스트 나누기 150
텍스트 마법사 151
통합 689, 691
통합 문서 058
통화 기호 162, 218
투명 메모 860
특수문자 157, 161
틀 고정 110
틀 고정 취소 11

ㅍ ㅎ

파일 공유 069
파일 링크 생성 071
페이지 레이아웃 모드 086
폭포 차트 927
표 등록 300, 333
표 등록 해제 302
피벗 차트 783

피벗 테이블 704, 705, 706
피벗 테이블 보고서 702, 708, 729, 731, 771, 775, 777, 779
한자 156, 216
할인율 401
행렬 605, 608
호환성 032
혼합 참조 369
화면 구성 요소 034
화면 이동 105
화면 축소 104
화면 확대 104

A C

AGGREGATE 499
AND 414
AVERAGE 469
AVERAGEIF 469
CEILING 547
CELL 441
CHOOSE 417
COLUMN 427
CONCAT 444
COUNT 450
COUNTA 450, 454
COUNTBLANK 450
COUNTIF 455, 458, 495
COUNTIFS 459, 485, 486

D E

DATE 515
DATEDIF 521
DATEPART 1064
DAY 508
EDATE 511

INDEX

EOMONTH **515**

F **G**

FIND **425**
FLOOR **547**
FORMULATEXT **440**
Function **1061**
FV **588**
Gauge **949**
GETPIVOTDATA **781**

H **I** **L**

HYPERLINK **875**
IF **408**
IFERROR **410**
IFS **412**
INDEX **565, 568, 578**
INDIRECT **573**
InputBox **1055, 1058**
ISERROR **410**
LARGE **476**
LEFT **209, 422**
LEN **436, 503**
LOOKUP **653**

M **N**

MATCH **565, 568, 578**
MAX **471**
MAXIFS **473**
MIN **471**
MINIFS **473**
MOD **488**
MODE **493**
MODE.MULTI **493**
MODE.SNGL **493**
MONTH **508**
MROUND **547**
MS 워드 **802**
MsgBox **1055, 1058**
NETWORKDAYS **528**
NETWORKDAYS.INTL **528**
NOW **502, 503**
NUMBERSTRING **438**
NUMBERVALUE **448**

O **P** **Q**

OFFSET **570, 575**
OneDrive **067, 069**
OR **414**
PDF 파일 **075**
People Chart **916**
People Graph **915**
ProPlus 제품 **030**
QUOTIENT **488**

R

RAND **651**
RANDBETWEEN **651**
RANK **479, 481, 483**
RANK.AVG **486**
RANK.EQ **479**
REPT **427**
RIGHT **422**
ROUND **491**
ROUNDDOWN **491**
ROUNDUP **491**
ROW **452**

S

SEARCH **425**
SMALL **476**
SPLITTEXT **1066**
SUBSTITUTE **431, 436, 505**
SUBTOTAL **496**
SUM **451**
SUMIF **463**
SUMIFS **465**
SUMPRODUCT **436**
SWITCH **419**

T **V**

TEXT **209, 505**
TEXTJOIN **444**
TIME **539**
TODAY **502, 525**
VALUE **448**
VLOOKUP **552**

W **X** **Y**

WEEKDAY **519**
WEEKNUM **513**
WORKDAY **533**
WORKDAY.INTL **533**
XPS 파일 **075**
YEAR **508, 525**